Dos Pactos de Limitação
à Liberdade de Trabalho

Dos Pactos de Limitação à Liberdade de Trabalho

João Zenha Martins
Professor Auxiliar da Faculdade de Direito da Universidade Nova de Lisboa

**DOS PACTOS DE LIMITAÇÃO
À LIBERDADE DE TRABALHO**
AUTOR
João Zenha Martins
EDITOR
EDIÇÕES ALMEDINA, S.A.
Rua Fernandes Tomás, n.ᵒˢ 76-80
3000-167 Coimbra
Tel.: 239 851 904 · Fax: 239 851 901
www.almedina.net · editora@almedina.net
DESIGN DE CAPA
FBA.
PRÉ-IMPRESSÃO
EDIÇÕES ALMEDINA, S.A.
IMPRESSÃO E ACABAMENTO
ARTIPOL - ARTES TIPOGRÁFICAS, LDA
Junho, 2016
DEPÓSITO LEGAL
411382/16

Os dados e as opiniões inseridos na presente publicação são da exclusiva responsabilidade do(s) seu(s) autor(es).
Toda a reprodução desta obra, por fotocópia ou outro qualquer processo, sem prévia autorização escrita do Editor, é ilícita e passível de procedimento judicial contra o infractor.

 GRUPOALMEDINA

BIBLIOTECA NACIONAL DE PORTUGAL – CATALOGAÇÃO NA PUBLICAÇÃO
MARTINS, João Zenha
OS PACTOS DE LIMITAÇÃO À LIBERDADE DE TRABALHO.
(Teses de doutoramento)
ISBN 978-972-40-6572-4
CDU 349

NOTA PRÉVIA

O trabalho que ora se publica corresponde à dissertação de doutoramento apresentada na Faculdade de Direito da Universidade Nova de Lisboa e discutida publicamente em 28 de Outubro de 2014, perante um Júri presidido pelo Professor Doutor Jorge Bacelar Gouveia e integrado pelos Professores Doutores Pedro Romano Martinez, Ana Prata, José João Abrantes (Arguente), Júlio Vieira Gomes (Arguente), Maria Irene Ferreira Gomes (Arguente), Luísa Andias Gonçalves, Cláudia Trabuco e Vítor Pereira da Neves (Orientador).

Agradeço as observações, os comentários e as pistas de reflexão suscitados pelas arguições e o incentivo e a disponibilidade do Professor Doutor José João Abrantes durante as fases de investigação e redacção da dissertação.

Agradeço ao Professor Doutor Vítor Pereira das Neves, na qualidade de Orientador, a disponibilidade, o incentivo, o compromisso com a orientação e os comentários que fez ao texto.

Na vastidão deste percurso foram muitos os que, de forma diversa, contribuíram, ajudaram e me incentivaram à conclusão do trabalho. Ciente do risco de não incluir todos, agradeço ao João e à Teresa, à Nocas, à Eugénia, ao Ricardo, ao Nuno Pereira, à Margarida, ao João Portugal, à Paula, à Sofia, ao Diogo, à Rosa, ao Sérgio e aos meus Tios.

Um reconhecimento especial à Teresa e, singelamente, aos meus Pais, sempre presentes.

INDICAÇÕES DE LEITURA

As obras citam-se pelo autor, título, número de edição, volume e/ou tomo, data e página e a primeira citação de títulos inseridos em obra colectiva inclui, à semelhança dos títulos inseridos em publicações periódicas, a indicação da obra colectiva imediatamente a seguir ao título; nas indicações subsequentes omite--se, em princípio, o número de edição, o volume e/ou tomo, fazendo-se referência ao nome do autor como é habitualmente reconhecido, seguido do início do título, da data entre parêntesis e com a indicação de "cit." e da página(s) respectiva(s). A ordenação sequencial dos autores citados em rodapé é feita por ordem cronológica, com excepção dos casos em que a citação de passagem ou a ênfase atribuída aos aspectos tratados implicam sequenciação diversa.

A indicação de disposições legais desacompanhada da menção do respectivo diploma legal refere-se, salva disposição em contrário, ao(s) Código(s) do Trabalho, aprovado pela Lei n.º 99/2003, de 27.08 (CT2003) e pela Lei n.º 7/2009, de 12/02, com as alterações introduzidas pela Lei n.º 105/2009, de 14.09, pela Lei n.º 53/2011, de 14.10, pela Lei n.º 23/2012, de 25.06, pela Lei n.º 47/2012, de 29.08 e pela Lei n.º 69/2013, de 30/08 (CT2009).

Todas as abreviaturas usadas no texto constam da tabela de abreviaturas.

As traduções para português, em que não tenha sido indicado o nome de um tradutor, são da nossa responsabilidade; as citações *ipsis verbis* de passagens de obras ou publicações periódicas escritas em língua estrangeira são feitas, por razões de fidedignidade conteudística, entre aspas, reservando-se o itálico para a utilização de palavras ou expressões em sentido figurado, a que se pretende dar relevo ou que correspondam a grafia estrangeira.

Os algarismos sem indicação reportam-se, consoante o texto, a páginas ou datas.

A bibliografia, consultada e citada, consta do final do trabalho. Na ausência de menção diferente, a jurisprudência portuguesa citada foi recolhida no

Instituto de Tecnologias e Informação da Justiça, na internet, com o seguinte endereço electrónico: www.dgsi.pt., e a jurisprudência estrangeira, na falta de indicação contrária, foi obtida nas seguintes bases de dados: alemã: *Beck-online*; britânica: *HeinOnline*; espanhola: *Aranzadi Online (Westlaw)*; francesa: *Legifrance*; italiana: *De Agostini Giuridica*; norte-americana: *Westlaw*.

Para efeitos do presente trabalho, iniciado em Dezembro de 2009, considerou-se a legislação, a doutrina, a jurisprudência e a documentação acessível ou com entrada em vigor até Agosto de 2013.

RELAÇÃO DE ABREVIATURAS E SIGLAS

A 2d	Atlantic Report, Second Series
AAFDL	Associação Académica da Faculdade de Direito de Lisboa
ABLJ	American Business Law Journal
Ac.	Acórdão
AC	English Law Reports, Appeal Cases
ACE	Agrupamento Complementar de Empresas
ACiv	Aranzadi Civil
ADL	Argomenti di Diritto del Lavoro
ADSTA	Acórdãos Doutrinais do Supremo Tribunal Administrativo
AEIE	Agrupamento Empresarial de Interesse Económico
AEL	Applied Economics Letters
AER	All England Reports
AJDA	L'Actualité Juridique Droit Administratif
AL	Actualidad Laboral
Al.	Alínea
ALER	American Law and Economics Review
ALJR	Australian Law Journal Reports
All ER	All England Law Reports
APD	Archives de philosophie du droit
Ar.	Repertorio Aranzadi
AR	Assembleia da República
ArbNEdfG	Arbeitnehmererfindungsgesetz
ArbZG	Arbeitszeitgesetz
Art.	Artigo
Arts.	Artigos
AS	Aranzadi Social

AÜG	Arbeitnehmerüberlassungsgesetz
BAG	Bundesarbeitsgericht
BAGE	Entscheidungen des Bundesarbeitsgerichts
BB	Der Betriebsberater
BBiG	Berufsbildungsgesetz
BBTC	Banca borsa e titoli di credito
BeschFG	Beschäftigungsförderungsgesetz
BetrVG	Betriebsverfassungsgesetz
BFDUC	Boletim da Faculdade de Direito da Universidade de Coimbra
BGB	Bürgerliches Gesetzbuch (Alemanha)
BICC	Bulletin d'information de la Cour de cassation
BJELL	Berkeley Journal of Employment and Labor Law
BJIR	British Journal of Industrial Relations
BMJ	Boletim do Ministério da Justiça
BMT	Boletim do Ministério do Trabalho
BRRG	Beamtenrechtsrahmengesetz (Rahmengesetz zur Vereinheitlichung des Beamtenrechts)
BTE	Boletim do Trabalho e Emprego
BOA	Boletim da Ordem dos Advogados
Bull. civ.	Bulletin civil
BUrlG	Bundesurlaubsgesetz
BVerfG	Bundesverfassungsgericht
BVerfGE	Entscheidungen des Bundesverfassungsgerichts
CA	Cour d'Appel/ Court of Appeal
Cah. dr. ent.	Cahiers de droit de l'entreprise
Cah. prud'h.	Cahiers prud'homaux
Cass. Civ.	Chambre civile de la Cour de Cassation
Cass. Com	Chambre commerciale de la Cour de Cassation
Cass. Soc.	Chambre sociale de la Cour de Cassation
Cb	Coimbra
CC	Código Civil
CCT	Contrato Colectivo de Trabalho
CDE	Cahiers de Droit Européen
CDFUE	Carta dos Direitos Fundamentais da União Europeia
CE	Comunidade Europeia
CEDH	Convenção Europeia dos Direitos do Homem
CEE	Comunidade Económica Europeia
CEEP	Centro Europeu das Empresas Públicas
CEF	Centro de Estudos Fiscais

CEFEDOP	Centro europeo para el Desarrolo de la Formación Profesional
CEJ	Centro de Estudos Judiciários
CES	Confederação Europeia dos Sindicatos
CESP	Conselho Económico e Social
Cfr.	confirmar/confrontar
CIRS	Código do Imposto sobre Rendimentos de Pessoas Singulares
Cit.	citado/a
CJ	Colectânea de Jurisprudência
CJ-ASTJ	Colectânea de Jurisprudência–Acórdãos do Supremo Tribunal de Justiça
CLR	Commonwealth Law Reports
CNP	Classificação Nacional de Profissões
CMLR	Common Market Law Reports
CNPD	Comissão Nacional de Protecção de Dados
CO	Comunicado Oficial
Colect.	Colectânea
CONI	Comitato Olímpico Nazionale Italiano
CP	Código Penal
CPC	Código de Processo Civil
CPT	Código de Processo do Trabalho
CRCSPSS	Código dos Regimes Contributivos do Sistema Previdencial de Segurança Social
CRP	Constituição da República Portuguesa
CSBP	Les Cahiers Sociaux du Barreau de Paris
CSC	Código das Sociedades Comerciais
CSDLEMA	Centro studi di Diritto del Lavoro Europeo "Massimo D'Antona"
CT	Código do Trabalho
Ctrav.	Code du Travail (França)
D.	Recueil Dalloz
DAR	Diário da Assembleia da República
DB	Der Betrieb
DCI	Diritto del Commercio internazionale. Pratica internazionale e diritto interno
D&D	Desporto & Direito. Revista Jurídica do Desporto
Dig.	Digesto
DiS.	Diritto e Societa
Dir.	O Direito
DL	Decreto–Lei
DLa	Documentación laboral

DLR	Drake Law Review
DLRI	Giornale di diritto del lavoro e delle relazioni industriale
DJ	Direito e Justiça
DP	Droit et Patrimoine
DPL	Diritto e Pratica del Lavoro
DPA	Data Protection Act (Reino Unido)
DPCE	Diritto Pubblico Comparato ed Europeo
DPCI	Droit et pratique du commerce international
DPMA	Deutsches Patent-und Markenamt
DQP	Diritto & Questioni Pubbliche
DS	Droit Social
DR	Diário da República
DRA	Diritto Romano Attuale
DRI	Diritto delle relazioni industriali
DRIG	Deutsches Richtergesetz
Dr. ouvrier	Droit ouvrier
Dr. soc.	Droit social
DUDH	Declaração Universal dos Direitos do Homem
EAT	Employment Appeal Tribunal
EBLR	European Law Business Law Review
ECL	European Current Law
Ed.	Edição
EDP	Europa e Diritto Privato
EJIR	European Journal of Industrial Relations
EJLE	European Journal of Law and Economics
El	Employment Law
EMLR	Entertainment and Media Law Review
EP	Economics and Philosophy
ESC	Estudos Sociais e Corporativos
Etc.	Et cetera
ET	Estatuto de los Trabajadores
EWiR	Entscheidungen zum Wirtschaftsrecht
EWCA	England and Wales Court of Appeal
EUA	Estados Unidos da América
EuZW	Europäische Zeitschrift für Wirtschaftsrecht
FCR	Family Court Review
Fest.	Festschrift
FDUL	Faculdade de Direito da Universidade de Lisboa
FDUNL	Faculdade de Direito da Universidade Nova de Lisboa

FDUP	Faculdade de Direito da Universidade do Porto
Fest.	Festschrift
FSR	Fleet Street Reports of Patent Cases
Gaz. Pal.	Gazette du Palais
GC	Giustizia Civile
GewO	Gewerbeordnung
GG	Grundgesetz für die Bundesrepublik Deutschland (Alemanha)
GI	Giurisprudenza Italiana
GLJ	German Law Journal
GJD	Guide Juridique Dalloz
HGB	Handelsgesetzbuch
HLR	Harvard Law Review
HRMR	Human Resource Management Review
ICLQ	International and Comparative Law Quarterly
ICR	Industrial Cases Reports
IDICT	Instituto de Desenvolvimento e Inspecção das Condições do Trabalho
IEFP	Instituto do Emprego e Formação Profissional
IGT	Inspecção Geral do Trabalho
IJCLLIR	The International Journal of Comparative Labour Law and Industrial Relations
ILJ	Industrial Law Journal
ILLR	International Labor Law Reports
ILR	Industrial Labour Review
ILRR	Industrial & Labor Relations Review
INP	Instituto de Novas Profissões
IRCT	Instrumento de Regulamentação Colectiva de Trabalho
IRLR	Industrial Relations Law Reports
ISLJ	International Sports Law Journal
ITR	Industrial Tribunal Reports
JC	Jurisprudência Constitucional
JCP G	Juris–classeur Périodique, édition générale
JCP E	Juris–classeur Périodique, édition entreprise
JCP S	Juris–classeur Périodique, édition sociale
JEP	Journal of Economic Perspectives
JOCE	Jornal Oficial das Comunidades Europeias
JPE	Journal of Political Economy
JT	Jurisprudencia Tributaria (Madrid)
JTT	Journal des tribunaux du travail

JZ	Juristen Zeitung (Tubinga)
KB	King's Bench
LBSS	Lei de Bases da Segurança Social
LCA	Lei do Contrato de Agência
LCCG	Lei das Cláusulas Contratuais Gerais
LCCT	Regime jurídico da Cessação do Contrato Individual de Trabalho e da Celebração e Caducidade do Contrato de Trabalho a Termo (DL n.º 69-A/89, de 27 de Fevereiro)
LCT	Regime Jurídico do Contrato Individual de Trabalho (DL n.º 49 408, de 24.11.1969)
LD	Lavoro e Diritto
LDA	Le Droit des Affaires
LDT	Lei da Duração de Trabalho
LF	Law & Finance
LFFF	Lei das Férias, Feriados e Faltas
LG	Lavoro nella Giurisprudenza
LPA	Les Petites Affiches
LPDP	Lei da Protecção de Dados Pessoais (Lei n.º 67/98, de 26.10)
LPFP	Liga Portuguesa de Futebol Profissional
LRCT	Lei das Relações Colectivas de Trabalho
LS	Liaisons Sociales
LTT	Lei do Trabalho Temporário
Lx.	Lisboa
Mass. Gl	Massimario di Giurisprudenza del Lavoro
MchLR	Michigan Law Review
MLR	Modern Law Review
MSCG	Materiali storia cultura giuridica
MTAS	Ministerio de Trabajo y Asuntos Sociales
N.º	número
N.E.2d	North Eastern Reporter, Second Series
NGCC	Nuova Giurisprudenza Civile Commentata
NGL	Notiziario di giurisprudenza del lavoro
NJW	Neue Juristische Wochenschrift
NLJ	New Law Journal
n.p.	não publicado
NZA	Neue Zeitschrift für Arbeitsrecht
OIT	Organização Internacional do Trabalho
OGL	Orientamenti di giurisprudenza del lavoro
P 2d	Pacific Reporter, Second Series

PDT	Prontuário de Direito do Trabalho
PE	Parlamento Europeu
PGR	Procuradoria-Geral da República
Pt.	Porto
PRT	Portaria de Regulamentação do Trabalho
PSRL	Proyecto social: Revista de relaciones laborales
PUF	Presses Universitaires de France
QCA	Quadro Comunitário de Apoio
QG	Questione Giustizia
QB	Queen's Bench
QL	Questões Laborais (Coimbra)
QDLRI	Quaderni di Diritto del Lavoro e delle Relazioni Industriale
RAP	Revista de Administración Pública
RBDC	Revista brasileira de direito comparado
RC	Revue des contrats
RCDDL	Rivista critica di diritto del lavoro privato e pubblico
RCTP	Relaciones Laborales: Revista crítica de teoría y práctica
RD	Real Decreto
RdA	Recht der Arbeit. Zeitschrift für die Wissenschaft und Praxis des gesamten Arbeitsrechts (München)
RDAI	Revue de droit des affaires internationales
RDC	Rivista di Diritto Civile
RDCom	Rivista di Diritto Commerciale e del Diritto Generale delle Obligazioni
RDE	Revista de Direito e Economia
RDES	Revista de Direito e Estudos Sociais (Lisboa)
RDF	Revue Droits Fundamentaux
RDI	Rivista di Diritto dell'Impresa
RDM	Revista de Derecho Mercantil
RDP	Rivista di Diritto Processuale
RDPri	Rivista di Diritto Privatto
RDS	Revista de Derecho Social
RDDS	Rivista di Diritto Sportivo
RDT	Revue de droit du travail
REDD	Revista Española de Derecho Deportivo
REDT	Revista Española de Derecho del Trabajo
RFDT	Revue Française de Droit Constitutionnel
RFDUL	Revista da Faculdade de Direito da Universidade de Lisboa
RFDUC	Revista de la Facultad de Derecho de la Universidad Complutense

RGD	Revista General de Derecho
RGEC	Revista do Gabinete de Estudos Sociais e Corporativos
RGICSF	Regime Geral das Instituições de Crédito e Sociedades Financeiras
RGL	Rivista giuridica del lavoro
REE	Revista de Estudos Europeus
RFTPCJ	Revue française de théorie, de philosophie et de culture juridiques
Rel	Tribunal da Relação
RGLPS	Revista Giuridica del Lavoro e della Previdenza Sociale
RI	Relation Industrielles
RIDL	Rivista Italiana di Diritto del Lavoro
RIDPC	Rivista italiana di diritto pubblico comunitário
RIE	Revista de instituciones europeas
RIDC	Revue Internationale de Droit Comparé
RIDE	Revue Internationale de Droit Économique
RIE	Review of International Economics
RIEJ	Revue interdisciplinaire d' études juridiques
RIT	Révue Internationale du Travail
RJAAFDL	Revista Jurídica da Associação Académica da Faculdade de Direito da Universidade de Lisboa
RJCSD	Regime Jurídico do Contrato de Serviço Doméstico
RJD	Revista Jurídica del Deporte
RJES	Révue Juridique et Éconómique du Sport
RJFD	Regime Jurídico das Federações Desportivas
RJO	Revue Juridique de l'Ouest
RJS	Revue de Jurisprudence Sociale
RL	Relaciones Laborales
RLJ	Revista de Legislação e Jurisprudência
RMP	Revista do Ministério Público
RMCUE	Revue du Marche Commun et de l'Union Européene
RMUE	Revue du Marché Unique Européen
ROA	Revista da Ordem dos Advogados
RPAED	Real Decreto dos Artistas em Espectáculos Públicos
RPC	Reports of Patent, Design and Trade Mark Cases
RPDS	Revue pratique de droit social
RPS	Revista de Politica Social
RS	Révue des Societés
RSAD	Regime Jurídico das Sociedades Anónimas Desportivas
RST	Revista Sociedade e Trabalho
RT	Revista dos Tribunais

RTDC	Revue Trimestrelle de Droit Civil
RTDE	Revue Trimestrielle de Droit Européen
RTDPC	Rivista Trimestrale di Diritto e Procedura Civile
RTSS	Revista de Trabajo y Seguridad Social
s. d.	sem data
SE 2d	South Eastern Reporter, Second Series
Segs.	seguintes
SEJ	Southern Economic Journal
SI	Scientia Ivridica
SJ	La Semaine Juridique
SJud.	Sub Judice. Justiça e Sociedade
SL	Statuto dei Lavoratori (Itália)
SLAP	Sports Law Administration & Practice
SLB	Sports Law Bulletin
SLJ	The Sports Lawyers Journal
SLF	Sports Law & Finance
SLJ	Sports Lawyers Journal
Soc.	Arrêt de la chambre sociale de la Cour de Cassation
SpuRt	Zeitschrift für Sport und Recht
SSL	Semaine Sociale Lamy
STA	Supremo Tribunal Administrativo
STJ	Supremo Tribunal de Justiça
STL	Stanford Law Review
STS	Sentencia del Tribunal Supremo (Sala de lo Social)
STSJ	Sentencia del Tribunal Superior de Justicia
T.	Tomo
TC	Tribunal Constitucional
TCAS	Tribunal Central Administrativo do Sul
TE	Travail et Emploi
TJ	Tribunal de Justiça das Comunidades Europeias
TUE	Tratado da União Europeia
TzBfG	Gesetz über und Teilzeitarbeit befristete Arbeitsverträge und zur Änderung und Aufhebung arbeitsrechtlicher Bestimmungen
UPLR	University of Pennsylvania Law Review
UGT	União Geral dos Trabalhadores
UNICE	União das Confederações da Indústria e dos Empregadores da Europa
USFLR	University of San Francisco Law Review
USLW	United States Law Week

USPQ	United States Patent Quarterly
UWG	Gesetz gegen den unlauteren Wettbewerb
V.	Veja
v.g.	verbi gratia (por exemplo)
Vd.	*Vide*
Vol.	Volume
Vs.	*Versus*
VSC	Victorian Supreme Court
WL	West Law
WLLR	Washington and Lee Law Review
WLR	Weekly Law Reports
WLT	Western Law Times
WLVR	West Virginia Law Review
WLWP	Warwick Law Working Papers
WMLR	William and Mary Law Review
WP	Working Paper
WULQ	Washington University Law Quarterly
ZSR	Zeitschrift für Sozialreform

Introdução

I. Enquadramento e importância do objecto de estudo

A importância jusfundamental da liberdade de trabalho corresponde à sagração de uma ideia, decantada ao longo da história pela consciência universal e enraizada na cultura civilizada, de uma visão humanista e personalista do Direito, que identifica a autonomia ética do Homem em toda a sua plenitude. Com o espaço reconhecível aos sujeitos laborais para convencionarem limitações à liberdade de trabalho a configurar, por isso, um tema candente e frutuoso, o silêncio das obras gerais, respaldo obrigatório das monografias, perdurou todavia durante largo período, sendo relativamente recente o corte com a patente escassez de estudos que tradicionalmente se associou ao tema.

A míngua de tratamentos globais devotados a estes acordos foi encontrando, contudo, uma certa uniformidade de análise no que a cláusulas específicas diz respeito – destacando-se, neste panorama, o tratamento científico relativo às cláusulas de não concorrência[1] –, que, embora com natural tendência para uma pesquisa tipologicamente polarizada, foi, tantas vezes com fundo casuístico, desvelando um importante pré-entendimento comum sobre a temática global das limitações introduzíveis à liberdade de trabalho, uma vez que "a pré-compreensão metodonomologicamente relevante (...) aparece cunhada por uma

---

[1] Entre nós, e do que se conhece, avulta a atenção específica prestada por Júlio Vieira Gomes em "As Cláusulas de Não Concorrência no Direito do Trabalho", *Juris et de Jure* (org. Manuel Afonso Vaz e José Azeredo Lopes), UCP, Porto, 1998, 933-968 e "Algumas novas questões sobre as cláusulas ou pactos de não concorrência em Direito do Trabalho", RMP 2011, n.º 127, 77-99, o estudo de Rita Canas Da Silva, "O pacto de não concorrência", RDES, ano XLV, 2004, n.º 4, 283-306 e a dissertação de mestrado de Sofia Silva e Sousa, com a publicação *Obrigação de não concorrência com efeitos "post contractum finitum"*, UCP, Lisboa, 2012.

dimensão normativa, o que justamente viabiliza a aproximação dos emergentes casos decidendos ao reconstituível horizonte da juridicidade, trazendo àqueles a correspondência deste pano de fundo"[2].

Estas convenções, que convocam directamente direitos fundamentais que não se esgotam na liberdade de trabalho, surgiram em razão de necessidades advenientes do tráfego económico, numa prática criadora que, reflectindo a complexificação do real, se foi arreigando paulatinamente e conhecendo novas funções e redesenhos normativos, dir-se-ia mesmo novas fronteiras na fixação dos termos e do conteúdo que conforma a sua estipulabilidade e a sua execução. Daí que a tarefa relativa à construção de uma categoria que conglobe os acordos em que o trabalhador limita a sua liberdade de trabalho, perante a miríade de questões envolvidas e a vastidão de problemas associados, implique uma análise que associe os novos rumos que o Direito do trabalho vem conhecendo às razões que vêm contribuindo para a difusão crescente deste conjunto de pactos e às sua múltiplas cambiantes contratuais.

Este processo, necessariamente complexo, envolve, por um lado, uma interpretação do *corpus* normativo que delimita esse espaço de auto-regulação e, por outro, o reconhecimento de que esse *corpus,* de forma não uniforme e sem necessidade de alterações formais, é também o resultado de uma evolução da sociedade e de fenómenos que vão fornecendo novos enquadramentos.

Ante a voga que vem conhecendo a perspectiva de que a necessidade de tutela dos interesses empresariais carece de novas esferas de protecção, o tema tem suscitado assinalável produção juscientífica noutros ordenamentos, onde, de um ponto de vista global, a regulação legal existente não é tão minuciosa[3] quanto a do sistema legal português, que cedo procurou dar resposta às necessidades de enquadramento prévio das limitações à liberdade de trabalho[4].

Fê-lo, no entanto, como procuraremos demonstrar, de forma parcial e necessariamente incompleta, sendo múltiplos os problemas que, de um lado, são potenciados pela regulação consagrada e que, de outro, se encontram para lá de qualquer previsão legal, num espaço em que se entrecruzam aspectos de áreas

---

[2] Fernando Pinto Bronze, *A Metodonomologia entre a Semelhança e a Diferença (Reflexão Problematizante dos Pólos da Radical Matriz Analógica do Discurso Jurídico)*, BFDVC, Coimbra Editora, Coimbra, 1994, 543 e 431, respectivamente.
[3] Nalguns casos é mesmo inexistente, entregando-se à doutrina e à jurisprudência o desenvolvimento de modelos de decisão, como é o caso do ordenamento francês.
[4] O primeiro enquadramento descobre-se no art. 36.º do Decreto-Lei n.º 47 032, de 27.05.1966, que, ocupando-se dos pactos de não concorrência e de permanência, transitou praticamente inalterado para o Decreto-Lei 49 408, de 24.11.1969 (LCT).

vizinhas do ordenamento laboral, sem que, contudo, a armadura constitucional do Direito do trabalho deixe de conhecer presença constante.

O ponto de partida é simples: o trabalhador renuncia a um direito, que é simultaneamente um direito fundamental e um direito de personalidade.

Tornando-se inevitável, a partir dessa assunção, um excurso sobre o enquadramento jusconstitucional cabível, sobre a aplicabilidade dos direitos fundamentais à relação de trabalho e sobre o envolvimento de alguns aspectos civilísticos de regime, a tarefa do intérprete-aplicador não pode contudo ignorar a recondução dos acordos ao universo juslaboral, pois eles surgem em razão de um encontro de vontades dos sujeitos laborais e implicam o conceito de trabalho livre, que é, afinal, a essência do contrato de trabalho.

Sem prejuízo dessa conexão funcional, tal não significa, todavia, o desenvolvimento de uma análise dos acordos que se concentre no estudo sobre o contrato de trabalho: as suas inúmeras implicações, a impossibilidade de uma simples legitimação formal axiomática nos interesses de que o contrato de trabalho prossegue e a diversidade de aspectos suscitados justificam uma análise metodológica exclusiva, que, procurando uma justificação material para a sua atendibilidade, encontra na base juspositiva o caminho que dá cor à realidade dogmática de um conjunto de acordos em que a renúncia do trabalhador à *sua* liberdade de trabalho alcança uma dimensão que está para lá da que se encontra associada à perspectiva de que se cuida de uma mera cláusula acessória do contrato de trabalho.

Assentando sobre uma realidade social singular e diferenciada, os paradoxos que os acordos potenciam, numa época em que a inexistência de trabalho assume foros de flagelo social, são vários: paga-se para que alguém não trabalhe e não se consegue pagar a quem trabalha ou a quem quer trabalhar; clama-se por inovação e competitividade e priva-se a sociedade dos benefícios potencialmente advenientes do saber e da laboração de quem se sujeita convencionalmente ao compromisso de não trabalhar; invocam-se novas necessidades de mobilidade no mercado de trabalho e cristalizam-se os vínculos laborais, procurando obviar-se a novas transições profissionais.

Tratando-se de uma valoração que incorpora as críticas autorizadas que os acordos de limitação à liberdade de trabalho têm suscitado e que não se atém aos efeitos jurídicos imediatos que eles produzem[5], importará considerar os sub-

---

[5] Topa-se com o fenómeno de *internalização* do problema da consequência como critério da dogmática jurídica, que, como nota Niklas Luhmann, *Sistema Jurídico y Dogmatica Jurídica* (trad. Ignacio de Otto Pardo de *Rechtssystem und Rechtsdogmatik*), Centro de Estudios Constitucionales, Madrid, 1983, 76-80, traduz-se na *transformação de interdependências externas em interdependências internas*, já

sídios de outros ramos do saber que, sem preterição de uma instância crítica de apreciação fundada em valores ético-jurídicos, alargam o horizonte cognoscitivo necessário à caracterização da realidade subjacente.

Reflectir sobre as conexões entre a liberdade e o trabalho implica, por isso, levantar questões à sociedade sobre a sua organização, sobre o funcionamento da economia, sobre os modelos de relações laborais existentes e, naturalmente, sobre a existência ou não de limites ao funcionamento do mercado.

Significa ainda, no nosso horizonte de análise, a definição do grau e da medida em que a liberdade de trabalho é actuada perante a sua colisão com a liberdade do mercado e com a autonomia privada, na premissa de que, perante as múltiplas implicações dos acordos, não haverá uma única resposta para todas as perguntas e de que, sem dúvida, haverá diferentes níveis de análise para cada uma delas[6].

II. Sequência da exposição e método

Descrito o enquadramento adoptado, na primeira parte do estudo faz-se uma exposição histórica do contexto relativo ao trabalho por conta de outrem e um bosquejo acerca do conceito de liberdade subjacente ao exercício de uma actividade laboral, já que não há instituição jurídica que seja inteiramente inteligível sem uma análise da sua origem e do seu desenvolvimento.

A forma que seguimos aí, é, nos limites da sua brevidade, e sem qualquer polarização exclusivamente jurídica, a que combina a multiplicidade de aspectos que envolvem a prestação de trabalho, procurando-se, por um lado, atender às variáveis económicas, sociais e culturais que conformaram e hoje reconformam o Direito do trabalho, e, por outro, tratar o conjunto de aspectos associados à renúncia a um direito fundamental e, simultaneamente, à limitação a um direito de personalidade.

Tal análise, que passa pela localização dos acordos de limitação à liberdade de trabalho no largo espectro de fórmulas negociais que surgem como uma eventualidade face à situação laboral de frequência média, não implica, contudo, uma composição global do quadro das cláusulas, pactos ou acordos associáveis ao contrato de trabalho. A nossa análise centrar-se-á nos acordos de

---

que, de contrário, produz-se uma *renúncia* à reflexão sobre o carácter sistemático da relação da actividade jurídica com o meio social a que aquela se predestina.

[6] Tomamos de empréstimo as palavras utilizadas por RICHARD RORTY, "Is 'Post-modernism' Relevant to Politics?", *Truth, Politics and 'Post-Modernism'. Spinoza Lectures*, VanGorcum, Amesterdão, 1997, 23-4, na segunda das conferências ministradas no curso de Filosofia da Cátedra Espinoza, em Amsterdão.

limitação à liberdade de trabalho, designadamente, mas não exclusivamente, nas modalidades típicas que o sistema oferece aos sujeitos como possibilidades auto-constituintes de salvaguarda de interesses empresariais cuja protecção se revele atendível.

Esta necessidade de protecção, que foi sendo isolada e identificada pela doutrina como o interesse sério que justifica o reconhecimento sistemático deste tipo de acordos, implica uma dissecação da natureza dos instrumentos utilizáveis com vista à consecução desse fim e o recorte do alcance que *in concreto* eles apresentam, num mosaico auto-regulativo que, embora com restrições evidentes, vai aparecendo composto por fórmulas negociais diversificadas, tantas vezes tangentes com os tipos que a lei oferece como aptos à limitação da liberdade de trabalho e que, no seu cerne, convocam a questão de saber se a regulação legal existente deixa margem para a validade de instrumentos negociais de renúncia à liberdade de trabalho que não encontram reconhecimento legal expresso.

Buscamos aí uma aproximação ao sistema que, percorrendo as regulações consagradas e a complexidade das situações previstas, visa recortar sem deduções axiomáticas a caracterização tendencialmente genérica dos traços destes acordos, delimitando os seus vectores.

Tratando-se de uma "simplificação redutiva facultada pela dogmatização ascendente das suas proposições"[7], a ideia desenvolve-se em torno de uma esquematização que viabilize a construção do cerne dos modelos singulares de decisão postulados pelas múltiplas incidências prático-problemáticas dos acordos de limitação à liberdade de trabalho.

Na segunda e na terceira partes do estudo, analisam-se, ponto por ponto, os aspectos concretamente associados a cada um dos pactos que o sistema admite e que, só após o seu tratamento e uma adequação valoração da forma como os sujeitos conformaram os seus interesses, se poderão já reconduzir à categoria de acordos de limitações à liberdade de trabalho.

A arrumação sistemática adoptada quanto ao tratamento dos pactos aparece dicotomizada a partir do decurso/cessação do contrato de trabalho, e, sem prejuízo dos efeitos imediatamente produzíveis com a sua celebração, será o momento a partir do qual as limitações convencionadas operam *de pleno*, que, em função do direito ao trabalho e da (in)existência de uma situação de subor-

---

[7] Assim, ANTÓNIO MENEZES CORDEIRO, *Da Boa Fé no Direito Civil*, Almedina, Coimbra, 1997, 1258, em saliência de que a sistematicidade do Direito resulta demonstrável do conhecimento da dogmática jurídica, baseando-se em tarefa juscientífica de redução do cerne dos modelos singulares de decisão a pontos de vista unitários.

dinação jurídica, se separam os diferentes acordos que o sistema permite que os sujeitos laborais convencionem.

Grande parte do enquadramento desenvolvido a propósito dos pactos legalmente típicos encontra-se, com adaptações, aplicado aos demais acordos incidentes sobre a liberdade de trabalho, justificando-se a remissão, a propósito de cada um deles, para alguns dos desenvolvimentos entretanto estabelecidos.

Exemplo mais saliente do que acabamos de dizer encontra-se no tratamento dado aos pactos de exclusividade, com a análise de muitos dos aspectos convocados por estes acordos a aparecer cartografada nas partes relativas ao tratamento dos aspectos de regime dos pactos legalmente típicos, face às afinidades funcionais entre os acordos e perante a desnecessidade, previamente verificada, de desenvolvimentos replicados acerca do tratamento infundível a muitas das questões, que, situando-se em plano axiologicamente idêntico, tanto se aproximam do enquadramento estabelecido a propósito dos pactos de permanência como dos pactos de não concorrência[8].

Sendo a partir dessa análise que se efectuam delimitações, se colmatam lacunas e se harmonizam soluções, houve particular preocupação com uma análise económica de epifenómenos que, na manualística laboral, em razão da sua índole, aparecem com um enfoque estritamente jurídico, procurando-se alargar os contextos de análise e recolher os benefícios da interdisciplinaridade científica.

Do mesmo modo, e a propósito de cada um dos aspectos analisados, desenvolve-se uma aproximação ao Direito estrangeiro, destacando-se a análise de ordenamentos tradicionalmente alheios à juslaboralística portuguesa – como o anglo-saxónico –, onde os acordos de limitação à liberdade de trabalho começaram por fazer o seu caminho, com a elaboração de casos típicos e dos pontos de vista valorativos correspondentes a cada um deles a beneficiar em muito a exegese convocada pela multiplicidade de acordos que o tráfego jurídico oferece.

Aprumando-se naturalmente cautelas na transposição das soluções colhíveis noutros ordenamentos, muitas das referências descritivas que aí se encontram têm contudo manifesta utilidade na elaboração de propostas de política legislativa, construídas a partir das constelações típicas de hipóteses com maior presença na literatura e na *praxis* jurisprudencial, permitindo, assim, e sempre que tal se justifique, a formulação de juízos críticos sobre os modelos que a legislação portuguesa desenha.

---

[8] Igualmente: CRUZ VILLALÓN, *Estatuto de los Trabajadores Comentado*, Tecnos, Madrid, 2003, 298.

Não perdendo de vista que o *Direito, de uma parte, faz-se, e que, de outra, descobre-se*, é no entanto a partir da realidade laboral portuguesa que, com base nas soluções constitucionais e legais vigorantes, se vai desenhando o enquadramento dos acordos de limitação à liberdade de trabalho e o tratamento dos vastos aspectos de regime subjacentes, analisando-se as diferentes questões e tentativas de solução que afloram na doutrina e na jurisprudência nacionais, cujo papel mediador, facultando a construção de pontos de referência essenciais e a unidade das soluções obtidas, permite a reelaboração dogmática do material jurídico pré-fornecido pela lei.

Face ao que precede, o roteiro a seguir, embora sem segmentações estanques, decompor-se-á em três grandes partes:

    I – Autonomia privada e liberdade de trabalho
    II – Pactos com projecção no decurso do contrato de trabalho
    III – Pactos com projecção pós-contratual

Capítulo I
Autonomia Privada e Liberdade de Trabalho

SECÇÃO I – O princípio da liberdade de trabalho

I. Sentido genérico

1. A liberdade de trabalho encerra uma questão central para as sociedades contemporâneas. Se o trabalho é o principal meio de aquisição dos rendimentos que permitem aos cidadãos viver e é um atributo exclusivo do ser humano, ele representa insofismavelmente uma "componente essencial do modo de vida de cada um de nós"[9].

Estando no centro da actividade social, é através do trabalho que se exprime o mais alto grau da humanidade, que se manifesta a simbiose da criação de valores com a definição de seres sociais e que se produzem bens ou serviços com valor económico.

Com o exercício de uma actividade profissional, para lá do meio de sustento representado, a ser um factor essencial à construção da identidade individual (qual "facto social total"[10]), o homem deve ser livre para trabalhar e para organizar a sua vida para além do trabalho, estando aí, nessa liberdade que permite a cada um angariar meios para subsistir segundo a sua vontade e a sua preferência e no "direito de desenvolver as suas capacidades pessoais numa actividade útil à colectividade"[11], a caução efectiva das liberdades fundamentais do ser humano: a liberdade, enquanto valor que inculca o livre arbítrio, determina todas as acções

---

[9] Jorge Leite, *Direito do Trabalho*, vol. I, Serviço de textos da U. C., Coimbra, 1998, 5.
[10] Dominique Meda, *O Trabalho – Um valor em vias de extinção*, Fim de Século, Lisboa, 1999, 25.
[11] Assim Alain Supiot, "Le travail, liberté partagée", DS 1993, n.os 9/11, 721, que lapidarmente refere: a liberdade de trabalho não se resume a dinheiro.

da Pessoa. E, uma delas, cuja essencialidade é manifesta, diz respeito ao desenvolvimento de uma actividade produtiva, que deve traduzir, no plano regulativo, o valor ético da prestação do esforço humano e a sua importância na realização auto-constituinte de cada um[12].

Afastando-se a existência de sucessões históricas com cortes radicais, a liberdade de trabalho coeva, embora com interstícios, firma-se definitivamente com o arreigamento do juslaboralismo, com a definição de contornos do contrato de trabalho subsequente ao arrendamento de serviços e a consagração de direitos sociais, com a identificação de que a relação de trabalho tem um carácter pessoal, na qual o trabalhador se compromete e projecta a sua personalidade, e, sobretudo, com o reconhecimento de que a liberdade é um direito que todo o ser humano adquire com o nascimento[13] (*todos os homens são por natureza livres e independentes*[14]) ou, em epítome, com a imanente dignidade do Homem[15].

Hoje, o trabalho significa uma actividade livre desenvolvida por um homem livre, conservando-se a ideia, que fez curso nas sociedades ocidentais, de que a

---

[12] COSTANTINO MORTATI, "Il lavoro nella Costituzione", *Il Diritto del Lavoro*, vol. XXVIII, Roma, 1954, 152 e FRIEDHELM HUFEN, "Berufsfreiheit – Erinnerung an ein Grundrecht (Mainzer Antrittsvorlesung)", NJW 1994, 2913.

[13] Retendo-se que a escravidão foi desde sempre associada ao nascimento, num fenómeno que estava para lá da vontade, do mérito ou da capacidade do ser humano. Como fazia notar MARNOCO E SOUZA, *História das Instituições do Direito Romano, Peninsular e Português* (3.ª ed.), França Amado, Coimbra, 1910, 54-6, eram considerados escravos todos os que nasciam de mãe escrava, exceptuando apenas aqueles cuja mãe tivesse sido livre em qualquer período de gestação. Entre outros, também: DAVID TURLEY, *História da Escravatura* (trad. Maria Augusta Júdice), Teorema, Lisboa, 2000, 21.

[14] Na conhecida proclamação da Declaração de Direitos da Virgínia (*The Virginia Bill of Rights*), da autoria de Georges Mason (12.06.1776), que enformou as leis fundamentais, embora descompassadas, da época liberal.

[15] Como refere LUÍS CARVALHO FERNANDES, *Teoria Geral do Direito Civil*, Vol. I (2.ª ed.), Lex, Lisboa, 1996, 64, "a personificação jurídica de todo o ser humano prende-se com a imanente dignidade do Homem, fim em si mesmo, e com uma concepção humanista e cristã, desde longa data dominante na sociedade portuguesa e que veio a ter plena expressão com a revogação – já longe no tempo – da escravatura". Neste sentido, como enfatiza J. M. CARDOSO DA COSTA, "O princípio da Dignidade da Pessoa Humana na Constituição e na Jurisprudência Constitucional Portuguesas", *Direito Constitucional – Estudos em Homenagem a Manoel Gonçalves Ferreira Filho* (dir. Sérgio Resende de Barros/Fernando Aurélio Zilveti), Dialética, São Paulo, 1999, 191, «afirmar a "dignidade da pessoa humana" é reconhecer a autonomia ética do homem, de cada homem singular e concreto, portador de uma vocação e de um destino, único e irrepetíveis, de realização livre e responsável, a qual há-de cumprir-se numa relação social (e de solidariedade comunitária) assente na igualdade radical entre todos os homens – tal que nenhum deles há-de ser reduzido a mero instrumento ou servo do "outro" (seja outro homem, seja o Estado)».

dignidade do indivíduo assenta ao mesmo tempo no seu trabalho e no seu exercício de cidadania[16] e de que este com o trabalho tem o "poder de exprimir a sua própria personalidade e de manifestar a sua própria dignidade"[17].

Contudo, a História revela que esta conquista da humanidade, que implica na sua essência que cada um possa decidir e atingir a sua condição social de acordo com o seu esforço e a sua vontade[18], foi vicissitudinária, pouco linear, marcada por desníveis de estádios de desenvolvimento e por diferenças de concepções ético-filosóficas e, no plano cronológico, absolutamente insegmentável: se a caracterização do Direito como um fenómeno da vida implica que os fenómenos subjectivos acerca da sua vigência que ultrapassam a vida dos indivíduos sejam o produto de fenómenos secundários de consciência que se integram numa evolução causalmente determinada da espécie humana[19], a liberdade de trabalho, liga-se, antes do mais, à evolução da civilização, ao desenvolvimento da *condição humana* e às múltiplas formas de exploração[20], numa confluência de factores económicos, sociais e psicológicos que, reflectindo uma base juscultural, foram redefinindo o conceito de liberdade e redesenhando o valor social do trabalho, num processo de enriquecimento crescente.

O facto de, desde a Antiguidade até à Idade Média, a disciplina jurídica do trabalho aparecer vertida em institutos jurídicos de âmbito mais ou menos genérico, como o das várias formas de propriedade (para regular a escravidão, a adscrição à terra e o colonato) ou o da locação (para regular as relações de serviço livre, já que o trabalho era assimilado a uma coisa que o seu titular aluga), implicou que a natureza mobiliária da força de trabalho aparecesse associada a um enquadramento mercantil do trabalhador, desconhecendo-se qualquer ligação conceptual entre liberdade e actividade profissional.

---

[16] Cfr. Spagnuolo Vigorita, "Professione e Lavoro (Libertà di)", *Novissimo Digesto Italiano* XIV, Utet, Turim, 1967, 14 e Dominique Schnapper, *Contra o fim do trabalho*, Terramar, Lisboa, 1997, 20.
[17] Antonio Baldassarre, "Libertà", *Enciclopedia giuridica*. *XIX*, Treccani, Roma, 1990, 1-32 (7).
[18] Indispensável a obra de Henry Maine, *From Status to Contract* (1861) que contém a substância da chave social libertadora do Homem, rompendo com a ideia de que este tinha o seu destino social pré-fixado, com um estatuto determinado à nascença. Aí, Maine indissocia o progresso da passagem de um *estatuto* (posição pré-definida) ao *contrato* (compromisso voluntário), através do qual, e mediante o exercício da sua vocação, o homem se constrói como ser pleno, encontrando-se apto a contribuir para o desenvolvimento da civilização: cfr. Raymond Cocks, *Sir Henry Maine: A Study in Victorian Jurisprudence*, Cambridge University Press, Cambridge, 1998, 169-175.
[19] Franz Wieacker, *História do Direito Privado Moderno* (3.ª ed.), Gulbenkian, Lisboa, 2004, 654.
[20] Jean Savatier, "La liberté dans le travail", DS 1990, n.º 1, 49.

a) Origem e evolução

2. Através da contraposição histórica entre *status* e *contractus*, e sem prejuízo de múltiplas cambiantes que em latitudes diversas e em diferentes períodos históricos moldaram o princípio da liberdade de trabalho, as grandes categorias que conexionaram a condição humana com o enquadramento relativo ao aproveitamento da força de trabalho referem-se, em pontos nucleares que são dominantes, à escravatura, à servidão e ao trabalho livre.

Acantonando-se no espaço europeu, por razões sistemáticas e sem compartimentações estanques do *continuum* histórico, o trabalho escravo à Antiguidade, o trabalho servil ou vinculado à Idade Média e o trabalho livre à Idade Moderna[21], a escravidão, que se baseava numa relação de propriedade sobre o sujeito que desenvolvia o trabalho (*res*), foi, inquestionavelmente, a mais importante forma de aproveitamento do trabalho na Antiguidade[22].

Os escravos eram juridicamente uma mercadoria, "não pessoas mas cousas, reputando-se mortos"[23]. Eram cedíveis, transferíveis, vendáveis, à margem da sua vontade, segundo o Direito civil[24], que regulava a sua propriedade, a compra e venda e o arrendamento de bens em geral, via conceptual que, sem alterações significativas, transitou da Grécia Antiga[25] para o Direito Romano[26].

---

[21] Seguimos, neste plano, BORRAJO DA CRUZ, *Introducción al Derecho del Trabajo* (10.ª ed.), Tecnos, Madrid, 1999, 55.

[22] ALONSO OLEA, *Introdução ao Direito do Trabalho* (trad. Guilherme de Vasconcelos), Coimbra Editora, Coimbra, 1968, 78 e ss. e JEAN ALLAIN, *Slavery in International Law: Of Human Exploitation and Trafficking*, Martinus Nijhoff, Leida, 2013, 12 e ss..

[23] Assim, BORGES CARNEIRO, *Direito Civil de Portugal*. Tomo 1, 1858, 96, salientando que "todo o homem se presume livre", embora fosse "escravo de alguém aquele que nasce de escrava sua, segundo o axioma de que o parto segue o ventre". Ainda: SEBASTIÃO CRUZ, *Direito Romano (ius romanum)* (4.ª ed.), Almedina, Coimbra, 1984, 62.

[24] GEORGES LEFRANC, *História do Trabalho e dos Trabalhadores* (trad. Elisa Amado Bacelar), Europress, Lisboa, 1988, 59-65 e, desenvolvidamente, ISABEL GRAES, "Estatuto Jurídico dos escravos em Roma", *Estudos em honra do Professor Ruy de Albuquerque*, Coimbra Editora, Coimbra, 2006, 533-620.

[25] A escravatura, segundo ARISTÓTELES, *Política* (trad. António Campelo Amaral/Carlos Carvalho Gomes), Presença, Lisboa 1970, 43, era tida como "coisa justa e necessária" e como condição para a obtenção de cultura, uma vez que esta dependia dos homens ricos e ociosos e esse *status* não era possível sem a existência de escravos. Com o reconhecimento da cidadania na Grécia a implicar que o indivíduo não trabalhasse, "labor sordidus et contumeliousus" (Séneca: Epist. 88/22) ou, na visão de Cícero sobre o *operarius*, "Illud tame de Chysipo: nam de altero illo minus sum admiratus, operario homine": cfr. DE ROBERTIS, *Lavoro e lavoratori nel mondo romano*, Adriatica editrice, Bari, 1963, 56 e ss., REINHARD ZIMMERMANN, *The Law of Obligations: Roman Foundations of the Civilian Tradition*, Oxford University Press, Oxford, 1996, 388, MICHEL VILEY, *Le Droit Romain* (10.ª ed.), Puf, Paris, 2005, 58-8 e HENRIK MOURITSEN, *The Freedman in the Roman World*, Cambridge University Press, Cambridge, 2011, 18-9. Neste período, como fez notar HANNAH ARENDT, *A Condição Humana* (trad.

Sendo esse o regime-regra, e com o desenvolvimento da República, foram, porém, emergindo situações em que alguém exercia o seu trabalho por conta alheia em regime de liberdade, enquadradas sob o signo da locação de escravos alheios. Cuidava-se de escravos manumitidos, de homens da plebe que não eram proprietários e que surgiam no mercado a oferecer os seus serviços de índole manual: os *servi*, *mancipia* ou *homines*, pertencem em propriedade aos seus donos, sendo ao mesmo tempo *res* e *personae*[27].

Os ora libertos, cuja condição de homens livres se processava através de decisão do seu amo (manumissão)[28], ficavam, todavia, obrigados a determinadas prestações de serviços a favor do antigo amo (*patronus*), obrigação (*obsequium*) que, com o decurso do tempo, se associou também à promessa feita pelo liberto para obter precisamente essa libertação[29] e que, até à *Aelia Sentia*[30], tanto se materializava na prestação de serviços perante o patrono (*operae officiales*) como perante terceiros (*operae fabriles*)[31].

Roberto Raposo), Relógio de Água, Lisboa, 2001, 50, "(n)enhuma actividade que servisse apenas para garantir o sustento do indivíduo, para alimentar apenas o processo vital, era digna de entrar na esfera política".

[26] Assim: David Turley, *História da Escravatura* (2000), cit., 22 e ss., James Walvin, *Uma História da Escravatura* (trad. Jorge Palinhos), Tinta da China, Lisboa, 2008, 15-8 e, entre nós, A. Santos Justo, "A escravatura em Roma", BFDUC 1997, v. 73, 19-33. Com a guerra a postar-se como fonte essencial da escravidão, a segunda guerra púnica marca o início de uma sucessão de guerras que visaram também o abastecimento dos mercados de Roma com grandes contingentes de escravos.

[27] Enquanto *personae aliena iuris* encontram-se sob a *potestas* (*hoc sensu*: propriedade) do seu dono. Cfr. Mario Bretone, *História do Direito Romano*, Estampa, Lisboa, 1998, 217, Max Kaser, *Direito Privado Romano* (trad. Samuel Rodrigues/Ferdinand Hämmerle), Gulbenkian, Lisboa, 1999, 107 e 111 e ss. e Gisella Bassanelli Sommariv, *Lezioni di diritto privato romano*. Vol. III, Maggioli, Dogana, 2012, 41.

[28] A libertação tanto podia ocorrer em razão da gratidão pela prestação de serviços relevantes, como para assinalar determinadas festividades: Georges Lefranc, *História do Trabalho e dos Trabalhadores* (1988), cit., 59, Max Kaser, *Direito Privado Romano* (1999), cit., 113-4, Michèle Bonnechère, *Le Droit du Travail*, La Découverte, Paris, 2008, 7 e Henrik Mouritsen, *The Freedman in the Roman World* (2011), cit., 11. Acontecia ainda, embora não tão frequentemente, em situações de proximidade da morte por parte dos senhores, que assim sinalizavam os seus escravos predilectos, como retrata Federico Del Giudice, *Compendio di Istituzioni di Diritto Romano*, Simone, Nápoles, 2010, 21.

[29] Estes serviços, como define Adolf Berger *Encyclopedic Dictionary of Roman Law*, Vol. 43, The American Philosophical Society, Filadélfia, 1991, 609, designaram-se *operae liberti*.

[30] Cfr. William Warwick Buckland *A Text-Book of Roman Law: From Augustus to Justinian*, Cambridge University Press, Cambridge, Nova Iorque, 2010, 573 e Federico Del Giudice, *Compendio di Istituzioni di Diritto Romano*, cit., 2010, 24.

[31] Com o *plus* de, como assinalam Cristoforo Cosentini, "Libertini (Diritto Romano)", *Novissimo Digesto Italiano* IX, Utet, Turim, 1963, 881-2 e William Warwick Buckland *A Text-Book of Roman Law* (2010), cit., 77, o liberto se obrigar a dar uma parte da retribuição ao antigo amo.

Foi neste período que, pressentindo-se a necessidade de apartar a locação de escravos alheios da locação de homens livres (*i. e.*, aqueles que tinham um *status* pessoal e que apenas pontualmente eram arrendados), surgiu a *locatio conductio operarum*: distinguindo-se da locação de coisas (embora integrável numa modalidade de locação *lato sensu*), o instituto enquadrava os serviços prestados por homens livres (*se locare operas suas locare*[32]), a troco de uma remuneração (*merces*), necessariamente em dinheiro e inafastável pelos sujeitos[33].

Com o Digesto de Justiniano (século VI) a consagrar três categorias isoláveis quanto ao aproveitamento do trabalho humano: *(i)* os serviços dos escravos, regulados no Título VII do Livro VII (*De operis servorum*), *(ii)* as acções de locação, contempladas no Título II do Livro XIX (*Locati conducti*)[34] e *(iii)* os serviços dos libertos, acolhidos no Título I do Livro XXXVIII (*De operis libertorum*), a *locatio conductio operarum*, que tinha como objecto o desenvolvimento de uma actividade por homens livres, era contudo residual face ao trabalho de escravos ou de libertos e, embora de forma não unívoca, teve uma importância não hiperbolizável: a mais do predomínio esclavagista[35], apenas se arrendavam os serviços de ordem inferior[36] e encontravam-se excluídos os serviços inestimáveis (*operae*

---

[32] Antonio Menezes Cordeiro situa, por isso, a génese histórica da *locatio-conductio operarum* e do contrato de trabalho no domínio dos princípios e normas gerais do Direito das Obrigações (parte especial). Cfr. "Da situação jurídica laboral: perspectivas dogmáticas do Direito do Trabalho", ROA 1982, I, 90.

[33] Adolf Berger *Encyclopedic Dictionary of Roman Law*, Vol. 43 (1991), cit., 567 e Federico Del Giudice, *Compendio di Istituzioni di Diritto Romano* (2010), cit., 190.

[34] A *locatio conductio rei* (objecto: coisa), a *locatio conductio operis* (objecto: realização de obra) e a *locatio conductio operarum* (objecto: prestação de uma actividade). Como referem, entre vários, Wolfgang Hromadka & Frank Maschmann, *Arbeitsrecht Band I: Individualarbeitsrecht*, Springer, Heidelberg, 2012, 2-3, é ainda no âmbito da *locatio conductio operarum* que se firma a contraposição entre os pressupostos subjacentes ao aproveitamento da actividade de alguém que desenvolve o seu trabalho (*operae*) e os que delimitavam a execução de uma obra, geralmente de natureza manual (*opus*), surgindo, *hoc sensu*, a *locatio conductio operis* para enquadrar esta modalidade. Neste sentido, veja-se ainda A. Santos Justo, "Locatio-conductio operis", *Estudos em Homenagem ao Prof. Doutor Manuel Henrique Mesquita*. Vol. I (org. Diogo Leite de Campos), Coimbra Editora, Coimbra, 2009, 1023-1057 (1027), salientando a diversidade de fins associável à *locatio-conductio operis* (aprendizagem de uma profissão, transporte de coisas, fabrico de vestuário, etc.) e enfatizando a multiplicidade de critérios utilizados para distinguir a *locatio-conductio operis* da *locatio-conductio operarum* (1041-2).

[35] Mary Beard & John Henderson, *Antiguidade Clássica: o essencial* (trad. Maria Helena Cobeira), Gradiva, Lisboa, 1996, 63-4 e Reinhard Zimmermann, *The Law of Obligations* (1996), cit., 389-390.

[36] O Digesto contemplava, no entanto, a consagração de períodos de descanso para que o homem livre cuidasse da sua saúde e do descanso (Livro 38, Título I, §26), admitindo-se também o exercício de actividades no mesmo "negócio, na mesma cidade e sítio (...) conquanto o patrono não sofra

liberales)[37], contexto que, ante a concepção social do trabalho moderno e o ideário económico e social que conformava a sociedade romana, ainda hoje alimenta dúvidas acerca da adstrição genética do contrato de trabalho à *locatio conductio operarum*[38], cuja compreensão era exclusivamente jurídico-patrimonial[39].

Não esquecendo a imagética de que "freedom has a thousand charms to show, that slaves, however contented, never know"[40], a servidão, por seu turno,

---

qualquer prejuízo" (Livro 38, Título I, §45). A exigência de trabalho era efectivável através da *actio conducti*, com o *locator* a dispor da *actio locati* com vista a garantir o pagamento da retribuição devida. Ainda: ADOLF BERGER *Encyclopedic Dictionary of Roman Law*, Vol. 43 (1991), cit., 567.

[37] Que, como acentua REINHARD ZIMMERMANN, *The Law of Obligations* (1996), cit., 388-391, eram geralmente prestados de forma gratuita pelos membros das classes superiores, sendo enquadráveis na figura do mandato.

[38] Sobre os termos da questão, entre nós M.ª ROSÁRIO PALMA RAMALHO, «"De la servidumbre al contrato de trabajo", deambulações em torno da obra de Manuel Alonso Olea e da singularidade dogmática do contrato de trabalho», *Estudos de direito do trabalho em Homenagem ao Prof. Manuel Alonso Olea* (coord. António Monteiro Fernandes), Almedina, Coimbra, 2004, 529-545, afasta, com base na reduzida liberdade dos trabalhadores, a filiação do contrato de trabalho moderno na *locatio conductio operarum*, entrevendo-se igualmente essa perspectiva em BERNARDO LOBO XAVIER, *Manual de Direito do Trabalho* (col. Pedro Furtado Martins/António Nunes de Carvalho/Joana Vasconcelos/Tatiana Guerra de Almeida), Verbo, Lisboa, 2011, 41, e em JÚLIO VIEIRA GOMES, *Direito do Trabalho. Relações Individuais de Trabalho*, Coimbra Editora, Coimbra, 2007, 17-8, ao considerar, mais vastamente, que um sistema social que realizava a regulamentação da maior parte do trabalho através da escravatura e de regras dos direitos das coisas não pode ser valorado como antecedente lógico-científico do Direito do trabalho moderno. Em sentido que lemos diverso: ANTÓNIO MENEZES CORDEIRO, *Manual de Direito do Trabalho*, Almedina, Coimbra, 1997, 35-6 e LUÍS MENEZES LEITÃO, *Direito do Trabalho*, Almedina, Coimbra, 2010, 25.

[39] Salientando o ponto: GIUSEPPE FERRARO, *Diritto dei contratti di lavoro*, Il Mulino, Bolonha, 2011, 36. No ordenamento germânico, esta concepção exclusivamente jurídico-patrimonial do contrato de trabalho foi afastada pelo BGB, ganhando vigor, conforme faz notar PLANITZ, *Principios de Derecho Privado Germanico* (trad. Carlos Melon Infante), Bosch, Barcelona, 1957, 246-7, as ideias do Direito alemão elaboradas sobre o dever de assistência que, na perspectiva de OTTO VON GIERKE, *Las raíces del contrato de trabajo* (trad. Barreiro González), Civitas, Madrid, 1982, 55, não permitem situar a génese do contrato de trabalho germânico na *locatio conductio* romana, mas num instituto incluído no Direito das Pessoas: o "contrato de serviço fiel". Este será aliás o ângulo de análise seguido por GIERKE em comentário crítico ao primeiro projecto do BGB, que, por via da reivindicação da natureza pessoal do contrato de serviços do direito germânico, abriu caminho ao surgimento de uma regulação específica sobre a relação de trabalho e serviu de lastro às teoria da incorporação (POTTHOFF ou SIBERT), que viram no carácter pessoal da relação de trabalho uma dimensão comunitária, situando, em paralelo ou em substituição do contrato, como factor estruturante da situação que envolve o trabalhador a sua incorporação na empresa e que em França, embora com pendor marcadamente sociológico, encontraram eco, no que à insuficiência das teorias contratualistas diz respeito, no institucionalismo formulado por HAURIOU, posteriormente desenvolvido por RENARD.

[40] O verso pertence a WILLIAM COWPER e é recordado por AMARTYA SEN, *Development as freedom*, Oxford University Press, Oxford, 2001, 298.

tendo conhecido voga com o sistema feudal e coexistindo com a escravatura *stricto sensu*[41], implicava o trabalho forçado dos servos, a troco de protecção, nos campos dos senhores de terras[42], manifestando-se tanto na adstrição à terra (*adscriptus glebae*) quanto na adstrição ao senhor (*adscriptus personam*) selada com um juramento (*hominium*), embora estes, por contraste com os escravos, fossem titulares de direitos, como o direito de arrendar terras para subsistência, não sendo, *qua tale*, isoladamente vendáveis[43].

Se raramente os servos tinham licença para se deslocar para outras terras – Bracton dizia que os homens eram *aut liberi aut servi*[44], condição originada por nascimento, cativeiro, insolvência, delito, casamento e também por acto voluntário, em troca de protecção e sustento[45] –, era-lhes todavia reconhecido, a par de outras faculdades (*v.g.* herança de animais ou outros objectos pessoais e, em alguns locais, o uso de pasto), o direito a recorrer a juízes contra o senhor da terra, embora os pontos de contacto entre escravos e servos se revelassem vários: ambos eram mobilizáveis para a guerra por determinação do senhor e enquadráveis como *res*[46], numa concepção geral matricialmente mobiliária de quem trabalhava, exclusivamente regida pelos costumes e pelas tradições do feudo, num espaço em que a "liberdade servil", qual *contradictio in adjecto,* era rarefeita[47], e em que "o problema da escolha de uma profissão e o desenvolvimento da sua prática só havia que o pôr para o homem do povo"[48].

Neste contexto, se até ao século XVI a dominação social, muito potenciada pelo regime senhorial subjacente à concessão monárquica de territórios a senho-

---

[41] Marc Bloch, *A Sociedade Feudal*, Lisboa, Edições 70, 1998, 150.
[42] Entre nós, v., por exemplo, José Barros Moura, *Notas para uma Introdução ao Direito do Trabalho*, Lisboa, 1980, 99.
[43] Borrajo da Cruz, *Introducción al Derecho del Trabajo* (1999), cit., 65-6 e José Mattoso, *Fragmentos de uma composição medieval*, Estampa, Lisboa, 1990, 116.
[44] Frederick Pollock & Frederick William Maitland, *The History of English Law Before the Time of Edward I*, Law Book Exchange, Nova Jersey, 2008, 412.
[45] JOEL SERRÃO, "Adscrição", *Dicionário de História de Portugal*, Livraria Figueirinhas, Porto, 1985, 31.
[46] Assim, Gisella Bassanelli Sommariv, *Lezioni di diritto privato romano*. Vol. III (2012), cit., 86, aludindo ainda ao facto de os servos acompanharem a transferência da propriedade a que estavam adstritos.
[47] Escrevia a propósito Adolpho Lima, *O Contrato de Trabalho*, Antiga Casa Bertrand, Lisboa, 1909, 44, "suavizada a escravidão pela servidão, os vencidos, os fracos, os pobres, continuando o seu trabalho servil, passam a sêr escravos imóveis, ligados à gleba, adstritos ao solo". Ainda: David Turley, *História da Escravatura* (2000), cit., 20.
[48] Oliveira Marques, "O Trabalho", *A Sociedade Medieval Portuguesa. Aspectos da vida quotidiana* (4.ª ed.), Lisboa, 1981, 131.

res na qual estes firmavam a sua legitimidade política, era um fenómeno muito vincado e erigiu a servidão na forma predominante de organização da actividade agrária europeia[49], o desenvolvimento das cidades – o espaço da cidade liberta (*Stadtluft macht frei*) – e a correlativa acentuação de um comércio urbano implicaram a prefiguração grosseira de um conceito medieval de tempo de trabalho socialmente necessário[50] e determinaram a institucionalização de corporações

---

[49] Cfr. ALONSO OLEA, *Introdução ao Direito do Trabalho* (1968), cit., 89-90. Embora em Portugal o fenómeno não conhecesse a expressão verificada noutros países, apresentasse diversidades territoriais assinaláveis e uma sucessão de enquadramentos que dificultam a construção de um quadro homogéneo, tais circunstâncias não inviabilizam contudo uma percepção sobre o valor social do trabalho e a existência, embora infixa, de margens de liberdade. Assim, se no século XIV a circular de 03.01.1349 de Afonso IV estabelece um conjunto de medidas que evidenciam uma concepção reificadora dos trabalhadores – *primeira: arrolamento, elaborado por dois homens-bons em cada freguesia, dos indivíduos obrigados a trabalhar por conta alheia; segunda: fixação (também pelos homens-bons) do preço da força de trabalho (taxas); terceira: sanções penais (multas, açoites, prisão, degredo) para quem desrespeitasse as taxas; quarta: obrigatoriedade de o criado trabalhar todo o ano para o senhor, se este necessitasse dos seus serviços além do contrato; quinta: perseguição aos mendigos e vadios, com compulsão ao trabalho e castigos corporais aos prevaricadores* –, nos séculos XIII e XIV o número de assalariados não pára de crescer em virtude da desintegração da pequena produção e da existência de terras livres e abundantes nas regiões do Sul surgidas em razão das conquistas aos árabes. Registando-se até ao século XV referências múltiplas à falta de assalariados (Cortes de 1361, 1391, 1395, 1408, 1416), a existência de pouco vestígios acerca da servidão da gleba, na concepção restritiva sufragada, justifica-se em função das boas condições de trabalho oferecidas pelos novos senhores do sul do País (como forma de atracção dos camponeses), movimento que, como fez salientar OLIVEIRA MARQUES, "O Trabalho" (1981), cit., 136-150, cedo se estendeu a todo o território ["no concelho de Lisboa e seu termo, a liberdade de trabalho era completa já nos finais do século XIV" (136)]. Se, por seu turno, JOEL SERRÃO, "Adscrição" (1985), cit., 31, situa o desaparecimento da servidão da gleba no séc. XIII – justificando-o com o desaparecimento dos concelhos, as imunidades dos coutos senhoriais eclesiásticos, a existência de escravos mouros e o acréscimo demográfico –, é mister salientar, embora mais tarde, o apuro técnico que cunhou as Ordenações Filipinas, que, a par da compra e venda, da locação, da enfiteuse, da parceria, do mútuo, do comodato, do penhor, da fiança e da doação, trataram *expressis verbis* do contrato de prestação de serviço, em esquema formalmente cuidado: "*Prestação de serviço*: XXVIII – Que todo o homem possa viver com quem lhe aprouver; XIX – Do Criado, que vive com o senhor a bemfazer, e como se lhe pagará o serviço; XXX – Do Criado, que vivendo a bemfazer, se põe com outrem, e do que o recolhe; XXXI – Como se pagarão os serviços e soldadas dos criados, que não entrarão a partido certo; XXXII – Que se não possa pedir soldada, ou serviço, passados trez annos; XXXIII – Per que maneira se provarão os pagamentos dos serviços e soldadas; XXXIV – Do que lança de caza o Criado que tem por soldada; XXXV – Do que demanda ao Criado o dano que lhe fez".

[50] Na alegoria de JACQUES DE GOFF, *Du silence à la parole, Une histoire du droit du travail des années 1830 à nos jours*, Presses universitaires de Rennes, Rennes, 2004, 215 e ss., a introdução de sinos nos centros urbanos operou uma transição do "tempo da igreja" para um "tempo mercantil", aludindo-se também, e por associação, a uma transição do "tempo medieval" para um "tempo moderno". Ainda: ALAIN CORBIN, *História dos Tempos Livres* (trad. Telma Costa), Teorema, Lisboa, 1995, 147-8, 152.

ou guildas[51], com a aprendizagem de um ofício a ser condição indispensável de pertença às associações de artes e mesteres[52], preludiando-se a emergência de um direito regimental ou estatutário[53].

A dinamização da actividade comercial, o crescimento das cidades e os fenómenos migratórios gerados pela procura de ofícios que permitissem condições de subsistência compuseram a génese deste novo modelo de relações produtivas, onde a hierarquização e a regulamentação profissional não só prefiguraram uma divisão do mundo do trabalho, como outrossim, conquanto sem categorizações rígidas[54], a institucionalização de um sistema de regulação da concorrência entre empregadores apto a limitar a liberdade de trabalho[55], a par do surgimento, ainda que rudimentar, de um conceito de formação profissional[56].

---

[51] Como faz notar JOHN E. STAMBAUGH, *The Ancient Roman City*, Johns Hopkins University Press, Baltimore, 1988, 210-3, as guildas não são todavia uma instituição desconhecida, pois já Numa Pompílio (715-673 aC) havia fundado os *Collegia* de artesãos, que, tendo sido dinamizadas por Sérvio Túlio e extintas por Júlio César (*Lex Iulia*), foram perdendo importância na fase do Império, face à multitude de escravos disponíveis, ainda que nos séculos II a V se entrevisse um reaparecimento, fortemente estimulado pelo Estado, que, para tanto, lhes aportava bens e dinheiro ou concedia isenções municipais, conforme o *Codex Theodosianus* (séc. V). Ainda: ALONSO OLEA, *Introdução ao Direito do Trabalho* (1968), cit., 87-8.

[52] Estas são as corporações de ofício, já que as guildas, para lá de serem associações de artesãos, eram também associações de mercadores e associações religiosas ou sociais. Nas associações de artesãos, as práticas da selecção, integração e educação dos aprendizes, maioritariamente constituídos por servos libertos, eram coordenadas pelos respectivos mestres, posição a que os aprendizes só podiam aceder depois de ascenderem a companheiros e oficiais e mediante a realização de uma obra-prima. Cfr. GEORGES LEFRANC, *História do Trabalho e dos Trabalhadores* (1988), cit., 100-2 e ANTÓNIO HESPANHA, *História das Instituições – Épocas Medieval e Moderna, Almedina*, Coimbra, 1982, 195-7.

[53] Cfr. MARCELO CAETANO, *A antiga organização dos mesteres da cidade de Lisboa*, Imprensa Nacional de Lisboa, 1942 e FERREIRA RODRIGUES & AMADO MENDES, *História da Indústria Portuguesa. Da Idade Média aos Nossos Dias*, Europa-América, Mem Martins, 1999, 44-49, 63-81 e ss..

[54] THEO MAYER-MALY, *Ausgewählte Schriften zum Arbeitsrecht* (1991), cit., 94. Salienta PHILIPPE MINARD, "Les corporations en France au XVIIIe siècle: métiers et institutions", *La France, malade du corporatisme? XVIIIe-XXe siècles* (dir. Steven L. Kaplan & Philippe Minard), Belin, Paris, 2004, 40, com referência às "communautés de métier", que "dans les mêmes villes co-existent des métiers aux statuts différents et surtout changeants, avec des glissements d'une catégorie à l'autre, les choix statutaires étant reconsidérés en fonction de la conjoncture ou de l'état des forces".

[55] Em acentuação do aspecto, BORRAJO DA CRUZ, *Introducción al Derecho del Trabajo* (1999), cit., 73, PIETRO ICHINO, *Il Contratto di Lavoro. I* (2000), cit., 11, MARTÍN VALVERDE/RODRIGUEZ-SANUDO GUTIÉRREZ/GARCÍA MURCIA, *Derecho del Trabajo* (15.ª ed.), Tecnos, Madrid, 2006, 64, JEAN-PIERRE LE CROM, "La liberté du travail en droit français. Essai sur l'évolution d'une notion à usages multiples", DRA 2006, n.º 15, 143 e JORGE LEITE, *Direito do Trabalho*, vol. I (1998), cit., 18 e ss., salientando-se, todavia, que a existência de um regime de monopólio e de fixação de salários máximos não permitia uma compreensão do fenómeno corporativo com aptidão para a tutela dos trabalha-

Existindo, no entanto, e por um lado, resistências quanto a uma noção de trabalho *proprio sensu* – as diferenças jurídicas-sociais subjacentes ao dispêndio de energia laborativa, pelo clero, artesãos ou camponeses dificultavam uma construção categorial ampla[57] – e, por outro, uma ausência de qualquer sentido de protecção ao trabalhador[58], criaram-se as condições para o surgimento de uma classe urbana, que, a jusante, veio a ser decisiva para a implosão do sistema senhorial.

É no final da Idade Média, com as alforrias regulares, com as fugas de servos (potenciadas pelas cruzadas e epidemias) e muito por obra do Cristianismo e do desenvolvimento das colónias monásticas[59], que a servidão começa paulatinamente a desaparecer[60] e a liberdade associada à mobilidade servil se manifesta, embora muito tenuemente[61], pressagiando-se a necessidade de reconheci-

---

dores, perspectiva também acolhida por Luís Menezes Leitão, *Direito do Trabalho* (2010), cit., 23, que sinaliza ainda a fixação de ritmos de laboração por via regulamentar e, em conexão directa com o assunto de que tratamos, a consagração de cláusulas restritivas da liberdade de trabalho, limitações que Steven L. Kaplan, *La fin des corporations*, Fayard, Paris, 2001, 109, associa aos deveres de exclusividade e de não concorrência que vinculavam quem se encontrava inserido nas "communautés de métier".

[56] Theo Mayer-Maly, *Ausgewählte Schriften zum Arbeitsrecht* (1991), cit., 94. Sobre o ponto, ainda, e entre nós, v. Adérito Sedas Nunes, *História dos factos e das doutrinas sociais*, Presença, Lisboa, 1992, 242.

[57] Steven L. Kaplan, *La fin des corporations* (2001), cit., 55 e ss. e Jean-Pierre Le Crom, "La liberté du travail en droit français. Essai sur l'évolution d'une notion à usages multiples" (2006), cit., 140-1.

[58] Nestes termos: Bernardo Lobo Xavier, *Manual de Direito do Trabalho* (2011), cit., 41. Ressalva-se, todavia, por razões histórico-civilizacionais e não tanto de protecção dos trabalhadores, a interdição de trabalhar durante um terço do ano, em razão dos domingos, dias de santos e outras celebrações religiosas: Aron Gurevitch, *As Categorias da Cultura Medieval* (trad. João Gouveia Monteiro), Caminho, Lisboa, 1990, 311.

[59] Alain Supiot, *Le Droit du Travail* (2004), cit., 11. Fundamentais neste processo foram também o Renascimento e a Reforma, com a incitação de Calvino ao "mundo moderno". Como salienta Aron Gurevitch, *As Categorias da Cultura Medieval* (1990), cit., 311, desenvolveu-se uma verdadeira "teleologia do trabalho", que cruzou pensamentos tão diversos como o do realismo intelectual de Santo Anselmo ou São Tomás ou o nominalismo voluntarista de Scotto e Occam e que, em fundo, rompeu com a cultura hiperbolizada do *ocium* greco-romano.

[60] Georges Lefranc, *História do Trabalho e dos Trabalhadores* (1988), cit., 116.

[61] Borges Carneiro, *Direito Civil de Portugal Tomo I* (1858), cit., 99-101 e Alonso Olea, *Introdução ao Direito do Trabalho* (1968), cit., 103-4. A visão de que o trabalho livre é uma das dimensões essenciais do indivíduo cedo se sedimenta, com Pio VII a condenar as corporações nos Estados pontífices em 1801.

mento de novas dimensões de liberdade e vontade a todos os que desenvolvem uma actividade produtiva[62].

3. Se o período medieval apresenta uma base jusculturalmente complexa e político-ideológica fragmentária[63], é com a Revolução francesa e com a abolição dos direitos e privilégios feudais e das corporações que o princípio da liberdade de trabalho se firma definitivamente no plano formal[64] e se removem os vestígios da servidão, ainda que, em antecâmara da implosão do sistema feudal e da estrutura gremial, já o Édito de Turgot (1776) o consagrasse *expressis verbis* no preâmbulo[65], na tentativa de aplacar as manifestações de insubordinação emergentes[66].

Estando, por isso, falha a associação da consagração primeira do princípio da liberdade de trabalho ao Decreto *d'Allarde* de 2 e 17 Março de 1791, é no entanto este o marco regulativo mais saliente deste período, cuja perenidade é documentável não só pela sua irradiação além-fronteiras[67] – entre nós, e em continuação, o movimento de abolição das corporações e de equilíbrio das relações comerciais, por via da repartição de clientela e trabalhadores, dá-se formalmente com o decreto de 7 de Maio de 1834[68], materializando-se assim os

---

[62] Nas palavras de ALEXIS DE TOCQUEVILLE, *O Antigo Regime e a Revolução* (trad. Laurinda Bom), Fragmentos, Lisboa, 1989, 66 e ss., "(m)esmo que não tivesse surgido a Revolução Francesa, o velho edifício social teria ruído por toda a parte, aqui mais cedo, acolá mais tarde, mas teria caído, peça por peça, em vez de desmoronar-se".

[63] *Ex multis*, em saliência do aspecto: MARC BLOCH, *A Sociedade Feudal* (1998), cit., 162 e J. M. AMADO MENDES, *História económica e social dos séculos XV a XX*, Gulbenkian, Lisboa, 1993, 73.

[64] JEAN-LOUIS HALPÉRIN, *Histoire des Droits en Europe*, Flammarion, Paris, 2004, 130.

[65] Assim estabelecia o preâmbulo que "(c)haque individu talentueux ou non doit pouvoir avoir la possibilité d'effectuer quelque travail qu'il souhaite, ou même d'en effectuer plusieurs. Ainsi, cette liberté de travailler pour tous implique la volonté d'abolir les privilèges, les statuts, et surtout les institutions arbitraires qui ne permettent pas aux nécessiteux de vivre de leur travail, et qui semblent condamner la liberté de travail pour tous".

[66] Cfr. STEVEN L. KAPLAN, *La fin des corporations* (2001), cit., 92-3. O Édito de Turgot teve, contudo, vida curta: foi revogado em 08.1976.

[67] MARTA TORRE-SCHAUB, "Liberté de commerce et libre concurrence", *Dictionnaire historiue de l'économie-droit XVII-XX siécles* (dir. Alessandro Stanziani), LGDJ, Paris, 2007, 213-4.

[68] LOBO D'ÁVILA, *Da concorrência desleal*, Coimbra, 1910, 112 e FEZAS VITAL, *Curso de Direito Corporativo*, Lisboa, 1940, 15. O diploma, assinado por D. Pedro e Bento Pereira do Carmo, proclama a liberdade industrial, em simultâneo com a abolição da antiga organização corporativa do trabalho (juízes e procuradores do povo, mestres, Casa dos Vinte e quatro e grémios dos diferentes ofícios), visando, antes do mais, extirpar "aqueles estorvos à indústria nacional", que, "para medrar, muito carece de liberdade que a desenvolva e de protecção que a defenda". Logo em 1838, e dois anos volvidos sobre a revolução setembrista, cria-se a Sociedade dos Artistas lisbonenses, identificada como

princípios liberais da Constituição de 1826[69], nos quais se inclui a liberdade de trabalho[70] –, como também pela sua aplicação contemporânea e correlativa elevação a princípio constitucional francês[71], num fenómeno de interacção normativa que, dimensionando o conceito de Constituição em sentido material, cruza diferentes períodos históricos[72], e que, em sequência revolucionária imediata, conheceu na Declaração dos Direitos do Homem e do Cidadão (1789) o seu culminar jusracionalista[73].

---

a primeira organização portuguesa de trabalhadores, geralmente associada ao início do movimento operário em Portugal: JOAN CAMPBELL, *European Labor Unions*, Greenwood, Westport, 1992, 357.
[69] MARTA TORRE-SCHAUB, "Liberté de commerce et libre concurrence" (2007), cit., 213-4.
[70] JORGE MIRANDA, "Liberdade de trabalho e profissão", *Escritos Vários sobre Direitos Fundamentais*, Principia, Estoril, 2006, 202.
[71] *Il sera libre à toute personne de faire tel négoce ou d'exercer telle profession, art ou métier, qu'elle trouvera bon* (art. 7). Sobre o respectivo «valor histórico-constitucional», cfr. INES CIOLLI, "La tutela del diritti sociali in Francia e in Italia", *Studi in onore di Gianni Ferrara*, Giappichelli, Turim, 2005, 23.
[72] Salientando o aspecto, LISE CASAUX, *La pluriactivité, ou L'exercice par une même personne physique de plusiers activités professionnelles*, LGDJ, Paris, 1993, 74-5, notando, todavia, a existência de uma corrente minoritária que considera o princípio da liberdade de trabalho como um princípio geral de direito (na qual a Autora se filia), sem que se constitua como parte integrante da categoria de normas constitucionais [inserindo-o no bloco de constitucionalidade, v., entre outros: JEAN PÉLISSIER/ALAIN SUPIOT/ANTOINE JEAMMAUD, *Droit du Travail* (2008), cit., 293]. Não é por certo alheio a este enquadramento o facto de o texto da Constituição francesa vigente não fazer alusão expressa ao princípio da liberdade de trabalho, tão pouco definido ou densificado na legislação ordinária: apenas o art. 421-1 do *Code du Travail* vem garantir que o exercício do direito sindical é reconhecido em todas as empresas com respeito pelos direitos e liberdades garantidas pela Constituição da República, em particular pela liberdade individual de trabalho (...), e o art. 431-1 do *Code Pénal* sanciona as condutas que obstaculizem ao exercício da liberdade de expressão, de trabalho, de reunião ou de manifestação. Por isso, o Decreto, a par do preâmbulo da Constituição de 1946 (a que o preâmbulo da Constituição de 1958 atribuiu valor constitucional), tem sido reiteradamente invocado pela Conselho Constitucional, de que é exemplo conhecido a decisão n.º 85-2000, de 16.01.1986, para não julgar inconstitucionais as disposições legais que visavam desincentivar a acumulação das pensões de reforma com retribuições de trabalho, uma vez que se criavam condições para aumentar a elasticidade do mercado de trabalho, com isso maximizando as possibilidades de obtenção de emprego, concretizando-se, *hoc sensu*, e em reverso, o princípio da liberdade de trabalho. Em referência, v. Cfr. JEAN PÉLISSIER/ALAIN SUPIOT/ANTOINE JEAMMAUD, *Droit du Travail* (2008), cit., 70 e, com análise detalhada, v. a anotação de YVES GAUDEMET, "Une nouvelle dimension du principe d'égalité devant la contribution publique?", DS 1986, n.º 5, 372-378.
[73] Neste sentido: FRANÇOIS AUDIGIER & GUY LAGELÉE, *Les droits de l'homme*, ed. Conseil de l'Europe, Estrasburgo, 2000, 49, referenciando-se aí o amplo debate gerado em torno da concepção jusnaturalista dos direitos acolhidos na Declaração, iniciado criticamente por BURKE ou por GENTZ e desenvolvido, em contradita, por FICHTE, HEGEL ou KANT.

Com as fábricas e as manufacturas subjacentes à revolução industrial a impulsionarem a abolição do poder dos *maîtres*[74] e a forjarem novos ventos de liberdade que rimavam com propriedade, é certo que em França este processo não foi linear, tendo conhecido significativos avanços e recuos: bastará lembrar a Lei do 22-Germinal XI (12.05.1803), relativa às manufacturas, que, proibindo a vinculação dos operários por mais do que um ano, estabelecia um *livret* para cada trabalhador, emitido pelo empregador, que gerava um efeito de "portabilidade"[75]: cuidava-se, mesmo após a Revolução, de uma concepção cambial que, a dois séculos de distância, se assemelha(va) a uma espécie de garantia estabelecida para os produtos de consumo, mas que, na essência, não infirma a dimensão axiológica dos princípios da liberdade e da propriedade associáveis à individualização histórico-jurídica desse período[76] e que, sob a inspiração de Pothier[77], se materializaram no *Code Civil* (1804).

---

[74] Na Alemanha, com a publicação da Lei de 03.09.1839, que regulamenta a contratação de trabalhadores jovens nas fábricas (*„Regulativ über die Beschäftigung jugendlicher Arbeiter in Fabriken"*), ou com a introdução do seguro de acidentes em 1884 (*„Einführung der gesetzlichen Unfallversicherung"*), assiste-se à formação de um quadro de protecção social que desfalece a ideia de submissão total do trabalhador que funcionava como resquício da conformação gremial do *Gesindevertrag* e do *Gesellenvertrag*, embora aquela ideia de submissão total aos senhores só desapareça, no seu cerne, com a Lei de 11.11.1918 (que revogou as ordenações relativas ao serviço dos criados) e com o surgimento do BGB (1906), que, a mais de ter suprimido o direito de castigar, acenou com a regulamentação da protecção dos servidores, reconhecendo-lhes liberdade: Theo Mayer-Maly, *Ausgewählte Schriften zum Arbeitsrecht* (1991), cit., 13 e Klaus Hümmerich/Winfried Boecken/Franz Josef Düwell, *AnwaltKommentar Arbeitsrecht*: vol. I, Deutscher Anwaltverlag, Bona, 2008, 2093. Contudo, em rigor, será apenas com a representação política e profissional da classe operária alemã através dos sindicatos em 1918 que o Direito do trabalho se destaca completamente do Direito privado, surgindo o decreto sobre contratos colectivos de trabalho (1919) e a lei dos tribunais de trabalho que substituiu os antigos tribunais comerciais e industriais por uma jurisdição especial e que, mais tarde, veio encontrar, sob a égide da ArbGG, o seu ponto culminante na criação do Tribunal Federal de Trabalho em Kassel (1953).

[75] Michael P. Fitzsimmons, "The Debate on Guilds under Napoleon", *Western Society for French History* 2008, vol. 36, 128-9. A desvinculação do trabalhador sem o consentimento do empregador faz com que este seja considerado um vagabundo; o *livret ouvrier*, embora com modificações, perdurou até 1890, dando lugar ao certificado de trabalho.

[76] Aliás, também quanto à estruturação colectiva de interesses, a experiência francesa é uma boa ilustração da permanente oscilação entre posições repressivas e permissivas dos sindicatos: se o Decreto *d'Allarde* veio suprimir as *maîtrises* e as *jurandes* e a Lei *Le Chapellier* cuidou de abolir todas as corporações profissionais – embora subsistissem resquícios, como as *compagnonnages* ou as *boucheurs* parisienses (*v. g.* a Caixa de Caissidy), cuja extinção apenas opera definitivamente em 1857 –, o postulado era o de que a constituição de quaisquer organizações patronais ou de trabalhadores constituía uma ameaça ao livre exercício do comércio, da indústria e do trabalho, como fez notar Jean-Louis Halpérin, *Histoire des Droits en Europe* (2004), cit., 130. Contudo, se num sistema cor-

Aí, sem que se perca de vista que o trabalho era (ainda) perspectivado como uma mercadoria e que o problema do trabalho de mulheres e crianças era esquecido[78], a assunção da liberdade de trabalho surge como um meio de firmação do princípio da liberdade de propriedade *in extenso*, uma vez que o ideário subjacente à revolução consistia na afirmação de que não há interesse colectivo (mas o interesse de cada um), e na sagração de uma ordem de proprietários de meios de produção (nos quais se incluía o trabalho), a despeito do corte radical com as concepções precedentes, que indistinguiam trabalho e trabalhador[79].

Essa, dir-se-á, foi uma das conquistas mais salientes da revolução burguesa: a separação entre o tratamento jurídico do trabalho e da Pessoa que, indo de par com a cisão entre produtores e meios de produção[80], fez lastro na dogmática juslaboral[81] e que, conhecendo na garantia de preservação da vida pessoal do

---

porativo o exercício de uma profissão não é livre, a abolição de estruturas intermédias de organização de interesses entre o Estado e o indivíduo, hiperbolizando o individualismo e dimensionando em toda a extensão o *laissez faire, laissez passer*, além de trazer consigo a ideia de que o homem é o melhor guardião dos seus interesses, implicou a assunção de uma concepção, infirmada a um tempo com o surgimento do Direito do trabalho moderno, de que toda e qualquer organização colectiva é perniciosa ao funcionamento do mercado e impede a assunção plena da vontade dos indivíduos, não diferenciando *hoc modo* as organizações que, visando a garantia dos direitos de quem trabalha, se mostram essenciais à preservação desse reduto de liberdade (sindicatos) daquelas que, numa concepção feudal, se substituem ao Estado na regulamentação das actividades profissionais e que, como entre nós fez notar JORGE LEITE, *Direito do Trabalho. Vol. I* (1998), cit., 17, eram estruturas destinadas à defesa dos interesses profissionais de quem pagava os salários. Neste contexto, não é de estranhar que, ante a premissa de que as "communautés de métier" já se encontravam em acentuado declínio, se atribua à Lei *Le Chapellier* o propósito essencial de evitar a constituição de associações de defesa dos trabalhadores, inflectida em 1884 com a Lei *Waldeck-Rousseau*, e não tanto o propósito de pôr termo ao sistema gremial existente, como sufraga GIANCARLO PERONE, *Lineamenti di diritto del lavoro: evoluzione e partizione della materia, tipologie lavorative e fonti*, G. Giappichelli, Turim, 1999, 16-7.

[77] MICHÈLE BONNECHÈRE, *Le Droit du Travail* (2008), cit., 7.
[78] Cfr. JACQUES LE GOFF, *Du silence à la parole* (2004), cit., 91-105, destacando, embora com raio circunscrito, a aprovação, em 1851, da Lei relativa à aprendizagem das crianças nas oficinas e manufacturas.
[79] Não obstante a referência de que o *Code* "não era o código do trabalho nem o código dos trabalhadores", salientando esse legado de racionalidade jurídica: JORGE LEITE, *A extinção do contrato de trabalho por iniciativa do trabalhador. Vol. II*, Polic., Coimbra, 1990, 44-5 e também ALESSANDRO SOMMA, *Introduzione critica al diritto europeo dei contratti*, Giuffrè, Milão, 2007, 67.
[80] Salientando o ponto: BERNARDO LOBO XAVIER, "Direito do Trabalho", *Polis. Vol. II: Enciclopédia Verbo da Sociedade e do Estado*, Verbo, Lisboa, 1984, 582 e ANTÓNIO MENEZES CORDEIRO, *Manual de Direito do Trabalho* (1997), cit., 50 e ss..
[81] Que surge condensada na conhecida afirmação de RIVERO, "Les libertés publiques dans l'entreprise", DS 1982, n.º 5, 423: "au contrat, le salarié met à la disposition de l'employeur sa

trabalhador e das liberdades públicas um dos aspectos mais salientes[82], é, contudo, insuficiente para a compreensão integral dos fundamentos e do alcance que envolvem contemporaneamente o princípio da liberdade de trabalho. É-o, não apenas porque o trabalhador, sem prejuízo da sua irredutível singularidade, é membro de uma comunidade, não sendo perspectivável como um ser insolidário e abstracto (em que, de modo solipsístico, o homem é individual e não um ser social), como também porque o trabalho, ao arrepio do espírito reificativo da época, e como reconhece a Declaração de Filadélfia (1944), não é uma mercadoria[83], sujeita ao livre jogo do mercado.

Na verdade, a repristinação pelos Códigos Civis liberais do século XIX da vetusta *locatio conductio operarum* como instituto com aptidão para a tipificação locatícia da prestação de trabalho por conta de outrem amparava-se na coisificação do trabalho, embora, sob a capa do ideário do ideário liberal, o indivíduo fosse proclamado como livre e igual aos seus semelhantes, firmando-se, em expediente técnico, uma artificiosa distinção entre a Pessoa e a actividade laboral desenvolvida, cujo preço era estabelecido em função das solicitações do mercado, sem que o Estado, qual "inimigo número um das liberdades"[84], interviesse[85].

---

force de travail, mais non sa personne", mas, antes disso, na sofisticada e difundida construção de Francesco Carnelutti, "Natura del contratto di lavoro", *Studi di diritto civile* (Collezione di opere giuridiche ed economiche), Athenaeum, Roma, 1916, 230-1, que objectiva a energia humana para construir o contrato de trabalho ("anche la energia umane, in quanto sono obbietto di un contrato, sono cose"), embora esse isolamento, por natureza, seja impossível: reconhecendo-se ineliminável personalidade ao trabalhador, implicar-se-á, necessariamente, a assunção de que a sua vontade é uma emanação da sua personalidade, que influi sobre o seu trabalho como objecto. Por isso, ainda na perspectiva de que o trabalho humano não é uma mera mercadoria negociável, destaca-se, neste âmbito, as palavras de Gérard Lyon-Caen "Les clauses restrictives de la liberté du travail (Clauses de non-concurrence oude non réembauchage)", DS 1963, n.º 2, 88: "l'objet même étant la facultè de travailler aurait peut être considérée comme hors du commerce".

[82] Por exemplo: Jean-Emmanuel Ray, "Les Libertés dans L'entreprise", Pouvoirs 2009, n.º 130, 133.

[83] Como fez notar Gaston Morin, *La révolte du droit contre le Code. La révision nécessaire des concepts juridiques* (Contrat, responsabilité, propriété), Sirey, Paris, 1945, 115, a revolta subsequente contra o *Code* esteve aliás no sentimento de desmercantilização do trabalho e na objectivação da subversão da hierarquia de valores subjacente: "o valor coisa passou a ocupar uma posição inferior ao valor Pessoa".

[84] A expressão é de Jean Rivero, "Les libertés publiques dans l'entreprise" (1982), cit., 421.

[85] Notando que «(o)s direitos políticos e civis não eram, nesta narrativa, direitos "anteriores", "naturais" ou "universais" que se impusessem aos governos e aos quais todos os indivíduos devessem ter igual acesso», v. Cristina Nogueira da Silva, "Conceitos oitocentistas de cidadania: liberalismo e igualdade", *Análise Social 2009*, n.º 192, 560.

Se, como fez notar Gérard Lyon-Caen[86], a enorme difusão do Código napoleónico se encontra, antes do mais, na necessidade de encontrar uma nova ordem social como alternativa ao regime corporativista ou feudal, é importante reter que o *Code* albergava uma tensão: de um lado, baseava-se no axioma de que os "sujeitos nascem livres e iguais", presumindo-se a realização da prestação de trabalho em condições de igualdade; do outro, uma vez que é a propriedade privada que fundamenta o desenvolvimento das relações de produção capitalista, hispostasiava a liberdade contratual, através da qual se concretiza(va), em presunção, a *iustitia commutativa*[87].

O contrato de trabalho, firmado entre sujeitos presumivelmente livres e iguais, funciona(va), de um quadrante, como fonte constitutiva da relação de trabalho e, de outro quadrante, como instrumento que ordena a relação entre as partes (determinando o conteúdo da prestações devidas)[88], sem se atender devidamente à sua ineliminável componente de pessoalidade, dimensão que hoje explica não só a consagração de deveres de assistência não patrimoniais pendentes sobre o empregador (*v.g.* condições de higiene, segurança e saúde no trabalho), como também a susceptibilidade de prevalência de interesses pessoais ou familiares do trabalhador sobre a mecânica contratual (*v.g.* faltas para casamento ou assistência à família) e, além do mais, a tutela dos seus direitos de personalidade.

Registando-se, embora de forma universalmente descoincidente, a abolição da escravatura nos planos nacional[89] e internacional[90] nesse período, com a

---

[86] Gérard Lyon-Caen, "Défense et illustration du contrat du travail", APD 1968, T. XIII, 59.
[87] O Código de 1804 trata, por isso, o contrato de trabalho como uma forma especial do contrato de arrendamento de serviços (*louage de service*), ao lado do contrato de compra e venda e locação, os quais se encontram também sujeitos às disposições gerais do livro terceiro.
[88] Alain Supiot, *Le Droit du Travail* (2004), cit., 14-5.
[89] Em Portugal a abolição da escravatura vem associada ao Decreto de D. Luís (Diário do Governo, de 27.02 1869), já depois de, em 1842, a Rainha D. Maria II e a Rainha Vitória de Inglaterra terem assinado o Tratado destinado à abolição da escravatura e do Decreto do Marquês de Pombal de 12.02.1761, que aboliu a escravidão em Portugal e nas colónias da Índia (e ainda o transporte de novos escravos para a colónia brasileira), mas que manteve o fenómeno nas colónias portuguesas da América e África, tolerando-se o transporte de escravos de África para o Brasil, como historiografou Gervase Clarence-Smith, *O Terceiro Império Português* (1825-1975), Teorema, Lisboa, 1985, 37-47. Com a proclamação da liberdade de trabalho nas colónias portuguesas a ocorrer apenas em 1875, data em que os libertos passaram a ser, formalmente, cidadãos livres – neste sentido: Augusto Nascimento, "O *ethos* dos roceiros: pragmático ou esclavagista e, ainda e sempre, avesso à liberdade", *Revista Africana Studia* 2010, n.º 14, 141-162 –, a escravidão conviveu durante largo período com os valores jurídicos do liberalismo, como fez realçar Cristina Nogueira da Silva, "Escravidão e direitos fundamentais no séc. XIX", *Revista Africana Studia* 2010, n.º 14, 231-254. Sem

exaltação da liberdade dos sujeitos, abre-se, em paradoxo, caminho para a vulneração do princípio da liberdade de trabalho, em nome de uma hipérbole da vontade individual. É assim que, em ilustração, no último terço do século XIX e na primeira década do século XX, a validade de acordos de não concorrência por parte do trabalhador no ordenamento francês se basta com a existência de um limite temporal ou geográfico, não sendo absolutamente necessária a sua delimitação temporal[91], uma vez que o trabalho, suscitando um enquadramento

prejuízo, o tratamento jurídico-formal da escravidão foi abundante nos Códigos Penais de 1852 e de 1886, destacando-se o art. 328.º, que, estabelecendo que "todos os que sujeitarem a cativeiro algum homem livre, serão condenado a prisão...", apenas se aplicava, contudo, aos homens que fossem livres, não contemplando todos os que não o fossem (...). Sobre a escravatura no período medieval que precedeu o abolicionismo, v., por todos, FORTUNATO DE ALMEIDA, *História de Portugal. Vol. III*, Bertrand Editora, Lisboa, 2005, 67-81.

[90] A abolição da escravatura *lato sensu* não foi um processo uniforme: se com a Revolução francesa se proclamou a indignidade da escravatura – em França a abolição ocorre em 1794 – e em 1857 esta foi igualmente proscrita nos territórios sob domínio inglês, oitenta anos volvidos a Liga das Nações reconhecia ainda a existência de escravatura em África e na Ásia, não obstante os esforços desenvolvidos na arena internacional, de que são exemplo, logo em 1815, o documento adoptado pelo Congresso de Viena e o II Tratado de Paz de Paris e, em 1884, o Acto Geral de Berlim adoptado pelo Conferência para a África Ocidental. Se em 1890 é adoptado o Acto Geral da Conferência de Bruxelas relativo ao Comércio africano de escravos e em 1919 a Convenção de *Saint-Germain-en-Laye* abrogou os Actos de Berlim e de Bruxelas, a primeira Convenção sobre a Escravatura foi adoptada em 1926, na era da Sociedade das Nações. Definia-se escravatura como "o estado ou condição de uma pessoa sobre a qual todos os poderes ligados ao direito de propriedade são exercidos", com o comércio de escravos a incluir "todos os actos envolvidos na captura, aquisição e disposição de uma pessoa com o intuito de a reduzir à condição de escravo". Já sob a égide das Nações Unidas, a escravatura, a servidão e o comércio de pessoas foram igualmente proibidos, sem que, todavia, se vislumbre qualquer densificação do conceito (cfr. art. 4.º da Declaração Universal dos Direitos do Homem e art. 8.º do Pacto Internacional de Direitos Civis e Políticos). Se nem na Convenção Suplementar para a Abolição da escravatura, Comércio de escravos, instituições e práticas semelhantes à escravatura adoptada em 1956 por uma Conferência de Plenipotenciários do Conselho Económico e Social se entrevê densidade bastante na utilização dos conceitos – de resto, a Convenção teve uma aplicação frustre, face à inexistência de mecanismos de controlo internacional sobre o comércio de escravos no mar –, cabe salientar o papel da Organização Internacional do Trabalho (OIT), que, sendo a organização competente para definir e negociar as normas laborais internacionais e para supervisionar a sua aplicação no plano legislativo e na prática, sinalizou, nas suas Convenções n.º 29, de 1930, e n.º 105, de 1957, a supressão de todas as formas de trabalho forçado ou compulsivo. Hoje, a proibição de escravatura é, no plano internacional, considerada verdadeiro *ius cogens*: RODRIGUEZ-PIÑERO & BRAVO-FERRER, "La libertad de trabajo y la interdicción del trabajo forzoso", RCTP 2011, n.º 1, 3-5 e JEAN ALLAIN, *Slavery in International Law: Of Human Exploitation and Trafficking* (2013), cit., 110.

[91] Cfr. M. NOGUEIRA SERENS, "As cláusulas (ou obrigações) de não-concorrência na jurisprudência francesa oitocentista", *Estudos em Homenagem ao Prof. Doutor Manuel Henrique Mesquita*, Coimbra Editora, Coimbra, 2009, 802-3.

mercantil, surge envolto por uma concepção transaccional em que a liberdade surge mais ao serviço da empresa do que da cidadania.

4. Em justaposição temporal à revolução liberal e ao período subsequente, a Revolução Industrial, com a invenção da máquina (a vapor, fiar e tear mecânico), implicou, por um lado, uma deslocação dos campos para as cidades e, por outro, uma transição, quanto às ocupações dominantes, do sector agrário para o sector industrial, propriedade da burguesia. Envolveu ainda novos parâmetros de organização da actividade laboral: destruída a propriedade do ofício, o trabalho com máquinas homogeneiza a actividade laboral, torna fungíveis as tarefas técnicas, e os mestres, enquanto prelectores de ofício, praticamente são extintos.

A organização industrial racionaliza o trabalho e opera a sua divisão em função das técnicas de produção utilizadas (a divisão do trabalho teorizada por Adam Smith[92]), desaparecendo o contacto entre os sujeitos laborais e falhando a quididade dos trabalhadores, cujas aspirações de melhores salários, em dialéctica ancestral, embatiam nos anseios empresariais de redução dos gastos de produção.

A liberdade de trabalho correspondeu neste período a uma liberdade formal, absorvida pela axiologia da liberdade de comércio e indústria (liberdade de iniciativa económica *lato sensu*), sem que se distinguisse, para além do mais, trabalho subordinado e independente[93].

Cortando-se com a regulamentação gremial, não se tinham criado os postulados políticos, sociais, económicos, culturais e jurídicos para que os trabalhadores lograssem ter como meio de vida algo mais do que o seu trabalho. Se a liberdade de trabalho não existe sem que estes tenham o direito individual de escolher o seu emprego e sem que estejam reunidas as práticas colectivas necessárias à criação das condições para essa escolha[94], bastará para tanto memorar o excedente de operários, aglutinados juntos às fábricas, castigados pela fome e sempre disponíveis para a venda do seu trabalho pelas quantias que os empresá-

---

[92] Na descrição de ADAM SMITH em *A Riqueza das Nações* (Capítulo I), o fabrico de um alfinete é composto por várias fases, compostas por técnicas especializadas e desenvolvidas por trabalhadores diferentes: um puxa o arame, outro endireita-o, outro corta-o, um outro aguça-o e o quinto prepara a colocação da cabeça. Ganhando em destreza e poupando-se tempo, o trabalhador perde um conhecimento geral do ofício e a lógica dos artesãos desaparece com o maquinismo da revolução industrial. Cfr. JERRY EVENSKY, *Adam Smith's Moral Philosophy. A Historical and Contemporary Perspective on Markets, Law, Ethics, and Culture*, Cambridge University Press, Cambridge, 2005, 114-7.
[93] JEAN-PIERRE LE CROM, "La liberté du travail en droit français. Essai sur l'évolution d'une notion à usages multiples" (2006), cit., 141-2.
[94] DOMINIQUE MEDA, *O Trabalho – Um valor em vias de extinção* (1999), cit., 126.

rios entendessem oferecer e, conexamente, a ausência de meios para o exercício de iniciativas destinadas à melhoria das suas condições de vida e à recolha efectiva dos frutos do seu labor.

Não havendo instrumentos normativamente adequados de combate à discriminação no acesso ao trabalho nem tão pouco medidas públicas de fomento ao emprego que permitissem o exercício efectivo do direito ao trabalho[95], o princípio da liberdade de trabalho situava-se, a mais de dois séculos de distância, num plano meramente formal[96].

b) Consagração e desenvolvimento
5. Com as concepções mercantilistas sobre o trabalho assalariado a primarem sobre a fidúcia – ainda a desvinculação livre por qualquer dos sujeitos que, no caso dos empregadores, constitui uma ameaça que dinamizava um verdadeiro comércio de trabalhadores[97] –, os salários, formados segundo a oferta e a procura, são baixos[98], as jornadas de trabalho excessivas, o trabalho de menores expande-se e as condições sanitárias e alimentares dos trabalhadores são degradantes[99].

---

[95] Adérito Sedas Nunes, *História dos factos e das doutrinas sociais* (1992), cit., 82-4.
[96] Ainda Jean-Pierre Le Crom, "La liberté du travail en droit français. Essai sur l'évolution d'une notion à usages multiples" (2006), cit., 159-160, que situa no período subsequente à primeira guerra mundial o desenvolvimento de políticas públicas de trabalho (duração, higiene e segurança, trabalho de mulheres e crianças) e formativo-sociais (aprendizagem ou formação, recrutamento, salários e produtividade).
[97] Georges Lefranc, *História do Trabalho e dos Trabalhadores* (1988), cit., 143 e Michèle Bonnechère, *Le Droit du Travail* (2008), cit., 9.
[98] As massas que emigravam do campo para as cidades, tendo em vista a sua colocação como operários industriais, não podiam discutir com os patrões, que tinham, por regra, abundante mão-de-obra ao seu dispor (o exército industrial, o *Lumpenproletariat* de que falava Marx), e, como fez notar José Barros Moura, *A Convenção Colectiva de Trabalho entre as Fontes de Direito do Trabalho. Contributo Para a Teoria da Convenção Colectiva de Trabalho no Direito Português*, Almedina, Coimbra, 1984, 39, "o trabalhador apenas exerce a sua «liberdade» de trabalhar sob as ordens de outrem porque, despojado de meios de produção, necessitava de meios de sobrevivência".
[99] Na descrição de Jean-Pierre Rioux, *A Revolução Industrial* (trad. António Pinto Ribeiro), Dom Quixote, Lisboa, 1996, 193, "(t)rabalho esgotante, sistematicamente imposto aos mais fracos, superexplorados. Em compensação, um salário mínimo de reprodução da força de trabalho e da espécie do animal industrial". Em Portugal, o fenómeno documenta-se a partir do projecto de *Associação para o Melhoramento da Sorte das Classes Industriosas*, da autoria de Silvestre Pinheiro Ferreira, após estadia em França, com o objectivo de, ante "milhares de indivíduos perecerem victimas de miséria e da enfermidade", "levantar aquellas classes do estado de abatimento em que actualmente jazem, e assegurar-lhes uma sorte futura proporcional ao merecimento de cada um de seos membros, sem favor, nem privilegio": cfr. Silvestre Pinheiro Ferreira, *Projecto de Associação para o Melhoramento da Sorte das Classes Industriosas*, Rey e Gravier/J. P. Aillaud, Paris, 1840, V e XV. Embora o projecto

Entre outros, factores como o declínio da filosofia do individualismo liberal, o desenvolvimento dos ideários cooperativista e socialista, o catolicismo social, a introdução do sufrágio universal, o crescimento dos movimentos sociais e sindicais, a emergência de correntes filantrópicas, caritativas e humanitárias e os progressos técnicos criaram o caldo para o aparecimento do Direito do trabalho[100] e, com ele, embora não sem intermitências, a reconcepção de que o trabalho, ante a dimensão pessoalíssima da actividade implicada, é o resultado de uma decisão livre e consciente, heteronomamente regulada[101].

Neste plano, embora o princípio da liberdade de trabalho na concepção hoje conhecida seja associável à emergência do conceito de constitucionalismo social – que trouxe consigo a superação do individualismo e a afirmação do primado do social[102] –, foi todavia ainda no século XIX que o princípio, já depois da contraposição liberdade individual do trabalhador *versus* liberdade colectiva

---

nunca tenha sido discutido nas Cortes, avultavam aspectos como a fixação colectiva de salários em assembleias gremiais compostas por trabalhadores e proprietários filiados na associação ou a angariação de trabalho para os trabalhadores desempregados, num período de grande conturbação, em que o País, sob a pena RAMALHO ORTIGÃO, *As Farpas. Tomo IV*, David Corazzi, Lisboa, 1888, 127, se encontrava "(q)uase no estado atomístico de Hegel, na desagregação em virtude da qual cada molécula social, entregue por sua desgraça à liberdade quase absoluta, volteia às cegas em busca de um novo centro de atracção".

[100] Assumindo-se o prolóquio de LACORDAIRE ("entre o forte e o fraco, entre o rico e o pobre, é a liberdade que escraviza e é a lei que liberta"), visou-se, na conhecida descrição de GALLART FOLCH, *Derecho Español del Trabajo* (prólogo Excmo. Sr. Don Pedro Sangro y Ros de Olano), Labor, Barcelona, 1936, 16, "compensar, com uma superioridade jurídica, a inferioridade económica do trabalhador" ou, em formulação aparentada, "tratar desigualmente os desiguais com o escopo de os fazer mais iguais".

[101] As intermitências ligam-se precipuamente a períodos conturbados da História, de que é exemplo, como faz notar JEAN-PIERRE LE CROM, "La liberté du travail en droit français. Essai sur l'évolution d'une notion à usages multiples" (2006), cit., 145, a segunda grande guerra mundial, com a instauração do serviço de trabalho obrigatório de jovens franceses na Alemanha, embora na historiografia francesa, e já depois da abolição da escravatura em 1848 e da correlativa interdição de trabalho forçado, avulte a lei de 11.07.1938, que atribuía ao governo a faculdade de mobilizar trabalhadores de um serviço ou de uma empresa indispensáveis a assegurar as necessidades do país, dispositivo cuja utilização, no entanto, se confinou historicamente às situações de greve no sector público.

[102] JOSÉ JOÃO ABRANTES, *Contrato de Trabalho e Direitos Fundamentais*, Coimbra Editora, Coimbra, 2005, 25 e ss..

dos grevistas, se apartou da liberdade de comércio e indústria[103], ganhando uma coloração mais definida[104].

Essa autonomização, assumida em 25.05.1864 com a Lei *Ollivier* que instaura o direito à greve[105] ("la liberté de la coalition absolue à tous ses degrés"[106]), é enriquecida com a passagem do individualismo jurídico (construído em torno de um sujeito de direitos civis) para a noção de personalidade laboral, em que o instrumentário de Direito civil, apegado à figura do locador de serviços, se mostra inapropriado à realização do homem através do trabalho e à protecção reclamada pela situação de poder-sujeição subjacente: o conceito de "liberdade formal" foi substituído pelo de "justiça social" e a ideia de realização do Direito, mais do que a ideia de realização da liberdade individual, firma-se como postulado axiológico, redefinindo as relações entre a Pessoa e o Direito[107].

---

[103] Philippe Waquet, *L'entreprise et les libertés du salarié – Du salarié-citoyen au citoyen salarié*, Liaisons, Paris, 2003, 189, Marta Torre-Schaub, "Liberté de commerce et libre concurrence" (2007), cit., 213 e Jean Pélissier/Alain Supiot/Antoine Jeammaud, *Droit du Travail* (2008), cit., 199.

[104] No ordenamento germânico, a definição normativa do princípio da liberdade de trabalho e de escolha de profissão remonta ao § 158 do *Paulskirchenverfassung* (28.03.1849): Rudolf Weber-Faz, *Der Verfassungsstaat des Grundgesetzes*, Mohr Siebeck, Tubinga, 2002, 10. Entre nós, essa autonomização constitucional do princípio da liberdade de trabalho não aparece na Constituição de 1838 ["(é) permitido todo o género de trabalho, cultura, indústria e comércio, salvas as restrições da lei por utilidade pública" (art. 23.º, § 3)] nem, antes disso, na Carta Constitucional de 1826 ["(n)enhum género de trabalho, cultura, indústria ou comércio pode ser proibido, uma vez que não se oponha aos costumes públicos, à segurança e saúde dos cidadãos"]. Na mesma linha, se tanto a Constituição de 1911 (art. 23.º, § 26) quanto a Constituição de 1933 (art. 8.º, n.º 7) consagravam a liberdade de escolha de profissão ou género de trabalho em associação formal à liberdade de comércio ou indústria, essa separação apenas ocorre com a Constituição de 1976, que, no n.º 3 do art. 51.º, estabelece que "(t)odos têm o direito de escolher livremente a profissão ou o género de trabalho, salvas as restrições impostas pelo interesse público ou inerentes à sua própria capacidade" (após a revisão constitucional de 1982: n.º 1 do art. 47.º). Cfr. António Silva Leal, "O princípio constitucional da liberdade de trabalho", RGEC 1961, 145, salientando que a confusão das liberdades ínsita nas Constituições liberais se devia em parte à acepção amplíssima da palavra trabalho, "que designava todas as formas legítimas da acção humana no domínio da produção e distribuição da riqueza", e também Jorge Miranda, "Liberdade de trabalho e profissão" (2006), cit., 203.

[105] Revogando a Lei *Le Chapellier* (1971) e prenunciando a Lei *Waldeck Rosseau* (1884) que autorizou os sindicatos em França. Ainda: Alain Supiot, *Le Droit du Travail* (2004), cit., 52.

[106] Pierre Lavigne, *Les bases constitutionnelles du droit du travail: le travail dans les constitutions françaises, 1789-1945*, Recueil Sirey, Paris, 1948, 237.

[107] Seguimos, neste ponto, Francesco Alimena, *Osservazioni* sulla distinzione del diritto in pubblico e privato, Societa Editrice del Foro Italiano, Roma, 1931, 74. A derivação do princípio da liberdade de trabalho do princípio da liberdade de comércio e indústria conduziu mesmo a que no Estado de Nova Iorque, e nos primórdios do séc. XX (1905), o Supremo houvesse considerado inconstitucional a medida legal que limitava o trabalho nas padarias a 10 horas por dia e a 60 horas

Mas a sua sedimentação, agora sob novo enquadramento, verifica-se com a constitucionalização dos direitos sociais, que, indo de par com o surgimento de um Direito social com vocação de universalidade[108], rompe com as Constituições liberais – exclusivamente preocupadas com a organização do poder político e com a protecção dos direitos de liberdade perante o Estado[109] –, e com a firmação de uma ética cívica que, reconhecendo o valor social do trabalho, se baseia na não dissociação entre a organização da sociedade e as suas dimensões normativas.

Neste novo sistema ordenador, em que, por um lado, também se apura globalmente uma nova legitimação do Direito privado na consciência jurídica do Estado Social e a sua convicente sintonização com o Direito social[110] e em que, por outro, o *pathos* político e o *ethos* económico da sociedade burguesa se desvanecem, *(i)* a garantia dos direitos fundamentais do homem, *(ii)* a protecção das liberdades pessoais e *(iii)* a elaboração das leis em conformidade da Constituição[111] assumem-se como os novos princípios rectores dos modelos vigorantes.

Com o processo de constitucionalização do Direito do trabalho a acompanhar o trânsito do Estado liberal para o Estado social de Direito[112] – a "constitucionalização social" intensifica-se, embora sem uniformidade, na segunda metade do Século XX[113] –, emerge uma "Constituição social que se refere à

---

por semana, com o fundamento de que *(i)* os trabalhadores, caso quisessem, não podiam ser impedidos de trabalhar por mais horas e de que *(ii)* a medida violentava a liberdade de organização do trabalho que flui da liberdade de comércio e indústria. Sobre o caso *Lochner v. New York*, cfr. DAVID SHULTZ, *The Encyclopedia of the Supreme Court*, Nova Iorque, 2005, 251.

[108] A par da Constituição de Weimar de 1919, destaca-se, em coincidência temporal, e na sequência do Tratado de Versalhes, a fundação da Organização Internacional do Trabalho, cuja importância é manifesta.

[109] Assim, JORGE LEITE, *Direito do Trabalho. Vol. I* (1998), cit., 74.

[110] FRANZ WIEACKER, *História do Direito Privado Moderno* (2004), cit., 633.

[111] A constitucionalização de um conjunto de direitos laborais implicará, em fase subsequente, uma regulação laboral mais sensível à realidade constitucional, com grande parte da legislação a aplicar e a desenvolver o texto constitucional.

[112] Cfr. MONTOYA MELGAR, "El trabajo en la Constitutión (la experiencia española en el marco iberoamericano)", *El Trabajo y la Constitución. Estudios en Homenaje al Profesor Alonso Olea*, MTAS, Madrid, 2003, 466-75 e JOSÉ JOÃO ABRANTES, *Contrato de Trabalho e Direitos Fundamentais* (2005), cit., 23-31.

[113] KAHN-FREUND, "L'incidenza delle Costituzioni sul diritto del lavoro", DLRI 1979, n.º 1, 77 e MASSIMO D'ANTONA, "Diritto del lavoro di fine secolo: una crisi di identità?", *Contratto e Lavoro Subordinato. Il diritto privato alle soglie del 2000*, Cedam, Milão, 2000, 127-8. Entre nós, JORGE MIRANDA, *Manual de Direito Constitucional. Direitos Fundamentais*, Tomo IV (2012), cit., 28 e ss., salienta que, contrapostos aos direitos de liberdade, são no século xx reivindicados (sobretudo, por movimentos de trabalhadores) e sucessivamente obtidos, direitos económicos, sociais e culturais – direitos

situação do cidadão como trabalhador e como destinatário da protecção social" e em que a elevação do Direito do trabalho a um plano constitucional densificado, recentrando o trabalhador como cidadão, se funde com a moderna teoria dos fundamentais[114] e conflui num conjunto de direitos sociais, ora fundamentalizados, em que avulta um direito geral à igualdade, construído através da correcção das desigualdades e já não mediante uma igualdade sem liberdade[115].

Sem se cuidar da controvérsia política subjacente à radicação do esquema binário direitos sociais *versus* direitos de liberdade[116], os direitos sociais, que são condições da liberdade ou pressupostos fácticos da possibilidade de exercício dos direitos de liberdade[117], impregnaram as dimensões hodiernas do princípio da liberdade de trabalho, designadamente no que ao direito ao trabalho diz respeito (sem o qual a liberdade não existe *de facto* na sua integralidade[118]), pois ao Estado compete agora remover os obstáculos que impedem a liberdade e o acesso ao trabalho (abandonando a neutralidade liberal, em que a indiferença ao aparecimento de situações hostis aos direitos fundamentais retirava significado

económicos para garantia da dignidade do trabalho, direitos sociais como segurança na necessidade e direitos culturais como exigência de acesso à educação e à cultura e em último termo de transformação da condição operária. Nenhuma Constituição posterior à primeira guerra mundial deixa de os outorgar, com maior ou menor ênfase e extensão, num conjunto de tendências universalmente resumíveis nos seguintes pontos: (i) a diversificação do catálogo de direitos, muito para lá das declarações clássicas; (ii) a consideração do homem situado, traduzida na relevância dos grupos e das pessoas colectivas e na conexão com garantias institucionais; (iii) a acentuação da dimensão objectiva e a irradiação para todos os ramos de Direito; (iv) a aceitação da natureza de princípios da maior parte das normas de direitos fundamentais, (v) o reconhecimento da complexidade de estrutura; (a) a dimensão plural e poligonal das relações jurídicas; (iv) a produção de efeitos não só verticais (frente ao Estado) mas também horizontais (em relação aos particulares); (vii) a dimensão participativa e procedimental (Häberle); (viiii) a ideia de aplicabilidade directa; (ix) a interferência não apenas do legislador mas também da Administração na concretização e na efectivação dos direitos; (x) o desenvolvimento dos meios de garantia e a sua ligação aos sistemas de fiscalização da legalidade e da constitucionalidade e (xi) o enlace com o Direito internacional.

[114] Rodriguez Pinero, "Costituzione, diritti fondamentali e contratto di lavoro", DLRI 1995, n.º 65 (I), 31.

[115] E, como faz notar Diogo Leite de Campos, *Lições de Direitos da Personalidade,* Coimbra Editora, Coimbra, 1992, 81, liberdade e igualdade "são dois continentes imprescindíveis dos direitos da pessoa".

[116] Veja-se, por todos, Jorge Reis Novais, *Direitos Sociais* (2010), cit., 33 e ss..

[117] Constantino Mortati, "Il diritto al lavoro secondo la Costituzione della Repubblica (1953)", *Raccolta di scritti*, vol. III, Giuffrè, Milão, 1972, 84 e Jorge Reis Novais, *Direitos Sociais* (2010), cit., 99.

[118] Giuseppe F. Mancini, *Comentario della Costituzione. Principi Fondamentali* (dir. Giuseppe Branca), Nicola Zanichelli Editore, Bolonha, 1975, 206 e Jean Pélissier/Alain Supiot/Antoine Jeammaud, *Droit du Travail* (2008), cit., 200.

prático à sua proclamação textual), visando-se, em cenário de fundo, uma acção direccionada à "efectivação das condições materiais e objectivas potenciadoras da realização do indivíduo"[119], que opera segundo o *princípio rector vinculante* do Estado social[120].

Na verdade, se as três características essenciais desta mudança são *(i)* a relativização dos direitos privados pela sua função social, *(ii)* a vinculação ético-social destes direitos e a valorização do trabalho *(iii)* e o recuo perante o formalismo do sistema de Direito privado clássico do século XIX[121], a dimensão social que cunha o constitucionalismo moderno recentra a liberdade de trabalho como princípio jusfundamental, infundindo-lhe uma dimensão multifacetada que não se esgota na impossibilidade de alguém ser compelido ao trabalho (e muito menos não remuneradamente), comummente tripartida na liberdade de constituição, de execução e de extinção a todo o tempo do vínculo laboral. Ela também postula, por definição, que todos possam livremente activar a sua força de trabalho (a capacidade para trabalhar, em sentido dinâmico, significa a possibilidade concreta, para qualquer cidadão, de realizar a própria capacidade profissional[122]), designadamente através da escolha do respectivo trabalho[123], sendo para tanto necessário que o Estado crie as condições necessárias à sua fruição[124] e remova

---

[119] Manuel Afonso Vaz, *Direito Económico. A ordem económica portuguesa* (3.ª ed.), Coimbra Editora, Coimbra, 1994, 56.
[120] Nestes termos: Ernst Benda, "El Estado social de Derecho", Ernst Benda/ Werner Maihoffer/Hans-Jochen Vogel/Konrad Hesse/Wolfgang Heyde, *Manual de Derecho Constitucional* (trad. Eduardo López Pina), Madrid, Marcial Pons, 1996, 521-2, sublinhando o carácter de habilitação (*Ermächtigungscharakter*) das normas constitucionais que encomendam ao Estado tarefas de configuração social.
[121] Assim, Franz Wieacker, *História do Direito Privado Moderno* (2004), cit., 624 e ss., que, com referência à legislação moderna do Direito privado, destaca a protecção do inquilino, a legislação sobre revisão das cláusulas contratuais gerais por via judicial ou os projectos de reforma do direito sobre a responsabilidade por danos; ou agora no plano jurisprudencial, o alargamento dos deveres de custódia na relação contratual, a dedução de deveres contratuais a partir de situações sociais ou o alargamento dos deveres dos proprietários nas suas relações com outros particulares, numa concepção solidária que, não podendo ser desligada de tendências morais, implica um recuo perante o formalismo jurídico e, por consequência, uma valoração da situação que materialmente envolve os sujeitos (e já não apenas o sujeito).
[122] Piera Fabris, *Il patto di non concorrenza,* Giuffrè, Milão, 1976, 62-3.
[123] Assim, falando em princípio de "liberdade de actividade da força de trabalho", v. Rabindranath Capelo de Sousa, *O Direito Geral de Personalidade*, Coimbra Editora, Coimbra, 1995, 279-280.
[124] Por isso, como fazem notar Massimo D'antona, "Diritto del lavoro di fine secolo: una crisi di identità?" (2000), cit., 128, Pietro Ichino, *Il Contratto di Lavoro. I* (2000), cit., 30-1 ou Jorge Leite, *Direito do Trabalho. Vol. I* (1998), cit., 45, o Direito do trabalho é hoje um Direito do emprego,

os obstáculos, privados ou (também) públicos, surgíveis no acesso ao emprego ou a uma profissão[125].

c) Âmbito e alcance

6. Vislumbrando-se uma conjunção entre os processos de assunção dos direitos sociais no centro do sistema constitucional e uma evolução significativa do catálogo de direitos fundamentais reclamados pela consciência civilizacional dominante e entretanto constitucionalmente reconhecidos, a liberdade de trabalho é, contudo, antes do mais, uma irradiação do princípio da dignidade da pessoa humana[126], erigido a princípio constitucional no pós-guerra (é na dignidade da pessoa humana, histórica e culturalmente substanciada[127], que se confere unidade de sentido aos direitos fundamentais, pois só na consciência da sua dignidade pessoal o "homem situado" retoma unidade de vida e de destino[128]), e um

---

albergando um conjunto de medidas dirigidas ao fomento do emprego, que agem tanto sobre a oferta como sobre a procura.

[125] Aqui, como salienta PHILIPPE WAQUET, *L'entreprise et les libertés du salarié* (2003), cit., 191, a proibição de discriminações no acesso ao emprego, que sobreveio à extinção dos grémios e corporações operadas pelo Decreto *Allarde*, insere-se no leque de medidas que o Estado tem de prosseguir com vista à remoção de situações hostis à liberdade de trabalho (infra).

[126] Expressamente FRIEDHELM HUFEN, "Berufsfreiheit – Erinnerung an ein Grundrecht (Mainzer Antrittsvorlesung)" (1994), cit., 2913, que indissocia a dignidade humana (*Menschenwürde*) do cristianismo e do iluminismo de John Locke e Kant, e ADALBERT PODLECH, "Anmerkungen zu Art. 1 Abs I GG", *Kommentar zum Grundgesetz der Bundesrepublik Deutschland. Alternativkommentar, Vol. I* (org. R. Wassermann), 2.ª ed., Luchterhand, Neuwied, 1989, 207-8, que, em superação da multivocidade de sentidos atribuídos ao princípio da dignidade da pessoa humana (desde logo concepções jusnaturalistas *versus* concepções sistémico-positivistas), extrai do conceito contido no art. 1 da *Bonna GrundGesetz* cinco grandes corolários: (i) segurança social *lato sensu* (direito ao trabalho, direito a um mínimo existencial, prestações do Estado Social), (ii) igualdade substancial, (iii) garantia de auto-determinação do homem, (iv) limitações aos poderes públicos e Estado de Direito e (v) respeito absoluto da autonomia individual. Na jurisprudência do Tribunal de Karlsruhe: BVerfG 01.03.1979, BVerfGE 50, 290.

[127] Assim, entre outros, FRANK MODERNE, "La dignité de la personne comme principe constitutionnel dans les constitutions portugaise et française", *Perspectivas Constitucionais. Nos 20 anos da Constituição. Vol. I* (org. Jorge Miranda), Coimbra Editora, Coimbra, 1996, 207, BENEDITA MAC CRORIE, "O recurso ao princípio da dignidade da pessoa humana na jurisprudência do Tribunal Constitucional", *Estudos em comemoração do 10.º aniversário da licenciatura em direito da Universidade do Minho*, Almedina, Coimbra, 2004, 167 e JORGE REIS NOVAIS, *Os princípios constitucionais estruturantes da República Portuguesa*, Coimbra Editora, Coimbra, 2004, 51.

[128] JORGE MIRANDA, *Manual de Direito Constitucional. Direitos Fundamentais*, Tomo IV (2012), cit., 219-220 e, na doutrina portuguesa mais recente, entre outros: JORGE REIS NOVAIS, *Os princípios constitucionais estruturantes da República Portuguesa* (2004), cit., 52-3, PAULO OTERO, "Disponibilidade do próprio corpo e dignidade da pessoa humana", *Estudos em honra do Professor Doutor José de*

afloramento do valor genérico da liberdade, que deve cunhar todas as relações em que a Pessoa intervenha[129].

Com o trabalho a ser uma dimensão fundamental da Pessoa e com o seu desenvolvimento a bulir necessariamente com a dignidade do trabalhador[130], o princípio da liberdade de trabalho é, nesse sentido, essencial ao princípio do livre desenvolvimento da personalidade (tutelado pelo art. 70.º do Código Civil e, desde 1997, objecto de acolhimento constitucional expresso[131], com o n.º 1 do art. 26.º[132]) e caracterizável como um direito de personalidade[133].

Oliveira Ascensão. Vol. I, Almedina, Coimbra, 2008, 107-138, JOSÉ DE MELO ALEXANDRINO, "Perfil constitucional da dignidade da pessoa humana: um esboço traçado a partir da variedade de concepções", *Estudos em honra do Professor Doutor José de Oliveira Ascensão. Vol. I*, Almedina, Coimbra, 2008, 481-511, JOSÉ DE OLIVEIRA ASCENSÃO, "A dignidade da pessoa e o fundamento dos direitos humanos" ROA 2008, n.º 1, 97-124, *Idem*, "Pessoa, direitos fundamentais e direito da personalidade", RFDUL 2009, n.ºs 1 e 2, 9-31, MIGUEL NOGUEIRA DE BRITO, "O conceito constitucional de dignidade humana entre o absoluto e a ponderação: o caso da reprodução humana", *Estudos em Homenagem ao Prof. Doutor José Joaquim Gomes Canotilho. Vol. III*, Coimbra Editora, Coimbra, 2012, 151-178 e ANA GUERRA MARTINS, "A protecção da dignidade humana no Tratado de Lisboa", *Estudos em Homenagem ao Prof. Doutor José Joaquim Gomes Canotilho. Vol. III*, Coimbra Editora, Coimbra, 2012, 473-498. A jurisprudência constitucional sobre o princípio da dignidade da pessoa humana é igualmente profusa, remetendo-se para a panorâmica desenvolvida por J. M. CARDOSO DA COSTA, "O princípio da Dignidade da Pessoa Humana na Constituição e na Jurisprudência Constitucional Portuguesas" (1999), cit., 191 e ss., BENEDITA MAC CRORIE, "O recurso ao princípio da dignidade da pessoa humana na jurisprudência do Tribunal Constitucional", *Estudos em comemoração do 10.º aniversário da licenciatura em direito da Universidade do Minho*, Almedina, Coimbra, 2004, 151-174 e MARIA LÚCIA AMARAL, "O princípio da dignidade da pessoa humana na jurisprudência constitucional", JC 2007, n.º 13, 4-17.

[129] Que, entre nós, aflora nos arts. 37.º e 38.º, 41.º, 42.º, 43.º, 46.º, 47.º e 55.º da CRP. Fazendo (também) apelo à *liberdade pessoal* para fundamentar "a livre rescisão" do contrato de trabalho, v. por exemplo Ac. TC n.º 523/95, de 28.09 (VITOR NUNES DE ALMEIDA), proc. n.º 93-0287, DR II Série, n.º 263, de 14.11.1995, 13624.

[130] ANTÓNIO MENEZES CORDEIRO, "Direito do Trabalho e Cidadania", *III Congresso Nacional de Direito do Trabalho. Memórias* (org. António Moreira), Almedina, Coimbra, 2001, 39.

[131] Embora o Tribunal Constitucional já o houvesse extrinsecado do princípio da dignidade da pessoa humana: Ac. TC n.º 6/84, de 18.01 (MAGALHÃES GODINHO), proc. n.º 42/83, DR II Série, de 02.05.1984, considerando, ademais, que o art. 26.º da DUDH, no seu n.º 2, estabelecia a plena expansão da personalidade humana e que o art. 22.º consagrava que todo o homem como membro da sociedade tem direito à realização dos direitos indispensáveis à sua dignidade e ao livre desenvolvimento da sua personalidade.

[132] O preceito implica, nas palavras de CATARINA SAMPAIO VENTURA, "Os direitos fundamentais à luz da quarta revisão constitucional", BFDUC 1998, vol. LXXIV, 501, um raio de protecção das "singularidades da pessoa humana, naquilo que a caracteriza como diferente ou igual às demais, conferindo-se a cada um o direito de optar pelo seu próprio projecto de vida". Embora a sua inspiração na *Grundgsesetz* não deva fazer perder de vista a existência de diferenças juscontextuais, da nossa

Os direitos de personalidade são tipificáveis. São-no em função do aspecto de personalidade que estiver em causa, embora os tipos sejam representativos, o que significa que, para lá dos tipos enunciados, outros existem e cuja qualificação é desenvolvida em razão da sua essencialidade na defesa da dignidade humana.

Se a tipificação dos direitos de personalidade faculta modelos de decisão e traduz a relevância de situações de frequência, o regime que os acompanha permite agregar um conjunto coerente, unificado pelo fim comum de defesa da dignidade do seu titular, ao qual o trabalho e a liberdade que o deve acompanhar se predestinam[134], enquanto "imediata extrinsecação da sua personalidade"[135] e como manifestação do espírito ou do intelecto[136].

A liberdade de trabalho, implicando um direito de personalidade, insere-se, por isso, num consectário axiológico mais amplo de liberdade pessoal que envolve uma dupla dimensão tutelar: *(i)* a protecção da personalidade, enquanto substracto da individualidade e dos seus múltiplos aspectos – buscando-se uma protecção do poder de autoconformação reconhecido à Pessoa, na sua individualidade concreta e na abundância de poderes e faculdades que lhe são inerentes

---

parte não se entrevêem embaraços à sua compreensão como "direito fundamental fundamentante", como sustenta Paulo Mota Pinto, "O direito ao livre desenvolvimento da personalidade", *Portugal-Brasil ano 2000: tema direito*, Studia Iuridica 40, Coimbra Editora, Coimbra, 1999, 162, no sentido de se abranger uma série de direitos fundamentais inominados, opinião que, todavia, não é doutrinariamente consensual. Em saliência do aspecto, perante a extensão do catálogo de direitos de liberdades especiais presente na Constituição portuguesa, mas sem deixarem de considerar que o seu âmbito de protecção alberga uma dimensão de formação livre da personalidade, uma dimensão de protecção da liberdade de acção de acordo com o projecto de vida e vocação e capacidades pessoais próprias e uma outra de protecção da integridade da pessoa, v. Gomes Canotilho & Vital Moreira, *Constituição Portuguesa da República Anotada. Artigos 101.º a 107.º* (4.ª ed.), Coimbra Editora, Coimbra, 2007, 463.

[133] Como cedo fizeram notar Costantino Mortati, "Il lavoro nella Costituzione" (1954), cit., 150 e Manlio Mazziotti, *Il diritto al lavoro*, Giuffré, Milão, 1956, 57 e, entre nós, Rabindranath Capelo de Sousa, *O Direito Geral de Personalidade* (1995), cit., 278. Sobre a caracterização da liberdade de trabalho e profissão como um direito de personalidade, v. ainda João Pacheco de Amorim, "Liberdade de Profissão e Direito ao Trabalho: contributo para uma distinção entre duas figuras afins", *Estudos Jurídicos em Homenagem ao Professor António Motta Veiga*, Almedina, Coimbra, 2007, 115.

[134] Neste sentido, considerando que o dualismo entre o chamado direito geral de personalidade e os direitos subjectivos especiais de personalidade é superado e que a questão do seu relacionamento é meramente designativa, v. Pedro Pais de Vasconcelos, *Direito de personalidade*, Almedina, Coimbra, 2006, 67.

[135] As palavras são de Manlio Mazziotti, *Il diritto al lavoro* (1956), cit., 58.

[136] Spagnuolo Vigorita, "Professione e Lavoro (Libertà di)" (1967), cit., 15.

(um *"jus in se ipsum radical*, em que a pessoa é o bem protegido, correspondendo à sua necessidade intrínseca de auto-determinação"[137]) –, *(ii)* e a protecção da liberdade geral de acção humana, que se traduz, antes do mais, na defesa contra imposições ou proibições violadoras da liberdade geral de acção[138].

Cada um é livre para a definição da sua individualidade e da sua consciência, gozando, para tanto, de autonomia. Sendo o trabalho essencial à composição da personalidade do ser humano e um meio para a realização condigna dos seus projectos pessoais de vida, a liberdade que sobre ele incide, porque se sintoniza com o direito ao livre desenvolvimento da personalidade[139], implica, em sequência, uma adequada protecção dos aspectos de manifestação da liberdade e da personalidade[140], recentrando-se o princípio da liberdade de trabalho no feixe de valores primários necessários à efectivação de uma construção antropocêntrica idónea à tutela da pessoa humana *in totum*[141].

---

[137] ORLANDO DE CARVALHO, *Teoria Geral do Direito Civil* (1981), cit., 180.
[138] PAULO MOTA PINTO, "O direito à reserva sobre a intimidade da vida privada", BFDUC 69, Coimbra Editora, Coimbra, 1993, 480 e ss.. Por isso, o princípio assegura uma tutela mais abrangente da personalidade, que inclui duas diferentes dimensões: (a) um direito à formação livre da personalidade, que envolve a liberdade de acção de acordo com o projecto de vida e capacidades pessoais próprias; (b) a protecção da integridade da pessoa com vista à garantia da esfera jurídico-pessoal no processo de desenvolvimento. Em anotação ao art. 26.º da CRP, ALEXANDRE SOUSA PINHEIRO & MÁRIO JOÃO FERNANDES derivam o direito ao desenvolvimento da personalidade do princípio da dignidade da pessoa humana, apontando-lhe dois segmentos: "um relativo ao ser e outro relativo ao ser social. A formação da personalidade do indivíduo não deve, por exemplo, ser impedida no momento da formação, ou discriminada no da exteriorização social" (*Comentário à IV Revisão Constitucional*, AAFDL, Lisboa, 1999, 111). Cfr. também JORGE MIRANDA & RUI MEDEIROS, *Constituição Portuguesa Anotada*, Tomo I, Coimbra, 2005, 204-5 e GOMES CANOTILHO & VITAL MOREIRA, *Constituição Portuguesa da República Anotada. Artigos 101.º a 107.º* (2007), cit., 462-4.
[139] Esta sintonização aparece especialmente enfatizada no Ac TC n.º 155/09, de 25.03 (MARIA LÚCIA AMARAL), proc. n.º 981/2007, DR II Série, n.º 87, de 06.05, 17918-17921, que considerou não existir razões para censurar jurídico-constitucionalmente as regras que limitam o exercício, em acumulação, das funções docentes no ensino público e particular que enquadravam a situação *sub iudicio*.
[140] Falamos em protecção da liberdade e da personalidade, não obstante a alusão geral à protecção do princípio da liberdade de trabalho ou do desenvolvimento da personalidade. É que, em rigor, como evidenciou JORGE REIS NOVAIS, *As restrições aos direitos fundamentais não expressamente autorizadas pela Constituição*, Coimbra Editora, Coimbra, 2003, 292 e ss., não são os direitos fundamentais que são *qua tale* protegidos, mas antes os bens objecto de protecção jusfundamental, como o trabalho, a personalidade ou a liberdade.
[141] Aludindo a um princípio *personocêntrico* inerente aos direitos fundamentais, v. J. J. GOMES CANOTILHO, "Dignidade e Constitucionalização da Pessoa Humana", *Estudos de Homenagem ao Prof. Doutor Jorge Miranda. Vol. II*, Coimbra Editora, Coimbra, 2012, 285. Com a dimensão intrínseca e autónoma da dignidade da pessoa humana a articular-se com a liberdade de conformação e de

Justifica-se, assim, e por regra, que a liberdade de trabalho sobrepuje a liberdade de iniciativa económica e que, em fundo, se firme um princípio de prevalência dos interesses pessoais sobre os interesses estritamente patrimoniais[142].

Verificando-se ademais a composição da liberdade de trabalho como um princípio de ordem pública[143], esta designação tem consequências de relevo: por um lado, a sua aplicação não depende da vontade dos sujeitos e, por outro, o princípio, embora com limitações imanentes e de acordo com a configuração *ex lege* estabelecida para a sua susceptibilidade de *limitação* convencional, há-de lograr aplicação, mesmo que os sujeitos se manifestem em sentido diverso[144].

d) Delimitação e corolários

7. A liberdade de trabalho é composta por um conjunto multiforme de poderes ou prerrogativas.

---

orientação da vida segundo o projecto espiritual de cada um, a autonomia vital da pessoa e a sua auto-determinação cruzam-se inevitavelmente com a liberdade de trabalho, como hoje salienta JORGE MIRANDA, *Manual de Direito Constitucional. Direitos Fundamentais* (2012), cit., 184 e 199.

[142] Ainda JORGE MIRANDA, "Liberdade de trabalho e profissão" (2006), cit., 204, justificando essa prevalência, à luz do texto constitucional, com a impostação da liberdade de trabalho no título dos direitos, liberdades e garantias e já não no título de direitos económicos, sociais e culturais, como sucede com a iniciativa económica e o direito de propriedade. ANTÓNIO MENEZES CORDEIRO, "Direito do Trabalho e Cidadania", *III Congresso Nacional de Direito do Trabalho. Memórias* (2001), cit., 33-4, por seu turno, refere: a liberdade de trabalho será "provavelmente o valor mais absoluto de todos".

[143] Como refere GUILHERME DRAY, "O ideal de justiça contratual e a tutela do contraente mais débil", *Estudos em Homenagem ao Prof. Doutor Inocêncio Galvão Telles. Vol. I*, Almedina, Coimbra, 2002, 101, "(v)ocacionado para a violação de princípios ou vectores fundamentais do ordenamento jurídico, visando a reprodução do sistema e vedando comportamentos que o contrariem, o princípio jurídico que faz apelo à ordem pública tem sido utilizado, designadamente, para impedir negócios jurídicos que exijam esforços desmesurados ao devedor ou que restrinjam demasiado a sua liberdade pessoal ou económica". Sobre o conceito, entre nós, cfr. ANTÓNIO PINTO MONTEIRO, *Claúsulas limitativas e de exclusão de responsabilidade civil*, Almedina, Coimbra, 2003, 51 e ANTÓNIO MENEZES CORDEIRO, *Da Boa Fé no Direito Civil* (1997), cit., 1218-1225, que, considerando que "os casos em que devam ser reconduzidos a violações de princípios ou vectores fundamentais do ordenamento" integram a ordem pública, deixa os bons costumes "a braços, apenas, com a moral social". Em sentido idêntico, entendendo ainda que os bons costumes têm uma "coloração mais acentuadamente ética ou ético-jurídica", v. MANUEL CARNEIRO DA FRADA, "A ordem pública no domínio dos contratos", *Ars Iudicandi – Estudos em Homenagem ao Professor Doutor António Castanheira Neves*, Vol. II- Direito Privado, Coimbra Editora, Coimbra, 2009, 260-2.

[144] Assim, GÉRARD LYON-CAEN, "Les clauses restrictives de la liberté du travail (Clauses de non-concurrence ou de non réembauchage)" (1963), cit., 87.

Sendo o conceito de liberdade por definição aberto[145], e estando afastado o ideário liberal de circunscrição dos direitos fundamentais às relações entre os cidadãos e o Estado, *esta* liberdade, que arranca da consideração do Homem como ser livre e responsável, é um valor-quadro, que compreende múltiplas refracções normativas, fundando um conjunto de faculdades jurídicas primárias e com diferentes graus de concretização.

Associada a outros direitos – como o direito ao trabalho –, ou sem autonomia em relação à liberdade de comércio e indústria, as diferenças quanto à sua enunciação reflectem concepções e modos de articulação com outros direitos, cujo enquadramento jusconstitucional é determinante[146].

Não descurando os contornos tendencialmente unificados presentes nos instrumentos de Direito internacional que valem no ordenamento jurídico português[147] – destacando-se o art. 4.º[148] da Convenção Europeia dos Direitos do Homem e os arts. 5.º[149] e 15.º[150] da Carta dos Direitos Fundamentais da União

---

[145] Salientando a inviabilidade de uma definição positivamente delimitada de "liberdade", v. GUY CARCASSONNE, *La Constitution* (pref. Georges Verdel), Points, Paris, 2011, 408.

[146] JORGE MIRANDA, "Liberdade de trabalho e profissão" (2006), cit., 202.

[147] Designadamente, a Declaração Universal dos Direitos do Homem (art. 4.º), o Pacto Internacional relativo aos Direitos Económicos, Sociais e Culturais (art. 6.º, § 1) e o Pacto sobre Direitos Civis e Políticos (art. 8.º, § 3/a).

[148] Com epígrafe "proibição da escravatura e do trabalho forçado", o preceito estabelece que "(n)inguém pode ser mantido em escravidão ou servidão" (n.º 1), "(n)inguém pode ser constrangido a realizar um trabalho forçado ou obrigatório" (n.º 2), "(n)ão será considerado "trabalho forçado ou obrigatório" no sentido do presente artigo: a) qualquer trabalho exigido normalmente a uma pessoa submetida a detenção nas condições previstas pelo artigo 5.º da presente Convenção, ou enquanto estiver em liberdade condicional; b) qualquer serviço de carácter militar ou, no caso de objectores de consciência, nos países em que a objecção de consciência for reconhecida como legítima, qualquer outro serviço que substitua o serviço militar obrigatório; c) qualquer serviço exigido no caso de crise ou de calamidade que ameacem a vida ou o bem – estar da comunidade; d) qualquer trabalho ou serviço que fizer parte das obrigações cívicas normais".

[149] Com epígrafe "proibição da escravidão e do trabalho forçado", o preceito dispõe que: "(n)inguém pode ser sujeito a escravidão nem a servidão" (n.º 1), "(n)inguém pode ser constrangido a realizar trabalho forçado ou obrigatório" (n.º 2) e que "(é) proibido o tráfico de seres humanos" (n.º 3).

[150] Com epígrafe "liberdade profissional e direito de trabalhar", o preceito prevê que: "(t)odas as pessoas têm o direito de trabalhar e de exercer uma profissão livremente escolhida ou aceite" (n.º 1), "(t)odos os cidadãos da União têm a liberdade de procurar emprego, de trabalhar, de se estabelecer ou de prestar serviços em qualquer Estado-Membro" (n.º 2) e que "(o)s nacionais de países terceiros que sejam autorizados a trabalhar no território dos Estados-Membros têm direito a condições de trabalho equivalentes àquelas de que beneficiam os cidadãos da União" (n.º 3).

Europeia[151] –, o princípio encontra a sua base imediata no n.º 1 do art. 47.º da CRP[152].

O seu sentido primeiro consiste na possibilidade de os cidadãos decidirem livremente desenvolver ou não um trabalho – traduzindo o trabalho como o resultado de uma decisão livre e consciente, ante a dimensão pessoalíssima da actividade implicada – e na correlativa proibição de trabalho obrigatório ou forçado, de há muito densificada na Convenção n.º 29 da OIT sobre o Trabalho Forçado ou Obrigatório (1930)[153], que, no art. 2.º, identifica o termo *trabalho forçado ou obrigatório* com "todo o trabalho ou serviço exigido a um indivíduo sob ameaça de qualquer castigo e para o qual o dito indivíduo não se tenha oferecido de livre vontade"[154].

---

[151] Como salienta MARIA LUÍSA DUARTE, "A União Europeia e o sistema europeu de protecção dos direitos fundamentais – a chancela do Tratado de Lisboa", Dir. 2010, n.º 5, 169 e ss., a Carta, não integrando o articulado dos Tratados, consubstancia um texto proclamatório de direitos de vocação geral, que no entanto, à luz do n.º 1 do art. 6.º do Tratado da União Europeia, "tem o mesmo valor jurídico que os Tratados". Sobre o valor normativo da Carta antes do Tratado de Lisboa, cuja dimensão interpretativa era já manifesta, seja-nos permitida a remissão para CATARINA SAMPAIO VENTURA & JOÃO ZENHA MARTINS, "The Charter of Fundamental Rights of the European Union: a Landmark in the European Landscape in the European Landscape and the Prospect for a Dynamic Role of the Ombudsman", *Yearbook* (7), Brill Academic Publishers, Leiden/Boston, 2004, 129-146.

[152] "Todos têm o direito de escolher livremente a profissão ou o género de trabalho, salvas as restrições legais impostas pelo interesse colectivo ou inerentes à sua própria capacidade".

[153] Aprovada para ratificação pelo Decreto n.º 40 646, de 16.06.1956, com entrada em vigor na ordem jurídica portuguesa a 26.06.1957.

[154] Aí se exclui do termo trabalho forçado ou obrigatório: a) todo o trabalho ou serviço exigido em virtude de leis sobre o serviço militar obrigatório e afecto a trabalhos de carácter puramente militar; b) todo o trabalho ou serviço fazendo parte das obrigações cívicas normais dos cidadãos dum país que se governe por si mesmo; c) todo o trabalho ou serviço exigido a um indivíduo como consequência de condenação proveniente de decisão judicial, com a condição de que esse trabalho ou serviço seja executado sob a vigilância e o controle das autoridades públicas e de que o mesmo indivíduo não seja posto à disposição de particulares, companhias ou pessoas morais privadas; d) todo o trabalho ou serviço exigido em caso de força maior, quer dizer, em caso de guerra, desastres, ou ameaças de desastres, tais como incêndios, inundações, fomes, tremores de terra, epidemias e epizootias violentas, invasões de animais, insectos ou parasitas vegetais prejudiciais, e em todas as circunstâncias que ponham em perigo ou ameacem pôr em perigo a vida ou as condições normais de existência da totalidade ou de uma parte da população; e) os pequenos trabalhos, quer dizer, os trabalhos executados no interesse directo da colectividade pelos membros desta, trabalhos que, pela sua categoria, podem ser considerados como obrigações cívicas normais da competência dos membros da colectividade, com a condição de que a própria população ou seus representantes directos tenham o direito de se pronunciar sobre o bem fundado desses trabalhos. Entretanto, sobreveio a Convenção n.º 105 da OIT (1957), aprovada para ratificação pelo Decreto-Lei n.º 42 381, de 13.07.1959 e entrada em vigor na ordem jurídica portuguesa a 23.11.1960 que, no art. 1.º, proíbe o trabalho a) quer por medida de coerção ou de educação política, quer como sanção a

Cuidando-se da dimensão negativa do princípio da liberdade de trabalho, que impossibilita que o Estado ou terceiros vinculem quem quer que seja a certo trabalho em concreto ou a determinado empregador[155] e/ou imponham o exercício de um determinado trabalho em ordem à realização do direito ao trabalho (transmutando o direito em dever[156]), não deixa de ser juridicamente livre o trabalho que alguém realiza no cumprimento de uma obrigação assumida em razão de necessidades económicas ou de sobrevivência[157], entendendo-se que também o trabalho penitenciário ou o serviço cívico imposto a objectores de consciência não colidem com a proibição de trabalho forçado ou obrigatório[158].

---

pessoas que tenham ou exprimam certas opiniões políticas ou manifestem a sua oposição ideológica à ordem política, social ou económica estabelecida; b) quer como método de mobilização e de utilização da mão-de-obra com fins de desenvolvimento económico; c) quer como medida de disciplina do trabalho; d) quer como punição, por ter participado em greves; e) quer como medida de discriminação racial, social, nacional ou religiosa.

[155] LIBERAL FERNANDES, "Transmissão do estabelecimento e oposição do trabalhador à transferência do contrato: uma leitura do art. 37.º da LCT conforme o direito comunitário", QL 1999, n.º 14, 233. Na jurisprudência constitucional, entre outros: Ac TC n.º 154/86, de 06.05 (VITAL MOREIRA), proc. n.º 84-0150, declarando-se, com força obrigatória geral, a inconstitucionalidade das normas constantes do n.º 1 do art. 3 do Decreto-Lei n.º 42/84, de 03.02, na parte em que determinou a integração nas empresas públicas ou nacionalizadas dos funcionários e agentes do quadro geral de adidos junto das quais se encontravam requisitados, sem o seu assentimento, com o fundamento, entre outros, de que essa integração "traduz-se, para todos os efeitos, numa relação de trabalho forçada, contendendo flagrantemente com a liberdade de trabalho – elemento integrante do princípio do Estado de direito democratico – a qual não implica apenas o direito de escolher o local e o tipo de trabalho, mas tambem o direito de só mediante vontade própria entrar em relação de emprego por conta de outrem".

[156] JEAN PÉLISSIER, "La liberté du travail", DS 1990, n.º 1, 23 e JORGE MIRANDA, "Liberdade de trabalho e profissão" (2006), cit., 207.

[157] Cfr. JORGE LEITE, *Direito do Trabalho. Vol. I* (1998), cit., 42, referindo certeiramente que esse constrangimento é um dado básico essencial à compreensão do contrato de trabalho e do Direito que o regula.

[158] Assim: J. J. GOMES CANOTILHO & VITAL MOREIRA, *Constituição Portuguesa da República Anotada. Artigos 101.º a 107.º* (2007), cit., 766, salientando-se que a legislação penal e processual penal vigente só admite o trabalho a favor da comunidade se houver acordo do arguido/condenado, restringindo-o às seguintes situações: a) como pena autónoma em substituição de uma pena de prisão até 2 anos; b) sanção substitutiva da pena de multa, a requerimento do condenado, c) no âmbito da suspensão da execução da pena de prisão, d) obrigação de prestação de serviços de interesse público, e) imposta no âmbito da Suspensão Provisória do Processo, f) obrigação aplicável a jovens delinquentes, com idades compreendidas ente os 16 e os 21 anos. Se, no ordenamento germânico, o § 3 do art 12 da GG restringe a admissibilidade do trabalho obrigatório "no caso de privação da liberdade imposta por sentença judicial" e, no ordenamento gaulês, é igualmente pacífico que o trabalho penitenciário não pode ser considerado como uma sanção, mas tão somente um instrumento destinado a facilitar a reinserção dos condenados [por exemplo: JEAN-PIERRE LE

Com a tipificação criminal do crime de escravidão a assumir-se como um corolário lógico do sentido que irradia do art. 47.º da CRP[159], positivamente a liberdade de trabalho em sentido amplo compreende a liberdade de escolha e de exercício de qualquer género ou modo de trabalho que não seja considerado ilícito pela lei penal, possua ou não esse trabalho carácter profissional ou não profissional, seja típico ou atípico, permanente ou temporário, independente

Crom, "La liberté du travail en droit français. Essai sur l'évolution d'une notion à usages multiples" (2006), cit., 145 ou Rodriguez-Piñero & Bravo-Ferrer, "La libertad de trabajo y la interdicción del trabajo forzoso" (2011), cit., 8-9], já o n.º 4 do art. 4.º da CEDH estabelece que não se considera trabalho forçado ou obrigatório o trabalho prisional normal [em aplicação: *Ooms and Versyp v. Belgium* (10.031972), *Van Droogenbroeck v. Belgium* (24.06.1982), *Stummer v. Austria De Wilde* (11.10.2007)], o serviço militar e o serviço cívico imposto a objectores de consciência [*Johansen v.Norway* (27.06.1996), *Bayatyan v. Armenia* (07.07.2011)], bem como o serviço exigido em caso de emergência ou de calamidade pública [*Iversen v. Norway* (17.12.1963)] e, finalmente, o trabalho ou o serviço que faça parte das obrigações cívicas normais [*Four companies v. Austria* (27.09.1976), *Van der Mussele v. Belgium* (23.11.1983), *Karlheinz Schmidt v. Germany* (18.07.1994) e *Zarb Adami v. Malta* (20.06.2006)]. No emblemático e muito difundido caso *Van der Mussele v. Belgium* (23.11.1983), em que se colacionou, para além da CEDH, a Convenção n.º 29 da O.I.T., considerou-se que o regime estatutário belga que obrigava os advogados a desenvolver gratuitamente a função de defensores oficiosos não configurava uma situação de trabalho obrigatório, visto que ela inseria-se na função social subjacente ao exercício da advocacia; não se estando perante um encargo desmesurado, tal obrigação não podia ademais ser recortada como uma sanção. Com fundamentação idêntica, em que sobressai o apelo a uma concepção de solidariedade social e à não desproporção da obrigação laboral estabelecida, ainda: *Steindel v. Germany* (14.09.2010*), Bucha v. Slovakia* (20.09.2011) e *Graziani-Weiss v. Austria* (18.10.2011)] e, em excurso: Peter Van Der Auweraert/Tom De Pelsmaker,/Jeremy Sarkin/Johan Van De Lanotte, *Social, Economic and Cultural Rights: An Appraisal of Current European and International Developments*, Maklu, Antuérpia, 2002, 234 e ss..

[159] Sendo igualmente um regime imposto pela Declaração Universal dos Direitos do Homem, pelo Pacto Internacional relativo aos Direitos Económicos, Sociais e Culturais e, muito particularmente, pela Convenção de Genebra sobre a escravatura, da Sociedade das Nações, de 1926, e no Aditamento em 1956. Para tanto, o art. 159.º do CP pune com pena de prisão de 5 a 15 anos "(q)uem: a) reduzir outra pessoa ao estado ou à condição de escravo; ou b) alienar, ceder ou adquirir pessoa ou dela se apossar com a intenção de a manter na situação prevista na alínea anterior". O regime, que tem como bem jurídico protegido a dignidade da pessoa humana e que quanto ao grau de lesão desse bem é um crime de dano, integra, conforme aplicação do Ac. Rl. Pt. de 30.01.2013 (José Piedade), proc. n.º 1231/09, «os casos em que a vítima é objecto de uma completa relação de domínio por parte do agente, vivenciando um permanente "regime de medo", não tendo poder de decisão sobre o modo e tempo da prestação do trabalho e não recebendo qualquer parte da sua retribuição». Nesta perspectiva, e para efeitos juscriminais, não caberá diferenciar escravidão e servidão, *distinguo* que, por exemplo, se encontra no Pacto sobre direitos civis e políticos (art. 8.º, § 3/a), que associa a escravidão à destruição da personalidade jurídica da vítima, atribuindo ao termo servidão uma noção mais abrangente, que corresponde a uma ideia genérica que congloba todas as formas de domínio de uma pessoa sobre a outra.

ou subordinado, esteja estatutariamente definido ou não[160], imbricando-se, por isso, a espaços, com a liberdade de iniciativa económica.

Sendo a liberdade de trabalho a liberdade de escolher e exercer uma actividade como forma de angariar meios de subsistência (ela é uma "liberdade de todas as pessoas em todos os momentos, visto que cada pessoa pode mudar de emprego ou de profissão"[161]), a liberdade de iniciativa económica, por seu turno, que alberga o direito a empreender novas actividades, por via da criação e da gestão de empresas, vai atinar com todos os que queiram ser empresários, encontrando-se no contrato de trabalho a confluência das duas liberdades: se a liberdade de iniciativa económica contempla as liberdades de iniciar uma actividade económica e de contribuir com factores de capital e empresa, a abrangência da liberdade de trabalho evidencia-se a partir da possibilidade de escolha entre o trabalho independente (não empresarial), o trabalho subordinado e a iniciativa ou a gestão de uma actividade empresarial[162].

8. Não se esgota todavia aí, bem ao contrário, o sentido da liberdade de trabalho e/ou as garantias necessárias à sua fruição. Com efeito, o princípio implica, entre outros direitos/deveres, a liberdade de aprender, a liberdade de deslocação e de residência no território nacional e a liberdade de emigração (liberdade de circulação *lato sensu*[163]) e ainda a liberdade, positiva e negativa, de associação

---

[160] JORGE MIRANDA, "Liberdade de trabalho e profissão" (2006), cit., 204.
[161] Ainda JORGE MIRANDA, "Liberdade de trabalho e profissão" (2006), cit., 205.
[162] Como faz notar EVARISTO FERREIRA MENDES, "Anotação ao artigo 61.º da CRP" (2005), cit., 1213, no que "respeita à escolha de um meio de vida não baseado na mera fruição de bens, mas fundado na acção/actuação no campo económico-produtivo, a opção fundamental dos cidadãos é entre a liberdade de trabalho ou profissão do artigo 47.º – autónomo ou de exercício subordinado – e a liberdade de empresa do artigo 61.º, que pode assumir um cariz individualista (n.º 1) ou social (n.ºs 2 e 5)". Sob este ponto de vista, a liberdade de iniciativa alcança um âmbito que ultrapassa a liberdade de trabalho, já que não se esgota na liberdade de iniciar uma actividade económica, envolvendo igualmente a liberdade de contribuir com factores de capital e a liberdade institucional da empresa, liberdade que, como enfatiza BERNARDO LOBO XAVIER, "A Constituição Portuguesa como fonte do Direito do trabalho", *Estudos de Direito do Trabalho em Homenagem ao Professor Manuel Alonso Olea* (coord. António Monteiro Fernandes), Almedina, Coimbra, 2004, 165, é "o necessário contraponto aos direitos relativos ao trabalho, sem o qual não há emprego nem trabalhadores".
[163] Considerando mesmo a liberdade de circulação dos trabalhadores uma das medidas positivas de promoção da liberdade de trabalho, v. PHILIPPE WAQUET, *L'entreprise et les libertés du salarié* (2003), cit., 191.

profissional[164], avultando, neste contexto, o direito à formação profissional[165]: a formação dos trabalhadores transcende a esfera individual, estando inserida, de há muito, nos supremos interesses da colectividade, enquanto mecanismo particularmente eficaz de integração social, de competitividade e de consecução das políticas de emprego, objectivos que, com cambiantes, se encontram constitucionalmente previstos em latitudes diversas[166].

Se entre nós o art. 58.º da CRP incumbe o Estado de promover a *(i)* a execução de políticas de pleno emprego e *(ii)* a formação cultural e técnica e a valorização profissional dos trabalhadores – desideratos que se entrecruzam com outros direitos constitucionais (*v. g.* direito à educação e acesso aos graus mais elevados de ensino) –, a aquisição e a permanente actualização de um elevado nível de conhecimentos, aptidões e competências é uma condição essencial para o desenvolvimento pessoal de todos os cidadãos e para a sua participação em todos os aspectos da sociedade, incluindo a integração no mercado de trabalho[167].

Na verdade, só ela permite adquirir as qualificações necessárias para os trabalhadores se adaptarem à evolução das necessidades (criando as condições adequadas a um desenvolvimento da produtividade e para a participação, enquanto cidadãos activos, na sociedade do conhecimento) e, antes disso, para obterem um trabalho[168].

---

[164] Em saliência: JORGE MIRANDA, "Liberdade de trabalho e profissão" (2006), cit., 204, que refere ainda a sua indesligabilidade do direito de criação de comissões de trabalhadores e da liberdade sindical (art. 55.º).

[165] PHILIPPE WAQUET, *L'entreprise et les libertés du salarié* (2003), cit., 190-1.

[166] Veja-se CARMEN LA MACCHIA, *La pretesa al lavoro*, Giappichelli, Turim, 2000, 12-14, que, à luz dos arts. 4 e 38 da Constituição italiana, indissocia a formação profissional do direito ao trabalho (agremiando-a inclusivamente ao princípio da dignidade da pessoa humana), posição também seguida por DOMENICO GAROFALO, *Formazione e lavoro tra diritto e contratto. L'occupabilità*, Cacucci, Bari, 2004, 103, que peremptoriamente afirma: "só a formação consente a aquisição e a manutenção de um trabalho". Relevantes são também os arts. 9.º e 10.º da Carta Social Europeia (adoptada em Estrasburgo a 03.05.1996, aprovada para ratificação pela Resolução da Assembleia da República n.º 64-A/2001, de 17.10 e ratificada pelo Decreto do Presidente da República, n.º 54-A/2001, de 17.10), ao estabelecerem, respectivamente, que "(t)oda a pessoa tem direito a meios apropriados de orientação profissional, com vista a ajudá-la a escolher uma profissão conforme às suas aptidões pessoais e aos seus interesses" e que "(t)odas as pessoas têm direito a meios apropriados de formação profissional".

[167] LUQUE PARRA, "Pactos típicos, nuevas tecnologias y relación laboral", *Relaciones Laborales y Nuevas Tecnologias*, La Ley, Madrid, 2005, 169, e, entre nós, JOÃO SOARES RIBEIRO, "Formação contínua dos trabalhadores", *Minerva. Revista de estudos laborais* 2007, ano 6, n.º 10, 21-53.

[168] GONZÁLEZ MOLINA, "Algunas reflexiones sobre el posible retorno del contrato de trabajo al código civil", RFDUC 1999, n.º 23, 104.

9. Sem prejuízo da importância social do trabalho e da sua caracterização como exigência natural[169], a liberdade de trabalho compreende também a liberdade de não trabalhar[170].

Embora fosse já esse o entendimento genericamente pugnado entre nós perante o texto primevo da Constituição de 1976[171], o reconhecimento de que a pessoalidade da prestação implicada pelo trabalho impõe que o trabalho seja sempre uma actividade livre e voluntária e de que não há interesse colectivo que funcionalize o trabalho enquanto projecto pessoal de vida a uma obrigação económico-social foi explicitado com a revogação, operada pela revisão constitucional de 1997, do "dever de trabalhar" que encontrava previsão no n.º 2 do art. 59.º da CRP[172], rompendo-se, *hoc sensu*, com a perspectivação do trabalho como um dever de solidariedade social, que embaciava a "alternativa de acção" subjacente à matriz conceptual de liberdade[173].

---

[169] JORGE LEITE, *Direito do Trabalho*, vol. I (1998), cit., 5, alude, por isso, a "um dever social de trabalhar".

[170] FRIEDHELM HUFEN, "Berufsfreiheit – Erinnerung an ein Grundrecht (Mainzer Antrittsvorlesung)" (1994), cit., 2913-5.

[171] Neste sentido, por todos: JORGE MIRANDA, "Liberdade de trabalho e profissão" (1986), cit., 147 e ss., que se referia a um "dever genérico", que se cumpria mediante a escolha deste ou daquele trabalho e que, enquanto tal, era insusceptível de sanção coactiva, aproximando-se, nessa leitura, de outros deveres constitucionalmente previstos, como o de defender e de promover a saúde ou o de preservar, defender e valorizar o património cultural; por seu turno, ANTÓNIO MENEZES CORDEIRO, *Manual de Direito do Trabalho* (1997), cit., 148, referindo-se a um "dever imperfeito", reiterava a ideia de "que ao Estado compete criar condições ambientais, morais, culturais e materiais, para que todos cumpram o seu dever social de desenvolver actividades úteis".

[172] Salientando o aspecto: GOMES CANOTILHO & VITAL MOREIRA, *Constituição Portuguesa da República Anotada. Artigos 101.º a 107.º* (2007), cit., 765. O n.º 2 do art. 59.º, na versão anterior à Revisão de 1997, considerava o dever de trabalhar "inseparável do direito ao trabalho, excepto para aqueles que sofram diminuição de capacidade por razões de idade, doença ou invalidez".

[173] Sobre esta alternativa de realizar ou não determinada acção enquanto garantia negativa de fruição do direito, que se contrapõe à garantia positiva que vai atinar com a efectivação dos meios necessários à promoção dessa liberdade, cfr. ROBERT ALEXY, *Teoria de la argumentacion juridica: la teoria del discurso racional como teoria de la fundamentacion jurídica* (trad. Manuel Atienza/Isabel Espejo), *Centro de Estúdios Políticos y Constitucionales*, Madrid, 2007, 215-6.

Este dever, à luz do art. 21.º do Estatuto do Trabalho Nacional[174] e mais difusamente à face do art. 26.º da Constituição de 1933[175], surgia como uma obrigação comunitária, com a função de "garante da vida económica e social portuguesa"[176].

Com efeito, em reacção à ideologia individualista da revolução burguesa, havia-se firmado, em latitudes diversas e com tonalidades distintas, um direito de matriz colectivista, em que o trabalho, não sendo já uma mercadoria, surgia com uma função social[177], que implicava um dever de todos trabalharem *na sociedade e para a sociedade*[178], e que no ordenamento francês se encontra ainda, embora com teor meramente proclamatório, no preâmbulo da Constituição de 1946[179], sem que daí se extraia, contudo, o dever de aceitação de um trabalho[180].

---

[174] Aprovado pelo Decreto-Lei n.º 23048, de 23.09.1933.

[175] Estabelecia o preceito, com algum grau de indefinição, que os cidadãos eram obrigados a prestar ao Estado e às autarquias locais "cooperação e serviços em harmonia com as leis" (...).

[176] Assim: ADRIANO MOREIRA, *Direito Corporativo*, Instituto Superior de Estudos Ultramarinos, Lisboa, 1950, 104.

[177] Em ilustração, o § 4 do Título II da Declaração dos direitos do povo trabalhador e explorado" (1918), com o propósito de "suprimir os elementos parasitas da sociedade e organizar a economia", estabelece "o serviço do trabalho obrigatório para todos".

[178] Assistindo-se, em concomitância, ao surgimento das teorias da relação de trabalho ou da incorporação na empresa como instrumentos de combate ao contratualismo, o Estado ou, em seu nome, as corporações, determinam os salários, a férias ou o período de trabalho e os sindicatos voltaram a ser proibidos: se o Estado, directa ou indirectamente, é o empregador, falecia o sentido de organizações destinadas a proteger os direitos dos trabalhadores frente aos empregadores, não sendo igualmente admitido o direito à greve. A protecção do trabalhador é uma incumbência do Estado e, para tanto, o desenvolvimento de serviços assistenciais encontra-se ao serviço do superior interesse colectivo nacional, numa concepção que, com matizes acentuadas, marcou o nacional socialismo alemão, o fascismo italiano ou o regime soviético e respectivos satélites e que em França conheceu também expressão no regime de Vichy com a *Charte du travail* (1941), destinada à revigoração do corporativismo. Cfr. JEAN-PIERRE LE CROM, «"La profession aux professionnels": la loi du 4 octobre 1941 sur l'organisation sociale des professions, dite Chartre du travail», *Deux siècles de droit du travail: l'histoire par les lois* (dir. Jean-Pierre Le Crom), Éditions de l'Atelier, Paris, 1998, 152-3.

[179] A que o preâmbulo da Constituição de 1958 atribuiu valor constitucional.

[180] Por exemplo: PHILIPPE WAQUET, *L'entreprise et les libertés du salarié* (2003), cit., 196, que, no entanto, não deixa de extrair o direito a não trabalhar como corolário do princípio da liberdade de trabalho (189). Também no ordenamento espanhol, o art. 35 da Constituição associa o dever de trabalhar ao direito ao trabalho, situando-o em secção epigrafada "direitos e deveres dos cidadãos", o mesmo sucedendo ainda com o art. 4 da Constituição italiana, face à perspectiva de que o trabalho contribui para o progresso da sociedade e para elevação personalista de quem labora. A disposição é, todavia, considerada meramente proclamatória e quem não trabalha ou não queira trabalhar não pode estar sujeito a qualquer tipo de sanção: GIUSEPPE F. MANCINI, *Comentario della Costituzione* (1975), cit., 257-9 RAFFAELE BIFULCO/ALFONSO CELOTTO/MARCO OLIVETTI, *Commentario alla Costituzione*. Vol. I (Artt. 1-54), Utet, Turim, 2006, 127-8.

O desaparecimento da obrigação de trabalhar, que, sob determinada leitura, poderia emprestar à liberdade de trabalho um conteúdo funcional bifacético (direito/dever), tem, para lá de tudo o mais, como derradeiro corolário a aprovação *prima facie* de uma renúncia ao bem significado por essa liberdade, enquadramento tão mais importante quanto são vários os acordos cuja dimensão renunciativa à liberdade de trabalho se processa para lá de previsão legal específica.

Isto, porque as normas de direitos fundamentais que estabelecem direitos-deveres, como se verifica com o direito-dever de educação dos filhos (art. 36.º/5 CRP) ou o direito-dever de defesa da Pátria (art. 276.º/1), são caracterizadas pela irrenunciabilidade, por atinarem directamente com valores ou interesses comunitários que transcendem a esfera individual de cada um[181], não havendo, em consequência, margem para que a lei ordinária autorize, quaisquer que sejam as condições, um acto destinado à sua renúncia ou para que os particulares, ante a inexistência de lei ordinária proscritiva, deles possam abdicar.

10. Estes parâmetros, embora com especificidades conteudísticas, valem naturalmente para a outra liberdade que a Constituição, em modelo agregador que não é universal, associa ao princípio da liberdade de trabalho e que, *summo rigore*, é uma das suas componentes: o princípio da liberdade de escolha da profissão[182].

Justificando-se assim a profusão de referências genéricas ao "princípio da liberdade de trabalho e profissão", a liberdade de escolha de profissão, sendo um direito fundamental complexo, comporta diversos níveis de realização, quer enquanto liberdade de escolha, quer enquanto liberdade de exercício de qualquer profissão[183].

No que à liberdade de escolha diz respeito, para lá da faculdade de opção por uma profissão para a qual se tenha os necessários requisitos, topa-se com o direito de escolha da formação escolar correspondente e de acesso à prepara-

---

[181] Neste sentido: Jorge Reis Novais, "Renúncia a direitos fundamentais", *Perspectivas constitucionais: nos 20 anos da Constituição de 1976. Vol. I* (org. Jorge Miranda), Coimbra Editora, Coimbra, 1998, 267.
[182] A multiplicidade de referências à liberdade de trabalho que surgem ao longo do texto engloba, por isso, a liberdade de escolha e de exercício de profissão (a liberdade de trabalho *lato sensu*), reservando-se a adição de menções à liberdade de escolha e de exercício de profissão aos casos e/ou enquadramentos em que esta *libertas* carece de especial ênfase.
[183] J. J. Gomes Canotilho & Vital Moreira, *Constituição Portuguesa da República Anotada. Artigos 101.º a 107.º* (2007), cit., 653.

ção técnica e às modalidades de aprendizagem e de prática que sejam necessárias, havendo uma relação de indissociabilidade com a liberdade de aprender[184].

Compreendem-se aí quer a faculdade de não se *ser impedido de escolher (e de exercer) qualquer profissão para a qual se tenham os necessários requisitos, bem como de obter estes mesmos requisitos* (dimensão negativa ou de direito de defesa) – uma profissão já não é, como nas corporações de ofício medievais, um privilégio reservado a determinados grupos ou classes –, quer o *direito à obtenção dos requisitos legalmente exigidos para o exercício de determinada profissão, nomeadamente as habilitações escolares e profissionais* (dimensão positiva)[185].

Mas se escolher não implica poder exercer, com referência à liberdade de exercício da profissão, para lá do direito de obtenção das habilitações legais necessárias ao exercício da profissão sem discriminações e do direito de adoptar a modalidade jurídico de exercício da profissão que se prefira, salienta-se o direito de escolher o lugar para o exercício da profissão[186], o direito à prática dos actos jurídicos de desvinculação da relação de trabalho, o direito de inscrição e de desfiliação nas associações profissionais associadas à profissão escolhida e o direito a não ser privado do exercício do direito de profissão[187].

Esta *libertas* não implica, porém, um exercício absolutamente livre da profissão. Sendo necessário associar a assunção de um estatuto profissional a determinados limites ou condicionantes, o n.º 1 do art. 47.º da CRP prevê em acréscimo, e de forma específica, que a liberdade de trabalho e de profissão *lato sensu* possa sofrer restrições[188], conquanto impostas pelo interesse colectivo ou sejam inerentes à própria capacidade, estando necessariamente sujeitas a reserva de lei[189].

---

[184] Outros corolários são, como acentua Jorge Miranda, "Liberdade de trabalho e profissão" (2006), cit., 208, (i) o direito de acesso aos requisitos necessários à promoção na carreira profissional, (ii) o direito de escolher uma especialidade profissional e de obter as necessárias habilitações e (iii) o direito de mudar de profissão.

[185] J. J. Gomes Canotilho & Vital Moreira, *Constituição Portuguesa da República Anotada. Artigos 101.º a 107.º* (2007), cit., 653. Ainda: João Pacheco De Amorim, *Liberdade de Escolha da Profissão de Advogado (Procedimento Administrativo de Concretização)*, Coimbra Editora, 1992, 26.

[186] Salientando o aspecto: Spagnuolo Vigorita, "Professione e Lavoro (Libertà di)" (1967), cit., 21.

[187] Acompanhamos Jorge Miranda, "Liberdade de trabalho e profissão" (2006), cit., 208-9.

[188] Seguindo Jorge Reis Novais, *As Restrições aos Direitos Fundamentais não Expressamente Autorizadas pela Constituição* (2003), cit., 247, entendemos por *restrição* a um direito toda a "acção ou omissão estatal que, eliminando, reduzindo, comprimindo ou dificultando as possibilidades de acesso ao bem jus-fundamentalmente protegido [...] ou enfraquecendo os deveres e obrigações, em sentido lato, que dele resultem para o Estado, afecta desvantajosamente o conteúdo de um direito fundamental".

[189] Trata-se de área reservada à lei parlamentar ou a diploma governamental devidamente auto-

Para lá das exigências de forma, e sem que se esqueça a densidade axiológica de um preceito como o art. 23.º da DUDH[190] e que nos termos do n.º 2 do art. 16.º da CRP os preceitos constitucionais têm de ser interpretados em harmonia com a DUDH[191] (elevados a princípios de Direito constitucional português[192]), as restrições introduzíveis, no que à sua validade diz respeito, têm, no essencial, e de acordo com o art. 18.º da CRP, que observar quatro pressupostos materiais: *(i)* necessidade de autorização constitucional expressa para a restrição[193]; *(ii)* necessidade de salvaguarda de outro direito ou interesse constitucional-

rizado, conforme determina o artigo 165.º, n.º 1, al./b, da Constituição. Embora só se possa falar de restrição de direitos, liberdades e garantias depois de se conhecer o âmbito de protecção das normas constitucionais que consagram esses direitos (determinação dos bens jurídicos que por ela são protegidos e definição da extensão dessa protecção), o Tribunal Constitucional tem reconhecido que a reserva legislativa parlamentar em matéria de direitos, liberdades e garantias abrange *tudo o que seja matéria legislativa e não apenas as restrições do direito em causa*, o que, no domínio que nos prende, implicará a assunção de uma concepção expansiva do princípio da reserva de lei. Entre outros: Ac. TC n.º 128/00, de 23.02 (Messias Bento), proc. n.º 547/99 ou Ac. TC n.º 362/2011 (Cunha Barbosa), proc. n.º 746/10, DR I Série, n.º 177, de 14.09.11, 4464 e ss.. A questão é tão mais importante quanto, como fez salientar Jorge Miranda, *A Constituição de 1976*, Petrony, Lisboa, 1978, 339, "todos os direitos constitucionais (e legais equiparáveis) dos trabalhadores devem ter-se por direitos fundamentais". Ora, as características que sobressaem do regime jurídico-constitucional dos direitos, liberdades e garantias e demais direitos de natureza análoga são desde logo as que constam do art. 18º da CRP, suscitando-se (i) a aplicação ou eficácia directa dos preceitos constitucionais, (ii) a carência de credencial constitucional para uma restrição, sendo apenas legítimas as que surjam impostas pela necessidade de salvaguardar outros direitos ou interesses constitucionalmente protegidos (iii) o respeito pelo princípio da proporcionalidade nas suas três dimensões (conformidade ou adequação, o da exigibilidade ou necessidade e o da justa medida ou da proporcionalidade em sentido estrito) e (iv) a observância de uma lei formal (lei da Assembleia da República ou um decreto-lei autorizado) caracterizada pela generalidade e pela abstracção e insusceptível de produzir efeitos retroactivos.

[190] "Toda a pessoa tem direito ao trabalho, à livre escolha do trabalho, a condições equitativas e satisfatórias de trabalho e à protecção contra o desemprego".
[191] Ainda o n.º 2 do art. 29.º da DUDH, que prevê que "(n)o exercício destes direitos e no gozo destas liberdades ninguém está sujeito senão às limitações estabelecidas pela lei com vista exclusivamente a promover o reconhecimento e o respeito dos direitos e liberdades dos outros e a fim de satisfazer as justas exigências da moral, da ordem pública e do bem-estar numa sociedade democrática", com o n.º 3 a dispor que "(e)m caso algum estes direitos e liberdades poderão ser exercidos contrariamente aos fins e aos princípios das Nações Unidas".
[192] Jorge Miranda, *Manual de Direito Constitucional. Direitos Fundamentais*, Tomo IV (2012), cit., 161.
[193] Aqui, como faz notar Vieira de Andrade, *Os Direitos Fundamentais da Constituição Portuguesa de 1976*, Coimbra, 1987, 37-42, 224 ss., 292 e ss., nos casos de ausência de credencial constitucional que autorize a restrição legislativa, a solução pode encontrar-se ainda recorrendo à DUDH, nos termos do n.º 2 do art. 16.º da CRP. Nesse sentido, o art. 29.º da DUDH prevê que o legislador estabeleça limites aos direitos fundamentais para assegurar o reconhecimento ou o respeito dos valores

mente protegido; *(iii)* exigibilidade e proporcionalidade da restrição; *(iv)* interdição absoluta de violação do núcleo essencial dos direitos, liberdades e garantias[194].

Sendo necessário estear as restrições num fundamento razoável e acomodá--las a outros valores constitucionais, o interesse colectivo que justifica as restrições é matéria que a Constituição não aborda especificamente[195], embora, por princípio, e sem prejuízo do balanceamento dos direitos em causa, se afigure atendível que o desenvolvimento de políticas relacionadas com a empregabilidade (*v. g.* protecção de jovens ou de trabalhadores mais velhos)[196], com a fixação de requisitos em matéria de duração da experiência profissional, com a segurança pública, com a natureza do emprego e/ou das exigências demandadas pelas condições nas quais esse emprego é exercido[197] ou mesmo com o esconjuro de situações fraudatórias[198] ou de conflito de interesses (*v.g.* exclusividade e

---

aí enunciados: "direitos e liberdades de outrem", "justas exigências da moral, da ordem pública e do bem-estar geral numa sociedade democrática".

[194] Cuidando-se de pressupostos materiais de validade de uma lei restritiva de direitos, liberdades e garantias, eles aplicam-se naturalmente a todas as dimensões do princípio da liberdade de trabalho.

[195] Nestes termos: Ac. TC n.º 650/93, de 04.11.1993 (Luís Nunes de Almeida), proc. n.º 451/91, que considerou inconstitucional a norma do artigo 132.º do Código Penal e Disciplinar da Marinha Mercante, aprovado pelo Decreto-Lei n.º 33.252, de 20.11.1943, na parte em que estabelece a punição como desertor aquele que, sendo tripulante de um navio e sem motivo justificado, o deixe partir para o mar sem embarcar, quando tal tripulante não desempenhe funções directamente relacionadas com a manutenção, a segurança e a equipagem do mesmo navio.

[196] Cfr. por exemplo Martín Valverde/Rodriguez-Sanudo Gutiérrez/García Murcia, *Derecho del Trabajo* (2006), cit., 416 e ss., cuja abordagem, sendo desenvolvida no âmbito das medidas de políticas de emprego, evidencia a atenção crescente da manualística laboral ao fenómeno, abrangendo, nessa óptica, os diferentes vectores da formação profissional e a análise do edifício institucional relacionado com a colocação e a intermediação no mercado de trabalho.

[197] Em exemplo, veja-se a listagem recolhida no ordenamento italiano por Giuseppe Pera, "Professione e lavoro (libertà di)", *Enciclopedia del Diritto XXXVI*, Giuffrè, Milão, 1987, 1034-5 e a jurisprudência da Corte Constitucional italiana contida em Sergio Bartole & Roberto Bin, *Commentario breve alla Costituzione* (2.ª ed.), Cedam, Milão, 2008, 43. Identicamente, avançando com os requisitos necessários às funções de enfermagem, Martina Weber, *Arbeitsrecht für Pflegeberufe: Handbuch für die Praxis*, Verlag W. Kohlhamer, Estugarda, 2007, 184 e, entre nós, considerando em amostra que "as restrições ao exercicio da profissão de técnico da construção civil encontram justificação no interesse colectivo na apresentação de projectos de construção tecnicamente idóneos", v. Ac. TC n.º 446/91, de 28.11 (Armindo Ribeiro Mendes), proc. n.º 88-0231, DR II Série, n.º 78, de 02.04.1992, 3112-9.

[198] Em ilustração, confira-se o regime espanhol do "contrato de empreendedores", que, vedando a contratação de trabalhadores com um determinado enquadramento se nos seis meses antecedentes tiver havido um despedimento colectivo ou uma situação de extinção de postos de trabalho, encontra a sua razão de ser na proibição de situações de fraude de lei e na privação por parte

incompatibilidades[199]) possam, de forma fundamentada, substanciar o interesse colectivo (especificamente) exigido pela CRP.

Já no que às restrições inerentes à capacidade diz respeito, postulando-se que estas sejam aferidas por padrões objectivos[200], cuida-se de exigências legais quanto ao preenchimento de determinados requisitos por parte de quem queira aceder ou exercer determinada profissão e/ou iniciar ou executar uma actividade laboral (exemplo: fixação de uma idade mínima ou aquisição de determinados conhecimentos e/ou de uma formação escolar apropriada devidamente comprovada e titulada[201]), seja por razões que se prendem com a protecção da integridade física ou psíquica de quem trabalha ou quer trabalhar (ainda o n.º 3 do art. 69.º da CRP[202]), seja pelo perigo que o exercício de uma determinada profissão sem as qualificações ou conhecimentos exigidos pode constituir para a comunidade e que, aliás, justifica, *a latere*, a tipificação de um crime de usurpação

---

empregadores de benefícios conexos com medidas de apoio e fomento ao emprego (*v. g.* incentivos fiscais e bonificações na taxa contributiva de segurança social). Cfr. Pérez Rey, "El contrato de apoyo a los emprendedores: una nueva vuelta de tuerca a la precariedade como fórmula de fomento de empleo", RDS 2012, n.º 57, 64.

[199] Sobre a possibilidade de desenvolvimento de actividades laborais em simultâneo ou de cumulação de profissões como corolário do princípio da liberdade de trabalho e profissão, cfr. Jean Pélissier, "La liberté du travail" (1990), cit., 24, sendo todavia claro que há profissões que, pela sua natureza, implicam importantes condicionamentos quanto ao pluriemprego e que aliás encontram reflexo constitucional, como veremos *infra*.

[200] Assim, Jorge Miranda, "Liberdade de trabalho e profissão" (2006), cit., 212, exigindo mesmo que estas sejam apuradas por "órgãos ou agentes independentes".

[201] Esta exigência, a par da titularidade de carteira profissional e da necessidade de inscrição do trabalhador em ordem profissional, é comumente tratada como um requisito de idoneidade negocial do trabalhador, aparecendo regulada no CT2009 na Secção relativa à actividade do trabalhador. Cfr., por todos, M.ª Rosário Palma Ramalho, *Direito do Trabalho. Parte II* (2010), cit., 126 e ss..

[202] Entrecruzadamente, pode avançar-se também com a necessidade de políticas de ensino alargadas, que se traduzam no aumento da escolaridade obrigatória, sem o preenchimento da qual não se tem capacidade para trabalhar. Tratando-se de uma harmonização do direito ao ensino com o dever de frequência da escolaridade obrigatória que resulta num complexo de deveres recíprocos do Estado, da escola, do aluno e da respectiva família, não nos parece, contudo, que se cuide, em rigor, de restrições inerentes à capacidade: embora elas delimitem a capacidade para trabalhar, trata-se de efectivar o direito à educação e à cultura como direito fundamental de cada cidadão, cuja fruição em concomitância com o desenvolvimento de uma actividade laboral é susceptível de ficar comprometida. Nesse sentido, e sob este ângulo, a restrição imposta tem mais que ver com o interesse colectivo subjacente à consecução de uma política de ensino universal e de qualificação genérica da população do que com uma restrição inerente à capacidade de quem trabalha, mau grado, a jusante, ser a capacidade para trabalhar que, enquanto tal, é objecto de delimitação.

de funções[203] associado às profissões "privadas protegidas" ou "controladas"[204] e de especial interesse público.

e) Direitos conexos

11. Neste contexto, embora apartado do princípio da liberdade de trabalho, encontra-se o direito ao trabalho, com o n.º 1 do art. 58.º da CRP a estabelecer que *todos têm direito ao trabalho*.

Retendo-se que em França o princípio da liberdade de trabalho não se encontra jus-fundamentalmente objectivado[205] (o direito ao trabalho pressupõe um direito subjectivo reconhecido a cada trabalhador: a liberdade de trabalho[206]) e que no ordenamento italiano é com base na tutela do bem *trabalho* que o princípio da liberdade de trabalho tem sido construído[207], este direito encontra-se também amplamente consagrado a nível internacional, salientando-se o n.º 1 do art. 23.º da Declaração Universal dos Direitos do Homem e a Carta dos Direitos Fundamentais da União Europeia, que, no art. 15.º, acopla a liberdade profissio-

---

[203] Cfr. art. 358.º do CP. Como refere CRISTINA LÍBANO MONTEIRO, "Anotação ao artigo 358.º", *Comentário Conimbricense do Código Penal. Parte Especial: Tomo III* (dir. Jorge de Figueiredo Dias), Coimbra Editora, Coimbra, 2001, 440-1, o "Estado entende que deve exigir uma fidelidade inquebrantável ao sistema de reconhecimento de competências (necessariamente formal) que ele próprio instituiu", tutelando a integridade ou a intangibilidade do sistema oficial de provimento em funções públicas ou de especial interesse público.

[204] Profissões em que, como faz notar CECILIA ASSANTI, "Le professioni intellettuali e il contratto d'opera", *Trattato di diritto privato. I*, 2.ª ed (dir. Pietro Rescigno), Utet, Turim, 2001, 845, se exige a reserva do seu exercício a quem possua título académico funcionalmente adequado.

[205] Tem sido construído a partir do núcleo central do *droit à l'emploi* estabelecido no preâmbulo da Constituição de 1946, como fazem notar ALAIN SUPIOT, *Le Droit du Travail*, (2004), cit., 54 e JEAN-PIERRE LE CROM, "La liberté du travail en droit français. Essai sur l'évolution d'une notion à usages multiples" (2006), cit., 139-140.

[206] FRANÇOIS GAUDU, *Droit du Travail* (2007), cit., 63. Entre nós, diversamente: JOÃO PACHECO DE AMORIM, "Liberdade de profissão e direito ao trabalho: contributo para uma distinção entre duas figuras afins" (2007), cit., 113-137, entendendo que entre ambos há uma "relação de alteridade e não de instrumentalidade" (125).

[207] Assim, perante o art 35 da Constituição de 1948 (*la Repubblica tutela il lavoro in tutte le sue forme*), cfr., entre outros, FRANCESCO SIRCHIA, "Lavoro", *Novissimo Digesto Italiano* IX, Utet, Turim, 1963, 524-5 e GIUSEPPE PERA, "Professione e lavoro (libertà di)" (1987), cit., 1033, avultando a ausência de consagração do princípio nos títulos I e II relativos aos direitos fundamentais de liberdade e a configuração genérica do direito ao trabalho como um direito de liberdade. Mais controversa é a proclamação inicial do art. 1 de que a República de Itália se funda sobre o trabalho, cujo alcance continua a dividir a doutrina: havendo quem sustente que o trabalho constitui a concepção fundamental sobre a qual assenta toda a arquitectura constitucional (*v.g.* Mortati), existe, de outra parte, uma corrente que lhe atribui um valor puramente retórico (*v.g.* Baladore Pallieri), como ilustram SERGIO BARTOLE & ROBERTO BIN, *Commentario breve alla Costituzione* (2008), cit., 6-7.

nal e o direito de trabalhar, em modelo agregador que, entre nós, vigorou até à revisão constitucional de 1982[208].

A ligação deste "direito da pessoa enquanto pessoa social"[209] à liberdade de trabalho é estreita[210], uma vez que qualquer liberdade significa mais do que a ausência de restrições: para se fazer algo são necessários recursos[211].

Com o desiderato constitucional de proteger especialmente a condição existencial do trabalhador enquanto titular de direitos, liberdades e garantias a aflorar o princípio da realização da democracia económica, social e cultural e as especiais tarefas do Estado que dele decorrem (al./d do art. 9.º), por um lado, como direito positivo dos cidadãos perante os poderes públicos, o direito ao trabalho, enquanto *direito à ocupação de um posto de trabalho para a satisfação de necessidades pessoais e familiares*[212], consiste no direito de obter emprego ou de exercer uma actividade profissional, no sentido em que o Estado tem a obrigação de desenvolver políticas de criação de emprego e de protecção dos desempregados[213].

---

[208] A liberdade de escolha de profissão, que na versão inicial da CRP se encontrava associada ao direito ao trabalho, só em 1982 foi transplantada para o novo capítulo dos direitos, liberdades e garantias, a par do direito de acesso à função pública. Cfr. JOÃO PACHECO DE AMORIM, "A liberdade de profissão", *Estudos em Comemoração dos Cinco Anos (1995-2000) da Faculdade de Direito da Universidade do Porto*, Coimbra Editora, Coimbra, 2001, 672 e ss.; IDEM, "Liberdade de profissão e direito ao trabalho: contributo para uma distinção entre duas figuras afins" (2007), cit., 113-4.

[209] MASSIMO D'ANTONA, "Il diritto al lavoro nella Costituzione e nell'ordinamento comunitário", *Opere di Massimo D'Antona, Vol. I. Scritti sul metodo e sulla evoluzione del diritto di lavoro. Scritti sul diritto del lavoro comparato e Comunitário* (dir. Caruso/Sciarra), Giuffrè, Milão, 2000, 268.

[210] Sobre esta ligação, entre outros: CYNTHIA L. ESTLUND, "An American Perspective on fundamental rights", *Social and labour Rights in a global Context – International and Comparative Perspectives*, (ed. Bob Hepple) Cambridge University Press, 2002, 197-8 e, entre nós, MÁRIO PINTO/PEDRO FURTADO MARTINS/ANTÓNIO NUNES DE CARVALHO, *Comentário às Leis do Trabalho, vol. I*, Lex, Lisboa, 1994, 170, JORGE MIRANDA, "Liberdade de trabalho e profissão" (2006), cit., 208 ou JOSÉ JOÃO ABRANTES, "Trabalho", *Enciclopédia da Constituição Portuguesa* (coord. Jorge Bacelar Gouveia/Francisco Pereira Coutinho), Quid Iuris, Lisboa, 2013, 370-1.

[211] ZYGMUNT BAUMAN, *A liberdade*, Editorial Estampa, Lisboa, 1989, 10-1.

[212] Assim, numa acepção ampla: MONTOYA MELGAR, "Los derechos fundamentales en materia laboral", RPS 1979, n.º 121, 333-4. Para JOÃO CAUPERS, *Os direitos fundamentais dos trabalhadores e a Constituição*, Almedina, Coimbra, 1985, 112, significa-se o "direito de dispor da capacidade para trabalhar, alienando-a, quando se não disponha de outro bem para colocar no mercado".

[213] Entre outros, falando em coordenada que impõe ao Estado a promoção de políticas de empregabilidade, v. HELGE SODAN, *Freie Berufe als Leistungserbringer im Recht der gesetzlichen Krankenversicherung*, Mohr Siebeck, Tubinga, 1997, 60, ROBERT ALEXY, *Teoria de la argumentacion juridica: la teoria del discurso racional como teoria de la fundamentacion jurídica* (2007), cit., 490, ANTÓNIO MENEZES CORDEIRO, *Manual de Direito do Trabalho* (1997), cit., 146 e JORGE LEITE, *Direito do Trabalho. Vol. I* (1998), cit., 146, que enquadra a "prestação de subsídio de desemprego" como um direito sucedâneo. Em França, ALAIN SUPIOT, *Le Droit du Travail* (2004), cit., 54, salienta, para o efeito, a consagração de

Não se tratando, nessa óptica e uma vez que o Estado não controla os meios de produção, de uma disposição directamente aplicável que possa substanciar um "direito subjectivo a um concreto posto de trabalho"[214], cuida-se, no entanto, de uma imposição aos poderes públicos, sempre dentro de uma reserva do possível, no sentido da criação das condições normativas e fácticas, que permitam que todos tenham efectivamente direito ao trabalho[215], de acordo com a sua livre escolha e com os seus méritos e capacidades[216].

Por outro lado, no seu conteúdo negativo ou de garantia, ele assume outras vertentes, que se recruzam com o princípio da liberdade de trabalho; a saber: *(i)* a liberdade de procurar trabalho, "como forma condigna de realização de

---

sistemas de reforma obrigatória, políticas de redução uniforme do tempo de trabalho ou de promoção do trabalho a tempo parcial.

[214] As palavras são de J. J. GOMES CANOTILHO & VITAL MOREIRA, *Constituição Portuguesa da República Anotada. Artigos 101.º a 107.º* (2007), cit., 763, convergindo com a posição de JOÃO CAUPERS, *Os direitos fundamentais dos trabalhadores e a Constituição* (1985), cit., 111. Em sentido idêntico, ainda: FRANCESCO SIRCHIA, "Lavoro" (1963), cit., 525, JEAN PÉLISSIER, "La liberté du travail" (1990), cit., 20 e SASTRE IBARRECHE, *El derecho al trabajo*, Trotta, Madrid, 1996, 128, que, aludindo a um direito de carácter *débil* ou *diluído*, refere "en parte, el derecho al trabajo reconocido en el artículo 35.1 CE no sería sino la concreta plasmación de la política de pleno empleo a la que alude el artículo 40, es decir la proyección individual de las diferentes medidas de política de empleo que se contemplan, así, desde el prisma individual, como un derecho a la inserción y permanencia en el mercado laboral siempre que se cumplan ciertas condiciones. Se trata, en suma de una cierta tensión hacia el puesto de trabajo".

[215] Cfr. RUI MEDEIROS, "Anotação ao artigo 58.º", *Constituição Portuguesa Anotada*, Tomo I (2005), cit., 588. Neste sentido, não se está diante de uma disposição meramente programática, pois ela funda deveres jurídico-objectivos, podendo extrair-se uma componente jurídico-subjectiva. Como faz salientar ERNST-WOLFGANG BOCKENFORDE, *Escritos sobre Derechos Fundamentales* (trad. J. L. Requejo Parés & I. Villaverde), Nomos Verlagsgesellschaft, Baden-Baden, 1993, 80-1, (i) não é admissível a desatenção ou a inactividade dos poderes públicos na promoção do trabalho e (ii) as medidas destinadas à consecução desse fim, uma vez adoptadas, não podem ser absolutamente suprimidas, gozando de protecção jurídico-constitucional; a componente jurídico-subjectiva substancia as pretensões dos afectados face a uma inactividade ou desatenção grosseira dos poderes públicos e/ou perante a supressão absoluta das medidas legais e administrativas destinadas à execução do direito ao trabalho.

[216] Neste sentido, e embora conexione o direito ao trabalho com o direito à ocupação efectiva, com as garantias relativas à estabilidade do emprego ou com o direito a prestações sociais em caso de desemprego, MONTOYA MELGAR, "El trabajo en la Constitutión (la experiencia española en el marco iberoamericano", *El Trabajo y la Constitución. Estudios en Homenaje al Profesor Alonso Olea*, (2003), cit., 473, questiona se não seria mais apropriado configurar constitucionalmente o direito ao trabalho como um princípio orientador da política social e económica e não, como também sucede com a Constituição espanhola, como um direito constitucional *proprio sensu*.

projectos pessoais de vida"[217]; *(ii)* o direito de igualdade no acesso a quaisquer cargos, tipos de trabalho ou categorias profissionais (n.º 3 do art. 58.º)[218]; *(iii)* o direito de exercer efectivamente a actividade correspondente ao seu posto de trabalho, sendo vedada a manutenção arbitrária do trabalhador na inactividade ("colocação na prateleira") ou a suspensão não justificada nos termos da lei[219]; *(iv)* o direito a não ser privado do posto de trabalho alcançado (direito à segurança no emprego)[220], proibindo-se, designadamente, os despedimentos sem justa causa (art. 53.º da CRP), uma vez que o direito ao trabalho significa também o direito a não ser privado sem causa atendível do trabalho[221], avultando, para lá da sua caracterização como direito social, «a natureza duma "liberdade"

---

[217] Ainda Ac. TC n.º 155/09, de 25.03 (MARIA LÚCIA AMARAL), proc. n.º 981/2007, DR II Série, n.º 87, de 06.05.09, 17920.

[218] Se, como nota FRANÇOIS GAUDU, *Droit du Travail* (2007), cit., 59, há interdições que são "socialmente adequadas", certo é que sem discriminação não há direito ao trabalho. Por isso, o papel exigido ao Estado, que corresponde *grosso modo* à *affirmative action* americana, implica a confecção de políticas de discriminação positiva (contratação de cidadãos portadores de deficiência ou integração de jovens), sendo nesse contexto que GOMES CANOTILHO & VITAL MOREIRA, *Constituição Portuguesa da República Anotada. Artigos 101.º a 107.º* (2007), cit., 765, aludem ao estabelecimento da reserva de quotas para o género desfavorecido no acesso a certas profissões, cargos ou posições profissionais e que a Directiva 2000/78/CE do Conselho, de 27.11, com as alterações introduzidas pela Directiva 2002/73/CE, do Parlamento Europeu e do Conselho, de 23.09 (JO, L 269, 15), estabelece um quadro geral de igualdade de tratamento no emprego e na actividade profissional, consagrando, ainda que de forma tímida, algumas obrigações de acção positiva. Com detalhe sobre as fontes comunitárias antecedentes e sobre a quotização no direito estrangeiro, veja-se ainda CATARINA DE OLIVEIRA CARVALHO, *Da Dimensão da Empresa no Direito do Trabalho. Consequências práticas da dimensão da empresa na configuração das relações laborais individuais e colectivas*, Coimbra Editora, Coimbra, 2011, 199 e ss..

[219] Por exemplo: Ac. TC n.º 107/88, de 31.05.1988 (MONTEIRO DINIZ), proc. n.º 220/88. Em sentido que entendemos diverso, v. RUI MEDEIROS, "Anotação ao artigo 53.º", *Constituição Portuguesa Anotada*, Tomo I (2005), cit., 591, considerando duvidoso que do art. 58.º se possa extrair o direito à ocupação efectiva.

[220] Nesta perspectiva, o direito ao trabalho aparece ligado, no ordenamento constitucional português, ao princípio da segurança no emprego, como salienta JOSÉ JOÃO ABRANTES, "Trabalho" (2013), cit., 370-1, perspectiva que em Itália encontra, à vista do art. 4 da Constituição, entendimento dominante. Por exemplo: SERGIO BARTOLE & ROBERTO BIN, *Commentario breve alla Costituzione* (2008), cit., 38.

[221] Assim: Ac. TC n.º 155/09, 25.03 (MARIA LÚCIA AMARAL), proc. n.º 981/2007, DR II Série, n.º 87, de 06.05.09, 17918-17921, que, em reiteração de jurisprudência anterior, deriva tanto o princípio da liberdade de escolha de profissão como o da segurança no emprego do princípio da liberdade de trabalho, embora *o direito à não privação arbitrária do emprego que se procurou e obteve* apareça aí como expressão do direito ao trabalho. JORGE LEITE, *Direito do Trabalho*. Vol. I (1998), cit., 81, por seu turno, insere o direito de não ser arbitrariamente impedido de exercer a sua actividade profissional no princípio da liberdade de trabalho e profissão e não no direito ao trabalho, que valora como o

(a que corresponderá o dever "negativo", quer do Estado quer das entidades privadas, de se absterem de condutas que obstem ao exercício do trabalho)»[222].

12. Neste sentido, e não obstante a exaltação frequente de liberdade de actuação no mercado de trabalho, não se está perante um campo em que o Estado deve deixar funcionar o mercado e não actuar.

Competindo-lhe criar condições para tornar o direito ao trabalho factível, a actuação estatal é preditada por duas coordenadas: garantir, por um lado, que os princípios fundamentais do mercado de trabalho, que exprimem valores fundamentais, são respeitados (= preservação da liberdade de organização e de ordenação dos meios institucionais necessários para se iniciar e desenvolver uma actividade económica privada), e assegurar, por outro, que os direitos fundamentais são protegidos, numa coordenada do direito ao trabalho que, sendo relida em conjugação com um exercício da liberdade de iniciativa "nos quadros definidos pela Constituição e pela lei, tendo em conta o interesse geral"[223], veda limitações irrazoáveis aos direitos do trabalhador em matéria de acesso ao emprego"[224], intersectando-se também com a criação de mecanismos destinados à tutela

---

direito ao exercício remunerado de uma actividade profissional reclamado pela dignidade da pessoa humana e pelo princípio do Estado Social.

[222] Cfr. Ac. TC n.º 107/88, de 31.05 (MONTEIRO DINIZ), proc. n.º 220/88, evidenciando-se ademais que "(o) direito ao trabalho, enquanto assegura a realização do homem numa dimensão pluridireccional, deve haver-se como algo mais complexo do que uma pura relação económica, na qual o acento tónico seja posto na retribuição auferida pelo trabalhador". Ainda MONTOYA MELGAR, "Los derechos fundamentales en materia laboral" (1979), cit., 335, referindo que, nessa acepção, o direito ao trabalho é também "liberdade actual e imediata no trabalho frente a (*freedom form*) quem – Estado, sindicatos, empresários e quaisquer outros sujeitos – pretenda vulnerá-la", e, entre nós, J. J. GOMES CANOTILHO & VITAL MOREIRA, *Constituição Portuguesa da República Anotada. Artigos 101.º a 107.º* (2007), cit., 763-4.

[223] Essa é a formulação textual do n.º 1 do art. 61.º: "(a) iniciativa económica privada exerce-se livremente nos quadros definidos pela Constituição e pela lei e tendo em conta o interesse geral".

[224] GUILHERME DRAY, "Autonomia privada e igualdade na formação e execução de contratos individuais de trabalho", *Estudos do Instituto de Direito do Trabalho*. Vol. I, Almedina, Coimbra, 2001, 21-105 e M.ª ROSÁRIO PALMA RAMALHO, *Direito do Trabalho. Parte II* (2010), cit., 231. Tendo a liberdade de empresa consagração no art. 61.º da CRP, avulta, como corolário da tutela constitucional, a liberdade de contratação (assim: BERNARDO LOBO XAVIER, *O Despedimento Colectivo no dimensionamento da empresa*, Verbo, Lisboa, 2000, 227), que, por seu turno, se materializa em aspectos diversos: é o empregador quem decide se contrata ou não trabalhadores, qual a modalidade de contratação subjacente e quais os trabalhadores que quer contratar ou não quer contratar, liberdade que, beneficiando do estatuto fundamental de direito análogo aos direitos, liberdades e garantias (art. 17.º da CRP), é, no entanto, conformada por disposições de interesse público e, carecendo de ser con-

da *profissionalidade*, que, na assunção civilizacional de que "o trabalho é, na sua essência, plena realização de si"[225], estão para lá do sinalagma contratual[226].

13. A profissionalidade, que, acompanhando GIANNI LOY, é definível como "a capacidade de desenvolver uma actividade própria com competência e eficiência"[227], refere-se a um espaço profissional que congloba a socialização laboral do trabalhador, no qual ele desenvolve um conjunto de saberes que constituem a sua capacidade produtiva no seio do "trabalho" e através da qual se realiza enquanto cidadão[228].

Acompanhando-o durante a sua carreira profissional, esses factos engendram processos de socialização no caso de mudança de emprego, sendo meios de integração social e ferramentas de afirmação que estão para lá da simples formação profissional[229], embora um sistema de qualificação profissional seja essencial à construção dessas aptidões[230], pois sem elas a liberdade de trabalho

---

jugada com a ordem de valores na CRP, cede sempre que exista a necessidade de garantir outros princípios, de que a proibição de discriminação é o mais saliente.

[225] Ainda DOMINIQUE MEDA, *O Trabalho – Um valor em vias de extinção* (1999), cit., 123.

[226] Desenvolvendo esta perspectiva a partir de uma "técnica de tutela da dimensão existencial do trabalhador", v. PIETRO LAMBERTUCCI, "Il diritto al lavoro tra principi costituzionali e discipline di tutela: brevi apunti", RIDL 2010, n.º 1, 111 e ss..

[227] GIANNI LOY, "La professionalità", RGLPS 2003, n.º 4, 765. A *profissionalidade* resulta, no ordenamento transalpino, de uma leitura constitucionalmente orientada da situação laboral e funda-se, antes do mais, no art. 41 da Constituição, que impõe como limite ao exercício da liberdade de iniciativa económica a dignidade da pessoa humana: GIUSEPPE PERA & MARCO PAPALEONI, *Diritto del Lavoro* (2003), cit., 67.

[228] O tema é objecto de aflorramento por JÚLIO VIEIRA GOMES, *Direito do Trabalho* (2007), cit., 99-100, que, a propósito da dissecação do objecto do contrato de trabalho e do conteúdo da prestação devida pelo trabalhador, prefigura a profissionalidade como uma espécie de pressuposto do contrato, salientando a existência de um direito à profissionalidade no âmbito das relações de trabalho e, naturalmente, a necessidade de uma tutela efectiva.

[229] Salientando o aspecto, entre nós: EVARISTO FERNANDES, *Novo Estado sócio-industrial do século XXI*, Estante Editora, Aveiro, 1991, 325. Para MARC MAURICE, "La qualification comme rapport social. À propos de la qualification comme mise en forme du travail", *Le travail: marchés, règles et conventions* (dir. R. Salais, l. Thévenot), Economica, Paris, 1986, 179-192 (181), a profissionalidade, embora numa perspectiva sociológica, baseia-se num processo que integra valores e convicções pessoais comuns, aparecendo definida como a "posição num espaço de qualificação construído pela mediação de três relações sociais específicas: a relação educativa que define um modo de socialização, a relação organizacional que remete para o modo de divisão do trabalho e a relação industrial que diz respeito ao modo de regulação".

[230] Assim LEI DELSEN, "Istruzione e formazione: da beni di consumo a capitali di investimento", DLRI, 2007, n.º 1, 21, salientando que a tutela da profissionalidade conhece instrumentos normativos de reforço como o direito à formação profissional.

fica despojada de significado efectivo e o direito ao trabalho pouco mais é do que uma quimera[231].

Com a al./b do n.º 1 do art. 59.º da CRP, em acentuação da dimensão personalística da relação de trabalho e ao arrepio de uma lógica estritamente intercambial, a postular uma "organização do trabalho em condições socialmente dignificantes, de forma a facultar a realização pessoal e a permitir a conciliação da actividade profissional com a vida família", a relevância operativa da profissionalidade implica, por isso, uma *resubjectivização do trabalho que dimensione a relevância da carreira como propriedade do indivíduo*[232] – que se impõe, desde logo, como um limite ao exercício dos poderes do empregador[233] –, trazendo consigo, por outro lado, a intocabilidade do património profissional adquirido e a susceptibilidade do seu uso com vista à obtenção de um meio de sustento[234]: esse saber, essa expe-

---

[231] Acentuando o ponto, v. GIANNI LOY, "Professionalita' e rapporto di lavoro", RGLPS 2003, n.º 4, 771 e ss., referindo, certeiramente, que "se l'esistenza di un diritto postula la contemporanea e strumentale esistenza di un conseguente diritto alla fruizione dei mezzi che consentano di realizzarlo, è evidente che il diritto al lavoro dovrà necessariamente contenere il diritto a poter acquisire e mantenere la professionalità necessaria per lo svolgimento dell'attività lavorativa che ciascun individuo scelga di svolgere: tra la formazione ed il lavoro, in sostanza, non si ha successione temporale, bensì compenetrazione". Ainda: MASSIMO D'ANTONA, "Il diritto al lavoro nella Costituzione e nell'ordinamento comunitário" (2000), cit., 270 e ss..

[232] Nestes termos: FAUSTA GUARRIELLO, *Trasformazioni organizzative e contratto di lavoro*, Nápoles, 2000, 166-7.

[233] Esta delimitação opera a partir de um equilíbrio entre as aspirações do trabalhador à manutenção do seu valor profissional e as necessidades de organização e funcionamento empresarial. O conceito "profissionalidade", tendo múltiplas irradiações, foi entre nós referido ANTÓNIO NUNES DE CARVALHO, "Sobre o dever de ocupação efectiva do trabalhador", RDES 1991, n.ºs 3/4, 261 e ss., ao fundamentar o dever de ocupação efectiva na *tutela da profissionalidade* dos trabalhadores, depois de concluir pela impossibilidade de construir um dever geral de ocupar o trabalhador a partir das várias normas constitucionais, aparecendo igualmente mencionado em ANTÓNIO MONTEIRO FERNANDES, "Reflexões acerca da boa fé na execução do contrato de trabalho", *V Congresso Nacional de Direito do Trabalho – Memórias*, Almedina, Coimbra, 2003, 124, para, ainda nesse âmbito, se referir à mensurabilidade jurisprudencial dos danos patrimoniais e não patrimoniais, em razão da violação da "tutela da personalidade e da profissionalidade", surgidos com a não ocupação do trabalhador.

[234] O conceito aparece, por isso, e com frequência, configurado como um limite à capacidade dispositiva do trabalhador no âmbito dos pactos de limitação da liberdade de trabalho. Por exemplo, e em relação aos pactos de não concorrência, CARLO ZOLI, "Clausole di fidelizzazione e rapporti di lavoro", RIDL 2003, n.º 4, 462, fala, a par do direito ao trabalho, na tutela da profissionalidade, como valores que nunca podem ficar totalmente amputados. Este enquadramento, agora sob o signo da intangibilidade da qualificação profissional, aparece outrossim tratado no sistema gaulês, operando como freio ao conteúdo destes acordos, ultrapassado que foi o juízo de inadmissibilidade que, em razão da potencial reificação operável (ainda a carga histórica subjacente ao *livret ouvrier*), se sustentou quanto a convenções com este alcance. Nestes termos, embora também com

riência para trabalhar, esse *quid* sócio-económico integrativo permanecem no reduto da experiência de vida dos trabalhadores (enquanto tal, única, irrepetível e intransferível), não podendo ser depreciados pelo empregador, cuja actuação, ao contrário, se deve orientar no sentido da sua elevação profissional[235], nesta se incluindo o contexto e as interacções que acompanham os processos de formação e consolidação de competências de quem trabalha.

III. A vinculação dos particulares aos direitos fundamentais

14. Questão indissociável do alcance que o princípio da liberdade de trabalho logra atingir, e que se liga directamente ao tratamento da problemática da renúncia pelos trabalhadores e também à análise da possibilidade de intervenções heterónomas, diz respeito à vinculação dos particulares a direitos fundamentais[236].

Trata-se de um enquadramento que, encontrando já abundante e importante labor dogmático, determina a intersecção de aspectos marcadamente juspublicistas com questões de natureza civil, para a qual muito contribuiu o papel fecundativo das jurisdições constitucionais[237], numa temática densa, que, sendo

---

incidência atida aos pactos de não concorrência, v., entre outros, AMIEL-DONAT, *Les Clauses de non--concurrence en droit du travail*, Litec, Paris, 1998, 45 ou MARIEKE CASTRONOVO, "Clause de clientéle et clause de non-concurrence", RDT 2010, 508.

[235] Afastando-se a visão de quem trabalha como um mero recurso humano, mas impondo-se a percepção dos trabalhadores como detentores de competências próprias, susceptíveis de serem potenciadas por organizações qualificantes e por processos de aprendizagem ao longo da vida, é outrossim neste sentido que UMBERTO ROMAGNOLI, "Il diritto del secolo. E poi?", Il *diritto del mercato del lavoro*. T. II, Esi, Nápoles, 1999, 236, afirma: «la verità è che sarebbe sufficiente smetterla di identificare l'obbligazione di lavoro nella messa a disposizione di mere energie psico-fisiche, un'obbligazione il cui adempimento richiede soltanto docilità, prontezza all'obbedienza, subalternità, e ripensare i termini dello scambio. Se si condivide la premessa che il contratto di lavoro realizza uno scambio tra professionalità e retribuzione, i corollari che sarebbe coerente trarne sono tutt'altro che banali.. In primo luogo 'la norma sulla mobilità interna (art. 2103 c.c.) acquista un significato più pregnante, perché rende compatibile col programma negoziale ciò che nel linguaggio organizzativo è considerato valorizzazione delle risorse umane' e, nel linguaggio un po' vecchiotto dei padri costituenti, è considerato 'elevazione professionale'».

[236] Como faz notar JORGE REIS NOVAIS, "Renúncia a direitos fundamentais" (1998), cit., 266, o tratamento da problemática da renúncia no âmbito das relações jurídicas privadas pressupõe a consideração prévia do alcance desta vinculação.

[237] Salientando este aspecto, sobretudo a partir dos anos sessenta, cfr. SABINO CASSESE, "La cultura giuridica dagli anno sessanta ad oggi", RTDPC 2004, n.º 2, 375.

profusamente tratada na doutrina nacional[238], já foi genericamente qualificada como *a última fronteira da Constituição normativa*[239].

Não cabe, aqui, fazer uma abordagem esgotante do assunto, que exorbita em parte do tema da dissertação: tendo em vista o propósito de identificar os pontos da controvérsia em torno dos quais se confrontam as concepções em causa, o nosso foco está em saber *se* e *em que termos* se projecta o princípio da liberdade de trabalho e na ulterior delimitação do alcance das intervenções que sobre este incidam.

Assim, se, muito por obra da jurisprudência do Tribunal Federal do Trabalho alemão presidido por NIPPERDEY, o cenário típico das relações laborais se assumiu como campo frutífero da construção da teoria da vinculação dos particulares aos direitos fundamentais[240], são três, em traços grossos, as grandes correntes teóricas que, desde então, se formaram em torno do tema[241]:

(i) os direitos fundamentais aplicam-se imediatamente às relações entre particulares[242], sendo susceptíveis de invocação directa;

---

[238] Entre vários, v. por exemplo: JOAQUIM DE SOUSA RIBEIRO, "Constitucionalização do direito civil", BFDUC 1998, n.º 74, 729-755, CARLOS A. MOTA PINTO, *Teoria Geral do Direito Civil* (1992), cit., 72 ss., HEINRICH EWALD HÖRSTER, *A Parte Geral do Código Civil Português – Teoria Geral do Direito Civil*, Almedina, Coimbra, 1992, 94, J. J. GOMES CANOTILHO & VITAL MOREIRA, *Constituição da República Portuguesa* (1993), cit., 147 ss., VIEIRA DE ANDRADE, *Os Direitos Fundamentais na Constituição Portuguesa de 1976* (1987), cit., 254 ss., ANTÓNIO MENEZES CORDEIRO, *Tratado de Direito Civil Português*, I, Parte Geral, Tomo I (2.ª ed.), Almedina, Coimbra, 2002, 204 ss., BENEDITA MAC CRORIE, *A Vinculação dos Particulares aos Direitos Fundamentais*, Almedina, Coimbra, 2005, JORGE REIS NOVAIS, *Direitos Fundamentais – Trunfos contra a Maioria*, Coimbra Editora, Coimbra, 2006, 69-109 ou JORGE MIRANDA, *Manual de Direito Constitucional. Direitos Fundamentais*, Tomo IV (2012), cit., 320 ss.; e especificamente, em monografia, a propósito da situação jurídica laboral, JOÃO CAUPERS, *Os direitos fundamentais dos trabalhadores e a Constituição* (1985), cit., 158 ss., e, com grande desenvolvimento, JOSÉ JOÃO ABRANTES, *A vinculação das entidades privadas aos direitos fundamentais*, AAFDL, Lisboa, 1990 e *Contrato de trabalho e direitos fundamentais* (2005), cit., 74 e ss. (= *Contrat de Travail et droits fondamentaux*, cit., 105 ss.).

[239] BILBAO UBILLOS, *La Eficacia de los Derechos Fundamentales frente a Particulares*, Centro de Estudios Constitucionales, Madrid, 1997, 325.

[240] Em sublinhado: BILBAO UBILLOS, *La Eficacia de los Derechos Fundamentales frente a Particulares* (1997) cit., 245, RIVERO LAMAS, "Derechos fundamentales y contrato de trabajo: eficacia horizontal y control constitucional" *El Trabajo y la Constitución. Estudios en Homenaje al Profesor Alonso Olea*, MTAS, Madrid, 2003, 500 ou ALINE-MARIA LENGAUER, *Drittwirkung Von Grundfreiheiten*, Springer, Viena/Nova Iorque, 2011, 9-10.

[241] A tripartição já havia sido por nós salientada em JOÃO ZENHA MARTINS, *O Genoma Humano e a Contratação Laboral*, Editora Celta, Oeiras, 2002, 33 e ss..

[242] Esta é a tese da eficácia externa imediata (*Unmittelbare Drittwirkung*), que arranca da caracterização dos direitos, liberdades e garantias como estatuto fundamental da ordem jurídica, regime de

(ii) a aplicabilidade dos direitos fundamentais processa-se de forma mediata às relações entre particulares (através da prévia actuação mediadora, concretizadora e conformadora do legislador civil e, na sua falta, através do recurso, por parte do juiz, às cláusulas gerais e aos conceitos indeterminados desenvolvidos pelo próprio Direito privado interpretados à luz dos direitos fundamentais, como a ordem pública, os bons costumes ou a boa fé)[243], numa construção que, todavia, conhece algumas variantes, de que é exemplo expressivo a "teoria dos deveres de protecção"[244].

---

que frui o princípio da liberdade de trabalho *ex vi* do art. 17.° e que, por isso, penetra com imediaticidade em toda e qualquer relação jurídica estabelecida (*i.e.*, independentemente do seu carácter inter-privado), sendo, entre nós, sufragada por João De Castro Mendes, "Direitos, liberdades e garantias – alguns aspectos gerais", *Estudos sobre a Constituição*. I Vol., Petrony, Lisboa, 1977, 93-119, Ana Prata, *A Tutela constitucional da Autonomia Privada*, Almedina, Coimbra, 1982, 137, J. J. Gomes Canotilho & Vital Moreira, *Constituição da República Portuguesa* (1993), cit., 144 e ss. e José João Abrantes em *A vinculação das entidades privadas aos direitos fundamentais* (1990), cit., 96, "O Direito do Trabalho e a Constituição", *Direito do Trabalho. Ensaios*, Cosmos, Lisboa, 1995, 58 ss. ou em *Contrato de trabalho e direitos fundamentais* (2005), cit., 74 e ss..

[243] De entre outros, considerando que a liberdade e a autonomia privada, numa preocupação de equilíbrio e adequação que pode ser desvirtuada pela imposição dedutivística e imediatista do significado constitucional, exprimem um *núcleo intra-sistemático de raíz*, veja-se António Menezes Cordeiro, *Tratado de Direito Civil Português* I (2002), cit., 204 e ss, que reserva aos direitos fundamentais um papel (i) na argumentação, permitindo tornar mais consistentes soluções apoiadas noutros níveis normativos, (ii) na contribuição para a concretização de direitos indeterminados e (iii) na admissão de uma aplicação directa quando o seu sentido em termos de adequação axiológica e funcional a tal dê lugar, e Carlos A. Mota Pinto, *Teoria Geral de Direito Civil* (1992), cit., 72 e ss. ou Paulo Mota Pinto, "A influência dos direitos fundamentais sobre o direito privado português", *Direitos Fundamentais e Direito Privado*, Almedina, Coimbra, 2007, 148 e ss..

[244] Com efeito, desviando-se desta bissectriz, surgiu, embora com pendor dualista, ainda a teoria dos deveres de protecção, difundida, à cabeça, por CANARIS e que, em língua portuguesa, pode ser confrontada em *Direitos fundamentais e direito privado* (trad. Ingo Wolfgang Sarlet e Paulo Mota Pinto), Almedina, Coimbra, 2003 e "A influência dos direitos fundamentais sobre o direito privado na Alemanha", RBDC 2005, n.° 28, 3-29, teoria que, entre nós, parece obter seguimento em Jorge Reis Novais, *Direitos Fundamentais – Trunfos contra a Maioria* (2006), cit., 69-109. Nesse âmbito, em que se distingue os direitos fundamentais enquanto direitos de defesa face ao Estado e os direitos fundamentais enquanto deveres de protecção (*Schutzpflichen*), os direitos fundamentais apenas vinculam directamente os poderes públicos; mas, no exercício da actividade jurisdicional e sobretudo da actividade legislativa, o Estado está obrigado a respeitá-los e a confeccionar normas que assegurem a sua protecção perante as ameaças causáveis por particulares ("proibição de intervenção" e "imperativo de protecção"). Distinguindo o plano da vinculação do legislador aos direitos fundamentais – vinculação directa e imediata face ao § 1. III da GG – do plano do desenvolvimento jurisdicional dos direitos fundamentais, Canaris criticou a leitura feita a propósito do caso *Lüth* [sobre este, entre nós: José João Abrantes, *Contrato de Trabalho e Direitos Fundamentais* (2005), cit., 93-59], que serviu de lastro à construção teórica da eficácia indirecta dos direitos fun-

(iii) a aplicabilidade dos direitos fundamentais não é homogénea, cabendo seguir uma distinção entre as relações jus-privatísticas em que interagem sujeitos tendencialmente iguais e as relações privatísticas em que se topa com um elemento dominial (justamente o que se verifica com a relação laboral[245]), sendo que apenas em relação às últimas se justificará a aplicabilidade imediata dos direitos fundamentais e a sua correlativa invocação pelos particulares[246].

damentais localizada no ordenamento germânico, uma vez que esta nada acrescentou aos imperativos de intervenção de protecção dos direitos fundamentais, que, por definição, se encontram atribuídos aos tribunais. Ora, se tanto o legislador quanto os tribunais estão vinculados por tais imperativos, reconhece CANARIS que a proibição de intervenção sobre os direitos fundamentais (dimensão negativa) é mais forte do que o imperativo de protecção, pois quanto a esta existe um espaço de conformação, face à existência de um caleidoscópio constitucionalmente admissível de formas de assegurar a protecção dos direitos fundamentais, que contrasta com a unicidade de comportamento exigível dos poderes públicos quanto à abstenção de qualquer intervenção que atente contra o direito fundamental em causa. Nesse sentido, e no que às relações entre particulares diz respeito, suscita-se, no âmbito desta construção, uma ponderação entre o direito fundamental em causa e o princípio da autonomia privada, que, através do princípio da proporcionalidade, garanta que não há uma *insuficiência* quanto à tutela do direito fundamental, controlo que no que respeita à intervenção dos poderes públicos se implica mais apertado, em razão da *proibição do excesso*. As críticas dirigidas a esta tese centraram-se, no essencial, na potencial desfiguração da autonomia privada e na insegurança subjacente à outorga à jurisdição constitucional de poderes demasiado latos, a par da falta de atendimento às relações privadas substancialmente desniveladas e à excessiva polarização na vontade do legislador ordinário da forma como a protecção dos direitos fundamentais é assegurada, não se garantindo, à partida, uma protecção adequada à sua fundamentalidade na ordem de valores constitucional, como fez notar BILBAO UBILLOS, *La Eficacia de los Derechos Fundamentales frente a Particulares* (1997) cit., 295-7 e, embora menos incisivamente, ALINE-MARIA LENGAUER, *Drittwirkung Von Grundfreiheiten* (2011), cit., 17-8.

[245] Curiosamente, e como dá nota JORGE REIS NOVAIS, "A intervenção do Provedor de Justiça nas relações entre privados", *O Provedor de Justiça - Novos Estudos*, Lisboa, 2008, 227-291, no ordenamento germânico a generalidade dos constitucionalistas alemães defendia a tese mediata (MANGOLDT, DÜRIG, KRÜGER, HESSE, EHMKE), enquanto a tese da aplicação imediata dos direitos fundamentais nas relações entre privados foi inicialmente sustentada em alguns meios não constitucionalistas, nomeadamente em Direito do trabalho a propósito da igualdade salarial entre homens e mulheres (NIPPERDEY).

[246] Deste modo, ante a diferenciação entre relações de equilíbrio e relações de poder (relações caracterizáveis como sendo de poder privado, de poder social ou de especial domínio), o problema "só se poderá resolver caso a caso", conforme preconizam genericamente JOÃO CAUPERS, *Os direitos fundamentais dos trabalhadores e a Constituição* (1985), cit., 169, VASCO PEREIRA DA SILVA, "A vinculação das entidades privadas pelos direitos, liberdades e garantias", RDES 1987, n.º 2, 266 e ss., JOAQUIM DE SOUSA RIBEIRO, "Constitucionalização do direito civil" (1998), cit., 747 e ss. e JORGE MIRANDA, *Manual de Direito Constitucional. Direitos Fundamentais*, Tomo IV (2012), cit., 292 e ss.. Este

Ultrapassada com a emergência do Estado social de Direito a concepção de que os direitos fundamentais são direitos de protecção frente ao Estado[247] e infundindo-se aos direitos fundamentais uma dimensão objectiva a partir da sua valoração como princípios constitucionais aplicáveis à totalidade do ordenamento jurídico[248], é hoje pacífica a rejeição de que estes não têm qualquer eficácia no âmbito das relações privatísticas[249].

Tudo estando em saber qual o alcance que a sua aplicação logra nesse âmbito e a forma como esta se processa[250], o enquadramento adoptável, sem desconsiderar o labor dogmático desenvolvido em diferentes quadrantes, não é, entre

é de resto o enquadramento que parece estar subjacente ao n.º 1 do art. 2.º da Lei n.º 9/91, de 09.04 (alterada pela Lei n.º 30/96, de 14.08), que aprova o Estatuto do Provedor de Justiça.

[247] Em que, como fez notar ANTÓNIO MANUEL HESPANHA, *Caleidoscópio do Direito – o Direito e a Justiça nos Dias e no Mundo de Hoje* (2.ª ed.), Almedina, Coimbra, 2009, 578, se ficcionava "a sociedade civil como isenta de agressões a direitos fundamentais cometidas por privados". Ainda: RIVERO LAMAS, "Derechos fundamentales y contrato de trabajo: eficacia horizontal y control constitucional" (2003), cit., 494-7.

[248] VIEIRA DE ANDRADE, *Os Direitos Fundamentais na Constituição Portuguesa de 1976* (1987), cit., 143 e ss.. Alude-se, por isso, a uma "dupla natureza" ou a uma "dupla função" dos direitos fundamentais, em qualquer dos casos, subjectiva e objectiva, individual e comunitária.

[249] Falamos, naturalmente, do panorama europeu, uma vez que por exemplo no cenário norte-americano ainda se encontra arreigada a construção de que, por regra, os direitos fundamentais apenas o são frente ao Estado (*state action*), não sendo extensíveis às relações privadas: MATTHEW W. FINKIN, "MENSCHENBILD: "The Conception of the Employee as a Person in Western Law", *Comparative Labour & Law Social Policy* 2002, n.º 23, 577 e ss. e ERWIN CHEMERINSKY, *Constitutional Law: principles and policies* (3.ª ed.) Aspen Publishers, Nova Iorque, 2006, 507-539, enquadramento que, não obstante as similitudes comummente estabelecíveis, não encontra eco no Reino Unido, face à incorporação da Convenção Europeia dos Direitos do Homem pelo *Human Rigts Act* (1998), que, ante a pressuposta aplicação dos direitos fundamentais, tem sustentado a invocação do princípio da proporcionalidade nas relações entre particulares: LAMMY BETTEN, *The Human Rights Act 1998: What It Means: The Incorporation of the European Convention on Human Rigts into the Legal Order of the United Kingdom*, Kluwer Law, Haia, 1999, 113-5.

[250] Se, de um lado, a aplicação mediata dos direitos fundamentais às relações entre particulares encontra uma linha de argumentação que se centra na preservação da autonomia da vontade, na garantia de que o Direito civil não é desfigurado e na salvaguarda de que a liberdade individual não fica à mercê de uma alegada invasão judicial acerca da definição dos direitos dos sujeitos intervenientes (em razão do acentuado grau de indeterminação que caracteriza as normas constitucionais sobre direitos fundamentais), de outra parte, o lastro crítico mobilizado pela mediaticidade da construção fundamenta-se na falta de integralidade da tutela dos direitos fundamentais no âmbito jus-privatístico, na sua excessiva polarização na vontade do legislador ordinário, na replicada indefinição acerca das normas ordinárias sobre colisões de direitos e na natureza supérflua do seu alcance, uma vez que a construção se reconduz, no essencial, ao âmbito de uma interpretação conforme com a Constituição, assumindo a insusceptibilidade de o Direito Privado, qual seja o sub-sistema, ser entendível como uma área isolada da Constituição e dos direitos fundamentais.

nós, apartável do n.º 1 do art. 18.º da CRP, que dispõe que "os preceitos constitucionais respeitantes aos direitos, liberdades e garantias são directamente aplicáveis e vinculam as entidades públicas e privadas"[251], embora o preceito deixe em aberto a forma como a vinculação dos preceitos constitucionais opera e quais as consequências nas relações entre particulares[252].

Contudo, quais sejam os pressupostos assumíveis e as vias conceptuais seguidas, para o que ora interessa existem três vectores que, no âmbito da questão que nos prende, esvaziam o potencial dissenso gerável em torno da forma como o princípio da liberdade de trabalho vincula os particulares:

(i) Independentemente da atribuição de eficácia directa ou indirecta ao princípio da liberdade de trabalho, a relação laboral é uma relação de poder-sujeição, pelo que, ainda que não se sustente a aplicabilidade directa dos direitos fundamentais nas relações entre particulares, a necessidade de compensar a inferioridade de uma das partes (o trabalhador) envolverá o alcance de resultados substancialmente idênticos[253],

---

Em síntese, por todos: BILBAO UBILLOS, *La Eficacia de los Derechos Fundamentales frente a Particulares* (1997) cit., 310-8.

[251] Conforme sublinha JORGE MIRANDA, *Manual de Direito Constitucional. Direitos Fundamentais* (2012), cit., 292, "uma fórmula como a do nosso art. 18.º, n.º 1, não tem paralelo noutras Constituições".

[252] Assim: PAULO MOTA PINTO, "O direito ao livre desenvolvimento da personalidade" (1999) cit., 229. Como fez notar, JORGE REIS NOVAIS, "A intervenção do Provedor de Justiça nas relações entre privados" (2008), cit., 242, embora a Constituição de 1976 haja considerado a questão da vinculação das entidades privadas aos direitos fundamentais, há ainda pontos decisivos que não se encontram esclarecidos, como os de saber: (i) se a vinculação dos privados de que fala a Constituição se traduz numa aplicação directa dos preceitos constitucionais ou numa aplicação indirecta, ou seja, como opera a vinculação constitucional; (ii) a que é que os particulares estão vinculados, designadamente à dimensão objectiva ou à dimensão subjectiva dos direitos fundamentais; (iii) se os particulares só estão vinculados pelos direitos, liberdades e garantias ou por todos os direitos fundamentais; (iv) se vinculados se encontram todos os particulares ou só algumas entidades que se encontrem em especial situação de poder ou de domínio. Seja qual for o caminho conceptualmente trilhado, uma coisa é certa: diz-se que os particulares estão vinculados aos direitos fundamentais, mas, em caso de violação, essas eventuais actuações estão absolutamente fora da possibilidade de controlo e decisão do Tribunal Constitucional, já que o sistema português de fiscalização da constitucionalidade assenta exclusivamente na fiscalização de normas e os particulares não editam normas.

[253] Salientando o facto de as teorias de eficácia directa ou indirecta lograrem as mais das vezes o "mesmo resultado prático", v. VIEIRA DE ANDRADE, *Os Direitos Fundamentais na Constituição Portuguesa de 1976* (1987), cit., 270 e ss., possibilidade que no ordenamento laboral surge claramente exponenciada, uma vez que, como refere BILBAO UBILLOS, *La Eficacia de los Derechos Fundamentales frente a Particulares* (1997) cit., 246-7, "(l)os poderes del empresário (el poder de dirección y el

os quais implicarão sempre a tutela do princípio tanto numa fase anterior à constituição de uma relação laboral quanto no decurso ou após a cessação da relação de trabalho[254].

(ii) O princípio constitucional "liberdade de trabalho" é reconhecido no plano infra-constitucional, sendo protegido através do sistema de direitos de personalidade (art. 70.º e ss.[255]) e do Código do Trabalho (mormente através dos arts. 136.º a 138.º)[256], colhendo uma pertença à categoria dos direitos de exclusão que o torna oponível a todos os terceiros[257] e partilhando do carácter *erga omnes* atribuído aos direitos de

---

disciplinario) constituyen (...) una amenaza potencial par los derechos fundamentales del trabajador, dada la fuerte implicación de la persona de este en la ejecución de la prestación laboral". De resto, a diferença de vulto entre as plúrimas teses no que aos resultados obteníveis diz respeito apenas se manifesta na ausência de lei aplicável, circunstância em que se para a teoria dos deveres de protecção a intervenção do julgador é suscitada se estiver em causa um défice de protecção do direito fundamental em questão, já para a teoria da eficácia imediata esse direito fundamental é sempre aplicado com fundamento na Constituição, por contraste com a teoria da eficácia mediata, no âmbito da qual o intérprete-aplicador se bastará com os conceitos indeterminados insertos na legislação civil/laboral, sem que se perfile a necessidade de qualquer *apport* baseado nas normas constitucionais. Ainda: JORGE REIS NOVAIS, *Direitos Fundamentais – Trunfos contra a Maioria* (2006), cit., 74-5.

[254] Bem o nota RABINDRANATH CAPELO DE SOUSA, *O Direito Geral de Personalidade* (1995), cit., 278-9 (nota 665), ao fazer salientar a proibição que incide sobre terceiros de ofensas à liberdade de trabalho.

[255] A construção de um direito geral de personalidade no âmbito do Código Civil, com origem na dogmática alemã, não é, todavia, unívoca. Para lá da dissertação de doutoramento de RABINDRANATH CAPELO DE SOUSA, *O Direito Geral de Personalidade* (1995) – que a acolhe, com arrimo no art. 70.º do CC, com uma abrangência que contempla todos os "direitos subjectivos, privados, absolutos, gerais, extra patrimoniais, inatos, perpétuos, intransmissíveis, relativamente indisponíveis, tendo por objecto os bens e as manifestações interiores da pessoa humana, visando tutelar a integridade e o desenvolvimento físico e moral dos indivíduos" –, veja-se, sobre a dimensão dos direitos especiais de personalidade e a discutida questão de um direito subjectivo correspondente, o excurso panorâmico sobre a doutrina nacional contido em PEDRO PAIS DE VASCONCELOS, *Direito de personalidade* (2006), cit., 32-46 e 61 e ss..

[256] À luz da "teoria dos deveres de protecção", tais preceitos configurarão o conjunto de "medidas positivas destinadas a proteger o exercício dos direitos fundamentais perante actividades perturbadoras ou lesivas dos mesmos praticadas por terceiros" [as palavras são de J. J. GOMES CANOTILHO, *Direito Constitucional e Teoria da Constituição* (2013), cit., 1289 e ss.], substanciando, *hoc sensu*, as normas de protecção destinadas à garantia das posições subjectivas que, como sublinha CANARIS, *Direitos fundamentais e direito privado* (2003), cit., 39-40, se impõem à jurisdição, mas que, antes disso, se assumem como mandatos ao *legislador civil*.

[257] Extraindo este corolário do art. 70.º do CC, v. HEINRICH EWALD HÖRSTER, *A Parte Geral do Código Civil Português* (1992), cit., 257.

personalidade, qual "direito ao livre exercício da actividade humana"[258]: no plano do direito objectivo de personalidade, impõe-se a todos um dever de respeitar a dignidade de cada indivíduo, incluindo a sua própria, relevando-se a actuação de mecanismos coercivos para garantir o seu respeito e assegurar a sua nota de universalidade, impositiva de uma obrigação passiva universal, de um *ius excludendi omnes alios*; enquanto direito subjectivo de personalidade, que substancia uma posição jurídica concreta, a liberdade de trabalho tem o seu conteúdo preenchido por poderes que o seu titular pode exercer livre e directamente, sem ficar à mercê da iniciativa e da disponibilidade dos órgãos do Estado[259].

(iii) O princípio, a par de outros direitos que compõem a "Constituição laboral" (*v. g.* direito à segurança no emprego)[260], é, na sua tessitura, estruturado como um princípio destinado a obter eficácia universal, inserindo-se no feixe de direitos cuja tutela imediata no âmbito das relações entre particulares faz parte da sua estrutura ou definição[261], compondo-se como um direito originário de execução (*Leistungsrechte*[262]): se, em geral, "o respeito pelo princípio da dignidade da pessoa humana, pelo pluralismo democrático e pelo desenvolvimento da personalidade de cada um implica o reconhecimento de um espaço legítimo de liberdade e realização pessoal liberto de intervenção jurídica"[263], a liberdade de

---

[258] As palavras são de EDITH DELEURY, "Une perspective nouvelle: le sujet reconnu comme objet du droit", *Les Cahiers de droit* 1972 vol. 13, n.º 4, 550, que, sem prejuízo da autonomia analítica que cada liberdade demanda, agrega naquela categoria as liberdades físicas, morais e profissionais.

[259] PEDRO PAIS DE VASCONCELOS, *Direito de personalidade* (2006), cit., 55; IDEM, *Teoria Geral do Direito Civil*, Almedina, Coimbra, 2010, 45.

[260] A densidade e a estrutura dos direitos que compõem a "Constituição Laboral" é diversa e polimórfica, havendo gradações que suscitam níveis de garantia diversos. BERNARDO LOBO XAVIER, "A jurisprudência constitucional portuguesa e o direito do trabalho", *XXV anos de jurisprudência constitucional portuguesa: Colóquio comemorativo do XXV aniversário do Tribunal Constitucional, 24 e 25 de Outubro de 2008*, Coimbra Editora, Coimbra, 2009, 209-254, identifica como pontos nucleares da Constituição material relativos ao Direito do trabalho: a liberdade de trabalho, a segurança no emprego, a liberdade sindical, a contratação colectiva, a representação dos trabalhadores na empresa, o direito à greve e a especificação de condignas condições de trabalho ("decent work"), numa composição material que, na pena de GUIDO ALPA, *Trattato di Diritto Civile. Storia, fonti, interpretazioni*, Giuffrè, Milão, 2000, 496-7, faz da Constituição portuguesa uma das mais extensas no tratamentos dos aspectos jus-laborais.

[261] Cfr. BENEDITA MAC CRORIE, A *Vinculação dos Particulares aos Direitos Fundamentais (2005), cit., 10*.

[262] Assim, recuperando a terminologia de Wolfgang Martens, cfr. MATTHIAS RUFFERT, *Vorrang der Verfassung und Eigenständigkeit des Privatrechts*, Mohr Siebeck, Tubinga, 2001, 259-260.

[263] RUI MEDEIROS & ANTÓNIO CORTÊS, "Anotação ao artigo 26.º da CRP", *Constituição Portuguesa Anotada*, Tomo I (2005), cit., 287-8.

trabalhar aparece como parte integrante do direito geral de liberdade[264] que, sendo próprio da dignidade humana, implica, designadamente, a remoção de qualquer forma de trabalho forçado ou obrigatório ou a obrigação de aceitação de um emprego não desejado[265].

15. É, assim, neste quadro que se imposta a questão da renúncia ao princípio da liberdade de trabalho. Qual seja a concepção teórica sufragável, e sem que hoje se reconheça qualquer defesa à concepção sinalizada à inaplicabilidade dos direitos fundamentais nas relações entre particulares – pois só no âmbito desta concepção se poderia afastar a equação de uma renúncia à liberdade de trabalho ou a qualquer outro direito fundamental: se os direitos fundamentais não têm aplicação na relação entre privados então não haverá renúncia, uma vez que falha a realidade pressuponente –, a liberdade de trabalho aplica-se a todos os cidadãos, independentemente da fase em que a relação decorre[266].

Enquanto direito que funda uma posição jurídica subjectiva de que cada um é titular, a problemática suscitada pela eventual disposição deste direito fundamental está no compromisso entre os valores que concorrem para o acto renunciativo e na delimitação do espaço que a ordem jurídica concede para que os particulares possam abdicar, ainda que temporariamente, do exercício desse direito.

Trata-se de um juízo de ponderação que, estando para lá do direito ordinário e que conhece especial ênfase na ausência de regulação legal específica, não pode, contudo, desconsiderar o contexto histórico vivido e a forma como a lei portuguesa o predispõe, nas margens em que o CT aparece a consentir a sua limitação, e que alberga um sentido protectivo que encontra fundamentação nas abordagens paternalistas predispostas a tutelar os que se encontram "numa posição conjuntural de debilidade ou desfavor"[267], traduzindo, afinal, o

---

[264] Nestes termos: GIUSEPPE PERA, "Professione e lavoro (libertà di)" (1987), cit., 1033.
[265] Ainda: J. J. GOMES CANOTILHO & VITAL MOREIRA, *Constituição Portuguesa da República Anotada. Artigos 101.º a 107.º* (2007), cit., 765-6.
[266] Como faz salientar DURÁN LÓPEZ, *Jurisprudencia Constitucional y Derecho del Trabajo* (1992), cit., 45-6, a aplicabilidade dos direitos fundamentais na relação de trabalho e a sua correlativa protecção não podem todavia servir de justificação ao incumprimento dos deveres laborais por parte do trabalhador, ou, em geral, não podem tornar-se um expediente utilizável por qualquer dos sujeitos para impor ao outro as modificações contratuais que forem consideradas oportunas, destruindo, com isso, "o marco normativo e contratual das relações jurídicas privadas".
[267] Se o paternalismo estadual que subjaz às intervenções legais que delimitam os actos renunciativos de direitos fundamentais é, não raro, assaz contestado – por exemplo: PETER DE MARNEFFE, "Self-sovereignty and paternalism", *Paternalism: Theory and Practice*, Cambridge University Press,

reconhecimento constitucional dos trabalhadores como "um grupo socialmente homogéneo tendencialmente mais débil"[268].

III. Renúncia ao princípio da liberdade de trabalho

a) Enquadramento

16. É sabido que os direitos de liberdade com natureza social, como a liberdade de trabalho e de escolha de profissão, convocam garantias quanto à sua fruição, que, no seu âmago, se predestinam a evitar que, em função da relação negocial subjacente, a sua aplicação se paute pela inefectividade.

Face ao "carácter irrenunciável que tais direitos assumem, a sua estreita conexão com a tutela da personalidade"[269] postula a cominação do vício de nulidade dos acordos que contra aqueles atentem, só assim se garantindo que a organização económica e social que aqueles edificam não queda inane[270] e que os interesses de ordem pública que os permeiam se antepõem como limites à autonomia privada[271].

Existindo um princípio geral de irrenunciabilidade dos direitos de personalidade[272], e embora aos direitos subjectivos corresponda um objecto, no caso não há um direito que tenha como objecto a pessoa do seu próprio titular[273], mas antes uma pluralidade de poderes que são aptos a assegurar o êxito na realização, no respeito e na protecção da dignidade pessoal de cada cidadão-trabalhador[274].

Cambridge, 2013, 72, salienta que "to respect a person, on this account is to value him a properly a rational being, a being with the capacity for practical reason", confinando, em sequência, as intervenções estatais, legais e administrativas a situações pautadas pela irreversibilidade da renúncia ou gravemente auto-destrutivas –, ele encontra, contudo, justificação sempre que se trate de interesses de menores, de pessoas incapazes de se auto-determinarem e, em geral, de todos os que se encontram em situação de debilidade, como realça JORGE REIS NOVAIS, *As Restrições aos Direitos Fundamentais não Expressamente Autorizadas pela Constituição* (2003), cit., 450.

[268] As palavras são de GUILHERME DRAY, "Autonomia privada e igualdade na formação e execução de contratos individuais de trabalho" (2001), cit., 25 (nota 2).

[269] Assim: MANLIO MAZZIOTTI, "Diritto sociali", *Enciclopedia del Diritto*, Vol. XII, Milão, 1964, 807.

[270] CHRISTOPHE RADE, "L'ordre public social et la renonciation du salarié", DS 2002, n.º 11, 931.

[271] PIETRO ICHINO, *Il Contratto di Lavoro. III*, Giuffrè, Milão, 2003, 203.

[272] Por exemplo: PIETRO ICHINO, *Il Contratto di Lavoro. III* (2003), cit., 35 e, entre nós, CARLOS A. MOTA PINTO, *Teoria Geral de Direito Civil* (1992), cit., 211.

[273] HEINRICH EWALD HÖRSTER, *A Parte Geral do Código Civil Português* (1992), cit., 227.

[274] Assim, PEDRO PAIS DE VASCONCELOS, *Direito de personalidade* (2006), cit., 60, assinalando que o "objecto é próprio de certos direitos subjectivos, mas não de todos". Em igual sentido, HENRICH HORSTER, *A Parte Geral do Código Civil Português* (1992), cit., 258, afirma que, emanando tais direitos da própria pessoa cuja protecção visam garantir, "a protecção assim garantida abrange o homem

Assim, no âmbito jusprivatístico, esta proibição genérica quanto à renúncia a direitos de personalidade, em função da ligação de tais direitos com as condições elementares do ser humano e da sua remoção do comércio jurídico, louva-se nos princípios de ordem pública e bons costumes[275].

Não havendo espaço para uma exegese estritamente individualista das normas relativas a esses direitos, que são também fundamentais[276], não se vislumbram outrotanto, em razão da sede própria em que opera essa categorização, particularidades de relevo quanto à sua validação no domínio laboral[277].

No caso, curando-se da liberdade de trabalho e da sua relação com o conceito de ordem pública – que, por seu turno, "referencia um conjunto de princípios injuntivos que, como tal, são indisponíveis"[278] –, importará ter presente, como *prius*, que a indisponibilidade de determinados bens é absoluta: pela natureza das coisas, é inadmissível qualquer limitação voluntária ao exercício do direito à vida, quadro em que a autonomia privada se encontra absolutamente suprimida[279], o mesmo sucedendo quanto à dignidade pessoal[280].

---

naquilo que ele é e não naquilo ele tem. Contudo, objecto da respectiva relação jurídica nunca é o indivíduo ou a pessoa ou a sua personalidade, mas sempre o direito de personalidade que incide sobre certas manifestações ou objectivações da mesma".

[275] Se a ordem pública e os bons costumes aparecem originariamente referidos a realidades idênticas em planos diferentes – a ordem pública representa para o direito positivo o mesmo que os bons costumes para o direito natural –, antes do *Code* sustentou-se a desnecessidade de inserção conjunta destes conceitos no corpo da lei. Entendendo-se que a noção da ordem pública bastava, só a forte influência da moral jansenista impôs solução diversa, pelo que a expressão *ordem pública e bons costumes*, no seu entendimento genético, aparece como um corolário no direito gaulês de um enquadramento do direito laico-racionalista pela moral cristã. Ainda FABRIZIO DI MARZIO, *La nullità del contratto*, Cedam, Milão, 1999, 204-214 e 238-241.

[276] MATTHIAS RUFFERT, *Vorrang der Verfassung und Eigenständigkeit des Privatrechts* (2001), cit., 245.

[277] PIETRO ICHINO, *Il Contratto di Lavoro. III* (2003), cit., 601-2.

[278] As palavras são de MANUEL CARNEIRO DA FRADA, "A ordem pública no domínio dos contratos" (2009), cit., 263.

[279] Veja-se, por exemplo, CARLOS A. MOTA PINTO, *Teoria Geral de Direito Civil* (1992), cit., 212 e PEDRO PAIS DE VASCONCELOS, "A Natureza das Coisas", *Estudos em Homenagem ao Prof. Doutor Manuel Gomes da Silva*, Coimbra Editora, Coimbra, 2001, 753.

[280] Ainda PEDRO PAIS DE VASCONCELOS, agora em *Direito de personalidade* (2006), cit., 50. Refira-se, em exemplo, as proibições de disposição de tecidos ou órgãos de origem humana expressamente contidas na Lei n.º 12/93, de 22.05 (art. 6.º), sobre a colheita e o transplante de órgãos e tecidos de origem humana. GIUSEPPE SUPPIEJ/MARCELLO DE CRISTOFARO/CARLO CESTER, *Diritto del Lavoro. Il rapporto individuale* (4.ª ed.), Cedam, Milão, 2008, 458, referem-se, já no âmbito do sistema laboral, à indisponibilidade *per natura* de direitos como o da segurança ou saúde do trabalho, cuja negociabilidade se encontra *ab initio* suprimida.

Se estes direitos se encontram fora da esfera da livre vontade do seu titular, o quadro genérico descobre-se nos arts. 81.º (n.º 1) e 280.º do CC, dos quais se reassuma a possibilidade de uma limitação dos direitos de personalidade ser lícita quando não for contrária aos princípios da ordem pública ou a outros preceitos legais (*v.g.* art. 2232.º do CC)[281] – trata-se, em rigor, de uma limitação ao seu exercício –, podendo, então, ser objecto de um negócio jurídico[282], sendo necessário, para tanto, que não colida com aquela "síntese congregadora de características e exigências jurídico-normativas, móveis na sua intensidade e conjugação"[283] que visa assegurar os pilares fundamentais do sistema[284]: o tema, não obstante as especificidades axiológicas que cobrem o Direito do trabalho e que sob a égide de protecção do contraente débil determina(ra)m a consagração de normas *inderrogáveis*[285], intersecta-se com a categoria de indisponibilidade que congloba um feixe de direitos pessoais (não patrimoniais[286]), numa tutela que não se restringe à salvaguarda dos interesses do titular, mas que se encontra também ao serviço de superiores interesses da colectividade em geral ou de um grupo, e que de há muito, embora com matizes, se considera abranger os direitos de personalidade, aqueles que acertam com o estado e a capa-

---

[281] Determinando-se a ilicitude de condições de residir ou não residir em certo local ou prédio apostas a liberalidades, como refere Carlos A. Mota Pinto, *Teoria Geral de Direito Civil* (1992), cit., 213, procura-se salvaguardar a liberdade de deslocação, não obstante as condições apenas a entravarem indirectamente através de uma pressão psicológica.

[282] Assim: Paulo Mota Pinto, "A limitação voluntária do direito à reserva sobre a intimidade da vida privada", *Estudos em homenagem a Cunha Rodrigues*. Vol. II, Coimbra, Coimbra Editora, 2001, 527 e, na jurisprudência, entre vários: Ac. STJ de 25.09.2003 (Oliveira Barros), proc. n.º 03B2361.

[283] Manuel Carneiro da Frada, "A ordem pública no domínio dos contratos" (2009), cit., 262.

[284] Díez-Picazo, "Notas sobre la renuncia a los derechos fundamentales", *Persona y Derecho* 2001, n.º 45, 134 e, entre nós, Capelo de Sousa, *O Direito Geral de Personalidade* (1995), cit., 118 e ss..

[285] Giovanni Amoroso/Vincenzo Di Cerbo/Arturo Maresca, *Diritto del lavoro*. Vol. I – *La Costituzione, il Codice civile e le leggi speciali* (3.ª ed.), Giuffrè, Milão, 2009, 738. Trata-se, antes do mais, como acentua José João Abrantes, *Contrato de Trabalho e Direitos Fundamentais* (2005), cit., 32, de suprir insuficiências do contrato de trabalho enquanto instrumento regulador, face à eventualidade de tornar os custos de mão de obra concorrencialmente neutros ou de racionalizar as condições de trabalho nas empresas, premissa que impelia Raúl Ventura, "Extinção das relações jurídicas de trabalho", ROA 1950, 333, a afirmar que "a aceitação do princípio da aplicação da norma que melhor tratamento conceda ao trabalhador deve ter como complemento a irrenunciabilidade dos direitos concedidos por essas normas".

[286] Nos direitos patrimoniais a regra-geral é a da disponibilidade, salvo quando a lei prevê o contrário, como sucede com o art. 2008.º do CC, relativo ao direito a alimentos. Ainda: Fernando Pires de Lima & João Antunes Varela, *Código Civil Anotado*, Vol. I (4.ª ed), Coimbra Editora, Coimbra, 1987, 315.

cidade das pessoas e os que se referem a situações jusfamiliares de cunho não patrimonial[287].

Tratando-se de direitos que são imprescritíveis[288] e insusceptíveis de confissão[289] e de transacção[290], cabe, contudo, distinguir a (in)disponibilidade do direito *in totum* da sua "negociabilidade limitada"[291], uma vez que a lei, não obstante a pessoalidade do direito, consente a actuação de certas formas de disposição, que atina com parcelas da sua dimensão jus-subjectiva, sem que o direito fique, *qua tale*, subtraído ao seu titular[292].

Este enquadramento, que nos aporta a um conjunto de direitos indisponíveis que são afinal limitadamente disponíveis[293], não é, bem ao contrário, inédito na área laboral, encontrando no art. 2113 do *Codice Civile* distinção vincada, que, incidindo sobre as *renunzie* e as *transazioni*, aparece como "fruto de uma estratificação normativa e jurisprudencial de quase cinquenta anos"[294].

---

[287] Assim: Frédérique Dreifuss-Netter, "Renonciation", Enciclopédie Dalloz – Civil. Vol. VIII, 1989, 8, Heinrich Ewald Hörster, *A Parte Geral do Código Civil Português* (1992), cit., 267, Rabindranath Capelo de Sousa, *O Direito Geral de Personalidade* (1995), cit., 414 ou António Menezes Cordeiro, *Tratado de Direito Civil Português I*, (2002), cit., 308. Sirva de exemplo em Direito da família, como faz notar Guilherme de Oliveira, "Anotação ao Acórdão do Tribunal da Relação de Coimbra, de 28 de Novembro e 1995", RLJ 1996 (ano 129), 284, o direito potestativo ao divórcio.

[288] Assim: n.º 1 do art. 298.º do CC. Cfr. Fernando Pires de Lima & João Antunes Varela, *Código Civil Anotado*, vol. I (1987), cit. 315.

[289] Assim: al./b do art. 354.º do CC, que afasta a atribuição de valor probatório à confissão incidente sobre factos relativos a direitos indisponíveis, e n.º 1 do art. 298.º do CPC. Ainda: Fernando Pires de Lima & João Antunes Varela, *Código Civil Anotado*, vol. I (1987), cit., 315.

[290] Assim: art. 1249.º do CC. Cfr. Miguel Teixeira de Sousa, *Estudos sobre o novo processo civil* (2.ª ed.), Lex, Lisboa, 1997, 201 e ss..

[291] É neste sentido que Jorge Miranda, *Manual de Direito Constitucional. Direitos Fundamentais*, Tomo IV (2012), cit., 429, alude a "casos de negociabilidade limitada".

[292] Giuseppe Pera & Marco Papaleoni, *Diritto del Lavoro* (2003), cit., 658. Entre nós, recorrendo igualmente à ideia de "indisponibilidade limitada", v. Joana Vasconcelos, *A Revogação do Contrato de Trabalho*, Almedina, Coimbra, 2011, 263.

[293] Criticando esta categorização intermédia, que vai atinar com a possibilidade de disposição de direitos, necessariamente transitória e de cunho essencialmente patrimonial, que aparece filiada na renunciabilidade limitada, negociabilidade limitada ou indisponibilidade limitada, v. Bernardo Lobo Xavier & Pedro Furtado Martins, "A transacção em Direito do Trabalho: direitos indisponíveis, direitos inderrogáveis e direitos irrenunciáveis", *Estudos dedicados ao Professor Mário Fernando de Campos Pinto. Liberdade e Compromisso – Vol. II*, UCP, Lisboa, 2009, 451, referindo-se, com pertinência, que "por definição não é indisponível aquilo de que, pelo menos em parte ou por certa forma, se pode afinal dispor".

[294] As palavras são de Mario Buoncristiano & Stefania Maglienti, "Le rinunzie e le transazioni del lavoratore", *Trattato di Diritto Privato: Impresa e Lavoro*, Tomo I (2.º ed.), dir. Pietro Rescigno, Utet, Turim, 2004, 717.

Se com base no preceito a jurisprudência italiana vem extraindo, dentre outros corolários, o afastamento da atribuição de validade a um acto abdicativo (=nulidade), a aplicação do prazo de caducidade e a injuntividade das normas legais ou convencionais como único limite à apreciação do acto praticado[295] (cuja violação fulmina o acto abdicativo de nulidade, conquanto o direito se encontre à data inserto no património do trabalhador disponente[296]), admite-se, contudo, de há muito e desde logo com base na lei, que possa haver uma limitação à liberdade de trabalho, mediante a substancialização de determinadas garantias, contexto em que a assunção de obrigações nas margens em que o sistema a permite prejudicará *ipso iure* a invocação da eficácia dos preceitos constitucionais com vista à exoneração do dever de cumprimento pontual e conforme à boa fé dessas obrigações[297].

Não sendo admissível um despojamento absoluto e definitivo desse direito[298], esta limitação encontrar-se-á, por isso, sob reserva de revogação a todo o tempo[299] e, em função dos interesses visados, é necessariamente balizada (alcance parcelar)[300], conhecendo aplicação primeira o art. 81.º do CC.

Será também assim, de resto, numa análise de cunho marcadamente jusconstitucional. Com efeito, hoje não se questiona tanto o problema da admissibilidade da renúncia a direitos fundamentais (no caso: liberdade de trabalho) – embora tudo esteja na delimitação do conceito de renúncia (infra) –, quanto o dos respectivos limites, uma vez que num ordenamento que não permite a dis-

---

[295] Em resenha: ROBERTO TRIOLA, *Codice Civile Annotato com la Giurisprudenza*, 2001/2002, Giuffrè Editore, Milão, 2002, 1678-82, GIOVANNI NICOLINI, *Compendio di Diritto del Lavoro* (2004), cit., 487-489 e MASSIMO ROCELLA, *Manuale di Diritto del Lavoro* (2010), cit., 478-9.

[296] Nestes termos, por exemplo, GIUSEPPE PERA & MARCO PAPALEONI, *Diritto del Lavoro* (2003), cit. 661. Afasta-se, por isso, do art. 2113 do *Codice Civile* a abdicação de simples expectativas, cuja isenção a um juízo de nulidade aparece sustentada na inexistência de qualquer interferência quanto à gestão de um direito que constitui a *factis species* das normas injuntivas: GIOVANNI NICOLINI, *Compendio di Diritto del Lavoro* (2004), cit., 489-493, CARLO CESTER, "Rinunzie e transazioni", *Dizionari del Diritto Privato: Diritto del Lavoro* (org. Natalino Irti), Giuffrè, Milão, 2008, 191-195.

[297] Veja-se entre nós JOSÉ JOÃO ABRANTES, *Contrato de Trabalho e Direitos Fundamentais* (2005), cit., 183.

[298] Por isso, é vulgar encontrar-se referências à impossibilidade de renúncia aos direitos de personalidade. Por exemplo: HEINRICH EWALD HÖRSTER, *A Parte Geral do Código Civil Português* (1992), cit., 267 e ss.

[299] DÍEZ-PICAZO, "Notas sobre la renuncia a los derechos fundamentales" (2001), cit., 137.

[300] CARLOS A. MOTA PINTO, *Teoria Geral de Direito Civil* (1992), cit., 212, após admitir a existência de "restrições ao livre desenvolvimento de actividades profissionais, materiais ou jurídicas" faz condicionar a sua validade a um juízo de conformidade com a ordem pública, "designadamente se temporal ou espacialmente limitadas".

ponibilidade de direitos fundamentais a tutela da dignidade da pessoa humana transforma-se numa forma absurda de opressão: o cidadão carece de ser livre para exprimir a sua personalidade através de uma manifestação de vontade[301].

Por isso, qualquer renúncia tem uma dimensão diádica incomprimível: é um exercício e uma restrição de um direito fundamental. Uma vez que existe uma incindível ligação entre as dimensões pessoais e patrimoniais da liberdade de trabalho que encontra o seu fundamento na garantia de um *minimum* de auto--determinação individual (e que não raro aparece perspectivado como um corolário autónomo do direito ao desenvolvimento da personalidade[302]), a partir do momento em que o poder de disposição individual sobre posições de direitos fundamentais é um poder fundamentado na própria titularidade do direito e é também um exercício do direito fundamental em causa, então aquele reveste a natureza de *princípio*, típica dos direitos fundamentais[303], suscitando-se uma operação de concordância prática, que, implicando o traçado de limites, encontra na tutela da dignidade humana um reduto infranqueável[304]: esta constitui um

---

[301] Nestes exactos termos: Pietro Ichino, *Diritto alla riservatezza e diritto al segreto nel rapporto di lavoro* (1979), cit., 51; ainda nesta direcção: Díez-Picazo, "Notas sobre la renuncia a los derechos fundamentales" (2001), cit., 137 e Bodo Pieroth & Bernhard Schlink, *Grundrechte. Staatsrecht II* (25.ª ed.), C.F. Müller, HeidelberG/Hamburgo, 2009, 40.

[302] Por exemplo, e só entre nós: Luísa Neto, *O direito fundamental à disposição sobre o próprio corpo (a relevância da vontade na configuração do seu regime)*, Coimbra Editora, Coimbra, 2004, 34, situando a autonomia individual e a auto-determinação, enquanto dimensões do direito ao desenvolvimento da personalidade, como fundamentos gerais da faculdade de cada um dispor da posição jurídica de direitos fundamentais.

[303] Eis porque, como sublinha Jorge Reis Novais, "Renúncia a direitos fundamentais" (1998), cit., 287, "a renúncia é também uma forma de exercício do direito fundamental, dado que, por um lado, a realização de um dircito fundamental inclui, em alguma medida, a possibilidade de se dispor dele, *inclusive* no sentido da sua limitação, desde que esta seja uma expressão genuína do direito de auto-determinação e livre desenvolvimento da personalidade individual e porque, por outro lado, através da renúncia o indivíduo prossegue a realização de fins e interesses próprios que ele considera, no caso concreto, mais relevantes que os fins realizáveis através de um exercício «positivo» do direito". Sobre a questão, v. Benedita Mac Crorie, *Os limites da renúncia a direitos fundamentais nas relações entre particulares*, FDUNL, Lisboa, 2011.

[304] Assim: Stephan Höntsch, *Aktive Sterbehilfe als Verfassungsproblem*,Grin Verlag, Norderstedt, 2006, 25-6. Como salientou Rosa Casillo, "La dignità nel rapporto di lavoro", RDC 2008, n.º 5, 593-8, 624-7, aqui, trata-se de uma dignidade própria do trabalhador, enquanto homem, que aparece como pauta característica da profissionalidade que, na Constituição, conexiona personalidade e trabalho e que, em fundo, opera a simbiose entre a autonomia individual e a dimensão comunitária dessa liberdade, visto que, como notavelmente salientou Manuel Gomes da Silva, "Esboço de uma concepção personalista do direito: reflexões em torno da utilização do cadáver humano para fins terapeuticos e científicos", Separata RFDUL, vol. XVII, 1964, 91, o homem "vive

limite ao exercício de direitos e liberdades fundamentais e, por consequência, um freio à auto-determinação individual que é expressão da personalidade de cada um e que é jusfundamentalmente protegida[305].

Mas a problemática não pode ser dissociada, bem ao contrário, do papel atribuível à vontade do trabalhador *in situ* e da tutela que a sua posição reclama, uma vez que esta é também uma preocupação que atravessa o texto constitucional, sabendo-se que é nas relações laborais, congenitamente caracterizáveis como relações intersubjectivas não paritárias, que os direitos fundamentais assumem maior relevância[306].

Se, sempre que estejam em causa direitos fundamentais, se avança *in genere* que qualquer incidência sobre esses direitos tem que aparecer funcionalizada a um objectivo legítimo (protecção de direitos ou interesses constitucionalmente legítimos que justificam o enfraquecimento do direito restringido) e que o acordo livre da Pessoa permite justificar uma amputação consciente dos seus direitos (uma vez que esta se funda no conteúdo de autonomia próprio do direito fundamental em causa[307]), é, contudo, pacífico que a aspiração à auto-determinação ou à autonomia pessoal que sustentam o reconhecimento de efeitos plenos à vontade manifestada por um trabalhador, atenta a *particular valoração jurídica da posição relativa que os dois sujeitos negociais ocupam*[308], não são absolutos num contexto relacional de subordinação[309], pois, por um lado, não só de há muito se reconhece que a desigualdade fáctica que cunha as relações

---

unido aos seus semelhantes, assim na comunidade, como na história, mas nem por isso deixa de ter um fim pessoal e singular".

[305] Matthias Christoph Schwenke, *Individualisierung und Datenschutz: Rechtskonformer Umgang Mit Personenbezogenen Daten Im Kontext Der Individualisierung*, Springer, Heidelberg, 2006, 222. Como salienta Américo Taipa de Carvalho, "Anotação ao art. 159.º", *Comentário Conimbricense do Código Penal. Parte Especial: Tomo I* (dir. Jorge de Figueiredo Dias), Coimbra Editora, Coimbra, 1999, 422, sendo a dignidade da pessoa humana o bem jurídico protegido pela incriminação da escravidão, bem se compreende que o consentimento dado por alguém para ser reduzido à escravidão se revele irrelevante.

[306] Nestes termos: Paulo Mota Pinto, "A limitação voluntária do direito à reserva sobre a intimidade da vida privada" (2001), cit., 555 e ss..

[307] Ainda Jorge Reis Novais, "Renúncia a direitos fundamentais" (1998), cit., 299, que, nesta perspectiva, se afasta da fundamentação do poder de renúncia *lato sensu* nos princípios da dignidade da pessoa humana ou do direito ao desenvolvimento da personalidade, cuja colação se faz de forma subsidiária, isto é, sempre que haja uma posição jurídica que não encontre âmbito de protecção num direito fundamental em especial.

[308] As palavras, na senda de Giugni, são de Giuseppe Ferraro, *Autonomia e Poteri nel Diritto del Lavoro*, Cedam, Pádua, 1992, 237.

[309] Seguimos Pascal Lokiek, "L'accord du salarié", DS 2010, n.º 2, 141.

laborais não é compossível com os pressupostos liberais tradicionais associados a uma ideia de justiça exclusivamente escorada na autonomia privada (identificável com o livre encontro das esferas privadas), como, por outro, a tutela dos direitos de cidadania no âmbito da relação de trabalho torna *a priori* inadmissíveis quaisquer "cláusulas pelas quais o trabalhador renuncie aos seus direitos fundamentais"[310].

As compressões ao reconhecimento de efeitos atribuíveis à vontade do trabalhador, no que à disposição de um conjunto de direitos que o ordenamento lhe atribui, encontram, de uma parte, justificação no seu estado de potencial vulnerabilidade[311], e, de outra parte, logram sustento na necessidade de o proteger de vinculações apressadas ou precipitadas[312].

Para além disso, procura-se garantir a intangibilidade de determinados direitos, evitando que estes quedem esvaziados pelo funcionamento infrene do comércio jurídico associado a uma certa ideia de mercado[313]: neste plano, embora a riqueza sistémica do Direito do trabalho que gera a sua diversidade regulativa conleve uma abertura de novos espaços para a autonomia privada que tendem a racionalizar as condições a que as partes se vinculam, os acordos incidentes sobre a liberdade de trabalho, em lugar de servir para trocar quantidades, são publicizados, participando na definição de um conjunto de critérios de interesse colectivo, que não prescinde "do entendimento da relação entre constituição e imagem do Homem"[314]. Isso reflecte-se na autonomia da vontade dos sujeitos: estes são livres de vontade, mas são-no na condição de prosseguirem objectivos

---

[310] As palavras são de JOSÉ JOÃO ABRANTES, *Contrato de Trabalho e Direitos Fundamentais* (2005), cit., 191, que afasta qualquer razão de ser à "prevalência da liberdade contratual, em termos de permitir justificar a renúncia do trabalhador aos seus direitos ou a imposição de limitações à sua liberdade para além do que é estritamente necessário" (231).

[311] PIETRO ICHINO, *Diritto alla riservatezza e diritto al segreto nel rapporto di lavoro* (1979), cit., 51. Igualmente, ante o n.º 5 do art. 3 do ET, que estabelece que "os trabalhadores não podem dispor validamente, antes ou depois da sua aquisição, dos direitos que lhes sejam reconhecidos por disposições legais de direito necessário", v. MARTÍNEZ GIRÓN/ARUFE VARELA/CARRIL VÁZQUEZ, *Derecho del trabajo* (2.ª ed), Netbiblo, Madrid, 2006, 37-8.

[312] Assim: GUNNAR BECKER, *Die unzulässige Einflussnahme des Arbeitgebers auf die Entscheidungsfreiheit des Arbeitnehmers am Beispiel des arbeitsrechtlichen Aufhebungsvertrages*, BWV, Berlim, 2011, 133.

[313] JOSÉ JOÃO ABRANTES, *Contrato de Trabalho e Direitos Fundamentais* (2005), cit., 204. A vedação imposta à disposição de alguns direitos aparece, nas palavras de ORLANDO DE CARVALHO, *A teoria geral da relação jurídica – seu sentido e limites* (2.ª ed.), Coimbra, 1981, 17, a "defender a autodeterminação da pessoa – a sua concreta ou real autodeterminação – contra o formal livre arbítrio da lei da oferta e da procura".

[314] LUÍSA NETO, *O direito fundamental à disposição sobre o próprio corpo* (2004), cit., 69.

que ultrapassam os seus interesses próprios e que justificam a consagração de normas de protecção, caracterizáveis pela injuntividade.

Nesse sentido, a vontade do trabalhador surge também predestinada àqueles objectivos. Mas a vontade do trabalhador concreto e não da figura genérica do trabalhador, pois o que «está em causa não são "fins", "interesses" ou "qualidades", mas o homem concreto e vivo, cuja realização o direito tem que assegurar»[315] e cuja garantia, ante a necessidade de preservar os direitos fundamentais do cidadão-trabalhador[316], implicará a nulidade de cláusulas como aquelas que consubstanciam uma renúncia à greve ou ao exercício de qualquer actividade partidária ou sindical ou à constituição de um estado familiar[317], ou, noutro plano, que entregam ao empregador a faculdade de alteração unilateral de um acordo de limitação da liberdade de trabalho, à semelhança das cláusulas conferentes ao empregador do direito de, para lá das situações legalmente previstas, modificar *ex uno latere* o contrato de trabalho[318].

---

[315] Manuel Gomes da Silva, "Esboço de uma concepção personalista do direito: reflexões em torno da utilização do cadáver humano para fins terapêuticos e científicos" (1964), cit., 135. Identicamente: José João Abrantes, *Contrato de Trabalho e Direitos Fundamentais* (2005), cit., 219.

[316] Se, como faz notar Umberto Romagnoli, "Las desigualdades en el mundo del trabajo", RDS 2010, n.º 52, 24, o *status* de cidadão precede o *status* de trabalhador e não o contrário, esta perspectivação implicará que o trabalhador conserve no exercício da prestação laboral os direitos que lhe pertencem enquanto cidadão [assim: José João Abrantes, *Contrato de Trabalho e Direitos Fundamentais* (2005), cit., 48 e ss.], formulação que para M.ª Rosário Palma Ramalho "Contrato de Trabalho e Direitos Fundamentais da Pessoa", *Estudos em Homenagem à Professora Doutora Isabel de Magalhães Collaço*, Vol. II, Coimbra, 2002, 409, é menos satisfatória do que aquela que exclui a possibilidade de o trabalhador, em razão do contrato de trabalho, ver diminuídos os direitos fundamentais que lhe assistem enquanto pessoa humana, preferindo, "pese embora a ampla zona de sobreposição dos dois conceitos", o conceito de Pessoa em lugar da referência a cidadão, numa leitura axiologicamente unitária. Com ângulo diverso, operando uma bipartição entre direitos fundamentais com projecção laboral, veja-se Christian Said, "Réflexions sur les garanties concrètes des droit fondamentaux au travail", Dr. ouvrier 2001, n.º 750, 93-98, para quem existem dois *tipos* de direitos fundamentais em Direito do trabalho: os que são instituídos pelos textos, como o direito à greve ou o direito à liberdade sindical, e os direitos fundamentais de todos os cidadãos *adaptados* às relações de trabalho.

[317] Assim, Bernd Rüthers & Hans Brox & Martin Henssler, *Arbeitsrecht* (17.ª ed.), GmbH, Estugarda, 2007, 46 e, entre nós, com referência à indisponibilidade (absoluta) dos direitos à igualdade de tratamento ou de filiação sindical e à correlativa insusceptibilidade de atribuição de validade a qualquer negócio jurídico que sobre eles incida, v. Bernardo Lobo Xavier & Pedro Furtado Martins, "A transacção em Direito do Trabalho: direitos indisponíveis, direitos inderrogáveis e direitos irrenunciáveis" (2009), cit., 264.

[318] Sobre esta "interdição de princípio", v. Vincent Neuprez & Michel Deprez, *Contrats de travail: l'essentiel*, Edipro, Liége, 2008, 90 e também Pascal Lokiek, "La modification du contrat du travail. Les leçons du droit anglais", RDT 2006, n.ºˢ 7-8, 76-84, que acentua as diferenças face ao direito

Com efeito, embora só um Estado asfixiante e irrealisticamente paternalista se arrogue a incumbência de proteger *a outrance* o cidadão contra si próprio, com total indiferença pela sua vontade e pela posição em que se encontra[319], na circunstância, não se poderá ignorar que a "irrenunciabilidade"[320] em Direito do trabalho apresenta especificidades historicamente fundadas, em razão da tutela do trabalhador como princípio axial da ideia de Estado Social de Direito.

Este teorema axiológico trouxe consigo um instrumentário que procura um equilíbrio entre as necessidades de conformação do contexto social e a criação de condições para o bem-estar e a felicidade pessoal dos cidadãos, moldado sob um arquétipo em que a "verdadeira justiça só será a que se recusa a cobrir com o equilíbrio aparente das justificações formais as verdadeiras injustiças dos desequilíbrios reais"[321] e em que a existência de normas com carácter protectivo (*Schutzcharacter*) cobra plena justificação.

---

inglês, onde a modificação das condições de trabalho constitui uma simples execução do contrato, uma vez que aí se entende que a faculdade de o empregador determinar uma modificação do contrato de trabalho faz parte do conteúdo obrigacional.

[319] BODO PIEROTH & BERNHARD SCHLINK, *Grundrechte. Staatsrecht* II (2009), cit., 40.

[320] Importa, no entanto, ter presente que, em geral, uma coisa é a renunciabilidade e outra, que com esta não se confunde, é a renúncia. Ou, sob outra perspectiva, como a de FRÉDÉRIQUE DREIFUSS-NETTER, "Renonciation" (1989), cit., 5 ou MASSIMO BIANCA, *Diritto Civile.* Tomo III (2.ª ed.), Giuffrè, Milão, 2000, 488-9, uma coisa é renunciar a um direito em geral e, outra, que geralmente suscita enquadramento diverso, é a possibilidade de renunciar a esse mesmo direito no concreto. Os exemplos são múltiplos e evidenciam a dissemelhança de planos: o credor não pode renunciar de forma geral e abstracta à prescrição mas pode renunciar a essa a essa faculdade após o decurso do prazo prescricional; o cidadão não pode renunciar de forma geral e abstracta à interposição de recursos mas pode renunciar à interposição de um recurso após a emissão da sentença; o credor não pode renunciar *a priori* aos seus direitos em caso de incumprimento, mas pode fazê-lo *ex post* verificada aquela circunstância. Ou, como ilustrou PINTO MONTEIRO, *Claúsulas limitativas e de exclusão de responsabilidade civil*, Almedina, Coimbra, 2003, 160 e ss., se o ajuste de cláusulas de limitação ou de exclusão da responsabilidade é perimido pelo sistema, já não o será a renúncia após a verificação do facto determinativo da responsabilidade cabida. É, aliás, neste plano que BERNARDO LOBO XAVIER & PEDRO FURTADO MARTINS, "A transacção em Direito do Trabalho: direitos indisponíveis, direitos inderrogáveis e direitos irrenunciáveis" (2009), cit., 456-7, se referem à insusceptibilidade de disposição antecipada dos direitos que são protegidos por normas inderrogáveis, cujo direito protegido goza de uma garantia de aquisição pelo trabalhador, como se verifica com o n.º 2 do art. 121.º ou o art. 476.º, ambos do CT2009.

[321] ANTÓNIO CASTANHEIRA NEVES, *Questão-de-facto-questão-de-direito ou o problema metodológico da juridicidade (Ensaio de uma reposição crítica) I – A crise*, Coimbra, 1967, 508.

b) Terminologia adoptada e pressupostos

17. Neste plano, a legislação portuguesa, ao contrário de outras, abalançou-se de há muito a regular alguns dos acordos incidentes sobre a liberdade de trabalho, qualificando-os como produtores de uma "limitação" e abrindo margens para que o princípio da liberdade de trabalho pudesse ser objecto, ainda que de forma necessariamente restrita, de conformação convencional[322], numa delimitação, forçosamente apriorística, das relações empíricas entre o estado que é concebido através dos preceitos legais e aquele que deles pode resultar e que, teleologicamente, faz corresponder a consecução dos objectivos visados *ex lege* às condições exigidas para que a liberdade de trabalho possa ser limitada.

Trata-se, em rigor, e na perspectiva do trabalhador, de uma "auto-limitação"[323], uma vez que os pactos só se formam mediante o conjunto de vontades em sentido convergente de empregador e trabalhador, com o *plus* de o trabalhador se comprometer, de forma temporalmente balizada, a não exercer um direito fundamental.

Tal significaria, vistas assim as coisas, que ficaria prejudicada a alusão a uma renúncia *proprio sensu*, enquanto declaração unilateral receptícia, através da qual o trabalhador se despoja do poder de provocar determinadas consequências específicas em razão da actuação da sua liberdade de trabalho, renúncia que em Direito privado, ao suscitar a extinção de um direito[324], é conceptualizada como um acto unilateral abdicativo[325].

---

[322] Do mesmo, adiante-se desde já, afigura-se permitida a renúncia a um direito que ainda não existe *qua tale* e cujo surgimento depende da conjunção de vontade dos sujeitos laborais, pois, nesse caso, como fez notar RAÚL VENTURA, "Extinção das relações jurídicas de trabalho", ROA 1950, 334, "estes direitos caem no mesmo poder dispositivo que os criou". Na verdade, embora se possa considerar que falta uma característica essencial da renúncia: a actualidade da situação jurídica objecto do negócio renunciativo, não há razões para afastar a possibilidade de o trabalhador renunciar a expectativas, a menos que se trate de simples expectativas de facto (*v. g.* esperança na ocorrência de um evento), como tais, desprovidas de relevância jurídica. Por exemplo, a renúncia à celebração de um pacto de não concorrência será revogável através da sua celebração, não existindo quaisquer óbices tanto no que se refere à renúncia à celebração do pacto quanto no que respeita à sua ulterior celebração, assim se verifiquem as condições de validade exigidas por lei para o acordo.

[323] É esse o enquadramento entre nós desenvolvido por M.ª ROSÁRIO PALMA RAMALHO, *Direito do Trabalho. Parte II* (2010), cit., 232.

[324] Sobre este conceito restrito de renúncia, GEORGES GRAMMATIKAS, *Théorie générale de la renonciation en Droit Civil*, L.G.DJ, Paris, 1971, 58 e ss., e, entre nós, LUIZ DA CUNHA GONÇALVES, *Tratado de Direito Civil – em comentário ao Código Civil Português*, Vol. V, Coimbra Editora, Coimbra, 1932, 136, JOÃO ANTUNES VARELA, *Das Obrigações em geral*. Vol. II (1997) cit., 249 e FRANCISCO PEREIRA COELHO, *A renúncia abdicativa no Direito Civil (Algumas notas tendentes à definição do seu regime)*, Studia Iuridica 8, Coimbra Editora, Coimbra, 1995, 7 e ss.. Tendo em conta a causa renunciativa, distingue-se

Ora, sendo corrente entender-se que "os direitos fundamentais dos trabalhadores e das suas organizações são, na ordem constitucional portuguesa, irrenunciáveis, sobretudo quando se trata de direitos, liberdades e garantias dos trabalhadores"[326], a semântica, neste domínio, não é totalmente definida, encontrando-se uma diversidade terminológica, que, todavia, e na substância, não reflecte diferenças essenciais de fundo quanto às compressões convencionais incidíveis sobre a liberdade de trabalho.

Embora se possa aludir a uma renúncia[327], há quem prefira, com referência a este conjunto de hipóteses típicas, falar em compromisso à não invocação de um direito fundamental ou, com maior precisão, em "não exercer, temporária ou pontualmente, algumas das pretensões, faculdades ou poderes incorporados no seu direito"[328], num contexto mais amplo em que, se os direitos fundamentais como totalidade são irrenunciáveis (tal como de resto os direitos, liberdades e garantias, isoladamente considerados), se tem firmado a distinção entre uma renúncia ao núcleo substancial do direito (constitucionalmente proibida) e uma limitação voluntária ao exercício de direitos[329].

---

entre o efeito negocial imediato – aquele a que se dirige a vontade do renunciante e que se traduz na extinção do direito a que se renuncia – e os efeitos legais ulteriores da declaração atribuídos por lei consoante a sorte do direito abdicado: além do efeito extintivo imediato, produz-se também, em regra, de forma mediata, a extinção objectiva do direito renunciado (o que, todavia, não se verifica com o princípio da liberdade de trabalho, por definição inextinguível) e a correlativa atribuição legal de uma vantagem ou do próprio direito abdicado a um terceiro: efeito mediato atributivo.
[325] Giuseppe Suppiej/Marcello de Cristofaro/Carlo Cester, *Diritto del Lavoro. Il rapporto individuale* (2008), cit., 463. Ainda: Jorge Reis Novais, "Renúncia a direitos fundamentais" (1998), cit., 370 e Luísa Neto, *O direito fundamental à disposição sobre o próprio corpo* (2004), cit., 371.
[326] J. J. Gomes Canotilho, *Direito Constitucional e Teoria da Constituição* (2013), cit., 464-5. È igualmente com esse sentido, de impossibilidade de abdicação da titularidade, que Jorge Miranda, *Manual de Direito Constitucional. Direitos Fundamentais* (2012), cit., 426, afirma que "os direitos fundamentais são indisponíveis e irrenunciáveis".
[327] Neste sentido, segundo entendemos: Jorge Reis Novais, "Renúncia a direitos fundamentais" (1998), cit., 273, uma vez que se produz o "enfraquecimento voluntário de uma posição jurídica individual protegida por uma norma de direito fundamental, determinado por uma declaração de vontade do titular que o vinculou juridicamente a ceitar o correspondente alargamento da margem de actuação da entidade pública (ou privada) face às pretensões que decorriam daquela posição" (285).
[328] Jorge Miranda, *Manual de Direito Constitucional. Direitos Fundamentais* (2012), cit., 428 (nota 2).
[329] Assim: J. J. Gomes Canotilho, *Direito Constitucional e Teoria da Constituição* (2013), cit., 464-5. Em sentido que lemos idêntico, admitindo limitações ao exercício de direitos fundamentais sob reserva de determinadas condições, mas afastando liminarmente a sua renunciabilidade, v. Cristina Queiroz, *Direitos Fundamentais (Teoria geral)*, Coimbra Editora, Coimbra, 2002, 275.

Do que se trata, perante a utilização *ex lege* do vocábulo "limitação", é de apurar se estamos perante uma verdadeira renúncia à liberdade de trabalho, sabendo, por um lado, que os termos em que a admissibilidade e os limites à renúncia de direitos fundamentais se colocam são similares aos que existem na relação Estado/cidadão[330] e que, por outro, a multiplicidade de enquadramentos que reflectem outros tantos *nomos* na narrativa jus-constitucional implicam a caracterização de intervenções legais incidentes sobre direitos fundamentais como condicionamentos, restrições ou limitações – distinção que por exemplo entre condicionamento e restrição é "fundamentalmente prática, já que não é possível definir com exactidão, em abstracto, os contornos das duas figuras", constituindo, muitas vezes, "apenas um problema de grau ou de quantidade"[331] –, variegação terminológica que se projecta outrossim no compromisso voluntário assumido pelos cidadãos e que aparece tratado sob o signo de uma "auto-restrição" ou "auto-suspensão" de direitos fundamentais (que acrescem a uma plêiade de termos como "limitação voluntária", "auto-limitação", "restrição voluntária", "consentimento para lesão de um bem implicado por um direito fundamental", "renúncia concreta", "renúncia ao exercício"), cuja admissibili-

---

[330] Entre nós, por exemplo: José João Abrantes, *Contrato de Trabalho e Direitos Fundamentais* (2005), cit., 140 e ss. (197) e, mais genericamente, Jorge Reis Novais, *As Restrições aos Direitos Fundamentais não Expressamente Autorizadas pela Constituição* (2003), cit., 266.

[331] Como faz notar Vieira de Andrade, *Os Direitos Fundamentais na Constituição Portuguesa de 1976* (1987), cit., 213 e ss.. Sendo, para tanto, mister fazer alusão à difundida oposição entre as chamadas teoria *externa* e teoria *interna* dos limites dos direitos fundamentais, é sabido que a primeira distingue o âmbito *de protecção* e o âmbito *de garantia efectiva* dos direitos, este potencialmente mais restrito do que aquele; a segunda, por seu turno, substancia uma distinção entre *conformação* e *delimitação* dos direitos fundamentais, ancorando-se na ideia de *limites imanentes*, resultantes da "convivência" com outros direitos fundamentais ou bens constitucionais, com o que, em função da concepção teórica subjacente, se estará diante de uma limitação ou de uma restrição, não sendo despiciendas as consequências daí advenientes. Pela nossa parte, não acompanhamos as teorias restritas do *Tatbestand*, que, escudadas em limitações desenhadas aprioristica e internamente, arrimadas numa noção de interesse comunitário ou na definição de modalidades específicas de exercício do direito, encobrem o que, as mais das vezes, constituem restrições externas ao âmbito de protecção da norma, eximindo-se, assim, não só ao princípio da *reserva de lei* quanto à imposição de restrições, como também à construção de uma argumentação legitimadora da sua procedência. Sobre os termos da problemática: J. J. Gomes Canotilho, "Dogmática de Direitos Fundamentais e Direito Privado", *Estudos em Homenagem ao Prof. Inocencio Galvão Telles*. Vol. V, Almedina, Coimbra, 2003, 63 e ss, Jorge Reis Novais, *As Restrições aos Direitos Fundamentais não Expressamente Autorizadas pela Constituição* (2003), cit., 293 e ss. ou Jorge Miranda, *Manual de Direito Constitucional. Direitos Fundamentais*, Tomo IV (2012), cit., 416.

dade, implicando um juízo de conformidade com os princípios do Estado de Direito democrático, só *in concreto* pode ser aferida[332].

No feixe de situações que nos propomos tratar, é o trabalhador quem, através da manifestação da sua vontade, consente *de iure* em não exercer *de pleno* a sua liberdade de trabalho. Fá-lo, é certo, em troco de uma contrapartida, numa exigência sistémica que não consente a atribuição de qualquer validade a uma declaração unilateral emitida que expresse uma vontade abdicativa em relação à sua liberdade de trabalho que esteja para lá da verificação do interesse empresarial que concorre para a sua atendibilidade e que não seja acompanhada de uma contrapartida (infra)[333]. Contudo, nas margens traçadas pelo sistema, o trabalhador comprime, por vontade própria, a sua liberdade de trabalho, que é simultaneamente um direito fundamental e um direito da *sua* personalidade.

Assim, embora já se tenha proposto o abandono do sintagma "renúncia a direitos fundamentais" em substituição por "autolimitação" ou "disposição"[334] – uma vez que o conceito de renúncia traz consigo o ideário de que o direito se extingue –, cuida-se, no plano jusconstitucional, de uma renúncia *lato sensu* a um direito fundamental, entendendo-se, como tal, toda a vinculação jurídica de um particular que substancie o compromisso de não exercer, temporária ou pontualmente, algumas das pretensões, faculdades ou poderes que integram esse direito[335].

Sendo esse o sentido da alusão a uma renúncia que aparece disseminada em diferentes quadrantes juslaborais[336], também sob este prisma de análise "tão

---

[332] Nestes termos, sortindo-se dos conceitos de "auto-restrição" ou "auto-suspensão" de direitos fundamentais e avançando, em ilustração, com a situação em que alguém concorda em não exercer determinada profissão (art. 47.º) ou em não residir em certos lugares ou regiões (art. 44.º), cfr. JORGE MIRANDA, *Manual de Direito Constitucional. Direitos Fundamentais* (2012), cit., 427.

[333] No sentido conceptual de renúncia que preconizamos, e que não coincide com o acolhido na civilística, a renúncia implica a intervenção de um ou mais terceiros, distinguindo-se, nesse plano, da auto-lesão.

[334] JORGE REIS NOVAIS, "Renúncia a direitos fundamentais" (1998), cit., 271. Impõe-se, por isso, ter presente a diferença entre uma renúncia ao direito *qua tale* e uma renúncia a um ou vários aspectos ou dimensões desse direito, até porque "raramente se coloca a questão da renunciabilidade de um direito fundamental como um todo, enquanto desaparecimento definitivo desse direito fundamental da esfera jurídica do seu titular".

[335] Assim: JORGE REIS NOVAIS, "Renúncia a direitos fundamentais" (1998), cit., 273 e, em termos próximos, MATTHIAS CHRISTOPH SCHWENKE, *Individualisierung und Datenschutz: Rechtskonformer Umgang Mit Personenbezogenen Daten Im Kontext Der Individualisierung* (2006), cit., 222.

[336] Aludindo a uma renúncia, por exemplo: PIERA FABRIS, *Il patto di non concorrenza* (1976), cit., 129, MUSTAPHA MEKKI, "Existe-t-il un jus commune applicable aux clauses du contrat de travail ?", RDT 2006, n.º 11, 297 ou FLORENCE CANUT, "Sanction d'une clause de non concurrence excessive:

pouco é admissível a privação com carácter perpétuo ou com duração ilimitada ou indefinida de qualquer direito, liberdade e garantia"[337], verificando-se que no âmbito dos pactos que o sistema contempla expressamente a afectação da dimensão conteudística do princípio da liberdade de trabalho não é absoluta: mesmo sem se cuidar das múltiplas dimensões regimentais que visam assegurar a intangibilidade do conteúdo essencial do princípio (*v. g.* temporalidade *ope legis* ou revogabilidade a todo o tempo), ao trabalhador fica sempre garantido que no âmbito de um pacto de não concorrência pode exercer uma actividade laboral, por conta própria ou alheia, conquanto a mesma não se insira no conceito de concorrência diferencial; ou, agora no domínio de um pacto de permanência, que o exercício de uma outra actividade laboral não se encontra precludido pelo objecto do compromisso, sendo apenas vedada a desvinculação unilateral imotivada por parte do trabalhador.

Tratando-se, no seu cerne, de um compromisso individual e voluntário que o trabalhador assume quanto à não invocação temporária da posição jurídica conferida pelos arts. 47.º e 58.º da CRP e entendendo-se que o conceito de renúncia a direitos fundamentais é válido e operativo, será assim em função do ângulo de análise seguível – como direito fundamental ou como direito de personalidade –, que a sua recondução à figura da renúncia ou da limitação (*summo rigore:* auto--limitação) conhece cabimento.

Se este conceito de renúncia a direitos fundamentais, enquanto "poder individual de dispor das posições jurídicas próprias, tuteladas por normas de direitos fundamentais, de cujo exercício resulta, como consequência jurídica, uma diminuição da protecção do indivíduo"[338], corresponde a uma dogmática publicista teoricamente enraizada e jurisprudencialmente sedimentada[339], já no

---

vers une evolution de la jurisprudence de la Chambre sociale de la Cour de cassation?", Dr. ouvrier 2012, n.º 762, 16, e, entre nós, utilizando, em razão da natureza fundamental do direito em causa, o vocábulo "renúncia" com igual amplitude: RAÚL VENTURA, "Lições de Direito do Trabalho", *Estudos em Homenagem ao Prof. Doutor Raúl Ventura. Vol. II*, Coimbra Editora, Coimbra, 2003, 666, JÚLIO VIEIRA GOMES, *Direito do Trabalho* (2007), cit., 624 ou JOANA VASCONCELOS, "Pacto de permanência, liberdade de trabalho e desvinculação do trabalhador", *Estudos em Homenagem a Miguel Galvão Teles*, Almedina, Coimbra, 2012, 821 e ss..

[337] Sobre o ponto, ainda: JORGE MIRANDA, *Manual de Direito Constitucional. Direitos Fundamentais*, Tomo IV (2012), cit., 423 e 428.

[338] Utilizamos a definição de JORGE REIS NOVAIS, "Renúncia a direitos fundamentais" (1998), cit., 271.

[339] Assim: MATTHIAS RUFFERT, *Vorrang der Verfassung und Eigenständigkeit des Privatrechts* (2001), cit., 244 e BODO PIEROTH & BERNHARD SCHLINK, *Grundrechte. Staatsrecht* II (2009), cit., 40. Veja-se ainda, por exemplo, o art. 55.º da CEDH que versa sobre a *renúncia* a outras formas de resolução de litígios ou, na jurisprudência constitucional nacional, com atinência directa, o Ac. TC. n.º 338/10,

plano civilístico, com o qual a legislação laboral se sintoniza quanto a este ponto, o compromisso assumido pelo trabalhador recorta-se como uma limitação a um direito de personalidade, que, trazendo consigo a aplicação do art. 81.º do CC, dota o regime aplicável aos pactos de limitação à liberdade de trabalho de uma complexidade regulativa que, à partida, os imuniza a um juízo de inconstitucionalidade[340], ao implicar a aplicação do regime subjacente ao "correspondente privatístico para a tutela de certos bens da personalidade da Constituição"[341].

18. Com os direitos fundamentais a pressuporem relações de poder e os direitos de personalidade relações de igualdade e com a filiação respectiva de um sentido de pertença ao Direito constitucional e ao Direito civil[342], a compressão à liberdade de trabalho, que substancia expressivamente um direito de personalidade que assume imediata relevância constitucional, suscita, dessarte, o regime civilístico da limitação voluntária a direitos de personalidade e, em simultâneo, o regime constitucional das restrições legais a direitos fundamentais, uma vez que a renúncia a direitos fundamentais, embora traduza o exercício de um direito, exprime outrossim uma restrição de direitos (uma afectação negativa, desvantajosa, das possibilidades de acesso a um bem jusfundamental), que envolve *mutatis mutandis* a aplicação dos requisitos traçados na Constituição para as lei restritivas, tais como *(i)* o respeito pelo princípio da proporcionalidade e *(ii)* a salvaguarda do conteúdo essencial dos preceitos constitucionais[343], mas já não o princípio da reserva de lei: embora n.º 1 do art. 47.º da CRP só consinta restrições à liberdade de trabalho se estas constarem de lei (reserva de lei restritiva), a renúncia, ao contrário da restrição, implica o exercício de um direito que é fruto da liberdade do trabalhador, havendo margem para que

---

de 22.09 (BORGES SOEIRO), proc. n.º 175/09, que aborda a actuação dos instrumentos de regulamentação colectiva de trabalho quanto à adaptabilidade grupal, ao banco de horas e ao horário concentrado sob o signo de uma *renúncia a direitos fundamentais* dos trabalhadores individualmente considerados.

[340] Assim, o Ac. TC n.º 256/04, de 14.04 (MÁRIO TORRES), proc. n.º 674/02, DR n.º 266, II Série, de 12.11.004, fazendo alusão expressa ao n.º 2 do art. 81.º do CC.

[341] Descrevendo os direitos de personalidade nestes termos: PAULO MOTA PINTO, "A limitação voluntária do direito à reserva sobre a intimidade da vida privada" (2001), cit., 528 e ss..

[342] Seguimos JORGE MIRANDA, *Manual de Direito Constitucional. Direitos Fundamentais* (2012), cit., 76.

[343] Neste sentido: JORGE REIS NOVAIS, "Renúncia a direitos fundamentais" (1998), cit., 310 ss. e VIEIRA DE ANDRADE, *Os Direitos Fundamentais na Constituição Portuguesa de 1976* (1987), cit., 234 e ss., que identifica o conteúdo essencial com "um resto substancial de direito, liberdade e garantia que assegure a sua utilidade constitucional" e com "um mínimo de valor inatacável" Também: JOSÉ JOÃO ABRANTES, *Contrato de Trabalho e Direitos Fundamentais* (2005), cit., 197.

este, em atenção a outros valores constitucionais, possa renunciar à liberdade de trabalho (*v.g.* obrigação de exclusividade)[344], não existindo afinidade axiológica com a justificação para a reserva de lei imposta pela Constituição para as garantias orgânicas e formais subjacentes a uma ingerência estatal[345] ou, mais vastamente, estabelecidas para uma qualquer intervenção heterónoma[346].

Bem se compreendendo, por isso, que, em função da óptica relevada pelos diferentes aspectos que formam o plano de análise, utilizemos indiferenciadamente os conceitos de limitação (ou também de auto-limitação) ou de renúncia ao princípio da liberdade de trabalho, teleologicamente a obrigação de *non facere* assumida pelo trabalhador só logra reconhecimento sistemático[347] se *(i)* for livremente decidida ou consentida (o que implicará, como se verá, o recorte de um quadro dual: restrição estabelecida por lei em observância do art. 18.º da CRP ou um acordo individualmente subscrito, envolto por garantias materialmente idênticas às que envolvem uma restrição *ex lege*), *(ii)* for portadora de um interesse sério (aptidão para a tutela dos interesses da empresa), *(iii)* for limitada no tempo, estando precludida a assunção de obrigações perpétuas.

---

[344] Eis porque, como fez notar Jorge Reis Novais, "Renúncia a direitos fundamentais" (1998), cit., 310, a exigência de uma prévia e expressa autorização legal para a renúncia diminuiria ou, no limite, esvaziaria este instituto, pois "o poder de disposição de um particular sobre os seus direitos fundamentais seria um poder à mercê do legislador, dependendo da autorização deste".

[345] Embora a reserva de lei tenha não só uma dimensão garantística em face das restrições de direito, mas também uma dimensão conformadora/concretizadora desses mesmos direitos, não esgotando a sua *ratio* em questões de natureza estritamente formal ou orgânica. Mas a inaplicabilidade do princípio da legalidade nas relações entre privados e a existência de um princípio de liberdade, ainda que com os limites intrínsecos pressupostos por uma relação laboral, justificam a desnecessidade de previsão legal expressa para o exercício de uma renúncia, deixando aos sujeitos o espaço necessário para a sua auto-regulação de interesses. Sem prejuízo de o princípio da reserva de lei em situações materialmente desequilibradas cumprir "uma função de protecção" [assim e ainda: Jorge Reis Novais, "Renúncia a direitos fundamentais" (1998), cit., 318], essa é a solução que melhor se acomoda ao exercício da autonomia privada que, embora delimitada pelo sistema e sindicada pelo intérprete-aplicador, caracteriza a essência da relação laboral e que viabilizará a possibilidade de os sujeitos poderem confeccionar, segundo bitolas valorativas inultrapassáveis, pactos que, traduzindo uma renúncia ao princípio da liberdade de trabalho, não se encontram legalmente previstos.

[346] Por isso, bem diferente é a possibilidade de existência de limitações à liberdade de trabalho estabelecíveis por um IRCT, hipótese que, como veremos, soçobra diante das coordenadas do sistema, face ao n.º 1 do art. 47.º da CRP e ao n.º 3 do art. 18.º da CRP.

[347] Falamos em reconhecimento sistemático, uma vez que as consequências jurídicas produzidas pelo acto de vontade individual só o são se o ordenamento reconhecer "expressa ou implicitamente, tal capacidade", como faz notar Jorge Reis Novais, "Renúncia a direitos fundamentais" (1998), cit., 274 (nota 16).

A não perpetuidade da limitação, sendo obtenível através da fixação de um prazo máximo de duração ou da revogabilidade a todo o tempo da obrigação, encontra, no âmbito dos pactos legalmente típicos, satisfação nos dois vectores característicos, reforçando a tutela do trabalhador.

Embora a temporalidade dos pactos seja a caução da liberdade do trabalhador, o trabalhador é livre de, a todo momento, exercer a sua liberdade de trabalho, traço que, convocando o n.º 2 do art. 81.º do CC, torna a renúncia constitucionalmente admissível[348]. Eis o que veremos de seguida.

b) Revogabilidade

19. Característica essencial da auto-limitação assumida à liberdade de trabalho, seja qual for o pacto, é a da sua revogabilidade a todo o tempo pelo trabalhador, que o CT, na sequência da LCT, nomina como "desobrigação" a propósito dos pactos de permanência e que, no ordenamento francês, é desenvolvida, com semelhanças várias com os sub-regimes que protegem o consumidor, sob o signo da "faculté de rétractation", aplicando-se salientemente ao direito à imagem ou ao direito à reserva da intimidade da vida privada, mas também, desde 2009, ao consentimento prestado pelo trabalhador para trabalhar ao domingo[349].

Trata-se de uma característica que, infirmando o princípio da *irretractabilidade* ou *irrevogabilidade dos vínculos*, encontra, em fundo, arrimo no n.º 2 do art. 81.º do CC e que, estando predestinada a permitir que o trabalhador desfrute de modo efectivo do bem *personalidade* significado pelo trabalho, permite que a vinculação assumida não se protele no tempo contra a sua vontade, atribuindo ao acordo em que se limita a liberdade de trabalho uma vinculatividade unilateral.

Se este direito de revogação participa de um regime em que não se visa garantir *in primis* a execução do acordo de vontades mas tutelar a liberdade individual do sujeito mais débil[350], encontra-se aí a preservação da indisponibilidade do bem *personalidade* significado pelo trabalho, estabelecendo-se a garantia impreterível de que o trabalhador pode recuperar a sua liberdade de trabalho a todo

---

[348] A revogação do pacto, ou, na letra da lei, a "desobrigação", é um corolário da caracterização da liberdade de trabalho como um direito de personalidade.
[349] Cfr. Pascal Lokiek, "L'accord du salarié" (2010), cit., 142-3, embora, no caso do trabalho dominical, se exija a observância, por razões organizativas, de um prazo de aviso prévio de três meses.
[350] Ainda Pascal Lokiek, "L'accord du salarié" (2010), cit., 143, que chama o Direito do consumo para sustentar que, nesta perspectiva, o acordo do trabalhador não é mais do que uma aceitação no sentido que lhe é atribuído pelo Direito dos contratos, mesmo tendo por objecto todo um outro regime: a protecção de um dos contraentes (o trabalhador).

o tempo, em condições que necessariamente têm que ser favoráveis[351]: só ele controla essa liberdade, confeccionando-se, em sequência, um quadro em que a limitação apenas existe enquanto for por si tolerada (*retraction principle*).

Esta característica encontra sinal legal expresso no n.º 2 do art. 137.º e, com técnicas diversas mas justaponíveis, dir-se-ia que não é inédita no nosso ordenamento jus-laboral: para lá da sua previsão no n.º 3 do art. 36.º da LCT, de há muito que o direito de arrependimento se encontra previsto para a revogação para o contrato de trabalho[352] e também para a denúncia[353], embora a fundamentação para o pragmatismo de tais previsões só parcialmente coincida com a que subjaz à revogabilidade a todo o tempo da limitação voluntária à liberdade de trabalho, qual seja a do combate primacial à proliferação de casos de revogação e de denúncia em branco surgidos no momento da celebração do contrato de trabalho e que o empregador fazia actuar ulteriormente[354], escopo, que, aliás, é *de iure condito* frustremente alcançado[355].

Cuidando-se de direito igualmente conferido no que se refere à passagem de trabalho a tempo completo a tempo parcial e vice-versa (n.º 2 do art. 155.º) e no âmbito do teletrabalho (n.º 2 do art. 167.º), a similitude entre o direito de revogação previsto para estas situações e o que é imposto pela renúncia do trabalhador à sua liberdade de trabalho é todavia aparente: o direito de revogação, ao contrário de outros direitos potestativos, não tem um prazo para o seu exercício.

---

[351] Cfr. Pedro Pais de Vasconcelos, *Teoria Geral do Direito Civil* (2010), cit., 53-6, que não afasta, todavia, a possibilidade de abuso de direito na desobrigação.

[352] Desde a denominada Lei dos Despedimentos de 1975 (art. 7.º).

[353] Considerando esta solução dogmaticamente inconsistente, não só porque faz prevalecer a vontade de uma das partes sobre o acordo de ambas, como também porque envolve a repristinação de um negócio jurídico que já se extinguiu, cfr. M.ª Rosário Palma Ramalho, *Direito do Trabalho. Parte II* (2010), cit., 890.

[354] Joana Vasconcelos, *A Revogação do Contrato de Trabalho* (2011), cit., 58-60 e 334-346, que considera tratar-se de uma revogação *proprio sensu*, afastando a opção de reconduzir tal direito potestativo do trabalhador à resolução.

[355] Se a possibilidade de revogação de declaração de denúncia até ao segundo dia útil que se encontrava prevista no art. 1 da Lei n.º 86/96, de 31.08, lograva atingir tal desiderato, a modificação operada pelo CT2003 e mantida no CT2009 de que o arrependimento apenas opera até ao sétimo dia seguinte àquele em que a comunicação da denúncia chega ao conhecimento do empregador é susceptível de ser torneada por via da inserção, na declaração com data em branco, de dia relativo à emissão da denúncia, que impede o trabalhador de exercer o direito de arrependimento, o que, conforme oportunamente fizeram notar Joana Vasconcelos, *Código do Trabalho Anotado* (2003), cit., 816-7 e João Leal Amado, *Contrato de Trabalho* (à luz do novo Código do Trabalho), Coimbra Editora, Coimbra, 2009, 437-8, representa um efectivo recuo na protecção que o direito anterior conferia ao trabalhador.

Se a estipulação de um prazo para o exercício de um direito potestativo nas situações descritas implica que este, por razões atendíveis de estabilidade e segurança, tenha de ser efectivado em momento imediatamente subsequente à celebração ou à produção de efeitos do acordo firmado[356], o direito de revogação necessariamente *ad libitum* que o sistema reconhece ao trabalhador quanto aos acordos de limitação à liberdade de trabalho é inafastável e pode ser exercido a todo o tempo, arredando-se todas as declarações negociais que, vertidas no pacto ou substanciadas em negócio unilateral, restrinjam, dificultem ou excluam, total ou parcialmente, e tanto de um ponto de vista substancial quanto numa perspectiva processual, o seu exercício.

Assim, se as plúrimas implicações da personalidade do cidadão-trabalhador no acto voluntário de limitação à liberdade de trabalho não deixam margem para o seguimento de opção diversa da que envolve a possibilidade de desobrigação a todo o momento por parte do trabalhador, é ainda em nome do equilíbrio entre os interesses contrastantes que se projectam nos acordos de limitação à liberdade de trabalho, que, de forma a que o outro sujeito não fique desprotegido, se justifica a obrigação de indemnizar prevista no n.º 2 do art. 81.º do CC[357]: esta faculdade de desobrigação imediata, que é permeada pelo conceito de ordem pública, é, sob pena de um recrudescimento do despotismo de fábrica ou de uma *manus iniectio*, irrenunciável, estando-se perante situação próxima daquela em que "a renunciabilidade é irrenunciável"[358], num contexto mais vasto em que, face aos interesses tutelados, os trabalhadores estão impedidos de proceder convencionalmente a uma *reformatio in pejus* do sistema de protecção legal da sua liberdade de trabalho[359].

---

[356] Assinalando este aspecto, ainda: JOANA VASCONCELOS, "Pacto de permanência, liberdade de trabalho e desvinculação do trabalhador" (2012), cit., 827.

[357] O anteprojecto elaborado MANUEL DE ANDRADE "Esboço de um anteprojecto de código das pessoas e da família: na parte relativa ao começo e termo da personalidade jurídica, aos direitos de personalidade, ao domicílio", BMJ 1961, n.º 102, 153-166, previa no art. 16.º que "(t)oda a limitação voluntária imposta ao exercício dos direitos de personalidade é nula quando contrária à ordem pública. Pode também ser apenas revogável, ainda que com obrigação de ressarcimento pelo dano de confiança".

[358] MANUEL CARNEIRO DA FRADA, "A ordem pública no domínio dos contratos" (2009), cit., 263.

[359] Esta proibição estende-se, naturalmente, a outros direitos fundamentais, como a segurança do emprego, atinando com o regime legal que concretiza o artigo 53.º da CRP. Assim, não oferece dúvidas o juízo de invalidade que há-de recair sobre pactos que determinem um afrouxamento da noção de justa causa que se exige para a resolução do contrato por banda do empregador (vulgo despedimento), como sucede patentemente com acordos que, procedendo *in abstracto* a uma recondução automática dos comportamentos do trabalhador a qualquer das alíneas do n.º 3 do art. 351º, acabam, na prática, por configurar uma demissão antecipada do trabalhador, ao associarem,

A revogação da renúncia, sendo um *acto lícito por decorrência da lei*, por contraste com o direito de arrependimento assinalado, vai implicar assim a responsabilidade do trabalhador pelos danos causados às "legítimas expectativas" do empregador ("responsabilidade por acto lícito"[360]), cuja determinabilidade, suscitando dificuldades operativas, aparece, diante dos interesses em jogo, balizada no âmbito do regime dos pactos de permanência.

Ora, se aí se encontra um critério previamente definido que encontra o seu modo de cálculo no investimento realizado pelo empregador que justifica a renúncia efectuada pelo trabalhador[361], cabe relevar que no âmbito dos pactos legalmente típicos a vinculação subjacente é por natureza limitada no tempo (mesmo que as molduras temporais sejam descoincidentes), o que significará que qualquer lesão do investimento na confiança que sustente as expectativas do empregador nunca pode ser alargada por confronto com a temporalidade genética da limitação, e que, por associação, a vulnerabilidade da segurança jurídica que jus-subjectivamente o empregador pode invocar na conformação do *quantum* devido pelo trabalhador é necessariamente rarefeita, uma vez que a revogação do pacto exercível a todo o momento é, em termos práticos, o prazo máximo de duração do pacto, num território em que, face ao direito de personalidade envolvido, o empregador não tem qualquer direito subjectivo mas tão somente expectativas.

Por isso, o direito de revogação, para lograr efectividade, implica, por um lado, que o empregador não possa exigir judicialmente o cumprimento da limitação assumida pelo empregador e que, por outro, o valor fixado para a indemnização que caiba atribuir perante este facto lícito danoso não seja de tal sorte vultuoso que esvazie, de facto, o regime de livre revogabilidade, convolando a precariedade das expectativas do empregador no seu cumprimento em verdadeiro direito subjectivo ou, por via diversa, transformando o regime associável à revogação do pacto no regime previsto para o seu incumprimento.

---

por via de uma inserção mecânica do facto real no tipo legal, um efeito desvinculativo à prática voluntária de determinado facto.

[360] É a posição de PAULO MOTA PINTO, "O direito à reserva sobre a intimidade da vida privada" (1993), cit., 586. Igualmente: JOANA VASCONCELOS, "Pacto de permanência, liberdade de trabalho e desvinculação do trabalhador" (2012), cit., 829.

[361] Não perdendo de vista que, como faz salientar PEDRO ROMANO MARTINEZ, *Direito do Trabalho* (2010) cit., 692, o legislador, em comparação com o regime ínsito no n.º 2 do art. 81.º do CC, determinou os prejuízos relacionados com as legítimas expectativas do empregador através de um critério, cuja virtualidade está, antes do mais, na circunscrição do *quantum* indemnizatório devido em razão da desobrigação.

c) Forma e consentimento: caracterização genérica

20. O consentimento que implica a limitação voluntária deve, por via de regra, ser prestado de forma expressa e, por princípio, face à relação de poder/sujeição subjacente e ao alcance da vinculação assumível, observar uma forma que não suscite dificuldades probatórias[362].

Tratando-se de soluções que ainda se mostram desencontradas na geografia do Direito, importará afastar a implicitude na vinculação do trabalhador a convenções que estão para lá do contrato de trabalho, garantindo-se a existência das condições adequadas a que o consentimento necessário "se haja dado dentro de um marco jurídiconormativo que assegure que a autonomia de um dos indivíduos não está subordinada à do outro"[363].

É, por isso, perfeitamente justificável que na generalidade dos ordenamentos estas obrigações careçam de consenso específico adrede, afastando-se a criação de obrigações correspondentes a pactos típicos a partir de factos concludentes ou de aspectos do regime legal que incidem sobre o contrato de trabalho *qua tale*: a vontade manifestada pelo trabalhador tem de ser livre, expressa e esclarecida, não se compaginando, em sequência, com uma anuência genérica ou "em branco"[364].

Se as preocupações conexas com a forma da vinculação suscitam nalguns ordenamentos requisitos *ad extra* para o reconhecimento de validade ao consenso (*v.g.* Alemanha)[365], trata-se, aliás, de um domínio onde, por princípio, se justifica *de pleno* a aplicação de um *princípio de formalização* (*quoad modum*), enquanto exigência necessária à determinação de um esquema objectivo capaz de pré-demarcar os (ou de controlar a realização dos) limites materialmente intencionados e de, em sintonia com a natureza pessoal dos interesses em causa, se garantir a "especial atenção à verificação da integridade do consentimento"[366]

---

[362] Afastando a possibilidade de validade de uma renúncia tácita à luz do art. 2113 do *Codice Civile*, v., por exemplo, Giovanni Nicolini, *Compendio di Diritto del Lavoro* (2004), cit., 492 ou, embora com dúvidas, Pietro Ichino, *Il Contratto di Lavoro. III* (2003), cit., 607-8.
[363] Nestes termos: Ac TC n.º 155/04, de 16.03 (Vitor Gomes), proc. n.º 187/04, que analisou vários aspectos do regime do contrato individual de trabalho na Administração Pública.
[364] Cfr. Muriel Fabre-Magnan, "Le forçage du consentement du salarié", Dr. Ouvrier 2012, n.º 7, 6-7, que faz referência a uma concordância dirigida "aos termos determinativos de um contrato".
[365] Para os pactos de não concorrência, atentos os valores em jogo, exige-se um acordo substanciado por documento com assinatura manuscrita de ambos os sujeitos (não bastam duas declarações negociais convergentes que não se encontrem vasadas no mesmo documento) ou com reconhecimento notarial: Patrick Remy, "La clause de non concurrence: Allemagne", RDT 2007, n.º 11, 679.
[366] Nestes termos, quanto à limitação voluntária aos direitos de personalidade, ainda: Paulo Mota Pinto, "A limitação voluntária do direito à reserva sobre a intimidade da vida privada" (2001), cit., 539.

que o alcance da limitação postula. No nosso ordenamento, tal não acontece. Ou, mais rigorosamente, apenas acontece em relação aos pactos de não concorrência, sem que existam diferenças valorativamente significantes que impeçam um *quid unicum* em matéria de forma e que afastem, *de iure condendo*, o princípio da consensualidade quanto a acordos directamente incidentes sobre a liberdade de trabalho[367].

A imposição genérica de uma solenidade acrescida, que encontra sustento em *rationes* de ponderação, de segurança jurídica e até de *eficiência*[368], assume-se como um mecanismo importante de vinculação aos fins de protecção do trabalhador, que, substanciando um modo de exteriorização do consenso *ad protectionem*, quadra com o sentido tutelar que marca a restritividade com que o sistema admite uma renúncia ao princípio da liberdade de trabalho.

Com efeito, a conjunção infra-ordenacional que molda a situação laboral impede, por princípio, que os acordos em que o trabalhador auto-limita a sua liberdade de trabalho sejam extraídos a partir do seu silêncio ou, mais nebulosamente, a partir de uma pretensa execução de um acordo, retirando-se de um comportamento do trabalhador que substancia a execução de uma obrigação de *non facere* típica destes acordos uma aceitação tácita, formativa de um acordo de limitação da liberdade de trabalho (*the deal is on*)[369], já que "na declaração tácita o comportamento declarativo não aparece como visando directamente – como que de modo frontal – a exteriorização da vontade que se considera declarada por essa forma"[370].

Embora, com excepção da regulação prevista para os pactos de não concorrência, a inexigência de uma formalidade *substantiam* não garanta de forma abstractamente adequada a tutela do trabalhador e a sua vinculação livre, esclarecida e plenamente consentida, impõe-se afastar a transposição irrestrita dos quadros civilísticos subjacentes à formação de um contrato ou, mais precisa-

---

[367] Sobre as razões que determinam a assunção de prescrições de forma, v., por todos: CARLOS FERREIRA DE ALMEIDA *Texto e enunciado na teoria do negócio jurídico* (1992), cit., 752.

[368] Sobre o ponto, na perspectiva da análise económica, cfr. FERNANDO ARAÚJO, *Teoria Económica do Contrato*, Almedina, Coimbra, 2007, 187-9.

[369] Muito exigente também, em alusão a uma vontade livre, esclarecida e manifestada de forma não discutível, v. PASCAL LOKIEK, "L'accord du salarié" (2010), cit., 141.

[370] RUI DE ALARCÃO, "Declarações expressas e declarações tácitas: o silêncio. Anteprojecto para o novo código civil", BMJ 1959, n.º 86, 836. Acompanhando PAULO MOTA PINTO, *Declaração tácita e comportamento concludente no negócio jurídico*, Almedina, Coimbra, 1995, 828, a conduta a partir da qual se pode efectuar uma ilação podemos chamar "comportamento concludente", que deve ser visto como o elemento objectivo da declaração tácita, o qual é determinado, como na declaração expressa, por via interpretativa.

mente, impõe-se atender a que o nexo de concludência previsto no art. 217.º do CC é determinado por inferências práticas, que, demandando a consideração de factores sociais e jurídicos, não é atível na sua determinação a considerações de ordem estritamente lógica[371], o que implicará, como se vê, a valoração da ordenação estruturalmente não paritária da relação de trabalho[372] e, por princípio, a exigência de um "acto claro, positivo e desprovido de equívocos"[373]: cuida-se, também em fundo, de garantir que, ante o equilíbrio de interesses exigível, as expectativas do empregador, enquanto declaratário, não se sobrepõem à vontade do trabalhador, ora declarante[374], e que a limitação, à semelhança do enqua-

---

[371] Assim: PAULO MOTA PINTO, *Declaração tácita e comportamento concludente no negócio jurídico* (1995), cit., 760 e ss.. A propósito do art. 217.º do CC, como salientava MANUEL DE ANDRADE, *Teoria Geral da Relação Jurídica. Facto Jurídico, em especial Negócio Jurídico*, Vol. II (2.ª reimp.), Almedina, Coimbra, 1966, 131-3, trata-se de condutas declarativas (factos concludentes) que, não aparecendo como visando directamente, de modo frontal, a exteriorização da vontade que se considera declarada por essa forma, permitem, desde que revestidas de um grau de inequivocidade aferido por um critério prático – inspirado nos usos da vida e naquele grau de probabilidade que basta na prática para as pessoas sensatas tomarem as suas decisões – que um destinatário de tais comportamentos declarativos, dotado de normal capacidade de entendimento e medianamente diligente, deles infira que o declarante, em via mediata, oblíqua e lateral, quis também exteriorizar a sua vontade em determinado sentido não directa e frontalmente expresso.

[372] Esta valoração, não se tratando de um acordo em que o trabalhador auto-limita a liberdade de trabalho, mas em que é o empregador quem limita a utilização das formas de cessação do contrato de trabalho, deixa de fazer sentido, diante da ausência de conjunção entre o sentido ordenador e o nexo de concludência necessário à formação negocial, circunstância que tem conduzido a doutrina gaulesa a admitir a existência de cláusulas de garantia de estabilidade no emprego a partir de declarações ou comportamentos do empregador que substanciam essa (auto)vinculação. Por exemplo, FRANCK PETIT, "Sur les clauses de garantie d'emploi", DS 2000, n.º 1, 91.

[373] Assim, XAVIER VINCENT, "La théorie prétorienne des périodes de garantie d'emploi, après dix ans de jurisprudence", RJS 2009, n.º 2, 96, que, com referência à renúncia à cláusula de estabilidade do emprego feita pelo trabalhador, alude às suspeitas geradas por um acto abdicativo assumido por quem se encontra em situação de inferioridade económica.

[374] No âmbito civilístico, diante do art. 236.º do CC, alude-se a uma doutrina tendencialmente objectivista, segundo a qual a declaração vale com *o sentido que um declaratário normal, medianamente instruído, sagaz e diligente, colocado na posição do concreto declaratário, a entenderia*, enquadramento que tanto se aplica à declaração expressa quanto à tácita: CARLOS A. MOTA PINTO, *Teoria Geral de Direito Civil* (1992), cit., 444, PAULO MOTA PINTO, *Declaração tácita e comportamento concludente no negócio jurídico* (1995), cit., 208, LUÍS CARVALHO FERNANDES, *Teoria Geral do Direito Civil, Vol. II* (1996), cit., 348 ou PEDRO PAIS DE VASCONCELOS, *Teoria Geral do Direito Civil* (2010), cit., 546-7. Como faziam notar FERNANDO PIRES DE LIMA & JOÃO ANTUNES VARELA, *Código Civil Anotado*, vol. I (1987), cit., 223, é pacífico que se visa proteger o declaratário, atribuindo-se "à declaração o sentido que seria razoável presumir em face do comportamento do declarante, e não o sentido que este lhe quis efectivamente atribuir"; mas essa "prevalência do sentido objectivo da declaração apenas se explica pela necessidade de proteger as legítimas expectativas do declaratário e não perturbar a segurança

dramento desenvolvido a propósito de uma renúncia a direitos fundamentais, é expressa de forma "inequívoca".

Este alargamento da ponderação de factores necessários à determinação do nexo de concludência, que conduz à assunção de um quadro restritivo quanto à formação de um acordo de limitação da liberdade de trabalho a partir de um comportamento concludente do trabalhador, deve-se, em fundo, à situação de dependência do trabalhador e à inevitável compressão da sua liberdade decisória[375] – impondo-se atender à situação real dos sujeitos e amover enquadramentos dogmaticamente (des)conformes, porque desfasados da dimensão do conflito subjacente –, e, especificamente, ao alcance deste tipo de acordos e às particularidades de uma renúncia a direitos fundamentais que têm inspirado a desaplicação absoluta das regras de Direito civil[376]: esta não pode ser extrinsecada de um simples não exercício do direito[377], embora, ao contrário da caracterologia típica da renúncia abdicativa, não se esteja perante uma declaração com eficácia definitiva e irrevogável[378].

Se esta revogabilidade da auto-limitação há-de ser atendida, ainda que auxiliarmente, no critério para a averiguação da existência de uma declaração tácita – que é, afinal, simplesmente interpretativo[379] –, os problemas com que o intérprete se confronta são, como faz notar FERREIRA DE ALMEIDA, cingíveis a três

---

do tráfico", *ratio* que, no domínio das limitações a direitos de personalidade, é fortemente estiolada, ante a inexistência, em sentido próprio, de um comércio jurídico, e, também, em razão do regime garantístico que permeia a situação que envolve o consente.

[375] Na enunciação interrogativamente enfática de SERAFIM LEITE, *A retribuição do trabalho*, Edições do Apostolado da Imprensa (col. Estudos Actuais I), Porto, 1933, 10, "(p)oderá acaso falar-se sinceramente em liberdade a um estômago vazio?".

[376] Assim: JORGE REIS NOVAIS, "Renúncia a direitos fundamentais"(1998), cit., 304, justificando a solução com as especificidades dos interesses em jogo, com a "desigualdade quase natural em que se encontra quem renuncia e quem beneficia da renúncia" ou com "a relevância das consequências jurídicas susceptíveis de serem produzidas na área de reserva absoluta que é a dignidade da pessoa humana".

[377] Ainda sobre a dissemelhança de planos valorativos entre o não exercício de um direito e a renúncia ao exercício de um direito de que se é titular, v. LUIGI FERRAJOLI, *Diritti Fondamentali, Un dibattito teórico*, Laterza (col. Libri del Tempo), Bari, 2008, 141, e, abordando a questão à luz do aforismo "la renonciation ne se presume pas", cfr. FRÉDÉRIQUE DREIFUSS-NETTER, "Renonciation" (1989), cit., 4.

[378] Cfr. CRUZ VILLALÓN, *Estatuto de los Trabajadores Comentado* (2003), cit., 79 e, entre nós, FRANCISCO PEREIRA COELHO, *A Renúncia Abdicativa no Direito Civil* (1995), cit., 124 e ss..

[379] Ainda PAULO MOTA PINTO, *Declaração tácita e comportamento concludente no negócio jurídico* (1995), cit., 735.

círculos: a relação de concludência, o seu critério e o grau de segurança para a sua conclusão[380].

Ora, se «a concludência não é senão o anverso da "incompatibilidade prática" de certa conduta com qualquer outro sentido que não seja aquele que a conduta demonstra»[381], o que vai dito não implica que, em função dos elementos interpretativos disponíveis, e sem prejuízo da necessidade de garantir que o trabalhador tem consciência da limitação assumida e das cautelas quanto à facilitação do controlo dos tribunais no que tange ao conteúdo do acordo, não se possa extrair de um comportamento do trabalhador a anuência a uma proposta de acordo de limitação da *sua* liberdade de trabalho: tratando-se de determinar por onde se fica o significado concludente, é ao intérprete que cabe ainda o espaço de determinação da ilação de concludência admissível, de "até onde" e de "que coisa" um comportamento possa significar, de acordo com os critérios de interpretação a que deve recorrer no caso concreto[382], na premissa de que, enquanto acto determinativo, a declaração negocial pressupõe por trás de si uma vontade, muito embora não se afaste a anulabilidade por vício de vontade (designadamente erro).

Sendo necessário atender às funções desempenháveis pelo trabalhador, à sua liberdade e a factores conexos com o funcionamento do mercado de emprego e/ou a uma actuação acompanhada de advogado, tome-se como exemplo a abstenção de exercício de qualquer outra actividade profissional para lá da que o contrato de trabalho contempla.

Se, por princípio, não é atribuível à conduta do trabalhador o valor declarativo de uma aceitação tácita a uma proposta feita pelo empregador quanto a um acordo de exclusividade[383], poderá, contudo, discernir-se esse valor negocial, considerando-se, para tanto, como execução fáctica do acordo, juridicamente significante, a adopção de actos por parte do trabalhador que revelem essa aceitação, como sucede com a percepção da contrapartida que consideramos fazer parte da *factis species* do acordo[384].

Assim, se o trabalhador receber o suplemento proposto pelo empregador, nada dizendo e conhecendo o acordo que este queria aplicar, o pacto conside-

---

[380] Carlos Ferreira de Almeida *Texto e enunciado na teoria do negócio jurídico* (1992), cit., 717 e ss..
[381] João Baptista Machado, "A Cláusula do Razoável", *Obra dispersa*, vol. I, SI, Braga, 1991, 609.
[382] António Menezes Cordeiro, *Tratado de Direito Civil Português I* (2002), cit., 352.
[383] Dando nota de jurisprudência espanhola nesse sentido, v. Martín Valverde/Rodriguez--Sanudo Gutiérrez/García Murcia), *Derecho del Trabajo* (2006), cit., 492.
[384] Diversamente, Luque Parra, "Pactos típicos, nuevas tecnologias y relación laboral" (2005), cit., 164, repisa a necessidade de o acordo ser expresso.

rar-se-á concluído, encontrando-se em fase de execução, conquanto o trabalhador não logre provar, de acordo com o n.º 1 do art. 342.º do CC, que não podia razoavelmente contar com a concludência do seu comportamento[385].

Não se tratando de um contexto em que o simples silêncio do trabalhador faz presumir a conclusão do acordo (art. 234.º do CC), é importante não perder de vista que toda esta ordem de condutas encontra a sua razão de ser na autonomia negocial[386], *ratio* que, do que se tem visto, não é acolhível em toda a sua plenitude perante a tessitura da relação laboral e face às limitações implicadas por uma renúncia a direitos fundamentais efectivável em contexto laboral, mas que, perante circunstâncias conclusivas e face ao princípio da boa fé, pode suscitar a aplicação do regime subjacente à formação de um negócio jurídico a um comportamento social do trabalhador que exterioriza, em si, uma vontade negocial, ponderando, ademais, mas sem superlativizar o aspecto (qual *subsequens*), que a exteriorização dessa vontade é, em qualquer circunstância, livremente revogável.

Afastando-se a possibilidade de uma renúncia ficta – uma vez que a exigência de uma dedução de vontade contratual atribuível ao trabalhador é impostergável[387] –, admite-se, por isso, que, diante da ausência de um *princípio geral de formalização* para a vontade do trabalhador, a limitação à liberdade de trabalho, sem prejuízo das cautelas assinaladas, possa ser tácita.

A inexplicável fragmentariedade legal quanto às exigências de forma (diferença entre pactos de permanência e de não concorrência) e a ausência de regulação específica sobre os pactos de exclusividade não consentem a assunção de um conceito de declaração negocial adequadamente funcionalizado às exigências de uma limitação à liberdade de trabalho, permitindo que, embora restritamente, se atribua à conduta do trabalhador o valor declarativo de uma aceitação tácita a uma proposta feita pelo empregador quanto a um pacto de limitação à liberdade de trabalho que não se destine a vedar a concorrência do trabalhador após a cessação do contrato de trabalho[388].

---

[385] Questão que, como faz notar PAULO MOTA PINTO, *Declaração tácita e comportamento concludente no negócio jurídico* (1995), cit., 758-9, é, enquanto tal, diferente da que se coloca a propósito da falta de vontade ou consciência.
[386] JOÃO BAPTISTA MACHADO, "A Cláusula do Razoável" (1991), cit., 525.
[387] Defendendo, na sequência de CARBONNIER, a impossibilidade genérica de renúncias fictas, v. FRÉDÉRIQUE DREIFUSS-NETTER, "Renonciation" (1989), cit., 3.
[388] Impondo-se o afastamento de uma atitude acrítica por banda do intérprete-aplicador, entendemos, todavia, que, no âmbito dos pactos de permanência, como aí desenvolveremos, o consentimento não pode ser tácito, antendendo, por um lado, à dinâmica da *factis species* do acordo e considerando, por outro, as preocupações legais quanto à indicação do montante correspondente às

SECÇÃO II – Acordos de limitação à liberdade de trabalho

I. A evolução do Direito do trabalho

1. O aparecimento do Direito do trabalho surge situado no século XIX (o *século dos trabalhadores*[389]), germinando a partir da ideia de protecção da parte mais fraca.

Foi com o lastro do movimento operário, e num contexto económico-social em que não havia efectiva liberdade para negociar as condições da prestação de trabalho, que os quadros laborais, visando a protecção do trabalhador assalariado, irromperam[390], ligando-se à ideia da grande empresa[391], esteio da sociedade industrial[392], e aos inícios do Estado-providência[393].

Perante a insuficiência dos princípios da liberdade e da igualdade formais imanentes às revoluções liberais – o contrato de compra e venda de trabalho era apenas mais um contrato, celebrado entre pessoas plenamente livres[394] –, e após tumultos sociais expressivos [tecelões de Manchester (1817), *canuts* de Lyon (1831), operários de Chicago (1886)], o juslaboralismo impôs-se e, abandonando o dogma dos sujeitos livres e iguais, atendeu ao fim e à função sociais que representa o trabalho humano[395], procurando instaurar a justiça num con-

---

despesas feitas pelo empregador, cuja essencialidade quanto à garantia do direito de desvinculação do trabalhador é manifesta (infra).

[389] Sobre a razão desta designação, com origem em LOCKROY, v. JACQUES LE GOFF, *Du silence à la parole* (2004), cit., 273.

[390] G. H. CAMERLYNCK, *Droit du Travail. Le contrat de travail*, T. 1 (10.ª ed.), Dalloz, Paris, 1982, 11-2.

[391] IDA HARPER SIMPSON, "Modelli storici di organizzazione del lavoro: dal controllo meccanico a quello elettronico e oltre", *Dentro e oltre i post-fordismi. Impresa e lavoro in mutamento tra analisi teórica e ricerca empírica* (dir. Rosangela Lodigiani/Monica Martinelli), Vite e Pensiero, Milão, 2002, 261-2.

[392] KARL KROESCHELL, *Deutsche Rechtsgeschichte 3: Seit 1650*, Böhlau Verlag GmbH, Colónia, 2005, 233.

[393] SIMON DEAKIN, "Travail, contrat", *Dictionnaire historiue de l'économie-droit XVII-XX siécles* (dir. Alessandro Stanziani), LGDJ, Paris, 2007, 289. Em Portugal, e uma vez que o processo de industrialização foi retardado, apenas em meados do século XIX é que se pode situar o aparecimento de legislação laboral propriamente dita, com o Decreto de 14.04.1891, que fixou a idade mínima de admissão ao trabalho, a duração máxima da jornada e os serviços insalubres ou perigosos, com a dogmática laboral a ser introduzida pela pena de EMYGIDIO SILVA (avultando as dissertações *Acidentes de Trabalho* e as *Greves*) e de RUI ULRICH (sobressaindo a dissertação *Legislação Operária Portuguesa*). Por todos: BERNARDO LOBO XAVIER, "Direito do Trabalho" (1984), cit., 584.

[394] JOSÉ BARROS MOURA, *Notas para uma Introdução ao Direito do Trabalho* (1980), cit., 104.

[395] Entre nós: MÁRIO PINTO, *Direito do Trabalho. Introdução e Relações Colectivas de Trabalho*, UCP, Lisboa, 1996, 36 e JOSÉ JOÃO ABRANTES, "Sobre a Constituição e a crise do *favor laboratoris* em Direito do Trabalho", *Estudos de Homenagem ao Prof. Doutor Jorge Miranda*. Vol. II, Coimbra Editora, Coimbra, 2012, 270.

junto de relações socialmente típicas (*res debita...*), escorando-se, para tanto, num "princípio de ordem pública de tutela do trabalhador subordinado"[396] e assumindo a "questão social" („*Soziale Frage*") no seu âmago regulativo[397].

Com os contornos do seu multifacetado devir a firmarem-se através *(i)* do trânsito da autonomia privada para a heteronomia normativa (accionado a partir de regras públicas que protegem os trabalhadores) e *(ii)* da passagem do individual para o colectivo (substanciado na criação de instrumentos aptos a articular um contrapoder social que permite um novo surgimento da autonomia, agora autonomia colectiva), hoje, embora este ramo do Direito tenha no seu cerne a pessoa do trabalhador e os seus direitos (quer individuais quer colectivos[398]), a ligação do seu halo a uma ideia rectriz de protecção não pode mascarar uma ambivalência estrutural: superada a dicotomia "direito de classe" (conquista dos trabalhadores para defesa exclusiva dos seus interesses) *versus* "direito burguês" (estrutura que atende apenas à satisfação dos anseios dos grupos dominantes para a conservação das estruturas de dominação), o edifício juslaboral destina-se a reconhecer e a proteger os direitos dos trabalhadores, mas a sua malha normativa orienta-se outrossim a amparar quem cria emprego e a ser utilizada pelas entidades empregadoras, numa "ligação funcional ao sistema económico a que pertence"[399].

Assim, se, por um lado, este ramo foi e é emancipador dos direitos dos trabalhadores, por outro, ele tem de se mostrar adequado ao capitalismo[400], buscando

---

[396] António Menezes Cordeiro, "Da situação jurídica laboral: perspectivas dogmáticas do Direito do Trabalho" (1982), cit., 91 e Bernardo Lobo Xavier, *Manual de Direito do Trabalho* (2011), cit., 43.

[397] Neste exacto sentido, embora afastando-se do Direito do trabalho como um "direito de classe", v. Michèle Bonnechère, *Le Droit du Travail* (2008), cit., 9, ou Wolfgang Hromadka & Frank Maschmann, *Arbeitsrecht Band 1: Individualarbeitsrecht* (2012), cit., 22, e, entre nós, em exemplo: António Menezes Cordeiro, *Manual de Direito do Trabalho* (1997), cit., 42 e Bernardo Lobo Xavier, *Manual de Direito do Trabalho*, (2011), cit., 40. Eis porque, como acentua Montoya Melgar, *Derecho del Trabajo* (2000), cit., 41 e ss., o Direito do trabalho em sentido próprio, não obstante a existência precedente de regulação sobre o trabalho assalariado remontável ao início da humanidade e identificável com alguma nitidez no Direito romano, só surge em sentido próprio no século XIX, pois só então se delimitaram princípios jurídicos *a se*, que, por contraposição aos princípios civilísticos, arvoraram uma *nova axiologia*.

[398] José João Abrantes, "Liberdade contratual e lei: o caso das cláusulas de mobilidade geográfica dos trabalhadores" (2011), cit., 506.

[399] As palavras são de Antoine Jeammaud, *Le droit du travail dans le capitalisme, question de fonctions et de fonctionnement*, dans Le droit du travail confronté à l'économie, Dalloz, Paris, 2005, 15.

[400] Monereo Perez, *Introduccion al nuevo Derecho del Trabajo. Una reflexión crítica sobre el Derecho flexible del Trabajo*, Tirant lo Blanch, Valencia, 1996, 37 e Gérard Lyon-Caen, "Permanence et renouvellement du droit du travail et mondialisation", Dr. ouvrier 2004, n.º 2, 49-50.

um equilíbrio permanente entre os interesses potencialmente colidentes, entre a eficiência económica e o progresso social[401], numa lógica compassível que visa também evitar uma certa fenomenologia que ponha em crise a estabilidade do sistema social[402].

Para tanto, numa estrutura forçosamente *dialéctica*[403], o Direito do trabalho, de um lado, põe à disposição das empresas uma panóplia de instrumentos de gestão dos trabalhadores, alguns inexistentes no âmbito comum dos contratos, com o fim de permitir uma utilização eficiente da força de trabalho; de outro, contempla mecanismos destinados a compensar a posição de inferioridade dos trabalhadores, que se acomodam à sua função histórica de, mediante uma intervenção do Estado, garantir condições mínimas de trabalho e uma adequada tutela dos direitos de personalidade e dos direitos fundamentais, numa delimitação da autonomia da vontade necessariamente dirigida[404].

2. Assumindo-se que esta *natureza compromissória*[405] que marca o conflito entre os sujeitos laborais se inscreve na *racionalidade material* do Direito do trabalho[406], este ramo, porventura mais do que qualquer outra área do ordena-

---

[401] LORD WEDDERBURN, "Common Law, labour law, global law", *Social and labour Rights in a global Context – International and Comparative Perspectives*, (ed. Bob Hepple) Cambridge University Press, 2002, 25.

[402] Cfr. SEMPERE NAVARRO, "Sobre el concepto del Derecho del Trabajo", REDT 1986, n.º 26, 200 e, entre nós, salientando a função de socialização dos conflitos e de preservação do *acquis* social, v. ANTÓNIO MONTEIRO FERNANDES, "Por um Direito do Trabalho Competitivo", *Um Rumo para as Leis Laborais*, Almedina, 2002, 59. Com a finalidade estabilizadora e pacificadora de uma ordem social de convivência a ser predicável de todo o Direito, como refere UMBERTO ROMAGNOLI, "El Derecho del Trabajo ante la crisis", RDS 2012, n.º 58, 17, as garantias de organização e de luta sindical, o princípio da tutela do trabalho na relação contratual e a definição de condições específicas para um salário justo ou para a protecção dos jovens e das mulheres, a par da composição de um regime previdencial, substanciam axiologicamente a constitucionalização do Direito do trabalho comum aos diferentes Estados europeus, apresentando-se como um *acquis* irremovível, *qua tale* incompatível com a lógica discursiva de que se trata *não de um Direito de essências, mas de um Direito de existências*.

[403] Ainda GÉRARD LYON-CAEN, "Permanence et renouvellement du droit du travail et mondialisation" (2004), cit., 56.

[404] Assim, *ex multis*, v. ANTOINE JEAMMAUD, "Le droit du travail en changement. Essai de mesure", DS 1998, n.º 3, 211-2, salientando que "(...) réglementation des formes d'emploi restreignant la liberté contractuelle, limites à la mobilité du salarié découlant des principes du droit des contrats, soumission du licenciement à des exigences de fond et de procédure".

[405] Sobre a *natureza compromissória* do Direito do trabalho v., entre nós, por todos, M.ª ROSÁRIO PALMA RAMALHO, *Da Autonomia Dogmática do Direito do Trabalho*, Almedina, Coimbra, 2000, 970 ss..

[406] Cfr. ALAIN SUPIOT, *Critique du droit du travail*, Paris, PUF, 1994, 194-9, fala-nos, a este propósito, do Direito do trabalho como um "Direito mais próximo do comum e do senso comum", alertando

mento, encontra-se em expressiva mutação, reflectindo as profundas mudanças do tecido económico-social verificadas nas últimas décadas.

A um tempo, a fragmentação do pólo patronal que se entreviu a partir dos anos 70, com os problemas na identificação do empregador e que acompanharam o surgimento de novas fórmulas de organização da produção, provocou fendas, que fizeram avolumar o conjunto de dificuldades com que este ramo do direito já se confrontava: a representação dos trabalhadores nos grupos, a deslocalização, a subcontratação, os problemas na fronteira da empresa[407], obriga(ra)m a um entrecruzamento deste universo com o instrumentário técnico utilizado noutras áreas do ordenamento jurídico[408], avultando o fenómeno das empresas em rede[409].

Se em muitas situações é difícil identificar o real empregador, se fragmentam os colectivos e se topa com o desenvolvimento da prestação laboral a favor de um sujeito sem que o trabalhador tenha assentido expressamente nessa concreta configuração intersubjectiva, são entrevisíveis as dificuldades em responder com presteza a essa mudança de paradigmas[410].

Noutro plano, a acentuação do *turn over*, com a precariedade ou a mudança de um emprego regular para outro tipo de emprego[411], dificulta igualmente a estruturação de formas de organização colectiva de interesses, a associação entre dependência e segurança aparece desvanecida com a erosão do emprego

---

para a necessidade de as disposições legais não poderem aparecer coenvolvidas por uma racionalidade política ou ideológica, devendo antes ser valoradas por referência à sua "racionalidade jurídica intrínseca" (197-9).

[407] François Gaudu, "Entre concentration économique et externalisation: les nouvelles frontières de l'entreprise", DS 2001, n.º 5, 471-7 e Marzia Barbera, "Trasformazioni della figura del dattore di lavoro e flessibilizzazione delle regole del diritto", *La figura del datore di lavoro articolazioni e trasformazioni (La). In ricordo di Massimo D'Antona, dieci anni dopo: Atti di XVI Congresso Nazionale di Diritto del Lavoro. Catania 23 maggio 2009*, Giuffrè, Milão, 2010, 16, que fala em "desarticulação espacial interna" do empregador com os processos de fragmentação e externalização do ciclo produtivo.

[408] François Gaudu, "Flexibilisation de la vie du travail: potentialités et défis pour le droit du travail", RIDC 1998, n.º 2, 513-526.

[409] Com referência a este modelo de coordenação entre empresas de pequena e média dimensão que se caracteriza pela especialização do próprio *core business*, v. Adalberto Perulli, "Tecniche di tutela nei fenomeni di esternalizzazione", ADL 2003, n.º 2, 473-4 e Catarina de Oliveira Carvalho, *Da Dimensão da Empresa no Direito do Trabalho* (2011), cit., 88.

[410] Assim: Júlio Vieira Gomes, "A fronteira entre o contrato de utilização de trabalho temporário e os (outros) contratos de prestação de serviços", PDT 2010, n.º 87, 90-3.

[411] O fenómeno em França tem conhecido dimensões expressivas, aparecendo associado aos contratos de projecto: Jacques Le Goff, *Du silence à la parole* (2004), cit., 564.

típico[412], as fronteiras entre a vida profissional e a pessoal definham, e as novas tecnologias de informação, com a emergência de *networkers*, estilhaçam a definição de quadros espácio-temporais definidos[413], não sendo novo, nesta "compactagem do espaço-tempo"[414], o conceito de "empresa sem pessoal"[415].

Em simultâneo, a *deslegalização*, na acepção de que a lei recua perante a vontade manifestada pelos sujeitos[416], conhece matizes variadas que, em função do momento, se destinam a flexibilizar a entrada no mercado de trabalho, a potenciar a adaptação do vínculo laboral à realidade económico-social envolvente ou, a jusante, a facilitar a cessação da relação de trabalho, cruzando-se com esquadrias flexibilizadoras que, para lá do *distinguo* entre flexibilidade qualitativa e quantitativa[417] ou entre flexibilidade interna e externa[418], são conceptualmente

---

[412] *Emprego típico* significa, neste sentido, um emprego em que o trabalhador tem uma carreira e um vínculo com duração indefinida, exercendo a sua actividade em tempo integral e em regime de exclusividade, numa organização verticalizada e num local de trabalho específico: BERNARDO LOBO XAVIER, "O Direito do Trabalho na crise (Portugal)" (1990), cit., 108 e M.ª ROSÁRIO PALMA RAMALHO, *Direito do Trabalho. Parte II* (2010), cit., 98. Ainda: ALAIN SUPIOT/MARIA EMILIA CASAS/JEAN DE MUNCK/PETER HANAU/ANDERS JOHANSSON/PAMELA MEADOWS/ENZO MINGIONE/ROBERT SALAIS/PAUL VAN DER HEIJDEN, *Transformações do Trabalho e futuro do Direito do Trabalho na Europa*, Coimbra Editora, Coimbra, 2003, 262.

[413] Interroga sugestivamente EMMANUEL RAY, "Les Libertés dans L'entreprise" (2009), cit., 142: «"(p)our un travailleur du savoir", c'est la liberté qui est désormais source de productivité: peu importe son temps ou son lieu de travail, si le résultat est là. Mais avec son Blackberry et son ordinateur portable lui permettant de travailler "où il veut, quand il veut", liberté ou servitude volontaire?».

[414] A expressão é de JEAN-MARC SALMON, *Um mundo a grande velocidade* (trad. Luís Cabral), Ambar, Porto, 2002, 29.

[415] GÉRARD LYON CAEN, "La crise du droit du travail", *In Memoriam Sir Otto Kahn-Freund*, C.H. Beck, Munique, 1980, 517.

[416] Embora a terminologia seja variada, é esse o sentido utilizado por WOLFGANG HROMADKA & FRANK MASCHMANN, *Arbeitsrecht Band 1* (2012), cit., 18, havendo quem prefira a designação *desregulamentação*, como sucede ilustrativamente com PETER HANAU, *Deregulierung des Arbeitsrechts – Ansatzpunkte und verfassungsrechtliche Grenzen*, Walter de Gruyter, Berlim/Nova Iorque, 1997, 5, MARCO BIAGI & MICHELE TIRABOSCHI, *Istituzioni di diritto del lavoro* (4.ª ed.), Giuffrè, Milão, 2007, 165-6 ou MASSIMO ROCELLA, *Manuale di Diritto del Lavoro* (2010), cit., 15.

[417] A primeira tem ínsita uma noção mais vocacionada para os trabalhadores qualificados cuja actuação é polivalente, ao passo que a segunda se aplica aos trabalhadores com vínculo precário (contrato de trabalho a prazo, temporário ou a tempo parcial), cuja contratação é condicionada pela volatilidade do mercado: cfr. MARIA REGINA REDINHA, "A Precariedade do Emprego – Uma Interpelação ao Direito do Trabalho", *I Congresso Nacional de Direito do Trabalho. Memórias*, Almedina, Coimbra, 1998, 332 e ss..

[418] Sobre esta bipartição, assente na *fuga* do contrato de trabalho para outros contratos/alargamento de conteúdos funcionais (polivalência) ou competências profissionais, v. em exemplo: ALAIN SUPIOT, *Le Droit du Travail* (2004), cit., 20 e entre nós, JOSÉ JOÃO ABRANTES, "A Redução

diferenciáveis e formam novas categorizações: tanto se cuida *(i)* da "flexibilidade organizativa" (destinada à salvaguarda da capacidade das empresas em reagir às solicitações dos clientes e às mutações de contexto, avultando questões relacionadas com a inovação produtiva, com alterações técnicas e organizativas e com adequação de competências) e *(ii)* da "flexibilidade na gestão de recursos humanos" (utilização variável, qualitativa e quantitativa, do capital humano[419], que atina com aspectos relativos ao tempo de trabalho, com a qualificação e a adaptação dos trabalhadores ou com a facilitação do despedimento), quanto *(iii)* da "flexibilidade de um modelo legal rígido" (aumento das margens de negociação, implicativo de um processo de desrigidificação do contrato de trabalho, e ampliação dos tipos contratuais com sentido protectivo menos definido, por associação a uma multiformidade do trabalho) ou *(iv)* da "flexibilidade dos trabalhadores" *proprio sensu* (aumento das competências de tipo cognitivo e prático que favorece as capacidade de resposta laboral a situações inesperadas e que, não podendo ser desligada da disponibilidade de quem trabalha, vai entroncar em aspectos como a mobilidade profissional ou geográfica)[420].

Tratando-se de tendências que não podem ser deslaçadas do fenómeno "globalização" que vem produzindo mutações expressivas em diferentes sistemas nacionais, a sua importância não se manifesta tanto na liberdade de movimentos que acompanha a força de trabalho quanto na concorrência entre sistemas sociais, que, potenciando a perspectivação do trabalho humano com um simples factor de produção, se processa em sentido que visa o seu embaratecimento e que, não raro, é erigido a fenómeno de combate ao fenómeno da deslocalização empresarial[421] e à manutenção dos níveis de emprego[422].

---

do Período Normal de Trabalho. A Lei n.º 21/96 em Questão", QL 1997, n.ᵒˢ 9-10, 81 ou ANTÓNIO MONTEIRO FERNANDES, "Os Sentidos de Uma Revisão Flexibilizante das Leis do Trabalho", QL 1999, n.º 13, 46 e ss..

[419] Expressão defenestrada por ALAIN SUPIOT, "Le travail, liberté partagée" (1993), cit., 721, que sustenta o tratamento do trabalhador como um sujeito, "ao serviço do qual o Estado e as empresas devem estar subordinadas".

[420] Sobre esta taxionomia, v. JÖRG FLECKER, "La flessibilità: una via obligata? Riorganizzazione dell'impresa e forme di occupazione flessibili", *Dentro e oltre i post-fordismi. Impresa e lavoro in mutamento tra analisi teórica e ricerca empírica* (dir. Rosangela Lodigiani/Monica Martinelli), Vite e Pensiero, Milão, 2002, 235-6.

[421] CHRISTINE KAUFMANN, *Globalization and Labor Rights. The Conflict Between Core Labor Rights and International. Economic Law*, Hart Publishing Ltd, Oxford, 2007, 8. Como aí se refere, "the race to the bottom is based on the assumption that lowering labor standards facilitates market access and thus increases competitive advantage"(223).

[422] Assinalando o aspecto: GIUSEPPE PERA & MARCO PAPALEONI, *Diritto del Lavoro* (2003), cit., 57 e MASSIMO ROCELLA, *Manuale di Diritto del Lavoro* (2010), cit., 17.

Em associação, as mudanças estruturais e tecnológicas intensificaram movimentos de redução dos custos relativos a transporte de capitais e mercadorias, hiperbolizando-se a eficiência e a produtividade, e ampliando-se, com incertezas crescentes, as pressões sobre a concorrência entre empresas[423], numa economia crescentemente terciarizada, que redefine as condições das actividades profissionais[424].

Com a deslocalização da produção, que traz consigo movimentos de capitais associados à constituição de filiais no estrangeiro ou à aquisição de empresas, a entrecruzar-se com um *mercado cada vez mais global e ávido de inovação*"[425], regista-se, outrotanto, uma oligopolização, que predetermina uma deslocação das normas sobre concorrência de um quadro estritamente nacional para um quadro tendencialmente global, e uma produção concorrencial que, tendo necessidade de menos trabalhadores, já fez augurar o fim do trabalho ou, pelo menos, a reconstrução de novos equilíbrios[426].

Se os prenúncios do fim do trabalho são precipitados, é todavia seguro que a interdependência entre mercados e a internacionalização de contextos, que faz sobressair uma assimetria profunda entre as taxas salariais e taxas de juro praticadas[427] e confere acrescida importância ao acesso facilitado a novas tecnologias, veio aguçar a utilização de mecanismos empresariais destinados à redução de custos, à maximização de recursos e à protecção dos seus interesses económicos.

É, assim, sob o influxo desta nova ordem económica multiconcorrencial, que grande parte dos acordos que se destinam a limitar a liberdade de trabalho são portadores de objectivos de regulação da concorrência, buscando uma eficiência alocativa dos recursos (*allocative eficiency*) que reinventa, de forma paradoxal, a essência originária do juslaboralismo (cuja função primária consistia em

---

[423] Assim: UMBERTO ROMAGNOLI, "Il diritto del lavoro nell'età della globalizzazione", LD, 2003, n.º 4, 570, que acrescenta a necessidade de um "compromisso entre a exigência da empresa (eficiência, produtividade, competitividade) e salvaguarda dos valores humanos (dignidade, segurança, liberdade) de que é portador o factor trabalho".

[424] Assim: SERGIO BARTOLE & ROBERTO BIN, *Commentario breve alla Costituzione* (2008), cit., 45.

[425] MARIA REGINA REDINHA, "A Precariedade do Emprego – Uma interpelação ao Direito do Trabalho" (1998), cit., 333.

[426] Sobre os termos da questão, entre outros, DOMINIQUE SCHNAPPER, *Contra o fim do trabalho* (1997), cit., 93, DOMINIQUE MEDA, *O Trabalho – Um valor em vias de extinção* (1999), cit., 30-3 ou FRANÇOIS VATIN, *Epistemologia e Sociologia do Trabalho* (trad. Maria João Reis), Piaget, Lisboa, 2002, 170, que, nesta "hipótese cor-de rosa dos teóricos da sociedade pós-industrial", assinala que com o desenvolvimento da automação a participação de cada um na produção se limitaria a algumas horas de vigilância das máquinas, libertando o tempo restante para uma "civilização de lazer", emergindo um "mundo sem trabalho".

[427] Cfr. DURÁN LÓPEZ, "Globalización y relaciones de trabajo", REDT 1999, n.º 92, 886.

limitar a concorrência no mercado de trabalho por via do afastamento de uma "licitação negativa" entre trabalhadores[428]), visando-se, ainda que restritiva e parcialmente, o "não trabalho" e, em pano de fundo, uma calibragem do mercado de trabalho.

Aliás, esta é também, para muitos, a razão dos mecanismos de fidelização dos trabalhadores, cuja admissibilidade, tendencialmente apegada à estipulação de limitações à liberdade de trabalho, é comummente desenvolvida na perspectiva de um Direito do trabalho destinado à tutela da empresa e concorrencialmente direccionado: afasta-se a valoração deste ramo do Direito como um "Direito social e distributivo", entendo-o outrossim como um "Direito da produção", como uma área de encontro entre capital e trabalho, onde os instrumentos de gestão da empresa têm de ser operativos[429], e em que, na recuperação de um conceito de mercado de trabalho enquanto metáfora tirada da imagem do mercado de uma vila[430], sobrelevam feições de promoção da eficiência económica e de *favorecimento de uma concorrência leal e regulada*[431] e avultam novas necessidades de repartição do risco[432].

3. A crise das economias industrializadas e os efeitos da globalização desencadearam um processo de revisão dos parâmetros em que assentou o crescimento do Direito do trabalho, cujas tensões contraditórias são visíveis.

Se como pano de fundo tensional se contrapõe a efectividade à inefectividade, de um lado, em processo centrípeto, assiste-se à remoção da dualização

---

[428] As palavras são de João Leal Amado, "Dinâmica das relações de trabalho nas situações de crise (em torno da flexibilização das regras juslaborais)", RMP 2009, n.º 120, 90. Semelhantemente, Adérito Sedas Nunes, *História dos factos e das doutrinas sociais* (1992), cit., 246, fala em "intensidade de concorrência entre os trabalhadores (...)".

[429] Alberto Russo, *Problemi e prospettive nelle politiche di fidelizzazione del personale* (2004), cit., 2-4.

[430] A afirmação e a alegoria são de François Gaudu, *Droit du Travail* (2007), cit., 56.

[431] Sobre esta corrente de pensamento: Lord Wedderburn, "Common Law, labour law, global law", *Social and labour Rights in a global Context – International and Comparative Perspectives* (2002), cit., 27 e Adrián Goldin, "Global Conceptualizations And Local Constructions of the Idea of Labour Law", *The Idea of Labour Law* (ed. Guy Davidov & Brian Langille) Oxford University Press, Oxford, 2011, 73.

[432] Acentuando este aspecto, Pietro Ichino, *Il Contratto di Lavoro. I* (2001), cit., 17-8, associa a limitação à faculdade de desvinculação dos sujeitos a uma "distribuzione migliore del rischio" com um dos eixos políticos frequentemente avançados para uma optimização da regulação do mercado de trabalho, embora, adiante, se polarize na impossibilidade de desvinculação actuável pelo empregador.

emprego público/emprego privado[433]. De outro, em processo centrífugo, caminha-se para uma polarização da normação no elemento *contratual* tipificante através de *statutory standards*[434]: a flexibilização processa-se através de uma diversificação interna do tipo contratual associado ao *modelo de frequência ordinária*[435], seja por referência à estrutura organizativa (*v.g.* regras específicas para pequenas empresas), seja através de factores objectivos referentes ao trabalhador ou às funções que desempenha. (*v.g.* qualificação profissional/funções de confiança ou de responsabilidade), verificando-se, em escala diversa, que as dificuldades ressentidas pelas velhas formulações *do* contrato de trabalho em relação à emergência de uma ordem social complexa e à dissemelhança de situações que envolviam os sujeitos laborais se revelaram incompatíveis com uma construção tipologicamente unitária da vinculação[436], topando-se com uma diferença real de programas de execução da actividade laboral[437], que, exigindo uma directa

---

[433] Salientando este movimento tendencialmente unificante em Itália, MARCO BIAGI & MICHELE TIRABOSCHI, *Istituzioni di diritto del lavoro* (2012), cit., 117.

[434] GUY MUNDLAK, "Generic or Sui-generis Law of Employment Contracts?", IJCLLIR 2000, n.º 16, 335.

[435] A expressão é de NUNO CABRAL BASTO, "Contratos Especiais de Trabalho", ESC 1969, n.º 31, 70.

[436] Dando-se como certo que o complexo de questões relativas à identidade, autonomia, natureza, fundamento e regime dos contratos especiais foi suscitado na doutrina a propósito dos negócios típicos e atípicos e em correlação com os negócios nominados, a circunstância empírica de tal problemática, uma certa disponibilidade de uma técnica e de um património de conceitos formais de enquadramento, e, ainda, a tradição de um Direito do trabalho uniforme e comum, determinavam, com algum tempero é certo, a sede de construção doutrinária e até legislativa do paradigma do trabalho na empresa. Entre nós tal sucedeu, fundamentalmente, porque o Decreto-Lei n.º 49 408 (LCT), não obstante a sua inspiração no *Codice Civile* de 1942, assentava numa construção tipologicamente unitária do contrato de trabalho (afora o trabalho a bordo).. Esta opção era justificada pela problemática dogmática do conceito de empresa – assim os artigos 7.º, 12.º, n.º 2, 18.º ou 23.º da LCT, indesligáveis desta categorização –, sendo que, ao contrário do que propôs INOCÊNCIO GALVÃO TELLES (Parecer n.º 45/VII da Câmara Corporativa e "Contratos Civis", Suplemento RFDUL 1954, Vol. IX-X, 60 e ss.), uma tal referenciação nunca foi formalmente assumida pelo texto da lei. Sucedia, pois, conforme nota(va) MÁRIO PINTO, *Direito do Trabalho* (1996), cit., 125, que qualquer estudo que se baseasse na LCT devia assumir com preclareza a premissa de que "o direito estabelecido visa o trabalho subordinado na empresa, e não em qualquer empresa, mas sim na empresa típica". Nesse âmbito, as dificuldades ressentidas pelas velhas formulações *do* contrato de trabalho em relação à emergência de uma ordem social complexa e à dissemelhança de situações que envolviam os sujeitos laborais nem derivavam tanto dos enunciados utilizados quanto da metodologia subjacente, que operava, nas palavras de MÁRIO PINTO, *Direito do Trabalho* (1996), cit., 113, um "reducionismo sistémico da enorme riqueza que é o conjunto das variantes contratuais da prestação de trabalho, através das quais se realiza uma fundamental e diversificada função social".

[437] Afigurando-se inevitável que as aquisições efectuadas no âmbito da teoria geral dos contratos fossem transportadas para a compreensão do Direito do trabalho moderno (mais exactamente para

adequação da tutela disposta no ordenamento jurídico, encontra em modelos diferenciadamente estabelecidos o *locus* que lhes traça o perfil e define a respectiva disciplina jurídica[438], emergindo, dessarte, um *mosaico laboralmente diver-*

---

sistematização geral dos contratos de trabalho), o art. 9.º do CT2009 (antes: artigo 11.º do CT2003), com *rubrica legis* "regimes especiais", ao dispor que "(a)os contratos de trabalho com regime especial aplicam-se as regras gerais deste Código que não sejam incompatíveis com a especificidade desses contratos", dimensiona a necessidade de confecção de múltiplos *standard* de tutela e de enquadramentos diversos, traduzindo *exogenamente* a pluralidade do Direito do trabalho. Nestes termos, a versão final da LCT de 1969 (correspondente, quase na íntegra, ao projecto Pessoa Jorge), tendo em vista a eximência às dificuldades relativas à construção dogmática do conceito de empresa, desenhou *o* modelo da relação de trabalho de uma forma *englobante*: o art. 5.º dispunha que "(o) regime do contrato individual de trabalho poderá ser tornado extensivo, por decreto regulamentar, no todo ou em parte, e com as adaptações exigidas pela sua natureza, aos contratos de serviço doméstico e de trabalho rural", estabelecendo o art. 6.º que a "aplicação aos contratos de trabalho do regime jurídico anexo deverá sofrer a adaptação exigida pelas características desses contratos, que vier a ser fixada em portaria de regulamentação de trabalho ou em convenção colectiva". E, ao menos *prima facie*, a disciplina aplicável ao contrato de trabalho doméstico, ao trabalho rural e ao trabalho portuário parecia apresentada como uma simples adaptação da disciplina unitária da LCT, existindo apenas uma ressalva em relação ao contrato de trabalho a bordo quanto à sua *subordinação* a legislação especial. Contudo, devido ao facto de a LCT ressalvar expressamente, por via da sujeição a regimes especiais, os contratos de serviço doméstico, de trabalho rural, de trabalho portuário e de trabalho a bordo, entendia-se que estes contratos nominados continuavam a regulamentar-se pelas normas existentes no início de vigência da LCT, até à emanação das modificações referidas no diploma. Já o contrato de trabalho desportivo, esse, era pura e simplesmente ignorado pelo diploma matricial do *bloco legal laboral*. Para mais desenvolvimentos, cfr. ANTÓNIO NUNES DE CARVALHO, "O pluralismo do Direito do Trabalho", *III Congresso Nacional de Direito do Trabalho. Memórias* (org. António Moreira), Almedina, Coimbra, 2001, 269 e ss. e JOÃO ZENHA MARTINS, «O novo Código do Trabalho e os "contratos de trabalho com regime especial": pistas para o *enquadramento* do contrato de trabalho desportivo», RMP 2003, n.º 95, 31-71.

[438] PIERGIOVANNI ALLEVA, "Flessibilità del lavoro e unità – articolazione del rapporto contrattuale", LG 1994, n.º 8, 777-8. Diversidade que tanto é materializada na criação de novos modelos regulativos centrados na actividade exercida (caso da comissão de serviço, serviço doméstico, dos artistas profissionais e/ou dos praticantes desportivos), que se perfilam assim numa estrutura horizontalmente disposta, quanto na criação de processos de variação regulativa que operam no interior do modelo geral em função da especificidade do contexto organizativo (trabalhadores com um conjunto determinado de aptidões, exigências e responsabilidades). Se, por um lado, a grande segmentação comummente estabelecível é entre os contratos com duração indeterminada e os contratos com duração determinada e se, por outro, a especialidade dos contratos de trabalho abarca figuras como o contrato de trabalho a tempo parcial, de trabalho domiciliário, de teletrabalho, de aprendizagem, de comissão de serviço ou de trabalho desportivo, importa reter que, de um modo geral, a legislação portuguesa, com excepções nitidamente isoláveis (*v. g.* contrato de trabalho desportivo), não estabelece, no plano formal, qualquer diferenciação quanto aos termos, ao conteúdo e ao alcance dos acordos de limitação à liberdade de trabalho em razão da especialidade do vínculo. Por isso, esta diferenciação, a existir, é entregue ao intérprete-aplicador.

sificado[439], que arreiga a propensão do Direito do trabalho para ser um *Direito profissional*[440].

Acentuadas as tensões entre *o novo e o tradicional*, entre *o comum e o excepcional*, e já depois de uma fase de amadurecimento, este ramo encontra-se hoje, em sinédoque, no epicentro de uma crise, que ameaça abalar as suas "fundações normativas"[441] e determinar o seu "desmantelamento"[442].

Sob a capa de uma reclamada flexibilização do mercado de trabalho, são plúrimos os riscos de se desconsiderar o lastro histórico-civilizacional que lustrou a implicação na pessoa no contrato de trabalho e que, numa função de contrapeso[443], justificou a autonomia (incontestada) em relação ao Direito civil[444], mau grado a voga que vai conhecendo o entendimento de que o Direito do trabalho da crise mais não foi, ou mais não é, do que a crise do Direito do trabalho clássico[445].

A permeação desta área do ordenamento às exigências da economia implicou que, em latitudes diferentes e com dimensões desiguais, se encetasse um processo de adaptação a uma realidade crescentemente infixa e heterogénea,

---

[439] Em França, para uma reflexão sobre a passagem de um esquema monista para um modelo plural de vínculação laboral, centrada essencialmente nas figuras do *contrat d'emploi* e do *contrat d'activité*, v. FRANÇOIS GAUDU, «Du statute de l'emploi au statut de l'actif», DS, 1995 n.º 6, 569; ALAIN SUPIOT, "Du bon usage des lois en matière d'emploi", DS 1997, n.º 3, 229-230.

[440] Assim, PAOLO TOSI & FIORELLA LUDARNON, "Lavoro (Contratto di)", *Digesto delle Discipline Privatistiche*. *VIII*, Utet, Trento, 1992, 164, FRANCO CARINCI/RAFAELLE DE LUCA TAMAJO/PAOLO TOSI/TIZIANO TREU, *Diritto del Lavoro. 2. Il rapporto di lavoro subordinato* (3.ª ed.), Utet, Turim, 1992, 442. Entre nós, neste sentido: JOSÉ JOÃO ABRANTES, "O Direito laboral face aos novos modelos de prestação do trabalho", RJAAFDL 2002, n.º 25, 309, falando, todavia, em "direitos especiais", destinados "a *adaptar* e a *especializar* os princípios daquele direito comum".

[441] Neste sentido: GUY DAVIDOV & BRIAN LANGILLE, "Introduction", *The Idea of Labour Law*, Oxford University Press, Oxford, 2011, 4-7. Na mesma obra, HARRY ARTHURS, "Labour Law After Labour", cit., 24-5, avança que o Direito do trabalho deve refocar-se na criação de mecanismos destinados a potenciar as capacidades dos trabalhadores, deixando margem para que estes possam auto-regular os seus interesses.

[442] A expressão é de PETER HANAU, *Deregulierung des Arbeitsrechts* (1997), cit., 5, permitindo-se situar a crise na década de 90.

[443] ABBO JUNKER, *Internationales Arbeitsrecht im Konzern*, Mohr Siebeck, Tubinga, 1992, 40-1 e RÜDIGER KRAUSE, *Arbeitsrecht*, Nomos, Baden-Baden, 2011, § 1, n.º 16.

[444] Nestes termos, tomando de empréstimo as palavras de CARVALHO FERNANDES, V. JOSÉ JOÃO ABRANTES, "Sobre a Constituição e a crise do *favor laboratoris* em Direito do Trabalho" (2012), cit., 270, onde se encontra referência panorâmica da doutrina nacional sobre o assunto.

[445] Assim: BORRAJO DA CRUZ, *Introducción al Derecho del Trabajo* (1999), cit., 48.

com o contrato individual a reganhar importância[446], em simultâneo com movimentos de redefinição do mosaico de relações entre fontes[447].

As relações de trabalho tendem a personalizar-se à medida que vão irrompendo as diferenças ligadas a uma multiplicidade de situações subjectivas[448], num contexto que propende a uma distribuição da decisão sobre os riscos por todos os sujeitos, implicando um mundo em que "o futuro coloniza o presente"[449], de que as limitações sobre a liberdade de trabalho são um bom exemplo[450]: os interesses da empresa aparecem como objecto de uma tutela convencional que está para lá da que é conferida pelo contrato de trabalho, cujas limitações a direitos fundamentais do trabalhador, em nome desse mesmo interesse, não são meras implicações naturais da execução do vínculo laboral[451], visando-se com a sua estipulação uma partilha de riscos que, operando muitas vezes sem enquadramento legal determinado, tem uma dimensão de flexibilização que se projecta, embora com intensidades diversas, nas relações laborais[452].

No anverso, e em movimento circular, estes acordos reflectem as transformações acabadas de descrever, enfrentando-se, também aí, um conjunto de dificuldades relativas ao encontro de um denominador comum entre a dimensão da

---

[446] CRUZ VILLALÓN, *Estatuto de los Trabajadores Comentado* (2003), cit., 80.

[447] UMBERTO ROMAGNOLI, "El Derecho del Trabajo ante la crisis" (2012), cit., 23.

[448] UMBERTO ROMAGNOLI, "Las desigualdades en el mundo del trabajo" (2010), cit., 18.

[449] Seguimos ULRICH BECK, *Risk Society: Towards a New Modernity* (trad. Mark Ritter), Sage Publications, Londres/Nova Deli, 1992, 11 e ss.: a gestão do risco é a característica principal da nova ordem global; por meio do avanço da ciência e da tecnologia surgiram novas situações de risco diferentes das existentes em décadas anteriores e acentuaram-se os processos de individualização. Nesse sentido, a forma como os riscos são percebidos socialmente e o modo como se reage diante dos mesmos também se modificou, acentuando-se novas necessidades de confecção de mecanismos de prevenção do risco, do conflito e do dano, que, em arco analítico mais alargado, passam pela criação de sistemas de emprego estáveis, caracterizáveis pela segurança e pelo combate às desigualdades sociais.

[450] Assim: PAUL-HENRI MOUSSERON, "La fidélisation du personnel", DS 1989, n.º 6, 479.

[451] O tema, como recorda JÚLIO VIEIRA GOMES, *Direito do Trabalho* (2007), cit., 265 e ss., tem sido profusamente tratado entre nós por JOSÉ JOÃO ABRANTES – por exemplo "Contrato de trabalho e meios de vigilância da actividade do trabalhador: breves considerações", *Estudos em homenagem ao Prof. Doutor Raúl Ventura. Vol. II* (coord. José de Oliveira Ascensão), Coimbra Editora, Coimbra, 2003, 809-818 e, mais extensamente, *Contrato de trabalho e direitos fundamentais*, Coimbra, Coimbra Editora, 2005, *maxime* 172 e ss. –, que avança com uma "presunção de liberdade", sinalizada às necessidades de justificação, adequação e proporcionalidade de qualquer limitação/restrição aos direitos fundamentais do trabalhador na empresa.

[452] LÉA BENBOUAZIZ, *L'économie générale du contrat de travail*, Universite Paris II Pantheon-Assas, 2011, 84-5.

pessoa, essencialmente avaliável segundo o registo de ser, e os critérios individuais da concorrência, mensuráveis sob a lógica do haver[453].

Ora, se a doutrina francesa tem procurado contrabalançar a anuência do trabalhador a uma modificação *in pejus* do seu contrato de trabalho ou a um *plus* que lhe seja desfavorável com recurso à exigência de uma contrapartida que permita entrever um interesse tangível e suficiente do empregador que não se baste com o quadro legal e abstractamente desenhado[454], vislumbra-se em fundo uma tendência crescente para a redução dos custos do trabalho[455] e sobretudo uma hipóstase da vontade como forma de justificação das regras[456], movimento que, em traços gerais e em leitura recorrente, é susceptível de converter o Direito do trabalho "numa mercadoria depreciada"[457] e de implicar *a latere* uma limitação desmesurada de direitos fundamentais, que, fazendo apelo ao casuísmo[458], cria novos espaços autonómicos em que a segurança jurídica é rarefeita.

Os acordos de limitação à liberdade de trabalho, sendo tipos contratuais que a doutrina anglo-saxónica insere nos *protection of intangible assets*[459] e que são

---

[453] Assim: NICOLÒ LIPARI, "Diritto e mercato della concorrenza", RDCom 2000, n.os 7-10, 317 e ss..

[454] Por exemplo: MURIEL FABRE-MAGNAN, "Le forçage du consentement du salarié" (2012), cit., 6, que recorre, para o efeito, à *consideration* do direito anglo-saxónico.

[455] Entre nós, evidenciando o aspecto a partir da diminuição da remuneração do trabalho suplementar, do aumento do tempo de trabalho – substanciado na eliminação de feriados, no encurtamento das férias – e na diminuição das compensações por cessação do contrato de trabalho, v. ANTÓNIO MONTEIRO FERNANDES, "A reforma laboral de 2012 – observações em torno da Lei n.º 23/2012, de 25 de Junho", ROA 2012, T. II/III, 551 e ss. e JÚLIO VIEIRA GOMES, "Algumas reflexões sobre as alterações introduzidas no Código do Trabalho pela Lei n.º 23/2012, de 25 de Junho", ROA 2012, T. II/III, 579 e ss..

[456] PASCAL LOKIEK, "L'accord du salarié" (2010), cit., 140. A hipóstase do individualismo, que conhece as suas origens na Renascença, é apresentada pela filosofia ocidental como a característica principal da pós-modernidade, identificando a eticidade da decisão com a racionalidade individual, num fenómeno que, estando para lá do juscientifismo, suscita questões que vão atinar com a universalidade de determinados valores éticos e com a existência de limites ao *tolerável*, numa época que, para LIPOVETSKY, é já uma época de hipermodernidade, pois «tout se passe comme si l'on était passé de l'ère "post" à l'ère "hyper"»: GILLES LIPOVETSKY, *Les temps hypermodernes*, Éditions Grasset, Paris, 2004, 78.

[457] As palavras são de JOÃO LEAL AMADO, "O despedimento e a revisão do Código do Trabalho: primeiras notas sobre a Lei n.º 23/2012, de 25 de Junho", RLJ 2012, n.º 3974, 297, em análise crítica à Lei n.º 23/2012, de 25.06, que, na sua perspectiva, assenta em dois grandes eixos: "o eixo da redução/compressão dos custos empresariais e o eixo da ampliação das faculdades/poderes patronais de gestão de mão-de-obra".

[458] Neste sentido: FRANÇOIS GAUDU, "Droit du travail et religion", DS 2008, n.os 9/10, 968.

[459] Por todos: JAMES M. MALCOMSON, 'Individual Employment Contracts', *Handbook of Labor Economics*, vol. 3, ed Ashenfelter & Card (ed.), Elsevier Science Publisher, Amesterdão, 1999, 2291-2372.

perspectivados como instrumentos de que os empregadores utilizam para funcionalizar o contrato de trabalho aos seus interesses[460], vão, deste modo, conhecendo contornos diferentes em razão da segmentação do mercado de trabalho, da especificidade dos vínculos laborais e do alargamento do espaço da autonomia individual, apreendendo variações interpretativas em função das alterações registadas na regulação do contrato de trabalho ou, mais amplamente, "no próprio mundo do direito do trabalho"[461].

4. A par da introdução de elementos que favorecem uma adaptação flexível das condições de trabalho às vicissitudes do mercado e cujo apego a uma ideia de reforço dos poderes do empregador se intensifica[462], nesta "simbiose renovadamente crítica entre os valores e a economia"[463] abrem-se novas margens para a autonomia individual, possibilitando-se, em nome das necessidades de uma gestão dúctil, que os sujeitos possam configurar o direito aplicável, robustecendo-se "as potencialidades do livre acordo de vontades na regulação das condições de trabalho"[464].

Com o mercado a revelar-se uma hidra que devora energias e esquece tendencialmente os direitos, esta abertura, embora atinando com situações diversas e heterogéneas, pode materializar um retrocesso, que atrofia o interesse público ou colectivo que justificou o predomínio de uma disciplina heterónoma da relação de trabalho, reabilitando a noção de autonomia individual característica do Direito civil e desconsiderando a socialidade da área laboral, que trouxe consigo a responsabilidade histórica da criação de uma "especial protecção contra a voracidade do benefício"[465].

---

[460] Ainda: MICHÈLE BONNECHÈRE, *Le Droit du Travail* (2008), cit., 42.

[461] Assim: JÚLIO VIEIRA GOMES, "Algumas novas questões sobre as cláusulas ou pactos de não concorrência em Direito do Trabalho" (2011), cit., 82.

[462] Entre nós, e como salienta ANTÓNIO MONTEIRO FERNANDES, "A reforma laboral de 2012 – observações em torno da Lei n.º 23/2012, de 25 de Junho" (2012), cit., 552, esta ideia expressa-se em aspectos normativos como o encerramento para férias, o modo de compensação do trabalho suplementar, a alteração unilateral de horários acordados, os bancos de horas por acordo individual, a facilitação da suspensão e redução de actividade em situação de crise empresarial ou a ampliação da justa causa por inadaptação.

[463] ADALBERTO PERULLI, "Rationalité et controle des pouvoirs de l'employeur", RDT 2006, n.ºs 7/8, 85.

[464] A expressão é de BAYLOS GRAU, *Derecho del Trabajo modelo para armar*, Trotta, Madrid, 1991, 67, e destina-se a evidenciar a dimensão recuada desta tendência.

[465] A descrição pertence a UMBERTO ROMAGNOLI, "El Derecho del Trabajo ante la crisis" (2012), cit., 25. De outra parte, ainda, e não obstante a manutenção da carga injuntiva de parte da malha normativa laboral, a dissociação entre a inderrogabilidade das normas e os direitos que estas visam

Por extensão, este movimento de abertura à vontade regulativa dos sujeitos, sob o pretexto de que estes obtêm vantagens e de que os interesses empresariais carecem de novas esferas de protecção, é susceptível de abranger as cláusulas que acessoriamente se podem apor ao contrato de trabalho, figurando-se a tendência civilística para "a figura do contrato ser tratada, via de regra, com abstracção da realidade económica onde se insere"[466].

Não se desconhecendo, como acentua GRÉGOIRE LOISEAU, que o contrato de trabalho é um vasto campo de cláusulas que as mais das vezes servem os interesses do empregador[467], surgem com naturalidade interrogações acerca da edificação de um *ius commune* aplicável às cláusulas contratuais, que, a pretexto de "interacções fecundas", é passível de estribar um direito comum dos contratos, implicativo de uma fusão entre o civil e o laboral[468] e que, podendo não atender à dimensão conflitual da relação de poder-sujeição subjacente, são entre nós geralmente exemplificáveis com as cláusulas de mobilidade funcional ou geográfica, que, forjando uma «espécie de chip implantado no interior de quase todos os institutos "flexibilizáveis" do Direito do Trabalho»[469], acentuam a reemergência da autonomia da vontade e um aumento dos poderes do empregador como traços definidores da *barométrica* juslaboral.

Mas a redefinição conteudística das normas e o redimensionamento da relação entre fontes não se esgota aí. Entronca, igualmente, na atribuição de natureza supletiva ou dispositiva às normas laborais, aumentando-se as margens em que os IRCT negociais podem intervir, num fenómeno de alargamento da autonomia colectiva e de inerente *deslegalização*, semelhante ao já verificado noutras

---

garantir é outrossim susceptível de acentuar a individualização das relações de trabalho, bastando, para tanto, que se associe à violação da norma outra consequência que não a invalidade do acto abdicativo que com esta conflitue e que se acantone a inderrogabilidade à norma, sem que esta característica se estenda aos direitos que compõem a sua *factis species*. Cfr. GIUSEPPE PERA & MARCO PAPALEONI, *Diritto del Lavoro* (2003), cit., 658, GIUSEPPE SUPPIEJ/MARCELLO DE CRISTOFARO/CARLO CESTER, *Diritto del Lavoro* (2008), cit., 458-9 ou MASSIMO ROCELLA, *Manuale di Diritto del Lavoro* (2010), cit., 476.

[466] As palavras são de ORLANDO GOMES, *Transformações Gerais do Direito das Obrigações*, Editora Revista dos Tribunais, São Paulo, 1967, 165.
[467] GRÉGOIRE LOISEAU, "La police des clauses du contrat de travail: le paradigme de la clause de mobilité" *JCP* 2009, n.º 3, *S 1013*, 15 (14-27).
[468] Assim, MUSTAPHA MEKKI, "Existe-t-il un jus commune applicable aux clauses du contrat de travail ?" (2006), cit., 292-3.
[469] As palavras são de ANTÓNIO MONTEIRO FERNANDES, "Um direito do trabalho sobrevivente", *Estudos Jurídicos em Homenagem ao Professor António Motta Veiga*, Almedina, Coimbra, 2007, 70, acrescentando que tal "comporta uma mensagem de autodestruição".

latitudes[470], que reafirma a *coexistência de dois ordenamentos distintos: o ordenamento estadual e o ordenamento da autonomia colectiva laboral*[471], e que redefine novas variáveis nas relações poliédricas entre lei, contrato de trabalho, contratação colectiva e poder determinativo dos empregadores[472], com propensão para a redução das normas legais injuntivas e para a criação de novos espaços de intervenção respeitantes à contratação colectiva e individual[473].

---

[470] Na Alemanha, o § 1 da *Tarifvertragsgesetz* (TVG) é omisso quanto à derrogabilidade *in mejus* da lei por contrato colectivo, permitindo que este possa incidir sobre o conteúdo, a celebração e a cessação do contrato de trabalho, bem como sobre aspectos empresariais e jurídicos da organização da empresa, albergando previsão que contrasta a relação estabelecível entre o contrato colectivo e outros acordos, já que o § 4.3 TVG consagra o princípio da inderrogabilidade individual dos contratos colectivos; todavia, a disposição tem sido objecto de uma leitura *in extenso*, orientada ao princípio da favorabilidade (*Günstigkeitsprinzip*), no sentido de se permitir o afastamento do contrato colectivo sempre que o acordo individual seja favorável ao trabalhador: OTTO-ERNST KEMPEN & ULRICH ZACHERT, *TVG – Tarifvertragsgesetz. Kommentar für die Praxis* (4.ª ed.), Bund-Verlag GmbH, Francoforte sobre o Meno, 2006, 925-7. Em Espanha, embora com excepções, mantém-se a proibição de intervenção *in pejus* como regra genérica: o art. 3, n.º 3 do ET é, como acentua CRUZ VILLALÓN, *Estatuto de los Trabajadores Comentado* (2003), cit., 83-4, principiológico, coexistindo com normas legais supletivas que possibilitam o seu afastamento indiscriminado pela contratação colectiva, implicando-se uma leitura necessariamente casuística (complementaridade/suplementaridade/supletividade). Do mesmo, em França existe um modelo compósito: se o art. l. 3122-47 do *Code du Travail* abre espaço à intervenção colectiva (e também individual) para a regulação de aspectos relativos à distribuição das horas de trabalho no âmbito de uma semana ou para a fixação dos períodos de descanso independentemente da sua favorabilidade ao trabalhador, já os arts. L. 2251-1 e L. 2254-1 do *Code du Travail* estabelecem como regime-regra o da inderrogabilidade *in pejus* da lei, indiferenciando, nesse plano, a contratação colectiva e o acordo individual; mas, como faz salientar JACQUES BARTHÈLÉMY, *Evolution du droit social: Une tendance à la contractualisation mais un rôle accru des droits fondamentaux du travailleu*, Lamy, Paris, 2010, 57-8, que após a Lei de 04.05.2004 (art. L. 132-13 do *Code du Travail*) nutre dúvidas acerca de um princípio geral de "inderrogabilidade *in pejus*" [qual "designação passe-partout", na pena de JEAN-EMMANUEL RAY, *Droit Du Travail Droit Vivant* (2008), cit., 636], são crescentes as normas legais que permitem a sua derrogação por normas convencionais. Por último, e em acentuação da tendência, o art. 40 do *Statuto dei lavoratori* que firma o princípio do *favor* (*salve le condizioni dei contratti collettivi e degli accordi sindacali più favorevoli ai lavoratori*) convive com normas legais que permitem a sua derrogação *in pejus*, como sucede, em ilustração, com a disciplina relativa à transferência da empresa em crise e à gestão dos trabalhadores excedentes em caso de despedimento colectivo, infirmando-se a visualização tradicional relativa às relações entre a lei e a contratação colectiva: MASSIMO ROCELLA, *Manuale di Diritto del Lavoro* (2010), cit., 22-3.

[471] Cfr. MÁRIO PINTO, *Direito do Trabalho* (1996), cit., 103 e ss. e PEDRO FURTADO MARTINS, "A Crise do Contrato de Trabalho", RDES 1997, n.º 4, 364.

[472] Acentuando o aspecto: ADRIÁN GOLDIN, "Global Conceptualizations And Local Constructions of the Idea of Labour Law", *The Idea of Labour Law* (ed. Guy Davidov & Brian Langille) Oxford University Press, Oxford, 2011, 74.

[473] Assinalando este pendor, cfr. M.ª ROSÁRIO PALMA RAMALHO, *Da Autonomia Dogmática do Direito do Trabalho* (2000), cit., 581 e ss..

Com a reforma laboral portuguesa, quanto aos IRCT, e sem prejuízo de grande parte da malha normativa se caracterizar por uma imperatividade mínima, as margens de intervenção aumentaram substancialmente após 2003, com o art. 4.º do CT originário[474].

Sem perder de vista que os quadros espartilhados que historicamente envolveram a contratação colectiva encontra(ra)m razão justificativa na necessidade de proteger a parte considerada mais fraca – apresentando, pois, o fundamento que historicamente gerou a teia de restrições negociais que entreteceu a dogmática laboral[475], forjada sobre uma situação de capacidade negocial diminuída[476] –, abriram-se, com efeito, novos caminhos à autonomia colectiva como fenómeno regulatório das relações laborais, na perspectiva de que esta é um instrumento de garantia de composição do conflito social cuja calibragem faz parte da estrutura genética do Direito do trabalho[477], qual "instituto com corpo de contrato, mas com alma de lei"[478].

Nada se dizendo, criou-se a presunção de que a norma pode ser afastada por IRCT em qualquer sentido, que apenas se infirma quando daquela resul-

---

[474] Hoje, com excepção da epígrafe (que passou de "princípio do tratamento mais favorável" para "relações entre fontes de regulação"), correspondente ao art. 3.º do CT2009.

[475] CLYDE SUMMERS, "Similarities and Differences between Employment Contracts and Civil or Commercial Contracts", IJCLLIR 2001, n.º 1 (vol. 17), 11. Entre nós: MÁRIO PINTO, "A função do direito do trabalho e a crise actual", RDES, 1986, n.º 1, 48-9, ANTÓNIO MENEZES CORDEIRO, "O princípio do tratamento mais favorável no direito do trabalho actual", DJ, 1987/88, III, 116, e M.ª DO ROSÁRIO PALMA RAMALHO, Da Autonomia Dogmática do Direito do Trabalho (2000), cit., 674-5 e 939.

[476] Nestes termos, veja-se também, RAÚL VENTURA, "Extinção das relações jurídicas de trabalho" (1950), cit., 267, justificando a inderrogabilidade dos preceitos legais em sentido desfavorável ao trabalhador com a suposição de que o desequilíbrio económico entre os interessados "levaria facilmente à aceitação de regimes desfavoráveis e consequentemente à inanidade da lei e, por isso, bem se compreende que tanto as convenções colectivas como as individuais sejam impotentes para produzir tal efeito".

[477] Assim, BERNARDO LOBO XAVIER, "Alguns pontos críticos das convenções colectivas de trabalho", II Congresso Nacional de Direito do Trabalho (1999), cit., 335, que, além do mais, associava às restrições impostas ao âmbito da contratação colectiva à impossibilidade de utilização de "mecanismos de flexibilização e de adaptação às situações concretas". Era outrossim nesse contexto que ALBINO MENDES BAPTISTA, "Breve apontamento sobre as Cláusulas de Rescisão", RMP 2002, n.º 91, 144, aludia à criação de "obstáculos de duvidosa constitucionalidade à contratação colectiva", referindo que os limites (que aparecem como justificáveis) à autonomia individual não tinham inteiro cabimento em relação à contratação colectiva face "à intervenção de associações sindicais a quem cabe, por imperativo constitucional, assegurar a defesa dos trabalhadores".

[478] A expressão, tendo a sua fonte em CARNELUTTI, é utilizada por CRUZ VILLALÓN, Estatuto de los Trabajadores Comentado (2003), cit., 67.

tar a imperatividade absoluta ou relativa da norma legal[479], solução que, não se atendo à derrogação da lei *in mejus,* determina um fenómeno de retracção *ex lege,* que, deflectindo o papel prototípico de melhoria das condições de trabalho associado à autonomia colectiva[480], envolve uma reconfiguração da contratação colectiva como um mecanismo de adequação da lei às circunstâncias, aos diferentes sectores de actividade[481] e às "conveniências da organização produtiva", *qua tale* não imune a um conjunto autorizado de críticas[482].

Neste cenário, em que o anúncio do "desenvolvimento de um direito colectivo do trabalho verdadeiramente autónomo"[483] tende a verificar-se, em que a garantia dos princípios e dos direitos fundamentais no trabalho é cada vez mais necessária e em que a regulação laboral, muito por força da mudança de rela-

---

[479] Sobre os termos em que a questão se coloca entre nós, cfr. ainda JÚLIO VIEIRA GOMES, *Direito do Trabalho* (2007), cit., 49-50, CATARINA DE OLIVEIRA CARVALHO, *Da Dimensão da Empresa no Direito do Trabalho* (2011), cit., 688 e ss., MILENA SILVA ROUXINOL, "O regime da relação entre fontes laborais no Código do Trabalho de 2009", *Código do trabalho: a revisão de 2009* (coord. Paulo Morgado de Carvalho), Coimbra Editora, Coimbra, 2011, 37-58. É diante deste contexto que JÚLIO VIEIRA GOMES, "Algumas reflexões sobre as alterações introduzidas no Código do Trabalho pela Lei n.º 23/2012, de 25 de Junho" (2012), cit., 606, afirma mesmo que, na relação com a lei, "a convenção colectiva parece ganhar crescente importância entre as fontes de Direito do Trabalho, substituindo a intervenção directa desta ou prevalecendo sobre esta".

[480] Neste sentido: JOÃO LEAL AMADO, "Tratamento mais favorável e art. 4.º, n.º 1, do Código do Trabalho português: o fim de um princípio?", *Temas laborais I,* Coimbra Editora, Coimbra, 2005, 16.

[481] Enaltecendo o aspecto, ALAIN SUPIOT, "Les nouveaux visages de la subordination", DS 2000, n.º 2, 145, que conexiona o papel da contratação colectiva com a diversificação interna dos tipos laborais. Entre nós, e ainda antes do CT, já ANTÓNIO MENEZES CORDEIRO, "Direito do Trabalho e Cidadania", *III Congresso Nacional de Direito do Trabalho* (2001), cit., 40, questionava se "a contratação colectiva não origina um direito estatutário por sectores", assinalando a existência de áreas poderosas que dispõem hoje de "verdadeiras codificações, com aspectos sociais e assistenciais desenvolvidos à margem do Direito estadual".

[482] Muito crítico em relação à possibilidade de afastamento de normas legais, desde que delas não resulte o contrário, por IRCT, sem que se explicite que esse afastamento só é consentido quando se estabeleçam condições mais favoráveis para os trabalhadores, e exprimindo, na sequência de vários textos, dúvidas quanto à respectiva (in)constitucionalidade, v. JOSÉ JOÃO ABRANTES, "Sobre a Constituição e a crise do *favor laboratoris* em Direito do Trabalho" (2012), cit., 281. Ainda: JORGE LEITE, "Código do Trabalho – Algumas questões de (in)constitucionalidade", QL 2003, n.º 22, 274, JOÃO LEAL AMADO, "Tratamento mais favorável e art. 4.º, n.º 1, do Código do Trabalho português: o fim de um princípio?" (2005), cit., 11-22, e as declarações de voto apostas por M.ª HELENA BRITO e M.ª FERNANDA PALMA ao Ac. TC n.º 306/2003, de 25.06.2003 (MÁRIO TORRES), proc. n.º 382/03, aresto que, todavia, não se debruçou directamente sobre a questão.

[483] As palavras encontram-se em JOACHIM WIELAND/CHRISTOPH ENGEL/THOMAS VON DANWITZ, *Arbeitsmarkt und staatliche Lenkung,* Walter de Gruyter, Berlin, 2000, 136.

ção entre fontes, se mostra acrescidamente labiríntica e complexa[484], a instabilidade legislativa tem fustigado esta área do ordenamento, impedindo a sedimentação de condições de estabilidade para os operadores e, sobretudo, para os cidadãos[485].

Registando-se a inscrição das "reformas laborais" na enciclopédia das crises económicas[486]'e uma congruência axiomática com desígnios volúveis e contextuais que potenciam entropias normativas, movimentos cíclicos de reforma e contra-reforma têm prejudicado a formação de parâmetros de segurança e, no caso português, têm desfigurado um dos objectivos primeiros da codificação operada em 2003; a saber: a facilitação do conhecimento da lei e do seu manuseio e a formação de referenciais determinantes nas relações laborais concretas.

Com a regulação atinente aos acordos de limitação à liberdade de trabalho a não lograr imunidade perante este fenómeno de *hyperlexis*[487], a volatilidade da lei encontra assim paralelo na indefinição subjacente à desinjuntivização do edifício juslaboral operada pela relegação da definição do direito aplicável para a vontade dos sujeitos individuais ou colectivos, geralmente a coberto da defesa da promoção de emprego e da ocupação e/ou da subsistência e da competitividade das empresas[488].

---

[484] CRUZ VILLALÓN, *Estatuto de los Trabajadores Comentado* (2003), cit., 82.

[485] O fenómeno extravasa o ordenamento nacional; com posição similar, diante da modificação de 2008 do *Code du travail*, v. JEAN PÉLISSIER/ALAIN SUPIOT/ANTOINE JEAMMAUD, *Droit du Travail* (2008), cit., 77.

[486] ANTÓNIO MONTEIRO FERNANDES, "A reforma laboral de 2012 – observações em torno da Lei n.º 23/2012, de 25 de Junho" (2012), cit., 545.

[487] Utilizamos a imagética empregue por MÁRIO RAPOSO, "Nota Sumária sobre o art. 20.º da Constituição", ROA 1984, n.º 1, 533, para caracterizar a tendência, necessariamente recuada, de descarga de soluções casuísticas na lei, que o Autor avançava de forma sugestiva como a nova doença que afectou os norte-americanos e que parece ter chegado ao Velho Continente (a *hyperlexis*).

[488] Cfr. HORTS SIEBERT, "Labour Market Rigidities: At the Root of Unemployment in Europe", JEP 1997, vol. 11, n.º 3, 37-45, JEAN-YVES KERBOURCH, "L'imbroglio juridique des politiques de lutte contre l'instabilité de l'emploi", TE, n.º 85, 2001, 5-19, CARLO ZOLI, "Clausole di fidelizzazione e rapporti di lavoro" (2003), cit., 449 e FABIO CORBISIERO, "Il lavoro flessibile tra solidarietà e mercato", *Lavoro flessibile e forme contrattuali non standard nel terzo settore* (org. Fabio Corbisiero/Antonello Scialdone/Antonio Tursilli), FrancoAngeli, Milão, 2009, 19-20. Ressalve-se, contudo, a dissociabilidade entre uma leitura economicizadora do Direito do trabalho e a sua desinjuntivização, que produz uma convolação do Direito do trabalho num *Direito do mercado de trabalho*. Se, como realça BRUCE E. KAUFMAN, "Economic Analysis of Labor Markets and Labor Law: An Institutional/Industrial Relations Perspective", *Law and Economics of Labor and Employment Law* (eds. Michael Wachter and Cynthia Estlund), Elgar, Nova Iorque, 2012, 52-104, a Escola de Chicago é assumida como expoente de uma linha de pensamento que opera essa associação – a competitividade do mercado de trabalho não se compagina com uma intervenção regulamentar injuntiva e as soluções

Sem prejuízo, a verdade é que as variáveis políticas, sociais e económicas que desde sempre envolveram o Direito do trabalho determinaram que os acordos de limitação da liberdade de trabalho cedo aparecessem filiados nas margens de racionalidade legalmente admissíveis[489], dando corpo às reclamadas necessidades de *diversificação* do sistema e à superação, por via negocial, das fronteiras de um modelo racionalmente unificado, que, pelas disfuncionalidades ostentáveis, não lograva a obtenção de soluções adequadas à tutela de interesses conexos com a execução do contrato de trabalho.

Surgida numa teia de *bilateralidades atributivas* e oferecendo uma oportunidade em que os interesses económicos se erguem como objecto de tutela e a protecção dos interesses empresarias reganha novo fôlego[490], a admissão sistémica destes acordos, embora necessariamente restritiva, permitiu também evidenciar que a ideia de um sistema laboral amparado na conservação de um paradigma regulativo uniforme se encontra ultrapassada pela ordem multipolar[491]: as feições fragmentárias que trespassam o Direito do trabalho constituíram um reflexo dos diferentes graus de pluralidade e conflitualidade sociais que, além da convocação de uma multiplicidade de fontes, surgiram, enquanto projecção do *post-modernismo* e como resposta à crise intervencionista do Estado moderno, a

---

estatais são geralmente ineficientes e coercitivas, devendo reduzir-se ao mínimo necessário para que o mercado de trabalho gere eficiências –, já as correntes mais ligadas à designada *economia institucional*, geralmente associadas à Universidade de Wisconsin, propugnam que os mercados de trabalho, sendo estruturalmente imperfeitos e desequilibrados, geram necessidades positivas de ajustamento: apenas a correcção, por via normativa e institucional, das condições de trabalho, dos salários e das práticas de gestão permite a criação das condições de segurança, de justiça e de oportunidades necessárias à consecução de níveis de eficiência económico-socialmente valoráveis como progresso.

[489] Em exemplo, no que às cláusulas de permanência diz respeito, veja-se, no ordenamento alemão, Markus Lotter, *Beschäftigungssicherung durch betriebliche Berufsbildungsmaßnahmen unter Beteiligung des Betriebsrats nach dem BetrVG: ein Qualifizierungskonzept für den Betriebsrat, um betriebliche Berufsbildungsmaßnahmen einzuleiten, zu betreuen und zu bewerten*, Kassel University Press, Kassel, 2010, 106 e, no ordenamento francês, Jean-Pierre Chauchard, "La clause de dédit-formation ou le régime de liberté surveillée appliqué aux salariés", DS 1989, n.º 5, 389, salientando que a obrigação de *remboursement* começou por ser admitida com base no art. 1134 do *Code Civil* a partir da situação dos aprendizes menores de idade.

[490] É neste sentido que a tentativa de Max Weber quanto à construção de modelos puros (também chamados tipos ideais) falhou quanto à sua correspondência prática: perante a impossibilidade de acompanhar a riqueza do fluir do real e diante da heterogeneidade de situações que envolve os sujeitos laborais, a construção, como faz salientar Monereo Perez, *Introduccion al nuevo Derecho del Trabajo* (1996), cit., 104, só pode ser hoje compreendida como uma mera unidade lógico-explicativa.

[491] Cfr. Gunther Teubner, *Droit et réflexivité: l'auto-référence en droit et dans l'organisation* (trad. Nathalie Boucquey & Gaby Maier), Bruylant, Bruxelas, 1996, 18 e ss.

exigir a confecção de formas de resolução de conflitos diversas, a suscitar a fusão de novos tipos contratuais e a destruir a adstringência de esquemas simplistas, num conjunto de formas de controlo reflexivas aptas a racionalizar a complexidade dos subsistemas sociais, que, mais vastamente, traduz a existência de margens normativas de adaptação social, que, visando assegurar a concretização dos interesses dos sujeitos laborais sempre que estes a possam prover em condições de efectiva liberdade, acentuam a *irredutibilidade* de *cada* situação laboral. A esta ligam-se também as diferenças de organização produtiva subjacentes aos múltiplos sectores de actividade e os diversos planos, funções e níveis de responsabilidade que os trabalhadores ocupam nas estruturas organizativas.

Importando salvaguardar como ideia-força a *liberdade concreta* e não a *liberdade abstracta* típica da visão liberal[492], e sem nunca perder de vista que os direitos fundamentais do indivíduo, cidadão e trabalhador são encarados como "componentes estruturais básicas do contrato de trabalho"[493], tornou-se contudo necessário regarantir que, por um lado, os interesses públicos que envolvem este ramo não são relegados para um espaço anómico e que, por outro, o recuo da lei perante o contrato não significa a civilização das relações contratuais, com preterição da tutela reclamada pela parte mais fraca.

Multiplicando-se as hipóteses de conflitos de interesses e potenciando-se a prevalência do sujeito mais forte (muito presente na ampliação dos poderes de direcção do empregador[494]), implica-se, assim, a necessidade de uma disciplina que se funde nas pessoas concretas e que prevaleça sobre a regulação mecânica das obrigações abstractas[495], que, sendo desapegada da concretude relacional que envolve os sujeitos laborais, tende a erigir a eficiência da solução a critério fundamental da adequação das soluções normativas[496] e a dar nova roupagem à

---

[492] JOSÉ JOÃO ABRANTES, "Liberdade contratual e lei: o caso das cláusulas de mobilidade geográfica dos trabalhadores" (2011), cit., 506. Como se salienta em ALAIN SUPIOT/MARIA EMILIA CASAS/ JEAN DE MUNCK/PETER HANAU/ANDERS JOHANSSON/PAMELA MEADOWS/ENZO MINGIONE/ ROBERT SALAIS/PAUL VAN DER HEIJDEN, *Transformações do Trabalho e futuro do Direito do Trabalho na Europa* (2003), cit., 294, sendo necessária uma *convenção de confiança* entre os sujeitos, esta fidúcia fica liminarmente afastada caso não se admita "uma real liberdade de acção reconhecida a cada qual", vale por dizer, "uma liberdade que disponha dos meios para se tornar efectiva".
[493] Ainda JOSÉ JOÃO ABRANTES, *Contrato de Trabalho e Direitos Fundamentais* (2005), cit., 218.
[494] À luz da Lei n.º 23/2012, de 25.06, ainda: ANTÓNIO MONTEIRO FERNANDES, "A reforma laboral de 2012 – observações em torno da Lei n.º 23/2012, de 25 de Junho" (2012), cit., 552.
[495] CATHERINE LABRUSSE-RIOU, "De quelques apports du droit des contrats au droit des personnes", *Etudes offertes à Jacques Ghestin* (dir. Gilles Goubeaux), LGDJ, Paris, 2001, 499 e ss...
[496] Criticamente: JOËLLE AFFICHARD/ANTOINE LYON-CAEN/STÉPHANE VERNAC, "De l'analyse économique à l'évaluation du droit du travail. Quelles leçons d'un programme de recherche par", *Compliance with labour legislation: its efficacy and efficiency/ Respect de la législation du travail: effectivité*

tensão histórica entre liberdade e segurança[497], num cenário em que a concertação social se reergue como processo legitimador[498].

Suscitando-se, nesse plano, uma combinação de variáveis sociológicas e económicas que permitam a diferenciação de realidades e a sua projecção na regulação laboral, como fazia notar JEAN-EMMANUEL RAY, "após um século de monopólio estático em matéria de criação do Direito do trabalho, a evolução recente caracteriza-se pelo ecletismo dos centros de decisão"[499], evolução que acompanha aliás, e em fundo, a substituição de uma estrutura monocêntrica do poder por uma repartição policêntrica do poder[500], num contexto de intensificação informacional, que supera distâncias geográficas e sociais, que encurta as noções de espaços e tempo e que potencia o reforço da interdependência entre as comunidades locais, nacionais e internacionais[501], factores inter-contextuais que, com dúvidas de natureza vária perante a multiplicidade de fontes, a diversidade de interesses visados e a "perda de nitidez da pirâmide normativa"[502], se

---

et impact (dir. Giuseppe Casale, Adalberto Perulli) International Labour Organization, Genebra, 2010, 110-1.

[497] JEAN-PIERRE LE CROM, "La liberté du travail en droit français. Essai sur l'évolution d'une notion à usages multiples" (2006), cit., 162.

[498] Sobre a revalorização de lógicas compromissórias que aplaquem as dinâmicas contraditórias das sociedades modernas, através de processos de negociação e compromissos em que o Estado surge nas vestes de interveniente, e com análise sobre o fenómeno de legitimação da lei pela nova "contratualização social", v. ALAIN SUPIOT, "La loi dévorée par la convention?", *Droit négocié, droit imposé?* (org. Ph. Gérard/F. Ost/M. van de Kerchove), Publications des Facultés Universitaires Saint-Louis, Bruxelas, 1996, 631-642 (631) e, entre nós, por todos, H. NASCIMENTO RODRIGUES, *A inevitabilidade do diálogo social*, Almedina, Coimbra, 2003.

[499] JEAN-EMMANUEL RAY, "Du tout-État au tout-contrat?", DS 2000, n.º 6, 574.

[500] ULRICH BECK, *Che cos'è la globalizzazione. Rischi e prospettive della società planetaria* (trad. E. Cafagna/C. Sandrelli) Carocci Edit. Roma, 2009, 54-5.

[501] Em alternativa à *globalização*, fala-se, por isso, em *re-localização*, conceito que se relaciona com o cálculo económico: não só ninguém pode produzir num âmbito literalmente global, como também as empresas que produzem e comercializam para diferentes mercados estão obrigadas a desenvolver laços locais, já que a sua produção assenta sobre esteios identitários e os símbolos globalmente comercializados são filtrados através de material que brota da cultura local. É neste contexto que BECK, em invocação de Robertson, alude a uma *glocalização*, como conceito que opera uma simbiose entre *globalização* e *localização*. Ainda: ULRICH BECK, *Che cos'è la globalizzazione. Rischi e prospettive della società planetária* (2009), cit., 69.

[502] A abordagem, sem prejuízo da sua significação própria no mundo laboral, tem aparecido centrada numa concepção "pós-moderna do Direito", com JACQUES CHEVALLIER, "Vers un droit postmoderne", Les *transformations de la régulation juridique. Tome V* (org. Jean Clam & Gilles Martin), LGDJ, Paris, 1998, 21-46 (33), a resumi-la nos seguintes termos: «en voie de passer d'un droit "monologique", reposant sur la "transitivité", la génération des normes se faisant suivant un pro-

vão projectar na (in)definição do Direito aplicável[503], suscitando novas sínteses jurisprudenciais[504].

Aportando-se, assim, a um sistema de controlo normativo descentralizado e plural – pluralidade ao nível das fontes (diversidade dos centros de imputação das normas laborais, com destaque para a regulamentação colectiva) e pluralidade no que diz respeito aos valores e interesses tuteláveis (recortada a partir do tipo de actividade, do perfil do trabalhador, do contexto em que este dispõe da sua energia laborativa ou mesmo a partir da natureza do empregador[505]) –, os limites tradicionalmente antepostos à autonomia privada, embora fortemente aceirados, não poderão já significar, no revesso, uma *economicização* das relações laborais (degradação do social em subproduto do económico), sujeitando as normas com incidência laboral a uma lógica de maximização das utilidades individuais, face à assunção de que estas se encontram direccionadas a uma razão primordial de eficiência (custo/benefício)[506].

Não se cuidando de questão cingível ao universo laboral e aportando-se globalmente ao sentido da *Law and Economics* – que consiste, em síntese, na sujeição de toda a regra a um cálculo de utilidade, que funciona simultaneamente como fonte e medida da sua legitimidade[507] –, a axiologia que permeia o Direito do trabalho impede uma redução da sociedade de cidadãos-trabalhadores à soma das suas utilidades individuais, redução que, aliás, e agora numa perspectiva translaboral, conflitua com a essência do Direito como bem comum, inviabilizando-se, nesta perspectiva, a comutação das regras em direitos subjectivos por via de um pressuposto incondicional de "individualização dos direitos", que, desatendendo à existência de superiores interesses civilizacionais, não logra captar

---

cessus en cascade, à un droit "dialogique", reposant sur l' "intransitivité", c'est-à-dire où il n'y a plus, ni ordonnancement hiérarchisé, ni "pré-détermination" de la signification des normes».

[503] V. Christine Neau-Leduc, «"les juges et le droit social": quelques propos en guise d'introduction», DS 2010, n.os 9-10, 871-2, afirmando, nesse contexto, "il faut bien admettre que le juge, en matière sociale, tend a être une source essentielle du droit".

[504] Sobre o papel da jurisprudência na optimização de interesses reclamada pela nova conflitualidade que marca o Direito do trabalho moderno, onde os tentames de civilização das relações laborais encontram nos tribunais um importante contrapeso: Alain Supiot, *Le Droit du Travail* (2004), cit., 45 e Michael Eckert, "Report – Blick ins Arbeitsrecht", DStR 2006, 32, 1416-1421.

[505] Como faz notar Júlio Vieira Gomes, *Direito do Trabalho* (2007), cit., 218, "tende a diferenciar-se cada vez mais, consoante o empregador seja, por exemplo, uma empresa, tenha ou não escopo lucrativo e até, sendo uma empresa, consoante a dimensão desta".

[506] Com posição crítica: João Leal Amado, "Dinâmica das relações de trabalho nas situações de crise: em torno da flexibilização das regras juslaborais" (2009), cit., 87-100.

[507] Cfr. Robert Cooter & Thomas Ulen, *Law and Economics*, Pearson Education, Limited, Essex, 2011, 22 e ss..

a essencialidade axiológica de normas de protecção e a necessidade de garantir princípios estruturantes do Estado de Direito.

Sendo essa a pauta de valoração implicada pelos acordos de limitação à liberdade de trabalho (infra), mas rejeitando-se que o confronto entre a economia e o Direito do trabalho seja perspectivado como um entrechoque entre "duas entidades monolíticas"[508], a tensão conflituante entre a liberdade do trabalhador e as necessidades de protecção eficiente que a posição do empregador enquanto agente de mercado reclama conhece porventura uma agudeza sem precedentes.

5. A transição de uma economia de produção para uma economia baseada no serviço e no conhecimento é hoje uma tendência irretornável (*New Economy*), acentuando a importância do "capital-invenção"[509], num contexto de novas formas de emprego e ferramentas de flexibilidade organizacional, de diversificação das relações entre a dinâmica social e a evolução das tecnologias da informação, de novas qualificações e competências e de diferentes formas de relacionamento no contexto de trabalhos atípicos[510].

A aceleração das mudanças induzidas pelo progresso tecnológico, a instabilidade social, a emergência de clivagens civilizacionais, as mudanças de hábitos de consumo, a par de uma recomposição das estruturas demográficas e da desintegração de instituições e valores dominantes, prefiguraram "um outro modelo de desenvolvimento", com paradigmas em que a tecnologia e o saber altamente qualificados constituem as novas alavancas de progresso[511].

---

[508] Assim Ricardo Del Punta, "The Economic Challenge to Labour Law" (2010), cit., 14-16. Mas, como bem salienta, com referência a uma análise do Direito do trabalho baseada em modelos económicos, "the greatest problem is represented by the notion of "power", which they ignore, so that it is not clear whether the concept of market failure can incorporate a disparity of bargaining power between the contracting parties like that traditionally postulated by labour law".

[509] A expressão é de Bento Carqueja, *Filosofia do Trabalho*, Imprensa da Universidade de Coimbra, Coimbra, 1932, 17, que dividia o capital-invenção entre próximo e afastado: o primeiro refere-se à cultura técnica especializada em qualquer ramo e o segundo dizia respeito à "cultura geral de um homem".

[510] A dificuldade em enquadrar, no plano jurídico, de forma homogénea, os novos trabalhos tem conduzido à utilização expressões tão variadas como "trabalho atípico" (supra), "trabalho marginal", "trabalho periférico", "trabalho *desestandartizado*" ou "trabalho irregular". Cfr. Bob Hepple, "Factors Influencing the Making and Transformation of Labour Law in Europe", *The Idea of Labour Law* (ed. Guy Davidov & Brian Langille) Oxford University Press, Oxford, 2011, 35-7 e Marco Biagi & Michele Tiraboschi, *Istituzioni di diritto del lavoro* (2012), cit., 111.

[511] As palavras são de Maria João Rodrigues, *Competitividade e Recursos Humanos*, Publicações Dom Quixote, Lisboa, 1991, 11.

Se a *gestão do saber* é uma ferramenta de valor estratégico para a competitividade que se assume como "substância do mundo trabalho"[512], esta assunção ligada à sociedade pós-industrial[513] convoca "o problema de como se pode hoje efectuar a reflexão sobre a conexão, ainda espontânea, entre progresso técnico e mundo social da vida, e como submetê-la ao controlo de uma discussão racional"[514], processo que, trazendo na génese um estiolamento da contraposição entre tempo livre e trabalho, subverte também, face à intangibilidade do saber e à rarefacção do trabalho manual, a linearidade do ciclo tradicional educação/trabalho/reforma[515].

Com a polarização da economia em recursos relacionados com o conhecimento (*Information Edge/Knowledge Society*[516]) e com a emergência de modelos de escala a implicarem uma concentração das vantagens competitivas na qualidade dos serviços prestados e nos níveis laborais alcançados, o trabalho produtivo tornou-se poliédrico, mais complexo, demandando um investimento financeiro acrescido e uma maior mobilização do intelecto.

Desconstruído o modelo fordista-taylorista, desaparecido o trabalho em série, desvanecida a repetitividade de funções e desrigidificada a tecnologia utilizada, as qualidades e os conhecimentos dos trabalhadores reganharam uma importância suplementar[517], dissipando-se o princípio da *unicidade do mercado de trabalho* e a homogeneidade da força de trabalho que lhe subjaz[518].

---

[512] Assim: JÜRGEN HABERMAS, "Progresso técnico e mundo social da vida", *Técnica e ciência como ideologia*, Edições 70, Lisboa, 1987, 99.

[513] Que ANTHONY GIDDENS, *A Europa na Era Global* (trad. Alberto Gomes), Ed. Presença, Lisboa, 2007, 16, define como "uma sociedade marcada pela democratização quotidiana, pelo individualismo e pela diversidade cultural; e onde predominam as ocupações relativas ao conhecimento ou aos serviços". Compreende-se, por isso, que apenas 16 por cento da mão-de-obra dos países da Europa dos 15 trabalhe na indústria, proporção que, conforme salienta GIDDENS (40), continua a descer.

[514] Ainda JÜRGEN HABERMAS, "Progresso técnico e mundo social da vida" (1987), cit., 96, com análise desenvolvida em torno de uma utilização alternativa do direito contrária à sua razão de ser, cuja acuidade, no que ao Direito do trabalho diz respeito, é manifesta.

[515] Cfr. JOÃO VASCO COELHO, *Uma anatomia do trabalho renovado*, Minerva, Coimbra, 2010, 25-6. Esta recontextualização é particularmente importante no caso dos pactos de não concorrência, uma vez que a obrigação de não concorrência assumida pelo trabalhador pode coexistir com a situação de reforma; mas também o é no âmbito dos pactos de permanência, uma vez que o exercício do direito à reforma pode conflituar com a obrigação assumida pelo trabalhador *(infra)*.

[516] Conceito de origem sociológica e económica, conforme explica JOEL MOKYR, *I doni di Atena. Le origini storiche dell'economia della conoscenza*, Il Mulino, Bolonha, 2004, 13 e ss..

[517] SHANNON MIEHE, *How to Create a Noncompete Agreement*, Nolo Press, Berkeley, 2002, 40.

[518] Não existindo a *homogénéité du travail* de que fala ERIC LECLERCQ, *Les théories du marché du travail*,

O mercado produz uma divisão *social* do trabalho com contornos cada vez mais cerrados[519], subordinando-se os trabalhadores à apreensão de novos saberes para a utilização de expedientes tecnológicos heterogéneos: trabalho em equipa, plurifuncionalidade, desenvolvimento de padrões cognitivos comuns e autonomia técnica são feições referenciais da revisão do modelo organizacional e tecnológico que conformou a produção *taylorista*[520], cuidando-se de factores de produção cuja transponibilidade para outros operadores económicos é mais difícil do que o decalque das características dos produtos (sobretudo os manufacturados)[521].

Num contexto sistémico de *lean production*[522], em que os modelos organizacionais se flexibilizam e em que o desenvolvimento da tecnologia adelgaça as estruturas organizativas, as alterações registadas nos últimos anos ao nível das estruturas de produção e dos activos nucleares das empresas têm naturalmente contribuído para a divulgação de convenções destinadas a afastar a concorrência dos trabalhadores[523], a garantir a confidencialidade das informações a que estes acedem[524] ou a estabelecer a sua fidelização[525], visando-se, em certa leitura, a criação de estímulos ao investimento nos trabalhadores e a confecção de níveis

---

Éditions du Seil, Paris, 1999, 11 e ss., falha, em consequência, um dos pressupostos da sustentação do princípio da *unicidade do mercado de trabalho*.

[519] Fabio Nuti, *Uomini, Imprese e Mercati* (2.ª ed.), G. Giappichelli Editore, Turim, 2004, 8.

[520] Notou-o Bernardo Lobo Xavier, "Flexibilidade e Mobilidade" Polivalência e mobilidade", *I Congresso Nacional de Direito do Trabalho. Memórias*, Almedina, Coimbra, 1998, 109, ao assinalar que "(o)s sistemas de Ford e Taylor viviam à base de organizações complexas e de postos de trabalho simples. Hoje as organizações são simplificadas, mas com postos de trabalho mais ricos e complexos".

[521] Jacques Barthèlèmy, *Evolution du droit social: Une tendance à la contractualisation mais un rôle accru des droits fondamentaux du travailleu* (2010), cit., 123. A este propósito, bem nota Miguel Moura e Silva, *Inovação, Transferência de Tecnologia e Concorrência*, Almedina, Coimbra, 2003, 84, que "(a)s inovações relacionadas com um processo de produção são mais difíceis de imitar do que as relativas a um produto. Este último pode ser analisado pelos concorrentes de modo a determinar as ideias que lhe estão subjacentes (*reverse engineering*)".

[522] Cfr. Ronaldo Munck, *Globalization and Labour: The New 'Great Transformation'*, Zed Books, Londres, 2002, 96 e, entre nós, António Nunes de Carvalho, "Ainda sobre a crise do Direito do Trabalho", *II Congresso Nacional de Direito do Trabalho. Memórias* (org. António Moreira), Almedina, Coimbra, 1999, 60 e ss..

[523] Por exemplo: Jean-Pierre Le Crom, "La liberté du travail en droit français. Essai sur l'évolution d'une notion à usages multiples" (2006), cit., 8.

[524] Em ilustração: Kim Lane Scheppele, *Legal Secrets: Equality and Efficiency in the Common Law*, Chicago Press, Chicago, 1990, 240-1.

[525] Salientando o ponto: Jean-Pierre Chauchard, "La clause du dédit-formation ou le regime de liberté surveillée appliqué aux salariés" (1989), cit., 388 e ss..

mínimos de protecção dos interesses económicos envolvidos, num esforço de *ajustamento* permanente ao mercado[526].

Tal sucede num contexto global em que a multiplicidade de solicitações a quem dispõe da sua força de trabalho forja círculos de relações jurídicas com novos e diferentes contornos e em que, não raro, se tende a sobrelevar a economia das soluções encontradas, crivando-se a análise dos acordos firmáveis a um critério de eficácia económica[527], a partir do princípio de que estes são um instrumento da economia de mercado, cuja função é acompanhar e facilitar o seu funcionamento e maximizar as margens de eficiência do mercado laboral.

Contudo, se há dois séculos se tratou o trabalho, a terra e a moeda como produtos cambiáveis, hoje, reconhecendo-se que estes são antes condições da actividade económica, e afastando-se a coisificação do cidadão-trabalhador enquanto conquista civilizacional irretornável, não se pode esquecer que o tratamento ficcionado do trabalho como algo separável da pessoa do trabalhador[528] só é possível dentro dos valores que fundam a ordem jurídica, onde o reconhecimento axiológico da *Pessoa* enquanto compreensão-experimentação da validade jurídica (na sua *auto-referencialidade* e *autotranscendentalidade prático-cultural*) é o centro gravitacional de um ordenamento[529].

A assunção desta perspectiva, que encontra raízes na formulação kantiana de que "deve sempre tratar-se o ser humano, seja a nossa própria pessoa, ou qualquer outra, como um fim e nunca como um mero meio", funda um critério valorativo que, pela circunstância de o ser, transcende regulativamente a rea-

---

[526] A palavra *ajustamento* surge como factor-chave: tanto se trata de ajustamento à inovação tecnológica, quanto de ajustamento entre a oferta e a procura (*just in time*), como faz salientar HANS BERTENS, "The Sociology of Postmodernity" (1997), cit., 111.
[527] A análise económica dos problemas coenvolvidos pelos acordos de limitação da liberdade de trabalho é prosseguível nos seguintes termos: (i) parte-se do pressuposto que o empregador e o trabalhador ao tomarem as decisões maximizam objectivos económicos bem conhecidos e claramente identificados, (ii) mostra-se que a interacção entre todos os sujeitos-decisores se estabiliza naquilo que os economistas designam como um equilíbrio, estado que não se altera espontaneamente, (iii) avalia-se, como fazem notar ROBERT COOTER & THOMAS ULEN, *Law and Economics* (2011), cit., 7, o equilíbrio do contrato à luz da eficácia económica.
[528] Fala-se em tratamento ficcionado, uma vez que a força de trabalho é uma qualidade da Pessoa, que, por não ser algo que se situe no mundo exterior, não tem existência objectiva, não podendo, em consequência, ser alienada em si mesma. Neste sentido, ALAIN SUPIOT, *Le Droit du Travail* (2004), cit., 33-4, aludindo a uma ficção como condição da alienação contratual do trabalho, refere que só esta permite tratar o trabalhador como sujeito e objecto do contrato, com o corpo do trabalhador, ao revés da valoração medieval, a não ser enquadrável como *res*.
[529] ANTÓNIO CASTANHEIRA NEVES, "A revolução e o direito", *Digesta. Escritos acerca do Direito, do Pensamento Jurídico, da sua Metodologia e Outros*. Vol. I, Coimbra, Coimbra Editora, 1995, 215.

lidade que constitui objecto da regulação desenhada[530], posto que a essencialidade axiológica do trabalho para a realização da dignidade do homem[531] não consentirá outra perspectiva que não a de que o trabalhador "é um fim em si"[532].

Tratando-se, por extensão, de enquadramento omnipresente nos acordos em que o trabalhador limita a sua liberdade de trabalho, na perspectiva certeira de ROMAGNOLI se o Direito do trabalho encontra no *trabalho* o seu nome e a sua razão de ser, é fundamental que, sem alheamento à realidade económica, se recentre como um *direito sobre o trabalho*[533].

II. Tipicidade

6. Num plano genérico, são várias as funções que, sem prejuízo das notas funcionais especificamente subjacentes, se podem atribuir aos acordos de limitação da liberdade de trabalho: regulação do mercado, protecção do património do empregador, promoção de mecanismos de fidelização do trabalhador, garantia de retorno do investimento efectuado, valorização do capital humano e adopção de instrumentos estabilizadores da organização produtiva, numa conjuntura em que elementos económicos, psicológicos e motivacionais se entrecruzam com a contextura jurídica subjacente aos acordos[534].

---

[530] Ainda ANTÓNIO CASTANHEIRA NEVES, *Curso de Introdução ao Estudo do Direito (lições policopiadas)*, Coimbra, 1971-1972, 107.

[531] JOSÉ JOÃO ABRANTES, *Contrato de Trabalho e Direitos Fundamentais* (2005), cit., 48.

[532] Firmando esta perspectiva, v. por exemplo: Ac TC n.º 155/04, de 16.03 (VITOR GOMES), proc. n.º 187/04. Por associação, reprística-se o conceito *weberiano* de "racionalidade axiológica", onde a acentuação da raiz antropocêntrica e a firmação da garantia dos direitos fundamentais da pessoa humana como questão central do Direito do trabalho não pode deixar de prevalecer sobre factores como a rentabilidade e a racionalidade económicas. Como faz resumir ADALBERTO PERULLI, "Rationalité et controle des pouvoirs de l'employeur" (2006), cit., 85-91, no pensamento weberiano a racionalidade tem uma dimensão ética ou axiológica, construída a partir da racionalidade instrumental e da racionalidade orientada a valores. A orientação da acção racional em valor funda-se no valor de um determinado comportamento (a conformidade absoluta a um dever), quaisquer que sejam as consequências que, do ponto de vista da racionalidade orientada a um objectivo (a denominada racionalidade instrumental), se produzam. É com a racionalidade axiológica que aportamos ao plano do dever ser, que se distingue do plano técnico. Ali joga-se não a adaptação dos meios aos fins, mas a escolha dos fins: por isso, no plano axiológico, a racionalidade é um instrumento que se exprime através das concepções de bem ou de justiça, que são as que moldaram a génese do Direito do trabalho.

[533] UMBERTO ROMAGNOLI, "El Derecho del Trabajo ante la crisis" (2012), cit., 15.

[534] Assim, associando a motivação dos sujeitos aos benefícios extraíveis com os acordos e ao regime que vai reger a relação, v., entre vários, JEAN-PIERRE CHAUCHARD, "La clause du dédit-formation ou le regime de liberté surveillée appliqué aux salariés" (1989), cit., 388 e ss. e ALBERTO RUSSO, *Problemi e prospettive nelle politiche di fidelizzazione del personale. Profili giuridici* (2004), cit., 15 e ss..

Associando-se, por tendência, este conjunto de acordos a um modelo de sociedade como mercado generalizado, cedo se afastou contudo a visão modelar de que no conjunto de transacções inter-individuais subjacentes aos acordos se trata apenas de contar o grau de optimalidade dos processos que regulam as transacções ou que se está diante da "figura do homem que sabe o que quer e o que é melhor para ele", volvendo-se a uma espécie de antrolopologia rústica do Direito dos contratos, com a consequente "redução do direito imperativo ao que é indispensável à sua execução"[535].

Na premissa de que uma concepção plena da autonomia privada não pode deixar de atender aos constrangimentos que lhe são impostos no seio de uma sociedade profundamente assimétrica e excludente e que a garantia de valores *prima facie* conflituantes com a possibilidade de os sujeitos regularem livremente a sua teia de interesses é a caução de que a autonomia privada é efectivamente promovida[536] (simbiose entre heteronomia pública e autonomia privada[537]), é nesse contexto, que, porventura mais do que nunca, o princípio geral de que qualquer pessoa tem o direito de usar e explorar a sua capacidade, o seu talento, a sua competência e a sua experiência para trabalhar conhece renovada saliência[538].

Tais qualidades dizem respeito não apenas ao percurso educativo e formativo que o trabalhador fez, como também ao seu percurso profissional[539].

---

[535] Veja-se HENRY SUMNER MAINE, *L'Ancien droit. Considéré dans ses rapports avec l'histoire de la société primitive et avec les idées modernes* (trad. Courcelle Seneuil), Guillaumin/A. Durand et Pedone Lauriel, Paris, 1874, 289 e, afastando qualquer tentação de, no âmbito de acordos conexos com o contrato de trabalho, se volver a uma compreensão medieval, estritamente transactiva, cfr. THÉRÈSE AUBERT-MONPEYSSEN, "Les libertés et droits fondamentaux dans l'entreprise: brèves remarques sur quelques évolutions récentes", *Melanges Dediés au President Michel Despax*, Toulouse, Presses de L'Universite des Sciences Sociales de Toulouse, Toulouse, 2002, 311-9.

[536] Ao referirmo-nos à autonomia privada fazemo-lo por identidade com a autonomia negocial (mesmeidade de conceitos), uma vez que a autonomia privada não é plenamente identificável com uma ideia de liberdade jurídica. Como fez notar JOAQUIM DE SOUSA RIBEIRO, *O Problema do Contrato. As Cláusulas Contratuais Gerais e o Princípio da Liberdade Contratual*, Almedina, Coimbra, 1999, 49-51, ela é uma competência para a auto-vinculação, *i. e.*, para a criação, por acto de vontade própria, da regra jurídica a que o sujeito fica submetido. Por isso, o seu operador necessário é o negócio jurídico, aportando-se à ideia de que autonomia privada e autonomia negocial são a mesma coisa.

[537] MASSIMO ROCELLA, *Manuale di Diritto del Lavoro* (2010), cit., 475 e KANISHKA JAYASURYIA, "Autonomy, Liberalism and the New Contractualism", *Contractualism and Citizenship* [col. Law in Context: vol. 18, n.º 2 (org. Terry Ross Carney/Gaby Ramia/Anna Yeatman)], The Federation Press, Annandale, 2001, 73.

[538] UMBERTO ROMAGNOLI, "El Derecho del Trabajo ante la crisis" (2012), cit., 15.

[539] Ver LOUISE FLOYD, *Employment Law*, Lawbook Co, Sidney, 2010, 45.

Esse saber, essa experiência para trabalhar, esse *quid* sócio-económico integrativo adquiridos pelo trabalhador não são transferíveis com o contrato de trabalho para a esfera do empregador, permanecendo no reduto da sua experiência de vida, enquanto tal, única, irrepetível e intransferível.

Sendo múltiplas, não obstante o nosso eixo de análise, as liberdades tocadas pelos acordos de limitação da liberdade de trabalho e de profissão, é outrossim consabido que numa economia de mercado a concorrência é livre.

Com efeito, e para lá das múltiplas dimensões da liberdade de trabalho e de profissão, importa não perder de vista a *liberdade económica*, que se desdobra na liberdade de contratar (esta, por seu turno, implicante da liberdade de celebração de contratos, de escolha do co-contratante e de modelação do conteúdo dos contratos), a liberdade de iniciativa económica ou de estabelecimento (postulante do direito a empreender novas actividades, por via da criação e da gestão de empresas[540]) e a liberdade de concorrência (determinante de uma efectiva competição pela conquista dos mercados[541]).

Se a liberdade de iniciativa económica se relaciona a espaços com a liberdade de profissão (supra), a ideia de fundo que inspira a liberdade de concorrência determina a repressão de abusos e restrições voluntárias, atinando, no essencial, com dois aspectos: *(i)* um é o que se refere à liberdade de constituição de empresa; *(ii)* outro é o que acerta com o acesso e a permanência no mercado, aspecto cuja verificação dificilmente se dissocia da liberdade de produção e de transacção, erigindo-se uma *rule of reason* de um conceito de concorrência sustentável que refreia os comportamentos egoístas que colidem com o interesse geral associado ao bom funcionamento do mercado[542], pois, num universo for-

---

[540] Este direito, como fazem notar GOMES CANOTILHO e VITAL MOREIRA, *Constituição Portuguesa da República Anotada. Artigos 101.º a 107.º* (2007), cit., 788, tem um duplo sentido. Por um lado, consiste na liberdade de iniciar uma actividade económica (liberdade de criação de empresa, liberdade de investimento, liberdade de estabelecimento) e, por outro lado, na liberdade de organização, gestão e actividade da empresa (liberdade de empresa, liberdade do empresário, liberdade empresarial). Trata-se, por isso, no primeiro sentido, de um direito pessoal (a exercer individual ou colectivamente), sendo, no segundo sentido, um direito institucional, um direito da empresa em si mesma.

[541] É certo que a concorrência para ser efectiva tem de respeitar determinados pressupostos: os protestos dos patrões de Mulhouse em 1842, quanto à profusão do trabalho infantil à ineficácia inspectiva da lei de protecção de 22.03.1841 (*loi sur le travail des enfants dans les manufactures*), comprovam-no: a liberdade de concorrência encontrava-se falseada. A genuinidade da concorrência está na garantia dos direitos e na igualdade de condições. Cfr. MICHEL BRANCIARD & MARCEL GONIN, *Le mouvement ouvrier: 1815-1976*, Montholon-Services, Paris, 1977, 10-1.

[542] ALBERTO PIZZOFERRATO, "Libertà di concorrenza e diritti sociali nell'ordinamento UE", RIDL 2010, ano XXIX, 527 e GIANCARLO ROLLA, *Il sistema costituzionale italiano*, Giuffrè, Milão, 2011, 175-6.

temente marcado pela luta e pela concorrência, "também aqui existir é existir com o outro"[543].

Daí que, por princípio, as possibilidades oferecidas aos empregadores de impedirem os seus trabalhadores de trabalhar, durante o contrato ou após a cessação do seu vínculo, com empregadores que disputam o mesmo mercado sejam *controladas de forma fechada*[544]: economicamente, os recursos devem ser distribuídos pela produção dos diversos bens e serviços na proporção adequada, tendo como medida as preferências expressas pelos empregadores através do preço que estão dispostos a pagar no mercado pela força de trabalho[545] e, no plano jurídico-constitucional, topa-se com *(i)* o interesse de livre iniciativa económica privada[546], com *(ii)* o interesse no funcionamento eficiente dos mercados de modo a garantir a equilibrada concorrência entre empresas[547] e com *(iii)* o interesse numa política científica e tecnológica favorável ao desenvolvimento do país[548], numa tela complexa em que, havendo tendência para um entrechoque entre a liberdade contratual e outros direitos fundamentais ou garantias institucionais, se foram construindo filtros com vista à delimitação das condições e dos termos que conformam este *genus* negocial.

---

[543] ORLANDO DE CARVALHO, "Empresa e lógica empresarial", *Estudos em Homenagem ao Prof. Doutor Ferrer Correia*, BFDVC, Coimbra 1997, 21.

[544] A expressão é de HUGH COLLINS, *Employment Law*, Oxford University Press, Oxford, 2008, 153.

[545] Em direcção próxima, v. JEAN PÉLISSIER, "La liberté du travail" (1990), cit., 21, salientando, por isso, a absurdez económica das cláusulas de não concorrência.

[546] Arts. 61.º, n.º 1, e 80.º, al./c. Trata-se, na sua essência, de uma "iniciativa económico-produtiva de carácter empresarial", que, exprimindo uma liberdade de organização da empresa e da actividade empresarial, envolve, como faz notar EVARISTO MENDES, "Anotação ao art. 61.º", *Constituição Portuguesa Anotada*, Tomo I (2005), cit., 1182-3, "uma dupla faceta — organizativa e operacional", sem que, em todo o caso, se afaste uma leitura constitucionalmente condicionada pelo "interesse geral" (n.º 1 do art. 61.º).

[547] Art. 81.º, al./f. Cuida-se de um valor objectivo do modelo de organização económica que a Constituição desenha, nos seus traços fundamentais e que, de forma mediata, contribui para a realização de direitos económicos e sociais (nomeadamente os direitos dos consumidores), ao estimular "o progresso económico-social em benefício dos cidadãos": JORGE MIRANDA & RUI MEDEIROS, *Constituição Portuguesa Anotada*, Tomo I (2005), cit., 20 e GOMES CANOTILHO & VITAL MOREIRA, *Constituição Portuguesa da República Anotada. Artigos 101.º a 107.º* (2007), cit., 968-971.

[548] Art. 81.º, al./l. Topando-se com uma tarefa do Estado que se ampara numa norma constitucional sem grande densidade conteudística, o legislador, como salientou GOMES CANOTILHO, *Constituição dirigente e vinculação do legislador – Contributo para a compreensão das normas constitucionais programáticas* (2.ª ed.), Coimbra Editora, Coimbra, 2001, 286-7, encontra-se adstrito a um "dever de actividade finalisticamente orientado", seleccionando, para tanto, "determinantes autónomas de actuação", que, no essencial, se orientam à promoção da inovação industrial das empresas.

Trata-se, em rigor, de limitações a uma liberdade que está para lá da liberdade de trabalho e que, num plano mais vasto, toca na esfera de liberdade de cada cidadão: a diminuição da liberdade económica implica uma compressão das liberdades cívicas, ao postular uma intervenção do Estado que de forma diversa caberia aos cidadãos e aos agentes económicos[549].

A razão de ser das liberdades económicas extravasa, pois, a esfera do económico[550], expressando-se outrotanto como instrumental às liberdades cívicas e à democracia, cujo sustento são os direitos fundamentais[551].

Assim, e uma vez que a tutela da liberdade humana é também mobilizada como fundamento normativo do próprio Direito da concorrência[552], esta perspectiva integradora implica não só uma análise dos resultados dos processos de mercado (prosperidade económica gerável, em relação com a medida em que esta aprofunda a liberdade humana), como também uma análise dos processos pelos quais esses resultados se objectivam[553] e que inclui, naturalmente, a liberdade de acção que as Pessoas têm num determinado sistema institucional[554].

Ora, se esta liberdade, que é a liberdade central, acaba por vezes onde começa a liberdade (irrestrita) de funcionamento do mercado, este enquadramento axiológico, como se entrevê, restringe a admissão de acordos que limitam ou condicionam as múltiplas irradiações que essa liberdade demanda[555].

Se, por um lado, num cenário em que o crescimento económico é essencial mas não suficiente para assegurar a equidade e o progresso social, a garantia dos princípios e direitos fundamentais no trabalho é fundamental – ao possibilitar que os interessados participem livremente e com oportunidades iguais nas riquezas que ajudaram a criar e a realizar plenamente o seu potencial humano

---

[549] Evidenciando a asserção: GIANCARLO ROLLA, *Il sistema costituzionale italiano* (2011), cit., 46-7.
[550] PIETRO TRIMARCHI, *Istituzioni di Diritto Privato* (19.ª ed.), Giuffrè, Milão, 2011, 568.
[551] Assim, considerando que as liberdades espirituais, políticas e económicas são a estrutura primária dos direitos fundamentais, cuja susceptibilidade de fruição integra o conceito de democracia: JAN ZIEKOW, *Ueber die Freizügigkeit und Aufenthalt*, Mohr Siebeck, Tubinga, 1997, 348.
[552] Entre nós, salientando o ponto, cfr. CAROLINA CUNHA, *Controlo das concentrações das empresas (direito comunitário e direito português)*, Almedina, Coimbra, 2005, 26.
[553] Por tudo isto, e em contexto científico mais vasto, acompanha-se M.ª MANUEL LEITÃO MARQUES, *Um Curso de Direito da Concorrência*, Cedipre, Coimbra Editora, Coimbra, 2002, 91, quando faz notar que "o Direito da concorrência constitui uma área de intersecção privilegiada entre o direito e a economia, entre abordagens micro (comportamentos e estratégias empresariais, contratos entre empresas) e abordagens macro (delimitação dos mercados, avaliação do impacto em cada um deles, regulação pública)".
[554] Conforme fez salientar FRIEDRICH HAYEK, *O caminho para a servidão* (trad. Marcelino Amaral), Edições 70, Lisboa, 2009, designadamente 128 e ss..
[555] GIANNANTONIO GUGLIELMETTI, *Limiti negoziali della concorrenza*, Cedam, Pádua, 1961, 92.

–, por outro, em sistemas baseados nos princípios da liberdade de concorrência e da livre contratação, é mister garantir que os agentes económicos dispõem de condições iguais pela conquista de novos mercados, pelo desenvolvimento da sua actividade em condições de igualdade, actividade concorrencial que, sendo impossível sem que haja benefícios para uns e prejuízos para outros, aguça a criação de barreiras, legais ou convencionais, ao funcionamento do mercado e à contratação laboral[556].

Não se podendo mobilizar a liberdade de conformação dos contratos com o intuito de lesar as liberdades individuais – desde logo: a liberdade de trabalhar[557] –, os acordos destinados a limitar a liberdade de trabalho perfilam-se, por isso, em contrariedade com as necessidades de flexibilidade, de dinâmica do mercado e de mobilidade que são reclamadas pelos agentes económicos, sendo, por definição, admitidos em "termos restritivos"[558]: embora a sua atinência com direitos fundamentais preguie uma leitura constitucionalmente orientada, tal restritividade baseia-se igualmente no facto de estarmos perante acordos que, visando a cristalização de uma situação de facto, procuram impedir que outros agentes possam beneficiar no imediato do saber, do património profissional de um trabalhador, privando, em muitas situações, a sociedade dos avanços que essa laboração traria e dos benefícios que genericamente a colectividade poderia fruir[559].

O facto *(i)* de constituírem um freio à livre circulação do conhecimento e à livre concorrência entre agentes económicos, *(ii)* de produzirem efeitos inibitórios quanto ao desenvolvimento tecnológico, *(iii)* de impedirem um alarga-

---

[556] NORMAN BISHARA, "Covenants not to compete in a knowledge economy: Balancing innovation from employee mobility against protection for human capital investment", BJELL 2006, Vol. 27, n.º 2, 288-9, BERNARD H. SIEGAN, *Economic Liberties and the Constitution* (2.ª ed.), Transaction Publishers, Nova Jérsia, 2006, 23 e 27 e RALPH KRAMER & FRANK K. PETER, *Arbeitsrecht: Grundkurs für Wirtschaftswissenschaftler* (2.ª ed.), Springer Gabler, Wiesbaden, 2012, 29.
[557] ENRICO DICIOTTI, "Stato di diritto e diritti sociali", DQP 2004, n.º 4, 68-9 e ANA PRATA, *A Tutela constitucional da Autonomia Privada* (1982), cit., 133.
[558] LUÍS MENEZES LEITÃO, *Direito do Trabalho* (2010), cit., 401.
[559] Ademais, incumbindo ao Estado um papel de protecção e incentivo da liberdade de comércio e indústria, a regulação desta *libertas sub lege*, ultrapassada que se encontra a perspectivação da liberdade de comércio e indústria como um direito subjectivo absoluto, destina-se a garantir aos agentes económicos que estes têm as condições para obter um resultado económico adequado à actividade que desenvolvem. Para tanto, é necessário que exista liberdade de escolha por parte dos consumidores, condição que demanda uma oferta no mercado de produtos ou serviços semelhantes aos dos seus concorrentes, pois só assim se poderá optar pelos diferentes produtos ou serviços tendentes à satisfação da mesma necessidade, assegurando-se não só uma boa alocação de recursos, como também ganhos de eficiência na produção.

mento, ainda que reflexo, da produção/prestação concomitante de bens ou serviços (cujo efeito natural é a descida dos preços desses bens ou serviços) e *(iv)* de poderem bloquear a utilização difundida de elementos essenciais à investigação científica (por exemplo: medicação), potencia, nessa medida, um aceso debate acerca da sua eficiência económica[560].

7. O quadro que vimos de traçar, para lá do enquadramento constitucional cabível e da perspectiva económica subjacente, encontra, entre nós, reflexo na proibição genérica de que "é nula a cláusula do contrato de trabalho ou de instrumento de regulamentação colectiva de trabalho que, por qualquer forma, possa prejudicar o exercício da liberdade de trabalho e de profissão após a cessação do contrato de trabalho".

Embora situada no art. 136.º, referente aos pactos de não concorrência, a disposição extravasa esse perímetro, abrindo, em paralepse, folga para a admissão de acordos que operem uma limitação à liberdade de trabalho durante a execução do contrato de trabalho.

O problema situa-se, pois, nas fronteiras da tipicidade legal dos acordos de limitação à liberdade de trabalho, implicando a problematização subjacente à existência de um *numerus clausus* legal de *tipos* de acordos de limitação à liberdade de trabalho.

Os tipos, que se impuseram como consequência da distinção hegeliana entre conceito abstracto e conceito concreto[561], são um conceito que não divide a rea-

---

[560] *Ex multis*, e em panorâmica: ERIC POSNER/ALEXANDER TRIANTIS/GEORGE TRIANTIS, *Investing in Human Capital: The Efficiency of Covenants Not to Compete*, (01.2004). U Chicago Law & Economics, Olin Working Paper n.º 137; Univ. of Virginia Law & Econ Research Paper n.º 01-08: http://dx.doi.org/10.2139/ssrn.285805. Adiante-se, todavia, que algumas das premissas que têm escorado o debate não quadram com o enquadramento axiologicamente postulado por ordenamentos como o português, de que é exemplo mais saliente a incorporação em modelos económicos da susceptibilidade de execução coerciva das *restrictive covenants*, cujo contraste com a impossibilidade de execução coerciva dos vínculos laborais aparece assaz exaltado como um dos aspectos que contribui justificadamente para a sua difusão e, antes disso, para a sua racionalidade económica.

[561] Assim: CARLO BEDUSCHI, *Tipicitá e Diritto. Contributo allo studio della razionalità giuridica*, Cedam, Pádua, 1992, 108-9 e KARL LARENZ, *Metodologia da Ciência do Direito* (trad. José Lamego), 3.ª ed., Gulbenkian, Lisboa, 1989, 649 e ss.: o conceito concreto é aquele a que recorre o pensamento jurídico, antecedente da noção de tipo. Neste sentido, JOSÉ DE OLIVEIRA ASCENSÃO, *A tipicidade dos direitos reais*, Petrony, Lisboa, 1968, 22 e ss., salientando que o tipo suporta a especificação de um conceito através de uma pluralidade de espécies, e que o tipo, sendo sempre um abstracto em relação às circunstâncias históricas, busca o conceito mediante a especificação, não discerne qualquer utilidade na contraposição entre tipo e conceito, pois a essência de um tipo é a de um conceito em espécie.

lidade e que a esta apenas pode ser referida: se por via de regra reina a liberdade tipológica (caracterizada pela doutrina alemã como *Typenfreiheit*[562]) – o que implica que os tipos legais não esgotam as possibilidades das partes –, tem-se como princípio que os tipos legais utilizados para a identificação nominada dos acordos de limitação à liberdade de trabalho (os pactos de permanência e de não concorrência) não consomem, no seu conjunto, o conceito pressuponente (=acordos de limitação à liberdade de trabalho), antes se referindo a ele.

Não existindo, de uma parte, qualquer sinal sistemático que possa aferrar uma pretensa tipicidade taxativa e se, de outra parte, uma enumeração dos acordos, não podendo fazer presumir qualquer taxatividade, possibilita a descoberta de novos tipos[563], é contudo neste plano de análise que a qualificação daquela norma interditiva como sendo uma norma excepcional suportaria a invocação do argumento *a contrario sensu*, com vista à admissão de todo e qualquer acordo de limitação à liberdade de trabalho que não se projectasse para lá da relação de trabalho.

As dificuldades relativas à qualificação de uma norma excepcional e à utilização do argumento *a contrario*, qual anverso da analogia, são conhecidas e refluem a círculos viciosos: com o *ius singulare* a encontrar as suas raízes históricas no *privilegium* romano[564], uma norma é excepcional se encerrar um regime que, contrariando os princípios gerais (os *praecepta iuris*[565] de que falava Ulpiano), difere do regime aplicável a outras figuras compatíveis; mas o regime dessas figuras só é recortável depois da perquirição da aplicabilidade a essas figuras da norma cuja excepcionalidade é suscitada.

Assim, se já KELSEN nutria dúvidas acerca do valor atribuível ao "argumento *a contrario*" (e também à analogia)[566], é, todavia, vítreo que há normas que, em razão dos interesses tutelados, se encontram ontologicamente comprimidas ao feixe de situações reconduzíveis à respectiva estatuição, não consentindo, por

---

[562] KARL LARENZ, *Lehrbuch des Schuldrechts I – Allgemeiner Teil* (14.ª ed.), C H Beck, Munique, 1987, § 4, 45.
[563] Assim, após a distinção entre tipicidade taxativa, delimitativa ou exemplificativa, v. JOSÉ DE OLIVEIRA ASCENSÃO, *A tipicidade dos direitos reais* (1968), cit., 57 e ss..
[564] HEINZ MOHNHAUPT, *Historische Vergleichung im Bereich von Staat und Recht: Gesammelte Aufsätze*, Vittorio Klostermann, Francoforte sobre o Meno, 2000, 285-6.
[565] Etimologicamente *prae + cepta*, de *prae + capere*. Isto é, *algo* que tem de ser tomado em primeiro lugar.
[566] HANS KELSEN, *Teoria Pura do Direito* (4.ª ed/trad. João Baptista Machado), Coimbra Editora, Coimbra, ed. Arménio Amado, 1979, 468. Salientando o ponto: NORBERTO BOBBIO, "Lacune", *Novíssimo Digesto Italiano* IX, 1963, 422.

imperativos de segurança, a sua extensão a realidades aproximáveis, de que são exemplo as normas criminais[567].

Porém, se, no círculo problemático que nos ocupa, se cuida da indagação da tipicidade de acordos que, ao menos *in potentia*, limitam a autonomia privada dos sujeitos e não o intérprete-aplicador *qua tale*[568], no caso o n.º 1 do art. 136.º não alberga uma norma substancialmente excepcional, ao reservar a introdução de limitações à liberdade de trabalho após a cessação da situação laboral aos pactos de não concorrência: o sistema juslaboral, onde os espartilhos à autonomia privada conhecem fundadas razões históricas, oferece esse tipo legal como sendo o único apto a permitir tais limitações, seleccionando, para tanto, um conjunto de critérios de regulação do conflito de interesses subjacente, sem que, contudo, tal implique, à luz do teorema *contra tenorem rationis*, a admissão de qualquer acordo que limite a liberdade de trabalho antes ou no decurso da situação laboral.

Com efeito, se os pactos de não concorrência correspondem a um modelo suficientemente elástico que, de forma calibrada, procura garantir as necessidades de tutela dos direitos empresariais que vão limitar as possibilidades de o trabalhador exercer uma actividade que os vulnere, a exclusão das possibilidades de criação de outros acordos que se predestinem a esse fim corresponde, nesse sentido, a uma solução sistemicamente conforme, que confina as margens em que o acto renunciativo do trabalhador a um direito fundamental pode operar, sem que os empregadores fiquem despojados quanto à utilização de um instrumento cujas potencialidades de tutela são largamente aptas a cobrir a multiplicidade de interesses que concorre para a atendibilidade de uma limitação pós-contratual[569].

---

[567] Em panorâmica, e com análise sobre as múltiplas dúvidas que a excepcionalidade de uma norma suscita, permanece actual GENEROSO MELILLO, "Ius singulare", *Novissimo Digesto Italiano* IX, 1963, 389-391.

[568] Vislumbrando-se, aqui, uma dissemelhança absoluta de enquadramentos entre as normas que analisamos e as normas penais, já que, ao contrário da indagação que fazemos quanto à tipicidade dos acordos de limitação da liberdade de trabalho, no Direito penal não se visa a proibição de os sujeitos praticarem crimes não previstos por lei, aparecendo aí a tipicidade como um "corolário nuclear da função de garantia jurídico-política do cidadão frente ao poder punitivo estadual". Cfr. AMÉRICO TAIPA DE CARVALHO, *Direito Penal- Parte Geral. Questões Fundamentais*, UCP, Porto, 2003, 204-5.

[569] O fecho do sistema quanto à admissão de tipos aptos a limitar pós-contratualmente a liberdade de trabalho não inviabiliza a possibilidade de, no interior do tipo legalmente configurado, haver uma abertura a conformações que se afastem do esquema legal, circunstância que, no nosso sistema, não ocorre. Se esta liberdade de conformação é obtenível através da utilização de normas supletivas ou da enunciação de normas exemplificativas, verifica-se que o art. 136.º do CT2009 não

Ainda nesta perspectiva, que se faz centrada na proibição contida no n.º 1 do art. 136.º, não merecerão o epíteto de excepcionais os modelos construídos *ex lege* para os pactos de permanência ou de não concorrência, já que excepcionalidade e restritividade são conceitos inassimiláveis, que operam em círculos materiais diversos.

Na verdade, a regulação sobre os pactos de não concorrência e de permanência corresponde à conformação legal do art. 18.º da CRP e à composição de modelos que, na dialéctica liberdade de trabalho/liberdade de iniciativa económica, são adequados à expressão de um quadro de *concordia discordantium principae*, em que as limitações à liberdade de trabalho operam com restritividade: a legitimação dos pactos busca-se no consenso exigido para a *limitação* à liberdade de trabalho (sem esse consenso ela é ilícita) e na regulação estabelecida para o modo, o regime e os termos em que essa renúncia pode operar, através de uma conformação do seu conteúdo[570].

Assim, se a renúncia do trabalhador a esse direito fundamental encontra contrapesos *in abstracto* adequados – *v. g.* a existência de uma contrapartida ou a sua revogação a todo o tempo por parte do trabalhador – e que, em função dos vectores do sistema, são *in concreto* sindicáveis, não se cuida, em rigor, de um conjunto de disposições que colidam com as bases gerais do sistema jurí-

---

consagra esse tipo de normas, albergando uma rigidez que se justifica em função da relação material subjacente e da dimensão jus-fundamental do acordo regulado (infra).

[570] Como fez notar JORGE REIS NOVAIS, *As Restrições aos Direitos Fundamentais não Expressamente Autorizadas pela Constituição* (2003), cit., 548, esta inevitabilidade de colisões de bens constitucionais ou de desenvolvimento de exigências de sentido contrário decorrentes das garantias constitucionais não é um problema que se coloque apenas à administração e aos tribunais na decisão de situações ou controvérsias jurídicas concretas. Na medida em que o legislador, condicionado pela dimensão objectiva dos direitos fundamentais, está obrigado a antecipar, prevenir e regular a solução dessas situações de conflito ou de tensão, pode dizer-se que se trata de um problema que, em planos mais gerais e abstractos ou concretos e individualizados, afecta todos os poderes constituídos. A necessidade, imposta pelo princípio da unidade da Constituição e pelo princípio da igualdade, de compatibilizar os valores em conflito no sentido da sua realização optimizada pode ser acompanhada da impossibilidade objectiva de satisfação integral de cada uma das normas constitucionais que garantem os bens em conflito. Nessa altura, há uma inevitabilidade objectiva de limitação, eventualmente recíproca, dos efeitos jurídicos que emanam das disposições constitucionais e, porventura, a eventual necessidade de afectação desvantajosa do conteúdo de proteção à partida contido na norma de direito fundamental, mesmo que em alguns casos para isso não se disponha – até porque tal seria objectivamente impossível para todas as situações – de autorização constitucional expressa. A não consideração da possibilidade de restringir os direitos fundamentais sem reservas quando em colisão com outros bens constitucionais teria como contrapartida necessária a não observância ilegítima de outras normas constitucionais por parte dos poderes constituídos que se vissem colocados perante a necessidade de resolver as situações de conflito.

dico, mas que, ao contrário, afloram o art. 18.º da CRP, pois o acto de renúncia, correspondendo ao exercício da autonomia do trabalhador, só é válido se observar determinadas exigências, operando-se aí a simbiose entre a protecção das necessidades empresariais e os limites impostos para o enfraquecimento da liberdade de trabalho.

Trata-se, por isso, de uma composição legal de interesses que funda sub-regimes com aptidão normativa para abarcar realidades com contornos semelhantes, pautadas por uma mesmidade de interesses, que, em razão da impossibilidade de uma tipicidade legal que esgote as soluções normativas que a vida reclama, suscitam a confecção de um enquadramento que atenda à ordem de valores reflectida nos tipos que o legislador conformou e que a concretude da prática reivindica[571].

Firmando-se esse princípio geral, não se entrevê, dessarte, um conjunto de disposições *contra rationem iuris*, que impeça, por um lado, a possibilidade de os sujeitos criarem instrumentos fundeados em interesses idênticos com a conformação restritiva exigida pelo sistema, e que inviabilize, por outro, a confecção de uma disciplina contratual, sistemicamente ajustada, que exprima a relação de adequação normativa contida entre nós nos arts. 136.º e 137.º, mediante a substancialização de garantias teleologicamente idênticas, que concretizem de forma intersubjectivamente comprovável os resultados da ponderação de direitos desenvolvida *ex lege*.

Nestes termos, se o afastamento da analogia é *per essentiam* contrário à perspectiva de que a qualificação não cabe à lei – pois a proibição de aplicação analógica dos tipos legais de acordos de limitação à liberdade de trabalho traz consigo a qualificação prévia desses instrumentos adoptados pelos sujeitos laborais, algo que só com recurso à analogia pode fazer-se –, impõe-se, contudo, ter presente que essa relação identitária encontra as suas fronteiras na função genética obrigacional que se liga ao fundamento económico-jurídico de cada acordo típico, não sendo permitida a criação de instrumentos contratuais que se orientem, ao arrepio das condições de validade exigidas para cada um deles, à criação de obrigações idênticas e/ou à produção de efeitos semelhantes, com excepção, naturalmente, das que a lei associa ao desempenho de determinadas funções (*v. g.* incompatibilidades ou deveres de não concorrência legais) ou em que, *a*

---

[571] Em fase ulterior, as restrições à conformação da disciplina contratual que cabe empreender são, por isso e também, similares às que caracterizam os pactos legalmente típicos, que, fazendo eco da necessidade de encontrar um instrumento que tutele os interesses da empresa, procuram, em regime constitucionalmente conforme, salvaguardar o núcleo essencial do princípio da liberdade de trabalho.

latere, abre, em funções de características especiais, margem para que os sujeitos estabeleçam regimes contratuais com aptidão para a produção de efeitos similares (aumento do prazo de aviso prévio subjacente à denúncia do contrato de trabalho).

Sendo esse o espaço autonómico que, em razão da relação entre os interesses em jogo e a regulação projectada para os pactos legalmente típicos, se deve entender subtraído aos sujeitos, as margens em que estes podem conformar os seus interesses atinam com instrumentos que, configurando uma limitação à liberdade de trabalho, implicam uma obrigação de *non facere* com fundamento económico-jurídico diverso do que caracteriza os pactos de permanência e os pactos de não concorrência: trata-se, com admissão consensual, dos pactos de exclusividade, uma vez que a tipicidade apenas significa que os critérios de identificação dos tipos legais aptos a produzir uma limitação da liberdade de trabalho são inderrogáveis, inderrogabilidade cuja incidência se atém, contudo, à respectiva *factis species*.

Não sendo possível formular um juízo acerca da rigidez do sistema quanto à admissão de outros tipos contratuais aptos a limitar a liberdade de trabalho sem levar em consideração outras dimensões da regulação legal, os pactos de exclusividade, correspondendo a um tipo social historicamente arreigado[572], limitam a possibilidade de o trabalhador exercer uma ou mais actividades profissionais para lá do contrato de trabalho em que intervêm, combinando, em certa perspectiva, elementos de ambas as *factis species* dos acordos legalmente típicos, com arrumação entrecruzada (contrato de trabalho em execução e não exercício de uma ou mais actividades laborais).

Se os pactos típicos permitem, como refere BEDUSCHI[573], agregar situações coerentes e assingelar juízos uniformes, funda-se assim um quadro que, em juízo sintético, é eminentemente dual: ou o acordo logra reconhecimento num

---

[572] ORLANDO DE CARVALHO, *Teoria Geral do Direito Civil*, (1981), cit., 16, fala, em contexto genérico, de um "poder jurisgénico (criador de Direito) da pessoa comum". Ora, se como afirma PEDRO PAIS DE VASCONCELOS, *Contratos Atípicos*, Almedina, Coimbra, 1995, 59, os tipos sociais não têm necessariamente que ter correspondente de entre os tipos legais – razão pela qual são em maior número que estes –, seguindo BETTI, *Teoria Generale del Negozio Giuridico* (2.ª ed.), Edizione Scientifiche Italiane, Nápoles, 1994, 362-9, mau grado a atipicidade legal do negócio, a sua função económico--social, porque objecto de prévia valoração positiva pelo Direito, é típica, surgindo, *hoc sensu*, a tipicidade social. Ainda: RODOLFO SACCO, "Autonomia contrattuale e Tipi", RTDPC, 1966, 785 e ss., JOSÉ DE OLIVEIRA ASCENSÃO, *A tipicidade dos direitos reais* (1968), cit., 24 e ss., RUI PINTO DUARTE, *Tipicidade e Atipicidade dos Contratos*, Colecção Teses, Almedina, Coimbra, 2000, 33 e ss..
[573] CARLO BEDUSCHI, "A proposito di tipicitá e atipicitá dei contratti", RDC 1986, n.º 4, 378 (351-381).

modelo regulativo desenhado por lei, e então está-se diante de um acordo legalmente típico, ou, não sendo possível essa operação de recolha nos modelos estabelecidos por lei, está-se perante um acordo legalmente atípico, que, podendo ou não ser socialmente típico, encontra nas balizas traçadas para a admissão dos acordos legalmente típicos os limites necessários ao seu reconhecimento por parte do sistema.

8. Assim, se no ordenamento juslaboral português, e no que aos acordos de limitação da liberdade de trabalho diz respeito, se topa com um corpo normativo que, a despeito de algumas deficiências, se revela apto a integrar as diferentes pretensões dos sujeitos laborais, o primeiro desfecho a que nos conduz o n.º 1 do art. 136.º encontra-se na identificação dos acordos susceptíveis de limitar a liberdade de trabalho após a cessação do contrato de trabalho, reservando-se essa função aos pactos de não concorrência.

Sem prejuízo de em geral a fixidez de um determinado estatuto normativo se mostrar compatível com a atipicidade dos negócios que podem constituir a sua fonte[574], tal significa que, para lá da verificabilidade dos pressupostos legalmente desenhados para os pactos, surge provocada a disciplina desta figura típica sempre que os sujeitos forja(re)m um acordo cujos interesses constitui a função deste tipo negocial, mesmo que o designem de forma diversa ou não o nominem e ainda que não provenham, ou o façam de forma diferente, sobre o respectivo regime[575].

Cuidando-se de aspecto que desenvolveremos adiante, e que não pode ser dissociado da dissecação das razões que preditam essa *norma legal proibitiva*, um acordo cujo resultado económico-jurídico seja directa ou indirectamente enquadrável nessa proibição, mas que esteja para lá das condições de validade exigidas para os pactos de não concorrência, será nulo por fraude à lei, independentemente de qualquer dolo ou intuito de violação do conteúdo negocial[576].

A qualificação destes acordos e a delimitação dos efeitos que estes produzem assume aliás especial relevância num contexto em que o apertado escrutínio a que têm sido submetidos os pactos de não concorrência tem fomentado o apa-

---

[574] José de Oliveira Ascensão, *A tipicidade dos direitos reais* (1968), cit., 168 e ss..
[575] Com leitura idêntica do art. 2596 do *Codice Civile*, afastando a possibilidade de "patti di non concorrenza atipici", Enrico Ghirotti, *Il patto di non concorrenza nei contratti commerciali*, Giuffrè, Milão, 2008, 89-90.
[576] Assim, sobre a fraude à lei: Francisco Pereira Coelho, "Causa objectiva e motivos individuais no negócio jurídico", *Comemorações dos 35 anos do código civil e dos 25 anos da reforma de 1977. Vol. II: A parte geral do código e a teoria geral do direito civil*, Coimbra Editora, Coimbra, 2006, 451.

recimento de novas realidades jurídicas, de um *continuum* de fórmulas negociais, que, na *praxis*, têm recebido uma multiplicidade de designações: os exemplos mais salientes deste esforço são os pactos de confidencialidade, de protecção da clientela ou de proibição de contacto com antigos colegas (*anti-raiding provisions*[577]), que, procurando salvaguardar interesses empresariais com significado, são susceptíveis de limitar as liberdades a que o trabalhador renuncia através de um pacto de não concorrência[578] e cuja atendibilidade, em ordenamentos cuja regulação legal sobre os acordos de limitação à liberdade de trabalho é parcimoniosa ou mesmo inexistente, tem sido sustentada com base no reconhecimento de que os sujeitos podem prover, de forma adequada, à tutela contratual de interesses empresariais com significado económico, embora com salvaguarda dos direitos do trabalhador[579].

Sem prejuízo, e no ordenamento português, a partir do momento em que se opera uma limitação das possibilidades de o trabalhador exercer uma actividade laboral ou por conta própria, está-se perante um acordo cuja admissão se processa nos termos e com os pressupostos estabelecidos para os pactos de não concorrência, constringência que, para lá de se amparar em razões de certeza e segurança jurídicas, é sobretudo ditada pela necessidade de evitar uma utilização disfuncionalizada da auto-regulação de interesses reconhecível aos sujeitos.

Ora, se aquela recondução apenas opera caso se verifique uma limitação da liberdade de trabalho pós-contratual, no mais, embora os pactos possam suscitar tratamento operativo parcialmente justaposto quanto à efectivação de uma renúncia a direitos fundamentais (por exemplo: à liberdade de expressão), não se suscita qualquer percurso pelas apertadas baias em que a lei, face à funda-

---

[577] Sobre esta variante: LOUISE FLOYD, *Employment Law* (2010), cit., 49-50. No caso *Hartley's Ltd v Martin* [2002] VSC 301, estas cláusulas foram consideradas válidas, sendo atendíveis os interesses do empregador em salvaguardar a sua estrutura produtiva. Na circunstância, o contacto do ex-trabalhador referiu-se a trabalhadores de um departamento especialmente importante na estrutura produtiva da empresa, cujo desmantelamento implicaria um desvio de clientela; o acórdão focou-se, assim, no factor clientela, que aparece como denominador comum às cláusulas de não concorrência. Todavia, em crítica à decisão e à atendibilidade das *non-poaching clauses*, cfr. JOELLEN RILEY, *Employee Protection of Common Law*, The Federation Press, Sidney, 2005, 183 e DAVID CABRELLI & LOUISE FLOYD, "New Light through Old Windows: Restraint of Trade in English, Scottish and Australian Employment Laws – Emerging and Induring Issues", IJCLLIR 2010, vol. 26, n.º 2, 167-8.
[578] Assinalando o aspecto: JÚLIO VIEIRA GOMES, "Algumas novas questões sobre as cláusulas ou pactos de não concorrência em Direito do Trabalho" (2011), cit., 96.
[579] Por exemplo: MARK R. FILIPP, *Covenants Not to Compete* (3.ª ed.), Aspen Publishers, Nova Iorque, 2009, 3-21 ou MARIEKE CASTRONOVO, "Clause de clientéle et clause de non-concurrence" (2010), cit., 507-8.

mentalidade do bem trabalho e aos vectores sistemáticos, consente que o princípio da liberdade de trabalho seja objecto de renúncia.

Este percurso apenas se desencadeará quando, directa ou indirectamente, se limitem as possibilidades de o trabalhador exercer uma ou mais actividades após a cessação da relação laboral.

9. Não existindo previsão idêntica à que o n.º 1 do art. 136.º alberga na regulação estabelecida para os pactos de permanência, e afastada que foi a possibilidade de a legislação laboral esgotar os tipos negociais utilizáveis pelos sujeitos para, através de uma limitação da liberdade de trabalho, criarem mecanismos de tutela dos interesses empresariais com projecção não atível à pós-contratualidade, a densificação regulativa estabelecida para a renúncia à cessação *ad nutum* promovível pelo trabalhador contém, todavia, a proibição de os sujeitos, por qualquer outro meio, chegarem *ex voluntate* a resultado idêntico: se a renúncia deve ser avaliada perante as condições especiais configuradas para cada caso concreto, cabe afastar a consideração de que a renúncia do trabalhador à sua liberdade de trabalho é um poder incondicionado ou desprovido de balizas, uma vez que ao vincular-se nas suas aptidões físicas, psíquicas e propriamente técnicas na realização de fins alheios, o trabalhador empenha a sua própria personalidade na conduta laboral, com as exigências empresariais muitas vezes a potenciarem a não actuação de direitos de que é titular[580], seja por via do não exercício do direito, seja através de uma renúncia ao seu exercício, produzindo-se, em sequência, um enfraquecimento da sua posição jurídica[581].

Cuidando-se aqui de atender à finalidade e ao alcance substancial do desenho estabelecido para a validade dos pactos de permanência, importará não perder de vista que qualquer outro acordo que surja predestinado à renúncia ao direito de cessação *ad nutum* configurará uma forma oculta de violação da lei, pois a função da tipificação operada *ex lege* não consentirá a obtenção desse resultado por caminho diverso do que a lei designadamente previu.

---

[580] Nestes termos: José João Abrantes, *Contrato de Trabalho e Direitos Fundamentais* (2005), cit., 47. Em sentido tendencialmente diverso, considerando que o direito de denúncia é plenamente disponível, não havendo, por conseguinte, qualquer obstáculo à firmação de um pacto de estabilidade, Mario Grandi & Giuseppe Pera, *Commentario breve alle leggi sul lavoro* (2009), cit., 360-1.
[581] Giuseppe Suppiej/Marcello de Cristofaro/Carlo Cester, *Diritto del Lavoro* (2008), cit., 457.

Sufragando-se a concepção exegética largamente dominante que privilegia o fim e a razão de ser dos preceitos[582], a atribuição de sentido útil à regulação forjada para o espaço auto-regulativo que delimita o exercício de uma renúncia válida do trabalhador à cessação da relação contratual não aprova o reconhecimento de validade a cláusulas que criem uma obrigação de permanência sem qualquer investimento extraordinário por parte do empregador na formação profissional do trabalhador e/ou que se desviam da natureza compensatória, factorialmente delimitada, que legitima esse acto renunciativo.

Assim, se a tutela subjacente à função jus-económica do pacto de permanência, que predetermina a sua tipicidade, vai também actuar, no *continuum* que se estabelece entre interpretação e qualificação[583], na indagação de um conjunto de convenções com alcance indemnizatório que à partida apareceriam contidas nas margens de autonomia que o sistema atribui aos sujeitos e que convocam um entrecruzamento entre a liberdade de desvinculação do trabalhador e a teleologia de vários institutos associados à situação laboral (supra[584]), vislumbra-se, todavia, um conjunto de situações em que, estando em causa a eficácia da desvinculação intentada pelo trabalhador, é o sistema que, por via diversa dos pactos de permanência, viabiliza a consecução de efeitos muito similares aos de uma obrigação de permanência: é o que se verifica com a abertura do sistema à possibilidade de um alargamento do prazo de aviso prévio de denúncia do contrato de trabalho até seis meses, através de instrumento de regulamentação colectiva de trabalho ou de contrato de trabalho, relativamente a trabalhadores que ocupem *cargos de administração ou direcção*, bem como *funções de representação ou de responsabilidade*[585].

---

[582] Cfr. KARL LARENZ, *Metodologia da Ciência do Direito* (1989), cit., 462, 469 e ss.; KARL ENGISCH, *Introdução ao pensamento jurídico* (trad. Baptista Machado), 6.ª ed., Gulbenkian, Lisboa, 1990, 147 ou CLAUS-WILHEHLM CANARIS, *Pensamento Sistemático e Conceito de Ciência do Direito* (trad. Menezes Cordeiro), 2.ª ed., Gulbenkian, Lisboa, 1996, 75.
[583] Processo unitário que, como salienta PAULO MOTA PINTO, *Declaração tácita e comportamento concludente no negócio jurídico* (1995), cit., 195-6, não impede um tratamento analítico diferenciado: embora a interpretação seja um anteposto da qualificação, esta projecta os seus resultados na interpretação.
[584] O ponto é desenvolvido na Secção I do Capítulo II, na parte IV, relativa aos *acordos afins*.
[585] Cfr. n.º 2 do art. 400.º do CT2009. Esta possibilidade já se encontrava prevista no n.º 2 do art. 38.º da LCCT, que permitia que "os instrumentos de regulamentação colectiva de trabalho e os contratos de trabalho pudessem alargar o prazo de aviso prévio até seis meses, relativamente a trabalhadores com funções de representação da entidade empregadora ou com funções directivas ou técnicas de elevada complexidade ou responsabilidade".

Trata-se, com efeito, e em sentido lato, de um acordo de limitação à liberdade de trabalho, já que a tipicização dos acordos de limitação à liberdade de trabalho não limita o intérprete-aplicador na qualificação de um acordo sempre que nele concorram as características da realidade subjacente: uma limitação à liberdade de trabalho. Esta qualificação é desenvolvida a partir de um raciocínio analógico: se o pacto de permanência tem os efeitos Y e a figura Z produz esses efeitos, então Z é um acordo de limitação à liberdade de trabalho, não obstante a ausência de nominação legal[586].

Confirmando-se que os conceitos em torno dos quais se constrói a categoria e que viabilizam a delimitação dos diferentes tipos que a mesma abarca estão longe de receber o *nomos* legal de "cláusula de limitação à liberdade de trabalho", é contudo certo que a adopção de uma análise que se quede pelo regime estabelecido para ambas as figuras não deixará de lobrigar dissemelhanças entre os acordos.

Desde logo, no que respeita à desinserção da previsão relativa à cláusula que permite o alargamento do prazo de aviso prévio de denúncia do contrato de trabalho até seis meses do pórtico relativo às cláusulas de limitação da liberdade de trabalho e à sua correlativa impostação no capítulo relativo à cessação do contrato de trabalho.

Mas se esta diferença de arrumação pode encontrar justificação *(i)* em razões lógico-sistemáticas, *(ii)* na desnecessidade de um investimento significativo no trabalhador – enquanto *ante* que torna legítimas as expectativas de retorno por parte do empregador e que, com referência ao pacto de permanência, é um elemento essencial do tipo – *(iii)* e outrotanto na camuflagem da inexistência do nexo de correspectividade estabelecível com referência a esta categoria de acordos[587], é no regime traçado que formalmente se tenderão a acentuar as dife-

---

[586] Como refere PEDRO PAIS DE VASCONCELOS, *Contratos Atípicos* (1995), cit., 207 e ss., "a nominação é referida aos casos em que o contrato tem um *'nomen juris'* na lei e a tipicidade aos casos em que tem nela uma regulação própria". Em sentido idêntico, v. FRANÇOIS TERRÉ/PHILIPPE SIMLER/YVES LEQUETTE, *Droit Civil. Obligations* (7.ª ed.), Dalloz, Paris, 1999, n.º 57, 64-5, GIOVANNI BAUSILIO, *Contratti Atipici. Disciplina Civilistica e Trattamento Fiscale*, Cedam, Pádua, 2002, 5-7 e ANTÓNIO MENEZES CORDEIRO, *Tratado de Direito Civil I* (2002), cit., 265, que entendem, outrossim, que um contrato típico não tem de ser nominado. Em sentido diferente, LUÍS MENEZES LEITÃO, *Direito das Obrigações*, Vol. I. (4.ª ed.), Almedina, Coimbra, 2005, 183-4.

[587] A sustentação da desnecessidade de um nexo de correspectividade, que no caso implica a ausência de qualquer contrapartida para o trabalhador, pode justificar-se sob o entendimento de que o aumento do prazo de aviso prévio para a denúncia do contrato de trabalho aparece contido na "economia geral do contrato de trabalho" [desenvolvendo este critério, veja-se, por exemplo, LÉA BENBOUAIZ, *L'économie générale du contrat de travail* (2011), cit., 95 e ss.]. Cuidando-se de reflexão

renças entre as convenções: para lá da circunscrição subjectiva operada pelo n.º 2 do art. 400.º (trabalhadores que ocupem *cargos de administração ou direcção*, bem como *funções de representação ou de responsabilidade*), de um quadrante, o trabalhador pode actuar a denúncia no âmbito de uma cláusula que opere um aumento do prazo de aviso prévio (embora a sua eficácia seja procrastinada), ao passo que o cumprimento do pacto de permanência implicará o não exercício de tal direito extintivo; de outro quadrante, e por contraste com o direito de revogação a todo o tempo da obrigação de permanência assumida que é atribuído ao trabalhador, a cláusula que produz a dilação do efeito extintivo da denúncia não é, enquanto tal, livremente revogável pelo trabalhador, solução que encontra, em abstracto, amparo em razões de certeza jurídica, na insusceptibilidade de aplicação a todos os trabalhadores e, sobretudo, na inexistência de uma renúncia ao *ius demissionis* (que se mantém) e na limitação substancial do arco temporal subjacente (máximo: seis meses).

Contudo, se, *de iure condendo*, com base numa superação da formalidade ínsita na distinção entre a manutenção do direito de cessação *ad nutum* e a respectiva dilação quanto à produção de efeitos, nada impedirá que também o direito de revogação seja expressamente atribuído a um trabalhador que se comprometa a exercer o direito de denúncia com a antecedência mínima de seis meses[588], o exacerbamento das questões de regime, para lá da inversão metodológica subjacente (a natureza do acordo conforma o regime e não o contrário), não escapa à substancialização das posições jurídicas operada por estas cláusulas e aos efeitos que elas efectivamente produzem: a desvinculação do trabalhador, ainda que conflituante com o aumento convencional do prazo de aviso prévio, é imediata e incoercível[589], aflorando o vasto princípio, que conforma o enquadramento tri-

---

que, entroncando em razões de política legislativa, não pode desconsiderar as variáveis sistemáticas, nutrem-se contudo as maiores dúvidas quanto à permissividade subjacente a esse aumento do prazo de aviso prévio e à desnecessidade de qualquer contrapartida, uma vez que as cautelas suscitadas com vista à atendibilidade de um pacto de permanência com um prazo de seis meses são claramente frustres perante aqueloutra alternativa, que, nessa comparação, potenciam um entorse sistemático de relevo.

[588] Sem que tal constituísse o *iter* central do raciocínio subjacente, esta substancialização dos efeitos associados à pre-fixação de um prazo de aviso prévio mais dilatado foi aflorada pelo BverfG, que julgou inconstitucional, por violação do § 3/1 GG, a diferenciação legal quanto ao prazo de aviso prévio estabelecido para a denúncia do contrato de trabalho por *Arbeiter* e *Angestellte*, com o fundamento de que se tratava de um regime legal que, incidindo sobre a cessação do trabalho, não era acompanhado de qualquer justificação racional que permitisse sustentar essa dissemelhança de tratamento. Cfr. BverfG 30.05.1990 – 1 Bvl 2/82, BverfGE 82, 126-156.

[589] Mediante o reconhecimento de que a produção de efeitos de uma denúncia que contenda com o alargamento convencional do prazo de aviso prévio não é afectada, pois a exigência de aviso prévio

butável aos acordos de limitação à liberdade de trabalho, de que a assunção de um compromisso com esse alcance transporta sempre a pessoa do trabalhador.

Não podendo a cláusula ser executada contra a sua vontade, os efeitos advenientes do seu incumprimento têm uma incidência estritamente indemnizatória[590].

Afastando-se a definição da analogia pela procedência das razões justificativas da regulamentação dos acordos nominados no Código como "acordos de limitação à liberdade de trabalho" – perspectiva que permuta analítico-valorativamente o problema, já que a anterioridade da analogia essencial do facto é que determina a identidade de tratamento e não o contrário[591] –, a renúncia ao princípio da liberdade de trabalho, que caracteriza os acordos que nos ocupam, opera, assim, com enlaces diversos e alcances não coincidentes, havendo espaços diferenciados para a regulamentação dos interesses dos sujeitos, em função da ordenação imperativa dos valores envolvidos e da sua conexão com a economia geral do contrato de trabalho[592].

10. Superada uma análise formalista, existe um conjunto de notas comuns, que permite formar uma categoria jurídica, erigindo-se um quadro dotado de coerência e homogeneidade internas: a nota fundamental reside na compressão à liberdade de trabalho que é produzida por qualquer destes acordos e que constitui a sua função económico-social, construindo-se a partir daí um conjunto de regras subjacentes, que, interferindo no modelo de decisão, confluem em pontos de vista tendencialmente unitários, formando um instituto mais vasto e viabilizando uma ordenação subsequente, de acordo com uma linha metodológica comum.

Trata-se de um conjunto de conceitos jurídicos ordenadores, orientados à arrumação da realidade jurídica subjacente em função de orientações sistemáti-

---

não constitui qualquer condição de eficácia, mas tão só um requisito necessário à licitude do seu exercício.

[590] Em exemplo, extremo é certo, bastará equacionar-se a alteração do limite injuntivo de seis meses para três anos quanto ao alargamento do prazo de aviso prévio possível, circunstância em que a qualificação da cláusula como um acordo de limitação à liberdade de trabalho seria evidenciada pela suscitação da (in)constitucionalidade do regime que o permitisse, por violação conjugada dos princípios da liberdade de trabalho e da proporcionalidade e ante o sacrifício unilateralmente suportável pelo trabalhador (= desnecessidade de qualquer contrapartida ou investimento extraordinário a realizar pelo empregador).

[591] Bem o salientou, em crítica à formulação do n.º 2 do art. 10.º do CC, José Hermano Saraiva, "Apostilha Crítica ao Projecto de Código Civil", Separata ROA, 1966, Lisboa, 133.

[592] Léa Benbouaziz, L'économie générale du contrat de travail (2011), cit., 95-6.

cas, que encontram na dimensão personalística da renúncia à liberdade de trabalho o principal vector de conformação.

Mediante a apreensão desta dimensão – processo que implica a compreensão das relações de sentido subjacentes à regulamentação criada pelos sujeitos –, inferir-se-á a recondução de hipóteses concretas ao conceito de limitação à liberdade de trabalho.

Após, referenciando-se um quadro normativo com potencialidades de fundamentação homogéneas – pois os tipos juntam o comum e o incomum em torno de algo que constitui o critério de tipificação e que dá coerência ao conjunto[593] –, e sem prejuízo das diferenças vislumbráveis quanto à intensidade compressória que cada acordo implica e às situações que materialmente envolvem o trabalhador, impõe-se o recurso a um pensamento tipológico, no quadro de um sistema móvel, que coloque os diferentes acordos numa linha de tipos, segundos as suas características diferenciais, num processo abstractivo de *genus proximum*, que, suportando ordenações parciais, implica características interligadas e não meramente aditadas.

Cuidando-se *in primis* de proceder a uma comparação abstracta dos diferentes modelos permitentes de limitações à liberdade de trabalho e de, em relação aos problemas suscitados, se estabelecer o círculo de semelhança que implica a detecção de uma lacuna de regulamentação e a necessidade do seu preenchimento, será no plano da argumentação que se fundará o enunciado normativo que logra justificar a similitude entre o caso e o problema que uma concreta norma pré-objectivada no sistema soluciona.

Ora, se é possível que um acordo concreto revele traços de um e outro, situando-se nessa linha entre dois tipos (por exemplo entre o pacto de permanência e o pacto de não concorrência), a formação de linhas de tipo permite determinar a colocação de cada forma concreta em relação a cada "tipo e estrutura jurídica", apreendendo a relação interna de sentido entre as diferentes regulamentações aplicáveis a cada um dos acordos, independentemente da sua atipicidade legal.

Se por aqui se logra avultar o que é comum e é diferente, importará, contudo, ter presente que uma figuração piramidal apenas se aplica aos conceitos, sendo que os tipos e subtipos se relacionam no mesmo plano[594]: dependendo da elasticidade, abertura e graduabilidade do próprio tipo, a situação no mesmo plano dos tipos e subtipos implica o desenvolvimento de um processo analógico que

---

[593] PEDRO PAIS DE VASCONCELOS, *Contratos Atípicos* (1995), cit., 37.
[594] Ainda, PEDRO PAIS DE VASCONCELOS, *Contratos Atípicos* (1995), cit., 65.

é incompatível com um relacionamento indutivo-dedutivo e que não se satisfaz com puras subsunções, já que desde logo o facto de um acordo ser legalmente típico (por exemplo: pacto de permanência) não implica o esgotamento das soluções que este reclama perante a multiplicidade de critérios normativos pré-objectivados, cuja significância está para lá de um modelo tipificativo rígido e fechado, susceptível de albergar todas as soluções para os problemas que da concretude da prática hão-de resultar[595].

Nestes termos, se quanto aos problemas qualificativos, e sem prejuízo de que a interpretação da vontade real das partes é sempre o pressuposto da qualificação[596], "o negócio é o que for, não o que a parte ou partes disserem ser"[597], o que interessará, tendo em conta os elementos característicos dos acordos sobre limitação da liberdade de trabalho, é identificar o grau de intensidade com que esses elementos se apresentam e, apreendendo a imagem global que deles resulta, determinar a regulação aplicável a cada um dos aspectos suscitados, beneficiando dos critérios dos tipos legais que com eles tenham analogia.

Esta determinação, que extravasa sempre a definição legal do tipo, apenas se conseguirá após o trabalho de tratamento do caso concreto em vista da norma e desta em ordem àquele, por forma a conseguir-se uma "captação racional da adequação de conexões de valores jurídicos"[598].

Se os pressupostos circunstancialmente ocorrentes postularem *extensivamente* as mesmas consequências jurídicas, a aplicação analógica deve ser prosseguida, mas apenas se a concretude do círculo de semelhança a justificar, sendo, em última instância, "a normativamente orientada reflexão da prática que tudo determina"[599], num contexto em que a economia regulativa encontrada não procura, em predominância, a tutela da liberdade de iniciativa económica nem a liberdade de concorrência, mas a salvaguarda do princípio da liberdade de trabalho, em conformidade como a Constituição o acolhe, fundando-se uma bitola interpretativa que, embora sem compactações, o intérprete-aplicador não

---

[595] CARLO BEDUSCHI, *Tipicitá e Diritto* (1992), cit., 103-4.
[596] Assim, embora com atinência diversa, JÚLIO VIEIRA GOMES, *Direito do Trabalho* (2007), cit., 138, que acrescenta "(s)implesmente o que é decisivo não é a vontade declarada no contrato, mas sim a vontade real tal como esta decorre da execução da relação".
[597] JOÃO DE CASTRO MENDES, *Direito Civil. Teoria Geral*, Vol. III, AAFDL, Lisboa, 1979, 353.
[598] CLAUS-WILHEHLM CANARIS, *Pensamento Sistemático e Conceito de Ciência do Direito* (1996), cit., 71.
[599] FERNANDO PINTO BRONZE, *A Metodonomologia entre a Semelhança e a Diferença* (1994), cit., 566.

poderá deixar de ter presente na *extensio* a desenvolver[600] e no esforço argumentativo que lhe vai ínsito[601].

III. Interpretação legal

11. Neste plano, laborando-se no potencial heurístico que cada tipo encerra e na forma como se resolvem os problemas suscitados pelos acordos que não são legalmente típicos, a tarefa pregressa, de busca das soluções prático-normativas que exprimam o sentido de adequação subjacente ao critério de juízo pré-objectivado nos tipos legais e revelado pelo sistema, implica o estabelecimento de um fio condutor para a interpretação dos preceitos que compõem a regulação legal sobre os acordos de limitação à liberdade de trabalho.

Prosseguindo-se uma via interpretativa dos acordos *qua tale* em conformidade genérica com o art. 236.º do CC[602], mas sem que se perca de vista que esta tarefa implica uma conciliação dos interesses dos sujeitos "dentro do sistema legislativo respeitante ao negócio jurídico"[603] – aqui: um acordo que limita um direito de personalidade, também fundamental, conectado com uma relação laboral –, este pretexto tem convidado alguns Autores à invocação da origem do princípio do tratamento mais favorável ao trabalhador ou *pro operario* para substanciar a exegese relativa à regulação legal sobre os acordos de limitação à liberdade de trabalho[604], princípio que se descerra na preocupação dos tribunais

---

[600] VEZIO CRISAFULLI, "Appunti preliminari sul diritto al lavoro nella Costituzione", RGL 1951, I, 170.

[601] A Constituição, apresenta, aqui, no plano metodológico, um papel decisivo: a sua projecção traduz-se "num argumento sistemático referido à totalidade do sistema jurídico, ou à própria unidade da ordem jurídica, através de uma certa combinação da intencionalidade normativa daqueles dois níveis (...) para uma função unitária e sistematicamente integrante" (palavras de ANTÓNIO CASTANHEIRA NEVES, *O Instituto dos Assentos e a Função Jurídica dos Tribunais*, Separata da RLJ, Coimbra, 1983, 294-5), que, em geral, unifica a crescente fragmentariedade potencialmente associável à pluralidade de regimes laborais e à multiplicidade de acordos que nestes se enxertem. Cfr. MONEREO PEREZ, *Introduccion al nuevo Derecho del Trabajo* (1996), cit., 49 (nota 81).

[602] Tem cabimento o regime da interpretação e integração da declaração negocial, aplicável, em geral, aos contratos (arts. 236.º a 239.º), a par do regime da falta e dos vícios da vontade (art. 240.º e ss), sem prejuízo de se garantir que, ante o equilíbrio de interesses exigível, as expectativas do empregador, enquanto declaratário, não se sobrepõem à vontade do trabalhador, ora declarante, e que a limitação assumível pelo trabalhador é expressa de forma inequívoca.

[603] HEINRICH EWALD HÖRSTER, *A Parte Geral do Código Civil Português* (1992), cit., 509.

[604] Nesta direcção, embora sem alusão nominológica ao princípio *pro operario*, v. DURÁN LÓPEZ, "Pacto de no concurrencia" (1985), cit., 191, GIUSEPPE PERA, "Professione e lavoro (libertà di)" (1987), cit., 1034-5 ou JEAN PÉLISSIER, "Pour un droit des clauses du contrat du travail a partir de l'arrêt Société Leviel", RJS 2005, n.º 5, 501.

de, na aplicação da legislação de natureza social, dispensarem aos trabalhadores uma protecção que o legislador, menos cauteloso e audacioso na antecipação de soluções que não cabiam nos modelos clássicos, não curava *ab initio* de lhes assegurar convenientemente[605].

Mas o Direito do trabalho mudou: se a história do Direito do trabalho é a prova de que a máxima anglo-saxónica *rule kills* não é absoluta, a legislação é hoje densa e tendencialmente minuciosa, contrastando com a parcimónia regulativa que dominou durante décadas; e, por princípio, as soluções legais existentes buscam a conciliação dos interesses conflituantes com a relação de trabalho, procurando garantir os direitos dos trabalhadores.

Com a tipicização de alguns conceitos a limitar em muito as possibilidades de preenchimento e de valoração, o emprego de conceitos indeterminados, no entanto, subsiste – com o pretexto de que só assim se logra uma melhor adaptação ao concreto –, as lacunas são inevitáveis e o potencial de aparecimento de soluções argumentativamente desencontradas também.

Sem nos determos sobre o alcance exegético que hoje o princípio *pro operario* logra *in genere*[606], está-se em crer que a extrinsecação de um sentido mais favorável ao trabalhador, operação que aliás não se atém aos conceitos indetermina-

---

[605] Assim, por exemplo: JEAN-LOUIS HALPÉRIN, *Histoire des Droits en Europe* (2004), cit., 135-6 e MARTÍNEZ GIRÓN/ARUFE VARELA/CARRIL VÁZQUEZ, *Derecho del trabajo* (2006), cit., 39-40. Ante situações mais ou menos duvidosas, tantas vezes ditadas pelos empregadores, a tendência jurisprudencial afluía a uma interpretação dos textos legais ou contratuais que encontrasse, a jusante, o tratamento mais favorável aos trabalhadores: fazendo-se uma espécie de extensão ou aplicação analógica do princípio de Direito penal *in dubio pro reo*, a hermenêutica predestinava-se a favorecer a parte mais fraca. Com o princípio a assentar no pressuposto de que os trabalhadores, face aos patrões, seriam a parte mais fraca, os sujeitos económica e socialmente mais débeis e de que recebiam impositivamente as suas condições de trabalho, aquela exegese, orientada favoravelmente aos trabalhadores, representou uma antecipação e um avanço social significativo, qual audácia jurídica, que, como fez notar RAÚL VENTURA, *Teoria da Relação Jurídica de Trabalho. Estudo de Direito Privado*, (1944), cit., 206, contrastou, durante largo período, com a timidez legislativa que persistia na falta de uma ordenação regulativa que calibrasse a desigualdade material subjacente.

[606] Se para JOÃO LEAL AMADO, "O papel da jurisprudência no preenchimento de conceitos laborais indeterminados: *in dubio pro operario?*", *Estudos do Instituto de Direito do Trabalho*. Vol. VI, Almedina, Coimbra, 2012, 224-5, "o princípio *pro operario* poderá e deverá funcionar como conceito operatório em caso de dúvida sobre o conteúdo e a extensão do conceito jurídico indeterminado na sua aplicação àquela concreta situação da vida", encontram-se, em pólo oposto, ANTÓNIO MENEZES CORDEIRO, "O princípio do tratamento mais favorável no Direito do trabalho actual", DJ III (1987-1988), 111-139, ANTÓNIO DE ARAÚJO, "Princípio *pro operario* e interpretação de normas juslaborais", RJAAFDL 1991, n.º 15, 29-48, M.ª ROSÁRIO PALMA RAMALHO, *Direito do Trabalho, Parte I – Dogmática Geral* (2010), cit., 266 e ss., PEDRO ROMANO MARTINEZ, *Direito do Trabalho* (2010) cit., 237-242 ou BERNARDO LOBO XAVIER, *Manual de Direito do Trabalho* (2011), cit., 284-5.

dos, não deve extravasar o resultado obtenível após os diferentes elementos de interpretação associados à regulação legal sobre os pactos que limitam a liberdade de trabalho: o princípio *pro operario*, que surgiu pelo labor dos tribunais, não se encontra pré-objectivado na lei, movendo-se nas fonteiras ditadas pelos elementos interpretativos cabíveis, aplicando-se aos problemas consoante as referências disponíveis.

Se esta operação não pode desatender às variáveis inculcadas pelo problema surgido, e se o resultado obtenível nem sempre implicará, a nosso ver, que, "a dúvida tem de ser desfeita em favor do trabalhador"[607] – os significados extraídos dos elementos gramatical e *lógicos* (na *trilogia* histórica, sistemática e teleológica) são carreados para um processo volitivo-cognitivo de direcção decisória, em que todos serão ponderados, construindo-se um modelo de decisão em que o *instrumentarium* argumentativo é fundamental –, no caso dos acordos à limitação da liberdade de trabalho existe um *plus* cuja projecção sistemática não pode ser desconsiderada e que intensifica a presença de argumentos de índole constitucional: o trabalhador renuncia especificamente a um direito fundamental, suscitando-se a verificação da restritividade implicada pelo art. 18.º da CRP no que à delimitação das condições de validade estabelecidas para os acordos diz respeito (*odiosa sunt restringenda*), a qual carece de ser racionalmente adequada, necessária e proporcional em sentido estrito, tendo em conta os objectivos prosseguidos e os interesses sacrificados[608].

Embora topando-se neste domínio com obstáculos que, ao arrepio da restritividade implicada pelo sistema, são tecnicamente insuperáveis (exemplo: desnecessidade de redução a escrito dos pactos de permanência ou dos pactos de exclusividade, desamparo cujo alcance é substancial), a Constituição, fundando um quadro de pré-entendimento, vai atravessar todas as operações de resolução dos problemas concretos e influir na valoração da pretensão de justiça implicada nas normas e, por consequência, na formação do raciocínio do intérprete aplicador, incluindo aí as normas constitucionais programáticas cuja convocação apareça imposta pela sistematicidade da solução procurada[609]: a potencialidade

---

[607] Sustentando este alcance, veja-se, contudo, TERRADILLOS ORMAETXEA, *Principio de proporcionalidade, Constitucion y Derecho del Trabajo*, Tirant lo Blanch, Valencia, 2004, 101 e JOÃO LEAL AMADO, "O papel da jurisprudência no preenchimento de conceitos laborais indeterminados: *in dubio pro operario?*" (2012), cit., 229, cuja posição encontra na matriz tuitiva do Direito do trabalho e na revalorização do elemento sistemático de interpretação o seu argumentário de base.

[608] Nestes termos, com referência ao art. 18.º da CRP, M.ª ROSÁRIO PALMA RAMALHO, *Direito do Trabalho. Parte II* (2010), cit., 1034.

[609] UGO NATOLI, *Limiti costituzionali dell'autonomia privata nel rapporto di lavoro: Introduzione*, Vol. I (Publicazioni dell'Istituto di Scienze Giuridiche, Economiche, Politiche e Sociali della Università

das leis fundamentais viabiliza a construção de um discurso juslaboralístico central, com progressões regulativas e desenvolvimentos exegéticos com marcada vivacidade, onde a jurisprudência constitucional[610] tem um papel *refecundativo*[611].

Só que, na ciência de que o desenho legal sobre os acordos de limitação à liberdade de trabalho tem como preocupação cimeira assegurar a não inconstitucionalidade dos modelos normativos que permitem uma limitação convencional à liberdade de trabalho, é na delimitação do perímetro em que os acordos hão-de ser admitidos que a restritividade subjacente à implicação directa da Constituição logra comparência mais acentuada, em razão da sobrepresença do art. 18.º da CRP.

Este aspecto alcançará visibilidade no momento em que interpretarmos a exigência de que só é admissível uma limitação à liberdade de trabalho em subsequência à cessação do contrato de trabalho caso se verifique uma "actividade cujo exercício possa causar prejuízo ao empregador" – indagando se, nesse âmbito, ficam abrangidas as actividades cujo exercício possa potencialmente causar prejuízo ao empregador ou se, mais estreitamente, esse risco tem de ser *efectivo* –, ou, agora no que tange aos pactos de permanência, se o peso suportado pelos empregadores quanto à formação profissional que o CT estabelece como obrigatória justifica a assunção de uma obrigação de permanência por parte do trabalhador, sem que a formação profissional pressuponente seja extraordinária, num quadro genérico em que o princípio da proporcionalidade, embora tantas vezes sem enaltecimentos formais, conhece omnipresença, não só em razão da indeterminação dos conceitos subjacentes[612] e das normas legais de protecção convocadas, como outrossim em função dos direitos fundamentais expressamente coenvolvidos, ante a "necessidade de garantir outros valores constitucio-

---

di Messina), Giuffrè, Milão, 1955, 34 e, com referência ao afastamento da noção de Constituição do Estado liberal, ANA PRATA, *A Tutela constitucional da Autonomia Privada* (1982), cit., 127 e ss..

[610] Primeiro pela Comissão Constitucional e depois pelo Tribunal Constitucional.

[611] A expressão é de BERNARDO LOBO XAVIER, "A Matriz Constitucional do Direito do Trabalho", *III Congresso Nacional de Direito do Trabalho*. Memórias (org. António Moreira), Almedina, Coimbra, 2001, 99. Em sentido parecido, DURÁN LÓPEZ, *Jurisprudencia Constitucional y Derecho del Trabajo* (1992), cit., 11.

[612] Salientando a actuação do princípio da proporcionalidade, no âmbito do Direito dos contratos, quanto ao preenchimento de conceitos indeterminados (*v.g.* fim económico e social ou boa fé), e a sua particular incidência no domínio das "normas contratuais de protecção ou atributivas de direitos potestativos", v. CARLOS FERREIRA DE ALMEIDA, *Contratos (Conceito. Fontes. Formação)*, Vol. I, Almedina, Coimbra, 2000, 45-6.

nalmente relevantes que, no caso concreto, devam sobrelevar o interesse subjacente ao reconhecimento do poder de renúncia"[613].

Assim, se a restritividade implicada pelo art. 18.º da CRP estreita a interpretação fazível das condições de validade postuladas para os acordos, essa restritividade, em função das razões que a predeterminam, encontra reflexos significativos na inversão do ónus da prova: rejeitado o apelo formalístico ao *princípio pro operario* na extrinsecação do sentido das normas legais – cuja evocação permanente acaba, através de excesso de significação, por obter um reduzido alcance explicativo, não permitindo estabelecer diferenciações com um recorte minimamente preciso –, e sem que a doutrina nacional algumas vez haja atribuído ao princípio um sentido de tratamento mais favorável ao trabalhador no plano probatório[614], incumbirá, todavia, ao empregador demonstrar que o acordo é necessário à protecção dos *interesses da empresa*, realidade que, para tanto, é entendível como uma "unidade teleológico-orgânica"[615].

Cuidando-se do ónus da prova subjectivo, que atina com o problema de saber a quem compete provar os factos que justificam a limitação à liberdade de trabalho e com quem deve suportar o risco relativo a uma situação de prova frustrada ou de falta de prova, este ónus, que no ordenamento francês, desde 1992, com o difundido acórdão *Godissart c/ Southiol* (limpador de vidros)[616], a *Cour de Cassation* recortou como um corolário da indispensabilidade das cláusulas de não concorrência para afastar o risco específico de uma concorrência diferencial por parte do trabalhador, é hoje, *ex consensu,* estendido a todos os acordos de limitação à liberdade de trabalho[617], encontrando também amplo reflexo na jurispru-

---

[613] JORGE REIS NOVAIS, "Renúncia a direitos fundamentais" (1998), cit., 333. É neste contexto que se insere a ponderação estabelecida no Ac. Rl. Lx. de 30.10.2002 (FERREIRA MARQUES), proc. n.º 49294, onde se refere que "sendo estes direitos indisponíveis (os direitos ao trabalho e à liberdade de escolha da profissão), a sua restrição através de uma cláusula estabelecida e inserida no contrato de trabalho, na qual o trabalhador se obrigou a não exercer, durante o 1.º ano subsequente à cessação desse contrato qualquer actividade concorrente, impõe sempre que o juiz faça um juízo sobre o equilíbrio das obrigações assumidas e sobre a sua legalidade e constitucionalidade".

[614] Evidenciando o aspecto, ainda: LUÍS MENEZES LEITÃO, *Direito do Trabalho* (2010), cit., 39.

[615] ORLANDO DE CARVALHO, "Empresa e lógica comercial", *Estudos em Homenagem ao Prof. Doutor Ferrer Correia*, vol. IV, Coimbra editora, Coimbra, 1997, 17.

[616] RJS 6/1992 n.º 735 e JCP, éd. E 1992, II, n.º 21889 (=Bull. Civ V, n.º 309, 193). No mesmo sentido, veja-se ainda o acórdão *Martinez* (Cass. Soc. 19.11.1996, *n.º 94-19404)*, que, nas palavras de GÉRARD COUTURIER, confirmou "a destruição da premissa de que as cláusulas de não concorrência são por princípio válidas".

[617] Nesta direcção: ANTOINE LYON-CAEN, "Note sur le pouvoir de direction et son contrôle" (2002), cit., 108-9, JEAN MOULY, *Droit du Travail* (2008), cit., 84, MICHEL MINÉ & DANIEL MARCHAND, *Le droit du travail en pratique* (24.ª ed.), Eyrolles, Paris, 2012, 311. Entre nós, com grande explicitude,

dência nacional, que encontra aí, na demonstração da procedência da renúncia, uma das expressões-síntese da fundamentalidade da liberdade de trabalho[618].

Na verdade, a construção de que o acordo só seria nulo se o trabalhador provasse que a sua liberdade de trabalho era posta em crise, além de pouco consentânea com a restritividade genérica de acordos com atinência laboral em que o trabalhador renuncia a um direito fundamental e de conflituar com o princípio mais vasto de que "se o empregador se faz valer de um motivo para poder apor uma determinada cláusula tem que o provar"[619], desmerecia a essencialidade conformativa dos direitos fundamentais na relação de trabalho[620] e, algo paradoxalmente, a eficiência económica que aparece tendencialmente associada ao alargamento das franjas de admissibilidade destes acordos, visto que todos eles criam barreiras à contratação laboral, brigando com interesses de eficiência do mercado de trabalho[621].

Mas, como evidencia PELISSIER, a relevância deste significativo desvio aos princípios gerais do Direito dos contratos encontra-se sobretudo na protecção dos direitos do trabalhador e das liberdades individuais, invertendo-se, com isso, a presunção de que estes acordos são por princípio lícitos.

---

embora com referência específica às cláusulas de não concorrência, v. entretanto JÚLIO VIEIRA GOMES, "Algumas novas questões sobre as cláusulas ou pactos de não concorrência em Direito do Trabalho" (2011), cit., 80.

[618] Por exemplo, em relação aos pactos de permanência, considerando que as despesas que sustentam a estabilização do contrato de trabalho têm de ser *comprovadas* pelo empregador, v. Ac. STJ de 08.05.1991 (JAIME DE OLIVEIRA), proc. 002909 e Ac. Rl. Lx. de 28.04.2010 (HERMÍNIA MARQUES), proc. n.º 812/07.4TTALM.L1-4; no que aos pactos de não concorrência diz respeito, salientando-se que o interesse legítimo do empregador que justifica a limitação à liberdade de trabalho tem de ser alegado e provado pelo empregador, não havendo qualquer presunção legal quanto à sua existência: Ac. Rl. Lx. de 20.10.2010 (SEARA PAIXÃO), proc. n.º 4883/07.5TTLSB.L1-4.

[619] As palavras são de PEDRO ROMANO MARTINEZ, *Direito do Trabalho* (2010), cit., 708, com referência à desnecessidade da previsão do n.º 5 do art. 140.º do CT2009, dado que essa solução já decorreria do regime geral de distribuição do ónus da prova.

[620] Neste sentido, JOSÉ JOÃO ABRANTES, *Contrato de Trabalho e Direitos Fundamentais* (2005), cit., 191, que, à luz do art. 36.º da LCT, avançava com uma presunção de nulidade em relação às cláusulas de não concorrência.

[621] Eis porque também no Reino Unido, desde o caso *Mason Provident Clothing and Supply Co* [1913], cabe ao empregador alegar e provar que o acordo é necessário à protecção dos interesses da empresa e que, na sua ausência, o risco de prejuízo é efectivo: DEBORAH J. LOCKTON, *Employment Law* (4.ª ed.), Palgrave Law Masters, Londres, 2003, 352, EWAN MCKENDRICK, *Contract Law* (5.ª ed.), Palgrave Law Masters, Londres, 2003, 341, STEVEN ANDERMAN, "La clause de non concurrence: Royaume-Uni", RDT 2007, n.º 11, 676 e NORMAN SELWYN, *Law of Employment* (2008), cit., 492.

E, por isso, caberá ao empregador fazer prova da existência das circunstâncias que legitimam o reconhecimento sistemático da limitação (as necessidades económicas da empresa)[622], na ciência genérica de que o ónus da prova atina sempre com um problema normativo que se prende com a maior facilidade ou dificuldade quanto à defesa de posições jurídicas, quadro em que a opção seguível nunca poderá ser apartada das regras específicas dos domínios da vida em causa nem do tipo de sujeitos ou de actuações concretamente visadas.

Estando-se diante de uma limitação à liberdade de trabalho que se intersecta com uma "relação de poder-sujeição[623], justifica-se, assim, que seja o empregador a suportar a desvantagem de não conseguir fazer prova da realidade dos factos (os interesses da empresa) que permitem a compressão da esfera de liberdade do trabalhador, numa construção que, fundando importantes regras de conduta e de decisão que mitigam *a priori* a margem de incerteza subjacente ao risco de não se alcançar a demonstração da realidade dos factos, assegura, por um lado, a intangibilidade das condições restritivas que balizam o reconhecimento sistemático dos acordos de limitação à liberdade de trabalho, garantindo, por outro lado, que os direitos fundamentais do trabalhador não quedam funcionalizados aos interesses económicos da empresa que justificam esse reconhecimento sistemático, frenando o bordão generalizante da necessidade de protecção dos interesses da empresa como fundamento *a se* para se limitar a liberdade de trabalho.

12. No mais, sendo diversos os problemas suscitados pela execução dos acordos, e sem nunca perder de vista o princípio da proporcionalidade (infra), a utilização de argumentos dotados de cobertura constitucional não alcança a espessura que a exegese das condições de validade dos pactos convoca.

Tal significará que, em função dos interesses prosseguidos pelos pactos e em razão da sua ordenação funcional, não se deva atribuir aos preceitos incidentes sobre as limitações à liberdade de trabalho uma interpretação que, procurando salvaguardar *a outrance* o princípio da liberdade de trabalho, acaba por desconsiderar a geometria variável que estes podem encerrar, afunilando, nessa medida, o seu objecto mediato e desvalorizando o programa prestacional de cada espécie concreta qualificável como um acordo de limitação à liberdade de trabalho.

---

[622] JEAN PÉLISSIER, "Pour un droit des clauses du contrat du travail a partir de l'arrêt Société Leviel" (2005), cit., 501 e HENNING VON PAPPENHEIM, *Lexikon Arbeitsrecht*, Rhem, Heidelberg, 2011, 412.
[623] Resalientando o aspecto, JOSÉ JOÃO ABRANTES, "Sobre a Constituição e a crise do *favor laboratoris* em Direito do Trabalho" (2012), cit., 273.

Exemplo do que acabamos de dizer encontra-se na possibilidade de, tanto no âmbito dos pactos de não concorrência quanto nos de exclusividade, serem objecto de vedação convencional quaisquer actividades que colidam com os interesses que os acordos visam salvaguardar (= não restrição a actividades de natureza profissional) ou, no que aos pactos de permanência diz respeito, na eventualidade de a renúncia do trabalhador à cessação *ad nutum* do contrato de trabalho não aparecer confinada ao direito de denúncia e de, em atenção à vontade expressa pelos sujeitos, poder aparecer estendida a outras causas de cessação imputáveis ao trabalhador que frustrem a função de retorno subjacente à consagração da obrigação.

Tratando-se de sufragar um percurso hermenêutico que está para lá da letra da lei e que deve atender ao nexo prestacional implicado pela conformação sistemática deste tipo de acordos, a exegese da regulação legal sobre os diferentes pactos encontra, assim, em função do problema suscitado, linhas de ponderação diversas.

Ultrapassada a "técnica do silogismo demonstrativo e o ideal de um controlo das decisões aplicativas do direito com meios puramente lógicos"[624] e afastando-se a aplicação compactada do sentido mais favorável, só em função da disposição analisada e dos interesses subjacentes é que caberá optar pelo sentido compatível com a finalidade de cada norma, conexionando-o com a morfologia da hipótese singular que se aprecia e com a estruturação da partilha de riscos e benefícios que se move nas fronteiras ditadas pelo sistema.

A um problema abstractamente considerado podem, contudo, e no limite, corresponder saídas interpretativas diversas e soluções materialmente descoincidentes, pois o esforço prosseguido pelo intérprete-aplicador, além de garantir que a pessoa não é "coisificada ou reificada, ao nível da consciência ético-jurídica moderna"[625], passa pela necessidade de valorar com adequação a materialidade da situação e de atender à função prosseguida pelos acordos, indagando da posição ocupada pelos sujeitos e recebendo a vivificação operada pelos vectores sistemáticos que, intra-tipologicamente, podem suscitar uma diversificação

---

[624] As palavras são de Luca Nogler, «Ancora su "tipo" e rapporto di lavoro subordinato nell'impresa», ADL 2002, vol. VII, 139.
[625] Ainda: Orlando de Carvalho, *Direito das Coisas* (1977), cit., 103. Ou, como fez notar Alain Supiot, *Critique du droit du travail* (1994), cit., 56, "ne pas voir que la maîtrise acquise sur les travailleurs dans la relation salariale est d'abord une maîtrise physique, c'est ne pas voir le nez au milieu de la figure".

regimental cujo potencial não se atém aos aspectos de regime expressamente convocados[626].

Sendo no plano concreto das realidades vividas que o problema convocado e os interesses prosseguidos pela regulação legal vão conhecer interacção, o recurso ao Código Civil interpenetra-se com a aplicação das regras especificamente incidentes sobre o acordo que é objecto de análise, não havendo razão para afastar o enquadramento jus-civilístico relativo ao cumprimento e ao não cumprimento, mesmo que a axiologia que permeia os acordos, em razão da tangência directa em princípios constitucionais fundamentais e do acto renunciativo subjacente, predetermine desvios à matriz principiológica do Código Civil no que se refere ao Direito dos contratos (exemplo: desvinculação *ad nutum*, a todo o tempo, reconhecível ao trabalhador que estiola o alcance do princípio da *força vinculativa dos contratos*[627]), digresso que entronca, antes do mais, no reconhecimento de que a liberdade contratual, face à fundamentalidade do princípio da liberdade de trabalho e às suas plúrimas irradiações, se encontra comprimida *ab initio* e na assunção de que a limitação assumida só vigora *se e enquanto* o trabalhador quiser.

Ora, se também neste domínio, em que a díade *sistema-problema* é uma constante, é mister encontrar as aberturas do sistema necessárias para equacionar os problemas à medida do grau de autonomia que cada um concita, o sentido de protecção do princípio da liberdade de trabalho que intervém expressivamente no desenho das condições de validade dos pactos e na respectiva exegese não se esgota nesse momento, havendo normas, referentes à dinâmica dos acordos, cuja impregnação pelo sentido de tutela é mais acentuada e em que o âmbito de protecção do princípio da liberdade de trabalho se encontra claramente definido.

---

[626] Topando-se com a possibilidade de, no âmbito dos pactos de não concorrência, a obrigação de não concorrência ser prolongada até três anos caso se trate *de trabalhador afecto ao exercício de actividades cuja natureza suponha especial relação de confiança ou com acesso a informação particularmente sensível no plano da concorrência*, a diversificação operável pela previsão ínsita no n.º 5 do art. 136.º do CT2009 reflecte um pluralismo normativo que, como se verá adiante, implica o afastamento de rejeições liminares quanto à utilização de mecanismos potencialmente intersectáveis com o princípio da liberdade de trabalho.

[627] Não se trata, em rigor, de excepções, já que também no Direito civil, face à relevância dos direitos de personalidade, a revogabilidade a todo o tempo é conformada pelo n.º 2 do art. 81.º do CC, em solução que, fundando um sinalagma imperfeito, já constava do art. 16.º do anteprojecto elaborado por MANUEL DE ANDRADE, "Esboço de um anteprojecto de código das pessoas e da família: na parte relativa ao começo e termo da personalidade jurídica, aos direitos de personalidade, ao domicílio", BMJ 1961, n.º 102, 153-166.

Como regra, o labor interpretativo deve ser empreendido sem superlativizações em contrariedade com os dados fornecidos pela *empiria*, mas, outrossim, sem qualquer abandono da intencionalidade sistemicamente tutelar da situação jurídica do trabalhador que caracteriza este ramo do Direito[628] e na qual os acordos de limitação à liberdade de trabalho, sem prejuízo da sua inconfundibilidade com a situação laboral *qua tale*, se impostam.

Sem que tal implique a assunção de um pré-referente hermenêutico de protecção compactada e indiscriminada dos interesses do trabalhador em sacrifício dos interesses económicos prosseguidos com a vinculação dos sujeitos, a interpretação conforme com a Constituição que se mostra realimentada em razão da perspectiva da tutela da liberdade de trabalho que conforma a regulação desta categoria de pactos[629] é particularmente saliente em função dos princípios constitucionais coenvolvidos, mas varia em função do grau de incidência ou de concretização que a disposição implica, da intensidade com que esses princípios são comprimidos ou limitados e, naturalmente, da importância que esses princípios assumem na ordem de valores substanciada na Constituição e na economia de interesses projectada na regulação criada pelos sujeitos.

Afastado o alcance interpretativo atribuível ao princípio *pro operario* de, em caso de dúvida, se preferir sempre o sentido normativo que leva mais longe a tutela do trabalhador, a descoberta de um sentido que, perante o problema suscitado, logra proteger o princípio da liberdade de trabalho não dispensa a utilização de argumentos que, apoiando-se no sistema, desvelam os critérios de ajustamento das medidas de solução implicadas pelo âmbito de protecção das normas que compõem o desenho legal dos acordos que limitam a liberdade de trabalho, num contexto propositivo em que o princípio da liberdade de trabalho não poderá quedar funcionalizado aos interesses económicos do empregador prosseguidos com a vinculação[630], mas em que, de forma inversamente compactante, se não pode estabelecer como coordenada hermenêutica genérica e absoluta um sobrenadar dos interesses do trabalhador face aos do empregador, sem que tal logre ser devidamente justificado.

---

[628] Para Bernardo Lobo Xavier, *Curso de Direito do Trabalho* (2.ª ed. com aditamento de actualização), Verbo, Lisboa, 1999, 86, esta vocação tutelar constitui um "elemento teleológico fundamental".
[629] Acompanhamos Durán López, "Pacto de no concurrencia" (1985), cit., 191.
[630] Essa ideia tem expressão exemplar no Ac. TC n.º 107/88, de 31.05.1988 (Monteiro Diniz), proc. n.º 220/88, firmando-se que "a garantia de segurança do emprego (...) postula, desde logo, a garantia da estabilidade da posição do trabalhador na relação de trabalho e de emprego e *a sua não funcionalização aos interesses da entidade patronal*", num critério hermenêutico que, com referência aos direitos fundamentais de natureza laboral, sobrepassa a garantia de que os interesses económicos do empregador não podem instrumentalizar os direitos de quem trabalha.

Tendo-se como precludida a possibilidade de, no plano das condições aponíveis aos acordos, se forjar um complexo contratual destinado à tutela dos interesses empresariais que se revele para lá dos limites externos das normas que delimitam os pactos, sirva de exemplo a equação do problema subjacente à desobrigação do empregador no decurso do contrato de trabalho em relação a um pacto de não concorrência: animando-se o tratamento integrado do problema com as pretensões sistemáticas de segurança e previsibilidade e com as injustiças advenientes da fractura intra-sistemática inerente à admissão de uma desvinculação isenta de consequências jurídicas actuável por um sujeito que não o trabalhador, os efeitos estabilizadores que se produzem com a celebração do pacto implicarão que o empregador não se possa desvincular dos resultados a que o pacto conduz, mesmo que para tanto se invoque o princípio da liberdade de trabalho.

Será ainda assim, uma vez que a esfera de protecção do princípio, face à tessitura da situação subjacente, não consente que este seja invocado com vista ao benefício de sujeitos para os quais a liberdade de trabalho não se encontra predisposta e que, na essência, implicariam uma funcionalização do trabalhador a meros interesses económicos do empregador, numa (supra)ordenação estrutural que a jurisprudência constitucional tem considerado incompatível com o valor constitucional da dignidade da pessoa humana[631].

Vislumbrando-se a existência de problemas com substância e alcance diversos, a opção pelo sentido normativo cabível é recortada em função da realidade conceptual subjacente e dos interesses prosseguíveis com a vinculação dos sujeitos, afastando-se a confecção de soluções que ponham em crise a base consensual da relação autónoma gerada pelos pactos e distorçam o equilíbrio sinalagmático necessariamente subjacente.

Não se cuidando de uma interpretação-aplicação unidireccionada, a solução encontrável é, a final, confrontada com os critérios ordenadores do ordenamento, após o controlo recíproco feito por todos os elementos para a averiguação do sentido jurídico do caso, o qual, sendo "nuclearmente determinado

---

[631] Neste sentido, sobre a insusceptibilidade de os direitos do trabalhador quedarem funcionalizados aos interesses económicos do empregador enquanto ordenação incompatível com o valor constitucional da dignidade da pessoa humana, cfr. Ac. TC n.º 581/95, de 31.10 (Assunção Esteves), procs. n.º 407/88 e n.º 134/89, DR, I Série-A, de 22.01.1996 e Ac. TC n.º 306/2003, de 25.06 (Mário Torres), proc. n.º 382/03.

pelo problema jurídico que ele implica"[632], encontra justificação, compreensão e aprovação nas razões em que se funda[633].

IV. Arrumação sistemática e reflexos terminológicos

13. O tratamento integrado das cláusulas acessórias do contrato de trabalho encontra relevo no Código do Trabalho, que, na Secção VIII (*Cláusulas acessórias*) do Título II (*Contrato de trabalho*), compreende os pactos de não concorrência, de permanência e, em direcção proscritiva, os acordos entre empregadores com vista à não contratação de determinado trabalhador.

O enquadramento sistemático, que é apresentado sob o signo da acessoriedade enquanto técnica impressiva de ligação entre o contrato de trabalho e os pactos, é desenvolvido sob a égide um critério aglutinador: o princípio da liberdade de trabalho. E o CT2009 imposta-os, à semelhança do que fazia o CT2003, em sede de formação e de delimitação do conteúdo do contrato de trabalho, de forma internamente metaléptica: o pórtico relativo às cláusulas de limitação da liberdade de trabalho abre com os pactos de não concorrência (art. 136.º), seguem-se os pactos de permanência (art. 137.º), e finda com os acordos de limitação da liberdade de trabalho (art. 138.º).

Tratando-se de acordos que incidem sobre a liberdade de trabalho, encontramos, sequencialmente, a disciplina sobre um acordo com incidência pós-contratual, o desenho de um acordo cujo condicionamento opera no decurso do contrato e o traçado interditivo sobre acordos que recaem sobre a (in)admissão de trabalhadores. Em inversão (crono)lógica *post → cursus → ante*, quando, em rigor – e porque os acordos incidentes sobre a liberdade de trabalho se deveriam apresentar como uma unidade formal, objectiva e normativa, que, pela natureza das coisas, determinaria o seu próprio desdobramento –, a opção mais lógica seria *ante → cursus → post vinculum laboris*.

Para lá desta inversão normativo-sequencial, a arrumação sistemática das "cláusulas de limitação à liberdade de trabalho" desatende, ainda, a aspectos como a não existência de qualquer cláusula no que ao art. 138.º diz respeito ou desmerece o facto de os pactos de não concorrência atinarem com a cessação do vínculo laboral – dada a sua natureza pós-contratual[634] – e já não com a formação e a delimitação do conteúdo do contrato de trabalho, que enquadra o pórtico do regime traçado.

---

[632] Assim, António Castanheira Neves, *Metodologia Jurídica. Problemas Fundamentais,* Stvdia Ivridica I, Coimbra Editora, Coimbra, 1993, 174.
[633] Mireille Delmas-Marty, *Le flou du droit,* Quadrige/PUF, Paris, 2004, 16.
[634] Veja-se M.ª Rosário Palma Ramalho, *Direito do Trabalho. Parte II* (2010), cit., 1032.

A regulação aparece, contudo, fundeada sobre os elementos que, num prisma juscultural, são susceptíveis de limitar a liberdade de trabalho, independentemente da voluntariedade do trabalhador, cujo concurso, nesta referência conjunta, se mostra, porém, essencial à atendibilidade sistemática de qualquer acordo que atine com a liberdade de trabalho.

14. Cuidando-se da única referência a "pactos" que o Código do Trabalho alberga, este tratamento dos acordos na parte relativa às cláusulas acessórias, além de evidenciar uma *contraditio in terminis* – tanto a epígrafe da Secção VIII como a da Subsecção II fazem referência a "cláusulas", mas, subsequentemente, estas transmutam-se em "pactos" (arts. 136.º e 137.º) –, faz eco de um tratamento que não quadra com os traços de regime evidenciados por estes acordos, partindo do pressuposto de que estes são ajustados no momento em que o contrato de trabalho é celebrado.

Havendo todo o interesse, num prisma de afinação da linguagem jurídica, em estabelecer designações específicas para instrumentos convencionais bem delimitados, tem sido aliás por esta via que, por contraste com a significação dos *pacta* no direito romano[635], se tem procurado distinguir "cláusulas" e "pactos", embora a propósito das obrigações de não concorrência convencionais: as primeiras são "acordadas no momento da celebração do contrato de trabalho ou ainda durante a sua vigência", ao passo que, no caso dos pactos, a "sua celebração ocorre quando as partes do contrato de trabalho já tinham decidido pôr-lhe termo"[636], mau grado a pluralidade de sentidos que, historicamente, as diferentes fontes atribuem ao vocábulo cláusula[637].

Com a distinção entre cláusulas e pactos a surgir amparada, a um tempo, no binómio decurso/cessação do contrato de trabalho, a virtualidade heurística desta perspectiva iluminou a vulnerabilidade da posição do trabalhador em relação às cláusulas, cuja verificabilidade, face ao desaparecimento da situação de subordinação jurídica, não é tão marcada no momento em que o trabalho

---

[635] Embora o *ius civile* considerasse os pactos por princípio irrelevantes – já que estes só poderiam produzir os efeitos que fossem determinados pelo costume social –, distinguia-se excepcionalmente o *pactum adiectum*, que consistia numa cláusula acessória aposta a qualquer negócio, do *pactum legitimum*, que consistia num negócio produtor de efeitos jurídicos em razão de um especial reconhecimento legal, de que é exemplo o *pactum legitimum*, constituível à luz da Lei das XII Tábuas. Cfr. Federico Del Giudice, *Compendio di Istituzioni di Diritto Romano*, cit., 194.
[636] M. Nogueira Serens, "As cláusulas (ou obrigações) de não-concorrência na jurisprudência francesa oitocentista" (2009), cit., 797.
[637] Assinalando o ponto: Cesare Grassetti, "Clausola", *Novissimo Digesto Italiano. Appendice Vol. VII*, 1987, 184.

cessou. Não o será também no momento em que o contrato decorre, ainda que, em função do tipo de contrato em execução (uma vez mais os contratos a termo ou, num outro plano, os contratos de comissão de serviço), o facto de a entidade empregadora poder determinar a cessação do vínculo não deva ser menoscabado, situação que contudo se aparta, como veremos, da projecção da causa de cessação do contrato na subsistência da limitação à liberdade de trabalho.

Ora, qual seja a fisionomia do contrato de trabalho subjacente, por princípio, a cessabilidade do contrato por banda do empregador não modifica o enquadramento tributável aos pactos que limitam a liberdade de trabalho.

Ressalvando-se a aplicação do regime geral relativo à falta e aos vícios da vontade, parte-se da premissa que as limitações são assumidas de forma voluntária, livre e esclarecida, embora a existência de teoremas assentes na pura abstracção do actor racional que maximiza as suas utilidades em razão do cálculo e a existência de uma *praesumptio* de total liberdade quanto a acordos que estejam para lá do contrato de trabalho não possa obnubilar a maneira como o homem se põe de acordo para agir, face à redescoberta do lugar das culturas, da economia das convenções e das situações concretas na vida material das Pessoas[638], perspectiva que, procurando proteger o trabalhador de uma potencial exploração mas também de uma eventual precipitação ou irreflexão na vinculação, pigmentou historicamente o Direito do trabalho[639].

Não se podendo outrossim menoscabar o período, em certos casos significativo, que medeia entre a vinculação dos sujeitos e o início de produção plena de efeitos visados com o acordo e importando ainda atentar ao tempo subjacente à assunção da limitação[640], trata-se, antes do mais, de ter presente que «o fenómeno jurídico, como todo o fenómeno cultural, é susceptível de duas leituras: uma leitura "estrutural-formal" (sociológico-estrutural e lógico-estrutural) e uma leitura "dinamológico-intencional"».[641]

---

[638] Joëlle Affichard/Antoine Lyon-Caen/Stéphane Vernac, "De l'analyse économique à l'évaluation du droit du travail. Quelques leçons d'un programme de recherche par", (2010), cit., 111.

[639] Salientando o ponto: Gunnar Becker, *Die unzulässige Einflussnahme des Arbeitgebers auf die Entscheidungsfreiheit des Arbeitnehmers am Beispiel des arbeitsrechtlichen Aufhebungsvertrages* (2011), cit., 133.

[640] Uma vez que, com relevância para a voluntariedade da decisão assuntiva da limitação, não será indiferente saber se o trabalhador produz a renúncia de imediato ou se o faz após um período de reflexão.

[641] A formulação é de João Baptista Machado, "A Justiça e o Direito Natural", *Obra dispersa*, vol. II, SI, Braga, 1993, 165. Aqui, como fez salientar Lois Dumont, *Homo Hierarchicus: The Caste System and*

Infirmando-se, assim, a abstracção do homem que sabe de antemão aquilo que quer (a absolutização do *homo sociologicus*, que procede racionalmente a cálculos de oportunidade) e a amplitude da ideia *milliana* de que os indivíduos, em razão da sua liberdade originária, são os melhores juízes e guardiões dos seus próprios interesses[642], e convocando-se especial atenção às consequências advenientes da não acção (= não contratação laboral) e à situação de potencial vulnerabilidade dos trabalhadores em fase prodómica da situação laboral[643], estas circunstâncias, aparentemente infixas, podem pré-conformar o enquadramento prudencial desenvolvido pelo intérprete-aplicador quanto a um acordo em que o trabalhador abdica, mesmo que temporariamente, da fruição plena de um direito que o ordenamento considera fundamental[644], já que a liberdade, como faz notar AMARTYA SEN[645], envolve sempre processos que cruzam as

---

Its Implications (Nature of Human Society), Gallimard, Paris, 1966, 19, "reintroduzir a acção é reintroduzir o facto de a finalidade dos actos se poder construir no decurso da acção".

[642] Escrevia JOHN STUART MILL, no Capítulo III (On individuality, as one of the elements of wellbeing) de *On Liberty and Other Essays*, Digireads, Kansas, 2010, 37, "there would be no danger that liberty should undervalued, and the adjustment of the boundaries between it and social control woul present no extraordinary difficulty". Em crítica ao neutralism não assumido por MILL, e que traz o consigo o utilitarismo e o conceito de infalibilidade dos indivíduos, v. DAVID LEWIS, "Mill and Milquetoast", *Mill's On Liberty: Critical Essays* (ed. Gerald Dworkin), Rowman § Littlefield Publishers, Maryland, 1997, 3-7 (1-29), embora, com recurso a teoremas desenvolvidos nas áreas da psicologia e da economia (*v.g.* teoria dos jogos), as ideias de racionalidade individual, desenvolvidas a partir da premissa de que cada sujeito é moralmente livre e igual ao outro e de que portanto é capaz de determinar sua concepção de bem e de justiça, conheçam grande voga com a Teoria da Justiça de Rawls, cerráveis na seguinte asserção: "the original position is simply a device of representation: it describes the parties, each of whom is responsible for the essential interests of a free and equal citizen, as fairly situated and as reaching an agreement subject to conditions that appropriately limit what they can put forward as good reasons". Cfr. JOHN RAWLS, *Political Liberalism*, Columbia, New York, 2005, 25.

[643] Salientando o aspecto, entre nós, JÚLIO VIEIRA GOMES, *Direito do Trabalho* (2007), cit., 37, refere que a necessidade do posto de trabalho e a ausência de alternativas reais oferecidas pelo mercado de trabalho retiram aos trabalhadores poder negocial, tornando "praticamente impossível rejeitar a inclusão, no contrato, de cláusulas desfavoráveis".

[644] A situação assume visibilidade expressiva em ordenamentos onde não há enquadramento legal definido quanto aos requisitos de validade e/ou ao conteúdo dos pactos de limitação à liberdade de trabalho, com a jurisprudência a flexibilizar o *modo de ser* do pacto em razão da capacidade negocial dos trabalhadores. Como fazem notar NORMAN SELWYN, *Law of Employment* (2008), cit., 488 e PASCAL LOKIEK & SOPHIE ROBIN-OLIVIER, "La clause de non concurrence: vu d'ici", RDT 2007, n.º 11, 675, tem sido esse o fundamento para que os tribunais britânicos considerem genericamente atendível uma proibição de não concorrência por um período de cinco anos sempre que os trabalhadores tenham elevado poder negocial.

[645] AMARTYA SEN, *Development as freedom* (2001), cit., 17 e 283-4.

acções e as decisões com as oportunidades que as pessoas têm, no contexto das circunstâncias pessoais e sociais que as envolvem[646], e a coacção, embora sem ser directa, existe sempre que se inverifiquem alternativas efectivas de comportamento e situações cuja disparidade material de poder não consente a existência de uma opção de recusa[647].

Topando-se com enquadramento que *in terminis* afasta a voluntariedade da limitação assumida pelo trabalhador[648] – para o que, todavia, será necessário provar que a ausência de alternativa e a situação material de poder que o envolveram foram de tal sorte efectivas que, tendo determinado a renúncia, se aporta a uma situação de pressão similar à de uma coacção *stricto sensu* –, o sistema, tanto no plano do ónus probatório quanto no da revogação *a parte laboris* a todo tempo da limitação assumida, oferece, *de iure et a priori*, mecanismos adequados à garantia de que a limitação envolvida, ante a sua fundamentação na autonomia da Pessoa, não é juridicamente desvaliosa.

Nestes termos, e sem que se opere uma *sociologização* do juscientifismo laboral[649], se aquela via analítica se destina a evidenciar a diferença (todavia plástica

---

[646] Neste sentido, também: Adalberto Perulli, "Rationalité et controle des pouvoirs de l'employeur" (2006), cit., 85 e Pascal Lokiek, "L'accord du salarié" (2010), cit., 140.

[647] Como faz notar Kanishka Jayasuryia, "Autonomy, Liberalism and the New Contractualism", *Contractualism and Citizenship* (2001), cit., 70-1, compreender as formas de "coação indirecta" permite-nos construir um modelo de autonomia individual e uma recontextualização do paradigma do agente responsável que forma as suas opções com base em esquemas racionais. O conceito, como aparece explicitado em *The Cost of Coercion: Global Report Under the Follow-up to the ILO Declaration of Fundamental Principles and Rights at Work*, OIT, Genebra, 2009, 28, tem servido de base a um conjunto de políticas da OIT direccionadas à protecção de trabalhadores estrangeiros (designadamente: restrição de movimentos e vigilância, retenção de documentos ou dinheiro ou ameaça de denúncia às autoridades), não esgotando, contudo, a sua aplicabilidade nesse domínio, como, embora centrado na responsabilidade pendente sobre o trabalhador em caso de incumprimento, precursoramente notava Lodovico Barassi, *Il contratto di lavoro nel diritto positivo italiano* [a cura di Mario Napoli: 1.ª ed.: 1901], Vita e Pensiero, Milão, 2003, 201 e 800.

[648] Não é, aliás, despiciendo relevar a ampliação do conceito de coacção desenvolvida no âmbito da *Law and Economics* com vista à construção de um quadro de maior favorabilidade quanto à invocabilidade da falta e vícios da vontade que, demarcando-se da perspectiva jurídica, encontra na menor sensibilidade "aos factores de congruência conceptual-axiomática que poderão ocasionalmente desculpar algumas interferências na livre expressão da vontade contratual" uma das explicações possíveis. Nestes termos, cfr. Fernando Araújo, *Teoria Económica do Contrato* (2007), cit., 331.

[649] O sociologismo, ao fazer da regularidade na aplicação o critério da norma (o sistema recebe informações sob a forma de solicitação ou ofensas que constituem um determinado *input*, reagindo através do fornecimento de informações e resultados: *output*; as funções transformam assim um *input* num *output*), não consegue fornecer resposta convincente para o facto de muitos dos comportamentos sociais serem determinados por motivações de natureza essencialmente egotista,

e quase nominológica) entre cláusulas e pactos, é hoje claro que tanto os pactos de permanência quanto os pactos de não concorrência podem ter lugar em qualquer fase do contrato de trabalho, admitindo-se mesmo que estes possam ser celebrados após a cessação do vínculo laboral[650], não fazendo, nesta perspectiva, sentido o pressuposto legal, apesar de tendencial, de que os acordos apenas têm lugar no momento em que o contrato de trabalho é ajustado por via de um exacerbamento semântico da locução "cláusula", num contexto em que, desde Ulpiano, se reconhece que o momento em que a vinculação dos sujeitos ocorre não descaracteriza o sentido técnico-jurídico da figura *pacto*[651].

As virtualidades subjacentes à utilização da palavra *pacto* estarão, assim, antes de tudo, na acentuação de que a limitação produzível pode ser estabelecida em qualquer fase da relação de trabalho (no caso dos pactos de não concorrência a sua celebração, refrisamo-lo, pode *inclusive* ocorrer após a cessação da relação de trabalho) e na sinalização de que estas "convenções bilaterais"[652] têm de ser valoradas de forma autónoma, não sendo analisáveis como um mero ingrediente do contrato de trabalho[653].

É, aliás, esta a via trilhada em relação a acordos nominados como pactos no Código Civil, de que são exemplo os pactos de preferência[654], os pactos comissórios[655] ou os pactos sucessórios[656], muito embora o esquema semântico aí utilizado apareça complicado por um certo assistematismo, uma vez que também

---

circunstância que comporta o inegável risco de subjugação do dever ser ao mundo da linguagem dos factos. É, pois, nesse sentido que, embora a interdisciplinaridade seja essencial ao robustecimento das ciências sociais modernas, se compreende MATHIEU DEFLEM, *Sociology of Law: Visions of a Scholarly Tradition*, Cambridge University Press, Cambridge, 2008, 277: "the sociology of law offers something unique and valuable next to the other speciality fields in the discipline as much as it does among other social-science perspectives of law".

[650] Por exemplo: CATHERINE PUIGELIER, *Droit du Travail. Les relations individuelles* (2.ª ed.), Dalloz, Paris, 2000, 77 ou PATRICK REMY, "La clause de non concurrence: Allemagne" (2007), cit., 679.

[651] Ulpiano (D. 2.14.7.5) distinguiu, no entanto, os *pacta ex intervallo*, celebrados sucessivamente ou em separado de um contrato, dos *pacta adiecta* ou *in continenti*, contemporâneos à conclusão do negócio: cfr. MARIO TALAMANCA, *Istituzioni di Diritto Romano*, Giuffrè, Milão, 1990, 607.

[652] Atribuindo este sentido técnico-jurídico aos pactos (*pacta conventa* ou *conventiones*), veja-se, por exemplo, MATEO MARRONE, *Istituzioni di Diritto Romano* (3.ª ed.), ed. Palumbo, Palermo, 2009, 485.

[653] Expressamente em relação aos pactos de não concorrência: LUISA ZAMBONI, "Sui limiti del patio di non concorrenza a carico del prestatore di lavoro (art. 2125 c.c.)", RDI 2003, n.º 6, 342. Tal não significa, contudo, e como faz notar, CESARE GRASSETTI, "Clausola", *Novissimo Digesto Italiano. Appendice Vol. VII*, 1987, 184, que uma cláusula *qua tale* não seja valorável de forma autónoma, não sendo esse um critério atendível para distingui-la em relação a um pacto.

[654] Art. 410.º do CC.
[655] Art. 694.º do CC.
[656] Art. 1701.º do CC.

o Código Civil não escapa à confusão terminológica entre pactos e cláusulas, ao tratar, por exemplo, de forma lexicalmente simbiótica os pactos leoninos[657], hesitação terminológica que se observa outrossim na denominação das proibições de concorrência pós-contratual contida na Directiva 86/653/CEE, do Conselho, de 18.12[658].

Firmando-se a diferença e a autonomia dos pactos em relação ao contrato de trabalho, não será, por isso, o facto de os negócios poderem aparecer enxertados no contrato de trabalho (através de uma "cláusula") que eclipsa a autonomia da sua configuração, da sua disciplina ou da sua função, modificando o regime aplicável à multiplicidade de aspectos suscitada pela execução do acordo. Não se tratará, nesse caso, de uma cláusula incindível do contrato de trabalho, já que os sujeitos ao acordarem nessa cláusula fizeram-no com vista à prossecução de interesses diversos dos que conformam o contrato de trabalho, numa fenomenologia que suporta uma autonomização material.

Cuidando-se de negócios que são uma eventualidade e que não são impostos *ex lege*, as limitações implicativas de não concorrência, de permanência, de exclusividade ou de confidencialidade são limitações que atravessam outras áreas do ordenamento jurídico[659], admitindo-se todavia que aí, em razão dos princípios coenvolvidos, não fiquem sujeitas a uma disciplina tão rígida, uma vez que pode não estar em causa, ao menos com igual intensidade, a liberdade de trabalho[660].

---

[657] O art. 994.º, com epígrafe: "*pacto leonino*", vem dispor que "(é) nula a *cláusula* que exclui um sócio da comunhão nos lucros ou que o isenta de participar nas perdas da sociedade, salvo o disposto no n.º 2 do artigo 992º" (itálicos nossos).

[658] A Directiva, relativa à coordenação do direito dos Estados-membros sobre os agentes comerciais, contém no n.º 1 do art. 20.º uma referência à "convenção que preveja a restrição das actividades profissionais do agente comercial após a cessação do contrato" para identificar as cláusulas de não concorrência, embora no n.º 4 sejam utilizadas conjugadamente as duas expressões.

[659] Na contratação mercantil, em evidenciação dirigida às cláusulas "pós-contratuais": ENGRÁCIA ANTUNES, "Contratos Comerciais. Noções Fundamentais", DJ 2007. Vol. Especial, UCP, 230.

[660] Com referências: CEDRIC GUYOT, "Les clauses de non-concurrence et de confidentialité dans les cessions d'actifs et d'actions", LDA 2001, n.º 57, 4-19, FERNANDEZ-ALBOR BALTAR, *Prohibiciones de competencia en la sociedade de responsabilidad limitada*, Tirant lo Blanch, Valência, 2005, 284-7, PAOLO CENDON, *Commentario al codice civile. Artt. 2595-2642: Concorrenza, consorzi, disposizioni penali*, Giuffrè, Milão, 2009, 10 e CHISTOPHE JAMIN, "Clause de non-concurrence et contrat de franchise", *D. Cahier droit des affaires* 2003, n.º 42, 2878-2792, que analisa a jurisprudência da *Chambre commerciale* da *Cour de Cassation* relativa à desnecessidade de uma contrapartida a atribuir ao franqueado em razão da assunção de uma obrigação de não concorrência, sustentando que a renúncia à liberdade de comércio e indústria justifica enquadramento semelhante ao que foi firmado em 2003 pela *Chambre sociale* da *Cour de Cassation* quanto à onerosidade do pacto de não concorrência. Quanto às cláusulas de fidelização, que no âmbito juslaboral encontram *simile* nos pactos de permanência, existem sinais legais quanto à sua admissibilidade – v. por exemplo o Decreto-Lei n.º 56/2010,

Na verdade, a aceitação da sua autonomização analítica noutras áreas jurídicas não encontra desvios de monta no âmbito da situação laboral, com excepção dos que decorrem da conformação axiológica ditada regulação aplicável ao contrato subjacente e da gradação do direito fundamental convocado, conformação que, podendo operar por *extensio* noutras zonas do ordenamento com direcção tuitiva (Direito do consumo), decorre da relação de indissociabilidade entre estes acordos e um contrato que serve de quadro à sua execução[661], havendo, por isso, diferentes graus de maleabilidade no juízo de apreciação da necessidade e do mérito da protecção dos interesses económicos envolvidos, sendo decisiva a imagem global que cada situação concreta comunica ao julgador.

V. Acessoriedade e autonomia das cláusulas: sentido e corolários

15. O contrato de trabalho é, como qualquer contrato, um instrumento de organização e um instrumento de gestão dos riscos, que, por definição, na sua relação com o mercado, põe em "jogo uma certa constituição económica que estabelece os pressupostos estruturais deste e regula o seu modo de funcionamento"[662]. As cláusulas que a este se aponham são, por isso, e também, um meio de adaptar o vínculo à evolução económica e social. Esta adaptação não é contudo irrestrita, uma vez que a conformação do conteúdo, face à necessária conciliação entre a liberdade contratual e o respeito da Pessoa, balizam o espaço em que os sujeitos laborais podem auto-regular os seus interesses (supra), cabendo desde logo à lei "a tarefa de concretizar a harmonização de tais exigências"[663].

---

de 01.06, quanto ao custo do desbloqueio do telemóvel calculado em função do tempo decorrido desde a sua aquisição com compromisso de permanência –, num quadro genérico que, apelando a algum casuísmo, tem encontrado na jurisprudência especial desenvolvimento no âmbito das cláusulas contratuais gerais, conhecendo lastro o entendimento de que "(a)s cláusulas de fidelização que garantem a estabilidade económica do predisponente têm de conferir, em contrapartida, também vantagens de ordem comercial ao aderente", circunstância em que, "não resultando comprovadas quais sejam essas específicas vantagens", se tem considerado, à luz do al./a do n.º 1 do art. 22 do Decreto-Lei n.º 446/85, de 25.10, a cláusula como proibida, não bastando, para tanto, a alegação de que "só a celebração de contratos com período de fidelização permite a estipulação de preços reduzidos": Ac. STJ de 21.3.2006 (ALVES VELHO), CJ/STJ, 2006, T. I, 2006, 145-8 e Ac. Rl. Lx. de 06.05.2012 (MARIA DA CONCEIÇÃO SAAVEDRA), proc. n.º 3095/08.

[661] É sob essa perspectiva que MUSTAPHA MEKKI, "Existe-t-il un jus commune applicable aux clauses du contrat de travail ?" (2006), cit., 293, propõe a construção de um direito das cláusulas do contrato de trabalho que se ampare no Direito civil.

[662] Conforme salienta JOAQUIM DE SOUSA RIBEIRO, *O Problema do Contrato. As Cláusulas Contratuais Gerais e o Princípio da Liberdade Contratual* (1999), cit., 12.

[663] As palavras, com referência à necessidade de assegurar que determinados actos de disposição não vão para lá do que é constitucionalmente admissível e que se justifica a consagração de deter-

Neste sentido, a perspectiva subjacente ao tratamento integrado das diferentes cláusulas conhece arrumações diversas, que reflectem o critério adoptado para a sua taxionomia, mas que, genericamente, configuram perspectivas não excludentes sobre o mesmo território jurídico.

Havendo quem dicotomize o seu tratamento a partir da negociação/pré-formulação subjacente[664] e/ou em função da sua essencialidade na economia do contrato do trabalho[665] ou ainda quem se polarize na distinção entre cláusulas que afastam normas supletivas/normas de imperatividade mínima[666], no Direito anglo-saxónico conhece voga a construção que se baseia na implicitude/explicitude das cláusulas (e que se espraia para lá de qualquer ângulo de análise baseado no solidarismo contratual)[667], podendo igualmente, consoante

---

minadas exigências para que a liberdade seja exercitada, são de LUÍSA NETO, *O direito fundamental à disposição sobre o próprio corpo* (2004), cit., 159.

[664] Por exemplo: WOLFGANG HROMADKA & FRANK MASCHMANN, *Arbeitsrecht Band 1: Individualarbeitsrecht* (2012), cit., 171 e ss..

[665] Nestes termos, combinando o critério da pré-formulação da cláusula com a sua referência dinâmica na essencialidade do contrato de trabalho – o que, em rigor, é um *subsequens* da aplicação do regime das cláusulas contratuais gerais –, v. KONRAD MARIA WEBER, *Zielvereinbarungen und Zielvorgaben im Individualarbeitsrecht: Probleme und Lösungen im bestehenden und entgeltrelevanten System Führen durch Ziele*, Peter Lang, Augsburgo, 2009, 94-5, análise que, importa referi-lo, não é apartável da controvérsia surgida após a reforma do Direito das obrigações de 2002 (§305-310 BGB) e que radica na aplicabilidade do regime das cláusulas contratuais gerais às cláusulas de limitação da liberdade de trabalho, mau grado a tendência para a sujeição a um regime próprio, de que as cláusulas de não concorrência, analisáveis à luz do § 74 e seguintes do BGB, são um bom exemplo, como fazem notar THOMAS LAKIES, *AGB im Arbeitsrecht: Kontrolle vorformulierter Arbeitsvertragsinhalte: Reichweite und Grenzen*, C.F. Müller, Munique, 2006, 182 e WOLFGANG HROMADKA & FRANK MASCHMANN, *Arbeitsrecht Band 1: Individualarbeitsrecht* (2012), cit., 513.

[666] Neste sentido, embora com propósitos essencialmente simplificativos, v. o quadro contido em UTE TESCHKE-BÄHRLE, *Arbeitsrecht: schnell erfasst* (6.ª ed.), Springer, Berlim, 2006, 41, salientando-se, porém, que a construção científica das cláusulas aponíveis ao contrato de trabalho que se baseie na matéria subjacente mais não é do que uma construção que, incidindo *prima facie* sobre a natureza das cláusulas, esconde, em fundo, o objecto de análise: a natureza das normas implicadas.

[667] Uma vez que é hoje adquirido que o conteúdo do contrato não se atém às cláusulas expressamente previstas pelos contraentes, como faz notar RICHARD AUSTEN-BAKER, *Implied Terms in English Contract Law*, Edward Elgar Publishing, Cheltenham, 2011, 31 e ss. Ora, se, todavia, parece importante não confundir cláusulas com deveres, PASCAL LOKIEC, "La modification du contrat du travail. Les leçons du droit anglais" (2006), cit., 81 e ss., no âmbito daquela construção, e com referência às cláusulas expressas, adopta um tricotomia: (i) as que determinam o conteúdo da relação de trabalho, como as que fixam o local de trabalho, a qualificação ou o horário de trabalho, (ii) as de variação, de que a de mobilidade geográfica constitui o exemplo mais emblemático e (iii) as que incorporam no contrato obrigações previstas noutras normas (nas quais se incluem os usos) e que, no direito anglo-saxónico, recebem o epíteto de *clauses-pont*, de que o *bridge-term* é um exemplo.

a perspectiva assumível, adoptar-se um critério baseado na eventualidade das cláusulas, sem que, para tanto, se estabeleça qualquer diferenciação quanto aos direitos envolvidos, uma vez que, sem prejuízo da distinção entre cláusulas que se aplicam a todos os contratos de trabalho e as que dependem de uma estipulação adrede de ambos os sujeitos (que ficam sujeitas a regras especiais), o foco encontra-se direccionado à análise do regime aplicável[668].

Mas, se porventura mais complexificadamente, existem Autores, como PÉLISSIER[669], que desenvolvem uma perspectiva sistemática a partir da bipartição entre *cláusulas contratuais que vinculam ambos os sujeitos e não são alteráveis unilateralmente* (horário de trabalho, duração do trabalho e funções do trabalhador) e *cláusulas informativas, modificáveis unilateralmente pelo empregador* (e cuja operação, traduzindo uma modificação das condições de trabalho, é susceptível de justificar o despedimento do trabalhador em caso de desobediência ao exercício dessa prerrogativa unilateral[670]) ou como LOKIEK, que triparte as cláusulas em cláu-

---

[668] Assim: VINCENT NEUPREZ & MICHEL DEPREZ, *Contrats de travail: l'essentiel* (2008), cit., 74 e ss. e entre nós, sob a égide dos "elementos acidentais do contrato de trabalho", v. LUÍS MENEZES LEITÃO, *Direito do Trabalho* (2010), cit., 399 e ss..

[669] JEAN PÉLISSIER, "Pour un droit des clauses du contrat du travail a partir de l'arrêt Société Leviel" (2005), cit., 499-500.

[670] Sendo a construção desenvolvida a partir das cláusulas de mobilidade geográfica, ela conhece potencialidades heurísticas que são aproveitadas por PÉLISSIER para o desenvolvimento da taxionomia exposta e que aparecem outrossim em PASCAL LOKIEC, "La mise en oeuvre des clauses contractuelles: l'exemple de la clause de mobilité dans le contrat de travail", D. 2004, n.º 21, 1427-1430. Mas, no que às cláusulas informativas diz respeito, importará distinguir, na senda da *Cour de Cassation,* as que configuram uma modificação do contrato de trabalho das que apenas produzem uma modificação das condições de trabalho. Se a modificação do contrato de trabalho foi numa primeira fase utilizada como o critério que bipartia a análise das cláusulas – havendo uma modificação do contrato de trabalho a anuência do trabalhador era imprescindível –, hoje a distinção refinou-se, sendo estabelecida a partir da substancialidade da modificação operada e da economia geral da relação laboral, diferenciando-se, por isso, as modificações do contrato de trabalho das modificações das condições de trabalho, *distinguo* que, no âmbito das cláusulas de mobilidade geográfica, é objecto de apreciação casuística, face à projecção da modificação no "equilíbrio do contrato de trabalho" que se verifica nas situações em que há uma mudança de sector geográfico. No mais, e como fazem notar JEAN PÉLISSIER, "Pour un droit des clauses du contrat du travail a partir de l'arrêt Société Leviel" (2005), cit., 499 e ss. e LÉA BENBOUAZIZ, *L'économie générale du contrat de travail* (2011), cit., 113, a natureza informativa de uma cláusula, por atinar com um facto que pré-existe à celebração do contrato, não se compagina com uma disposição que participa na construção do vínculo contratual e que, por isso, não se refere a uma realidade pré-existente; nesse sentido, e ao arrepio da jurisprudência dominante, é mais do que duvidoso que uma cláusula de mobilidade se possa qualificar como uma cláusula meramente informativa.

sulas de *determinação*, de *variação* e de *incorporação*[671], do que se trata, em fundo, é de isolar elementos em relação aos quais a tarefa juscientífica postula uma união sistemática e que, nutrindo-se da realidade laboral subjacente, viabiliza classificações eminentemente lógico-sistemáticas[672].

Estas classificações não se exaurem, todavia, em puro pretexto para formalismos, já que diante da fundamentalidade dos direitos envolvidos viabilizam o realce de situações merecedoras de protecção acrescida, em função dos princípios directamente suscitados e também da amplitude da sua atinência com o quadro em que se desenvolve a relação de trabalho, numa análise permanente das interacções entre a cláusula e o contrato subjacente[673].

Parecendo-nos, por isso, fundamental estabelecer uma distinção entre cláusulas que se aplicam a todos os contratos de trabalho e as que, sendo uma eventualidade, dependem de uma estipulação específica de ambos os sujeitos (que ficam sujeitas a regras especiais)[674], importará, contudo, cruzar esta dualização com a dimensão renunciativa a direitos fundamentais que caracteriza algumas das cláusulas e que, em razão desse vector, suscitam o desenvolvimento de um regime próprio, que atenda ao conceito de renúncia a direitos fundamentais e às condições e aos limites traçados para essa operação, a qual, sendo *per definitionem* condicionada pelo grau de disponibilidade do direito objecto de renúncia pelo seu titular (estrutura e tipo de direito fundamental), não pode deixar de reflec-

---

[671] PASCAL LOKIEC "La modification du contrat du travail. Les leçons du droit anglais" (2006), cit., 81.

[672] Assim, por exemplo: MUSTAPHA MEKKI, "Existe-t-il un jus commune applicable aux clauses du contrat de travail ?" (2006), cit., 292 e ss., que avança com a seguinte classificação: (i) *cláusulas de flexibilidade*, subdivisíveis em a) cláusulas de organização e b) cláusulas de repartição de riscos, (ii) *cláusulas de fidelização*, subdivisíveis em a) cláusulas de perenização e b) cláusulas de comportamento e (iii) *cláusulas pós-contratuais*.

[673] Sob este ângulo, PAUL-HENRI ANTONMATTEI, *Les clauses du contrat du travail* (2.ª ed.) Liaisons, Paris, 2010, elaborou monografia em que analisa 35 cláusulas aponíveis ao contrato de trabalho e, embora sem partição explícita, segmentou a análise em cláusulas relativas à execução do contrato de trabalho (*v.g.* remuneração variável ou mobilidade geográfica) e cláusulas referentes à ruptura do contrato de trabalho (não concorrência, *dédit-formation* ou de garantia de emprego), distinção que, todavia, não é totalmente satisfatória, visto que não só há cláusulas que, em função de variáveis, atinam com a execução do contrato (*v. g. dédit-formation*), como há outras que, em função da sua materialização, podem provocar a sua ruptura (*v.g.* mobilidade geográfica).

[674] Mais vastamente, demarcando-se da distinção entre elementos essenciais e não essenciais do contrato, escreve JEAN PÉLISSIER, "Pour un droit des clauses du contrat du travail a partir de l'arrêt Société Leviel" (2005), cit., 501, "se todos os elementos do contrato ligam as duas partes, não é concebível que uma das partes obtenha, ao momento da conclusão do contrato, uma assinatura em branco da outra parte que a autorize a modificar unilateralmente esse elemento do contrato; um tal direito de modificação unilateral é a negação dos direitos contratuais da outra parte".

tir a pessoalidade do bem jurídico titulado pelo direito fundamental em causa e o grau de compressão ao seu conteúdo objectivo[675].

Assim, existindo um conjunto de claúsulas que substanciam uma renúncia do trabalhador a direitos fundamentais que encontra anverso na protecção de interesses empresariais, tal significará que é no âmbito dos direitos fundamentais directamente envolvidos que as cláusulas de limitação à liberdade de trabalho devem aparecer situadas[676], numa construção que, em razão da diferenciação funcional dos pactos, não pode, contudo, ser homogénea: a protecção de interesses empresariais que conforma as margens em que a liberdade de trabalho pode ser limitada foi alcançada num labor disperso e periférico, atinando com direitos diversos, e a acessoriedade da multitude de cláusulas aponíveis ao contrato de trabalho ou convencionadas *a latere* pelos sujeitos tem, sem margem para dúvidas, implicações diferenciadas e regimes descoincidentes.

Com efeito, além da variedade de cláusulas eventualmente associáveis ao contrato de trabalho e da tangência em direitos fundamentais que são estruturalmente diversos, existem cláusulas, como o termo ou a condição[677], que, fundando "um autêntico conteúdo geral típico"[678], justificam a elevação do contrato de trabalho a um contrato de trabalho especial[679]: ainda que o termo e a condição apareçam tratados pelo CT como cláusulas acessórias (epígrafe da Secção VIII), o seu tratamento apartado no plano regimental justifica-se não só porque toda

---

[675] MATTHIAS CHRISTOPH SCHWENKE, *Individualisierung und Datenschutz: Rechtskonformer Umgang Mit Personenbezogenen Daten Im Kontext Der Individualisierung* (2006), cit., 222 e JORGE REIS NOVAIS, "Renúncia a direitos fundamentais" (1998), cit., 323, salientando que o problema da renúncia assume outra premência sempre que se trate de direitos fundamentais que tutelam bens pessoais, uma vez que a disposição individual desses direitos encontra menos obstáculos do que a disposição de direitos que tutelam bens jurídicos que se refiram de forma mais acentuada à comunidade.

[676] Neste sentido: PASCAL LOKIEK, "L'accord du salarié" (2010), cit., 141-2.

[677] Não é líquida, entre nós, a admissibilidade de condições resolutivas apostas ao contrato de trabalho. Se, por um lado, se avança com argumentos literais (ausência de menção, por contraste com a alusão legal à condição suspensiva), e teleológicos (excepcionalidade da contratação que não seja por tempo indeterminado – com a condição a representar um *plus* face ao termo – e possibilidade de frustração do objectivo de protecção de estabilidade) destinados à sua inadmissão, por outro, acena-se com o argumento *a pari*, justificando-se que a condição deve ser admitida nos termos em que seja admitido o termo incerto (n.ºs 2 e 3 do art. 140.º do CT). Sobre os dados da questão, *ex multis*, cfr. M.ª ROSÁRIO PALMA RAMALHO, *Direito do Trabalho. Parte II* (2010), cit., 229.

[678] ANTÓNIO MENEZES CORDEIRO, *Manual de Direito do Trabalho* (1997), cit., 599.

[679] M.ª ROSÁRIO PALMA RAMALHO, *Direito do Trabalho. Parte II* (2010), cit., 227 e "Ainda a crise do Direito Laboral: a erosão da relação de trabalho «típica» e o futuro do Direito do Trabalho", *III Congresso Nacional de Direito do Trabalho*, Almedina, Coimbra, 2001, 253 e ss.. Identicamente: ULRICH ZACHERT, *Lecciones de Derecho del Trabajo Alemán*, MTAS, Madrid, 1998, 100-2.

a vontade negocial manifestada está marcada pelo termo ou é condicional[680] – dado que "afecta a vontade essencial das partes"[681] –, como também em razão da excepcionalidade que, face ao *princípio da segurança no e do emprego*, delimita a contratação que não seja por tempo indeterminado e que, para a Comissão Europeia, justifica o seu tratamento como trabalho atípico, a par dos contratos a tempo parcial, contratos pontuais, contratos «zero horas», contratos propostos a trabalhadores recrutados através de empresas de trabalho temporário ou dos contratos de trabalho *freelance*[682].

Se neste núcleo de situações os efeitos volitivos finais dependem da verificação de um facto que envolve directamente a situação laboral e que, em razão da salvaguarda de razões económicas e sociais pressupostamente densas, implicam uma limitação importante ao princípios fundamentais da segurança e da estabilidade no emprego (corolário natural do tipo contratual[683]), no caso dos acordos que limitam o direito fundamental à liberdade de trabalho o contrato de trabalho não depende da sua verificação, existindo para lá dessa *vicissitudine*.

Elevando-se o potencial de obrigações que está para lá da dinâmica arquetípica de execução do contrato de trabalho – que, por si, *já implica naturais restrições a liberdades fundamentais do trabalhador, embora contidas à sua causa* e crivadas pelo princípio da proporcionalidade[684] –, a existência de um acordo que limita a liberdade de trabalho tão pouco convola a natureza do contrato de trabalho subjacente, embora produza efeitos sobre a natureza fiduciária do vínculo, ao estreitar a vinculação entre os sujeitos, conformando o exercício de direitos fundamentais do trabalhador que entretecem o núcleo da situação laboral (*v. g.* direito de demissão) e inculcando canais de segurança, que, na sua pré-determinação regulativa, viabilizam padrões de previsibilidade para ambos os sujeitos e cuja cessabilidade *ad nutum*, isenta de consequências jurídicas desfavoráveis, opera nos vectores ínsitos no sistema, estando, por princípio, reservada ao trabalhador.

Se o regime aplicável à violação dos pactos se aparta outrossim do que é seguível perante uma situação de violação do contrato de trabalho e o regime incidente sobre o contrato de trabalho independe da auto-limitação assumida pelo trabalhador, a autonomia destes acordos evidencia-se também a partir da

---

[680] Como refere ANTÓNIO MENEZES CORDEIRO, *Manual de Direito do Trabalho* (1997), cit., 599.
[681] As palavras são de JOÃO DE CASTRO MENDES, "Da Condição", BMJ 1977, n.º 263, 60.
[682] Livro Verde da Comissão Europeia, de 22.11.06, 8 e ss..
[683] MICHÈLE BONNECHÈRE, *Le Droit du Travail* (2008), cit., 39.
[684] Eloquentemente: ALAIN SUPIOT, "Les nouveaux visages de la subordination", DS (2000), cit., 131.

existência de causas de cessação *a se*[685] e com base na obrigação de *non facere* gerada a cargo do trabalhador, cuja revogação, sendo possível a todo o tempo, deixa por princípio inafectada a situação laboral que está na sua génese.

Em ilustração, conforme faz notar Gómez Abelleira[686], a desvinculação por parte do trabalhador de um pacto de exclusividade, fundamentada na revogabilidade a todo o tempo das limitações à liberdade de trabalho, jamais poderá configurar uma situação subsumível ao conceito de justa causa com vista ao seu despedimento, uma vez que, dentre outras razões, o pacto não pode ser erigido a fundamento do contrato de trabalho[687], sendo aliás essa possibilidade, conforme faz notar Jean-Pierre Chauchard, que, infundindo aos pactos uma "eficácia mais legitimadora e reguladora do que vinculativa", permite aplacar o argumento de que se trata de um *atentado* à liberdade de trabalho constitucionalmente inadmissível[688].

Tratando-se não só de uma gradação da intensidade com que os direitos fundamentais são auto-limitados, como também do afastamento da posição de que essa auto-limitação constitui um aspecto vicissitudinário do contrato de trabalho, a vinculação *ad extra* assumida pelos sujeitos, surgindo como um factor importante de estabilização de expectativas, permite simplificar e ordenar factores condicionantes de actuação de direitos, produzindo, em concomitância, novos direitos e, correlativamente, novos deveres para ambos, de acordo com a incidência dos tipos regulativos em causa[689].

Por isso, a contrapartida que, independentemente do momento em que é satisfeita, vai abonar natureza sinalagmática aos acordos cabíveis, encontra a sua razão de ser no sacrifício que o trabalhador assume, perfilando-se, no caso dos pactos de não concorrência, como um *quid* apartável da retribuição.

Sendo ainda muitas as críticas endereçadas aos acordos de limitação da liberdade de trabalho pelo facto de a associação do direito ao trabalho e da liberdade de trabalho à realização da personalidade do trabalhador não ser adequadamente compensada por qualquer previsão legal acerca da onerosidade de todos os pactos – a sua ausência, não sendo contrabalançada pelo intérprete-

---

[685] Mustapha Mekki, "Existe-t-il un jus commune applicable aux clauses du contrat de travail ?" (2006), cit., 298.
[686] Gómez Abelleira, "Pactos de no concurrencia y de permanência", REDT 2000, n.º 100, 282.
[687] Em sentido diverso, v. Pedro Romano Martinez, *Direito do Trabalho* (2010), cit., 536 (nota 2).
[688] Jean-Pierre Chauchard, "La clause du dédit-formation ou le regime de liberté surveillée appliqué aux salariés" (1989), cit., 390.
[689] Ainda: Luisa Zamboni, "Sui limiti del pati di non concorrenza a carico del prestatore di lavoro (art. 2125 c.c.)" (2003), cit., 342.

-aplicador, é outrossim susceptível de favorecer um abuso de posição de força por parte do empregador[690] –, é relevante sublinhar a consideração de que a onerosidade é um *minimum*, sem o qual um pacto que limita um direito constitucionalmente garantido não pode ser considerado portador de um interesse atendível, por desatender ao sinalagma e não responder a uma exigência de equilíbrio[691], implicando-se, por força dos critérios normativos dimanados do sistema, a prevalência de uma concepção objectiva de justiça contratual sobre o projecto subjectivo dos sujeitos.

Embora não se opugne que, designadamente no âmbito dos pactos de exclusividade, a compensação devida pelo empregador possa, de entre outros critérios, ser recortada a partir da antiguidade do trabalhador, ela nada tem que ver com a contrapartida devida pelo empregador em razão da execução do contrato de trabalho, mas com a lesão infligida ao trabalhador em razão da renúncia à liberdade de trabalho[692].

Contudo, os nexos de correspectividade que se estabelecem entre as prestações dos sujeitos e o modo como se correlacionam as respectivas atribuições patrimoniais apresentam-se de forma diversa nos diferentes pactos: tratando-se de uma construção de tipo central, existe uma permeabilidade a pulsões periféricas, que se liga, antes do mais, ao tipo de vinculação assumida e aos pressupostos traçados pelo sistema.

Esta caracterização é, por isso, tendencial: no âmbito dos pactos de permanência a prestação que pende sobre o empregador desvia-se de qualquer enquadramento compensatório, arrimando-se num investimento que, não sendo *ex lege* obrigatório, o empregador desenvolve na formação profissional do trabalha-

---

[690] LÉA BENBOUAZIZ, *L'économie générale du contrat de travail* (2011), cit., 94.
[691] Devendo presumir-se que o trabalhador não renuncia conscientemente a direitos de que é titular sem que daí obtenha vantagens, por princípio, e no domínio das limitações à liberdade de trabalho, os pactos que sobre elas incidam devem considerar-se onerosos, mesmo no âmbito dos tipos sociais, já que como faz notar MASSIMO BIANCA, *Diritto Civile*. Tomo III (2000), cit., 477, a disciplina subjacente a estes é aquela que melhor responde a uma objectiva e adequada consideração dos interesses dos sujeitos segundo um determinado modelo, impondo-se, de forma não formalística, o recurso a um procedimento analógico, que atenda à razão de ser dos pressupostos relativos à sua admissibilidade.
[692] Assim: LOUIS-FRÉDÉRIC PIGNARRE, "Contrepartie financière de la clause de non- concurrence et des droit des obligations: jeux d'influences", RDT 2009, n.º 3, 153, BENOÎT GÉNIAUT, "Clause de non-concurrence: appréciation du caractere dérisoire de la contrepartie financière et pouvoir du juge", RDT 2012, n.º 9, 489 e ALEXANDRE CHARBONNEAU, "La contrepartie financière d'une clause de non-concurrence: indifference du mode de rupture du contrat quant à son montant. Sóc. 25 février 2012, n.º 10-11.590" (2012), cit., 217.

dor, justificando-se, nas coordenadas do sistema, a admissão de um acordo em que as expectativas de retorno se associam à permanência do trabalhador.

Outrotanto se verifica com os pactos de exclusividade: a prestação a cargo do empregador, em razão da substância do acordo, integra-se no conceito de retribuição, documentando-se, a partir da diferente natureza das prestações que são assumidas pelo empregador com os diversos pactos, a existência de um conjunto de sínteses que operam de forma diversificada, consoante a natureza das situações a enquadrar e em razão dos pressupostos e do momento em que os pactos se destinam a vigorar em toda a sua extensão, moldagem que, como se verá, é susceptível de inter-relacionar de forma diversa a causa de cessação do contrato de trabalho com a invocação do pacto.

16. Neste contexto, se a diversidade de situações conlevadas pelos acordos que limitam a liberdade de trabalho pode, sob determinado prisma, fazer corresponder saídas diferentes, a actuação dos sujeitos não deve ser desligada da realidade objectiva que os rodeia, a saber: a atinência com o contrato de trabalho e a envolvência directa, de entre outros direitos fundamentais, do princípio da liberdade de trabalho.

Sem que se afaste a existência de diferentes graus de acessoriedade ou, no pólo oposto, diversos graus de autonomia dos acordos de limitação da liberdade de trabalho, de acordo com um critério subjectivo é ainda possível abonar à acessoriedade dos pactos uma limitação intrínseca que a desvia da acessoriedade genericamente assestável a outros acordos: os sujeitos que celebram estes acordos são necessariamente os sujeitos laborais, não sendo possível que um ou mais terceiros beneficiem directamente da auto-limitação assumida pelo trabalhador.

Tratando-se de arredar a possibilidade de estabelecer como beneficiário directo da auto-limitação assumida pelo trabalhador alguém que não seja sujeito da relação laboral (=homologia de sujeitos), é igualmente possível reassumar, como princípio geral, a proibição de limitações à liberdade de trabalho estabelecidas por outros sujeitos que não o trabalhador.

Se nesse conjunto de hipóteses se está diante de uma limitação heteronomamente efectivável e o conceito de *auto*-limitação implica nominologica e substantivamente o conceito de *auto*nomia, o desvalor subjacente a uma limitação em que o trabalhador não intervenha encontra-se evidenciado no art. 138.º, convocando-se, em fundo, a tensão histórica entre a liberdade de trabalho e a liberdade de contratação[693], cuja pressão sobre o combate às discriminações

---

[693] Nestes termos, referia WOLFGANG FRIEDMANN, *Legal Theory* (5.ª ed.), Columbia University

no acesso ao emprego constitui hoje, a par do desenvolvimento de políticas de emprego, uma das tendências mais salientes[694], naufragando, em razão da axiologia constitucional, a admissão de regulamentações que, sem adequação sistemática, limitem heteronomamente o direito ao trabalho, de que é exemplo historicamente acabado a que o regulamento das manufacturas de Amiens (1666) albergava[695].

Sem prejuízo da referencialidade simbólica subjacente ao art. 138.º e do alargamento da sua latitude por comparação com o pregresso n.º 4 do artigo 36.º da LCT[696], trata-se, porém, e em rigor, uma disposição legal que é tecnicamente imprecisa e potencialmente desnecessária.

Sê-lo-á, ante o afastamento de uma interpretação puramente individualista das normas de direitos fundamentais e face à vocação do princípio da liberdade de trabalho quanto à obtenção de eficácia nas relações entre particulares, demonstrada que ficou que a complementação entre o direito ao trabalho e o direito geral de personalidade implica não só uma liberdade de diligenciar a obtenção de trabalho mas também uma proibição de terceiros quanto à provocação de ofensas à liberdade de trabalho e ao exercício do trabalho[697].

Press, Nova Iorque/Londres, 1967, 401, "(o)riginally freedom of contract represented the emancipation of labour from the fetters of status; but as freedom of contract, owing to the inequality of bargaining position, came into conflict with freedom of labour, the law more and more emphasized the latter if necessary, at the expense of the former".

[694] JEAN-PIERRE LE CROM, "La liberté du travail en droit français. Essai sur l'évolution d'une notion à usages multiples" (2006), cit., 154. Para lá da regulação contida no CT2009 (art. 23.º e ss.), e dos parâmetros constitucionais existentes (designadamente: arts. 13.º e 58.º), a não discriminação constitui um princípio fundamental da União Europeia: o art. 13.º do Tratado prevê medidas para combater a discriminação em razão do sexo, raça ou origem étnica, religião ou crença, deficiência, idade ou orientação sexual e a não discriminação está também consagrada no artigo 21.º da Carta dos Direitos Fundamentais da União Europeia.

[695] Em análise do regulamento, v., entre nós, ANTÓNIO AVELÃS NUNES, *Uma volta ao mundo das ideias económicas*, Almedina, Coimbra, 2008, 85, respigando a previsão de que "nenhum mestre poderá tomar um operário que venha de outro mestre para trabalhar em sua casa sem saber se o primeiro mestre está contente com o operário".

[696] O n.º 4 do artigo 36.º da LCT apenas se referia a *limitações recíprocas*, tendo o Código abandonado esta restrição subjectiva. Identicamente, estabelecia o n.º 4 do artigo 36.º do Decreto-Lei n.º 47 032, de 27.05.1966, que "(s)ão proibidos e fazem incorrer na multa prevista na alínea h) do artigo 123.º quaisquer acordos entre entidades patronais no sentido de reciprocamente limitarem a admissão de trabalhadores que a eles tenham prestado serviço".

[697] RAIMUND WALTERMANN, *Berufsfreiheit im Alter: verfassungsrechtliche und arbeitsrechtliche Schranken tarifvertraglicher Altersgrenzenregelungen*, Duncker und Humblot, Berlim, 1989, 115 e RABINDRANATH CAPELO DE SOUSA, *O Direito Geral de Personalidade* (1995), cit., 278-9 (nota 665).

A imprecisão técnica, que se inicia com a epígrafe – a designação "limitação da liberdade de trabalho" falha o objecto da regulação, isto é, o *quid* susceptível de produzir essa limitação, vislumbrando-se maior acerto, ante o conteúdo do preceito, na utilização da epígrafe "proibição de acordos de limitação de trabalho" –, é reiterada, em fundo, pelo desvalor atribuído à obrigação de pagamento de uma indemnização, já que esse desvalor não se cinge à obrigação de pagamento de uma indemnização, abrangendo outrossim qualquer prestação que se funde num acordo que proíba a admissão do trabalhador[698].

Além disso, se, com propriedade, só caberia tratar de uma eventual indemnização se houvesse uma obrigação incumprida – o que, face à nulidade que fulmina o acordo, jamais poderia existir –, vislumbra-se, com clareza, que o preceito, não obstante a formulação utilizada, não se confina aos acordos que incidam sobre trabalhadores que "prestem ou tenham prestado" trabalho aos outorgantes, contemplando igualmente o esconjuro de trabalhadores que a eles nunca tenham prestado serviço[699].

Cuidando-se de situação que não integra a previsão do preceito, a sua abrangência é imposta pelos valores em presença, dado que, por um lado, o princípio da liberdade de actividade da força de trabalho determina a ilicitude das "ofensas às possibilidades de obtenção de trabalho de outrem quando ultrapassem os limites da adequação social e não se justifiquem pela defesa de um interesse jurídico igual ou superior"[700] e, por outro, o desvalor subjacente à criação de um instrumento destinado a adulterar a concorrência mantém-se *de pleno* nos casos

---

[698] Contemplam-se, também por isso, as decisões de uma associação de empresas ou uma prática concertada entre empregadores, sendo grande o *simile* com o art. 9.º da Lei n.º 19/2012, de 8.05, onde se estabelece a proibição de "acordos entre empresas, as práticas concertadas entre empresas e as decisões de associações de empresas que tenham por objeto ou como efeito impedir, falsear ou restringir de forma sensível a concorrência no todo ou em parte do mercado nacional, nomeadamente os que consistam", e, para o que ora interessa, em "subordinar a celebração de contratos à aceitação, por parte dos outros contraentes, de prestações suplementares que, pela sua natureza ou de acordo com os usos comerciais, não têm ligação com o objeto desses contratos".

[699] É nesta perspectiva que António Monteiro Fernandes, *Direito do Trabalho* (2012), cit., 536, assinala que a limitação da actividade profissional do trabalhador podia ser tentada através de acordo entre empregadores, pelo qual estes procurariam proteger-se mutuamente do factor de concorrência que resulta do aproveitamento de pessoal de uns dos outros, enquadramento que vale para o aproveitamento de pessoal extrínseco.

[700] Rabindranath Capelo de Sousa, *O Direito Geral de Personalidade* (1995), cit., 280. Em geral, qualquer direito de personalidade, como assinala o Autor, obriga todos os sujeitos a absterem-se de praticar actos que ilicitamente ofendam ou ameacem ofender a personalidade alheia, sem o que incorrerão em responsabilidade civil e/ou na sujeição às providências civeis adequadas a evitar a ameaça ou a atenuar os efeitos da ofensa cometida.

em que, com destinatários definidos, os empregadores se comprometem a criar uma barreira de acesso ao mercado de trabalho, mesmo que não tenha havido uma relação laboral prévia e independentemente de qualquer acordo formal.

Ultrapassada a absolutidade do princípio da liberdade de contratação laboral[701], é, aliás, essa a orientação genericamente seguida não só em domínios onde existem outros valores em jogo[702], como também em ordenamentos onde o princípio da liberdade de trabalho não assume a fundamentalidade que traveja o ordenamento português.

No Reino Unido, no caso *Kores Manufacturing co Ltd v Kolok Manufacturing Co Ltd* [1957][703], tendo-se cuidado de um acordo entre duas companhias, produtoras de carbono, que substanciava o compromisso de ambas em não contratarem qualquer trabalhador que houvesse laborado para qualquer das empresas nos cinco anos antecedentes, o tribunal considerou o acordo imposto pelas duas empresas aos respectivos trabalhadores eivado de nulidade. Mas o simples acordo entre empresas, efectivado à margem da vontade dos trabalhadores, não deixará igualmente de ser nulo[704].

Se após o caso *TSC Europe UK Ltd v Massey* [1999][705] ficou claro que toda e qualquer restrição acordada entre empregadores quanto à contratação de trabalhadores que não cuide de atender à sua experiência e aos seus conhecimentos técnicos é nula por ofender injustificadamente as regras de concorrência, foi com o caso *Hanover Insurance Brokers Ltd v Schapiro* [1994][706] que se registou um avanço significativo na argumentação mobilizada[707]: esteve em análise uma cláusula que proibia um trabalhador de contratar quaisquer trabalhadores pertencentes ao seu (ora antigo) empregador nos 12 meses subsequentes à cessação da sua relação laboral; o tribunal, perante uma injunção requerida pelo ex-empre-

---

[701] Por exemplo, JEAN-PIERRE LE CROM, "La liberté du travail en droit français. Essai sur l'évolution d'une notion à usages multiples" (2006), cit., 155 ou GIUSEPPE FERRARO, *Diritto dei contratti di lavoro* (2011), cit., 59, referindo que o interesse público relativo à procura e à oferta do mercado de trabalho deram historicamente vida a um sistema de intervenção na fase propedêutica de constituição do trabalho com o escopo de comprimir alguns aspectos da autonomia privada.

[702] Veja-se o caso *Buckley v Tutty* (1971) 125 CLR, 353 e 371-380, sinalizado em JAMES MACKENS/ PAUL O'GRADY/CAROLYN SAPIDDEN/GEOFF WARBURTON, *The Law of Employment*, Lawbook Co., Sidney, 2002, 85: as regras da *New South Wales Rugby Football*, que vedavam as transferências de jogadores entre os clubes participantes na competição, foram consideradas inválidas.

[703] 3 ALL ER 158.

[704] NORMAN SELWYN, *Law of Employment* (2008), cit., 491-2.

[705] IRLR 22.

[706] IRLR 82.

[707] Cfr. DEBORAH J. LOCKTON, *Employment Law* (2003), cit., 355.

gador, e uma vez que o ex-trabalhador tinha organizado a sua actividade em termos comerciais, denegou a pretensão da *Hanover Insurance Brokers Ltd*, firmando o princípio de que um trabalhador tem o direito de trabalhar para quem quiser e de contratar quem lhe aprouver: uma vez que os trabalhadores não são comparáveis ao *stock in trade* ou ao *goodwill*, não podem ser objecto de quaisquer tipo de acordos celebrados por terceiros que comprimam os seus direitos[708].

Nesta sequência, e é aqui que, para lá da imprecisão técnica assinalada, cabe sinalizar a potencial desnecessidade de um preceito como o art. 138.º, o acordo entre empregadores, além de conflituar com os princípios de uma concorrência sã e de condicionar o mercado de trabalho mediante o afastamento *ab initio* de um ou mais trabalhadores do perímetro em que a contratação laboral opera, colide com a eficácia vinculativa do princípio da igualdade nas relações entre sujeitos que intervenham ou possam vir a intervir numa situação laboral, não sendo probante a invocação de que a não contratação opera de acordo com um fundamento material válido, acomodando-se ao princípio da liberdade de comércio e indústria ou, *in extremis*, que não obriga, enquanto tal, o trabalhador[709].

Com efeito, se o facto de o trabalhador não se encontrar obrigado por este tipo de cláusulas é analisável em sentido inverso (i. e., como uma limitação que é

---

[708] Contudo, mais recentemente, abriu-se as portas à admissibilidade das *non-solicitation clauses*, colacionando-se, paradoxalmente, o caso *Hanover Insurance Brokers Ltd v Schapiro [1994]*, IRLR 82: rejeitando-se liminarmente cláusulas que proíbem a contratação de todos os trabalhadores de uma determinada organização produtiva – sem se atender à sua posição ou experiência –, este tipo de cláusulas é de admitir, conquanto estejamos perante trabalhadores altamente especializados e/ou que exerçam funções de marcada confiança e desde que estes apareçam concretamente identificados. Foi assim no caso *Alliance Paper Group plc v Prestwich* [1996] e, de forma muito similar, no caso *Ingham v ABC Contract Servives Ltd* [1994], onde também se fez menção ao investimento que a empresa havia feito na especialização/formação dos respectivos trabalhadores e à intensa competição que marca o respectivo sector de actividade, conforme dão nota James Holland & Stuart Burnett, *Employment Law*, Oxford University Press, Oxford, 2008, 19.

[709] Sobre este argumentário: Marieke Castronovo, "Clause de clientéle et clause de non-concurrence" (2010), cit., 507. Em França, como dá nota a Autora, estes acordos entre empresas, vulgarmente designados por "cláusulas de não solicitação de clientela", foram já admitidos pela *Cour de Cassation*. Mau grado o seu polimorfismo – contempla-se tanto a cláusula em que as empresas-clientes se comprometem a não contratar um trabalhador durante um determinado período como aquela em que o compromisso se dirige à não contratação de qualquer trabalhador que tenha trabalhado para qualquer empresa que presta serviços –, o argumento mobilizado é o de que estas cláusulas, por contraste com as cláusulas de não concorrência, obrigam um potencial empregador e não o trabalhador. Não se impedindo o trabalhador de trabalhar para uma empresa concorrente, mas tão somente de trabalhar para as empresas-clientes, admite-se a validade destas cláusulas sem limites nem justificação, utilizando-se, para tanto, um argumentário *per confrontationem* com as clausulas de não concorrência, que, no mínimo, nos parece discutível.

imposta à margem da sua vontade) e o juízo de desvalor acerca do conteúdo de um acto ou de um negócio jurídico tem outrossim um âmbito próprio que está para lá dos sujeitos intervenientes, as restrições convencionais incidentes sobre a concorrência entre os agentes são excepcionais, admitindo-se apenas espaços para a auto-regulação nos casos em que o ordenamento jurídico reconhece uma justificação válida, que se ancore em fundamentos de tal sorte importantes, cujo congraçamento com os princípios da liberdade de trabalho e da liberdade de concorrência seja fazível[710], operação que, pelos fundamentos mobilizados, jamais se compatibilizará com práticas que viabilizem a rotulagem de trabalhadores e que, independentemente de qualquer vinculação primeva, amparem situações que não encontram respaldo em qualquer interesse colectivo[711], utilizando, para tanto, um critério que, estando para lá da capacidade ou da disponibilidade para trabalhar, é susceptível de censura jurídica[712].

Tendo-se como certo que o "princípio da igualdade não pode ser visto em sentido rectilíneo, encarando-o com antolhos"[713], trata-se, *in casu*, de uma res-

---

[710] Nestes termos: GIANNANTONIO GUGLIELMETTI, *Limiti negoziali della concorrenza*, Cedam, Pádua, 1961, 62. Por isso, em atenção às coordenadas do sistema e à fundamentalidade dos princípios da liberdade de trabalho e da liberdade de concorrência, não se admite um acordo que, bulindo directamente com o princípio da liberdade de trabalho, se ancore num interesse puramente privado, sem densidade bastante para, face aos valores em jogo, se alçar à categoria de interesse colectivo. É também assim em áreas sistemáticas diversas e em ordenamentos caracterizáveis por uma grande amplitude nas convenções firmáveis, já que as liberdades de concorrência e de comércio, sendo erigidas a uma espécie de *rule of reason*, tolhem a autonomia privada dos sujeitos em áreas como a dos direitos reais, onde a liberdade de conformação contratual não apresenta os espartilhos que historicamente conformam a área laboral: MICHAEL J. TREBILCOCK, *The Common Law of Restraint of Trade: A Legal and Economic Analysis*, Carswell, Toronto, 1986, 312-3.

[711] Cfr. JEAN PÉLISSIER/ALAIN SUPIOT/ANTOINE JEAMMAUD, *Droit du Travail* (2000), cit., 284-7. Nesta linha, se o artigo 385.º, n.º 1 do CT, na senda do artigo 57.º da LCCT, dispõe que "(q)uando cesse o contrato de trabalho, o empregador é obrigado a entregar ao trabalhador um certificado de trabalho, indicando as datas de admissão e de saída, bem como o cargo ou cargos que desempenhou", já o n.º 2 do preceito, em razão da *não rotulagem*, estabelece que "(o) certificado não pode conter quaisquer outras referências, salvo pedido do trabalhador nesse sentido".

[712] Se sem igualdade não há liberdade (incluindo naturalmente a liberdade de trabalho) – *si aequa non est, ne libertas quidem dici potes* (Cícero) –, como faz notar M.ª DA GLÓRIA PINTO GARCIA, *Estudos sobre o princípio da igualdade*, Almedina, 2005, 51, "(e)stando em causa (...) um determinado tratamento jurídico de situações, o critério que irá presidir à qualificação de tais situações como iguais ou desiguais é determinado directamente pela *ratio* do tratamento jurídico que se lhes pretende dar, isto é, funcionalizado pelo fim a atingir com o referido tratamento jurídico. A *ratio* do tratamento jurídico é, pois, o ponto de referência último da valoração e da escolha do critério".

[713] PEDRO ROMANO MARTINEZ, "Igualdade de tratamento no direito laboral: a aplicação da Directiva 76/207/CEE em Portugal", DJ 1997, tomo II, 89 (83-94).

trição concorrencial unidireccionada, que afasta do mercado de trabalho quem não é parte no acordo, e cujo fundamento socio-normativo mobilizado não se acomoda ao art. 18.º da CRP, apresentando-se, em substância, falho de qualquer interesse colectivo e ademais desprovido da relação de adequação social que poderia concorrer para a sua atendibilidade[714].

Assim, se este tipo de acordos ofende não só o princípio da liberdade de trabalho – que postula a existência de condições que o tornem factível e implica a proibição de "qualquer obstáculo externo ao exercício de uma actividade laboral (liberdade dirigida contra os entes públicos e contra as entidades particulares"[715]) –, como também os vectores do sistema que se destinam a garantir um mercado de trabalho concorrencial, a discriminação, que há-de ser analisada por referência à *ordem constitucional de valores e à situação fáctica em presença*[716], não deixa aliás também folga para a admissão de acordos que se fundem em razões que briguem com a garantia constitucional do direito ao trabalho.

Este direito, não pressupondo o direito à obtenção de um concreto posto de trabalho, implica o direito dos cidadãos ao afastamento de obstáculos ou condicionamentos desnecessários ao exercício de uma actividade laboral (dimensão negativa) e o direito ao desenvolvimento de uma actividade que corresponda às suas preferências e à sua própria capacidade profissional (dimensão positiva), demandando a criação de condições para a sua efectivação e a correlativa eliminação de todo e qualquer obstáculo à sua fruição.

---

[714] Ainda Philippe Waquet, *L'entreprise et les libertés du salarié* (2003), cit., 191, aludindo, nesse contexto, a restrições *prima facie* atendíveis: positivas – idade, diploma, ou obtenção de um título específico; negativas – ausência de condenação penal, de doença ou incapacidade física.

[715] Gomes Canotilho & Vital Moreira, *Constituição Portuguesa da República Anotada. Artigos 101.º a 107.º* (2007), cit., 763-4. Conforme vimos, de forma exegeticamente dual, e sem prejuízo da unidade operativa do princípio da igualdade e da significância que irradia do art. 13.º da CRP, enquanto *ante* encontramos a igualdade de oportunidades relativa ao acesso ao emprego, carreira e formação profissional que flui dos arts. 47.º, 50.º e 58.º da CRP, topando-se *ex post* com uma modelação expressiva da igualdade quanto aos direitos dos trabalhadores no n.º 1 do art. 59.º da CRP, que aprofunda o art. 13.º da CRP e que contém, do mesmo modo, um catálogo não taxativo de factores de discriminação, substanciando um conjunto de "categorias suspeitas" (a expressão é de José de Melo Alexandrino, *Direitos Fundamentais. Introdução Geral*, Principia, Estoril, 2007, 15) e suscitando uma indagação decomponível em dois planos: (i) um juízo comparativo, dirigido à determinação dos factos ou situações que são (des)iguais e (ii) um juízo valorativo, pré-ordenado por razões de justiça, que há estabelecer, em função do conjunto de factores mobilizados, um tratamento uniforme ou diferenciado, consoante as circunstâncias. Ainda: Maria da Glória Pinto Garcia, *Estudos sobre o princípio da igualdade* (2005), cit., 16.

[716] Entre vários: Ac. TC n.º 209/94, de 02.03.1994 (Vitor Nunes de Almeida), proc. n..º 414/91.

Apagando-se, do que se viu, a visão de que se trata de uma afirmação meramente proclamatória[717], no Reino Unido, em situações com contornos aparentáveis, admitem-se todavia as cláusulas "closed shop", através das quais o empregador se compromete a não contratar trabalhadores sindicalizados e, nos EUA, acolhem-se as cláusula de "union shop", através das quais o empregador se compromete a exigir aos trabalhadores contratados que adiram a um sindicato[718], criando-se, deste modo, uma barreira convencional à contratação de trabalhadores.

Se a admissibilidade destas cláusulas é construída nesses sistemas a partir de uma concepção dos sindicatos como simples agentes económicos de defesa dos interesses dos trabalhadores (e não como associações permanentes de trabalhadores para defesa e promoção dos seus interesses sócio-profissionais)[719], legitimando-se, a partir daí, uma desconfiança em relação a trabalhadores não sindicalizados – quais "free riders", que beneficiam da actuação dos sindicatos sem suportarem as despesas correspondentes –, nada disto, qual seja a modalidade de "union security clauses", é admissível em sistemas como o português[720] ou germânico[721], que têm nos princípios da liberdade de trabalho e da liberdade sindical coordenadas jurídico-constitucionais inultrapassáveis.

Todos os trabalhadores e empregadores têm o direito de constituírem organizações da sua escolha, assim como o de nelas se filiarem, com vista a promover e defender os seus interesses, e o direito de negociar colectivamente entre si. Devem poder fazê-lo livremente, sem a ingerência de outros sujeitos, sejam ou não parte numa relação contratual, e livres da intromissão do Estado ou de terceiros.

---

[717] Sublinhando o aspecto, v. FRANCESCO MARIA CIRILLO, "Commento all'art. 4", *Diritto del lavoro. Vol. I – La Costituzione, il Codice civile e le leggi speciali* [dir. G. Amoroso, Di Cerbo, A. Maresca (3.ª ed.)], Giuffrè, Milão, 2009, 42.

[718] Em subsequência lógica, são também admitidas as cláusulas de *maintenance of membership*, que implicam a manutenção da filiação sindical como condição de permanência no emprego ou as cláusulas de *preferential hiring*, que estabelecem o recrutamento preferencial de trabalhadores sindicalizados: JAMES BATLESON, *Labor and the Wartime State: Labor Relations and Law During World War II*, University of Illinois Press, Illinois, 1998, 109.

[719] Assinalando a perduração desta concepção: GIUSEPPE PERA & MARCO PAPALEONI, *Diritto del Lavoro* (2003), cit., 613-4.

[720] Cfr. JORGE LEITE, *Direito do Trabalho*, vol. I (1998), 139-141.

[721] Assim, ante a *Koalitionsfriheit* prevista no § 9 GG, cfr. BERND RÜTHERS/HANS BROX/MARTIN HENSSLER, *Arbeitsrecht* (2007), cit., 223-6 e WOLFGANG HROMADKA & FRANK MASCHMANN, *Arbeitsrecht Band 1: Individualarbeitsrecht* (2012), cit., 23.

A liberdade sindical que, a par da liberdade de trabalho, encontra consagração constitucional (art. 55.º da CRP) – e é um direito, liberdade e garantia[722], decomponível na liberdade de constituição de associações sindicais[723], na liberdade de filiação num sindicato e na liberdade de desvinculação do sindicato[724] –, torna inacolhíveis estas modalidades de acordos, em que o resultado prático é a compulsão dos trabalhadores à filiação sindical[725] e cujo sancionamento no

---

[722] Cfr. JORGE MIRANDA, "Liberdade de trabalho e profissão" (2006), cit., 156 e 161.
[723] Sindicatos que, nas palavras de JORGE LEITE, "Crédito Remunerado para desempenho de funções sindicais", QL 1994, n.º 1, 4, são "indispensáveis centros de referência de determinados interesses – interesses dos trabalhadores que representam e interesses do próprio regime democrático, elevados que foram a seus agentes essenciais".
[724] Salientemente, em análise às normas constantes do n.º 3 do artigo 17.º do Decreto-Lei n.º 215-B/75, de 30.04, na parte em que impõe o voto directo, e do artigo 46.º do mesmo Decreto-Lei, no segmento em que determina, nos termos do disposto no artigo 16.º do Decreto-Lei n.º 594/74, de 07.11, a aplicação às associações sindicais da 2.ª parte do artigo 162.º do Código Civil, v. Ac. TC n.º 449/91, de 28.11.1991 (SOUSA BRITO), proc. n.º 185/89, DR Série-A, de 16.01.1992.
[725] Igualmente, em Itália, GIOVANNI AMOROSO/VINCENZO DI CERBO/ARTURO MARESCA, Diritto del lavoro. Vol. II (2009), cit., 663 e, entre nós, BERNARDO LOBO XAVIER, Manual de Direito do Trabalho (2011), cit., 119. A substância da questão é, *qua tale*, diferente da que se suscita a propósito da diferenciação remuneratória estabelecível para trabalhadores sindicalizados em razão de acordo da entidade empregadora com o sindicato a que pertencem. Mau grado a jurisprudência proceder a uma extensão do quadro retributivo a trabalhadores não sindicalizados – fundamentalmente em razão do princípio da igualdade retributiva e com o argumento de que só assim se garante o princípio da liberdade sindical [entre vários: Ac. STJ de 06.12.2006 (PINTO HESPANHOL), proc. n.º 06S1825] –, e independentemente do entendimento de que essa via interpretativa descarna o direito de contratação colectiva e apaga a função sindical, pois os trabalhadores não sindicalizados fruem extensivamente os mesmos benefícios, sem pagarem quotas nem suportarem riscos [assim: BERNARDO LOBO XAVIER & ANTÓNIO NUNES DE CARVALHO, "Princípio da igualdade: a trabalho igual salário igual", RDES 1997, n.º 4, Ano XXIX, 422 e ss. e JÚLIO VIEIRA GOMES, Direito do Trabalho (2007), cit., 423], certo é que com as *union security clauses* restringe-se o direito ao trabalho à filiação sindical, instituindo-se um sistema que afasta, a montante, um cidadão por não se encontrar sindicalizado, dando-se nova roupagem às teorias *insider* (sindicalizado)/*outsider* (não sindicalizado). Num caso, e havendo boas razões para considerar inextensíveis as tabelas salariais previstas em acordos de empresa a trabalhadores sem filiação sindical, trata-se da não fruição de uma vantagem, pois também não há suporte dos riscos; no outro, trata-se da subtracção de um direito fundamental, que ao contrário dos efeitos de dessindicalização subjacente à orientação jurisprudencial dominante, erige, no extremo, um sistema de sindicalização obrigatória que, identificando trabalho com sindicato, é contrário à liberdade de trabalho e à liberdade de adesão a um sindicato, transformando-se, ao arrepio da boa jurisprudência constitucional, os sindicatos em autênticas forças de pressão sobre os trabalhadores, como acentua PHILIPPE WAQUET, *L'entreprise et les libertés du salarié* (2003), cit., 191, em referência ao art. L. 412-2 do *Code du Travail*, que interdita a discriminação anti-sindical. Esta ideia encontra-se muito presente no Ac. TC n.º 445/93 (MONTEIRO DINIZ), de 14.07.1993, BMJ 1993, n.º 429, 267, considerando-se inconstitucionais, por violação do disposto nos artigos 55.º, n.ᵒˢ 1, 2, alíneas a) e b) e 4 e 56.º, n.º 1 da CRP, as normas do Estatuto

ordenamento francês aparece aliás qualificado como uma "norma de ordem pública"[726].

Assim, se, de um ponto de vista substantivo, e em razão dos princípios constitucionais envolvidos, não haveria espaço para, ante a inexistência do art. 138.º, sufragar solução diversa da que proíbe o afastamento de trabalhadores do mercado de trabalho, a (eventual) utilidade subjacente à disposição estaria no sancionamento da prática que é expressamente interdita.

Mas, por contraste com o art. 431-1 do Código Penal Francês[727] – que, protegendo criminalmente o princípio da liberdade de trabalho, abrange estas práticas[728] –, a aplicação do preceito mostra-se claramente frustre, já que a gravidade das condutas reconduzíveis à sua previsão não logra cobertura específica em sede contra-ordenacional, ao contrário do que se verificava com o n.º 4 do artigo 36.º do Decreto-Lei n.º 47 032, de 27.05.1966[729], em formulação próxima da contida no Anteprojecto Pessoa Jorge[730].

---

do Jornalista e do Regulamento da Carteira Profissional do Jornalista que atribuíam a emissão da carteira profissional de jornalista à respectiva organização sindical. No essencial, porque o «direito de livre sindicalização implica que ninguém possa ser directamente obrigado a filiar-se em sindicato determinado, tal como proíbe a existência de quaisquer mecanismos ou medidas de pressão que indirectamente possam contribuir para limitar o pleno gozo e fruição daquela liberdade, obstando a que, por qualquer forma, mesmo remota ou indirecta, os sindicatos possam funcionar como "estruturas de coerção"».

[726] Cfr. PHILIPPE WAQUET, *L'entreprise et les libertés du salarié* (2003), cit., 43 e ALAIN SUPIOT, *Le Droit du Travail*, (2004), cit., 59: assim, embora o § 1 do art. L 412-2 do *Code du Travail* se suscite com maior acuidade nos casos de progressão e remuneração, v. expressamente o § 4 do art. L 412-2, cuja injuntividade abrange igualmente a presunção inilidível de que qualquer actuação do empregador que se funde na filiação sindical é abusiva, implicando-se, em sequência, a sua responsabilização pelos danos causados ao trabalhador ou ao potencial contratado.

[727] Na redacção atribuída pela Ordonnance n.º 2000-916, de 19.09.2000.

[728] PHILIPPE WAQUET, *L'entreprise et les libertés du salarié* (2003), cit., 189.

[729] A redacção era a seguinte: "(s)ão proibidos e fazem incorrer na multa prevista na alínea h) do artigo 123.º quaisquer acordos entre entidades patronais no sentido de reciprocamente limitarem a admissão de trabalhadores que a eles tenham prestado serviço".

[730] Estabelecia o n.º 3 do art. 30.º do Anteprojecto que "(s)ão proibidos e envolvem responsabilidade por violação das leis do trabalho, quaisquer acordos entre entidades patronais no sentido de reciprocamente limitarem a admissão de trabalhadores que a elas tenham prestado serviço". Cfr. FERNANDO PESSOA JORGE, "Contrato de Trabalho – Anteprojecto de Diploma Legal", ESC 1965, n.º 13, 264.

Além de imprecisa, a autonomização material de um preceito dedicado à proibição de acordos que operem uma limitação à liberdade de trabalho é, por isso, *de iure condito,* infrutífera[731].

17. Em arco genérico, a auto-limitação assumida pelo trabalhador vai aparecer, em todos os pactos, mas com intensidade diversa, conformada pelo âmbito da situação laboral pressuponente[732].

Esta conformação da auto-limitação pela situação laboral em curso ou pregressa assume marcada importância no que respeita à subsistência do acordo: a verificação de alterações na situação laboral em curso pode determinar o desaparecimento do interesse que justifica a limitação à liberdade de trabalho em razão da exigência de que esta só deve vigorar na medida do estritamente necessário[733].

Manifesta-se, de forma igualmente expressiva, na indagação de uma situação de eventual (in)cumprimento, independentemente da sincronia ou diacronia dos negócios: sincronicamente, em caso de suspensão do contrato de trabalho, o exercício de outra actividade pode não ofender a obrigação de exclusividade assumida pelo trabalhador através de pacto específico; ou, diacronicamente, e no que a um pacto de não concorrência diz respeito, o exercício de uma actividade concorrencial que se funde em elementos que não atinem com a situação laboral cessada não configurará, em razão da moldagem operada por essa situação, qualquer situação de incumprimento.

Deste modo, embora a caracterização das cláusulas obedeça a um elemento gravitacional comum – a renúncia do trabalhador à sua liberdade de trabalho –, o grau de autonomia que cada uma delas encerra é variável e conexiona-se com o

---

[731] No mais, sendo o acordo nulo, nada impede que a limitação se aplique *de facto*, não se assegurando qualquer direito ao trabalhador que se veja discriminado em razão do acordo entre empregadores que entretanto seja julgado inválido (i. e., o acordo é inválido, mas o trabalhador não é contratado, tudo se passando, ao cabo e ao resto, como se o acordo produzisse efectivamente os efeitos que o ordenamento esconjura). Afastando-se, em razão da liberdade de iniciativa económica, uma obrigação de contratar por parte dos empregadores que forjem o acordo, está-se em crer que, *de iure condendo*, e para lá do sancionamento contra-ordenacional equacionável, não deve ser afastada a ponderação de uma indemnização a atribuir ao trabalhador visado, uma vez que a nulidade que fulmina o acordo, trazendo consigo a insusceptibilidade de produção de qualquer efeito, dificilmente deixa margem para que o trabalhador possa ser ressarcido.
[732] MUSTAPHA MEKKI, "Existe-t-il un jus commune applicable aux clauses du contrat de travail ?" (2006), cit., 302.
[733] Por exemplo: a formação extraordinária que estribou o pacto de permanência queda descompassada, em razão da mudança de actividade, com o feixe de interesses em que se move a execução do vínculo laboral.

seu escopo primário, recortando-se em função da forma como o sistema ordena a inter-relação entre os sujeitos, dos pressupostos subjacentes e dos interesses que *in abstracto* se procuram tutelar.

Mas, se os aspectos parcelares atinentes ao modo de ser dos acordos de limitação à liberdade de trabalho podem implicar a assunção de regimes diferenciados, importará não obliterar o conjunto e afastar a assunção de soluções que, por o ignorarem, introduzem fracturas intra-sistemáticas numa regulação que, conformando com restrição a realidade em que os acordos podem operar, apresenta um núcleo que tem uma dimensão real de protecção do trabalhador, dado que um dos factores que caracteriza estes pactos diz respeito "à injecção dos direitos fundamentais na obrigação abstensiva", que opera uma reesquematização dos direitos e deveres dos sujeitos laborais.

Por um lado, os direitos e deveres não são reconduzíveis aos direitos e deveres que caracterizam a situação laboral; por outro lado, trata-se de direitos e deveres que, face aos direitos fundamentais envolvidos e à sua atinência com o contrato de trabalho, estão para lá de uma relação obrigacional puramente civil: os institutos que integram a conformação da vontade dos sujeitos laborais têm sempre em conta a necessidade de recondução das decisões implicadas ao universo juslaboral, convidando o intérprete-aplicador a suprir as inúmeras brechas implicadas pelos múltiplos problemas práticos sucitados para lá do contrato de trabalho – que constitui o epicentro regulativo da regulação legal –, mas sem perder de vista que as conexões estabelecidas com a situação laboral não podem perder o seu sentido por via de uma diluição analítica na figura do contrato de trabalho, qual "figura central e razão de ser do Direito do trabalho"[734], que, na sua essência, e por contraste com as limitações à liberdade de trabalho, implica uma prestação principal do trabalhador fundamentalmente activa[735].

---

[734] MONTOYA MELGAR, *Derecho y Trabajo* (1997), cit., 30.

[735] Com uma abordagem dirigida à definição da prestação devida pelo trabalhador em termos semelhantes: JÚLIO VIEIRA GOMES, *Direito do Trabalho* (2007), cit., 99. Com estas lucubrações sobre a polarização dos acordos de limitação à liberdade de trabalho no âmago do contrato de trabalho a revelarem-se desamparadas perante a realidade do sistema e a mostrarem-se incapazes de dar corpo à complexidade do real e à natureza das obrigações emergentes, justifica-se, por isso, a crescente atenção que os pactos – quase sempre denominados cláusulas – têm recebido por parte da doutrina e o seu tratamento apartado da teoria geral do contrato de trabalho, muito em voga no ordenamento francês, onde, como salienta JEAN PELISSIER, "Pour un droit des clauses du contrat du travail a partir de l'arrêt Société Leviel" (2005), cit., 499 e ss., se encorpa um direito aplicável às cláusulas do contrato de trabalho. Este labor, que não desconsidera as proposições jurídicas que dão cor ao contexto normativo laboral, vai, no entanto, encontrar uma parte substancial da sua regulação específica na conceitologia infra-ordenacional subjacente (= situação laboral), mobili-

Contudo, se esta análise é muitas vezes abonada com uma tendência para ponderações equânimes retiradas da regulação do contrato de trabalho – utilizando-se o argumento *a pari* com o regime aplicável ao contrato de trabalho *qua tale* –, importa estabelecer, com referências objectivas susceptíveis de controlo, os limites que enquadram a solução dos problemas surgíveis, afastando a relativização juscientífica dos acordos e a sua subsunção às proposições exegéticas ditadas pela execução do contrato de trabalho.

Aí, sob a aparência de uma autonomia de análise, há uma pesquisa centrada no contrato de trabalho, que, amparando-se em argumentos dotados de autoridade, prejudica uma análise juscientífica satisfatória, eclipsando a natureza *a se* dos acordos de limitação à liberdade de trabalho e apagando os interesses específicos que estão na base dos diferentes acordos.

18. Com excepção da proibição relativa a acordos destinados à limitação da liberdade de trabalho – que, constituindo uma interdição, exorbitam dos acordos que limitam a liberdade de trabalho, cujas condições de validade importa analisar –, no caso dos pactos existe uma pluralidade de contratos que se encontram inevitavelmente conectados com o contrato de trabalho, que, num fenómeno contratualmente complexo, se influenciam reciprocamente.

Ora, se o fenómeno da coligação negocial, perspectivado inicialmente segundo uma concepção atomística, ao pressupor uma pluralidade jurídica, com uma unidade económica funcional, autonomizando estruturalmente cada um dos contratos, produtores dos seus próprios efeitos, tem vindo a ser abordado através de uma "concepção unitária"[736], a dependência existente entre os dois vínculos é, todavia, e por tendência, unilateral: se a nulidade do contrato de tra-

---

zando um largo espectro de aspectos sinalizados à sustentação da sua autonomia a partir da execução do contrato de trabalho: é o exemplo, não exclusivo do campo previsivo-estatuitivo da regulação laboral, da remoção de situações aleatórias, que gerando franjas de incerteza, contribuem para um juízo de invalidade de cláusulas aponíveis aos acordos de limitação da liberdade de trabalho (exemplo: montante da compensação determinável *ex post* pelo empregador ou previsões relativas à sua desvinculação *ad nutum* ou a modificações unilaterais) ou que vão atinar com a impossibilidade de execução específica da prestação assumida pelo trabalhador, enquanto "realização pela força da própria prestação devida", circunstâncias em que, todavia, é a natureza da prestação implicada pelo acordo e a sua revogação a todo o tempo por parte do trabalhador que sustentarão o enquadramento adoptável e não o regime que, enquanto tal, se encontra configurado para o contrato de trabalho.
[736] Nestes termos: FRANCISCO PEREIRA COELHO, "Coligação Negocial e Operações Negociais Complexas", BFDUC 2003, 209 e ss..

balho afecta um pacto de permanência ou de exclusividade, já a nulidade do pacto deixa, em princípio, intocada a validade do contrato de trabalho.

Não se curando, pois, de uma coligação em que os contratos aparecem articulados por uma relação de dependência bilateral[737], esta conexão, que nunca pode ser desligada de um sujeito que dispõe ou quer dispor da sua energia laborativa, traduz-se em aspectos como a inafectabilidade automática dos pactos de não concorrência ou de confidencialidade em caso de nulidade do contrato de trabalho, embora tal já não suceda com os pactos de permanência ou de exclusividade que se baseiam, *per essentiam*, na concretização do próprio contrato de trabalho, sendo directamente instrumentais à execução da sua causa-função.

Trata-se de um aspecto importante e que, numa concepção marcadamente apegada ao princípio *accessorium sequitur principale*, determinaria, por contágio, a nulidade *ipso jure* de qualquer acordo de limitação à liberdade de trabalho, insuflando-se a acessoriedade dos acordos de limitação à liberdade de trabalho e operando-se, assim, a redução de um princípio actuante: a nulidade do contrato de trabalho determina a nulidade de qualquer acordo estabelecido pelos sujeitos laborais nessa qualidade.

A questão não é, todavia, linear, suscitando uma identificação da obrigação assumida com a auto-limitação à liberdade de trabalho e a definição do seu grau de relação com o contrato de trabalho, impondo-se a remoção dos vícios subjacentes a um procedimento homogéneo e automatizado: se a clivagem tendencialmente estabelecida para os pactos se funda no momento em que estes se predestinam com eficácia máxima a produzir os seus efeitos (decurso *vs* pós-contrato de trabalho), pode, sob outra perspectiva, referenciada ao nascimento de situações jurídicas, distinguir-se os pactos cujo âmbito de incidência atina primacialmente com direitos imanentes à situação laboral (direito de demissão/pactos de permanência) dos que se relacionam com a constituição de outras situações (celebração de outros contratos de trabalho/pactos de não concorrência ou de exclusividade).

---

[737] Nesta situação, seguindo INOCÊNCIO GALVÃO TELLES, *Direito das Obrigações* (7.ª ed.), Coimbra Editora, Coimbra, 1997, 71, embora os contratos fossem distintos já não seriam autónomos. Isto, porque "as partes querem-nos como um conjunto económico, que envolve um nexo funcional". Ainda sobre esta noção, ADRIANO VAZ SERRA, "União de contratos. Contratos mistos", BMJ 1960, n.º 91, 5 e ss., JOÃO CASTRO MENDES, *Teoria Geral do Direito Civil*. Vol. II, AAFDL, Lisboa, 1979, 203 e ss., ANTÓNIO MENEZES CORDEIRO, *Direito das Obrigações*. Vol. I, AAFDL, Lisboa, 1994, 424 e ss., JOÃO ANTUNES VARELA, *Das Obrigações em geral. Vol. I* (1994), cit., 275 e ss. e LUÍS MENEZES LEITÃO, *Direito das Obrigações. Vol. I* (2005), cit., 188.

Assim, e do mesmo, se numa perspectiva de dependência extintiva se encontram, por contraste com os demais *pacta*, os pactos de não concorrência (só produzem efeitos *de pleno* com a extinção do contrato de trabalho), é possível dizer que todos eles se encontram numa relação de dependência genética em relação à situação laboral, pois é em razão deste *quid* que os pactos são celebrados, seja qual for o momento em que o acordo é concretizado.

Contudo, se estes ângulos de análise vão somando novas formulações a um núcleo significativo inicial que exprime méritos indicativos bastante enriquecedores, a materialidade do problema que por ora nos detém suscita uma realidade sistemática que exprima a assunção de um outro critério: o da simultaneidade da execução do contrato de trabalho e do acordo de limitação à liberdade de trabalho, numa formulação lógica que se ampara na sincronia subjacente à execução dos vínculos e que não desconhece, ou não pode desconhecer, que a independência dos negócios que formam a coligação não implica, necessariamente, que o respectivo regime jurídico se mantenha impermeável às vicissitudes que marcam o nexo juridicamente relevante.

Há, por isso, zonas cinzentas em que a dependência dos acordos de limitação da liberdade de trabalho não provoca, *(i)* em razão da execução sequente do contrato de trabalho e do acordo da limitação da liberdade de trabalho, *(ii)* da função económico-social do acordo, *(iii)* do regime específico estabelecido para a nulidade do contrato de trabalho e *(iv)* do papel conformativo do princípio da boa fé, o contágio *ipso iure* da auto-limitação assumida pelo trabalhador.

Aliás, e em geral, se os contratos coligados são pensados pelos sujeitos como um conjunto económico envolvente de um nexo funcional, do que resulta que a validade e a vigência de um dos contratos dependem da validade e da vigência do outro, essa consequência não é absoluta, uma vez que, ao abrigo do princípio da liberdade negocial, as partes podem, por princípio, afastar o referido efeito (art. 405.º do CC)[738].

Assim, cuidando-se, em última instância, de saber se pode haver uma emancipação do pacto face ao desvalor que recai sobre o contrato de trabalho, no que toca a um pacto de permanência ou de exclusividade, que se subordinam à existência do contrato de trabalho que lhes serve de veículo de actuação, não faria

---

[738] Assim, INOCÊNCIO GALVÃO TELLES, *Direito das Obrigações* (1997), cit., 86-8, tendo presente a distinção, no âmbito das relações contratuais complexas, entre contratos mistos e união ou coligação de contratos: se no contrato misto há uma unidade contratual, um só negócio jurídico, cujos elementos essenciais respeitam a tipos contratuais distintos, já na coligação existe uma pluralidade de contratos, ligados entre si por um nexo funcional, de tal modo que constituem uma unidade económica, embora cada um mantenha a sua individualidade própria.

sentido exigir uma permanência ao trabalhador em algo que não existe ou determinar-se o exercício de uma actividade em exclusividade quando o fundamento do exercício dessa mesma actividade desapareceu: estes pactos encontram-se genética e funcionalmente ligados à situação laboral, sendo mais intensa a relação de interdependência gerada pelas vicissitudes da situação laboral.

Aqui, a liberdade negocial quanto ao afastamento da relação de indissociabilidade entre estes pactos e o contrato de trabalho encontra-se ontologicamente espartilhada, pois, de contrário, conceber-se-ia um trilho ínvio destinado à extensão de eficácia de um contrato que, sendo contrário às coordenadas básicas do sistema, não pode continuar a produzir efeitos.

Em exercício de lógica: a declaração de nulidade impede a produção futura de efeitos do contrato de trabalho, inviabilizando a continuidade da situação laboral; a declaração de nulidade efectiva-se; logo, os pactos não podem determinar a continuidade da situação que pressupõe as obrigações de permanência ou de exclusividade, infirmando o desvalor que o ordenamento atribui ao contrato de trabalho.

Esta composição não é, todavia, susceptível de transposição para a esfera de análise subjacente aos acordos predestinados a produzir efeitos após a cessação da relação laboral[739], importando, com referência ao *genus* acordos de limitação da liberdade de trabalho, revisitar a *parábola dos cisnes brancos e dos cisnes negros*, avançada por UMBERTO ROMAGNOLI[740] e isolar, *per relationem*, os acordos que se destinam a produzir efeitos após a situação laboral.

Se bem virmos, em rigor, face à salvaguarda dos efeitos entretanto produzidos *ex vi* do art. 122.º, as relações laborais, na sua essência, cessam com a declara-

---

[739] Para YVES PICOD, "Concurrence déloyale et concurrence anticontractuelle", *La concurrence déloyale*, Dalloz, Paris, 2001, 24, a nulidade do contrato de trabalho determina a nulidade da cláusula de não concorrência.

[740] Vendo-se um cisne branco, depois outro, e depois ainda outro – facto repetido inúmeras vezes –, tender-se-á a formular a regra de que "todos os cisnes são brancos"; todavia, a partir do momento em que se observa um cisne negro, a construção esboroa-se, impondo-se a formulação de que "nem todos os cisnes são brancos"; por um imperativo de racionalidade e sem qualquer perversão dos quadros de análise, reelabora-se a doutrina originária, que cede por incompatibilidade com a realidade; sem preterição da sua funcionalidade genérico-prática, conclui-se pela existência de mais do que um *tipo* de cisnes. Cfr. UMBERTO ROMAGNOLI, "El Titulo III del Estatuto de los Trabajadores y la Funcion Publica", *El Estatuto de los Trabajadores Italiano veinte años despues* (trad. José Luis Gil y Gil), MTSS, Madrid, 1993, 73-4.

ção de nulidade, uma vez que o contrato produz efeitos como válido em relação ao tempo em que seja executado[741].

Ora, se a mobilização deste argumento de equiparação presuntiva entre a cessação do contrato de trabalho através das formas de extinção previstas na lei e a que ocorre com a declaração de nulidade se destina a dar amparo à manutenção dos interesses subjacentes à celebração de um pacto de não concorrência, impõe-se atender à vastidão de factores susceptíveis de determinar a nulidade do contrato de trabalho.

Destacam-se aqui os atinentes à falta de carteira profissional do trabalhador ou de título profissional equivalente[742], circunstância que, não sendo por princípio imputável ao empregador, deixaria os segredos, informações ou factos acobertáveis por um pacto de não concorrência ou de confidencialidade desprotegidos e à mercê do mercado, caso se considerasse, de modo formalístico, que a acessoriedade do acordo é inexoravelmente afectada pela nulidade do contrato.

Dir-se-á, porventura e em rebate, que a lógica implica que a natureza acessória dos pactos, quaisquer que estes sejam, determina a afectação da sua validade sempre que o contrato de que dependem seja julgado inválido, estando aí, como explana YVES PICOD[743], um dos corolários da acessoriedade do acordo.

Contudo, se, no logicismo formal, existem duas propriedades fundamentais – a verdade e falsidade – que, conjuntamente, formam o chamado conjunto dos valores de verdade, é seguro que, arrancando a lógica de um conjunto pré-definido de proposições a partir do qual se chega a um outro conjunto de proposições, existe uma preocupação estritamente centrada na validade dos critérios proposicionais, que, neste plano, para além do alheamento ao valor, volve a uma solução susceptível de esvaziar de sentido a protecção visada com alguns dos acordos de limitação à liberdade de trabalho ou mesmo de outros que, não

---

[741] Na jurisprudência, *ex multis*: Ac. STJ de 30.01.2013 (GONÇAVES ROCHA), 572/09.4TTCBR.C1.S1, extraindo *da equiparação presuntiva entre a cessação do contrato de trabalho através das formas de extinção previstas na lei e a que ocorre com a declaração de nulidade o corolário lógico de que o empregador está obrigado a pagar os* subsídios de férias e de Natal referentes à execução da situação laboral.

[742] Já a situação relativa à cassação da carteira profissional ou do título profissional após a celebração do contrato de trabalho determina a respectiva caducidade, por impossibilidade legal e superveniente de o trabalhador continuar a desempenhar a sua actividade, embora se exija a irrecorribilidade da decisão relativa à retirada do título profissional, uma vez que, como faz notar M.ª ROSÁRIO PALMA RAMALHO, *Direito do Trabalho. Parte II* (2010), cit., 129, essa é a única situação que se configura como uma impossibilidade absoluta, nos termos exigidos pela al./b do art. 343.º do CT2009.

[743] YVES PICOD, "Concurrence déloyale et concurrence anticontractuelle" (2001), cit., 24. Na opinião do Autor, não há, por isso, folga para entendimento que não seja o de que a nulidade do contrato de trabalho determina a nulidade da cláusula de não concorrência.

apresentando esse alcance, se destinam a proteger a organização produtiva da empresa (designadamente: pactos de confidencialidade).

Importando não perder de vista as especificidades que cunham os efeitos produzíveis com a declaração de nulidade do contrato de trabalho, pela nossa parte é com dificuldade que se aceita a desconsideração da independência de uma obrigação de não concorrência face ao contrato de trabalho.

Na verdade, se o pacto de não concorrência apresenta causas de extinção e de invalidade *a se* que não se comunicam à situação laboral, na situação inversa, em que um vício do negócio-base é sancionado com a nulidade, não se vê razão para operar uma extensão irrestrita de tal invalidade ao pacto: por um lado, este só produz efeitos *de pleno* após a extinção do contrato de trabalho, situação que se acomoda ao regime previsto para a nulidade do contrato de trabalho, em que este produz efeitos como se fosse válido relativamente ao período durante o qual esteve em execução; por outro, não havendo um vício genético do pacto de não concorrência que determine a sua invalidade, não se entrevê a existência de uma razão grave que, justificando a nulidade do pacto, implique a determinação *recta via* de que todo e qualquer pacto de não concorrência é contagiado pela nulidade do contrato de trabalho quando o seu objecto não revela qualquer contrariedade com a lei[744].

Tratando-se de incorporar na ponderação do problema o regime previsto para a nulidade do contrato de trabalho – já que, em fundo, do que se cuida é da delimitação da sua projecção nos pactos acessórios –, é mister afastar a aplicação de juízos mecânicos que, podendo desconsiderar os interesses de que o pacto se faz portador, vêem na nulidade do contrato de trabalho uma fatalidade que se apodera dos pactos acessórios, não atendendo, nessa medida, à eficácia conformativa do princípio da boa fé e às razões que a acomodaram ao regime da nulidade incidente sobre o contrato de trabalho cuja comunicação ao pacto é problematizada (art. 123.º).

Assim, se a circunstância implicante da nulidade está para lá da esfera de intervenção do empregador, legítimo será reconhecer-se que, por princípio, este não deve quedar vulnerabilizado numa situação para a qual não concorreu com a sua vontade. Logo se acrescenta, tudo se passa num contexto mais vasto em que o empregador procurou salvaguardar a sua estrutura produtiva dos riscos inerentes a uma actividade pós-concorrencial ou à divulgação/transmissão

---

[744] Neste sentido, admitir-se-á também, verificada a nulidade do contrato de trabalho, e conquanto se preencham as condições materiais e formais exigidas pelo art. 136.º, a validade de um pacto de não concorrência celebrado pelos sujeitos após a declaração *constitutiva* de nulidade do contrato.

de especiais conhecimentos sobre os métodos de fabrico ou de organização, confiando nessa tutela através da celebração do pacto.

Procurando-se delimitar uma zona em que a acessoriedade do pacto não opera e em que o interesse na sua manutenção se verifica *de pleno*, e sem prejuízo de os acordos só valerem caso se preencham os pressupostos formais e materiais que concorrem para a sua validade, a solução aferente à nulidade do pacto contrariaria os ditames da razoabilidade e da boa fé, perante a confiança que sedimentou normativamente a vinculação dos sujeitos, conflituando ademais com o critério acolhido no art. 123.º, que opera uma diversificação de regime em função da má fé dos sujeitos, considerando, como tal, a celebração do contrato de trabalho ou a manutenção deste com o conhecimento da causa de invalidade.

Com excepção de situações em que a ciência ou a conduta do empregador se infiltra na relação de confiança entre os sujeitos e esvazia o sentido de tutela que modela a inafectabilidade integral ou parcial do pacto – sirva de exemplo o conhecimento *ab initio* do empregador quanto à ausência de carteira profissional por parte do trabalhador –, tal significará que, por regra, a situação de confiança e de risco gerada pela celebração do pacto vinculará o trabalhador à assunção da prestação de *non facere* programada pelos sujeitos, tudo se passando, por princípio, como se o contrato de trabalho houvesse cessado nos termos gerais, iniciando-se a limitação convencional *post contractum finitum*.

Suscitando-se "a mesma necessidade de tutela que existiria na presença de um contrato de trabalho válido"[745], só não será assim, em atenção às coordenadas do sistema, sempre que o pacto tenha sido celebrado com o conhecimento por parte do empregador de que o contrato de trabalho pressuponente é nulo, pois, nesse caso, deparamo-nos com uma grosseira violação da confiança com a qual o sistema não pode pactuar, prefigurando-se uma situação de abuso de direito.

Cuidando-se de uma forma de antijuricidade ou ilicitude, e porque as consequências do comportamento abusivo têm de ser as mesmas de qualquer actuação sem direito (de todo o acto ou omissão ilícitos)[746], o pacto não será, ainda assim, nulo: opera aí a sua ininvocabilidade por parte do empregador, o que

---

[745] As palavras são de Júlio Vieira Gomes & Catarina de Oliveira Carvalho, "Sobre o Regime da Invalidade do Contrato de Trabalho", *II Congresso Nacional de Direito do Trabalho. Memórias* (org. António Moreira), Almedina, Coimbra, 1999, 164, que associando a especificidade do regime sobre a nulidade do contrato de trabalho ao escopo protector do Direito do Trabalho e não tanto à natureza da prestação do trabalhador, logo enfatizam que a "lei atribui ao contrato os mesmos efeitos que ele produziria se fosse válido".

[746] Coutinho de Abreu, *Do Abuso de Direito, Ensaio de um Critério em Direito Civil e nas Deliberações Sociais*, Almedina, Coimbra, 2006, 76.

significará, perante as circunstâncias concretamente verificadas, que, assim haja interesse do trabalhador na prossecução da auto-limitação assumida, o pacto vigorará, solução que, *a pari*, mas em ângulo reverso, caberá aplicar no feixe de hipóteses em que é o trabalhador quem conhece *ab origine* a invalidade do contrato de trabalho[747].

Se o princípio genérico de que o pacto de não concorrência independe do juízo de desvalor sobre a situação laboral que o justifica é o que melhor se acomoda às causas de cessação e de invalidade próprias destes acordos e o único que permite dar satisfação aos interesses que concorrem para a sua admissibilidade, o princípio da boa fé, cuja fundamentalidade não se circunscreve à situação laboral *qua tale*, aparece a conformar a realidade material subjacente ao pacto, paralisando a sua invocação por quem, à data da celebração do acordo, conhecia a invalidade do contrato de trabalho.

VI. Conceito de interesse sério: delimitação e consequências

19. A dissecação de cada um dos pactos, que prosseguem interesses diversos e apresentam funções específicas, permite ver que, de uma parte, os pressupostos formais e materiais não se identificam com os que se exigem para a constituição de uma situação laboral (tão pouco há uma relação de equipolência formal entre os pactos) e que, de outra parte, não vale em toda a sua extensão o princípio da autonomia privada, face à envolvência do princípio da liberdade de trabalho e à correlativa renúncia a esse direito fundamental, *plus* que, estando para lá da situação laboral de frequência média e suscitando uma apreciação autonomizada dos requisitos a que se subordina o objecto de qualquer negócio jurídico, implica a aplicação de aspectos regimentais que visam calibrar o carácter renunciativo endogenamente associado aos acordos de limitação à liberdade de trabalho.

Tratando-se de um corolário da estrutura coligada do contrato de trabalho e dos acordos – os respectivos elementos têm uma autonomia estrutural ou formal, que, sem prejuízo da conexão funcional subjacente, demandam a aplicação de um conjunto de regras que lhes são próprias –, foi aliás em razão deste vector que a jurisprudência gaulesa foi desfibrando *avan la lettre* a exigência de uma contrapartida financeira no que aos pactos de não concorrência diz respeito, compensação que apenas em 2002 logrou acolhimento absoluto: até lá, e uma vez que as cláusulas de não concorrência apareciam inseridas nos contratos de

---

[747] Havendo má fé de ambos os sujeitos, o pacto vigora *de pleno*, ainda que o trabalhador o possa revogar a todo o tempo, tal como naqueloutra situação em que a cominação da ininvocabilidade apenas o abrange.

trabalho, entendia-se justificada a ausência da compensação, porquanto a sinalagmaticidade da cláusula era assegurada, mais fundamente, pela causa do contrato de trabalho, formando com este um todo indivisível. Todavia, verificando a impossibilidade de fundar a necessidade de uma contrapartida apenas no art. 1131 do *Code Civil*, a *Cour de Cassation* forjou a obrigação de contrapartida como forma de reequilibrar os vínculos entre empregador e trabalhador, situando-a, como resposta "à imperiosa necessidade de assegurar a salvaguarda e a efectividade da liberdade fundamental de exercer uma actividade profissional"[748], no terreno do princípio da proporcionalidade, ante a presença de uma lesão a um direito fundamental[749].

Ora, se a prestação suscitada pelos pactos, ao revés da implicada pelo contrato de trabalho, é de conteúdo negativo, também a sua função económico-social é em tudo diferente da que caracteriza o contrato de trabalho, que consiste no desenvolvimento de uma actividade qualificada como prestação de facto positiva[750].

Assim, e uma vez que se busca uma justificação para uma renúncia a um direito fundamental feita por um cidadão-trabalhador, é de exigir um interesse sério ou legítimo, postulado que há-de ser congraçado com as construções desenvolvidas em torno do art. 398.º do CC: se, em abstracto, tudo está em saber se o acordo de limitação à liberdade de trabalho é apto à satisfação de determinadas necessidades empresariais, o interesse exigível consubstanciar-se-á na possibilidade de o empregador extrair uma utilidade com a limitação aplicável ao trabalhador ou na prevenção da provocação de alterações negativas no complexo da sua situação económica através do exercício, por parte do trabalhador, de um direito que o sistema lhe atribui.

---

[748] Benoît Géniaut, "Clause de non-concurrence: appréciation du caractere dérisoire de la contrepartie financière et pouvoir du juge" (2012), cit., 489.

[749] Assim, François Gaudu, *Droit du Travail* (2007), cit., 67, considerando, todavia, a solução pouco convincente, avançando que (i) a liberdade profissional não é suficientemente contrapesada por uma garantia estritamente patrimonial e que, quanto ao regime, (ii) melhor seria consagrar uma solução que implicasse a cessação da cláusula em caso de despedimento por motivo económico. Ainda: Isabelle Cornesse, *La proportionnalite en droit du travail*, Litec, Paris, 2001, 135, que conecta a ausência de uma contrapartida pecuniária com a existência de uma desproporção; com relevância para a necessidade de compensar o trabalhador de uma lesão a um direito fundamental, v. Léa Benbouaziz, *L'économie générale du contrat de travail* (2011), cit., 89.

[750] Por exemplo, entre nós, António Menezes Cordeiro, *Manual de Direito do Trabalho* (1997), cit., 16, Bernardo Lobo Xavier, *Curso de Direito do Trabalho* (1999), cit., 286, M.ª Rosário Palma Ramalho, *Da Autonomia Dogmática do Direito do Trabalho* (2000), cit., 73.

Este *quid* positivo, que contrasta com a prestação negativa que pende sobre o trabalhador após a validação dos acordos pelo sistema, pressupõe uma relação de interdependência entre a limitação assumida pelo trabalhador e o interesse que a justifica[751]: por um lado, não há interesse se não houver utilidade para o empregador ou uma susceptibilidade de provocação de alterações negativas no complexo da sua situação económica; por outro, a limitação só é validamente assumível pelo trabalhador se houver um interesse, reconhecido pelo sistema, que a justifique, e cuja apreciação é viva e dinâmica: o interesse acompanha a vida da renúncia, não se confinando ao momento inicial.

Não obstante, e independentemente das construções dogmáticas empreendíveis quanto à caracterização do interesse como *essentialia* ou condição de validade (cujo desenvolvimento se faz de forma acesa no âmbito do contrato de seguro[752]), este interesse é recortado de forma poligonal, escorando-se em circunstâncias factualmente específicas em relação a cada um dos pactos e acomodando-se, por essa via, e entre nós, ao interesse do credor digno de protecção legal acolhido no n.º 2 art. 398.º do CC: se apenas se podem constituir validamente obrigações quando a prestação corresponder a um interesse do credor sério, razoável e com relevância jurídica – o que implica sempre uma operação destinada à inserção do tipo de conduta assumível nas exigências de relacionamento social reguladas pelo Direito[753]–, no caso, face aos princípios fundamentais directamente afectados pelo tipo de vinculação assumida, esse recorte valorativo não se desbasta no reconhecimento efectuado pelo sistema quanto à admissibilidade das hipóteses em que *ex voluntate* se permite que a liberdade de trabalho seja limitada para que os interesses da empresa possam ser salvaguardados.

Com efeito, exige-se, em subsequência, uma inter-relação entre os interesses da empresa cuja tutela se colima e a prestação de *non facere* assumida pelo trabalhador, postulando-se, com acrescida nitidez, que o intérprete-aplicador não se cinja à apreciação de um consentimento isento de vícios.

Após o reconhecimento do interesse sério ou legítimo, implica-se a assunção de uma tarefa que se orienta à salvaguarda da liberdade económica individual do

---

[751] RENATO CORRADO, "Il lavoratore nell'organizzazione dell'impresa", *Nuovo trattato di diritto del lavoro*. Vol. II (dir. L. Riva Sanseverino e G. Mazzoni), Cedam, Pádua, 1971, 267.

[752] *De iure condito*, a discussão trava-se em torno do n.º 1 do art. 43.º da Lei do Contrato de Seguro, mas suscitava-se, de igual modo, face ao n.º 1 do art. 428.º do Código Comercial. Com detalhe, e em panorâmica: ANTÓNIO MENEZES CORDEIRO, *Direito dos Seguros*, Almedina, Coimbra, 2013, 492 e ss., 675.

[753] JOÃO ANTUNES VARELA, *Das Obrigações em geral*. Vol. I (1994), cit., 108-9.

devedor[754] e que visa outrossim garantir que a criação da limitação à liberdade de trabalho não ultrapassa a justa medida da protecção reclamada pelos interesses económicos do empregador.

É certo que, antes disso, a noção de interesse sério ou legítimo, assaz exaltada no direito estrangeiro[755] mas muitas vezes referenciada sem qualquer parametrização material que permita a sua delimitabilidade, é excessivamente fluida e susceptível de gerar enquadramentos infixos, que entregam à jurisprudência uma tarefa que, baseando-se no casuísmo, oferece perigos de previsibilidade e pode criar margens de insegurança, potenciando juízos de oportunidade baseados num bordão.

Se a fundamentação expressa da cláusula desempenha aqui uma importância crucial – embora poucos sistemas exijam a formalização desta relação entre o motivo subjacente e a vedação da liberdade de trabalho ajustada –, por princípio a "aptidão normativa" dos pactos é delimitada a partir da verificação dos pressupostos exigidos para a sua validade, mesmo onde se encontra firmada a necessidade de o pacto se revelar *indispensável* à protecção de interesses empresariais, seja por via legal[756], seja, perante ausência de tipificação expressa, por via jurisprudencial[757], num caminho dogmático em que o interesse sério adquiriu

---

[754] Assim, com referência específica às cláusulas de não concorrência, SOPHIE LE GACH-PECH, *Le principe de proportionnalité en droit prive des contrats*, LGDJ, Paris, 2000, 192.

[755] Em ilustração: HARALD SCHLIEMANN, *Das Arbeitsrecht im BGB: Kommentar* Walter de Gruyter, Berlim, 2002, 222-3, THÉRÈSE AUBERT-MONPEYSSEN, "Les libertés et droits fondamentaux dans l'entreprise: brèves remarques sur quelques évolutions recentes" (2002), cit., 319, CRUZ VILLALÓN, *Estatuto de los Trabajadores Comentado* (2003), cit., 21 e DEBORAH J. LOCKTON, *Employment Law* (2003), cit., 351.

[756] Assim, perante o § 74a HGB e a necessidade de "protecção de interesses legítimos" do empregador, cfr. THOMAS LAKIES, *AGB im Arbeitsrecht: Kontrolle vorformulierter Arbeitsvertragsinhalte: Reichweite und Grenzen* (2006), cit., 182 (§887), BERNHARD ULRICI, *Fallsammlung Zur Rechtsgestaltung*, Springer, Heidelberg, 2010, 155-6 e HENNING RABE VON PAPPENHEIM, *Lexikon Arbeisrecht* (2011), cit., 412.

[757] Nestes termos: JOHN DYSON HEYDON, *The restraint of trade doctrine*, Butterworths, Londres, 1999, 29-35 ou HUGH COLLINS, *Employment Law* (2008), cit., 51; no ordenamento francês, em exemplo: RAYMONDE VATINET, "Les principes mis en oeuvre par la jurisprudence relative aux clauses de non-concurrence en droit du travail", DS 1998, n.º 6, 534-7 e THÉRÈSE AUBERT-MONPEYSSEN, "Les libertés et droits fondamentaux dans l'entreprise: brèves remarques sur quelques évolutions recentes" (2002), cit., 316-321. Salientando, porém, que a exigência de indispensabilidade aparece muitas vezes convolada em utilidade: AMIEL-DONAT, *Les Clauses de non-concurrence en droit du travail* (1998), cit., 31-2 e YVES SERRA, "Tsunami sur la clause de non-concurrence en droit du travail", D. 2002, 2497.

sedimentação sócio-cultural e em que os propósitos de confiar ao intérprete-aplicador a concretização dos valores em jogo são nítidos[758].

Contudo, se, como já se fez notar, o ponto de partida correcto na determinação do prejuízo que um pacto de limitação à liberdade de trabalho visa evitar acaba em certa medida por residir na *utilidade* que aquele objectivamente transporta para o empregador[759] – realidade jus-económica que predetermina o interesse sério ou legítimo na sua estipulação –, topa-se, em diferentes quadrantes, com um certo utilitarismo genérico na admissão dos pactos de limitação à liberdade de trabalho, circunstância para que concorrem os esforços de reconstrução homogénea dos pressupostos relativos à admissibilidade deste *genus*, erguidos a partir de um conceito abstractizante de interesse sério ou legítimo, prosseguindo-se então uma unidade material dos pactos sob epítetos linguísticos[760], tantas vezes justificada com a ausência de recorte legal específico acerca dos diferentes pactos[761], com o propósito de estender a injecção de direitos fundamentais na situação laboral subjacente aos acordos que coenvolvem o bem trabalho e com o objectivo de efectivar a garantia de um sinalagma[762].

Sem que se desconsiderem as virtualidades subjacentes às orientações que procuram firmar uma síntese sistemática do conceito de interesse sério ou legí-

---

[758] Nesta direcção, perante os interesses legítimos do empregador (*berechtigte Interessen des Arbeitgebers*), v. Piet Diepholz & Jan Eckhard Von Horn, *Arbeitsrecht Für Steuerberater*, Gabler, Heidelberg, 2008, 198.

[759] Isabelle Cornesse, *La proportionnalite en droit du travail* (2001), cit., 484-5, Jean-Maurice Verdier/Alain Coeuret/Marie-Armelle Souriac, *Droit du Travail* (2002), cit., 549, Piet Diepholz & Jan Eckhard Von Horn, *Arbeitsrecht Für Steuerberater* (2008), cit., 198, e, entre nós, Júlio Vieira Gomes, "As Cláusulas de Não Concorrência no Direito do Trabalho" (1998), cit., 941.

[760] Embora infensos a desenvolvimentos linguísticos, os tribunais britânicos têm seguido genericamente esta solução. Exemplo marcante é o que se refere às *cláusulas de estabilidade*, com efeitos aparentados aos nossos pactos de permanência, uma vez que, desde o caso *Herbert Morris v. Saxelby* [1916], se tende a admitir a desnecessidade de quaisquer despesas extraordinárias com a formação profissional, perfilhando-se uma análise eminentemente casuística que, na sua génese, apela ao conceito de interesse útil que empresta justificação às cláusulas de não concorrência. Tendo-se presente que no Reino Unido existem diferentes direitos e obrigações no que se refere aos «trabalhadores por conta de outrem» (*employees*) e aos «trabalhadores» (*workers*) – conferindo-se direitos mínimos a certas categorias de trabalhadores vulneráveis, parte em relações de trabalho complexas, sem que haja um alargamento a todos dos direitos resultantes dos contratos de trabalho clássicos –, sufraga-se, contudo, a aplicabilidade de quadros principiológicos idênticos na valoração das *restrictive covenants*. Cfr. Michael Trebilcock, *The Common Law of Restraint of Trade: A Legal and Economic Analysis* (1986), cit., 102-4.

[761] Neste sentido, sinalizando a tendência: Pascal Lokiek & Sophie Robin-Olivier, "La clause de non concurrence: vu d'ici" (2007), cit., 674-5.

[762] Cfr. Isabelle Cornesse, *La proportionnalite en droit du travail* (2001), cit., 135-6.

timo que fundeia os pactos, impõe-se todavia atender às dimensões teleológicas de cada pacto, apurando-se, face a cada situação, as respectivas limitações funcionais e, antes disso, as razões que materialmente justificam a sua atendibilidade.

Ora, se esta tarefa não pode irrelevar que os efeitos produzíveis pelos pactos podem ultrapassar o escopo primordial subjacente à sua admissão – eis o exemplo marcante do pacto de não concorrência, que, visando primariamente evitar que o trabalhador após a cessação do trabalho possa exercer uma actividade que cause prejuízo ao anterior empregador, produz efeitos *ex ante* quanto à permanência do trabalhador, ao despersuadi-lo do exercício do seu *ius dimissionis*[763], intersectando-se, de forma saliente, com a permanência da situação laboral, que constitui o escopo primário de um outro tipo negocial: o pacto de permanência –, a identificação destes pressupostos e das razões que preditam a configuração de cada pacto implica uma conexão teleológica entre os diferentes acordos de limitação da liberdade de trabalho que, a jusante, pode paralisar a aplicação de aspectos regimentais cuja estatuição é intra-tipologicamente prefigurada, em modelo *prima facie* independente de quaisquer outros acordos[764].

Neste quadro, seguindo-se a concepção dogmática que opera uma distinção entre *elementos essenciais de todos os contratos* (que congloba os requisitos para aferir da sua validade e existência) e os *elementos essenciais do tipo*[765] – e é nestes que

---

[763] HELGA LÖWE, *Der Interessenausgleich zwischen Arbeitgeber und Arbeitnehmer beim nachvertraglichen Wettbewerbsverbot*, Suhrkamp, Francoforte sobre o Meno, 1988, 12 e ss..

[764] Topando-se, no âmbito dos pactos de não concorrência, com a possibilidade de a compensação "sofrer redução equitativa quando o empregador houver despendido somas avultadas com a formação profissional" do trabalhador (al./c do n.º 2 do art. 136.º do CT2009) e com a imobilização desta operação sempre que tais despesas tenham sido amortizadas através de um pacto de permanência, se, neste caso, se pode avançar que, não obstante o preenchimento dos pressupostos exigidos para o pacto, o conceito de interesse sério tem efeitos preclusivos sobre a aplicação em toda a extensão do respectivo regime, a perspectiva que nos parece correcta é a de que o problema só se coloca se o interesse sério ou legítimo estiver preenchido (*ante*) e que a potencial desaplicação de certos traços de regime mais não é do que o afastamento de uma tutela replicada dos interesses do empregador, que, operando com recurso ao elemento sistemático de interpretação, postula uma valoração contextual que interligue os diferentes preceitos, por via do cruzamento teleológico dos diferentes pactos nos termos de uma *sistemática móvel*. Sobre a ideia de sistema móvel, v. por todos, CLAUS--WILHEHLM CANARIS, *Pensamento Sistemático e Conceito de Ciência do Direito* (1996), cit., 127 e ss..

[765] Como assinala PEDRO DE PAIS VASCONCELOS, *Contratos Atípicos* (1995), cit., 77, "os primeiros têm a ver com o contrato como acto e os segundos com o contrato como regulação; os primeiros com o acto jurídico, os segundos com o seu conteúdo regulativo". Parecidamente, RUI PINTO DUARTE, *Tipicidade e Atipicidade dos Contratos* (2000), cit., 79 e ss., sustenta que a qualificação do negócio jurídico apenas pode surgir através da verificação ou não da existência dos elementos essenciais indispensáveis para essa operação; os elementos essenciais, por seu turno, são os requisitos próprios daquele negócio jurídico em causa, sem os quais este não pode subsistir ou, sequer, ser válido.

o interesse concretamente exigido para cada pacto que limita a liberdade de trabalho se imposta, de acordo com a utilidade ou prejudicialidade para o empregador que o sistema recorta, sem que contudo se perca de vista que a legitimidade desse interesse, para ser reconhecida pelo sistema, postula a assunção de uma prestação a cargo do empregador, inviabilizando a gratuitidade da renúncia –, esta pesquisa implica a valoração das normas particulares que, a partir dos fins visados com cada pacto, circunscrevem as projecções sociais e económicas de cada acordo e estremam os níveis de permissividade em que o trabalhador, diante da conciliação legal em jogo, pode renunciar ao princípio da liberdade de trabalho.

Num contexto em que, não raro, a motivação dos sujeitos aparece igualmente transposta para a análise relativa ao interesse sério e em que à partida a intenção do empregador em afastar a concorrência através de um pacto de não concorrência ou, menos explicitamente, através de um pacto de permanência retiraria legitimidade ao interesse que o pacto tem de apresentar[766], a intenção do empregador, ainda que seja a de prejudicar o trabalhador ou os concorrentes, deve manter-se apartada do interesse sério que um pacto de limitação à liberdade de trabalho tem de apresentar, cujo pressuposto, embora diferindo em função do alcance da auto-limitação assumida, se identifica com a aptidão do acordo para a satisfação de necessidades da empresa.

É certo que a noção de interesse sério ou legítimo traçada para que o pacto se possa considerar válido se justapõe à legitimidade do interesse prosseguido pelo empregador com a sua celebração (o interesse do credor). Ou mais, definidamente, sem perder de vista o *distinguo* entre empregador e empresa[767], que esse interesse sério se identifica com a legitimidade da tutela atribuível à empresa *qua tale*, a partir de um conjunto de necessidades que são positivamente valoradas pelo ordenamento jurídico e que, em plano similar, respaldam medidas extraordinárias de gestão, como a "mudança para categoria inferior"[768] ou

---

[766] Nesta direcção: CHRISTOPH NEERACHER. *Das arbeitsvertragliche. Konkurrenzverbot*, Stämpfli Verlag, Berna, 2001, 17.

[767] O empregador é um sujeito de direitos, ao passo que a empresa é um complexo de situações jurídicas, cujo interesse constitui um critério que modela várias situações laborais, não o sendo, enquanto tal, o interesse do empregador: sirvam de exemplo o *ius variandi* ou a alteração do período marcado para o gozo de férias.

[768] Cfr. art. 119.º do CT2009. Possibilitando-se uma modificação *in pejus* das funções contratadas por motivos sérios de qualquer dos sujeitos, importará ter presente, no que às "necessidades prementes da empresa" diz respeito, que a mudança pode ocorrer por razões relacionadas com a tecnologia utilizada ou razões gestionárias com significado, como faz notar ABÍLIO NETO, *Novo Código do Trabalho e Legislação Complementar Anotados* (2.ª ed.), Ediforum, Lisboa, 2010, 233-4.

a "mobilidade funcional"[769] ou mesmo medidas de viabilização em situação de crise empresarial[770], numa combinação de factores, que, em escala diversa, se corporiza em evitar que uma vantagem para a empresa seja impedida, suprimida ou mitigada ou em que uma desvantagem, com foco subjectivo idêntico, seja aumentada ou irremovida.

Contudo, ainda que o interesse sério ou legítimo coexista com uma intenção empresarial de afastar a concorrência ou de vulnerabilizar a posição do trabalhador, a *volitio* do empregador é um elemento interno, puramente psicológico, que não obnubila a tarefa que se exige ao intérprete-aplicador, qual seja a de desenvolver um juízo objectivo acerca da verificação de necessidades empresariais[771], que deve basear-se em pressupostos materialmente específicos, externamente aferíveis, e que independem do objectivo visado pelo empregador (= foro interno exclusivo[772]), insusceptível, por si, de afectar a projecção razoável das razões empresariais que recorta os interesses tuteláveis com os pactos.

Se estes pressupostos não incorporam a intenção visada pelos sujeitos com a vinculação e são analisáveis de forma objectiva – a intenção é tratada como mero facto psicológico, indiferente, em si, à análise postulada pelos acordos –, a sua variabilidade concreta baseia-se na função económico-social de cada um dos acordos e na forma como o ordenamento associa a sua aptidão funcional para responder às necessidades de tutela da empresa, cujo recorte opera a partir das repercussões que se projectam na situação material que envolve o empregador: seja *(i)* a prevenção/eliminação do risco baseado num juízo de prognose

---

[769] Cfr. art. 120.º do CT2009, incumbindo aos tribunais verificar (i) da veracidade dos fundamentos invocados pelo empregador para a sustentar; (ii) se eles correspondem a um interesse objectivo da empresa; (iii) e se tal motivação justifica a alteração temporária das funções do trabalhador (nexo de causalidade): Ac. Rl. Pt. de 20.12.2011 (PAULA SOTTO MAYOR DE CARVALHO), proc. n.º 913/10.0TTMTS.P1.

[770] Assim, a al./a do n.º 2 do art. 294.º do CT2009, que permite a redução do período normal de trabalho ou a suspensão do contrato de trabalho caso haja "necessidade de assegurar a viabilidade da empresa e a manutenção de postos de trabalho, em situação de crise empresarial".

[771] Usamos como referência a noção de interesse em sentido objectivo, que como evidencia PEDRO DE ALBUQUERQUE, *Direito de Preferência dos Sócios em Aumentos de Capital nas Sociedades Anónimas e por Quotas*, Almedina, Coimbra, 1993, 316, "toma em consideração a relação entre um sujeito e um bem, independentemente da apreciação psicológica feita por esse mesmo sujeito".

[772] Cuidando-se apenas da motivação do empregador, e sabendo-se que por princípio os motivos do negócio são irrelevantes, não se deve porém perder de vista, como faz notar FRANCISCO PEREIRA COELHO, "Causa Objectiva e Motivos Individuais no Negócio Jurídico" (2006), cit., 457, a existência de situações em que os motivos "porque comuns a ambas as partes (ao menos no plano virtual) e essenciais na formação, no conteúdo e na execução contratuais, se devam afinal incluir no conteúdo contratual, quando não mesmo na sua causa".

de dano (*i. e.*, o juízo de verosimilhança da ocorrência futura de um facto gerador de dano), desenvolvido a partir dos elementos laboral e efectivamente obtidos pelo trabalhador no que às cláusulas de não concorrência diz respeito, *(ii)* a realização de um investimento extraordinário pelo empregador na formação profissional do trabalhador no que se refere aos pactos de permanência ou *(iii)* a idoneidade das actividades que o trabalhador exerce ou pode exercer quanto à causação de prejuízos ao empregador no que aos pactos de exclusividade concerne, embora, quanto a estes pactos, a prevenção dos prejuízos que se intenta alcançar com a vinculação seja recortável a partir de factores cuja natureza é polimórfica, destacando-se a salvaguarda do desgaste físico do trabalhador em profissões implicativas de níveis de concentração, rigor técnico e dedicação elevados[773] ou, como fez notar o BAG, sempre que o bom cumprimento do contrato de trabalho possa ser posto em crise[774].

A prognose fazível pelos sujeitos laborais, que postula uma reconstituição hipotética do momento, não passa de uma previsão e a prejudicialidade subjacente à obrigação de *non facere* que os pactos implicam tem de ser analisada a cada momento: a falta de permanência do interesse legítimo implicará a cessação do pacto[775], exigindo-se que o interesse seja *actual*[776].

Assim, se a perspectiva que assumimos implica o afastamento de uma tarefa que vai insuflar, em construções diversas, uma característica de indispensabilidade quanto à protecção de interesses empresariais da qual se vai retirar, sem mais demonstrações, a nulidade dos pactos que não se enxertem nessa delimitação material – basta que essa protecção, alcançável com o acordo, seja adequada à tutela desses interesses e já não que se revele indispensável –, no nosso ordenamento jurídico, não obstante a melhorabilidade da regulação atinente aos pactos, o recorte material do conceito de utilidade, sem prejuízo da economicidade da noção, aparece balizado pelos critérios utilizados nos arts. 136.º e 137.º, permitindo localizar o papel atribuível à jurisprudência no que se refere aos pressupostos de cada pacto a partir das realidades a que, de modo imediato, digam respeito.

---

[773] Assim BERND RÜTHERS/HANS BROX/MARTIN HENSSLER, *Arbeitsrecht* (2007), cit., § 72, 23.
[774] BAG 18.01.1996 – 6AZR 314/95, NZA 1997, 41. Ainda: WILHELM MOLL, *Arbeitsrecht*, C.H. Beck, Munique, 2005, § 31, 761.
[775] CHRISTOPH NEERACHER, *Das arbeitsvertragliche. Konkurrenzverbot* (2001), cit., 65 e ALBERTO RUSSO, *Problemi e prospettive nelle politiche di fidelizzazione del personale* (2004), cit., 141.
[776] É grande a proximidade com a solução inscrita no art. 110.º da Lei do Contrato de Seguro, contida no Decreto-*Lei* n.º 72/2008, de 16.04, que prevê a caducidade do contrato por perda superveniente do interesse.

Por forma a respeitar o espaço em que as vontades do empregador e do trabalhador confluem, o controlo judicial postulado não se imiscuirá na escolha do critério determinante do pacto para aferir da sua maior ou menor racionalidade ou oportunidade, cabendo-lhe apenas proceder a uma sindicância da efectiva existência de um critério e do seu fundamento justificante, o qual, tendo de ser objectivo, compreensível e suficiente face à *ratio* do regime associado a cada tipo, aparece delimitado a partir da inter-relação entre a projecção razoável das razões empresariais e os interesses tuteláveis com cada pacto, que o sistema, de forma diferenciada, e com excepção dos pactos de exclusividade, condensa em pressupostos factuais específicos, encontrando-se aí, nesse primeiro nível, o sentido útil da ponderação de interesses subjacente à admissibilidade da limitação.

Mas, neste "primeiro nível", que corresponde à identificação do conceito de interesse sério com a verificação dos pressupostos factuais exigidos pelas fórmulas legais sintéticas para a validação dos pactos, estamos ainda no domínio da previsão normativa infra-constitucional que delimita as margens em que a renúncia pode ter lugar.

Só depois é que se ingressa no plano do exercício concreto por parte do trabalhador do seu poder de disposição sobre a liberdade de trabalho e se afere a dimensão concreta da limitação assumida, para, a final, se convocar a verificação judicial da conformidade sistémica (desde logo: constitucional) desta síntese (crono)lógica[777].

20. O afastamento de uma relação de indispensabilidade quanto à protecção de interesses empresariais e a auto-limitação assumida pelo trabalhador e também o desenvolvimento de uma valoração orientada à verificação dos juízos de prognose implicados pelo reconhecimento sistemático de cada um dos pactos permite-nos, para já, assumir um enquadramento cujas repercussões práticas são efectivas: não havendo um princípio genérico, abstracto e presumido de que os pactos têm de ser indispensáveis à protecção de interesses do empregador, possibilita-se, por um lado, *(i)* que os pactos, mediante a verificação dos pressupostos estabelecidos para a sua *factis species,* sejam considerados válidos, mesmo que não sejam indispensáveis à protecção desses interesses, bastando, para tanto, que, à luz da respectiva previsão legal ou de acordo com os vectores

---

[777] Sobre os critérios de orientação necessários à racionalização da ponderação exigida por uma renúncia a direitos fundamentais: Jorge Reis Novais, "Renúncia a direitos fundamentais" (1998), cit., 309 e ss..

sistemáticos, sejam adequados à sua tutela[778], *(ii)* abre-se, de acordo com uma interpretação integrada das diferentes proposições jurídicas, a possibilidade de admissão de outros pactos que, não estando expressamente previstos na lei, se impostem no espaço de liberdade concedido pela ordem jurídica, utilizando-se, para tanto, estruturas de decisão que encontram nos pactos legalmente típicos valores e pontos de referência legitimadores e que fornecem bitolas determinadas para o seu enquadramento: eis, como notámos, o que se verifica com os pactos de exclusividade, cujos problemas, suscitando um tratamento integrado, encontram adequado plano de resolução nos vectores sistemáticos e nas mensagens substantivas que estes fornecem para lá de regulação legal específica.

Por isso, e como regra, o juízo (juris)prudencial não será tão expressivo no que à indagação do interesse legítimo diz respeito – embora esse controlo seja postulado e, ante a falta de presunção, incumba ao empregador fazer a respectiva prova –, quanto no que se refere aos problemas suscitados pela execução dos pactos ou mesmo no que concerne à sua desvinculação, impondo-se afastar a perspectiva, muito em voga na doutrina francesa, de que o papel jurisprudencial de "conciliação de interesses" realiza "a síntese entre a verificação da legitimidade do interesse criador da limitação em favor do empregador" e "a protecção da liberdade económica individual do devedor", já que "põe em relação o interesse legítimo do primeiro e a limitação à liberdade do segundo"[779].

É certo que, em geral, é também esse o enquadramento seguido na *common law* em relação às *restrictive covenants,* onde a necessidade e a razoabilidade da restrição são hoje uma parte do pressuposto relativo à legitimidade dos interesses empresariais subjacentes: não havendo razoabilidade, não há legitimidade, falhando a atendibilidade do interesse que, em abstracto, pode emprestar justificação a uma limitação à liberdade de trabalho[780].

Se os tribunais britânicos cedo foram declarando a nulidade de cláusulas com base no entendimento de que a irrazoabilidade da restrição imposta desprovia de tutela jurídica a protecção de negócios reclamada pelo ex-emprega-

---

[778] Trata-se, no plano da admissão, da adequação do acordo para salvaguarda de interesses empresariais e não da adequação do conteúdo do pacto enquanto tal.

[779] Assim, YVES SERRA, "La qualification professionnelle du salarié, élément déterminant de la validité de la clause de non-concurrence en droit du travail ", D. 1996, 245-6 e LÉA BENBOUAZIZ, *L'économie générale du contrat de travail* (2011), cit., 87-8. Como fazem notar PASCAL LOKIEK & SOPHIE ROBIN-OLIVIER, "La clause de non concurrence: vu d'ici" (2007), cit., 675, sem pejo em considerar esta construção pretoriana, tal enquadramento é potenciado pela inexistência de regulação legal específica sobre os pactos.

[780] HUGH COLLINS, *Employment Law* (2008), cit., 2008, 151.

dor[781], parece-nos, contudo, necessário afastar a inserção da proporcionalidade da limitação à liberdade de trabalho no interesse legítimo que concorre para a validade das cláusulas, erigindo-a a pressuposto de um acordo que limita a liberdade de trabalho: o interesse legítimo é uma coisa e, embora exista uma conexão funcional, outra bem diferente, que com aquele não se confunde, é o conteúdo da limitação assumida pelo trabalhador, onde a indispensabilidade intervirá, agora sim, no que atina com a medida de protecção dos interesses empresariais e, em contraverso, no que à salvaguarda do princípio da liberdade de trabalho diz respeito[782].

Na verdade, sem embargo de as cláusulas postularem uma apreciação que conecte o seu conteúdo com o contrato de trabalho[783] – pois é o esquema de interesses em que se move a relação laboral que parametriza a limitação estabelecível à realidade pressuposta pela execução efectiva do contrato[784] –, esta função re-equilibrante, embora galgando a materialização volitiva dos sujeitos, não pode, à luz dessa orientação, desprover os pactos de validade, apenas porque estes são susceptíveis de se revelar desproporcionados perante os interesses subjacentes à relação laboral em presença e diante da situação em que o trabalhador é colocado, pois pode haver interesse do trabalhador na manutenção da auto-limitação (designadamente: percepção da contrapartida) e a conservação do negócio, enquanto princípio genérico, deve ser prosseguida.

A tendência, que vimos de assinalar, para conciliar a montante as razões de necessidade que funcionam como circunstância qualificante do interesse sério indispensável ao pacto com a assunção de parâmetros de controlo para verificar se o pacto constitui o único meio razoável para proteger os interesses da empresa justifica-se em razão da ausência de qualquer delimitação legal quanto ao objecto das restrições a direitos fundamentais suscitadas pela convocação do princípio da liberdade de trabalho, trazendo ínsita a aplicação da *Drittwirkung* e os critérios de resolução de conflitos que lhe subjazem no momento em que se cuida da admissão de um acordo de limitação à liberdade de trabalho.

Mas, num sistema, como o português, em que os pressupostos materiais necessários à validade dos pactos se encontram recortados *ex lege*, a entrega à

---

[781] Ver JOHN DYSON HEYDON, *The restraint of trade doctrine* (1999), cit., 29.
[782] HARALD SCHLIEMANN & REINER ASCHEID, *Das Arbeitsrecht im BGB*: Kommentar, De Gruyter-Recht, Berlim, 2002, 266.
[783] Ainda: SOPHIE LE GACH-PECH, *Le principe de proportionnalité en droit prive des contrats* (2000), cit., 205, referindo que "la proportionnalité de la clause s'apprécie en fonction de son contenu propre mais également en fonction du contrat dans lequel elle s'insere".
[784] AMIEL-DONAT, *Les Clauses de non-concurrence en droit du travail* (1998), cit., 31-2.

jurisprudência de uma tarefa de certificação da indispensabilidade que faça reconhecer a admissão de uma protecção dos interesses empresariais através de uma limitação convencional da liberdade de trabalho colide com o reconhecimento de que essa proporção dos interesses em jogo está no interesse sério factorialmente delimitado que o sistema exige como condição de validade de cada pacto e no respectivo alcance preceptivo.

Separando a verificação da necessidade de tutela dos interesses empresariais do juízo da (des)proporção das obrigações geradas pelo pacto, será, pois, nesse contexto, que, com referência à multiplicidade de aspectos que coenvolvem a obrigação de *non facere* assumida pelo trabalhador, a actividade jurisprudencial, já depois da validação dos pressupostos factuais que preenchem a noção de interesse sério ou legítimo requerido para o pacto, intervirá, verificando se o prazo se contém na medida do estritamente necessário para satisfazer os interesses prosseguidos pela limitação[785] ou ainda, no caso dos pactos de não concorrência ou de exclusividade, se a compensação acordada se ajusta à dimensão material da limitação à liberdade de trabalho que o pacto implica.

Se é aí, no conteúdo da vinculação, e não no interesse que a fundeia, que cabe ter presente o conceito de *indispensabilidade* quanto aos limites internos do pacto (ao transitar-se o princípio da proporcionalidade), esta actividade jurisprudencial, que conhece um importante sinal com a possibilidade legalmente prevista de, no âmbito dos pactos de não concorrência, a contrapartida "sofrer redução equitativa quando o empregador houver despendido somas avultadas com a sua formação profissional", além de dimensionar as coordenadas de equilíbrio que guiam a execução de um acordo de limitação à liberdade de trabalho, vem atribuir à equidade um papel fundamental, fornecendo ao julgador uma orientação que lhe permite garantir a proporcionalidade da limitação, recorrendo a valorações e a argumentos necessariamente ligados ao caso concreto e às suas características particulares: tratando-se de entrecruzar uma ideia de equilíbrio e proporção com um sentido de vertente individualizadora de justiça implicativo de uma adequação necessariamente concreta à *factis species* que envolve o trabalhador, o fenómeno, dotado de explicitude acrescida no âmbito dos pactos de não concorrência, documenta o controlo, pelo juiz, dos conteúdos contratuais em jogo, traduzindo a vocação efectiva da ciência do Direito para garantir a construção de modelos de decisão aferentes a soluções materialmente justas,

---

[785] Salientando o ponto, em alusão à redução das cláusulas de não concorrência no direito germânico, cfr. PATRICK REMY, "La clause de non concurrence: Allemagne" (2007), cit., 681.

apetência que aliás reganha peso sempre que se encontrem directamente envolvidos direitos fundamentais.

VII. Proporcionalidade

21. O princípio da proporcionalidade, que estrutura a ordem constitucional[786] e se liga a "critérios de justiça material"[787], é um parâmetro omnipresente na intersubjectividade gerada pela vinculação dos sujeitos laborais[788].

Encontrando-se associado às ideias de justa medida, adequação e proibição do excesso, a sua germinação romanista – muito ligada à ideia de controlo dos poderes públicos na vida dos cidadãos e a um consectário de justiça retributiva[789] – difundiu-se na Idade Média por associação aos princípios da igualdade e da justiça, associação que, com renovado apuro técnico no Iluminismo, cunhou a evolução dogmática verificada, extravasando as áreas do Direito administrativo e do Direito penal[790], irradiando, ante o fundeio de que "direito é proporção", para todas áreas juscientíficas[791].

---

[786] Entre vários, e no panorama nacional, VITALINO CANAS, "Princípio da Proporcionalidade", Separata do vol. VI do Dicionário Jurídico da Administração Pública, vol. VI, Lisboa, 1994, "O princípio da proibição do excesso na Constituição: arqueologia e aplicações", *Perspectivas constitucionais: nos 20 anos da Constituição de 1976. Vol. II*, Coimbra Editora, Coimbra, 1998, 323-357 e "A proibição do excesso como instrumento mediador de ponderação e optimização: com incursão na teoria das regras e dos princípios", *Estudos de Homenagem ao Prof. Doutor Jorge Miranda. Vol. III*, Coimbra Editora, Coimbra, 2012, 811-893, J. J. GOMES CANOTILHO, *Direito Constitucional e Teoria da Constituição* (2013), cit., 1286 e ss., ANABELA LEÃO, "Notas sobre o princípio da proporcionalidade ou da proibição do excesso", *Separata de Estudos em Comemoração dos cinco anos (1995-2000) da Faculdade de Direito da Universidade do Porto*, Coimbra Editora, Coimbra, 2001, 999-1039, JORGE REIS NOVAIS, *As Restrições aos Direitos Fundamentais não Expressamente Autorizadas pela Constituição* (2003), cit., 569 e ss., JOSÉ DE MELO ALEXANDRINO, *Direitos Fundamentais. Introdução Geral* (2007), cit., 116-7, JORGE MIRANDA, *Manual de Direito Constitucional. Direitos Fundamentais*, Tomo IV (2012), cit., 302 e ss..

[787] Assim, indissociando-o também do princípio da segurança jurídica e da previsibilidade, v. ALFRED KATZ, *Staatsrecht: Grundkurs im öffentlichen Recht* (18.ª ed.), C.F. Müller, Heidelberg, 2010, 88 (§163).

[788] ADALBERTO PERULLI, *Il potere direttivo dell' imprenditore*, Giuffre, Milao, 1992, 232-3.

[789] Uma análise densa das múltiplas implicações do princípio da proporcionalidade no direito romano, então muito centrado no direito das penas, encontra-se em ULRICH ZIMMERLI, "Der Grundsatz der Verhältnismäßigkeit im öffetlichen Recht. Versuch einer Standorsbestimmung", ZSR 1978, n.º 97, 1-131.

[790] Salientando esta evolução: KATJA GEHNE, *Nachhaltige Entwicklung als Rechtsprinzip*, Mohr Siebeck, Tubinga, 2011, 253.

[791] Assim, enfatizando que "a ideia de proporcionalidade é conatural às relações entre pessoas", v. JORGE MIRANDA, *Manual de Direito Constitucional. Direitos Fundamentais*, Tomo IV (5.ª ed. reimp.), cit., 302.

Aparecendo assaz valorado como um mecanismo de protecção dos direitos e liberdades dos trabalhadores contra o "poder patronal"[792], o princípio da proporcionalidade, marcando as orientações metodológicas mais profundas (embora fortemente imbricado com o princípio da igualdade[793]), foi ganhando lastro na juslaboralística com o sinal primeiro de afastar soluções, actuações ou conteúdos não arrimados em razões materiais atendíveis e como "limite à limitação" de direitos fundamentais no seio da situação laboral, numa vocação primacialmente direccionada à protecção dos trabalhadores[794], conforme com a perspectivação do Direito do trabalho como um Direito de equilíbrio[795], e quadrante com a vocação expansiva do princípio da proporcionalidade para, no âmbito jusprivatístico, transformar "situações de poder em situações de equilíbrio ou, pelo menos, de desequilíbrio tolerável"[796].

Embora, como fez salientar THEO MAYER-MALY, o princípio da proporcionalidade, propenso a superlativizações linguísticas, não possa ser alçado a "solução universalmente convincente" para resolver todos os problemas que surjam entre os sujeitos laborais[797], a ponderação de direitos alça-se como o critério de resolu-

---

[792] ISABELLE CORNESSE, *La proportionnalite en droit du travail* (2001), cit., 133.

[793] ISABELLE CORNESSE, *La proportionnalite en droit du travail* (2001), cit., 51-2. Exemplo claro do que vai dito está no n.º 2 do art. 25.º do CT2009 ao estabelecer-se que "(n)ão constitui discriminação o comportamento baseado em factor de discriminação que constitua um requisito justificável e determinante para o exercício da actividade profissional, em virtude da natureza da actividade em causa ou do contexto da sua execução, devendo o objectivo ser legítimo e o requisito proporcional".

[794] Não sendo abundantes as referências legais ao princípio da proporcionalidade no CT, as que existem destinam-se, no essencial, a garantir direitos dos trabalhadores. Assim: o n.º 2 do art.18.º, ao determinar que o tratamento de dados biométricos só é permitido se os dados a utilizar forem necessários, adequados e proporcionais aos objectivos a atingir; o n.º 2 do art. 21.º que, com referência à utilização de meios de vigilância a distância, dispõe que a autorização da CNPD só pode ser concedida se a utilização dos meios for necessária, adequada e proporcional aos objectivos a atingir ou o n.º 5 do art. 538.º, referente à definição de serviços a assegurar durante a greve, ao prescrever que "a definição dos serviços mínimos deve respeitar os princípios da necessidade, da adequação e da proporcionalidade".

[795] ISABELLE CORNESSE, *La proportionnalite en droit du travail* (2001), cit., 140 e 486.

[796] As palavras são de ANDRÉ FIGUEIREDO, "O princípio da proporcionalidade e a sua expansão para o direito privado", *Estudos comemorativos dos 10 anos da Faculdade de Direito da Universidade Nova de Lisboa*, Almedina, Coimbra, 2008, 32-3.

[797] A expressão é de THEO MAYER-MALY, *Ausgewählte Schriften zum Arbeitsrecht* (1991), cit., 396: "Zu keinem einzigen Problem konnte aus dem Grundsatz der Verhältnismäßigkeit eine allseits überzeugende Lösung abgeleitet werden". Em sentido identicamente crítico, aludindo a um casuísmo excessivo que imputa à subjectivização dos juízos de comprovação impostos pelo princípio, v. RIVERO LAMAS, "Derechos fundamentales y contrato de trabajo: eficacia horizontal y control constitucional" (2003), cit., 513.

ção dos conflitos gerados pela intersubjectividade laboral que delimita a autonomia contratual e assegura a convivência de interesses contrastantes: num Estado de Direito, fundado sobre a dignidade da pessoa humana, o juízo de proporcionalidade, não operando *recta via,* logra intensidade no âmbito das relações de trabalho[798], respondendo, no essencial, à trilogia "decisão-situação-finalidade"[799].

Buscando a sua lógica operativa na legitimidade do poder exercido e nos elementos da sua definição, o princípio refundamenta-se no carácter desequilibrado das posições subjacentes e, com excepção de situações excepcionais, encontra-se, tal como o instrumentário juslaboral, historicamente vocacionado para defender os trabalhadores[800], demandando um poder revisório da jurisprudência, que, encontrando grande expressividade na conformação do exercício do poder disciplinar (onde as diferenças no sancionamento de condutas que, numa perspectiva material, hão-de ser consideradas iguais, apenas são aceitáveis se conformes com o princípio da proporcionalidade[801] e que, numa certa leitura,

---

[798] TERRADILLOS ORMAETXEA, *Principio de proporcionalidade, Constitucion y Derecho del Trabajo* (2004), cit., 104.

[799] Ainda MUSTAPHA MEKKI, "Existe-t-il un jus commune applicable aux clauses du contrat de travail?" (2006), cit., 300-1.

[800] ISABELLE CORNESSE, *La proportionnalite en droit du travail* (2001), cit., 484. Na visão da Autora, o princípio posta-se como limite externo ao exercício dos direitos fundamentais, cujo halo, na relação de poder-sujeição subjacente, baliza a área de autonomia constitucional e legalmente reconhecida para os sujeitos laborais regularem os seus interesses, com os limites internos desses direitos a aparecerem radicados na própria natureza do direito fundamental, avultando, também aí, o princípio da boa fé.

[801] Assim: TERRADILLOS ORMAETXEA, *Principio de proporcionalidade, Constitucion y Derecho del Trabajo* (2004), cit., 41, salientando, na sequência do tribunal constitucional espanhol, que a sua inter-relação com o princípio da igualdade exige, em primeiro lugar, que as singularizações e diferenciações normativas respondam a um fim constitucionalmente válido para o tratamento diferenciado; e, em segundo lugar, que se requer a existência de uma relação de coerência entre as medidas adoptadas e o fim prosseguido e, especialmente, que a delimitação concreta do grupo ou categoria diferenciada se articule de forma adequada com essa finalidade; por fim, é necessário que as consequências jurídicas advenientes sejam proporcionadas. Entre nós, o n.º 1 do art. 330.º do CT2009, ao dispor que a sanção disciplinar deve ser proporcional à gravidade da infracção e à culpabilidade do infractor, não podendo aplicar-se mais do que uma sanção pela mesma infracção, suscita um reencontro do princípio da proporcionalidade com as suas origens (direito das penas), pois que, como se faz notar no Ac. STJ de 16.01.2013 (MARIA CLARA SOTTOMAYOR), proc. n.º 171767/08.3, obriga-se o empregador a uma ponderação da infracção em termos semelhantes ao das sanções penais, já que se trata de uma pena, em cujo processo de aplicação se verifica uma confusão entre a parte que se alega da posição de vítima e o juiz da infracção. Na doutrina: M.ª ROSÁRIO PALMA RAMALHO, "Sobre os limites do poder disciplinar", *I Congresso Nacional de Direito do Trabalho. Memórias* (org. António Moreira), Almedina, Coimbra, 1998, 192, JÚLIO VIEIRA GOMES, *Direito do Trabalho* (2007), cit., 712 ou PEDRO ROMANO MARTINEZ, *Direito do Trabalho* (2010) cit., 682.

se entrecruzam com o princípio da confiança[802]), não exaure todavia aí o seu significado: como fez notar José João Abrantes[803], a ponderação e a optimização reclamada pela presença de interesses em conflito (interesses da empresa *versus* direitos fundamentais dos trabalhadores), é viabilizada por este *princípio objectivo da ordem jurídica*[804], que procura garantir, nas margens de possibilidade legal e factual, a mais ampla protecção do trabalhador e, em simultâneo, a mais ampla autonomia contratual[805].

Neste quadro, em que se tem afirmado que o princípio da proporcionalidade está para os direitos fundamentais como a liberdade está para um Estado democrático[806] e em que aparece considerado como "verdadeiro metaprincípio de optimização dos múltiplos princípios que integram a ordem jurídica"[807], o enlace entre o princípio da proporcionalidade e os direitos fundamentais, mediando o conflito entre os princípios fundamentais que animam o Direito do trabalho[808], opera em níveis diversos: ele actua como limite à afectação do conteúdo essencial de um direito fundamental (como o princípio da liberdade de trabalho)[809], redefine o conteúdo e os limites dos deveres dos sujeitos (*maxime*

---

[802] *Ex multis*: Ac. STJ de 06.06.2001 (Alípio Calheiros), ADSTA 2002, n.º 485, 700-9, que, fazendo depender a verificação de justa causa para despedimento de um comportamento culposo do trabalhador (gravidade das consequências) de uma impossibilidade imediata e prática de manutenção da relação laboral (actualidade do comportamento) e da proporcionalidade e adequabilidade do despedimento à gravidade da infracção e à culpabilidade do infractor, submete a apreciação destes requisitos ao "princípio da confiança, elemento indispensável à determinação da exigibilidade ou não da relação de trabalho e para aquilatar da proporcionalidade da pena aplicada".

[803] José João Abrantes, "Contrato de trabalho e direitos fundamentais" (2001), cit., 35 e, mais desenvolvidamente, *Contrato de trabalho e direitos fundamentais* (2005), cit., *maxime* 171-5.

[804] Assim: Ac. TC n.º 302/01, de 27.06 (Maria Helena Brito), proc. n.º 15/99, onde se lê ademais que "se é certo que a aplicação do princípio da proporcionalidade se viu inicialmente restrita à conformação dos actos dos poderes públicos e à protecção dos direitos fundamentais, há que reconhecer que foi admitido o posterior e progressivo alargamento da relevância de tal princípio a outras realidades jurídicas, não se detectando verdadeiros obstáculos à sua actuação no domínio das relações jurídico-privadas".

[805] Igualmente, perspectivando a questão no âmbito do direito à greve: Manfred Lieb & Matthias Jacobs, *Arbeitsrecht* (9.ª ed.), C.F. Müller, Heidelberg, 2006, 234-5 (§ 650).

[806] Terradillos Ormaetxea, *Principio de proporcionalidade, Constitucion y Derecho del Trabajo* (2004), cit., 65.

[807] As palavras são de Jónatas Machado, *Liberdade de Expressão*, Coimbra Editora, Coimbra, 2002, 377 e ss..

[808] M.ª Rosário Palma Ramalho, *Da Autonomia Dogmática do Direito do Trabalho* (2000), cit., 516.

[809] González Beilfuss, *El Principio de proporcionalidad en la jurisprudencia del tribunal constitucional*, Aranzadi, Navarra, 2003, 111-2 e Lutz Michalski, *Arbeitsrecht*, C.F. Müller, Heidelberg, 2008, 15.

o dever de lealdade)[810] e funciona outrossim como instrumento de correcção aplicável a todas as hipóteses de desequilíbrio, logrando presença sobrenotada na actuação de prerrogativas empresariais[811], quer se trate de faculdades conferidas *ex lege*, quer se cuide de prerrogativas fundadas em cláusulas ou em acordos estabelecidos dentro das margens de autonomia em que os sujeitos conformam a sua auto-regulação de interesses[812].

Assumindo-se como um "instrumento de compromisso entre as necessidades da empresa e os direitos e liberdades fundamentais do trabalhador"[813], a projecção modeladora do princípio estende-se, por isso, a todas as cláusulas ou acordos que, directa ou reflexamente, atinam com a situação laboral e que, embora com alcance e refracção diversos, atraem princípios constitucionais fundamentais[814]: é o caso, particularmente exaltado, das cláusulas de mobilidade geográfica, em relação às quais a *Cour de Cassation*, baseada numa análise centrada na garantia de estabilidade laboral e na liberdade de escolha do domicílio, faz depender a sua admissibilidade de um juízo de conformidade com "exigências de finalidade e proporcionalidade"[815], aberto à consideração de factores aparentemente extrínsecos, mas axiologicamente conexionáveis com a fundamen-

---

[810] Cabendo salientar os limites impostos à liberdade de expressão e o direito à reserva da intimidade da vida privada, como faz salientar José João Abrantes, "Contrato de trabalho e direitos fundamentais" (2001), cit., 31 e ss.. Em análise à afectação desproporcionada do direito à liberdade de expressão de um jornalista que proferiu declarações atentatórias da honra do empregador num aceso debate público sobre questões laborais e que foi despedido em razão dessa situação, v. Jean-Pierre Marguenaud & Jean Mouly, "Licenciement droit à la liberté d'expression du salarié et principe de proportionnalité", *D.* 2001, n.º 7, 574-579.

[811] Por exemplo: Jean Pélissier, "Pour un droit des clauses du contrat du travail a partir de l'arrêt Société Leviel" (2005), cit., 501 e, embora falando em racionalidade (conceito fundado sobre as ideias de medida e de proporção), Adalberto Perulli, "Rationalité et controle des pouvoirs de l'employeur" (2006), cit., 86.

[812] Ainda: Pascal Lokiek, "L'accord du salarié" (2010), cit., 141.

[813] Isabelle Cornesse, *La proportionnalite en droit du travail* (2001), cit., 483 e, entre nós, José João Abrantes, "Contrato de trabalho e direitos fundamentais" (2001), cit., 34-5. Como aí se salienta, o princípio da proporcionalidade sempre que actua para proteger os direitos e as liberdades dos trabalhadores na empresa não visa uma redução dos poderes do empregador, mas, tão somente, o seu equilíbrio.

[814] Nestes exactos termos: Agnès Viottolo-Ludmann, *Égalité, liberté et relation contractuelle de travail*, Presses universitaires d'Aix-Marseille, Marselha, 2004, 337.

[815] Assim, colacionando um aresto da *Cour de Cassation* de 12.01.1999, v. Isabelle Cornesse, *La proportionnalite en droit du travail* (2001), cit., 135, François Gaudu & Raymonde Vatinet, *Les contrats du travail: contrats individuels, conventions collectives et actes unilatéraux*, LGDJ, Paris, 2001, 282 e Florence Canut, *L'ordre public en droit du travail* (2007), cit., 287.

talidade do trabalho, que entroncam na salvaguarda da vida pessoal e familiar do trabalhador[816] e cuja conciliação com os interesses da empresa se impõe[817].

Assim, se esta exigência moduladora vai actuar como limite material dos poderes de autoridade exercíveis pelo empregador[818] e conformar as cláusulas ou acordos que, independentemente do seu recorte, se predestinam à intensificação desses poderes e que o sistema, mediante determinados pressupostos, admite, é não só seguro como também pacífico que os acordos que se destinam a limitar a liberdade de trabalho, embora com projecções diferenciadas sobre esses poderes de autoridade, não escapam, antes exigem, escrutínio similar, suscitando uma concordância prática entre os direitos em conflito[819], que transporte para a intersubjectividade da situação laboral em sentido lato as coordenadas constitucionais que vinculam o legislador[820] e que se estende naturalmente a todas (sub)cláusulas que sejam apostas a esses acordos[821].

Uma vez que nas situações jurídicas de poder sujeição "o fundamento e os limites da *Drittwirkung* encontram-se na analogia com o poder do Estado"[822],

---

[816] PAUL-HENRI ANTONMATTEI, *L'année de droit social 2010: Textes, jurisprudence, commentaires*, ed. Lamy, Paris, 2011, 12.

[817] LÉA BENBOUAZIZ, *L'économie générale du contrat de travail* (2011), cit., 97-9. Controlo que, como faz salientar JOANA NUNES VICENTE, "Cláusulas de mobilidade geográfica: vias de controlo possíveis", QL 2006, n.º 27, 73 e ss., é feito a dois tempos: um controlo sobre o conteúdo da cláusula e um controlo sobre o exercício do direito outorgado pela cláusula. Ainda JOÃO LEAL AMADO, "Modificação substancial das condições de trabalho: o caso da mobilidade geográfica: ou a submissão do novo Direito do Trabalho ao "imperialismo do contrato", QL 2008, n.º 32, 171 e ss..

[818] No ordenamento germânico, da conjugação do § 315 do BGB, relativo à determinação do conteúdo da prestação de uma das partes, com o § 106 GewO, que determina o exercício do poder de direcção de forma equitativa, tem-se removido a assunção de condutas arbitrárias, exigindo-se que, para lá dos casos em que o BGB permite a recusa de um trabalhador em executar uma função que entre em conflito com as suas crenças ou a sua consciência (§ 275 III), as acções ou omissões imputáveis ao empregador se ancorem num fundamento objectivo e tomem em consideração os interesses do trabalhador, num contexto em que o exercício dos poderes empresariais é fortemente escrutinado pelo princípio da proporcionalidade: KLAUS HÜMMERICH/WINFRIED BOECKEN/FRANZ JOSEF DÜWELL, *AnwaltKommentar Arbeitsrecht: vol. I* (2008), cit., 3020-1.

[819] Por exemplo, na jurisprudência germânica, de forma saliente: BAG 13.03.2003 – 6 AZR 585/01, NZA 2003, 976; BAG 05.06.2002 – 7 AZR 241/01, NZA 2003, 149; BAG 15.11.2000 – 5 AZR 296/99, NZA 2001, 1248. Na doutrina: THOMAS DIETERICH, *Grundgesetz und Privatautonomie im Arbeitsrecht*, Bund-Verlag, Colónia, 1995, 16.

[820] DIETER C. UMBACH & THOMAS CLEMENS, *Grundgesetz: Mitarbeiterkommentar und Handbuch*, C. F. Muller, Heidelberg, 2002, § 30, 680-1.

[821] Sirva para já de exemplo uma cláusula penal aposta a um acordo de limitação à liberdade de trabalho, cujo enquadramento desenvolveremos a propósito de cada um dos acordos.

[822] Ainda: JOSÉ JOÃO ABRANTES, *Contrato de Trabalho e Direitos Fundamentais* (2005), cit., 140 e ADALBERTO PERULLI, "Rationalité et controle des pouvoirs de l'employeur" (2006), cit., 89. No

a aplicação do critério ínsito no art. 18.º da CRP suscita a operação de optimização destinada à superação do conflito entre o princípio da liberdade de trabalho e o princípio da autonomia privada[823], e que, de acordo com a construção de ALEXY, se reconduz, *summo rigore*, a uma colisão entre princípios, dado que as colisões entre direitos fundamentais ou entre direitos fundamentais e outros bens constitucionais significam colisões entre princípios (que, por contraposição às regras, são *mandados de optimização*[824]), numa construção bipartida que, sem prejuízo de cambiantes, se mostra próxima da de DWORKIN[825]: neste "modelo combinado de regras e princípios", a resolução de tais problemas é prosseguida através de uma lei de colisão, que arranca de uma relação de preferência condicionada entre os dois princípios e que se abastece numa ponderação em que as condições sob as quais um princípio prima sobre outro constituem o pressuposto de facto (*Tatbestand*) que exprime a consequência jurídica do princípio preferente[826].

âmbito jus-civilístico, a operação de optimização é desenvolvida de acordo com as coordenadas inscritas no art. 335.º do CC.

[823] LUCIEN FLAMENT, "Le raisonnable en droit du travail", DS 2007, n.º 1, 16.

[824] ROBERT ALEXY, *Teoria de la argumentacion juridica: la teoria del discurso racional como teoria de la fundamentacion jurídica* (2007), cit., 64 e ss.. No "nível de princípios" filiam-se todos os princípios constitucionalmente relevantes para a ponderação e no "nível de regras" condensam-se os resultados da tentativa de ponderação das exigências impostas pelos princípios conflituantes.

[825] RONALD DWORKIN *Taking Rights Seriously*, Harvard Univ. Press, Cambridge/Massachussets, 1977, 15 e ss., que condensa o escrito em "The Model of Rules I" (1967) e "The Model of Rules II" (1972). Como fez salientar DWORKIN, se as normas postulam generalidade, para servirem um número indeterminado de factos, susceptíveis de inclusão na *factis species* da respectiva previsão – que, assim, delimita o respectivo campo de aplicação –, os princípios têm que ser mais gerais, servindo a um número necessariamente indefinido de aplicações. O conteúdo, extensão e alcance próprios de cada princípio não exige o sacrifício unilateral de um princípio face aos demais, apontando, ao invés, para uma tarefa de *harmonização com sentido optimizador*, que produza uma concordância dos direitos implicados, uma vez que "principles are proposition that describes rights" (*Taking Rights Seriously*, cit., 90).

[826] Assim, se a prevalência de cada princípio surge sempre referenciada a um concreto círculo problemático – a colisão acontece porque o princípio não é exclusivo, não vale sem excepção –, a teoria externa dos limites dos direitos fundamentais implicada pela construção de ALEXY traz consigo a distinção entre um âmbito de protecção e um âmbito de garantia efectiva, que, para o Autor de Oldenburg, se identifica com a diferenciação entre um direito *prima facie* e um direito definitivo: o primeiro refere-se a um direito com a sua configuração *in natura*, com uma extensão que, sendo determinada pelo bem jurídico a cuja tutela corresponde, é perspectivada sem qualquer interferência de outros direitos; por seu turno, o segundo vai buscar a sua configuração final à necessária convivência com outros direitos, encontrando-se aí o recorte da sua definitividade. É este *distinguo* que, como refere MIGUEL GALVÃO TELES, "Espaços marítimos, delimitação e colisão de direitos", *Estudos em Homenagem ao Prof. Doutor Armando Marques Guedes*, Coimbra Editora, Coimbra, 2004,

Com a *lei de ponderação* a surgir como um reflexo do princípio da proporcionalidade[827], perante uma verdadeira colisão de direitos tem-se como *solutio*, em geral, a prevalência de um deles ou a recíproca limitação dos direitos *prima facie*, segundo um padrão de *harmonização* ou de *concordância prática*[828], cuja operatividade, independentemente de arrimo formal no art. 335.º do CC[829], faz pressupor a efectiva existência, validade e eficácia de tais direitos conflituantes[830] e conforma a "norma de decisão adaptada às circunstâncias do caso".

626 e ss., permite a prefiguração de um exercício ilícito de um direito, enquanto direito *prima facie* que não é abrangido por um direito definitivo.

[827] Ainda ROBERT ALEXY, *Teoria de la argumentacion juridica: la teoria del discurso racional como teoria de la fundamentacion jurídica* (2007), cit., 351. Aqui, face à centralidade da liberdade de trabalho, o percurso trietápico da lei de ponderação implica que, em primeiro lugar, se defina o grau de não satisfação ou de afectação do princípio da liberdade de trabalho, para, de seguida, se estabelecer a importância da satisfação dos interesses empresariais; por último, definir-se-á se a importância dos interesses empresariais e da tutela da propriedade privada subjacente justifica a restrição ou a não satisfação do princípio da liberdade de trabalho, segundo um modelo com três intensidades, que alberga três medidas de valoração: leve, médio ou grave. Ainda: LARS LINDAHL, "On Robert Alexy's Weight Formula for Weighing and Balancing", *Liber Amicorum de José de Sousa Brito*, Almedina. Coimbra, 2009, 363 e ss. (355-376).

[828] A propósito da concordância prática e da proporcionalidade na resolução dos problemas da colisão entre direitos e bens jurídico-constitucionais, v., entre múltiplos, J. J. GOMES CANOTILHO & VITAL MOREIRA, *Fundamentos da Constituição* (1991) cit., 135 e ss., VIEIRA DE ANDRADE, *Os Direitos Fundamentais na Constituição Portuguesa de 1976* (1987), cit., 220 e ss. ou JORGE MIRANDA, *Manual de Direito Constitucional. Direitos Fundamentais*, Tomo IV (2012), cit., 340 e ss..

[829] Defendendo a utilidade da aplicação dos critérios ínsitos no art. 335.º do CC às hipóteses de colisão entre direitos fundamentais, v. JORGE MIRANDA, *Manual de Direito Constitucional. Direitos Fundamentais* (2012), cit., 343. Impõe-se, neste momento, recordar que o art. 335.º do CC distingue entre direitos iguais ou da mesma espécie e direitos desiguais ou de espécie diferente. O n.º 2 ao prever que "se os direitos forem desiguais ou de espécie diferente, prevalece o que deva considerar-se superior" alberga uma previsão que, sendo contrária à desejável harmonização de direitos, não pode, segundo cremos, ser aplicada de forma abstractizante, devendo essa prevalência ser aferida em concreto, sem o afastamento sistemático de um deles e/ou sem que a preterição seja total, devendo limitar-se às faculdades integrantes de um dos direitos, cuja amputação seja necessária à preservação do outro direito. Em sentido similar: RABINDRANATH CAPELO DE SOUSA, *O Direito Geral de Personalidade* (1995), cit., 547.

[830] Como faz notar ANTÓNIO MENEZES CORDEIRO, "Da Colisão de Direitos", *Dir.* 2005, n.º 137, 38, a colisão de direitos suscita-se "quando um direito subjectivo, na sua configuração ou no seu exercício, deva ser harmonizado com outro ou com outros direitos. Num sentido estrito a colisão ocorre sempre que dois ou mais direitos subjectivos assegurem, aos seus titulares, permissões incompatíveis entre si". Com efeito, a tarefa exigida pela colisão de direitos apenas é suscitada se, existindo dois diferentes direitos pertencentes a titulares diversos, não for possível o exercício simultâneo e integral de ambos, o que faz pressupor a efectiva existência, validade e eficácia de tais direitos conflituantes: eis porque o instituto suscita cautelas no seu manuseio, já que determinadas situa-

Assim, num quadro em que a operação de concordância prática exigida por uma colisão de direitos que envolva a liberdade de trabalho se exprime também, embora tantas vezes sem alusão expressa, na ausência de qualquer acordo de limitação à liberdade de trabalho – *v.g.*: o exercício de actividade concorrencial por parte de um antigo trabalhador sem que tenha sido celebrado um pacto de não concorrência ou, em plano diverso, e na falta de um pacto de exclusividade, o exercício de outras actividades laborais, não concorrenciais, *a latere* do contrato de trabalho –, quanto à resolução do conflito entre o princípio da liberdade de trabalho (que corresponde a um direito de personalidade) e o princípio da autonomia da vontade e da iniciativa económica que se suscite, e uma vez que a prevalência pode ser estabelecida em abstracto ou ser fixável em concreto, a respectiva avaliação abrangerá "não apenas a hierarquização entre si dos bens ou valores do ordenamento jurídico na sua totalidade e unidade, mas também a detecção e a ponderação de elementos preferenciais emergentes do circunstancialismo fáctico da subjectivização de tais direitos, *maxime*, a acumulação, a intensidade e a radicação de interesses concretos juridicamente protegidos", com o que se dará primazia, nuns casos, aos direitos de personalidade ou, noutros casos, aos com eles conflituantes direitos de outro tipo"[831].

Figurando-se necessário graduar a coexistência dos dois direitos, num sacrifício recíproco e num juízo de proporcionalidade que faculte a menor lesão possível dos direitos conflituantes, é fundamental não perder de vista que, como faz notar PERSIANI, "o direito de iniciativa económica é instrumental à realização do valor da pessoa"[832], pelo que a actuação da entidade empregadora, para lá de corresponder uma opção organizacional séria e tecnicamente correcta, não pode ani-

ções, *prima facie* integráveis numa hipótese de colisão, não recebem do sistema o necessário juízo de atendibilidade que funciona como *prius* lógico da operação de concordância entre os direitos e que, no círculo de análise que desenvolvemos, se podem ilustrar com as cláusulas atributivas de um direito de renúncia do empregador a um pacto de não concorrência, visto que o desvalor que recai sobre tais cláusulas prejudica a hipotização subsequente de qualquer conflito entre direitos. Trata-se, pois, de não confundir o conflito de direitos com a colisão aparente de direitos, uma vez que nesta, como refere ELSA VAZ SEQUEIRA, *Dos Pressupostos da Colisão de Direitos no Direito Civil*, UCP, Lisboa, 2005, 288, se está diante de um problema de definição dos limites extrínsecos aos próprios direitos e não perante uma hipótese de determinação de limites ao exercício dos direitos. Sobre uma situação de *colisão aparente*, veja-se ainda o direito do empregador a trabalhos suplementares e o direito do trabalhador ao descanso que foi versado no Ac. Rl. Pt. de 11.10.1999 (CIPRIANO SILVA), proc. 9910663, e que é aparente em razão da ausência de todos os requisitos necessários à admissibilidade do direito do empregador à exigência de trabalho suplementar.

[831] RABINDRANATH CAPELO DE SOUSA, *O Direito Geral de Personalidade* (1995), cit., 547.
[832] MATTIA PERSIANI, "Diritto del lavoro e autorità del punto di vista giuridico", *Contratto e impresa* 2000, n.º 3, 1274.

quilar os espaços de liberdade individual reconhecidos ao trabalhador[833], pois "a pessoa humana viva e concreta tem o primado em toda a construção do direito"[834] e a evolução do princípio da liberdade de trabalho cientifica, como entrevimos, a valorização do elemento pessoal diante do elemento estritamente patrimonial[835].

Sendo nesse contexto que os conflitos de direitos que envolvam o princípio da liberdade de trabalho e os princípios da propriedade privada e da livre iniciativa económica que subjazem à tutela da empresa hão-de lograr (re)solução, afastada que foi a visão de que o princípio da proporcionalidade é uma condição de validade dos pactos de limitação à liberdade de trabalho[836] (mas um *subsequens*, já que, enquanto *ante*, desbasta-se na ponderação abstracta de interesses condensada no juízo de prognose que preenche o interesse sério legalmente exigido para cada pacto), a disjunção que traçámos entre interesse legítimo e proporcionalidade da limitação vai assumir marcada importância ao afastar a procedência *ipso iure* de um juízo de nulidade em razão da desproporção das obrigações que dimanam do acordo: em primeira ilustração, no que se refere ao prazo convencionado, este poderá ser diminuído pelos tribunais ou, no que tange à compensação, esta poderá ser ajustada pelo julgador, já que o equilíbrio entre os sujeitos só é atingível se estiver garantido um controlo judicial dos montantes praticáveis (valor e adequação da contrapartida), à luz de um pressuposto global de justeza das obrigações convencionadas[837], que assegure a adequação da renúncia[838].

---

[833] Ainda ADALBERTO PERULLI, "Rationalité et controle des pouvoirs de l'employeur" (2006) cit., 90.

[834] MANUEL GOMES DA SILVA, *Esboço de uma Concepção Personalista do Direito* (1964), cit., 131.

[835] Assim: JORGE MIRANDA, "Liberdade de trabalho e profissão" (2006), cit., 172. Em todo o caso, como o Autor salienta em *Manual de Direito Constitucional. Direitos Fundamentais* (2012) cit., 194-5, a hierarquia de valores proposta não funciona automática e mecanicamente. Em geral, sobre esta proeminência, v. também ANTÓNIO MENEZES CORDEIRO, "Direito do Ambiente, Princípio da Prevenção, Direito à Vida e à Saúde: anotação ao acórdão do Supremo Tribunal de Justiça de 2 de Julho de 1996", ROA 1996, 682 e PEDRO PAIS DE VASCONCELOS, *Teoria Geral do Direito Civil* (2010), cit., 292.

[836] Todavia, aludindo ainda "à exigência de proporcionalidade como uma condição de validade" da cláusula de não concorrência e criticando a artificiosidade da distinção entre limites excessivos e ausência de limites, cfr. FLORENCE CANUT, "Sanction d'une clause de non concurrence excessive: vers une evolution de la jurisprudence de la Chambre sociale de la Cour de cassation?" (2012), cit., 16.

[837] Assim, em relação ao *patto di non concorrenza*, salientando a necessidade de um montante *equitativo*, *vide* ANDREA PILATI, "Sulla nullità del patto di non concorrenza per esiguità del compenso corrisposto nel corso del rapporto di lavoro", RIDL, 2000, II, 730, RAMÍREZ MARTINEZ, *Curso de Derecho del Trabajo* (2001), cit., 384 ou VANIA BRINO, "La clause de non concurrence: Italie", RDT 2007, n.º 11, 683. Entre nós: JÚLIO VIEIRA GOMES, "As Cláusulas de Não Concorrência no Direito do Trabalho" (1998), cit., 945-6 e JOANA VASCONCELOS, *A Revogação do Contrato de Trabalho* (2011), cit., 198.

[838] Ainda o excurso jurisprudencial da *Cassation* contido em FLORENCE CANUT, "Sanction d'une

Cuidando-se da garantia de um quadro materialmente ajustado à repressão de eventuais abusos emergentes de situações potencialmente marcadas por uma desigualdade material e que procura garantir que o sentido essencial da projecção volitiva dos sujeitos não é desaproveitado, a substituição dos aspectos do pacto que contrariam os vectores sistemáticos operará, salvo quando se prove que o negócio não teria sido concluído sem a parte viciada.

À semelhança do que prescreve o art. 121.º, as cláusulas viciadas são substituídas pelas normas (*lato sensu*) que estavam a ser violadas[839] (*tamquam non esset*), implicando-se, *in casu*, um juízo jurisprudencial que, garantindo a aplicação do princípio da proporcionalidade, garanta a justa medida da limitação à liberdade de trabalho[840].

Assim, se este enquadramento é ainda um corolário da extensão aos acordos que coenvolvem o bem trabalho da injecção de direitos fundamentais na situação laboral subjacente e se acomoda ao prisma de que primeiro se põe o tema da existência de um interesse legítimo e só depois se afere da proporcionalidade, a suscitação de uma garantia efectiva do sinalagma permite disromper o juízo de adequação que o intérprete-aplicador desenvolve nesta seara daquele que empreende no âmbito de um negócio jurídico estritamente civilístico: embora "(o)s princípios da equivalência e da proporcionalidade inspiram os sistemas jurídicos no seu todo" e se resolvam "segundo meios institucionais variáveis"[841], a desproporção entre as prestações que se manifeste no âmbito de um contrato oneroso previsto no Código Civil não implicará, abolido que foi o instituto da lesão enorme e com excepção dos vícios consagrados que combinam elementos subjectivos e objectivos (*v.g.* usura[842]), qualquer juízo de desvalor, ante a des-

---

clause de non concurrence excessive: vers une evolution de la jurisprudence de la Chambre sociale de la Cour de cassation?" (2012), cit., 16.

[839] Falando, com referência ao art. 121.º do CT2009, de uma "técnica de substituição automática das cláusulas inválidas pelas normas invalidantes", v. João Leal Amado, *Contrato de Trabalho* (2009), cit., 181.

[840] Cfr. Nevado Fernández, *Las restricciones a la competencia en el contrato de trabajo*, Tecnos, Madrid, 1998, 30 e Natacha Gavalda, "Les critères de validité des clauses de non-concurrence en droit du travail", DS 1999, n.º 6, 584. Na jurisprudência nacional, exemplificativamente: Ac. Rl. Lx. de 30.10.2002 (Ferreira Marques), proc. n.º 49294, aludindo-se à necessidade de que o "juiz faça um juízo sobre o equilíbrio das obrigações assumidas".

[841] As palavras são de Carlos Ferreira de Almeida, *Texto e enunciado na teoria do negócio jurídico* (1992), cit., 528.

[842] No âmbito do art. 282.º do CC, como fazia notar Manuel de Andrade, *Teoria Geral da Relação Jurídica. Vol. II* (1966), cit., 27, por um lado, tem de haver benefícios manifestamente excessivos ou injustificados, isto é, tem de haver uma desproporção entre as prestações, que, segundo todas as circunstâncias, ultrapasse os limites do que pode ter alguma justificação, com o critério do dobro

necessidade de uma relação de equivalência entre a prestação e a contraprestação, mau grado o princípio da proporcionalidade, na vertente de proibição do excesso, aparecer *ex ante* como "limite à limitação" desmesurada da liberdade pessoal ou económica das partes através de *cláusulas amordaçantes*[843].

Ora, se no âmbito de um acordo que envolve directamente a liberdade de trabalho é mister controlar a adequação entre o sacrifício assumido pelo trabalhador e a prestação prevista para o empregador, a convocação deste papel jurisprudencial não se deve tanto à recuperação dos princípios subjacentes ao instituto da lesão enorme – designadamente: justiça comutativa[844] e equilíbrio obrigacional[845] –, quanto à socialização *in extenso* do acordo de limitação à liberdade de trabalho e aos princípios que conformam a renúncia a direitos fundamentais.

---

do valor a parecer ser o limiar a partir de cuja ultrapassagem se vai averiguar a existência das demais circunstâncias objectivas e dos requisitos subjectivos da usura. Por outro lado, devem igualmente verificar-se requisitos subjectivos, a saber: a exploração e uma situação de necessidade, inexperiência, ligeireza, dependência, estado mental ou fraqueza de carácter. Conforme salienta CARLOS A. MOTA PINTO, *Teoria Geral de Direito Civil* (1992), cit., 533-4, embora abolido o instituto da lesão enorme, "o legislador concede sob a designação de usura, alguma relevância ao velho instituto da lesão, não sancionando um critério puramente objectivo". Ainda PEDRO EIRÓ, *Do negócio usurário*, Almedina, Coimbra, 1990, 15, assinalando que "a lesão, como vício do negócio, só é relevante em sede de negócio usurário".

[843] Bem o notou JOÃO BAPTISTA MACHADO, "Do princípio da liberdade contratual – Anotação: Acórdão de 7 de Dezembro de 1983", *Obra dispersa*, vol. I, SI, Braga, 1991, 644, ao relevar que a proibição do excesso "não pode deixar de repercutir-se também na invalidade de cláusulas de renúncia a faculdades que o direito reconhece justamente para evitar que alguns dos contraentes fique sujeito a sacrifícios irrazoáveis ou inexigíveis".

[844] Como fazia notar INOCÊNCIO GALVÃO TELLES, "Aspectos comuns aos vários contratos", RFDUL 1950, vol. VII, 244, em reacção à época de liberalismo individualista, o "contrato, transformado transitoriamente em arena de egoísmos, tinha de voltar a ser o que sempre fora – a sede da justiça comutativa".

[845] Assim, por exemplo, PHILIPPE MALINVAUD, *Droit des obligations* (2007), cit., 205-7, embora seja estreita a margem de intervenção no ordenamento francês para assegurar a equivalência entre prestações ou, no ordenamento transalpino, sobre a *rescissione per lesione* à luz do art. 1448 do *Codice Civile (lesione ultra dimidium)*, onde "a iniquidade diminui a liberdade contratual", v. LUIGI VIOLA, *Studi monografici di diritto civile. Percorsi ragionati sulle problematiche di maggiore attualità*, Halley Editrice, Matelica, 2007, 241-2. No ordenamento alemão, a lesão reconduz-se basicamente à figura da usura (*Wucher*), exigindo-se, à luz do §138 BGB, como faz notar DETLEF LEENEN, *BGB Allgemeiner Teil: Rechtsgeschäftslehre*, Walter de Gruyter, Berlim, 2011, 208-210, a verificação de requisitos objectivos (benefícios excessivos ou injustificados) e requisitos subjectivos (exploração de uma situação de necessidade, inexperiência, ligeireza, dependência, estado mental ou fraqueza de carácter de outrem).

Para lá da função modeladora do princípio da proporcionalidade quanto ao afastamento de desequilíbrios, é sobretudo a dimensão renunciativa da vontade projectada pelo trabalhador no acordo que vai ditar que o enfraquecimento do princípio da liberdade de trabalho resultante do pacto não vai além do que é constitucionalmente admissível, face aos limites a que o princípio da liberdade e a disponibilidade de direitos fundamentais estão sujeitos e cuja contenção na estrita medida do necessário para a garantia dos interesses empresariais se impõe.

Sem perder de vista o princípio da igualdade e uma comparação dirigida ao exterior do pacto, a medida da proporcionalidade está na situação de cada trabalhador em concreto, obrigando a uma individualização da análise[846], que se baseia na proposição de que os acordos, comummente inseridos na paleta de instrumentos destinados a uma tutela da empresa[847], contêm *ab origine* um limite intrínseco, que conforma a sua execução: os interesses da empresa nunca podem ultrapassar o objectivo pretendido, contendo-se no estritamente necessário para assegurar a vulneração mínima ao princípio da liberdade de trabalho[848], análise que, fazendo convocar o teste da proibição do excesso[849], não é, contudo, uniforme em relação aos diferentes pactos. Não o é, em razão dos pressupostos que justificam a respectiva consagração ou em função dos interesses que visam satisfazer.

No caso dos pactos de não concorrência – que funcionam geralmente como exemplo arquetípico da expressividade do princípio da proporcionalidade e do juízo prudencial que é postulado[850] –, a permeação da análise do julgador a pulsões periféricas, muito ligadas à situação que envolve concretamente o trabalhador, é bastante mais acentuada, uma vez que o direito ao trabalho se encontra ameaçado com outra intensidade: por contraste com os pactos de permanência ou de exclusividade, a Pessoa não tem quaisquer garantias de ocupação laboral, justificando-se que, nesse âmbito, se incorporem no modelo de decisão suscitado pelo problema em presença factores exógenos à situação laboral pregressa.

---

[846] RAYMONDE VATINET, "Les principes mis en oeuvre par la jurisprudence relative aux clauses de non-concurrence en droit du travail" (1998), cit., 534.
[847] ENRICO BARRACO, "Il diritto del lavoro a tutela delle imprese: le clausole di fidelizzazione", LG 2006, n.º 4, 313-8.
[848] CHRISTIAN SAID, "Réflexions sur les garanties concrètes des droit fondamentaux au travail" (2001), cit., 95 e ISABELLE CORNESSE, *La proportionnalite en droit du travail* (2001), cit., 133-4.
[849] É aliás vulgar a utilização do "princípio da proibição do excesso" em lugar do "princípio da proporcionalidade"; ante uma perspectiva de limite à limitação e face à autonomia que titula a disposição, JORGE REIS NOVAIS, "Renúncia a direitos fundamentais" (1998), cit., 333, prefere-a.
[850] Assim: ISABELLE CORNESSE, *La proportionnalite en droit du travail* (2001), cit., 140.

Não se trata, contudo, da utilização de metaponderações alheias às fórmulas juslaborais, dado que apenas se embutem referências que viabilizam a justeza da proposição material em garantir que a liberdade de trabalho e profissão e o direito ao trabalho, por força do cumprimento do acordo, não ficam irremediavelmente afectados, utilizando-se, para tanto, tópicos substanciais que viabilizam o encontro de uma situação justa e que exorbitam de uma análise abstractizante.

Por isso, e uma vez que é nos pactos de não concorrência que o princípio da proporcionalidade, em razão dos pressupostos legais e do alcance da limitação assumível pelo trabalhador, é desfibrável com maior nitidez, cabe, em primeiro lugar, fazer uma avaliação sobre o risco efectivo, para os interesses do empregador, em o trabalhador utilizar os conhecimentos adquiridos *cursus contractum* para desenvolver actividade(s) que se justaponham concorrencialmente à(s) actividade prosseguida(s) pelo anterior empregador, e conquanto este apresente, nas palavras de DEBORAH LOCKTON[851], um direito de propriedade digno de protecção (*some proprietary right to protect*).

Aqui, em rigor, trata-se de legitimar a convenção de uma obrigação de não concorrência, verificando se esta se mostra apta a tutelar interesses da empresa[852], sem que, contudo, e ao arrepio dos pressupostos legais, se irrompa por juízos de oportunidade[853], uma vez que bastará a prova dos factos que suportam o juízo de verosimilhança acerca da ocorrência futura de um facto gerador de dano para que o pacto seja considerado apto à tutela dos interesses empresariais em causa, radicando aí o interesse legítimo que lhe empresta atendibilidade sistemática[854].

Depois de verificada essa aptidão de um pacto de não concorrência, deve proceder-se a um recorte dos interesses que concretamente o empregador intenta proteger.

Conhecendo-se a disseminação de cláusulas em que o "trabalhador se compromete a não prestar os seus serviços profissionais, por conta própria ou de outrem, directa e indirectamente, a entidades que sejam concorrentes da pri-

---

[851] DEBORAH LOCKTON, *Employment Law* (2003), cit., 351.
[852] Sobre este primeiro estádio, cfr. NATACHA GAVALDA, "Les critères de validité des clauses de non-concurrence en droit du travail" (1999), cit., 587. Fazendo apelo a este percurso: Ac. Rl. Lx. de 16.03.11 (ALBERTINA PEREIRA), proc. n.º 5227/07.1TTLSB.L1-4.
[853] Ainda ISABELLE CORNESSE, *La proportionnalite en droit du travail* (2001), cit., 484-5.
[854] Em geral, e em relação ao princípio da idoneidade, aptidão ou adequação, como faz notar JORGE REIS NOVAIS, *As Restrições aos Direitos Fundamentais não Expressamente Autorizadas pela Constituição* (2003), cit., 736, não se implica uma "avaliação substancial da bondade intrínseca ou da oportunidade da medida restritiva", mas apenas a "aptidão objectiva ou formal de um meio para realizar um fim".

meira contratante ou a entidades fornecedoras desta última, durante um prazo X a contar da cessação do contrato de trabalho", neste plano, não se cuida tanto da extensão das conveniências do empregador, quanto dos factores que efectivamente concorrem para vedar a actuação concorrencial do trabalhador (protecção de informações relativas a quotas de mercado e/ou a fornecedores, saberes sobre técnicas de fabrico/comercialização, conhecimentos sobre clientes, *etc.*).

Trata-se do *círculo de elementos* que entretece a obrigação de não concorrência, com vista a eleger o meio idóneo de circunscrição das áreas em que o trabalhador não vai poder actuar (adequação), indagando-se, outrossim, se uma cláusula de confidencialidade ou de sigilo não logra salvaguardar os interesses dos empregador, embora, por um lado, a nitidez desta tarefa possa esbarrar com o facto de ser dificilmente isolável o conjunto de informações obtidas pelo trabalhador do exercício da experiência profissional acumulada – pelo que as dificuldades que o empregador, perante um caso de eventual incumprimento, terá em fazer prova de que a cláusula de não confidencialidade foi violada podem preditar a adequação de uma cláusula de não concorrência, vistas e ponderadas as consequências de uma cláusula de confidencialidade[855] – e, por outro, não se

---

[855] Salientando as margens de insegurança inerentes a uma cláusula de confidencialidade como o factor que tem contribuído para a difusão de cláusulas de não concorrência no Reino Unido, v. STEVEN ANDERMAN, "La clause de non concurrence: Royaume-Uni" (2007), cit., 675-6. O grande problema que se coloca em relação à informação obtida pelo trabalhador diz respeito à sua classificação e à delimitação da origem. Se, por um lado, nem sempre é nítida a fronteira entre métodos específicos de organização e segredos de negócio, por outro, de forma justaponível, é também plástica a distinção entre conhecimento objectivo – como os segredos de negócio e listas de clientes, que são propriedade do empregador – e conhecimento subjectivo, como aquele que diz respeito a conhecimentos adquiridos pelo trabalhador e que atinam com a forma como o trabalhador domina, de forma genérica, as técnicas c o modo de funcionamento daquele sector de actividade e com o leque de competências organizacionais que foi adquirindo, bem como com o eventual conjunto de clientes que, em razão das suas competências pessoais, foi atraindo. Assim, se no caso *Herbert Morris Ltd v Saxelby* (supra) se considerou ininvocável uma cláusula de não concorrência por parte do empregador pelo facto de as competências técnicas e os conhecimentos utilizados serem pertença do trabalhador, já no caso *SBJ Stephenson Ltd v Mandy* [2000], IRLR 233, foi considerada atendível uma cláusula que proibia o trabalhador de divulgar qualquer informação relacionada com a actividade comercial do seu antigo empregador: o tribunal entendeu que a identidade dos clientes, os preços praticados, as datas de distribuição e fornecimento, os dados do mercado e os esquemas contratualmente praticados compunham o conceito de conhecimento objectivo, justificando-se *de pleno* a sua protecção. Fê-lo, contudo, sem deixar de considerar que o antigo empregador se devia mostrar apto a identificar a informação que no momento da apreciação judicial justificaria a restrição imposta à liberdade de trabalho. No Reino Unido, tratando-se de segredos de negócio (exemplo: fórmula de fabrico, processos químicos), essa informação é insusceptível de utilização ou de divulgação por parte do trabalhador, a menos que exista um interesse público manifesto na sua divulgação [cfr.

deva perder de vista que o trabalhador pode preferir a assunção de uma obrigação de não concorrência a uma obrigação de confidencialidade, em razão da contrapartida que aquela traz necessariamente implicada.

Por último, e porque o núcleo essencial da liberdade de trabalho tem de ficar verdadeiramente salvaguardado, a justa medida da obrigação assumida intima o intérprete-aplicador a considerar a necessidade de limites de tempo, espaço e de actividade (justa medida)[856].

SMITH & KEENAN'S, *English law: text and cases*, (15.ª ed.), Pearson Education Limited, Essex, 2007, 375 e 798], presumindo-se mesmo que a ausência de reserva quanto a essa informação é susceptível de causar um dano real e significativo ao empregador, conforme se entendeu em *Lansing Linde ltd v Kerr* [1991] IRLR 80. Ainda assim, o empregador pode querer proteger um segredo de negócio que, na falta de convenção, não receberia os mecanismos de protecção e a cobertura temporal que uma cláusula de não concorrência oferece: no caso *Forster & Sons Ltd v Sugget* [1918], descrito por NORMAN SELWYN, *Law of Employment* (2008), cit., 488, um engenheiro, que havia tomado contacto com processos reservados de fabrico de vidro, concordou, por via de uma cláusula de não concorrência, em não divulgar qualquer informação relativa ao processo de fabrico, bem como em não trabalhar nessa área no Reino Unido nos cinco anos subsequentes à cessação do contrato de trabalho. A cláusula foi julgada justificada e razoável pelos tribunais, o mesmo havendo sucedido no caso *Thomas Marshall Ltd v Guinle* [1979] IRLR 174, com o tribunal a considerar procedente a injunção requerida pelo empregador contra o início de actividade de um antigo trabalhador, cinco anos após a cessação do contrato, que havia acordado em não revelar ou utilizar informação relativa a negócios e a contactar clientes do antigo empregador nos 10 anos subsequentes à cessação da relação laboral. Neste tipo de situações, em adição ou como alternativa à injunção, o ex-empregador tem ainda como opção a *search order*, que lhe conferirá permissão para fazer buscas a casa do (ex)trabalhador, com vista à eliminação de documentos que tenham informação que este haja obtido em transgressão dos seus deveres laborais. Este instrumento, que configura uma espécie de "buscas cautelares", postula a verificação de três pressupostos: (i) que haja fortes aparências de que o requerente terá razão numa acção principal, (ii) que o actual ou potencial dano seja bastante sério e (ii) que haja evidências sérias de que o (ex)trabalhador tem em sua posse material com relevância criminal – cfr. *Lock International plc v Beswick* [1989], IRLR 481. Em todo o caso, embora se tenda a confinar a informação protegível por uma cláusula de não concorrência aos segredos de negócio – procedendo a esta restrição, veja-se, por exemplo, GIUSEPPE PERA & MARCO PAPALEONI, *Diritto del Lavoro* (2003), cit., 527, afirmando-se, não obstante a tutela criminal prevista no art. 623 do Código Penal para estas situações, que "tem de se tratar de segredos industriais, cuja divulgação desprotege a empresa no plano concorrencial" –, não há razão para desprover de validade a auto-regulação forjada pelos sujeitos quanto à não utilização de informação que não seja qualificável como segredo de negócios ou segredo industrial, conquanto aquela se imposte no conceito de concorrência diferencial.

[856] Neste sentido, ANTOINE MAZEAUD, *Droit du Travail*, Montchrestien, Paris, 1998, 247-8, CHRISTOPHE RADÉ, *Droit du Travail* (2002), cit., 35, e, à luz do *the covenant affords adequate, and no more than adequate protection to the covenantee*, TARA BRILL-VENKATASAMY, «La clause de non-concurrence en droit du travail: comparaison des droits anglais et français», RIDC 1998, n.º 1, 148-9. Sendo o princípio da liberdade de trabalho filiável no conceito de ordem pública, trata-se de fazer uso do conceito norte-americano *negative clearing-test*, no sentido em que os acordos de limitação à liberdade

Exigir-se-á mesmo que ao trabalhador fique assegurada a possibilidade de exercer uma actividade laboral que lhe garanta um ganho idóneo às suas exigências de vida e assegure as necessidades de sustento da sua família[857] (a denominada margem de actividade laboral"[858]), avaliação circunstanciada que, pelas razões que a predeterminam, e face à envergadura das necessidades alimentares que podem ditar uma redução do alcance da obrigação pregressamente assumida, não poderá desmerecer o valor da contrapartida atribuída em razão da conduta abstensiva que aquela implica, impondo-se, ainda, na indagação da medida da *obrigação*, um especial atendimento *(i)* aos níveis de capacidade profissional do trabalhador e *(ii)* às margens relativas uma eventual requalificação que permitam a assunção de uma ocupação laborativa diversa[859].

Auxiliarmente, dever-se-á atender a factores aparentemente acidentais, como a idade do trabalhador ou a sua situação familiar[860], dado que tanto o avanço da idade como a medida das suas responsabilidades parentais, individual ou conjugadamente, podem colocar o trabalhador numa situação socialmente penosa, à qual a socialidade que inspira o Direito do trabalho não pode ser indiferente[861].

---

de trabalho estão limitados pela proibição do excesso: MICHAEL J. TREBILCOCK, *The Common Law of Restraint of Trade: A Legal and Economic Analysis* (1986), cit., 70 e ROGER LEROY MILLER/GAYLORD A. LENTZ, *Fundamentals of Business Law: Excerpted Cases* (3.ª ed.), South Western, Mason, 2012, 178-9.

[857] A jurisprudência francesa é extremamente restritiva na indagação do alcance da *clause de non-concurrence*, impedindo que esta, face à qualificação profissional do trabalhador, desemboque numa efectiva impossibilidade de o trabalhador exercer o seu direito ao trabalho. Isto, independentemente da modalidade de cessação do contrato de trabalho – JEAN PÉLISSIER/ALAIN SUPIOT/ANTOINE JEAMMAUD, *Droit du Travail* (2000), cit., 290.

[858] Sobre a "margine di attività lavorativa", cfr. Tribunale Lecco, 21.03.1988, OGL, 1988, 1066, Cass. 02.05.2000, n.º 5477, ROBERTO TRIOLA, *Codice Civile* (2002), cit., 1697 e, mais recentemente, Cass. 04.04.2006 n.º 7835, LG 2006, 1016 e GIAMPERO FALASCA *Manuale di Diritto del Lavoro* (2011), cit., 169.

[859] FRANCESCO PAOLO ROSSI, *Nozioni di Diritto Europeo del Lavoro* (2.ª ed.), Cedam, Milão, 2000, 235, YVES SERRA, "Tsunami sur la clause de non-concurrence en droit du travail" (2002), cit., 2497-8, GIUSEPPE PERA & MARCO PAPALEONI, *Diritto del Lavoro* (2003), cit., 526 e GIAMPERO FALASCA, *Manuale di Diritto del Lavoro* (2011), cit., 169.

[860] LUISA GALANTINO, *Diritto del Lavoro* (1995), cit., 393 e NATACHA GAVALDA, "Les critères de validité des clauses de non-concurrence en droit du travail" (1999), cit., 589-590. No caso *Greer v. Sketchley Ltd* [1979], conforme faz notar DEBORAH J. LOCKTON, *Employment Law* (2003), cit., 354, e ainda mais salientemente na contenda *Fellowes & Son v. Fisher* [1976], atendeu-se mesmo à densidade populacional da área coberta pela interdição laboral para se julgar inválida (*void*) uma obrigação de não concorrência, em razão de um invocado atropelo ao princípio da proporcionalidade (*principle of reasonableness*).

[861] Sobre esta inspiração genérica: MONTOYA MELGAR, "Sobre el derecho del trabajo y su ciência",

Com efeito, uma vez que o avanço da idade suscita noutras áreas, e em latitudes diversas, medidas positivas de empregabilidade, e sem que se perca de vista a complexidade dos sistemas sociais hodiernos e a génese histórica do direito ao trabalho, as consequências fluentes da situação em que o trabalhador queda com a execução formal do vínculo são recebidas no âmbito jusnormativo, possibilitando-se, através de postulados dados como prévios, a construção de um canal juscientífico que garante a possibilidade de uma ocupação laboral, em tradução concreta do direito ao trabalho e na substancialização efectiva de que se topa com uma disciplina que, adaptando-se "às variações económico-sociais, mantém intacta a sua função de instrumento de justiça social"[862].

Estendendo-se a pesquisa às dimensões materiais da situação específica que envolve o trabalhador e utilizando-se proposições jurídicas de complexidade jurídica acrescida que vão operar em simultâneo com a articulação de vários conceitos, busca-se, na essência, e porque o Direito é um momento concreto (*quid sit iuris*), os valores e pontos de vista necessários ao preenchimento do apelo feito pela essencialidade da liberdade de trabalho e profissão.

Por isso, e sob este ângulo, justificar-se-á que, pela desproporção verificada *in concreto*, o pacto possa ser julgado nulo.

Contudo, se este juízo só opera em última instância – pois a redução intervirá *in primis* –, a valoração de aspectos como a idade do trabalhador ou a sua situação familiar é essencial, implicando-se uma concretude analítica que, comportando uma justificação no plano das consequências específicas, não deve ignorar o recurso ao sistema e a susceptibilidade de generalizações, embora perante pactos de não concorrência com objecto e regime contratual similares se mostre possível, em função da irredutibilidade da situação que envolve o cidadão-trabalhador, a formulação de juízos de (in)validade dissemelhantes[863].

Funciones y fines del derecho: homenage al profesor Mariano Hurtado Bautista, Universidade de Murcia, Murcia, 1992, 213-227, MATTHIAS RUFFERT, *Vorrang der Verfassung und Eigenständigkeit des Privatrechts* (2001), cit., 264-5, e, no concreto, com referência ao atendimento dos factores assinalados: YVES SERRA, "Tsunami sur la clause de non-concurrence en droit du travail" (2002), cit., 2498.

[862] Cfr. UMBERTO ROMAGNOLI, "Il diritto del lavoro tra Stato e mercato", RTDPC 2005, n.º 2, 56 e ss..

[863] É esse o enquadramento seguido por NORMAN SELWYN, *Law of Employment,* (2008), cit., 484, com a jurisprudência anglo-saxónica a sortir-se da idade do trabalhador e das competências que este traz consigo para aferir da necessidade de o trabalhador praticar e exercitar o seu talento e as suas competências, por forma a que não fique definitivamente arredado do mercado de trabalho ou, mais genericamente, por forma a que a sua concreta liberdade de trabalho, e com ela o direito ao trabalho, não fiquem historicamente comprometidos.

Capítulo II
Pactos com Projecção no Decurso do Contrato de Trabalho

SECÇÃO I – Permanência

I. Estabilidade do contrato de trabalho

a) Refluxo

1. A liberdade de desvinculação do trabalhador encontra as suas origens no conceito de *trabalho livre* surgido com a revolução burguesa. Mas, com o contrato de trabalho a não receber tratamento axiologicamente autónomo na codificação oitocentista[864] – eram apenas dois os artigos que, em projecção da figura histórico-romana da *locatio conductio*, se ocupavam no Código napoleónico da "locação de criados e trabalhadores"[865] –, o princípio da força obrigatória dos contratos implicou, durante longo período, a insusceptibilidade de desvinculação livre do trabalhador no âmbito dos contratos de trabalho com duração determinada, face à perspectivação abstractizante da actividade laboral e à sua separação da pessoa do trabalhador.

A vontade dos sujeitos e a estabilidade dos contratos fortemente exaltadas no *Code Civil* cunharam a regulação surgida em Portugal, conhecendo impor-

---

[864] Assim: José João Abrantes, "Do Direito Civil ao Direito do Trabalho. Do Liberalismo aos nossos dias" (1995), cit., 17-38.
[865] António Menezes Cordeiro, "Direito do Trabalho e Cidadania" (2001), cit., 32, alude à observação dos críticos do centenário do *Code* de que, por contraste, a locação de animais havia merecido 30 artigos por parte do legislador napoleónico.

tantes irradiações[866]: buscava-se, a partir da proibição de relações perpétuas, garantir a temporalidade das relações de trabalho e agilizar a desvinculação das relações laborais nos contratos sem tempo determinado[867].

Assim, toda e qualquer forma de dissolução de um contrato era admitida de forma circunscrita, extraindo-se do princípio da *força vinculativa* (art. 1134 do *Code Civil*) os sub-princípios da intangibilidade e da irrevogabilidade, *qua tale* também corolários de um outro princípio: a estabilidade contratual[868], que arranca(va) da premissa de que o que foi contratado pelos sujeitos é justo (= o contrato é o que as partes quiserem, tal é o preço da estabilidade do comércio jurídico)[869], perspectiva que, nesse período, apenas em 1890 logrou alcance quanto à protecção do operariado de rupturas abusivas e num sector de actividade circunscrito[870].

---

[866] Assim, também o Código Civil italiano de 1865 foi fortemente influenciado pelo *Code Civil*. Exemplo claro da perdurabilidade do esforço codificador surgido no século XIX, o Código de 1804 conserva, dos seus 2.284 artigos, mais de 1200 sem reforma, sendo os mais modificados os referentes ao Direito das pessoas e da família.

[867] Salientemente: a Lei do 22-Germinal XI (12.05.1803), relativa às manufacturas, que proibia a vinculação dos operários por mais do que um ano e que, para muitos, com paradoxo, representou também uma tentativa repristinatória do regime feudal então extinto: MICHAEL P. FITZSIMMONS, "The Debate on Guilds under Napoleon" (2008), cit., 128-9. Situando-se na revolução francesa e na codificação subsequente a aportação do jusnaturalismo ao Direito civil – com o individualismo a invadir todos os sectores da vida e com a perspectiva, na pena de RÁMON BONET, "Las instituciones civiles", RDP 1953, n.º 1, 1953, 205, de que "a revolução francesa e o Código de Napoleão deram à liberdade individual um valor considerável, sendo a propriedade privada a sua garantia e a sua caução" –, a autonomia privada, configurando-se como a verificação jurídica da medida do poder que o ordenamento estatal deixa a descoberto para que os particulares desenvolvam a sua actividade, significa(va) não só a possibilidade de dar origem a uma relação jurídica, como também a possibilidade de a modificar ou extinguir. Mas esta modificação ou extinção, por força da perspectiva de que os sujeitos têm o arbítrio de deixar de ser livres quando acordam vincular-se, postulava, por princípio, a intervenção de ambos os sujeitos. Com efeito, o pensamento moderno--iluminista, fortemente marcado pela preocupação com o cumprimento dos contratos, hiperbolizou a estabilidade contratual, procurando fortalecer os desígnios da burguesia em ascensão: a ética da autonomia fornecida por Kant à renovação da ciência jurídica em 1800 deu origem a um direito privado concebido como um sistema de esferas de liberdade, em que, para lá da capacidade jurídica plena e igual de todos os cidadãos, avultavam o livre uso da propriedade e a liberdade contratual, numa concepção em que o contrato surge como uma ligação intersubjectiva estreita entre sujeitos autónomos para livremente regularem a sua *vinculação*. Cfr. VERONIQUE RANOUIL, *L'autonomie de la volonté. Naissance et évolution d'un concept*, PUF, Paris, 1980, 55.

[868] JACQUES FLOUR & JEAN-LUC AUBERT, *Droit Civi – Tome I* (8.ª éd.), Armand Colin, Paris, 1998, 281.

[869] Ainda: DENIS MAZEAUD, *La notion de clause pénale*, LGDJ, Paris, 1992, 84 e ss..

[870] Assim, JACQUES LE GOFF, *Du silence à la parole* (2004), cit., 166. Cuida-se da lei sobre a relação

Ultrapassando-se o conceito de Fouillé ("quem diz contratual diz justo") e reconhecendo-se a necessidade de as relações entre capital e trabalho não serem abandonadas ao livre jogo da vontade, o princípio da força obrigatória do contrato, um dos *eixos políticos* do Código napoleónico[871], deixou de ser entendível *ne varietur* – acolhendo-se pacificamente a aplicação da teoria da imprevisão no Direito civil[872], a redução de cláusulas penais ou a fraude à lei e abandonando-se a associação do unilateralismo como forma de pôr termo a um vínculo à ideia de justiça privada[873] –, e o contrato de trabalho, tendo uma "eficácia axiológica própria"[874], não é tratável como qualquer contrato obrigacional, radicando aí uma das mais importantes conquistas civilizacionais do século XX[875].

Com efeito, o modelo individualista em que se escorou o Estado demo-liberal, que ignorava o carácter eminentemente social do homem, e que se bastava com a aplicação das coordenadas civilísticas, declinou perante o reconhecimento da "incapacidade do Direito civil para apreender a noção de subordinação de uma pessoa à outra"[876] e com a emergência do Estado Social de Direito[877].

Nestes termos, se, por extensão, também o Direito dos contratos perdeu a rigidez de outrora e procura adaptar-se às exigências económicas e sociais contemporâneas – sirva de exemplo o Direito dos consumidores, que estrema a autonomia privada, em razão da tutela do contraente que se presume mais

---

assalariada dos agentes de caminho de ferro com as companhias, em que pioneiramente se prescreve que a ruptura do contrato só pode ocorrer em caso de incumprimento.

[871] Assim: Xavier Martin, "Fondements politiques du Code Napoleón", RTDC 2003, n.º 2, 247, salientando (i) o individualismo, (ii) o liberalismo, (iii) o voluntarismo, (iv) a propriedade individual c (v) a força vinculativa dos contratos (247-264).

[872] Foi com a Lei *Faillot*, de 21.01.1918, que o Estado admitiu a necessidade de modificação de contratos de longa duração celebrados antes da Grande Guerra. Cfr. Ewoud Hondius & Hans Christoph Grigoleit, *Unexpected Circumstances in European Contract Law*, Cambridge University Press, Cambridge, 2011, 146.

[873] Ver Catherine Thibierge-Guelfucci, "Libres propos sur la transformation du droit des contrats", R.T.D. civ., 1997, n.º 2, 375-6.

[874] A expressão é de Roberto Pessi, "L'efficacite du droit du travail et l'autonomie privee collective", *Valutare il diritto del lavoro-Evaluer le droit du travail-Evaluate labour law*, 2010, Cedam, Milão, 28 (26-46).

[875] Pietro Lambertucci, *Diritto del Lavoro* (Dizionario del Diritto Privato), Giuffré, Milão, 2010, 421.

[876] Ainda Alain Supiot, "Porquoi un droit du travail?", DS 1990, n.º 6, 488.

[877] António Manuel Hespanha, *Caleidoscópio do Direito – o Direito e a Justiça nos Dias e no Mundo de Hoje* (2.ª ed.), Almedina, Coimbra, 2009, 578.

débil[878], num fenómeno de *moralização* do contrato[879] igualmente vislumbrável nos contratos comummente conhecidos como de adesão[880] –, a regulação sobre o serviço assalariado do *Code Civil*, cortando cerce com o espírito da servidão, estabelecia a nulidade dos contratos perpétuos (art. 1780)[881], moldando o carácter necessariamente temporário dos serviços doméstico e assalariado previstos no Código de Seabra[882], que antecedeu a Lei n.º 1952, de 10.03.1937[883] e que encontrou paralelo no art. 1628 do Código Civil italiano de 1865[884].

Estabelecendo-se no art. 1371.º do Código Civil de 1867 a nulidade dos contratos de serviço doméstico – que podiam ser à jornada, à semana, à época ou ao ano –, previa-se a possibilidade de rescisão a todo o tempo por parte dos sujeitos, associando-se essa possibilidade à consagração de um limite razoável e justificado para impedir a constituição de relações servis[885], disposição que quadrava com a estabilização entrevista no art. 1394.º, sempre que o contrato de "serviço assalariado" fosse por tempo determinado: nem o servido nem o serviçal podiam pôr termo ao contrato sem que, para tanto, houvesse justa causa[886].

---

[878] Como bem salienta Luigi Mengoni, "Autonomia privata e costituzione", BBTC 1997, v. 50, n.º 1, 1-11, que coloca, face à Constituição italiana, em planos idênticos o Direito do trabalho e o Direito dos consumidores, ante o sentido teleologicamente ordenador dos dois ramos do direito.

[879] A expressão é de João Baptista Machado, "A Cláusula do Razoável" (1991), cit., 516.

[880] Manuel Carneiro da Frada, "A ordem pública no domínio dos contratos" (2009), cit., 266.

[881] Jean-Pierre Le Crom, "La liberté du travail en droit français. Essai sur l'évolution d'une notion à usages multiples" (2006), cit., 5, fala numa "reacção contra a ligação perpétua de vassalagem", atribuindo ao preceito uma "tonalidade anti-feudal". Criticamente, porém, e ante a falta de reconhecimento de um direito de desvinculação por parte do trabalhador no âmbito de contratos com duração determinada, Jean Savatier "La *liberté dans le travail*" (1990), cit., 49, salienta ironicamente que "*la première liberté du travailleur c'est de pouvoir* se soustraire à l'autorité de son employeur".

[882] Respectivamente, os arts. 1371.º e 1391.º. Sobre esta regulação, cfr. Cunha Gonçalves, *Tratado de Direito Civil – em comentário ao Código Civil Português*, Vol. IV, Coimbra Editora, Coimbra, 1932, 486 e ss., Raúl Ventura, "Extinção das relações jurídicas de trabalho" (1950), cit., 287, 216-8 e Maria da Conceição Tavares da Silva, *Direito do Trabalho* (copiogr.), Lisboa, 1964-65, 329 e ss. Assinalando a forte influência do Código napoleónico sobre o Código de Seabra, v. ainda Franz Wieacker, *História do Direito Privado Moderno* (2004), cit., 394.

[883] Este é o primeiro instrumento legal que se ocupou do tratamento regulativo do contrato de trabalho com algum desenvolvimento, a que se seguiram o Decreto-Lei n.º 47032, de 27.05.1966 e o Decreto-Lei 49408, de 24.11.1969, conhecido como a LCT.

[884] Cfr. Umberto Romagnoli & Giorgio Ghezzi, *Il rapporto di lavoro* (3.ª ed.), Zanichelli, Bolonha, 1995, 30.

[885] Cfr. José Dias Ferreira, *Código Civil portuguez annotado*, Vol. III, Imprensa Nacional, Lisboa, 1872, 292, que, porém, considerava a disposição inaplicável a contratos que envolvessem outros profissionais, avançando com o exemplo dos médicos.

[886] Ainda José Dias Ferreira, *Código Civil portuguez annotado*, Vol. III (1872), cit., 399 e Cunha

Este enquadramento, que prejudicou os esforços de elaboração dogmática acerca da denúncia do contrato de trabalho por parte do trabalhador e que em semelhança com as Ordenações Filipinas propendia para um favorecimento do empregador no plano probatório[887], dificultou igualmente a construção dos pilares legais relativos ao reconhecimento de que o contrato de trabalho só existe se e enquanto o trabalhador quiser, dificuldades bem patentes no plano terminológico ao longo de décadas, uma vez que só com o CT2003 se associou a desvinculação *ad nutum* promovida pelo trabalhador à utilização do vocábulo denúncia[888], reconhecendo-se aí, embora com as adaptações impostas pelas coordenadas sistémicas da área laboral, o préstimo da experimentada evolução histórica do Direito civil[889].

Pela mesma razão que o trabalhador compromete e sacrifica a sua liberdade pessoal de actividade com o contrato de trabalho, a expressão do seu consentimento quanto a esse sacrifício não se esgota ao tempo da cessação do contrato, implicando-se a sua presença no decurso da execução do vínculo. De contrário,

---

GONÇALVES, *Tratado de Direito Civil – em comentário ao Código Civil Português*, Vol. IV (1932), cit., 488 e ss..

[887] Em disposição pouco salientada, o art. 1387.º do Código de 1867 estabelecia que "(n)a acção por soldas devidas e não pagas, na falta de outras provas será a questão resolvida por juramento do amo", sendo que nas Ordenações Filipinas, que o precederam, o juramento do senhor fazia fé em juízo até à quantia de dez mil réis nas queixas dos criados por falta de pagamento das suas "soldadas" (Liv. IV, Tit. XXXIII).

[888] Em terminologia corrente é comum falar-se em *rescisão*, *auto-despedimento* ou *demissão* do trabalhador e o Código Civil contém, aliás, uma variegação terminológica que ainda denota ressaibos deste fenómeno, embora tenha abandonado o termo rescisão, apenas se utilizando uma vez o termo "rescindir" (n.º 1 do art. 1702.º). Isto, por contraste com o Código de Seabra, que distinguia a *revogação*, a *rescisão*, a *caducidade*, a *resolução* e a *dissolução*. Já no domínio especificamente laboral, cabe recordar a LCCT, que, tendo abandonado o vocábulo *rescisão* nas normas relativas à cessação do contrato de trabalho por iniciativa do empregador, reservava a utilização daquele termo para designar a cessação do contrato por iniciativa do trabalhador, "com ou sem justa causa" – arts. 34.º a 38.º. O afinamento terminológico ocorreu com o CT2003, que fez eco das categorias terminológicas trabalhadas no Direito civil: PEDRO ROMANO MARTINEZ, "Considerações gerais sobre o Código do Trabalho", RDES 2003, Ano XLIV, n.ᵒˢ 1 e 2, 15.

[889] No ordenamento francês é o termo "demissão" que enquadra a denúncia do contrato de trabalho pelo trabalhador (art. L. 1237-1 do *Code du Travail*), subsistindo, no entanto, uma amplitude terminológica, que vem sendo depurada pela doutrina. Em exemplo, v. JEAN PÉLISSIER/ALAIN SUPIOT/ANTOINE JEAMMAUD, *Droit du Travail* (2008), cit., 531-2, que confinam o vocábulo demissão à ruptura unilateral de um contrato de trabalho de duração indeterminada baseada num acto de vontade inequívoca do trabalhador e determinado por conveniências pessoais.

negar-se-ia o carácter livre do trabalho, que é, por contraste com a escravidão ou a servidão contratuais, a própria essência do contrato de trabalho[890].

Tratando-se da assunção de uma prestação de carácter voluntário, a voluntariedade exigível, em razão do compromisso pessoal implicado, tanto se manifesta assim no momento inicial de constituição da situação laboral como no momento da sua extinção.

b) Enquadramento principiológico

2. A estabilidade de um contrato liga-se etiologicamente às suas formas de extinção e, em Direito do trabalho, qualquer que seja o prisma de análise assumido, convoca uma composição de aspectos sociais, económicos e humanos sem paralelo noutras áreas.

Como qualquer contrato, as relações de trabalho cessam por caducidade (que, dispensando a manifestação de vontade das partes, opera mediante verificação de um facto a que a lei atribui efeito extintivo), por vontade concorde das partes (*contrarius consensus*) ou pela iniciativa de um dos sujeitos.

A extinção do contrato de trabalho promovida pelo trabalhador, designadamente através da denúncia, não suscita, por regra, grande atenção, uma vez que o desenvolvimento regulativo da extinção do contrato de trabalho aparece quase sempre centrado no desenho das limitações à extinção promovível pela entidade empregadora[891].

Cuidando-se de ponderação que surge adensada em contexto económico-social marcado por taxas de desemprego preocupantes e em que a cessação do contrato de trabalho em razão de circunstâncias exógenas à esfera do trabalhador é comummente reapontada como um instrumento de flexibilização do mercado de trabalho[892], certo é que a estabilidade, enquanto valor *a se* à partida

---

[890] Assim: ALONSO OLEA, *Introdução ao Direito do Trabalho* (1968), cit., 239-240.

[891] Bem o nota GINO GIUGNI, "Il diritto del lavoro ieri, oggi e domani", *Contratto e Lavoro Subordinato. Il diritto privato alle soglie del 2000*, Cedam, Milão, 2000, 123.

[892] Por exemplo: LUTZ MICHALSKI, *Arbeitsrecht* (2008), cit., 4, ED ROSE, *Employment Relations* (3.ª ed.), Pearson, Essex, 2008, 48-51, RUUDE MUFFELS, "Flexibility and Employment Security in Europe: Setting the Scene", *Flexibility and Employment Security in Europe: Labour Markets in Transition* (dir. Ruude. J. A. Muffels), Edward Elgar Publishing Limited, Chetelnham, 2008, 3-30 e, abordando o ponto na perspectiva trilógica saber/risco/mobilidade, FRANCIS DANVERS, *S'orienter dans la vie: une valeur suprême? Essai d'anthropologie de la formation*, Septentrion Presses Universitaires, Villeneuve d'Ascq, 2009, 250-1; em França, para lá da modulação dos montantes indemnizatórios, o debate em torno da flexibilização da cessação do contrato de trabalho tem-se centrado em torno de um sistema de taxação sobre os empregadores destinado a custear o subsídio de desemprego e o retorno ao trabalho dos trabalhadores despedidos (internalização das externalidades negati-

desejado pelos sujeitos, conhece matizes e refracções diferentes em função da intersubjectividade gerada pelo contrato e em razão da posição que os sujeitos ocupam[893].

Se para o empregador a ruptura contratual, afora casos excepcionais, não é significativamente preocupante – as possibilidades de recrutamento de mão-de-obra são, por princípio, alargadas e os efeitos produzíveis, quando ocorrem, têm uma relevância de carácter estritamente patrimonial –, para o trabalhador a perda de trabalho pode assumir contornos dramáticos – pois o emprego é a "a caução do sustento do trabalhador e da sua família e um penhor de segurança de existência"[894] –, sedimentando a perspectiva de que a dissemelhança de consequências suscita um quadro desvinculativo que não pode ser idêntico.

Sem nunca perder de vista que é através do trabalho que se processa a afirmação eficaz da personalidade social do homem[895], na confecção do regime da cessação do contrato de trabalho, que se intersecta com a intensidade das feições estabilizadoras que os contratos duradouros apresentam, entrecruzam-se, pois, interesses de índole diversa, que respeitam ao empregador, ao trabalhador e à colectividade em geral.

É sabido que a instabilidade do emprego é incompatível com os níveis de qualidade de vida associados a sociedades civilizadas, com a lógica de sustento subjacente à actividade laborativa e com graus de motivação elevados, que permitam a sustentação de boas categorias de produtividade.

Assim, de um lado, se a instabilidade no emprego é *de per se* negativa, do outro, o bloqueio absoluto das possibilidades de desvinculação, sendo contrário ao sopro de liberdade e de iniciativa económica que caracteriza as sociedades contemporâneas, é susceptível de paralisar o desenvolvimento económico e de inviabilizar os esforços de adaptação à realidade económico-social e ao progresso tecnológico, travando a mobilidade que sustenta as economias competitivas e inovadoras[896] e potenciando a adopção de estratégias de minimização de

---

vas), proposta que, segundo faz notar Antoine Jeammaud, "Le droit du travail dans le capitalisme, question de fonctions et de fonctionnement", WP C.S.D.L.E. "Massimo D'Antona".INT-41/2005, Catania, 2005, 24, esbarra nas correntes jus-económicas posnerianas, cuja indiferença, senão mesmo hostilidade, à ideia de justiça distributiva o Autor hiperboliza.

[893] Sobre a interconexão significativa entre a liberdade e a estabilidade do contrato, atenta a intersubjectividade normativa que este gera, v. João Baptista Machado, "A Cláusula do Razoável" (1991), cit., 514-5.

[894] Assim, Bernardo Lobo Xavier "A extinção do contrato de trabalho", RDES 1989, n.os 3-4, 402.

[895] Costantino Mortati, "Il lavoro nella Costituzione" (1954), cit., 152.

[896] Nesta direcção, Joëlle Affichard/Antoine Lyon-Caen/Stéphane Vernac, "De l'analyse économique à l'évaluation du droit du travail. Quelques leçons d'un programme de recherche par",

riscos, que, a jusante, vão aflorar na profusão de contratos a termo, no recurso a empresas de trabalho temporário, na subcontratação ou na utilização de trabalho independente, criando-se um cenário em que, como sugestivamente notava MENGONI, "na realidade não existe trabalho, mas tão só homens que trabalham"[897].

Qual seja a perspectiva adoptável, esta massa de interesses aparentemente contrastantes encontra, de há muito, um importante freio, que se louva na garantia de vida e subsistência que o trabalho representa e que, estando no código genético da enciclopédia laboral moderna, impede que o contrato de trabalho cesse por iniciativa do empregador sem a verificação de um "motivo atendível", traço globalmente caracterizante do modelo social dominante nos países da Europa Ocidental[898].

Esta impossibilidade de cessação *ad nutum* do contrato por parte do empregador e correlativa restrição do despedimento ao quadro justificativo consentido pela lei é balizado pelo art. 53.º da CRP, que afasta liminarmente a visão do

---

(2010), cit., 104, entendem que o desemprego não se deve tanto a um desequilíbrio entre a oferta e a procura quanto à falta de criação de empregos, considerando que a taxa de desemprego tenderá a zero se, por um lado, não existirem obstáculos à competição e à inovação que determinam a criação de empregos, e, por outro, se os custos e o tempo inerentes ao recrutamento forem escassos.

[897] LUIGI MENGONI, "Le contrat de travail en droit italien", *Le contrat de travail dans le droit des pays membres de la CECA*, Eurolibri, Luxemburgo, 1965, 421. Estes movimentos contratuais, embora com intensidade diversa, vêm geralmente associados a fenómenos de precariedade, desregulação, individualização e dessindicalização, suscitando uma atitude de descodificação jurídica da realidade social.

[898] Conforme faz notar ULRICH ZACHERT, *Lecciones de Derecho del Trabajo Alemán* (1998), cit., 131, noutras latitudes, designadamente nos Estados Unidos da América, regem os princípios *hire and fire* ou *employment at will*, embora a premissa de que *an employer is not required to give an employee a reason why his or her employment is being terminated* tenda a ser matizada, tolhendo-se os despedimentos baseados em discriminação (*unfair dismissal*) e exigindo-se um *fair procedure*, cenário em que, do que notam ALISON BONE & MARNAH SUFF, *Essential employment law* (2.ª ed.), Cavendish, Londres/Sidney, 1999, 161, se vislumbra um nítido activismo judicial na defesa do *job security*, recorrendo-se, em casos-limite, e muito por obra do caso *Fortune v. National Cash Register Co* (despedimento com vista à privação de bónus e comissões vincendos do trabalhador) à *good faith*. Ainda: KATHERINE V. W. STONE, "Ripensare il diritto di lavoro: i regime di protezione per i lavoratori nel nuovo mercato del lavoro", RIDL 2005, n.º 4, 407-11, DAVID P. TWOMEY, *Labor & Employment Law: Text and Cases* (14.ª ed.), South-Western, Ohio, 2010, 588 e GREGORY KLASS, *Contract Law in the USA*, Kluwer Law International, Nova Iorque, 2010, 190, que, referindo a diversidade de enquadramentos relativos ao *employment at will* nos diferentes Estados, salienta a tendência para a proibição de despedimentos sem qualquer razão ou com base em razão insuficiente, embora o fenómeno de *state employment statutes* potencie, com base em critérios geográficos e sectoriais, uma dispersão de regimes que impede uma caracterização unitária.

despedimento como um "direito do patrão"[899], e que aparece significativamente como o primeiro dos direitos económicos, sociais e culturais (categoria que constitui uma das grandes divisões constitucionais dos direitos fundamentais, ao lado dos "direitos, liberdades e garantias"), uma vez que se firma, de certo modo, como "um pressuposto ou antecedente lógico de todos os restantes direitos económicos, sociais e culturais"[900].

Sem nos determos sobre o alcance e a extensão do princípio da segurança no emprego[901] – que no entendimento do Tribunal Constitucional se estende à contratação a termo, à modificação substancial do conteúdo da relação de trabalho e a um determinado tipo de suspensão do contrato de trabalho[902] –, encontra-se aí, no texto constitucional, a síntese do que acabamos de dizer: positivamente, garante-se aos trabalhadores a segurança no emprego; negativamente, proíbem-se os despedimentos sem justa causa ou por motivos políticos ou ideológicos[903],

---

[899] Assim, com referência à Lei n.º 1952, de 10.03, que permitia ao empregador denunciar os contratos de trabalho por tempo indeterminado, v. RAÚL VENTURA, "Lições de Direito do Trabalho", *Estudos em Homenagem ao Prof. Doutor Raúl Ventura. Vol. II*, Coimbra Editora, Coimbra, 2003, 616.

[900] J. J. GOMES CANOTILHO & VITAL MOREIRA, *Constituição Portuguesa da República Anotada* (1993), cit., 314-5.

[901] Todavia, é sem dúvidas que afirmamos não haver margem, à luz do princípio da segurança no emprego constitucionalmente acolhido, para a admissão de figuras contratuais similares ao *contrat nouvelles embauches*, criado na década passada em França, com o objectivo de dinamizar o mercado de emprego, que permitia, nos dois anos sequentes à celebração do contrato de trabalho, o despedimento imotivado nas pequenas empresas (menos de 21 trabalhadores). Este figurino, aplicável aos contratos celebrados por tempo indeterminado, diferencia(va)-se claramente do período experimental: (i) não havia qualquer suspensão em razão da ausência do trabalhador e (ii) a avaliação fazível pelo empregador, que podia incluir aspectos de natureza económica e financeira, contava-se a partir do momento da celebração do contrato e não a partir do início da sua execução. Cfr. THOMAS PASQUIER, "Le contrat *nouvelles embauches* ou la ambition illusoire d'un droit du licenciement sans intervention judiciaire", *Efficacia e diritto del lavoro*, Wolters Kluwer, Verona, 2008, 353-361 e JEAN PÉLISSIER/ALAIN SUPIOT/ANTOINE JEAMMAUD, *Droit du Travail* (2008), cit., 329.

[902] Por exemplo: Ac. TC n.º 581/95, de 31.10.1995 (ASSUNÇÃO ESTEVES), BMJ 1995, n.º 451, 497, em que se firma «(a) segurança no emprego implica, pois, a construção legislativa de um conjunto de meios orientados à sua realização. Desde logo, estão entre esses meios a excepcionalidade dos regimes da suspensão e da caducidade do contrato de trabalho e da sua celebração a termo. Mas a proibição dos despedimentos sem justa causa apresenta-se como elemento central da segurança no emprego, como a "garantia da garantia"».

[903] Bem se compreende por isso que o Capítulo VII do CT ("cessação de contrato de trabalho") abra com o preceito que proíbe o "despedimento sem justa causa ou por motivos políticos ou ideológicos": art. 338.º, embora a evocação da motivação política ou ideológica em sentido impeditivo, explicando-se por motivos históricos, seja *summo rigore* consumida pela proibição de despedimentos sem justa causa.

assumindo-se, em fundo, a primazia dos interesses pessoais (trabalhador) sobre os interesses organizatórios (empregador)[904].

Desta sorte, e sem prejuízo de com o contrato de trabalho os sujeitos saírem "do reduto da sua subjectividade para se situarem num contexto normativo (objectivamente) vinculante"[905], no domínio dos acordos de limitação à liberdade de trabalho, e mais concretamente no que aos pactos de permanência diz respeito, a cessabilidade *ad nutum* do contrato por parte do trabalhador merece tratamento de relevo, enquanto instrumento que lhe permite isentar-se de "uma situação de permanente empenho pessoal ou de ir procurar o emprego que melhor lhe convenha"[906], numa concepção regulativa que, diferenciando os termos em que se processa a desvinculação dos sujeitos laborais, procura atender às necessidades do prestador de trabalho e que, preconformando todo o regime de cessação do contrato, dimensiona um conjunto de desvios em relação às regras civis gerais de cessação dos contratos obrigacionais[907].

c) Fundamentos

3. Foi no século XX que o exercício da denúncia do contrato de trabalho por banda do trabalhador foi principiologicamente configurado como incondicionado, com o trabalhador, no sistema português actual, a poder denunciar o contrato independentemente de justa causa, mediante comunicação escrita enviada ao empregador com uma antecedência mínima que varia em função da duração do contrato ou da antiguidade.

---

[904] Em sentido que cremos diverso, PEDRO ROMANO MARTINEZ, "Trabalho e Direitos Fundamentais (compatibilização entre a Segurança no Emprego e a Liberdade Empresarial)", *Estudos em Homenagem ao Prof. Doutor Sérvulo Correia*, Vol. III, Coimbra Editora, Coimbra, 2010, 284, sustenta que "a segurança no emprego tem de se harmonizar com a tutela da propriedade privada e da liberdade de iniciativa empresarial, pois não se estabelece nenhuma hierarquia entre estes dois direitos fundamentais, ambos com consagração constitucional". Saliente-se, quanto ao ponto, a voga renovada que a obra de GEORGES RIPERT [*Les aspects juridiques du capitalisme moderne* (1946)] tem conhecido em França, construída a partir de uma noção central de propriedade do emprego e que tem ínsita a qualificação do contrato de trabalho como um contrato de cooperação e o conceito de empresa como instituição comunitária. Para lá das múltiplas implicações teórico-práticas da concepção, outrora abandonada, cabe assinalar aquelas que se prendem com a cessação do contrato de trabalho promovida pelo empregador, cujo reflexo no direito positivo implica(ria) uma abordagem do despedimento desenvolvida sobre o signo da colisão de direitos: BRUNO SILHOL, "La propriété de l'emploi: genèse d'une notion doctrinale", RDT 2012, n.º 1, 24-30.
[905] JOÃO BAPTISTA MACHADO, "A Cláusula do Razoável" (1991), cit., 483.
[906] Ainda BERNARDO LOBO XAVIER "A extinção do contrato de trabalho" (1989), cit., 401.
[907] GIUSEPPE SUPPIEJ/MARCELLO DE CRISTOFARO/CARLO CESTER, *Diritto del Lavoro* (2008), cit., 366-9 e M.ª ROSÁRIO PALMA RAMALHO, *Direito do Trabalho, Parte II* (2010), cit., 844 e ss..

Neste percurso, para lá das dúvidas que sempre aparecem quanto a previsões contratuais que vedam a denúncia *in genere*[908], já se entrevêem, pois, os óbices com que qualquer intérprete-aplicador se confronta quando intenta encontrar justificação material para a subtracção ao trabalhador das possibilidades de desvinculação *ad libitum* do contrato, uma vez que sem o reconhecimento do direito à *demissão* do trabalhador a liberdade de trabalho, que "consubstancia um aspecto do próprio direito à vida dos trabalhadores"[909], pode ficar vazia de conteúdo, afectando-se o seu conteúdo essencial.

Com efeito, dizer-se, de forma vaga, que toda a *persona* é livre para trabalhar e depois subtrair-se a possibilidade – com base numa alegada *independência da denúncia condicionada pela salvaguarda dos interesses patrimoniais da entidade empregadora* – de se pôr um fim ao contrato de trabalho em que ela participa, além de, segundo as regras da lógica, não ser possível conceber-se uma *independência dependente* (do que a relativiza ou condiciona), legitima-se uma *amputação* do conteúdo essencial do princípio da liberdade de trabalho e, mais profundamente, na visão *marshalliana*, uma violação do modelo de cidadania que hoje inspira o conceito de Estado de Direito democrático dominante[910], desatendendo-se à natureza própria do contrato de trabalho: o seu carácter voluntário e a contraposição de interesses entre os sujeitos[911] assumem especial significado no confronto com outras relações contratuais[912], suscitando uma tutela especial que, por, um lado, consiste na limitação do poder de um dos sujeitos (o empregador) e, por outro, no reconhecimento de direitos e de meios de defesa ao outro (o tra-

---

[908] Em ilustração, acerca da controversa eficácia jurídica das cláusulas de *intangibilidade* (e também das cláusulas de *estabilização*) no domínio dos contratos públicos internacionais, mormente no que se refere ao afastamento da rescisão, v. DÁRIO MOURA VICENTE, "Direito aplicável aos contratos públicos internacionais", *Direito Internacional Privado – Ensaios. Vol. III*, Almedina, Coimbra, 2010, 196-7.

[909] J. J. GOMES CANOTILHO & VITAL MOREIRA, *Constituição da República Portuguesa Anotada*, (1993), cit., 285-6.

[910] Assim, segundo MARSHALL, a esquadria do conceito de cidadania resulta da interacção osmótica entre três elementos – o civil, o político e social –, pelo que, falhando qualquer um deles, já não se estará perante uma cidadania plena. Cfr. T. H. MARSHALL, *Citizenship and Social Class*, Univiversity of Michigan Press, Michigan, 1992, 8 e ss..

[911] Eis porque, como faz notar notar CARLOS FERREIRA DE ALMEIDA, *Contratos II. Conteúdo, Contratos de Troca*, Coimbra, Almedina, 2007, 177-9, o contrato de trabalho é integrado na classe dos contratos de troca, que se caracteriza pela "intersecção de dois factores: a bilateralidade de custos e de benefícios (isto é de sacrifícios e de vantagens) para as partes e a divergência das finalidades típicas de cada uma delas".

[912] Assim, falando em consequências dogmáticas: M.ª ROSÁRIO PALMA RAMALHO, *Da Autonomia Dogmática do Direito do Trabalho* (2000), cit., 253.

balhador), que, no confronto entre o interesse de um dos sujeitos em abandonar a relação e o interesse do outro na sua prossecução, se reflecte, em ruptura axiológica com o *Statute* inglês (1552) do *Master and Servant*[913], na forma como são considerados os anseios do trabalhador quanto à extinção do vínculo.

Impondo-se atender à condição do sujeito mais débil da relação contratual e às implicações que esta figuração representa na complexificação da voluntariedade exigível para a continuidade da relação laboral que atribui à figura da denúncia especial justificabilidade, acrescerá, em plano mais vasto, e em atenção à natureza duradoura do contrato de trabalho, a proibição genérica de vinculações perpétuas.

Com a denúncia a aparecer, *per definitionem*, talhada para os contratos duradouros, como referia GIORGIO OPPO[914] neste *tipo* de contratos "a prestação é determinada em função da própria duração, no sentido que a sua entidade quantitativa depende da duração da relação", pois o decurso do tempo não determina apenas o momento em que a prestação deve ser realizada, mas também o próprio conteúdo da obrigação.

Ora, se neste tipo de relações se entrevê uma tensão dialéctica permanente entre o princípio *pacta sunt servanda*, que aparece sinalizado à estabilidade, e o princípio da liberdade, que pressupõe um direito à auto-determinação, a conciliação do princípio da força obrigatória dos contratos com o direito à auto-determinação de cada um dos sujeitos impede, todavia, a perenização de um contrato que um dos sujeitos já não quer, radicando na tutela da própria liberdade pessoal o fundamento último do direito de denúncia[915]: trata-se do direito à auto-determinação, que encontra configuração no direito ao livre desenvolvimento da personalidade (art. 26.º da CRP), na liberdade de escolha de profissão (art. 47.º da CRP) e na liberdade de iniciativa económica (art. 61.º da CRP).

Assim, se, mormente na doutrina alemã, se foi trabalhando o instituto da denúncia a partir de dois critérios não justaponíveis: a denúncia com/sem pré-

---

[913] Como recorda JEAN-LOUIS HALPÉRIN, *Histoire des Droits en Europe* (2004), cit., 130, o trabalhador podia ser condenado até três meses de prisão caso se desvinculasse do contrato de trabalho (*breach of contract*), em enquadramento sancionatório que, marcando outrossim as Leis russa (1886) e húngara (1898), perdurou até 1875. Nesse contexto, foram milhares os trabalhadores sancionados penalmente por tal facto: SIMON DEAKIN, "Travail, contrat", *Dictionnaire historiue de l'économie-droit XVII-XX siécles* (2007), cit., 293.

[914] GIORGIO OPPO, "I contratti di durata", *Obbligazioni e Negozio Giuridico. Scritti Giuridici*, Cedam, Pádua, 1992, 226.

[915] Cfr. YVAINE BUFFELAN-LANORE & VIRGINE LARRIBAU-TERNEYRE, *Droit Civil. Deuxième année – Les obligations* (2.ª ed.), Dalloz, Paris, 2008, 365 e FABRICE RIZZO, "Regards sur la prohibition des engagements perpétuels", DP 2000, n.º 1, 60-9.

-aviso (*eigentliche Kündingung vs Abstehen vom Vertrag*) e a denúncia vinculada/discricionária, construída a partir da indeterminação temporal das relações duradouras estabelecidas (*ordentliche Kündingung*)[916], esta liberdade de desvinculação impõe que um "tal poder de denúncia exista mesmo na falta de norma jurídica ou cláusula contratual explícita"[917], visto que, como fazia notar MANCINI, "a perpetuidade do vínculo implica uma penetrante compressão da liberdade individual"[918].

Dir-se-ia, pois, que a razão de ser da denúncia, num sistema, como o português, que faz da auto-determinação e da liberdade valores fundamentais, se funda na impossibilidade de vinculações perpétuas e na tutela da liberdade das pessoas, extraível, antes do mais, do art. 26.º da CRP, que consagra um direito ao desenvolvimento da personalidade (supra).

Apesar de não existir um preceito especificamente atributivo deste direito, a liberdade de desvinculação, designadamente a denunciabilidade das obrigações duradouras, é objecto de acolhimento consensual por parte da doutrina[919], aflorando em alguns preceitos legais[920].

---

[916] Por todos WOLFGANG HROMADKA & FRANK MASCHMANN, *Arbeitsrecht Band 1: Individualarbeitsrecht* (2012), cit., 386-8.

[917] Conforme fazia notar CARLOS A. MOTA PINTO, *Teoria Geral do Direito Civil* (1992), cit., 623, em homenagem à liberdade contratual. Neste sentido, analisando a implicação dos direitos de personalidade à luz do texto constitucional, FILIPE DE ALBUQUERQUE MATOS, *Responsabilidade Civil por Ofensa ao Crédito ou ao Bom Nome*, Almedina, Coimbra, 2011, 94, refere não se poder considerar "fonte válida de obrigações a cláusula pela qual o artista assume uma vinculação perpétua perante a casa de espectáculos".

[918] G. FEDERICO MANCINI, *Il recesso unilaterale e i rapporti di lavoro*, Giuffrè, Milão, 1962, 338.

[919] Trata-se, assim, de um princípio doutrinariamente sedimentado – por exemplo, JOÃO CALVÃO DA SILVA, *Cumprimento e sanção pecuniária compulsória*, Almedina, Coimbra, 1987, 73 (nota 146), JANUÁRIO COSTA GOMES, *Em Tema de Revogação do Mandato Civil*, Almedina, Coimbra, 1989, 75, JOÃO BAPTISTA MACHADO, "Do princípio da liberdade contratual – Anotação: Acórdão de 7 de Dezembro de 1983" (1991), cit., 636-8, CARLOS A. MOTA PINTO, *Teoria Geral do Direito Civil* (1992), cit., 623, JOSÉ DE OLIVEIRA ASCENSÃO, *Teoria Geral do Direito Civil*. Vol. IV, ed. Pedro Ferreira, Lisboa, 1993, 314, PAULO VIDEIRA HENRIQUES, "A Desvinculação Unilateral *Ad Nutum* nos Contratos Civis de Sociedade e de Mandato", BFDUC, Coimbra Editora, Coimbra, 2001, 210-1, JÚLIO VIEIRA GOMES, "Da Rescisão do Contrato de Trabalho por Iniciativa do Trabalhador" (2003), cit., 133, LUÍS MENEZES LEITÃO, *Direito das Obrigações, Introdução da Constituição das Obrigações*, Vol. I. (2005), cit., 120, PEDRO ROMANO MARTINEZ, *Da Cessação do Contrato*, Almedina, Coimbra, 2006, 59-60, ANTÓNIO PINTO MONTEIRO, *Contratos de Distribuição Comercial*, Almedina, Coimbra, 2009, 137 e RUI PINTO DUARTE, "A denunciabilidade das obrigações contratuais duradouras propter rem", ROA 2009, n.ºs 3-4, 273-297.

[920] Sirvam de exemplo (i) a al./j do art. 18.º do Decreto-Lei n.º 446/85, de 25.10, com as alterações sucessivamente introduzidas, a última das quais através do Decreto-Lei n.º 323/2001, de 17.12

Com o princípio da autonomia privada e o direito à liberdade contratual, na vertente de liberdade de desvinculação, a lograrem relevância constitucional e a manifestarem-se no Direito privado como imperativos de tutela[921], neste contexto impõe-se porém não perder de vista que, para lá da inadmissão de vinculações perpétuas e da natureza do contrato de trabalho, a denúncia é imposta, antes do mais, pelo princípio da liberdade de trabalho[922], constituindo uma manifestação essencial da ideia conformadora de dignidade que lhe vai ligada e que, enquanto "direito inerente ao *status* de trabalhador subordinado"[923], afirma em modo paradigmático a influência jusfundamental nas relações entre privados a que se reconduz a configuração directa das relações contratuais do trabalho[924].

Embora imbricando-se com o reconhecimento da inadmissibilidade de vinculações perpétuas, o direito de denúncia de um trabalhador situa-se, pois, para lá dos quadros conceptuais civilistas, mau grado o seu préstimo técnico-dogmático[925]: a implicação da personalidade do trabalhador na execução do con-

---

(regime jurídico das cláusulas contratuais gerais) que vem proibir em absoluto, designadamente, as cláusulas contratuais gerais que "estabeleçam obrigações duradouras perpétuas ou cujo tempo de vigência dependa apenas da vontade de quem as predisponha" (ii) ou os arts. 1137.º e 1201.º do CC que, respectivamente, atribuem (ii.i) o direito de exoneração aos sócios se o contrato de sociedade nada determinar quanto à sua duração ou (ii.ii) o direito de restituição da coisa depositada se o contrato de depósito não tiver prazo fixado.

[921] Assim, Paulo Mota Pinto, "A influência dos direitos fundamentais sobre o direito privado português" (2007), cit., 302. Tenha-se, todavia, presente a advertência desenvolvida por Paulo Videira Henriques, *A Desvinculação Unilateral Ad Nutum nos Contratos Civis de Sociedade e de Mandato* (2001), cit., 211, de que a proibição de vínculos obrigacionais perpétuos, sendo uma regra geral que exprime uma das vertentes da tutela de certos direitos fundamentais no âmbito das relações contratuais duradouras, é um atributo normal dos contratos que fundam tais obrigações e não um princípio jurídico *a se*, alçável ao patamar em que se encontram os princípios da liberdade de estipulação ou da boa fé. Isto no Direito civil, uma vez que a sua consideração no âmbito das relações de trabalho extravasa essa conceptualização, conduzindo-nos, segundo o ângulo de análise, ao princípio da liberdade de trabalho e/ou ao princípio da segurança no emprego.

[922] Assim: Abbo Junker, *Grundkurs Arbeitsrecht* (5.ª ed.), C.H. Beck, Munique, 2006, 254.

[923] Jorge Leite, *A extinção do contrato de trabalho por iniciativa do trabalhador*. Vol. II (1990), cit., 64.

[924] V. Hans-Jürgen Papier, "Drittwirkung der Grundrechte", *Handbuch der Grundrechte in Deutschland und Europa*. Vol. II, C.F. Müller, Heidelberg, 2006, 1331-2.

[925] Tratando-se, em fundo, de questão que mexe nas relações entre o Direito do trabalho e o Direito civil, importa reter as judiciosas palavras de Gérard Couturier, "Les techniques civilistes et le droit du travail. Chronique d'humeur à partir de quelques idées reçues", Dalloz 1975 Chronique XXIV, 1975, 151: "(d)oit-on pour autant proscrire de manière absolute toute référence au droit commun? La proposition serait inacceptable parce que trop évidemment excessive. On ne peut qu'observer que de tells references son frequents, et comment pourrait-il en aller autrement? Comment, par exemple, réaffirmer le role que demeure celui le contrat individual dans les relations du travail, sans faire par le meme limitée, aux techniques contractuelles du droit commun?".

trato de trabalho e os reflexos que este produz na sua esfera pessoal justificam a *sua* possibilidade de desvinculação a todo o instante e postulam a correlativa insusceptibilidade de qualquer execução coerciva, por aqui se compreendendo também a sua conexão com o sub-princípio genérico da livre revogabilidade da renúncia a direitos de personalidade (n.º 2 do art. 81.º do CC)[926] e a afirmação de Raúl Ventura, há mais de meio século, de que "não duvidamos da nulidade das cláusulas em que o trabalhador renuncie a denunciar o contrato, quer haja quer não haja para isso justa causa"[927].

Assim, a despeito de a denúncia aparecer recortada como um direito de desvinculação *sine causa*[928], a liberdade de trabalho é a causa justificativa, o "motivo", para que o trabalhador possa pôr termo a uma situação em que implica a sua personalidade[929], que "o acompanha desde que nasce até que se extingue esta relação especial de poder"[930], independentemente da (in)determinação temporal do vínculo[931].

d) Desvinculação *ad nutum* e prazo de aviso prévio

4. Neste quadro, o trabalhador pode desvincular-se da relação a todo o tempo, bastando, para o efeito, actuar a denúncia do contrato, qual facto complexo formado por um facto principal (a declaração) e, *in genere,* por um facto secundário superveniente suspensivo (o decurso de um prazo).

Contudo, caso não cumpra, total ou parcialmente, o prazo de aviso prévio cabido fica obrigado a pagar ao empregador uma indemnização de valor igual à retribuição-base e diuturnidades correspondentes ao período de antecedência em falta, sem prejuízo da responsabilidade civil pelos danos eventualmente causados em virtude da inobservância do prazo de aviso prévio ou emergentes da violação de obrigações assumidas em pacto de permanência (*suum cuique tribuere...*).

---

[926] Nesta direcção: Sastre Ibarreche, *El Derecho al Trabajo* (1996), cit., 29.
[927] Raúl Ventura, "Lições de Direito do Trabalho" (2003), cit., 666.
[928] Assim: Alcázar Ortiz & Val Tena, "Los pactos de dedicación exclusiva y permanencia en la empresa", PSRL 1995, n.º 3, 133.
[929] Em sentido aproximado, Jean Pélissier/Alain Supiot/Antoine Jeammaud, *Droit du Travail* (2008), cit., 535 e, entre nós, Júlio Vieira Gomes, *Direito do Trabalho* (2007), cit., 1039, que, em "Da Rescisão do Contrato de Trabalho por Iniciativa do Trabalhador" (2003), cit., 132, citando Joëlle Dupuy, considera que a liberdade de denúncia do contrato é uma "decisão exclusiva do trabalhador sobre a qual ele não tem que dar explicações".
[930] Jorge Leite, *A extinção do contrato de trabalho por iniciativa do trabalhador.* Vol. II (1990), cit., 64.
[931] João Leal Amado, *Contrato de Trabalho* (2009), cit., 431-3.

Conquanto se haja consentido ao trabalhador a saída da relação de trabalho por não mais estar interessado na sua continuação, e estando absolutamente perempta a possibilidade de recurso à *execução específica* – retendo-se que a exigência de aviso prévio não é sequer uma condição de eficácia para a denúncia, mas apenas um requisito para a licitude do seu exercício[932] –, o Código procura assegurar ao empregador, de modo ficcionado, um resultado económico igual ao que lhe seria disponibilizado com a permanência do trabalhador durante o período de que este dispõe para, em actuação da denúncia e em *soft landing*, permitir ao empregador readaptar o seu programa organizativo[933].

Com o aviso prévio a representar "um termo suspensivo que é aposto a essa declaração, por virtude do qual os efeitos desta são diferidos para momento posterior"[934], a denúncia não pode ser desligada desse termo suspensivo, que visa afastar *in abstracto* situações imponderáveis e prevenir e/ou atenuar os efeitos de uma ruptura brusca da relação mediante a eclosão de prejuízos patrimoniais[935]: nos contratos por tempo indeterminado o prazo mínimo[936] é de 30 dias se o trabalhador tiver até dois anos de antiguidade e de 60 dias se a antiguidade for superior a dois anos[937], ao passo que no âmbito dos contratos a termo o prazo cifra-se em 15 dias se o contrato tiver duração inferior a seis meses e em 30 dias caso tenha uma duração superior[938].

Fundamentando-se o prazo de aviso na garantia para o empregador de que pode preencher atempadamente a vaga subjacente à saída do trabalhador denunciante e de que dispõe de uma hipótese razoável para encontrar uma alternativa para a alocação dos recursos mobilizados (mais fundadamente: a jus-

---

[932] JÚLIO VIEIRA GOMES, *Direito do Trabalho* (2007), cit., 1064. Igualmente: PIETRO RESCIGNO, *Codice Civile. Tomo II (Artt. 1678-2969)*, VIII Ed., Giuffrè, Milão, 2010, 4261.

[933] Do mesmo, à luz do art. 2119 do *Codice Civile*, e referindo não haver espaço para dúvidas quanto à natureza ressarcitória da indemnização substitutiva do pré-aviso, v. GIORGIO CIAN, *Codice Civile e Leggi Collegate: Commento Giurisprudenziale Sistematico*, Cedam, Milão, 2010, 3928-9.

[934] PEDRO FURTADO MARTINS, "Rescisão pelo Trabalhador. Comunicação Escrita", RDES 1993, Série II, n.os 1-4, ano 35, 343 e ss. (337-345). Também: PAULO VIDEIRA HENRIQUES, *A Desvinculação Unilateral Ad Nutum nos Contratos Civis de Sociedade e de Mandato* (2001), cit., 237.

[935] GIUSEPPE PERA, *Compendio di Diritto del Lavoro* (5.ª ed.), Giuffrè Editore, Milão, 2000, 243.

[936] Sobre a confusão por vezes estabelecida, na linguagem corrente, entre o termo e prazo, sendo que o prazo "designa o lapso de tempo que vai desde a celebração do negócio até ao evento futuro e certo que corporize o termo", cfr. ANTÓNIO MENEZES CORDEIRO, *Tratado de Direito Civil Português I* (2002), cit., 521.

[937] N.º 1 do art. 400.º do CT2009.

[938] N.º 3 do art. 400.º do CT2009. No contrato a termo incerto, os prazos são idênticos, mas atende-se à duração efectiva do contrato e não à duração do tempo acordado: n.º 4 do art. 400.º.

tificação encontra-se nos ditames da boa fé[939]), e com a relação a produzir plenamente efeitos durante esse período (o que inclui a possibilidade de o contrato cessar em razão da verificação de qualquer outra situação extintiva), denúncia e prazo de aviso prévio formam, por isso, uma díade que, por princípio, não deve ser afastada[940], acantonando a figura da denúncia com eficácia imediata a um lugar de excepção[941], sem prejuízo do seu afastamento por vontade concorde das partes[942].

Tal significa, desde logo, que, independentemente da associação genérica do prazo de aviso prévio a uma necessidade primacial de protecção dos interesses

---

[939] Assim: OLAF MÜLLER & PETER RIELAND, *Arbeitsrecht: Tipps und Taktik*, CF Müller, Munique, 2006, 148-9 ou THOMAS LAKIES, *Vertragsgestaltung und AGB im Arbeitsrecht*, C.F. Müller, Munique, 2011, 149, e, entre nós, CARLOS A. MOTA PINTO, *Teoria Geral de Direito Civil* (1992), cit., 623.

[940] Sobre o aviso prévio enquanto elemento natural da denúncia: PAULO VIDEIRA HENRIQUES, *A Desvinculação Unilateral Ad Nutum nos Contratos Civis de Sociedade e de Mandato* (2001), cit., 236. Esta associação tem consequências *de iure condito*: uma vez que o n. 1 do art. 400.º exige que a denúncia seja declarada "mediante comunicação ao empregador, por escrito", com a antecedência prevista na lei, esta exigência tanto se refere à denuncia *per se* quanto ao aviso prévio que o trabalhador tem de respeitar, embora tanto na doutrina [PEDRO FURTADO MARTINS, "Rescisão pelo trabalhador; comunicação escrita" (1993), cit., 344] como na jurisprudência [Ac. STJ de 20.02.2008 (VASQUES DINIS), proc. n.º 3529/07] se houvesse sufragado o entendimento de que a exigência formal do CT só atinava com o aviso prévio e não com a denúncia, com os argumentos de que, por um lado, a liberdade de trabalho impõe a dispensa da exigência de forma escrita para a desvinculação por parte do trabalhador e, por outro, de que essa formalidade só faz sentido quanto ao aviso prévio enquanto meio de prova a utilizar pelo trabalhador na defesa contra um eventual pedido de indemnização por inobservância do prazo de aviso prévio. Todavia, ponderando que o âmbito de eficácia de um direito não se confunde com as exigências de forma para o seu exercício e não perdendo de vista que também o acto desvinculativo pode, enquanto tal, suscitar actividade probatória, há boas razões para se entender que a exigência de forma escrita cobre em concomitância a denúncia e o prazo de aviso prévio. *In casu*, a solução, face ao n.º 1 art. 400.º, contém-se nos limites de uma interpretação declarativa.

[941] Se excepcionalmente se admite a inexigibilidade de aviso prévio nos casos de exoneração do fiador e da fiança *omnibus* – assim: JANUÁRIO DA COSTA GOMES, *Assunção fidejussória de dívida. Sobre o sentido e o âmbito da vinculação como fiador*, Almedina, Coimbra, 2000, 766 e ss., 776 e ss. –, já o notava RAÚL VENTURA, "Extinção das relações jurídicas de trabalho" (1950), cit., 287, dizendo que "uma das cautelas de que a lei envolve a denúncia do contrato de trabalho é a exigência de diferimento dos efeitos da denúncia, quando falte justa causa para rescisão imediata" e, no âmbito dos contratos de distribuição, refere ANTÓNIO PINTO MONTEIRO, *Contratos de Distribuição Comercial* (2009), cit., 137-8, que "há que obstar a que, sem motivos sérios, qualquer das partes faça cessar bruscamente a relação contratual, tendo em conta os prejuízos, de vária ordem, que o termo súbito do contrato acarretaria para a outra parte".

[942] Afastamento que, como faz notar JOÃO LEAL AMADO, *Contrato de Trabalho* (2009), cit., 433, é curial reduzir a escrito.

do empregador, nos parece afastada a possibilidade de se prescindir do prazo de aviso prévio à margem do consentimento do trabalhador[943].

Se esta situação dimensiona, uma vez mais, a inaplicabilidade simplética do Direito civil – o art. 779.º do CC permite que o beneficiário do prazo renuncie ao mesmo[944] –, a necessidade de vontade concorde dos sujeitos para a dispensa do prazo de aviso prévio é a única solução que encontra eco nas coordenadas do sistema[945]: *(i)* o empregador não pode privar o trabalhador do seu posto de trabalho durante o período em que o contrato de trabalho se encontra a ser executado (ainda o art. 53.º da CRP), mesmo que este tenha óbito pré-definido em razão de uma manifestação de vontade unilateralmente sinalizada à extinção do vínculo[946]; *(ii)* as garantias de definitividade ou irrevogabilidade dessa manifestação de vontade, que fluem do art. 230.º do CC, não são, aliás, absolutas, uma vez que o trabalhador pode, mediante comunicação escrita dirigida ao empregador, revogar unilateralmente a declaração de denúncia, conquanto esta se verifique até ao sétimo dia seguinte à data em que a denúncia chegou a poder deste (art. 402.º)[947], possibilidade que, em acréscimo, tem conduzido a jurisprudência

---

[943] Admitindo, porém, a possibilidade: Ac. STJ de 15.03.2012 (PINTO HESPANHOL), proc. n.º 653/08.1TTLSB.L1.S1.

[944] Se, à luz do art. 779.º do CC, o credor, em princípio, não pode exigir o cumprimento antes do fim do prazo, o devedor pode contudo renunciar a esse benefício, realizando a prestação devida a todo o tempo, apenas se verificando a perda de benefício do prazo nas situações previstas no n.º 1 do art. 780.º e no art. 781.º, circunstâncias em que o credor, de forma excepcional, pode exigir o cumprimento imediato da obrigação. Sobre as disposições, por todos: FERNANDO PIRES DE LIMA & JOÃO ANTUNES VARELA, *Código Civil Anotado*, Vol. II (3.ª ed), Coimbra Editora, Coimbra, 1998, 28-31.

[945] Em sentido idêntico, M.ª ROSÁRIO PALMA RAMALHO, *Direito do Trabalho. Parte II* (2010), cit., 1023, refere que "nada obsta, naturalmente, a que o empregador dispense o tempo de aviso prévio, por acordo com o trabalhador, cessando então o contrato antecipadamente".

[946] Utilizando a imagética do prazo de aviso prévio como um "retardador do óbito contratual", v. JOÃO LEAL AMADO, *Contrato de Trabalho* (2009), cit., 432.

[947] Nos termos do n.º 1 do art. 402.º do CT2009, "(o) trabalhador pode revogar a denúncia do contrato, caso a sua assinatura constante desta não tenha reconhecimento notarial presencial, até ao sétimo dia seguinte à data em que a mesma chegar ao poder do empregador, mediante comunicação escrita dirigida a este". Como é evidente, o preceito seria claramente inefectivo se não se previsse a possibilidade de o empregador exigir o cumprimento desta formalidade (n.º 5 do art. 400.º), pois que, de contrário, não se vê como é que o trabalhador *sponte sua* incorreria em custos e em formalidades para ficar privado de um direito (a revogação da denúncia), circunstância em que, como refere JOÃO LEAL AMADO, *Contrato de Trabalho* (2009), cit., cit., 439, "a ida ao notário só se explicaria no quadro de uma algo masoquista autopunição por parte do trabalhador". O incumprimento desta formalidade sempre que a mesma seja exigida pelo empregador implica, a nosso ver, o afastamento do direito de revogação da denúncia, que já não, porque situada em plano diverso, a aplicação ao acto desvinculativo do regime sobre a falta e os vícios da vontade.

a admitir, por maioria de razão, a introdução de alterações ou aditamentos *(v.g.* o prazo de aviso prévio *tout court)* a uma denúncia efectuada[948]; *(iii)* a necessidade a cargo do empregador de pagamento da retribuição ao trabalhador durante o período subjacente ao prazo de aviso prévio não pode ser afastada unilateralmente pelo sujeito que se encontra obrigado ao seu cumprimento, mesmo que, em contradita, se possa sustentar a dispensa unilateral do prazo de aviso prévio conquanto o empregador não fique eximido do pagamento da remuneração correspondente ao período de aviso prévio concedido pelo trabalhador[949], rebate que, todavia, além de obnubilar o facto de a tutela da profissionalidade estar para lá da simples vontade do empregador, não consegue eximir-se à crítica de que, por um lado, o contrato de trabalho cessa, *de iure et ad nutum,* em momento não prefigurado pelo trabalhador[950], e de que, por outro, a denúncia do trabalhador apareceria a legitimar uma modificação unilateral do vínculo laboral desfigurante da manutenção integral dos direitos e deveres dos sujeitos laborais durante o período de pré-aviso e que, em fundo, substanciaria um desrespeito pelo prazo de aviso prévio ínsito na denúncia promovida pelo trabalhador, que é, do que se viu, um negócio jurídico unilateral e receptício.

No mais, e sem prejuízo de o prazo de aviso se preguiar por razões funcionalmente dirigidas à tutela dos interesses do empregador, é legítimo entender-se que o seu fundamento último radica no princípio da boa fé, princípio que, postulando situações de equilíbrio, convive mal com o desequilíbrio subjacente à defesa de uma dispensa feita à revelia do trabalhador, quadro que, *summo rigore,* afasta liminarmente a aplicabilidade do art. 779.º do CC, uma vez que se despolariza a consagração do prazo de aviso prévio em benefício exclusivo do empregador – face à tutela da profissionalidade e aos interesses não patrimoniais do trabalhador envolvidos na execução do contrato de trabalho[951] –, mantendo-se

---

[948] Neste sentido: Ac. STJ de 26.03.2012 (FERREIRA DA COSTA), proc. n.º 276/09.8TTVLG.P2.

[949] Admitindo este argumento: GIUSEPPE SUPPIEJ/MARCELLO DE CRISTOFARO/CARLO CESTER, *Diritto del Lavoro* (2008), cit., 374 e, entre nós, JOÃO LEAL AMADO, *Contrato de Trabalho* (2009), cit., 433 e PEDRO FURTADO MARTINS, *A Cessação do contrato de trabalho* (2012), cit., 549.

[950] JÚLIO VIEIRA GOMES, "Da Rescisão do Contrato de Trabalho por Iniciativa do Trabalhador" (2003), cit., 136-7, acrescenta o facto de o trabalhador poder ter programado a sua vida em conformidade com o termo substanciado pelo prazo de aviso prévio.

[951] Trata-se ainda de uma interpretação constitucionalmente orientada, face à al./b do n.º 1 do art. 59.º da CRP, relativa à realização pessoal do trabalhador, que sustenta aliás, para parte significativa da doutrina, o dever de ocupação efectiva, quadro em que, como faz notar JÚLIO VIEIRA GOMES, *Direito do Trabalho* (2007), cit., 554, fica "assim vedado ao empregador obstar, injustificadamente, à prestação efectiva do trabalho" e que, postulando um "direito a exercer efectivamente a actividade correspondente ao posto de trabalho", proíbe, nas palavras de GOMES CANOTILHO & VITAL

o princípio genérico da intangibilidade dos direitos e deveres dos sujeitos que se encontra associado ao decurso do prazo de aviso prévio, que é, afinal, um período de execução do contrato e que, nesse sentido, não pode ser descontinuado de modo abrupto[952].

Contudo, na sequência do que vai dito, esta associação quase etiológica entre denúncia e aviso prévio nem sempre se verifica: é o que sucede com o n.º 1 do art. 114.º, que, em sede de período experimental, dispensa qualquer aviso prévio, sem prejuízo da sua possível fixação[953], preceito que, sob esse prisma de análise, sugere ponderação crítica.

Moreira, *Constituição Portuguesa da República Anotada* (2007), cit., 764, "a manutenção arbitrária do trabalhador na inactividade".

[952] Apontando em geral para esta solução e referindo-se à presunção de que o prazo de aviso prévio associado à denúncia se encontra estabelecido "em benefício de ambos os contraentes", v. Fernando Ferreira Pinto, *Contratos de distribuição Da tutela do distribuidor integrado em face da cessação do vínculo*, UCP, Lisboa, 2013 (2013), cit., 387.

[953] Foi controversa a questão de saber se, em caso prazo de aviso prévio fixado, a verificação do termo resolutivo após o período legalmente previsto para a denúncia afastava a procedência da denúncia, o mesmo é dizer, se a denúncia produzia (ou não) efeitos na data em que é comunicada. Por um lado, havia quem sustentasse que a declaração de denúncia feita pelo empregador sem observância do aviso prévio no período de 60 dias era ineficaz, perdurando a relação laboral [= denúncia do contrato cujo período experimental tenha durado por mais de sessenta dias encontra-se sujeita a pré-aviso de sete dias, cujo termo deve verificar-se ainda no decurso daquele mesmo período experimental, sob pena de se estar perante um despedimento ilícito, com as legais consequências ao nível da indemnização de antiguidade e dos chamados salários de tramitação; neste sentido: Ac. Rl. Pt. de 19.06.2006 (Domingos Morais), CJ 2006, Ano XXXI, T. III, 234-7]. Ao contrário, havia quem sufragasse o entendimento de que a posição antecedente, por significar uma redução real do período experimental, era excessiva, cabendo entender que o incumprimento do prazo de aviso prévio apenas transporta consequências indemnizatórias [no caso: indemnização ao trabalhador com um montante igual à retribuição base correspondente ao prazo de aviso prévio em falta; neste sentido: Ac. Rl. Pt. de 14.01.2008 (Paula Leal de Carvalho), CJ 2008, Ano XXXIII, T. I, 224-7]. A questão, *de iure condito*, encontra-se dilucidada, com a redacção do n.º 4 do art. 114.º do CT2009, que, reconhecendo eficácia ao acto de denúncia, associa o incumprimento do prazo de aviso prévio a consequências estritamente indemnizatórias. Criando-se, em virtude da separação entre a comunicação e a terminação da relação, um período preparatório que assegura uma disciplina preordenada à cessação do vínculo, a continuidade da relação contratual não infirma a eficácia do acto de denúncia, antes pressupõe, uma vez que, em operação de congruência axiomática, só há termo porque a denúncia é eficaz. Sobre os termos em que a questão se colocava: Tatiana Guerra de Almeida, *Do período experimental no contrato de trabalho*, Almedina, Coimbra, 2007, 162-5, Júlio Vieira Gomes, *Direito do Trabalho* (2007), cit., 493-4, João Soares Ribeiro, "Aviso Prévio na Denúncia do Contrato no Período Experimental", *Estudos Jurídicos em Homenagem ao Professor António Motta Veiga*, Almedina, Coimbra, 2007, 157-163 e João Leal Amado, *Contrato de Trabalho* (2009), cit., 434-5; na jurisprudência, Ac. STJ de 19.12.2007 (Pinto Hespanhol), proc. n.º 07S3420.

À semelhança do que já estabelecia o n.º 1 do art. 105.º do CT2003, trata-se de uma denúncia com eficácia imediata (*unbefristete Kündigung*), enquanto tal, distinta da chamada denúncia diferida (*befristete Kündigung*), que, na ausência do período experimental, é o meio normal que o CT coloca ao dispor do trabalhador para este se desvincular do contrato de trabalho, com excepção da denúncia efectuável no quadro do período experimental sempre que o contrato de trabalho não tenha atingido os 60 dias de execução.

Estando ausente qualquer exigência legal quanto a um período mínimo de execução contratual para que o trabalhador exerça a denúncia, topa-se com uma solução que, garantindo a absoluta incolumidade do princípio da liberdade de trabalho, pode, em casos-limite é certo, ofender o princípio da boa fé e configurar uma situação de abuso de direito[954].

Esvaziando-se de sentido o regime da promessa de trabalho, importará também não perder de vista a "bilateralização da instabilidade" produzida por este regime: tratando-se de questão que se coloca em plano reverso quanto à denúncia imediata do contrato por parte do empregador sempre que aquele não tenha atingido os 60 dias de execução, o ordenamento alemão procura obviar aos inconvenientes geráveis pela imediaticidade da cessação da relação laboral, mediante a configuração do contrato temporário para efeitos de experiência (§ 14 I 2, n.º 5 TzBfG[955]), que, constituindo uma das modalidade de contratação temporária, tem um período máximo de seis meses, durante o qual qualquer dos sujeitos pode fazer terminar a relação mediante um aviso prévio de duas semanas[956].

---

[954] Se também para o empregador não existe qualquer limite mínimo de duração do contrato para o exercício da denúncia, a consagração *de iure condendo* de um período mínimo de indenunciabilidade do contrato, face à desnecessidade de invocação do motivo, tem a virtualidade de se mostrar mais conforme com a presunção legal de que, como faz salientar ANTÓNIO MONTEIRO FERNANDES, *Direito do Trabalho* (2012), cit., 281, "a cessação do contrato de trabalho é determinada por inaptidão do trabalhador".

[955] Nos termos do § 14 da TzBfG: «A celebração de um contrato de trabalho a termo só é permitida quando for justificada por uma razão objectiva. Existe razão objectiva, em particular, quando: a necessidade da prestação laboral tenha apenas carácter temporário, a fixação da duração determinada tenha sido fixada na sequência de uma formação ou de estudos com o objectivo de facilitar o acesso do trabalhador à vida activa, o trabalhador seja contratado para substituir outro trabalhador, a especificidade da prestação laboral justifique a duração determinada, a duração determinada esteja relacionada com um período experimental, razões inerentes à pessoa do trabalhador justifiquem a duração determinada, o trabalhador seja remunerado através de recursos orçamentais destinados a financiar um trabalho a termo e quando o trabalhador tenha sido contratado nessa base, ou a duração determinada tenha sido fixada com base numa transacção judicial».

[956] Cfr. HARALD SCHLIEMANN & REINER ASCHEID, *Das Arbeitsrecht im BGB* (2002), cit., 581.

Neste quadro, sem prejuízo de convenção escrita em contrário, a ausência de fixação de um prazo de aviso prévio para que qualquer dos sujeitos possa fazer cessar a relação laboral, designadamente no que respeita à denúncia actuável pelo empregador, é susceptível de desformar a funcionalidade certificatória que informa o período de experiência[957]: se, à semelhança das construções empreendidas no quadro da LCCT, o período experimental será inaccionável sempre que o trabalhador tenha sido dispensado sem ter disposto da possibilidade de executar a sua prestação[958] – o que, por si, convoca reflexões, no plano político--legislativo, acerca da necessidade de fixação *ex lege* de um período mínimo de execução contratual que, mau grado a eficácia conformativa do princípio da boa fé, assegure a concretização efectiva do esforço de avaliação que ambos os sujeitos devem empreender[959]–, suscitam-se cautelas quanto à emergência de contratos sazonais (= 2 meses), sem observância de quaisquer requisitos de forma, e cuja cessabilidade imediata por parte do empregador não assegura quaisquer direitos ao trabalhador[960].

---

[957] É justamente em atenção à inexistência de qualquer funcionalidade certificatória no que à consolidação da relação diz respeito que a jurisprudência transalpina tem considerado o *patto di prova* insusceptível de aplicação no *contrato di formazione*, retendo-se que em Itália, como noutros ordenamentos (*v.g.* França), o período de experiência não é aplicável supletivamente, carecendo de estipulação adrede: CARLO CESTER, *Il rapporto di lavoro subordinato: costituzione e svolgimento, vol. II* (Diritto del lavoro: Commentario diretto da F. Carinci), 2.ª ed., Utet, Turim, 2007, 371-2 e PIETRO RESCIGNO, *Codice Civile. Tomo II* (2010), cit., 4165.

[958] Assim, com apoio jurisprudencial: GIOVANNI AMOROSO/VINCENZO DI CERBO/ARTURO MARESCA, *Diritto del lavoro. Vol. I* (2009), cit., 862.

[959] Mais: à luz do n.º 2 do art. 111.º, que obriga as partes "a agir de modo a permitir que se possa apreciar o interesse na manutenção do contrato de trabalho" (factor de objectivação da relação), intima-se o empregador a uma actuação que permita satisfazer o intento de apreciação do interesse na manutenção do contrato de trabalho, *dever* que se materializa, nomeadamente, na atribuição ao trabalhador de uma ocupação efectiva e adequada à consecução daquele fim (= comprovada falta de ocupação efectiva → disfuncionalidade da denúncia → despedimento sem justa causa). Tem sido aliás por aqui que, na medida em que o período experimental permite ao empregador apreciar o valor profissional do trabalhador, a *Cour de Cassation* vem julgando abusiva a denúncia de um contrato de trabalho formalmente acobertada no período experimental que se funde na supressão do posto de trabalho. Mais vastamente: só um motivo que seja referente à personalidade/profissionalidade do trabalhador é que pode legitimar a ruptura do contrato no período experimental, excluindo-se, destarte, qualquer motivo económico, cuja relevância, a existir, se mostra enquadrável em causa diversa de cessação do contrato de trabalho. Cfr. MICHÈLE BONNECHÈRE, *Le Droit du Travail* (2008), cit., 50, PASCAL LOKIEK & SOPHIE ROBIN-OLIVIER, "La période d'essai", RDT 2008, 257-8 e PHILIPPE NEISS, "Faut-t-il supprimer la période d'essai? La rupture du contrat de travail en période d'essai" (2010), cit., 350-1.

[960] Cabe recordar o Anteprojecto Pessoa Jorge que, no n.º 2 do art. 38.º, afastava a supletividade

Não se compreendendo que a denúncia produza a cessação imediata do contrato de trabalho sempre que este não tenha durado mais de 60 dias (período que, em França, cifra o limite aplicável *ope legis* aos trabalhadores médios[961], após o acordo interprofissional de 2008[962]), a solução legal, ao irrelevar em absoluto a duração do período experimental concretamente subjacente, possibilita que a cessação imediata do contrato de trabalho produzida pela denúncia do empregador para a generalidade dos trabalhadores[963] se processe no limite da duração de 2/3 do período experimental, sem preocupações quanto à interacção com a diversificação intra-tipológica que caracteriza a extensão operativa do instituto.

No mais, embora *de iure condendo* se possa questionar a bondade subjacente à fixação de um prazo de aviso prévio exclusivamente polarizado no elemento antiguidade ou na duração do contrato – fixação cuja rigidez colide, no plano sistemático, com a diversificação estabelecida a propósito do período experimental *per se* e que, contrariando a tendência para individualização de *sub-factis species* do contrato de trabalho, não logra atender às diferenças de intensidade da componente fiduciária, à dimensão da empresa (complexidade da organização/ efeito de substituibilidade), à variação de responsabilidades atribuídas ao trabalhador[964] ou mesmo à idade do trabalhador[965] –, o cumprimento pontual e perfeito do contrato de trabalho por parte de um trabalhador que observa o prazo de aviso prévio estabelecido *ex lege*, por mais exíguo que este seja, é inatacável: não só porque o princípio da liberdade de trabalho não pode ceder perante interesses patrimoniais do empregador, como também porque o CT, delimitando o período que o trabalhador tem para comunicar a denúncia ao respectivo empregador com vista à produção dos efeitos cessatórios, vem congraçar as expectati-

---

do período experimental, estabelecendo que "nos contratos com prazo certo ou incerto só haverá período experimental se for expressamente convencionado".

[961] Trata-se de moldura que pode ser duplicada por convenção colectiva, à semelhança do que se prevê para o período legal de três meses para os técnicos e de quatro meses para os quadros especialmente qualificados. Cfr. MICHEL MINÉ & DANIEL MARCHAND, *Le droit du travail en pratique* (2012), cit., 148-9.

[962] Tratamos do *Accord National Interprofessionnel* (ANI), de 23.07.08, destinado à modernização do mercado de trabalho, publicado no Jornal Oficial de 25.07.08.

[963] Cfr. al./a do n.º 1 do art. 112.º.

[964] Em Espanha, para o pessoal de alta direcção, o RD 1382/1985, de 01.08, estabelece um prazo de aviso prévio de três meses, que pode ser alargado até seis meses, conquanto haja acordo por escrito e o contrato seja celebrado por tempo indefinido ou tenha uma duração superior a cinco anos. Cfr. GONZÁLEZ-PUMARIEGA, *Extinción de las relaciones laborales especiales*, Civitas, Pamplona, 2007, 47.

[965] Como já assinalava RAÚL VENTURA, "Extinção das relações jurídicas de trabalho" (1950), cit., 291, "a circunstância de o contrato ter durado certo tempo não tem reflexo necessário sobre a facilidade de colocação do trabalhador e muito menos de substituição dele para a empresa".

vas subjacentes, não podendo ser descosturado com base num simples interesse estabilizador do contrato, interesse que, à luz do que vem de ser dito, sobrepujaria o direito liberatório do trabalhador (= consideração da não atribuição ao empregador de um direito subjectivo em vista do não ferimento de um direito liberatório, mais qualificado, do trabalhador), ainda que, em todo o caso, e em momento algum, se questione a eficácia da denúncia, mas, tão somente, o revestimento jurídico a tributar às consequências do seu exercício, com vista a uma eventual responsabilização do exercente.

e) Do abuso de direito

5. A denúncia, enquanto forma de extinção do contrato que se processa através de uma declaração unilateral receptícia[966], e que tanto pode servir para *impedir a prossecução da vigência de um negócio jurídico continuado* como para obstar à *não renovação por outro período de um acordo*[967], conforma significativamente a execu-

---

[966] *I.e.*, torna-se eficaz quando é levada ao conhecimento da contraparte ou chega ao seu poder em condições de ser conhecida: art. 224.º do CC. Exigindo o art. 400.º do CT que a comunicação seja feita por escrito, trata-se, contudo, de formalidade *ad probationem*, conforme já decidiu o Supremo: Ac. STJ de 20.02 2008 (VASQUES DINIS), proc. n.º 3529/07. Cuida-se, também aqui, de atender à diferença de posição entre os sujeitos, aos valores coenvolvidos e às dissemelhanças no plano da cessação do contrato: como aí se lê, "o trabalhador não pode ser forçado a continuar a prestar trabalho contra a sua vontade, independentemente do modo como tal vontade se tenha manifestado (...); por isso, não tem sentido exigir-se para a validade e eficácia da declaração de denúncia que esta seja produzida e veiculada por escrito". Importando ter presente as coordenadas contidas no art. 236.º do CC – (i) interpretação objectivista ou normativa da declaração negocial, segundo a "teoria da impressão do destinatário" e (ii) interpretação segundo a vontade real do declarante quando o declaratário tenha conhecido essa vontade –, o importante é que a denúncia exercida pelo trabalhador, independentemente da forma, substancie uma vontade inequívoca de desvinculação, não deixando folga para outro entendimento razoável. O que significa, à luz do art. 220.º do CC, que, topando-se com uma irregularidade na hipótese de a comunicação não revestir forma escrita, se está perante uma outra sanção que não a nulidade, sendo a denúncia válida e eficaz. Embora, nesse caso, assim se verifique um pedido de indemnização por parte do empregador por inobservância do prazo de aviso prévio, a prova admitida se confine à "confissão expressa, judicial ou extrajudicial" (n.º 2 do art. 364.º do CC), a dissociação entre a falta de forma descrita e a eficácia do acto de denúncia é um corolário do regime desenhado para o abandono do trabalho (onde nem sequer há comunicação da denúncia) e também uma decorrência do enquadramento relativo à ausência de aviso prévio, cujos efeitos são estritamente patrimoniais. Trata-se, em fundo, de uma consequência regimental do princípio da liberdade de trabalho, cuja efectividade axiológica dificilmente deixa margem para a admissão de outra solução que não seja a do reconhecimento da validade e da eficácia de uma denúncia que inobserve a forma prescrita na lei.

[967] Seguimos PEDRO ROMANO MARTINEZ, *Direito do Trabalho* (2010) cit., 800. No sentido de que a figura da denúncia não se esgota na declaração unilateral receptícia feita no âmbito de contratos duradouros celebrados por tempo indeterminado, e abrange também o acto que consubstancia a

ção do contrato de trabalho, assumindo uma latência funcional que está para dos efeitos cessatórios que o seu exercício produz.

Se em casos-limite a demissão do trabalhador pode representar, *uma arma intimidante,* porventura *terrífica*[968], a possibilidade de o trabalhador pôr termo à relação representa um freio importante quanto ao exercício dos poderes do empregador, susceptível de modelar a efectivação das condições de trabalho.

Este direito potestativo substancializa-se em aspectos como a gestão do tempo de trabalho, a marcação do período de férias ou a mudança de categoria profissional e, num outro plano, é um instrumento relevante de salvaguarda de direitos de personalidade essenciais.

É certo que se, no exercício do seu poder de direcção, o empregador actuar disfuncionalmente, o trabalhador pode, por princípio, resolver o contrato com justa causa, não sendo prisioneiro da relação.

Tratando-se de uma faculdade que em qualquer tipo contratual corresponde a um imperativo de ordem pública, insusceptível de disposição contratual preclusiva[969] – pois as partes não podem renunciar antecipadamente a tal faculdade resolutiva, típica das relações obrigacionais duradouras[970] –, há todavia dois aspectos que emprestam à cessabilidade *ad nutum* por parte do trabalhador uma valia conformativa no desenvolvimento do poder de direcção por parte do empregador e na forma como a relação duradoura substanciada pelo contrato é executada: de um lado, e tratamos da resolução *ex iusta causa,* exige-se que o comportamento do empregador seja ilícito e culposo e torne, em razão da sua gravidade e consequências, imediata e praticamente impossível a subsistência da relação de trabalho, postulado que, por definição, não cobre todas as actua-

---

oposição à renovação automática nos contratos celebrados por tempo determinado, *vide* INOCÊNCIO GALVÃO TELLES, "Contrato duradouro com termo final", CJ 1986, T. III, 20, JOÃO BAPTISTA MACHADO, "Anotação ao Acórdão do Supremo Tribunal de Justiça, de 8 de Novembro de 1983", RLJ 1986, n.ºs 3738-3740 (ano 118.º), 276, JOÃO ANTUNES VARELA, *Das Obrigações em geral,* Vol. II (1997), cit., 280-1 e JORGE RIBEIRO DE FARIA, *Direito das Obrigações,* Vol. II (1990), cit., 337. Em sentido diverso, mais restritivo, FERNANDO PESSOA JORGE, *Lições de Direito das Obrigações* (1976), cit., 212, JANUÁRIO COSTA GOMES, *Em Tema de Revogação do Mandato Civil,* Almedina, Coimbra, 1989, 74 e ss. ou ANTÓNIO MENEZES CORDEIRO, *Direito das Obrigações, Vol. II,* AAFDL, Lisboa, 1994, 166.

[968] As palavras são de BERNARDO LOBO XAVIER, *O despedimento colectivo no dimensionamento da empresa* (2000), cit., 16. O Autor alude, a par dos artistas famosos, à situação dos "cracks desportivos", impostando a questão no domínio mais vasto dos "profissionais dificilmente substituíveis".

[969] Assim, no que ao contrato de trabalho diz respeito, por exemplo: JACQUES DUPLAT, "Clause de garantie d'emploi et licencement", RJS 2009, n.º 1, 24.

[970] JOÃO BAPTISTA MACHADO, "Do princípio da liberdade contratual – Anotação: Acórdão de 7 de Dezembro de 1983" (1991), cit., 669 e 673.

ções ilícitas ou disfuncionais do empregador[971]; do outro, recai, nos termos do n.º 1 do art. 342.º do CC, sobre o autor-trabalhador o ónus de fazer a prova dos factos que fundamentam aquele juízo, contexto em que a geração de dúvidas acerca dos mesmos é, nos termos conjugados do n.º 1 do art. 342.º do CC e do n.º 1 do art. 414.º do CPC, resolvida contra o autor-trabalhador que fez actuar o direito de resolução[972].

Estando-se na presença de factores susceptíveis de refrear a actuação do direito resolutivo[973], o direito de denúncia, enquanto direito potestativo, remanesce assim como garantia contra o alvedrio, postando-se como um *quid* que parametriza a execução do contrato de trabalho em conformidade com especiais deveres de boa fé e razoabilidade.

Por isso, os termos em que no plano do Código do Trabalho o direito à livre desvinculação se coloca, bem como os limites que a este podem ser estabelecidos, são inspirados pelo princípio geral vertido na Subsecção da Secção VII do Capítulo I, que, sustentando a liberdade de trabalho, apenas admite as excepções legalmente tipificadas.

O que significa, de acordo com o *singularia non extenda*, que só por via de um pacto de permanência o direito à livre demissão do trabalhador pode ser afastado, ou melhor, associado ao pagamento de uma indemnização ao empregador (*nuda pactio obligationem non parit*).

Esta natureza restritiva que coenvolve as limitações da liberdade de trabalho não implica, porém, que, *ope exceptionis*, o princípio da boa fé não possa impor a responsabilização do trabalhador sempre que venham a ser causados danos ao empregador.

---

[971] Ocorrendo justa causa, o trabalhador pode fazer cessar imediatamente o contrato (n.º 1 do art. 394.º), exigindo-se a verificação de um nexo de causalidade entre aquele comportamento e a insubsistência da relação laboral, quadro igualmente válido em Itália, face ao art. 2119 do *Codice Civile* [Massimo Rocella, *Manuale di Diritto del Lavoro* (2010), cit., 429]. Sobre o regime português, com justificadas críticas no que se refere à aproximação do regime da resolução com justa causa à do despedimento disciplinar que foi introduzida pelo CT2003, uma vez que no primeiro caso se cuida da protecção da estabilidade de emprego, ao passo que na actuação do direito resolutivo se encontram já coenvolvidos os princípios da liberdade de trabalho e da liberdade pessoal do trabalhador, v. M.ª Rosário Palma Ramalho, *Direito do Trabalho. Parte II* (2010), cit., 1008 e ss..

[972] Por exemplo: Ac STJ de 11.07.2012 (Pinto Hespanhol), proc. n.º 1861/09.3TTLSB.L1.S1.

[973] Sobre o ponto, referindo que "l'effectivité de ce droit de rompre sans délai le contrat de travail est fortement nuancée par le risque auquel s'expose le salarié qui y recourt", v. Nicolas Collet-Thiry, "Le préavis de prise d'acte: le risqué disproportionné encouru par le salarié usant de son droit de provoquer une rupture immédiate", Dr. ouvrier 2012, n.º 771, 626 e, perante um caso de alegado *mobbing*, v. Robert Restelli, "La denuncia contro il datore di lavoro, tra uso e abuso del diritto: un caso di mobbing al contrario", RIDL 2004, n.º 1, 125-131.

Se, por princípio, a associação da antecedência do pré-aviso a um período de duração considerado *a priori* razoável traduz uma lógica compromissória quanto aos direitos dos sujeitos laborais[974], a figura do abuso de direito, superadas as consequências do individualismo, pode ser chamada a intervir[975]: é ilegítimo o exercício de um direito quando o titular exceda manifestamente os limites impostos pela boa fé, pelos costumes ou pelo fim social ou económico desse direito[976].

A boa fé funciona assim como mecanismo privilegiado de efectivação de coordenadas fundamentais do direito, a par do conceito de ordem pública e dos bons costumes, com o abuso de direito a permear uma "constelação de situações típicas em que o Direito, por exigência do sistema, entende deter uma actuação que, em princípio, se apresentaria como legítima"[977].

Assumindo-se como teorema que os direitos fundamentais não são, por natureza, ilimitados e têm de ser exercidos em conformidade com as exigências da *boa fé*[978], deste princípio promana uma obrigação geral de desenvolvimento

---

[974] Identicamente: Massimo Rocella, *Manuale di Diritto del Lavoro* (2010), cit., 427-8, cabendo salientar que a natureza compromissória, no que ao trabalhador se refere, atina com a duração do prazo de aviso prévio e com a inerente implicação da sua permanência, tratando-se, em rigor, de uma limitação à liberdade de trabalho. É aliás neste contexto que M.ª Rosário Palma Ramalho, *Direito do Trabalho. Parte II* (2010), cit., 1005, alude à admissão da denúncia em moldes "relativamente incondicionados".

[975] Cfr. Philippe Stoffel-Munck, *L'abus dans le contrat. Essai d'une théorie*, LGDJ, Paris, 2000, 548. Pressupondo o abuso de direito a existência de um direito subjectivo, o mesmo apenas se verifica quando o titular exorbita dos fins próprios do mesmo ou do contexto em que o mesmo é exercido, na interpretação que hoje se faz da al./3 do art. 1134 do *Code Civil*. Esse excesso, no entanto, tem de ser claro e manifesto, constituindo clamorosa ofensa ao sentido jurídico socialmente dominante, já que a *faute*, que traduz um misto de culpa e ilicitude, tende a cobrir uma multiplicidade de manifestações (ex: actos emulativos) que, no direito pátrio, ficam sob a alçada do art. 334.º do CC. Ainda: Yvaine Buffelan-Lanore & Virgine Larribau-Terneyre, *Droit Civil. Deuxième année – Les obligations* (2.ª ed.), Dalloz, Paris, 2008, 491.

[976] António Menezes Cordeiro, "Do abuso do direito: estado das questões e perspectivas", *Estudos em Homenagem ao Professor Doutor António Castanheira Neves*. Vol. II, Coimbra Editora, Coimbra, 2009, 125-6.

[977] Ainda António Menezes Cordeiro, "Do abuso do direito: estado das questões e perspectivas" (2009), cit., 132. Não cabendo, no âmbito da presente investigação, dissecar se o abuso de direito é um afloramento do princípio da boa fé ou se é um *regula agendi* autonomizável, remete-se, em ilustração, e para lá do texto acabado de citar, para o debate explicitado em Joaquim de Sousa Ribeiro, *O Problema do Contrato. As Cláusulas Contratuais Gerais e o Princípio da Liberdade Contratual* (1999), cit., 505 e Manuel Carneiro da Frada, *Teoria da Confiança e Responsabilidade Civil*, Almedina, Coimbra, 2004, 850 e ss..

[978] O art. 762.º do CC dispõe, no seu n.º 2, que, no cumprimento da obrigação, assim como no exercício do direito correspondente, devem as partes proceder de boa fé, à qual se ligam as ideias de

de todos os direitos que pontuam as obrigações advenientes da relação contratual (que tanto pode ser de natureza positiva quanto abstensiva), cuja violação, sem prejuízo da "correspondência presumida entre o poder jurisgénico estruturalmente considerado e o poder jurisgénico funcionalmente autorizado"[979], fere de ilicitude ou torna abusivo o exercício de direitos que ultrapassem a sua esfera de protecção, independentemente da sua atinência com a execução ou a desvinculação do contrato de trabalho.

A *causa-função complexa* do contrato de trabalho postula, assim, um atendimento a todo um conjunto de acordos firmáveis e comportamentos adoptáveis pelos sujeitos, elementos que, permitindo desclipsar o feixe de prestações organizadas em torno da relação laboral, vão interagir com a apreciação da indemnidade do objectivo que presidiu à respectiva vinculação e à forma como os direitos, mesmo os que se predestinam à extinção da relação, são exercidos[980], lastro que, conhecendo no art. 441.º um importante afloramento[981], encontra arrimo juslaboral específico no n.º 1 do art. 126.º: o empregador e o trabalhador, no cumprimento das respectivas obrigações, assim como no exercício dos correspondentes direitos, devem proceder de boa fé, qualquer que seja a sua incidência sobre a relação.

Bastará, pois, neste contexto, pensar em situação em que a denúncia surge na *véspera* de um período em que as encomendas atingem o seu auge (por exemplo, no quadro do período experimental[982]), ou cogitar uma denúncia exercida pelo trabalhador que incentivou o empregador à realização de um investimento/início de uma nova actividade, sendo que a desvinculação, justaposta ao limite do aviso prévio de 30 dias previsto para os trabalhadores com menos de

---

fidelidade, lealdade, honestidade e confiança na realização e no cumprimento dos negócios jurídicos, ideário que, sendo recebido no universo laboral, limita, como faz notar GARCIA VIÑA, *La buena fe en el contrato de trabajo*, CES, Madrid, 2001, 82-3, o exercício de qualquer direito fundamental.

[979] ORLANDO DE CARVALHO, *Teoria Geral do Direito Civil* (1981), cit., 60.

[980] Veja-se, por exemplo, OLAF MÜLLER & PETER RIELAND, *Arbeitsrecht: Tipps und Taktik* (2006), cit., 148-9 ou WOLFGANG DÄUBLER, *Arbeitsrecht – Ratgeber* für Beruf, Praxis und Studium (6.ª ed.), Bund-Verlag, Francoforte sobre o Meno, 2006, § 785, 231.

[981] O preceito, que tem como epígrafe "(e)xercício de direitos", estabelece no n.º 1 que "(o) membro de estrutura de representação colectiva dos trabalhadores não pode, através do exercício dos seus direitos ou do desempenho das suas funções, prejudicar o normal funcionamento da empresa" e, no n.º 2, que "(o) exercício abusivo de direitos por parte de membro de estrutura de representação colectiva dos trabalhadores é passível de responsabilidade disciplinar, civil ou criminal, nos termos gerais".

[982] Em hipótese inversa, no Ac. Rl. Pt. de 11.02.1999 (LEITÃO SANTOS), proc. 0225684, entendeu-se que uma empresa que "despede o trabalhador dentro do prazo experimental de 60 dias cai numa situação próxima da do abuso de direito".

dois anos de antiguidade, se processa no momento em que aqueles eventos se encontram prestes a ser iniciados, visando causar maliciosamente um dano ao empregador[983].

Não sendo, por regra, possível adaptar ou conformar contratualmente o prazo de aviso prévio às circunstâncias que vivificam a situação laboral[984] – ao contrário do que genericamente sucede na Alemanha[985], em Espanha[986] ou em França[987] –, ainda na mesma linha de equação, se poderão ser nutridas dúvidas quanto à denúncia exercida pelo trabalhador que, além de ter recebido uma dispendiosa qualificação profissional, surge a exercer o acto desvinculativo logo após o gozo de férias e a percepção do respectivo subsídio[988], a laboralização pela boa fé parece tolher que um basquetebolista, agora no quadro do período expe-

---

[983] Nestes termos, v. também ALVAREZ DE LA ROSA, *Pactos indemnizatórios en la extincion de contrato de trabajo*, Civitas, Madrid, 1990, 47.

[984] Dizemos por regra, uma vez que o n.º 2 do art. 400.º abre espaço para o aumento do prazo de aviso prévio através de IRCT ou de contrato de trabalho apenas e tão só relativamente a trabalhadores que ocupem *cargos de administração ou direcção* ou exerçam *funções de representação ou de responsabilidade* e conquanto não se ultrapasse o limite de seis meses, embora o n.º 2 do art. 339.º, afastando a sua estipulabilidade individual, permita, contudo, a regulação do prazo de aviso prévio através de convenção colectiva.

[985] O § 622 (6) do BGB viabiliza um aumento do prazo por instrumento de regulamentação colectiva e também através de negociação individual, desde que o prazo contratualmente previsto para e pelos sujeitos seja idêntico; é também possível que o contrato individual estabeleça um prazo inferior a quatro semanas de aviso prévio mediante a verificação de determinadas condições e só para os contratos de substituição, bem como para as pequenas empresas. Cfr. HARALD SCHLIEMANN & REINER ASCHEID, *Das Arbeitsrecht im BGB: Kommentar* (2002), cit., 732-740.

[986] Não prevendo a lei qualquer prazo de aviso prévio, este é fixado por convenção colectiva de trabalho ou através dos usos, conforme previsão do art. 49.1.d) do ET: CRUZ VILLALÓN, *Estatuto de los Trabajadores Comentado* (2003), cit., 634-5.

[987] Como faz notar JEAN MOULY, *Droit du Travail* (2008), cit., 177, com excepção da fixação contida nos arts. 751.5 e 761.4 do *Code du Travail* para determinada categoria de trabalhadores, o prazo é fixável por convenção colectiva, pelo contrato de trabalho ou pelos usos. Contudo, no que ao contrato de trabalho diz respeito, estando o prazo de aviso prévio fixado por lei ou convenção colectiva, não há margem para o contrato de trabalho dispor sobre a sua fixação, ainda que em sentido mais favorável ao trabalhador. Cfr. PAUL-HENRI ANTONMATTEI, *Les clauses du contrat du travail*, (2010), cit., 71.

[988] Inserindo este núcleo de situações no grupo dos "excessos de laboralização", para o que se haverá de "opor um controlo pelo sistema, veiculado pela boa fé", veja-se ANTÓNIO MENEZES CORDEIRO, "Direito do Trabalho e Cidadania" (2001), cit., 35-6. Para o Autor "é estranho que o trabalhador, contratado em Junho dum ano, e que tenha percebido, nesse mesmo ano, todos os subsídios e férias previstos na lei, se possa despedir, para aceitar melhor lugar, em Janeiro do ano seguinte, percebendo um mês de subsídio de férias e um mês de férias pagas e isso, para mais, estando ao serviço de uma empresa familiar. Não havendo outra solução técnica, impõe-se o abuso de direito". Em sentido parecido, com exemplo aparentado, mas perspectivando a situação sob o signo das

rimental[989], surja, em *intra league jumping*, a exercer a denúncia após o empregador ter pago uma avultada verba a um outro clube pela sua *transferência*[990].

Estando-se, no que respeita à desvinculação do basquetebolista, perante um outro modelo normativo (RCTD), e ainda que hermeneuticamente o referencial normativo tenha de ser o catálogo rico e complexo das normas e princípios que compõem o desenho de cada modelo laboral – como nota CARLO BEDUSCHI, os tipos funcionam como uma forma de racionalidade que não trabalha sobre conceitos, mas que os instaura, criando as premissas do sistema[991] –, a situação mostra-se todavia adequada à densificação do núcleo essencial do critério valorativo cuja aplicação possibilitará em cada situação concreta a resposta à *delimitação conforme* da denúncia, viabilizando, assim, a "objectivação do seu concreto e específico sentido problemático-jurídico"[992].

O art. 334.º do CC prefigura uma "disposição legal que, à semelhança do § 242 do BGB alemão, remete para o sistema e para a ciência do Direito, confiando ao intérprete-aplicador a tarefa do seu adensamento"[993].

O pressuposto é o de que o trabalhador exerce a sua faculdade de extinção do contrato de acordo com a finalidade jurídica que justifica essa atribuição (finalidade liberatória, em actuação do princípio da liberdade de trabalho) e o de que esse exercício é axiologicamente conforme ao sistema que o permite[994].

Não o fazendo, incorre em abuso de direito, cuja proibição se posta como um limite à forma como se produz a extinção do contrato[995].

---

cláusulas de reembolso *ex facto*, v. WOLFGANG DÄUBLER, *Arbeitsrecht – Ratgeber* für Beruf, Praxis und Studium (2006), cit., 231.

[989] Veja-se o art. 11.º do RCTD, cuja interpretação mais razoável vai no sentido do funcionamento *ope legis* do período experimental, que é a regra-geral no nosso ordenamento laboral.

[990] Transferência que, neste conspecto, tanto pode operar por via de uma cessão da posição contratual, quanto por um complexo tríptico negocial: acordo *inter-clubes*, revogação do contrato de trabalho desportivo e celebração de um contrato de trabalho desportivo com outra entidade empregadora desportiva.

[991] CARLO BEDUSCHI, *Tipicitá e Diritto* (1992), cit., 8.

[992] As palavras são de ANTÓNIO CASTANHEIRA NEVES, *Metodologia Jurídica* (1993), cit., 159.

[993] ANTÓNIO MENEZES CORDEIRO, "Do abuso do direito: estado das questões e perspectivas" (2009), cit., 169.

[994] BERNADETTE LARDY-PÉLISSIER, "Obligation de loyauté du salarié et liberte du travail. Soc. 9 décembre 2009, n.º 08-41.213", RDT 2010, 165.

[995] Em geral: RICHARD STONE, *The Modern Law of Contract* (8.ª ed.), Routledge, New York, 2009, 84 e ss. Ainda sobre a aplicação do abuso de direito a toda e qualquer forma cessação do contrato de trabalho, independentemente do sujeito que a promove, v. GILBERT DEMEZ, "Droit au travail et motivation du licenciement", *Quelques propos sur la rupture du contrat de travail: hommage à Pierre Blon-*

Embora o instituto se efective "quando o direito legítimo (razoável) em princípio, é exercido, em determinado caso, de maneira a constituir clamorosa ofensa do sentido jurídico socialmente dominante; e a consequência é a de o titular do direito ser tratado como se não tivesse tal direito"[996], não se cuida, *in casu*, de obstar à produção de efeitos da denúncia ou de paralisar a desvinculação perpetrada. A desvinculação do trabalhador, em razão do princípio da liberdade de trabalho, é eficaz e o contrato de trabalho cessa[997].

Contudo, se a atribuição de conteúdo útil à proibição do abuso de direito encontra nas regras gerais sobre responsabilidade civil tutela adequada, é todavia claro, e porque se trata de um direito exercido em conformidade com o princípio da liberdade de trabalho, que o instituto tem de ser objecto de aplicação criteriosa[998], entrando-se num campo em que, para lá da definição dos limites operativos do princípio da boa fé, se suscita o problema da sua internalização no âmbito das relações de trabalho e da respectiva projecção intra-sistemática.

Nesse âmbito, temos para nós que a reprovabilidade acerca da conduta do trabalhador traz consigo o conceito de boa fé subjectiva e ética e postula a pro-

---

diau, Anthemis, Louvain, 2008, 156 e LAURENT DEAR & STEVE GILSON, "Le droit de démission. Quelques questions controversées" (2008), cit., 2008, 14.

[996] ADRIANO VAZ SERRA, "Abuso de Direito: em matéria de responsabilidade civil", BMJ 1959, n.º 85, 253 e ANTÓNIO MENEZES CORDEIRO, *Da Boa Fé no Direito Civil* (1997), cit., 665 e ss.. Como é evidente, a tutela da boa fé, por mor da preponderância de determinados interesses, encontra-se excluída em certas zonas – caso da regulação incidente sobre incapacidades, em que a confiança na capacidade da contra-parte não é tutelada.

[997] Como faz notar ANTÓNIO MONTEIRO FERNANDES, *Direito do Trabalho* (2004), cit., 607 [=*Direito do Trabalho* (2012), cit., 528], "o elemento pessoalidade, que só pode considerar-se característico da posição assumida pelo trabalhador com base no contrato, actua aí no sentido da eliminação de quaisquer obstáculos legal à eficácia da vontade desvinculatória por ele manifestada". De resto, o art. 334.º do CC concede ao intérprete larga margem para, em função das circunstâncias do caso concreto, estabelecer as consequências do abuso do direito, afastando-se, em geral, a ineficácia como consequência inexorável de acto de desvinculação que seja considerado abusivo, apartando-se, *hoc sensu*, a ilicitude da ineficácia. Cfr., entre outros, COUTINHO DE ABREU, *Do Abuso de Direito* (2006), cit., 76 e ss. ou PEDRO PAIS DE VASCONCELOS, *Teoria Geral do Direito Civil* (2010), cit., 276 e ss..

[998] Cfr. LAURENT DEAR & STEVE GILSON, "Le droit de démission. Quelques questions controversées" (2008), cit., 144. Entre nós, admitindo, na sequência de Renata Altavilla, que a liberdade de rescisão do trabalhador – que no caso quer significar denúncia – possa estar sujeita ao limite geral do abuso de direito, considerando, todavia, uma tal hipótese praticamente académica, cfr. JÚLIO VIEIRA GOMES, "Da Rescisão do Contrato de Trabalho por Iniciativa do Trabalhador" (2003), cit., 132 e, também, há mais de meio século, em repúdio do *qui suo iure utitur neaminem laedit*, RAÚL VENTURA, "Extinção das relações jurídicas de trabalho" (1950), cit., 273.

dução de um dano excessivo, sendo a partir desse resultado que se determina a antijuridicidade da denúncia do trabalhador[999].

Trata-se, aqui, da perspectivação do carácter abusivo da denúncia pelo prisma da responsabilidade civil, com a sua subordinação a um entendimento moral do abuso do direito de denúncia e a exigência de um elemento subjectivo, traduzido na consciência e na vontade de o trabalhador em lesar o empregador[1000], afastando-se, *hoc sensu*, a objectivação do instituto e a sua independência em relação à culpa do trabalhador ou a um específico elemento subjectivo que, em arco dogmático genérico, amparam, de forma alargada, a sua aplicação juscientífica[1001] e que conhecem na desproporção no exercício da faculdade de cessar um vínculo um importante corolário[1002].

Se, por regra, os elementos subjectivos são irrelevantes para indagar da disfuncionalidade do exercício de posições jurídicas – cuidando-se, pois, de elementos que actuam em fase ulterior, *i. e.*, para definir as consequências do abuso de direito –, no caso a aplicação exúbere e estritamente civilística do instituto do abuso de direito, designadamente no que se refere à sua composição objectiva, curto-circuitaria o sentido e o alcance do princípio da liberdade de trabalho reflectidos na concessão do direito de denúncia e, com desapego às coordenadas re-equilibrantes da posição dos sujeitos, potenciaria o surgimento de soluções ressarcitórias que, embora consentâneas com a base jurídico-positiva do art.

---

[999] RODRIGUEZ SANTOS, *La extinción de la relación laboral por dimisión del trabajador*, Tiran lo Blanch, Valência, 2007, 347. Também neste sentido, perante o art. L. 1237-2 do *Code du Travail* – "la résiliation d'un contrat à durée indéterminée, à l'initiative du salarié, ouvre droit, si elle est abusive, à domnage intérêts" –, veja-se a jurisprudência sinalizada por JEAN PÉLISSIER/ALAIN SUPIOT/ANTOINE JEAMMAUD, *Droit du Travail* (2008), cit., 535 e, na Alemanha, à luz do § 242 BGB, OLAF MÜLLER & PETER RIELAND, *Arbeitsrecht: Tipps und Taktik* (2006), cit., 148-9.

[1000] O que significa, em larga medida, o acolhimento da delimitação vectorial do abuso de direito acolhida na primeira revisão à alteração ministerial do anteprojecto Vaz Serra de que "(o) exercício de um direito, com a consciência de lesar outrem através de factos que contrariem os princípios éticos fundamentais do sistema jurídico, obriga a indemnizar os danos directa ou indirectamente causados". Cfr. BMJ 1961, n.º 107, 129.

[1001] Uma vez que o art. 334.º do CC acolhe uma concepção objectiva do abuso de direito, segundo a qual não é necessário que o titular do direito actue com consciência de que excede os limites impostos pela boa-fé, pelos bons costumes ou pelo fim económico ou social do direito ou com um *animus nocendi*, bastando que tais limites sejam e se mostrem ostensiva e objectivamente excedidos. É assim que ANTÓNIO MENEZES CORDEIRO, "Direito do Trabalho e Cidadania" (2001), cit., 36, em sustentação do controlo da laboralização pela boa fé, parece, se bem vemos, sustentar um controlo pelo sistema não atível à boa fé subjectiva.

[1002] Sobre o "exercício em desequilíbrio", por exemplo: PEDRO PAIS DE VASCONCELOS, *Teoria Geral do Direito Civil* (2010), cit., 667 e ss..

334.º do CC, não confluiriam no sistema laboral em que o direito de denúncia se integra, apagando a conjugação qualificativa do Direito do trabalho como direito dos trabalhadores e como direito social[1003] e atrofiando o pendor histórico-civilizacional do princípio da liberdade de trabalho.

Estando-se, assim, perante um quadro que está para lá da simples frustração das expectativas do empregador – que faz apelo a um pensamento metodológico orientado a valores sem operar qualquer ruptura com o instrumentário jus-conceptual do sistema e que se adscreve à partilha de riscos defluente do tipo laboral de frequência média –, a exigência atinente à produção de um dano excessivo tem a função de afastar deste cerco situações em que a denúncia provoca um dano ao empregador, mas cuja verificação se contém nas margens de previsibilidade subjacentes a qualquer acto desvinculativo exercido pelo trabalhador[1004].

Considerando que *lá onde falha o dano excessivo, falha a natureza abusiva da denúncia*, importa ademais estreitar os termos em que responsabilização do trabalhador sequente à sua qualificação abusiva pode operar, exigindo-se a verificação de um elemento interno: a vontade de causar danos ao empregador[1005].

Este *animus nocendi*, que se traduz num *dolose agere* ou na consecução de estratégias *perlocutivas* ou *astuciosas*[1006], não tem, todavia, que ser absoluto, bastando que coexista com outra finalidade ou com outro interesse. Em ilustração: se o trabalhador recebe uma oferta de trabalho aliciante, sabendo que a sua desvinculação é susceptível de causar danos ao empregador, a protecção dos interesses económicos do empregador não tem densidade bastante para, *per confrontatio-*

[1003] Sobre este entendimento conjuntivo, ainda: M.ª ROSÁRIO PALMA RAMALHO, *Da Autonomia Dogmática do Direito do Trabalho* (2000), cit., 255-6.
[1004] MIGUEL RODRÍGUEZ PIÑERO/BRAVO FERRER/FERNÁNDEZ LÓPEZ, *La voluntad del trabajador en la extinción del contrato de trabajo*, La Ley-Actualidad, Madrid, 1998, 57. Cumpre, em todo o caso, ter presente que o n. 2 do art. 7. do Código Civil espanhol, relativo à "proibição de abuso de direito", tem um âmbito aplicativo mais estreito que o do art. 334.º do Código português, incorporando na sua *factis species* elementos subjectivos específicos, que, sendo próximo do Anteprojecto Vaz Serra, suscita de há muito críticas quanto à inviabilização de uma construção sistemicamente unitária do instituto: FERREIRA RUBIO, *La buena fe. El principio general en el Derecho civil*, Editorial Montecorvo, Madrid, 1984, 92 e ss..
[1005] Em bases semelhantes: JORGE LEITE, *A extinção do contrato de trabalho por iniciativa do trabalhador* (1990), cit., 87. Ainda sobre a utilidade das várias modalidades de dolo para ordenar a jurisprudência sobre má fé, ANTÓNIO MENEZES CORDEIRO, *Da Boa Fé no Direito Civil* (1997), cit., 435 e ss..
[1006] Utilizamos a expressão de JOÃO BAPTISTA MACHADO, «Tutela da Confiança e "Venire Contra Factum Proprium"», *Obra dispersa, Vol. I*, Scientia Ivridica, 1991, 350.

nem, suster o exercício da sua liberdade de trabalho, associando o exercício da denúncia a uma conduta desvaliosa[1007].

Porém, e uma vez que a boa fé abrange o comportamento dos contraentes considerado na sua intrínseca coerência e totalidade, se nesta hipotização o trabalhador aproveita o momento mais inoportuno para se desvincular – estando, por exemplo, a empresa em fase produtiva crucial –, sabendo de antemão que essa conjunção de factores determina a causação de danos adicionais ao empregador, há espaço para a invocação do abuso de direito[1008] e para a sua responsabilização civil.

Não será assim, contudo, se a desvinculação for estritamente motivada pela aceitação de uma proposta de empresa que opera em mercado concorrencial idêntico, uma vez que esta conduta não pode ser considerada *a priori* abusiva, ainda que da mesma resultem danos para o empregador: a liberdade de trabalho não consente que o trabalhador recebendo proposta laboral mais vantajosa se veja impedido de a aceitar com base no princípio da boa fé[1009], sob pena, de para lá de uma obrigação de permanência obliquamente forjada, se prefigurar também, à margem do que o art. 137.º, uma obrigação de não concorrência e de, como pano de fundo, se atribuir à dimensão jurisgénica do princípio da boa fé uma vocação adstringente que comporta a validação de restrições desproporcionadas a princípios indesligáveis do conceito de trabalho livre.

Voltaremos ao assunto a propósito dos pactos de não concorrência, cabendo para já referir que o juízo de desvalor acerca da conduta do trabalhador, a existir, é determinável *ex post*, não atinando com a denúncia *per se*, e processa-se através da aplicação do art. 318.º do CPI, cujo critério valorativo apela a que "os agentes económicos no processo de captação de clientela, em competição com os seus concorrentes, devem agir com honestidade, correcção e consideração, não só

[1007] BERNADETTE LARDY-PÉLISSIER, "Obligation de loyauté du salarié et liberté du travail. Soc. 9 décembre 2009, n.º 08-41.213" (2010), cit., 165.

[1008] Sobre a aplicação do abuso do direito, ainda que não consagrado legalmente, *vide* ANTÓNIO CASTANHEIRA NEVES, *Questão-de-facto-questão-de-direito ou o problema metodológico da juridicidade (Ensaio de uma reposição crítica) I – A crise* (1967), cit., 522 e ss., considerando como tal todo o comportamento que, não contendendo com a estrutura formal-definidora de um direito, "(...) viole ou não cumpra, no seu sentido concreto-materialmente realizado, a intenção normativa que materialmente fundamenta e constitui o direito invocado (...)"(524), figura que, sobrepassando a pura lógica jurídica, faz apelo a uma "intenção axiológica-normativa" (527).

[1009] Aludindo ao direito de aceitar um outro emprego como um corolário da liberdade de trabalho, cfr. JEAN-PIERRE LE CROM, "La liberté du travail en droit français. Essai sur l'évolution d'une notion à usages multiples" (2006), cit., 146.

pelos seus competidores, como também com os consumidores, o que mais não é do que agir com boa fé"[1010].

Com a intenção de prejudicar a ter de ser provada pelo empregador – bastando, *prima facie*, a demonstração de que as circunstâncias subjacentes à denúncia permitem inferir um comportamento abusivo por parte do trabalhador, direccionado à perturbação do funcionamento da empresa, prova a realizar conjuntamente com a que se refere aos danos sofridos em função dessa circunstância[1011] –, o que vai de ser dito, importará renotá-lo, não implica que a denúncia deva *essere coerente com la causa del contratto*[1012] na perspectiva de se guindar a pressuposto da sua legitimação o decurso de um período contratual razoável, que garanta "a amortização e recuperação dos investimentos realizados"[1013] e que tutele, por essa via, uma expectativa de continuidade por parte do empregador que esteja para lá da duração determinada pela possibilidade de denúncia e, sobretudo, pela economia de riscos associada a uma relação de trabalho livre.

A transposição desta via interpretativa, produzindo uma ficção de *pay off period*, descarnaria de alcance o princípio da liberdade de trabalho e erigiria, na prática, uma obrigação de permanência *a latere* do que a Constituição e a lei estabelecem, fundamentada, ao arrepio da matriz axiológica do Direito do trabalho, na prevalência dos interesses materiais do empregador, *qua tale* também contendente com o primado dos interesses pessoais do trabalhador sobre os interesses organizatórios da empresa que, em afloramento, conforma o regime da cessação do contrato de trabalho.

[1010] Nestes exactos termos: Ac. STJ de 12.02.2008 (FONSECA RAMOS), proc. n.º 07A4618 e Ac. STJ de 17.06.2010 (FONSECA RAMOS) proc. n.º 806/03.TBMGR.C1.S1. Em França, extraindo o carácter abusivo da demissão perpetrada pelo trabalhador a partir da sua qualificação como um acto de concorrência desleal, v. BERNADETTE LARDY-PÉLISSIER, "Obligation de loyauté du salarié et liberte du travail. Soc. 9 décembre 2009, n.º 08-41.213" (2010), cit., 165.

[1011] Como salienta a jurisprudência, em razão do princípio do dispositivo, as consequências eliciáveis do abuso devem estar compreendidas no pedido feito ao tribunal. Por exemplo: Ac. Rl. Lx. de 18.03.2003 (ABRANTES GERALDES), CJ 2003, T. II, 85.

[1012] Veja-se ROBERTO TRIOLA, *Codice Civile* (2002), cit., 1643. Sobre a polissemia do conceito de causa e as diversas posições existentes, indispensável: CARLOS FERREIRA DE ALMEIDA, *Texto e Enunciado na Teoria do Negócio Jurídico*, Vol. I (1992), cit., 503-4.

[1013] PAULO VIDEIRA HENRIQUES, *A Desvinculação Unilateral Ad Nutum nos Contratos Civis de Sociedade e de Mandato* (2001), cit., 234 ou, com referência aos contratos de distribuição comercial, ANTÓNIO PINTO MONTEIRO, *Contratos de Distribuição Comercial* (2009), cit., 134-5.

f) Contratos a termo: estabilização da instabilidade?

6. Os contratos a termo, não obstante a excepcionalidade com que devem ser encarados num sistema que tem como princípios fundamentais a segurança e a estabilidade no emprego, são um *deux ex machina*.

Tratando-se de uma realidade que se mostra muito influenciada pela realidade e pelas especificidades das situações nacionais, sectoriais e sazonais, os pressupostos necessários à sua validade e os regimes que conformam a sua execução são extremamente variáveis.

Contudo, intra-muros, não existem diferenças significativas em relação à desvinculação *ad nutum* que o trabalhador pode promover no âmbito de um contrato de trabalho por tempo indeterminado, com excepção da moldura estabelecida para os prazos de aviso prévio aplicáveis.

É seguro que, no direito estrangeiro e em Portugal, a estabilização dos contratos a termo não é desconhecida, encontrando fundadas raízes nos casos em que um dos sujeitos ensina um ofício ou um mester[1014].

[1014] Entre vários, salientando-se que o instrumento jurídico utilizado para a formação do especialista e para a atribuição de posto na estrutura hierárquica dos grémios era o contrato de aprendizagem, v. Alonso Olea, *Introdução ao Direito do Trabalho* (1968), cit., 112, José De Mesquita Luiz, *Trabalho do menor*. Vol. I, LTR ed., 1968, São Paulo, 60-8 e Giovanni Amoroso/Vincenzo Di Cerbo/ Arturo Maresca, *Diritto del lavoro*. *Vol. I* (2009), cit., 1084-5. Nesse quadro, embora se pudesse equacionar enquadramento similar no que respeita ao contrato de aprendizagem, importa, antes do mais, ter presente que, entre nós, e ao contrário de outros modelos (*v. g.* França ou Itália), este não constitui, em rigor, um contrato de trabalho, uma vez que a aprendizagem surge como uma alternativa de formação inicial, com uma identidade pedagógica própria e com um papel específico no sistema de formação profissional. Com efeito, ao revés do que sustentava Rául Ventura, *Teoria da Relação Jurídica de Trabalho* (1944), cit., 289, que entrevia traços de laboralidade nesta *species* contratual, e não obstante a progressiva atracção das relações de aprendizagem para o Direito do trabalho moderno, afasta-se expressamente no n.º 3 do art. 16.º do Decreto-Lei n.º 205/96, de 25.10, a qualificação deste contrato como um contrato de trabalho subordinado, na sequência, aliás, do Decreto-Lei n.º 242/88, de 07.06 [tem-se assinalado a revogação deste diploma pelo art. 25.º do Decreto-Lei n.º 396/2007, de 31.12, que, no n.º 1, estabelece que "são revogados os Decretos-Leis n.os 401/91 e 405/91, ambos de 16.10, e o Decreto-Lei n.º 205/96, de 25.10, este último a partir da entrada em vigor da portaria que regula esta modalidade de formação referida nos termos do n.º 3 do art. 9.º"; mas, além de a doutrina recente considerar em vigor o Decreto-Lei n.º 396/2007, de 31.12 (por exemplo: Carlos Ferreira de Almeida, *Contratos III. Contratos de liberalidade, de cooperação e de risco*, Almedina, Coimbra, 2012, 68) e de não ser possível o estabelecimento de um regime contratual sobre formação em regime de aprendizagem, a revogação de um diploma legal, em atenção ao n.º 6 do art. 112.º da CRP, não pode ser objecto de condicionamento operativo por uma portaria]. Se o contrato era regulado no Código de Seabra como um contrato oneroso, dir-se--ia, por princípio, que ao investimento realizado na formação do formando corresponderia uma obrigação de permanecer no contrato, até porque os formandos podem "recusar a realização de actividades que não se insiram no objecto do curso" (al./f do art. 19.º do Decreto-Lei n.º 205/96, de

Se, no Direito pátrio, a inexistência de livre desvinculação por banda do trabalhador remonta ao art. 1377.º do Código de Seabra e ao art. 13.º da Lei n.º 1952, de 10.03.1937 – que dispunha que "o contrato celebrado por prazo determinado ou pelo tempo necessário para executar certo serviço não pode, sem justa causa, ser denunciado unilateralmente antes de expirar o prazo convencionado ou de estar concluído o respectivo serviço"[1015] – e aparecia configurada no Anteprojecto Pessoa Jorge nos "contratos com prazo, certo ou incerto, que tenham ou se preveja virem a ter duração superior a quatro anos"[1016], a estabilização dos contratos a termo foi também o regime-regra até ao Decreto-Lei n.º 64-A/89,

25.10). Na verdade, uma leitura mais imediata, em parte potenciada pela imprecisão terminológica do diploma, implica que o contrato só possa ser cessado por mútuo acordo, rescisão e caducidade (art. 26.º), justificando-se *prima facie* o entendimento de que a denúncia, enquanto causa de cessação do contrato, se encontra afastada, o que aliás funcionou como cadinho em França para as cláusulas *dédit-formation*, que foram admitidas com base no art. 1134 do *Code Civil* a partir da situação dos aprendizes menores de idade e depois estendidas com o alargamento do âmbito da formação profissional contínua, buscando o seu fundamento no art. L.933-2 do *Code du Travail* e no art. 40-1 do acordo de concertação social de 03.07.1991. Sendo esse o regime que enquadra no Reino Unido o *contract of apprenticeship* – contrato, que não sendo um contrato de trabalho (é integrado nos *quasi-dependent labour*), assegura uma retribuição ao aprendiz, conferindo-lhe, após o termo, um certificado profissional –, entre nós, não havendo qualquer menção à denúncia enquanto causa de cessação do contrato de aprendizagem, a desvinculação "imotivada" aparece, contudo, abrangida pelo direito de *rescisão* que o art. 28.º confere ao formando, consagrando-se um prazo de aviso prévio de oito dias, prazo cuja rigidez, ao não relevar o tempo de execução contratual, não deixa, aliás, de se revelar permeável a críticas.

Se esta faculdade de livre desvinculação repousa na ausência de retribuição do formando – partindo-se do pressuposto político-legislativo de que, se a entidade formadora beneficia da actividade desenvolvida pelo formando e não lhe paga qualquer retribuição, então o formando é livre de se desvincular do contrato de aprendizagem, construindo-se a partir daqui a dissemelhança valorativa em relação aos pactos de permanência, em que se exige a conjunção de um investimento extraordinário na formação e a manutenção da retribuição que inere ao veículo contratual que está na sua base: o contrato de trabalho –, a regulação prevista representa um avanço em relação ao regime estabelecido no Código de Seabra, que restringia a possibilidade de desvinculação do aprendiz às situações de *(i)* inexecução das obrigações por parte do mestre, *(ii)* mau tratamento por parte do mestre e *(iii)* aos casos em que "o aprendiz se tenha obrigado a trabalhar por tanto tempo, que o seu trabalho viria a valer mais do dobro da retribuição que razoavelmente deveria dar ao mestre, pagando o ensino a dinheiro", com o art. 1429.º a prever que se "o aprendiz abandonar o mestre, sem justa causa, antes de acabado o tempo do ajuste, poderá o mestre demanda-lo, ou à pessoa que o haja abonado, ou que tenha contractado por elle pela indemnização do prejuízo, que lhe resultar da inexecução do contracto".

[1015] Sobre a disposição: RAÚL VENTURA, "Extinção das relações jurídicas de trabalho" (1950), cit., 252-5.

[1016] Assim dispunha o art. 107.º, com o art. 109.º a estabelecer que "nos contratos sujeitos a prazo certo ou incerto" a rescisão sem justa causa da iniciativa do trabalhador confere ao empregador o

de 20.12 (LCCT), que cortou cerce com o regime estabelecido no art. 4.º do Decreto-Lei n.º 781/76, de 28.10[1017]: no Decreto-Lei n.º 49 408, de 24.11.1969 (LCT) a única ressalva quanto ao exercício da denúncia por parte do trabalhador aparecia referenciada aos contratos a termo que durassem mais de 4 anos[1018], mas o Decreto-Lei n.º 781/76, de 28.10, ao estabelecer como regra o limite de 3 anos para os contratos a termo, aboliu, na prática, a excepção da denunciabilidade do contrato reconhecida ao trabalhador, que perdurou até à LCCT.

O regime originariamente contido na LCT é aquele que, *grosso modo*, vigora na Alemanha, em Espanha, em França ou em Itália, tendo-se, como fundo, a perspectiva de que a "ruptura *ante tempus* é incompatível com a noção de contrato de duração determinada, em que o interesse se centra na garantia do emprego até à chegada do término"[1019].

No direito germânico, o contrato de trabalho a prazo aparece associado a um efeito estabilizador, que, na interpretação que JUNKER faz da *Gesetz über Teilzeitarbeit und befristete Arbeitsverträge*[1020], impede a denúncia por banda do trabalha-

---

direito a uma indemnização, determinada em função dos "prejuízos sofridos pela entidade patronal", com o limite de metade do valor das retribuições vincendas até ao fim do prazo.

[1017] Previa o n.º 1 do art. 4.º que "para além das situações de justa causa e de despedimento colectivo, às quais se aplica o regime geral da cessação do contrato de trabalho, a extinção do contrato, antes de decorrido o prazo, por denúncia de qualquer das partes, ainda que com aviso prévio, confere à outra o direito a uma indemnização equivalente ao total das retribuições vincendas". Em todo o caso, o n.º 3, diferenciando o regime da denúncia em função dos sujeitos, estabelecia que "se a extinção antecipada do contrato a prazo for da iniciativa do trabalhador, a indemnização ali fixada poderá ser reduzida ao valor dos prejuízos efectivamente sofridos pela empresa". Com referência ao contexto do diploma, v. ANTÓNIO MONTEIRO FERNANDES, *Temas Laborais* (1984), cit., 30 e JOSÉ MATTOSO & RUI RAMOS, *História de Portugal*, Editorial Estampa, Lisboa, 1994, 154.

[1018] Tratamos do art. 108.º da versão original do Decreto-Lei n.º 49 408, de 24.11.1969. Sobre a disposição, por todos: MÁRIO PINTO/PEDRO FURTADO MARTINS/ANTÓNIO NUNES DE CARVALHO, *Comentário às Leis do Trabalho* (1994), cit., 283-4.

[1019] PÉREZ-ESPINOSA, *El preaviso en la extinción del contrato de trabajo*, Ed. Montecorvo, Madrid, 1980, 55.

[1020] O papel central desta lei, adoptada em 2000 e conformada pela necessidade de transposição de um conjunto de directivas comunitárias, é evidenciado pelo § 620 do BGB, que, tendo como epígrafe: fim da relação laboral (*Beendigung des Dienstverhältnisses*), determina que sobre "os contratos a prazo que sejam concluídos por tempo determinado rege a lei do trabalho a tempo parcial e a prazo", justamente a *Gesetz über Teilzeitarbeit und befristete Arbeitsverträge* (= *Teilzeit-und Befristungsgesetz* – TzBfG). Até lá, e uma vez que não existia legislação sobre os contratos a prazo, a opinião dominante era a de que se não se aplicava a lei de protecção frente ao despedimento (KSChG), circunscrita, por definição, aos contratos com duração indefinida. Em todo o caso, o BAG, por forma a que a contratação temporária não pudesse servir de expediente com vista à não aplicação da KSChG, foi exigindo a necessidade de verificação de uma *temporis causa*, sem a qual os contratos se consideravam celebrados por tempo indefinido.

dor[1021]: a cessabilidade do contrato, para lá da caducidade, está sujeita à verificação de causas extraordinárias (§ 626 BGB), com excepção dos casos em que por acordo ou instrumento colectivo de trabalho se disponha de modo diverso[1022] e dos contratos sem termo certo ou sem duração máxima, cujo enquadramento da lei de protecção frente ao despedimento (KSChG) traz consigo a aplicabilidade das causas gerais de cessação do contrato por qualquer dos sujeitos, o mesmo sucedendo quanto aos contratos até dois anos "sem motivo justificativo" (§14 II 1 TzBfG)[1023].

Assim, como regra-geral, apenas nos casos em que se acordou uma relação laboral para toda a vida da pessoa (*Arbeitsverhältnis für die Lebenszeit einer Person*) ou com prazo superior a cinco anos é que se reconhece ao trabalhador, com prazo de aviso prévio de seis meses, o direito a denunciar o contrato de trabalho[1024].

No ordenamento espanhol, é pacífico o entendimento[1025] de que, ao revés do quadro empreendido para os contratos a termo, um trabalhador que põe fim a um contrato *quoad vitam* não viola qualquer compromisso, pois o poder de desvinculação unilateral, sendo uma expressão da liberdade individual, tra-

---

[1021] ABBO JUNKER, *Grundkurs Arbeitsrecht* (2006), cit., 254. Aliás, na Alemanha, embora a TzBfG, na sequência da sua conformação pela Directiva 1999/70/CE do Conselho, de 28.06, surja predestinada a estabelecer como regime-regra a contratação indefinida, entrevê-se, em comparação com a lei portuguesa, um quadro bastante facilitado quanto à admissão de contratos por duração determinada: as razões objectivas são mais extensas (no § 14 I 2 TzBfG, por exemplo: "que a natureza da prestação justifique o prazo" ou que "o prazo se justifique por motivos baseados na pessoa do trabalhador") e os pressupostos que coincidem com os previstos no nosso ordenamento são igualmente mais amplos. De igual modo, também em Itália, nos termos do D. Legs. n.º 368/2001 e das Leis ns. 247/2007 e 133/2008, os contratos a termo podem ser celebrados "a fronte di ragioni di carattere tecnico, produttivo, organizativo o sostitutivo", não apresentando motivos justificativos tão estritos quantos os que o CT2009 prevê. Cfr. MASSIMO ROCELLA, *Manuale di Diritto del Lavoro* (2010), cit., 143-5.

[1022] RUDI MÜLLER-GLÖGE, *Erfurter Kommentar zum Arbeitsrecht*, (8.ª ed.), C.H. Beck, Munique, 2008, § 15 TzBfG, n.º 11, 2725-33.

[1023] Cuja validade depende, todavia, da inexistência de uma relação laboral prévia entre os sujeitos. Criticando a facilidade com que se admitem tais contratos, cfr. HENNER WOLTER, "Reformbedarf beim Kündigungsrecht aus Arbeitnehmersicht – Praxiserfahrungen und Schlussfolgerungen", NZA 2003, 1068-1076.

[1024] Ainda: ABBO JUNKER, *Grundkurs Arbeitsrecht* (2006), cit., 254-5. Este direito de demissão, à luz do § 15 TzBfG, não se aplica na hipótese em que o prazo de cinco anos é ultrapassado na sequência de prorrogações, exigindo-se, em sequência, que a duração superior a cinco anos se encontre *ab initio* prevista no contrato.

[1025] Entre vários: ALONSO OLEA & CASAS BAAMONDE, *Derecho del Trabajo* (1999), cit., 467, GÓMEZ ABELLEIRA, "Pactos de no concurrencia y de permanência" (2000), cit., 282 e MONTOYA MELGAR, *Derecho del Trabajo* (2000), cit., 456-8.

duz um freio à limitação excessiva da liberdade pessoal do trabalhador: o direito de denúncia aparece como uma exigência de tutela do trabalhador, cuja razão de ser carece de preenchimento nos contratos temporalmente delimitados (= prazo), quadrante em que, inclusivamente, se poderá considerar que "o tempo é a sua causa", aplicando-se, *a simile*, como *tempo mínimo de permanência*, o limite desenhado para os pactos de permanência (art. 21, § 4 do ET).

Também no direito francês vigora igualmente, de há muito, um regime *estabilizador* para os contratos a termo: os arts. L. 1243-1 e L. 122-3-8 do *Code du Travail*, salvo em caso de "faute grave" de um dos sujeitos ou de força maior[1026], proibem a cessação antecipada de um contrato com duração determinada e o trabalhador só mediante o ajustamento de cláusula específica pode denunciar o contrato de trabalho[1027].

Trata-se, aliás, com matizes e cambiantes, do regime vigente em Itália, onde a diferença entre contratos a prazo e por duração indeterminada encontra, face aos arts. 2118 e 2119 do *Codice Civile*, o seu ponto focal na eventual exigibilidade de uma indemnização ao trabalhador em caso de demissão *ante tempus* no âmbito de um *rapporto di lavoro a termine*[1028], com a desvinculação imotivada a receber tra-

---

[1026] A *faute grave* comporta uma noção de urgência, que, tendo de relevar as características pessoais do trabalhador (idade, categoria profissional), impede, no imediato, a sua continuidade na empresa. Ora, se a cessação imotivada por parte do trabalhador confere ao empregador o direito a uma indemnização por todos os danos sofridos, ao contrário, inverificada a existência de *faute grave*, o trabalhador tem direito a uma indemnização, que se baseia, por regra, no montante global das retribuições a perceber até ao atingimento do *terminus* inscrito no contrato entretanto cessado. Cfr., por exemplo, FRANÇOIS GAUDU, *Droit du Travail* (2007), cit., 88.

[1027] Após a L. de 17.05.2011, permite-se ainda que o contrato cesse, por iniciativa do empregador, em caso de inaptidão do trabalhador atestado no âmbito da medicina do trabalho, conforme dão nota MICHEL MINÉ & DANIEL MARCHAND, *Le droit du travail en pratique* (2012), cit., 176. Sobre o anterior art. L. 122-3-8 do *Code du Travail*, que tinha idêntico teor, vide HENRY BLAISE, "De la difficulté de rompre avant son terme le contrat de travail à durée déterminée", DS 1993, n.º 2, 41, GÉRARD COUTURIER, *Droit du Travail. Les relations individuelles de travail*, T. I (3.ª ed.), PUF, Paris, 1994, n.º 104, 196 e JEAN-MAURICE VERDIER/ALAIN COEURET/ MARIE-ARMELLE SOURIAC, *Droit du Travail* (2002), cit., 343.

[1028] RAFFAELE GUIDOLIN, "Da Bosman a Ronaldo: I Trasferimenti in Pendenza di Contratto", RDDS 1998, n.ºs 1-2, 81, ANTONELLA OCCHINO, "Apposizione del termine e struttura del contratto di lavoro", QDLRI 2000, 23, 19 e ss., ANTONIO VALLEBONA, *Istituzioni di Diritto di Lavoro* (6.ª ed.), Giuffrè, Milão, 2008, 562 e ROBERTA DI VIETO/ALESSANDRA GARZYA/UMBERTO ORSO GIACONE, *Lavoro. Normativa e giurisprudenza ragionata*, Guiffrè, Milão, 2011, 37. Na jurisprudência, por exemplo: *Cassazione* 11.02.1998, n. º 1435 *in* ROBERTO TRIOLA, *Codice Civile* (2002), cit., 1687.

tamento no plano do incumprimento contratual[1029], cuja aplicação se processa subsidiariamente também ao *contratto di formazione e lavoro*[1030].

Tratando-se de perspectivar o dever de permanência como um *elemento natural* do contrato de trabalho a termo (enquanto exigência decorrente do princípio *pacta sunt servanda* e da boa fé), esta conceptualização não encontra eco no sistema português: para lá da difundida consagração do princípio constitucional da liberdade de trabalho, os pactos de permanência, independentemente da sua fonte, têm, reconhecidamente, um carácter restritivo[1031], uma vez que o trabalhador é "o primeiro e o único juiz da conveniência e da oportunidade da desvinculação"[1032].

Sem prejuízo de, por força da conjunção entre o prazo de aviso prévio e a duração do contrato subjacente, existirem obrigações legais de permanência de curta duração inerentes à fisiologia do contrato – assim o regime previsto para o contrato de trabalho em actividade sazonal agrícola ou para realização de evento turístico de duração não superior a 15 dias[1033], já que o prazo de aviso prévio, *ex vi* do n.º 3 do art. 400.º, é justamente de 15 dias (...) –, a atribuição, com base no princípio da boa fé, de feições estabilizadoras ao contrato com vista à protecção dos interesses do empregador provocaria um entorse teleológico de relevo: à precariedade e à insegurança que envolvem o trabalhador no âmbito da contra-

---

[1029] Assim, ANDREA LASSANDRI, "La durata del contrato di lavoro", *Trattato di Diritto Privato: Impresa e Lavoro*, Tomo I, Utet, Turim, 2004, 450-1 e PIETRO RESCIGNO, *Codice Civile. Tomo II* (2010), cit., 4273.

[1030] Cass. 04.07.1997 n.º 6016, Mass. Gl, 1997, 559. Ao contrário do contrato de aprendizagem, o contrato de formação e trabalho só foi introduzido com a Lei n.º 285 de 1977, caracterizando-se como um contrato de trabalho subordinado com causa mista: o empregador assume uma obrigação formativa, recebendo o trabalho do formando e pagando-lhe uma retribuição. Aplicando-se, por força do art. 3. da Lei n.º 863, de 1984, a disciplina do trabalho subordinado em tudo o que não estiver especificamente previsto, o contrato encontra-se vocacionado para a aquisição de uma profissionalidade elevada ou intermédia (art. 16, n. 4 da Lei n.º 863) ou para a aquisição de uma profissionalidade elementar, cominando-se, em qualquer das duas modalidades, a conversão em contrato de trabalho por tempo indeterminado sempre que exista uma violação das obrigações formativas a cargo do empregador: MARCO BIAGI & MICHELE TIRABOSCHI, *Istituzioni di diritto del lavoro*, Giuffrè, Milão, 2007, 210-1, GIANNI LOY, "Contratti formativi", *Dizionari del Diritto Privato: Diritto del Lavoro*, Giuffrè, Milão, 2008, 128-9 e IRENE DI SPILIMBERGO, "Il contrato di formazione e lavoro", *I nuovi contratti di lavoro*, Utet, Turim, 2010, 515-521. Nesse âmbito, PIETRO RESCIGNO, *Codice Civile. Tomo II* (2010), cit., 4273, qualifica mesmo o "contratto di formazione e lavoro" como uma *specie del genus* do "contratto di lavoro a tempo determinato".

[1031] Neste sentido: HARALD SCHLIEMANN & REINER ASCHEID, *Das Arbeitsrecht im BGB: Kommentar* (2002), cit., 162 e, entre nós, JÚLIO VIEIRA GOMES, *Direito do Trabalho* (2007), cit., 624.

[1032] Ainda: JORGE LEITE, *A Extinção do Contrato de Trabalho por Vontade do Trabalhador*, (1990), cit., 81.

[1033] Art. 142.º.

tação a termo adicionar-se-ia uma obrigação de permanência, uma vez mais a cargo do trabalhador, para lá do que a lei prefixa[1034].

É certo que, em situações-limite, os sujeitos estão cônscios de que o contrato se encontra funcionalizado à conclusão de um projecto ou de uma tarefa específica e que a desvinculação antecipada sem motivo atendível, originando prejuízos de monta, suscita reflexões acerca da abertura convencional de espaços para o afastamento do direito irrestrito de denúncia, como entre nós sinaliza FURTADO MARTINS[1035].

Mas, não devendo olvidar-se que um trabalhador precário é Alguém que, com vista a assegurar sustento, dificilmente se nega(ria) a assumir o compromisso de não denunciar o contrato – o que significaria, na prática, a estabilização, ainda que por via convencional, da generalidade dos contratos a termo –, no plano axiológico o desvalor desta construção evidenciar-se-ia a partir da dupla dimensionalidade das restrições forjadas, uma vez que, à margem de qualquer investimento significativo no trabalhador que permitisse ancorar a solução, os princípios da liberdade de trabalho e da segurança no emprego seriam conjuntivamente amputados, aportando-se a uma solução que, perante os dados do nosso sistema, se exprime desproporcionada.

Assim, se a defesa da atribuição de feições estabilizadoras a um contrato de trabalho a termo não encontra suporte sistémico, mas, em determinados sectores de actividade, pode conhecer trilho idêntico aos dos contratos de trabalho desportivo[1036] ou de formação desportiva[1037], é seguro que, ante duas interpre-

---

[1034] O que implica que, com base no cotejo dos regimes aplicáveis, se mostre pouco congruente a *aditio* (ou, em rigor, a associação) da precariedade subjacente a um contrato a termo a uma obrigação de permanência, ao passo que nos contratos por tempo indeterminado, para lá da segurança obtida pelo trabalhador, se mostre necessário que este concorra com a sua vontade para que surja uma obrigação de permanência, cujos requisitos de forma e de conteúdo são aliás objecto de apertado escrutínio judicial.

[1035] PEDRO FURTADO MARTINS, *A Cessação do contrato de trabalho* (2012), cit., 544.

[1036] A Lei n.º 28/98, de 26.06, que trata do regime jurídico do contrato de trabalho desportivo (RCTD), vem dispor que "a parte que der causa à cessação ou que a haja promovido indevidamente incorre em responsabilidade civil pelos danos causados em virtude do incumprimento do contrato, não podendo a indemnização exceder o *valor das retribuições que ao praticante seriam devidas se o contrato de trabalho tivesse cessado no seu termo* (art. 27.º do RCTD). Embora, quanto ao ponto, a regulação seja claramente melhorável – já o referimos em *Da mobilidade dos futebolistas profissionais: contributo para o estudo do contrato de trabalho desportivo*, FDNUL, Lisboa, 2003, 269-271 –, importará, nesse contexto, não perder de vista que a simples ruptura do contrato por um praticante origina prejuízos de monta: *(i)* não só por força das especificidades técnicas é difícil cobrir (através de uma outra contratação) o *lugar* abandonado, *(ii)* como também todo o trabalho de entrosamento técnico e de planificação colectiva desenvolvido (com o intento de construção, no jargão desportivo, de

tações possíveis, importará salvaguardar o núcleo essencial da liberdade de trabalho, preferindo-se a solução normativa que leva mais longe a realização das finalidades constitucionais e que permite a consecução do *punctus optimus* de equilíbrio menos restritivo entre direitos ou bens constitucionalmente protegidos – *postulado de maximização das normas constitucionais* (ainda o sub-princípio, que sufragamos, da interpretação conforme com os direitos fundamentais[1038])

uma *espinha dorsal*) pode sair frustrado com a saída de um elemento do plantel. Acresce a existência de um quadro regulamentar complexo, que, em busca da imperturbabilidade competitiva, consagra períodos de inscrição pré-modalizados (e interdições competitivas em caso de *rompimento imotivado*), pelo que, muitas vezes, a pura e simples *rescisão* operada pelo praticante em pleno período competitivo poderia impossibilitar, em absoluto, a colmatação da sua ausência e favorecer o surgimento de uma competição infrene "fora das quatro linhas", altamente perturbadora do sistema desportivo. No mais, não são despiciendos os gastos havidos com a contratação de novos atletas, mormente os que se prendem com a intermediação empresarial geralmente associada a operações desta natureza.

[1037] Nos contratos de formação desportiva, que podem ser celebrados por jovens que, cumulativamente, tenham cumprido a escolaridade mínima obrigatória e apresentem uma idade entre os 14 e 18 anos, o formando não pode desvincular-se do contrato sem justa causa. A *ratio essendi* do contrato de formação desportiva é *a aprendizagem ou o aperfeiçoamento de uma modalidade desportiva* – falta a retribuição, enquanto elemento essencial, que inere à qualificação de um praticante desportivo –, e a prestação de uma actividade desportiva não constitui o objecto desta *species* contratual, ainda que possa conhecer lugar no contexto formativo de qualificação técnica e de assimilação de conhecimentos que traveja o contrato. Face ao n.º 4 do art. 37.º do RCTD, a "rescisão" sem justa causa do contrato de formação desportiva suscita uma cominação inibitória de celebração de contrato de trabalho desportivo com clube diverso do clube formador até ao final do prazo pelo qual se tinha comprometido com este, não se prevendo, ao revés do que sucede com o contrato de trabalho desportivo, qualquer obrigação ressarcitória por parte do formando. Mas, embora fazendo-se tábua rasa da referência preambular contida no Decreto-Lei n.º 305/95, de 18.11, de que a disciplina do contrato de formação desportiva é estabelecida "a partir do paradigma oferecido pelo regime jurídico do contrato de aprendizagem", este desvio à regra da inexistência de uma obrigação de permanência nos contratos formativos que caracteriza o sistema português prende-se essencialmente com as exigências do sistema desportivo, uma vez que este contrato não só tende a anteceder um contrato de trabalho desportivo com os mesmos sujeitos, como também o art. 21.º do RCTD vem dispor que *a transferência do praticante desportivo é regulada pelos regulamentos da respectiva federação dotada de utilidade pública desportiva, sem prejuízo do disposto no art. 18.º*, sendo que tal regime, nos termos do art. 31.º do RCTD, é outrossim aplicável aos contratos de formação desportiva. Trata-se de uma configuração estrutural que se desvia do *traçado finalístico* do Direito do trabalho e que procura um compromisso idóneo com os interesses que justificam o instrumentário protectivo forjado pelo Estado para a competição desportiva e para os interesses dos atletas, embora se descure por completo a componente educacional e, como faz notar Carlos Ferreira de Almeida, *Contratos III. Contratos de liberalidade, de cooperação e de risco* (2012), cit., 70, não haja qualquer restrição temporal sobre a "formação em situação de trabalho".

[1038] J. J. Gomes Canotilho, *Direito Constitucional e Teoria da Constituição* (1999), cit., 588; IDEM, "Anotação ao Ac. TC n.º 70/90 – Processo n.º 229/89", RLJ 1990-1991, n.º 3972, ano 123, 89-97.

–, significando-se, no caso, e porque se está na presença de uma solução que encontra absoluto respaldo na letra da lei, a procedência de uma interpretação *declarativa*[1039]. Afinal: *damnum non facit qui iure suo utitur*.

A atribuição de feições estabilizadoras a um contrato de trabalho tem de ser manuseada com rigor: o trabalhador transporta a sua pessoa no vínculo, ao passo que o empregador apenas implica o seu património.

A associação da temporalidade do contrato a uma renúncia ao exercício do direito de denúncia a partir da identificação da causa de um contrato a termo com o tempo, por via da consideração de que o tempo é uma dimensão da prestação laboral e que conforma a formação da causa do contrato, é errónea: em associação ao "significado da operação económica expressa pelo tipo contratual"[1040], a causa de um contrato de trabalho, sem prejuízo da tutela específica reclamada pela dimensão instrumental do trabalho em relação à personalidade (ainda o binómio subordinação/poderes laborais, que traduz uma essência dominial essencial e impeditiva de uma subsunção do contrato de trabalho na categoria dos contratos exclusivamente obrigacionais), consiste na troca do trabalho (*prestação personalíssima*[1041]) por uma retribuição, sendo invariável nos diferentes tipos contratuais laborais[1042]. Logo, acrescentamos, a denúncia exercida por um trabalhador no âmbito de um contrato a termo apenas altera a verificação do termo, deixando o objecto do contrato intocado.

Significando-se, *hoc sensu*, a inexistência de qualquer situação de incumprimento por parte do trabalhador que se desvincula antecipadamente, *de iure condendo*, afora razões excepcionais de interesse público (geralmente associáveis aos contratos inseríveis na ampla figura dos *contratos com finalidade formativa e de inserção* e com potencial associação aos *contratos de trabalho de menores benefi-*

Também o nosso "Interpretação conforme com a Constituição", *Estudos em Homenagem ao Professor Inocêncio Galvão Telles*, Vol. V., Almedina, Coimbra, 2003, 824 e ss..

[1039] Sobre o conceito: José de Oliveira Ascensão, *O Direito – Introdução e Teoria Geral* (2001), cit., 408.

[1040] As palavras são de Massimo Bianca, *Diritto Civile*. Tomo III (2000), cit., 476.

[1041] Assim: José João Abrantes, *Contrato de Trabalho e Direitos Fundamentais* (2005), cit., 48.

[1042] Nestes termos, sufragando-se, na sequência de Ichino, uma noção de causa como função económico-social abstracta do contrato, v. Francesco Santoro-Passarelli, "Lavoro (Contratto di)", *Digesto Italiano* IX, Utet, Turim, 1963, 501 e Carlo Cester, *Il rapporto di lavoro subordinato: costituzione e svolgimento*. Vol. II (2007), cit., 333-4. Por isso, e para lá da pessoalidade que trespassa o vínculo, a relação de trabalho é uma relação de natureza creditícia e patrimonial, conflitual, sinalgmática e de natureza continuada.

ciários de formação[1043]), a consagração de prazos *estabilizadores* e *não limitativos*[1044], para lá do deslustre à pessoalidade que caracteriza as relações laborais, opera uma partição do mercado de trabalho em dois grupos claramente definidos e

[1043] O regime previsto no 71.º, que adensa a miscelânea de regimes aplicáveis em contexto formativo, foi primeiramente introduzido pelo Decreto-Lei n.º 58/2002, de 15.03, e recolhido, praticamente sem alterações, pelo art. 59.º do CT2003, apresentando como *plus*, em relação aos contratos de aprendizagem em que intervenha um menor, a impossibilidade de desvinculação *ante tempus* por parte do trabalhador/formando, podendo, em abstracto, sustentar-se a obrigação de permanência no facto de, por contraste com o contrato de aprendizagem, os encargos financeiros subjacentes não serem suportados pelo Estado e de existir uma retribuição, enquanto "*contraprestação* da prestação tipificante do contrato de trabalho". Tratando-se de via analítica a que se associa a consideração de que a solução "é inteiramente justificada, na medida em que o menor se aproveita de uma formação que lhe foi conferida no pressuposto da sua continuação no posto de trabalho" (assim: Luís MENEZES LEITÃO, *Código do Trabalho Anotado*, Almedina, Coimbra, 2003, 69) – e que contrasta com a inexistência de qualquer obrigação de retorno em contratos com finalidade formativa, dado que a formação constitui, por si, o objecto dessas *species* contratuais –, o regime é aparentemente gravoso, ao albergar a única obrigação de permanência *ex lege* prevista no Código do Trabalho. Se a compressão da duração da limitação à liberdade de trabalho é imposta pela variável etária e a partir dos 18 anos a liberdade de trabalho vigora de *pleno*, o regime esvazia, contudo, em parte a incumbência de que o Estado deve proporcionar ao menor que tenha concluído a escolaridade obrigatória a formação profissional adequada à sua preparação para a vida activa e a previsão de que o empregador, por seu turno, deve assegurar a formação profissional do menor ao seu serviço, solicitando a colaboração dos organismos competentes sempre que não disponha de meios para o efeito (n.º 1 do art. 67.º), coordenadas que, no sistema francês, face à idade do trabalhador/formando e à direcção profissionalizante do contrato, são aliás legalmente incompatíveis com qualquer obrigação de reembolso em caso de cessação contratual, como salientam FRANÇOIS GAUDU & RAYMONDE VATINET, *Les contrats du travail* (2001), cit., 249 e MICHEL MINÉ & DANIEL MARCHAND, *Le droit du travail en pratique* (2012), cit., 311. Trilhando-se também em Espanha via jurisprudencial relativa à inadmissibilidade de qualquer obrigação de permanência enxertável num *contrato de practicas* (ainda: REY GUANTER, *Estatuto de los trabajadores: Comentado y con jurisprudência*, La Ley, Madrid, 2007, 446-7), no nosso ordenamento a compensação ao empregador do custo *directo* com a formação que este tenha suportado é fortemente mitigada pelos apoios previstos *a latere* do Código, não havendo razão para não exigir, conforme estabelecia o n.º 5 do art. 122.º da LCT, que a compensação não se cinja ao "custo comprovadamente assumido" – atribuindo-se sentido útil ao "custo directo" a que faz menção o n.º 1 do art. 71.º –, e que não se releve o tempo de execução do contrato (infra), em ponderação degressiva. Este regime, no entanto, faz, por ora pouco, sentido, face à elevação da escolaridade obrigatória até aos 18 anos produzida pela Lei n.º 85/2009, de 27.06 e ao previsto na Lei n.º 47/2012, de 29.08, que passou a exigir que para a admissão de menores ao trabalho se preencha não só a idade de 16 anos, como também a conclusão dos três ciclos do ensino básico e, pelo menos, a matrícula e a frequência do nível secundário de educação. Será assim por um período transitório de dois a três anos que existirão menores que aos 16 anos já tenham concluído a escolaridade obrigatória (então correspondente aos três ciclos do ensino básico) e que, portanto, estejam habilitados à admissão ao trabalho.
[1044] Veja-se RAÚL VENTURA, "Extinção das relações jurídicas de trabalho" (1950), cit., 252-5.

acentua a dualização sinalizada no Livro Verde da Comissão Europeia[1045] sobre a *modernização do Direito do trabalho*[1046]: de um lado, os trabalhadores, que, estando numa situação de precariedade, não podem denunciar o contrato de trabalho; do outro, aqueles que, estando confortados pela indeterminação do tempo contratual, necessitam de prestar especificamente o seu consentimento para que se auto-limitem quanto ao exercício do direito de denúncia durante um período necessariamente limitado, recebendo, para tanto, um investimento extraordinário na sua formação.

IV. Condições de admissibilidade do pacto de permanência

a) Fundamentos, caracterização e constitucionalidade

7. Os pactos de permanência, fazendo eco do adágio popular de que *quem semeia deve colher os frutos*, dirigem-se à garantia de que o "contrato dura o suficiente para que certas despesas importantes do empregador fiquem compensadas"[1047] e, num cenário de galopante progresso científico e tecnológico, constituíram, a um tempo, mais um exemplo vivo da prática rica e inventiva que os sujeitos laborais foram forjando, com vista a uma melhor adaptação às transformações sócio-económica circunstantes, cujo influxo modelador sobre as plúrimas formas de organização das relações laborais é hoje um dado adquirido[1048].

Se o empregador busca com este tipo de pactos alcançar uma maior competitividade – investimento nos activos (elementos do capital próprio da unidade económica considerada), com retorno na produção – e o trabalhador enriquece o seu património pessoal, profissional e curricular – efeito de valorização no mercado[1049] –, neste percurso visualiza-se uma associação natural da obrigação de permanência ao desempenho de funções qualificadas, a actividades

---

[1045] O Livro Verde da Comissão Europeia, de 22.11.2006, encontra-se disponível em http://eur-lex.europa.eu/LexUriServ/site/pt/com/2006/com2006_0708pt01.pdf (12.06.2010).

[1046] Expressão demasiado ambígua (...), conforme faz notar Sophie Robin-Olivier, "Moderniser le droit du travail pour relever les défis du XX siècle, un Livre vert présenté par la Commission européenne", RDT 2007, n.º 2, 91, que, centrando o Livro no conceito de "flexisegurança", conclui: o instrumento é demasiado flexível para oferecer um debate em terreno seguro (94), visando alargar o princípio de "protecção do trabalhador e não do emprego" a realidades muito heterogéneas, tanto do ponto de vista sócio-laboral como no plano previdencial.

[1047] António Monteiro Fernandes, *Direito do Trabalho* (2012), cit., 538.

[1048] Cfr. Marco Papaleoni, "La linee fondamentali della nuova disciplina del rapporto di lavoro a tempo determinato: D. Lgs. 6 Setembre 2001, n.º 368", ADL 2002, n.º 3, 665-6.

[1049] Em saliência dos benefícios, veja-se Jean-Pierre Chauchard, "La clause du dédit-formation ou le regime de liberté surveillée appliqué aux salariés" (1989), cit., 388 e ss..

altamente especializadas e, sem colisão com a quididade da força de trabalho, a tarefas marcadamente infungíveis.

Embora a generalidade dos sistemas não restrinja subjectivamente a validade destes pactos a determinados trabalhadores (*v. g.*: em função das funções exercidas ou da retribuição auferida[1050]), é inegável a sua vocação aplicativa a *white--collar workers*, com redução do chamado *substitution effect*[1051], que dimensiona a complexidade dos modelos organizativos actuais: os *periphery workers*, associados ao *turn over*, coexistem, no polimorfismo das práticas organizativas modernas, com os *core workers*[1052].

Com os pactos a serem utilizáveis ao lado de outros mecanismos predestinados à fidelização dos trabalhadores – *v. g.* políticas retributivas destinadas à participação do trabalhador nos resultados da empresa[1053] –, neste caso cuida-se de um mecanismo que surge associado a um investimento específico, cuja utilidade social contribui, ainda que não irrestritamente, para o seu atendimento[1054].

A formação especial que vai associada à obrigação de permanência é uma *externalidade positiva*: o benefício social total que resulta dessa formação inclui não só o benefício privado para o trabalhador que adquire o *know-how* formativo, como também um benefício extra para a sociedade, que passa a dispor de um recurso especialmente válido (*mutual benefits societies*) e que é imediatamente aproveitado pelo seu empregador[1055].

[1050] Por exemplo, na Bélgica, desde a Lei de 27.12.2006, que é considerada inexistente uma *clause d'écolage* subscrita por um trabalhador cuja remuneração anual é inferior 31.467 € (montante aplicável a 01.01.2012), valor que é aplicado proporcionalmente aos trabalhadores a tempo parcial. Cfr. BERNARD NYSSEN, "Les aménagements conventionnels du droit de démissioner: la clause d'écolage", *Quelques propos sur la rupture du contrat de travail: hommage à Pierre Blondiau*, Anthemis, Louvain, 2008, 390-1.

[1051] Tão decantado nas mais recentes análises económicas sobre o mercado de trabalho: ANNE C. L. DAVIES, *Perspectives on Labour Law*, Cambridge University Press, Cambridge, 2004, 23 e ss..

[1052] Aqueles que são fundamentais à empresa e nos quais os empregadores investem recursos substanciais na respectiva formação. Cfr. CARLO ZOLI, "Clausole di fidelizzazione e rapporti di lavoro" (2003), cit., 449.

[1053] ALBERTO RUSSO, *Problemi e prospettive nelle politiche di fidelizzazione del personale* (2004), cit., 15 e ss.. Também CARLO ZOLI, "Clausole di fidelizzazione e rapporti di lavoro" (2003), cit., 470, alude a uma *fidelização psicológica* e a uma *fidelização incentivatória*, a par de uma *fidelização económico-financeira*, materializada em *bringe benefits*, como pensões complentares de reforma, pagamento de seguros, empréstimos bonificados ou mesmo distribuição de acções e ou/de *quota-parte* nos dividendos (o denominado *profit-sharing*).

[1054] MARKUS LOTTER, *Beschäftigungssicherung durch betriebliche Berufsbildungsmaßnahmen unter Beteiligung des Betriebsrats nach dem BetrVG* (2010), cit., 106.

[1055] Assim LEI DELSEN, "Istruzione e formazione: da beni di consumo a capitali di investimento" (2007), cit., 21. O benefício privado, que é parte do benefício social total, inclui não só o valor

Ora, no mercado de trabalhadores especializados a disputa da procura pode ser desenvolvida segundo lógicas muito diferentes, sendo a dimensão e a instabilidade do mercado que explicam, em certa medida, a prioridade que os agentes podem atribuir aos custos, preços que, de resto, não são absolutamente controláveis, já que a competição entre as empresas apoia-se sobre a procura social do mesmo tipo de utilidades: trabalhadores altamente especializados → melhor funcionamento da empresa → aumento das probabilidades de sucesso[1056].

Neste quadro, se a competição existe quando a oferta global é superior à procura total – já que a procura se torna um bem raro, sendo, por isso, mais disputada [$qd = f(P, R, PC, PS, G, PUB, Expec)$] –, sabe-se que em relação a um trabalhador altamente especializado não é possível (ou é de rara verificabilidade) a substituição da máquina pelo trabalhador[1057] e que, em geral, o aumento de qualificações dos trabalhadores tem uma influência positiva nas políticas de rendimentos, superando o nível social que determina a equação *baixa profissionalização–baixo salário*, situação que, a breve trecho, implicará custos acrescidos para o(s) empregador(es)[1058].

Também num cenário em que seja escassa ou nula a oferta de trabalhadores com tais características, os prejuízos advenientes da cessação do contrato promovível pelo trabalhador são exponenciados[1059] e os investimentos do empregador, considerando a sua importância na cadeia produtiva, tendem a ser maiores,

---

actualizado do rendimento esperado do trabalhador ao longo da sua vida profissional, como também outros benefícios pessoais (porque o trabalho é um meio potencial de realização pessoal, pensamos, designadamente, na valorização do trabalhador enquanto pessoa e não apenas como "factor de produção"). Em determinados casos, a presença de uma externalidade positiva poderá resultar num nível de investimento pessoal em formação abaixo do nível socialmente desejável: se o valor actualizado do rendimento esperado ao longo da permanência de um trabalhador que recebe formação específica é superior ao de um trabalhador que a não recebe, não é menos seguro que esta diferença de rendimentos (que representa boa parte do benefício privado de uma formação específica) depende de factores vários, como a idade, as qualificantes profissionais ou a situação do mercado de trabalho, como faz notar Vincenzo Meleca, "La fidelizzazione del lavoratore", DPL 2002, 1884-5.

[1056] Thomas W. Lee/Terence R. Mitchell/Lowel Wise/Steven Fireman, "The retention of knowledge workers with the unfolding model of voluntary turnover", HRMR 1997, vol. 7, 247-275.
[1057] Cfr. Danièle Linhart, "Crisis y Trabajo", *La automación y el futuro del trabajo. Tecnologias, organización y condiciones de trabajo* (org. Juan José Castillo), Ministerio de Trabajo y Seguridad Social, Madrid, 1988, 507 e ss..
[1058] Aviana Bulgarelli, "Verso una strategia di lifelong learning: stato dell'arte e evoluzione delle politiche di formazione continua in Italia" (2006), cit., 144.
[1059] Cfr. Fiona Carmichael & Dennis Thomas, "Bargaining in the Transfer Market: Theory and Evidence", AEL 1993, vol. 25, n.º 25, 1467-1476.

com o que se propende, com naturalidade, para a *stipulatio* de obrigações de permanência, figura que, por força da globalização, se acomoda às políticas de maximização da riqueza das nações que hoje se desenvolvem a partir do factor trabalho[1060]: a mobilidade internacional é um dado adquirido e a fixação dos trabalhadores com níveis de competência e de especialização elevados é, em muitos casos, uma prioridade política que se liga a desígnios de desenvolvimento económico-social e de eficiência na alocação de recursos[1061].

Acresce o interesse social associado aos mecanismos contratuais que sinalizam a importância da qualificação profissional, mau grado a tendência para a sua individualização[1062], qualificação profissional que, na sua essência, como sublinha PHILIPPE WAQUET, é também um importante instrumento de promoção da liberdade de trabalho[1063]. Trata-se de dotar as pessoas com competências que correspondem a necessidades do sistema produtivo.

Com efeito, face ao preenchimento de necessidades da sociedade, das organizações e dos indivíduos, foi a partir da década de oitenta que a forma-

---

[1060] Salientando a associação entre globalização e mecanismos de fidelização laboral, v. EMANUELE MENEGATTI, *I limiti alla concorrenza del lavoratore subordinato*, Cedam, Pádua, 2012, 106.

[1061] MARITA KORNER, "German Labor Law in Transition", GLJ 2005, vol. 6, n.º 4, 806 e HUGH COLLINS, *Employment Law* (2008), cit., 151. Neste enquadramento, cabe salientar a entrada em vigor em 2007 de um novo regime jurídico de entrada, permanência, saída e afastamento de estrangeiros do território nacional – aprovado pela Lei n.º 23/2007, de 04.07 –, que, dentre outros aspectos, operou uma redefinição das regras para a admissão de trabalhadores, para o reagrupamento familiar e para a atracção de imigração qualificada e sazonal, ao mesmo tempo que reforçou o combate à imigração ilegal. Sendo a fixação dos trabalhadores com níveis de competência e de especialização elevados uma prioridade política, assume particular interesse a sua elevação a desígnio europeu, com a Directiva n.º 2009/50/CE do Conselho, de 25.05 – «Directiva do Emprego Altamente Qualificado». Este instrumento, transposto pela Lei n.º 29/2012, de 09.08, incide sobre as condições de entrada e de residência de nacionais de países terceiros para efeitos de emprego altamente qualificado e importa a consagração dos requisitos legais no âmbito do sistema de concessão do *cartão azul UE*. Trata-se de um título específico que cria um sistema de entrada e de permanência especial para trabalhadores nacionais de países terceiros altamente qualificados, cujo principal objectivo é atrair trabalhadores de países terceiros e facilitar a sua entrada e residência em território português, por um período superior a três meses. Tal permite o acesso progressivo ao mercado de trabalho português e a concessão dos direitos associados à residência e à mobilidade, os quais são naturalmente extensíveis aos familiares do trabalhador. Nesta medida, a titularidade do *cartão azul UE* importa condições favoráveis à mobilidade geográfica e profissional no âmbito da UE, ao reagrupamento familiar e à aquisição do estatuto de residente de longa duração.

[1062] Salientando o ponto, com referência às *clauses dédit-formation*, v. PATRICE ADAM, *L'individualisation du droit du travail* (2005), cit., 250.

[1063] PHILIPPE WAQUET, *L'entreprise et les libertés du salarié* (2003), cit., 191.

ção profissional logrou obter medidas estatais destinadas à sua promoção[1064], sedimentando-se o reconhecimento de que as suas virtualidades não se restringem à valorização do trabalhador (que se processa através da aquisição de conhecimentos, aptidões técnicas e de relacionamento), pois que, além do mais, reforça-se, por um lado, o sentimento de pertença a uma organização e melhora-se os níveis de desempenho profissional de que o empregador é beneficiário e, por outro, abastece-se a sociedade com recursos competentes, que diminuem os níveis de desemprego e que, numa perspectiva economicamente incrementalista, são um factor-chave na captação de investimento[1065].

Ora, se nalguns ordenamentos a aceitação de obrigações de permanência começou por fazer o seu caminho a partir dos contratos celebrados com artistas ou produtores de séries televisivas[1066], noutros, onde o acordo busca a sua legitimação na formação profissional que o empregador haja suportado com o trabalhador, admitiu-se desde cedo, por via jurisprudencial, a estipulação de obrigações de permanência, ainda antes da sua consagração legal, de que são exemplo, face aos interesses compensatórios subjacentes, os ordenamentos alemão[1067], belga[1068], espanhol[1069], francês[1070] ou suíço[1071].

[1064] Neste sentido: JANINE GOETSCHY, "The European Employment Strategy: Genesis and Development", EJIR 1999, n.º 6, 120 e, entre nós, FURTADO FERNANDES, "1986: O ano da formação", RDES 1987, n.º 2, 246 e ss.

[1065] ODED STARK & YONG WANG, "The Intergenerational Overlap and Human Capital Formation", RIE 2005, Vol. 13, 45.

[1066] Veja-se o exemplo norte-americano em RICHARD STONE, *The Modern Law of Contract* (2009), cit., 522.

[1067] MARKUS LOTTER, *Beschäftigungssicherung durch betriebliche Berufsbildungsmaßnahmen unter Beteiligung des Betriebsrats nach dem BetrVG* (2010), cit., 106. Na jurisprudência, entre vários, BAG 16.03.1994 -5 AZR 339/92, NZA 1994, 937; BAG 05.04.2000 – 10 AZR 257/99, NZA 2000, 1008; BAG 24.06.2004 – 6 AZR 383/03, NZA 2004, 1035; e BAG 18.11.2008 – 3 AZR 192/07, NZA 2009, 435.

[1068] Conforme dá nota BERNARD NYSSEN, "Les aménagements conventionnels du droit de démissioner: la clause d'écolage" (2008), cit., 385, a primeira decisão sobre a admissibilidade da *clause d'écolage* é de 19.09.1973, anterior à Lei de 03.07.1978, que é o diploma ordenador das relações laborais.

[1069] Salientando que a LCT de 1944 era absolutamente omissa em relação aos pactos de permanência, mas que estes foram sendo validados pela jurisprudência ainda antes da regulação expressa do *Estatuto de los Trabajadores*, v. MARTINEZ GIRON, "La dimisión del trabajador", AL 1990, n.º 20, 237.

[1070] Este movimento de reconhecimento consolidou-se no início da década de 90: Cass. Soc. 17.07.1991, n.º 88-40.2011, RJS 10/1991, n.º 1072, embora fosse praticamente consensual a admissão destes tipo de pactos: JEAN-PIERRE CHAUCHARD, "La clause du dédit-formation ou le regime de liberté surveillée appliqué aux salariés" (1989), cit., 389, JEAN MOULY, *Droit du Travail* (2008), cit.,

Assim, o pacto de permanência, além de para MATTEO DELL'OLIO acentuar a existência de uma consciência concorrencial e de disciplinar a correlação de forças no mercado de trabalho[1072], perfila-se como uma resposta aos interesses do empregador que sinalizam a conservação do vínculo: como, porventura em hipérbole, faz notar GAUDU, se "a fidelidade é a condição do investimento na formação, a ruptura do contrato de trabalho é a ruína"[1073].

Exige-se, todavia, um investimento do empregador que, exorbitando do custo normal associado à beneficiação da força de trabalho de outrem, terá de trazer proveito para o trabalhador, anulando, sob este ângulo, não só o "preço" que o empregador teve que suportar *ope exceptionis*, como também, e por conceito, a liberdade de denúncia que surge irmanada a uma relação laboral de frequência média[1074].

Se a Lei n.º 1952, de 10.03.1937 era omissa quanto à regulação de pactos de permanência, o primeiro sinal legal quanto à sua admissão surge com o n.º 3 do art. 36.º do Decreto-Lei n.º 47 032, de 27.05.1966, que teve vigência quase experimental durante um período de dois anos.

O preceito transitou, praticamente inalterado e com referência numérica idêntica, para o Decreto-Lei n.º 49 408, de 24.11.1969 (LCT), não estando previsto no Anteprojecto Pessoa Jorge[1075].

Tratando-se de um acordo que só com o CT2003 logrou obter nominação expressa – sendo agora um acordo típico e nominado –, a *causa* do pacto, que identificamos subjectivamente como o motivo típico[1076], assimila-se ao conteúdo deste *negotio*: a adopção de uma conduta abstensiva por banda do trabalhador

---

65 e PATRICK BRUNEL, *Formation professionnelle continue. Vol. 2: obligations financières et juridiques de l'enterprise*, ed. Lamy, Paris, 2010, 223.

[1071] Assim, ADRIAN STAEHELIN, *Zürcher Kommentar zum schweizerischen Zirilgesetzbuch, obligationenrecht*. Vol. 2, Schultess, Zurique, 1996, art. 335 A: n.º 2, que, com referência às "cláusulas de reembolso com a formação", põe em relevo a equidade do esquema forjado pelos sujeitos: de um lado, o empregador recupera o custo da formação; do outro, o trabalhador obtém uma valorização das suas competências profissionais, ficando com um valor apreciado no mercado.

[1072] MATTEO DELL'OLIO, "La stabilità convenzionale" (1998), cit., 186.

[1073] FRANÇOIS GAUDU, "Fidelité et rupture", DS 1991, n.º 5, 419.

[1074] Assim: ALBERTO RUSSO, «Le tecniche giuridiche di fidelizzazione del personale: dagli strumenti "difensivi"agli strumenti "offensivi" nella prospettiva del nuovo "mercato del lavoro"», (2006), cit., 167-188.

[1075] O art. 30.º apenas cuidava dos pactos de não concorrência e dos acordos, necessariamente proibidos, que hoje se encontram previstos no art. 138.º do CT. Cfr. FERNANDO PESSOA JORGE, "Contrato de Trabalho – Anteprojecto de Diploma Legal" (1965), cit., 264.

[1076] Basicamente, porque, como nota INOCÊNCIO GALVÃO TELLES, *Manual dos Contratos em geral* (1965), cit., 67 e 251 e ss., "a função objectiva não vive desligada da vontade, nela se insere também,

quanto ao exercício do direito de desvinculação *ad nutum*[1077], dando-se à permanência foros de uma condição de segurança[1078], de natureza compensatória[1079].

Assestando-se, com frequência, ao pacto uma função de reforço da subordinação jurídica[1080] – sem que todavia vislumbremos essa função ou a implicação de tal refracção, uma vez que a inserção do trabalhador num processo produtivo organizado e o desenvolvimento da sua actividade sob a direcção do empregador se colocam em plano diverso do que aquele que atina com a cessação *ad nutum* do contrato por parte do trabalhador[1081], a única aliás vedável convencionalmente, face ao conceito de ordem pública que envolve a resolução com justa causa[1082] –, a limitação ínsita no acordo, por contraste com as "cláusulas de garantia de emprego" francesas[1083] ou com as "cláusulas de duração mínima garantida" transalpinas[1084], é só de um dos sujeitos: o trabalhador.

Sem que o empregador se comprometa a não fazer cessar o contrato[1085], o pacto de permanência é, por tendência, um contrato unilateral: a correspecti-

e *torna-se* um ente os restantes motivos (...), enquanto o agente, solicitado pelos *motivos individuais*, se decide a aceitá-la e prossegui-la como fim próximo".

[1077] Neste sentido: Júlio Vieira Gomes, *Direito do Trabalho* (2007), cit., 624.

[1078] François Gaudu & Raymonde Vatinet, *Les contrats du travail* (2001), cit., 251.

[1079] Ainda Marc-Olivier Huchet, "La clause de dédit formation", RJO 2000, n.º 4, 378, que, fazendo apelo à função económico-social do pacto, incorpora a amortização do investimento feito pelo empregador no seu fim último: a fidelização.

[1080] Assim, na sequência de Antoine Lyon-Caen, cfr. Jean-Pierre Chauchard, "La clause du dédit-formation ou le regime de liberté surveillée appliqué aux salariés" (1989), cit., 388.

[1081] Daí que, à face do sistema português, nem sequer seja probante a perspectiva de que o trabalhador fica em situação mais apertada do que a que envolve o empregador quanto à cessação do contrato, já que o art. 53.º da CRP interdita expressamente os despedimentos sem justa causa, e o trabalhador, tomando de empréstimo a formulação do art. 2094 do *Codice Civile*, enquanto alguém que se "obriga mediante retribuição a prestar o próprio trabalho manual ou intelectual com dependência e sob a direção de outrem", pode fazer cessar o contrato com justa causa, sem que, em, razão do pacto, se encontre em estado de dependência acrescida ou sujeito a um poder de direcção mais acentuado. Diferente é a relação estabelecível entre a atenuação da subordinação jurídica e o princípio da estabilidade no emprego, mas, como se verá melhor adiante, o pacto de permanência não modela, por princípio, as formas de cessação do contrato ao alcance do empregador e, quando o faz, fá-lo em sentido que não desprotege o trabalhador.

[1082] Assim Jacques Duplat, "Clause de garantie d'emploi et licencement" (2009), cit., 24.

[1083] Por exemplo, François Gaudu & Raymonde Vatinet, *Les contrats du travail* (2001), cit., 251 ou Gilles Auzero, "La distinction entre clause pénale et clause de garantie d'emploi: Soc. 4 mars 2008, pourvoi n.º 06-45.221", RDT 2008, 304-6.

[1084] Carlo Zoli, "Clausole di fidelizzazione e rapporti di lavoro" (2003), cit., 454 e Alberto Russo, *Problemi e prospettive nelle politiche di fidelizzazione del personale* (2004), cit., 93.

[1085] Também em Espanha, Gómez Abelleira, "Pactos de no concurrencia y de permanência" (2000), cit., 285.

vidade estabelece-se não entre duas obrigações – só há obrigações para o trabalhador[1086] –, mas entre o investimento na formação[1087] e uma obrigação (a de restituir, por via da permanência, esse investimento), que, aparecendo commumente designada de reembolso, tem contribuído para a difusão da nominação das cláusulas como cláusulas de retorno e/ou de reembolso.

As despesas avultadas que o empregador tem de realizar para que o trabalhador o compense com a sua permanência são um elemento essencial do tipo[1088], que, constituindo o núcleo identificador do pacto de permanência, conforma, pelo interesse sério subjacente, a recepção por parte do sistema deste acordo em que o trabalhador auto-limita a liberdade de trabalho.

8. Enquadrado o direito de denúncia do contrato de trabalho, verifica-se que, em princípio, só um pacto de permanência logra proteger os interesses estabilizadores do empregador, numa área em que, curiosamente, "a estabilidade é uma aspiração fundamental do trabalhador"[1089].

Para tanto, e sob pena de a subtracção da possibilidade de desvinculação *ante tempus* por banda do trabalhador se processar à margem da axiologia que permeia o sistema, torna-se necessário observar um asterismo de requisitos, sem o qual muitas das (pretensas) cláusulas de permanência que se reproduzem no tráfego jurídico são inválidas. Sirva de exemplo a obrigação assumida pelo trabalhador de, além da obrigação de pré-aviso, não abandonar a empresa enquanto o empregador não encontrar um substituto.

Vejamos, pois, os aspectos que os requisitos necessários à validação do pacto de permanência convocam, não sem antes caracterizarmos este *contrato* com base no Direito das obrigações e verificarmos a constitucionalidade da regulação contida no Código do Trabalho.

Estando-se perante algo de semelhante a um termo estabilizador que é concebido como instrumento de protecção dos interesses do empregador[1090], nesta

---

[1086] Entre nós: Júlio Vieira Gomes, *Direito do Trabalho* (2007), cit., 627.
[1087] Jean-Pierre Chauchard, "La clause du dédit-formation ou le regime de liberté surveillée appliqué aux salariés" (1989), cit., 388, fala na formação como condição.
[1088] Como nota Pedro Pais de Vasconcelos, *Contratos Atípicos* (1995), cit., 79, a violação dos elementos essenciais de todos os contratos, como os que se impõem para aferir da sua validade, acarreta a nulidade, enquanto a violação dos elementos essenciais do tipo, que são os que se relacionam com o conteúdo do contrato, apenas conduz a uma qualificação diferente, que, todavia, em razão das coordenadas do sistema, também pode implicar a nulidade.
[1089] As palavras são de Bernard Teyssié no Prefácio à obra de Arnaud Martinon, *Essai sur la stabilité du contrat de travail à durée indéterminée*, Dalloz, Paris, 2005, XIII.
[1090] Nestes termos, v. António Monteiro Fernandes, *Direito do Trabalho* (2012), cit., 538.

esquadria, e com amparo nas denominações dogmaticamente consagradas na teoria geral dos contratos, pode caracterizar-se o pacto de permanência como um contrato *nominado*[1091], *típico* (com a evidenciação de alguns traços individualizadores do tipo, o Código estabeleceu os pressupostos necessários à disciplina da figura que de seguida é desenhada[1092]), *oneroso* ("ambas as partes suportam esforços económicos, em simultâneo com vantagens correlativas"[1093]), *duradouro* (a prestação protela-se no tempo, tendo a duração temporal da relação creditória influência decisiva na conformação global da prestação[1094]), *sinalagmático* (reciprocidade investimento/obrigação de permanência[1095]) e tendencialmente *unilateral* (o trabalhador fica obrigado a permanecer ao serviço do empregador, mais rigorosamente, a não exercer a denúncia do contrato de trabalho ou a não abandonar o trabalho[1096]). A unilateralidade do acordo é tendencial, uma vez que os sujeitos podem acordar que, em razão da obrigação de permanência, o empregador fica obrigado a pagar uma compensação ao trabalhador para lá da retribuição auferida, circunstância em que o acordo será *bilateral*.

[1091] Assim, a epígrafe do art. 137.º.

[1092] Ainda Massimo Bianca, *Diritto Civile*. Tomo III (2000), cit., 472-4 e, entre nós, Pedro Pais de Vasconcelos, *Contratos Atípicos* (1995), cit., 40, explicando que com a transformação dos contratos regulados na prática em tipos fechados, e em contraste com o que sucede com os tipos abertos, se visa "proporcionar exactidão ao exercício jurídico, certeza à aplicação do Direito".

[1093] As palavras são de António Menezes Cordeiro, *Direito das Obrigações I* (1994), cit., 423-4. Como faz notar Luque Parra, "Pactos típicos, nuevas tecnologias y relación laboral" (2005), cit., 168, a formação extraordinária é a contraprestação que o trabalhador recebe pela restrição à sua liberdade de trabalho, sendo, simultaneamente, uma condição de validade material imposta pelo sistema para que se reconheça positivamente uma limitação a um direito de personalidade.

[1094] O pacto de permanência é, assim, um contrato duradouro tanto por via de uma qualificação dirigida à obrigação que, enquanto efeito jurídico, o integra, quanto por via de uma qualificação dirigida às prestações que constituem o seu objecto, no sentido em que estas, pela sua complexidade, embora já não *geneticamente*, são obrigações de execução continuada ou periódica [*Dauernde Schuldverhältnisse*, na designação de Karl Larenz, *Lehrbuch des Schuldrechts I* (1987), cit., 29]. Ainda: Jorge Ribeiro de Faria, *Direito das Obrigações*, vol. I (1990), cit., 81 e ss., António Menezes Cordeiro, *Direito das Obrigações I* (1994), cit., 357, João Antunes Varela, *Das Obrigações em Geral*, Vol. I (1994), cit., 93 e Luís Menezes Leitão, *Direito das Obrigações, Introdução da Constituição das Obrigações*, Vol. I. (2005), cit., 118 e ss..

[1095] Assim: Cass. Soc. 17.07.1991, n.º 88-40.2011: RJS10/1991, n.º 1072. Seguimos António Menezes Cordeiro, *Direito das Obrigações I* (1994), cit., 422-3, embora existiam Autores que equiparam a sinalagmaticidade a bilateralidade, de que são exemplo João Antunes Varela, *Das Obrigações em Geral*. Vol. I (1994), cit., 394-7 e ss. e Mário Júlio Almeida Costa, *Direito das Obrigações*, (1998), cit., 298 e ss.. Este enquadramento, embora arreigado, tem recebido críticas, bastando, para tanto, ter presente o contrato-promessa unilateral.

[1096] Assim, Júlio Vieira Gomes, *Direito do Trabalho* (2007), cit., 627.

9. Diante deste quadro, será que a forma como o art. 137.º permite que "as partes convencionem, sem diminuição de retribuição, a obrigatoriedade de prestação de serviço durante certo prazo" pode ferir o núcleo essencial do princípio da liberdade de trabalho?

Considerando que os efeitos irradiantes do princípio de *ordem pública*[1097], enquanto válvula de escape do sistema, tolhem vinculações que desembocam em resultados negocialmente assimétricos (*et pour cause* conflituantes com a axiologia laboral), e atendendo aos parâmetros que o art. 137.º substancia, não cremos que tal suceda[1098].

Sabendo-se que há intervenções ordenadoras, condicionadoras, conformadoras, restritivas, concretizadoras, declarativas de limites imanentes ou promotoras de direitos fundamentais[1099], o CT aparece a qualificar os pactos de permanência como "cláusulas de *limitação* à liberdade de trabalho", abrindo espaço para uma auto-limitação daquele princípio constitucional[1100].

E, seguindo a *definitio* do art. 137.º – em todo o caso, à luz do vetusto *rubrica legis non obligat*, desprovida de vinculatividade –, mais do que a caracterização funcional dos pactos de permanência, interessará, antes de tudo, verificar (*verus-facere*), ponto por ponto, das condições que concorrem para admissibilidade legal da sua estipulação, tendo presente que a (in)constitucionalidade do pacto de permanência só *in concreto* poderá ser aferida, face à forma como os sujeitos conformarem a disciplina vertida no art. 137.º, pois um juízo de invalidade sobre as *normas* é sempre recortado a partir da sua relação com o caso concreto e aquelas *variam* consoante os problemas a que se apliquem (*as applied*)[1101].

[1097] Sobre o conceito, António Menezes Cordeiro, *Tratado de Direito Civil Português I* (2002), cit., 507.

[1098] Jorge Leite & Jorge Coutinho de Almeida, *Legislação do Trabalho* (14.ª ed.), Coimbra Editora, Coimbra, 2000, 79, embora questionando a constitucionalidade do (pregresso) n.º 3 do art. 36 da LCT, admitiam, porém, que "tratando-se de despesas excepcionais a suportar pela entidade patronal, por certo no seu interesse, mas também no interesse do trabalhador na sua valorização profissional, razoável parece ser a protecção do empregador".

[1099] Cfr. Vieira de Andrade, "Legitimidade da justiça constitucional e princípio da maioria", Separata de *Legitimidade e Legitimação da Justiça constitucional: colóquio no 10.º aniversário do Tribunal Constitucional*, Coimbra Editora, Coimbra, 1995, 80 e ss..

[1100] Assim: M.ª Rosário Palma Ramalho, *Direito do Trabalho. Parte II* (2010), 232.

[1101] Lendo-se que "um pacto de não concorrência consubstancia uma restrição transitória do exercício do direito ao trabalho e à liberdade de escolha da profissão, estabelecida no contrato de trabalho no momento da sua celebração, cuja legalidade e constitucionalidade se nos afiguram discutíveis", veja-se o Ac. Rl. Lx. de 30.10.2002 (Ferreira Marques), proc. 0049294. Mais se refere no aresto que "sendo estes direitos indisponíveis (os direitos ao trabalho e à liberdade de escolha da profissão), a sua restrição através de uma cláusula estabelecida e inserida no contrato de trabalho,

Assim, se, perante a *vis* expansiva do princípio da liberdade de trabalho, no que respeita aos termos desvinculativos, pouco importa, no plano ordenamental, que o contrato de trabalho não cesse por vontade do trabalhador (= basta que seja possível a sua cessação, assim o trabalhador o deseje, pois é essa possibilidade que assegura a tutela pessoal da sua liberdade de trabalho), também aqui qualquer consideração apenas poderá ser feita perante as circunstâncias do caso concreto[1102], sabendo-se que "só uma referência problemática, que seja susceptível, ao próprio nível da norma, de relevar aquele problema, poderá ser critério da norma aplicável"[1103] (*ex facto ius oritur*).

Em qualquer caso, se "a impossibilidade de o trabalhador vincular perpetuamente as suas actividades é princípio assente de direito de trabalho necessário para permitir que aproveite as oportunidades que surjam para melhorar a sua situação"[1104] (identificação do âmbito de protecção normativa do direito à liberdade de trabalho = *Tatbestand*), importa notar que, estabelecido este *prius*, só depois de se aferir o que este direito comporta é que se poderá qualificar a intervenção como restritiva ou como mera conformação[1105].

Contudo, se, perante obrigações *ex lege* similares (dever de não concorrência), a jurisprudência constitucional considera estarmos na presença de uma restrição[1106] ao princípio da liberdade de trabalho, já se vê que, além da observância

---

na qual o trabalhador se obrigou a não exercer, durante o 1.º ano subsequente à cessação desse contrato qualquer actividade concorrente, impõe sempre que o juiz faça um juízo sobre o equilíbrio das obrigações assumidas e sobre a sua legalidade e constitucionalidade".

[1102] Nestes termos, em relação à figura dos pactos de não concorrência, NATACHA GAVALDA, "Les critères de validité des clauses de non-concurrence en droit du travail" (1999), cit., 584.

[1103] Assim, e porque "o caso jurídico é um concreto problema jurídico", que funciona como o "dado correlativo que oferece o âmbito e o conteúdo relevantes" do sentido jurídico pré-objectivado, v. ANTÓNIO CASTANHEIRA NEVES, *Metodologia Jurídica. Problemas Fundamentais* (1993), cit., 155 e ss..

[1104] As palavras são de RAÚL VENTURA, "Lições de Direito do Trabalho" (2003), cit., 666.

[1105] Como fazem notar J. J. GOMES CANOTILHO & VITAL MOREIRA, *Fundamentos da Constituição*, cit., 135, "(o)s direitos fundamentais não nascem já com limites inerentes ou naturais não escritos, fora daqueles que a própria Constituição estabelece ou consente", pelo que qualquer restrição opera sempre *a posteriori*, face à necessidade de proceder à conciliação com outro direito fundamental ou interesse constitucional suficientemente caracterizado e determinado, cuja satisfação não possa deixar de passar pela restrição de um certo direito fundamental.

[1106] Assim, o Ac. TC n.º 474/89, de 12.07 (CARDOSO DA COSTA), proc. n.º 248/85, D.R. II Série, n.º 25, de 30.01.1989, 1025 e ss., em que se refere que "tanto a liberdade de escolha da profissão como a liberdade de iniciativa económica podem ser condicionadas ou restringidas pelo legislador, desde que tais limitações sejam credenciáveis a luz do especificamente determinado nos arts. 47.º, n.º 1 e 61.º, n.º 1 da Constituição e sejam observados os limites do art. 18.º n.ºs 2 e 3, da Constituição". No caso, o TC, considerando que o "dever de lealdade representa uma dimensão do interesse colectivo susceptível de justificar restrições a liberdade de escolha de profissão e vai de par com a directriz

dos limites formais e orgânicos à actividade legiferante[1107], haverá que transitar o princípio da proporcionalidade, encontrando, conforme a jurisprudência do BVerfG, uma solução de equilíbrio objectivada na regulação criada pelos sujeitos[1108], que, dotando a regulação legal de salvaguardas adequadas e de uma justificação probante, equipondere o enquadramento principiológico de que é nula uma "uma cláusula de renúncia do trabalhador à faculdade de despedir-se"[1109].

A comprovação da aptidão constitucional dos interesses do empregador para este efeito depende, pois, de uma tripla e sucessiva verificação: *(i)* necessidade, *(ii)* adequação e *(iii)* justa medida.

Percorrida a tríplice dimensão do princípio da proporcionalidade, no pressuposto de que a liberdade de denúncia, por mor da sua associação à liberdade de trabalho, "é uma vantagem exclusiva para o trabalhador" e de que deve ser considerada "nula, porque contrária a um princípio de ordem pública, a cláusula pela qual o trabalhador, pura e simplesmente, renuncia à possibilidade de rescindir o seu contrato de trabalho, sem justa causa"[1110], cumpre notar que os trabalhadores estão impedidos de proceder convencionalmente a uma *reformatio in*

---

de assegurar a equilibrada concorrência entre as empresas", entendeu que as disposições questionadas não eram inconstitucionais, posto que as pessoas às quais a lei vedava a possibilidade de se inscreverem como agentes de seguros não ficavam por isso impedidas de exercer a correspondente actividade profissional como simples angariadores. Em sentido aparentado, v. ainda o Ac. STJ de 12.01.1994 (Raúl Mateus), BMJ 1994, n.º 433, 559, que, analisando as normas dos arts. 21.º do Decreto-Lei n.º 45 968, de 15.10.1964 e 226.º do Regulamento de Inscrição Marítima, entendeu que estas, mau grado limitarem o direito de denúncia do contrato de trabalho que liga o comandante ao armador, não afrontavam o princípio constitucional da liberdade de trabalho. Para tal, considerou o Supremo que aquela "limitação, e considerando a especificidade do contrato de trabalho a bordo, mostra-se adequada à salvaguarda do outro valor constitucional protegido, ou seja, o direito à iniciativa económica privada, considerado pelo art. 61.º, n.º 1, da Constituição, instrumento de progresso colectivo", posição assumida, *grosso modo*, no Ac. Rl. Lx. de 10.10.2012 (Isabel Tapadinhas), proc. n.º 42/08.8TTALM.L1-4.

[1107] Cfr. art. 165.º, al. b) da CRP.

[1108] Assim, expressamente sobre as cláusulas de reembolso que, na Alemanha, não têm previsão legal expressa: BVerfG 19. 10.1993, ZIP 1993, 1775.

[1109] As palavras são de Rabindranath Capelo de Sousa, *O Direito Geral de Personalidade* (1995), cit., 279 (nota 667). Em geral, a liberdade de desvinculação faz parte da ordem pública, sendo contrário ao conceito que alguém se obrigue ilimitadamente a prestações continuadas ou periódicas; por exemplo: Pedro Romano Martinez, *Da cessação do contrato* (2006), cit., 231 e ss..

[1110] Ainda Júlio Vieira Gomes, "Da Rescisão do Contrato de Trabalho por Iniciativa do Trabalhador" (2003), cit., 131-2, Luisa Galantino, *Diritto del Lavoro* (1995), cit., 597-600 e Giovanni Nicolini, *Compendio di Diritto del Lavoro* (2004), cit., 416 e 487 e Jacques Duplat, "Clause de garantie d'emploi et licencement" (2009), cit., 24.

pejus do sistema de protecção legal da sua liberdade de trabalho e, naturalmente, também do regime legal que concretiza o art. 53.º da CRP.

Assim, considerando as potencialidades do tratamento mais favorável (aqui: inderrogabilidade *in pejus* na relação entre a lei e as demais fontes laborais de valor diferente[1111]) e estando em análise o princípio da liberdade de trabalho, as determinantes constitucionais que incidem sobre este direito conduzem-nos à verificação de que as disposições do CT que o conformam devem ser interpretadas no sentido de que estabelecem uma *tutela mínima*: o legislador, em razão de outros interesses, definiu um programa legal, que os destinatários podem concretizar, melhorando, mas não piorando, as condições que para o trabalhador derivam da lei (n.º 4 do art. 3.º).

O art. 137.º, designadamente no que diz respeito ao "limite dos três anos" ou à "desobrigação mediante a restituição das somas despendidas", alberga, pois, uma *norma de imperatividade mínima*[1112].

Estando afastada a possibilidade de enfraquecimento da tutela conferida aos trabalhadores pelo art. 137.º, e conferida a boa definição das circunstâncias que balizam a auto-limitação assumível – ao que acresce a inultrapassibilidade da delimitação temporal e a desvinculação exercível a todo o tempo por parte do trabalhador –, encontra-se assegurada a adequação da restrição ao princípio constitucional da liberdade de trabalho[1113], uma vez que a lei assegura *ex suficientis* a posição do trabalhador, e este, dentro das margens negociais permitidas, nunca poderá dispor das garantias ou reduzir o nível de protecção à sua liberdade de trabalho que o art. 137.º, em atenção à esfera de interesses prosseguidos, injuntivamente prevê[1114].

[1111] M.ª ROSÁRIO PALMA RAMALHO, *Da Autonomia Dogmática do Direito do Trabalho* (2000), cit., 938 e ss..

[1112] Veja-se GIOVANNI NICOLINI, *Compendio di Diritto del Lavoro* (2004), cit., 487 e ss..

[1113] Seguimos M.ª ROSÁRIO PALMA RAMALHO, *Direito do Trabalho. Parte II* (2010), cit., 232. Igualmente, pode ler-se no Ac. STJ de 30.06.2011 (GONÇALVES ROCHA), proc. n.º 2779/07.0TTLSB. L1.S1, com referência ao art. 147.º do CT2003, que " (c)oncluímos assim que tal preceito não viola o art. 58.º da CRP, pois o pacto de permanência nele previsto, para além de corresponder a uma limitação voluntária e legal dos direitos de personalidade do trabalhador, também é seguro que a sua revogação é livre desde que se indemnizem os prejuízos causados às expectativas legítimas do empregador, conforme resulta da parte final do preceito".

[1114] Em sentido próximo, GÓMEZ ABELLEIRA, "Pactos de no concurrencia y de permanência" (2000), cit., 277-8. Como se disse no Ac. TC n.º 681/95, de 05.12 (MONTEIRO DINIZ), DR II série, 30.11.96, 150 ss. (= BMJ 1996, n.º 456, 69 ss.), que surgiu na sequência do indeferimento liminar de uma declaração de objecção de consciência, apresentada por uma testemunha de Jeová, em virtude de a declaração não conter a "declaração expressa da disponibilidade do declarante para cumprir o serviço cívico alternativo", como é exigido pelo art. 18.º, n.º 3, al. d), da LOC, «a Constituição, ao

b) Forma e consentimento

1. Coordenadas

10. O pacto de permanência tem base legal directa, não sendo uma figura exclusivamente assente na autonomia privada que, independentemente das limitações impostas pela subjacência de uma relação tendencialmente assimétrica, encontra espaço em Direito do trabalho.

À partida, tratar-se-ia de um acordo que, face aos interesses envolvidos, estaria dependente da observância de forma solene.

A redução a escrito é invocada pela jurisprudência constitucional, no que a um pacto afim diz respeito – o pacto de não concorrência – como uma manifestação da consideração dos interesses do trabalhador que se postam nas cláusulas de limitação à liberdade de trabalho, face à "gravidade do acto" que substancia a renúncia ao princípio da liberdade de trabalho[1115].

Neste quadro, o art. 137.º, não aludindo à necessidade de acordo por escrito, utiliza a locução cláusula (etimologicamente: *clausus, claudere*), parecendo inculcar a necessidade de adopção de uma forma especial[1116]: não valeria sem mais o *solus consensus obligat*, conforme já enfatizou a jurisprudência espanhola[1117] ou francesa[1118], entendendo que um tal *desvio* ao programa contratual genérico não se compadece com convenções verbais (*consensus verbis*).

As exigências especiais de forma não consubstanciam imposições destituídas de sentido: aparecem conformadas por razões de ordem empírica, designadamente de natureza psicológica, avultando, em alguns casos, objectivos de facilitação da tarefa judicatória quanto à adequação do conteúdo do(s) negócio(s)

---

proteger como protege o bem jurídico "trabalho subordinado", pretende afinal garantir que "a validade dos contratos [de trabalho dependa] não apenas do consentimento das partes no caso particular, mas também do facto de que esse consentimento se haja dado dentro de um marco jurídico-normativo que assegure que a autonomia de um dos indivíduos não está subordinada à do outro».

[1115] Entre nós, em adesão à perspectiva de António Monteiro Fernandes, v. Ac. TC n.º 256/04, de 14.04 (Mário Torres), proc. n.º 674/02, DR n.º 266, II Série, de 12.11.004. Identicamente: Piera Fabris, *Il patto di non concorrenza*, Giuffrè, Milão, 1976, 129.
[1116] A associação do termo *cláusula* ao *scriptum* encontra raízes nas fontes jurídicas romanas, sendo então usado para indicar uma parte, um capítulo (*caput*) da lei ou do édito (*clausula edictalis*). Cfr. Cesare Grassetti, "Clausola", *Novissimo Digesto Italiano. Appendice Vol. VII*, 1987, 184.
[1117] Com referência às sentenças do Supremo de 06.05.2000, 26.06.2001 e 21.12.2000, veja-se Rubio de Medina, *El pacto de permanencia en la empresa*, Bosch, Madrid, 2005, 14.
[1118] Cass. Soc. 04.02.2004 em Patrick Brunel, *Formation professionnelle continue. Vol. 2* (2010), cit., 234 e em Michel Miné & Daniel Marchand, *Le droit du travail en pratique* (2012), cit., 311.

ao desenho da *factis species* legal e à prevenção de situações de dissimulação e de fraude à lei[1119].

Ora, tendo em conta a feição mais técnica deste tipo de vínculos, a necessária reflexão por banda do trabalhador, a permissão de uma formulação mais precisa e as garantias de um maior grau de certeza quanto ao alcance da vinculação, há boas razões para se entender que só um acordo por escrito lograria fugir à teia de invalidades que cobre as situações em que um *pacto* não observa a forma *ad solemnitatem* imposta por lei[1120].

Esse seria, aliás, o resultado a que se chegaria numa leitura parcial do art. 137.º, já que, conforme se verá, a lei prevê a desobrigação do pacto por parte trabalhador mediante o pagamento do montante correspondente às "despesas referidas no acordo".

De acordo com o direito constituído, o art. 219.º do CC é, todavia, inultrapassável: trata-se de um contrato consensual, uma vez que a "validade da declaração negocial, não depende de observância de forma especial, salvo quando a lei o exigir" e as regras formais impõem-se nos precisos termos em que sejam prescritas, não comportando aplicação analógica[1121].

O princípio da excepcionalidade quanto à prescrição da exigência de determinada forma é maioritariamente aceite no direito português[1122], recortando-se, no essencial, a partir do âmbito do art. 219.º do CC, da fragmentariedade subjacente aos argumentos geralmente avançados para a formalização dos actos, da simplificação do tráfego jurídico e das contradições vislumbráveis nos diferentes sistemas para as exigências de forma especial, de que aliás os acordos de limitação à liberdade de trabalho podem servir de exemplo, face à reserva *ex lege* de uma forma *ad solemnitatem actus* para os pactos de não concorrência.

[1119] Cfr. Montoya Melgar, *Derecho del Trabajo* (2000), cit., 304 e, em geral, no quadro de um sistema especialmente desformalizado, cfr. Ewan Mckendrick, *Contract Law* (2003), cit., 77.

[1120] M.ª Rosário Palma Ramalho, *Da Autonomia Dogmática do Direito do Trabalho* (2000), cit., 977 (nota 597), inter-relacionando as consequências da inobservância de um conjunto de situações postulante de uma razão especial de forma com a lógica de favorecimento do empregador que estas coenvolvem, vislumbra "uma base para o reconhecimento de um princípio laboral específico em matéria de forma que constitua uma excepção ao princípio geral do consensualismo". Em sentido idêntico, com o *plus* de associar desformalização a flexibilização/desregulação, v. Christian Bessy, *La contractualisation de la relation de travail* (T. 45), LGDJ, Paris, 2007, 39 e ss..

[1121] Por todos: António Menezes Cordeiro, *Manual de Direito do Trabalho* (1997), cit., 587 e, em geral, Fernando Pires de Lima & João Antunes Varela, *Código Civil Anotado*, vol. I (1987), cit., 210.

[1122] Desviam-se, no entanto, desta posição Rui Pinto Duarte, *Tipicidade e Atipicidade dos Contratos* (2000), cit., 169 e ss. e Pedro Pais de Vasconcelos, *Teoria Geral do Direito Civil* (2010), cit., 707 e ss..

Resultando que as exigências de forma são excepcionais, o pacto pode assim ser meramente verbal[1123], à semelhança do que se estabelece no país vizinho para a obrigação de permanência no âmbito da relação laboral de alta direcção (mas não para a relação laboral de frequência média[1124]) e do que já se considerou admissível na Alemanha[1125] ou em Itália[1126].

Cuida-se de uma solução que, ante o princípio arreigado de que existe "um vector juslaboral que implica a forma escrita para estabelecer situações que enfraqueçam a posição dos trabalhadores"[1127], dificilmente se compreende, não colhendo também o argumento de que *ad remotam* poderíamos topar com uma vinculação cuja forma não tem paralelo no contrato de trabalho que a justifica, pois a ausência de forma paralela não assume qualquer particularidade de *lege data*, bastando, para tanto, atentar à celebração de um pacto de não concorrência ou de um contrato de cedência ocasional de trabalhadores, hipótese(s) em que o acordo celebrado *a latere* do contrato de trabalho pode revestir forma mais exigente[1128], o mesmo sucedendo, aliás, enquanto *ante*, com o contrato-promessa de trabalho[1129].

A imposição de forma escrita, como formalidade *ad substantiam* impõe-se, pois, *de iure condendo*, só assim se garantindo a adequação da limitação imposta pelo pacto de permanência e a remoção da infixidez subjacente à (des)vinculação do trabalhador. Mais do que isso: a prescrição de uma solenidade *ad substantiam actus* e, portanto, *ad validatem* (art. 220.º do CC), trata-se da única forma de

---

[1123] Pedro Romano Martinez, *Direito do Trabalho* (2010), cit., 692.
[1124] Veja-se o art. 8.2 do RD 1382/1985, de 01.08 e ainda Cruz Villalón, *Estatuto de los Trabajadores Comentado* (2003), cit., 304. Não obstante, Alcázar Ortiz & Val Tena, "Los pactos de dedicación exclusiva y permanencia en la empresa" (1995), cit., 134, consideram a necessidade de redução a escrito uma exigencia *ad solemnitatem*.
[1125] Harald Schliemann & Reiner Ascheid, *Das Arbeitsrecht im BGB: Kommentar* (2002), cit., 162.
[1126] Cass. 30.10.1990, n.º 10460, RIDL 1991, II, 867 e Carlo Zoli, "Clausole di fidelizzazione e rapporti di lavoro" (2003), cit., 456.
[1127] António Menezes Cordeiro, *Manual de Direito do Trabalho* (1997), cit., 587.
[1128] Assim, também o art. 21.4 ET dispõe que "(c)uando el trabajador haya recibido una especialización profesional con cargo al empresario para poner en marcha proyectos determinados o realizar un trabajo específico, podrá pactarse entre ambos la permanencia en dicha empresa durante cierto tiempo. El acuerdo no será de duración superior a dos años y se formalizará siempre por escrito. Si el trabajador abandona el trabajo antes del plazo, el empresario tendrá derecho a una indemnización de daños y perjuicios".
[1129] Igualmente, Pedro Romano Martinez, *Direito do Trabalho* (2010), cit., 461, explicando a razão de ser da exigência de forma escrita quanto ao contrato-promessa nos seguintes termos: "quando o legislador admite a constituição de situações laborais que se afastam do contrato de trabalho de regime comum, obriga a que estas sejam manifestadas por escrito".

assegurar que existe uma assunção consciente da restrição e um conhecimento efectivo do montante que o trabalhador tem de pagar para se desvincular do pacto.

A designação de forma escrita para um pacto, embora devendo considerar-se excepcional, assegura, por princípio, a prevalência da vontade substancial dos sujeitos sobre a vontade que decorre de elementos exteriores, dando tradução, no caso, às exigências de segurança que a situação convoca e que, de forma paradoxal, em sistemas menos atreitos à solenidade, preconformam a necessidade de redução a escrito de acordos em que o afastamento da demissão do trabalhador vem associado a despesas com a sua formação[1130].

11. O consentimento do trabalhador, face ao art. 405.º do CC, e por força da refracção operada sobre o sustento do contrato de trabalho, é um elemento essencial ao pacto de permanência[1131].

Para que seja considerado válido, tem de ser emitido de modo expresso, livre e esclarecido.

Expresso, porque, atento o quadro que preside à figura e as repercussões que a convenção transporta para o trabalhador, não bastará um consentimento tácito[1132], na premissa de que, como dissemos, o nexo de concludência previsto no art. 217.º do CC é determinado por inferências práticas, que, demandando a consideração de factores sociais e jurídicos, não é atível na sua determinação a

---

[1130] Assim, no Reino Unido, exige-se que o acordo se encontre formulado em termos claros e precisos, o que só é conseguível com a sua redução a escrito (cfr. STEPHEN TAYLOR, *The Employee Retention Handbook*, CIPD Publishing Londres, 2002, 120), postulando-se o mesmo em França [JEAN-PIERRE CHAUCHARD, "La clause du dédit-formation ou le regime de liberté surveillée appliqué aux salariés" (1989), cit., 388 e ss..].

[1131] Utilizamos a taxionomia de BETTI, que, inserindo os elementos intrínsecos na estrutura do negócio, se refere a elementos objectivos como a forma ou o conteúdo e ainda elementos subjectivos, como seja a vontade do sujeito. Cfr. EMILIO BETTI, *Teoria Generale del Negozio Giuridico* (1994), cit., 209-210.

[1132] Nesta direcção: SIRVENT HERNÁNDEZ, *El pacto de permanência en la empresa*, Tirant Lo Blanch, Valência, 2002, 122 e GILLES AUZERO, "Obligation d'information de l'employeur et clause de dédit--formation (Soc. 16 mai 2007, pourvoi n,º 05-16.647 F-D, *Sté Transport aérien régionale «Star Airlines»*)", RDT 2007, 451 (nota 4), cabendo ter presente, como faz notar PAULO MOTA PINTO, *Declaração tácita e comportamento concludente no negócio jurídico* (1995), cit., 7, que de declaração negocial tácita, no sentido próprio empregue no artigo 217.º – norma integrada numa secção relativa aos negócios jurídicos –, só se pode falar se não estivermos já perante actos não negociais.

considerações de ordem estritamente lógica, impondo-se atender à teleologia intersubjectiva que procura atender ao desequilíbrio da situação laboral[1133].

Livre, dado que o trabalhador não se pode encontrar coagido sob qualquer forma aquando da expressão da concordância, pressupondo-se, todavia, face aos benefícios extraíveis com a formação profissional *ad extra* que concorre para a validação do pacto, que tal sucede.

Esclarecido, uma vez que o trabalhador terá de conhecer os efeitos decorrentes da celebração do pacto de permanência, designadamente a duração da obrigação de permanência e o montante despendível com a sua formação[1134], condição essencial à actuação da desobrigação prevista no n.º 2 do art. 137.º.

Sem a referência ao montante, que é um elemento essencial do conteúdo regulativo do pacto, o negócio é nulo: por um lado, fica prejudicada a indagação do interesse sério que justifica esta limitação à liberdade de trabalho tal como o sistema o prefigura[1135], e, por outro, o trabalhador tem de conhecer, com precisão inafastável e *ab initio*, o montante necessário à sua desobrigação[1136].

Sendo a revogabilidade a todo o tempo da auto-limitação à liberdade de trabalho o traço que mais salientemente isenta o pacto de censura jurídico-constitucional, a falta de indicação do montante correspondente às despesas feitas

---

[1133] Eis porque, neste quadro, e por contraste com as cláusulas *dédit-formation*, a jurisprudência francesa tem extrinsecado de posições assumidas pelo empregador uma garantia de estabilidade contratual, compositiva de uma cláusula de *stabilité d'emploi*, já que o sentido tutelar das relações de trabalho (e que envolve os acordos que a condicionam) a tal não se opõe: como faz notar ANTOINE LYON-CAEN, "Le mantien de l'emploi", DS 1996, n.os 7/8, 655, a *Cassation* considerou que a declaração feita por um director da empresa no decurso de uma reunião do comité de greve de que os trabalhadores seriam mantidos em caso de fusão com outro grupo empresarial consubstanciava uma garantia de estabilidade, que, tendo sido aceite pelos trabalhadores, integrou a figura das cláusulas de estabilidade no emprego (Cass. Soc. 03.02.1972, Bull. Civ. V, n.º 94).

[1134] O que restringirá, naturalmente, e em muito, a relevância atribuída à concludência do comportamento do trabalhador, em ordem a apurar o respectivo sentido, nomeadamente enquanto declaração negocial que dele deva deduzir-se *com toda a probabilidade*, uma vez que essa dedução é aferida por um "critério *prático*", baseando-se numa "conduta suficientemente significativa, que não pode deixar nenhum fundamento razoável para duvidar do significado que dos factos se depreende". Cfr. CARLOS FERREIRA DE ALMEIDA, *Texto e Enunciado na Teoria do Negócio Jurídico*", Vol. II (1992), cit., 718 e PAULO MOTA PINTO, *Declaração tácita e comportamento concludente no negócio jurídico* (1995), cit., 828.

[1135] Interesse que convoca uma relação entre as despesas subjacentes ao investimento do empregador e o alcance temporal da obrigação de permanência.

[1136] BERNARD NYSSEN, "Les aménagements conventionnels du droit de démissioner: la clause d'écolage" (2008), cit., 389.

pelo empregador tornaria esse direito falho de condições para o seu exercício, convolando a desobrigação numa *fictio*[1137].

Não sendo exigível que fique consignada a *causa motivadora* do pacto de permanência (esta funcionará *ex post*, posto que o *negotio* funciona como uma "compensação de despesas avultadas feitas pelo empregador na formação profissional do trabalhador"), é, todavia, curial que o acordo contenha essa menção (identificação da formação, respectivo custo e conexão com a profissionalidade e a área funcional do trabalhador), pensando-se nos custos inerentes a um *posteriorus* contencioso e ponderando as vantagens fluentes da clarificação *ex ante* dos critérios que permitem a sindicabilidade da sua validade e o exercício do controlo proporcional que todos os acordos de limitação à liberdade de trabalho convocam.

Verificando-se que o tipo do pacto de permanência é um *tipo jurídico-estrutural* – a existência de um contrato de trabalho, a exigibilidade de despesas avultadas com a formação profissional extraordinária, a não diminuição da retribuição e possibilidade de desobrigação a todo o tempo por parte do trabalhador, são os "traços, que na sua globalidade constituem o tipo", existindo "uma relação de sentido tal que eles se condicionam ou reclamam reciprocamente até um certo grau, ou pelo menos são compatíveis entre si (...)"[1138] –, poderão os sujeitos, em ordem à cabal percepção do alcance e efeitos da vinculação, densificar alguns dos aspectos que o art. 137.º estrutura como traços identificativos do pacto de permanência, dado que a caracterização antecipada na lei pode ser completada com uma multiplicidade de traços que resultam por dedução da definição legal.

Trata-se aqui não da liberdade extrínseca (a *liberdade objectiva de contratar*[1139]) mas da liberdade de configuração interna do pacto[1140], admitindo-se que, num contexto de simetria, se preveja negocialmente um desenho das causas de sus-

---

[1137] Neste sentido, em França, erigindo a indicação concreta do custo efectivo com a formação a condição de validade das cláusulas *dédit-formation*, v. Cass. Soc. 16.05.2007 e GILLES AUZERO, "Obligation d'information de l'employeur et clause de dédit-formation (Soc. 16 mai 2007, pourvoi n.º 05-16.647 F-D, Sté Transport aérien régionale «Star Airlines»)" (2007), cit., 450.

[1138] KARL LARENZ, *Metodologia da Ciência do Direito* (1989), cit., 665. Tal não significa já que estejamos perante um tipo aberto, pois aqueles traços, na sua globalidade, formam a imagem global do pacto de permanência e fornecem uma linha directiva inafastável por vontade das partes. E quanto ao tipo aberto, conforme salienta JOSÉ DE OLIVEIRA ASCENSÃO *A Tipicidade dos Direitos Reais* (1968), cit., 63-4, a sua "descrição típica é completada por regras supletivas (..) e há elementos juridicamente relevantes que não pertencem ao tipo", vislumbrando-se, por conseguinte, um conjunto de conceitos que reclamam um preenchimento exógeno das características do modelo contratual.

[1139] KARL LARENZ, *Lehrbuch des Schuldrechts I* (1987), cit., § 4, 39.

[1140] Ainda KARL LARENZ, *Lehrbuch des Schuldrechts I* (1987), cit., § 4, 42-5.

pensão do pacto ou um acréscimo retributivo em razão do decurso do tempo subjacente à obrigação de permanência[1141].

Também, com particular incidência no esclarecimento, será possível prever-se a existência de um direito de informação aos trabalhadores e aos seus representantes sobre os custos da especialização que concorrem para a validade do pacto de permanência, embora estas menções, ao contrário da indicação do montante correspondente às despesas feitas pelo empregador, se pautem pela eventualidade, não afectando os termos em que o trabalhador manifesta a sua vontade de auto-limitação ou tão pouco a validade do acordo.

12. Neste quadro, tendo em conta a estrutura e os efeitos de uma obrigação de permanência, parece afastada a possibilidade de esta ser criada por via de uma previsão em *regulamentos internos da empresa*, que, ao contrário de outros modelos (*v.g.* França[1142]), não são obrigatórios no nosso sistema[1143] e substanciam um "complexo de normas referentes à organização técnica e disciplinar da organização do trabalho na empresa predisposto unilateralmente pelo empregador em extrinsecação do seu poder directivo"[1144]: estamos na presença de uma auto-limitação à liberdade de trabalho, situação que, por conceito, implica uma auto-determinação do trabalhador (direito de titularidade individual) e que nos conduz, em plano mais vasto, ao problema do "grau de incidência do acto como factor de valoração do conteúdo das cláusulas preformuladas"[1145].

Uma vez que estes "actos regulamentares de direito privado"[1146] visam estipular normas de organização e disciplina do trabalho[1147] – e os aspectos essenciais do contrato de trabalho que deles brotam, na falta de prévia negociação

---

[1141] Exemplo: aumento de 5% em função do transcurso de cada trimestre contido no período do pacto.

[1142] Em França, nos termos do art. L. 1311-2 do *Code du Travail*, os regulamentos internos são obrigatórios para as empresas ou estabelecimentos que empreguem 20 ou mais trabalhadores. Cfr. Michel Miné & Daniel Marchand, *Le droit du travail en pratique* (2012), cit., 127.

[1143] Em Itália, salientando também que nada impõe a adopção de um regulamento interno e considerando mesmo tratar-se de um *rudere giuridico e linguistico*, v. Umberto Romagnoli & Giorgio Ghezzi, *Il rapporto di lavoro* (1995), cit., 188.

[1144] As palavras são de Santoro-Passarelli, *Nozioni di diritto del lavoro* (1973), cit., 340.

[1145] Cfr. Joaquim de Sousa Ribeiro, *O Problema do Contrato* (1999), cit., 467-8.

[1146] A qualificação é de Jean Mouly, *Droit du Travail* (2008), cit., 68, e resulta de categorização expressa empreendida pela *Cour de Cassation*: Cass. Soc. 25.09.1991, DS 1992, 27. Em panorâmica de várias das questões subjacentes aos regulamentos internos, veja-se, entre nós e por todos, Júlio Vieira Gomes, *Direito do Trabalho* (2007), cit., 633. Salientando-se a vocação unidireccionada deste instrumento (= obrigações para o trabalhador) e a possibilidade de alteração unilateral, a todo o tempo, do regulamento por parte do empregador, importará também não descurar a possibilidade

individual, ficam sujeitos ao Regime das Cláusulas Contratuais Gerais[1148] –, a obrigação de permanência, face aos efeitos implicados, não se compadece com as características de um instrumento regulador global dos comportamentos no âmbito do funcionamento da empresa[1149], estando para lá da determinação e concretização da prestação devida pelo trabalhador que emana do poder de direcção do empregador[1150]: além de a geração desta obrigação transbordar o exercício do poder de direcção do empregador e de o interesse sério que concorre para a validação da obrigação de permanência (aqui, através da formação ministrada e da conexão estabelecível com as funções que o trabalhador desempenha ou vai desempenhar, conforme se verá *infra*) carecer de uma aferição *in concreto*[1151], a preformulação de obrigações de permanência parece suscitar "o sentido tutelador de uma das partes contra a outra"[1152] que enforma a intervenção legal quanto a este tipo de acordos, precludindo a sua inserção apriorística em regulamentos internos.

Independentemente da dupla natureza atribuível aos regulamentos internos e do recorte que a obrigação de permanência pode em abstracto assumir num regulamento interno, para tanto concorrem ainda as preocupações legais que subjazem ao emprego da locução "é lícita a cláusula pela qual as partes convencionem" e que, no espírito do sistema, postulam uma *negociação* individual[1153],

---

de "interpretação autêntica" por parte da entidade que o criou, atenta a natural aptidão axiomática dos regulamentos internos para essa operação.

[1147] Cfr. art. 99.º. As ordens de serviço distinguem-se dos regulamentos internos pelo diferente suporte que têm, pois enquanto estes servem para a manifestação da vontade contratual por parte do empregador, não é nela, mas sim no poder de direcção que assentam aquelas, razão pela qual só os regulamentos internos dependem da concordância ou adesão, expressa ou tácita, dos trabalhadores. Ainda: ANTÓNIO MONTEIRO FERNANDES, *Direito do Trabalho* (2012), cit., 224-5.

[1148] Arts. 104.º e 105.º.

[1149] Cfr. RAÚL VENTURA, *Teoria da Relação Jurídica de Trabalho* (1944), cit., 192-3.

[1150] JEAN-EMMANUEL RAY, *Droit du Travail: Droit Vivant* (2008), cit., 112.

[1151] BAG 16.03.1994 – 5 AZR 339/92, NZA 1994, 937.

[1152] Estando em análise a "projecção quantitativa de um certo fenómeno contratual", salientar-se-á a situação de que JOAQUIM DE SOUSA RIBEIRO *O Problema do Contrato* (1999), cit., 468 (nota 547), dá nota quanto a uma cláusula penal aposta a um contrato de trabalho (em rigor, uma cláusula de não concorrência) e que, tendo sido admitida num contrato individual de trabalho (Alemanha, século XIX), já não o seria, "pelos seus efeitos nefastos, do ponto de vista do interesse público, numa ampla massa de contraentes".

[1153] Neste sentido, ainda SIRVENT HERNÁNDEZ, *El pacto de permanência en la empresa* (2002), cit., 122.

qua tale também incompatível com a concordância ou adesão, expressa ou tácita, dos trabalhadores à *proposta* contratual, em bloco, de permanência[1154].

Entende-se, aliás, em contexto alargado, que os regulamentos internos não podem conter disposições que, incidindo em direitos fundamentais, não sejam justificadas pela natureza das funções a exercer e proporcionais ao objectivo prosseguido[1155] e que, mais concretamente, não se compaginam com a vontade livre, esclarecida e consciente que a assunção de uma auto-limitação à liberdade de trabalho pressupõe.

Afastada essa possibilidade, impõe-se também verificar se, com base no regime traçado para os pactos de permanência, a autonomia colectiva pode estabelecer uma obrigação de permanência mediante a verificação dos pressupostos materialmente exigíveis para o acordo individual entre o trabalhador e o empregador, substituindo-se à vontade *ad personam* do trabalhador.

Embora, por via de regra, se confira maior possibilidade de intervenção aos IRCT do que ao contrato de trabalho[1156], aqui, havendo uma *reserva de competência normativa*, incumbe às partes a tarefa de modelação do conteúdo negocial, num fenómeno inter-relacional em que o conteúdo do pacto, como sucede com qualquer outro contrato, não é apenas constituído pelas obrigações acordadas, se não também por todas as obrigações que decorrem da regulação legal do contrato (= produto da integração das obrigações autonomicamente assumidas com o desenho legalmente estabelecido).

Contudo, o facto de, neste quadro, estarmos perante uma "renúncia à liberdade de trabalho"[1157] implica uma assunção personalizada (*prius in intentione*) da obrigação de permanência[1158], pois a natureza incindível do poder de renúncia

---

[1154] Em situações que não têm implicado directamente a liberdade de trabalho, a jurisprudência francesa, face à exigência de que a vinculação do trabalhador seja clara e isenta de equívocos, tem afastado a validade de cláusulas de mobilidade geográfica insertas em regulamentos internos: PAUL-HENRI ANTONMATTEI, *Les clauses du contrat du travail*, (2010), cit., 44-5.

[1155] Ainda CHRISTIAN SAID, "Réflexions sur les garanties concrètes des droit fondamentaux au travail", (2001), cit., 95 e MICHEL MINÉ & DANIEL MARCHAND, *Le droit du travail en pratique* (2012), cit., 128.

[1156] PEDRO ROMANO MARTINEZ, "Nulidade de cláusulas de convenções colectivas de trabalho. O período experimental no contrato de trabalho desportivo", RDES 2007, n.ºs 1-2, ano XLVIII, 96-7. É assim, uma vez que a representação dos trabalhadores pelos sindicatos legitima a presunção de que estes se encontram em situação de igualdade com os empregadores, como faz notar MATTIA PERSIANI, "Il contratto collettivo di diritto comune nel sistema delle fonti del diritto del lavoro", ADL 2004, n.º 9, 1-3.

[1157] Assim: JÚLIO VIEIRA GOMES, *Direito do Trabalho* (2007), cit., 624.

[1158] ALCÁZAR ORTIZ & VAL TENA, "Los pactos de dedicación exclusiva y permanencia en la empresa" (1995), cit., 134.

da pessoa do trabalhador não tolera que o consentimento necessário a essa limitação seja manifestado por outrem que não o seu titular, mesmo que este seja prestado no exercício de um poder de representação ou de tutela.

Uma vez que esta abdicação temporária por banda do trabalhador quanto ao exercício (*rectius*: alcance) do direito de demissão que o legislador lhe entrega não é compatível com instrumentos em que ele não manifesta de forma directa tal vontade, entendemos que a renúncia não poderá aparecer determinada em *instrumentos de regulamentação colectiva de trabalho* (sem distinção entre os negociais[1159] e os não negociais[1160]), enquanto emanação específica do *princípio da protecção do trabalhador*[1161].

Não se tratando de saber, perante o art. 4.º, se a intervenção do IRCT é mais ou menos favorável ao trabalhador, do que se cuida é de garantir que não existe qualquer limitação à liberdade de trabalho que não seja assumida pelo trabalhador e que o segmento previsional do art. 137.º de que "as partes podem convencionar" é absolutamente imperativo, estando vedada, em razão do n.º 1 do art. 3.º e da al./a do n.º 1 do art. 478.º, a consagração de uma obrigação de permanência à margem dos requisitos inscritos no art. 137.º ou o estabelecimento de uma associação automática entre uma formação prestada ou qualquer outro factor e a obrigação de permanência do trabalhador.

Depois, existindo uma reserva de lei formal (arts. 17.º e 18.º CRP), quaisquer restrições à liberdade de trabalho só poderão ser introduzidas mediante lei da Assembleia da República ou, no caso de Decreto-Lei, através de lei que previamente habilite o Governo a legislar sobre a matéria (art. 165.º, al./b da CRP)[1162].

Admitir-se que um IRCT pudesse estabelecer uma obrigação de permanência à margem do consentimento concretamente prestado pelo trabalhador significaria aprovar uma restrição ao exercício de um direito fundamental constitucionalmente garantido, enquanto tal, contendente com o n.º 1 do art. 47.º da CRP.

[1159] Convenção colectiva, acordo de adesão e decisão de arbitragem facultativa.

[1160] Regulamento de extensão, regulamento de condições mínimas e decisão de arbitragem obrigatória.

[1161] Sobre este princípio e as múltiplas proposições normativas em que aflora, cfr. M.ª ROSÁRIO PALMA RAMALHO, *Da Autonomia Dogmática do Direito do Trabalho* (2000), cit., 972 e ss..

[1162] Embora o art. 533.º do CT2003, correspondente ao art. 478.º do CT2009, tenha suprimido a al./a do art. 6.º da LRCT, esta supressão deve-se à desnecessidade de uma tal limitação qualitativa ao âmbito de actuação dos IRCT, já que aquela impossibilidade de restrição ao exercício de direitos fundamentais constitucionalmente garantidos decorre directamente da Constituição, não carecendo, pois, de consagração legal expressa.

Na verdade, este preceito constitucional só consentirá restrições à liberdade de trabalho se estas constarem de lei (reserva de lei restritiva) – sendo um dos casos expressamente previstos de restrições legais de "direitos, liberdades e garantias" –, e, além do carácter geral e abstracto (art. 18.º, n.º 3 da CRP) que hão-de revestir, é necessário que *aquelas sejam impostas pelo interesse colectivo ou sejam inerentes à própria capacidade,* o que não se verifica com a "contrapartida" subjacente à assunção da obrigação de permanência.

Uma vez que «o recurso aos "lugares paralelos" pode ser de grande utilidade – "pois que, se um problema de regulamentação jurídica fundamentalmente idêntico é tratado pelo legislador em diferentes lugares do sistema, sucede com frequência que num desses lugares a forma legislativa emerge mais clara e mais explícita"[1163] –, importará ademais atentar ao perímetro em que se tem como válido o outro acordo incidente sobre a liberdade de trabalho que o Código delimita: o pacto de não concorrência.

Aí, a al./a do n.º 2 do art. 136.º prevê *expressis verbis* a necessidade de um acordo individual para a sua eficácia e o contraste entre o n.º 1 e o n.º 2 do art. 136.º corta cerce análise diversa: se, no n.º 1, que aflora o princípio geral da liberdade de trabalho, se prevê a nulidade das cláusulas dos contratos de trabalho e de *instrumento de regulamentação colectiva de trabalho* que, por qualquer forma, possam prejudicar o exercício da liberdade de trabalho, após a cessação do contrato, já na al. a) do n.º 2 apenas se admite uma derrogação àquele princípio, conquanto esta, de entre outras condições, apareça inserida num acordo individualmente subscrito[1164].

Visto que a proibição geral relativa aos IRCT não se encontra expressamente excepcionada pelo quadro estabelecido para os pactos de permanência[1165],

---

[1163] João Baptista Machado, *Introdução ao Direito e ao Discurso Legitimador* (1994), cit., 183.

[1164] Já em França, como assinala Christophe Radé, *Droit du Travail* (2002), cit., 34, a jurisprudência admite a previsão da obrigação de não concorrência em convenção colectiva, conquanto o empregador informe por escrito o trabalhador da sua existência, o mesmo sucedendo na Alemanha, conforme refere Markus Lotter, *Beschäftigungssicherung durch betriebliche Berufsbildungsmaßnahmen unter Beteiligung des Betriebsrats nach dem BetrVG* (2010), cit., 104.

[1165] Embora, conforme vimos, a possibilidade de aumento do prazo de aviso prévio por IRCT, expressamente consentida pelo n.º 2 do art. 339.º, se possa aproximar, no plano dos efeitos produzíveis sobre a liberdade de desvinculação do trabalhador, de um pacto de permanência. O que significará que, mesmo na falta de uma restrição conteudística, não será admissível que, ante a falta de um investimento específico e extraordinário por parte do empregador, um IRCT estabeleceça um prazo de aviso prévio excessivamente longo (*v. g.* três anos) que, na prática, substancia uma obrigação de permanência desprovida do interesse que a lei, através da formação profissional extraordinária, reconhece aos pactos previstos no art. 137.º. Ademais, importará ter presente que, estando-se perante uma limitação à liberdade de trabalho estabelecível por IRCT, não há razão,

demanda a lógica que se considere que em relação aos IRCT continua a valer o desenho proscritivo traçado no n.º 1 e que, pelo facto de "as normas contidas numa codificação obedecerem por princípio a um pensamento unitário"[1166], se entenda, em acrescento à similitude de preocupações que inspiram estes acordos, que também por aqui a solução não poderá ser diversa. Trata-se de uma renúncia a um direito fundamental e não de uma restrição heterónoma[1167].

Assim, embora se considere proscrita, face à necessidade constitucional de reserva de lei formal para o efeito, a possibilidade de introdução de restrições ao exercício de direitos fundamentais através de instrumentos de regulamentação colectiva, importará separar a introdução de uma restrição da admissão de heterointegrações do art. 137.º prosseguíveis por IRCT, que densifiquem (*rectius*: complementem) o regime que o CT substancia ou melhorem, para o trabalhador, o desenho de alguns aspectos ligados à firmação da obrigação de permanência.

No sistema de relações laborais português é frequente a lei e a autonomia colectiva *participarem* conjuntamente na tarefa normativa de regulação das condições de trabalho: a negociação colectiva, além de ser um direito fundamental dos trabalhadores, é um *instrumentum* útil quanto ao dimensionamento do fenómeno de diversificação normativa a que se aludiu, tendo um "relevante papel de ajustamento sectorial e conjuntural das condições de trabalho e remuneração"[1168], que logra o atingimento de níveis de eficácia normativa acentuados.

Este equilíbrio normativo fomenta, em atenção aos interesses coenvolvidos por uma obrigação de permanência, uma "consciência organizativa", que permite adaptar os princípios legais a situações económicas concretas e circunstâncias particulares de sectores específicos, evitando conflitos laborais onerosos, reduzindo os custos inerentes aos compromissos, aumentando a previsibilidade e a transparência e dando respostas às exigências sociais do mercado em que os trabalhadores se encontram inseridos, partindo-se, em termos esquemáticos, de um dado, que é pressuposto do pacto: a vontade do trabalhador.

---

bem ao contrário, para impermeabilizar a duração do prazo prevista a um juízo de constitucionalidade, designadamente no que ao princípio da proporcionalidade diz respeito.
[1166] João Baptista Machado, *Introdução ao Direito e ao Discurso Legitimador* (1994), cit., 183.
[1167] Nestes sentido, referindo a indispensabilidade de que a renúncia seja produzida pelo próprio, v. Jorge Reis Novais, "Renúncia a direitos fundamentais" (1998), cit., 302-3.
[1168] António Monteiro Fernandes, "Reflexões sobre a Negociação Colectiva em Portugal", *III Congresso Nacional de Direito de Trabalho. Memórias*, (org. António Moreira), Almedina, Coimbra, 2001, 230.

Assim sendo, e mau grado não estarmos perante normas *convénio-dispositivas*[1169], não se deverá interditar, *sic et simpliciter* e sem razão bastante, a possibilidade de uma convenção colectiva de trabalho complementar o regime que o art. 137.º prevê, contanto que ao trabalhador seja garantido que o pacto de permanência só valerá se este prestar o seu assentimento.

Uma coisa é a vinculação do trabalhador a um acordo que suscita a aplicação de um regime que restringe a sua liberdade de trabalho; outra, que com esta não se confunde, é a caracterização material do regime que essa auto-limitação convoca.

Todavia, tratando-se de uma figura que tange em direitos fundamentais, a vontade do trabalhador é, por si só, insuficiente para validar um pacto de permanência.

Na verdade, tendo presente que a liberdade de trabalho se antolha indisponível para lá das margens traçadas pelo Código quanto à sua pactuação – o que impede que um ICRT preveja a subtracção do direito de demissão do trabalhador em situações distintas daquelas que o art. 137.º permite ou que o trabalhador celebre um acordo com alcance idêntico –, estamos perante um *direito necessário relativo*[1170], que limita a autonomia colectiva em termos qualitativos[1171].

Uma vez que o art. 137.º condensa um *regime jurídico mínimo*, não se vislumbra razão para obviar a que a negociação colectiva ou mesmo a autonomia individual propiciem ao trabalhador um regime concretamente melhor, que dê corpo a uma funcionalidade negocial de natureza complementar.

Por um lado, admitindo-se que os sujeitos o podem fazer através do acordo (por exemplo: limite de um ano ou atribuição de uma compensação ao trabalhador), impõe-se admitir-se que também um IRCT possa disciplinar esses traços de regime, de acordo com a regra-geral de que um IRCT tem, por princípio, maior possibilidade de intervenção do que um contrato de trabalho.

Por outro lado, permite-se a intervenção de um IRCT em sentido mais favorável ao trabalhador em matéria de direitos de personalidade (al./a do n.º 3 do

---

[1169] Sobre esta noção, veja-se M.ª Rosário Palma Ramalho, *Da Autonomia Dogmática do Direito do Trabalho* (2000), cit., 843 e ss.

[1170] Neste contexto, em relação aos pactos de exclusividade (ou de dedicação exclusiva), mas com argumentação parcialmente transponível para os pactos de permanência, referia Pedro Furtado Martins, "O Pluriemprego no Direito do Trabalho" (1999), cit., 201, que "os regimes de exclusividade brigam necessariamente com a liberdade de trabalho, pelo que qualquer restrição que dispense a adesão voluntária do trabalhador terá de ser estabelecida mediante lei expressa".

[1171] Veja-se contudo M.ª Rosário Palma Ramalho, *Direito do Trabalho. Parte II* (2010), cit., 231, admitindo que as cláusulas de limitação da liberdade de trabalho "(...) possam constar, logo à partida, do contrato de trabalho ou do instrumento de regulamentação colectiva aplicável".

art. 3.º), com a qual existe uma área de coincidência forte, face à revogabilidade a todo o tempo de uma *limitação voluntária ao exercício do direito ao trabalho*[1172] e à ligação intrínseca entre o trabalho e a realização personalística do trabalhador.

Será, pois, possível que se preveja uma duração máxima inferior aos três anos que o art. 137.º estabelece como limite máximo ou que, face às preocupações com a autenticidade na manifestação da vontade, se exijam requisitos *ad extra* para a celebração do pacto de permanência (sirva de exemplo o reconhecimento notarial).

Nesta ordem de ideias, em atenção à densificação do regime legal do pacto, admitir-se-á ainda que um IRCT *(i)* especifique as causas de incumprimento de um pacto de permanência, ainda que, *in concreto*, se perfile indispensável aferir da extensão da inexecução (parcial ou total) e ao carácter culposo ou não culposo da inexecução, bem como à sua importância para a economia de interesses das partes[1173] ou *(ii)* conceda um direito específico de informação aos trabalhadores e aos seus representantes sobre os custos da especialização que concorrem para a validade do pacto de permanência.

Em qualquer dos casos, a vontade determinativa da obrigação de permanência terá de repousar na esfera jurídica do trabalhador e ser emitida de forma livre, esclarecida e consciente (*infra*)[1174].

2. Momento

13. O pacto, por princípio, é susceptível de celebração a todo instante[1175], podendo *inclusive* tratar-se de um documento autónomo que se junte ao contrato de trabalho[1176].

Afastando-se, apenas, por impossibilidade lógica, a celebração de um pacto de permanência após a cessação da relação laboral, e, de molde a garantir a genuinidade da vontade do trabalhador, um pacto proposto ao trabalhador após

---

[1172] Assim: Ac. TC n.º 256/04, de 14.04 (Mário Torres), já citado, e Jean-Pierre Chauchard, "La clause du dédit-formation ou le regime de liberté surveillée appliqué aux salariés" (1989), cit., 390.

[1173] Posto que, como salienta João Baptista Machado, "Pressupostos da resolução por incumprimento", *Obra Dispersa*, Braga, 1991, 131, para a resolução de um contrato não basta qualquer inadimplemento, sendo indispensável "averiguar se o inadimplemento tem suficiente gravidade (importância) para desencadear tal efeito".

[1174] Cfr. Sirvent Hernández, *El pacto de permanência en la empresa* (2002), cit., 80-2.

[1175] Assinalando que "a cláusula de permanência tanto pode ser contemporânea como posterior à conclusão do contrato", v. Jorge Leite, *A Extinção do Contrato de Trabalho por Vontade do Trabalhador*, (1990), cit., 90 e Júlio Vieira Gomes, *Direito do Trabalho* (2007), cit., 627.

[1176] Assim, Pedro Romano Martinez, *Direito do Trabalho* (2010), cit., 692.

o início da formação[1177], não é todavia claro que se admita a celebração do pacto anteriormente à própria celebração do contrato de trabalho. Pensamos, designadamente, na promessa de trabalho, que hoje se encontra prevista no art. 103.º, instrumento que, criando a obrigação de celebrar o contrato definitivo (*contrato que tem por objecto a celebração de outro contrato*), visa, desde logo, a laboração subordinada[1178] e que, *in potentia*, pode vir associado a um pacto de permanência.

Nesse quadro, nada parece obstar a que no contrato-promessa de trabalho se preveja a frequência por banda de um trabalhador de um curso de formação, condicionando-se a celebração do contrato de trabalho ao aproveitamento obtido pelo trabalhador, e que, verificada a condição, este se obrigue a não denunciar o contrato por determinado período com vista à amortização do investimento realizado com a sua formação[1179].

Trata-se, ao cabo e ao resto, de enquadramento sufragado pela jurisprudência superior, que, caucionando pactos de permanência celebrados em contexto de formação, tem admitido que a obrigação de permanência valha com o início de execução do contrato de trabalho: como se firmou no Ac. STJ, de 30.06.2011[1180],

---

[1177] Cuidando-se ainda de garantir que, perante a caracterização do investimento extraordinário feito pelo empregador como condição de validade material do pacto e simultaneamente como contra-prestação, não se confecciona atipicamente uma correspectividade *ex tunc*, essa é a posição seguida pela jurisprudência que se tem pronunciado sobre a questão em diferentes ordenamentos: na Alemanha, v. BAG 24.07.1991, NZA 1992, 405, e, em França, Cass. Soc. 04.02.2004, n.º 01-43.651, RJS 04.04, n.º 438. Ainda: MARC-OLIVIER HUCHET, "La clause de dédit formation" (2000), cit., 377 e, entre nós, com posição idêntica, JÚLIO VIEIRA GOMES, *Direito do Trabalho* (2007), cit., 628.

[1178] ANTÓNIO MENEZES CORDEIRO, *Manual de Direito do Trabalho* (1997), cit., 527.

[1179] Verificado o incumprimento por parte do empregador, como se lê no Ac. STJ de 02.12.2008 (SOUSA LAMAS), proc. n.º 80/98, BMJ 1999, n.º 482, 150-160, "(a) indemnização pelo injustificado incumprimento da promessa do contrato de trabalho terá de ser equivalente, quanto possível, ao prejuízo causado pela não celebração do contrato prometido, medida, por isso, pela diferença entre a situação patrimonial em que o trabalhador ficou em consequência da falta de celebração do contrato de trabalho". E, na fixação da indemnização, "deverá ter-se em conta que o contrato de trabalho prometido estaria sujeito a um período experimental e poderia, durante esse período, ser rescindido por qualquer das partes, sem aviso prévio, sem justa causa e sem direito a qualquer indemnização". Tratando-se de um incumprimento por banda do empregador, "a indemnização pelo não cumprimento ilícito da promessa de contrato de trabalho não pode, em termos equitativos, ser superior àquela que seria devida ao trabalhador se o contrato prometido tivesse sido celebrado e fosse rescindido ilicitamente pela entidade patronal".

[1180] Assim Ac. STJ de 30.06.2011 (GONÇALVES ROCHA), proc. n.º 2779/07.0TTLSB.L1.S1. *Brevitatis*: o trabalhador havia sido admitido ao serviço do empregador a 11.06.2005 para exercer as funções de oficial piloto; no entanto, em 16.02.2005, os sujeitos outorgaram um contrato de formação profissional (e uma promessa de contrato a termo certo), mediante o qual foi dada formação ao réu,

"o pacto de permanência do trabalhador foi incluído num acordo de formação que foi anterior à celebração do contrato de trabalho, mas esta circunstância é irrelevante, tratando-se portanto dum pacto de permanência absolutamente legal e que se aceita para permitir à empresa o retorno do investimento feito na formação e qualificação do futuro trabalhador"; em síntese, firma o aresto, está-se diante de "uma verdadeira promessa bilateral de trabalho com pacto de permanência"[1181].

Todavia, a admissibilidade desta configuração negocial, aparentemente isenta de problemas, encontra potencialmente dois importantes freios, que merecem análise detida.

Um primeiro aspecto atina com a consagração por via legal de um período experimental, fase em que a formação necessária ao desempenho das funções deve ocorrer, e em que avulta "a preocupação de assegurar uma experiência suficiente para adequação às exigências da função e características do posto de trabalho"[1182].

Não se trata de um período de pura expectativa de efeitos contratuais: as obrigações recíprocas que pautam a relação entre os sujeitos surgem *ab origine*, criando-se condições para aferir, com a concretização factual da relação de trabalho, da compatibilidade do contrato com os respectivos interesses, conveniências ou necessidades[1183], contexto em que a aquisição de conhecimentos/

---

incluindo vôo assistido em linha (vôo de largada), obrigando-se este a exercer a actividade profissional resultante da formação ministrada durante um período mínimo de três anos a contar da data da outorga do contrato de trabalho. Mais foi acordado que, em caso de recusa ou impossibilidade por parte do réu da celebração do contrato de trabalho, este arcava com o encargo de indemnizar a autora pelos encargos decorrentes do curso de formação profissional ministrado. Em 12.03.2007, o trabalhador denunciou o contrato de trabalho, passando a trabalhar para empresa concorrente. Foi condenado a pagar as despesas relativas à formação recebida.

[1181] Embora atinando com um contrato de prestações de serviços, mas com *iter* argumentativo aparentado, v. Ac. Rl. Lx. de 21.06.1995 (CUNHA E SILVA), CJ 1995, Ano XX, T. III, 191, onde se admite a projecção das despesas suportadas em contrato de formação para obrigar o autor a permanecer no contrato de prestação de serviços subsequente e, mais explicitamente, também com sentido decisório idêntico: Ac. Rl. Lx. de 24.02.2010 (ISABEL TAPADINHAS), proc. n.º 2779/07.0TTLSB.L1-4.

[1182] *Os Acordos de Concertação Social em Portugal* (II textos), Lisboa, 1993, 99 e ss.. O interesse no estudo do período experimental centra-se aliás, conforme nota JÚLIO VIEIRA GOMES, *Do uso e abuso do período experimental*, RDES, ano XXXXI, n.ᵒˢ 1 e 2, 37, na "sua compatibilização com um direito do trabalho em que a defesa da estabilidade da relação e do emprego desempenha ainda um papel".

[1183] Assim, entre vários: G. H. CAMERLYNCK, *Droit du Travail. Le contrat de travail* (1982), cit., 175, CECÍLIA ASSANTI, *Corso di Diritto del Lavoro* (1993), cit., 305, LUISA GALANTINO, *Diritto del Lavoro* (1995), cit., 180, MICHEL MINÉ & DANIEL MARCHAND, *Le droit du travail en pratique* (2012), cit., 150, e, entre nós, RAÚL VENTURA, *Teoria da Relação Jurídica de Trabalho* (1944), cit., 339. Contudo, ao contrário do que referia MARTÍN VALVERDE, *El período de prueba en el contrato de trabajo*, ed. Mon-

habilitações para o exercício de uma actividade assume visível relevância e tem albergado a celebração de acordos de formação, designadamente no sector da aviação[1184].

Fazendo eco desta proposição, também o n.º 1 do art. 113.º, na sequência do que estabelecia o n.º 1 do art. 106.º do CT2003, estabelece que a contagem do período experimental se inicia "a partir do início da execução da prestação do trabalhador, compreendendo acção de formação determinada pelo empregador, na parte em que não exceda metade da duração daquele período".

A importância da formação, nos casos em que se visa a laboração subordinada, é dimensionada pelo preceito, que aponta para o desenvolvimento da formação necessária ao exercício de uma determinada função no âmbito do período experimental[1185], contanto que determinada pelo empregador.

Essa associação entre formação e período experimental, que substancia uma execução do contrato de trabalho e aparece inserida no poder de direcção do empregador[1186], implica, por um lado, que o empregador disponha de pelo menos metade da duração do período concretamente aplicável ao trabalhador para fazer um juízo acerca da adaptação do trabalhador às exigências da função e às características do posto de trabalho – perdendo préstimo o argumento de que a utilidade subjacente à outorga de formação em contexto diverso e anterior ao contrato de trabalho se prende com a impossibilidade de o empregador fazer um juízo de conveniência acerca das capacidades do trabalhador em razão de este se encontrar em formação e de não dispor de oportunidade para avaliar a colocação dos conhecimentos formativos em prática –, e, por outro lado, que um contrato de formação não pode ser utilizado como um expediente materialmente instituinte de um período experimental, tendo em atenção, designada-

---

tecorvo, Madrid, 1976, 141-4, apesar da consideração de que o reconhecimento da faculdade de denúncia livre, que constitui a essência do período experimental, está vocacionado para a defesa dos interesses da entidade empregadora, o período experimental não tem carácter *unilateral*, tal como não tem o contrato de trabalho que o justifica, pelo que deve considerar-se instituído em benefício de ambos os contraentes. Na Lei n.º 1952, de 10.03.1937, o período experimental, conforme se podia ler no art. 12.º, encontrava-se desenhado apenas em benefício da entidade patronal. Com o Decreto-Lei n.º 47.032, de 27.05.1966, com o Decreto-Lei n.º 49.408, de 24.11.1969, e agora, também, com o CT, a bilateralidade da *prova* é incontroversa. Ainda ANTÓNIO MENEZES CORDEIRO, *Manual de Direito do Trabalho* (1997), cit., 578 e TATIANA GUERRA DE ALMEIDA, *Do período experimental no contrato de trabalho* (2007), cit., 27 e ss..

[1184] Em amostra, v. Ac. STJ de 13.10.2010 (PINTO HESPANHOL), CJ-STJ 2010, Ano XVIII, T. III, 260.

[1185] MARTIN VALVERDE, *El período de prueba en el contrato de trabajo* (1976), cit., 205-6.

[1186] Assim: JÚLIO VIEIRA GOMES, *Direito do Trabalho* (2007), cit., 495 e PEDRO FURTADO MARTINS, *A Cessação do contrato de trabalho* (2012), cit., 588-9.

mente, a faculdade desvinculativa que assiste ao empregador nesta fase prodómica da relação laboral.

Sendo, aliás, também por essa razão que, por princípio, se deve considerar afastado ou reduzido o período experimental nos casos em que o contrato de trabalho surge como *subsequens* de um contrato de formação[1187], de estágio ou com tessitura similar – afastamento ou redução que, não sendo automáticos[1188], encontram sinal expresso em alguns instrumentos normativos, harmonizando-se com a previsão contida no n.º 4 do art. 112.º, que estabelece a redução ou a exclusão em caso de precedência de contrato a termo para a mesma activi-

---

[1187] Por exemplo, e à semelhança da previsão ínsita no § 3 do n.º 1 do art 14 do ET, no domínio do contrato de trabalho desportivo em que intervenha um futebolista profissional, este enquadramento logrou previsão expressa no n.º 3 do art. 11.º do CCT celebrado entre a Liga Portuguesa de Futebol Profissional e o Sindicato dos Jogadores Profissionais de Futebol, ao dispor que "(n)ão é admissível o estabelecimento do período experimental no primeiro contrato de trabalho desportivo celebrado pelo jogador com o clube que lhe deu formação".

[1188] O n.º 1 do art. 113.º, embora restrito à formação determinada pelo empregador no decurso do contrato de trabalho, tem, a par do n.º 4 do art. 112.º, um importante valor dilucidativo. Mau grado a jurisprudência afastar a sua aplicação às situações em que a formação teve lugar antes do contrato de trabalho – por exemplo: Ac. STJ de 16.11.2010 (PINTO HESPANHOL), proc. n.º 832/08.1TTSTB.E1.S1 –, a formação recebida pelo trabalhador para o exercício subsequente de funções de âmbito laboral, sempre que formador e empregador coincidam, não pode ser irrelevada, desconsiderando o juízo aprovatório subjacente à firmação do vínculo laboral. Embora o contexto de adaptação aos métodos e modos de organização do trabalho da empresa e a atitude exigível não sejam coincidentes com os que caracterizam um contrato de aprendizagem, de estágio ou de formação – em utilização destes argumentos: TATIANA GUERRA DE ALMEIDA, *Do período experimental no contrato de trabalho* (2007), cit., 139 e PEDRO FURTADO MARTINS, *Cessação do Contrato de Trabalho* (2012), cit., 588-90 –, importa, por um lado, ponderar que o regime incidente sobre os contratos precedentes se encontra largamente moldado pelo regime aplicável ao contrato de trabalho (direcção e orientação da formação ou estágio, período normal de trabalho, descansos diário e semanal, segurança e saúde no trabalho) e, por outro, não perder de vista que a firmação da inafectabilidade do período experimental como regra universal, além de deixar o empregador com o melhor de dois mundos (não pagamento de retribuição em contrato precedente e denunciabilidade do contrato de trabalho durante o período experimental), pode esvaziar o vínculo de confiança subjacente à laboralização da situação, sem que, em muitos casos, se vislumbre uma falha de afinidade valorativa com a massa de hipóteses a que a lei atribui relevância excludente ou redutória (*v. g.* contrato de prestação de serviços). Tratando-se de solução que apresenta o inconveniente de não fundar um quadro aprioristicamente seguro quanto à regulação do comportamento dos sujeitos, está-se em crer que o juízo da cerca da (in)aplicabibilidade do período experimental não deve desatender a factores como a coincidência entre formador/orientador de estágio e empregador (nem sempre existente), a eventual internidade das funções desempenhadas – face à presunção de contextualização com a organização produtiva por parte do ora trabalhador –, a antiguidade da relação precedente e/ou o conteúdo, necessariamente concreto, do contrato de formação ou de estágio.

dade[1189], de trabalho temporário executado no mesmo posto de trabalho ou ainda de contrato de prestação de serviços para o mesmo objecto, com o mesmo empregador, num reflexo político-legislativo que visa evitar situações de fraude ao *apertus* exigível para a constituição de situações laborais precárias[1190] –, não cremos, contudo, que, sempre que se vise directamente a laboração subordinada, a formação necessária ao desenvolvimento de uma actividade tenha de ser acantonada ao período experimental.

O contrato de formação profissional tem uma função específica, sendo legítimo que a formação necessária ao desenvolvimento de uma actividade, de acordo aliás com o *nomen* do contrato, possa ocorrer nesse contexto, em precedência de um contrato de trabalho.

Se para tanto confluem motivos conexos com a não assunção dos encargos contributivos subjacentes a uma relação laboral, com o enquadramento fiscal aplicável ou com a ausência de retribuição do formando (...) – aspectos que atinam, sobretudo, com o enquadramento global vigente dos contratos de formação, aliás sumamente fragmentário e claramente melhorável –, a formação que o empregador estime necessária ao desempenho de determinadas funções pode ser ministrada, em obediência aos propósitos subjacentes à existência um regime jurídico específico da formação profissional inserida no mercado de emprego, em contrato anterior ao contrato de trabalho que tenha essa finalidade, conquanto aquele contrato respeite os traços tipicizantes previstos na lei e

---

[1189] Solução que havia sido avançada pela UGT para inclusão no CT2003. Propôs-se o aditamento de um novo número (2) ao art. 104.º do CT (na versão final: art. 105.º) com a seguinte redacção: "(o) período experimental compreende contratos a termo prévios, até ao limite de dois terços do período previsto para o período experimental". Ainda antes do CT2003, lendo-se que "em contratos de trabalhos sucessivos – ou quase – celebrados entre as mesmas partes, apenas no primeiro se justifica o período de experiência, a menos que se verifique alteração de funções que expliquem um novo juízo de adequação do trabalhador", cfr. Ac. Rel. Lx. de 25.5.1994 (Dinis Roldão), CJ 1994, Ano XIX, T. III, 171.

[1190] É aliás esta a linha inspiradora de soluções como a do cômputo de outros contratos com o mesmo trabalhador no período máximo para a contratação a termo (n.º 5 do art. 148.º) e no contrato de trabalho temporário (n.º 5 do art. 182.º), conforme faz notar Pedro Furtado Martins, *A Cessação do contrato de trabalho* (2012), cit., 583. Mais permissivamente, antes do CT2003, cfr., no entanto, Ac. STJ de 16.05.2000 (Diniz Nunes), CJ 2000, Tomo II, 269, em que se diz que "(n)ada impede que, após ter cessado um contrato de trabalho, as partes celebraram um outro, e que a este se apliquem as regras do período experimental", e, na mesma linha, embora no quadro do segundo contrato se tenha registado uma "alteração das funções a desempenhar pela autora" (trabalhadora), Ac. Rel. Lx. de 26.09.01 (Guilherme Pires), CJ 2001, Ano XXVI, Tomo IV, 161.

não corresponda *de facto a* uma situação laboral, hipótese em que, sem qualquer singularidade, se aplicará *de iure* o regime laboral pertinente[1191].

Esta conexão *ante-post*, entre formação e trabalho, faz aliás parte do caldo histórico em que surgiu a formação[1192] e, sem prejuízo das novas irradiações normativas da formação nos modelos de relações laborais deste século[1193], não deve ser desterrada, face à lógica de empregabilidade e de valorização da capacidade profissional que, como fazia notar D'Antona, perpassa todos os níveis de formação[1194] e que, no ordenamento francês, se encontra, com alguma tradição histórica[1195], expressamente configurada no *Code du Travail*[1196].

Um segundo aspecto prende-se com a exigência de que sejam os sujeitos laborais, enquanto tal, a convencionar uma obrigação de permanência, evitando que o pacto de permanência conheça aplicação para lá das fronteiras de uma relação laboral e/ou que se poste como um instrumento de reforço à celebração de um contrato de trabalho, enquadramento, contudo, já admitido pelo BAG[1197] – que, por princípio, admite uma cláusula de retorno, inserida em contrato de formação, que se projecte em relação laboral subsequente – e que é outrossim

---

[1191] Neste sentido, acentuando a formação como elemento essencial do contrato, v. também Gianni Loy, "Contratti formativi" (2008), cit., 128-9.

[1192] Mario Napoli, "Disciplina del mercato del lavoro ed esigenze formative", RGLPS 1997, 263-4 e, entre nós, salientando também o aspecto, Júlio Vieira Gomes, *Direito do Trabalho* (2007), cit., 561.

[1193] Franck Héas, "Bref état des lieux juridiques des systèmes de formation professionnelle continue dans l'Union européenne", *Les évolutions de la formation professionnelle: regards croisés*, Paris, 2003, 127 e ss..

[1194] Massimo D'Antona, "Il diritto al lavoro nella Costituzione e nell'ordinamento comunitário" (2000), cit., 275.

[1195] Cfr. Paul Santelmann, *La formation professionnelle, nouveau droit de l'homme?*, Gallimard, Paris, 2001, 38 e ss..

[1196] Assim, Pascal Caillaud & Maggi-Germain, "Vers un droit personnel à la formation?", DS 2007, n.º 5, 574-591. Neste quadro, o *Code du Travail* estabelece diferentes patamares de acesso à formação contínua, designadamente com a preparação para o ingresso no mundo do trabalho e com acções de actualização e desenvolvimento dos conhecimentos e de requalificação (art. L 900-2); com as iniciativas para obtenção de uma qualificação (art. L 900-3); com os cursos de alfabetização e aprendizagem de língua francesa (art. L 900-6) e com um conjunto de mecanismos de formação reservada a trabalhadores com contrato de trabalho em curso (art. L 930-1).

[1197] BAG 14.01.2009 – 3 AZR 90007, NZA 2009, 666. O BAG, admitindo que a formação tem que ser vantajosa para o formando (o que se verificou), julgou, contudo, a cláusula de reembolso inválida em função da desproporção subjacente ao período de estabilização contratual (cinco anos), fincando-se na unidade substancial e linguística da cláusula e, considerando ainda a eficácia conformativa do princípio da liberdade de trabalho, na ausência de elementos que permitissem operar a redução.

acolhido no Reino Unido, através das cláusulas de *recovering of training fees*, que, assentando na qualificação dos custos de formação como um empréstimo ao trabalhador, determinam a liquidação dos custos inerentes se o trabalhador se desvincular durante um determinado período ou após a preparação profissional que obteve.

Subtraindo-se ao trabalhador o exercício do direito à livre desvinculação no período, acordado pelos sujeitos, que se segue à formação profissional, a celebração destes acordos, que ocorre à margem do contrato de trabalho, visa também garantir que a recuperação do investimento com a formação não é afectada na hipótese em que o empregador viola o contrato de trabalho, cuidando-se, pois, de um esquema que desatende à causa de cessação do contrato[1198].

Não sendo possível, em atenção às coordenadas do sistema, entender-se que o art. 137.º alberga um contrato de mútuo («training fees as "loans"») ou que o juízo acerca da imputabilidade da cessação do vínculo é irrelevante (infra), no que diz respeito à perspectiva de que a associação do pacto de permanência à promessa de contrato de trabalho se posta em reforço deste instrumento não se suscitam óbices de vulto: indissociando-se o incumprimento da promessa do quadro consequencial aplicável ao trabalhador, esse incumprimento não gera por princípio quaisquer danos indemnizáveis em razão da violação do pacto de permanência, uma vez que a entidade empregadora ainda não realizou quaisquer despesas com a formação extraordinária que funciona como condição da não denúncia exercível pelo trabalhador, estando ausente, em razão desse facto, a hipotização de qualquer obrigação de retorno[1199].

O reforço da promessa de contrato de trabalho processa-se, dentro das coordenadas do sistema, através do sinal[1200] e não com a sua união a um pacto de permanência, acordo que, *per definitionem*, depende da verificação de uma condição: o início de execução do contrato de trabalho.

Inverificado o argumento conexo com o alegado reforço da promessa de trabalho assumível pelo trabalhador (tratamos, naturalmente de uma promessa unilateral), a exigência de que o pacto de permanência tem de ser celebrado, enquanto tal, pelos sujeitos laborais afigura-se-nos probante.

[1198] MARK FREEDLAND, *The personal employment contract*, Oxford University Press, Oxford, 2006, 64-6 e JAMES HOLLAND & STUART BURNETT, *Employment Law* (2008), cit., 219-220. Sobre a admissibilidade do esquema nos EUA, *maxime* no Colorado, v. KAREN E. FORD/ KERRY E. NOTESTINE/ RICHARD N. HILL, *Fundamentals of Employment Law* (2.ª ed.), Aba Publishing, Chicago, 2000, 392.
[1199] LUQUE PARRA, "Pactos típicos, nuevas tecnologias y relación laboral" (2005), cit., 176.
[1200] Admitindo esta possibilidade, PEDRO ROMANO MARTINEZ, *Direito do Trabalho* (2010), cit., 463.

Em exegese empreendida a partir do elemento literal, e uma vez que entre nós os pactos de permanência receberam disciplina expressa na lei, o art. 137.º faz alusão à qualidade de trabalhador, afastando-se, *a contrario*, a assunção de uma auto-limitação à liberdade de trabalho que, projectando-se na relação laboral, é adoptada por um cidadão que ainda não é trabalhador.

Este condicionamento, aparentemente formal, encontra, num plano sistémico, a sua razão de ser na inaplicabilidade dos mecanismos de tutela da posição do trabalhador sempre que se topa com um negócio cuja celebração não foi realizada nessa qualidade e, em fundo, na insusceptibilidade de atribuição de validade a uma renúncia ao exercício de um direito futuro em sentido estrito, ou seja, a um direito que não se encontra ainda consolidado na esfera jurídica do respectivo titular[1201], como o que se verifica com o direito à desvinculação imotivada de uma situação laboral que ainda não se encontra estabelecida.

Cuidando-se de questão que, na sua essência, nos transporta para o domínio da relevância laboral atribuível a situações com conteúdo patrimonial cuja concretização ocorre antes da execução do contrato de trabalho, não cremos, por isso, ser possível entender-se que a formação prestada ou custeada por um empresa antes da constituição do vínculo laboral possa relevar para o cumprimento da obrigação formativa estabelecida no art. 130.º ou que, embora com alcance diverso, se possa atribuir relevância a uma atribuição patrimonial feita antes do contrato de trabalho com vista à sua qualificação como retribuição, nos termos e com os efeitos previstos no art. 278.º.

Tratando-se, aliás, de situação que o art. 279.º, em razão da especial natureza do crédito que o salário constitui, procura salvaguardar, "bem se compreendem as preocupações restritivas neste domínio evidenciadas pelas leis do trabalho"[1202].

Mas a desconstrução deste enquadramento, atributivo de relevância a um pacto de permanência outorgado em precedência de um contrato de trabalho, é ainda evidenciada pela impossibilidade lógica de o pacto de permanência não

---

[1201] Nesta direcção: Francesco Macioce, *Il negozio di rinuncia nel diritto privato*, Edizioni Scientifiche Italiane, Nápoles, 1992, 188-9 e, entre nós, Francisco Pereira Coelho, Francisco Pereira Coelho, *A Renúncia Abdicativa no Direito Civil* (1995), cit., 150, que insere ainda na categoria dos direitos futuros *stricto sensu* os designados direitos eventuais, incluindo os direitos a que corresponde uma simples expectativa, bem como todos aqueles que, vindo só a surgir no futuro, decorrem todavia de uma relação contratual mais ampla já em execução.

[1202] A expressão é de João Leal Amado, "Crédito Salarial, compensação e cessação (nótula sobre os arts. 270.º e 271.º do Código do Trabalho", PDT 2005, n.º 72, 56.

poder "ser" e "não-ser" em simultâneo: para haver permanência na relação laboral, esta tem que existir.

Admitir que o pacto de permanência *proprio sensu* valha sem a relação laboral é assumir um *oxymoron*. Incumprido o contrato-promessa de trabalho por banda do trabalhador não há relação laboral. Não havendo relação laboral, falha a proposição do pacto, uma vez que, em operação de redução ao fundamento, só se pode permanecer no que existe[1203].

Considerando-se, assim, irrelevante, para este efeito, a formação extraordinária prestada para lá das fronteiras em que se move a execução do contrato de trabalho, a assunção deste enquadramento impede não apenas a incorporação por um (pretenso) pacto de permanência da formação recebida pelo trabalhador noutra qualidade, como atalha ainda à possibilidade de atribuição de relevância a uma formação recebida *ex ante* para dar cumprimento formal à formação contínua exigida pelo art. 130.º, já que, tanto num caso como noutro, se está perante uma formação que, independentemente da sua base negocial ou legal, constitui um instrumento funcionalizado à execução do contrato de trabalho, cuja existência é um *definens* lógico e no seio da qual a formação deve concretizar-se.

Sem prejuízo de uma promessa de pacto de permanência, este instrumento só é admitido conquanto seja celebrado pelos sujeitos laborais *qua tale* e se as despesas avultadas exigidas por lei e a formação que lhes vai associada forem realizadas no decurso da relação laboral[1204].

Sem que se desatenda, por um lado, à existência de um pacto cuja definição legal se posta como o meio exclusivo para a obrigação de não denúncia do contrato de trabalho (*apertus* nas limitações à liberdade de trabalho) e, por outro, à protecção dos interesses legítimos de quem custeia uma formação no pressuposto de que a amortização se process(rá) através de uma actividade laboral futura[1205], entendemos que, por princípio, o pagamento de uma formação realizada à margem do contrato de trabalho não pode condicionar a *se stante* a relação laboral, mesmo que se intersecte com os interesses que conformam a execução do contrato de trabalho.

[1203] Sobre este percurso lógico da coerência narrativa sofista, v. OLIVIER REBOUL, *Introduction à la rhétorique, Théorie et pratique* (2.ª ed.), PUF, Paris, 1994, 67.

[1204] Por isso, não nos parece que a situação apreciada pelo Supremo, no já citado Ac. de 30.06.2011 (GONÇALVES ROCHA), configure "uma verdadeira promessa bilateral de trabalho com pacto de permanência". Em sentido que nos parece convergente com o que defendemos, v. ANTÓNIO MONTEIRO FERNANDES, *Direito do Trabalho* (2012), cit., 539, afirmando que "o facto de terem sido feitas despesas de formação não releva – fora desse caso – para a quantificação dos prejuízos que o trabalhador deve indemnizar, por romper irregularmente o contrato, nos termos dos arts. 399.º e 401.º".

[1205] BAG 24.07.1991 – 5 AZR 430/90, NZA 1992, 405.

Todavia, a análise que tais situações convocam deve feita de acordo com o princípio da boa fé[1206] – o que já levou o BAG a paralisar a suscitação do reembolso por parte do empregador num caso em que os prazos previstos para a resolução do contrato de trabalho eram diferentes e contendiam com o § 622 (5)[1207] –, atendendo-se, para tanto, à eficácia conformativa do princípio do "respeito pelas expectativas legítimas de outrem" e à existência de um processo temporal contínuo em que se estabelece uma confiança recíproca, na base da qual se cristalizam, de forma progressiva, obrigações.

Tratando-se de uma intersubjectividade produtora da confiança e condicionada pela boa fé, admite-se neste cenário que, em relação a prestações patrimoniais feitas antes do contrato de trabalho, e com respeito pelas coordenadas que balizam um contrato de formação, os sujeitos encontrem revestimentos contratuais diversos (*v. g.* contrato de financiamento ou de mútuo), suscitando-se, em caso de incumprimento, os mecanismos gerais de responsabilidade civil, independentemente do contexto laboratício[1208].

Contudo, a sua projecção operativa no contrato de trabalho encontra-se condicionada pelas garantias impreteríveis que a lei confere ao trabalhador – por exemplo, face ao "carácter alimentar" do salário[1209]: limitações à renúncia, à compensação, à cessão ou à penhora da retribuição[1210] –, e a subsunção directa deste núcleo de situações ao pacto de permanência contraria a essência funcional deste acordo, que exige a verificação de uma relação laboral tanto para a sua celebração como para a verificação dos pressupostos que concorrem para sua admissão.

[1206] BAG 04.12.1997 – 2 AZR 799/96, NZA 1998, 420.

[1207] BAG 1972.03.09 – 1 AZR 165/71, DB 1972, 2216.

[1208] Não nos parece, todavia, probante a aposição de uma cláusula de permanência ao contrato de formação, uma vez que, neste caso, o objecto do contrato justapõe-se às despesas avultadas subjacentes à formação extraordinária que o empregador tem de suportar. Embora se possa aplicar analogicamente a regulação prevista no art. 137.º, não se deverá, contudo, considerar que o feixe de obrigações que imanam a uma *species* contratual (= deveres de formação no contrato de formação) serve, por si, para legitimar um acordo cujos pressupostos são necessariamente restritivos. Em sentido diverso, admitindo um pacto de permanência associado a um *contrato en práticas*, cfr. LUQUE PARRA, "Pactos típicos, nuevas tecnologias y relación laboral" (2005), cit., 171-2, louvando-se em jurisprudência [STSJ Madrid 18.09.2001 (R. 17672001)].

[1209] JOÃO LEAL AMADO, "A Protecção do Salário", Separata do vol. XXXIX do Suplemento ao BFDVC, Coimbra, 1993, 21.

[1210] Veja-se, nomeadamente, os arts. 279.º e 280.º, e, na doutrina nacional, sobre os fundamentos e o alcance destas garantias, para lá da dissertação de mestrado de JOÃO LEAL AMADO acabada de referir, ANTÓNIO MONTEIRO FERNANDES, *Direito do Trabalho* (2012), cit., 384.

Importará, pois, ter presente a distinção entre o momento da celebração do pacto, a eficácia do contrato de trabalho e o início de execução da obrigação de permanência.

Neste cenário, a escolha pelo empregador do trabalhador, em relação ao qual se justifique a realização do investimento extraordinário que é suporte de validade de um pacto de permanência (*infra*) e simultaneamente a prestação pendente sobre o empregador que confere correspectividade ao pacto, acaba por configurar um processo interactivo em busca de uma relação com uma perspectiva de intensidade e estabilidade no longo prazo[1211].

Sem nos determos sobre os problemas convocados pelos esquemas económicos da *selecção adversa* ou mesmo sobre os que vêm associados à *teoria dos jogos*[1212], pode haver uma clara assimetria de informação em relação à genuinidade dos objectivos do trabalhador.

Este (agente A) sabe à partida qual é a destinação atribuível à acção de formação profissional *extraordinária*, destinação que o empregador que faz o investimento (agente B) desconhece. O agente beneficiário do investimento, agente A, tem vantagens informacionais referentes ao uso que quer dar à acção de formação e o princípio da liberdade de trabalho fragiliza as expectativas de amortização por banda do agente B, face ao que seria óptimo numa situação de informação perfeita, criando assim um mecanismo de potencial distorção do contrato de trabalho e do investimento realizado.

Cuidando-se ainda de ter presente que, também em plano genérico, a ausência de sincronia entre as prestações dos sujeitos funciona com um factor potenciador do oportunismo contratual e expõe um dos sujeitos a uma situação agravada de risco[1213], o problema é determinar qual o nível óptimo de viabilidade da relação[1214], com o que se aporta, economicamente, a um *problema de selecção adversa por discriminação em monopólio* (ainda e também a teoria do *equilíbrio de Nash*), situação que, pelos seus contornos, e perante as coordenadas do sis-

---

[1211] Mariella Magnani, "Organizzazione del lavoro e professionalità tra rapporti e mercato del lavoro", DLRI 2004, n.º 101, T. I, 196.

[1212] Sobre a teoria criada por John von Neumann, v., entre nós, Fernando Araújo, *Introdução à Economia*, Vol. I (2.ª ed.), Almedina, Coimbra, 2004, 655-6.

[1213] Salientando o aspecto: Richard Posner, *Economic Analisys of Law* (6.ª ed.), Aspen Publishers, Nova Iorque, 2003, 94 e ss..

[1214] Assim: Giorgio Brunello, "Sottoinvestimento in formazione dei lavoratori: i fattori rilevanti", *Temi e strumenti per la formazione continua* (a cura di Montanino), Rubettino Editore, Roma, 2006, 51-62.

tema[1215], conduz o empregador a prover às acções de formação depois da celebração do pacto de permanência, requestando-se, nas palavras de João Baptista Machado[1216], uma "(e)stabilização das expectativas negativas – Não faço o que tu queres se tu não fizeres o que eu quero: posições simétricas"[1217].

Deste modo, se a obrigação de permanência, como tal, não existe enquanto não se houver iniciado a prestação de trabalho, o pacto de permanência pode todavia estar sujeito a uma condição suspensiva[1218], situação em que haverá um hiato entre a celebração do pacto e a execução da obrigação de permanência (*ad interim*) ou, nos termos que se viram, configurar-se uma promessa de pacto de permanência, conquanto a formação extraordinária e as despesas implicadas se efectivem no decurso da relação laboral.

c) Não diminuição da retribuição

14. Materialmente, impõe-se, por via negativa, que a retribuição do trabalhador não seja diminuída (*minimum*: manutenção do *statu quo ante*), em sintonia com o que dispunha o n.º 3 do art. 36.º do Decreto-Lei n.º 47 032, de 27.05.1966, o n.º 3 do art. 36.º da LCT e o n.º 1 do art. 147.º do CT2003.

[1215] Recordando-se que, paradoxalmente, a exigência de que o investimento na formação extraordinária do trabalhador seja posterior à celebração do pacto tem sido desenvolvida com vista a assegurar a genuinidade da manifestação de vontade do trabalhador e a afastar a confecção atípica de uma correspectividade com sentido pretérito (o trabalhador assume a obrigação de permanecer no contrato já depois da realização da prestação do empregador que o sistema recorta outrossim como condição material de validade do pacto), exigência que, numa análise estritamente económica, se acomoda também *de pleno* aos interesses do empregador, afastando a sua exposição a uma situação de risco quanto a uma hipotética falha de retorno.

[1216] João Baptista Machado, "Iniciação ao Mundo do Direito" (1993), cit., 489.

[1217] Esta abordagem é hoje uma constante e tende a conhecer voga no seio da moderna teoria da escolha pública (*public choice*) com a cataláxia (*catalaxis* de Hayeck), fundada no estudo das origens, características e funcionamento das instituições de troca em sociedade. Em lugar da resolução matemática de problemas de maximização sujeitos a restrições, emerge agora o problema das variantes institucionais do processo de decisão, onde, por via da coexistência da troca com o poder, se auto-legitimam, de forma reprodutiva, os processos inter-relacionais que, num plano mais vasto, conformam a chamada democracia representativa. Ainda, em arco conceptual mais amplo, João Batista Machado, «"Menos Estado", "Crise Regulatória" e "Diálogo Social"», *Perspectivas sobre o Liberalismo em Portugal*, Faculdade de Economia da Universidade do Porto, Porto, 1994, 88-9.

[1218] Abrindo também as portas a esta possibilidade, cfr. STS de 18.05.1990, Aranzadi 4360 *in* Albiol Montesinos/Alfonso Mellado/Blasco Pellicer/Goerlich Peset, *Normas laborales* (2000), cit., 193. Em todo o caso, falhando uma argumentação homológica entre o termo e a condição, não poderá ser uma qualquer condição, pois há uma diferença radical na maneira de conceber o negócio jurídico, consoante o facto futuro seja certo ou incerto, impondo-se, por isso, atender ao *modus operandi* da condição e arredar a sua verificabilidade do simples arbítrio do empregador.

Inquestionável que é a propensão aplicativa do pacto de permanência para os trabalhadores que desempenhem funções especializadas e/ou pautadas pela difícil substituibilidade (*v.g.* artistas, cargos de direcção[1219]), neste contexto, e seguindo FERNANDO VIANELLO[1220], podemos, sob o ângulo económico, distinguir três tipos de sistemas remuneratórios, consoante a elasticidade-preço da oferta no mercado do factor trabalho. A saber:

a) sistema do vencimento de transferência – no caso de a oferta ser composta por trabalhadores não especializados, que não receberam qualquer investimento em capital humano, em que os ganhos advenientes do ponto de vista remuneratório apenas traduzem o vencimento de transferência, o mesmo é dizer, apenas corporizam aquele ganho mínimo que mantém os trabalhadores numa determinada actividade (uma espécie de *chilling effect*)[1221];

b) sistema da renda económica – no caso da oferta ser composta por trabalhadores especializados, objecto de investimento em capital humano, e insubstituíveis (no modelo de frequência média, e seguindo a categorização fluente do art. 107.º, trabalhadores que exerçam cargos de complexidade técnica, que desempenhem funções de confiança ou pessoal de direcção e quadros superiores), em que os ganhos advenientes traduzem uma *renda económica infinita*, isto é, um ganho sem esforço de produtividade, em virtude da inelasticidade perfeita da curva da oferta do factor trabalho;

c) sistema misto – no caso de a oferta ser composta por trabalhadores especializados, com investimento em capital humano, mas substituíveis, em que os ganhos advenientes traduzem o vencimento de transferência acrescido de uma margem (ínfima, por vezes) de renda económica[1222].

[1219] Aqui: valor do trabalhador = utilidade do trabalhador + raridade do trabalhador + trabalho para obter o trabalhador.

[1220] FERNANDO VIANELLO, "Labor theory of value", *The New Palgrave – A Dictionary of Economics*, Vol. 3, JOHN EATWELL, MURRAY MILGATE & PETER NEWMAN (eds.), 107-113.

[1221] Veja-se THEODORE SCHULTZ, *The Economic Value of Education*, Nova Iorque, Columbia University Press, 1963, 8 e ss..

[1222] Informalmente, nos EUA é vulgar a concessão de uma gratificação concedida ao trabalhador para o desencorajar a mudar de emprego (*golden handcuffs*). Com interesse, ainda: G. DE VIVO, "Labour markets", *The New Palgrave – A Dictionary of Economics*, Vol. 3, John Eatwell, Murray Milgate & Peter Newman (eds.), 86-88 e, entre nós, FERNANDO ARAÚJO, "A análise económica do contrato de trabalho", *Estudos do Instituto de Direito do Trabalho* (coord. Pedro Romano Martinez), Almedina, Coimbra, 2001, 193-4.

Analisado o problema sob esta óptica, se a retribuição auferível pelo trabalhador em razão da sua permanência representa a contrapartida de um investimento do empregador, por retribuição, nos termos do n.º 1 do art. 258.º, apenas se considera "aquilo a que, nos termos do contrato, das normas que o regem ou dos usos, o trabalhador tem direito como contrapartida do seu trabalho", apesar de, à luz do n.º 2, na *contrapartida do trabalho* se incluir "a retribuição-base e todas as prestações regulares e periódicas feitas, directa ou indirectamente, em dinheiro ou em espécie".

Uma vez que no contrato de trabalho prestação e contra-prestação estão numa relação recíproca (sinalagma)[1223] e que, por isso, "(a)té prova em contrário, presume-se constituir retribuição toda e qualquer prestação do empregador ao trabalhador"[1224] e atendendo a que "(a) qualificação de certa prestação como retribuição determina a aplicação dos regimes de garantia e de tutela dos créditos retributivos previstos no Código"[1225], a previsão legal de que a retribuição não pode ser diminuída afigurava-se-nos absolutamente despicienda[1226], justificando-se, por isso, a sua supressão com o CT2009.

Na verdade, ao revés do que se verifica no âmbito dos pactos de não concorrência, não se está perante uma simples compensação a pagar ao trabalhador

---

[1223] Conforme nota TIZIANO TREU, *Onerosità e corrispettività nel rapporto*, Giuffrè, Milão, 1968, 137 e ss.. Por isso, se o empregador realizar uma prestação a favor do trabalhador, esta só adquire a qualificação de remuneração se consistir – pelo menos também – numa contraprestação por serviços prestados ou num incentivo para as prestações futuras do trabalhador. Ela deve revelar, pelo menos, uma ligação com a relação laboral, pela existência de um qualquer interesse da empresa em assegurar essa prestação ao trabalhador.

[1224] N.º 3 do art. 258.º

[1225] N.º 4 do art. 258.º.

[1226] Cabendo notar, a este propósito, que para o Tribunal de Justiça o conceito de retribuição tem um âmbito de aplicação assaz amplo. Por exemplo, no que tange à indemnização por cessação do contrato de trabalho prevista no direito austríaco, o TJ, no acórdão *Gruber*, considerou essa prestação fundamentalmente como remuneração, na acepção do art. 141.º TCE – cfr. Ac. TJ, de 14.11.1999, *Gruber* (CR09249/97, proc. IR095295). O acórdão *Gruber* é expressão de uma jurisprudência assente, de acordo com a qual as prestações indemnizatórias atribuídas aos trabalhadores pela cessação do contrato de trabalho são um tipo de remuneração diferida a que o trabalhador tem direito em razão do seu trabalho, já que visam facilitar a sua adaptação à nova situação resultante da perda do emprego e assegurar-lhe uma fonte de rendimento durante o período de procura de um novo trabalho. Assim, para o TJ, as prestações devidas por força da lei podem ter uma relação indirecta com a relação de trabalho e, por consequência, ficar abrangidas pelo conceito de remuneração. Nesse sentido, a circunstância de, pelas normas legais em vigor, serem garantidas prestações não é, por si, contrária ao seu carácter de remuneração, não tendo, neste contexto, qualquer relevância que um direito tenha o seu fundamento numa fonte diferente do contrato de trabalho, pois, para tanto, é suficiente que o empregador realize a prestação em razão da relação de trabalho.

durante o período de limitação da sua actividade, mas perante uma obrigação que vigora enquanto durar o contrato de trabalho[1227].

Porque assim é, a não diminuição da retribuição com o pacto, embora enfrente os inarredáveis problemas que brotam do movimento geral de *destandardizzacione* do salário (acomodável a uma lógica meritocrática, que, numa perspectiva de *task significance*, busca uma *capitalização* do potencial humano das empresas, presente nas políticas de formação e na instituição de prémios de permanência, complementos de antiguidade ou na majoração da indemnização devida em caso de cessação do contrato de trabalho[1228]), constitui um corolário do princípio da irredutibilidade da retribuição, posto que, com recuada tradição, nos termos da al. d) do art. 129.º, é proibido ao empregador "(d)iminuir a retribuição, salvo nos casos previstos no Código e nos instrumentos de regulamentação colectiva de trabalho"[1229].

Nesta ordem de ideias, ainda que o art. 147.º do CT2003 não contivesse qualquer referência à irredutibilidade da retribuição, a solução não poderia ser diversa[1230].

A retribuição a que se alude, não atível à denominada retribuição-base[1231], vale para todos os efeitos (*v.g.* créditos retributivos, subsídios de férias e de Natal) e a permanência, *per essentiam*, implica a manutenção do contrato de trabalho, contrato que, afora as previsões específicas, se rege pelo disposto no art. 406.º do CC: o acordo deve ser cumprido na íntegra, apenas podendo ser modificado por novo encontro de vontades[1232], mau grado, em obediência ao disposto

---

[1227] PATRICK BRUNEL, *Formation professionnelle continue. Vol. 2* (2010), cit., 228.

[1228] Assim, PAUL-HENRI MOUSSERON, "La fidélisation du personnel" (1989), cit., 480-4.

[1229] PEDRO ROMANO MARTINEZ, *Direito do Trabalho* (2010), cit., 650, entende que o princípio "não obsta a que sejam afectadas as parcelas correspondentes ao maior esforço ou penosidade do trabalho sempre que ocorram, factualmente, modificações ao nível do modo específico de execução da prestação laboral".

[1230] Nada impede, naturalmente, que a retribuição possa ser aumentada, conforme veremos. Mas, como referia JÚLIO VIEIRA GOMES, *Direito do Trabalho* (2007), cit., 627, à face do CT2003, "a lei não prevê aqui uma compensação pecuniária para o trabalhador, precisamente porque a cláusula representa, ela própria, a contrapartida de um investimento realizado ou que terá de o ser".

[1231] Sobre os problemas que o conceito de retribuição-base levanta, dificilmente resolúveis pelo rigor técnico das fórmulas legais, v. CARLO ZOLI, "Il principio di onnicomprensività tra legge e contratto", RTDPC 1983, n.º 2, 326 e ss., FRANCESCO PAOLO ROSSI, *Nozioni di Diritto Europeo del Lavoro* (2000), cit., 255 e ss. e, entre nós, JÚLIO VIEIRA GOMES, "Algumas observações críticas sobre a jurisprudência recente em matéria de retribuição e afins", IV *Congresso Nacional de Direito do Trabalho*, Almedina, Coimbra, 2002, 51 e ss..

[1232] Como bem se nota no Ac. STA de 12.11.2002 (JOÃO MANUEL BELCHIOR), ADSTA 2003, n.º 495, 371, em que se curou, não obstante a singularidade do vínculo, da alteração de uma *cláusula*

no art. 150.º e segs., a manutenção da retribuição, a despeito da intangibilidade da obrigação de permanência, ter de ser entendida *cum grano salis* sempre que o contrato de trabalho, mesmo com a obrigação de permanência em curso, passe a ser um *contrato a tempo parcial*[1233].

Todavia, o facto de não se prever o pagamento de qualquer compensação ao trabalhador em razão da obrigação de permanência não implica que os sujeitos não a convencionem[1234].

Se a desnecessidade *ex lege* quanto ao não pagamento de quantia suplementar se justifica em razão do custo suportado pelo empregador com a formação do trabalhador[1235] – era aliás essa a justificação legalmente assumida no n.º 3 do art. 36.º do Decreto-Lei n.º 47 032, de 27.05.1966, a par dos benefícios extraídos pelo trabalhador, para a previsão da indiminuibilidade da retribuição[1236] –, o acerto *inter partes* quanto ao pagamento de uma compensação conduz-nos ao conceito de retribuição, no qual esta se integra: existe uma relação causal entre o esforço formativo do empregador e o rendimento obtido pelo trabalhador com a obrigação de permanência[1237], tratando-se de uma contrapartida pelo exercício de uma actividade laboral, que, sendo obrigatória em razão do acordo celebrado, pressupõe a manutenção da execução do contrato de trabalho e bilateraliza o pacto.

---

remuneratória inserta num contrato administrativo de prestação de serviço docente, "estabelecido o montante a pagar pela prestação do serviço docente através de uma cláusula contratual que é a manifestação do acordo de vontades das partes, não pode a Administração alterar tais cláusulas por acto unilateral".

[1233] Embora a retribuição possa considerar-se intocada, em atenção ao critério de proporção do respectivo período normal de trabalho semanal, o custo suportado pelo empregador com a actividade daquele trabalhador é objectivamente diminuído, sem que, *in casu*, tanto em relação à diminuição em termos absolutos do montante da retribuição quanto ao não aumento do período subjacente à obrigação de permanência, o art. 137.º apareça violado: assim, GIUSEPPE PERA, *Compendio di Diritto del Lavoro* (2000), cit., 133 e, entre nós, PEDRO ROMANO MARTINEZ, *Direito do Trabalho* (2010), cit., 651.

[1234] BERNARD NYSSEN, "Les aménagements conventionnels du droit de démissioner: la clause d'écolage" (2008), cit., 386.

[1235] Nas palavras de MARIA NOVELLA BETTINI, "Trattenere i talenti: clausola di durata minima e dimissioni" (2008), cit., 553-4, "in tal caso, infatti, la previsione di un investimento economico da parte del datore di lavoro riequilibra e giustifica la compressione della libertà personale del lavoratore, cui accede la libertà di dimissioni. Sicché può dirsi che la clausola, vincolando in egual misura entrambe le parti del rapporto di lavoro, ristabilisce l'iniziale parità di condizione".

[1236] Dispunha o preceito: "(...) tal cláusula nunca poderá estipular diminuição da retribuição como forma de compensação da formação adquirida".

[1237] Face ao art. 21.4 ET, v. CRUZ VILLALÓN, *Estatuto de los Trabajadores Comentado* (2003), cit., 303.

Verificando-se o acerto de uma compensação específica, este *plus* não ofenderá o princípio da "paridade retributiva" que apenas exige uma "intenção de não prejudicar"[1238] e que, determinando uma "comparação dirigida ao exterior do vínculo contratual"[1239] (um *tertium comparationis* válido), exige a prova de que os vários trabalhadores diferentemente remunerados produzem trabalho igual quanto à natureza (dificuldade, penosidade e perigosidade), qualidade (responsabilização, exigência, técnica, conhecimento, capacidade, prática, experiência, etc.) e quantidade (duração e intensidade) para que se possa considerar violado, já que, em fundo, o "direito de que aqui se trata é um direito de igualdade – mas de uma igualdade material que exige que se tome sempre em consideração a realidade social em que as pessoas vivem e se movimentam –, e não de uma igualdade meramente formal"[1240].

Sem que se percam de vista as cautelas que a confecção de uma obrigação de permanência deve gerar, enquanto instrumento que obliquamente pode ser utilizado como forma de circunvir a tarefa judicatória no que respeita ao princípio da igualdade retributiva, deve reconhecer-se ao empregador, por força dos princípios da autonomia privada e da liberdade de gestão empresarial, a liberdade para celebrar este pacto com os trabalhadores cuja permanência na sua estrutura organizativa estima como indispensável, sem que os demais, com quem não se celebra o pacto, se possam considerar discriminados em razão deste factor.

Admitindo-se, dessarte, que o acordo determine um acréscimo retributivo, afigura-se inverosímil a sustentação de uma violação do princípio da igualdade retributiva exclusivamente baseada nessa situação, uma vez que a presunção de discriminação não se basta com a mera prova dos factos que revelam uma mera diferença de tratamento; se o CT2009 exige que a pretensa discriminação seja fundamentada com a indicação do trabalhador ou trabalhadores favorecidos, tal fundamentação há-de traduzir-se na narração de factos que, reportados a características, situações e opções dos sujeitos em confronto, de todo alheias ao nor-

---

[1238] Assim, Ac. STJ de 09.03.1989 (MESSIAS BENTO), BMJ 1989, n.º 385, 188 e Ac. STJ de 22.09.1993 (FERNANDO DIAS SIMÃO), CJ 1993, n.º 3, 269. Em sentido diferente, referindo que a igualdade de retribuição não é apenas "um princípio negativo de proibição de discriminação", cfr. J. J. GOMES CANOTILHO & VITAL MOREIRA, *Constituição Portuguesa da República Anotada* (1993), cit., 319.

[1239] Assim, GIOVANNI AMOROSO, *Retribuzione e Mancioni di Lavoratore: l'Obbligo di Parità di Trattamento come Specificazione del Dovere do Correttezza e Buona Fede*, Il Foro Italiano 1995, Parte I, 188 e ss. *apud* JÚLIO VIEIRA GOMES, «Algumas reflexões sobre o ónus da prova em matéria de paridade de tratamento retributivo ("A trabalho igual salário igual")», *I Congresso Nacional de Direito do Trabalho-Memórias* (org. António Moreira), Almedina, Coimbra, 1998, 315 (nota 6).

[1240] FRANCISCO LUCAS PIRES, *Uma Constituição para Portugal*, Imprensa de Coimbra, Coimbra, 1975, 62.

mal desenvolvimento da relação laboral, atentem, directa ou indirectamente, contra o princípio da igualdade, que se substancia no elenco de factores característicos da discriminação exemplificativamente previstos na lei[1241].

Neste caso, o fundamento é a renúncia de um trabalhador ao princípio da liberdade de trabalho, situação que, atinando objectivamente com o "desenvolvimento estabilizado" da relação laboral, não oferece, por princípio, censura jurídica, pois encontra fundamento racional[1242], não assentando num critério subjectivamente arbitrário.

d) Prazo

15. Como limite temporal, a obrigação de permanência não pode exceder os três anos: a temporalidade do pacto é a caução da liberdade do trabalhador[1243].

À semelhança da moldura temporal inscrita no n.º 3 do art. 36.º da LCT, e em contraste com a diminuição genérica prevista pelo CT para os pactos de não concorrência (infra), os três anos constituem um limite inultrapassável para a subtracção do direito de demissão do trabalhador, limite coincidente com o belga[1244] e que em Espanha aparece cifrado em dois anos[1245].

[1241] Não podendo a diferença basear-se em critérios apenas subjectivos, o n.º 5 do art. 25.º pressupõe a alegação e prova, por banda do trabalhador, de factos que constituam factores característicos de discriminação. É, por isso, consolidada a posição jurisprudencial de que cabe ao trabalhador que alega ser objecto de discriminação retributiva o ónus da alegação e da prova de que, por um lado, o seu trabalho é igual aos dos demais trabalhadores em natureza, qualidade e quantidade, e, por outro, de que não há razões objectivas que permitam estribar esse tratamento diferenciado, aplicando-se, em toda a extensão o art. 342.º do CC – entre vários: Ac. STJ de 27.01.2005 (SOUSA PEIXOTO), proc. n.º 04S3426, Ac. STJ de 25.06.2008 (SOUSA GRANDÃO), proc. n.º 08S0528, Ac. STJ de 22.4.2009 (VASQUES DINIS), proc. n.º 08P3040 ou Ac. STJ de 12.10.2011 (FERNANDES DA SILVA), proc. n.º 343/04.4TTBCL.P1.S1. Esta posição, entre nós, é todavia cricada por JÚLIO VIEIRA GOMES, "Algumas reflexões sobre o ónus da prova em matéria de paridade de tratamento retributivo" (1999), cit., 313 e ss., que, salientando a quase impossibilidade da prova subjacente à discriminação, distingue o ónus da prova do ónus da justificação, uma vez que só a entidade empregadora se encontra em condições de demonstrar as causas de diferenciação introduzidas, enquadramento acolhido por CATARINA SANTOS BOTELHO, "Algumas reflexões sobre o princípio da paridade retributiva" *Estudos dedicados ao Professor Mário Fernando de Campos Pinto. Vol. II*, UCP, Lisboa, 2009, 107-112.

[1242] JEAN MOULY, *Droit du Travail* (2008), cit., 66.

[1243] Assim sucedia na época medieval: não sendo o trabalhador livre de se desvincular, a temporalidade do contrato funcionava como garantia da sua liberdade de trabalho. Cfr. BALLESTER PASTOR, *El Contrato de Trabajo Eventual por Circunstancias de La Producción*, Tirant Lo Blanch, Valência, 1998, 51.

[1244] VINCENT NEUPREZ & MICHEL DEPREZ, *Contrats de travail: l'essentiel* (2008), cit., 92.

[1245] LUQUE PARRA, "Pactos típicos, nuevas tecnologias y relación laboral" (2005), cit., 168.

Ao revés da pluralização presente no art. 136.º, não se estabeleceu qualquer diversificação quanto ao período máximo que baliza a execução da obrigação de permanência, *maxime* em razão do tipo de trabalhador e/ou da actividade contratualizada[1246], caminho que, todavia, não obstante a ausência de qualquer segmentação legal, a jurisprudência germânica tem seguido.

Face ao § 624 BGB, não sendo admissível um prazo superior a cinco anos, tem-se atendido às funções do trabalhador e à duração/carestia da formação para a fixação escalonada de um conjunto de indicadores, que, sem prejuízo de uma avaliação casuística, têm norteado os tribunais e a doutrina na fixação de limites temporais à subtracção da demissão do trabalhador[1247]; para que a obrigação de permanência possa valer durante dois anos, a formação tem que se situar entre três a quatro meses[1248]; para valer por três anos tem-se exigido que a formação dure entre seis meses e um ano[1249], admitindo-se que o prazo de cinco anos apenas valha para uma formação que haja durado mais de dois anos[1250].

Se do que se cuida é do tempo necessário à amortização do investimento feito pelo empregador[1251], este aparece preconformado pelo esforço económico despendido e pelo grau de especialidade fornecido pela formação prestada ao trabalhador[1252], importando atender a factores conexos como as características específicas das acções, designadamente, objectivos, público-alvo, estrutura curricular, metodologia e/ou duração[1253].

Nada impedindo que, face à inexistência de qualquer limite mínimo, os sujeitos acordem um prazo exíguo[1254], o prazo de três anos, não sendo objecto de aplicação automática, poderá ser diminuído pelos tribunais, uma vez que após a amortização do esforço feito pelo empregador deixa de se justificar a restrição

---

[1246] Já em Espanha, havendo um limite de dois anos (24.1 ET), existe uma variação em função do tipo contratual: para os trabalhadores de estabelecimentos militares o limite máximo cifra-se nos três anos – art. 20 RD 2205/1980, de 13.07 –, limite que não existe na relação laboral de alta direcção, cujo único limite é o abuso de direito – art. 8.2 do RD 1382/1985, de 01.08 -.

[1247] Ainda: THOMAS LAKIES, *Vertragsgestaltung und AGB im Arbeitsrecht* (2011), cit., 337.

[1248] BAG 06.09.1995 – 5 AZR 241/94, NZA 1996, 314-5.

[1249] BAG 11.04.1984 – 5 AZR 430/82, NZA 1984, 288.

[1250] BAG 19.06.1974 – 5.AZR 299/73, NJW 1974, 215.

[1251] Assim: MARC-OLIVIER HUCHET, "La clause de dédit formation" (2000), cit., 378.

[1252] LUQUE PARRA, "Pactos típicos, nuevas tecnologias y relación laboral" (2005), cit., 170 e, com saliência para a duração da formação, ainda: BERNARD NYSSEN, "Les aménagements conventionnels du droit de démissioner: la clause d'écolage" (2008), cit., 388 e BAG 21.11.2001-5AZR 158/00, NZA 2002, 551.

[1253] Expressamente neste sentido: BAG 16.03.1994-5 AZR 339/92, NZA 1994, 937 e BAG 06.09.1995 – 5 AZR 241/94, NZA 1996, 1916.

[1254] Neste sentido: RUBIO DE MEDINA, *El pacto de permanencia en la empresa* (2005), cit., 16.

assumida pelo trabalhador, repristinando-se *de pleno* o princípio da liberdade de trabalho[1255].

16. Quanto ao início de contagem do prazo, face ao binómio *tempus celebrationis/tempus executionis*, o cômputo inicia-se a partir do início de execução e não a partir do momento da celebração do pacto.

A prática mostra que este se encontra submetido a um termo resolutivo certo, agregando-se a certeza da cessação da obrigação de permanência a um momento exacto a partir do qual o trabalhador pode exercer, sem restrições, o seu *ius dimissionis*.

Aqui, a inter-relação entre o termo certo e a condição certa e incerta e o termo incerto valerá para todos os efeitos: é admissível a aposição de uma condição resolutiva cujo facto condicionante se verifique antes do atingimento do período máximo estabelecido para o pacto de permanência (o mesmo vale para o termo incerto) e apenas a condição cujo facto condicionante se verifique após o termo máximo legalmente imposto (três anos) será ineficaz, atentas as exigências de inultrapassibilidade que lhe subjazem e que decorrem, em primeira linha, da intrínseca durabilidade do pacto de permanência que, na economia da solução legal, surge como um limite à extensão da renúncia à liberdade de trabalho assumida pelo trabalhador[1256].

Contudo, verificados os requisitos estabelecidos para a existência de uma obrigação de permanência, não é de rejeitar a aposição de uma condição resolutiva (por exemplo, encontrar um substituto para o trabalhador[1257]), conquanto seja necessário validar o seu conteúdo e o seu *modus operandi*[1258].

[1255] JEAN-PIERRE CHAUCHARD, "La clause du dédit-formation ou le regime de liberté surveillée appliqué aux salariés" (1989), cit., 391.

[1256] Sendo essa a razão para a limitação, admite-se no ordenamento francês que as cláusulas de estabilidade do emprego valham por tempo indeterminado, por contraste com a determinação da duração exigível para as cláusulas *dédit-formation*, uma vez que as primeiras deixam intocado o direito de demissão do trabalhador. Ainda: XAVIER VINCENT, "La théorie prétorienne des périodes de garantie d'emploi, après dix ans de jurisprudence" (2009), cit., 92-3.

[1257] À semelhança do preceituado na al. a) do n.º 2 do art. 129.º do CT e já antes na al. a) do art. 41.º da LCCT, situação que RAÚL VENTURA, "Extinção das relações jurídicas de trabalho" (1950), cit., 286, apresentava como exemplo de uma condição resolutiva aplicável a um contrato de trabalho que se deveria admitir, em sintonia com o que também preconizou MARIA DA CONCEIÇÃO TAVARES DA SILVA, *Direito do Trabalho* (1965), cit., 594.

[1258] Excluem-se assim as denominadas condições impróprias, como as que se referem a factos presentes ou passados (*conditio in praesens vel praeteritum collata* ou *relata*) ou as que são ilícitas. As (também) denominadas condições impróprias, referentes a factos futuros mas certos, constituem verdadeitos termos, que, neste contexto, hão-de ser admitidos. Por último, impróprias são ainda as

Vale isto por dizer que as possibilidades de aposição da condição resolutiva se moldam de acordo com os pressupostos e limites que enformam a aposição do termo, tendo presente o art. 271.º do CC, que comina a nulidade do negócio subordinado a uma condição contrária à lei ou à ordem pública ou ofensiva dos bons costumes (*vitiatur et vitiat*).

Neste quadro, dando-se como seguro que uma condição ilícita há-de ser tida por não escrita[1259], à semelhança do que se verificará quanto ao termo aposto a um pacto de permanência que se destine a valer por um período superior aos três anos – já que na prática é frequente convencionar-se a obrigação de permanência, sem alusão ao limite máximo de vigência –, deve equacionar-se o recurso à redução do pacto.

Na medida em que o escopo da constrição temporal presente no n.º 1 do art. 137.º é o de evitar um prolongamento excessivo da duração do vínculo à margem da vontade do trabalhador, impor-se-á a aplicação do art. 292.º do CC, sem que se considere, *sic et simpliciter,* que o pacto de permanência é nulo[1260].

Não se querendo, naturalmente, significar que o pacto possa exceder os três anos, e tendo presente que o art. 137.º não obriga à inscrição da data de início e termo de vigência da obrigação de permanência, os três anos que se analisam constituem um limite para "a obrigatoriedade de prestação de serviço durante certo prazo" e não um elemento que tem de estar inscrito na convenção firmada pelos sujeitos.

Ponderando, por um lado, que o trabalhador assumiu livre e conscientemente a renúncia ao seu *ius demissionis,* e que, por outro lado, "a redução teleológica é determinada pela necessidade de alcançar plenamente as finalidades visadas pela norma imperativa infringida"[1261], impor-se-á o aproveitamento da auto-regulação de interesses querida pelos sujeitos: é que se a invalidade parcial tem de ser, numa apreciação actual[1262], *conforme com a boa fé*[1623], o tecto estabe-

---

condições baseadas em pressupostos legais para a produção de certo efeito jurídico, como sucede com as condições resolutivas tácitas – arts. 801.º, n.º 2 e 802.º. Sobre estas: CARLOS A. MOTA PINTO, *Teoria Geral de Direito Civil* (1992), cit., 557 ou PEDRO ROMANO MARTINEZ, *Cumprimento defeituoso – em especial na compra e venda e na empreitada,* Almedina, Coimbra, 1994, 330 e ss..

[1259] ANTÓNIO MENEZES CORDEIRO, *Tratado de Direito Civil Português I* (2002), cit., 514.
[1260] Assim: JÚLIO VIEIRA GOMES, *Direito do Trabalho* (2007), cit., 628.
[1261] CARLOS A. MOTA PINTO, *Teoria Geral do Direito Civil* (1992), cit., 627.
[1262] É generalizada a posição doutrinária, com ressalva de algumas (poucas) matizações de regimes, de admitir uma certa equiparação entre a interpretação da lei e do contrato. Entre nós, a solução funda-se no art. 239.º do CC, já que o problema da redução é reconduzível ao problema da integração: os sujeitos poderiam ter resolvido expressamente o problema caso o tivessem previsto. Em sentido não totalmente coincidente, afastando o apelo ao art. 239.º do CC (que só admite quando

lecido pelo preceito vai assegurar com *eficácia mediata*[1264] a manutenção da obrigação de permanência e, por consequência, cobrir uma obrigação com duração superior aos três anos ou uma obrigação em que não conste qualquer limitação[1265], conquanto estejamos, naturalmente, perante uma "compensação de despesas extraordinárias comprovadamente feitas pelo empregador na formação profissional do trabalhador".

Além do art. 292.º do CC, com vista à sustentação do aproveitamento do *negotio* – e no pressuposto de que na figura (elástica) dos contratos múltiplos (distintos e autónomos entre si), caso exista entre eles uma determinada conexão, se deve interpretar as declarações negociais neles insertas em conjunto –, importará colacionar o disposto no art. 121.º, que dispõe que *as cláusulas do contrato de trabalho que violem normas imperativas consideram-se substituídas por estas*.

A solução integrativa aí prevista, perante a imbricação do pacto de permanência com o contrato de trabalho, impõe uma *praesumptio similitudinis* na aferição do resultado normativo relativo à (ultrapassagem) duração da permanência, deixando-se intocadas as restantes disposições do pacto, que fica, dessarte, completado pela aplicação do prazo legal máximo[1266].

Não obstante, à semelhança do que se verifica sempre que os sujeitos estabelecem especificamente o prazo de três anos, é possível operar a sua redução.

Se a ausência de limitação temporal não pode servir de expediente para afastar o juízo de adequação fazível pela jurisprudência quanto ao prazo integrativo

---

a eliminação de uma cláusula nula pode pôr em causa a manutenção do negócio) e recorrendo apenas à *vontade normativa*, v. Luís Carvalho Fernandes, *A Conversão dos Negócios Jurídicos Civis*, Quid Iuris, Lisboa, 1993, 550.

[1263] António Menezes Cordeiro, *Tratado de Direito Civil Português I* (2002), cit., 663.

[1264] Assim, Luís Carvalho Fernandes, *A Conversão dos Negócios Jurídicos Civis* (1993), cit., 550.

[1265] Igual resultado se logra atingir na hipótese de se considerar que a ausência de previsão convencional da duração do pacto significa uma remissão dos sujeitos para o regime normativo, para as "external sources of governance or regulation", sendo que, conforme fazem notar Simon Deakin & Gillian Morris, *Labour Law* (2003), cit., 237, "the central issues here are how these external forms of regulation are given contractual expression at the level of the individual relationship, and how conflicts between different sources are resolved". Aportar-se-á, nesse caso, a uma presunção *iuris tantum* de que terá sido essa a vontade das partes. Para construção semelhante, com referência à extrinsecidade normativa e abordando a *quaestio* no quadro da durabilidade implícita do contrato, v. Jacques Ghestin/Cristophe Jamin/Marc Billiau, *Traité de Droit Civil. Les effets du contrat* (2001), cit., 280.

[1266] Para Luís Menezes Leitão, *Código do Trabalho Anotado* (2003), cit., 114, trata-se, em rigor, de um fenómeno de conversão legal do contrato, estando afastada a *exceptio hypotheticae voluntatis*.

de três anos, a redução, em atenção ao princípio da proporcionalidade[1267] (supra), operará em moldes idênticos, após a inter-relação de todos os factores[1268].

17. Mais problemática é, sem dúvida, a resposta à questão de saber em que momento é que o pacto começa a vigorar (problema do *dies a quo*).

Se a redução é operante na hipótese em que o termo da obrigação é superior ao máximo legal ou simplesmente não foi inscrito – e o intérprete encontra, por força do limite *ad quem* de três anos, um ponto de arrimo, que, em atenção às exigências da boa fé, conduz a uma solução cuja razoabilidade flui do critério ínsito no art. 137.º –, já em relação ao momento de início da obrigação de permanência os problemas quanto à adopção de um critério são bem mais extensos, uma vez que se não se fez depender a validade do *negotio* da inscrição desse elemento, por contraste, aliás, com outros contratos que encontram o seu modo de ser no contrato de trabalho, como sucede com a cedência ocasional de trabalhadores, que deve ser titulada por documento assinado pelo cedente e pelo cessionário, identificando o trabalhador cedido temporariamente, a actividade a executar e a *data de início e a duração da cedência*[1269], sob pena de se conferir ao trabalhador um *direito de optar* pela permanência ao serviço do cessionário em regime de contrato de trabalho sem termo[1270].

[1267] BAG 14.01.2009, AZR 900/07, ZIP 2009, 1683, com uma cláusula de reembolso por cinco anos a ser considerada inválida. No caso, para lá do controlo exercido à luz dos §§ 138, 242 BGB, fez-se aplicar o § 310/4 BGB, relativo às cláusulas contratuais gerais, cuja aplicação já vinha sendo feita antes da lei de modernização do Direito das obrigações (26.11.2001). O trabalhador havia sido admitido em 2003 como assistente executivo, tendo aderido a um formulário de reembolso das despesas com a sua formação, que se cifrou em mais de 500 horas e orçou em € 3360. Dando-se por adquirida a relevância que a formação tinha para o desempenho das suas funções, denunciou todavia o contrato antes de perfazer cinco anos como trabalhador (produção de efeitos em 14.08.2006). Aplicando-se uma taxa de desconto de 1/60, o empregador exigiu o reembolso de € 553,47. Sujeitando-se a apreciação da cláusula ao crivo do § 310 BGB e fazendo-se, em razão da pré-formulação da cláusula e da insusceptibilidade de negociação subjacente, uma equiparação aos contratos de consumo [já antes: (BAG 25.05.2005 – 5 AZR 572/04, ZIP 2005, 1699)], o período máximo admissível situava-se nos dois anos. Exercida a denúncia já depois desse período, e considerada a inadmissibilidade dos cinco anos estipulados, o BAG, verificada a insusceptibilidade de redução do negócio, considerou não ser devido qualquer reembolso. Em anotação: Michael Fuhlrott & Burkhard Fabritius, "Zur Zulässigkeit von Rückzahlungsklauseln in Arbeitsverträgen, Anmerkung zu BAG v. 14.01.2009 – 3 AZR 900/0", EWiR 2009, 499.

[1268] Marc-Olivier Huchet, "La clause de dédit formation" (2000), cit., 387.

[1269] Art. 290.º.

[1270] Art. 292.º. Sobre a natureza do "direito de opção", que consideramos um direito potestativo, permita-se-nos a remissão para João Zenha Martins, "Definição e condições gerais da cedência ocasional de trabalhadores no Código do Trabalho", QL 2005, n.º 25, 83 e ss..

Neste plano, embora se possa equacionar, num sistema em que se exija a indicação no documento que titula o pacto da data em que a obrigação de permanência se inicia, a atribuição de um direito de opção ao trabalhador quanto à sua permanência caso se inobserve a exigência dessa menção, é seguro que o direito de opção tem maior préstimo sempre que a obrigação de permanência aparece associada ao pagamento de uma compensação adrede por parte do empregador.

Sem embargo, e ainda que estejamos perante um contrato unilateral, é possível discernir-se na construção de um direito de opção, necessariamente atribuível *de iure condendo*, o efeito útil de o trabalhador se poder desvincular do pacto sem ter que suportar qualquer obrigação de restituição, mesmo após a percepção da formação.

A atribuição deste direito potestativo, de permanecer ou não no pacto, de exercer ou não a denúncia do contrato de trabalho, louvar-se-ia na confecção de um mecanismo de garantia quanto ao momento a partir do qual a liberdade de trabalho fica limitada, na criação de um instrumento intra-sistemático de tutela do trabalhador (que encontra, aliás, no âmbito do pacto de não concorrência, em sentido reverso, um importante *simile*[1271]) e na criação de um meio pedagógico de sensibilização dos sujeitos para o alcance da auto-limitação assumida.

Tratando-se, contudo, de construção que não quadra com a regulação que hoje vigora e que, por isso, se situa no âmbito político-legislativo, importará começar pela situação em que os sujeitos não dataram o início de vigência do pacto de permanência.

Como primeiro ponto, há que entender que a contagem do prazo nunca poderá começar antes da formação profissional.

Depois, como regra-geral, deverá considerar-se que o início de vigência do pacto ocorre no momento em que termina a formação profissional (extraordinária)[1272]. Estando-se perante um acordo que depende de um pressuposto factual muito específico – "despesas avultadas feitas pelo empregador na formação profissional do trabalhador" –, na falta de uma indicação precisa sobre o começo de execução do pacto a lógica demanda que, como princípio, se possa afirmar que *onde termina a formação começa a obrigação de permanência*.

[1271] Conforme veremos, pensamos na ininvocabilidade do pacto prevista para o empregador no caso de não elevação do montante até ao equivalente à retribuição-base devida no momento da cessação do contrato se tiver havido uma declaração de ilicitude do despedimento ou a procedência de uma resolução com justa causa pelo trabalhador com fundamento em acto ilícito do empregador.

[1272] LUQUE PARRA, "Pactos típicos, nuevas tecnologias y relación laboral" (2005), cit., 173.

Se a permanência do trabalhador assume feições compensatórias (*i. e.*: contrapartida do investimento realizado), de acordo com o recurso a máximas de experiência será legítimo considerar-se que com a cessação da formação o empregador percebe o acréscimo de profissionalidade obtido pelo trabalhador.

Como segundo problema encontramos uma plêiade de situações em que vigência e fundamento do pacto dissidem.

Nesta configuração, aprumam-se as maiores cautelas quanto à validação de pactos cujo início de execução se processe muito depois da formação *ad extra* em que se ampara a obrigação de permanência.

Figurando-se possível que a vigência da obrigação de permanência fique referenciada a um determinado dia ou destinada a vigorar a partir de um momento pré-estabelecido (*inclusive* no decurso da formação que concorre para a sua validade, ainda que, nesta hipótese, se afigure necessário indagar do transcurso de tempo bastante para que o trabalhar adquira os conhecimentos que justificam a formação *ad extra* e que se apresentam funcionalizados às funções que ele desempenha ou vai desempenhar), bastará, para tanto, pensar na seguinte situação: se A (empregador) proporciona a B (trabalhador) um curso de especialização por três meses no estrangeiro em 2020, dificilmente se poderá aceitar, mesmo perante previsão convencional expressa, que o pacto de permanência se destine a vigorar de 01.2025 a 01.2028.

Embora nada impeça que o início do cômputo da obrigação de permanência apareça, por razões atendíveis[1273], algum tempo depois do *terminus* da acção de formação[1274], o facto de entre a finalização da formação e a impossibilidade de livre desvinculação mediar um período relativamente longo faz presumir que o investimento patronal foi amortizado pela actividade desenvolvida pelo trabalhador no período imediatamente subsequente (*subsequens*), período que deve presumir-se consequente (*consequens*) da formação.

Entendendo-se que o enriquecimento profissional obtido pelo trabalhador com a formação outorgada, afora casos excepcionais (*v.g.* lançamento de uma actividade específica a um horizonte de dois anos), deve estimar-se incorporado

---

[1273] Valha como exemplo uma formação extraordinária, implicante de despesas avultadas, para o manuseamento de maquinaria especialmente complexa, cuja entrega se encontra prevista para seis meses após a conclusão da formação.

[1274] Mais restritivamente, veja-se, contudo, JEAN-PIERRE CHAUCHARD, "La clause du dédit-formation ou le regime de liberté surveillée appliqué aux salariés" (1989), cit., 388, GÓMEZ ABELLEIRA, "Pactos de no concurrencia y de permanência" (2000), cit., 285 e, entre nós, JÚLIO VIEIRA GOMES, *Direito do Trabalho* (2007), cit., 629, não concebendo que a obrigação de permanência não se inicie após o *terminus* da formação.

na actividade que este desenvolve após a conclusão da acção formativa[1275], a verdade é que não existe qualquer indicador expresso que viabilize um juízo seguro sobre uma potencial intempestividade da execução do pacto de permanência.

Apesar disso, e no pressuposto de que qualquer restrição à liberdade de trabalho (ainda que livremente assumida) deve desenvolver-se segundo um juízo de proporcionalidade[1276], entender-se-á que entre o *terminus* da formação e o início da obrigação de permanência não poderá decorrer um período superior ao prazo máximo consentido para a duração do pacto de permanência (três anos).

A duração máxima deste interim, preconformável por razões objectivas de segurança e de prevenção de dificuldades de prova, funcionará, pois, como *um limite fáctico ao limite* dos três anos: se a obrigação de permanência não pode exceder três anos, então entre o pressuposto fáctico do pacto de permanência e o início de execução daquela obrigação também não será possível que decorra um período superior ao limite imposto à execução da obrigação de permanência.

Tratando-se de indagação que só perante o concreto pode ser desenvolvida, o critério que avançamos é abstracto e, portanto, susceptível de conformação material em função da duração especificamente convencionada pelos sujeitos. O que significará que se os sujeitos estabeleceram uma obrigação de permanência por um ano, então entre o *terminus* da formação e o início de execução do pacto não poderá decorrer um período superior a um ano, em razão da homologia, necessariamente concreta, entre o prazo convencionado e o lapso temporal que medeia o fim da formação e o início da obrigação de permanência.

A acrescer ao interesse de uma tutela pedagógica que está subjacente à perfilhação deste critério – infirmável perante circunstâncias que revelem a amortização do investimento feito pelo empregador –, os três anos que, em abstracto, limitam esta *mediação* removem a infixidez de análise a que o vácuo nos conduz, pois que a ordem jurídica tem de oferecer "um saber com que se pode contar"[1277] e, concretamente, a partir do momento em que se convoca o princípio da liberdade de trabalho, tem de se evitar o aparecimento de situações prejudiciais aos valores de certeza e previsibilidade que devem inspirar os quadros que orientam as opções dos sujeitos, sendo necessário garantir que o trabalhador pode saber,

---

[1275] Apontando nesta direcção: BAG 21.11.2001-5AZR 158/00, NZA 2002, 551.

[1276] Sobre a questão, no quadro dos *contracts in restraints of trade*, cfr. EWAN MCKENDRICK, *Contract Law* (2003), cit., 340, e na Alemanha, fazendo apelo ao art. 12 da GG a propósito das cláusulas de reembolso, MARKUS LOTTER, *Beschäftigungssicherung durch betriebliche Berufsbildungsmaßnahmen unter Beteiligung des Betriebsrats nach dem BetrVG* (2010), cit., 118.

[1277] ANTÓNIO CASTANHEIRA NEVES, *O Direito (O Problema do Direito), O Sentido do Direito (lições policopiadas)* (s.d.), cit., 49-50.

com razoável margem de segurança, a partir de que momento pode exercer *de pleno (i. e.*, sem consequências patrimoniais) o seu direito à desvinculação.

18. À semelhança das situações que antecedem, cumpre ainda procurar solução para as hipóteses em que a formação profissional é contínua, situação cada vez mais frequente ante o enraizamento, também de cunho político-social, de estratégias *lifelong learning*[1278].

Trata-se de formação/especialização profissional que, sendo contínua, está para lá do simples cumprimento dos deveres formativos que o Código comete aos empregadores, não sendo subsumível ao art. 131.º.

Estando-se perante situação que, em primeira linha, deve ser acordada pelos sujeitos, na prática, não só é comum não se estabelecer qualquer previsão convencional nesta direcção, como também, ainda que se tenha verificado a prudência em verter este elemento no pacto, se deve atender à presença de um direito (relativamente) irrenunciável e às cautelas intimadas por uma eventual perenização da formação.

Rejeitando-se *in limine* a hipótese (paralógica) em que o início da obrigação de permanência coincide com o começo da acção de formação que a sustenta, bastará pensar na situação em que se indexa convencionalmente o início da execução do pacto ao *terminus* da formação.

Se a formação for contínua, cedo se vê, a despeito da possível desobrigação do trabalhador a todo o momento mediante a restituição das somas despendidas, que a situação se aproximaria, em muito, de uma vinculação perpétua.

Com efeito, embora se pudesse afirmar que a continuidade da formação não convive com o requisito de extraordinariedade que está subjacente à formação profissional promovida, importará não esquecer que a extraordinariedade da formação é recortada a partir da formação tributada aos demais elementos da organização produtiva em presença e das despesas avultadas que lhe estão associadas e não a partir de um (pretenso) pressuposto de descontinuidade.

A formação pode ser extraordinária – *id est*, extravasar o modelo de formação profissional genericamente desenhado pelo CT –, sem que, necessariamente, tenha de ser pontual ou cadenciada.

Assim, e curamos agora dos *pactos de permanência abertos* – aqueles em que falha qualquer previsão sobre o início (datado) do seu cômputo –, caberá ao empregador fazer prova que a formação outorgada de *modus* sucessivo ao tra-

---

[1278] Veja-se AVIANA BULGARELLI, "Verso una strategia di lifelong learning: stato dell'arte e evoluzione delle politiche di formazione continua in Italia" (2006), cit., 143-166.

balhador não é autónoma (*i. e.*, que se aparta da formação anterior), de molde a que o cômputo do prazo de permanência não se inicie no momento subsequente à acção formativa que justificou a *obligatio* de permanência[1279].

Quanto à renovação da obrigação de permanência – enquanto tal, não confundível com a prorrogação, porquanto a renovação do contrato pressupõe a cessação do mesmo pelo decurso do prazo e a celebração de um outro contrato com conteúdo idêntico ao antecedente, ao passo que a prorrogação existe quando o contrato "se mantém o mesmo", havendo tão somente uma extensão da sua vigência[1280] –, há boas razões para se entender que esta não é permitida.

Uma vez que a autonomia negocial aparece espartilhada sempre que a liberdade de trabalho é convocada, esgotado o prazo máximo admitido por lei, não poderão os sujeitos, ainda que concordando na insuficiência do prazo volvido para amortizar *ex suficientis* o investimento do empregador, convencionar uma nova obrigação de permanência que apareça reportada à acção formativa que sustentou a obrigação de permanência (ora) pregressa. Bem ao contrário, as necessidades tutelares que subjazem ao art. 137.º já não logram sustentação na hipótese de uma *nova especialização*, (re)verificados os requisitos que o preceito estabelece[1281].

[1279] BERNARD NYSSEN, "Les aménagements conventionnels du droit de démissioner: la clause d'écolage" (2008), cit., 385-6. Ao contrário, e considerando o "não início" de execução da obrigação, o trabalhador poderia ficar vinculado *ad aeternum* ao contrato de trabalho, situação que colide com a delimitação temporal que imana ao pacto, já que se entende que a obrigação de permanência apenas se inicia após a conclusão da formação que concorre para a admissibilidade do pacto.

[1280] Assim, FERNANDO PESSOA JORGE, *Lições de Direito das Obrigações* (1975-76), cit., 213.

[1281] Ao que cremos, neste sentido: JEAN-PIERRE CHAUCHARD, "La clause du dédit-formation ou le regime de liberté surveillée appliqué aux salariés" (1989), cit., 391. O facto de o contrato de trabalho ser um contrato *intuitu personae* e de execução continuada impõe o desenvolvimento de programas contratuais que estreitem a confiança subjacente a um vínculo de cooperação creditória vincada: o surgimento de novas necessidades, impondo um novo investimento por banda do empregador, confere justificação a novos pactos de permanência entre os mesmos sujeitos. Assim, (re)preenchidos *in concreto* os requisitos postulados pelo art. 137.º, a admissibilidade de novos pactos de permanência entre os mesmos sujeitos não só aparece a dar satisfação à sua vontade na conformação dos respectivos interesses, como traduz ainda um propósito incrementalista: a melhoria das qualificações do trabalhador, para lá do pressuposto de formação média que o CT estabelece. De contrário, além de se eivar o regime dos pactos de permanência de intervenções constritivas pouco consentâneas com as possibilidades auto-regulatórias que o art. 137.º oferece, dificilmente os empregadores, ainda que confrontados com novas necessidades empresariais, (re)tornariam a investir no mesmo trabalhador, já que, de antemão, e ainda que o trabalhador o desejasse, não disporiam de qualquer garantia quanto à amortização das despesas havidas com o seu enriquecimento profissional, gerando-se uma espécie de efeito *parálise*.

Convocando-se especial atenção por parte da jurisprudência a renovações sucessivas, subsequenciadas e também a transformações novatórias, e importando evitar que na prática a obrigação de permanência se protele excessivamente no tempo, cremos todavia ser inafastável a necessidade de, para lá da comprovação da adequação do prazo e da extraordinariedade das despesas com a formação, que o trabalhador consinta especificamente na criação de novas obrigações de permanência, rejeitando-se a validade de consentimentos aprioristicos destinados ao surgimento da obrigação sempre que o empregador faça as despesas extraordinárias exigidas *ex lege*[1282].

Afastando-se, assim, a possibilidade de, em documento inicialmente subscrito, o trabalhador assumir o compromisso de não denunciar o contrato de trabalho sempre que o empregador suporte um investimento extraordinário na sua qualificação profissional – exigindo-se, por isso, a prestação de um consentimento especificamente dirigido a cada obrigação de permanência –, também aqui, apesar da ausência de necessidade legal, os sujeitos têm conveniência em reduzir a escrito, com conteúdo datado e assinado, a obrigação assumida, pressuposto que, *de iure condendo,* devia ser exigido por lei e que é aliás alcandorado pela *Cour de Cassation,* a par da indicação concreta do custo efectivo com a formação, a condição de validade das cláusulas *dédit-formation*[1283].

Questão intimamente relacionada com o prazo da obrigação de permanência é a que respeita à suspensão do contrato de trabalho, que constitui, em si, um efeito jurídico que depende da verificação de um facto e que, no seu cerne, determina que o trabalhador se encontra *exonerado do dever de prestar trabalho perante a sua entidade empregadora* e que esta *tem fundamento para se abster de o receber*[1284].

Verificado o facto suspensivo – que tem de ser transitório (*i.e.*, não definitivo) e superveniente –, coloca-se a questão de saber se a contagem do período de

---

[1282] Sobre esse enquadramento genérico, ainda: Muriel Fabre-Magnan, "Le forçage du consentement du salarié" (2012), cit., 464.
[1283] Assim, Cass. Soc. 16.05.2007, n.º 0.5 -16647, RDT 2007, 450 e Marc Véricel, *Adaptabilité des entreprises: Utiliser au mieux le droit du travail,* Lamy, Paris, 2011, 108. Também por isso, como faz notar Marc-Olivier Huchet, "La clause de dédit formation" (2000), cit., 376, se entende como afastada a possibilidade de a cláusula *dédit-formation* ser acertada após o início da formação que a poderia sustentar, já que se exige que o acordo contenha a especificação da formação a ministrar e o respectivo custo.
[1284] As expressões são de Jorge Leite, "Notas para uma teoria da suspensão do contrato de trabalho", QL 2002, n.º 20, 133-4, que, a partir destes elementos (recortados como atributos comuns a um conjunto de unidades observadas), considera que "podem ser acolhidos numa definição que abranja todas as situações contempladas". Isto, sem prejuízo de cada tipo de situações ter o seu próprio regime.

vigência da própria obrigação de permanência fica também suspensa, plano de análise que entronca, antes do mais, na delimitação da extensão temporal da auto-limitação à liberdade de trabalho.

Neste quadro, cumprirá notar que nada impede a introdução *ex post* de uma diminuição do período de permanência ou de uma *modificação* ao conteúdo do pacto que possa atinar com outros aspectos (exemplo: um aumento da retribuição a auferir pelo trabalhador).

E, por identidade de razão, também não se discerne fundamento para inviabilizar a possibilidade de os sujeitos suspenderem, por mútuo acordo, o pacto de permanência (sem prejuízo do possível recurso à figura da fraude à lei) ou o ensejo de previsão convencional referente ao conjunto de situações cuja verificação desencadeia um efeito suspensivo.

Tratando-se de matéria que bule com a liberdade de trabalho, além da necessidade operativa de um controlo pela boa fé e de uma ponderação equânime dos interesses envolvidos[1285], concitam-se, todavia, especiais cautelas quanto à atribuição de efeitos suspensivos a determinadas situações que aparecem no espírito do ordenamento laboral como socialmente impreteríveis, não valendo, em toda a sua plenitude, o brocardo *contractus enim legem ex conventione accipiunt*.

Pensamos, designadamente, nas férias (direito *tipicamente*[1286] irrenunciável[1287]) ou nos dias de descanso semanal[1288] que, correspondendo a necessidades fisiológicas e sociais indispensáveis, recebem protecção jurídico-constitucional específica (art. 59.º, al./d da CRP[1289]), garantindo-se ao trabalhador "as indispen-

---

[1285] HARALD SCHLIEMANN & REINER ASCHEID, *Das Arbeitsrecht im BGB: Kommentar* (2002), cit., 164.

[1286] Nestes termos, PIERA FABRIS, *L'indisponibilità dei diritti dei lavoratori*, Problemi di Diritto del Lavoro, Studi raccolti da Aldo Cessari (3), Giuffrè, Milão, 1978, 59 e ss., FRANZ SCHRANK, *Arbeitsrecht. Ein systematischer Grundriss* (2000), cit., 92, e, entre nós, JOSÉ ANTÓNIO MESQUITA, "Renúncia pelos trabalhadores aos direitos sobre a entidade patronal", RMP 1980, n.º 1, 44.

[1287] Art. 237.º. Por isso, como nota PEDRO ROMANO MARTINEZ, *Direito do Trabalho* (2010), cit., 593, não é válido "o acordo entre o empregador e o trabalhador com vista a uma renúncia do direito a férias, nem sequer se poderão substituir as férias por prestações pecuniárias". Trata-se, de há muito, e em razão dos interesses subjacentes, de um direito de exercício necessário por parte do trabalhador, que é visto como um "direito de desfrutar *in natura*" [assim: JÚLIO VIEIRA GOMES, *Direito do Trabalho* (2007), cit., 273].

[1288] Art. 232.º.

[1289] Direitos que a jurisprudência constitucional italiana tem ligado à *dimensão existencial do trabalhador*, como faz notar PIETRO LAMBERTUCCI, "Il diritto al lavoro tra principi costituzionali e discipline di tutela: brevi apunti" (2010), cit., 111. Ainda e também, directa ou indirectamente tutelados pela Constituição, os direitos à greve, à licença de maternidade, a dispensas para consultas, amamentação e aleitação, a faltas para assistência a pessoa com deficiência ou doença crónica, à licença

sáveis oportunidades de disponibilidade pessoal, de lazer e de libertação dos constrangimentos impostos pela actividade laboral"[1290].

Ora, se os sujeitos não podem arvorar as férias ou os dias de repouso semanal a causas de suspensão da obrigação de permanência, e perante a ausência de circunstâncias individuais concludentes ou de uma previsão convencional, serão as disposições incidentes sobre o contrato de trabalho, que, em conjugação com a materialidade instituinte deste tipo de pactos, fornecerão resposta à questão de saber quais as consequências jurídicas, no plano da *contagem* da obrigação de permanência, a tributar à verificação de um facto que suspenda o contrato de trabalho.

Nada impedindo que se desprova convencionalmente as causas de suspensão do contrato de trabalho de projecção suspensiva sobre a obrigação de permanência, trata-se, no fundo, de confeccionar um critério, na ausência de *lex contractus ad hoc*, que ganhe o sentido de se ajustar à função económico-social do pacto de permanência.

Para tanto, sabendo-se que o acordo de permanência visa, no essencial, amortizar o investimento realizado pelo empregador[1291], cedo se intelecciona que esta amortização postula a percepção efectiva da prestação de trabalho de quem recebeu a formação suportada financeiramente pelo empregador[1292], conforme previa o n.º 3 do art. 36.º da LCT, que aludia à "obrigatoriedade de prestação de serviço"[1293].

Neste quadro, as apertadas baias em que, por força da incidência negativa sobre a liberdade de trabalho, se move o pacto de permanência em nada bulem com o resultado de prolongamento da obrigação de permanência que surge

---

parental e especial para assistência a filho ou adoptado, à licença para assistência a pessoa com deficiência ou doença crónica, *etc.*. Defender o contrário, significaria admitir que o pacto de permanência trazia consigo uma renúncia implícita a outros direitos fundamentais, direitos que, no espírito do ordenamento juslaboral, e por força da sua garantia institucional, não são renunciáveis, embora possam não ser fruídos.

[1290] BERNARDO LOBO XAVIER, *Iniciação ao Direito do Trabalho* (3.ª ed.), Verbo, Lisboa, 2005, 371.

[1291] LUÍS MENEZES LEITÃO, *Código do Trabalho Anotado* (2003), cit., 130 e LUQUE PARRA, "Pactos típicos, nuevas tecnologias y relación laboral" (2005), cit., 170.

[1292] Em sentido que entendemos idêntico: JÚLIO VIEIRA GOMES, *Direito do Trabalho* (2007), cit., 629; mas, diversamente, JOANA VASCONCELOS, "Pacto de permanência, liberdade de trabalho e desvinculação do trabalhador" (2012), cit., 834 (nota 59).

[1293] Também BERNARDO LOBO XAVIER, *Manual de Direito do Trabalho* (2011), cit., 602, após referência às expressões da liberdade de trabalho, refere que se admite que o trabalhador "*se obrigue a prestar serviço* até três anos através de um pacto de permanência" (itálico nosso).

associada ao desconto operável dos períodos de suspensão do contrato de trabalho no âmbito da própria obrigação de permanência.

Em rigor, pode mesmo considerar-se que a *obligatio* de permanência não é prolongada: sabendo-se que a suspensão constitui, em si mesma, um efeito jurídico que depende da verificação de um facto (o facto suspensivo), a obrigação de permanência suspende-se durante o período em que a lei atribui tal efeito ao contrato de trabalho, não aparecendo, *qua tale*, alargada, pois, também aqui, só se poderá permanecer no que se executa.

Sendo, pois, múltiplos os motivos que podem estar na génese da suspensão do contrato[1294], se o trabalhador não puder realizar a prestação de trabalho a favor da empresa devido ao cumprimento de outros deveres legais, o carácter amortizatório que está subjacente à sua disponibilidade laboral perde completamente a sua relevância, desvanecendo-se a impressão de "compensação diferida" que, na *littera* do art. 137.º, se encontra associada à "prestação de serviço" expressamente estabelecida no n.º 3 do art. 36.º do Decreto-Lei n.º 47 032, de 27.05.1966 e também no n.º 3 do art. 36.º da LCT e que, para GIUSEPPE PERA, configura uma espécie de *patto di effectività*[1295].

Sem prejuízo da possibilidade de atribuição de efeito diverso à vontade das partes que concorre para a chamada *suspensão negociada*[1296] - por exemplo, frequência de cursos de formação (suspensão por facto voluntário do trabalhador e estabelecida no seu interesse) ou comissão de serviço enxertada em contrato de trabalho –, importa afastar a perspectiva de que existe uma antinomia entre o facto de o período atinente à suspensão do contrato de trabalho não interromper o decurso do prazo para efeitos de caducidade e relevar para efeitos de antiguidade e o abate na contagem que se faz do período subjacente à obrigação de permanência[1297].

[1294] Cfr. RAÚL VENTURA, "Lições de Direito do Trabalho" (2003), cit., 635-6.
[1295] GIUSEPPE PERA, *Compendio di Diritto del Lavoro* (2000), cit., 165.
[1296] Cfr. JORGE LEITE, "Notas para uma teoria da suspensão do contrato de trabalho" (2002), cit., 137.
[1297] Em rigor, o n.º 1 do art. 295.º, ao dispor que "(d)urante a redução ou suspensão mantêm-se os direitos, deveres e garantias das partes na medida em que não pressuponham a efectiva prestação do trabalho", pouco auxilia na dilucidação do problema em análise e dá azo a duas leituras distintas. Na verdade, tanto se poderá entender que a manutenção da obrigação de permanência (aqui, pressuponente da sua efectividade, isto é, do seu decurso) não é afectada durante a suspensão (até porque se cuida de uma obrigação que exorbita do programa normal do contrato de trabalho), quanto considerar que um tal direito à permanência (para o trabalhador: dever) é suspenso, na medida em que pressupõe a "efectiva prestação de trabalho".

Em respeito pela axiologia que cunha o regime da suspensão do contrato de trabalho (dirigida, na essência, à *conservação do posto de trabalho*[1298]), uma coisa é o desconto que se faz para efeitos de contagem do período de permanência – dedução que aparece justificada pela finalidade compensatória que o coenvolve –, outra coisa é considerar-se que o período inerente à suspensão da contagem do contrato de trabalho (e associadamente da obrigação de permanência) deveria também ser abatido à antiguidade do trabalhador, algo que, além da evidente gravosidade para o trabalhador, atiraria para o vácuo a sua situação jus-laboral durante essas (eventuais) intermitências.

Na hipótese em que se trata de um contrato a termo, o critério proposto implicará que o abate produzível à contagem do período inerente à obrigação de permanência dos períodos de suspensão do contrato de trabalho seja harmonizado com a contagem corrida do período acordado nos contratos a termo.

Sabendo-se que as faltas (ainda que justificadas), licenças, dispensas e situações de suspensão do contrato em nada influem no decurso do período contratualmente acordado – uma vez que a duração de um contrato a termo corre de forma *contínua* –, a procrastinação do período subjacente à obrigação de permanência, sob pena de uma verdadeira *negatio per positionem,* não poderá ultrapassar a duração do próprio contrato de trabalho a termo.

Nestes contratos, a suspensão da obrigação de permanência operável por razões imputáveis ao trabalhador no âmbito de um contrato de trabalho a termo não pode substanciar um artifício destinado à prorrogação do contrato para lá da vontade inicialmente concorde dos sujeitos, nem tão pouco um expediente sinalizado à indeterminação do contrato de trabalho – configuração regimental que, conforme se verá, não deve ser rejeitada nas situações em que o prazo do pacto de permanência excede em simultâneo o prazo aposto ao contrato de trabalho e o limite máximo admitido para *aquele* contrato a termo –, materializável à revelia de qualquer disposição legal e/ou da vontade do empregador.

Se esta prevenção é particularmente importante no âmbito da contratação a termo, e uma vez que a dedução à contagem da obrigação de permanência apresenta afinidades valorativas com a dedução prevista por lei para o cômputo do período experimental[1299], a projecção suspensiva do contrato de trabalho por

---

[1298] FRANZ SCHRANK, *Arbeitsrecht. Ein systematischer Grundriss* (2000), cit., 169. Entre nós, ainda M.ª ROSÁRIO PALMA RAMALHO, *Da Autonomia Dogmática do Direito do Trabalho* (2000), cit., 546.

[1299] O facto de os dias de faltas, ainda que justificadas, de licença e de dispensa, bem como de suspensão do contrato não relevarem para a contagem do período experimental em nada conflitua com o disposto no n.º 6 do art. 112.º. Com efeito, não só tais ocorrências não relevam, no geral, para efeitos de dedução à antiguidade (cfr. art. 295.º), como é o n.º 6 do art. 112.º que, ao referenciar a

tempo indeterminado no pacto de permanência enquanto regra-geral encontra ainda significativo arrimo na importância do objectivo de prevenção de situações fraudulentas, impondo-se afastar o surgimento de situações ocasionáveis pelo trabalhador com o intuito de circunvir a obrigação de permanência a que aderiu no âmbito de um contrato por tempo indeterminado.

Sem que se esqueça que o empregador não pode, "enquanto credor da prestação de trabalho, censurar ou responsabilizar o trabalhador por se encontrar impedido de trabalhar, salvo quando se puder concluir que este quis ou aderiu ao resultado, não bastando, pois, a deficiência da vontade ou a omissão da diligência devida"[1300] e dando-se por assente a importância do elemento teleológico de interpretação, bastará, para tanto, pensar na ocorrência de uma situação que, recebendo efeito legal suspensivo, é promovível pelo trabalhador e que, não conflituando com a não inimputabilidade *tout court* do facto impeditivo ao trabalhador, configura uma impossibilidade temporária de execução que aparece coberta pelo regime da suspensão do contrato de trabalho: assunção de funções como membro do Governo, autarca, gestor público, representante dos trabalhadores na gestão de instituições de segurança social, realização de operação cirúrgica ou actuação do direito potestativo modificativo associado à licença sem retribuição[1301].

Conquanto a verificabilidade deste tipo de situações apareça relativamente circunscrita[1302], a verdade é que, na ausência de disposição negocial contrária, a "indexação" da suspensão do período de permanência à suspensão do contrato de trabalho nos casos em que o facto suspensivo se liga à esfera do trabalhador figura-se como: *(i)* a solução que melhor traduz a conexão substancial entre os dois acordos (contrato de trabalho e pacto de permanência), até porque se,

---

antiguidade ao *início* do período experimental, acaba por desabonar as ulteriores vicissitudes que suspendam a contagem desta figura para a determinação global da antiguidade do trabalhador.

[1300] Jorge Leite, "Notas para uma teoria da suspensão do contrato de trabalho" (2002), cit., 138.

[1301] O trabalhador tem direito a licença sem retribuição de duração superior a 60 dias para frequência de curso de formação ministrado sob responsabilidade de instituição de ensino ou de formação profissional, ou no âmbito de programa específico aprovado por autoridade competente e executado sob o seu controlo pedagógico, ou para frequência de curso ministrado em estabelecimento de ensino. Concedida a licença, *ex vi* do n.º 4 art. 317.º, o contrato suspende-se, com os efeitos previstos no art. 295.º.

[1302] Cfr. n.º 2 do art. 317.º. O enquadramento desenvolvido abrange igualmente os casos de licença parental complementar para assistência a filho ou adoptado com idade igual ou inferior a seis anos, prevista nos n.ᵒˢ 1 e 2 do art. 51.º, designadamente a modalidade de licença prevista na al./a do n.º 1 do art. 51.º, que, correspondendo ao gozo de três meses seguidos de licença, se contém na figura da suspensão do contrato de trabalho, como faz notar M.ª Rosário Palma Ramalho, *Direito do Trabalho. Parte II* (2010), cit., 719.

como estabelecia o CT2003, a retribuição não pode ser diminuída no decurso da obrigação de permanência, potenciar-se-ia uma quebra entre a necessidade de pagamento da retribuição que imana ao decurso da obrigação de permanência e o efeito típico de congelamento do pagamento da retribuição que vai genericamente associado à suspensão do contrato de trabalho nas situações resultantes de facto respeitante ao trabalhador, contrariando-se a economia de propósitos harmónica que deve ser prosseguida; *(ii)* o desfecho que mais consentâneo se mostra com a autonomia negocial dos sujeitos, que poderão, em atenção ao seu círculo de interesses, convencionar que as causas de suspensão do contrato de trabalho – ou apenas algumas delas – não têm qualquer incidência sobre o cômputo da obrigação de permanência e/ou estabelecer um prazo a partir do qual a suspensão do contrato de trabalho releva para a contagem do período de permanência e *(iii)* a posição que, com excepção das férias e dos dias de descanso semanal, se sintoniza melhor com o regime que, por razões aproximáveis, se encontra previsto para outras figuras (*maxime* período experimental)[1303], onde a efectividade da prestação de trabalho é essencial à substancialização do instituto[1304].

e) Natureza extraordinária das despesas

1. A formação profissional: conteúdo
19. A formação dos trabalhadores transcende a esfera individual, estando inserida, de há muito, nos supremos interesses da colectividade, enquanto mecanismo particularmente eficaz de integração social, de competitividade e de consecução das políticas de emprego, objectivos que, com cambiantes, se encontram constitucionalmente previstos em latitudes diversas.

[1303] Conforme se viu, o Código vem afastar da contagem do período experimental os dias de falta, ainda que justificadas, de licenças e de dispensa, bem como de suspensão do contrato, em solução que vem na linha do que já defendia, à face da LCCT e com apoio de alguma jurisprudência, PEDRO ROMANO MARTINEZ, *Direito do Trabalho* (2002), cit., 409.

[1304] Baseando-se, assim, nas palavras de JOÃO BAPTISTA MACHADO, *Introdução ao Direito e ao Discurso Legitimador* (1994), cit., 183, "este subsídio interpretativo no postulado de coerência intrínseca do ordenamento jurídico". Já nas hipóteses em que a suspensão do contrato é atribuível ao empregador há boas razões para se entender que o pacto de permanência não é suspenso, atenta a partilha de riscos subjacente e a prejudicialidade que a suspensão do vínculo laboral transporta para o trabalhador, situação que, ao cabo e ao resto, implicaria a confecção de um quadro materialmente desproporcionado, ante a cumulação da gravosidade inerente à suspensão do contrato de trabalho com a extensão da limitação temporal da liberdade de trabalho, sem que, na base, a vontade do trabalhador seja conectável com essa vicissitude.

Se, entre nós, o art. 58.º da CRP incumbe o Estado de promover a *(i)* a execução de políticas de pleno emprego e *(ii)* a formação cultural e técnica e a valorização profissional dos trabalhadores – desideratos que se entrecruzam com outros direitos constitucionais (*v. g.* direito à educação e acesso aos graus mais elevados de ensino) e requerem adequada consideração na política industrial acenada no art. 100.º da CRP –, como fundamento material do pacto, cuja inverificação afecta a sua validade, estabelecia o CT2003 a necessidade de um conjunto de *despesas extraordinárias comprovadamente feitas pelo empregador com a formação profissional do trabalhador*.

A diferença, face ao n.º 3 do art. 36.º do Decreto-Lei n.º 47 032, de 27.05.1966 ou em relação ao n.º 3 do art. 36.º da LCT repousava na substituição da enunciação "preparação profissional" pela expressão "formação profissional".

Com o CT2009 operou-se a substituição da referência a "despesas extraordinárias", prevendo-se agora que a convenção de permanência surja como "compensação ao empregador por despesas avultadas feitas com a sua formação profissional".

Sem justificação aparente, o instituto dos pactos de permanência sofreu, em menos de uma década, alterações significativas de redacção legal. Mas a exegese, face às coordenadas do sistema, não nos parece que tenha sofrido alterações expressivas. Continua, por isso, a ser necessária a realização de um conjunto de despesas com o trabalhador. Não são quaisquer despesas. Os custos com o trabalhador, num pressuposto de adequação funcional, têm de aparecer conexionados com a sua formação ou preparação profissional[1305]. Mais do que isso: têm de ser extraordinários[1306]. Extraordinariedade, que, *qua tale*, obriga o intérprete-aplicador a um excurso pelo Código, de molde a apartar a normalidade do investimento daquela que é, para o efeito, a sua pressuposta invulgaridade, a partir da qual se recorta a vultuosidade da despesa[1307].

Neste rasto, e fazendo eco de uma preocupação de eficiência alocativa (selecção do factor trabalho qualificado que *minimize* os custos de produção), o Código do Trabalho empresta inusitada ênfase à formação profissional dos trabalhado-

---

[1305] BAG 16.03.1994 – 5 AZR 339/92, NZA 1994, 937.
[1306] Luque Parra, "Pactos típicos, nuevas tecnologias y relación laboral" (2005), cit., 169-170, Martín Valverde/Rodriguez-Sanudo Gutiérrez/García Murcia, *Derecho del Trabajo* (2006), cit., 494 e Jean Pélissier/Alain Supiot/Antoine Jeammaud, *Droit du Travail* (2008), cit., 319.
[1307] Neste sentido, veja-se M.ª Rosário Palma Ramalho, *Direito do Trabalho. Parte II* (2010), cit., 233, que, salientando que "a distinção já não é tão clara", avança com "uma interpretação restritiva do preceito (...) como única forma de evitar uma limitação excessiva do princípio constitucional da liberdade de trabalho". Na jurisprudência, *ex multis*: Ac. Rl. Ev. de 09.02.2010 (Baptista Coelho), proc. n.º 185/08.8TTSTR.E1.

res, traduzindo a perspectiva de que o direito a obter orientação e formação profissional constitui um "aspecto inseparável da liberdade de profissão"[1308].

Se a al./a do n.º 1 do art. 131.º plasma a formação no contexto das estratégias de incremento e de produtividade da empresa[1309], parte-se do pressuposto, extra-económico, de que numa "sociedade do conhecimento" a educação e a formação estão situadas entre as mais importantes prioridades políticas. A aquisição e a permanente actualização de um elevado nível de conhecimentos, aptidões e competências é condição essencial para o desenvolvimento pessoal de todos os cidadãos e para a sua participação em todos os aspectos da sociedade, incluindo a integração e a permanência no mercado de trabalho[1310]. Só esta permite adquirir as qualificações necessárias para os trabalhadores se adaptarem à evolução das necessidades do mercado de trabalho, criando as condições necessárias para um desenvolvimento da produtividade e para a participação, enquanto cidadãos activos, na sociedade do conhecimento, acrescendo, em muitos casos, objectivos marcados de diminuição dos níveis de sinistralidade laboral.

Com o direito à formação profissional a perfilar-se como um *direito social a uma prestação*[1311], os modelos possíveis de regulação do direito à formação profissional por parte do trabalhador, que observam o art. 58.º da CRP, são vários: (i) um modelo negativo, em que o trabalhador dispõe de um direito à formação profissional face a decisões empresariais que possam prejudicá-lo, garantindo-se a existência de um dever do empregador quanto ao respeito pela formação

---

[1308] Inseparabilidade afirmada por Jorge Miranda, "Liberdade de trabalho e profissão" (2006), cit., 155.

[1309] Além disso, espreitando-se o art. 130.º, visa-se com a formação profissional, num contexto mais geral, (i) garantir uma qualificação inicial a todos os jovens que tenham ingressado ou pretendam ingressar no mercado de trabalho sem ter ainda obtido essa qualificação, (ii) promover a formação contínua dos trabalhadores empregados, enquanto instrumento para a competitividade das empresas e para a valorização e actualização profissional, nomeadamente quando a mesma é promovida e desenvolvida com base na iniciativa dos empregadores, (iii) garantir o direito individual à formação, criando condições objectivas para que a mesma possa ser exercida, independentemente da situação laboral do trabalhador, (iv) promover a qualificação ou a reconversão profissional de trabalhadores desempregados, com vista ao seu rápido ingresso no mercado de trabalho, (v) promover a reabilitação profissional de pessoas com deficiência, em particular daqueles cuja incapacidade foi adquirida em consequência de acidente de trabalho e (vi) promover a integração sócio-profissional de grupos com particulares dificuldades de inserção, através do desenvolvimento de acções de formação profissional especial.

[1310] Luque Parra, "Pactos típicos, nuevas tecnologias y relación laboral" (2005), cit., 169, e, entre nós, João Soares Ribeiro, "Formação contínua dos trabalhadores" (2007), cit., 21-53.

[1311] Como dá nota Pier Antonio Varesi, "Formazione professionale", *Dizionari del Diritto Privato: Diritto del Lavoro* (org. Natalino Irti), Giuffrè, Milão, 2008, 193.

profissional do trabalhador; (ii) um modelo neutro, em que se facilita a obtenção de formação profissional por parte do trabalhador através da atribuição de determinados direitos instrumentais, estabelecendo-se um dever empresarial destinado a garantir a formação profissional promovida pelo trabalhador; (iii) e um modelo positivo, que reconhece ao trabalhador um direito à formação profissional, obrigando-se o empregador a assumir as despesas necessárias à sua manutenção e actualização[1312], que cremos ser o previsto na legislação laboral portuguesa.

Por isso, o CT consigna aos empregadores a responsabilidade pela sua consecução, quantificando inclusivamente algumas dessas obrigações no que à formação contínua diz respeito (art. 131.º), o mesmo sucedendo com a Lei n.º 105/2009, de 14.09[1313], que, no art. 13.º, sob pena de contra-ordenação grave (n.º 5), prevê que "o empregador deve elaborar o plano de formação, anual ou plurianual, com base no diagnóstico das necessidades de qualificação dos trabalhadores" (n.º 1)[1314].

Daqui decorre, no plano jurídico, o reconhecimento do direito do trabalhador a progredir na sua carreira, o que obviamente pressupõe a existência de um esforço pessoal de valorização e, para o empregador, a incumbência de formar o trabalhador, numa lógica mais vasta que procura outrossim estiolar, no plano económico e a médio prazo, o *efeito de quase-renda,* efeito que, sendo o resultado de uma inelasticidade da oferta de trabalho qualificado de curto prazo[1315], vai permitindo, em contextos muito específicos, uma subida dos preços do factor trabalho, face à exiguidade de trabalhadores com aquelas aptidões formativas.

[1312] Seguimos SALA FRANCO/PEDRAJAS MORENO/LLÉO CASANOVA, *La formacion profesional continua de los trabajadores en la empresa*, Tirant lo Blanch, Valência, 2005, 16, com abordagem desenvolvida em razão dos arts. 35.1 e 40.2 da Constituição espanhola.

[1313] Lei que regulamenta e altera o Código do Trabalho, aprovado pela Lei n.º 7/2009, de 12.02, e procede à primeira alteração da Lei n.º 4/2008, de 07.02.

[1314] Para tanto, o plano de formação deve especificar, nomeadamente, os objectivos, as entidades formadoras, as acções de formação, o local e o horário de realização destas, sendo que os elementos que o plano de formação não possa especificar devem ser comunicados logo que possível aos trabalhadores interessados, à comissão de trabalhadores ou, na sua falta, à comissão intersindical, à comissão sindical ou aos delegados sindicais, em disposição que encontra similitude com os arts. L 934-4 e R. 931-5 do *Code du Travail*. Entre nós, o preceito não se aplica às microempresas (que continuam, contudo, obrigadas a cumprir as obrigações em matéria de formação profissional contínua dos seus trabalhadores), numa exclusão que encontra a sua razão de ser num objectivo de isenção dos encargos inerentes a essa planificação e se ampara em propósitos de simplificação, tendo em conta o escasso de número de trabalhadores das micro-empresas, conforme faz notar CATARINA DE OLIVEIRA CARVALHO, *Da Dimensão da Empresa no Direito do Trabalho* (2011), cit., 331.

[1315] $Qs = f(P, C, Pr, T, M, Expec)$.

Tratando-se de um "direito-dever"[1316] cuja configuração se encontrava expressamente sinalizada no art. 124.º do CT2003 e no art. 162.º da RCT 2003, a al./b do n.º 1 do art. 131.º atribui a cada trabalhador "um direito individual à formação", a efectivar através de um número mínimo de horas, que, em função do contrato de trabalho em curso, não pode ser inferior a trinta e cinco horas de formação contínua nos casos de contratos sem termo ou, em aplicação de um critério elástico, nos casos de termo por período igual ou superior a três meses, num mínimo que deve ser proporcional à duração desse contrato (n.º 2).

Podendo afirmar-se que, também entre nós, o reconhecimento do direito à formação "é um efeito legal natural do contrato de trabalho"[1317], esta quantificação, que é modulável em dois anos nos termos do n.º 4 do art. 131.º, caso não seja concretizada no período de referência considerado transforma-se em crédito de horas de igual número para formação por iniciativa do trabalhador (n.º 1 do art. 132.º), cuja fruição, sendo de natureza potestativa, concede um direito à retribuição e conta como tempo de serviço efectivo (n.º 2 do art. 132.º).

Sem prejuízo de o crédito de horas para formação não utilizado cessar passados três anos sobre a sua constituição[1318] – previsão não despicienda, que estiola em parte o regime garantístico desenhado e que não encontra qualquer dissemelhança quanto aos fundamentos que inspiram o art. 337.º, cuja aplicação se suscitaria caso não existisse disposição específica –, cessado o contrato de trabalho opera-se uma transformação do crédito de horas em retribuição: o trabalhador tem direito a receber a retribuição correspondente ao número mínimo anual de horas de formação que não lhe tenha sido proporcionado ou ao crédito de horas para formação de que seja titular à data da cessação (art. 134.º).

Este direito do trabalhador encontra o seu reverso no dever que pende sobre o empregador quanto à promoção da formação profissional[1319].

[1316] JÚLIO VIEIRA GOMES, *Direito do Trabalho* (2007), cit., 561.

[1317] A expressão é de MARIO NAPOLI, "Disciplina del mercato del lavoro ed esigenze formative" (1997), cit., 274.

[1318] N.º 6 do art. 132.º. Esta disposição contrasta com o art. 337.º, que prevê que o crédito de empregador ou de trabalhador emergente de contrato de trabalho, da sua violação ou cessação prescreve decorrido um ano a partir do dia seguinte àquele em que cessou o contrato de trabalho e que, ante a ausência de previsão específica como a que o n.º 6 do art. 132 contém, se aplicaria aos créditos de horas não utilizados.

[1319] Salientando este sinalagma à luz do art. 58.º da CRP, v. J. J. GOMES CANOTILHO & VITAL MOREIRA, *Constituição Portuguesa da República Anotada. Tomo I* (2007), cit., 765.

Além do que vai dito, e das contra-ordenações graves previstas para o seu incumprimento[1320], o Código dota a formação contínua de um regime que compele o empregador à sua concretização: a não promoção da formação por banda do empregador até ao termo dos dois anos posteriores ao seu vencimento atribui ao trabalhador um direito à sua efectivação, cuja iniciativa opera mediante comunicação ao empregador com a antecedência mínima de 10 dias, prazo cuja exiguidade pode transportar dificuldades não só quanto à organização do trabalho como também em relação a uma eventual substituição temporária do trabalhador que vai iniciar a formação.

Se esta circunstância convida o empregador a prover *motu proprio* à formação prevista na lei no período de referência inscrito no n.º 1 do art. 132.º, o facto de, por um lado, a formação escolhida pelo trabalhador poder implicar um custo financeiro superior e de, por outro, a frequência da formação poder ser considerado trabalho suplementar[1321], aparelham o desígnio da formação profissional com mecanismos particularmente eficazes, face aos interesses de ordem pública que concorrem para a sua saliência regulativa.

Estes interesses, que, em razão da tutela da profissionalidade do trabalhador, cremos incorporados pela estrutura sinalagmática do contrato de trabalho[1322], impõem-se aos sujeitos, admitindo-se mesmo que a recusa de um trabalhador em frequentar um plano de formação elaborado pelo empregador possa consubstanciar um caso de desobediência ilegítima e determinar um despedimento com justa causa[1323], sem prejuízo de uma massa de hipóteses em que o trabalhador pode legitimamente recusar a formação[1324].

[1320] Assim: n.º 10 do art. 131.º e n.º 3 do art. 133.º do CT2009 e n.º 5 do art. 13.º e n.º 3 do art. 14.º da Lei n.º 105/2009, de 14.09.

[1321] Uma vez que, *ex vi* da al./d do n.º 3 do art. 226.º, só não se compreende na noção de trabalho suplementar o direito que for executado fora do horário de trabalho que não exceda duas horas diárias.

[1322] Nestes termos, porque a tutela da profissionalidade, à luz da Constituição e dos arts. 2082 e 2094 do *Codice Civile*, é um valor fundamental, v. LUISA GALANTINO, "Le politiche formative e la qualità del lavoro", *Studi in onore di Mattia Persiani. Diritto del lavoro, I nuovi problemi*, vol. I, Cedam, Pádua, 2005, 997 e, muito marcadamente, UMBERTO ROMAGNOLI, "Il diritto del secolo. E poi?" (1999), cit., 238, afirmado que "il contratto di lavoro realizza uno scambio tra professionalità e retribuzione". De forma mitigada, ANTONIO LOFFREDO, "Considerazioni su diritto alla formazione e contratto di lavoro", *Problemi giuridici del mercato del lavoro* (dir. Rusciano), Jovene, Nápoles, 2004, 136, considera tratar-se de um dever de carácter acessório na economia interna da estrutura causal do contrato.

[1323] Assim, Ac. STJ de 25.02.2009 (SOUSA PEIXOTO), proc. n.º 08S2461: "constitui justa causa de despedimento a recusa do trabalhador em frequentar uma acção de formação com vista a prepará-lo para exercer cabalmente as funções de Chefe de Sector de peixaria". Em França, embora a *Cas-*

2. Delimitação operativa

20. Analisado o instrumentário relativo à efectivação da formação profissional em contexto laboral[1325] – que em França aparece bipartido[1326] –, como resulta claro, e sem prejuízo da (com)participação estadual em várias dessas acções, o

sation já tenha validado um despedimento por considerar ilegítima a recusa de um trabalhador em frequentar um curso de formação profissional proposto pelo empregador – a necessidade da formação para dar concretização ao tipo de funções previsto pelo contrato foi, a par do princípio da boa fé, o *iter* argumentativo percorrido pelo tribunal (Cass. Soc. 03.05.1990, LS, J 4112, 9) –, noutro caso, perante situação aproximada, mau grado julgar ilegítima a desobediência do trabalhador, a *Cassation* considerou o despedimento desproporcionado, não tendo a recusa configurado gravidade bastante para "privar o trabalhador do seu posto de trabalho": Cass. Soc. 12.05.2004, n.º 02-40.772.

[1324] Nestes termos, v. PATRICK BRUNEL, *Formation professionnelle continue. Vol. 2* (2010), cit., 185-6, que, salientando a possível implicação disciplinar de uma recusa do trabalhador em frequentar a formação determinada pelo empregador, não deixa de sinalizar a legitimidade na hipótese de a formação não transportar qualquer valor adicional para o trabalhador ou nos casos em que a formação em área diversa é utilizável como expediente para prover a uma alteração do objecto do contrato de trabalho. Como dá nota BRUNEL, a *Cour de Cassation*, mostrando-se rigorosa quanto a esta última situação, já considerou também legítima a recusa de um trabalhador em frequentar uma acção de formação profissional em área para a qual o trabalhador se encontrava medicamente inapto.

[1325] Salientando-se, ainda, que a formação profissional prevista no CT tem, em regra, subjacente a existência de subordinação jurídica. No entanto, nas alíneas a), c), d) e e) do art.130.º, que prescrevem os objectivos da formação profissional (respectivamente, de jovens que pretendam ingressar no mercado de trabalho, desempregados e grupos com especiais dificuldades), topa-se com referências não reconduzíveis àquela *situação típica*.

[1326] O sistema é dual: (i) os trabalhadores têm a possibilidade de escolherem o percurso formativo, beneficiando de uma suspensão remunerada do contrato de trabalho (o chamado *congé individuel de formation*), devendo, para tanto, mediante a observância de um prazo de aviso prévio situado entre os 60 e 120 dias, apresentar ao empregador um requerimento que especifique o tipo, o objecto e a duração da formação, requerimento que, não sendo rejeitável, pode, no entanto, ser diferido pelo empregador até nove meses após a data pretendida mediante a existência de razões objectivas devidamente fundamentadas ou (ii) recorrer a um instrumento de natureza contratual *a se*, como o "direito individual à formação", que traz consigo um conjunto de mecanismos de certificação destinados à obtenção de um diploma ou de uma especialização e que, tendo uma duração situável entre 20 e as 120 horas anuais, é efectivado fora do horário de trabalho. Tratando-se de um direito que só pode ser accionado pelos trabalhadores com contrato de trabalho por tempo indeterminado após um ano de exercício efectivo de funções (nos contratos de trabalho a termo, *ex vi* do art. L. 933 *Code du Travail*, segue-se um critério *pro rata temporis* e exige-se quatro meses de exercício efectivo de funções, enquadramento aplicável, *mutatis mutandis*, aos contratos de trabalho a tempo parcial), a sua efectivação, conforme fazem notar PASCAL CAILLAUD & MAGGI-GERMAIN, "Vers un droit personnel à la formation?" (2007), cit., 574-591, não escapa, contudo, à necessidade de um acordo do empregador, embora o direito, para lá de ser actuável após a cessação do contrato a expensas do ora ex-empregador, seja, desde 2008, provido de "portabilidade", acompanhando o percurso profissional do trabalhador. O sistema francês, sendo compósito e labiríntico, contém entorses e lacunas de natureza vária, que não foram devidamente atalhados pelas reformas recentes e que

feixe de obrigações formativas que surge sinalizado à protecção desse interesse implica encargos importantes.

Na economia do diploma, poder-se-ia, pois, atribuir um relevo acrescido ao pacto de permanência, inserindo este acordo no "dispositivo incentivador que o CT estabelece" quanto à formação profissional, conquanto as despesas sejam significativas[1327].

Tratar-se-ia de considerar que o peso suportado pelos empregadores quanto à formação profissional que o CT estabelece como obrigatória seria amenizado pela ampliação das possibilidades de celebração de um pacto de permanência, amortizando-se, ao menos em parte, não só o dispêndio financeiro subjacente, como também a privação da força de trabalho implicada pela frequência da formação profissional prevista na lei, sendo, de resto, esse o regime existente no ordenamento chinês, onde a desvinculação imotivada do trabalhador, para lá do ressarcimento relativo às quebras directas de produção, implica que este reponha os custos subjacentes ao seu recrutamento e as despesas suportadas pelo empregador com a sua qualificação profissional[1328].

É, aliás, também essa a solução genericamente perfilhada no Reino Unido, uma vez que, desde o caso *Herbert Morris v. Saxelby* [1916], se tende a admitir a desnecessidade de quaisquer despesas extraordinárias com a formação profissional, perfilhando-se uma análise eminentemente casuística que, na sua génese, apela ao conceito de interesse útil que empresta justificação às cláusulas de não concorrência[1329]: em rigor, as despesas com a formação do trabalhador caucionam obrigações de não concorrência, entendendo-se que o investimento feito pelo empregador é assegurado se o trabalhador não utilizar o *acquis* formativo em benefício próprio ou em favor de concorrentes.

---

são resalientados pela doutrina: JEAN MARIE LUTTRINGER, "Formation professionnelle: nouveaux chantiers", DS 2008, n.º 12, 1164 e ss..

[1327] Com esta perspectiva, entendendo que "a nova formulação adotada atende unicamente ao montante elevado dos gastos em que incorreu o empregador, abstraindo do carácter normal ou não normal dos mesmos", v. JOANA VASCONCELOS, "Pacto de permanência, liberdade de trabalho e desvinculação do trabalhador" (2012), cit., 825.

[1328] Assim: CHRISTOPHER HUNTER/LOUISA LAM/KETONG LIN, *Employment Law in China* (2.ª ed.), Wolters Kluwer, Hong Kong, 2008, 71.

[1329] Assim, no caso *Herbert Morris v. Saxelby* [1916], 1, AC 688, no que ao *contract of employment* diz respeito, estabeleceu-se "that an employer must establish that he has one some proprietary right, wether in the natures of a trade connection or in nature of trade secrets, for the protection of which such a restraint (...) is reasonably necessary", doutrina que, agregando as *restrictive covenants*, foi firmada em contexto sócio-temporal que não conhecia o conceito de formação profissional e que, pela natureza das coisas, não pode outrotanto atender à irradiação axiológica que o princípio da liberdade de trabalho foi conhecendo no século XX.

Na prática, e a par com as cláusulas de *recovering of training fees* (que se destinam à criação primária de um dever de permanência; *supra*), o efeito gerado redunda numa obrigação de permanência, já que o trabalhador, sabendo de antemão que vai estar durante determinado período afastado do mercado de trabalho em caso de desvinculação, mantém-se ao serviço daquele empregador.

Esta configuração, que irradiou para os EUA, tem no entanto sido matizada em alguns Estados (*v.g.* Nesbraska), entendendo-se que a cláusula se encontra falha de interesse sério se a formação ministrada ao trabalhador e suportada pelo empregador não for necessária para o desempenho das suas funções, estabelecendo-se um forte valor indiciário positivo quanto ao interesse sério do acordo sempre que a formação prestada se encontre funcionalmente conectada com as actividades que o trabalhador desempenhava[1330].

Todavia, entre nós, crê-se que o pacto de permanência aparece, na filosofia que perpassa o Código, com uma base de legitimação bem mais constrita, porquanto a relação de imediatismo que, na fórmula prevista na LCT, poderia verificar-se entre a ocorrência de formação profissional e o encontro de *substratum* material para pacto de permanência, atento o princípio geral de que "(o) empregador deve assegurar a formação contínua dos trabalhadores da empresa", foi francamente depreciada na economia do CT2003, não havendo razão para sufragar entendimento diverso à luz do CT2009[1331], mau grado a alteração de redacção verificada.

Uma vez que a lei contém deveres suficientemente concretizados, que, na tela dos pactos de permanência, fornecem um bom ponto de arrimo para a tarefa de certificação da excepcionalidade das despesas que empresta atendibilidade ao interesse empresarial de limitação do direito de demissão ao trabalhador, o investimento realizado pelo empregador, não tendo necessariamente que assumir um carácter *ad personam* (pense-se, por exemplo, numa bolsa de investigação atribuída a um grupo de quadros especializados da empresa), carecerá, forçosamente, de ultrapassar o *minimum* estabelecido pelo Código em matéria de formação profissional: a formação profissional que justifica o pacto de permanência não é a formação profissional devida pelo empregador para o cumprimento dos deveres que brotam do contrato de trabalho, mas uma formação singular ou

---

[1330] Cfr. Mark R. Filipp, *Covenants Not to Compete* (2009), cit., § 3.01, 3-4.
[1331] A propósito do CT2009, Pedro Romano Martinez, "Anotação ao art. 130.º" (2009) cit., 367, considera mesmo que a matéria se encontra "exageradamente desenvolvida no Código do Trabalho".

qualificada, que implique um custo adicional para o empregador[1332], circunstância em que aliás a relevância conformativa dos usos poderia ser manifesta.

Com efeito, tratando-se do uso da empresa e não do uso da profissão[1333], a vinculação potencialmente adveniente de uma prática reiterada da entidade empregadora poderia, em certa leitura, desprover a formação do carácter extraordinário que à partida esta revestiria[1334].

Bastaria, nesta perspectiva, que a formação *prima facie* extraordinária emergisse de um uso, recorrendo-se, para tanto, a regras de experiência comum, que permitissem, com razoável dose de verosimilhança, antever a reaplicação da prática[1335].

[1332] Cfr. LUQUE PARRA, "Pactos típicos, nuevas tecnologias y relación laboral" (2005), cit., 169 e entre nós JÚLIO VIEIRA GOMES, *Direito do Trabalho* (2007), cit., 627. Nestes termos, e ao arrepio de uma certa leitura fazível da alteração introduzida em 2009, está-se em crer que, *de iure condito*, os pressupostos necessários à validade de um pacto de permanência até podem ser bem mais apertados: se à luz do CT2003 era suficiente uma ultrapassagem do *minimum* em matéria de formação profissional que o Código estabelece para que a despesa fosse extraordinária e o pacto de permanência fosse possível, hoje, na tentativa de se emprestar um conteúdo útil à referência "despesas avultadas", essa despesa não só tem que atinar com uma formação/preparação profissional que esteja para lá da que o Código prevê, como tem de ser avultada, introduzindo-se, com isso, índices de grandeza económica. Nesta perspectiva, a *Cour d'Appel* de Nancy já decidiu que o pagamento de 151,68 € relativo a um teste de avaliação não *justifica* uma cláusula *dédit-formation*: CA Nancy, 19.09.2001 (*Obeltz/Sté Rollin Technologie*), n.º 99-3421.

[1333] Ver JÚLIO VIEIRA GOMES, "Dos usos da empresa em Direito do Trabalho", *Novos Estudos de Direito do Trabalho*, Coimbra Editora, Coimbra, 2010, 12 (9-88).

[1334] A reiteração habitualmente associada ao uso pode inclusivamente nem verificar-se. Bastará que cada trabalhador abrangido beneficie da prestação uma só vez (exemplo: especialização no estrangeiro como prémio de antiguidade por 20 anos de trabalho) ou, embora mais dificilmente, que apenas um trabalhador haja beneficiado da prestação do empregador, pois que só ele perfez os parâmetros objectivos necessários à sua fruição. Assim, se a questão se desloca para a indagação da *factis species* do uso – duração, número de destinatários abrangíveis e percepção da reiteração da prática –, parece claro que se trata de campo em que os tribunais só perante o caso concreto poderão decidir. Sendo de crer que o facto de uma prática ser seguida não é elemento bastante para que se possa falar em regra – pois, conforme faz notar JÚLIO VIEIRA GOMES, "Dos usos da empresa em Direito do Trabalho", 17 (nota 32), não há garantia de que da próxima vez a regra voltará a ser aplicada –, no que diz respeito à generalidade, a característica, enquanto elemento constituinte da regra que o uso substancia, apenas postula que os efeitos da regra gerada pela reiteração de práticas abranjam uma categoria abstracta de trabalhadores, o que, no limite, pode, em determinado momento, incluir um único trabalhador, conquanto tal não se verifique em razão das suas características estritamente pessoais e sem que se possa afirmar que a similitude de actos isolados e a sua repetição singular ficam desvirtuados.

[1335] Tratando-se de questão relativa à valia do uso como fonte jus-laboral, e que não cabe na economia do trabalho, dir-se-á ser necessário ter atenção à cessação unilateral da regra por parte da

Tal equação, que penalizaria os empregadores mais generosos na promoção de iniciativas tendentes à melhoria da qualificação dos trabalhadores não impostas por lei, suscitaria a questão de saber se a extraordinariedade se referia à pessoa do trabalhador, aos trabalhadores que ocupam igual grupo ou carreira profissional ou, mais genericamente, aos trabalhadores daquela empresa, não fosse o facto de entendermos que é formação extraordinária toda aquela que é proporcionada aos trabalhadores para lá das obrigações estabelecidas por lei, não sendo, à partida, relevante o seu âmbito subjectivo de aplicação.

Não perdendo de vista que o princípio da igualdade, vedando práticas discriminatórias, convive com a extraordinariedade da formação – pois é a lei que arvora este elemento em requisito do pacto de permanência, conferindo-lhe legitimação plena, mediante a utilização do sintagma "despesas avultadas", na acepção restritiva que perfilhamos, e sendo possível, de acordo com a autonomia privada, que o empregador privilegie o investimento nos trabalhadores que mais deseja manter ao serviço, existindo um interesse na continuidade dos trabalhadores que pode não ser homogéneo –, a alusão à extraordinariedade da formação traz ínsita uma referência à extraordinariedade da despesa que a sustentou, cuja caracterização arranca por confronto com as despesa ordinária que o Código estabelece[1336].

É certo que, na tentativa de se emprestar conteúdo útil à noção de vultuosidade das despesas suportadas com a formação que foi introduzida em 2009, figurar-se-ia cabível aludir às situações em que a formação escolhida pelo trabalhador implicou um custo financeiro superior ao que foi suportado com os demais trabalhadores para, a partir do exercício do direito potestativo previsto no art. 132.º, se considerar, no plano estritamente económico, que a formação escolhida pelo trabalhador comportou despesas "extraordinárias", por comparação com as despesas havidas com a formação dos demais trabalhadores.

Tal perspectiva encontra, contudo, óbices de monta: de uma parte, impede a assunção de um critério objectivo como o que atina com o cumprimento dos deveres formativos impostos pelo Código, potenciando quebras na teleologia do regime aplicável; de outra parte, implica a consideração de que o incumprimento dos deveres originariamente impostos ao empregador e que legitimam a transformação em crédito de horas para formação por iniciativa do trabalhador reverteria em benefício do empregador, desfigurando o objectivo primeiro de

---

entidade empregadora, não convolando a patologia (= desrespeito pelo uso) em inexistência de reiteração.
[1336] Em sentido aproximado: Ac. STJ de 13.10.2010 (Pinto Hespanhol), CJ-STJ 2010, T. III, 260.

que é ao empregador que cabe prover à formação do trabalhador, elaborando, para tanto, um plano de formação.

À semelhança do enquadramento desenvolvido pela jurisprudência gaulesa no que respeita à atendibilidade das cláusulas de *dedit-formation*[1337], não se poderá, por isso, considerar, sem mais, que o cumprimento do que o CT2009 estabelece como mínimo obrigatório dá sustento a uma auto-limitação à liberdade de trabalho, alargando *ipso iure* a todos os trabalhadores a aplicação do art. 137.º e convolando, com base na referência "despesas avultadas", a excepção em regra[1338], referência que, reconheça-se, sendo excessivamente vaga, em nada beneficia o intérprete-aplicador na construção dos pressupostos de segurança que um acordo de limitação à liberdade de trabalho necessariamente deve(ria) convocar e que, assentando em bases fugidias, comporta o inegável risco de potenciar um litigiosidade evitável.

Embora a vultuosidade da despesa se refira ao empregador e não ao trabalhador, a indefinição no recorte daquele elemento previsional evidencia-se a partir da ausência de parâmetros que permitam delimitar o seu alcance, sem prejuízo de o empregador, nos termos do art. 15.º da Lei n.º 105/2009, de 14.09, dever incluir os elementos sobre a formação contínua assegurada em cada ano no quadro da informação sobre a actividade social da empresa.

Não se dispondo de qualquer indício que permita delinear a vultuosidade da despesa a partir do último balanço da empresa, do custo global com a massa salarial, do preço suportado com a formação profissional ou da média total suportada pelo sector de actividade em que a empresa se insere (...), tão pouco se dispõe de qualquer baliza temporal que viabilize a sua mensuração (cinco anos antecedentes, último ano, ano em curso?), carência de critério temporal que, ainda que não existisse, não resolveria por si os problemas suscitados, face à ausência de um parâmetro com conteúdo material que servisse de arrimo à sua aplicação[1339].

[1337] Cfr. Cass. Soc. 09.02.1994, n.º 91-44.644 e Marc Véricel, *Adaptabilité des entreprises* (2011), cit., 108.

[1338] Embora analisando o CT2003, mas com direcção semelhante – lendo-se que "decorre a ideia de anormalidade que um qualquer pacto de permanência assume nas realidades do mundo do trabalho, cada vez mais dominadas por práticas de flexibilidade funcional, de concorrência, e de mobilidade contratual e profissional" –, cfr. Ac. Rl. Lx. de 28.04.2010 (Hermínia Marques), proc. n.º 812/07.4TTALM.L1-4.

[1339] Diversamente, e do que se viu, Joana Vasconcelos, "Pacto de permanência, liberdade de trabalho e desvinculação do trabalhador" (2012), cit., 825, entende que esses quantitativos "podem resultar – e, não raro, resultam – do mero cumprimento do dever de proporcionar formação profis-

Cuidando-se, assim, e também por razões de segurança jurídica e de recurso a um instrumentário apreensível que viabilize um modelo de decisão praticável, de uma despesa que está para lá das despesas impostas por lei, importará atender à duração e ao custo da acção ou do curso[1340], à (não) impostação da formação no conhecimento geral da especialidade em que se insere ou ao perfil profissional (homogéneo/heterogéneo) dos participantes (*etc.*)[1341], parecendo-nos seguro que a noção de adicionalidade de custos aparece a inviabilizar a validade de um pacto amparado por uma acção de formação *ad extra* que haja sido suportada por terceiros (*v. g.* acções de formação integralmente subvencionadas pelo erário público e/ou por fundos comunitários[1342]), de forma a evitar que o empregador venha a colher resultados onde não semeou qualquer investimento (em parábola anglo-saxónica: *reap where he has not sown*).

Em adição à extraordinariedade da despesa, e em atenção ao sacrifício infligido à liberdade de trabalho, pensamos que a acção de formação/qualificação terá de transportar um enriquecimento para o património ou valor profissional do trabalhador que se afigure facilmente identificável (investimento→ formação/qualificação profissional → área funcional do trabalhador)[1343].

Sem que se queira confinar esse acréscimo qualificativo e a sua conexão com as funções exercíveis pelo trabalhador ao conceito de "formação específica" – *i. e.*, aquela que pressupõe um ensino directo e principalmente vocacionado para a posição actual ou futura do trabalhador na empresa e que confere qualificações

---

sional adequada ao trabalhador", considerando que se passa a admitir nessas situações a celebração de um pacto de permanência.

[1340] Arvorando a especialização profissional que o trabalhador recebe ou vai receber em *causa específica* do pacto de permanência, sem no entanto relevar a duração do curso ou da acção, v. S. TCT., de 14-07-1998, Ar. 4922. Diversamente, atribuindo importância à duração, enquanto indício da qualidade da formação e do esforço feito pelo empregador, v. BAG 21.11.2001-5 AZR 158/00, NZA 2002, 551.

[1341] Neste sentido, recenseando a jurisprudência espanhola mais significativa, v. LUQUE PARRA, "Pactos típicos, nuevas tecnologias y relación laboral" (2005), cit., 177.

[1342] Assim, em França, Cass. Soc. 19.11.1997, nº 94-43.195.

[1343] Em sentido idêntico, Ac. STJ de 08.05.1991 (JAIME DE OLIVEIRA), proc. n.º 002909. Embora o aresto tenha sido tirado no quadro da LCCT, conforme se pode ler aí, "(p)ara saber se há lugar a aplicação do disposto no n.º 3 do art. 36.º da Lei do Contrato de Trabalho, haverá que averiguar se o investimento feito pela empresa, com a valorização profissional do Reu seu trabalhador, se deve qualificar de excepcional, ou antes correspondeu ao dever geral dos empregadores de contribuírem para a elevação do nível de produtividade dos seus trabalhadores (art. 19.º, alinea/d) ou de proporcionar a estes, meios de formação e aperfeiçoamento profissional (art. 42.º, n. 1)". Do mesmo: BERNARD NYSSEN, "Les aménagements conventionnels du droit de démissioner: la clause d'écolage" (2008), cit., 391.

que não são, ou apenas o são numa medida limitada, transferíveis para outra empresa ou para outro domínio de actividade profissional –, será, por isso, o empregador quem tem de alegar e provar não só a extraordinariedade da formação/especialização, como também o *plus* de qualificação que aquela representa para o trabalhador, já que, conforme salienta Thomas Lakies[1344], será esse aumento de qualificações que permite associar a causação de um prejuízo ao empregador com a demissão *antecipada* do trabalhador[1345], estreitando a confecção de uma obrigação de reembolso sem qualquer conexão com o esquema de interesses em que se move o contrato de trabalho.

Ora, se essa presunção de prejuízos para o empregador em caso de denúncia por parte do trabalhador que empresta ao pacto um interesse sério implica uma relação de correspondência entre o factor pressuponente (a formação/qualificação) e a actividade prestada e/ou a prestar, encontra-se no sistema previsão expressa que estreita a relação conteudística da formação com a existência de um direito: é o que se verifica no n.º 2 do art. 133.º, em que a escolha atribuída ao trabalhador quanto à área da formação deve "ter correspondência com a actividade prestada ou respeitar a tecnologias de informação e comunicação, segurança e saúde no trabalho ou língua estrangeira", conexionando-se, de forma objectiva, a actividade desenvolvida ou a desenvolver pelo trabalhador com o relevo atribuível à formação que baliza este direito[1346].

Não havendo razão para não atender também à relevância da formação extraordinária suportada pelo empregador (que está na base da obrigação de permanência) para as funções desempenhadas ou a desempenhar pelo trabalhador, a identificabilidade de um enriquecimento do património ou do valor profissional em razão da formação extraordinária no que ao art. 137.º diz respeito é presumida sempre que esta tenha correspondência com a actividade prestada ou respeitar a tecnologias de informação e comunicação, segurança e saúde no trabalho ou língua estrangeira.

[1344] Thomas Lakies, *Vertragsgestaltung und AGB im Arbeitsrecht* (2011), cit., 340. Na jurisprudência, por exemplo, BAG 16.03.1994 – 5 AZR 339/92, NZA 1994, 937.

[1345] Neste sentido: Cruz Villalón, *Estatuto de los Trabajadores Comentado* (2003), cit., 302-3.

[1346] No mesmo sentido, embora sem aplicação às micro-empresas, o art. 14.º da Lei n.º 105/2009, de 14.09, estabelece que "o empregador deve dar conhecimento do diagnóstico das necessidades de qualificação e do projecto de plano de formação a cada trabalhador, na parte que lhe respeita, bem como à comissão de trabalhadores ou, na sua falta, à comissão intersindical, à comissão sindical ou aos delegados sindicais" e "os trabalhadores, na parte que a cada um respeita, bem como os seus representantes podem emitir parecer sobre o diagnóstico de necessidades de qualificação e o projecto de plano de formação, no prazo de 15 dias".

Cuidando-se de encontrar um modo de congruência entre os critérios que balizam o exercício do direito do trabalhador no que respeita à formação *ex lege* obrigatória (qual *efeito legal do contrato de trabalho*[1347]) e os que parametrizam a relevância da formação extraordinária que está para lá do que o CT prevê, a tríade *investimento→ formação/qualificação profissional → área funcional do trabalhador* não postulará, contudo, que o trabalhador se tenha *efectivamente* valorizado com a qualificação extraordinária, bastando que, segundo as regras normais da experiência, esta valorização seja possível.

Além das dificuldades associadas à prova de um "efeito-valorização", a ausência de um acréscimo de qualificação por facto imputável ao trabalhador penalizaria o empregador pela (in)verificação de um facto que, sendo alheio à sua esfera de actuação, torna duplamente infrutífero o investimento extraordinário que realizou[1348].

21. Questão diversa da valorização obtenível pelo trabalhador com a formação, mas que entronca na conexão entre esta e os interesses em que se move o contrato de trabalho, é a de saber se o trabalhador pode ficar em posição de resolver o pacto por *eccesiva onerosità sopravvenuta*[1349] ou requerer a modificação do mesmo segundo juízos de equidade[1350] (art. 437.º do CC[1351]), ponderando que

---

[1347] A expressão é de MARIO NAPOLI, *Trasformazioni organizzative e contratto di lavoro* (2002), cit., 46-8, que salienta a relevância da formação na organização de trabalho da empresa "pós-taylorística".
[1348] Já que, para lá do dispêndio monetário realizado pelo empregador e não exigido por lei, o trabalhador, enquanto recebeu a formação extraordinária, não trabalhou.
[1349] Assim, perante o art. 1467 do *Codice Civile*, cfr. GIOVANNI FERRI, "Dalla clausola rebus sic stantibus alla risoluzione per eccessiva onerosità", RDPri 1988, n.º 1, 57 e ss..
[1350] Trata-se, aqui, na construção sufragada por JOSÉ DE OLIVEIRA ASCENSÃO, de um processo de *equidade complementar*. Cfr. *O Direito. Introdução e Teoria Geral* (2001), cit., 390.
[1351] A razão de ser do regime estabelecido no n.º 1 do art. 437.º do CC está na mudança das circunstâncias em que as partes se vincularam, tornando excessivamente oneroso ou difícil para uma delas o cumprimento daquilo a que se encontra obrigada ou provocando um desequilíbrio acentuado entre as prestações correspectivas quando se trate de contratos de execução diferida ou de longa duração. O direito à resolução ou à modificação do contrato surge, nos termos do art. 437.º, quando se verifiquem os seguintes requisitos: a) uma produção de uma alteração anormal das circunstâncias em que as partes fundaram a decisão de contratar; b) um juízo de que a exigência das obrigações assumidas pela parte lesada afecta gravemente os princípios da boa fé; c) a não cobertura dessa exigência pelos riscos próprios do contrato. Sobre os pressupostos do art. 437.º do CC, ANTÓNIO MENEZES CORDEIRO, "Da Alteração das Circunstâncias. A Concretização do art. 437.º do Código Civil, à luz da jurisprudência posterior a 1974", *Separata dos Estudos em Memória do Prof. Doutor Paulo Cunha*, AAFDL, Lisboa, 1987, CARLOS A. MOTA PINTO, *Teoria Geral de Direito Civil* (1992), cit., 597 e ss., LUÍS MENEZES LEITÃO, *Direito das Obrigações*, Vol. II (2002), cit., 125 e ss e PEDRO ROMANO MARTINEZ, *Da cessação do contrato* (2006), cit., 157 e ss..

na alteração anormal das circunstâncias estas poderão ser as que entraram nas representações psicológicas das partes no momento da conclusão do contrato (base negocial subjectiva), mas também aquelas sobre as quais os sujeitos não fizeram qualquer representação mental, conquanto sejam imprescindíveis à prossecução do fim contratual ou à manutenção do equilíbrio entre as prestações (base negocial objectiva)[1352].

Mau grado o objecto do contrato de trabalho não se definir "somente por um abstracto tipo de tarefas ou funções, mas pela atribuição de um posto de trabalho na concreta organização da empresa"[1353], pensa-se, designadamente, na hipótese em que o acréscimo de profissionalidade propiciado pela formação profissional, face ao desenvolvimento tecnológico e/ou científico entretanto verificado, se torna irrelevante para as funções desempenhadas pelo trabalhador sob o signo da obrigação de permanência.

Importando operar "com um modelo de decisão, que comporte, entre as suas variáveis, quer a autonomia privada e seus valores, com os factores de concretização sediados no contrato celebrado, quer a boa fé-igualdade, precisada em consonância com as alterações registadas no caso real"[1354], será também o que verifica com a mudança de categoria do trabalhador, postulante do exercício de funções diversas, para as quais são irrelevantes as acções de formação que cobrem o pacto de permanência, hipótese que, na análise económica, suscita um problema de *incerteza*, que vai entroncar no(s) problema(s) da *não reciprocidade* (precisamente o *elemento incerto*) como causador de uma inutilidade absoluta[1355], provocada pela alteração na estrutura da função "utilidade formativa", uma vez que a formação deve quedar funcionalizada ao feixe de interesses em que se move a execução do contrato de trabalho[1356].

[1352] Assim, Ac. STJ de 18.05.1993 (PAIS DE SOUSA), CJ 1993, II, 109 (109-112). Ainda ORLANDO GOMES, *Transformações Gerais do Direito das Obrigações*, Ed. Revista dos Tribunais, São Paulo, 1967, 45-60.

[1353] ANTÓNIO MONTEIRO FERNANDES, "Empresa II. Perspectiva jurídica" (1984), cit., 931.

[1354] ANTÓNIO MENEZES CORDEIRO, *Da Boa Fé no Direito Civil* (1997), cit., 1114.

[1355] Não esquecendo que, como assinala RICHARD A. POSNER, *Economic Analysis of Law* (2003), cit., 104, "the fact that the contract (other than the truly simultaneous exchange, which is not problematic) by its nature commits the parties to a future course of action; and the future is uncertain".

[1356] Problemático é, sem dúvida, o entendimento de que a extraordinariedade das despesas que concorre para a admissão do *pactum* tem de se manter durante a obrigação de permanência e de que ora se dá ilustração: se a formação ministrada ao trabalhador, que aparece a sustentar a sua obrigação de permanência, passa, no ano seguinte, a ser prática corrente na empresa, seja por iniciativa do empregador, seja por iniciativa de um conjunto de trabalhadores, deve ser considerado o *contractus qui habent tractum sucessivum et dependentiam de futuro rebus stantibus intelligintur*. Nesta perspectiva, de acordo com o recurso a máximas de experiência (= visualização de um feixe de casos análogos cujo

Embora a alteração fundamental das circunstâncias no plano jurídico-laboral, sem prejuízo da sua operatividade[1357], e à semelhança do princípio da liberdade, conheça delineações singulares – basicamente, em razão da estabilidade do e no emprego, mas sem prejuízo dos mecanismos legais que se destinam à adaptação das relações laborais aos novos condicionalismos, seja em razão do decurso do tempo, seja em função da dinâmica do mercado[1358] –, a aplicabilidade do art. 437.º do CC ao pacto de permanência, em atenção à saliência jurídico-constitucional do princípio da liberdade de trabalho e em razão da lógica restritiva que coenvolve a admissibilidade dos pactos de permanência, constitui um consectário do *distinguo* entre este pacto e o contrato de trabalho *per se*, fornecendo tradução aos princípios constitucionais de justiça e de proporcionalidade, que garantem a vigência de uma limitação à liberdade de

paralelismo demandaria actuação similar), a obrigação de permanência deixa de ter justificação: a extraordinariedade, enquanto tal, desaparece, cedendo lugar à habitualidade. Uma vez que o art. 437.º atina com as *circunstâncias*, e não com o *próprio objecto* da prestação, a habitualidade, por si, é insuficiente para sustentar a obrigação de permanência, pois a extraordinariedade da formação e da despesa subjacente desaparece. Contudo, esta construção, sédula na sua formulação, encontra obstáculos de monta: trata-se, como se viu, de factores irrelevantes para o preenchimento do conceito "despesas avultadas", que, trazendo consigo uma noção de formação extraordinária, é recortada *tempus regit actum*. O que significa que a delimitação de que é formação extraordinária toda a que é proporcionada aos trabalhadores para lá das obrigações estabelecidas por lei não é afectada pela ampliação ou generalização da formação prestada ao trabalhador que, em razão dessa circunstância, celebrou um pacto de permanência, sob pena de, por um lado, se introduzirem no modelo de decisão implicado pelo art. 437.º do CC, de acordo com a esfera de risco que compõe a *factis species* legal dos pactos de permanência, factores alienígenos à base do negócio, e de, por outro lado, em valoração globalmente empreendida, se aportar à confecção de um quadro materialmente gravoso para os empregadores que investem na qualificação profissional dos seus trabalhadores para lá dos deveres que brotam da lei.

[1357] Cfr., por exemplo, a al./b do n.º 3 do art. 394.º, que configura como justa de causa de resolução actuável pelo trabalhador a situação em que existe "uma alteração substancial e duradoura das condições de trabalho no exercício lícito de poderes do empregador", que pressupõe a inexistência de culpa do empregador e, em rigor, a ausência de qualquer situação de incumprimento. Embora não se verifique a extrinsecidade das circunstâncias que inere ao art. 437.º do CC, topa-se com uma excessiva onerosidade superveniente, que determina uma afinidade etiológica entre as figuras. Sobre as situações inseríveis na al./b do n.º 3 do art. 394.º, mas à luz do al./b do n.º 3 do art. 441.º do CT2003, cfr., por todos, JÚLIO VIEIRA GOMES, *Direito do Trabalho* (2007), cit., 1053-5, destacando-se as que se prendem com a organização do tempo de trabalho.
[1358] Veja-se, por exemplo, GIUSEPPE PERA & MARCO PAPALEONI, *Diritto del Lavoro* (2003), cit., 495, que aludem "a uma compreensível exigência de desenvolvimento dinâmico" que configura uma "irredutível particularidade do contrato de trabalho" ou, entre nós, BERNARDO LOBO XAVIER, "A mobilidade funcional e a nova redacção do art. 22.º da LCT", RDES 1997, n.ºˢ 1/2/3, 53 e ss..

trabalho na medida do estritamente necessário e que, nessa medida, podem conduzir à resolução do pacto.

Não devendo ser afastada a aplicação do art. 437.º do CC – bem ao contrário –, postular-se-á, por isso, uma adequada estimação da inalteração da facticidade subjacente à celebração do pacto de permanência e, naturalmente, um prudente controlo das consequências assomadas por uma decisão conducente à manutenção do congelamento do *ius dimissionis*, verificando-se se a subsistência da obrigação de permanência não afecta gravemente os princípios da boa fé e se a inaproveitabilidade da formação extraordinária não está coberta pelos riscos próprios do pacto, ante a sua conexão conteudística com o contrato de trabalho.

É que, também aqui, verificada a inutilidade superveniente da formação extraordinariamente recebida pelo trabalhador por razões que não lhe sejam imputáveis, seria inepto sustentar-se a existência de "uma prisão que impedisse os juristas de afirmar a evidência da evolução das circunstâncias"[1359].

22. Neste quadro, tanto o CT2003 como o CT2009 fazem referência à "formação profissional" do trabalhador, divergindo da formulação contida no n.º 3 do art. 36.º da LCT que, mais correctamente, utilizava na *factis species* dos pactos uma referência a "preparação profissional", em aproximação parcial ao que estabelece o art. 21.4 do ET, que se refere à "especialização profissional"[1360].

Se o afinamento terminológico dos conceitos utilizáveis neste domínio permite demarcar (i) o *aperfeiçoamento profissional* (a formação que se segue à formação profissional inicial e que visa complementar e melhorar conhecimentos, capacidades práticas, atitudes e formas de comportamento, no âmbito da profissão exercida), (ii) a *especialização profissional* (modalidade de formação que visa reforçar, desenvolver e aprofundar capacidades, atitudes e formas de comportamento ou conhecimentos adquiridos durante a formação profissional inicial, necessários ao melhor desempenho de certas tarefas profissionais) e (iii) a *formação profissional* (conjunto de actividades que visam a aquisição de conhecimentos, capacidades, atitudes e formas de comportamento exigidos

---

[1359] Assim, embora em trecho diverso, José de Oliveira Ascensão, *O Direito – Introdução e Teoria Geral* (2001), cit., 390.

[1360] Em Espanha, como notam Sala Franco/Pedrajas Moreno/Lléo Casanova, *La formacion profesional continua de los trabajadores en la empresa* (2005), cit., 11, o sistema de formação profissional estrutura-se em três sub-sistemas: (i) a formação profissional regulada, a cargo do sistema educativo, dirigida a jovens e adultos que queiram obter qualificações amplas ou polivalentes, (ii) a formação profissional ocupacional, dirigida à qualificação ou à requalificação profissional de trabalhadores em situação de desemprego e (iii) a formação profissional contínua, dirigida aos trabalhadores no activo que necessitam de melhorar os seus conhecimentos ou qualificações profissionais.

para o exercício das funções próprias duma profissão ou grupo de profissões em qualquer ramo de actividade económica)[1361], a referência a "formação profissional", embora tenha trazido objectivos de uniformização terminológica, tem um alcance bem definido na economia regulativa do Código do Trabalho.

Mas deixa de fora um conjunto de situações respeitantes à preparação profissional do trabalhador, que cabem, todavia, na esfera de interesses prosseguidos pelo instituto dos pactos de permanência e que traduzem um incentivo ao investimento na qualificação profissional dos trabalhadores que, não sendo *ex lege* obrigatório, se mostra susceptível de tutela[1362].

Nesse sentido, e não existindo qualquer razão de interesse geral que obste a que os sujeitos convencionem uma obrigação de permanência em razão de um investimento extraordinário na qualificação profissional do trabalhador, sufraga-se uma interpretação ampla, que logre abranger as despesas relativas uma preparação profissional do trabalhador que, em rigor, não se identifica com o conceito de formação profissional[1363] e que se insere num contexto mais vasto de "qualificação profissional", até porque, como faz notar Rusciano, "uma verdadeira formação não consiste tanto em ensinar a alguém um mester mas sobretudo em ensinar a alguém como conhecer"[1364].

Valendo como exemplo o custeio de cursos de instrução para o manuseamento de técnicas específicas, de um programa de um curso de mestrado que seja relevante para a actividade profissional desenvolvida na empresa[1365] ou de uma bolsa de investigação, considerar-se-á, assim, o dispêndio em gastos especiais com a qualificação profissional, sem que se deva ou possa perder de vista que o sacrifício assumível pelo trabalhador com o pacto de permanência terá de encontrar paralelo no sacrifício *ex ante* assumido pelo empregador[1366].

[1361] Seguimos a *Terminologia de Formação Profissional*, elaborada na sequência do Plano de Actividades da Comissão Interministerial para o Emprego (CIME) e que se encontra disponível no sítio da Direcção-Geral do Emprego e das Relações de Trabalho: http://www.dgert.mtss.gov.pt/a_dgert.
[1362] M.ª Rosário Palma Ramalho, *Direito do Trabalho. Parte II* (2010), cit., 234.
[1363] Rubio de Medina, *El pacto de permanencia en la empresa* (2005), cit., 12.
[1364] Mario Rusciano, "Il "sistema" della formazione: scuola, università, impresa", *Scuola, Università e mercato del lavoro dopo la Riforma Biagi. Le politiche per la transizione dai percorsi educativi e formativi al mercato del lavoro* (a cura di Reggiani Gelmini & M.Tiraboschi), Giuffrè, Milão, 2006, 301.
[1365] Usamos o exemplo de M.ª Rosário Palma Ramalho, *Direito do Trabalho. Parte II* (2010), cit., 234.
[1366] Assim: BAG, de 05.12.2002 – 6 AZR 539/01 (LAG Berlin) +6 AZR 539/01, EWiR 2003, 581, salientando-se que se a duração da formação é um indicador acerca da sua qualidade, já o valor das despesas pagas pelo empregador com a viagem e o hotel do trabalhador não são um indicador das vantagens obteníveis para o desempenho das suas funções e para a melhoria da sua qualificação profissional, não havendo, por conseguinte, lugar a qualquer reembolso.

Embora o contributo para a melhoria da qualificação profissional do trabalhador justifique uma leitura englobante do preceito, será necessário conectar o grau de sacrifício imposto à liberdade de trabalho (*posteriorus* da assunção por banda do trabalhador de uma obrigação de permanência) com a vantagem obtida pelo trabalhador através da formação profissional ministrada ou ministrável (*prius* da obrigação de permanência), no pretexto de que aquela terá de apresentar uma afinidade funcional com o feixe de actividades prosseguidas pela empresa e com o trabalho desenvolvido ou a desenvolver pelo trabalhador, não se contemplando, em caso de incumprimento e para efeitos de reembolso, despesas que não atinem directamente com esse escopo, vale por dizer, e à semelhança da construção empreendida pelo BAG[1367], custos que estão para lá da melhoria da sua qualificação profissional[1368].

23. Nesta sequência, se o alcance do investimento que ampara a compensação pelo sacrifício assumido pelo trabalhador apenas logra ser recortado depois de um percurso sistemático pelo Código do Trabalho, no mais, e com importantes reflexos quanto ao ónus da prova, cumprirá salientar que as despesas que sustentam a estabilização do contrato de trabalho, em contraste com o n.º 3 do art. 36.º da LCT, têm de ser *comprovadas* pelo empregador[1369].

Embora o CT2009 tenha suprimido essa previsão, a sua aplicação entrecorre do n.º 1 do art. 342.º do CC, já que a inexistência de uma presunção legal e a necessidade de o empregador ter de fazer prova da legitimidade dos interesses tutelados com o pacto justifica-se, por um lado, em função da convocação de um direito fundamental e, por outro lado, em razão da necessidade de obviar a uma protecção generalizada e desnecessária dos interesses empresariais por via da amputação do direito de demissão do trabalhador[1370], cujo interesse sério que a credencia tem de ser justificado.

[1367] Por exemplo: BAG 24.07.1991, NZA 1992, 405.

[1368] Assim, tratando do *Rückzahlung von Ausbildungskosten*, cfr. Franz Schrank, *Arbeitsrecht. Ein systematischer Grundriss* (2000), cit., 52. Ainda: BAG 16.03.1994 – 5 AZR 339/92, NZA 1994, 937.

[1369] Também: Joana Vasconcelos, "Pacto de permanência, liberdade de trabalho e desvinculação do trabalhador" (2012), cit., 828-9 (nota 30); e na jurisprudência: Ac. Rl. Lx. de 28.04.2010 (Hermínia Marques), proc. n.º 812/07.4TTALM.L1-4.

[1370] Parecidamente Michel Miné & Daniel Marchand, *Le droit du travail en pratique* (2012), cit., 311. Em sentido que nos parece diferente, referindo-se, de uma parte, que "(n)os termos do art. 137.º do Código de 2003, o valor a considerar, em caso de desoneração, é o valor correspondente às despesas realmente efectuadas e demonstradas, não sendo minimamente detectável na letra da lei o escopo de impedir a aplicação das normas de direito comum que disciplinam os efeitos de uma cláusula penal (art. 812.º do Código Civil)" e que, de outra parte, "se o art. 137.º do Código de

Uma vez que a qualificação do negócio jurídico apenas se processa através da verificação da existência dos elementos essenciais indispensáveis a essa operação[1371] – surgindo, por sua vez, os elementos essenciais como os requisitos próprios do negócio jurídico em causa, sem os quais este não pode subsistir ou, sequer, ser válido[1372] –, na hipótese de o trabalhador receber um acréscimo retributivo em razão da auto-limitação assumida e de as despesas carreadas pelo empregador não atinarem com a obrigação de permanência que haja sido estipulada, entende-se que com a declaração de nulidade não deverá "ser restituído tudo o que tiver sido prestado ou, se a restituição em espécie não for possível, o valor correspondente", ao contrário da previsão contida no art. 289.º do CC.

Para lá do *nemo auditur*, caso se exigisse ao trabalhador a restituição dos montantes despendidos e não comprovados pelo empregador com a sua formação profissional *(i)* encontrar-se-ia por caminho ínvio a forma de desprover o n.º 1 do art. 137.º de significado (= *tabula rasa* das condições exigíveis para a validade do pacto), *(ii)* descobrir-se-ia o expediente para esvaziar de conteúdo a tutela pedagógica de que o Código, na versão de 2003, fazia eco quanto à documentação das despesas[1373] e cuja necessidade se mantém e *(iii)* descortinar-se-ia o talhe para introduzir, à margem do recorte restritivo estabelecido para as cláusulas de limitação da liberdade de trabalho, a figura do enriquecimento injustificado, instituto que, apesar da sua valia dogmática genérica, conhece em Direito do trabalho importantes condicionamentos operativos[1374], aqui plenamente justi-

---

2009 parece apontar para solução diferente daquela, quando, por um lado, já não usa a expressão *despesas extraordinárias comprovadamente feitas* e, por outro lado, se reporta ao montante das despesas referidas no acordo, não se lhe pode conferir natureza interpretativa, pois tal solução não estava compreendida nos termos da lei antiga", cfr. Ac. STJ de 24.02.2010 (VASQUES DINIS), proc. n.º 556/07.7TTALM.S1.

[1371] MASSIMO BIANCA, *Diritto Civile*. Tomo III (2000), cit., 472.

[1372] RUI PINTO DUARTE, *Tipicidade e Atipicidade dos Contratos* (2000), cit., 79 e ss..

[1373] Dispunha o n.º 1 do art. 147.º do CT2003 que "(é) lícita a cláusula pela qual as partes convencionem, sem diminuição de retribuição, a obrigatoriedade de prestação de serviço durante certo prazo, não superior a três anos, como compensação de despesas *extraordinárias comprovadamente feitas* pelo empregador na formação profissional do trabalhador, podendo este desobrigar-se restituindo a soma das importâncias despendidas".

[1374] Assim: ANTÓNIO MONTEIRO FERNANDES, *Direito do Trabalho* (2012), cit., 539, afirmando que "a existência de pacto de permanência é requisito essencial para que o empregador possa reclamar a restituição de importâncias gastas com a formação do trabalhador". Neste sentido, LUÍS MENEZES LEITÃO, *Código do Trabalho Anotado* (2003), cit., 130, acaba por situar a valia do enriquecimento sem causa nas fronteiras do pacto de permanência, ao afirmar que "(o) pacto de permanência, na medida em que constitui uma restrição à liberdade de trabalho, só é admitido como contrapartida de um investimento da entidade patronal na formação profissional do trabalhador, já que a sua

ficados com a saliência do princípio da liberdade de trabalho[1375], sabendo-se, aliás, em fundo, que o instituto do enriquecimento sem causa, que aflora os enriquecimentos injustificados, se coaduna mal com a prestação de trabalho subordinado[1376].

III. Acordos afins

a) Enquadramento

24. Neste cenário, aprumam-se os maiores cuidados na viabilização de outros negócios que, embora morfologicamente diferentes, e sem prejuízo da conservação da sua estrutura e do seu conteúdo, são efectivados com vista à obtenção de um resultado semelhante ao que, na prática, é produzido por um pacto de permanência.

Não perdendo de vista a inadmissão de pactos que se destinem à criação de uma obrigação de permanência *proprio sensu* para lá das condições exigidas *ex lege* (art. 137.º)[1377] – afastando-se, *hoc sensu*, a transposição da largueza com que se

---

saída antecipada da empresa frustraria esse investimento, proporcionando ao trabalhador um verdadeiro enriquecimento sem causa (art. 473.º, n.º 2, *in fine* do CC)".

[1375] Numa verdadeira *reductio ad absurdum*, qual seria então a diferença entre a desvinculação perpetrada pelo trabalhador no âmbito de um pacto de permanência válido e em vigor e a desvinculação operada no quadro de um pacto de permanência inválido (ou mesmo a desvinculação praticada na ausência de qualquer pacto de permanência) caso se considerasse a obrigação de restituição das despesas havidas com a sua formação profissional? A diferença, face ao *ex nudo pacto actio non nascitur*, repousará na restituibilidade dos montantes, até porque o afastamento da regra da retroactividade da declaração de nulidade em Direito do trabalho e da improdutividade jurídica total do negócio nulo (*quod nullum est, nullum producit effectum*) baseia-se na complexidade da relação laboral, nas consequências da destruição retroactiva dos seus efeitos ou no escopo protector do trabalhador, como fazia notar Rául Ventura, "Regime das nulidades do contrato de trabalho", ESC 1963, n.º 6, 9-15 e acentua Cecilia Assanti, *Corso di Diritto del Lavoro* (1993), cit., 283.

[1376] Assim Luís Menezes Leitão, *Enriquecimento sem causa no direito civil: estudo dogmático sobre a viabilidade da configuração unitária do instituto, face à contraposição entre as diferentes categorias de enriquecimento sem causa*, Almedina, Coimbra, 2005, 626, que, a mais de salientar as sérias dificuldades com que o instituto do enriquecimento sem causa se confronta – posto que "a prestação de trabalho é integrada num processo produtivo dependente da utilização de bens alheios" –, salienta que o facto de esta ser uma prestação de execução continuada ou duradoura dificulta em muito a avaliação das vicissitudes do enriquecimento sem causa, acrescentando que essa limitação representa um problema de transferência do risco empresarial para o prestador de trabalho, solução que, nesses termos, se afigura de todo inadequada.

[1377] Identicamente, face ao art. 21.4 do ET, v. Gómez Abelleira, "Pactos de no concurrencia y de permanência" (2000), cit., 284.

admitem as cláusulas de reembolso de despesas nos ordenamentos alemão[1378], italiano[1379] ou suíço[1380] –, e assumindo-se como pré-referente que a "prestação de trabalho transporta a pessoa do trabalhador"[1381], pensamos, designadamente, na convenção de indemnizações para o caso de o trabalhador não perfazer o período contratualmente fixado ou na estipulação de cláusulas penais para o incumprimento do contrato de trabalho por banda do trabalhador.

Testemunho claro do possível surgimento do velho brocardo "fatta la legge, fatta la malizia", aportamos, com cláusulas deste jaez, à figura do *negócio jurídico indirecto*[1382].

Podendo produzir-se, em princípio, efeitos em tudo semelhantes à celebração de um pacto de permanência, ou seja, *o efeito normativo do negócio adoptado* de que falava ORLANDO DE CARVALHO[1383], a criação com efeitos primários de uma obrigação de permanência nunca pode ser desligada da exigência de um investimento significativo no trabalhador, enquanto *ante* que torna legítimas as expectativas de retorno por parte do empregador e que, com referência ao pacto de permanência, é um elemento essencial do tipo[1384]. É esse o elemento que,

---

[1378] HARALD SCHLIEMANN & REINER ASCHEID, *Das Arbeitsrecht im BGB: Kommentar* (2002), cit., 162 e MARKUS LOTTER, *Beschäftigungssicherung durch betriebliche Berufsbildungsmaßnahmen unter Beteiligung des Betriebsrats nach dem BetrVG* (2010), cit., 104.

[1379] O pacto de estabilidade mínima unilateral tem sido admitido com grande latitude no ordenamento transalpino, admitindo-se que o direito de desvinculação *ad nutum* do contrato de trabalho é um direito disponível, enquadramento a que não é decerto alheia a recuada tradição no que à estabilização dos contratos a termo diz respeito, conforme fez notar a Cassação, em 07.09.2005, n.º 17817, ADL 2006, 220, que inflectiu a decisão da Corte de Apelação de Torino de 03.07.2002. Sufragando-se a atendibilidade constitucional do *pactum de non recedendo* – já o fazia notar DELL'OLIO, *La stabilità convenzionale*, ADL, 1998, 185-6 –, tem-se exigido, todavia, e a par da limitação temporal para os contratos a termo, um correspectivo para o trabalhador, sem o qual o pacto não é válido, correspectivo que, sem prejuízo, não tem que ser necessariamente monetário, como sustenta ALBERTO RUSSO, *Problemi e prospettive nelle politiche di fidelizzazione del personale* (2004), cit., 96.

[1380] ADRIAN STAEHELIN, *Zürcher Kommentar zum schweizerischen Zirilgesetzbuch, obligationenrecht*. Vol. 2 (1996), cit., art. 335 A: n.º 4.

[1381] As palavras são de GIAMPAOLO NOVARA, *Il Recesso Volontario dal Rapporto di Lavoro*, Giuffrè, Milão, 1961, 266.

[1382] Sobre este conceito, ORLANDO DE CARVALHO, "Negócio jurídico indirecto (teoria geral)", Separata do Vol. X do Suplemento do BFDVC, Coimbra, 1952, FRANCISCO MANUEL DE BRITO PEREIRA COELHO, *A Renúncia Abdicativa no Direito Civil* (1995), cit., 45 e MASSIMO BIANCA, *Diritto Civile*. Tomo III (2000), cit., 485.

[1383] ORLANDO DE CARVALHO, "Negócio jurídico indirecto (teoria geral)" (1952), cit., 42.

[1384] Enquanto elemento específico, trata-se, seguindo PEDRO PAIS DE VASCONCELOS, *Contratos Atípicos* (1995), cit., 49, de um elemento do *contrato como regulação*, que atina "com o seu conteúdo regulativo".

emprestando um interesse sério ao acordo, conforma o reconhecimento legal desta limitação à liberdade de trabalho.

b) Convenções indemnizatórias para o exercício do direito de denúncia
25. No que diz respeito a acordos que fixam indemnizações para o caso de o trabalhador não permanecer ao serviço durante um período pré-demarcado, estes acordos apenas hão-de ser admitidos dentro das coordenadas do pacto de permanência, impondo-se ainda um controlo do *quantum* estabelecido (*infra*).

Para lá do que foi dito, e com excepção das margens em que a lei possibilita um aumento convencional do prazo de aviso prévio com vista a garantir a permanência do trabalhador, a atribuição de eficácia a este tipo de pactos, além de curto-circuitar a restritividade que envolve as auto-limitações à liberdade de trabalho, implicaria esvaziar de conteúdo útil o desenho legal sobre os pactos de permanência.

Tratando-se de cláusulas frequentes na contratação que envolve artistas e trabalhadores altamente especializados, neste plano é outrossim conhecida, com contornos semelhantes, a reprodução no tráfego jurídico de acordos que fazem condicionar a permanência (*rectius*: a actuação da denúncia) dos trabalhadores à conclusão de um projecto ou à obtenção de determinados resultados. Quanto a esta *espécie* de acordos, recobramos as palavras de Raúl Ventura: "os pactos em que o trabalhador se obrigue só a denunciar o contrato quando se verifiquem factos legal ou contratualmente considerados justificativos devem igualmente ser nulos, visto que eles próprios supõem a possibilidade de essas causas não chegarem a verificar-se e portanto admitem a potencial e proibida restrição da liberdade"[1385].

Ainda assim, por exclusão de raciocínio, sempre se poderia admitir que a denúncia fosse condicionada por uma *causa* que, à partida, sabia verificar-se: por exemplo, o trabalhador Z compromete-se a não exercer a denúncia antes de cumpridos dois anos ao serviço do empregador X (aqui, termo certo, já que a denúncia é colocada na dependência de um acontecimento certo, que se "sabe quando se dá"[1386]). Contudo, também agora se deverá considerar que um acordo com este conteúdo não escapa a um juízo de invalidade.

Tratando-se da indagação de uma situação de fraude à lei – que só se resolve interpretando o contrato e a lei de forma não literal, mas de acordo com o seu fim e o seu sentido[1387] –, estaríamos perante um pacto de permanência despro-

---

[1385] Raúl Ventura, "Lições de Direito do Trabalho" (2003), cit., 666.
[1386] Inocêncio Galvão Telles, *Manual dos Contratos em geral* (1965), cit., 236.
[1387] Assim, Pedro Pais de Vasconcelos, *Contratos Atípicos* (1995), cit., 349, recorrendo a Flume.

vido dos requisitos que o Código estabelece para os pactos de permanência (imageticamente: *affines inter se non sunt affines*). Por isso, e visto que "a tipicidade dos negócios jurídicos não pode deixar de ter o efeito de provocar a disciplina de cada figura típica, quando as partes, embora sem nomear ou prover expressamente acerca do respectivo regime, aspiram a regulamentar um negócio, suficientemente determinado, cujo quadro teleológico (fins visados pelas partes, interesses em jogo) se aparenta aos fins e interesses cuja tutela constitui a função social do tipo negocial desenhado na lei"[1388], uma cláusula com tais contornos só valerá quando inserida nas apertadas baias que o legislador, em respeito pela liberdade de trabalho, traçou no art. 137.º, isto é, mediante o preenchimento dos requisitos traçados para o pacto de permanência.

Assumindo-se que o trabalhador não pode ser obrigado a pagar qualquer quantia pelo exercício, com respeito pelo prazo de aviso prévio, da denúncia, é também certo que não estamos perante uma cláusula penal: tratando-se, por força do princípio da liberdade de trabalho, de um direito irrenunciável, a actuação tempestiva da denúncia não consubstancia qualquer violação do contrato de trabalho[1389].

Afora situações em que se pode topar com a figura do abuso de direito, e sem embargo do *bona fides semper praesumitur nisi mala adesse probetur*, o exercício da denúncia com o termo resolutivo imposto por lei não é contratualmente configurável como a violação de uma obrigação, já que se cuida de um direito insuprimível, que exorbita da margem dispositiva das partes[1390], face à implicação da personalidade do trabalhador na execução do contrato de trabalho que impõe a associação do direito de denúncia do contrato ao princípio da liberdade de trabalho.

c) Cláusulas penais em caso de incumprimento do prazo de aviso prévio estabelecido para a denúncia

26. O prazo de aviso prévio é, por regra, inafastável pelos sujeitos laborais, procurando-se, deste modo, evitar que, por via do intervalo de tempo entre a

---

[1388] CARLOS A. MOTA PINTO, *Cessão da posição contratual* (reimp.), Almedina, Coimbra, 1982, 470-1. Nesta linha, afiguram-se também rejeitáveis (pretensas) cláusulas de permanência que criam verdadeiros "deveres unilaterais de renovação".

[1389] Genericamente, a denúncia (*Kündigung*) de qualquer contrato duradouro por causa relevante (*wichtiger Grund*), sendo uma forma de extinguir a relação contratual, é considerada pela jurisprudência germânica como um direito irrenunciável. Cfr. KARL LARENZ, *Lehrbuch des Schuldrechts I* (1987), cit., 29, 336-7.

[1390] BERNARD NYSSEN, "Les aménagements conventionnels du droit de démissioner: la clause d'écolage" (2008), cit., 383-4.

denúncia e a produção dos efeitos extintivos do contrato, se crie, de forma oblíqua, um mecanismo de fidelização *a latere* dos pressupostos convocados para o pacto de permanência[1391].

Esta proibição conhece uma importante derrogação com a possibilidade de intervenção de um IRCT consentida pelo art. 339.º ou no âmbito do regime da comissão de serviço *ex vi* do n.º 2 do art. 164.º[1392], para lá da previsão contida no art. 111.º, que, fazendo eco da funcionalidade que caracteriza o período experimental, vem permitir a denúncia do contrato por qualquer das partes sem aviso prévio ou com aviso prévio reduzido, abrindo-se, no entanto, a possibilidade de, perante o n.º do art. 114.º, as partes acordarem *em contrário* por escrito, contexto em que, por *acordo em contrário*, ante a infranqueabilidade dos limites máximos de duração admitidos por lei[1393] e para lá dos casos em que o período experimental é liminar e convencionalmente excluído ou mesmo reduzido[1394], se entende que ficam cobertos os acordos que exijam a actuação da denúncia com observância de um prazo de aviso prévio[1395].

[1391] Veja-se o n.º 2 do art. 339.º.

[1392] Veja-se, entre vários, em geral, em síntese, PEDRO FURTADO MARTINS, *A Cessação do contrato de trabalho* (2012), 24 e ss., que, justificadamente, entende que à luz do CT não sobra espaço para defender que o afastamento ou a modificação do regime por um IRCT possam ocorrer desde que em benefício dos trabalhadores.

[1393] Cfr. art. 112.º e, sobre a impossibilidade de aumento da duração prevista por lei, na jurisprudência, Ac. Rl. Lx. de 19.11.1979 (PRAZERES PAIS), CJ 1979, V, 1635, Ac. Rl. Lx. de 24.01.1996 (CÉSAR TELES), BMJ 1996, n.º 453, 547 e Ac. Rl. Lx. de 20.03.1996 (DINIS ROLDÃO), CJ 1996, T. II, 170; na doutrina, JÚLIO VIEIRA GOMES, "Do uso e abuso do período experimental" (2000), cit., 69 e TATIANA GUERRA DE ALMEIDA, *Do período experimental no contrato de trabalho* (2007), cit., 130 e ss..

[1394] A redução da duração, extraível *a fortiori* do n.º 3 do art. 111.º, encontra cobertura legal expressa no n.º 5 do art. 112.º.

[1395] Aqui, no que respeita à fixação de um aviso prévio, não são perspectiváveis grandes problemas: a sua estipulabilidade, designadamente antes do decurso de 60 dias, encontra nos princípios da boa fé e da confiança importantes arrimos; se, neste caso, a denúncia prévia do contrato com a verificação do termo resolutivo estipulado será de grande plasticidade antes dos 60 dias, a fixação convencional não é, contudo, irrestrita: impondo-se, por força do princípio da boa fé e do equilíbrio prosseguível e ante a necessidade de evitar uma grave contradição de valoração ou uma clara injustiça, que o acordo, no caso, não possa prever um prazo de aviso prévio mais curto para a denúncia a exercer pelo empregador do que o que for previsto para o trabalhador, é importante ter presente que, em função da exiguidade do período em que o CT2009 admite que a denúncia *ex abrupto* seja lícita, o aviso prévio convencionalmente estabelecível para os casos em que o período experimental ainda não atingiu os 60 dias não pode ultrapassar os sete dias previstos por lei para os casos em que o período experimental durou mais de 60 dias (cfr. n.º 2 do art. 114.º). A excepção verifica--se no caso em que se convoca o n.º 2 do art. 400, possibilidade que, aparecendo sistemicamente condicionada a trabalhadores que ocupem cargo de administração ou direcção ou com funções de direcção ou de responsabilidade, implica, na prática, a utilização da faculdade convencional aberta

Centrando-se na impossibilidade de no âmbito do regime laboral de frequência média o trabalhador poder beneficiar de um regime mais favorável do que o legal (designadamente no que se refere à indemnização) e de no âmbito no regime da comissão de serviço essa solução ser possível, Júlio Vieira Gomes deixa a questão: "(u)ns serão mais iguais que outros?"[1396]. A pertinência da interrogação convoca reflexões acerca da necessidade de, perante o alargamento do campo da autonomia privada no domínio dos contratos especiais, se encontrar contrapesos que equilibrem a regulação subjacente a essas espécies contratuais, sem que todavia se perca de vista a multitude de aspectos suscitados pela subtracção aos sujeitos laborais da capacidade dispositiva para procederem a uma modificação do regime de cessação do contrato de trabalho.

Assim, se é questionável a proibição de aumento do valor da indemnização em razão da cessação do contrato de trabalho no âmbito do regime laboral prototípico – mau grado a atendibilidade dos propósitos em garantir o princípio da igualdade de tratamento, intentando-se obviar a que trabalhadores com maior poder negocial acertem *ab initio* indemnizações superiores às recebíveis pelos restantes[1397] –, já nos parece absolutamente justificado que, por regra, o

pelo preceito e não a utilização das potencialidades cobertas pelo n.º 3 do art. 112.º. O que significa que se o aumento do prazo de aviso prévio para o exercício da denúncia no período experimental pode ir até aos seis meses sempre que se trate de trabalhadores que ocupem cargo de administração ou direcção ou com funções de direcção ou de responsabilidade, tal faculdade já não será possível sempre que o contrato de trabalho envolva trabalhadores que exerçam funções ou ocupem cargos diversos. Neste caso, o limite estabelecível para esses trabalhadores não pode ultrapassar os limites estabelecidos em geral para o exercício da denúncia do contrato de trabalho, sob pena de, por um lado, se permitir o aparecimento de um pacto de permanência à margem dos pressupostos exigidos pelo sistema e de, por outro lado, se camuflar um importante entorse sistemático. Por isso, e uma vez que o afastamento do período experimental não afecta os quadros gerais de desvinculação dos sujeitos e o trabalhador pode sempre exercer a denúncia do contrato de trabalho, o resultado prático do ajuste convencional para o aviso prévio não pode afastar o recorte geral do exercício de denúncia para lá das fronteiras traçadas para a exclusão do instituto que os sujeitos procuram ajustar aos seus interesses.

[1396] Júlio Vieira Gomes, *Direito do Trabalho* (2007), cit., 907 (nota 2211).

[1397] Fundamento que, aliás, também se coloca no acerto negocial da retribuição, face ao princípio "trabalho igual, salário igual". Mas se a incertabilidade convencional de uma indemnização superior à que a lei prevê convoca reflexões acerca do espartilho da autonomia privada na área laboral e suscita ponderação acerca do alcance do princípio da igualdade de tratamento – desde logo, porque, intra-sistematicamente, se admite que os valores da indemnização sejam aumentados por via convencional no caso de trabalhadores que exerçam funções em comissão de serviço (n.º 2 do art. 164.º), aportando-se a uma solução que, na prática, abre espaço a que trabalhadores providos de maior poder negocial possam ver a indemnização subjectivamente aumentada –, não é irrelevante salientar que a previsão da possibilidade irrestrita de aumento das indemnizações

aumento do prazo de aviso prévio apenas possa operar por IRCT, embora tanto no ordenamento germânico[1398] como no transalpino[1399] se alargue o espaço de intervenção contratual à modulação do prazo de aviso prévio, forjando-se um mecanismo contratual de fidelização que se revela um sucedâneo dos pactos de permanência[1400], extensão que, entre nós, apenas é possível, com o limite de seis meses, relativamente a trabalhadores que ocupem *cargos de administração ou direcção* ou exerçam *funções de representação ou de responsabilidade*[1401] e que conhece no regime aplicável aos treinadores profissionais de futebol um dos seus campos mais expressivos[1402].

por despedimento substancia uma solução virtualmente vulneradora do princípio da adequação da indemnização, que, desconsiderando o grau de ilicitude do despedimento, se revela, a final, potencialmente discriminatória e, além disso, um instrumento que, sem prejuízo da autonomia conceptual das figuras da retribuição e da indemnização, é susceptível de fraudar o princípio "para trabalho igual, salário igual", uma vez que, independentemente da inafectação da responsabilidade pendente sobre o empregador referente a todos os danos patrimoniais e não patrimoniais causados ao trabalhador, a indemnização cabível em caso de despedimento tem como base de cálculo o universo retributivo. Por outras palavras: não podendo haver qualquer diferenciação retributiva fundada em categorias meramente subjectivas, vislumbra-se sentido na solução que visa impedir que essa diferenciação, fundada em categorias meramente subjectivas, possa ocorrer a jusante em relação a uma compensação cuja quantificação opera a partir do elemento retributivo.

[1398] Nestes termos, embora o aumento do prazo previsto para o aviso prévio do trabalhador não possa ser superior ao que os sujeitos convencionam para o empregador, cfr. HARALD SCHLIEMANN & REINER ASCHEID, *Das Arbeitsrecht im BGB*: Kommentar (2002), cit., 732-740.

[1399] Assim, MARIA NOVELLA BETTINI, "Trattenere i talenti: clausola di durata minima e dimissioni" (2008), cit., 553-4. Exigindo-se que o aumento do prazo de aviso prévio venha acompanhado de vantagens para o trabalhador, a jurisprudência, com a Cass. 09.06.1981, n.º 3741, Mass. Gl 1982, 214, atendeu à contabilização do período até a verificação do termo extintivo como relevante para a indemnização por antiguidade, ao aumento retributivo subjacente à dilatação do prazo e à melhoria do regime de saúde convencionado em razão dessa previsão. Ainda: CARLO ZOLI, "Clausole di fidelizzazione e rapporti di lavoro" (2003), cit., 452 e EMANUELE MENEGATTI, *I limiti alla concorrenza del lavoratore subordinato* (2012), cit., 115-6.

[1400] Neste sentido, veja-se, entre vários, ENRICO BARRACO, "Il diritto del lavoro a tutela delle imprese: le clausole di fidelizzazione" (2006), cit., 314-5.

[1401] Ainda o n.º 2 do art. 400.º.

[1402] Aí, os respectivos contratos de trabalho têm um prazo com incidência estabilizadora, procurando-se conservar a constância contratual, em atenção ao programa definido pelos sujeitos, mediante a antecedência de um período abstractamente fixado de seis meses para a verificação dos efeitos da denúncia, afastando-se assim os prazos de aviso prévio previstos no art. 400.º. Com efeito, na medida em que o RCTD não é aplicável a treinadores, topa-se com uma situação *atípica*: aplica-se uma convenção colectiva que, afastando-se do quadro desenhado na legislação geral do trabalho, determina no art. 47 a necessidade de a *rescisão sem justa causa* ser feita com a antecedência mínima de seis meses. Embora o mecanismo consagrado no CCT, por via do intervalo de tempo entre a denúncia e a produção dos efeitos extintivos do contrato, permita assegurar à entidade

Verificada a inadmissão, por princípio, de um aumento convencional do prazo de aviso prévio e traçada a destrinça entre os acordos que fixam indemnizações para o caso de o trabalhador não permanecer ao serviço durante determinado lapso temporal (inválidos) e a figura da cláusula penal – esta, como se sabe, um acordo por meio do qual os sujeitos fixam antecipadamente a indemnização a pagar pelo devedor em caso de *não cumprimento* da obrigação[1403] –, não se poderá, contudo, negligenciar os efeitos produzíveis por convenções sobre a responsabilidade do trabalhador em caso de incumprimento do prazo de aviso prévio, que tendem a proliferar no quadro das denominadas *relações de trabalho materialmente especiais* (tendencialmente: quadros dirigentes, técnicos qualificados, artistas, ou, num outro plano, trabalhadores em comissões de serviço).

Sem deixar de se ter presente que, por um lado, a extensão de mecanismos estabilizadores pode, na prática, inviabilizar o exercício de um direito que a Constituição e a lei atribuem aos trabalhadores[1404], mas que, por outro, existem várias configurações contratuais, que, no plano laboral, apesar de não aparecerem qualificadas como tal, se hão-de considerar especiais[1405], o objecto de que

empregadora a necessária planificação desportiva e acudir às consequências da cessação do contrato – com a desvinculação unilateral *ad nutum* do treinador, consubstanciada na denúncia, a não provocar, no imediato, a extinção da relação laboral, apenas encurtando a sua estrutura geneticamente temporal ou, assim a desvinculação seja imediata, com o treinador a ter de pagar uma indemnização de valor igual à remuneração correspondente ao período de aviso prévio em falta –, a estabilização do contrato de treinadores substanciada no diferimento da produção de efeitos, ao limitar a eficácia da desvinculação perpetrada, envolve directamente o princípio da liberdade de trabalho. Esta intervenção, *prima facie* inconstitucional, vai todavia lograr cobertura no n.º 2 do art. 339.º, que vem permitir o alargamento do prazo de aviso prévio estabelecível por IRCT, possibilidade reiterada, no que à extensão do prazo de aviso prévio diz respeito, no n.º 2 do art. 400.º, relativamente a trabalhadores que ocupem *cargos de administração ou direcção*, bem como *funções de representação ou de responsabilidade*, conquanto não se ultrapasse o limite de seis meses.

[1403] Cfr. ANTÓNIO PINTO MONTEIRO, "Sobre as «cláusulas de rescisão» dos jogadores de futebol", RLJ 2005, n.º 3934, 20, salientando que "a pena só é exigível perante um comportamento ilícito do devedor".
[1404] Sobre a feição estabilizadora subjacente a um regime que vede a desvinculação sem justa causa, analisando então o n.º 6 do art. 7.º do Decreto n.º 36.173, *vide* RAÚL VENTURA, "Extinção das relações jurídicas de trabalho" (1950), cit., 252-5.
[1405] Neste sentido, cfr. MONTOYA MELGAR, *Derecho del Trabajo* (2000), cit., 500-1, que, além do elenco consagrado no art. 2 do ET – desportistas profissionais, pessoal de alta direcção, serviço doméstico, presidiários, artistas de espectáculos públicos, dos trabalhadores que intervenham em operações mercantis, dos deficientes que laborem em Centros Especiais de Emprego e estivadores portuários –, e dando os exemplos do contrato de trabalho ao domicílio, do contrato de "embarque" ou dos contratos de trabalho aeronáutico ou ferroviário, entende que existem outras relações que, pela sua natureza, não são integralmente reconduzíveis ao modelo normativo que o ET acolhe,

tratamos atina com a admissibilidade da aposição de cláusulas penais em Direito do trabalho, face à importante projecção do aspecto probatório no que respeita aos danos causados que sobrelevem o critério *forfaitaire* desenhado sobre o valor igual à retribuição base e diuturnidades correspondentes ao período de antecedência em falta, e que, no critério da lei, de acordo com o princípio geral da ressarcibilidade dos danos (*aestimatio sin limite*)[1406], são indemnizáveis[1407].

Na medida em que o art. 401.º – aplicável, *ex vi* do art. 339.º, enquanto "*standard* mínimo", também para as situações em que a *(i)* a resolução do contrato de trabalho é promovida verbalmente pelo trabalhador, *(ii)* é feita após o prazo de 60 dias subsequente ao conhecimento dos factos integráveis no art. 394.º, *(iii)* não contém indicação dos factos que a justificam, *(iv)* em que a invocação de justa causa *não* é provada pelo trabalhador ou, com propósito idêntico, pelo art. 403.º, para a verificação da situação de abandono do trabalho –, atinente à falta de cumprimento do aviso prévio, vem determinar que o trabalhador que não cumpra, total ou parcialmente, o prazo de aviso prévio estabelecido no art. 400.º "fica obrigado a pagar ao empregador uma indemnização de valor igual à retribuição base e diuturnidades correspondentes ao período de antecedên-

---

cujas especificidades imporão, nessa perspectiva, a inaplicabilidade do regime arquetípico em toda a sua extensão.

[1406] Veja-se MANUEL GOMES DA SILVA, *O dever de prestar e o dever de indemnizar*, Vol. I, Lisboa, 1944, 64 e ss., sendo que, no plano constitucional, J. J GOMES CANOTILHO & VITAL MOREIRA, *Constituição Portuguesa da República Anotada* (1993), cit., 63, ao falarem em regras que se "apresentam como consequência imediata e irrecusável daquilo que constitui o cerne do Estado de Direito Democrático", não deixam de aludir ao "direito geral à reparação dos danos". De qualquer modo, cumprirá considerar a aplicação do art. 494.º do CC, que, em atenção a princípios fundamentais do ordenamento e, com base na equidade, funciona como válvula de escape do sistema, sem que haja motivos para proceder ao seu afastamento (bem ao contrário) no *regime laboral de frequência média*. Para tanto, a idade do trabalhador, a sua situação sócio-familiar ou os motivos que, embora ilicítos ou não provados, o impeliram à quebra contratual, podem assumir um papel relevante.

[1407] Sendo mesmo possível que sobrevenham ao empregador danos não patrimoniais, equação verificável, face à ruptura *ex abrupto* no seio de empresas de carácter familiar (sobre o alcance da expressão danos não patrimoniais, mais abrangente do que a expressão danos morais, porque inclusiva de danos estéticos, biológicos, *etc.*, cfr., por todos, ADRIANO VAZ SERRA, "Reparação do dano não patrimonial", BMJ 1959, n.º 83, 69-109), salientando-se, na circunstância, que a satisfação pelos danos morais não é uma verdadeira indemnização, no sentido de um equivalente do dano, isto é, de um valor que reponha as coisas no estado anterior à lesão, pretendendo-se, tão-só, atribuir ao lesado uma compensação pelo dano sofrido, uma vez que este, sendo apenas moral, não é susceptível de equivalente. Ainda assim, importará não olvidar que os danos de que tratamos, por força do princípio da liberdade de trabalho, não consistem no malogro dos fins empresariais realizáveis por meio do contrato descontinuado, mas, tão somente, naqueles que se produziram por "inobservância do prazo de aviso prévio".

cia em falta, sem prejuízo da responsabilidade civil pelos danos eventualmente causados em virtude da inobservância do prazo de aviso prévio ou emergentes da violação de obrigações assumidas em pacto de permanência", suscitam-se dúvidas acerca dos efeitos que uma cláusula penal comporta para o trabalhador.

A questão pode colocar-se nos seguintes termos: será que o princípio da imperatividade do regime de cessação do contrato de trabalho e o princípio da liberdade de trabalho se compaginam com a desnecessidade, inerente à função de liquidação prévia da cláusula penal, de o empregador ter de fazer prova dos danos que extravertam o valor igual à retribuição base e diuturnidades correspondentes ao período de antecedência em falta?[1408]

Se a invocação da imperatividade do regime de cessação do contrato de trabalho, designadamente quanto à inaumentabilidade dos valores da indemnização por via convencional, se perfila pouco operativa – uma vez que tudo depende do tipo de cláusula penal admissível, não se cuidando, *qua tale*, da ampliação do montante indemnizável, mas tão somente de um instrumento que prefixa o montante da indemnização susceptível de atribuição e que pode ser reduzido em conformidade com os danos concretamente verificados –, também aqui importará não descurar os efeitos inibitórios sobre um trabalhador que deseja a desvinculação do contrato de trabalho e que, para tanto, não aguenta a continuidade da execução da prestação de trabalho que está subjacente à necessidade de cumprimento do prazo de aviso prévio.

O rompimento do contrato (cuja ilicitude não é confundível com a eficácia da desvinculação) inspira-se na necessidade de evitar que o trabalhador fique prisioneiro da relação: a exigência de que continuasse a laborar contra a sua vontade ofenderia o reconhecimento da dimensão pessoal da sua prestação e contenderia com o princípio da liberdade de trabalho, que, como se viu, apresenta outrossim como corolário a *liberdade de não trabalhar*, sendo aliás plúrimas as situações que podem concorrer para o desejo do trabalhador em desvincular-se no imediato (mau ambiente de trabalho, aspectos da vida familiar, *etc.*)[1409].

Embora as fronteiras colocadas em torno do debate sobre a admissibilidade de cláusulas penais com projecção jus-laboral se cinjam quase sempre à necessidade de limitação do *quantum respondeatur*, impõe-se não esquecer que aquela

---

[1408] Rejeitando a possibilidade, v., entre nós, JÚLIO VIEIRA GOMES, *Direito do Trabalho* (2007), cit., 909-12. Admitindo-a: JOSÉ ANTÓNIO MESQUITA, "Poder disciplinar", *Direito do Trabalho. Suplemento ao BMJ*, Lisboa, 1979, 243 e 249 e ANTÓNIO PINTO MONTEIRO, *Cláusula Penal e Indemnização* (1990), cit., 155-6.

[1409] Assim, também: NICOLAS COLLET-THIRY, "Le préavis de prise d'acte: le risqué disproportionné encouru par le salarié usant de son droit de provoquer une rupture immédiate" (2012), cit., 625.

stipulatio produz "efeitos sintéticos" sobre a prova processual[1410], dispensando, enquanto emanação da vontade dos sujeitos, a demonstração dos danos provocados com o incumprimento[1411].

Nesta linha, porque a liberdade de desvinculação pelo trabalhador constitucionalmente imposta se plasma na "liberdade de romper o contrato se não for do seu interesse ou não for de sua vontade mantê-lo"[1412], não cremos que, por regra, seja aceitável uma cláusula que, podendo refractar-se no montante indemnizatório devido pelo trabalhador em caso de desvinculação, retire ao empregador o ónus "de fazer prova, através da acção judicial competente, dos prejuízos sofridos"[1413] que não se confinem ao *minimum* do valor igual à retribuição base e diuturnidades correspondentes ao período de antecedência em falta[1414].

Com efeito, considerando que a autonomia da vontade em Direito do trabalho conhece limitações operativas importantes (= desigualdade originária dos sujeitos como alavanca marcante do padrão de referência adoptável, implicativa de um *favor iuris*[1415]) e que, mais acuradamente, o conteúdo da liberdade de trabalho não pode ser abandonado ao *laissez faire laissez passer, le monde va de soi meme* (invocando-se, *a posteriori*, que *quod initio convenit, legem enim contractus...*[1416]), entendemos, por princípio, e em razão do "complexo sistema de tutela dos direitos dos trabalhadores que tende a suprir a sua diminuída capacidade individual de exigir e reclamar"[1417], que a figura das cláusulas penais não logrará aprovação, já que a susceptibilidade de pôr termo a todo o momento à relação laboral que emana do comprometimento da pessoa do trabalhador na execução

---

[1410] Cfr. LUISA DEGOLU, *Le modificazioni convenzionali della responsabilità civile*, Le monografie di Contratto e impresa. Serie diretta da Francesco Galgano (58), Cedam, Pádua, 2000, 158-160.

[1411] Sobre este ponto, recenseando ainda vasta jurisprudência, cfr. MAS ABADIA, *La Revision Judicial de Las Clausulas Penales*, Tirant Lo Blanch Monografias (38), Valência, 1995, 379. A questão não se confunde, evidentemente, com as convenções em que os sujeitos afastam a presunção de culpa que a lei, na responsabilidade contratual, faz recair sobre o devedor (art. 799.º do CC) e que, na prática, são uma forma de reposição das regras gerais sobre o ónus da prova (art. 342.º do CC).

[1412] Assim, JORGE LEITE, *Direito do Trabalho*, vol. I (1998), cit., 65. Analogamente, cfr. JEAN PÉLISSIER/ALAIN SUPIOT/ANTOINE JEAMMAUD, *Droit du Travail* (2008), cit., 535.

[1413] As palavras, referentes à ausência de qualquer cláusula penal, são de CARLOS A. MOTA PINTO, *Teoria Geral de Direito Civil* (1992), cit., 586, sendo que, perante uma cláusula penal, "o credor deixa de ter de fazer essa prova, sendo o montante da indemnização aquele em que as partes tiverem acordado".

[1414] Afinal, "il problema dei rapporti dell'istituto con la disciplina del risarcimento del danno", de que fala LUISA DEGOLU, *Le modificazioni convenzionali della responsabilità civile* (2000), cit., 159.

[1415] A expressão é de RAÚL VENTURA, *Teoria da Relação Jurídica de Trabalho* (1944), cit., 195.

[1416] ULPIANUS, *Digesto*, Livro II, Tít. XIV, fr. 7.

[1417] Ainda ANTONIO MONTEIRO FERNANDES, *Direito do Trabalho* (2012), cit., 26.

da prestação de trabalho não pode ser absolutamente desligada da opção do ónus da prova, e esta, como salienta Leo Rosenberg, constitui (*cum grano salis*) "a premissa menor do silogismo judiciário"[1418].

Assim, se "a possibilidade de as relações de trabalho se afastarem da tipicidade legal estiola a vocação social histórica do Direito do trabalho"[1419], parece também seguro que o surgimento de uma posição que, com vista à impostação ilimitada de claúsulas penais em Direito do trabalho, se escore na aproximação terminológica das diferentes formas de cessação das categorias à esquematização dogmática do Direito civil que o CT 2003 trouxe consigo[1420], entretanto nominologicamente algo inflectida pelo CT2009, dificilmente se eximirá à crítica de que a uniformização terminológica adoptada em nada parece influir na apreciação de uma hipótese cujo referente é, a final, a protecção dispensável ao trabalhador que, actuando a sua "liberdade de romper o contrato"[1421], se demitiu.

Distinguindo-se, deste modo, o plano das formas de cessação do contrato de trabalho (aliás, também elas, tanto nos seus fundamentos quanto no respectivo alcance, inidentificáveis em absoluto com as que o Direito comum contempla) do plano das consequências emergentes da extinção da relação de trabalho, já se vê que o resultado prático comportado pela transposição dos efeitos advenientes dos arts. 810.º e 811.º do CC não deixaria de trazer sérias dificuldades práticas para o trabalhador em fazer prova de que os danos provocados pela inobservância do aviso prévio, e que exorbitam do critério mínimo abstractamente imposto, não se verificaram na *medida* e com a *extensão* que a cláusula penal previamente estabeleceu[1422].

[1418] Leo Rosenberg, *La Carga de La Prueba* (trad. Ernesto Krotoschin), 2.ª ed., Julio Cesar Faira Editor, Buenos Aires, 2002, 22.

[1419] Umberto Romagnoli, "La déréglementation et les sources du droit du travail", RIDC 1990, n.º 1, 9.

[1420] Sobre esta aproximação à categorização civilística, veja-se Pedro Romano Martinez, "Considerações gerais sobre o Código do Trabalho" (2003), cit., 15, que retomou, quase na íntegra, a tipologia presente no art. 97.º do Anteprojecto Pessoa Jorge.

[1421] Ainda Jorge Leite, *Direito do Trabalho*. Vol. I (1998), cit., 65.

[1422] Já que, como nota Luisa Degolu, *Le modificazioni convenzionali della responsabilità civile* (2000), cit., 158, estamos na presença de "un acordo che assicuri al creditore, in qualsiasi ipotesi di inesatto adempimento e indipendentemente dalla prova del danno, il diritto ad una prestazione minima". E, neste plano, caberá recordar que para a jurisprudência pátria, e sem prejuízo da prova do cumprimento do prazo de aviso prévio impender sobre o trabalhador, a alegação e a prova dos danos correlacionados com a inobservância do aviso prévio competem ao empregador – por exemplo, Ac. Rl. Pt. de 15.04.2002 (Amílcar Andrade), proc. n.º 0110571, e, já antes, Ac. Rl. Pt. de 05.06.2000 (Machado da Silva), proc. n.º 0040464, este último também colacionado por Júlio Vieira

Tratando-se de um regime algo drástico, a intransponibilidade das dimensões actuantes de uma cláusula penal para o domínio das relações laborais encontra arrimo na necessidade de assegurar protecção eficaz à parte débil da relação contratual, atenta a situação económica e social do trabalhador e valorada a situação processual em que aquele quedaria após a cessação do contrato de trabalho: entre nós, conforme faz notar MONTEIRO FERNANDES, no que tange ao *acréscimo da indemnização* relacionado com a *responsabilidade civil pelos danos eventualmente causados em virtude da inobservância do prazo de aviso prévio*, "é necessário que seja alegada e provada em juízo a existência de danos extraordinários causados pela extinção irregular do contrato a que o trabalhador procedeu"[1423], tratando-se, naturalmente, do ónus da prova subjectivo[1424].

Ainda assim, este tipo de cláusulas não pode ser letra morta em Direito do trabalho, não se vislumbrando que a falta de previsão expressa acerca da cláusula penal na legislação laboral e o seu revestimento juscivilístico sejam argumentos bastantes para impedir de forma absoluta o seu acolhimento: a aplicação de instrumentos civilísticos é sempre possível, conquanto se imponha a sua sujeição às coordenadas sistémicas da situação laboral.

Estando absolutamente afastada a perspectiva de que a legislação laboral tem de esgotar as previsões sobre os institutos potencialmente cabíveis, é aliás no domínio das cláusulas de limitação à liberdade de trabalho que a aplicação de disposições inscritas no Código Civil mais se evidencia, de que são exemplo os vícios do negócio jurídico ou a aplicação da "obrigação de indemnização", que, conforme se verá, embora não estando prevista para os pactos de não concorrência, surge como uma imposição necessária.

Nesse sentido, a transladação para a área laboral da presunção acerca da relação entre o incumprimento do contrato de trabalho e o dano que é implicada pelo n.º 1 do art. 810.º do CC[1425] postula uma desconstrução do pensamento

---

GOMES, "Da Rescisão do Contrato de Trabalho por Iniciativa do Trabalhador" (2003), cit., 134 (nota 15).

[1423] ANTÓNIO MONTEIRO FERNANDES, *Direito do Trabalho* (2004), cit., 608 [=*Direito do Trabalho* (2012), cit., 532-3].

[1424] E não do ónus objectivo, que atina com a actividade do julgador quando procede à apreciação da matéria de facto, embora a intersecção entre os ónus da prova subjectivo e objectivo se mostre clara nos casos em que o juiz, face à prova recolhida, não consegue dissipar as dúvidas em relação a questões factuais, circunstância em que a decisão judicial será contrária à pretensão da parte a quem incumbia fazer prova em juízo: cfr. MIGUEL TEIXEIRA DE SOUSA, "A livre apreciação da prova em Processo Civil", SI, T. XXXIII n.os 187/188, 1984, 116-118.

[1425] E que remove, conforme se disse, as incertezas de prova do dano e da sua extensão, partindo-se, esquematicamente, do seguinte raciocínio: se após o incumprimento do contrato se verificam

absolutizante de inferioridade posicional do trabalhador que caracteriza o *cenário-referência* deste ramo[1426], requerendo-se, em conformidade, uma análise concreta das posições ocupadas pelos sujeitos laborais[1427].

Recuperando o *looping* reflexivo de TEUBNER – implicativo, nesta dimensão, de um centramento teorético na regulação legal da autonomia e nos processos de auto-normação social, que, enquanto tal, é incompatível com uma absorção analítica por esquemas simplistas[1428] –, a diferenciação exigível entre os diversos trabalhadores, que haverá de ser estabelecida a partir da sua capacidade negocial[1429], logra consequências no que se refere à matéria incidente sobre a prova dos danos causados com o incumprimento do contrato de trabalho, pois que "uma categoria abstracta de «trabalhador» que agrupe o director de um banco e um operário indiferenciado, o chefe de orquestra ou o investigador científico é demasiado absoluta para ser verdadeira: estas situações – e muitas outras que se poderiam imaginar – são manifestamente diferentes, seja qual for o prisma por que se considerem, para comportarem, com justiça, um tratamento indistinto"[1430].

Nesta linha, ponderando-se os valores susceptíveis de serem atingidos e verificando-se, enquanto *prius*, uma ausência de necessidades sociais de defesa de um dos contraentes que obtempere à fixação prévia de um montante indemnizatório para o caso de inadimplemento, entender-se-á que em relação a uma cláusula penal que, para o abandono do trabalho por banda de um administrador de uma empresa, fixa um *quantum respondeatur* superior ao valor igual à retri-

danos do tipo que a cláusula penal destinava cobrir, então existe uma conexão causal entre o resultado danoso *ex ante* quantificado e o incumprimento contratual por banda do trabalhador.

[1426] Ao contrário, e sem prejuízo da feição proteccionista do Direito do trabalho e da manutenção das características próprias deste ramo do Direito [ver: JOSÉ JOÃO ABRANTES, "Liberdade contratual e lei: o caso das cláusulas de mobilidade geográfica dos trabalhadores" (2011), cit., 504], sociologiza-se o Direito do trabalho a partir de uma hipótese-quadro, situando-se toda e qualquer situação laboral nas suas coordenadas, com o consequente trabalho dogmático baseado nos seus pressupostos, operando-se, por essa via, uma ablação da sua enorme riqueza sistémica e uma simplificação conceptualmente redutora.

[1427] Assim, ROBERTA DI VIETO/ALESSANDRA GARZYA/UMBERTO ORSO GIACONE, *Lavoro* (2011), cit., 38 e Trib. Venezia, 23.10.2003, LG 2004, n.º 7, T II, 692.

[1428] GÜNTHER TEUBNER, *Droit et réflexivité: l'auto-référence en droit et dans l'organisation* (1996), cit., 18 e ss..

[1429] Assim, CARLO ZOLI, "Clausole di fidelizzazione e rapporti di lavoro" (2003), cit., 451, que, com referência às cláusulas de permanência, parece mesmo admitir que estas possam valer na ausência de um investimento significativo do empregador, conquanto o trabalhador não se encontre numa posição de debilidade contratual (...).

[1430] Assim: ANTÓNIO MENEZES CORDEIRO, *Manual de Direito do Trabalho* (1997), cit., 109-110.

buição base e diuturnidades correspondentes ao período de antecedência em falta não caberá fazer uma rejeição *in limine*.

Uma vez que a cláusula penal se funda no princípio da liberdade contratual, ela vai valer dentro dos limites em que se move aquele princípio. E este, muito por obra do expansionismo da cláusula geral de ordem pública, acaba onde começa a necessidade de preservação de princípios básicos de justiça contratual[1431] e, no concreto, a necessidade de tutela do trabalhador: se, por um lado, é imperioso o afastamento de qualquer tentame de retorno a fórmulas puramente civilísticas que podem exponenciar situações de exploração do mais fraco (ainda o *status subjectionis*), por outro, não menos necessário se antolha *desformalizar* a figuração globalizante de congénita debilidade do trabalhador, porque desajustada dos condicionalismos da actual ordem social, sempre que aquela não exista no concreto[1432].

Em consonância, admitir-se-á, em princípio, penas convencionais[1433] para as situações de incumprimento contratual por parte de trabalhadores que, na estrutura do Código, não reclamam a aplicação em toda a sua extensão do "princípio de ordem pública de tutela do trabalhador subordinado", princípio que, logrando projecção no chamado direito adjectivo (ainda e também as *especificidades* do processo do trabalho[1434]), impulsionou a destruição do *dogma dos sujeitos livres e iguais*[1435].

Para tanto, e não se curando agora das relações de trabalho formalmente especiais, um *tour d'horizon* pelo Código aporta-nos a uma construção heurística que, baseando-se no registo sistemático de certos traços normativos, permite uma explanação (uniformizadora) dos elementos que compõem as diferentes *factis species* e que, por via da correlativa projecção de outros tantos esquemas socialmente tipificáveis, justificam a aplicação de *critérios distintos*[1436] dos que

---

[1431] FABRIZIO DI MARZIO, *La nullità del contratto* (1999), cit., 208.
[1432] JACQUES BARTHÈLÉMY, "Vers un nouveau droit du travail", *Futuribles* 1998, n.º 237, Paris, 31-7.
[1433] Cfr ANTÓNIO PINTO MONTEIRO, *Cláusula Penal*, cit., 155 e, em sentido idêntico, Ac. Rl. Pt. de 06.11.1995 (RAMOS DA FONSECA), CJ 1995, V, 264.
[1434] Recorde-se que esta matriz protectiva encontra reflexo no CPT, onde se acolhem princípios como o da prevalência da justiça material sobre a justiça formal, da celeridade processual, da simplicidade processual, da conciliação e, porventura, de forma mais pronunciada, em mitigação do princípio dispositivo que perpassa o Direito processual civil, o dever de condenação *extra vel ultra petitum*. Sobre estes princípios, virtualmente justificantes de uma "autonomia do Direito Processual do Trabalho", cfr. JOSÉ MARIA RODRIGUES DA SILVA, *Aplicação do Direito na Jurisdição do Trabalho*, Coimbra Editora, Coimbra, 1991, 25 e ss..
[1435] MÁRIO PINTO, *Direito do Trabalho* (1996), cit., 36.
[1436] CARLO BEDUSCHI, *Tipicitá e Diritto* (1992), cit., 37-40.

vêm associados à irradiação do modelo laboral de frequência média, paradigma das "motivações genéricas, uniformes e constantes da contratação real"[1437].

Utilizando os vários índices de co-ocorrências entre as diversas *factis specii*, a construção basear-se-á numa análise cruzada das respectivas frequências relativas, com vista à construção das redes de *relações* entre os elementos recenseados, que permitirá, a final, um desenho das formas plurais de prestação de trabalho no seio do próprio Código do Trabalho[1438].

Encontrando-se, desde logo, no corpo regulativo dos pactos de não concorrência um afloramento desta visão pluralística – o n.º 5 do art. 136.º, tratando-se de *trabalhador afecto ao exercício de actividades cuja natureza suponha especial relação de confiança ou com acesso a informação particularmente sensível no plano da concorrência*, possibilita que, em razão do *tipo de trabalhador* e dos interesses especificamente conexos com o conteúdo da obrigação gerável, a obrigação de não concorrência seja prolongada até três anos –, o policentrismo intra-paradigmático, que vem de ser notado, trespassa outrossim vários aspectos do regime aplicável a quem dispõe da sua força de trabalho[1439], suscitando a "conveniência de distinguir categorias de trabalhadores, para daí tirar consequências regimentais"[1440] e

---

[1437] Nuno Cabral Basto, "Contratos Especiais de Trabalho" (1969), cit., 70.

[1438] Ainda antes do CT, Pedro Romano Martinez, "Os novos horizontes do Direito do Trabalho", III *Congresso Nacional de Direito do Trabalho. Memórias* (org. António Moreira), Almedina, Coimbra, 2001, 344, fazia salientar que, "na realidade, cada vez mais, a tendência aponta para a inexistência de uma classe única na qual se incluem todos os trabalhadores, pois deve atender-se aos diversos tipos de prestadores de actividade".

[1439] Com efeito, (i) nos contratos de trabalho por tempo indeterminado, o período experimental apresenta uma duração de cento e oitenta dias para os *trabalhadores que exerçam cargos de complexidade técnica, elevado grau de responsabilidade* ou que pressuponham uma *especial qualificação*, bem como para os que desempenhem *funções de confiança*, sendo de duzentos e quarenta dias para o *pessoal de direcção e quadros superiores* (al./b do art. 112.º), (ii) por acordo escrito, pode ser isento de horário de trabalho o trabalhador que exerça *cargos de administração, de direcção, de confiança, de fiscalização ou de apoio aos titulares desses cargos* (al./a do n.º 1 art. 218.º), (iii) podem ser exercidos em comissão de serviço os *cargos de administração ou equivalentes, de direcção ou chefia dependentes da administração* ou de director-geral e equivalente, as funções de secretariado pessoal relativas aos titulares desses cargos, bem como outras, previstas em instrumento de regulamentação colectiva de trabalho, cuja natureza também suponha *especial relação de confiança em relação a titular daqueles cargos* (art. 161.º) e (iv) a duração do pré-aviso, enquanto tal potencialmente limitativa da liberdade de trabalho, pode ser alargada até seis meses, através de instrumento de regulamentação colectiva de trabalho ou de contrato de trabalho, relativamente a trabalhadores que ocupem *cargos de administração ou direcção* ou que exerçam *funções de representação ou de responsabilidade* (n.º 2 do art. 400.º).

[1440] M.ª Rosário Palma Ramalho, *Direito do Trabalho. Parte II* (2010), cit., 308.

permitindo, por essa via, um "controlo teleológico dos elementos sistemáticos utilizados"[1441].

Reassumando-se, a partir de teoremas menores[1442], estas valorações nucleares, trata-se "de apurar, por detrás da lei e da *ratio legis*, a *ratio iuris* determinante, pois só assim podem os valores singulares libertar-se do seu isolamento aparente e reconduzir-se à procurada «conexão orgânica»"[1443], o que, no caso, implicará a assunção de uma forma de captação das diferenças de estruturas lógico-materiais que formam o *sistema laboral objectivo*[1444], enquanto tal, não atível, no seu plano ordenador, à ponderação requerida pela efígie que predomina no modelo ordinário da relação de trabalho[1445].

Assim, só o método exegético (hoje ultrapassado), por via da situação do limite hermenêutico nas formas de compreensão ostensiva, poderia impedir a

---

[1441] CLAUS-WILHELM CANARIS, *Pensamento Sistemático e Conceito de Ciência do Direito* (1996), cit., 187.
[1442] Plasmados em preceitos diferentes, orientados por objectivos específicos e com graus de eficácia diversos.
[1443] CLAUS-WILHELM CANARIS, *Pensamento Sistemático e Conceito de Ciência do Direito* (1996), cit., 77. Por isso, o sistema, independentemente da perfilhação de qualquer teoria sistémica (Teubner/Luhman), é um conjunto de elementos em concatenação constante, não agregados com estocasticidade, de tal modo que estes não são compreensíveis independentemente uns dos outros: existem conexões de sentido sistemicamente impostas, que surgem como condicionamentos inevitáveis, quer na óptica do sistema interno, ou seja, da ordem material conexionada, quer na óptica do sistema externo, ou seja, da ordem *ex-positiva* adoptada. Topa-se, assim, com uma estrutura dialógica, multifuncional e heterogénea: o centro, o núcleo regulativo central (*hasard organisauter*), gera respostas de coerência e racionalidade relativamente a um conjunto cada vez mais complexo de demandas provenientes do sistema social.
[1444] Sobre a conexão entre o sistema *objectivo* e o sistema *científico*, onde se encontram formulações daquele, CLAUS-WILHELM CANARIS, *Pensamento Sistemático e Conceito de Ciência do Direito* (1996), cit., 13 e, entre nós, PAULO OTERO, *Lições de Introdução ao Estudo do Direito*. I Vol., 2.º Tomo, Lisboa, 1999, 313 e ss..
[1445] Este policentrismo da legislação laboral não significa necessariamente uma representação fractal da coerência axiológica dos quadros laborais, uma vez que pluralização do Direito do trabalho aparece imposta por uma condição de coerência, permitindo que o intérprete-aplicador, sem qualquer desvio à funcionalidade constitutiva que autonomizou este ramo do Direito, ordene as diferentes categorias de inteligibilidade que o determinam, atendendo à posição concreta dos sujeitos. Por isso, a assunção de uma unificação tipológica da realidade laboral (no fundo o modelo-tipo como forma de pensamento) revela-se inadequada sempre que aparece coenvolvida por uma construção apegada a uma racionalidade formal, esquema valorativo que, muitas das vezes justificado por razões culturais, antropológicas, literais e de comodismo, não é mais do que o produto de uma herança de excessiva rigidez baseada num dispositivo modelar de absorção social do risco, que, todavia, não encontra apego à realidade, necessariamente heterogénea, que envolve os sujeitos laborais. Ainda sobre os efeitos da *classificazione dei lavoratori*, baseando-se na *categorie legislative dei prestatori di lavoro*, cfr. GIOVANNI NICOLINI, *Compendio di Diritto del Lavoro* (2004), cit., 257 e ss..

extensão eminente do regime probatório associado a uma cláusula penal que um conjunto diversificado de hipóteses, em razão da sua "dimensão intencional", pode aprovar, o que, na prática, exprimirá também uma reversão do esgotamento conceptual que surge associado ao paradigma da relação típica de trabalho, coberto sob o manto de uma sujeição formal e indiscriminada dos trabalhadores a um mesmo regime jurídico[1446], e que não quadra com a realidade concreta.

Neste quadro, mau grado o reconhecimento de que aos sujeitos deve ser atribuída a capacidade bastante para proverem à sua auto-regulação de interesses, tal não significará, contudo, que seja considerada atendível, perante a necessidade de observar o princípio da liberdade de trabalho, e tendo em conta as disposições constitucionalmente concretizadoras do CT, a perfilhação da validade de cláusulas cuja única finalidade é a compulsão do trabalhador à manutenção do contrato e que se mostram absolutamente desproporcionadas perante os prejuízos efectivamente causados (danos emergentes e lucros cessantes) com a actuação de um acto desvinculativo imotivado.

Porque uma cláusula deste jaez postula sempre uma "conexão integrada do tipo contratual onde ela esteja sediada"[1447] e perante a meridiana inadmissibilidade de uma cláusula penal compulsória (*penalty clause*) – cuja índole é "exclusivamente compulsivo-sancionatória"[1448] –, apenas uma *cláusula de fixação antecipada do dano* (*liquidated damages clause*)[1449], dirigida à facilitação da prova do dano e

---

[1446] Por aqui se compreende também o papel que a jurisprudência, ainda que com alguma descontinuidade, vem desenvolvendo no sentido de "não indistinguir" as diversas categorias de trabalhadores. Perante a fixidez abstracta do quadro legal, os tribunais foram aceirando alguns aspectos de regime, de que é exemplo o preenchimento do conceito de justa causa. Cfr. BERNARDO LOBO XAVIER, "Justa causa de despedimento: conceito e ónus da prova", RDES 1988, n.º 1, 44.
[1447] ANTÓNIO MENEZES CORDEIRO, *Da Boa Fé no Direito Civil* (1997), cit., 966 (nota 241).
[1448] ANTÓNIO PINTO MONTEIRO, *Cláusula Penal e Indemnização* (1990), cit., 604-5.
[1449] ANTÓNIO PINTO MONTEIRO, *Cláusula Penal e Indemnização* (1990), cit., 601 e ss.. O Autor adopta uma visão tricotómica da cláusula penal: *cláusula penal em sentido estrito*, *cláusula penal puramente compulsória* (a que acresce a execução específica e a indemnização correspondente) e *cláusula penal enquanto fixação antecipada do dano (Schadensersatzpauschalierung)*, sendo esta que parte da doutrina admite à luz do art. 811.º do CC, pois o credor, afora a hipótese em que a cláusula haja sido estabelecida para o atraso da prestação, não pode exigir cumulativamente o cumprimento da obrigação principal e o pagamento de uma cláusula penal, estando ainda vedada, para além do mais, *ex vi* n.º 3, a exigência de uma indemnização que exceda o valor do prejuízo resultante do incumprimento da obrigação principal. Em sentido diferente, entendendo que a *divisio* cinge-se a duas (a cláusula penal *tout-court* e a pena), v. INOCÊNCIO GALVÃO TELLES, *Direito das Obrigações* (1997), cit., 457 e ss., ANTÓNIO MENEZES CORDEIRO, *Tratado de Direito Civil, I* (2002), cit., 532, e, na jurisprudência, Ac. STJ de 19.02.2002 (JOAQUIM DE MATOS), Revista n.º 2207/02 – 2.ª Secção, *Boletim STJ*,

à determinação prévia do *quantum* devido, haverá de ser permitida[1450], tratando-se, aliás, de matéria subtraída à plena capacidade dispositiva dos sujeitos[1451].

Assim, embora em condições normais se possa entender que o julgador só tem "o poder de reduzir a cláusula penal manifestamente excessiva e não já a cláusula excessiva"[1452], a redução, neste espectro, de um *quantum* que não seja manifestamente excessivo – mas tão somente excessivo – impor-se-á perante as necessidades de tutela jurídica do trabalhador que arrancam da posição debitória em que este se encontra (pré-referente teleológico que encontra reflexo em diversas proposições normativas sistemicamente concatenáveis[1453]) e perante o senso ético-jurídico dominante[1454] que, na economia equitativa de uma cláusula penal, obriga a um *nexum* com o restante conteúdo do negócio (enquanto tal, conforme frisa o BAG, incompatível com práticas abusivas[1455]), a que, por seu turno, se associa a inaumentabilidade dos valores da indemnização por via convencional que deriva da imperatividade do regime de cessação do contrato de trabalho.

Com efeito, considerando que na apreciação do carácter excessivo da cláusula penal, o juiz não poderá deixar de atender: *(i)* à natureza e às condições de formação do contrato, *(ii)* à situação económica e social das partes, *(iii)* aos seus interesses patrimoniais e não patrimoniais, *(iv)* ao prejuízo previsível no momento da outorga do contrato e ao efectivo prejuízo sofrido pelo credor, *(v)*

---

de 09.2002; ainda mais restritivamente, cfr. João Calvão da Silva, *Cumprimento e Sanção Pecuniária Compulsória* (1987), cit., 259 (nota 251), que apenas considera a cláusula penal em sentido estrito.

[1450] Assim, perante a posição da jurisprudência francesa quanto ao alcance de cláusulas penais aponíveis a um pacto de não concorrência, v. Christophe Radé, *Droit du Travail* (2002), cit., 35.

[1451] Neste sentido, cingindo-se às *cláusulas de rescisão* que pululam na contratação laboral desportiva, mas com argumentação extrapolável para este quadro de análise, v. João Leal Amado, «Futebol, Trabalho Desportivo e Comissão Arbitral Paritária: um Acórdão Histórico sobre as "Cláusulas de Rescisão", *Estudos do Instituto de Direito do Trabalho*, Vol. IV (coord. Pedro Romano Martinez), Almedina, Coimbra, 2003, 199, IDEM, "As «Cláusulas de rescisão» e a Comissão Arbitral Paritária", D&D 2003, n.º 1, 91.

[1452] As palavras são de João Calvão da Silva, *Cumprimento e Sanção Pecuniária Compulsória* (1987), cit., 276, que observa também que "uma cláusula penal de montante superior, mesmo excessivo, ao dano efectivo não é proibida por lei, não tendo o Juiz poder para a reduzir. Do mesmo modo, a ausência de dano, por si só, não legitima a intervenção judicial".

[1453] M.ª Rosário Palma Ramalho, *Da Autonomia Dogmática do Direito do Trabalho* (2000), cit., 972.

[1454] Salvatore Cicogna, "Ius poenitendi come mezzo di tutela della liberta e ponderatezza del consenso", *Studi in Onore di Pitero Rescigno. III, Diritto Privato*, Giuffrè Editore, Milão, 1998, 176.

[1455] BAG 21.04.2005 – 8 AZR 425/04, NZA 2005, 1053 e BAG 18.12.2008 – 8 AZR 81/08, DB 2009, 2269; antes, firmando também o princípio de que, por regra, o montante estabelecido na cláusula não pode ultrapassar o valor igual à retribuição correspondente ao aviso prévio, v. BAG 04.03.2004, NZA 2004, 727.

às causas explicativas do não cumprimento da obrigação, em particular à boa ou má fé do devedor, *(vi)* ao próprio carácter *a forfait* da cláusula e *(vii)* à salvaguarda do seu valor cominatório, não se poderá, pois, desmerecer a *tutela social que a ordem jurídica confere aos trabalhadores*[1456] e a exigência de inaumentabilidade dos valores da indemnização por via convencional, cuja preservação determinará a redução de uma cláusula excessiva e, naturalmente, com excepção dos danos impreterivelmente associados ao aviso prévio em falta (implicados *ope legis,* e como mínimo, através de uma indemnização conformada sobre a retribuição--base e as diuturnidades associadas a esse período), a possibilidade de alegação e prova por parte do trabalhador da inexistência de qualquer prejuízo[1457].

d) Pactos de não concorrência

27. Com contornos diferenciados, mas com guarida legal expressa, os pactos de não concorrência, por força da sua estrutura intrínseca, podem também produzir efeitos inibitórios sobre a desvinculação do contrato de trabalho[1458].

Na verdade, embora o aspecto seja comummente descurado, o trabalhador, sabendo de antemão a situação em que ficará colocado após a cessação do contrato de trabalho, tenderá a não denunciar o contrato, na ciência de que a denúncia do contrato não o desonera da obrigação abstensiva que sobre ele penderá.

Tratando-se de uma questão que convoca uma especial atenção à forma como as diferentes modalidades cessação do contrato de trabalho se inter-relacionam com a subsistência da obrigação de não concorrência pós-contratual, a compensação que a lei atribui ao trabalhador e o *apertus* que está subjacente ao preenchimento dos demais requisitos garantem, à partida, a inafectação do núcleo essencial da liberdade de trabalho, ainda que, por força da permanência gerável por uma tal obrigação, se deva ponderar este factor (aspecto nem sempre enfocado) no *quantum respondeatur* que emerge da violação do pacto de não concorrência por banda do trabalhador e considerar, em conformidade, que o empregador não pode renunciar àquele pacto (infra).

[1456] *Ethos* cuja significância, no anverso, e para lá das diferenças ordenamentais quanto a aspectos de injuntividade de regime, removerá outrossim a fixação de um quantitativo indemnizatório abaixo daquele que a lei prescreve a favor do trabalhador em caso de cessação do contrato por razões a ele não imputáveis, como faz notar Patrick Brunel, *Formation professionnelle continue. Vol. 2: obligations financières et juridiques de l'enterprise* (2010), cit., 228.

[1457] Sobre esta possibilidade: António Pinto Monteiro, "Sobre a cláusula penal", SI 1983, T. 42, n.os 244/246, 248, embora, em geral, se tenda a irrelevar a prova da ausência de danos.

[1458] Assim, Natacha Gavalda, "Les critères de validité des clauses de non-concurrence en droit du travail" (1999), cit., 582 e ss. e Patrick Brunel, *Formation professionnelle continue. Vol. 2: obligations financières et juridiques de l'enterprise* (2010), cit., 228.

A permanência surge, pois, como um efeito colateral do pacto de não concorrência e o condicionamento produzível não é mais do que a interacção entre os diferentes acordos de limitação da liberdade de trabalho, que, por formarem uma unidade formal, objectiva e normativa, aparecem envolvidos por *auto-condicionamentos sistémicos*, o mesmo sucedendo quanto aos efeitos conformativos que um pacto de permanência pode exercer sobre um pacto de não concorrência.

Atentando à al. c) do n.º 2 do art. 136.º – que prevê que a compensação possa "sofrer redução equitativa quando o empregador houver despendido somas avultadas com a sua formação profissional" –, e verificando-se que o Código vem dar colocação sistemática às despesas efectuadas com o trabalhador em sede de fixação do montante devido pelo empregador, facilmente se apura que, sendo aquelas verbas um fundamento para os pactos de permanência, o período de estada subsequente às acções de formação que relevam para o desconto legal subjacente à *fórmula equitativa* pouco sentido fará na hipótese em que o trabalhador permaneceu ao serviço do empregador ou na hipótese em que o pacto de não concorrência foi antecedido por um pacto de permanência, destinado à amortização daqueles gastos[1459].

e) Cláusulas *garden leave*

28. Com o propósito de obviar à incerteza subjacente à apreciação fazível pelos tribunais quanto ao interesse legítimo tutelado por uma cláusula de não concorrência e quanto ao alcance da dimensão da interdição imposta ao trabalhador e à aferição de uma situação de eventual incumprimento por parte do antigo trabalhador, as cláusulas *garden leave* encontram-se amplamente disseminadas no Reino Unido[1460].

Trata-se de acordos, insertos no contrato de trabalho ou estabelecidos durante a sua execução, que permitem ao empregador recusar a denúncia do contrato efectuada pelo trabalhador, diferindo a sua produção de efeitos, e determinando, por regra, a permanência do trabalhador em casa durante o período correspondente[1461], obrigação efectivável mediante ordem judicial.

[1459] Baseando-se em pressupostos diferentes, nada impede, no entanto, que os pactos de permanência e de não concorrência, sendo funcionalmente sequenciáveis, não possam ser cumulados. Admitindo também essa conjunção subjectiva, v. JEAN-PIERRE CHAUCHARD, "La clause du dédit-formation ou le regime de liberté surveillée appliqué aux salariés" (1989), cit., 388.

[1460] Cfr. NORMAN SELWYN, *Law of Employment* (2008), cit., 483.

[1461] Veja-se *Tullet Prebon (Australia) Pty Ltd v Purcell* [2008] NSWSC 852/ 175 IR 414. Como referia GEORGE A. RICHARDS, "Drafting and enforcing restrictive covenants not to compete", MLR 1972, n.º 241, vol. 55, 242, "what is reasonable and unreasonable will in all instances depend on the facts".

Se em caso de incumprimento do prazo de aviso prévio, o trabalhador estaria obrigado a indemnizar o empregador com referência aos dias em falta, o que se visa com uma cláusula *garden leave* é obrigar o trabalhador a cumprir o contrato até ao termo extintivo associado ao aviso prévio, impedindo que este se transfira de imediato para uma empresa concorrente ou que inicie actividade profissional que colida com os interesses do seu empregador.

Não obstante a multiplicidade de modelos de cláusulas *garden leave* que o tráfico negocial permite observar – basicamente: *(i)* previsão de opção do empregador, em caso de denúncia do contrato pelo trabalhador, quanto à execução do contrato de trabalho em casa durante o período de aviso prévio *ex ante* fixado e *(ii)* previsão de opção do empregador quanto ao alargamento do período de aviso prévio após a denúncia efectuada pelo trabalhador –, certo é que durante esse período o empregador está obrigado a pagar por inteiro a remuneração, encontrando-se o trabalhador adstrito à observância de todos os deveres acessórios, designadamente o *duty of fidelity* (*maxime* não concorrência e reserva quanto a segredos comerciais ou informação confidencial)[1462].

Admitindo-se outrossim que o trabalhador durante o prazo de aviso prévio possa continuar a desempenhar funções na empresa mas com actividade diversa da que vinha exercendo (cabendo ao empregador determinar essas funções[1463]), do que se trata é de afastar o contacto por parte do trabalhador durante esse período com clientes ou segredos de negócio, permitindo-se ao empregador que determine que o direito a férias não gozadas, acumuladas ou susceptíveis de gozo até ao término do contrato seja fruído durante o período *garden leave*, possibilidade que é também reconhecida nos casos em que o trabalhador resolve o contrato com justa causa (*constructive dismissal*).

Em qualquer das situações, e muito por obra do caso *William Hill Organisation Ltd. v. Tucker* [1999][1464], tem-se exigido que os sujeitos laborais hajam disposto *ex ante* acerca da atribuição do direito ao empregador de "não dar trabalho" ao

---

[1462] Hugh Collins, *Employment Law* (2008), cit., 155.
[1463] Tem sido esta a construção jurisprudencial sempre que (i) existe um contacto com público que faz parte da essência das funções desempenhadas pelo trabalhador, (ii) este se encontra adstrito a um projecto específico, (iii) as funções desempenhadas exigem qualidades especiais que demandam, por seu turno, uma prática frequente, destinada à sua preservação e melhoria e (iv) a remuneração auferida conhece uma variação acentuada em razão das funções desempenhadas (designadamente comissões). Apontando para este enquadramento, veja-se o caso *BearingPoint Australia Pty Ltd v Hilliard* [2008] VSC 115 em Joydeep Hor & Louise Keats *Managing Termination of Employment: A Fair Work Act Guide* (2.ª ed.), CCH Wolters Kluwer, Sidney, 2009, 155.
[1464] ICR 291, CA e Gwineth Pitt, *Cases and Materials in Employment Law* (2008), cit., 177.

trabalhador, permitindo-se, por essa via, que este, não obstante o decurso da situação laboral, fique afastado da estrutura organizativa da empresa[1465].

O objectivo subjacente a qualquer modelo *garden leave* consiste em arredar o trabalhador da estrutura organizativa ou das suas funções por tempo suficiente para que as informações obtidas percam valor de mercado, visando-se, em simultâneo, que o trabalhador que o vai substituir consiga, durante esse período, estabelecer relações com os clientes e fornecedores que assegurem a protecção do *goodwill*.

Para garantir a execução do acordo nestes exactos termos, o empregador pode obter uma injunção, que efective a permanência do trabalhador no domicílio e que assegure que este não trabalha para mais ninguém ou em benefício próprio até à verificação do termo do aviso prévio (*expiration of the notice period*), conforme se verificou no caso *Provident Financial Group plc v Hayward* [1987][1466].

Mau grado, a injunção fica falha de procedência sempre que o dano se encontre verificado, uma vez que ela aparece perspectivada como última *ratio*, assumindo feições matricialmente preventivas: no caso *GFI Group Inc v Eaglestone* [1994][1467], em que se cuidou de um contrato de trabalho que previa um prazo de aviso prévio de 20 semanas para a sua cessação, dois trabalhadores fizeram cessar o contrato com apenas quatro semanas de antecedência, indo trabalhar para uma empresa concorrente; o (ex)empregador requereu uma injunção, que impedisse os trabalhadores de ir trabalhar para o concorrente, obrigando-os a executar o contrato de trabalho até a perfacção do prazo de aviso prévio de 20 semanas fixado.

Considerando excessivo o prazo de aviso prévio contratualmente estabelecido, o tribunal fixou-o em 13 semanas, tendo todavia denegado o decretamento da injunção, uma vez que o "mal já estava feito"; na medida em que os trabalhadores já se encontravam ao serviço do concorrente, a injunção era desprovida de efeito útil, não sendo atendível, sem qualquer razão efectiva, compelir-se um cidadão a trabalhar contra a sua vontade. A verificação da consumação dos danos, tendo impedido a procedência da injunção, abriu no entanto as portas a

---

[1465] Veja-se *Symbian Ltd v Christensen* [2001] IRLR 77, 17 e ALEXANDRA KAMERLING/CHRISTOPHER OSMAN/SIMON MEHIGAN, *Restrictive covenants under common and competition law* (2004), cit., 439.
[1466] IRLR 84; STEVEN ANDERMAN, "La clause de non concurrence: Royaume-Uni" (2007), cit., 678 e MALCOLM SARGEANT & DAVID LEWIS, *Employment Law*, Pearson, Essex, 2008, 95.
[1467] IRLR 119 e PETER CHANDLER, *Waud's Employment Law* (14.ª ed.), Kogan Page, Londres, 2003, 201, ALEXANDRA KAMERLING/CHRISTOPHER OSMAN/SIMON MEHIGAN, *Restrictive covenants under common and competition law* (2004), cit., 340.

que o ex-empregador obtivesse a satisfação dos seus interesses por via de uma acção destinada ao ressarcimento dos danos causados[1468].

Neste quadro, embora se trate de acordos cujo teor foi fortemente encorajado por decisões judiciais, é hoje claro que este tipo de pactos não escapa a escrutínio similar ao que inspira a *restraint trade of doctrine* – assim: *William Hill Organisation Ltd. v. Tucker* [1999][1469] –, designadamente quanto à proporção da limitação temporal estabelecida e quanto à necessidade de estarem coenvolvidos interesses genuínos do empregador carecidos de tutela efectiva[1470].

Isto, sem prejuízo de não estar perante uma restrição pós-contratual, dado que a interdição apenas se aplica enquanto o contrato de trabalho vigora *de pleno*, o que sucede até à verificação do termo contido no aviso prévio. Em todo o caso, sobressai a tendência para calibrar casuisticamente os interesses do empregador e do trabalhador, sem esquecer que o direito ao trabalho pode primar sobre os interesses do empregador sempre que se vislumbre a "necessidade de o trabalhador praticar e exercitar o seu talento e as competências", por forma a não ficar definitivamente arredado do mercado de trabalho.

Não sendo possíveis análises compactadas, impõe-se atender, neste particular conspecto, à idade do trabalhador e às competências que traz consigo[1471], tendo presente que essa calibragem, de modo a assegurar a proporcionalidade da restrição, é desenvolvida pela aplicação da regra *blue pencil*, com os tribunais a apertarem o prazo de vigência da cláusula ou a modificarem os seus termos[1472]: no caso *Symbian Ltd v Christensen* [2001][1473], em que se cuidou de um prazo de pré-aviso de seis meses que obrigava o trabalhador a não trabalhar durante esse período, o tribunal, após uma injunção requerida pelo empregador, considerou

---

[1468] Em sentido idêntico: *Evening Standard Company Limited v. Henderson* [1987] IRLR 64 e *Provident Financial Group Plc v. Hayward* [1989] IRLR 84. Cfr. PETER CHANDLER, *Waud's Employment Law* (2003), cit., 172 e MALCOLM SARGEANT & DAVID LEWIS, *Employment Law* (2008), cit., 95.

[1469] ICR 291, CA. Ainda: GWINETH PITT, *Cases and Materials in Employment Law* (2008), cit., 177.

[1470] Ainda o caso *Rock Refrigeration Ltd v Jones* [1997], IRLR 675. Cfr. JAMES MACKENS/PAUL O'GRADY/CAROLYN SAPIDDEN/GEOFF WARBURTON, *The Law of Employment* (2002), cit., 145.

[1471] Ainda NORMAN SELWYN, *Law of Employment* (2008), cit., 484.

[1472] RICHARD STONE, *The Modern Law of Contract* (2009), cit., 525. Por exemplo: *Sadler v Imperial Life Assurance Company of Canada Ltd* [1988] IRLR 388 e FERDINAND B. J. GRAPPERHAUS & LEONARD G. VERBURG, *Employment Law and Works Councils of the Netherlands* (Allen & Overy Legal Practice, 13), Kluwer Academic Publishers, Londres/Nova Iorque, 2001, 12, que referem. "(...) the employee the court may limit the scope of the non-competition agreement or ignore it altogether (...) of the restriction of the employee's activities, if the non-competition clause seriously restricts the employee from accepting other employment".

[1473] IRLR 77 e ALEXANDRA KAMERLING/CHRISTOPHER OSMAN/SIMON MEHIGAN, *Restrictive covenants under common and competition law* (2004), cit., 439.

a cláusula excessiva, modificando-a com a proibição de trabalhar para um conjunto de empresas nominadas, que se perfilavam como concorrentes do empregador; já no caso *GFI Group Inc v Eaglestone* [1994][1474] o período da cláusula *garden leave* foi reduzido de 20 para 13 semanas.

Com os sujeitos laborais a precaverem-se de um juízo ulterior de invalidade através da confecção das disseminadas *cascading restraints* – aqui, significantes de disposições alternativas que se aplicam caso o tribunal julgue nula determinada disposição do pacto, numa espécie de configuração contratual subsidiária (*just in case*) –, a proporcionalidade é o critério-chave: tanto nos planos geográfico, temporal e material quanto na possibilidade de cumulação com outros instrumentos que impeçam o livre exercício do direito ao trabalho.

Contudo, embora a fragmentação do todo em partes obrigue a um estudo das partes para entender a soma do todo, a soma das partes nem sempre é igual ao todo: além de uma valoração que atenda à interacção dos planos geográfico, temporal e material, é imperioso limitar os sacrifícios à liberdade de trabalho que os sujeitos podem acordar, de que é exemplo a ilicitude de uma cláusula de não concorrência subsequente a uma cláusula *garden leave* com um prazo de pré-aviso longo[1475].

A combinação de instrumentos contratuais, trazendo uma replicação da tutela outorgada ao empregador, pode tornar nulo um acordo que, na hipótese de ser isoladamente valorado, se apresentaria conforme com as exigências traçadas para a sua validade.

29. Neste ponto, julgamos curiais algumas observações, que, sem colocarem em causa o valor explicativo da abordagem abstractamente desenvolvida, poderão, todavia, demonstrar a sua insuficiência e/ou inatendibilidade perante a realidade normativa portuguesa e, por regra, perante a generalidade dos ordenamentos continentais.

Importa, desde logo, afastar a admissibilidade de estipulações semelhantes ou aparentáveis às cláusulas *garden leave*.

Apesar de se procurar com este tipo de pactos esconjurar os perigos de concorrência que os conhecimentos e elementos obtidos pelo trabalhador podem potenciar, este objectivo, no nosso sistema, só é prosseguível através de um pacto de não concorrência, que encontra conteúdo taxativo no art. 136.º, e cuja aplicação pressupõe a efectiva cessação do contrato de trabalho.

[1474] IRLR 119. Cfr. JAMES HOLLAND & STUART BURNETT, *Employment Law* (2008), cit., 216.
[1475] *Credit Suisse Asset Management Ltd v Armstrong* [1996], IRLR 450 e JOHN BOWERS & SIMON HONEYBALL, *Textbook on Labour Law*, Blackstone Press, Londres, 1998, 39.

Por isso, bem vistas as coisas, as cláusulas *garden leave*, sem prejuízo do seu escopo, têm afinidades bem mais próximas com os pactos de permanência, uma vez que não são instrumentos cuja aplicação se processa após a cessação do contrato de trabalho: a situação laboral perdura, mas o empregador difere a produção de efeitos da denúncia para momento ulterior, podendo afastar o trabalhador da sua estrutura produtiva.

Deslocando assim a órbita de análise para os acordos destinados a vigorar durante a situação laboral, a sua rejeição, sem prejuízo do consentimento prestado *ex ante* pelo trabalhador, louva-se, antes do mais, no facto de a permanência do trabalhador numa situação de inactividade constituir um factor de desvalorização pessoal que pode afectar a sua dignidade social, o seu bom nome e reputação[1476], situação tanto mais marcante quanto o seu afastamento traz ínsito um juízo de desconfiança acerca da idoneidade do trabalhador para fazer uso dos elementos adquiridos no exercício de actividade concorrencial e que vulnera outrotanto a sua profissionalidade.

Embora se admitam hipóteses de *suspensão negociada* do contrato de trabalho[1477], a situação originável por uma cláusula *garden leave* está para além dos quadros em que a suspensão, promovida por consenso entre trabalhador e empregador, pode operar.

Uma vez que com a suspensão o contrato de trabalho mantém alguns dos seus efeitos e os que se atenuam serão reactivados logo que o trabalhador retome o serviço, na situação subjacente a uma cláusula *garden leave* o contrato não só tem óbito pré-definido – apenas se procrastina o seu *terminus* –, como também se topa com direitos e deveres que estão para lá da manutenção típica dos direitos e deveres que não pressupõem a efectiva prestação de trabalho[1478], como sucede designadamente com o pagamento da retribuição ao trabalhador.

Visando-se apenas o afastamento do trabalhador da estrutura produtiva, e independentemente do alcance que se atribua ao dever de ocupação efectiva[1479],

---

[1476] Sobre este dever, veja-se, por exemplo, o Ac. STJ de 06.07.2005 (Paiva Gonçalves), ADSTA, ano 45, n.º 532 (04.2006), 707-728.
[1477] Cfr. Jorge Leite, "Notas para uma teoria da suspensão do contrato de trabalho" (2002), cit., 137.
[1478] Cfr. n.º 1 do art. 295.º.
[1479] Sobre o dever, hoje previsto na al./b do n.º 1 do art. 129.º, veja-se, entre vários, e em síntese, Pedro Romano Martinez, *Direito do Trabalho* (2010), cit., 541-550, cuja opinião coincide com a de Bernardo Lobo Xavier, *Manual de Direito do Trabalho* (2011), cit., 600-1: o dever apenas proscreve condutas patronais de lesão da profissionalidade do trabalhador por desocupação de má fé, daí resultando um dever de fundamentar as decisões que obstem à ocupação, "não sendo permitido impedir o trabalhador de desempenhar a sua prestação se para tal não existirem razões válidas, designadamente, razões relacionadas com a situação da organização produtiva".

o estigma subjacente ao afastamento do trabalhador, não configurando uma situação de suspensão negociada do contrato de trabalho e não se baseando em razões válidas que não sejam tuteláveis de outro modo, revela-se contrário ao sopro ético que pode determinar a não atribuição de trabalho, uma vez que o afastamento apenas se produz em razão do exercício do direito de denúncia do contrato de trabalho, que constitui uma dimensão fundamental do princípio da liberdade de trabalho.

Depois, uma cláusula com este alcance aumenta sobremaneira o poder negocial do empregador, que fica com um instrumento que pode coibir a denúncia do contrato de trabalho por parte do trabalhador. Bastará, para tanto, o aceno de que vai accionar o direito ao seu afastamento: o trabalhador, cuja concordância até pode ter sido manifestada numa fase prodómica do contrato de trabalho, queda inerme perante esta espécie de *ius prohibendi* de frequência das instalações, que está para lá da suspensão preventiva do trabalhador determinável pelo empregador enquanto decorre a acção disciplinar.

Embora tanto nesta situação como na que é gerada por uma cláusula *garden leave* se determine o afastamento do trabalhador e a retribuição se mantenha, o facto de a suspensão preventiva poder anteceder a nota de culpa[1480] não obsta à inconfundibilidade das figuras: numa está-se na presença do exercício do poder disciplinar, nos termos e com os efeitos que o Código estabelece, existindo um conjunto de indícios de factos imputáveis ao trabalhador que prefiguram uma violação dos seus deveres.

Na outra, está-se tão só perante o exercício de uma prerrogativa conferida por uma cláusula que ultrapassa a acção disciplinar, não existindo indícios de factos imputáveis ao trabalhador que prefigurem uma violação dos seus deveres, o que equivaleria a dizer que o empregador ficaria, *avant la lettre* e para lá dos institutos legais, dotado de um novo instrumento que, mostrando-se mescladamente preventivo e sancionatório, seria susceptível de ser exercido de forma alvédrica.

No mais, estabelecendo-se um freio à manifestação mais expressiva do princípio da liberdade de trabalho durante a permanência da situação laboral – o direito de denúncia –, a admissibilidade de tais estipulações é igualmente atalhável pela injuntividade que caracteriza o regime incidente sobre o prazo de aviso prévio previsto no CT: se o objectivo do aviso prévio não é outro que não o de "conjurar os perigos decorrentes para a outra parte de uma denún-

---

[1480] Assim, o n.º 2 do art. 354.º.

cia intempestiva"[1481], este aparece tratado no âmbito do regime de cessação do contrato de trabalho (art. 400.º), regime que, por regra, é dotado de natureza imperativa absoluta (art. 339.º)[1482], não podendo, no caso, ser modificado por vontade dos sujeitos, ainda que o possa ser por instrumento de regulamentação colectiva de trabalho[1483].

f) Cláusulas-rendimento e ónus convencionais

30. Na indagação dos efeitos estabilizadores que os acordos forjados pelos sujeitos laborais podem produzir, e ainda com referência ao aspecto retributivo, importa ter presente um conjunto de cláusulas que, organizando um incentivo, fazem condicionar a atribuição de um complemento de produtividade ao cumprimento dos objectivos prefixados para um determinado período, no que, em qualquer dos casos, se tornará necessária a permanência do trabalhador na empresa.

Trata-se da confecção de esquemas que, reflectindo o esquema de forças no mercado de trabalho e que buscando, em abstracto, uma equidade salarial, se prendem com a consideração do modo de ser específico das relações laborais e que, fazendo eco de uma perspectiva incrementalista, se destinam a criar padrões motivacionais mais definidos e também a estabelecer, de forma operativa, uma associação entre os resultado obtidos pelo empregador e o rendimento obtenível pelo(s) trabalhador(es), construindo-se novas esferas de partilha de risco.

[1481] Nestes termos: CARLOS A. MOTA PINTO, *Teoria Geral de Direito Civil* (1992), cit., 623.

[1482] PEDRO ROMANO MARTINEZ, *Direito do Trabalho* (2010), cit., 879, assinala que a imperatividade do regime tem que ver com o facto de, no âmbito laboral, ser problemática a garantia de uma vontade do trabalhador livre e esclarecida na celebração de acordos com o empregador.

[1483] Determina o n.º 2 do art. 339.º que "os critérios de definição de indemnizações e os prazos de procedimento e de aviso prévio consagrados neste capítulo podem ser regulados por instrumento de regulamentação colectiva de trabalho". Afasta-se, também por isso, a validade de cláusulas *golden parachute*, que, não tendo como fim imediato a preservação da relação de trabalho, estabelecem uma indemnização superior ao máximo legal em caso de cessação do contrato de trabalho por parte do empregador e que, não raras vezes, como faz notar XAVIER VINCENT, "La théorie prétorienne des périodes de garantie d'emploi, après dix ans de jurisprudence" (2009), cit., 94, são confundidas com as cláusulas de estabilidade do emprego, que restringem directamente a faculdade de ruptura unilateral da relação laboral que o ordenamento francês, de forma bastante mais latitudinária que o português, consente ao empregador. Ainda sobre as cláusulas *golden parachute*, que nos Estados Unidos da América apresentam cambiantes de natureza vária (por exemplo: cláusula *change-in-control benefits*, que atribui um conjunto de benefícios e/ou uma indemnização acrescida em caso de aquisição ou fusão da empresa), e que são consideradas válidas, v. BURTON T. BEAM & JOHN J. MCFADDEN, *Employee Benefits*, Dearborn, Chicago, 2001, 675-7.

Quanto a estas *cláusulas-rendimento* ou *cláusulas-resultado*, que não colidem com o princípio da irredutibilidade da retribuição no caso em que a variabilidade do montante recebido pelo trabalhador é efectiva[1484], não se afigura possível que o intérprete-aplicador se substitua à vontade dos sujeitos no momento em que firmaram esta convenção e cuja dimensão operativa se entrecruza com objectivos de gestão empresarial que apelam à coerência dos componentes da política de remuneração e ao desempenho e à contribuição para os resultados da empresa.

Entendendo-se que, por princípio, estes acordos não são juridicamente inválidos – mesmo que, no limite, se convoque atenção à forma como operam, já que a sua potencial atinência com índices probabilísticos associados a determinadas circunstâncias de facto pode prefigurar um mecanismo destinado a fraudar o princípio da igualdade da retribuição –, importará partir de um *raisonnement* de equilíbrio entre o grau de concretização do princípio da liberdade de trabalho e os princípios da autonomia privada e da boa fé[1485]: em obediência ao arranjo subjacente ao juízo hipotético representativo que determinou a proposição declarativa dos sujeitos, caso o trabalhador decida desvincular-se não incumpre qualquer obrigação de permanência. Justamente, porque não esse dever não existe e as prestações associadas à cláusula, que podem integrar-se no conceito de retribuição conquanto se encontrem antecipadamente garantidas[1486], cessam em razão da insubsistência do contrato que as justifica[1487].

Trata-se, assim, de enquadramento seguível em relação a todas as prestações que, independentemente da sua qualificação retributiva, pressuponham a existência de uma relação laboral e que procuram ser uma fonte de fidelização,

---

[1484] Uma vez que o que interessa é a intocabilidade do critério de determinação da retribuição e não a variação do montante concretamente recebido pelo trabalhador. Como salientam Mário Pinto/Pedro Furtado Martins/António Nunes de Carvalho, *Comentário às Leis do Trabalho* (1994), cit., 100, "(a) proibição da regressão salarial designa, sob esta perspectiva, a impossibilidade de piorar o equilíbrio que existe entre a prestação a cargo do trabalhador e a contraprestação patronal".

[1485] Assim, Luque Parra, "Pactos típicos, nuevas tecnologias y relación laboral" (2005), cit., 170.

[1486] Neste sentido: Pedro Romano Martinez, *Direito do Trabalho* (2010), cit., 614.

[1487] No caso particular das diuturnidades, que, nos termos da al./b do n.º 2 do art. 262.º, são entendidas como "a prestação de natureza retributiva a que o trabalhador tenha direito com fundamento na antiguidade", cuida-se de atribuições a cargo do empregador que integram a base do cálculo das prestações complementares e acessórias e que, sendo prestadas de forma regular e periódica, se associam a um presumido aumento da qualidade da prestação do trabalhador que decorre da antiguidade. Conforme faz notar António Nunes de Carvalho, "Notas sobre o regime da retribuição no Código do Trabalho (conceito de retribuição e complementos retributivos", RDES 2010, n.º 14, 99 (nota 124), apesar da omissão do legislador (n.º do art. 264.º), as diuturnidades integram também o subsídio de férias.

motivação e produtividade para os trabalhadores[1488]: é o que sucede com os planos de *stock options*, de *phantom shares*, de *stock grants*, os *fringe benefits* ou os benefícios sociais, como os que são corporizados pelos seguros de saúde.

Cuida-se, aliás, de figuras cuja disseminação se baseia em razões de ordem diversa[1489]: sociologicamente, traduz-se a tendência de individualização das condições laborais que se vem desenhando (e de que os acordos de limitação da liberdade de trabalho são também um exemplo), assumindo-se ademais como um sinal de *status* e de pretensa elevação social; economicamente, avulta uma visão incrementalista na utilização da energia laborativa, a par com um tendência fenoménica para uma indexação reditória ao sucesso da organização produtiva, procurando evitar-se uma cristalização contratual susceptível de dessintonia com as condições económicas efectivamente vividas[1490]; juridicamente topa-se, em relação a alguns deles, com uma intenção de evitar a sua subsunção ao conceito de retribuição e de aproveitar as folgas concedidas nos sistemas contributivo e fiscal, quadro em que ambos os sujeitos são potencialmente beneficiados[1491].

Neste plano, embora na Alemanha se empreenda uma análise de tais complementos à luz dos parâmetros impostos pelos §§ 138 e 242 BGB e, naturalmente, do § 12 da GG – discutindo-se, no caso dos planos de *stock options*, e sempre que o período de maturidade pré-acordado para o exercício da opção de compra de acções da empresa a um preço pré-determinado for demasiado longo e a quantia subjacente for elevada, se a "retenção" excessiva do trabalhador não é ofensiva do § 12 da GG, e, por consequência, se não deve considerar-se nula[1492], o mesmo sucedendo, naturalmente, em relação a outras prestações com

---

[1488] CARLO ZOLI, "Clausole di fidelizzazione e rapporti di lavoro" (2003), cit., 470-1.

[1489] Cfr. RICHARD B. FREEMAN & MORRIS M. KLEINER, "Who benefits most from employee involvement: firms or workers", ALER 2000, vol. 90, n.º 2, 219-233, ERIC LECLERCQ, *Les Théories du marché du travail* (1999), cit., 224 e ss.., ALZAGA RUIZ, *Stock options un estúdio desde el punto de vista del derecho del trabajo y de la seguridad social*, Civitas, Madrid, 2003, 37 e ss.., e, entre nós, JÚLIO VIEIRA GOMES, "Algumas observações críticas sobre a jurisprudência recente em matéria de retribuição e afins" (2002), cit., 51 e ss..

[1490] KATHERINE V. W. STONE, "Ripensare il diritto di lavoro: i regime di protezione per i lavoratori nel nuovo mercato del lavoro" (2005) cit., 403.

[1491] Sobre o ponto, v. JOSÉ LUÍS SALDANHA SANCHES, "Antigas e novas remunerações em espécie: o seu regime fiscal", *Estudos do Instituto de Direito do Trabalho*, Vol. I, Almedina, Coimbra, 2002, 387-408.

[1492] No sentido da invalidade: ELKE JUNGE, *Mitarbeiterbeteiligung: Gesellschafts – und arbeitsrechtliche Probleme im Zusammenhang mit Belegschaftsaktien und Aktienoptionen*, VFG, Munique, 2000, 718 (especialmente: nota 787).

modus operandi idêntico[1493]–, consideramos que, por princípio, não se suscitam óbices ao reconhecimento de validade a estes incentivos, independentemente do período necessário à sua percepção efectiva.

Sem que se subestime o propósito de "reter os trabalhadores na empresa, evitando a fuga para empresas concorrentes"[1494] – propósito também inserível nas políticas de *job satisfaction*, que procuram reduzir as *turnover intentions*[1495], e que são "poderosos dissuasores contra o risco moral"[1496] –, não havendo razões de natureza fiscal e previdencial aferentes a solução diversa, está-se em crer que não só o princípio da autonomia privada tem potencialidades suficientes para conter neste domínio incentivos e suplementos cujo período necessário à sua percepção seja entregue à vontade dos sujeitos, como o juízo de nulidade supostamente arrimável no princípio da liberdade de trabalho não assegura, de forma operativa, qualquer protecção ao trabalhador, cujo benefício efectivo é nulo.

Assim, a despeito de se gerar um direito que "está posto como mecanismo de tutela suficientemente definido"[1497] (= com a verificação daquela *condicio iuris*, o trabalhador tem o direito à percepção do montante previsto para o seu atingimento, sendo que os elementos daquele facto produtor são já suficientes para se outorgar certa protecção ao trabalhador[1498]), a não perfacção do período necessário à percepção do prémio ou do complemento não consubstancia, *per se*, uma obrigação de devolução de quaisquer montantes.

[1493] Tenha-se especialmente em conta os planos de *phantom shares*, que, eliminando algum do risco dos planos de *stock options*, assentam em unidades de participação, com um valor fixado *a priori* de acordo com um determinado critério de valorização, unidades que, apenas podendo ser mobilizadas após um concreto período de carência, suscitam análise idêntica, face à duração subjacente. Cfr. JERRY S. ROSENBLOOM, *The Handbook of Employee Benefits* (5.ª ed.), McGraw Hill, Nova Iorque, 2011, 739, 750, 788-790 e, na Alemanha (*Phantom-Aktien*), cfr. WILHELM SCHMEISSER & DIETER KRIMPHOVE, *Internationale Personalwirtschaft und Internationales Arbeitsrecht*, Oldenbourg, Munique, 2010, 76-7.

[1494] Assim PEDRO ROMANO MARTINEZ, *Direito do Trabalho* (2010), cit., 614

[1495] Embora com objecto de pesquisa basicamente assente no sector da enfermagem no Canadá, mas com saliência para o aspecto retributivo, sem que, contudo, se conclua por uma correlação fixa entre a remuneração auferida e a fidelização, destacando-se, ao contrário, o ambiente de trabalho como o factor primacial na determinação da permanência das relações laborais: PARBUDYAL SINGH & NATASHA LONCAR, "Pay Satisfaction, Job Satisfaction and Turnover Intent", *Relations Industrielles/Industrial Relations* 2010, Vol. 65, n.º 3, 470-490.

[1496] A expressão, com referência aos trabalhadores, é de FERNANDO ARAÚJO, *Introdução à Economia*, Vol. II (2.ª ed.), Almedina, Coimbra, 2004, 1194.

[1497] Como notava ORLANDO DE CARVALHO, *Teoria Geral do Direito Civil* (1981), cit., 96.

[1498] Ainda FERNANDO PESSOA JORGE, *Ensaio sobre os pressupostos da responsabilidade civil* (1999), cit., 313.

O trabalhador não tem o dever de continuar a sua prestação, estando-se, tão somente, na presença de um ónus: a não cessação do contrato por parte do trabalhador surge como condição necessária e suficiente para este alcançar uma vantagem jurídica (a permanência é o meio de obtenção de uma vantagem própria), não aparecendo, por conseguinte, coarctada por um mecanismo contratualmente incidente sobre a liberdade de trabalho, *i. e.*, por um instrumento que fixa uma reparação para a desvinculação *ante tempus*, ao contrário do que se verifica com disposições contratuais, justificadamente rejeitadas pela jurisprudência francesa, com direcção penalizatória, que associam a denúncia do contrato à devolução de benefícios adquiridos pelo trabalhador[1499].

Cuida-se, por isso, de mecanismos de incentivo à permanência do trabalhador que, podendo assumir formas variegadas (*v. g.* seguros de saúde, *fringe benefits*, *stock options*), dimensionam a "complexidade e multifuncionalidade da noção jurídico-laboral de retribuição"[1500] e que, sendo portadores de um incentivo que é socialmente útil, não consubstanciam *de per si* a criação de um vínculo contratual que tenha como efeito primário uma obrigação de permanência ou, mesmo no caso em que este efeito é directamente visado, que não são juridicamente desvaliosos, uma vez que a liberdade de trabalho irmanada à relação laboral é efectivável através de uma denúncia do contrato de trabalho isenta de qualquer dever secundário de prestação, não existindo qualquer dimensão sancionatória.

IV. Causas de extinção próprias do pacto de permanência

a) Traços gerais
31. Verificada qualquer das modalidades de cessação do contrato de trabalho, o pacto de permanência extingue-se. Não se podendo aspirar à intelecção da racionalidade da estrutura do pacto de permanência sem se ter presente as funções que este *negotio* visa desempenhar, encontramos, de acordo com a auto-regulação de interesses das partes que consubstancia a forma como estas actuam, uma *unidade económica e funcional*: face às conexões intercedentes entre os dois programas contratuais, deparamo-nos com uma pluralidade jurídica estrutural, dado que o pacto de permanência incide sobre a manutenção do contrato de trabalho, fundando-se, por aqui, uma coligação funcional e necessária[1501].

[1499] PHILIPPE WAQUET, *L'entreprise et les libertés du salarié* (2003), cit., 197.
[1500] As palavras são de ANTÓNIO NUNES DE CARVALHO, "Notas sobre o regime da retribuição no Código do Trabalho (conceito de retribuição e complementos retributivos)" (2010), cit., 45.
[1501] Ainda ADRIANO VAZ SERRA, "União de contratos. Contratos mistos" (1960), cit., 23 e ss..

Embora a cláusula que impõe ao trabalhador um dever de permanência possa ser aposta ao contrato de trabalho, incluída em qualquer alteração deste ou constar de um pacto autónomo, o complexo de efeitos jurídicos que brotam da obrigação de permanência, em razão da insubsumibilidade deste elemento vinculístico na estrutura correspondente ao tipo laboral *per se*, não destrói a qualificação coligacional que estabelecemos.

É que, independentemente da *forma concreta* que substancia a obrigação de permanência, a comprimibilidade dos efeitos jurídicos num único contrato ou, reversamente, a sua disseminabilidade por mais do que um instrumento não se confunde com a detecção de uma situação negocial plural: além da diferente tipologia legal, uma abordagem económica deste complexo inter-relacional comprova-o (*supra*) e, no plano técnico, as causas gerais de cessação do contrato de trabalho, que não as que atinam com a obrigação de permanência, mantêm-se à disposição dos sujeitos[1502].

Diante desta configuração, se a cessação do contrato de trabalho, apesar de não afectar uma permanência já cumprida, inviabiliza a conclusão futura de qualquer outro pacto de permanência (*acessorium sequitor principale*) – não há pacto de permanência sem contrato de trabalho –, afigura-se, todavia, certo que, sem prejuízo da *combinação vertical* entre o contrato e o pacto[1503], *o contrato de trabalho pode continuar ante a extinção da obrigação de permanência*. Por isso, o pacto de permanência apresenta causas extintivas próprias (interligação unilateral).

b) Desobrigação

32. Em sintonia com o disposto na redacção anterior, o n.º 2 do art. 137.º permite a "desobrigação" do trabalhador, bastando, para o efeito, que este restitua a soma das importâncias despendidas. Trata-se, nos termos que ficaram descritos, de um direito à revogação do pacto.

Assim, embora, nas palavras de Lewis Kornhauser "rules establish prices for conduct and microeconomic theory predicts that self-interested actors will chose their conduct in light of these process"[1504], a impossibilidade desvinculatória que brota do pacto de permanência constitui, em rigor, uma limitação à liberdade de desvinculação do trabalhador: a pessoalidade que caracteriza a posição do trabalhador, à semelhança do que sucede na hipótese de inobser-

---

[1502] François Gaudu & Raymonde Vatinet, *Les contrats du travail* (2001), cit., 251.

[1503] Utilizamos a estrutura descritiva de Orlando de Carvalho, *Teoria Geral do Direito Civil* (coord. F. Liberal Fernandes/M.ª Raquel Guimarães/M.ª Regina Redinha), Coimbra editora, Coimbra, 2012, 162.

[1504] Lewis Kornhauser, "Economic Analysis of Law", MSCG 1986, 238.

vância do período de aviso prévio para a denúncia, apenas fará pender sobre o trabalhador uma obrigação patrimonial[1505], em nada bulindo com a eficácia da sua desvinculação[1506].

Se o n.º 1 do art. 830.º do CC exclui uma execução específica que se oponha à natureza da obrigação assumida, tal solução, neste domínio específico, flui preceptivamente dos arts. 1.º e 58.º da CRP e do n.º 3 do art. 103.º do CT. Aliás, a inexecutibilidade específica do contrato de trabalho radica, de há muito, no *nemo ad factum praecise cogi potest*.

Conquanto se possa dizer que o trabalhador é livre de se desvincular do contrato de trabalho e que as somas pagáveis têm efeitos estritamente patrimoniais[1507] – posição que tem a virtualidade de afastar a perspectiva do trabalho como uma servidão (vale por dizer uma estrita obrigação jurídica dotada de coercibilidade) e de acentuar a dignidade do trabalhador, por oposição à escravatura ou ao trabalho obrigatório (o *ut facias*) –, este argumentário pode embaciar o problema central com que nos confrontamos: a relação entre a liberdade de trabalho e a estabilidade do vínculo, com a (im)possibilidade de desvinculação do trabalhador, cuja efectivação o obriga à restituição da soma das importâncias despendidas, situação, *qua tale*, diferente do ressarcimento dos danos causados com a violação da obrigação de permanência, pois que a desobrigação, sendo lícita, afasta a responsabilização civil do trabalhador perante o empregador nos termos do art. 798.º do CC[1508].

Assente este ponto, não se poderá focalizar a relação entre o trabalhador e o empregador no momento da desvinculação daquele e, em simultâneo, relegar para a penumbra os pressupostos necessários à desobrigação, coonestando-se qualquer solução, independentemente do seu alcance[1509].

[1505] Ainda PEDRO ROMANO MARTINEZ, *Direito do Trabalho* (2010), cit., 604 (nota 3).

[1506] JEAN MOULY, *Droit du Travail* (2008), cit., 65.

[1507] Assim: MARC VÉRICEL, *Adaptabilité des entreprises* (2011), cit., 108. Bem refere ANTÓNIO MONTEIRO FERNANDES, *Direito do Trabalho* (2010), cit., 607, que "a liberdade de desvinculação do trabalhador é e deve ser *absoluta*, em certo sentido: justamente no de que não pode ser-lhe imposta a subsistência do vínculo por ele não desejado".

[1508] Diferentemente: Ac. STJ de 13.10.2010 (PINTO HESPANHOL), CJ-STJ 2010, Ano XVIII, T. III, 260, sustentando-se que "a situação em apreço configura, em rigor, um caso de incumprimento contratual, em que o réu, por via da denúncia do contrato, antes de cumprido o período de permanência acordado, se torna responsável pela reparação do prejuízo causado, nos termos do artigo 798.º do Código Civil, sendo certo que o montante da indemnização exigível foi previamente definido mediante cláusula penal".

[1509] Cfr. STS de 01.03.1990, Aranzadi 1745 *in* ALBIOL MONTESINOS/ALFONSO MELLADO, BLASCO PELLICER/GOERLICH PESET, *Normas laborales* (2000), cit., 193.

Sendo frequentes cláusulas que fixam a obrigação de restituição com base nas despesas extraordinárias e comprovadamente feitas pelo empregador, impõe-se notar que o art. 812.º do CC contém, *in corpore*, um princípio de alcance geral, qualquer que seja a solução delineada pelos contraentes[1510].

As somas despendidas pelo empregador (e, correlativamente, restituíveis pelo trabalhador) ficam, por isso, sujeitas a uma taxa de desconto (*discount rate*)[1511], factor que, em razão da proporcionalidade da limitação e em homenagem ao adequado equilíbrio de interesses que a situação requer, poderá ditar uma redução do montante convencionado.

Sendo esse o sentido da tutela atribuída à posição do trabalhador por via da limitação da obrigação pecuniária que o trabalhador tem de satisfazer em razão da revogação da renúncia à limitação da liberdade de trabalho, tem sido também esse o caminho encetado no direito inglês não só com os *training agreements*[1512], como também em relação a todos os *pay-back agreements* em que intervenha o trabalhador, em tradução da coordenada *without proportionality there is no enforceability*[1513].

Hipotizando um pacto de permanência com uma duração de três anos, são manifestamente desiguais as situações em que o trabalhador se desvincula no início dos três anos acobertados pela obrigação de permanência e aquelas em que o trabalhador se desvincula à beira do *terminus* da obrigação.

[1510] Embora no art. 812.º do CC, onde se fala em cláusula penal, se deva ler pena convencional. Com efeito, somente a pena convencional se afigura susceptível de pagamento e redução e já não, enquanto tal, o acordo em que aquela se encontra fixada: Ac. STJ de 24.02.2010 (VASQUES DINIS), proc. 556/07.7TTALM.S1.

[1511] Ainda Joseph E. Stiglitz, *Economics* (2ª ed.), W. W. Norton Company, Nova Yorque, 1997, 123-4.

[1512] Desenvolvidos à margem de enquadramento legal específico, estes, por força do princípio da liberdade de trabalho, têm aparecido balizados pela aplicação do princípio da proporcionalidade: no caso *Strathclyde Regional Council v Neil* [1984] IRLR 14, em que esteve em análise a posição de uma técnica (*trainee social porker*) que havia recebido formação e se havia comprometido a trabalhar durante os dois anos subsequentes à conclusão do programa de formação para o empregador que o havia custeado, a cláusula que previa para o exercício antecipado da denúncia a obrigação de pagamento ao empregador de quantia proporcional ao período incumprido foi considerada válida; a trabalhadora exerceu funções durante 15 meses, tendo-se reconhecido ao empregador o direito a receber uma quantia correspondente ao período em que a trabalhadora não amortizou o investimento que o empregador havia feito. Isto, porque os termos em que a indemnização foi fixada, bem como a duração da obrigação de permanência, não eram extravagantes ou irrazoáveis: tratava-se de uma genuína *pre-estimate of loss* e não de uma *penalty*. Cfr. NORMAN SELWYN, *Law of Employment* (2008), cit., 497 e JAMES HOLLAND & STUART BURNETT, *Employment Law* (2008), cit., 248.

[1513] Cfr. STEPHEN TAYLOR, *The Employee Retention Handbook* (2002), cit., 120.

Combinando a percentualização da formação com os anos de permanência acordados, e considerando que a formação profissional é susceptível de ser medida por uma taxa de desconto que vai aumentando à medida que o tempo vai decorrendo [ou *valor presente descontado*, resultante da fórmula preço/preço+taxa de juro futura; matematicamente $U=U1+U2/(1+r)+U3/(1+r)2+$: r é a taxa de desconto individual da utilidade, U a utilidade que o indivíduo maximiza, U1 a utilidade recebida no primeiro ano, U2 no segundo ano e U3 no terceiro ano], deve entender-se que a obrigação restitutiva que vai inscrita no n.º 1 do art. 137.º, porque se cura de uma amortização do investimento empresarial, tem de aparecer cingida à proporção do tempo que falta[1514], sempre que a desvinculação do trabalhador não coincida com o início da obrigação de permanência.

Neste quadro, embora o aspecto não seja tratado na lei, o desconto fazível deve operar segundo uma taxa de cálculo de base diária, computando-se os dias em que o trabalhador cumpriu a obrigação de permanência: não obstante o BAG ter já assumido posição diversa[1515], a adopção de uma taxa de cálculo *per diem*, além de ser a única que assegura de forma rigorosa a intangibilidade do princípio da proporcionalidade suscitado pela auto-limitação em causa, é a que melhor se conforma com o critério ordenante do nosso sistema para o exercício da denúncia e para o incumprimento do prazo de aviso prévio[1516].

Esta amortização, que tem lugar após um juízo de adequação sobre o prazo convencionado para a permanência do trabalhador (supra), é insusceptível de afastamento contratual.

Se o pacto de permanência ainda não se iniciou, e o empregador ainda não fez o investimento que lhe empresta justificação, será de difícil sustentação a responsabilização do trabalhador pelo exercício do seu direito à demissão, assim este observe o prazo de aviso prévio legalmente estabelecido.

O pacto, nesta circunstância, é válido e eficaz, embora a obrigação de permanência dependa da ministração da formação extraordinária por parte do empregador.

[1514] Também JEAN-PIERRE CHAUCHARD, "La clause du dédit-formation ou le regime de liberté surveillée appliqué aux salariés" (1989), cit., 393 e entre nós, JÚLIO VIEIRA GOMES, *Direito do Trabalho* (2007), cit., 630 e ANTÓNIO MONTEIRO FERNANDES, *Direito do Trabalho* (2012), cit., 539.

[1515] Veja-se BAG 23.04.1986- 5 AZR159/85, NZA 1986, 741, validando-se um pacto de permanência, de três anos, com uma taxa de desconto contratual de 1/3 por cada ano cumprido. Firmada a necessidade impreterível de se atender a uma taxa de desconto em função do tempo cumprido – sem a qual o acordo violará o § 12 da GG –, o BAG fez aplicar a taxa de desconto contratualmente prevista, rejeitando a aplicação de uma taxa de cálculo mensal, no caso: 1/36 dos custos de formação para cada um dos meses em falta.

[1516] Assim: os n.ºs 1 e 3 do art. 400.º e também o art. 401.º.

Conquanto se possam nutrir dúvidas quanto ao enquadramento adoptável[1517], é mister apartar-se a validade do pacto da existência da obrigação de permanência *stricto sensu*, cujo surgimento apenas ocorrerá depois da formação e na data acordada pelos sujeitos. Se a possibilidade de afastamento do período experimental cientifica a atribuição de efeitos ao pacto (infra), este enquadramento implica que o trabalhador possa exigir a formação extraordinária prevista no pacto, que é um elemento essencial específico.

Uma vez que a obrigação de permanência depende da formação extraordinária e atendendo a que os elementos essenciais específicos podem ser objecto da acção reguladora do mecanismo da condicionalidade voluntária[1518], significa-se que, na ausência da formação prevista no pacto, o trabalhador não está limitado quanto à denúncia do contrato, afastando-se a extracção de qualquer benefício por parte do empregador quanto à inverificação da condição que, legitimando as suas expectativas de retorno, torna o pacto portador do interesse sério que justifica a sua atendibilidade sistemática[1519].

Sendo de afastar a possibilidade de renúncia por parte do empregador à execução do pacto, admite-se que a não ministração da formação acordada constitua justa causa para a resolução do contrato de trabalho, o que aliás sucederá, conforme faz notar Luque Parra, sempre que a formação extraordinária tenha sido um dos aspectos que o trabalhador considerou essenciais à aceitação da oferta de trabalho[1520].

Neste quadro, sem que se esqueça que a utilização do instituto do abuso de direito manifesta uma reacção do sistema às situações de disfuncionalidade do exercício de posições jurídicas (reconstituindo os seus vectores básicos na protecção da confiança e na necessidade de uma ponderação equânime dos interesses convolvidos) e reconhecendo-se que, numa situação-limite, a demissão perpetrada pelo trabalhador pode debrear a confiança subjacente ao programa

---

[1517] Por exemplo Júlio Vieira Gomes, *Direito do Trabalho* (2007), cit., 626, tal como Luque Parra, "Pactos típicos, nuevas tecnologias y relación laboral" (2005), cit., 176, entende que, na hipótese de a formação ainda não se ter concretizado, "parece poder afirmar-se que falta nesse caso um dos pressupostos para a validade (ou, ao menos, para a eficácia) da cláusula".

[1518] Assim: João Oliveira Geraldes, *Tipicidade contratual e condicionalidade suspensiva*, Coimbra Editora, Coimbra, 2010, 139 e ss.

[1519] Neste sentido, falando na formação como condição, v. Jean-Pierre Chauchard, "La clause du dédit-formation ou le regime de liberté surveillée appliqué aux salariés" (1989), cit., 388, embora, como se viu, o conceito de interesse sério desenvolvido no ordenamento gaulês apresente contornos diversos.

[1520] Luque Parra, "Pactos típicos, nuevas tecnologias y relación laboral" (2005), cit., 176.

contratual forjado pelos sujeitos, o Código do Trabalho traça os limites que presidem à estimação dos danos causados com a desvinculação do trabalhador.

Se o trabalhador observar, para tanto, o prazo de aviso prévio para a produção de efeitos que vai inscrito no art. 400.º, não havendo despesas com a formação que sejam restituíveis à margem dos requisitos traçados no art. 137.º (*perinde est ac si nulla stipulatio intervenisset...*), impõe-se considerar que não arrosta, por esse facto, com qualquer obrigação indemnizatória (*inadimplenti non est adimplendu*).

Com excepção de situações extremas (e, por isso, demasiado circunscritas) em que o trabalhador denuncia o contrato quando o empregador se apresta a prover a acção de formação que justificava o pacto de permanência celebrado, trata-se, simplesmente, de uma *aplicação do regime geral* da desvinculação, sem se tornar sequer necessário, no tocante a este aspecto, o apelo a uma interpretação em conformidade com a Constituição[1521], cuja consideração constitui, no entanto, "uma das mais importantes tarefas da jurisprudência científica"[1522].

c) Caducidade

33. Sabendo-se que a caducidade dispensa, enquanto *quid* objectivo, a manifestação de vontade das partes (aparecendo, assim, associada à verificação de um facto a que a lei ou o negócio atribui efeito extintivo[1523]), com a verificação do termo resolutivo ou de qualquer outro facto a que os sujeitos tenham atribuído um efeito cessatório, o trabalhador fica livre para poder exercer, nos termos gerais, a denúncia do contrato de trabalho.

Na circunstância, a desconfiança tradicionalmente associada à aposição de condições resolutivas ao contrato de trabalho, geralmente encaradas numa óptica de precarização da posição do trabalhador, não tem cabimento no âmbito de um pacto de permanência e, atento o contexto normativo em que se move o trabalhador, a condição aponível pode mesmo assumir foros de uma *cláusula típica libertadora*[1524].

[1521] Sobre a interpretação em conformidade com a Constituição em Direito do Trabalho (que, como bem se salienta, não apresenta qualquer singularidade), cfr. PEDRO ROMANO MARTINEZ, "A Constituição de 1976 e o Direito do Trabalho", *Nos 25 Anos da Constituição da República Portuguesa de 1976*, AAFDL, 2001, 21-2.

[1522] Assim: KARL LARENZ, *Metodologia da Ciência do Direito* (1989), cit., 622.

[1523] CARLOS A. MOTA PINTO, *Teoria Geral de Direito Civil* (1992), cit., 622.

[1524] Enquadramento em tudo semelhante ao que é sugerido pelo contrato de trabalho desportivo, onde, conforme faz notar JOÃO LEAL AMADO, *Vinculação Versus Liberdade* (2002), cit., 225-9, o regime estabilizador gizado no RCTD depõe a favor da viabilização da aponibilidade de condições resolutivas.

Em conexão, e sem prejuízo da continuidade do *vinculum laboris*, o pacto de permanência pode também cessar após a conclusão de um projecto específico em relação ao qual a formação recebida foi sinalizada: com recurso à *causa negotii*, e desaparecendo os pressupostos relacionados com a amortização do investimento feito pelo empregador[1525], afasta-se o fundamento da obrigação de permanência, enquanto tal, funcionalizado aos interesses subjacentes à consecução daquele projecto[1526].

Neste quadro, e além da impossibilidade superveniente, absoluta e definitiva de o empregador receber o trabalho e de o trabalhador o prestar (al./b do art. 343.º) – situações abrangíveis por um conceito de caducidade em sentido amplo[1527] –, importará considerar, de forma mais precisa, as situações em que a impossibilidade sobrevem ao pacto de permanência, sem afectar, contudo, a subsistência do contrato de trabalho (*principium quod actione sua, produit effectum a se distintum*). Pensamos, designadamente, numa situação de impossibilidade relativa ao trabalhador. Se a impossibilidade pode ser total ou parcial, em geral, a impossibilidade parcial, ao revés do que sucede com a impossibilidade total, não conduz à desoneração da realização da contraprestação por parte do credor: o devedor exonera-se prestando o que for possível e, se o credor não possuir justificadamente interesse no cumprimento parcial, este último pode actuar o direito de resolução do contrato.

Ora, porque em Direito do trabalho não basta uma simples diminuição ou perda de interesse do credor-empregador na disponibilidade do trabalhador[1528], pode equacionar-se a situação em que a impossibilidade, referente à pessoa do trabalhador, apenas atinge a sua aptidão para as funções que vinha desem-

---

[1525] Pois é esse, no dizer de António Monteiro Fernandes, *Direito do Trabalho* (2012), cit., 538, "o sentido do próprio pacto de permanência".

[1526] Ainda sobre a vinculação do pacto de permanência a um projecto específico, mas sobretudo em razão da forma restritiva como a jurisprudência interpreta o requisito de especialização profissional exigido para a criação de uma obrigação de retorno, v. Luque Parra, "Pactos típicos, nuevas tecnologias y relación laboral" (2005), cit., 177.

[1527] António Menezes Cordeiro, *Manual de Direito do Trabalho* (1997), cit., 799.

[1528] Como refere Bernardo Lobo Xavier, *Curso de Direito do Trabalho* (1999), cit. 87, numa perspectiva de afastamento da aplicação simplista do Direito comum, é de aceitar "a subsistência e continuidade do contrato de trabalho, mesmo contra a vontade do empresário". Do mesmo, falando em re-equação do princípio da correspectividade a fim de obter uma maior assunção de responsabilidades por parte do credor da prestação e uma concreta aplicação dos princípios da correcção e da boa fé na execução do contrato, v. Teresa Schiavone, "L'impossibilità sopravvenuta della prestazione lavorativa", RIDL 2010, n.º 1, 191, que avança, em exemplo, com o regime da suspensão do contrato de trabalho, no âmbito do qual a perfeita correspectividade entre prestações cede passo à necessidade de tutelar os direitos dos trabalhadores constitucionalmente garantidos.

penhando e às quais a formação e as despesas que entretecem o pacto foram sinalizadas.

Tratando-se de enquadramento que se intersecta também com a importância da formação profissional, assumem realce, no direito francês, o art. L. 930-1 do *Code du Travail*[1529], que impõe ao empregador um dever de criação das condições adequadas de adaptação do trabalhador ao seu posto de trabalho, e o art. L. 321-1[1530], que veda o despedimento sem que o empregador tenha desenvolvido todos os esforços de formação e de adaptação necessários[1531], preceitos que, no plano sistémico, arvoram a cessação do contrato de trabalho, independentemente do seu *modus operandi*, em última *ratio*[1532].

Em sentido idêntico, no ordenamento jus-laboral transalpino, o n.º 4 do art. 4 da Lei n. 68/99 restringe a caducidade aos casos em que o empregador logre provar que é impossível atribuir ao trabalhador função equivalente ou inferior, com garantia da retribuição anterior[1533], recortando-se, a partir daí, a *obbligo di repechage*.

[1529] Literalmente: "(l)'employeur a l'obligation d'assurer l'adaptation des salariés à leur poste de travail. Il veille au maintien de leur capacité à occuper un emploi, au regard notamment de l'évolution des emplois, des technologies et des organisations. Il peut proposer des formations qui participent au développement des compétences ...".

[1530] Introduzido com a L. nº 2002-73, de 17.01.2002; literalmente: "(l)e licenciement pour motif économique d'un salarié ne peut intervenir que lorsque tous les efforts de formation et d'adaptation ont été réalisés...".

[1531] Esta construção foi ganhando lastro com o famoso caso *Expovit* (Cass. Soc. 25.02.1992, DS 1992, 577). A Cassação, ante os princípios da tutela da profissionalidade e da boa fé, decidiu que incumbe ao empregador assegurar a adaptação do trabalhador à evolução dos conhecimentos necessários ao exercício das suas funções, não podendo sortir-se do despedimento com base na inabilidade do trabalhador ou na obsolescência dos seus conhecimentos sem que primeiro desenvolva todos os esforços tendentes à sua adaptação.

[1532] Assim MARIE-CÉCILE AMAUGER-LATTES, "Les deux visages de l'obligation patronale d'adaptation du salarié", SSL 2007, 1334, 10 e ss., que, para lá da *obligation générale d'adaptation* inscrita no art. L. 932-2 do *Code du travail*, alude a uma *obligation spéciale d'adaptation*, extraível dos arts. L. 930-1, L. 361-1 e L. 321-1, que transcendendo a exigência de criação de condições de empregabilidade, demanda, segundo o *Conseil Constitutionnel*, "qu'en vertu de cette obligation, l'employer doit offrir au salarié la formation nécessaire pour occuper les emplois qu'il propose dans le cadre de son obligation de reclassement, c'est-à-dire des emplois de même catégorie que celui qu'il occupe, ou équivalents ou encore, sous réserve de son accord exprès, d'une catégorie inférieure"; identicamente: JEAN-MAURICE VERDIER/ALAIN COEURET/MARIE-ARMELLE SOURIAC, *Droit du Travail* (2002), cit., 489 e 497.

[1533] Em exemplo: GIOVANNI NICOLINI, *Compendio di Diritto del Lavoro*, (2004), cit., 403-4, ANTONIO VALLEBONA, *Istituzioni di Diritto del Lavoro* (2008), cit., 382-3.

Entre nós, a jurisprudência vem entendendo, em razão das preocupações sociais subjacentes, que a caducidade do contrato de trabalho apenas opera quando se demonstre uma incapacidade do trabalhador para desenvolver todo e qualquer trabalho[1534] e não quando a incapacidade apenas se refere à sua actividade habitual[1535].

Norteados por circunstâncias empíricas relacionadas com a potencial irreversibilidade do desemprego e, mais fundamente, pelo princípio da estabilidade do emprego e pela dificuldade que, por contraste com o despedimento, recai sobre o trabalhador quanto à demonstração de que a continuação do contrato é possível[1536] (ainda e também a perspectiva de que a caducidade é "uma causa independente da vontade do empregador e da do trabalhador, isto é, uma causa alheia a qualquer vontade jurídico-extintiva da relação de trabalho"[1537]), os tribunais têm exigido, com justificada rigidez, que o empregador atribua ao traba-

---

[1534] À luz da LCCT, v. PEDRO FURTADO MARTINS, *Cessação do Contrato de Trabalho* (1999), cit., 33-7.

[1535] *Ex plurimis*: Ac. STJ de 25.02.2009 (PINTO HESPANHOL), proc. n.º 08S2460, entendendo que "a ré não provou, como lhe competia (art. 342.º, n.º 2, do Código Civil), a existência de qualquer impossibilidade de o autor lhe prestar o seu trabalho. E não tendo ficado provada a impossibilidade de o autor prestar o seu trabalho à ré, não se configura a pretendida caducidade do contrato de trabalho, nos termos previstos na alínea b) do art. 4.º da LCCT, pelo que a comunicação da cessação do contrato de trabalho efectivada pela ré consubstancia um despedimento, que é ilícito por não ter sido precedido de processo disciplinar"; ou Ac. STJ de 12.11.2009 (VASQUES DINIS), proc. n.º 313/09.3YFLSB, lendo-se que "(a) impossibilidade superveniente, absoluta e definitiva de o trabalhador continuar a exercer as funções para que foi contratado, devido a incapacidade decorrente de doença profissional contraída em resultado directo da actividade exercida ao serviço do empregador, só determina a caducidade do contrato de trabalho, nos termos do art. 387.º, alínea b), do Código do Trabalho de 2003, se for impossível ao empregador proceder à reconversão funcional do trabalhador". Por isso, "(p)ara fazer operar a caducidade, em tal caso, não basta a alegação, pelo empregador, de que se verifica a impossibilidade superveniente, absoluta e definitiva de o trabalhador continuar a prestar o trabalho habitual, impondo-se que alegue e prove em juízo, por se tratar de facto constitutivo do direito de invocar a caducidade, que lhe era impossível proceder à reconversão profissional do trabalhador e de lhe atribuir outras funções compatíveis, designadamente por não dispor na empresa de qualquer posto de trabalho para o efeito".

[1536] Entre nós, com extensas razões, JÚLIO VIEIRA GOMES, *Direito do Trabalho* (2007), cit., 916-7, acompanhado por MORAIS ANTUNES & RIBEIRO GUERRA, *Despedimentos e outras formas de cessação do contrato de trabalho*, Almedina, Coimbra, 1984, 48 que escreviam: "relativamente às incapacidades permanentes entendemos que a incapacidade permanente parcial e a incapacidade permanente absoluta para o trabalho habitual não determinam, igualmente, a caducidade do contrato uma vez que a impossibilidade não tem carácter absoluto [...] desde que, nas situações de incapacidade permanente absoluta para o trabalho habitual, se verifique a integração do trabalhador em actividade compatível com a sua capacidade residual".

[1537] As palavras são de JORGE LEITE, *Direito do Trabalho, da Cessação do Contrato de Trabalho. Notas de acordo com as lições ao ciclo complementar da Faculdade de Direito de Coimbra*, Coimbra, 1978, 100.

lhador afectado de incapacidade para o trabalho habitual uma actividade compatível com a sua capacidade funcional residual, desde que na empresa existam funções ou postos de trabalho compatíveis com as lesões[1538]: "é à empregadora que compete alegar e provar a inexistência, no seio da empresa, de posto de trabalho compatível com a incapacidade diminuída do trabalhador, por se tratar de facto constitutivo do seu direito de declarar caduco o contrato de trabalho"[1539], uma vez que, como firma a Corte de Apelação de Roma, "embora o empregador possa encontrar dificuldades em fazer prova de um facto negativo, ou seja, da insubsistência de funções alternativas atribuíveis ao trabalhador, bem mais gravosas são para o trabalhador as dificuldades com que este se depara na indicação de funções disponíveis, até porque este pode encontrar-se alheio à organização empresarial"[1540].

Ora, se a continuidade da relação jurídico-laboral é um princípio que encontra aqui uma das suas múltiplas irradiações sistémicas[1541], postulada a atribuição de funções compatíveis com a capacidade do trabalhador, estas serão, por princípio, diferentes das que este desempenhava e para as quais recebeu a formação extraordinária, circunstância que põe em causa a incolumidade do pacto de permanência.

[1538] Esta corrente contrapõe-se a uma outra, igualmente expressiva, de que o empregador só estaria obrigado a fornecer ao trabalhador um posto de trabalho compatível com as lesões, desde que este se enquadrasse no leque de funções para que foi contratado *ab initio*, sob pena de se introduzir uma alteração ao objecto do contrato. Cfr. Pedro Romano Martinez, *Apontamentos sobre a cessação do contrato de trabalho à luz do Código do Trabalho*, AAFDL, Lisboa, 2004, 43-5 e *Direito do Trabalho* (2010), cit., 994; na jurisprudência: Ac. STJ de 14.04.2010 (Pinto Hespanhol) CJ – ASTJ 2010, Ano XVIII, T. III, 229, lendo-se que "a empregadora não é obrigada a criar um posto de trabalho que não tenha a ver com a actividade contratada, pois isso implicaria uma alteração contratual só possível mediante acordo das partes, por não existir normativo legal que a impusesse".

[1539] Nestes termos: Ac. STJ de 25.01.2012 (Sampaio Gomes), proc. n.º 344/07.0TTEVR.E1.S1.

[1540] Ac. de 16.06.2006, ADL 2007, ano XII, n.º 1, 252-5. Para uma panorâmica desta fundamentação na jurisprudência italiana: Mariele Cottone, "Sul licenziamento per soppressione del posto di lavoro: obbligo de "repêchage" e oneri probatori", ADL 2007, ano XII, n.º 1, 255-262.

[1541] Princípio que, embora numa perspectiva de atendimento às necessidades empresariais, tem ganho novos aflorações, de que é exemplo o n.º 2 do art. 120.º (antes: n.º 2 do art. 314.º do CT2003), que afasta o carácter excepcional do *ius variandi* e que, como observa Catarina de Oliveira Carvalho, *Da Dimensão da Empresa no Direito do Trabalho* (2011), cit., 343, "exprime a prioridade conferida à protecção das necessidades empresariais mencionadas e à continuidade da relação jurídica, em detrimento do interesse dos trabalhadores na incolumidade das suas condições de trabalho", tendência igualmente entrevisível no domínio das cláusulas de mobilidade geográfica: Joana Nunes Vicente, "Clausulas de mobilidade geográfica: vias de controlo possíveis" (2006), cit., 62. Sobre esta recalibragem, assinalando movimento idêntico no direito francês: François Gaudu, *Droit du Travail* (2007), cit., 6.

Este enquadramento pode, aliás, ser convocado sempre que a incapacidade se reporte a uma das funções que compõem a actividade a que se vinculou com o contrato de trabalho, tendo sido essa a função para a qual o trabalhador recebeu a formação extraordinária que suporta a obrigação de permanência.

Sabendo-se que a categoria profissional aparece como *uma fórmula significante que descreve o conjunto de funções a que o trabalhador se obrigou*[1542], mas que se trata de conceito que, em larga medida, foi substituído pelo de "actividade" – este, recortado a partir das referências "grupo" ou "carreira profissional", que, desde o CT2003, preenchem o núcleo do poder de direcção do empregador[1543] –, a incapacidade pode aparecer cingida a uma das funções incluídas na actividade que o trabalhador se vincula a realizar com o contrato de trabalho[1544] (actividade que abrange todas as funções afins ou funcionalmente ligadas[1545]), caso em que se estará perante um simples agravamento da prestação e, por conseguinte, na presença de uma situação em que, independentemente das diferentes leituras a propósito da (in)subsistência do contrato de trabalho, a impossibilidade determinativa da caducidade não se verificará.

Assim, se o trabalhador recebeu uma formação distintiva para o exercício de uma função específica ou, conforme se viu, para o desenvolvimento de um projecto particular, verificada a incapacidade do trabalhador para o exercício daquelas funções/tarefas/cargo, "o escopo ou o fim primário da mesma prestação" desaparece[1546] e o interesse do empregador (credor) que justifica o condicionamento da liberdade de trabalho *ex ante* convencionado acompanha a ausência de utilidade na execução do programa obrigacional de permanência.

[1542] António Nunes de Carvalho, *Das Carreiras Profissionais no Direito do Trabalho*, dissertação de mestrado (inédita), 1990, Faculdade de Direito da Universidade Católica Portuguesa, Lisboa, 78. Como refere o Autor, em "Reflexões sobre a categoria profissional (a propósito do Código do Trabalho)", *Estudos de Direito do Trabalho em Homenagem ao Professor Manuel Alonso Olea* (org. António Monteiro Fernandes), Almedina, Coimbra, 2004, 150, "o Código do Trabalho regula esta matéria a partir das três perspectivas fundamentais que nela confluem: a determinação do objecto do contrato de trabalho, a delimitação do poder de direcção a partir do programa contratual e as vicissitudes que podem ocorrer na execução desse programa".

[1543] Cfr. José João Abrantes, "Flexibilidade funcional", *Themis* 2005, n.º 10, 153.

[1544] Art. 118.º.

[1545] Art. 151.º. Ao que cremos, sem prejuízo da abrangência dos conceitos de "grupo" ou "carreira profissional", Júlio Vieira Gomes, *Direito do Trabalho* (2007), cit., 511, da conjugação dos n.ºs 2 e 3 do art. 151.º, admite que as funções afins ou funcionalmente conectadas possam ser outras que não as que se encontram compreendidas no mesmo grupo ou carreira profissional.

[1546] João Baptista Machado, "Risco contratual e mora do credor (risco da perda do valor-utilidade ou do rendimento da prestação e de desperdício da capacidade de prestar vinculada)", *Obra dispersa*, Vol. I, Scientia Ivridica, Braga, 1991, 268.

A impossibilidade de o trabalhador, em razão da execução das tarefas para as quais recebeu formação, amortizar o investimento empresarial é susceptível de, perante os dados concretos, operar uma desvalorização do interesse do pacto de permanência em termos tais que, em princípio, não será exigível ao trabalhador que continue privado do seu *ius demissionis*.

Neste sentido, a necessidade de uma situação de absoluta impossibilidade da prestação laboral que vem acompanhando, nos últimos anos, a concretização do conceito de caducidade do contrato de trabalho[1547] não logra aplicação na indagação da caducidade do pacto de permanência (conceito funcionalmente expandido), já que o "enriquecimento sem causa" que é assacado à "saída antecipada da empresa"[1548], perante a insusceptibilidade de aproveitamento das habilitações formativas adquiridas pelo trabalhador (= impossibilidade de retorno), perde todo o seu préstimo[1549].

d) Revogação

34. A extinção do pacto de permanência por vontade concorde dos sujeitos opera ao abrigo do 406.º do CC.

Não sendo exigível a observância do conjunto de exigências que vão prescritas para a revogação do contrato de trabalho – preestabelecidas essencialmente em razão do princípio da segurança no emprego[1550] e com o objectivo de tutelar o trabalhador[1551], fundamento não colacionável em relação à revogação do pacto –, o distrate deverá observar forma idêntica à que marcou a celebração do pacto caso os sujeitos tenham estabelecido uma forma especial para o pacto de perma-

---

[1547] Para uma crítica à corrente jurisprudencial que surgiu à face da LCCT, cfr. ANTÓNIO MENEZES CORDEIRO, *Manual de Direito do Trabalho* (1997), cit., 793.

[1548] As expressões são de LUÍS MENEZES LEITÃO, *Código do Trabalho Anotado* (2003), cit., 100, que fala, a propósito da saída antecipada do trabalhador da empresa, num verdadeiro "enriquecimento sem causa (art. 471.º, n.º 2 *in fine* do Código Civil)", sabendo-se, por um lado, que a obrigação de restituir, fundada no injusto locupletamento à custa alheia, pressupõe que alguém obtenha um enriquecimento, sem causa justificativa, à custa de quem requer a sua substituição e, por outro, que o requisito enriquecimento, encarado sob o ângulo patrimonial, reflecte a diferença, para mais, produzida na esfera económica do enriquecido, que resulta da comparação entre a sua situação efectiva (situação real) e aquela em que se encontraria se a deslocação se não houvesse verificado.

[1549] Ainda que, naturalmente, perante os dados concretos e face ao investimento efectuado pelo empregador, se possa construir uma obrigação de modificação do acordo de permanência.

[1550] JOÃO LEAL AMADO, "A revogação do contrato de trabalho (Nótula sobre os arts. 393.º a 395.º do CT)", PDT 2004, n.º 69, 23 e ss. e JOANA VASCONCELOS, *A Revogação do Contrato de Trabalho* (2011), cit., 160-3.

[1551] Veja-se SUSANNE HENNIGE, *Aufhebungsvertrag/Befristungskontrolle*, EWiR 2000, 807-8.

nência[1552], contexto que, à partida, garantirá uma manifestação de vontade livre, esclarecida e consciente.

Admite-se a existência de duas manifestações de vontade vertidas em documentos distintos, que, conjugadamente, formem o consenso necessário à revogação do pacto de permanência[1553] e, naturalmente, a revogação por estipulação verbal, uma vez que o princípio da liberdade de forma aplicável à celebração do pacto encontra, agora sim, razão de ser sempre que se trate da cessação autónoma de uma auto-limitação à liberdade de trabalho.

Tratando-se de uma extinção que se acomodará aos interesses do trabalhador, a possibilidade ganha importância acrescida sempre que os objectivos subjacentes à estipulação do pacto se encaminham num sentido que frustra o projecto inicial dos sujeitos.

Em atenção aos efeitos geráveis pelo (desaparecimento do) pacto de permanência, e *a simile* com o regime cabível quanto à revogação do contrato de trabalho, nada parece impedir que o *mutuus dissensus* do pacto de permanência possa operar a todo o momento[1554], estando, todavia, precludida a atribuição de efeitos retroactivos à revogação.

Os fundamentos que concorrem para o afastamento da atribuição negocial de efeitos retroactivos à revogação do contrato de trabalho encontram substrução quando se trata da revogação do pacto de permanência: a natureza continuada do pacto e a protecção jurídica do trabalhador, a par do lugar paralelo que é o regime da invalidade do contrato de trabalho, têm aportado a doutrina a recusar consistentemente essa possibilidade[1555], enquadramento cuja inaplicabilidade ao tratamento dos efeitos atribuíveis à revogação do pacto de permanência não se compreenderia.

A susceptibilidade de a revogação do pacto produzir efeitos *ex tunc*, ao deixar inafectada a formação extraordinária percebida pelo trabalhador, implicaria a devolução dos montantes despendidos pelo empregador, culminando na cumulação dos efeitos produzidos pela obrigação de permanência com o retorno

---

[1552] Cfr n.º 1 do art. 223.º do CC.

[1553] Sobre este processo: António Menezes Cordeiro, *Tratado de Direito Civil Português*, Tomo I (2002), cit., 293.

[1554] O quadro vale, *a fortiori*, para a redução da duração da obrigação de permanência, pois se o pacto se destinar a vigorar por três anos, podem os sujeitos acordar na redução da sua duração, se, de entre outros motivos, concluirem que esses saberes formativos estão em vias de esgotamento (*v. g.* desactualização).

[1555] Com indicações várias, Joana Vasconcelos, *A Revogação do Contrato de Trabalho* (2011), cit., 186-7.

pecuniário, por trilho ínvio e desproporcionado, das despesas suportadas pelo empregador.

e) Resolução

35. O incumprimento, por banda do empregador, de uma obrigação que seja ancorável no pacto de permanência possibilita ao trabalhador a exigência do seu cumprimento, ou, em alternativa, a *resolução*[1556] do pacto.

Para tanto, sendo de exigir a verificação de factos que supervenientemente constituam uma perturbação na execução do contrato/tornem impossível ou prejudiquem gravemente a realização do fim contratual do pacto de permanência[1557] – por exemplo, formação acordada para um distrito que é depois ministrável noutro distrito ou que não contempla módulos técnicos essenciais ao grau de enriquecimento profissional que impeliu o trabalhador à outorga do acordo –, cuidamos de uma situação que, em princípio, não bule com a subsistência do contrato de trabalho: o interesse primeiro de uma resolução do pacto é abrir espaço para uma denúncia ulterior do contrato de trabalho, que, em função da cessação de obrigação de permanência, isenta o trabalhador de qualquer obrigação indemnizatória, assim observe o prazo de aviso prévio estabelecido para o direito potestativo de cessação do contrato de trabalho.

Se para a resolução *a parte laboratoris* do pacto não se demanda a gravidade turbatória que subjaz à *resolução* com justa causa do contrato de trabalho, ante as expectativas das partes, postular-se-á, em qualquer caso, que o vínculo de confiança, indispensável ao prosseguimento futuro do contrato seja substancialmente afectado, averiguando "se o inadimplemento tem suficiente gravidade (importância) para desencadear tal efeito"[1558], confirmando-se, assim, a *razão suficiente* que justifica esse poder exoneratório.

Ora, uma vez que a resolução do contrato determina *per se et ipso iure* a cessação do pacto de permanência (não há permanência sem empregador), em pólo oposto, a cessação do pacto de permanência, embora não afecte *in modo obbli-*

[1556] Raúl Ventura, "Extinção das relações jurídicas de trabalho" (1950), cit., 221, utiliza a locução para designar a "extinção determinada por factos supervenientes (exceptuada a simples vontade dos contraentes) previstos no contrato ou na lei".
[1557] Ainda o art. 432.º do CC. Como faz notar António Pinto Monteiro, "Contrato de agência: anteprojecto", BMJ 1986, n.º 360, 111, a perda de confiança "pode resultar, quer do incumprimento de determinada prestação, quer de atitudes que afectem a relação de recíproca colaboração e lealdade que, segundo a boa fé, une os contraentes".
[1558] João Baptista Machado, "Pressupostos da resolução por incumprimento" (1991), cit., 131. Do mesmo; José Carlos Brandão Proença, *A resolução do contrato no direito civil* (2006), cit., 111 e ss., 132-3 e Pedro Romano Martinez, *Da cessação do contrato* (2006), cit., 236.

gante o contrato de trabalho, faz com que os poderes/deveres do empregador e do trabalhador, *ex ante* comprimidos, apareçam retomados *de pleno*.

Apesar de a motivação típica do trabalhador na resolução do pacto consistir em libertar-se da obrigação de permanência para exercer sequentemente a denúncia do contrato de trabalho com observância do prazo de aviso prévio, importa, todavia, notar que se as situações que predeterminam a resolução do pacto de permanência constituírem, pela sua intrinsecidade, um comportamento do empregador que afecte de modo irreparável a confiança entre os sujeitos, poderá haver fundamento bastante para a resolução do próprio contrato de trabalho[1559].

Pense-se, por exemplo, no caso em que o empregador *(i)* não disponibiliza os meios necessários para que o trabalhador possa receber a formação profissional convencionada, *(ii)* exige ao trabalhador a sua comparência no local de trabalho, com isso inviabilizando a formação ou *(iii)* não reembolsa o trabalhador das despesas que este adiantou para o pagamento da formação profissional *ad extra*, situações que, *prima facie*, têm um raio de incidência circunscrito ao pacto de permanência, mas que, em atenção possível à afecção da confiança entre os sujeitos laborais, podem criar grave prejuízo à continuidade da relação laboral, tornando inexigível a subsistência do contrato de trabalho[1560].

36. Ainda em conexão com a possibilidade de resolução do pacto de permanência, e tendo presente o *distinguo* entre o contrato de trabalho e o pacto

---

[1559] Art. 394.º.

[1560] No anverso, o enquadramento é semelhante em caso de incumprimento por parte do trabalhador no que ao pacto diz respeito, hipótese cuja escassa verificabilidade não impede a sua aplicação, bastando equacionar a permanência do trabalhador no local de trabalho e correlativa recusa em cumprir as actividades requeridas para a obtenção da especialização profissional suportada pelo empregador. Cuidando-se de situação que, de acordo com a desfibragem feita pela doutrina e pela jurisprudência, é analisável à luz do art. 351.º, tem-se como pressuposto que o pacto de permanência e o contrato de trabalho estão ligados por um nexo necessário (*supra*), decorrente da própria natureza do contrato por meio do qual o trabalhador assume a obrigação de não exercer a denúncia do contrato de trabalho durante o período convencionado; pode, por isso, operar-se um reflexo mútuo das vicissitudes de cada uma das relações contratuais na outra, embora a extinção do pacto de permanência, que corresponde a um ciclo de execução do contrato de trabalho, não se refracte, em princípio, na manutenção do vínculo que o sustenta e que baliza a sua duração, afora as situações em que o incumprimento do pacto de permanência atribuível a qualquer dos sujeitos laborais afecte de modo irreparável a economia de interesses projectada no contrato de trabalho, não sendo possível *exigir* a subsistência deste vínculo.

de permanência *qua tale*, não se visualiza razão para impedir a aposição de uma *cláusula resolutiva expressa*[1561] a este acordo.

Com a concretização desta estipulação, produzir-se-á um efeito extintivo do pacto, que operará por simples declaração de vontade de um dos sujeitos.

Admitindo-se uma previsão contratual no sentido de que a verificação de determinado evento confira o direito a qualquer um dos sujeitos de resolver o pacto de permanência, exigir-se-á, todavia, com vista ao afastamento de actos cessatórios *per arbitrium merum*, que o evento que atribui a faculdade cessatória se apresente conforme às exigências da boa fé e que não se acomode a uma previsão genérica e indeterminada[1562].

Sirva de exemplo, no que ao trabalhador diz respeito, o direito de resolução do pacto que lhe é atribuído na hipótese de ser *mobilizado geograficamente* para outro local (e tratamos da mobilidade geográfica *stricto sensu* e não das deslocações que, à luz do n.º 2 do art. 193.º, são inerentes às suas funções ou são indispensáveis à sua formação profissional) ou um cenário em que é mobilizado para o exercício de outras tarefas não conexas com a formação que justifica a cláusula; ou, agora no que se refere ao empregador, o direito de resolver o pacto, ainda antes da ministração da formação, caso não obtenha subvenção para parte da mesma.

O facto de estarmos perante um acordo cuja insubsistência não prejudica o trabalhador (tanto na hipótese em que a declaração extintiva é accionada pelo empregador como na situação em que a mesma é exercida pelo trabalhador) é cientificado pela garantia de estabilidade laboral que o ordenamento jurídico consagra: o trabalhador não pode ser privado do seu posto de trabalho e, num outro plano, só poderá, sem que para tanto arroste com quaisquer consequências patrimoniais, pôr termo ao vínculo de trabalho verificados os pressupostos que o Código estabelece para a denúncia e a resolução.

Por isso, sem embargo da exigência de que o evento que atribui a faculdade cessatória se apresente conforme às exigências da boa fé, e contrariamente ao quadro perfilhável para os pactos de não concorrência, não há razão, em princípio, para encarar com reservas uma cláusula resolutiva expressa ou mesmo uma cláusula de renúncia que sejam previstas *em benefício* do empregador.

Isto, ressalvando naturalmente as situações de fraude à lei, como as que se registariam no início da execução do contrato de trabalho, face à incompatibili-

---

[1561] Sobre esta, por todos, João Baptista Machado, "Pressupostos da resolução por incumprimento" (1991), cit., 184 e ss..

[1562] Assim, Enzo Roppo, *O Contrato* (tradução de Ana Coimbra e M. Januário Costa Gomes), Almedina, Coimbra, 1988, 267.

dade presumidamente existente entre a celebração do pacto de permanência e a vigência do período experimental[1563], com a resolução do pacto por banda do empregador a postar-se como o caminho para o exercício sequente da denúncia do contrato de trabalho[1564].

Assim, se, conforme veremos, nos pactos de não concorrência a admissão de um renúncia estabelecida a favor do empregador propicia a este não só *(i)* a extracção da obrigação de não concorrência de um efeito sucedâneo ao que é produzível por um pacto de permanência[1565], como também *(ii)* uma liberação da contrapartida que abona ao pacto de não concorrência uma qualificação sinalagmática, já para um pacto de permanência, face ao seu objecto, não se entrevêem, por princípio, as preocupações que ali se registam: o trabalhador retoma *de pleno* o seu direito de demissão e a prestação que precipuamente impende sobre o empregador, essa, na situação de frequência média, mais não é do que uma derivação da sua posição de sujeito no contrato de trabalho, que, nessa qualidade, obriga-o à observância do princípio da irredutibilidade da retribuição[1566].

[1563] Assim: Júlio Vieira Gomes, *Do uso e abuso do período experimental* (2000), cit., 56; também: Ricardo Nascimento, *Da cessação do contrato de trabalho: em especial por iniciativa do trabalhador*, Coimbra Editora, Coimbra, 2008, 324.

[1564] Contudo, caso o empregador surgisse a actuar a denúncia, esta situação, além da via de solução facultável pelo abuso de direito, sempre haverá de ser considerada impossível, já que o período experimental não é *repristinável*: uma vez afastada a livre denunciabilidade que caracteriza o "período probatório", a renúncia ao pacto de permanência apenas transporta(ria) consequências sobre a vigência deste acordo e, com excepção da supressão do direito à permanência do trabalhador, em nada influi no feixe de direitos que assistem ao empregador sempre que o período experimental se encontre franqueado. Já em Itália entende-se que o empregador que denuncia o contrato de trabalho associado a um pacto de permanência no âmbito do período experimental está obrigado a pagar ao trabalhador a retribuição devida até ao termo do pacto: se a eficácia da denúncia não é posta em causa e apenas existem consequências estritamente indemnizatórias – veja-se, por exemplo, Cass. 03.12.1996, n.º 927, RIDL 1997, T. II, 80 e ss., com anotação de Olivia Bonardi, "Recesso dal contratto di lavoro con clausola di durata mínima e onere della prova dell'aliunde perceptum" –, este enquadramento deve-se ao facto de, durante um largo período, se ter atribuído um efeito bivinculante à cláusula de permanência (que aparece como "clausole di durata mínima garantita"), havendo tergiversações quanto a uma cláusula que vinculasse apenas o trabalhador, embora, como faz notar Enrico Barraco, "Il diritto del lavoro a tutela delle imprese: le clausole di fidelizzazione" (2006), cit., 314, na actualidade seja relativamente pacífica a admissibilidade de uma cláusula monovinculante. Ainda: Carlo Zoli, "Clausole di fidelizzazione e rapporti di lavoro" (2003), cit., 469.

[1565] Ao arrepio dos pressupostos estabelecidos no art. 137.º, já que o trabalhador, face aos efeitos abstensivos que brotam da cláusula de não concorrência, tenderá a permanecer ao serviço do empregador.

[1566] Veja-se Pedro Romano Martinez, "Trabalho e Direitos Fundamentais (compatibilização entre a Segurança no Emprego e a Liberdade Empresarial)" (2010), cit., 273 e ss.. Isto, no pressuposto de habitualidade que vem caracterizando a execução dos pactos, em que a retribuição se

V. Cessação do contrato de trabalho e desnecessidade de restituição

a) Resolução do contrato de trabalho com justa causa

37. A impossibilidade de desvinculação, ou melhor, a associação da desvinculação ao pagamento das somas despendidas com a formação profissional do trabalhador que vimos de analisar, aparece, *prima facie*, confinada à hipótese de denúncia do contrato de trabalho[1567].

Se dúvidas existiam, ante a redacção do n.º 3 do art. 36.º da LCT, o n.º 2 do art. 147.º do CT2003 aparecia a dispor que "(e)m caso de resolução do contrato de trabalho pelo trabalhador com justa causa ou quando, tendo sido declarado ilícito o despedimento, o trabalhador não opte pela reintegração, não existe a obrigação de restituir as somas referidas no número anterior".

Todavia, o CT2009, em simplificação da formulação normativa, veio prever que "as partes podem convencionar que o trabalhador se obriga a não denunciar o contrato de trabalho", correspondendo ao raciocínio desenvolvido por ROSÁRIO PALMA RAMALHO que, com base num argumento teleológico de interpretação, já sufragava a restrição da limitação produzível pelo pacto ao exercício do direito de denúncia e não a outras formas de extinção do contrato de trabalho[1568], análise que, por maioria de razão, mantém hoje perante o CT2009[1569].

Neste enquadramento, uma vez que no contexto contratual a liberdade de trabalho proíbe uma "vinculação perpétua, ou muito prolongada, do trabalhador à mesma entidade patronal, pois os trabalhadores devem guardar sempre uma relativamente ampla liberdade de desvinculação"[1570], sempre se deu como

---

mantém intocada. Por isso, a renúncia ao pacto de permanência por banda do empregador já apresenta contornos diferentes na hipótese em que a subtracção do direito de demissão livre aparece associada a um acréscimo retributivo.

[1567] Assim, quanto às cláusulas *dédit-formation*, FRANÇOIS GAUDU & RAYMONDE VATINET, *Les contrats du travail* (2001), cit., 251.

[1568] M.ª ROSÁRIO PALMA RAMALHO, *Direito do Trabalho. Parte II* (2008), cit., 214-6.

[1569] M.ª ROSÁRIO PALMA RAMALHO, *Direito do Trabalho. Parte II* (2010), cit., 234. Em sentido que nos parece idêntico, veja-se ainda PEDRO ROMANO MARTINEZ, *Direito do Trabalho* (2010), cit., 692, entendendo que "no fundo, sendo celebrado um pacto de permanência, fica vedado ao trabalhador o recurso à denúncia do contrato de trabalho, ainda que com pré-aviso (arts. 400.º e ss. do CT2009), mas não excluídas outras formas de cessação, nomeadamente a resolução" e PEDRO FURTADO MARTINS, *A Cessação do contrato de trabalho* (2012), cit., 551. Mais recentemente, também JOANA VASCONCELOS, "Pacto de permanência, liberdade de trabalho e desvinculação do trabalhador" (2012), cit., 821, parece confinar a renúncia implicada pelo pacto ao não exercício da denúncia.

[1570] As palavras são de BERNARDO LOBO XAVIER, *Curso de Direito do Trabalho* (1999), cit., 412. Sobre esta dimensão, cfr. também JEAN PÉLISSIER, "La liberté du travail" (1990), cit., 21 e JORGE LEITE, *Direito do Trabalho*. Vol I (1998), cit., 120-1.

seguro que a subtracção ao trabalhador da possibilidade de resolução do contrato com justa causa em caso algum poderia ser considerada afectada[1571].

Para lá do argumento conexo com a irrenunciabilidade de um tal direito, entender-se, por força do pacto de permanência, que o trabalhador, independentemente dos comportamentos do empregador, nada poderia fazer, significaria a legitimação do arbítrio, abandonando-se a execução do contrato de trabalho ao alvedrio[1572].

Bastando, para tanto, pensar-se numa ofensa à integridade física do trabalhador ou no não pagamento da retribuição e na situação inerme em que este quedaria (= acto ilícito → obrigação de restituição das somas despendidas por banda do lesado...), a única interpretação viável, à luz dos critérios ordenantes do sistema, era, pois, a que se escorava no afastamento da denúncia, e já não, a despeito da salvaguarda que constituía a restituição da soma das importâncias despendidas, a que associaria a não resolução do contrato à obrigatoriedade de prestação de serviço durante certo prazo. Também aqui: *Actus legitimi conditionem non recipiunt*.

Neste plano, sabendo-se que a figura da resolução do contrato de trabalho com justa causa promovível pelo trabalhador acoberta dois núcleos distintos de situações – é corrente falar-se em justa causa subjectiva e justa causa objectiva[1573] –, a actuação do direito desvinculativo *motivado* (por contraste com a denúncia) que vai previsto no art. 393.º libera o trabalhador do pagamento de quaisquer verbas conexas com a formação que tenha recebido, "independentemente da objectividade ou subjectividade que envolve aquele fundamento resolutório".

Pensando-se, no extremo, que o trabalhador é o principal interessado em manter viva a relação laboral, na verdade, além do *ubi lex non distinguit, nec nos dis-*

[1571] Em França, só muito recentemente se assumiu esta posição: Cass. Soc. 11.01.2012, n.º 10-15.481, inflectindo-se orientação que absolutizava a renúncia por parte do trabalhador (por exemplo: Cass Soc. 04.02.2004, n.º 01-43651).

[1572] EMANUELE MENEGATTI, *I limiti alla concorrenza del lavoratore subordinato* (2012), cit., 109.

[1573] No anverso, esta *divisio*, trabalhada à luz do art. 53.º da CRP, identifica a justa causa subjectiva com uma conduta culposa e censurável do trabalhador (despedimento por motivo imputável ao trabalhador), reservando a justa causa objectiva para as situações em que não existe um comportamento culposo do trabalhador, como sucede com a verificação de necessidades de reestruturação empresarial ou de resposta a situações de crise que inviabilizam a continuidade da relação laboral (despedimento colectivo, despedimento por extinção de posto de trabalho e despedimento por inadaptação). Cfr., entre vários, BERNARDO LOBO XAVIER, *Curso de Direito do Trabalho* (1999), cit., 533, JOÃO LEAL AMADO, *Contrato de Trabalho* (2009), cit., 447 e ss., PEDRO ROMANO MARTINEZ, *Direito do Trabalho* (2010), cit., 1113 e ss., M.ª ROSÁRIO PALMA RAMALHO, *Direito do Trabalho. Parte II* (2010), cit., 1005 e ss. ou PEDRO FURTADO MARTINS, *Cessação do Contrato de Trabalho* (2012), cit., 522 e ss..

tinguere debemus, as situações inscritas no n.º 3 do art. 394.º integram uma massa de hipóteses, cuja concretização, ainda que inverificado qualquer comportamento culposo por banda do empregador, torna inexigível a continuidade da execução da prestação laboral por parte do trabalhador, sem que tal implique o desenvolvimento de um juízo de desvalor acerca da actuação de qualquer um dos sujeitos.

De acordo com razões de justiça material, só não será assim, e defronte da heterogeneidade de previsões que concorrem para o preenchimento do conceito de justa causa objectiva, no caso em que o trabalhador, sortindo-se do direito liberatório que o art. 394.º lhe atribui no feixe de situações que podem considerar-se como pertencentes à *sua esfera de risco*, actua por forma a desencadear o facto necessário "ao cumprimento de obrigações legais incompatíveis com a continuação do contrato".

Nessa hipótese, que é circunscrita, o trabalhador actuará já em contrariedade com o pacto de permanência, não podendo, em consequência, considerar-se liberado da correlativa obrigação indemnizatória.

b) Denúncia integrável no período experimental?

38. O principal efeito da obrigação de permanência repousa na associação da denúncia à restituição das verbas despendidas pelo empregador.

Embora se tenda a unidireccionar o sentido do pacto – isto é, a associar o *negotio* a um dever exclusivo do trabalhador[1574] –, importará notar que, de acordo com uma análise sistémica, o pacto de permanência, ainda que em dissonância com a sua tendência morfológica, pode adstringir, pontualmente, no plano da desvinculação do contrato de trabalho tanto o empregador como o trabalhador, quadro que a jurisprudência e a doutrina francesas rejeitam *in limine* face à diferenciação estabelecida entre as *clauses dédit-formation* e as *clauses de garantie d'emploi*, uma vez que só estas últimas logram alcançar projecção sobre os termos em que o empregador se pode desvincular do contrato de trabalho[1575].

[1574] Assim, em atenção à proibição de despedimentos sem justa causa, Sirvent Hernández, *El pacto de permanência en la empresa* (2002), cit., 130-2, referindo, depois, que o único sujeito que pode transgredir o pacto de permanência é o trabalhador (208) e, em sentido que lemos similar, Julio Vieira Gomes, *Direito do Trabalho* (2007), cit., 627, assinalando que "(o) pacto de permanência representa um exemplo de um contrato unilateral, isto é, de um contrato de que resultam apenas obrigações para uma das partes, o trabalhador (...)".

[1575] Por exemplo: François Gaudu & Raymonde Vatinet, *Les contrats du travail* (2001), cit., 251 e, na jurisprudência, em rejeição clara da eventual produção de efeitos inibitórios por uma *clause dédit-formation* quanto ao exercício do direito desvinculativo concedido *ex lege* ao empregador: Cass. Soc. 18.03.1987, n.º 83-45.737, Bull. civ. V, n.º 176.

Apesar de serem múltiplos os problemas subjacentes à qualificação das cláusulas[1576], as *clauses de garantie d'emploi* proíbem o despedimento do trabalhador por um determinado período[1577], sendo várias as convenções colectivas que as contêm; essa proibição pode consistir na restrição das situações que justificam o despedimento, admitindo-se, todavia, a previsão de que o empregador pode fazer a relação laboral em caso de *faute lourde ou grave* que torne impossível a sua manutenção[1578].

Verificando-se o despedimento em transgressão da cláusula, o trabalhador tem, *no mínimo*, direito à percepção das retribuições vincendas até ao *terminus* do período de estabilidade[1579], estando afastada, por regra, a reintegração, cuja efectividade é residual no ordenamento gaulês[1580].

[1576] Uma amostra desta problemática encontra-se Xavier Vincent, "La théorie prétorienne des périodes de garantie d'emploi, après dix ans de jurisprudence" (2009), cit., 91-2 e também em Jacques Duplat, "Clause de garantie d'emploi et licencement" (2009), cit., 23, quanto a uma cláusula que previa que o "posto de trabalho é proposto por um período mínimo de dois anos", não "sendo possível a ruptura do contrato durante esse período". A jurisprudência ultrapassou o dissenso relativo ao entendimento de que a cláusula era uma "previsão informativa de afectação temporária a um posto de trabalho por duração determinada", considerando tratar-se de uma cláusula de garantia mínima de estabilidade no emprego por um período de dois anos.

[1577] Ilustrativamente admitem-se cláusulas de estabilização com um período de cinco anos: Cass. Soc. 23.10.2007. n.º 06-42.994, JCP G 2008, II, 10002.

[1578] Via que a jurisprudência transalpina, no que respeita às cláusulas de estabilidade relativa, tem seguido: Giorgio Cian, *Codice Civile e Leggi Collegate: Commento Giurisprudenziale Sistematico* (2010), cit., 3930.

[1579] No mínimo, uma vez que a jurisprudência e a doutrina tendem a oscilar entre duas correntes quanto ao alcance da indemnização a receber pelo trabalhador: *(i)* o trabalhador tem direito a receber uma indemnização por danos emergentes e lucros cessantes por violação da cláusula, indemnização cumulável com a que vai associada ao despedimento sem justa causa (*licenciement sans cause réelle et sérieuse*), com fundamento no art. L 122-14-4 do *Code, (ii)* a violação da cláusula de garantia de emprego por parte do empregador apenas confere ao trabalhador o direito às retribuições não percebidas até ao final do período convencionado, não havendo razão para uma indemnização suplementar em razão de um alegado despedimento, já que a convenção firmada pelos sujeitos, enquanto "derrogação convencional ao poder de ruptura", consome a aplicação de outros mecanismos de tutela. Ainda: Gilles Auzero, "La distinction entre clause pénale et clause de garantie d'emploi: Soc. 4 mars 2008, pourvoi n.º 06-45.221" (2008), cit., 304-6, Jacques Duplat, "Clause de garantie d'emploi et licencement" (2009), cit., 24-6 ; no direito belga: Aurélie Frankart, "Aménagement conventionnel du droit de licencier: la clause de stabilité d'emploi" (2008), cit., 221.

[1580] Assim, o art. L. 1235-3 do *Code du Travail*. Mas o contrato pode cessar por força maior ou por acordo entre os sujeitos: Michel Miné & Daniel Marchand, *Le droit du travail en pratique* (2012), cit., 311-2.

Com efeito, celebrado um pacto de permanência, mesmo que o seu pressuposto fáctico (= formação) não tenha logrado concretizar-se, é possível entender-se que a denúncia patronal, cobrível pelo art. 114.º, fica afastada[1581], preclusão que é estabelecida no país vizinho, face à incompatibilidade existente entre previsões negociais[1582], uma vez que, ao contrário do funcionamento *ope legis* do período experimental que vale entre nós[1583], o *periodo de prueba* carece de previsão contratual (art. 14.1 do ET)[1584].

Analisando-se, conforme faz notar XAVIER DIEUX, um processo ao longo do qual se estabelece uma interacção entre os sujeitos, que cria expectativas e "antecipações" que são consideráveis legítimas e protegidas pelo intérprete-aplicador – conquanto sejam razoáveis e, naturalmente, acomodáveis ao bom senso[1585] –, em atenção ao princípio *Bona fides exigit, ut quod convenit fiat* pouco sentido faria sustentar-se a subsistência da possibilidade de denúncia integrável no período experimental, quando, em razão do escopo subjacente ao pacto de permanência, foram criadas expectativas de investimento e continuidade da relação laboral, que, em homenagem à confiança suscitada pela sua celebração, se mostram conflituantes com a pronta cessabilidade do contrato[1586] e desatendem à exigência de que "a pessoa que age na vida de relação deve ter o cuidado de controlar as expectativas que, por acção ou omissão, cria nos outros"[1587].

[1581] Veja-se, contudo, PEDRO ROMANO MARTINEZ, *Direito do Trabalho* (2010), cit., 492, que, enfatizando o interesse que o período experimental pode ter para o trabalhador nos casos em que a denúncia aparece limitada, dá como exemplo o caso em que foi ajustado um pacto de permanência.
[1582] Ainda RUBIO DE MEDINA, *El pacto de permanencia en la empresa* (2005), cit., 22-3, com largo acompanhamento da doutrina e da jurisprudência. Diversamente: LUQUE PARRA, "Pactos típicos, nuevas tecnologias y relación laboral" (2005), cit., 172 e, com indicações jurisprudenciais oscilantes, GOERLICH PESET, *Contratación laboral y tipos de contrato: Criterios jurisprudenciales*, Lex Nova, Valladolid, 2010, 128-9.
[1583] Por exemplo, JÚLIO VIEIRA GOMES, "Do uso e abuso do período experimental" (2000), cit., 56.
[1584] Por todos, RAMÍREZ MARTINEZ, *Curso de Derecho del Trabajo* (2001), cit., 283-4.
[1585] XAVIER DIEUX, *Le respect dû aux anticipations légitimes d'autrui. Essai sur la genèse d'un principe général de droit*, LGDJ/Bruylant, Paris/Bruxelas, 1995, 242.
[1586] Assim, VAL TENA, *de Prueba y Contrato de Trabajo* (Prologo de Juan Rivero Lamas), Civitas, Madrid, 1998, 159, e STS de 14.02.1991, *in* Aranzadi 837 *in* ALBIOL MONTESINOS/ALFONSO MELLADO/BLASCO PELLICER/GOERLICH PESET, *Normas laborales* (2000), cit., 193-4. Em sentido idêntico, exemplificando com o pagamento de um dispendioso estágio no estrangeiro e referindo que a partir do momento em que é celebrado um pacto de permanência o trabalhador não pode pretender invocar o período experimental para esquivar-se à restituição das mencionadas importâncias, veja-se JÚLIO VIEIRA GOMES, "Do uso e abuso do período experimental" (2000), cit., 70.
[1587] As palavras são de PEDRO PAIS DE VASCONCELOS, *Teoria Geral do Direito Civil* (2010), cit., 21.

Tratando-se de situação que não é objecto de previsão legal em razão de se partir do pressuposto de que a denúncia do contrato de trabalho só é por princípio actuável pelo trabalhador, é certo que, mais mitigadamente, se pode avançar com o afastamento do período experimental apenas quando se inicia a formação/especialização profissional que dá sustento ao pacto, podendo, até lá, o empregador denunciar livremente o contrato.

Uma vez que a evolução dos paradigmas metodológicos na interpretação--aplicação do Direito vem renovar a importância atribuída à argumentação utilizada e às consequências fluentes do empirismo[1588] – a fundamentação dos casos difíceis é, muitas vezes, como assinala MACCORMICK[1589], *consequencialista*, na medida em que se sustenta em argumentos que se dirigem às consequências jurídicas, ou seja, às condutas que são autorizadas ou interditas pela norma corporizada na decisão –, aquela via analítica, além de pouco consentânea com as expectativas criadas no trabalhador quanto à perduração da relação laboral, deixaria a aplicação do período experimental à mercê da vontade do empregador, culminando no seguinte resultado prático: se o empregador provesse à especialização profissional do trabalhador no decurso do prazo subjacente ao período experimental, o instituto ficaria afastado a partir desse momento; mas, não o fazendo, encontrava-se legitimado para, em razão da calendarização que estabeleceu, denunciar o contrato de trabalho à luz do art. 114.º.

Abrindo-se, deste modo, margens para a utilização de um expediente que propiciaria ao empregador a conformação da cessabilidade imotivada do contrato em função dos seus concretos interesses – a que não é decerto alheia a desnecessidade legal de indicação no pacto da data em que a formação se vai iniciar –, está-se, por isso, em crer que a distinção, para atender à existência do período experimental, entre a realização ou não da formação/especialização pressuposta pelo pacto não é *a priori et de per se* relevante, havendo, diante das coordenadas do sistema, fundadas razões para, sem prejuízo de disposição convencional diversa que clarifique *ex ante* o quadro em que se movem os sujeitos, se firmar uma pre-

---

[1588] Cfr. LUIGI MENGONI, "L'argomentazione orientate alle conseguenze", RTDPC 1994, I, 5 e ss..
[1589] Cfr. NEIL MACCORMICK *Legal Reasoning and Legal Theory*, Oxford, Oxford University Press, 1997, 53 e ss. e MANUEL ATIENZA, *As Razões do Direito* (trad. Maria Cristina Guimarães Cupertino), 2.ª ed., Landy, São Paulo, 2000, 193-6. A argumentação consequente pode suportar a posição tomada, em que se recusam outras soluções possíveis por serem inaceitáveis. A formulação da motivação seria, assim, do tipo *a solução é A porque a solução B tem consequências inadmissíveis*. Convém, no entanto, ter presente que um argumento deste tipo, ao procurar fundamentar o que é na inaceitabilidade do que não é, (i) nada diz quanto à admissibilidade da solução que foi seguida e (ii) não pode desobrigar o aplicador da demonstração da *inaceitabilidade* da solução não seguida, mediante a sua fundamentação.

sunção de incompatibilidade entre o funcionamento do período experimental e a vinculação a um pacto de permanência.

Em todo o caso, não se está diante de uma correlação baseada num pressuposto de automaticidade[1590], que nos aporte à consideração de que a celebração de um pacto de permanência suprime sempre o período experimental, com a consequente atribuição ao pacto da "exclusão por escrito" a que faz referência o n.º 3 do art. 111.º.

Trata-se, antes, de uma correlação presumida, cabendo ao empregador afastar a sua aplicação, alegando e provando a condicionalidade do pacto[1591].

Assim sendo, e não se vislumbrando óbices a que os sujeitos inscrevam no pacto o não afastamento do período experimental, esta circunstância conduz-nos a um cenário análogo ao que vale sempre que os sujeitos celebram um pacto de permanência em fase subsequente ao decurso do período experimental, esconjurando o surgimento de situações fraudatórias, que deixariam o empregador com o melhor de dois mundos: a garantia da permanência do trabalhador e a possibilidade de pôr termo à relação laboral, mediante a invocação de que o período experimental vigora.

Com efeito, diante de previsão convencional diversa, falhará o primeiro pressuposto da formulação – a garantia de permanência do trabalhador não se verifica, uma vez que o período experimental se encontra em vigor e o trabalhador pode também actuar o direito de denúncia de acordo com o art. 114.º, dada a sua vocação bilateral[1592], sem que por isso esteja obrigado a pagar qualquer montante –, evitando-se, dessarte, situações de fraude à lei e de indefinição para o trabalhador, e afastando-se a dependência da aplicação do período experimental da simples vontade do empregador, pois então os riscos de conformação alvédrica da cessabilidade do contrato pelo empregador são prevenidos.

[1590] Diferentemente RUBIO DE MEDINA, *El pacto de permanencia en la empresa* (2005), cit., 20-1.

[1591] Na verdade, alegada e provada a condicionalidade do pacto, não se entrevê razão para afastar a aplicação do período experimental, bastando equacionar um pacto formulado com os seguintes termos: "Z e Y, certificada a capacidade de Y para o exercício das funções, convencionam que, caso seja obtida uma comparticipação estatal destinada ao suporte de um curso de especialização no país X, Y obriga-se a não denunciar o contrato de trabalho no ano subsequente ao curso que possa vir a ter lugar". Nesta situação, a fórmula negocial traz pressuposta a aplicação do período experimental e o pacto de permanência é uma eventualidade: está dependente de uma condição mista, já que a verificação do facto condicionante não depende apenas do empregador.

[1592] Sobre esta característica, veja-se ainda GIUSEPPE PERA, *Compendio di Diritto del Lavoro* (2000), cit., 165, e, entre nós, por todos, MARIA DA CONCEIÇÃO TAVARES DA SILVA, *Direito do Trabalho* (1964-65) cit., 595 e ss..

Estabelecendo-se, pois, sem prejuízo de disposição convencional diversa, e face à intersubjectividade produtora da confiança e condicionada pela boa fé que o pacto alberga, uma presunção de afastamento do período experimental sempre que exista um pacto de permanência – presunção que, mostrando-se convencionalmente afastável, será absoluta a partir do momento em que o pacto começa a ser executado, dando-se aqui relevo ao binómio *tempus celebrationis/ tempus executionis* –, afastada a denúncia do empregador, também o trabalhador, na hipótese de se querer desvincular, não poderá exercer a denúncia à luz do art. 114.º, embora, por força do reconhecimento de falta de validade a um pacto de permanência celebrado antes da constituição da situação laboral, os efeitos operativos da presunção de incompatibilidade pugnada se restrinjam à cessabilidade do contrato do trabalho, não atinando com o quadro indemnizatório aplicável ao incumprimento de um contrato-promessa[1593].

[1593] Na verdade, este enquadramento seria tanto mais importante quanto viria reforçar a vinculatividade dos contratos-promessa de trabalho, pois que, estando afastada a possibilidade de lançar mão do art. 830.º do CC, e estabelecendo o n.º 2 do art. 103.º do CT que o "não cumprimento da promessa de contrato de trabalho dá lugar a responsabilidade nos termos gerais de direito", sucederia, em primeira linha, que o não funcionamento *ope legis* do período experimental por força da celebração de um pacto de permanência associado à promessa de contrato de trabalho apresentaria como derradeira consequência a possibilidade de aumento da indemnização devida em razão do incumprimento da promessa. Sem embargo da conformação indemnizatória exigida pelo princípio *pacta sunt servanda*, a equidade, enquanto "ponto de apoio do julgador na tarefa de quantificação da indemnização" (a expressão é de ANTÓNIO ABRANTES SANTOS GERALDES, *Indemnização do Dano da Privação do Uso*, Almedina, Coimbra, 2001, 52), sempre haveria inspirar a solução aplicável, tendo concretamente em consideração a não convolação prática da promessa de trabalho em verdadeiro contrato de trabalho definitivo com um mecanismo de estabilização, a não realização de quaisquer despesas com a formação profissional do trabalhador por parte do empregador e a inexistência, por princípio, de qualquer responsabilidade atinente a um pacto de permanência cuja formação que contribui para a sua atendibilidade legal ainda não se verificou. Em geral, sobre o quadro aplicável ao incumprimento de uma promessa de contrato de trabalho *vide* Ac. STJ de 02.12.1998 (SOUSA LAMAS), proc. n.º 80/98, BMJ 1999, n.º 482, 150-160, em que se pode ler que "(a) indemnização pelo injustificado incumprimento da promessa do contrato de trabalho terá de ser equivalente, quanto possível, ao prejuízo causado pela não celebração do contrato prometido, medida, por isso, pela diferença entre a situação patrimonial em que o trabalhador ficou em consequência da falta de celebração do contrato de trabalho". E, na fixação da indemnização, "deverá ter-se em conta que o contrato de trabalho prometido estaria sujeito a um período experimental e poderia, durante esse período, ser rescindido por qualquer das partes, sem aviso prévio, sem justa causa e sem direito a qualquer indemnização". Em qualquer dos casos, e porque estava em análise um incumprimento do empregador, "a indemnização pelo não cumprimento ilícito da promessa de contrato de trabalho não pode, em termos equitativos, ser superior àquela que seria devida ao trabalhador se o contrato prometido tivesse sido celebrado e fosse rescindido ilicitamente pela entidade patronal".

c) Caducidade do contrato de trabalho

40. Cabe agora uma referência à cessação (tendencialmente) automática do contrato de trabalho[1594]: a caducidade.

Adoptando-se um conceito amplo de caducidade, que está para lá das hipóteses especificamente previstas no art. 343.º, de entre os eventos que determinam a extinção *ipso iure* do contrato de trabalho, face à atipicidade que recorta a situação de reforma do trabalhador, debrucemo-nos por ora sobre a "impossibilidade superveniente, absoluta e definitiva de o trabalhador prestar o seu trabalho ou de o empregador o receber" e sobre a verificação do termo aposto ao contrato de trabalho.

No que diz respeito à "impossibilidade superveniente, absoluta e definitiva de o empregador receber o trabalho" poucos problemas se aprumam: embora o contrato não cesse por razões imputáveis ao empregador, está-se perante a verificação de um facto que, sendo absolutamente alienígeno ao trabalhador, torna inexigível a prossecução do vínculo, fazendo com que a vitalidade deste fique exaurida[1595].

Como é bom de ver, numa época em que "a defesa da estabilidade da relação e do emprego desempenha ainda um papel"[1596], a solução de que o trabalhador, além de ficar privado do seu posto de trabalho, teria ainda que suportar a restituição das verbas conexas com a sua formação profissional por conta de uma permanência que foi cessada à margem da sua vontade seria *ad evidentiam* contrária ao espírito do sistema e revelar-se-ia também, sob um outro prisma, e em muitas situações, paralógica: se o empregador morre ou é extinto, face à natureza *intuitu personae* da relação laboral e do pacto de permanência que a acompanha, seria descabido sustentar-se que o trabalhador teria de restituir verbas a um ente que, naquele momento, já não existe (= revelação da inaptidão do direito

---

[1594] ANTÓNIO MONTEIRO FERNANDES, *Direito do Trabalho* (2012), cit., 455, entende que o automatismo da caducidade é uma noção destituída de rigor, porque, para o contrato de trabalho caducar, é sempre necessária uma declaração ou manifestação de vontade. Embora o automatismo caracterize *per definitionem* a caducidade, como salienta BERNARDO LOBO XAVIER, "A extinção do contrato de trabalho" (1989), cit., 415, em determinadas situações pode ser exigida uma declaração «[...] que exterioriza o apuramento da situação conducente à caducidade (*v.g.*, declaração de encerramento da empresa a título definitivo ou uma declaração de invalidez definitiva do trabalhador): tratar-se-á, contudo, de uma declaração que atesta ou comprova uma situação de facto e não uma declaração de vontade extintiva".
[1595] BERNARDO LOBO XAVIER "A extinção do contrato de trabalho" (1989), cit., 414-6.
[1596] JÚLIO VIEIRA GOMES, "Do uso e abuso do período experimental" (2000), cit., 37.

para sobreviver sem uma titularidade actual[1597]), o que apenas se verifica se não houver uma continuação da actividade pelos sucessores ou uma transmissão da empresa ou estabelecimento, circunstância que, conforme veremos a propósito dos pactos de não concorrência, face à unicidade e à continuidade da relação laboral subjacente, não afecta os pactos de limitação à liberdade de trabalho.

Tratando-se de enquadramento também adoptável em relação à caducidade do contrato de trabalho por extinção da pessoa colectiva empregadora, por encerramento total e definitivo da empresa e por insolvência do empregador – sem embargo do carácter diferenciado das três situações previstas no n.º 1 do art. 346.º e da que vai prevista no art. 347.º[1598] –, a caducidade por impossibilidade respeitante ao empregador, fazendo caducar o pacto de permanência, faz cessar qualquer obrigação restitutória ou, no caso de cláusula penal (infra), qualquer obrigação indemnizatória a cargo do trabalhador[1599].

No que tange com a hipótese de "impossibilidade superveniente, absoluta e definitiva" que afecte o trabalhador não há motivos para encontrar solução

---

[1597] Embora o momento da caducidade, ao contrário do enquadramento comummente estabelecido à face da LCCT, se processe não com a data do decesso do empregador, mas com a data do encerramento da empresa. Tal significa, acompanhando Júlio Vieira Gomes, *Direito do Trabalho* (2007), cit., 926, que o "empregador" será um património autónomo enquanto a herança permanecer indivisa, bastando uma confirmação do encerramento da empresa para que o contrato de trabalho se extinga. Nesta linha, o facto de muitas das vezes a jurisprudência revelar hesitações quanto à recondução de determinadas situações à figura da caducidade ou do despedimento colectivo não deixaria de causar uma quebra no regime relativo aos pactos de permanência: se é patente que no despedimento colectivo cessa qualquer obrigação do trabalhador que se conexione com a obrigação de permanência, a proximidade entre as figuras e o facto de em ambos os casos se estar perante uma cessação do contrato de trabalho não pretendida pelo trabalhador imporá, na hipótese de caducidade, uma solução idêntica para a desobrigação da restituição relativa a somas investidas na formação do trabalhador, até por causa dos efeitos de regime que, após o CT2003, são muito próximos: uma das novidades que o CT2003 trouxe consigo reside no estiolamento do *distinguo* quanto ao procedimento a seguir e quanto aos direitos conferidos aos trabalhadores e que sustentava algumas posições jurisprudenciais, que, em caso de dúvida, e de molde a não deixar o trabalhador desprotegido, optavam pela figura do despedimento colectivo, em razão da compensação percebível. Porque todas as situações que se possam configurar como subsumíveis à figura da caducidade, por impossibilidade respeitante ao empregador, acabam por passar por uma decisão deste, com o CT não há qualquer diferença no que toca à compensação a atribuir ao(s) trabalhador(es) por encerramento definitivo, quer esta opere por caducidade, quer se concretize através de um despedimento colectivo.

[1598] Como salienta Júlio Vieira Gomes, *Direito do Trabalho* (2007), cit., 926 e ss., se a morte do empregador não decorre, em regra, da sua vontade, já a extinção da pessoa colectiva pode (não) ser voluntária, ao passo que o encerramento da empresa resultará, por princípio, de uma decisão voluntária.

[1599] Extingue-se a obrigação impossível: n.º 1 do art. 790.º do CC.

diversa, caminho que aliás a jurisprudência transalpina tem seguido no que à impossibilidade superveniente da prestação no âmbito dos contratos de trabalho a termo (*ex lege* estabilizador) diz respeito e cuja similitude com os pactos de estabilidade tem suscitado enquadramento idêntico[1600].

Não bastando, como se viu, uma simples diminuição ou perda de interesse do credor-empregador na disponibilidade do trabalhador, nesta situação também a cessação do vínculo radica numa causa que não é subjectivamente atribuível ao trabalhador.

Sendo múltiplas as situações que podem concorrer para que o trabalhador deixe totalmente de realizar a tarefa de que se incumbira (morte, incapacidade absoluta e definitiva do trabalhador, falta de carteira profissional), *de iure*, embora este evento atine com a esfera de actividade ou de risco do trabalhador, trata-se da verificação de uma situação que transporta consequências que o trabalhador *de facto* não pode evitar.

Não havendo culpa deste na verificação do facto – indagação fazível à luz da chamada *causa funcional* e, como faz notar o BAG, da economia de interesses que conforma a relação jurídico-laboral[1601] –, há razão para se entender que falha o juízo de imputabilidade convocado pelo "agir com sentido" de que nos fala João Baptista Machado[1602].

Na verdade, porque "só uma conduta voluntária e livre pode ou não ter motivo justificado"[1603] e porque a culpa traduz "o desvalor ou reprovação que o Direito comina face a certos comportamentos, assacados aos seus autores"[1604], a impossibilidade de prestar que torna perempto o objecto do contrato de trabalho – e que, por consequência, determina a extinção do vínculo – mostra-se apta à utilização do qualificativo "não imputável".

[1600] Assim, no ordenamento italiano: Cass. 03.08.2004, n.º 1487, RIDL 2005, n.º 2, 42, uma vez que "a disciplina da resolução do contrato de trabalho por tempo determinado, ou pelo qual se assegura uma estabilidade temporária por meio de uma cláusula de duração mínima, deve ter em conta não só o art. 2119 do *Codice Civile*, como também as disposições genéricas sobre a resolução dos contratos com prestações correspectivas".
[1601] BAG 23.01.2007 – 9 AZR 482/06, NZA 2007, 748.
[1602] João Baptista Machado, «Tutela da Confiança e "Venire Contra Factum Proprium"» (1991), cit., 345 e ss..
[1603] João Baptista Machado, "Risco contratual e mora do credor (risco da perda do valor-utilidade ou do rendimento da prestação e de desperdício da capacidade de prestar vinculada)" (1991), cit., 319 e ss..
[1604] Aproveitamos a noção de culpa avançada António Menezes Cordeiro, *Da Boa Fé no Direito Civil* (1997), cit., 1225.

Arredando-se, também aqui, o *silentio legis completae*, há, pois, razões para se afastar a junção da obrigação de restituição de quaisquer verbas conexas com o pacto de permanência aos efeitos gerados pelo desemprego, cujo prejuízo, não vindo associado a qualquer conduta livre e voluntária do trabalhador de desrespeito pelas normas de cuidado e diligência cuja observância se impunha, já é de si bastante gravoso.

41. As questões relativas à caducidade do contrato de trabalho assumem todavia outra complexidade sempre que o pacto de permanência surge associado a um contrato a termo, cuidando-se, antes do mais, de fixar a refracção que o pacto tem na (in)verificação da caducidade do contrato de trabalho em função do prazo de permanência convencionado.

Tratando-se de situação que, face à pouco serventia do pacto, só remotamente acontece lá onde o contrato a termo faz surgir uma obrigação de permanência *natural* – circunstância que conduz, por exemplo, à sustentação da inadmissibilidade de um pacto de permanência associado a um contrato a termo em Itália, sem que fique prejudicada, à luz do art. 1382 do *Codice Civile*, a estipulação de uma cláusula penal para o caso de demissão imotivada[1605] –, entre nós, no que diz respeito aos contratos a termo, e porque "assegurar expectativas e direccionar condutas são indubitavelmente funções primárias do Direito"[1606], a infusão de expectativas que se apontou à celebração de um pacto de permanência antes ou no curso e a propósito do período experimental vai conformar a aplicação do regime traçado para esta espécie contratual (aqui, aceno à continuidade da relação laboral[1607]).

A questão não é, contudo, isenta de dúvidas e presta-se a enquadramentos diversos, suscitando mesmo, na nossa opinião, uma diferenciação regimental que atenda às durações concretamente convencionadas e à injuntividade do regime do contrato de trabalho a termo, factores que impedem, de resto, a confecção de soluções desligadas dos quadros legais que regem globalmente a contratação a termo em cada ordenamento, sabendo-se que há ordenamentos com regimes bem mais permissivos e ainda com feições estabilizadoras.

[1605] Fazendo mesmo uma equiparação da cláusula de duração mínima aos contratos a termo, face à impossibilidade de desvinculação sem justa causa em qualquer dos casos, cfr. CARLO ZOLI, "Clausole di fidelizzazione e rapporti di lavoro" (2003), cit., 450.

[1606] JOÃO BAPTISTA MACHADO, "Iniciação ao Mundo do Direito" (1993), cit., 481.

[1607] Ainda, STS de 14.02.1991, Aranzadi 837 *in* ALBIOL MONTESINOS/ALFONSO MELLADO/BLASCO PELLICER/GOERLICH PESET, *Normas laborales* (2000), cit., 193-4.

Assim, e antes de tudo, importa, desde já, assumir a possibilidade de um pacto de permanência aparecer associado a um contrato de trabalho a termo[1608].

Não só não há sinal legal que vede tal possibilidade, como os trabalhadores potencialmente vulneráveis devem ter a possibilidade de progredir na sua qualificação profissional para melhorar a sua mobilidade, uma vez que, operada a substituição do binómio colocação-ocupação pelo binómio colocabilidade-ocupabilidade[1609], a preparação profissional extraordinária subjacente ao pacto é um importante instrumento de reforço da empregabilidade, permitindo transições com êxito no mercado do trabalho[1610].

Impõe-se, além disso, ter presente que a divergência entre o prazo convencionado para o contrato e o que vai estabelecido para o pacto de permanência é potenciada pelo facto de este ser computável a partir do início da obrigação de permanência e não, do que se viu, da celebração do pacto, razão pela qual a questão aparece colocada em fase em que o contrato de trabalho se encontra com algum curso de execução, face à verificação das despesas extraordinárias feitas pelo empregador com a formação profissional do trabalhador, circunstância que não é dissociável da execução do contrato de trabalho.

Figure-se, assim, à luz do limite consentido pela al./c do n.º 1 do art. 148.º (três anos), as seguintes situações: o trabalhador *(i)* celebra um contrato de trabalho a termo certo com a duração de um ano e um pacto de permanência, cujo início de execução se processa no primeiro dia do sétimo mês subsequente ao início de execução laboral, com um prazo de um ano *(ii)* celebra um contrato de trabalho a termo certo com a duração de um ano e um pacto de permanência, cujo início de execução se processa no primeiro dia do sétimo mês subsequente ao início de execução laboral, com um prazo de um ano e seis meses; *(iii)* celebra um contrato de trabalho a termo certo com a duração de três anos e um pacto de permanência, cujo início de execução se processa ao cabo do segundo ano, com um prazo de dois anos; *(iv)* celebra um contrato de trabalho a termo certo com a duração de três anos e um pacto de permanência, cujo início de execução se processa no primeiro dia do sétimo mês subsequente ao início de execução laboral, com um prazo de três anos.

As situações, sendo diversas, convocam, por princípio, enquadramentos dissemelhantes.

[1608] Por exemplo: Ac. Rl. Lx. de 24.02.2010 (Isabel Tapadinhas), proc. n.º 2779/07.0TTLSB.L1-4. e Ac. STJ de 30.06.2011 (Gonçalves Rocha), proc. n.º 2779/07.0TTLSB.L1.S1.

[1609] Nestes termos: Domenico Garofalo, *Formazione e lavoro tra diritto e contratto* (2004), cit., 151.

[1610] Sobre o ponto: Anthony Giddens, *A Europa na Era Global* (2007), cit., 114-6.

Na situação *(i)* importará não esquecer que, à luz do n.º 2 do art. 149.º, o contrato "renova-se no final do termo estipulado, por igual período, na falta de declaração das partes em contrário".

Inexigindo-se as condições de forma para a renovação na hipótese de o prazo coincidir, deve atribuir-se um *animus* renovatório ao pacto de permanência, presumindo-se que os sujeitos quiseram que o contrato de trabalho e a obrigação de permanência coincidissem.

Na construção exposta, não se tratará, contudo, de confeccionar um qualquer dever unilateral de renovação, nem tão pouco de criar um dever bilateral que se encaminhe em sentido idêntico.

Trata-se, antes, da atribuição ao pacto de uma vontade renovatória relativa ao contrato de trabalho em curso (que, pela sua natureza, dispensa qualquer acto subsequente e que, por isso, ultrapassa a existência de um dever *ad hoc*), ainda que, naturalmente, caiba entender que esta vontade só logra ganhar eficácia após o atingimento do *terminus* inicialmente acordado, o que significará que a produção plena de efeitos da renovação só ocorrerá a partir do momento em que o contrato de trabalho cessaria se não houvesse um pacto de permanência e não a partir do momento em que o pacto foi celebrado ou em que a obrigação de permanência iniciou a sua execução.

Assim, na situação *(i)*, afastando-se a renovação do contrato a termo pelo período subjacente ao tempo que falta para o pacto de permanência atingir o seu *terminus* – já que, *ex vi* do n.º 2 do art. 149.º, o contrato renova-se por igual período se outro não for acordado pelas partes e a renovação por período diverso depende da verificação dos requisitos de forma exigidos para a sua celebração –, o contrato renovar-se-á por mais um ano (=período igual ao termo inicial), cobrindo a duração da obrigação de permanência, cuja caducidade opera seis meses antes da verificação do termo pressuposto pela renovação do contrato de trabalho.

Sendo também esse o período subjacente à renovação do contrato de trabalho na situação *(ii)* – que cobre, em convergência, a duração do pacto de permanência, registando-se uma coincidência na verificação do momento em que ocorre a caducidade do contrato e do pacto –, a renovação por período igual ao que delimita *ab initio* a execução do contrato de trabalho é a solução que melhor se acomoda ao critério de automaticidade renovatória previsto na lei, à vontade conjectural dos sujeitos e ao equilíbrio de interesses que a harmonização das diferenças de prazos entre acordos funcionalmente conectados suscita.

Assim, se, neste plano, a aplicação do prazo máximo consentido por lei para o contrato a termo se revela desproporcionada – na situação *(i)*, a aplicação do limite de três anos corresponderia a um período que corporiza o dobro do tempo convencionado para a obrigação de permanência – e prolonga desnecessariamente a precariedade que está subjacente a um contrato a termo, impõe-se considerar as dúvidas conexas com a possibilidade de se atribuir ao termo de uma cláusula acessória uma eficácia conformativa superior à da duração aposta ao contrato em que aquela é enxertada[1611].

Mau grado a sua inegável pertinência, cremos, todavia, que a relação de motivação que afecta o contrato e o pacto, gerando um quadro de complementaridade, suscita uma interpretação conjunta: para lá de o pacto de permanência poder ser acordado já depois da celebração do contrato de trabalho, com a possibilidade de se topar com uma revogação tácita do termo pregresso previsto para o contrato de trabalho – sem que a solução deva variar em função da circunstância temporal em que pacto foi firmado ou em razão da forma escolhida para a sua celebração, face à duração que os sujeitos concordemente quiseram que o pacto tivesse –, importará, de uma parte, ter presente que um termo ou uma condição "afectam sempre a vontade essencial das partes"[1612] e, de outra parte, que a valoração congraçada dos termos estabelecidos pelos sujeitos não pode desatender à confecção de um quadro que transcende o momento da cessação

---

[1611] A questão é suscitada por JÚLIO VIEIRA GOMES, *Direito do Trabalho* (2007), cit., 627-8 e claramente assumida por JOANA VASCONCELOS, "Pacto de permanência, liberdade de trabalho e desvinculação do trabalhador" (2012), cit., 826 (nota 19), que, defendendo a contenção da duração do pacto dentro do prazo estabelecido para o contrato de trabalho, refere que solução diversa "faria o trabalhador renunciar, não apenas ao seu direito de denúncia, como o de invocar a caducidade, atingido o termo". Parece ser também com base neste argumento que XAVIER VINCENT, "La théorie prétorienne des périodes de garantie d'emploi, après dix ans de jurisprudence" (2009), cit., 95, refere, com relação às cláusulas de "estabilidade do emprego", que, não havendo prorrogação do contrato de trabalho, a garantia de estabilidade cessa. Embora a referência do Autor não seja clara quanto à (in)existência de um prazo aposto à cláusula que ultrapasse o momento da verificação do termo inicial do contrato de trabalho, a análise implicada pelas cláusulas de "estabilidade do emprego" é todavia diferente da convocada pela cláusula de permanência, uma vez que o compromisso assumido pelo empregador de que não faz cessar o contrato não cobre a verificação da caducidade do contrato ou as situações de força maior, ao passo que no domínio dos pactos de permanência é apenas a liberdade de trabalho, fruível pelo trabalhador, e não pelo empregador, que se encontra limitada. Nesse quadro, a perspectiva de que, ante uma interpretação conjugada do contrato e do pacto, o contrato de trabalho pode prolongar-se para lá do termo inicialmente estipulado implica ademais uma renúncia do trabalhador à invocação da caducidade do termo, parece-nos que dá por demonstrado o que procura demonstrar, visto que traz consigo a assunção de que a caducidade ocorre com a verificação do termo incialmente estipulado, *quid* inverificável para quem entenda que a caducidade, a concretizar-se, só ocorre ulteriormente, em conformidade com o prazo que os sujeitos estabeleceram para a obrigação de permanência. Por outras palavras, e em síntese, não haverá renúncia a um direito, sem que o pressuposto subjacente à fruição desse direito se encontre verificado.

[1612] JOÃO DE CASTRO MENDES, "Da Condição" (1977), cit., 60.

do vínculo, pois os direitos e as expectativas quanto à cessação da relação subjacente condicionam significativamente o seu comportamento durante a vigência do contrato de trabalho.

Não perdendo igualmente de vista a distinção entre os efeitos jurídico-negociais e os efeitos jurídicos decorrentes da ordem de condutas envolvente (embora sejam esferas tangenciais[1613]), o pacto de permanência, tendo uma função não negligenciável no equilíbrio de interesses entre os sujeitos, alberga um conjunto de tensões próprias, que, numa base progressiva de expectativas e contra-expectativas, corporiza uma vontade dos sujeitos quanto à permanência do trabalhador durante um período determinado, vontade que vai interagir com a duração do contrato de trabalho: só se pode permanecer no que existe.

Esta integração entre a vontade projectada no contrato de trabalho e no pacto, suscitando uma harmonização entre os negócios, pode mesmo implicar a aplicação do limite máximo consentido por lei para *aquele* contrato a termo, possibilidade que, todavia, só se coloca quando a renovação subsequenciada e de funcionamento automático não logra cobrir a duração do pacto de permanência.

Sendo esse o enquadramento que estimamos probante na situação *(iii)*, e uma vez que não consideramos irrelevante a duração que os sujeitos de forma livre e consciente estabeleceram para o pacto de permanência – ponderando, ainda, que, no limite, e face à aplicação automática do limite estabelecido para o contrato a termo, essa irrelevância potenciaria a não aposição de qualquer prazo ao pacto de permanência –, na situação *(iv)*, verificando-se a ultrapassagem do limite máximo admitido por lei, o contrato converter-se-á (*rectius*: reduzir-se-á[1614]) em contrato de trabalho por tempo indeterminado[1615].

[1613] João Baptista Machado, "A Cláusula do Razoável" (1991), cit., 523.
[1614] Apesar das alusões recorrentes à figura da conversão (hoje removidas com o CT), deparamo-nos, em rigor, com a figura da redução: ablaciona-se uma cláusula contratual (o termo estipulado) e as obrigações entre os sujeitos mantêm-se. Muito embora a LCCT, nos arts. 47.º e 51.º, mencionasse a conversão do contrato de trabalho a termo em contrato de trabalho sem termo (sempre que o trabalhador continuasse a laborar em benefício da entidade empregadora após a caducidade do contrato sem termo), já então considerávamos, à luz do *rubrica legis non obligat*, que se estava perante uma verdadeira redução. Isto, não só porque o termo não é bastante para *caracterizar o tipo abstracto e individualizar a fisionomia concreta do contrato de trabalho* [na expressão de Cecilia Assanti, *Corso di Diritto del Lavoro* (1993), cit., 306] – e, portanto, não se está perante dois negócios estruturalmente diversos –, como também não impendia sobre qualquer dos contraentes a prova de que o desaparecimento do termo se harmonizava com a vontade hipotética ou conjectural das partes. Para lá da automaticidade do desaparecimento do termo que caracteriza o instituto da redução, também a inserção sistemática da figura dos contratos a termo no CT vem reforçar este enquadramento, face à epígrafe *cláusulas acessórias* que enquadra a Subsecção I da Secção VIII.
[1615] Cabe afastar aqui o argumento de que a construção que vem de ser defendida pode em certas

Considerando que, apesar das transformações sócio-económicas que vivemos, a "perdurabilidade no tempo é ainda uma característica essencial da relação laboral"[1616], e uma vez que "a prestação de trabalho, como prestação *de facere*, deve protrair-se no tempo sem entraves nem limitações"[1617], a solução sinalizada à indeterminação do vínculo na hipótese em que o limite máximo admitido para os contratos a termo é ultrapassado pelo prazo do pacto de permanência garante que os pontos de vista teleológicos que guiam o regime da contratação a termo não são quebrados, sendo o enquadramento que, com excepção de regimes injuntivos (*v. g.* limite de seis meses para trabalhadores que atinjam os 70 anos de idade), melhor se coaduna com razões objectivas de segurança, que mais se conforma com o *Tatbestand* de confiança criado pelo pacto e que melhor se ajusta aos propósitos de retorno subjacentes às despesas que, de forma vultuosa, o empregador realizou na qualificação profissional do trabalhador.

Para lá da atribuição de um efeito útil ao termo perspectivado pelos sujeitos para a obrigação pendente sobre o trabalhador e de uma perspectivação homogénea do programa contratual que ambos criaram – numa "concepção unitária" que deve atender complexivamente ao conjunto de todos os elementos[1618] e

situações ser abusivamente manuseada pelo trabalhador com o fito de fazer desaparecer o termo do contrato de trabalho. Na verdade, caso se entenda que, na falta de disposição em contrário, a suspensão da obrigação de permanência surge moldada pela própria suspensão do contrato de trabalho, a promoção da suspensão da obrigação de permanência (*supra*), com uma duração *primo conspectu* inferior à do contrato de trabalho por tempo determinado, pode visar a ultrapassagem do prazo acordado para este contrato, que, neste cenário, e com base naquele artifício, se transformaria em contrato de trabalho por tempo indeterminado. Trata-se, todavia, de argumento sem densidade bastante para afectar a construção defendida e que, no plano sistémico, aparece declinado, uma vez que consideramos que o enquadramento a tributar à suspensão da obrigação de permanência é preconformado pelo enquadramento tributado à suspensão do contrato de trabalho *per se*: se a suspensão de um contrato de trabalho por tempo determinado não interrompe o atingimento do termo, então, *a pari*, também a obrigação de permanência, neste conspecto específico, não é atingível por vicissitudes suspensivas que são irrelevantes para a contagem do contrato de trabalho por tempo determinado.

[1616] Na expressão de Franz Gamillscheg, *Arbeitsrecht I (Individualarbeitsrecht)*, 7.ª ed., CF Beck, Munique, 1987, 80.

[1617] As palavras são de Raúl Ventura, "Lições de Direito do Trabalho" (2003), cit., 601, acrescentando que "na normalidade dos casos, a continuidade da relação de trabalho, considerada como susceptibilidade de livre desenvolvimento temporal, corresponde ao interesse dos contraentes. E, com base nestes, não naquele carácter meramente jurídico, admitimos como regra a intedeterminação".

[1618] Cfr. Francisco Pereira Coelho, *Coligação Negocial e Operações Negociais Complexas* (2003), cit., 255, salientando que "todas as normas e institutos dirigidos directa ou indirectamente ao conteúdo "económico" do contrato (à avaliação económica das cláusulas, prestações ou obrigações, à

prestar adequado tributo à tutela legal da estabilidade laboral –, cuida-se ainda do entendimento de que o empregador não deve beneficiar de uma situação para a qual concorreu com a sua vontade, uma vez que não devia e/ou podia ignorar que a limitação à liberdade de trabalho assumida pelo trabalhador se estendia para lá do termo inicialmente configurado para o contrato de trabalho (*diligentia quam in suis*)[1619].

d) Revogação do contrato de trabalho

42. O contrato de trabalho pode vir a cessar por acordo entre os sujeitos, como prevê especificamente o art. 349.º[1620].

Respeitando-se as formalidades que a tutela do princípio da estabilidade no emprego e que o potencial desequilíbrio contratual subjacente ao contrato de trabalho reclamam[1621], o *punctum crucis* desta referência consiste em saber se o acordo revogatório, trazendo consigo um comportamento livre dos sujeitos, exonera, na falta de previsão adrede, o trabalhador da restituição das somas que o empregador despendeu na sua formação[1622].

Pressupondo-se que a questão só se coloca se a formação extraordinária que justifica a validade da privação do direito de demissão do trabalhador já teve lugar – o que abrangerá, assim, tanto a hipótese em que a formação do trabalha-

---

avaliação económica do próprio contrato ou dos singulares contratos que compõem o complexo, à correlação económica de forças, aos equilíbrios e desequilíbrios económicos gerados em conclusão do contrato e no desenvolvimento da execução contratual, à própria utilidade ou inutilidade económica de sobrevivência autónoma de contratos singulares pertencentes ao complexo, etc.) devem ser objecto de uma aplicação unitária".

[1619] Diferentemente, na hipótese em que o período subjacente ao pacto de permanência coincide com a vigência do contrato de trabalho por tempo determinado não há qualquer singularidade: se o contrato e o pacto cessam conjuntamente em virtude do atingimento dos respectivos *termini* não há qualquer expectativa legítima de prolongamento da relação de trabalho que seja tutelável.

[1620] Cfr. PAULO MORGADO DE CARVALHO, "Percurso pelo regime da cessação do contrato de trabalho", SJud. 2004, n.º 27, 20-21, PEDRO ROMANO MARTINEZ, *Apontamentos sobre a cessação do contrato de trabalho à luz do Código do Trabalho* (2004), cit., 62 e ss., JOANA VASCONCELOS, *A Revogação do Contrato de Trabalho* (2011), cit., 72 e ss. e ANTÓNIO MONTEIRO FERNANDES, *Direito do Trabalho* (2012) cit., 450-5.

[1621] Veja-se o art. 394.º. Salienta-se ainda no CT, e em contraste com o desenho plasmado na LCCT, o alargamento de dois para sete dias do prazo em que a revogação pode ser *neutralizada* pelo trabalhador.

[1622] Contexto analítico que encontra cabimento nas hipóteses de reforma antecipada, já que, no nosso sistema, esta implica obrigatória e necessariamente a cessação da relação laboral e, conjecturado um esquema previdencial próprio da empresa, só pode ter lugar mediante *acordo* de ambos os sujeitos, constituindo-se *hoc sensu* uma relação pensionística, que substitui a relação laboral anterior. Ainda, JOANA VASCONCELOS, *A Revogação do Contrato de Trabalho* (2011), cit.,198-9.

dor já ocorreu mas em que a vigência da obrigação de permanência ainda não se iniciou (mesmo que o hiato entre dois eventos, conforme se viu, tenha de ser curto), como a hipótese em que a obrigação de permanência se encontra(va) em curso de execução –, sendo o consentimento destinado à abolição do vínculo mútuo (*contrarius consensus*), em princípio, mútua parece ser também a imputação da consequência extintiva.

Vistas as coisas sob este prisma, confrontamo-nos com um quadro exegeticamente dual: o intérprete-aplicador tanto poderá considerar que a quebra da obrigação de permanência se revela imputável ao trabalhador (consequência: manutenção do direito do empregador às somas investidas que não pode amortizar), como, em moldes reversamente idênticos, que é imputável ao empregador (consequência: exoneração do pagamento por parte do trabalhador das somas investidas na sua formação profissional).

Todavia, também aqui se deve afastar uma análise estritamente etiológica: entre duas coisas diversas não pode existir relação, se não quando uma actua sobre a outra (o que é, é: princípio da identidade).

Colocando-se a questão nos termos em que ela deve ser colocada – *i. e.*, no plano jurídico-estrutural –, o juízo sintético-valorativo subjacente à averiguação dos reflexos produzidos por este pacto abolitivo em relação à invocabilidade dos montantes relativos à formação profissional não deve ser baseado em questões de natureza psicológica ou tampouco em factores imediatos, como os que radicam na assunção da iniciativa conducente à revogação do contrato de trabalho.

A solução vai necessariamente aparecer após uma articulação entre as proposições objectivas e a coerência que a situação exige para a fundamentação da imputabilidade da revogação do contrato no plano dos efeitos produzíveis sobre o negócio que com ele se conecta: o pacto de permanência.

Assim sendo, na falta de previsão contratual específica, e apesar de a renúncia ser "o negócio cuja celebração por actos concludentes tem sido mais controvertida na nossa jurisprudência"[1623], temos para nós que a revogação do contrato de trabalho traz consigo uma revogação do pacto de permanência, enquanto tal, implicante de uma presunção de renúncia à percepção das verbas conexas com a formação profissional que ainda não haja sido amortizada[1624].

[1623] Assim, PAULO MOTA PINTO, *Declaração tácita e comportamento concludente no negócio jurídico* (1995), cit., 829-830. Entre nós, a posição ancora-se, as mais das vezes, no art. 237.º do CC, preceito a partir do qual se extrai, com efeitos expansivos, uma ficção de sentido não renunciativo para todas as declarações negociais.

[1624] Como é evidente, a revogação do acordo que extingue o contrato de trabalho repristina *de pleno* o pacto de permanência e a renúncia que este traz (presumidamente) ínsita. No caso estamos

Declaração renunciativa que, por ser feita através de um índice normativizável – a revogação do *contrato-causa* do pacto de permanência –, vale mesmo que no comportamento do empregador não exista essa vontade, bastando que, a partir dele, esta se possa extrair: apesar de a extinção não ser exclusivamente imputável ao empregador (= não é o seu consentimento que, *de per si*, produz a ruptura), demonstrando o empregador interesse na abdicação do serviço do trabalhador, não fará sentido sustentar que será o trabalhador quem tem de pagar o "preço" por conta de uma permanência que o empregador estimou desnecessária, mesmo que este não haja logrado amortizar na integralidade o investimento efectuado na qualificação profissional[1625].

Uma vez que a realidade relevante para o intérprete-aplicador é também concebida a partir de cálculos de probabilidade baseados nas regras normais da experiência e da vida, a *presunção de desaparecimento daquela obrigação restitutiva* é, por isso, a solução *(i)* que melhor se conforma com a função liberatória que é assestada a uma declaração extintiva bilateral (que aliás, não raro, consubstancia um "despedimento negociado"[1626]), *(ii)* que mais se adequa às necessidades de certeza ou de segurança jurídica que subjazem às preocupações de tutela da posição do trabalhador e *(iii)* que mais próxima se mostra da solução preconizada na hipótese de caducidade do contrato de trabalho, cenário em que a verificação do facto extintivo, não sendo de imputação exclusiva ao trabalhador, se aproxima, na sua caracterologia, do acordo extintivo da relação de trabalho, uma vez que, correspondendo o termo a um evento futuro e certo de que depen-

---

perante uma renúncia causal, o que, por princípio, a sujeita ao regime correspondente à causa respectiva. Cfr. FRANCISCO MANUEL DE BRITO PEREIRA COELHO, *A Renúncia Abdicativa no Direito Civil* (1995), cit., 73 e ss..

[1625] O que vai dito, vale naturalmente para os casos de pré-reforma (art. 318.º) que opera mediante *acordo escrito* entre o empregador e o trabalhador (art. 319.º). Tratando-se de uma oportunidade para o empregador renovar o quadro de pessoal da empresa, a figura funciona, na prática, como uma antecâmara da extinção do contrato: a prestação do trabalhador com idade igual ou superior a 55 anos suspende-se ou reduz-se, tendo direito a receber da empresa uma prestação pecuniária mensal enquanto durar a situação, e podendo, entretanto, exercer outra actividade remunerada a título próprio ou subordinado (art. 321.º). Aquela prestação, que é devida pelo empregador, não pode ser inferior a 25% da última remuneração paga nem exceder a totalidade da mesma, fruindo dos mecanismos de tutela relativos à retribuição. A situação de pré-reforma termina com a reforma do trabalhador por velhice ou invalidez, com o regresso às suas funções mediante acordo com o empregador, com cessação do contrato de trabalho por qualquer outra forma ou incumprimento culposo da prestação mensal a cargo do empregador (art. 322.º), mas, no contexto em que analisamos a figura, polarizamo-nos no quadro aplicável ao seu surgimento e no estatuto de pré-reformado.

[1626] Neste sentido: JOANA VASCONCELOS, *A Revogação do Contrato de Trabalho* (2011), cit., 179-181.

dem os efeitos de um acto ou facto jurídico, a revogação pode ser perspectivada como um termo final impróprio, em que a verificação do *contrarius consensus* surge como o facto (provocado) a que a lei atribui efeitos extintivos, *i. e.*, como o momento até ao qual se produzem os efeitos jurídicos do contrato de trabalho.

Em paralaxe, se na hipótese de impossibilidade superveniente determinativa da caducidade do contrato de trabalho não se pode imputar a qualquer dos sujeitos a extinção do contrato de trabalho – e, conforme se viu, aí cessa não só pacto de permanência como também a obrigação restitutiva que resulta do investimento efectuado pelo empregador –, já na revogação do contrato de trabalho, sendo possível imputar a extinção do contrato de trabalho e do pacto de permanência a ambos os sujeitos, esta estrutura proposicional determina uma anulação dos termos determinativos da imputação *ad personam* do acordo extintivo, que, sob esta óptica, se coloca em plano idêntico ao da insusceptibilidade de atribuição subjectiva da responsabilidade pela extinção do pacto de permanência que marca o conjunto de hipóteses arquetípicas da caducidade.

e) Despedimento sem justa causa

43. No que diz respeito ao despedimento sem justa causa há também todas as razões para se entender que o trabalhador fica desobrigado do pagamento da compensação que brota da formação *ad extra* de que beneficiou. Nem poderia ser de outra forma.

A declaração judicial da ilicitude do despedimento implica a condenação do empregador: *(i)* a pagar as retribuições que o trabalhador deixou de auferir desde a data do despedimento (ou apenas desde 30 dias antes da data da proposição da acção de impugnação do despedimento, se esta não for proposta nos 30 dias subsequentes ao despedimento) até ao trânsito em julgado da decisão do tribunal, com dedução do *aliunde perceptum*, isto é, das importâncias que o trabalhador tenha comprovadamente obtido com a cessação do contrato e que não receberia se não fosse o despedimento; *(ii)* a indemnizar o trabalhador por todos os danos, patrimoniais e não patrimoniais, causados[1627]; *(iii)* e a reintegrar o tra-

---

[1627] Conhece aplicação, em toda a extensão, o disposto no CC, nomeadamente os arts. 562.º e ss., havendo que ter em conta os juros de mora relativos à retribuição não satisfeita (n.º 1 do art. 806.º) e, embora nem sempre pedidos, os montantes atinentes à perda de outras importâncias que, não integrando o conceito estrito de retribuição, o trabalhador deixou de auferir, de que, conforme decidiu o Ac. STJ 23.01.1996, CJ-ASTJ 1996, T. I, 249-252 (ALMEIDA DEVEZA), são exemplo as gorjetas; quanto aos danos não patrimoniais, tem cabimento o art. 496.º do CC, impondo-se considerar que se o trabalhador sofrer danos não patrimoniais de relevo (*v. g.* imagem profissional e equilíbrio emocional), estes, por contenderem com a profissionalidade como valor inerente à realização da pessoa humana, devem merecer indemnização por parte do empregador, havendo, para tanto, que

balhador no mesmo *estabelecimento* da empresa[1628], sem prejuízo da sua categoria e antiguidade, podendo o trabalhador optar, em substituição da reintegração, por uma indemnização a fixar pelo tribunal, entre 15 e 45 dias de retribuição-base e diuturnidades por cada ano completo ou fracção de antiguidade, atendendo ao valor da retribuição e ao grau da ilicitude do despedimento[1629].

Neste quadro, o n.º 2 do art. 147.º do CT2003 tinha dilucidado, de vez, a questão relativa à restituibilidade da soma das importâncias despendidas, ao dispor que "em caso de despedimento declarado ilícito, se o trabalhador não optar pela reintegração, não existe a obrigação de restituir as somas referidas no número anterior".

Não fazendo sentido que, mediante a prática de um acto ilícito, o empregador viesse a beneficiar de uma compensação, ainda assim a solução só valeria no caso de o trabalhador não optar pela reintegração, previsão que, com acerto, o CT2009 eliminou.

Nesta hipótese, ao abate produzível pelo montante do subsídio de desemprego auferido pelo trabalhador e das importâncias que o trabalhador tivesse comprovadamente obtido com a cessação do contrato e que não receberia se não fosse o despedimento, não caberia juntar, em contraste com a leitura sugerida em caso de não opção pela reintegração então fluente do art. 147.º do CT2003, a dedução da soma das importâncias despendidas pelo empregador com a formação do trabalhador.

---

ter em conta o contexto global dos factos descritos e a possibilidade de se estabelecer um nexo causal entre os danos indemnizáveis e a actuação ilícita do empregador.

[1628] A colocação do vocábulo "estabelecimento" em itálico destina-se assinalar a solução introduzida com o CT2009, que, tendo abandonado a associação necessária da reintegração ao mesmo posto de trabalho, veio atribuir maior autonomia ao empregador condenado à reintegração do trabalhador, num fenómeno que foi sendo desbravado pela jurisprudência: neste sentido, entre vários, o Ac. STJ de 12.05.1999 (Victor Devesa), CJ 1999, T. II, 275, já havia admitido que o trabalhador não fosse reintegrado no mesmo posto de trabalho, conquanto o conteúdo funcional fosse idêntico e correspondente à categoria anterior.

[1629] Do mesmo, esta solução pode, embora excepcionalmente, ser imposta pelo empregador nos casos em que a lei lhe reconhece esse direito (n.º 4 do art. 392.º), estando outrossim prevista para os casos de deficiência do procedimento sempre que sejam julgados procedentes os motivos justificativos invocados para o mesmo (n.º 2 do art. 389.º). A indemnização aí prevista assume feição mista (reparadora e sancionatória), devendo ser calculada em função dos parâmetros indicados no n.º 1 do citado art. 391.º (valor da retribuição *vs.* grau da ilicitude), sendo o primeiro factor (retribuição) de variação inversa (quanto menor for, maior deve ser o valor/ano, dentro da latitude legalmente prevista) e o segundo (ilicitude) de variação directa. Neste sentido, mas à luz do art. 439.º do CT2003, e entre vários: Ac. STJ de 19.02.2013 (Fernandes da Silva), proc. n.º 2018/08.6TTLSB. L1.S1.

Seguindo esta conjectura, embora pudesse causar estranheza o facto de um acto ilícito, independentemente da opção pela reintegração, não determinar *in modo obligante* a cessação da obrigação de restituição das verbas despendidas, a verdade é que a ilicitude do despedimento encontrava cobertura ressarcitória no art. 436.º do CT2003, sendo que a "não opção" pela reintegração conferia ao trabalhador, como *contre-chant*, uma indemnização, cujo montante, nos termos do n.º 1 do art. 439.º do CT2003, caberia ao tribunal fixar, situando-o "entre quinze e quarenta e cinco dias de retribuição-base e diuturnidades por cada ano completo ou fracção de antiguidade, atendendo ao valor da retribuição e ao grau de ilicitude decorrente do disposto no art. 429.º"[1630]. Não negligenciando o facto de, na prática, esta verba poder ficar consumida pela devolução obrigatória dos montantes investidos pelo empregador na formação do trabalhador, o legislador, com o n.º 2 do art. 147.º do CT2003, afastou a obrigação de restituição das somas despendidas com a formação do trabalhador.

Entendendo-se, com respeito pela liberdade de trabalho e em razão da segurança no emprego, que também aqui "a forma normal de reacção da ordem jurídica à inobservância da norma é a imposição da reconstituição em espécie – *in natura* – da situação a que se teria chegado com a sua observância"[1631], a verdade é que o critério desenhado para a desoneração da restituição dos montantes acabava por funcionar como um estímulo *ad extra* para a cessação definitiva da relação laboral: *i. e.*, para a opção pela não reintegração, embora, em certa leitura, se pudesse afirmar que na hipótese de não reintegração, ao contrário daquela em que há reintegração, haveria mais razões para se defender a subsistência da obrigação de restituição, uma vez que a relação laboral cessa definitivamente em razão da vontade do trabalhador, que, através da opção pela não reintegração, produz um impedimento à manutenção do vínculo.

Contudo, e sem prejuízo da discutibilidade da leitura fazível quanto ao alcance valorativo da opção pela não reintegração exercida por um trabalhador, se a manutenção da obrigação de restituição das verbas na hipótese de opção pela reintegração em caso de despedimento declarado ilícito não atendia ao desvalor que imana a um acto de despedimento ilícito (na prática, irreleva-se o sujeito causador da ilicitude: se for o empregador, e o trabalhador optar licitamente pela reintegração, a obrigação de restituição, tal como na hipótese em que o trabalhador não cumpre o prazo de aviso prévio, mantém-se), o certo é

[1630] Critério também aplicável à resolução com justa causa promovida pelo trabalhador, ante a mesma *ratio decidendi*: Ac. Rl. Pt. de 16.01.2012 (FERREIRA DA COSTA), CJ 2012, T. I, 222-4.
[1631] Assim, no domínio das sanções reconstitutivas, veja-se JOSÉ DE OLIVEIRA ASCENSÃO, *O Direito – Introdução e Teoria Geral* (2001), cit., 60.

que, uma vez mais, a realidade (*maxime* a morosidade dos tribunais) sempre apareceria a conformar a aplicação do n.º 2 do art. 147.º do CT2003, independentemente do *distinguo* legal quanto à (não) opção pela reintegração.

Com efeito, a obrigação de permanência tinha de ser computada no período que vai desde a data do despedimento até ao trânsito em julgado da decisão do tribunal: o trabalhador só não *permaneceu* no seu posto de trabalho (= cumprimento da obrigação de permanência) em razão de um acto ilícito do empregador, que, através de uma manifestação de vontade de sentido extintivo, o impediu de cumprir a obrigação despontada pelo pacto de permanência, situação que justifica, de resto, e *a latere*, o direito à percepção das retribuições que deixou de auferir durante esse período (n.º 1 do art. 437.º do CT2003, correspondente ao n.º 1 do art. 390.º do CT2009)[1632].

Porque assim é, e de acordo com a taxa de desconto que caberá ao caso (*supra*), o montante a devolver revelar-se-ia escasso, se não mesmo inexistente.

De facto, com base na *perspicientia nexus*, supondo-se um pacto de permanência com condição suspensiva, caso a formação não se tivesse iniciado, não haveria verbas despendidas, logo não existiria restituição possível; no reverso, se a formação tivesse ocorrido, considerando-se que os benefícios extraíveis pelo trabalhador com a formação profissional *ad extra* são aproveitados pelo trabalho que este desenvolve de seguida, e atendendo ainda ao limite máximo para a obrigação de permanência, cedo se concluiria que a *justaposição* do período que medeia entre a data do despedimento e o trânsito em julgado da decisão do tribunal ao período em que este desenvolve(ria) a sua actividade ao abrigo da obrigação de permanência acabaria por desonerar, na prática, o trabalhador da devolução de qualquer quantia por conta de uma (alegada) desvinculação de um pacto de permanência[1633], cuja vitalidade, naquele momento, se encontraria

---

[1632] Esta obrigação do empregador, como nota JOANA VASCONCELOS, "Despedimento ilícito, salários intercalares e deduções", RDES 1990, n.ºs 1-4, 192, reconduz-se à realização, *a posteriori*, da prestação retributiva a que estava obrigado por efeito do contrato de trabalho e que, indevidamente, não cumpriu durante o espaço de tempo que decorreu entre a cessação irregular de tal contrato e o acto que, decretando a invalidade desta, reafirmou simultaneamente a continuidade, no plano jurídico, do vínculo contratual.

[1633] De resto, na hipótese em que o trabalhador se quer desvincular do pacto de permanência, tenderá, de acordo com a lógica, a optar pela não reintegração. Na verdade, se a desvinculação do pacto de permanência lhe permite o exercício pleno do seu direito de demissão, a opção pela reintegração, nesta circunstância, revelar-se-ia pouco assisada: ao ser reintegrado, prescinde da indemnização substitutiva; se o faz, é porque deseja *de facto* a continuidade da relação laboral; se deseja a continuidade da relação laboral, é porque não quer denunciar o contrato de trabalho; se não quer denunciar o contrato de trabalho, é porque aceita a continuidade do pacto de permanência.

já consumida (= decurso da obrigação de permanência → cumprimento do pacto de permanência).

No mais, e em conexão com este aspecto, uma última nota: tratando-se de uma microempresa ou de um trabalhador que ocupe cargo de administração ou de direcção (situação propícia à celebração de pactos de permanência), na hipótese de o empregador, à luz do n.º 2 do art. 438.º do CT2003 (= n.º 1 do art. 392.º do CT2009), se opor à reintegração, e de esta, nos termos do n.º 3 do art. 438.º (= n.º 3 do art. 392.º do CT2009), ser *confirmada*[1634] pelo tribunal[1635], havia razões para se considerar absolutamente afastada qualquer obrigação conexa com o pacto de permanência.

Embora, em solução não imune a críticas, e no quadro do CT2003, a reintegração actuada pelo trabalhador não o eximisse *in abstracto* do pagamento das somas relativas à formação, importaria ter presente que *o que caracteriza os problemas da lógica jurídica não é o accionar do dispositivo silogístico, mas o próprio estabelecimento das premissas desse dispositivo*[1636], pelo que, também aqui, a utilização do argumento *a contrario* quanto à solução literal do n.º 2 do art. 147.º encontrava já escolhos dificilmente removíveis[1637], atestando, aliás, a prudência que a doutrina demanda para o aproveitamento desta vereda lógico-dedutiva[1638].

Assim, na hipótese em que a não reintegração se firmava numa intenção do empregador, verificava-se que, além de a causação da situação radicar num acto do empregador (= despedimento ilícito), pouco sentido sobejava à posição assumível por quem considerava que este, opondo-se *a posteriori* à percepção da

---

[1634] Sobre a qualificação a emprestar à oposição à reintegração, judicialmente *crivada* (art. 438.º), qual "resolução por iniciativa do empregador de exercício judicial", veja-se JOÃO LEAL AMADO, "Despedimento ilícito e oposição patronal à reintegração", Sjud. 2004, n.º 27, 7-9, qualificação também sufragada por PEDRO ROMANO MARTINEZ, "Do direito do empregador se opor à reintegração de um trabalhador ilicitamente despedido", RDES 2007, n.ºs 1-2, 109.

[1635] Cabendo ter presente, com referência à oposição do empregador, o rigor exigível aos tribunais na apreciação do fundamento de oposição à reintegração invocado pelo empregador, face ao Ac. TC n.º 306/2003 (MÁRIO TORRES), de 25.06.2003, DR I, de 18.07.2003, que, analisando a conformidade constitucional do instituto com o art. 53.º da CRP, considerou estarmos "perante um regime que não ameaça de forma desproporcionada a estabilidade do emprego, até porque *só pode funcionar precedendo uma decisão judicial, ou seja, rodeada da garantia do juiz*, realizando, em termos não censuráveis, uma concordância prática dos interesses em presença, por isso mesmo não ferindo as exigências constitucionais".

[1636] As palavras são de HERMENEGILDO FERREIRA BORGES, *Retórica, direito e democracia: sobre a natureza e função da retórica jurídica*, Lisboa, 1992, 77.

[1637] Literalmente, o n.º 2 do art. 147.º apenas afastava a obrigação de restituição quando era o trabalhador quem optava pela não reintegração.

[1638] Cfr. JOÃO BAPTISTA MACHADO, *Introdução ao Direito e ao Discurso Legitimador* (1994), cit., 187.

energia laborativa do trabalhador, poderia vir reclamar a soma das importâncias devidas por conta de uma actividade que ele não quis... nem quer receber.

Considerando que, em geral, a falta de cumprimento é imputável ao devedor porque e na medida em que a impossibilidade da prestação tem origem numa causa que lhe é imputável, e sem perder ainda de vista o *venire contra proprium factum nulli conceditur*[1639], a não reintegração fundada em oposição do empregador abalava, pois, qualquer obrigação de restituição que se louvasse em despesas suportadas pelo empregador com a formação do trabalhador, bastando, para tanto, fazer a interpretação extensiva do n.º 2 do art. 147.º do CT2003 que esta situação reclamava.

Porventura, mais do que na presença de uma interpretação extensiva, estaríamos já diante de uma interpretação enunciativa, tal era o processo lógico--formal conducente à solução preconizada[1640]: se a opção do trabalhador pela não reintegração o eximia de qualquer obrigação restitutiva, impunha-se, *a fortiori*, que a obrigação restitutiva fosse arredada sempre que fosse o empregador a deduzir essa oposição.

f) Despedimento com justa causa

44. Conferidos os requisitos apontados ao art. 351.º, que nos fornece com recuada tradição uma noção de justa causa de despedimento, o n.º 1 do art. 137.º, ao contrário do CT2003, parece não deixar folga para dúvidas que o despedimento com justa causa afasta a obrigação de restituição das verbas despendidas com a formação do trabalhador, ao centrar-se na figura da denúncia do contrato.

O afastamento do despedimento com justa causa do leque de situações implicativas da obrigação de restituição, a nosso ver, já se impunha à face do CT2003, importando então não compactar as circunstâncias e os motivos que "tornam imediata e praticamente impossível a relação de trabalho", mediante o argumento *a contrario sensu*, com base no n.º 2 do art. 147.º do CT2003, de que todas as outras formas de cessação que não "a resolução do contrato de trabalho pelo trabalhador com justa causa" e "a não opção pela reintegração no caso de o

---

[1639] Cujo ponto de partida, no dizer de João Baptista Machado, «Tutela da Confiança e "Venire Contra Factum Proprium"» (1991), cit., 416, é "uma anterior conduta de um sujeito jurídico que, objectivamente considerada, é de molde a despertar noutrem a convicção de que ele também no futuro se comportará, coerentemente, de determinada maneira", podendo "tratar-se de uma mera conduta de facto ou de uma declaração jurídico-negocial que, por qualquer razão, seja ineficaz e, como tal, não vincule no plano do negócio jurídico".

[1640] Sobre os argumentos de carácter lógico contidos na interpretação enunciativa, ainda António Castanheira Neves, "Interpretação Jurídica" (1995), cit., 367.

despedimento do trabalhador ter sido declarado ilícito" não afastavam a obrigação de restituição das somas que vimos de analisar.

Não esquecendo que na interpretação enunciativa "não nos podemos abandonar exclusivamente à lógica"[1641], a extracção preceitual de que um trabalhador despedido com justa causa se encontrava obrigado a devolver as verbas revelava-se demasiado ousada e, apesar de preconizada pela jurisprudência gaulesa[1642], eram vários os escolhos com que se deparava.

Com efeito, definindo-se o poder disciplinar como o "poder de predispor e aplicar medidas coactivas adequadas (sanções disciplinares) aos trabalhadores cuja conduta prejudique ou ponha em perigo a empresa ou não seja adequada à correcta efectivação dos deveres contratuais"[1643] e entendendo-se por infracção disciplinar toda a acção ou omissão, intencional ou meramente negligente, imputável ao trabalhador que viole os seus deveres profissionais, já se vê que o empregador, perante uma avaliação circunstanciada da relação custo-benefício (*in casu*: preenchimento do posto de trabalho por via de uma nova contratação *versus* percepção dos montantes pagáveis *ex vi* da violação do pacto), não hesitaria em aplicar a sanção de despedimento sem justa causa, verificada a inexigibilidade de subsistência da relação laboral existente, ainda que, na ausência da obrigação de devolução a cargo do trabalhador, e em circunstâncias *paralelas*, não o fizesse[1644].

Nestes termos, a sanção do despedimento, conferido o contexto pactício, tornar-se-ia, em conflito com a axiologia que perpassa a cessação unilateral do vínculo, a *pena* mais atractiva para o empregador, ainda que restasse uma margem para o vínculo subsistir: despedimento com justa causa → percepção das somas despendidas na formação profissional do trabalhador.

Além de se contribuir para a elevação do despedimento sem justa causa (em todo o caso, crivado pelo princípio da proporcionalidade, e mediante um juízo

---

[1641] Palavras de José de Oliveira Ascensão, *O Direito – Introdução e Teoria Geral* (2001), cit., 460.

[1642] Por exemplo, CA Nancy, 25.04.1983 (*Portolès c/Sothef*), DS 1989, 392.

[1643] Seguimos a definição de Bernardo Lobo Xavier, *Curso de Direito do Trabalho* (1999), cit., 329, parecida, aliás, com a que nos apresenta Philippe Waquet, "Le principe d'égalité en droit du travail", DS 2003, n.º 3, 278. Sobre os fundamentos do poder disciplinar, em dissecação das teorias contratualistas e institucionalistas, cfr. M.ª Rosário Palma Ramalho, *Do fundamento do poder disciplinar laboral*, Almedina, Coimbra, 1993 e "Sobre os limites do poder disciplinar" (1999), cit., 191, observando que "a componente laboral é a relação subjectiva de subordinação-domínio ou relação de emprego, tutelada pelo elemento disciplinar".

[1644] Na jurisprudência, sobre o facto de situações materialmente semelhantes não implicarem necessariamente a aplicação de sanção idêntica, cfr. Ac. STJ de 06.05.1996 (Sousa Peixoto), CJ 2000, T. III, 246-9.

de inexigibilidade jurídica) a meio privilegiado de exercício do *animus puniendi* sobre o trabalhador[1645], cumpria, também aqui, afastar uma absoluta homologia (por ora, sob ângulo inverso) entre a resolução do trabalho com justa causa pelo trabalhador (= cessação da obrigação de restituição) e o despedimento com justa causa pelo empregador.

Se é de entender que "a justa causa a invocar pelo trabalhador é mais ampla do que a invocável pelo empregador"[1646], não se poderá já considerar, sem mais, que o facto de o despedimento sem justa causa repousar em comportamento do trabalhador faz com que este deva ser *suplementarmente* sancionado por via da obrigação de restituição de que cuidamos.

A sanção infligida, sem prejuízo da responsabilidade civil que couber ao caso[1647], consome-se, *de per si*, na cessação do vínculo e a responsabilidade civil em que o trabalhador incorra nada tem que ver com o seu despedimento, aqui, *facto extintivo* do pacto.

Apesar de as sanções disciplinares não terem natureza indemnizatória – o que significa, sempre que a infracção ocasione um dano, que a responsabilidade disciplinar se oferece independente da responsabilidade civil e criminal[1648] –, parece-nos que, não se topando com algo que *obrigasse* o empregador à consecução do despedimento com justa causa, seria legítimo entender-se que o trabalhador não tinha de suportar quaisquer somas por conta de uma permanência

---

[1645] Neste contexto, sempre se dirá que não ofende a coerência disciplinar exigida ao empregador a situação em que este, tendo dois trabalhadores praticado a mesma infracção ou o mesmo tipo de infracção, aplica a um deles pena disciplinar mais grave do que ao outro, por se ter verificado que no circunstancialismo concreto em que a infracção foi praticada a actuação de um deles se mostra passível de um maior grau de censura; e será assim ainda que não haja um "passado disciplinar", uma vez que, enquanto *ante*, e diante de duas infracções objectivamente idênticas, o empregador não está obrigado a abrir procedimento disciplinar em relação a ambas. Em sentido que cremos idêntico, salientando o "critério subjectivo" ínsito no art. L. 1331.1 do *Code du Travail*, JEAN MOULY, *Droit du Travail* (2008), cit., 72 e, mais incisivamente, MICHEL MINÉ & DANIEL MARCHAND, *Le droit du travail en pratique* (2012), cit., 134, embora, entre nós JÚLIO VIEIRA GOMES, *Direito do Trabalho* (2007), cit., 889-892, após análise crítica da posição dominante, se desvie deste entendimento, não tanto por razões de igualdade de tratamento, mas em razão da coerência e razoabilidade da conduta do empregador, que, na sua perspectiva, se auto-vincula com a conduta que assume.

[1646] Neste sentido, ANTÓNIO MENEZES CORDEIRO, *Manual de Direito do Trabalho* (1997), cit., 854.

[1647] Assim, uma coisa é a sua responsabilidade disciplinar, que *in terminis* pode dar lugar à cessação do vínculo, outra coisa, no que para este contexto interessa, é a sua responsabilidade civil perante o empregador, com a correlativa obrigação de indemnização pelos prejuízos causados. Cfr. JOSÉ ANTÓNIO MESQUITA, "Poder disciplinar" (1979), cit., 249 (215-272).

[1648] Cfr. JOSÉ ANTÓNIO MESQUITA, "Poder disciplinar" (1979), cit., 249, MANUELA GRÉVY, "La sanction civile en droit du travail" (2001), cit., 598 e ss. e JÚLIO VIEIRA GOMES, *Direito do Trabalho* (2007), cit., 888.

que lhe foi interdita, enquadramento que, encontrando amplo suporte literal no art. 137.º, é o que melhor traduz as coordenadas do sistema e que melhor satisfaz a justa ponderação de interesses que a situação convoca: havendo uma linha de coincidência que confere unidade à noção de causa imputável e que, ainda assim, se mantém apartada de qualquer pressuposto de ilicitude ou de antijuridicidade, tratamos aqui da *imputação* da não execução do pacto de permanência como um "agir com sentido", atendendo "às consequências desse agir", já que "só a vontade humana, expressa através de uma conduta (activa ou omissiva) poderá fazer com que um contingente processo causal possa ser imputado a alguém".

Embora "o Direito não reconheça à mera causalidade o valor de um princípio de imputação"[1649] – enquanto tal incompatível com uma conexão etiológico-determinista[1650] –, o empregador, ao manifestar um desinteresse (legítimo) sobre a continuidade da relação laboral, predetermina a cessação da permanência do trabalhador, arvorando o despedimento em *causa imputável* para efeito da não execução do pacto de permanência[1651].

A consideração vale, *mutatis mutandis*, e, dir-se-á, por maioria de razão, para outras formas de cessação do contrato de trabalho por motivo, embora de teor objectivo, imputável ao empregador, designadamente para o despedimento colectivo, para o despedimento por extinção de posto de trabalho ou para o despedimento por inadaptação.

Não remanescendo dúvidas de que este juízo de inviabilidade feito pelo empregador conflitua com a permanência do trabalhador[1652] – ora cessada à margem da sua *volitio* –, poder-se-á reassumir como princípio geral que *apenas os comportamentos excogitados pelo trabalhador com vista à cessação do vínculo não o desonerarão da devolução prevista no n.º 2 do art. 137.º*, já que, também aqui, a iniciativa de desvinculação contratual por banda de um dos sujeitos, revela-se, a final, imputável ao outro sujeito[1653].

[1649] Seguimos João Baptista Machado, «Tutela da Confiança e "Venire Contra Factum Proprium"» (1991), cit., 345 e ss..

[1650] O que levou John Fleming, *The law of torts* (9.ª ed.), Law Book Company, Sidney, 1998, 218, a escrever "causation has plagued courts and scholars more than any other topic in the law torts".

[1651] Em sentido diverso, cfr. Catherine Puigelier, *Droit du Travail* (2000), cit., 78.

[1652] De facto, conferida a situação, já se vê o grau de dificuldade que enfrenta a sustentação da possibilidade de o empregador reclamar verbas devidas por conta de uma permanência, que ele, no seu juízo discricionário (balizado em termos objectivos), estimou inviável. Todavia, em sentido diverso, cfr. Sirvent Hernández, *El pacto de permanência en la empresa* (2002), cit., 245.

[1653] Tratamos, na economia do pacto de permanência, da figura da "denúncia *a parte laboratoris* indirecta", muito embora a confecção de um meio ínvio com vista a uma desvinculação contratual *prima*

Em consonância, verificando-se que o facto justificativo do despedimento foi provocado pelo trabalhador com vista à sua desvinculação, e porque no problema que nos detém o fundamento ético-jurídico da imputação da "causa" de extinção do pacto de permanência ao trabalhador parece coincidir com a ideia de responsabilidade moral que constitui o cerne do sistema de responsabilidade civil[1654], haverá motivos para, à luz do *ab uno disce omnes*, se firmar a subsistência da obrigação de restituição na hipótese de o despedimento com justa causa ter sido ocasionado pelo trabalhador com o fito de se desvincular *ante tempus* do contrato[1655].

Tratando-se de proposição que conhece um afloramento legal importante no caso em que o empregador cria culposamente o fundamento de oposição à reintegração requerida (n.º 2 do art. 392.º) – dimensão da culpa enquanto juízo de desvalor dirigido ao agente que conforma o regime aplicável e/ou preclude o exercício de um direito –, cuida-se, *in terminis*, de uma compreensão do Direito a partir das exigências da dialéctica *suum/commune* (e do homem de liberdade-autonomia e de responsabilidade que esta constrói), garantindo-se a racionalidade plena (a inevitabilidade racional) da resposta que o julgador há-de dar "sobre o *que é de Direito* em cada caso"[1656], enquadramento que, neste sentido, transpõe as fronteiras de uma valoração do pacto como um simples acordo de "limitação ao exercício da denúncia do contrato de trabalho".

VI. Não cumprimento

a) Situações típicas

45. Se com o que acabamos de dizer está dado o mote para compreender o sentido e o alcance do critério utilizável para a aferição da violação do pacto

---

facie imputável ao sujeito que formalmente a actua surja quase sempre abordada sob o signo do denominado "despedimento indirecto": comportamento culposo do empregador que, perante ao art. 53.º da CRP, visa proporcionar ao trabalhador a actuação da resolução com justa causa → resolução com justa causa do trabalhador = "compra" da desvinculação contratual por banda do empregador, face às consequências estritamente indemnizatórias que advêm da aplicação do art. 396.º, e que, na nossa perspectiva, atinam com os danos conexos com a perda do emprego. O que significa, acompanhando Júlio Vieira Gomes, *Direito do Trabalho* (2007), cit., 1063, que, quanto à extensão da indemnização, se impõe uma destrinça entre estes danos e aqueles que, servindo embora de fundamento à resolução do contrato, emergem de factos ilícitos e culposos causados pelo empregador.

[1654] Assim, Carlos A. Mota Pinto, *Teoria Geral do Direito Civil* (1992), cit., 119.

[1655] Neste sentido: Marc-Olivier Huchet, "La clause de dédit formation" (2000), cit., 393-4 e, entre nós, à face da LCT, Mário Pinto/Pedro Furtado Martins/António Nunes de Carvalho, *Comentário às Leis do Trabalho* (1994), cit., 172.

[1656] António Castanheira Neves, "A revolução e o direito" (1995), cit., 215-8.

de permanência, importa densificar o núcleo essencial da razão aplicativa cuja verificação possibilitará, em cada situação concreta, a resposta à pretensão do empregador em ser ressarcido do investimento efectuado com a formação do trabalhador ou em ser indemnizado pelos danos despontados por uma violação da obrigação de permanência.

O art. 137.º do CT2009 apenas se refere formalmente à "obrigação de não denunciar o contrato de trabalho", por contraste com a "obrigatoriedade de prestação de serviço durante certo prazo" que constava do n.º 1 do art. 147.º do CT2003.

Se, no direito estrangeiro, grande parte da doutrina entende que o pacto é incumprido sempre que o trabalhador tenha concorrido para a extinção do contrato de trabalho através de uma "vontade não causal"[1657], cabe aquilatar do cabimento desta construção à luz do que hoje estabelece o CT e, em plano genérico, sem enredamentos formais, avaliar a sua atendibilidade face aos interesses que o pacto prossegue e à sua qualificação como um acordo que produz uma "limitação à liberdade de trabalho".

A forma como os sujeitos, dentro das baias legais, conformam o pacto, permitirá, a nosso ver, que outras situações aferentes à cessação do contrato de trabalho possam ser configuradas como um não cumprimento.

Se esta conformação se deve entender subtraída à capacidade dispositiva dos sujeitos no que toca às causas de cessação que não são imputáveis ao trabalhador[1658], e assumindo-se, desde já, que a obrigação de permanência implica uma obrigação cujo âmbito conceptual não se esgota no não exercício da denúncia do contrato de trabalho, é todavia possível que o pacto se confine à obrigação de não denúncia do contrato, circunstância em que apenas o exercício deste direito potestativo poderá ser configurado como um não cumprimento, excluindo-se, por isso, o despedimento provocado pelo trabalhador com vista à cessação do pacto, cuja análise em sede de despedimento com justa causa se fez por razões de arrumação sistemática.

A questão ganha contudo outra relevância se o pacto contiver a obrigação de o trabalhador *permanecer ao serviço* durante determinado período, impondo-se,

---

[1657] Assim, em Espanha, perante o "abandono" presente no art. 21.4 do ET, e seguindo López Aniorte, veja-se RUBIO DE MEDINA, *El pacto de permanencia en la empresa* (2005), cit., 18. É também este, sem prejuízo de uma avaliação casuística, o caminho seguido em relação às cláusulas "dedit-formation" pela doutrina francesa: MARC-OLIVIER HUCHET, "La clause de dédit formation" (2000), cit., 391-2.
[1658] BAG 23.01.2007 – 9 AZR 482/06, NZA 2007, 748 e, antes, BAG, 24.06.2004 – 6 AZR 383/03, NJW 2004, 3059.

em atenção aos interesses subjacentes, fazer uso de um critério de imputabilidade quanto à frustração dos fins tidos em vista pelos sujeitos com a celebração do pacto[1659].

1. Denúncia

46. No domínio que nos ocupa, já se viu que o exercício da denúncia do contrato de trabalho por banda do trabalhador corresponde à situação que tipicamente o pacto de permanência visa afastar: a cessação *ad nutum* do vínculo contratual promovida pelo trabalhador.

Não sendo a denúncia um evento ilícito – pois corresponde a um poder de desvinculação unilateral, que emana da liberdade do trabalhador em fazer cessar a relação de trabalho –, a actuação deste *direito imotivado* conflitua, todavia, com a restrição negativa que o pacto produz quanto à cessação do contrato: impedindo a amortização das despesas efectuadas pelo empregador, o trabalhador incumpre *culposamente* a sua obrigação de permanência[1660].

No quadrante dos factos imputáveis ao *devedor*, a denúncia corresponde, pois, a um incumprimento do pacto de permanência, algo de juridicamente desvalioso: o trabalhador sabe, de antemão, que se denunciar o contrato de trabalho transgride a obrigação, de conteúdo negativo, que livre e conscientemente assumiu[1661].

2. Abandono do trabalho

47. A figura do abandono do trabalho, importada do Direito administrativo e introduzida entre nós pela LCCT[1662], é uma forma de cessação do contrato de trabalho, por motivo imputável ao trabalhador[1663], que se encontra hoje prevista

---

[1659] Com esta direcção, embora se tenha julgado inválida a *Rückzahlungsklausel* à luz do § 307. I BGB por irrelevar a causa de cessação do contrato de trabalho, v. BAG 11.04.2006 – 9 AZR 610/05, NJW 2006, 3083.

[1660] Marisa Garattoni, "La clausola di durata minima e il licenziamento del dirigente apicale", RIDL 2006 n.º 4, 617-621.

[1661] M.ª Rosário Palma Ramalho, *Direito do Trabalho. Parte II* (2010), cit., 232.

[1662] Justamente, porque, em regra, quem abandona o trabalho não tem intenção (ou até a possibilidade) de o comunicar ao empregador. Atentas as dificuldades procedimentais que assolavam os empregadores, o legislador, na sequência da regulação contida nos arts. 71.º a 74.º do Decreto-Lei n.º 191-D/79, de 25.06.1979 (entretanto revogado pelo Decreto-Lei n.º 24/84, de 16.01.1984), consagrou no art. 40.º do Decreto-Lei n.º 64-A/98, de 27.02 esta figura, que até então recebia enquadramento no plano das faltas injustificadas e na inerente susceptibilidade de justa causa de despedimento.

[1663] Cfr. Júlio Vieira Gomes, "Algumas reflexões sobre as faltas justificadas por doença (não profissional) do trabalhador, *Estudos em Homenagem ao Prof. Doutor Raúl Ventura. Vol. II*, Edição da Facul-

no art. 403.º e que traduz uma vontade negativa do devedor em cumprir que é retirada de factos significantes[1664], encontrando correspondência na denominada *repudiation by conduct*[1665].

Tratando-se de uma modalidade *sui generis* de extinção do contrato de trabalho (sem aviso prévio e sem justa causa), postula, para o seu preenchimento, uma ausência voluntária e injustificada no local e no tempo de trabalho (elemento objectivo) e uma *intenção* do trabalhador de não mais retomar o trabalho (elemento subjectivo)[1666], recortada a partir de factos que, com toda a probabilidade, revelem essa intenção de incumprimento do contrato de trabalho.

Se com a ausência incomunicada de pelo menos 10 dias úteis seguidos[1667] se gera uma presunção de abandono[1668], é a partir de uma situação de facto imputável ao trabalhador, aferível a partir dessa ausência voluntária e injustificada, que o empregador, através de carta registada com aviso de recepção para a última morada conhecida do trabalhador, vai poder invocar o abandono de trabalho[1669], diligência informativa que, face à irradiação do princípio da boa fé (n.º 2 do art. 106.º), constitui um afloramento do dever de informação imposto aos sujeitos laborais.

Sendo o abandono do trabalho a única situação que, em Espanha, o artículo 21. do ET configura como uma violação do pacto de permanência[1670], é também

---

dade de Direito da Universidade de Lisboa, Coimbra Editora, Coimbra, 2003, 717-751, João Leal Amado, "Abandono do trabalho: um instituto jurídico em remodelação?", RLJ 2010, n.º 3961, 235-241 e António Monteiro Fernandes, *Direito do Trabalho*, (2012), cit., 533-4.

[1664] Veja-se José Carlos Brandão Proença, "A hipótese da declaração (*lato sensu*) antecipada de incumprimento por parte do devedor", *Estudos de Homenagem ao Professor Doutor Jorge Ribeiro de Faria*, Coimbra Editora, Coimbra, 2003, 359-401.

[1665] Gwineth Pitt, *Cases and Materials in Employment Law* (2008), cit., 372.

[1666] Por isso, a presunção inscrita no n.º 2 do art. 403.º, reduzida face à LCCT para dez dias, já não se verificará se o empregador conhecer os motivos pelos quais o trabalhador não se apresenta ao serviço. Nesta circunstância, se o empregador quiser pôr termo ao contrato de trabalho terá de proceder disciplinarmente contra o trabalhador, a fim de apurar a existência de faltas injustificadas, e assim, eventualmente, a existência de justa para a resolução do contrato (= despedimento).

[1667] Este período foi reduzido pelo art. 405.º do CT2003 e mantido pelo art. 402.º do CT2009.

[1668] Ilidível pelo trabalhador nos termos do n.º 4 do art. 403.º, mediante a apresentação de prova do motivo de força maior impeditivo da comunicação da ausência.

[1669] Júlio Vieira Gomes, *Direito do Trabalho* (2007), cit., 1074 e João Leal Amado, *Contrato de Trabalho* (2009), cit., 454, em atenção à serventia da figura e à sua génese histórica (o abandono dos serviços do direito público), consideram que apenas o empregador pode invocar o abandono de trabalho.

[1670] Na redacção dada pelo RD 1/1995, de 24.03, literalmente: "si el trabajador abandona el trabajo antes del plazo, el empresario tendrá derecho a una indemnización de daños y perjuicios", ainda que o "abandono do trabalho", tal como o conhecemos, não exista nesse ordenamento jurídico: as

líquido que, entre nós, esta modalidade de cessação do contrato do trabalho, além de traduzir um incumprimento voluntário do próprio contrato[1671], representa outrossim uma transgressão à obrigação de permanência, que se consuma assim que o trabalhador dá início à ausência voluntária e injustificada que preenche a *factis species* do abandono, já que o facto materialmente extintivo é o repúdio contratual subjacente à ausência do trabalhador: a comunicação empregatícia, de natureza receptícia (art. 224.º do CC)[1672], é estritamente confirmativa, produzindo efeitos *ex tunc*[1673].

Equiparando-se o abandono do trabalho a uma denúncia do contrato[1674] – susceptível de gerar, pela sua fisiologia, danos superiores aos que decorrem da inobservância dos procedimentos previstos no art. 400.º, dado que a falta de conhecimento por parte do empregador da intenção cessatória do trabalhador pode dificultar as diligências tendentes à sua substituição[1675] –, e se a denúncia é a situação que *per vocationem* o pacto visa interditar, suscitar-se-á, por essa razão, o art. 401.º, que prevê as consequências emergentes do incumprimento, total ou parcial, do prazo de aviso prévio para a denúncia.

---

situações que, entre nós, são reconduzidas ao art. 450.º, são trabalhadas à luz do art. 49, § 4, al. d) do ET, referente ao prazo de aviso prévio para o exercício da denúncia. Por exemplo, Montoya Melgar, *Derecho del Trabajo* (2000), cit., 457-9, que, como se notou, coloca ainda sob o signo do abandono a "situação de extinção *ante tempus*, sem causa justificada, do contrato de duração determinada" (458), e Albiol Montesinos/Alfonso Mellado/Blasco Pellicer/Goerlich Peset, *Normas laborales* (2000), cit., 193-4. Nesse sentido, a doutrina vem sufragando uma interpretação lata do abandono presente no art. 21.4 ET, abrangendo a não comparência do trabalhador no seu local de trabalho para a realização das actividades compreendidas na especialização profissional que recebeu ou está a receber, a não comparência no local onde se realiza a formação profissional ou a denúncia do contrato de trabalho antes do prazo fixado para a obrigação de permanência.

[1671] Por exemplo, veja-se o Ac. STJ de 02.12.1998 (Padrão Gonçalves), BMJ 1999, n.º 482, 128-138, onde se pode ler que a figura do abandono do trabalho, em certo sentido decalcada da figura do *abandono de lugar* do Direito Administrativo, resulta "de um incumprimento voluntário e injustificado do contrato de trabalho". Sobre esta *qualificação*, ainda: Ac. Rl. Pt. de 25.01.1999 (Sousa Peixoto), BMJ 1999, n.º 483, 272 e Ac. STJ de 22.05.2000 (Almeida Deveza), BMJ 2000, n.º 497, 268.

[1672] Assim: M.ª Rosário Palma Ramalho, *Direito do Trabalho. Parte II* (2010), cit., 1026. Também Sérgio de Almeida, "O abandono do trabalho", RDES 2010, n.º 14, 145-6.

[1673] Identicamente: Raúl Ventura, "Extinção das relações jurídicas de trabalho" (1950), cit., 282 e Pedro Furtado Martins, *A Cessação do contrato de trabalho* (2012), cit., 561.

[1674] Cfr. n.º 3 do art. 403.º. Preferimos falar em *equiparação* em lugar de *denúncia irregular*, dado que as figuras são objecto de destrinça legal e nominal, tendo aliás um *modus operandi* diverso.

[1675] Neste sentido: Isabel Parreira "O Absentismo Antes e Depois do Código do Trabalho", *Estudos de Direito do Trabalho em Homenagem ao Professor Manuel Alonso Olea*, Almedina, Coimbra, 2004, 297.

3. Reforma por idade

48. Sendo a reforma por velhice qualificada *ex lege* como uma causa de caducidade do contrato de trabalho[1676], cumpre indagar dos efeitos que esta situação jurídica produz sobre o pacto de permanência, tratando-se de saber se, por força do seu objecto, não conflitua com a cessação do contrato de trabalho que, geralmente, vem associada à obtenção daquele estatuto previdencial.

Noutros termos, cura-se ainda do apuramento dos eventos que, condicionando a livre decisão do trabalhador, o exoneram da imputação da conduta e das sequelas eventualmente negativas que o juízo fazível sobre o desvalor do *seu agir* acarreta.

O assunto inter-relaciona questões previdenciais e laborais, num contexto genérico em que, sem prejuízo de cambiantes, existem basicamente dois tipos de sistemas: um *sistema aberto*, sempre que exista a fixação de uma "idade-norma" e reduções ou incrementos de pensão, dependendo da vontade do trabalhador a actuação da possibilidade de adiantar a idade normal de reforma (*simpliciter*, a reforma é considerada um direito, deixando-se ao trabalhador a decisão sobre a oportunidade de cessação da sua actividade laboral); no pólo oposto, um *sistema rígido* tende a fixar uma idade de reforma obrigatória, independentemente da *voluntas* do trabalhador[1677], configuração que, aliás, geralmente comporta a evocação do princípio da liberdade de trabalho[1678].

Importa, por isso, distinguir dois planos de análise, cuja autonomização se encontra no art. 348.º.

[1676] Assim, a al./c do art. 343.º. Já a reforma por invalidez, não obstante a qualificação legal, corresponde, conforme nota Pedro Romano Martinez *Apontamentos sobre a cessação do contrato de trabalho à luz do Código do Trabalho* (2004), cit., 56, a uma "impossibilidade superveniente, absoluta e definitiva de o trabalhador prestar o seu trabalho", razão pela qual não se autonomizou, no plano regulativo, esta situação, e que, também na economia do nosso trabalho, cai já sob a alçada da figura da caducidade *stricto sensu*.

[1677] Sobre estes conceitos, cfr. Sastre Ibarreche, "La Jubilación Forzosa por Edad", REDT 1990, n.º 43, 461-2 e Mattia Persiani, *Diritto della previdenza sociale* (11.ª ed.), col. Manuali di Scienze Giuridiche, Cedam, Pádua, 2000, 36 e ss..

[1678] Sobre o ponto, em análise à sentença n.º 22/81, de 22.07, do tribunal constitucional espanhol, cfr. Durán López, *Jurisprudencia Constitucional y Derecho del Trabajo* (1992), cit., 69-76. O tribunal, rejeitando que o mecanismo de extinção forçada da relação laboral se possa configurar como uma presunção *iuris et de iure* de inaptidão do trabalhador para o exercício de uma actividade profissional ou que se justifique com base em políticas vagas de protecção da terceira idade, admite, todavia, que a liberdade de trabalho possa ser limitada por uma política de "repartição de trabalho", essencialmente destinada à empregabilidade dos mais jovens.

Uma coisa é a idade a partir da qual o contrato passa a ser necessariamente temporário[1679]– que, nas palavras de RODRÍGUEZ PIÑERO, constitui a *edad de retiro*[1680] –, outra é a idade que funciona como condição de obtenção do direito à pensão.

Neste quadro, para receber o *status* de reformado, *(i)* o trabalhador teve de requerer a reforma[1681], sendo que o n.º 1 do art. 348.º determina que *(ii)* o contrato cessa no momento em que ambas as partes tomam conhecimento da reforma do trabalhador e que *(iii)* a permanência do trabalhador ao serviço decorridos 30 dias sobre o conhecimento, por ambas as partes, da sua reforma por velhice determina a aposição ao contrato de um termo resolutivo[1682].

Embora a reforma do trabalhador seja considerada "a mais genuína forma de caducidade laboral"[1683], fala-se, por força destes três traços, numa caducidade atípica.

A atipicidade recorta-se não só a partir da necessidade de um requerimento do trabalhador dirigido à consecução da situação de reforma (não há um meca-

---

[1679] Conforme notam MÁRIO PINTO/PEDRO FURTADO MARTINS/ANTÓNIO NUNES DE CARVALHO, *Glossário de Direito do Trabalho e Relações Industriais*, UCP, Lisboa, 1996, 181-2 e PEDRO ROMANO MARTINEZ, *Direito do Trabalho* (2010), cit., 1006, entre nós, o trabalhador não tem que se reformar obrigatoriamente aos setenta anos.

[1680] RODRÍGUEZ PIÑERO, *Flexibilidad y Anticipación en la Edad de Jubilación*, Relaciones Laborales, Tomo I, Madrid, 1992, 39-46.

[1681] Com o requerimento do trabalhador inicia-se uma determinada tramitação processual que culminará na resolução final a proferir pela administração previdencial, surgindo um lapso de tempo que medeia entre o momento do requerimento e a resolução final em que o interessado permanece numa situação em que aguarda a reforma. Contudo, o facto constitutivo da situação jurídica de reforma por velhice é o *acto administrativo* que determina a criação daquela relação, corporizando uma série de actos de direito instrumental tendentes a verificar, designadamente, se existem ou não os requisitos legais da reforma por velhice.

[1682] Cujas especificidades vêm contidas no n.º 2 do art. 348.º: (i) é dispensada a redução do contrato a escrito, ainda que as partes tenham conveniência em fazê-lo, com vista à desobstrução de eventuais litígios futuros, mormente no que se refere à comunicação da não intenção de renovação; (ii) *o contrato vigora pelo prazo de seis meses, sendo renovável por períodos iguais e sucessivos, sem sujeição a limites máximos*, sendo que nada impedirá a procedência de uma renovação por período inferior (*v.g.* volvidos seis meses, os sujeitos acordam na prorrogação por mais quatro meses); (iii) *a caducidade do contrato fica sujeita a aviso prévio de sessenta dias, se for da iniciativa do empregador, ou de quinze dias, se a iniciativa pertencer ao trabalhador* (trata-se, em rigor, de *uma oposição à renovação*, que, enquanto tal, é, segundo parte da doutrina, inserida num conceito amplo de denúncia). Não tendo havido mudanças de enquadramento face ao CT2003, v. JOÃO ZENHA MARTINS, "A idade e a reforma por velhice como *causas* de cessação do *vinculum laboris*: a (in)segurança social e o trabalho", *Estudos em Homenagem ao Professor Doutor António Castanheira Neves*, Vol. II, Coimbra editora, Coimbra, 2008, 413-457.

[1683] A expressão é de ANTÓNIO MENEZES CORDEIRO, *Manual de Direito do Trabalho* (1997), cit., 794.

nismo automático que o obrigue a retirar-se), como também encontra o seu talhe no prolongamento *ipso jure* do contrato caso o trabalhador permaneça ao serviço da mesma entidade[1684].

Em acentuação do desvio aos traços tipicizantes da caducidade, acresce o facto de a determinação da cessação do vínculo não operar com o deferimento da situação de reforma, mas sim a partir do momento em que ambos os sujeitos tomam conhecimento desta vicissitude, situação que, na prática, tende a ocorrer após um longo período[1685].

Como resulta claro, o trabalhador, ao requerer a reforma, pode orientar a sua vontade no sentido da desvinculação do contrato, até porque "a liberdade de trabalho não tem idade"[1686]. Tratando-se de um risco que ele decide assumir, sabe, para tanto, que a subsistência do contrato de trabalho é *conditio sine qua non* da obrigação de permanência.

Ora, sendo a obrigação de permanência uma consequência do livre exercício da sua auto-determinação, o requerimento subsequente destinado à reforma conflitua com a conduta negocialmente assumida pelo trabalhador e que este reputou conforme aos seus interesses, por aqui se processando, aliás, a aproximação da compensação que viabiliza a desobrigação por parte do trabalhador à ideia de *enriquecimento injusto*, já que a reforma, enquanto situação de inactividade profissional resultante de invalidez ou de velhice a que correspondem as respectivas pensões[1687], não impede que o trabalhador coloque a formação extraordinariamente adquirida ao serviço de outro empregador[1688].

Não sendo, em qualquer caso, adequado fazer-se condicionar o conceito de violação da obrigação de permanência à celebração de um contrato de trabalho com outro empregador (este é um *posteriorus* estocástico, que não interfere na análise, necessariamente estática, da possível quebra da obrigação de perma-

---

[1684] Perante a corrente jurisprudencial que reconduzia a reforma ao art. 100.º da LCT (causas de caducidade), cfr. Sérvulo Correia & Bernardo Lobo Xavier, "Reforma do trabalhador e caducidade do contrato", RDES 1973, 1.ª Série, ano XX, n.º 1, 55-82.

[1685] Assinalando este aspecto, v. ainda Pedro Furtado Martins, *Cessação do Contrato de Trabalho* (2012), cit., 113.

[1686] A expressão é de Antoine Mazeaud, *Droit du Travail* (1998), cit., 365.

[1687] A definição é dada por Apelles da Conceição, *Dicionário de Segurança Social*, Ed. Rei dos Livros, Lisboa, 1999, 204.

[1688] Como nota Bernardo Lobo Xavier, *Curso de Direito do Trabalho* (1999), cit., 464, "em muitos casos os trabalhadores reformados trabalham", com o art. 65.º da LBSS a remeter para a lei a definição dos termos e das condições de acumulação de pensões com os rendimentos de trabalho.

nência, mais relevando para o domínio das obrigações de não concorrência[1689]), parece contudo seguro que o empregador se vê impedido de amortizar o investimento efectuado na formação do trabalhador[1690].

Conquanto o enriquecimento sem causa conheça importantes limites operativos no âmbito do Direito do trabalho[1691] – e tendo havido formação, nunca pode haver enriquecimento sem causa, uma vez que a causa justificativa para a transferência de cunho patrimonial verificada é, no caso concreto, a formação extraordinária[1692] –, atentando ao núcleo fundamentante que dá corpo à assunção da obrigação de permanência, já se vê, perante a insusceptibilidade de amortização do investimento efectuado imputável ao trabalhador, que as preocupações conexas com o *suum cuique tribuere*, face a uma ideia de compensação e equilíbrio, encontram plena justificação e não se quedam pelo pedido de reforma antecipada[1693].

Embora no *regime de frequência média* o trabalhador tenha direito a reformar-se a partir dos 66 anos sem qualquer penalização, trata-se aqui, como noutros domínios, não de uma imposição, mas de um direito: na ausência de manifestação de vontade de trabalhador que haja atingido os 66 anos o contrato vigora *de pleno*[1694], sendo nesse contexto que o exercício do direito à apresentação do

---

[1689] Ao contrário da análise convocada por um pacto de não concorrência, a susceptibilidade de aproveitamento ou de colocação dos conhecimentos obtidos ao serviço de outro empregador significa já um atendimento a elementos circunstanciais, não comportáveis, em atenção à sua *ratio iuris*, e ante a sua estocasticidade, nos resultados de uma análise do conceito essencial de *violação da obrigação de permanência*.

[1690] Assim, em Espanha: S. TSJ., de 27-06-1993, Ar. 3185.

[1691] Ainda, Luís MENEZES LEITÃO, *Enriquecimento sem causa no direito civil* (2005), cit., 626.

[1692] Ac. STJ de 15.10.2003 (FERREIRA NETO), ADSTA 2004, n.º 510, 999.

[1693] A solução não se oferece tão líquida nos sistemas em que se admite a reforma a tempo parcial, mesmo que esta se processe por antecipação e sem necessidade de acordo entre empregador e trabalhador. Tratando-se de solução que *de iure condendo* deveria ser equacionada entre nós – basicamente em razão da repartição de ganhos inerente: (i) facilitação da transição do trabalhador para uma situação de inactividade laboral e (ii) diminuição de custos temporários a cargo do sistema de segurança social –, a continuidade do trabalhador, trazendo consigo uma boa redistribuição de trabalhadores mais velhos, permite ao empregador o aproveitamento da experiência do trabalhador e um retorno do investimento feito na sua formação, conseguindo-se, mais vastamente, valorizar e promover a aquisição de conhecimento e estimular a permanência dos trabalhadores mais velhos no mercado de trabalho. O estímulo à permanência dos trabalhadores no mercado de trabalho é, na actualidade, essencialmente prosseguido através do mecanismo de bonificação, que aumenta o valor da pensão recebido por cada mês trabalhado para além da data em que seja atingida a *idade-referência*.

[1694] Em Espanha, MONTOYA MELGAR, *Derecho del Trabajo* (2000), cit., 667 e, entre nós, JÚLIO VIEIRA GOMES, *Direito do Trabalho* (2007), cit., 931-2, PEDRO ROMANO MARTINEZ, *Direito do Trabalho*

requerimento para a obtenção da situação de reforma, na hipótese de o trabalhador não continuar ao serviço decorridos 30 dias sobre o conhecimento por ambas as partes da sua reforma por velhice[1695], é erigido em acto voluntário que determina, a final, uma cessação unilateral do pacto de permanência, e, em sequência, uma extinção do contrato de trabalho, que no direito francês aparece amiúde tratada como uma *demissão*[1696].

Ora, porque o sistema comporta princípios que indicam qual a resposta correcta para o caso e que conformam o critério de adequação a seguir pelo julgador, ficando frustrados os fins do pacto de permanência, resulta vítreo que, não tendo o trabalhador sido constrangido a adoptar essa conduta, a reforma é qualificável como um evento promovido pelo trabalhador que produz um resultado que contende com a obrigação assumida.

Isto, num quadro em que o trabalhador devia ter agido de outra maneira, ou seja, em que devia ter continuado ao serviço do empregador até à perfacção do período acordado para a obrigação de permanência e em que também *a liber-*

(2010), cit., 1006 ou António Monteiro Fernandes, *Direito do Trabalho* (2012), cit., 459.

[1695] A questão de saber a partir de que momento é que o contrato caduca, sempre que o trabalhador permanece ao serviço do empregador por mais de 30 dias após o conhecimento por ambos da sua reforma, parece dilucidada pelo n.º 1 art. 348.º, que depõe a favor da posição sinalizada à manutenção do vínculo. Na verdade, além da letra do preceito, é também esse o revestimento atribuído à situação em que o trabalhador, atingidos os 70 anos, continua a laborar para o mesmo empregador. Ora, em atenção à similitude de propósitos (que dita aliás o aglutinamento das situações no mesmo preceito) e ante o facto de ser o *avanço da idade* do trabalhador que determina a excepcionalidade do regime previsto, entende-se que o vínculo é uno. E se a identidade de regime faz com que tendamos para a paridade de enquadramentos (= unidade do contrato), o afastamento da perspectiva de um novo vínculo na hipótese em que *o trabalhador permanece ao serviço decorridos 30 dias sobre o conhecimento, por ambas as partes, da sua reforma por velhice* radica ainda no facto de não atribuirmos à reforma o efeito extintivo que *per definitionem* faz operar a caducidade, pois, se assim fosse, ficariam no vácuo os 30 dias que medeiam entre o conhecimento da reforma por ambos e a produção dos efeitos que vão associados à aposição de um termo resolutivo, conquanto o trabalhador continue ao serviço. No mais, não se encontrando isenta de escolhos a tese que, perante o silêncio de ambos os sujeitos, faz(ia) emergir, com base "na respectiva vontade negocial", um *novo* contrato de trabalho, a construção da *incolumidade contratual* trata-se, afinal, em atenção à profusão de prémios de permanência e complementos de antiguidade, do enquadramento que melhor se acomodará aos interesses do trabalhador: a prestação de trabalho desenvolvida à luz do contrato *não convertido* relevará para todos os efeitos e o prazo prescricional estabelecido no art. 337.º, relativo aos créditos resultantes do contrato de trabalho, só começará a contar a partir do dia seguinte à verificação do termo resolutivo aposto *ex lege*.

[1696] Jean-Maurice Verdier/Alain Coeuret/Marie-Armelle Souriac, *Droit du Travail* (2002), cit., 230. Diferentemente, atenta a percepção de uma indemnização por banda do trabalhador com o surgimento da reforma e a existência de um pressuposto para a actuação do direito à reforma (60 anos), cfr. Jean-Emmanuel Ray, *Droit du Travail: Droit Vivant* (2008), cit., 414-5.

dade não pode ser dissociada da correlativa responsabilidade, face ao sentido pactício de «uma garantia de "amortização" ou de "retorno"»[1697].

Já na hipótese em que o trabalhador atinge os setenta anos de idade sem ter havido caducidade do vínculo por reforma e em que, *ex vi* do n.º 3 do art. 348.º[1698], se apõe *ex lege* um termo resolutivo ao contrato de trabalho (decorridos os 30 dias sem que tenha havido denúncia), não se observam singularidades de vulto.

A idade aparece aqui como limite à existência de um contrato por tempo indeterminado[1699], em opção que, a mais da escolaridade obrigatória, ou do

---

[1697] A expressão é de ANTÓNIO MONTEIRO FERNANDES, *Direito do Trabalho* (2010), cit., 660 [=*Direito do Trabalho* (2012), cit., 395], para caracterizar o sentido do pacto.

[1698] O preceito conhece aplicação a todas as hipóteses em que ainda não houve caducidade do vínculo, ou seja, tanto na circunstância em que ainda não houve reforma, quanto na circunstância em que a reforma já operou, mas ainda não é do conhecimento de ambas as partes, porquanto, nesta última situação, a referência à caducidade do vínculo por reforma que vai inscrita no preceito, em atenção à unidade de sentido prosseguível, deve ser entendida em consonância com o disposto no n.º 1, em que não é a reforma *per se* que determina a caducidade do vínculo, mas sim o momento em que ambas as partes tomam conhecimento daquele *status subjectionis*.

[1699] A limitação (impreterível) da vigência do vínculo, que repousa na actuação *ope legis* do termo resolutivo de seis meses, aparece nesta esquadria como uma opção legal de absorção de maior volume de emprego (favorecimento dos grupos socialmente mais vulneráveis, *maxime* jovens) consubstanciando, ainda, um reflexo da visão de incompatibilidade que existe entre os novos sistemas de informação e comunicação, as renovadas tecnologias e a idade do trabalhador que, associada ao cansaço, traz consigo uma certa incapacidade de acompanhamento da evolução tecnológica e uma presumível diminuição de produtividade. Mas, na senda de CEBRIÁN BADÍA & FRANCISCO JAVIER, "La Jubilación Forzosa del Trabajador y su Derecho al Trabajo", AL 1991, n.º 14, 175-184, temos sérias dúvidas quanto à conformidade constitucional desta disposição na hipótese de o trabalhador não reunir os requisitos para aceder à protecção inerente à aplicação da taxa global máxima de formação da pensão atribuível pelo sistema de segurança social. Com efeito, na pressuposição de que a qualificação da previdência como social se liga aos mecanismos de protecção do sistema, a *denúncia patronal sobrejacente à temporalização superveniente do vínculo* (contrato por tempo indeterminado → contrato a termo resolutivo por seis meses), caso o trabalhador não reúna os requisitos necessários ao preenchimento do prazo de garantia da pensão e/ou à aplicação da taxa global máxima de formação da pensão, aparece a posicioná-lo numa situação socialmente inerme, que descostura, à margem da sua vontade, o quadro contratual em que se movia. Sendo necessário um apelo à ordem de valores que a CRP acolhe, esta limitação temporal só parece mostrar-se proporcionada, objectiva e razoável se o trabalhador perfizer os requisitos legalmente exigidos para a obtenção de uma pensão de reforma *tout court*, já que, de contrário, são visualizáveis outras formas sinalizadas à prossecução do interesse público (por exemplo, trabalho a tempo parcial ou, verificada a *factispecie* do n.º 3 do art. 348.º, o pagamento de uma compensação pela caducidade do contrato), sem que, para tal, se criem obstáculos à afirmação da dignidade da *pessoa humana*, aqui, particularmente indefesa em razão da idade (= exponenciação das dificuldades em obter *outro* emprego). Considerando que a pensão a receber pelo trabalhador, cujo contrato foi cessado à margem da sua vontade, vai

fomento do trabalho a tempo parcial, se arrima em políticas de redução da oferta de trabalho e, do que já se viu, em tenções de promoção e dinamização do mercado de emprego[1700], noutras latitudes prosseguíveis através da confecção de uma causa *a se* para a contratação temporária[1701].

Neste plano, se a situação acabada de descrever não é, em abstracto, incompatível com um investimento patronal extraordinário na formação do trabalhador que permita a vigência de um pacto de permanência para lá dos 70 anos de idade, importa contudo não perder de vista que, em razão da temporalidade conatural ao vínculo laboral, a questão do desaparecimento do termo, equacionável perante uma obrigação de permanência temporalmente mais lata do que a vigência prefigurada para o contrato de trabalho a termo (*supra*), acaba por perder qualquer significado: estando afastada a possibilidade de os sujeitos confeccionarem um acordo que condicione a duração do contrato de trabalho para lá do limite injuntivo de seis meses, a inultrapassibilidade do termo consumirá a duração de uma obrigação de permanência com duração superior[1702].

---

assentar nas contribuições realizadas ao longo da sua vida laboral, a prestação previdencial poderá quedar desproporcionada – porquanto, perante carreiras contributivas curtas, a remuneração de referência tomada para efeito de cálculo da pensão é claramente inferior ao último salário auferido pelo trabalhador –, ofendendo, assim, a predominância da vertente laboralista que configura constitucionalmente o sistema de segurança social pátrio e que, nas palavras de ANTÓNIO SILVA LEAL, "O Direito à Segurança Social", *Estudos sobre a Constituição* (coord. Jorge Miranda), Petrony, Lisboa, 1978, 364 e ss., se traduz na *garantia da manutenção dos rendimentos de trabalho anteriormente auferidos, sempre que se verifiquem eventos que reduzam ou eliminem a capacidade de trabalho*, contexto em que o evento de que se cura vai atinar com a eliminação *ope legis* da capacidade do trabalhador para permanecer numa relação por tempo indeterminado.

[1700] MAARTEN VAN HAM, *Job Access, workplace mobility, and occupational achievement*, Eburon, Delft, 2002, 7 e ss., JEAN-MAURICE VERDIER/ALAIN COEURET/MARIE-ARMELLE SOURIAC, *Droit du Travail* (2002), cit., 258 e ss. e, entre nós, M.ª ROSÁRIO PALMA RAMALHO, *Da Autonomia Dogmática do Direito do Trabalho* (2000), cit., 555.

[1701] Assim, § 14/3 TzBfG: uma pessoa com mais de 52 anos pode celebrar um contrato com prazo até 5 anos, em razão da sua situação pessoal, conquanto não exista com o mesmo empregador uma relação objectiva e estreita com um anterior contrato de trabalho de duração indeterminada, relação objectiva estreita que se considera verificada sempre que entre os dois contratos de trabalho medeie um intervalo de tempo inferior a seis meses.

[1702] Diferente é o enquadramento a seguir em relação a um trabalhador que, com 70 ou mais anos de idade, decide iniciar uma relação laboral, suscitando-se, nesse âmbito, a questão relativa à aposição de um termo resolutivo *ex lege* aos contratos de trabalho celebrados por *todos* trabalhadores que tenham atingido os 70 anos de idade. Sustentando-se que a reforma consiste num "acto que não se sujeita ao princípio do direito ao trabalho" – assim: PEDRO FURTADO MARTINS, *A Cessação do contrato de trabalho* (2012), cit., 121 –, e embora se possa mobilizar o princípio da igualdade para arredar uma diferenciação entre os trabalhadores com 70 ou mais anos que se encontram laboralmente vinculados e os que, com escalão etário idêntico, pretendem iniciar uma relação laboral, não

b) Regime

49. A violação do pacto de permanência gera uma obrigação de ressarcimento por parte do trabalhador, que, à luz do art. 401.º, pode sobrecrescer à obrigação de pagamento de uma indemnização de valor igual à retribuição base e diuturnidades correspondentes ao período de antecedência em falta, sem prejuízo da responsabilidade civil pelos danos eventualmente causados em virtude da inobservância do prazo de aviso prévio.

A triplicidade indemnizatória potencialmente acenada por lei não pode, contudo, ser objecto de aplicação literal: se a técnica legislativa empregue sugere a leitura de que a indemnização conformada sobre a retribuição-base e as diuturnidades opera *ope legis* em cumulação com a prevista para os danos causados por inobservância do aviso prévio, esta aplicação conjuntiva, que assenta na perspectiva de que existe uma sanção pelo incumprimento das regras previstas para o exercício do direito de denúncia que não cobre os danos causados ao empregador em virtude da inobservância do prazo de aviso prévio, não só implicaria que o trabalhador fosse objecto de punição irrazoável por exercer um direito que materializa a *sua* liberdade de trabalho, como traduziria um enriquecimento injustificado por parte do empregador, que se veria, em qualquer circunstância, *indemnizado* em montante superior aos danos que efectivamente sofreu.

A indemnização conformada sobre a retribuição-base e as diuturnidades é, por isso, um *minimum* a que o empregador tem direito[1703], podendo ser ressar-

---

se oferece isenta de dúvidas que a extensão desse regime a todos os trabalhadores com 70 anos de idade não possa substanciar, em si, uma discriminação em função da idade, *qua tale* contendente, em razão da desproporção subjacente à universalização de um regime laboralmente precário, com o princípio da igualdade. Cuidando-se de contexto interpretativo em que o princípio da igualdade aparece mobilizado para sustentar soluções antinómicas (...), temos hoje para nós que, na ausência de disposição legal contrária, a solução que confina a aposição de um termo resolutivo ao contrato de trabalho às situações em que o trabalhador atinge os 70 anos de idade é a que melhor preserva o princípio da segurança no emprego e também o princípio do direito ao trabalho, cuja significação, tendo sido tratada na jurisdição constitucional espanhola como uma dimensão da liberdade de trabalho, foi considerada genericamente incompatível com o desenho de regimes sinalizados à extinção ou à precarização forçada das relações laborais em função de factores etários. Ainda: DURÁN LÓPEZ, *Jurisprudencia Constitucional y Derecho del Trabajo* (1992), cit., 69-76 e, entre nós, aflorando a *quaestio*, v. Ac. TC n.º 581/95, de 31.10 (ASSUNÇÃO ESTEVES), procs. n.os 407/88 e n.º 134/89.

[1703] Salientando, à face do art. L-1237-1 do *Code du Travail*, o excesso da indemnização *forfaitaire* sempre que o trabalhador haja resolvido o contrato sem que logre provar ulteriormente a actuação ilícita ou disfuncional do empregador que lhe serviu de fundamento – a resolução é tratada como uma denúncia que inobserva o prazo de aviso prévio –, v. NICOLAS COLLET-THIRY, "Le préavis de prise d'acte: le risqué disproportionné encouru par le salarié usant de son droit de provoquer une rupture immédiate" (2012), cit., 629.

cido em valor superior caso logre provar que os danos sofridos não se contêm na moldura relativa ao valor mínimo que o trabalhador está obrigado a pagar[1704].

Neste cenário, de acordo com o princípio fundamental do art. 562.º do CC, sabe-se que "quem estiver obrigado a reparar um dano deve reconstituir a situação que existiria se não se tivesse verificado o evento que obriga à indemnização", e que, à luz do n.º 1 do art. 137.º, o trabalhador pode desobrigar-se do pacto de permanência, conquanto restitua a soma das importâncias comprovadamente feitas pelo empregador na sua formação profissional[1705].

Contudo, embora numa leitura mais imediatista se tenda a identificar a responsabilidade adveniente de violação do pacto com a obrigação restitutiva que vai prevista no n.º 1 do art. 137.º, importará, em atenção à dissemelhança de fundamentos e com naturais reflexos nos efeitos patrimoniais produzíveis, separar a *obrigação restitutiva que está subjacente à desobrigação do pacto* da *obrigação ressarcitória* que a sua violação faz emergir.

Na sequência do *distinguo* estabelecido em relação aos pactos de não concorrência[1706], a liberação por banda do trabalhador da obrigação de permanência, através da restituição da soma das importâncias despendidas, constitui uma *desobrigação lícita*[1707]: o exercício do seu direito revogatório encontra-se associado à obrigação de reparar os prejuízos causados ao empregador, prejuízos que, no critério da lei, aparecem cingidos às importâncias despendidas na sua formação.

Ora, se a devolução dos montantes que resgatam *de pleno* a liberdade de trabalho é circunscrita às despesas efectivamente despendidas pelo empregador e não ao custo objectivo da formação – não havendo razão para, sem prejuízo da mudança de formulação operada com a Lei n.º 7/2009, 12.02, perfilhar entendi-

---

[1704] Em sentido idêntico quanto a este ponto, v. PEDRO FURTADO MARTINS, *A Cessação do contrato de trabalho* (2012), cit., 548.

[1705] Previsão que já se encontrava no art. 36.º, n.º 3, *in fine* do Decreto-Lei n.º 47 032, de 27.05.1966: "(...) este, no entanto, poderá desobrigar-se restituindo àquela a soma das importâncias despendidas".

[1706] Veja-se, por exemplo, PEDRO ROMANO MARTINEZ, *Direito do Trabalho* (2010), cit., 690. Refere o Autor que "quanto à responsabilidade do trabalhador que desrespeita o pacto de não concorrência, sendo, por via de regra, uma hipótese de incumprimento contratual, pode integrar uma actuação lícita sempre que encontre aplicação o disposto no art. 81.º do CC" e, quanto à violação do pacto de permanência, que esta deve "ser vista nos mesmos parâmetros do pacto de não concorrência, acarretando responsabilidade para o infractor e, eventualmente, para um terceiro cúmplice".

[1707] Sobre esta categoria, perante a polissemia dos conceitos de desistência, denúncia, dissolução, renúncia, rescisão, resolução e revogação, veja-se RODRIGUEZ MARIN, *El desistimiento unilateral (como causa de extinción del contrato)*, Editorial Montecorvo S. A., Madrid, 1991, 64 e ss..

mento diverso[1708] –, importará, assim, atentar ao dispêndio *efectivamente* suportado pelo empregador com a formação do trabalhador e atender à relevância que os benefícios fiscais eventualmente conexos com a formação ministrada podem assumir, situação que, a concretizar-se, determinará o pertinente desconto na economia da solução devolutiva consagrada, a par da aplicação da taxa de desconto *per diem* de que se tratou.

A quantia restituível aparece, pois, contida nas margens da despesa que o empregador suportou com a sua formação profissional e constitui um *eventum secundum legis*: este poder desvinculativo aparece unido por uma copulativa ao cumprimento do pacto[1709], podendo mesmo afirmar-se que o trabalhador é titular de um *poder de substituição (Ersetzungsbefugnis)* relativamente ao cumprimento da sua obrigação de permanência[1710], enquadramento que, conforme faz notar DENIS MAZEAUD[1711], torna errada a qualificação das cláusulas *dédit-formation* como cláusulas penais, geralmente empreendida a partir da perspectiva de que a soma a pagar pelo trabalhador é o resultado de uma violação da auto-limitação assumida[1712]. Diferentemente, o incumprimento desta obrigação, que é uma obrigação de *non facere*, gera uma obrigação ressarcitória[1713].

[1708] Em sentido que nos parece diferente, referindo-se, por um lado, que "(n)os termos do art. 137.º do Código de 2003, o valor a considerar, em caso de desoneração, é o valor correspondente às despesas realmente efectuadas e demonstradas, não sendo minimamente detectável na letra da lei o escopo de impedir a aplicação das normas de direito comum que disciplinam os efeitos de uma cláusula penal (art. 812.º do Código Civil)" e que, por outro, em contraste, "se o art. 137.º do Código de 2009 parece apontar para solução diferente daquela, quando, por um lado, já não usa a expressão «*despesas extraordinárias comprovadamente feitas*» e, por outro lado, se reporta ao montante das despesas referidas no acordo, não se lhe pode conferir natureza interpretativa, pois tal solução não estava compreendida nos termos da lei antiga", cfr. Ac. STJ de 24.02.2010 (VASQUES DINIS), proc. 556/07.7TTALM.S1.

[1709] Assim: CYRILLE CHARBONNEAU, "Clause de dédit-formation: une validitè sous contrôle rapproché", CSBP 2002, n.º 142, 323.

[1710] Igualmente: MARC-OLIVIER HUCHET, "La clause de dédit formation" (2000), cit., 378.

[1711] DENIS MAZEAUD, *La notion de clause pénale* (1992), cit., 179-180 e "Les clauses pénales en droit du travail", DS 1994, n.º 4, 343. Em sentido aproximado, também, AGNÈS VIOTTOLO-LUDMANN, Égalité, liberté et relation contractuelle de travail (2004), cit., 227 e 351.

[1712] Com esta perspectiva, JEAN MOULY, *Droit du Travail* (2008), cit., 65 e prosseguindo também com a recondução das cláusulas *dedit-formation* às cláusulas penais, v. MICHEL MINÉ & DANIEL MARCHAND, *Le droit du travail en pratique* (2012), cit., 311. Entre nós, aderindo à perspectivação dos pactos de permanência como cláusulas penais, v. ANTÓNIO MONTEIRO FERNANDES, *Direito do Trabalho* (2012), cit., 539.

[1713] Obrigação não confundível com a obrigação de natureza restitutiva que, sendo uma espécie de *ius poenitendi*, imana ao exercício do poder desvinculativo, e que aqui é revalorizada pela impossibilidade de execução coerciva da prestação laboral.

Embora o pagamento da soma das importâncias despendidas com a formação profissional não seja uma condição de eficácia da desvinculação[1714] – o efeito revogatório do pacto não fica dependente da satisfação da indemnização ou da restituição de somas despendidas pelo empregador, pois o interesse pessoal do titular do direito deve prevalecer sobre o interesse patrimonial do empregador, não sendo aplicável ao caso o disposto no n.º 2 do art. 432.º do CC –, a obrigação de restituição surge com a revogação da renúncia. E o trabalhador, efectuando aquela devolução, actua em conformidade com o programa legal.

Assim, não estando este direito de livre revogação, por força da impossibilidade de execução coerciva da prestação laboral, dependente, quanto à sua *eficácia*, da restituição do sobredito montante, a verdade é que, na falta de cumprimento desta obrigação restitutiva, o trabalhador viola o pacto de permanência.

Uma vez que o trabalhador pode "desobrigar-se restituindo a soma das importâncias despendidas" (n.º 2 do art. 137.º), a revogação do pacto, qual direito *ex lege* que vai informar a *lex contractus*, implica o cumprimento da obrigação de pagamento; a satisfação desse dever, não tendo que ser precedente ou coetânea do acto desvinculativo, tem, todavia, que se verificar[1715].

Tratando-se, para tanto, de identificar o pressuposto que serve de veículo à actuação da desvinculação do trabalhador e à sua conexão com os interesses do pacto, a violação do pacto de permanência, à semelhança do quadro aplicável

---

[1714] Assim: CATHERINE PUIGELIER, *Droit du Travail* (2000), cit., 78 e JOANA VASCONCELOS, "Pacto de permanência, liberdade de trabalho e desvinculação do trabalhador" (2012), cit., 829.

[1715] Noutra conjectura, pensemos em acções de formação profissional extraordinária promovidas pelo empregador para o trabalhador X com vista à direcção de um projecto complexo e financeiramente vultuoso. Celebrado um pacto de permanência, o empregador, confiante de que o trabalhador vai cumprir a sua obrigação de permanência, inicia um conjunto de investimentos, contratando, para tanto, vários colaboradores – que, no extremo, até podem ter sido sugeridos pelo trabalhador que celebrou o pacto de permanência e que, neste cenário, assume a direcção do projecto – e contraindo vários empréstimos junto da banca. De repente, o trabalhador abandona o trabalho, sem dar quaisquer explicações. Distinguindo-se aqui o plano da *eficácia* do plano da *licitude* (a actuação do direito de revogação é sempre eficaz, mas será ilícita, por violar uma obrigação de reparação que atina ainda com o pacto de permanência, se o trabalhador não houver restituído aquelas somas ou se, como acontece na hipótese avançada de abandono do trabalho, não comunicar ao empregador o exercício do acto desvinculativo), já se vê, perante uma violação do pacto de permanência, que o art. 401.º obriga o trabalhador a ressarcir o empregador de todos os danos havidos com a violação do pacto de permanência sempre que se inobserve o prazo de aviso prévio, parecendo viabilizar uma ultrapassagem do *quantum* subjacente à obrigação restitutiva que brota do investimento na formação profissional do trabalhador, conquanto o empregador logre provar que os danos sofridos sobrepassam os que emergem do investimento na formação profissional do trabalhador que não é amortizado.

aos pactos de não concorrência (onde, conforme nota Francesco Paolo Rossi, a solução não poderá ser outra que não a do ressarcimento de todos os danos causados[1716]), entrega algumas dificuldades estimativas ao intérprete-aplicador, face à impossibilidade de adopção dos rigores aritméticos que são característicos das ciências exactas[1717].

Mas, se também Luque Parra, à vista do art. 21.4 do ET, sustenta a aplicação integral de uma indemnização por "daños e perjuicios"[1718], entre nós, não sendo esta uma especificidade da responsabilidade emergente da violação de um pacto de permanência[1719], a solução propugnada, além de ser aquela que atribui um efeito útil ao disposto no art. 401.º – de contrário, face ao art. 137.º, não se vislumbraria qualquer interesse na ressalva, prevista no art. 401.º, quanto à indemnização por danos causados pela inobservância de obrigação assumida em pacto de permanência[1720], no que, *summo rigore*, se estaria perante uma duplicação previsional absolutamente supérflua –, é também o único desfecho que, perante situações que patologicamente se desviam da esfera de protecção requerida pelos valores subjacentes ao n.º 1 do art. 137.º, se aproxima do princípio geral da ressarcibilidade dos danos.

Com efeito, tratando-se, algo paradoxalmente, de uma solução mais consentânea com o ressarcimento dos "prejuízos resultantes da *razoável confiança*, que a outra parte tenha depositado na continuação do mesmo contrato"[1721] (n.º 2 do

---

[1716] Francesco Paolo Rossi, *Nozioni di Diritto Europeo del Lavoro* (2000), cit., 235.

[1717] Assim, perante o art. 1223 do *Codice Civile*, "Clausole di fidelizzazione e rapporti di lavoro" (2003), cit., 459 e ss., e, no direito espanhol, à luz do art. 21.4, *in fine* do ET, Molero Manglano & Cebrián Carrilo, *Reforma, proyectos y antecedentes en el Estatuto de los Trabajadores*, Réus, Madrid, 1986, 193 e Montoya Melgar, *Derecho del Trabajo* (2000), cit., 327, retendo-se que não existe, ao revés do que estabelecia o projecto de 1979, qualquer critério no ET que balize a indemnização a atribuir ao empregador. Em todo o caso, a jurisprudência tem vindo a estabelecer como mínimo o ressarcimento das despesas realizadas com a especialização profissional do trabalhador, encontrando-se esta recolha em Rubio de Medina, *El pacto de permanencia en la empresa* (2005), cit., 18-9.

[1718] Luque Parra, "Pactos típicos, nuevas tecnologias y relación laboral" (2005), cit., 174. Igualmente: Gómez Abelleira, "Pactos de no concurrencia y de permanência" (2000), cit., 285 e Ramírez Martinez, *Curso de Derecho del Trabajo* (2001), cit., 384.

[1719] Sobre os problemas subjacentes a uma rigorosa quantificação de qualquer dano, veja-se Manuel Gomes da Silva, *O dever de prestar e o dever de indemnizar*, Vol. I (1944), cit., 67.

[1720] O art. 448.º do CT2003, com formulação diferente, continha a ressalva de que o trabalhador incorre em "responsabilidade civil pelos danos eventualmente emergentes da violação de obrigações assumidas em pacto de permanência".

[1721] As palavras, a propósito do n.º 2 do art. 81.º do CC, são de Fernando Pessoa Jorge, *Ensaio sobre os pressupostos da responsabilidade civil* (1999), cit., 314.

art. 81.º do CC)[1722], a não comprimibilidade dos prejuízos sofridos pelo empregador às somas despendidas pelo empregador[1723], perante a desnecessidade de anteposição da restituição das somas despendidas pelo empregador com a formação do trabalhador, é a única que se ajeita à valorização de uma tutela pedagógica no que ao cumprimento da lei diz respeito[1724], corporizando, de harmonia com o sentido mais natural e mais lógico das coisas, uma diferença, no plano das consequências, entre licitude e ilicitude.

Assim, por força do princípio da boa fé, o trabalhador terá de comunicar ao empregador a sua intenção de desvinculação do pacto de permanência, o que aliás sucederá, por acessoriedade, sempre que exerce a denúncia do contrato de trabalho com observância do prazo de aviso prévio, embora, em abstracto, a eficácia da desvinculação do pacto de permanência seja autónoma e o contrato de trabalho possa seguir o seu curso de execução.

Sendo o pacto gerador de uma relação obrigacional duradoura e complexa (relação que, além dos deveres de prestação que integram a relação de prestação

---

[1722] Por exemplo, *(i)* expectativas geradas pela criação de um projecto que o antigo empregador deixou de concretizar e cujo desencadeamento se ficou a dever a sugestão do trabalhador; nesta linha, ainda, *(ii)* não contratação de trabalhador que no momento estava disponível no mercado de trabalho em razão da confiança na permanência do trabalhador que aparece *ex post* a quebrar a obrigação; ou, embora mais duvidosamente, *(iii)* custos de selecção com a contratação de novo trabalhador que assegure o desempenho de funções para as quais o trabalhador que incumpriu o pacto recebeu formação profissional extraordinária ao longo de um extenso período e que, agora, irá também receber a formação profissional extraordinária que assegura a consecução do projecto, entretanto bloqueado. E se ALONSO OLEA & CASAS BAAMONDE, *Derecho del Trabajo* (1999), cit., 316, se mostram mais permissivos ao atribuírem tutela ressarcitória ao interesse positivo do empregador no cumprimento do contrato (= "indemnização pelo interesse na realização do *trabalho específico*"), na determinação dos danos, em qualquer dos casos, importará não descurar que, em acréscimo ao investimento efectuado pelo empregador, durante o período em que o trabalhador recebeu a formação o empregador não recebeu os seus serviços, tendo que suportar o pagamento da necessária retribuição.

[1723] SIRVENT HERNÁNDEZ, *El pacto de permanência en la empresa* (2002), cit., 255, não tem dúvidas de que o "*quantum* indemnizatório" gerado por uma violação do pacto de permanência há-de abarcar tanto o dano emergente quanto o lucro cessante. Quanto aos pactos de não concorrência, perante as dificuldades em determinar o valor do prejuízo causado ao empregador, aconselha JÚLIO VIEIRA GOMES, "As Cláusulas de Não Concorrência no Direito do Trabalho" (1998), cit., 955, que se recorra à figura da cláusula penal.

[1724] Em sentido diverso, ainda JÚLIO VIEIRA GOMES, "Da Rescisão do Contrato de Trabalho por Iniciativa do Trabalhador" (2003), cit., 137. Também JOÃO LEAL AMADO, *Contrato de Trabalho* (2009), cit., 435, reconhecendo que o incumprimento do pacto pode transportar danos de montante superior às despesas suportadas com a formação profissional, considera que o limite previsto para a desobrigação baliza os montantes indemnizáveis em razão da violação do pacto de permanência.

laboratícia a cargo do trabalhador, compreende ainda deveres acessórios de conduta[1725]), conforme nota CARNEIRO DA FRADA "(à)s vezes, o fim ulterior tido em vista pelo credor da prestação fica fora do conteúdo da obrigação. E se os seus motivos são então, em princípio, desprovidos de relevância, poderá dar-se, no entanto, uma conjugação tal de circunstâncias que a boa fé imponha ao devedor a adopção de condutas que os tenham em vista, apesar da ausência de qualquer compromisso negocial nesse sentido"[1726].

Querendo significar-se que o trabalhador com a comunicação formal da desvinculação do pacto de permanência ao empregador vai ter de restituir as somas despendidas com a sua formação, percebe-se também que este dever de restituição configura uma obrigação apropriada pela *lex contractus*, cuja violação, enquanto tal, e a par da não comunicação formal da denúncia ao empregador no prazo de aviso prévio previsto para o contrato de trabalho[1727], consubstancia, no léxico do art. 401.º, *a inobservância de uma obrigação assumida em pacto de permanência*[1728].

Não sendo de exigir que o prazo de aviso prévio para a desobrigação do trabalhador seja igual ao que se encontra previsto para a denúncia do contrato de trabalho – a desobrigação do trabalhador, neste caso, não interfere na manutenção da situação laboral e a continuidade do contrato de trabalho assegura a protecção da confiança subjacente a uma desobrigação com termo extintivo[1729]

[1725] Estes, conforme nota MANUEL CARNEIRO DA FRADA, *Contrato e Deveres de Protecção*, Separata do vol. XXXVIII do Suplemento ao BFDVC, Coimbra, 1994, 40-2, criam as condições necessárias à realização do fim secundário ou mediato da obrigação.

[1726] MANUEL CARNEIRO DA FRADA, *Contrato e deveres de protecção* (1994), cit., 41.

[1727] Face às preocupações subjacentes ao n.º 1 do art. 402.º, poder-se-á considerar, por analogia, que a declaração de desvinculação do pacto de permanência por iniciativa do trabalhador, sem assinatura objecto de reconhecimento notarial presencial, pode por este ser revogada até ao sétimo dia seguinte à data em que chega ao poder do empregador.

[1728] No art. 448.º do CT2003 referia-se uma *violação de obrigações assumidas em pacto de permanência*, mudança de formulação a que não atribuímos significado relevante. Trata-se de solução idêntica à do ordenamento espanhol, onde o art. 21, § 4 ET, dispõe que *si el trabajador abandona el trabajo antes del plazo, el empresario tendrá derecho a una indemnización de daños y perjuicios*. Sem prejuízo da taxa de desconto que, em função do princípio da liberdade de trabalho e do cumprimento parcial da obrigação de permanência que o trabalhador haja executado, pode ser suscitada, a ressarcibilidade integral dos danos causados em violação do pacto foi já crivada pelas instâncias daquele país: STS de 01.03.1990, Aranzadi 1745 *in* ALBIOL MONTESINOS/ALFONSO MELLADO/BLASCO PELLICER/ GOERLICH PESET, *Normas laborales* (2000), cit., 193.

[1729] Se neste contexto de perduração da relação laboral se encontra vedada ao empregador o recurso à compensação, já na situação em que a violação do pacto de permanência coincide com a cessação do contrato do trabalho, a compensação pode operar nos termos gerais (n.º 1 do art. 279.º

–, *de lege ferenda*, para lá da delimitação da antecedência com que a comunicação deve ser feita ao empregador[1730], mostra-se adequada a fixação de um prazo para o cumprimento da relação cuja razão de ser se prende com o próprio facto da extinção, ou seja: para a devolução de tais montantes[1731].

De lege data, a aferição do inadimplemento desenvolver-se-á à luz dos princípios da correcção, diligência e boa fé, não se podendo outrossim desprezar a duração da obrigação de permanência, factor que poderá exercer um influxo modelador quanto ao período que o trabalhador tem para não incorrer em violação do pacto.

Caso a restituição não seja feita, e refrisando-se que a devolução das somas não constitui um *ante* quanto à validade da desobrigação do pacto de permanência[1732], sabe-se que "(p)osto um termo à duração, a relação complexa duradoura é substituída por uma relação obrigacional complexa não duradoura que persiste até ao integral cumprimento das obrigações surgidas na constância daquela primeira relação, extinguindo-se esta relação complexa não duradoura com o adimplemento da sua função"[1733].

Sendo assim, e atendendo a que a relação contratual primeva foi substituída por uma relação obrigacional simples (que não duradoura), o não pagamento

---

a contrario), considerando, designadamente, os créditos do trabalhador relativos à retribuição, aos subsídios de férias e de Natal, independentemente da causa de cessação do vínculo.

[1730] Nunca a lei ou qualquer anteprojecto fizeram menção ao prazo de aviso prévio para a desvinculação do pacto de permanência, ao contrário do que o anteprojecto do CT2003 estabelecia para o pacto de exclusividade: o n.º 2 do art. 138.º previa a desobrigação "mediante comunicação escrita ao empregador com uma antecedência de 30 dias".

[1731] Afastando-se a perspectiva de que a restituição é uma condição de validade da desobrigação, não há razão para exigir que esta acompanhe *in modo obbligante* o acto desvinculativo ou, tão pouco, para que tenha de antecedê-lo, por contraste com a solução que o CT prevê para a revogação unilateral do acordo revogatório do contrato de trabalho (cfr. n.º 3 do art. 350.º e, com desenvolvimentos, JOANA VASCONCELOS, *A Revogação do Contrato de Trabalho* (2011), cit., 342 e ss.). No entanto, de molde a que a aferição da violação do pacto de permanência não fique condicionada pela infixidez que na prática se pode gerar quanto ao interim que medeia entre a desvinculação e a devolução das somas, a fixação de um período para que o trabalhador proceda ao pagamento das referidas somas contribuiria, com maior segurança, para uma melhor indagação da situação de violação do pacto de permanência, face ao incumprimento do dever de liquidação que é ainda reportável à execução do programa contratual.

[1732] Ao contrário da solução plasmada no n.º 3 do art. 350.º.

[1733] As palavras são de JOÃO BAPTISTA MACHADO, "Anotação ao Acórdão do Supremo Tribunal de Justiça, de 8 de Novembro de 1983" (1986), cit., 276. Ainda: KARL LARENZ, *Lehrbuch des Schuldrechts I* (1987), cit., 30.

daquela obrigação restitutiva ofende os *deveres de liquidação*[1734], substanciando, por conseguinte, uma violação de uma obrigação emergente do pacto de permanência[1735], que, se vier associada uma violação do contrato de trabalho, cai já sob a alçada do art. 401.º CT2009.

Cuidando-se de conjectura que se inspira ainda na similitude de fundamentos que envolve os *acordos incidentes sobre a liberdade de trabalho* – ante esta aglutinação categorial, as soluções forjadas para os pactos de permanência e para os pactos de não concorrência devem ser tendencialmente uniformes[1736]–, neste quadro, embora as consequências patrimoniais impendentes sobre o trabalhador em caso de desobrigação (lícita) ou de violação (ilícita) do pacto de permanência sejam na maior parte dos casos semelhantes (já que a geração de danos ao empregador é preferencialmente consumível pela responsabilidade emergente da violação do contrato de trabalho *qua tale*, isto é: a responsabilidade que aqui vai atinar com a falta de cumprimento do prazo de aviso prévio), é, todavia, possível que não haja uma justaposição plena entre o montante devido pela violação do pacto e o montante relativo à formação profissional que é despendível pelo trabalhador para a efectivação (isenta de ilicitude) da sua liberação, designadamente na hipótese de abandono do trabalho, em que os prejuízos causados pela violação do pacto de permanência tendem a ser superiores ao *quantum* despendido pelo empregador com a formação profissional do trabalhador[1737] e que,

---

[1734] Sobre a relação de liquidação (*Abwicklungverhältnis*), entre nós: Paulo Videira Henriques, *A Desvinculação Unilateral Ad Nutum nos Contratos Civis de Sociedade e de Mandato* (2001), cit., 242 e ss. ou José Carlos Brandão Proença, *A resolução do contrato no direito civil* (2006), cit., 160 e ss..

[1735] O não pagamento dos montantes ao empregador configura um incumprimento do programa contratual associado ao pacto de permanência, pois substancia a violação de um dever secundário com prestação autónoma sucedâneo da obrigação, que, em Direito comercial, encontra similitudes no direito ao valor da participação social em caso de exoneração ou, perspectivando o pagamento dos montantes ao empregador como uma restituição, que se aproxima da obrigação de restituição da coisa locada na hipótese em que o locatário denuncia o contrato.

[1736] Não se olvidando ainda que a maior gravosidade que pode subjazer à aplicação do art. 401.º se justifica com base numa actuação do trabalhador que contunde com o princípio da boa fé e que a sua actuação em conformidade com os quadros em que se insere a obrigação devolutiva fará com que apenas tenha de restituir as somas despendidas com a sua formação, às quais se aplicará, no mais, uma taxa amortizatória, em função do tempo de laboração que apareça enquadrado pelo pacto de permanência (*supra*). .

[1737] Em sentido próximo: Jean-Pierre Chauchard, "La clause du dédit-formation ou le regime de liberté surveillée appliqué aux salariés" (1989), cit., 392 e também Bernard Nyssen, "Les aménagements conventionnels du droit de démissioner: la clause d'écolage" (2008), cit., 390, ao aproveitar o ensejo para criticar algumas decisões jurisprudenciais que olham para a *clause d'écolage* como uma cláusula de agravamento da responsabilidade do trabalhador.

face à confiança gerada pelo investimento subjacente, são ainda prejuízos que atinam com a esfera de interesses do pacto.

Mau grado o art. 401.º associar a violação do pacto à violação do prazo de aviso prévio para a denúncia do contrato de trabalho – pelo que, em regra, e com excepção do não *pagamento* do montante correspondente às despesas suportadas pelo empregador com a formação profissional extraordinária suposto pela desobrigação, não será possível conceber uma violação da obrigação de permanência geradora da obrigação de reparação integral dos danos causados dissociada da *factis species* relativa ao não cumprimento, total ou parcial, do prazo de aviso prévio para a denúncia do contrato[1738] –, esta diferença entre o montante relativo aos custos efectivos suportados pelo empregador com a formação profissional extraordinária e o montante associado aos danos causados pelo incumprimento do pacto de permanência que aparece agregada à inobservância do prazo de aviso prévio assumirá acrescida importância na hipótese em que sucede o chamado "desvio de dependentes"[1739].

Considerando que o pacto de permanência que analisamos é, em qualquer dos casos, um *acordo* que atina com a liberdade de trabalho e que, por essa razão, aparece regulado no CT, pensamos, designadamente, na resposta normativa a

---

[1738] Diversamente, porque consideram que a expressão da intenção em proceder à restituição dos montantes tem de acompanhar o exercício do direito de revogação do pacto de permanência: Ac. STJ de 24.02.2010 (Vasques Dinis), proc. n.º 556/07.7TTALM.S1 e Ac. Rl. Lx. de 24.02.2010 (Isabel Tapadinhas), proc. n.º 2779/07.0TTLSB.L1-4.

[1739] A expressão é de José de Oliveira Ascensão, *Concorrência Desleal*, Almedina, Coimbra, 2002, 507 e ss.. Em abstracto, seria também possível atribuir relevância adicional à não coincidência plena entre o montante devido pela violação do pacto e o montante relativo à formação profissional que é despendível pelo trabalhador para a efectivação (isenta de ilicitude) da sua liberação na hipótese em que o contrato de trabalho sobrevive à extinção do pacto de permanência. Acrescentar-se-ia, por conseguinte, esta terceira situação à situação em que o pacto de permanência traz consigo uma cláusula penal e aqueloutra em que pode ter cabimento a *responsabilidade do terceiro cúmplice*. Todavia, uma análise mais detida sobre os quadros em que se coloca a equação da extinção do pacto de permanência cedo nos conduz à conclusão de que é muito difícil prefigurar qualquer situação em que a violação do pacto de permanência por banda do trabalhador não atinge o contrato de trabalho: a única que, em rigor, é susceptível de hipotização consistirá na desvinculação do pacto de permanência efectuada pelo trabalhador, que, contudo, não restitui as verbas relativas à formação de que beneficiou, seguindo o contrato de trabalho o seu curso de execução. Nos demais casos, em que o trabalhador denuncia o contrato de trabalho, tendo em conta que permanece ao serviço do empregador durante o prazo correspondente ao aviso prévio, a comunicação da denúncia do contrato de trabalho ao empregador traz consigo a intenção do trabalhador em desvincular-se do pacto de permanência, pelo que este sujeito, à luz do princípio da boa fé, cumprirá a exigência de comunicação formal ao empregador da desvinculação do pacto, não havendo qualquer violação de obrigações emergentes do pacto de permanência.

tributar à situação em que o trabalhador, vinculado por um pacto de permanência, celebra um contrato de trabalho com empresa que concorre directamente com a empresa para a qual ele laborava.

Operando-se um desvio ao *res inter alios acta aliis nec nocere prodesse potest*, a responsabilização da empresa desviante surge, como se sabe, apegada à tese (mais vasta) da eficácia externa das obrigações[1740].

Merecendo particular atenção no âmbito das chamadas relações contratuais complexas[1741], trataremos, adiante, e a propósito dos pactos de não concorrência, com o detalhe necessário, das vias de solução propostas no âmbito da vasta questão da eficácia externa das obrigações.

Presumindo-se, nesse quadro, que o art. 137.º, ao justificar uma *blindagem*[1742] do contrato de trabalho, se destina a garantir amortização do investimento que o empregador teve de suportar (*rent-seeking*), a construção subjacente à responsabilização do empregador contratante não encontra todavia variegações de vulto em relação aos quadros em que pode operar perante uma violação de um pacto de não concorrência.

Assinalamos, porém, e desde já, que, qual seja a via de solução acolhida, e tal como a propósito da violação do art. 136.º, o contrato de trabalho que haja sido

---

[1740] Cfr. EDUARDO SANTOS JÚNIOR, *Da responsabilidade civil do terceiro por lesão do direito de crédito*, Almedina, Coimbra, 2003. Sobre a eficácia externa no quadro das relações contratuais complexas, com saliência para os contratos conexos, merece leitura atenta RODRÍGUEZ GONZÁLEZ, *El principio de relatividad de los contratos en el derecho español*, Colex, Madrid, 2000, 278 e ss..

[1741] No emblemático caso *Meroni*, em que se tratou do falecimento de um praticante desportivo em consequência de um acidente de viação causado por terceiro, a jurisprudência italiana condenou o culpado a indemnizar a sociedade *Torino-Calcio*, entidade empregadora da vítima, pelos prejuízos que esta sofreu com a substituição do praticante, considerando-se, para o efeito, que a tutela do direito de crédito perante terceiro apenas depende da verificação dos pressupostos da responsabilidade civil. A situação vem descrita em RITA AMARAL CABRAL, "A tutela delitual do direito de crédito" *Estudos em Homenagem ao Prof. Doutor Manuel Gomes da Silva*, Coimbra Editora, Coimbra, 2001, 1025-1053 (1033), JOÃO LEAL AMADO, *Vinculação Versus Liberdade* (2002), cit., 350-1 (nota 574) e EDUARDO SANTOS JÚNIOR, *Da responsabilidade civil do terceiro por lesão do direito de crédito* (2003), cit., 370-2.

[1742] O termo *blindagem*, utilizado pela comercialística para significar as modelações do estatutos que visam tornar a empresa inexpugnável ao ataque de estranhos, tem aqui a virtualidade descritiva de tornar a relação laboral numa fortaleza (*bunker*) resistente a ataques de terceiros. Não devendo olvidar-se que o trabalhador conserva sempre a faculdade de pôr termo à relação laboral, a referência à blindagem do contrato de trabalho traduz apenas, e em sentido imagético, as necessidades de protecção da relação face a terceiros. De resto, o seu uso está generalizado, justificando-se o seu aproveitamento.

celebrado com o empregador concorrente (*extranae personae*) não padece, em princípio, de nulidade[1743].

As razões subjacentes à sustentação da incolumidade do vínculo nos casos em que o trabalhador celebra com outro empregador um contrato de trabalho em violação de um pacto de permanência ou de não concorrência são estruturalmente idênticas e aparecem, no plano valorativo, envolvidas por uma fundamentação unitária, que, no essencial, se desenvolve a partir do princípio da liberdade de trabalho e do juízo de (des)valor subjacente à figura da nulidade.

c) Cláusula penal

50. No pressuposto de que o empregador e o trabalhador devem demonstrar a sua intenção de executar com lealdade as obrigações que firmaram, uma cláusula penal inserida em contrato de trabalho não pode cercear a liberdade de desvinculação do trabalhador, já que os efeitos irradiantes do princípio de *ordem pública*, enquanto válvula de escape do sistema, tolhem vinculações que desembocam em resultados negocialmente assimétricos[1744].

Tendo presente que a liberdade de trabalho se insere no conceito de ordem pública, semelhante conjectura vale, *a pari ratione*, para o pacto de permanência: valorados os efeitos sobre a liberdade de desvinculação do trabalhador que a obrigação de permanência convoca, a ordem pública espartilhará a autonomia dos sujeitos no que toca à fixação do *quantum* pagável em caso de desvinculação conflituante com o pacto[1745].

Admitindo-se a inserção de uma cláusula penal para o caso de incumprimento do pacto de permanência[1746], aquele espartilho actuará *ex post*, já que, enquanto

---

[1743] Havendo um pacto de não concorrência, para MÁRIO PINTO/PEDRO FURTADO MARTINS/ANTÓNIO NUNES DE CARVALHO, *Comentário às Leis do Trabalho* (1994), cit., 172, "não se exclui inclusivamente que possa ser atacada a validade do segundo contrato de trabalho, designadamente com base no art. 294.º do Código Civil e atendendo à violação, por parte do novo empregador, do princípio geral da boa fé".

[1744] DENIS MAZEAUD, *La notion de clause pénale* (1992), cit., 122 e ss. Ainda: MUSTAPHA MEKKI, "Existe-t-il un jus commune applicable aux clauses du contrat de travail ?" (2006), cit., 296.

[1745] Ainda, FRANÇOIS GAUDU, "Fidelité et rupture" (1991), cit., 423.

[1746] Nestes termos, MONTOYA MELGAR, *Derecho del Trabajo* (2000), cit., 326-7 e LUQUE PARRA, "Pactos típicos, nuevas tecnologias y relación laboral" (2005), cit., 175 e, entre nós, para os pactos de não concorrência, LUÍS MENEZES LEITÃO, *Direito do Trabalho* (2010), cit., 404. Não admitindo essa possibilidade, com argumentos que suscitam ponderação, JOANA VASCONCELOS, "Pacto de permanência, liberdade de trabalho e desvinculação do trabalhador" (2012), cit., 836-9.

ante, a cláusula penal será nula se configurar como situação de incumprimento do pacto o exercício de um direito que seja considerado irrenunciável[1747].

Aprovando-se, por conseguinte, quanto ao *quantum* estabelecível, tão somente a validade uma *cláusula de fixação antecipada do dano*, não se quer todavia significar que a cláusula penal apareça limitada à mera função de fixação prévia e convencional do montante da indemnização devida por incumprimento do pacto de permanência: também lhe compete, simultaneamente, uma função de estímulo e de reforço do cumprimento do pacto, como meio eficaz de pressão ao próprio cumprimento da obrigação de permanência.

Fixando-se a quantia prevista para o inadimplemento da obrigação de permanência, os sujeitos estão a convencionar a responsabilidade civil que impende sobre o incumpridor, situação diferente da desobrigação que se encontra prevista no n.º 2 do art. 137.º.

Contudo, do que se viu, se, nos termos gerais, a desobrigação por banda do trabalhador vai aparecer cingida à restituição da soma das importâncias despendidas pelo empregador com a sua formação profissional (extraordinária), com a cláusula penal colima-se, em primeira linha, um ressarcimento dos danos causados em virtude na inobservância das obrigações assumidas com o pacto de permanência[1748], impedindo-se, com isso, o estabelecimento de uma cláusula penal para a desobrigação do trabalhador, já que é o reconhecimento desse direito que torna o pacto constitucionalmente admissível.

Uma vez que o *distinguo* normativo entre as consequências emergentes do exercício do direito de revogação do pacto e as que procedem da sua violação se funda, antes do mais, na necessidade de evitar uma grave contradição de valoração – qual seria então a diferença entre a desobrigação lícita e a violação do pacto? –, sucede que quaisquer danos conexionáveis com a violação da obrigação de permanência, tanto por violação do prazo de aviso prévio para a *denuntiatio* do contrato do contrato de trabalho como por quebra da própria obrigação de permanência através da não restituição dos montantes, podem contribuir para um reforço da importância prática de uma cláusula penal aponível ao pacto[1749].

Retomando o exemplo em que o trabalhador abandona o trabalho num momento em que o incumprimento *ex abrupto* provoca danos vultuosos ao

---

[1747] O que se verificará com uma cláusula que fixe um *quantum respondeatur* a cargo do trabalhador no caso de este exercer o direito à greve, de exercer o direito à licença de maternidade, de actuar o direito a dispensas para consultas, amamentação e aleitação ou de faltar para assistência a pessoa com deficiência ou doença crónica, face à insusceptibilidade de renúncia a esses direitos.
[1748] Cfr. ALONSO OLEA & CASAS BAAMONDE, *Derecho del Trabajo* (1999), cit., 316.
[1749] Cfr. MONTOYA MELGAR, *Derecho del Trabajo* (2000), cit., 327.

empregador, gera-se, enquanto *minimum*, a obrigação de "pagar ao empregador uma indemnização de valor igual à retribuição base e diuturnidades correspondentes ao período de antecedência em falta, sem prejuízo de indemnização por danos causados pela inobservância do prazo de aviso prévio ou de obrigação assumida em pacto de permanência".

Porém, como se entrevê, perante a ligação dos danos com a violação daquelas obrigações, e sem prejuízo da cumulatividade ressarcitória prevista no art. 401.º, são naturais as dificuldades do intérprete em reportar estes danos a uma violação do prazo de aviso prévio (que é, ao cabo e ao resto, uma violação do contrato de trabalho) ou a uma violação das obrigações assumidas em pacto de permanência, ante a não comunicação formal da desvinculação da obrigação de permanência ao empregador.

No limite, pode existir um incumprimento parcial do prazo de aviso prévio previsto para a denúncia do contrato, sem que exista qualquer violação do pacto: dado que os prazos não têm necessariamente que coincidir e o prazo de aviso prévio exigível para a revogação do pacto só em concreto pode ser definido, o intérprete poderá considerar que, em atenção ao princípio da boa fé, o trabalhador se desvinculou tempestivamente do pacto, mas que, em razão da antiguidade do vínculo laboral, desrespeitou o prazo fixado para a denúncia do contrato de trabalho, embora haja restituído o montante correspondente às despesas nele referidas. Nessa situação, a cláusula penal aposta ao pacto será inaplicável, visto que o incumprimento parcial do prazo de aviso prévio atina directamente com o contrato de trabalho e não com o pacto *qua tale*.

Se esta distinção é construída a partir da dissemelhança de âmbitos operativos da cláusula penal e se baseia no feixe de situações de incumprimento que atinam com os interesses e os critérios que conformam a execução dos diferentes negócios, na hipótese típica de denúncia do contrato de trabalho em incumprimento do prazo de aviso prévio ou de abandono do trabalho é todavia importante reter que, se o pacto de permanência estiver acompanhado de uma pena convencional, os danos causados ao empregador serão também resultado da lesão do pacto, que vai funcionar como causa adequada: o trabalhador conhecia as circunstâncias concretas que conferiam ao abandono potencialidades particulares de provocação de danos; e o investimento extraordinário feito pelo empregador, exigindo outra conduta, fica desprovido de retorno, exponenciando os danos em razão da cessação *ex abrupto* do contrato de trabalho.

Tratando-se de danos que, nesta circunstância, são conglobáveis no montante da indemnização que os sujeitos tiverem previamente acordado, o empregador não terá que fazer prova dos prejuízos sofridos com a violação da obrigação de permanência, superando, assim, "as dificuldades e incertezas várias, mormente de prova do dano e da sua extensão"[1750].

Mas, ainda que apenas se admita a aponibilidade ao pacto de permanência de uma *cláusula de fixação antecipada do dano*[1751], esta limitação operativa da cláusula, fazível à luz do critério inscrito art. 401.º (e já não à luz da proposição, de carácter liberatório, contida no art. 137.º, que está cativa do inadimplemento, qual traço tipicizante da cláusula penal) é necessariamente aposteriorística: só depois do incumprimento da obrigação de permanência é que se poderá já mensurar a finalidade visada pelos sujeitos, finalidade que, embora seja fixável no momento anterior à verificação do facto constitutivo da responsabilidade, só é delimitada, com vista à determinação do regime aplicável, após a quantificação dos danos sobrevindos com a desvinculação conflituante com o pacto (confronto do *quantum* indemnizatório acordado com o *quantum respondeatur* cabível na ausência de convenção de responsabilidade).

Contudo, e à semelhança da taxa de desconto que referimos a propósito da desobrigação que a lei permite ao trabalhador, tornar-se-á necessário analisar se a obrigação já foi parcialmente cumprida, *i. e.*, se o trabalhador permaneceu ao serviço do empregador durante o período abrangível pela obrigação de permanência (= *realização de parte da prestação*), vislumbrando-se a necessidade de, em adaptação dos instrumentos civilísticos às coordenadas sistémicas da situação laboral, se reduzir uma cláusula penal que se revele excessiva e não *apenas* manifestamente excessiva[1752].

Se assim for, a operação redutória escorar-se-á ainda num critério de proporcionalidade, com vista à determinação do *se* e *em que medida* deve o montante da cláusula penal ser reduzido, uma vez que esta cláusula é, por via de regra, estabelecida em vista de um incumprimento integral[1753] e o n.º 2 do art. 812.º do CC acena para a redução em função do cumprimento parcial da obrigação, o que determinará a ponderação do tempo em que o trabalhador permaneceu

---

[1750] Carlos A. Mota Pinto, *Teoria Geral do Direito Civil* (1992), cit., 586.

[1751] Afastando-se, também aqui, "cláusulas *ad terrorem*": Alonso Olea & Casas Baamonde, *Derecho del Trabajo* (1999), cit., 316 e François Gaudu, "Fidelité et rupture" (1991), cit., 423.

[1752] Em geral, sobre a impossibilidade de redução de uma cláusula que seja *apenas* excessiva, João Calvão da Silva, *Cumprimento e Sanção Pecuniária Compulsória* (1987), cit., 273, António Pinto Monteiro, *Claúsula Penal e Indemnização* (1990), cit., 731 e Ana Prata, *Cláusulas de exclusão e limitação da responsabilidade contratual: regime geral*, Almedina, Coimbra, 2005, 623 (nota 1142); mas, considerando possível a operação, v. João Antunes Varela, *Das Obrigações em Geral*. Vol. II (1997), cit., 147.

[1753] Ainda Enrico Barraco, "Il diritto del lavoro a tutela delle imprese: le clausole di fidelizzazione" (2006), cit., 315, com indicação de sentença do Tribunal de Veneza (23.10.2003).

ao serviço sequentemente à formação profissional extraordinária que empresta justificação ao pacto.

Termos em que, caso se verifique uma inexecução apenas parcial, a cláusula não deve ser aplicada na íntegra, tendo de sofrer uma redução, a fazer, em princípio, segundo aquele critério (*pro rata temporis*)[1754].

Dir-se-ia ainda que, de outra parte, a cláusula penal, caso seja respeitado o prazo de aviso prévio para a denúncia do contrato de trabalho e não se incumpra o dever de liquidação emergente, não pode estabelecer um montante superior ao que corresponde às despesas feitas pelo empregador na formação do trabalhador[1755], sob pena de se forjar um mecanismo que, aparecendo direccionado à aplicação das regras gerais da responsabilidade civil, inutiliza o preço do resgate que a lei prevê para a desobrigação do trabalhador, esvaziando-se de sentido útil o do n.º 2 do art. 137.º[1756]. Mas, nesta última hipótese, não obstante a justiça material subjacente à redução operável, falha um dos pressupostos necessários à execução da cláusula penal: o incumprimento do pacto de permanência.

[1754] CARLO ZOLI, "Clausole di fidelizzazione e rapporti di lavoro" (2003), cit., 458. Apontando também este caminho, cfr. Ac. STJ de 24.02.2010 (VASQUES DINIS), proc. n.º 556/07.7TTALM.S1.

[1755] Diversamente: Ac STJ de 13.10.2010 (PINTO HESPANHOL), CJ-STJ 2010, Ano XVIII, T. III, 260-2, lendo-se que "a situação em apreço configura, em rigor, um caso de incumprimento contratual, em que o réu, por via da denúncia do contrato, antes de cumprido o período de permanência acordado, se torna responsável pela reparação do prejuízo causado, nos termos do artigo 798.º do CC, sendo certo que o montante da indemnização exigível foi previamente definido mediante cláusula penal". Em nosso entender, a denúncia do contrato de trabalho com observância do prazo de aviso prévio considerado *ex lege* suficiente para tutela dos interesses dos sujeitos consubstancia *de per si* uma desobrigação do pacto de permanência. Não havendo permanência sem relação laboral, a vontade extintiva da relação laboral que a denúncia do contrato traz consigo preenche o sentido exigido para a desvinculação do pacto que a lei trata como *desobrigação*. Cuidando-se de prazo adequado para que o trabalhador se desvincule do contrato de trabalho sem qualquer responsabilidade, também a *desobrigação* do pacto que a denúncia do contrato corporiza será feita em prazo razoável, sendo, por isso, de afastar qualquer hipótese de incumprimento, designadamente em razão de uma revogação do pacto teoricamente intempestiva.

[1756] Nesta direcção, embora com sentido generalizante: Ac. Rl. Lx. de 28.04.2010 (HERMÍNIA MARQUES), proc. n.º 812/07.4, estabelecendo-se que "o valor concreto da indemnização tem de corresponder ao montante das despesas extraordinárias, comprovadamente feitas pelo empregador, com a formação do trabalhador"; e antes: Ac. Rl. Ev. de 09.02.2010 (BAPTISTA COELHO), proc. n.º 185/08.8, excluindo-se "que o pacto de permanência seja reportado à celebração de uma cláusula penal negociada em termos aleatórios e que fixe uma sanção pecuniária desfasada do efectivo dispêndio suportado pelo empregador com a formação profissional ministrada".

SECÇÃO II – Exclusividade

I. Pluriemprego

1. O pluriemprego, enquanto realidade designativa do exercício de várias actividades laborais por um cidadão, é um fenómeno que atravessa múltiplas categorias sócio-profissionais.

Se, como fez notar LISE CASAUX[1757], em meio rural é um importante instrumento de combate à desertificação, em meio urbano ele permite assegurar um complemento de sustento importante, constituindo, porventura, um dos fenómenos cuja importância para o desenvolvimento de políticas de adaptação profissional é mais saliente[1758] e uma relevante ferramenta de competitividade para as pequenas e médias empresas[1759].

No entanto, o exercício de uma actividade laboral em exclusividade é prática corrente, aparecendo muitas vezes preditado por políticas estaduais relativas à dinamização do mercado ou recortadas a partir do grau de responsabilidade, de transparência ou de dedicação que determinadas profissões exigem.

A possível verificação de conflitos de interesses concorre também, em determinados sectores de actividade, para o estabelecimento de limitações quanto ao exercício de outras funções remuneradas, visando-se, em atenção à função social de certas profissões, evitar situações que possam traduzir-se em falta de independência, de dignidade profissional ou de isenção no exercício do respectivo *múnus*.

As condições em que se desenvolvem certos ramos de actividade económica e determinadas profissões apresentam uma considerável diferenciação e o estabelecimento de incompatibilidades em função desses factores contribui para que se evidencie o renascimento de um Direito profissional como um dos traços mais salientes da evolução contemporânea do Direito do trabalho (supra)[1760].

[1757] LISE CASAUX, *La pluriactivité ou l'exercice par une même personne physique de plusieurs activités professionnelles* (1993), cit., 20 e 153. Sobre a pluriactividade em geral, v. ainda ISABELLE CORIATT-ATTIA, *Le statut de la pluriactivité en droit social*, PUAM, Marselha, 1998.

[1758] Pensa-se nas situações em que o exercício da mesma profissão é desenvolvido sob estatutos diferentes e nos graus de adaptabilidade implicados pelo exercício de actividades em contextos organizativos diversos.

[1759] CHRISTINE GAUTHIER & PHILIPPE DORIN, *Le guide pratique du travail à temps partagé ou multisalariat*, Editions d'Organisation, Paris, 1997, 5 e ss. e PATRICK PASIN, *La fin du salariat: le guide*, Carnot ed., Chatou, 1999, 116.

[1760] WILHELM MOLL, *Arbeitsrecht* (2005), cit., § 31, 761. Para lá do que disse (supra), ele manifesta-se pela aparição de estatutos, de regulamentações próprias de certos ramos de actividade e de

Se, neste quadro, nem todas as instituições de Direito do trabalho são aplicáveis a todos as categorias de trabalhadores – e o CT faz eco disso mesmo –, é preciso, pois, para cada uma definir o seu âmbito de aplicação e, no que à *dedicação exclusiva* diz respeito, não perder de vista que essa diferenciação se manifesta nos interesses que podem justificar uma interdição convencional quanto ao exercício de outras funções e até no aceno legal, directo ou reflexo, à proibição de outras actividades.

2. Grande parte da malha normativa que limita as possibilidades de pluriemprego centra-se no exercício de funções públicas, em que o Estado surge nas vestes de empregador ou, na vertente previdencial, como sujeito da relação contributiva.

É, por isso, vulgar a existência de legislação que em geral interdita a cumulação de um emprego público com um emprego privado ou que veda a percepção da pensão de reforma com o exercício de uma actividade remunerada.

Mas também não é rara a normação que simplesmente proíbe a cumulação de empregos, muitas vezes por razões estritamente fisiológicas, que se ligam à duração e aos tempos de trabalho[1761] e outras tantas por propósitos de eficácia e de eficiência (produtividade) ou por presunção de conflito de interesses[1762].

Ora, se no que tange ao exercício de funções públicas, cuja regra é a exclusividade[1763], a permissão para o desenvolvimento de outras actividades entronca em aspectos como a efectividade de mecanismos públicos de regulação, a criação de incentivos ao desempenho, o aumento dos padrões de transparência de

---

novos quadros organizacionais. É justamente nesse contexto que PATRICE ADAM, *L'individualisation du droit du travail* (2005), cit., 218, insere os deveres de exclusividade.

[1761] JEAN-MAURICE VERDIER/ALAIN COEURET/MARIE-ARMELLE SOURIAC, *Droit du Travail* (2002), cit., 277.

[1762] RALPH JÜRGEN BÄHRLE, *Praxishandbuch Arbeitsrecht: Juristisches Know-how für Manager und Führungskräfte. Mit zahlreichen Vertragsmustern, Checklisten und Musterfällen*, Gabler Verlag, Wiesbaden 2004, 247.

[1763] O art. 6.º da Lei n.º 12-A/2008, de 27.02, com epígrafe *incompatibilidade com outras funções*, dispõe que "(a)s funções públicas são, em regra, exercidas em regime de exclusividade", mau grado os arts. 27.º e 28.º abrirem as portas a que, respectivamente, haja acumulação com outras funções públicas e privadas, mediante a verificação de certos pressupostos. Identicamente, em França, veja-se o art. 25. da Lei n.º 83-634 de 13.07.1983 (com as alterações de redacção introduzidas pela Lei n.º 2007-148, de 02.02.2007), conhecida como *Loi Le Pors*, complementada pelos arts. 432-12 e 432-13 do *Code Penal*, que sanciona as situações de conflitos de interesses, designadamente através da violação da proibição de exercício de funções em empresas que tenham tido relações com os serviços dirigidos ou supervisionados nos 5 anos antecedentes à assunção de funções no sector privado.

interesses, a proibição da promoção de serviços privados ou até a criação de códigos de conduta (frequentes em profissões com relevo social, poder de decisão ou de influência), o fomento ou o desincentivo do pluriemprego é, antes do mais, uma questão de política económica.

A par do quadro aplicável ao trabalho suplementar, cuida-se de um fenómeno que, segundo algumas correntes, vulnera *in potentia* a justa repartição do emprego como forma de distribuição de rendimentos, atribuindo-se aos mecanismos jus-laborais um papel essencial na reconfiguração das políticas de racionalização dos factores de produção, face à incumbência de que o Estado deve assegurar a "execução de políticas de pleno emprego" (al./a do n.º 2 do art. 58.º da CRP)[1764], pleno emprego em que, como acentua literariamente ROMAGOLI, "o trabalho se veste de festa"[1765].

Com a Economia, no sentido em que é uma dimensão específica das nossas sociedades baseada em práticas de produção e troca de bens e serviços, a ser uma realidade concreta sobre a qual o Direito vai actuar, a tradicional circularidade apontada às relações entre Direito e Economia (= processo de influências recíprocas) é particularmente visível em Direito do trabalho, já que este conforma as condições de produção e influi sobre os preços, actua sobre o mercado de trabalho (que, *qua tale*, não existe enquanto instituição jurídica[1766]), orienta a mão de obra para os sectores económicos em que esta é necessária, produz efeitos ao nível do aumento ou da restrição do seu volume global e estabelece limitações, subjectivas ou objectivas, ao exercício de determinadas actividades.

Este papel político da normação laboral, que em determinados sectores é para muitos "susceptível de perturbar o funcionamento eficaz do mercado"[1767] – mas que, em fundo, não "pode transformar o Direito do trabalho numa técnica de regulação da competitividade"[1768] – encontra um dos seus pontos focais na vedação do exercício de determinadas actividades a um conjunto potencial

---

[1764] GOMES CANOTILHO & VITAL MOREIRA, *Constituição Portuguesa da República Anotada. Artigos 101.º a 107.º* (2007), cit., 657, escrevem: "restrições claramente admissíveis são as que visam limitar o exercício simultâneo de várias profissões", uma vez que estas "podem ser, de resto, concretização de imposições constitucionais (ex: execução de políticas de pleno emprego, nos termos do art. 58.º-2/a), ou de proibições expressamente consagradas na Constituição".
[1765] UMBERTO ROMAGNOLI, *El derecho, el trabajo y la historia*, CES, Madrid, 1997, 37.
[1766] Assim: FRANCOIS GAUDU, "L'organisation juridique du marche du travail", DS 1992, n.º 12, 94.
[1767] Cfr. FRANÇOIS EYMARD-DUVERNAY, "Le droit du travail est-il soluble dans les incitations? À propós d'un rapport du Conseil d'analyse économique sur les procédures de licenciement", DS 2004, n.os 9/10, 812.
[1768] MARZIA BARBERA, "Trasformazioni della figura del dattore di lavoro e flessibilizzazione delle regole del diritto" (2010), cit., 12-3.

de trabalhadores, a qual é prosseguível através da consagração de deveres de exclusividade ou, indirectamente, através da penalização, em termos fiscais e previdenciais, a que se sujeitam os trabalhadores que exercem mais do que uma actividade remunerada, num contexto em que a normação laboral carece de conjugação com áreas regulativas adjacentes (por exemplo: quotização autónoma para a segurança social baseada em cada uma das actividades que o trabalhador exerce[1769], com a aplicação da taxa contributiva às remunerações que constituem a base de incidência contributiva a ser feita em função do contrato de trabalho e não com base num critério *ad personam*[1770]).

Por um lado, e na proposição de que trabalho e emprego são conceitos diferentes, a exclusividade tem efeitos potenciais sobre a empregabilidade, uma vez que alarga o conjunto de postos de trabalho susceptíveis de preenchimento, podendo, em conjunturas crísicas, preencher um leque de medidas destinadas à diminuição das taxas de desemprego[1771].

[1769] ANTOINE MAZEAUD, "I. Coriatt-Attiat, Le statut de la pluriactivité en droit social", RIDC 2000, n.º 4, 967.

[1770] Nos termos do art. 12.º do CRCSPSS, a obrigação contributiva constitui-se com o início do exercício de actividade profissional pelos trabalhadores ao serviço das entidades empregadoras, com o n.º 1 do art. 40.º a estabelecer que as entidades contribuintes são obrigadas a declarar à segurança social, em relação a cada um dos trabalhadores ao seu serviço, o valor da remuneração que constitui a base de incidência contributiva, os tempos de trabalho que lhe corresponde e a taxa contributiva aplicável. Ora, se à luz do n.º art. 42.º, as entidades contribuintes descontam nas remunerações dos trabalhadores ao seu serviço o valor das quotizações por estes devidas e remetem-no, juntamente com o da sua própria contribuição, à instituição de segurança social competente e se o n.º 1 do art. 44.º prescreve que para a determinação do montante das contribuições das entidades empregadoras e das quotizações dos trabalhadores é considerada como base de incidência contributiva a remuneração ilíquida devida em função do exercício da actividade profissional ou decorrente da cessação do contrato de trabalho nos termos do Código, a excepção, no que respeita ao cálculo da incidência contributiva em caso de pluriemprego, verifica-se nas hipóteses de trabalhadores que acumulem trabalho por conta de outrem com actividade profissional independente para a mesma empresa ou para empresa do mesmo agrupamento empresarial (art. 129.º), circunstância em que a base de incidência contributiva referente à actividade profissional independente corresponde ao montante ilíquido dos honorários devidos pelo seu exercício (art. 130.º) e em que a taxa contributiva relativa aos trabalhadores é a mesma que se aplica ao respectivo contrato de trabalho por conta de outrem (art. 131.º). Sem prejuízo de também o exercício de trabalho por conta de outrem em cumulação com trabalho independente encontrar especificidades no plano da isenção contributiva (art. 157.º), a questão de fundo radica na inexistência de um regime legal que atenda à desmesura do esforço contributivo sempre que se verifique o exercício em concomitância de actividades laborais por conta de outrem.

[1771] Assinalando o aspecto como um conflito potencial entre o princípio da liberdade de trabalho e o direito ao trabalho (liberdade de acumulação de postos de trabalho *versus* política de pleno emprego), v. JEAN SAVATIER, "Cumul d'emplois et limitation de la durée du travail", DS 1984,

Por outro, numa sociedade em que o saber-fazer e as competências são recursos que devem ser aproveitados em escala máxima, a proibição da pluriactividade ou o incentivo legal à exclusividade impedem a difusão das competências, produzindo efeitos desincrementalistas sobre o desenvolvimento económico, criando barreiras artificiais à circulação de conhecimentos e nivelando os rendimentos profissionais com base em factores extrínsecos ao mérito e às competências dos trabalhadores.

3. Assim, se nalguns domínios as vantagens e as desvantagens inerentes ao pluriemprego são praticamente abrogáveis[1772], já noutros o que se procura salvaguardar é a principialidade da actividade exercida pelo trabalhador, buscando-se garantir que qualquer outra actividade exercida é sempre acessória e que o foco das suas energias e da sua disponibilidade são concentradas na actividade que entretece o contrato de trabalho: é o que se verifica com os desportistas profissionais[1773] – cujo conceito operativo, à luz da al./b do art. 2.º do RCTD, atina

---

n.ºs 9-10, 554, referindo que "(c)elui qui occupe deux emplois peut être accusé d'avoir, pour l'un d'entre eux, pris la place d'un chômeur et d'avoir empêché celui-ci de trouver du travail".

[1772] Nesta direcção, com interesse, CARLOS LUÍS NEVES GANTE RIBEIRO, *Pluriemprego médico em Portugal: motivações, valores, conflitos de interesses e mecanismos de regulação*, tese de mestrado FEUC, Porto, 2011, concluindo que os benefícios do pluriemprego para o sistema de saúde, nomeadamente a possibilidade de escolha por parte dos doentes e o aumento de oferta são reconhecidos pelos participantes, enquanto o fomento das listas de espera, o baixo desempenho e a desnatação de doentes merecem discordância.

[1773] Se em França a *Charte du Football Professionnel* (convenção colectiva aplicável ao futebol) classifica como jogador profissional aquele que se dedica em exclusividade à prática do futebol (Título II, Cap. V, art. 1) – taxinomia também acolhida no Brasil, com a Lei n.º 9.615/98 (art. 3.º, § 2, II, al./a) –, já na Bélgica o critério de profissionalidade assenta na retribuição, cujo montante é estabelecido anualmente por via regulamentar (art 2, § 1, Lei de 24.02.78); em Espanha, o critério seguido é o da regularidade da actividade desportiva (art 1, § 2 RD 1006/1985), também na sequência da *enunciação aberta* [seguindo MONTOYA MELGAR, *Derecho del Trabajo* (2000), cit., 500] que deflui do art. 2.º do *Estatuto de los Trabajadores* (aparentada, aliás, com a técnica exemplificativa já utilizada pela *Ley de Relaciones laborales*, a Lei n.º 8/1980, de 10.03) e, em Itália, são considerados desportistas profissionais, nos termos da Lei n.º 91, de 23.03.1981, todos os atletas que exerçam uma actividade desportiva regular, a título oneroso, de uma modalidade qualificada como profissional pela federação desportiva, depois do fracasso da proposta apresentada ao Senado, em 26.10.1979, que enquadrava a prestação laboral dos atletas no trabalho autónomo – cfr. FABRIZIO ROTUNDI, "La legge 23 Marzo 1981, n. 91, ed il professionismo sportivo: genesi, effettività e prospettive future", RDS 1990, n.º 3, 312 e ss.. Neste quadro, e de certa sorte como reminiscência de tal proposta, criou-se, com a Lei n.º 91, um sub-tipo contratual – o *contrato di lavoro autonomo* (art. 3.º, § 2) –, que sendo um contrato de trabalho *proprio sensu* (porque existe subordinação), é aplicável com base num critério *temporal* (quando a prática desportiva não exceda 8 horas por semana, 5 dias por mês ou 30 dias por ano) e num critério de *regularidade* (quando a actividade desportiva se atém à participação numa

com o exercício da actividade desportiva como profissão exclusiva ou principal, embora não exista um critério que permita separar, com rigor, a principalidade da secundariedade[1774] da actividade desportiva[1775], situação tanto mais indesejável quanto esta distinção entre profissionalidade e semi-profissionalidade é fundamental para a aplicação de certos diplomas[1776], de alguns aspectos do regime do praticante desportivo e essencial à dilucidação de algumas disposições legais que, mau grado a existência de um verdadeiro *status mixtus*[1777], não podem, à luz da diferença genética que existe entre um praticante desportivo *semi-profissional* e um praticante desportivo *profissional*[1778], ser objecto de uma aplicação *compactada* ou similar[1779] –, ou com o exercício das funções de magistrado no ordenamento germânico, onde o intento, em alguns Estados, e ao revés do que

competição ou a determinado número de manifestações desportivas de natureza breve), tendo em consideração a necessária matização dos direitos e deveres dos praticantes desportivos que não exercem a actividade desportiva em exclusividade.

[1774] Em sentido idêntico, cfr. ANDRÉ DINIS DE CARVALHO, *Da Liberdade de Circulação dos Desportistas Profissionais na União Europeia*, Coimbra Editora, Coimbra, 2004, 65.

[1775] Que é, de resto, irrelevante para efeito de aplicação do Direito comunitário, porquanto a tónica é colocada na existência de uma actividade remunerada. Cfr. BERNARD TEYSSIÉ, *Droit Européen du Travail*, Litec, Paris, 2001, 76-8, TITO BALLARINO, *Manuale Di Diritto Dell'Unione Europea*, 6.ª ed. (collaborazione di Leonardo Bellodi), Cedam, Pádua, 2001, 402-5, e, entre nós, MARIA LUÍSA DUARTE, "Direito Comunitário. Tópicos de identificação (2000)", *Estudos de Direito e da União e das Comunidades Europeias*, Coimbra Editora, Coimbra, 2000, 271-5; na jurisprudência: Ac. TJCE de 23.03.1982, *Levin c. Staatssecretaris Van Justitie*, Proc. n.º 53/81, CJ 1982, 1035.

[1776] Por exemplo, o Decreto-Lei n.º 300/89, de 04.09, que, na sequência do necessário reconhecimento da especificidade de cada modalidade desportiva, apenas é aplicável aos futebolistas profissionais (sem prejuízo da "extensão aplicativa" operada pela Portaria n.º 456/97, de 11.07, aos jogadores profissionais de basquetebol), assim como os diplomas que versam sobre a dispensa temporária de funções ou o apoio material.

[1777] Nestes termos: ROBLES REYES, «Resurgimiento de la "locatio conductio operarum" en los contratos de los jugadores de fútbol profesional», RJD 2001, n.º 5, 49.

[1778] Existem, *hoc sensu*, três categorias de praticantes desportivos: *(i)* os praticantes *amadores*, aqueles que não recebem qualquer remuneração além dos reembolsos relacionados com as despesas inerentes à sua participação numa actividade desportiva e que ficam *para lá do perímetro substantivo* do RCTD, e *(ii)* os praticantes desportivos *não amadores*: *(ii.i)* profissionais e *(ii.ii)* semi-profissionais, que, por auferirem uma retribuição *proprio sensu* e orientarem a sua actividade para o rendimento, são cobertos pelo RCTD.

[1779] Por exemplo, o grau de exigência subjacente aos deveres estabelecidos no art. 13.º (*v. g.* al./c) não poderá ser o mesmo para um praticante desportivo semi-profissional e para um praticante profissional.

se verifica entre nós[1780], é obtenível através da fixação de limites percentuais à retribuição auferível com outras actividades[1781].

Sem nos determos com detalhe sobre as limitações legais existentes – que, por implicarem matéria que releva da liberdade de escolha de profissão consagrada no n.º 1 do art. 47.º da CRP, se inscrevem na reserva relativa de competência legislativa da Assembleia da República, *ex vi* da al./b do n.º 1 do art. 165.º da CRP –, a legitimidade para a celebração de novos contratos de trabalho na pen-

---

[1780] No plano constitucional português, a situação enquadra-se no n.º 3 do art. 216.º da CRP ("os juízes em exercício não podem desempenhar qualquer outra função pública ou privada, salvo as funções docentes ou de investigação científica de natureza jurídica, não remuneradas, nos termos da lei") e, no plano legislativo, nos n.ºs 1 e 2 do art. 13 do EMJ, que estabelecem, respectivamente, que "os magistrados judiciais, excepto os aposentados e os que se encontrem na situação de licença sem vencimento de longa duração, não podem desempenhar qualquer outra função pública ou privada de natureza profissional, salvo as funções docentes ou de investigação científica de natureza jurídica, não remuneradas, e ainda funções directivas em organizações sindicais da magistratura" e que "o exercício de funções docentes ou de investigação científica de natureza jurídica carece de autorização do CSM e não pode envolver prejuízo para o serviço".

[1781] Assim com base no § 71/I *Deutsches Richtergesetz* (DRIG) e no § 42/II *Beamtenrechtsrahmengesetz* (BRRG), cfr. BVerwG, 24.11.2005, NJW 2006, 1538, onde se cuidou das actividades de árbitro e de mediador desenvolvidas por um juiz a *latere* das funções judicatórias, mediante autorização do presidente do tribunal, conquanto a remuneração auferida não ultrapassasse em 2000 os 35 658 DM e em 2001 os 36 300 DM; a remuneração auferida nesse período ultrapassou, todavia, os limites definidos anualmente, que no Estado de Hessen se cifram em 30% da remuneração auferida no sector público, permitindo-se, sem embargo, que, por razões de equidade, aqueles limites possam ser ultrapassados. Nesse contexto, o § 7/2 HRIG prevê mesmo que determinados tipos de actividades auxiliares, como as de árbitro ou mediador, em razão da sua conexão funcional com a actividade judicatória e pela pouca carga horária implicada, não relevam, por princípio, para os limites fixados, sendo o montante auferido irrelevante. Tratando-se de questão que, em primeira linha, inter-relaciona a competência legislativa federal e federada, o BVerwG, para lá da análise dos limites materiais à normação editada pelos *Länder*, considerou a autorização emitida ao abrigo do HRIG constitucionalmente conforme: embora as funções judicatórias suscitem garantias de que a isenção, a confiança dos cidadãos e a integridade do sistema de justiça não são postas em crise, o BRRG entrega a densificação dos termos em que actividade secundárias podem ser exercidas aos estados federados. Nesse quadro, a fixação de um limite de remuneração anual como um meio adequado e necessário para evitar que os juízes negligenciem a actividade judicatória e para garantir que estes não capturados por outros interesses que não os referentes à administração da justiça, preserva, no entendimento do BVerwG, a reputação da magistratura e a confiança dos cidadãos na integridade e na boa administração da justiça. Os limites percentuais, cuja desproporção também havia sido colocada em crise, são compatíveis com o § 12 GG, o mesmo não sucedendo, contudo, com a exclusão aplicativa das actividades de árbitro e mediador dos limites percentuais atinentes aos rendimentos auferíveis para lá das funções judicatórias, pois que só perante as circunstâncias do caso concreto será possível atender à equidade que subjaz à disposição de isenção, não sendo adequada a consagração de uma excepção com tal alcance sustentada em considerações apriorísticas.

dência do primeiro encontra guarida no princípio constitucional da liberdade de trabalho e também nas limitações funcionais e temporais da subordinação jurídica, já que a disponibilidade do trabalhador implicada pelo contrato de trabalho não é total ou absoluta[1782].

4. Sugerindo-se a confecção de um regime destinado à "pluriactividade" que garanta direitos e obrigações equivalentes entre os "pluriactivos" e os "monoactivos" (designadamente no domínio da segurança social) e que projecte na legislação previdencial a complexidade do fenómeno e o princípio da proporcionalidade[1783], importará, antes do mais, adequar a legislação laboral à sua verificabilidade, sintonizando-se depois as áreas laborais e contributivas.

A premência deste enquadramento é tanto mais importante quanto não existe qualquer reflexo regulativo directo do pluriemprego na legislação laboral portuguesa, que, com excepção do trabalho de menores[1784], é de há muito indiferente a esta realidade, num fenómeno de desamparo normativo quase absoluto[1785].

Na verdade, o exercício de actividades em simultâneo apenas assume relevância no plano do cumprimento pontual do trabalho – *v.g.* assiduidade, pontualidade ou diminuição da produtividade no cumprimento da prestação principal[1786] – e também durante o período de férias, uma vez que se proíbe genericamente o exercício de actividades remuneradas durante o período de fruição daquele direito, funcionalizado à "recuperação física e psíquica do trabalhador"[1787], com

---

[1782] Acompanhamos M.ª ROSÁRIO PALMA RAMALHO, *Direito do Trabalho. Parte II* (2010), cit., 122. Com excepção dos regimes especificamente estabelecidos para os *praticantes desportivos* (art. 1.2, RD n.º 1006/1985), para o *pessoal de alta direcção* (art. 8.1, RD 1382/1985) e os *artistas* (art. 6.4, RD 1435/1985), também em Espanha um trabalhador pode ser titular de vários contratos de trabalho, face ao princípio da liberdade de trabalho e ao direito à livre escolha de profissão que fluem do art. 35.1 da Constituição e do art. 4.1 do ET.

[1783] Veja-se, há quase três décadas, JEAN SAVATIER, "Cumul d'emplois et limitation de la durée du travail" (1984), cit., 555, e também ANTOINE MAZEAUD, "I. Coriatt-Attiat, Le statut de la pluriactivité en droit social", RIDC 2000, n.º 4, 967-8.

[1784] Cfr. art. 80.º, que encontra correspondência genérica no art. 9.º-A do Decreto-Lei n.º 409/71, de 27.09.

[1785] Enfatizando o aspecto: JOÃO LEAL AMADO, *Contrato de Trabalho* (2009), cit., 375.

[1786] Igualmente, no ordenamento alemão: PETER HANAU & KLAUS ADOMEIT, *Arbeitsrecht* (2005), cit., 218.

[1787] É esse o objectivo das férias, como assinalam KLAUS HÜMMERICH/WINFRIED BOECKEN/FRANZ JOSEF DÜWELL, *AnwaltKommentar Arbeitsrecht: vol. I* (2008), cit., § 58, 3210 e, entre nós, JOSÉ ANDRADE MESQUITA, "O direito a férias", *Separata da Obra Estudos do Instituto de Direito do Trabalho*,

excepção das que o empregador autorize ou que, com conhecimento do empregador, o trabalhador já viesse exercendo em cumulação.

Todavia, desde logo aí, como oportunamente fez notar Júlio Vieira Gomes[1788], o CT desconsidera a marcação de férias em contexto de pluriemprego, não acolhendo qualquer mecanismo destinado à sintonização dos períodos subjacentes à fruição do direito, num contexto mais vasto em que, conforme salientava Raúl Ventura, os problemas de "compatibilidade de horários e funções"[1789] adensam a tarefa do intérprete-aplicador na confecção de instrumentos que garantam a sincronia na execução dos vínculos e emprestam saliência ao papel conformativo do princípio da boa fé[1790].

Podendo afirmar-se que o pluriemprego é admitido, mas ignorado, o tempo de trabalho, pela sua atinência com a ordem pública[1791], constitui a grande restrição à cumulação de actividades, a par dos limites impostos pela adstrição ao dever de não concorrência[1792], tempo de trabalho que, mostrando aptidão normativa para funcionar como um importante freio ao desenvolvimento da pluriactividade, é, aliás, um instrumento fundamental de combate ao sub-emprego[1793].

Com os limites à duração da prestação de trabalho, por razões que se prendem com a dignidade da pessoa humana e com a integridade física e psicológica do trabalhador, a revelarem-se insusceptíveis de sobrepassagem[1794], o tempo de trabalho tem conformado a posição da doutrina alemã acerca da (in)admissibilidade de uma segunda actividade que conflitue com o § 2. I ArbZG, que,

---

Almedina, Coimbra, 2002, 77, que associa a essa finalidade a permissão para a "realização de projectos de índole extra-laboral que as jornadas de trabalho diário não consentem".

[1788] Júlio Vieira Gomes, *Direito do Trabalho* (2007), cit., 261-2.

[1789] Raúl Ventura, *Teoria da Relação Jurídica de Trabalho* (1944), cit., 304-5.

[1790] É neste contexto que, depois de salientar o conjunto de problemas que o direito-dever de formação profissional e a mudança de local de trabalho suscitam, Júlio Vieira Gomes, *Direito do Trabalho* (2007), cit., 261-3, já em análise da possibilidade de modificação unilateral do horário de trabalho que se refracta na execução do outro vínculo, salienta a necessidade de actuação "dos direitos e faculdades de acordo com os ditames da boa fé". Sobre a saliência do princípio da boa fé na conformação do contrato de trabalho, cfr., entre vários, Francesco Paolo Rossi, *Nozioni di Diritto Europeo del Lavoro* (2000), cit., 231 e ss., Ramírez Martinez, *Curso de Derecho del Trabajo* (2001), cit., 381 e Abbo Junker, *Grundkurs Arbeitsrecht* (2006), cit., 155 e ss..

[1791] Nestes termos: Philippe Waquet, *L'entreprise et les libertés du salarié* (2003), cit., 195.

[1792] Também Harald Schliemann, *Das Arbeitsrecht im BGB: Kommentar* (2002), cit., §§ 717 e 718, 230 e Martina Weber, *Arbeitsrecht für Pflegeberufe: Handbuch für die Praxis* (2007), cit., 189.

[1793] Lise Casaux, *La pluriactivité ou l'exercice par une même personne physique de plusieurs activités professionnelles* (1993), cit., 404.

[1794] Assim, aludindo ao limite das oito horas *per diem* previsto na ArbZG, cfr. Peter Hanau & Klaus Adomeit, *Arbeitsrecht* (2005), cit., § 725, 218.

prevendo a possibilidade de o trabalhador exercer mais do que uma actividade, determina a agregação dos diversos períodos de trabalho, estabelecendo, por conjugação, a inultrapassibilidade genérica do limite de oito horas diárias e de quarenta e oito horas semanais (§ 3 ArbZG).

Ora, se a violação daquela disposição injuntiva, qual *norma imperfeita*, deixa em aberto o destino do contrato de trabalho celebrado superstitemente (nulidade, redução proporcional do segundo contrato de trabalho ou reconhecimento ao trabalhador do direito de optar pelo contrato que quer manter[1795]) – mas legitima, sem preocupações especiais quanto à sua estipulabilidade, a inserção no contrato de trabalho de cláusulas que proíbam o exercício de outras actividades que impliquem a ultrapassagem do limite de horas de trabalho previsto no § 3 I ArbZG[1796] –, não há no ordenamento português, com excepção da regulação atinente à soma dos períodos de trabalho de menor em caso de pluriemprego, disposição similar, havendo fundadas razões para, embora sem descurar as preocupações com a dignidade e a saúde do trabalhador, afastar um critério *ad laborem*, que desconsidere o critério *per vinculum* que historicamente moldou a legislação sobre o tempo de trabalho em Portugal.

É certo que este critério, que se despolariza da pessoa do trabalhador para se centrar na relação laboral *in concreto*, não logra fugir a críticas de excessivo formalismo, pois as ameaças à integridade física e psicológica do trabalhador são efectivas e podem favorecer o aparecimento de situações nebulosas, que defrau-

---

[1795] Ainda: WILHELM MOLL, *Arbeitsrecht* (2005), cit., § 31, 762. Em França, perante o art. L. 212-7 do *Code du Tra*vail (que estabelece, no limite, a impossibilidade de trabalhar mais de 60 horas por semana e conquanto a média de 12 semanas não ultrapasse as 46 horas semanais), a jurisprudência, tendendo a sufragar um critério *ad personam* cuja aplicação congloba os diferentes períodos de trabalho, tem, todavia, tergiversado na fixação das consequências associadas a uma situação de cumulação de actividades, consubstanciada em mais do que um contrato de trabalho, que exceda aquele limite: de um lado, afastando-se do sentido atribuído no direito alemão ao § 2. I ArbZG, tem considerado que o segundo contrato de trabalho, mesmo implicando a ultrapassagem das 60 horas semanais, não padece de qualquer vício (assim: Cass. Soc. 05.03.1986, Bull.civ., V, n.º 67 e Cass. Soc. 27.04.1989, DS 1989, n.º 4, 728); de outro, e ainda com base no princípio *pas de nullité sans texte*, tem-se conferido ao trabalhador o direito de optar pelo contrato de trabalho que quer manter, a menos que os horários sejam compatíveis (assim: Cass. Soc. 27.04.1989, DS 1989, n.º 4, 728); mas, caso o trabalhador não faça essa opção em tempo razoável, perfilha-se o entendimento de que essa inércia consubstancia uma *cause réelle et sérieuse* susceptível de despedimento (assim: Cass. Soc. 25.10.1990, proc. n.º 86-44.212, Bull. civ. V, n.º 501, 304), com o *plus* de, em caso de manutenção do contrato de trabalho, e como faz notar GUY LAUTIER, *Vos droits vos obligations aprés la loi des 35 heures: temps de travail*, Maxima, Paris, 2002, 60, tanto o empregador como o trabalhador incorrerem na prática de uma infracção contra-ordenacional.

[1796] Ainda: PETER HANAU & KLAUS ADOMEIT, *Arbeitsrecht* (2005), cit., § 726, 218.

dam os objectivos legais de limitação do *período normal de trabalho*[1797] e aniquilam os espaços de repouso necessários à recomposição de energias de qualquer trabalhador[1798].

Contudo, se, por um lado, se aprumam os maiores cuidados na utilização apressada de soluções estrangeiras e se deve reconhecer a existência de margens de autonomia volitiva ao trabalhador quanto à possibilidade de exercício de outra actividade laboral[1799] – circunstância em que a ultrapassagem, em ponderação agregada, da limitação do período normal de trabalho por vontade do trabalhador é livremente assumida por este, não sendo tão pouco atribuível ao contexto de subordinação que marca uma relação laboral, pois emerge *a latere* do contrato de trabalho –, por outro, o sistema alberga mecanismos de reacção quanto a situações de disfuncionalidade do exercício de posições jurídicas, convocando-se a proibição do abuso de direito ou o instituto da fraude à lei sempre

---

[1797] Conceito que define o tempo de trabalho que o trabalhador se obriga a prestar, medido em número de horas por dia e por semana, sendo o "horário de trabalho" determinado pelas horas do início e do termo do período normal de trabalho diário, incluindo a determinação dos intervalos de descanso. O período normal de trabalho não pode exceder oito horas por dia nem quarenta horas por semana. Sendo este o regime-regra regra, o CT contem excepções estabelecíveis quer por IRCT, quer por acordo entre empregador e trabalhador, designadamente: (i) a redução dos limites máximos, sem diminuição da retribuição (n.º 4 do art. 203.º); (ii) a adaptabilidade (art. 204.º); (iii) a adaptabilidade individual (art. 205.º); (iv) a adaptabilidade grupal (art. 206.º); (v) o banco de horas (art. 208.º) ou (vi) o horário concentrado (art. 209.º). Mas, quais sejam os limites permitidos pelas excepções enunciadas, a duração média do trabalho semanal, incluindo o trabalho suplementar, não pode exceder 48 horas, num período de referência fixado em IRCT, não devendo, em caso algum, ultrapassar 12 meses ou, na falta de fixação em IRCT, num período de referência de quatro meses, que, em determinadas situações, pode ser de seis meses (art. 211.º). Sobre o regime vigente, v. FRANCISCO LIBERAL FERNANDES, *O tempo de trabalho*, Coimbra Editora, Coimbra, 2012.

[1798] Como faz notar JORGE LEITE, *Direito do trabalho*, vol. I (1998), cit., 88, a limitação legal da duração diária e semanal do trabalho está ligada à protecção da saúde física e psíquica do trabalhador bem como à protecção da auto-disponibilidade do seu tempo segundo os seus interesses e preferências, em actividades familiares, recreativas, sociais, cívicas, culturais ou outras.

[1799] Que é, como vimos, um corolário directo do princípio da liberdade de trabalho e que JEAN-PIERRE LE CROM, "La liberté du travail en droit français. Essai sur l'évolution d'une notion à usages multiples" (2006), cit., 7, trata conjuntamente com o "direito de demissão", embora, por razões analíticas, haja vantagem em tratar diferenciadamente os direitos: se o direito de demissão não implica em subsequência o exercício de qualquer outra actividade laboral (ainda o direito a não trabalhar) e exprime uma dimensão negativa quanto à continuidade de uma relação, já o direito de exercer outra actividade, pressupondo a manutenção da relação laboral, expressa uma dimensão positiva, que, para lá de atinar com a efectividade do direito ao trabalho (satisfeito), se firma no surgimento de outra relação laboral.

que se verifique uma fuga à "intencionalidade normativa que justifica aquela imperatividade"[1800].

Será, pois, esse o enquadramento seguível em relação a um trabalhador que, mantendo mais do que um vínculo laboral com o mesmo empregador, ultrapassa o limite estabelecido para o período normal de trabalho[1801] – duplicidade de vínculos que, embora suscite uma apreciação casuística, pode encontrar razão de ser *(i)* se não houver integração da prestação na mesma organização produtiva, *(ii)* na diferenciação funcional, *(iii)* na natureza ocasional ou *(iv)* nos casos em que se verifica uma suspensão do contrato de trabalho-base[1802] – ou, embora mais complexamente, o revestimento atribuível à celebração de um segundo contrato de trabalho com uma empresa que pertence ao universo empresarial em que se integra aquele empregador com o objectivo de contornar os limites máximos do período normal de trabalho ou as regras sobre trabalho suplementar[1803].

Se o fenómeno dos grupos empresariais é de há muito inserido nas "novas ameaças ao Direito do trabalho face às virtualidades contidas nesta forma de organização societária para a prática de comportamentos violadores das normas jurídico-laborais"[1804], justifica-se, com base nos dados normais da experiência e nas razões de ordem pública que há mais de um século conformam a duração da

---

[1800] António Menezes Cordeiro, *Tratado de Direito Civil Português I* (2002), cit., 489-496.
[1801] A questão foi aflorada no Ac. STJ de 20.06.2012 (Pinto Hespanhol), proc. n.º 268/10.4TTFIG. C1.S1, embora o aresto, em atenção à questão central do recurso, se tenha debruçado sobre a inexistência de violação de caso julgado formado. A possibilidade de existir mais do que um contrato de trabalho com o mesmo empregador foi expressamente admitida no Ac. STJ de 20.03.1991 (Sousa Macedo), BMJ 1991, n.º 405, 359-363: tratando-se de uma fusão contratual de empresas, o aresto, considerando que a operação "não pode ofender direitos do trabalhador, em particular o limite temporal do período normal de trabalho", entendeu atribuir, após a unificação dos vínculos, "às horas de laboração excedentes a natureza de horas extraordinárias".
[1802] Neste sentido, ainda o Ac. STJ de 20.03.1991 (Sousa Macedo), BMJ 1991, n.º 405, 362, salientando que se, por um lado, "há regras disciplinadoras do contrato de trabalho que exigem uma unidade do contrato, em particular o limite máximo de horas semanais de prestação normal", por outro, a existência de mais do que um vínculo laboral com o mesmo empregador pode encontrar permissibilidade, importando, todavia, verificar se "há ofensa real ou potencial das garantias do trabalhador".
[1803] O exemplo é avançado por António Menezes Cordeiro, *Manual de Direito do Trabalho* (1997), cit., 549 (nota 13) e mencionado por Pedro Romano Martinez, *Direito do Trabalho* (2010), cit., 693.
[1804] Catarina de Oliveira Carvalho, "O direito do trabalho perante a realidade dos grupos empresariais – alguns problemas ligados à transmissão de estabelecimento entre empresas do mesmo grupo", *Separata da Obra V Congresso Nacional de Direito do Trabalho*, Almedina, Coimbra, 2003, 51.

prestação de trabalho[1805] e que enfileiram princípios constitucionais variados[1806], desenhar uma orientação "no sentido da consideração global dos agrupamentos económicos (isto é, da chamada desconsideração da personalidade jurídica de cada uma das sociedades envolvidas)"[1807] sempre que, para esse efeito, o trabalhador tem mais do que um contrato de trabalho no âmbito de um grupo empresarial cuja carga horária ultrapassa o limite máximo do período normal de trabalho.

Se este afastamento de um critério formalmente baseado na existência do vínculo formado nos aporta a enquadramento semelhante, embora por via diversa, sempre que o trabalhador tem mais do que um contrato com o mesmo empregador, está-se diante de um critério que se baseia essencialmente na identidade dos sujeitos intervenientes nas relações laborais e que, visando repor a materialidade subjacente, garante a atribuição de um conteúdo útil aos preceitos relativos à determinação da duração da prestação de trabalho[1808], cujos imperativos de protecção da integridade física e psíquica do trabalhador não devem ficar apegados a uma valoração formal, exclusivamente baseada no período normal de trabalho praticado no âmbito de *um* contrato de trabalho.

[1805] A regulamentação legal da duração do trabalho começou entre nós com a Lei de 23.03.1891, que fixou o período de trabalho de oito horas para os manipuladores de tabacos. O Decreto de 14.04.1891 estabeleceu os limites do período normal de trabalho dos menores nos estabelecimentos industriais. O Decreto de 03.08.1907 impôs a concessão de descanso semanal para todas as classes trabalhadoras. Já depois da proclamação da República, com o avolumar das reivindicações operárias no sentido da adopção obrigatória do horário de trabalho, o Decreto-Lei n.º 5516, de 10.05.1919, que fixou os limites máximos do período do trabalho para a generalidade do comércio e indústria, estabeleceu o máximo de trabalho em oito horas diárias e quarenta horas semanais, com excepção dos relativos aos empregados de estabelecimentos de crédito de câmbios e de escritórios, que já tinham, desde a publicação da Lei n.º 295, de 22.01.1915, um período normal de trabalho de sete horas por dia.

[1806] As limitações do tempo de trabalho decorrem do direito "ao repouso e aos lazeres, a um limite máximo da jornada de trabalho, ao descanso semanal e a férias periódicas pagas", previsto no art. 59.º, n.º 1, al./d) da Constituição, direito que, por sua vez, liga-se ao direito à saúde (art. 64.º), e que deve conjugar-se não só com "o direito a constituir família e o direito à conciliação da vida profissional com a vida familiar e pessoal" (arts. 36.º e 59.º, al./b), mas também, mais genericamente, com a liberdade pessoal e o direito ao livre desenvolvimento da personalidade (art. 26.º).

[1807] ANTÓNIO MONTEIRO FERNANDES, *Direito do Trabalho* (2012), cit., 219. Trata-se de uma desconsideração que, não podendo ser absolutizada, opera em casos-limite, "para certos efeitos e em certos termos", conforme também sustentámos em JOÃO ZENHA MARTINS, "A descentralização produtiva e os grupos de empresas ante os novos horizontes laborais", QL 2001, n.º 18, 220 e ss..

[1808] Com indicação acerca da multitude de textos nacionais e internacionais que se relacionam com os limites à duração de trabalho, v. ainda FRANCISCO LIBERAL FERNANDES, *O tempo de trabalho* (2012), cit., 55-8.

Este alargamento do plano de análise, que por razões aproximadas se encontra já expressamente consagrado no quadro legal que rege a cumulabilidade da percepção do subsídio de desemprego com a retribuição auferida no exercício de uma actividade laboral[1809], não significa, porém, a transponibilidade do critério *ad laborem* consagrado no ordenamento alemão ou a extensão da solução inscrita no art. 80.º para o trabalho de menores em caso de pluriemprego.

Como regra-geral, a impreteribilidade do período normal de trabalho situa-se nas fronteiras do contrato de trabalho. Mas, face à multiplicidade de situações em que a desconsideração da personalidade colectiva tem operado com vista à salvaguarda de princípios injuntivos[1810], na patologia: *generaliter cum de fraude disputatur, non quid non habeat actor, sed quid per adversarium habere non potuerit, considerandum est*[1811].

II. Admissibilidade dos pactos de exclusividade

a) Fundamento

5. Os pactos de exclusividade, de há muito referenciados nos manuais e na literatura da especialidade, nunca lograram desenho legal específico, não havendo sequer sinal, com excepção do anteprojecto do CT2003[1812], da sua ponderação nos múltiplos e diferentes projectos de revisão da legislação laboral surgidos ao longo de décadas.

[1809] O n.º 4 do art. 66.º do Decreto-Lei n.º 72/2010, de 18.06 (com as alterações introduzidas pelo Decreto-Lei n.º 64/2012, de 15.03) estabelece que durante o período de concessão das prestações de desemprego é proibida a sua acumulação com rendimentos provenientes do exercício de trabalho, ou actividade, a qualquer título, em empresa com a qual o beneficiário manteve uma relação laboral cuja cessação tenha dado origem ao reconhecimento do direito àquelas prestações, ou em empresa ou grupo empresarial que tenha uma relação de domínio ou de grupo com aquela (n.º 4 do art. 66.º).

[1810] Recentemente, em desconsideração da personalidade jurídica: Ac. STJ de 19.02.2013 (PINTO HESPANHOL), proc. n.º 73/08.8TTBGC.P1.S1, cuja razão de ser foi evitar o afastamento dos direitos do trabalhador (designadamente: antiguidade e diuturnidades) numa hipótese de sucessão de contratos de trabalho, cuja diversidade formal de empregadores se predestinou a tornear a conversão do contrato de trabalho a termo certo inicial firmado em contrato de trabalho sem termo.

[1811] PAPIANUS *Libro trigensimo primo quaestionum*. D. 50.17.78.

[1812] O art. 138.º, que abria o pórtico da Subsecção III (cláusulas de limitação da liberdade de trabalho), era dedicado aos pactos de exclusividade, sendo composto por três números. A regulação dos pactos, que tinha afinidades salientes com o art. 21.3 do ET espanhol, foi abandonada sem mais, mantendo-se o vazio que antecedeu a codificação.

Cuida-se, de resto, de uma espécie negocial que, apesar da sua disseminação e do seu reconhecimento na *praxis* laboral de há décadas, permanece como legalmente atípica na grande maioria dos ordenamentos jurídicos.

Não obstante a sua incidência directa sobre direitos como a liberdade de trabalho ou de escolha de profissão, a sua atendibilidade parece, todavia, inquestionável.

Com a "exclusividade" a relevar perante o sistema enquanto indício externo que *a priori* contribui para a distinção entre o contrato de trabalho e o contrato de prestação de serviços[1813] (embora não esteja contemplado no art. 12.º do CT2009), a criação de deveres de exclusividade tem sido admitida entre nós com base no argumento *a contrario:* o n.º 1 do art. 136.º apenas determina a nulidade da "cláusula de contrato de trabalho ou de instrumento de regulamentação colectiva de trabalho que, por qualquer forma, possa prejudicar o exercício da liberdade de trabalho após a cessação do contrato", aprovando-se, *per confrontationem*, o estabelecimento de limitações convencionais à liberdade de trabalho que operem no decurso do contrato de trabalho[1814].

Cremos, todavia, que a admissibilidade dos pactos de exclusividade encontra raízes mais fundas, não se bastando como mero corolário de uma interpretação enunciativa que, carecendo de manuseio rigoroso, poderia, *in extremis*, conduzir à aprovação de toda e qualquer cláusula de limitação da liberdade de trabalho, conquanto esta não lograsse projecção após a cessação do contrato de trabalho.

Se em França a admissibilidade dos pactos de exclusividade tem sido desenvolvida perante preceito materialmente diverso do art. 136.º do CT2009[1815] – e,

---

[1813] Veja-se, por exemplo, SELMA PENALVA, *Los límites del contrato de trabajo en la Jurisprudencia Española*, Tirant Lo Blanch Laboral, Valencia, 2007, 111-4 e PEDRO ROMANO MARTINEZ, "Trabalho Subordinado e Trabalho Autónomo", *Estudos do Instituto de Direito do Trabalho, vol. I* (coord. Pedro Romano Martinez), Almedina, Coimbra, 2001, 271-294, que, distinguindo indícios negociais e indícios externos, inclui nos últimos a exclusividade no exercício da actividade, o tipo de imposto pago pelo trabalhador/prestador da actividade, a inscrição deste na Segurança Social como trabalhador dependente ou independente e ainda a sindicalização. Em todo o caso, como aí se salienta, "a exclusividade não é característica do contrato de trabalho, nada obstando à existência do chamado pluriemprego, em que o mesmo trabalhador é parte em diferentes relações laborais" (292).

[1814] Por exemplo: M.ª ROSÁRIO PALMA RAMALHO, *Direito do Trabalho. Parte II* (2010), cit., 124 e antes, à face do art. 36.º da LCT, ANTÓNIO MENEZES CORDEIRO, *Manual de Direito do Trabalho* (1997), cit., 550-1.

[1815] Os pactos têm sido admitidos à luz do art. L 120-2 do *Code du Travail*, que tem o seguinte teor: "Nul ne peut apporter aux droits des personnes et aux libertés individuelles et collectives de restrictions qui ne seraient pas justifiées par la nature de la tâche à accomplir ni proportionnées au but recherché", sendo esse o único fundamento utilizado pela jurisprudência, como salienta PHILIPPE WAQUET, *L'entreprise et les libertés du salarié* (2003), cit., 195. Ainda: JEAN-EMMANUEL RAY, "Fidélité

portanto, sem recurso, ao argumento *a contrario* –, é importante reter, desde já, que o *modus* como os próprios actores sociais procedem à gestão dos seus interesses contribui para a revelação da *pré-compreensão do sistema*[1816]; mau grado o significado do "dever ser" não poder ser traduzido na linguagem que se refere ao domínio dos factos[1817], foi nesse âmbito que os pactos se foram sedimentando, logrando *ex post* validação por parte da doutrina e da jurisprudência[1818].

Por princípio, não obstante os espartilhos à autonomia negocial que decorrem do sentido de tutela do trabalhador que impregna o direito laboral, os sujeitos são livres de satisfazer os seus interesses. Mas o princípio da liberdade de trabalho e o sentido genérico de irrenunciabilidade que traz consigo postulam a verificação de determinados pressupostos para a introdução de limitações, suscitando, por essência, uma conformação com o regime contido no art. 18.º da CRP.

6. Se os únicos pactos cuja admissibilidade a lei prevê expressamente são os pactos de permanência e de não concorrência, requer-se, com vista à indagação da admissibilidade dos pactos de exclusividade, um juízo que leve em conta diferentes pontos de vista, combinando a regulação desenhada para aqueles pactos de modo diverso, utilizando proposições normativas que, não raro, são susceptíveis de gradação, em função da sua conexão com a realidade concreta e dos traços distintivos de cada pacto[1819].

Buscando-se, a partir de situações reguladas de forma específica, uma ponderação sistemicamente conforme da realidade em jogo, esta tarefa é mais saliente na perquirição do regime aplicável aos diferentes aspectos do pacto de exclusividade, mas, antes disso, a sua importância conforma os quadros em que os pactos hão-de ser considerados admitidos.

---

et exécution du contrat de travail", DS 1991, n.º 5, 376-7, ISABELLE CORNESSE, *La proportionnalite en droit du travail* (2001), cit., 136, ADALBERTO PERULLI, "Rationalité et controle des pouvoirs de l'employeur" (2006) cit., 89 e MUSTAPHA MEKKI, "Existe-t-il un jus commune applicable aux clauses du contrat de travail ?" (2006), cit., 297.

[1816] Acerca da pré-compreensão, cfr. JOÃO BAPTISTA MACHADO, *Introdução ao Direito e ao Discurso Legitimador* (1994), cit., 205.

[1817] KARL LARENZ, *Metodologia da Ciência do Direito* (1989), cit., 275.

[1818] O processo em Espanha, até à aprovação do ET e à previsão dos pactos de dedicação exclusiva, foi idêntico, admitindo-se, face aos interesses subjacentes, a validade de pactos que limitassem o pluriemprego: ALCÁZAR ORTIZ & VAL TENA, "Los pactos de dedicación exclusiva y permanencia en la empresa" (1995), cit., 127.

[1819] PEDRO FURTADO MARTINS, "O Pluriemprego no Direito do Trabalho" (1999), cit., 204, refere-se à "aplicação analógica das regras vigentes para as limitações de concorrência pós-eficazes".

Tratando-se de um juízo que é mediatizado pelas notas características dos diferentes pactos, a delimitação e sequente admissão dos pactos de exclusividade vai assim buscar nas coordenadas do sistema a sua fundamentação: de uma parte, o n.º 1 do art. 247.º alberga uma proposição normativa que, prosseguindo a tutela do empregador, visa evitar que a recuperação física do trabalhador subjacente às férias não seja comprometida pelo desempenho de outra actividade, estabelecendo, para tanto, a proibição de exercício pelo trabalhador, durante o período de férias, de outra actividade remunerada[1820], sinalizando um critério que, atinando com a tutela do empregador e reflexamente com o dever de cumprimento pontual do contrato de trabalho, deve ser valorado[1821]; de outra parte, a intensidade compressória dos pactos de permanência, recortada a partir da impossibilidade de desvinculação *ad nutum* por parte do trabalhador, legitima, *a fortiori*, que se admita que o trabalhador, mantendo intocado o direito de desvinculação, se comprometa a não exercer outras actividades.

Cuidando-se de captar o valor enunciativo dos tipos acolhidos no Código, não se compreenderia que o sistema, mediante a verificação de determinados pressupostos, consentisse que o trabalhador ficasse limitado quanto ao seu direito de desvinculação no âmbito de uma concreta relação laboral e que, mantendo inafectado o direito desvinculativo, não se pudesse autolimitar quanto ao exercício de outras actividades para lá dessa relação laboral, conquanto a limitação assumida, num pensamento orientado a valores, se encontre envolvida por garantias teleologicamente idênticas[1822].

No mesmo plano, também a regulação atinente aos pactos de não concorrência, admitidos nos termos e com os efeitos previstos no art. 136.º, implica a aprovação dos pactos de exclusividade, que, por acréscimo, e face à constância da relação laboral pressuponente, postulam, *per definitionem*, uma satisfação do direito ao trabalho, *quid* que os pactos previstos no art. 136.º não logram assegurar.

Se ali o trabalhador não tem garantias de satisfação efectiva do seu direito ao trabalho, com os pactos de exclusividade a vedação convencional quanto ao exercício de outras actividade surge *pari passu* com a ocupação de um posto

---

[1820] Salvo se, conforme prevê expressamente o preceito, o trabalhador já viesse exercendo outra actividade cumulativamente ou se o empregador o autorizar.
[1821] Salientando o aspecto, entre nós: PEDRO FURTADO MARTINS, "O Pluriemprego no Direito do Trabalho" (1999), cit., 198.
[1822] Cremos ser também esta a posição de RABINDRANATH CAPELO DE SOUSA, *O Direito Geral de Personalidade* (1995), cit., 279 (nota 667).

de trabalho, encontrando-se no art. 18.º da CRP o sentido conformador da sua regulação.

Neste quadro, em que o próprio texto constitucional acena para a exclusividade laboral como parâmetro que pode encontrar justificação no que ao exercício de determinadas funções diz respeito – o n.º 4 do art. 269.º da CRP prevê a proibição de "acumulação de empregos ou cargos públicos, salvo nos casos expressamente admitidos por lei"[1823] –, a inexistência de previsão legal acerca dos pactos de exclusividade, não sendo impeditiva da sua estipulação, revela-se, todavia, incompatível com a sua admissibilidade irrestrita[1824], uma vez que eles representam "um sério limite à liberdade de trabalho"[1825].

É nesse sentido que a jurisprudência gaulesa, à luz do art. 120.2 do *Code du Travail*, faz depender a validade do pacto da existência de um interesse sério e genuíno do empregador[1826]. Sem que se prove esse interesse, a cláusula será inválida[1827].

Tratando-se de uma indagação que vai atinar ainda com a idoneidade das actividades que o trabalhador exerce ou pode exercer quanto à causação de prejuízos ao empregador – é grande o *simile* com a análise elucubrada a propósito dos pactos de não concorrência[1828] –, a tarefa do intérprete-aplicador não se desbasta na verificação desse interesse, para a qual concorre, em larga medida, a necessidade de pagamento de uma compensação ao trabalhador.

[1823] Curiosamente, EMANUELE MENEGATTI, *I limiti alla concorrenza del lavoratore subordinato* (2012), cit., 95 e ss., utilizando os arts. 97 e 98 da Constituição italiana e o D. Leg. n.º 165/2001, considera inextrapoláveis as razões que preditam a exclusividade no sector público, apontando, como regra-geral, para a inatendibilidade de um *vincolo di esclusiva*.

[1824] CHRISTIAN GOUX, *Le guide commenté des contrats de travail*, Eyrolles, Paris, 2007, 42 e, entre nós, JOÃO LEAL AMADO, *Contrato de Trabalho* (2009), cit., 375.

[1825] JÚLIO VIEIRA GOMES, *Direito do Trabalho* (2007), cit., 631. Identicamente: PEDRO FURTADO MARTINS, "O Pluriemprego no Direito do Trabalho" (1999), cit., 205.

[1826] Por exemplo: Cass. Soc. 11.07.2000, n.º 98-43.240 *in* PAUL-HENRI ANTONMATTEI, *Les Les clauses du contrat du travail* (2010), cit., 30. Ainda: JEAN PÉLISSIER, "Pour un droit des clauses du contrat du travail a partir de l'arrêt Société Leviel" (2005), cit., 501 e LÉA BENBOUAZIZ, *L'économie générale du contrat de travail* (2011), cit., 87.

[1827] A única previsão que o *Code du Travail* alberga, no que à presunção de legitimidade dos interesses tuteláveis através de um pacto de exclusividade diz respeito, encontra-se no art. L. 7313-6 (após a Ord. n.º 2007-329, de 12.03.2007), relativamente aos vendedores, representantes ou agentes comerciais em situação laboral (n.º 1). Se o contrato não for acompanhado de um acordo de exclusividade, o exercício dessas funções em benefício de outras empresas só poderá ocorrer se o empregador o autorizar, a menos que os sujeitos renunciem a essa faculdade (n.º 2). Cfr. JEAN VINCENT, *Droit des arts visuels: contrats d'auteurs*, ed. Lamy, Paris, 2010, 195.

[1828] Assinalando o aspecto: FRANÇOIS GAUDU & RAYMONDE VATINET, *Les contrats du travail* (2001), cit., 179.

Na verdade, se a compensação é um factor importante na valoração da atendibilidade da auto-limitação assumida pelo trabalhador, ela aparece, em fase ulterior, como um parâmetro importante na delimitação do alcance da obrigação, entrecruzando-se com o montante da retribuição auferida, com o tempo de trabalho previsto e prestado e com a dimensão material da exclusividade, dimensão que, na prática, tende a absolutizar-se, face à identificação genérica entre a exclusividade e a proibição de exercício de toda e qualquer actividade profissional remunerada.

Todavia, essa tarefa, e porque a compensação constitui um traço tipicizante dos pactos de exclusividade (infra), é um *posteriorus*, que apenas tem cabimento depois de se julgarem reconhecidos pelo sistema os interesses visados pelos sujeitos laborais: sob pena de uma petição de princípio – assimilação de um dos elementos do tipo do acordo (a compensação) ao interesse que se exige para a sua validade –, a compensação não pode preencher *per se* o interesse postulado para a validade de um pacto de exclusividade[1829].

Daí que, como *ante*, o interesse sério e genuíno do empregador seja recortável a partir de factores cuja natureza é polimórfica, destacando-se a salvaguarda do desgaste físico do trabalhador em profissões implicativas de níveis de concentração, rigor técnico e dedicação elevados[1830] ou, como fez notar o BAG, sempre que o bom cumprimento do contrato de trabalho possa ser posto em crise[1831].

Sendo igualmente nesse contexto que a jurisprudência gaulesa admitiu a validade de um acordo de exclusividade que envolveu um médico que antes exercia a sua actividade em vários hospitais – o argumento de que a cumulação de actividades prejudicava a sua disponibilidade para as actividades de diagnóstico e tratamento de doenças e causava prejuízo ao estabelecimento hospitalar foi identificado como o interesse sério postulado para a validade da cláusula[1832] –, à partida, e para lá da natureza das funções exercíveis pelo trabalhador, a intenção de evitar a verificação de situações conflitos de interesses não é, *de per se*, fundamento bastante para o preenchimento absoluto desse interesse sério,

---

[1829] Em sentido diverso, referindo que os pactos em princípio não são atendíveis mas que o pagamento de uma "indemnização" ao trabalhador pode preencher esse interesse, v. VINCENT NEUPREZ & MICHEL DEPREZ, *Contrats de travail: l'essentiel* (2008), cit., 92 e EMANUELE MENEGATTI, *I limiti alla concorrenza del lavoratore subordinato* (2012), cit., 97-8.
[1830] Assim BERND RÜTHERS/HANS BROX/MARTIN HENSSLER, *Arbeitsrecht* (2007), cit., § 72, 23.
[1831] BAG 18.01.1996 – 6AZR 314/95, NZA 1997, 41. Ainda: WILHELM MOLL, *Arbeitsrecht* (2005), cit., § 31, 761.
[1832] Também: LISE CASAUX, *La pluriactivité ou l'exercice par une même personne physique de plusieurs activités professionnelles* (1993), cit., 151.

uma vez que o dever de não concorrência *cursus contratus*, pela amplitude subjacente, cobre negativamente esse feixe de situações.

Contudo, renunciando-se a enunciados geométricos e acabados, tal não significará que, em determinadas situações, por razões comerciais ou de mercado (*v.g.* prestígio de uma clínica médica), correlacionadas com o sector de actividade, ou mesmo por motivos de absoluta transparência, se rejeite *in limine* a validade de um pacto de exclusividade destinado à protecção de interesses comerciais que atinem com conflitos de interesses, conquanto o empregador logre provar que a cláusula é necessária à protecção desses interesses[1833].

7. Cuidando-se de encontrar justificação para o acordo na protecção na vulneração potencial de interesses comerciais ou financeiros do empregador ou na penosidade, especial sensibilidade, responsabilidade, complexidade, disponibilidade ou perigo que a actividade desenvolvida pelo trabalhador representa, será o empregador quem tem de provar que a dispersão por outras actividades põe em risco o desempenho profissional do trabalhador ou que, na falta de proibição legal, o exercício de outras actividades potencia dependências profissionais, económicas e financeiras susceptíveis de comprometer os requisitos postulados para o exercício da actividade objecto do contrato de trabalho (exemplo: isenção, integridade, probidade ou especial diligência[1834]) ou de afectar, com gravidade, a sua imagem e os interesses económicos subjacentes[1835].

[1833] Jean Mouly, *Droit du Travail* (2008), cit., 84 e Fabienne Rizos-Vignal, *Le droit du travail au quotidian*, Editions du Moniteur des Pharmacies, Paris, 2009, 58.

[1834] Esta perspectivação encontra campo privilegiado de aplicação no caso de funções de natureza policial ou para-policial. Trata-se, aliás, como dá nota Jacqueline R. Kanovitz, *Constitutional Law* (13.ª ed.), Anderson Publishing, Elsevier, 2012, 498-9, da posição genericamente seguida pelos tribunais estado-unidenses perante proibições relativas ao exercício de outras actividades impostas pelos departamentos policiais, e que, face à exigência e à isenção pressupostas pelas funções, tem contribuído, na falta de lei específica, para a admissão de obrigações de exclusividade criadas à margem do consentimento do trabalhador.

[1835] Assim: Ac. STJ de 10.12.2009 (Vasques Dinis), proc. n.º 09S0625: "(a) licitude da cláusula de exclusividade que limite o exercício de actividades não concorrentes com a do empregador há-de ser averiguada segundo critérios de adequação e proporcionalidade, em função de um real e efectivo interesse do empregador (atendendo, designadamente, ao sector económico em que a empresa se insere) correlacionado com a natureza das tarefas objecto do contrato (tendo em conta a complexidade técnica destas, o tempo exigido para um eficiente desempenho e a responsabilidade do trabalhador, que podem reclamar disponibilidade total)". Trata-se, ao cabo e ao resto, da explicação avançada por Alzaga Ruiz, *La Relación Laboral de los Artistas*, CES, Madrid, 2001, 23, para a consagração do pacto de exclusividade associável ao contrato de trabalho de artistas: o art. 6 do RDAEP "protege el interés patrimonial de la empresa, su posición en el mercado y su capacidad

Estando-se diante de um acordo de limitação à liberdade de trabalho, a inexistência de uma presunção legal e a necessidade de o empregador ter de alegar e fazer prova da legitimidade dos interesses tutelados com o pacto justifica-se em função da convocação de um direito fundamental e louva-se na necessidade de evitar a aplicação irrestrita de pactos que, limitando a liberdade de trabalho, suscitam uma fundamentação idêntica à exigida pelo art. 18.º da CRP para as leis restritivas de direitos, liberdades e garantias, enquadramento que, ao cabo e ao resto, e à semelhança do que se verifica também com os pactos de não concorrência[1836], se congraça com o princípio, mais vasto, de que "se o empregador se faz valer de um motivo para poder apor uma determinada cláusula tem que o provar"[1837].

b) Da problemática do trabalho a tempo parcial

8. Em geral, os pactos de exclusividade não são admitidos no âmbito de contratos de trabalho a tempo parcial.

O juízo de invalidade sobre o acordo ancora-se na perspectiva de que a escassez de tempo subjacente a um contrato de trabalho a tempo parcial torna os pactos insusceptíveis de revelarem um interesse sério e legítimo[1838], sendo, *ab initio,* nulos[1839].

Esta análise, que conheceu voga em França e que se louvou no art. L. 120-2 do *Code du Travail*[1840], é, todavia, precipitada.

Ela baseia-se, sobretudo, no facto de a não integralidade do tempo de trabalho e a sua correlação com a retribuição auferível não serem compatíveis

---

competitiva, al tiempo que pretended evitar un daño, ya sea actual o potencial, al organizador del espectáculo público: el daño derivado de la realización por el artista de una actividad diversa, al ser éste un trabajador de gran proyección pública que ofrece unos servicios únicos".

[1836] Por exemplo: Ac. Rl. Lx. de 20.10.2010 (SEARA PAIXÃO), proc. n.º 4883/07.5TTLSB.L1-4.

[1837] Assim: PEDRO ROMANO MARTINEZ, *Direito do Trabalho* (2010), cit., 708. Argumentando também que esse é um corolário da protecção dos direitos e das liberdades individuais, cfr. JEAN PÉLISSIER, "Pour un droit des clauses du contrat du travail a partir de l'arrêt Société Leviel" (2005), cit., 501.

[1838] JEAN MOULY, *Droit du Travail* (2008), cit., 84.

[1839] FABIENNE RIZOS-VIGNAL, *Le droit du travail au quotidian* (2009), cit., 58 e PAUL-HENRI ANTONMATTEI, *Les clauses du contrat du travail* (2010), cit., 31. Este enquadramento ganhou fôlego com a Cass. Soc. 11.07.2000, n.º 98-40.143, D. 2000, 228: "la clause d'un contrat de travail par laquelle un salarié s'engage à travailler pour un employeur à titre exclusif et à temps partiel ne peut lui être opposée et lui interdire de se consacrer à temps complet à son activité professionnelle".

[1840] PHILIPPE WAQUET, *L'entreprise et les libertés du salarié* (2003), cit., 103. O preceito encontra hoje correspondência no art. L1121-1 [(n)ul ne peut apporter aux droits des personnes et aux libertés individuelles et collectives de restrictions qui ne seraient pas justifiées par la nature de la tâche à accomplir ni proportionnées au but recherché], após a Ordonnance n.º 2007-329, de 12.03.2007.

com a proibição de exercício de outras actividades em razão da vulneração das garantias de sustento que cabe reconhecer a um trabalhador, premissa assumida por Stéphane Darmaisin[1841] e que, em entrecho diverso, também Menegatti parece adoptar, no balanço entre a tutela da concorrência e o princípio da suficiência retributiva, ao sustentar a não aplicação, ou pelo menos o forte estiolamento, do art. 2105 do *Codice Civile* no que respeita a um trabalhador a tempo parcial que exerça actividades em paralelo para empresas concorrentes[1842].

Qual seja a preocupação com a garantia da existência de meios laborais de sustento ao alcance do trabalhador, não se entrevê, contudo, razão para acompanhar esta construção acerca da potencial inaplicabilidade ou tão somente acerca da eventual mitigação do dever de não concorrência a um trabalhador cuja actividade se desenvolve no âmbito de um contrato a tempo parcial: *(i)* por um lado, a imposição de condutas conformes com uma bitola correcta e previsível não pode depender da existência de um período normal de trabalho semanal inferior ao praticado a tempo completo e o dever de não concorrência corresponde a uma *obrigação de abstenção de qualquer comportamento que possa fazer desaparecer a relação de confiança* pressuposta por uma relação laboral, sendo redutor desbastar o sinalagma contratual na relação entre trabalho e retribuição; *(ii)* por outro, figurando-se necessário promover o trabalho a tempo parcial e não condená-lo à extinção[1843], a protecção dos interesses económicos do empregador demandada pelo dever de não concorrência vale em toda e qualquer relação laboral, impondo-se um dever de adequação funcional do trabalhador à realização do interesse do empregador que garanta que o seu património não é susceptível de aproveitamento por terceiros, o que, de acordo com a projecção operativa do princípio da boa fé, significa que este não pode quedar inerme perante a eventualidade de uma actividade concorrencial, seja qual for a carga horária que, nos limites da lei, ocupa o trabalhador.

Assim, se, no nosso entendimento, o alcance do dever de não concorrência não depende da ausência de completude do tempo de trabalho mas pode ser conformado em razão da neutralidade das funções e/ou da elementaridade da actividade que o trabalhador desenvolve[1844] (vectores que, podendo estar associados, são contudo diversos e valorativamente independentes), do mesmo,

---

[1841] Stéphane Darmaisin, *Le contrat moral* (2000), cit., 427-8.
[1842] Emanuele Menegatti, *I limiti alla concorrenza del lavoratore subordinato* (2012), cit., 122-3.
[1843] Trabalho a tempo parcial, que, como faz notar Jörg Flecker, "La flessibilità: una via obligata? Riorganizzazione dell'impresa e forme di occupazione flessibili" (2002), cit., 254, não escapa hoje à estigmatização associada a um trabalho que traz consigo uma "posição social marginal".
[1844] Nestes termos, sob o signo da "fedeltà e nuova fattispecie di lavoro subordinato" e com resenha

também não se vê como se há-de considerar nulo um pacto de exclusividade em razão de o trabalho subjacente ser desenvolvido no âmbito do regime do contrato a tempo parcial, com o argumento de que a escassez horária não se compagina com a impossibilidade de o trabalhador exercer outras actividades.

Mau grado esta posição ter sido sustentada por Pélissier[1845] e ter encontrado reflexo na orientação assumida pela *Cour de Cassation* no início do século[1846] – com base no argumento de que se está perante uma limitação desproporcionada e intolerável, pois os interesses do empregador, para ganharem atendibilidade no que à sua protecção diz respeito, implicariam que este preenchesse satisfatoriamente o direito ao trabalho através de celebração de um contrato de trabalho a tempo completo, assegurando uma remuneração compatível[1847], em passagem aclamada como um exemplo de impregnação do Direito constitucional pelo Direito do trabalho[1848] –, houve entretanto ensejo para matizar esta direcção, afastando-se desde 2004 a inatendibilidade liminar de uma cláusula de exclusividade associada a um contrato de trabalho a tempo parcial[1849].

O aresto, que versou sobre uma cláusula de exclusividade subscrita por uma trabalhadora que exercia funções como caixa de um supermercado, desenvolveu uma análise a dois tempos: primeiro, importará verificar se a cláusula se predestina à salvaguarda de interesses sérios e legítimos do empregador e se é proporcionada; depois, caso se julgue que a cláusula é inválida no confronto entre a densidade dos interesses que o empregador intenta proteger e a exiguidade de meios de sustento que restam ao trabalhador em razão da associação do dever de

---

jurisprudencial, v. Paolo Cendon, *Commentario al codice civile. Artt. 2060-2134. Lavoro subordinato*, Giuffrè, Milão, 2011, 839-840.

[1845] Que, desde cedo, assumiu que "(d)oivent être considérées comme nulles et de nul effet, toutes les clauses interdisant à un salarié à temps partiel d'exercer toute activité salariée complémentair". Cfr. Jean Pélissier, "La liberté du travail" (1990), cit., 23.

[1846] Cass. Soc. 11.07.2000, n.º 98-40.143. Em síntese: "(...) la clause d'un contrat de travail par laquelle un salarié s'engage à travailler pour un employeur à titre exclusif et à temps partiel ne peut lui être opposée et lui interdire de se consacrer à temps complet à son activité professionnelle (...)".

[1847] Invoca-se também o art. 12 da Lei de 19.01.2000, relativa à redução do tempo de trabalho, que permite a recusa por parte de um trabalhador a tempo parcial de uma alteração ao seu horário de trabalho em caso de exercício cumulativo de actividades. Esta disposição é aliás utilizada para sustentar a configuração do pluriemprego como princípio geral.

[1848] Assim: Alexis Bugada, "Droit constitutionnel appliqué. Aperçu sélectif de la jurisprudence de la Chambre sociale de la Cour de cassation (année 2000)", RFDT 2001/4, n.º 48, 780-1.

[1849] Cass. Soc. 25.02.2004, n.º 01-43.392, BICC 2004/V, n.º 64, 59: "La clause par laquelle un salarié à temps partiel se voit interdire toute autre activité professionnelle, soit pour son compte, soit pour le compte d'un tiers, porte atteinte au principe fondamental de libre exercice d'une activité professionnelle (...)".

exclusividade a um contrato de trabalho a tempo parcial (o que se verificou no caso), reconhece(u)-se ao trabalhador o direito a uma indemnização em razão da nulidade da cláusula.

Assim, a aplicação feita pela *Cassation*, embora afaste *in limine* "a requalificação do contrato a tempo parcial em contrato de trabalho a tempo completo", procura obtemperar aos inconvenientes advenientes do juízo de invalidade sobre um pacto de exclusividade celebrado por um trabalhador a tempo parcial mediante o reconhecimento de que o trabalhador fica com o direito à "reparação" do prejuízo gerado pela cláusula ilícita: a simples previsão de uma cláusula ilícita faz presumir a existência de um prejuízo, estando o trabalhador dispensado da prova de que pode exercer outra actividade profissional com vista à obtenção de uma reparação.

O desfecho a que se chega encontra, porém, obstáculos dificilmente transponíveis, quais sejam os de o trabalhador invocar a nulidade do pacto de exclusividade e a sua não produção de efeitos *ex tunc* e, em simultâneo, avançar com a pretensão de ressarcimento dos danos que fazem pressupor a sua validade.

Embora se preservem as compensações pagas em razão do cumprimento da exclusividade – não havendo razão, face à privação do direito ao trabalho entretanto verificada, para desatender à aplicação analógica da regra que preclude a retroactividade da declaração de nulidade do contrato de trabalho –, o negócio nulo, enquanto tal, é insusceptível de produzir qualquer efeito e o trabalhador, face à necessidade de uma compensação, vê garantida a intangibilidade do que recebeu por conta da execução da obrigação de exclusividade, a despeito da respectiva nulidade.

É certo que estas orientações, procurando reprimir abusos, conectaram, com justificada razão, a liberdade de trabalho com o direito à obtenção de meios de sustento, evitando enredamentos formais, designadamente no âmbito de um contrato de trabalho a tempo parcial a que se encontra aposto um termo, cenário em que o elevado nível de incerteza quanto à perduração da relação associado à exiguidade da remuneração praticada convoca especial preocupação quanto ao facto de a exclusividade impedir o trabalhador de suprir as necessidades básicas pessoais e da família.

Contudo, se, por um lado, o juízo de nulidade que pode recair sobre a cláusula de exclusividade pode privar o trabalhador de um complemento retributivo importante e com isso agravar a sua posição económico-social, por outro, ele não garante que o trabalhador, passando a dispor de total liberdade para o exercício de outras actividades profissionais, consiga *de iure* uma (outra) ocupação laboral que lhe assegure *de facto* uma extensão dos meios de sustento.

Verificando-se que, nesta hipótese, o intento de tutela do trabalhador pode revelar-se contraproducente e agravar a sua situação económico-social, a tarefa do intérprete-aplicador quanto à indagação dos interesses que concorrem para a validade do pacto nada tem que ver com a existência de um trabalho a tempo completo ou a tempo parcial, mas sim com a aptidão desse instrumento à tutela de necessidades empresariais, circunstância a que se associa *ex post* a verificação da proporcionalidade da limitação, juízo que é um *subsequens* e não um *ante*.

10. Embora um dos efeitos naturais do trabalho a tempo parcial se encontre na proliferação do fenómeno do pluriemprego[1850] e se pudesse descobrir no ordenamento português um sinal no âmbito da legislação sobre desemprego de que o contrato de trabalho a tempo parcial não assegura por princípio uma retribuição que viabilize meios de sustento adequados[1851]- inquinando-se, assim, o cruzamento entre um pacto de exclusividade e um contrato de trabalho a tempo parcial (argumento que, suscitando dúvidas acerca da sua extrapolabilidade, é hoje claramente reversível, face à possibilidade aberta pelo Decreto-Lei n.º 64/2012, de 15.03, de cumulação da remuneração auferida no âmbito de um contrato de trabalho a tempo completo com a percepção do subsídio de desemprego[1852]) –, a legitimidade dos interesses empresariais que concorrem para a validade do pacto tem de ser apartada do problema conexo com a razoabilidade da auto-limitação assumida pelo trabalhador, cuja apreciação apenas é prosseguida após a certificação de que o dever de exclusividade se justifica com

---

[1850] Salientando o aspecto, v. Marco Papaleoni, *Il nuovo part-time. Nel settore privato e pubblico*, Cedam, Pádua, 2004, 76, entre nós, Pedro Furtado Martins, "O Pluriemprego no Direito do Trabalho" (1999), cit., 196 e, na jurisprudência, o já citado Ac. STJ de 20.03.1991 (Sousa Macedo), BMJ 1991, n.º 405, 362.

[1851] Referimo-nos ao subsídio de desemprego parcial, cuja atribuição, nos termos do Decreto-Lei n.º 72/2010, de 18.06 (com as alterações introduzidas pelo Decreto-Lei n.º 64/2012, de 15.03) e da Portaria n.º 207/2012 de 06.06, é devida quando o beneficiário se encontre a receber, ou tenha requerido, subsídio de desemprego e exerça ou venha a exercer uma actividade profissional por conta de outrem a tempo parcial com um período normal de trabalho semanal inferior ao praticado a tempo completo em situação comparável, desde que o valor da retribuição do trabalho seja inferior ao montante do subsídio de desemprego.

[1852] O diploma, que veio alterar o regime jurídico de proteção no desemprego dos trabalhadores por conta de outrem, e que encontra densificação na Portaria n.º 207/2012 de 06.06, vem estabelecer um apoio financeiro para os desempregados que recebem subsídio de desemprego e que voluntariamente aceitem ofertas de emprego, a tempo completo, com um salário (bruto) inferior ao valor do subsídio que recebem, embora com condicionantes várias, que atinam com o tempo de inscrição no centro de emprego, com a duração da medida e com o valor da retribuição auferida no âmbito do contrato de trabalho celebrado.

base na necessidade de tutela dos interesses empresariais e face às funções que o trabalhador exerce.

Afigura-se, por isso, necessário distinguir o interesse de que o pacto tem de ser portador da necessidade de que a estipulação com alcance proibitivo seja proporcional ao fim prosseguido.

No pressuposto de que "a limitação voluntária tem que se restringir ao mínimo possível e deve ser justificada objectivamente, nos termos gerais do art. 18.º"[1853], uma coisa é a aptidão do pacto para a protecção de interesses empresariais, e outra, que com esta não se confunde, é a proporcionalidade da obrigação gerada pelo pacto, que é atendida a partir da duração do trabalho subjacente, do montante compensatório atribuído ao trabalhador e da remuneração que este aufere.

Se estes factores formam um parâmetro que permite a mensuração da proporcionalidade, trata-se apenas de aquilatar, em atenção à fulgência da liberdade de trabalho, da (des)proporção do próprio conteúdo da obrigação. É neste plano que, por princípio, a obrigação de exclusividade assumida por um trabalhador a tempo parcial se coloca: na proporcionalidade da limitação e não na falta do interesse sério que, a um tempo, concorre para a sua validade.

Verificando-se que a obrigação de exclusividade assumida por um trabalhador a tempo parcial se mostra desproporcionada perante a privação de possibilidades de sustento durante o tempo, necessariamente alargado, em que o trabalhador não se encontra a executar o contrato de trabalho, a mensuração da (des)proporção subjacente à obrigação assumida pelo trabalhador suscita a correlativa ampliação da compensação devida em razão dessa obrigação[1854] e/ou a redução do conteúdo da limitação assumida, ajustando-a à dimensão material do meio de sustento viabilizado pelo contrato de trabalho.

III. Forma e consentimento

11. Exigindo-se, em latitudes diversas, a redução a escrito do pacto de exclusividade, não se divisa neste plano qualquer especialidade em relação ao que foi dito quanto à criação de uma obrigação de permanência: mau grado o activismo da jurisprudência francesa quanto à exigência de forma escrita para a validade do pacto[1855] e também uma corrente que em Espanha, a partir da previsão con-

---

[1853] M.ª ROSÁRIO PALMA RAMALHO, *Direito do Trabalho. Parte II* (2010), cit., 124.
[1854] PHILIPPE WAQUET, *L'entreprise et les libertés du salarié* (2003), cit., 195, afirma que "il faudrait au minimum prévoir une indemnité compensant la privation de revenus qui en résulte".
[1855] Com a indicação de jurisprudência da *Cassation*, mau grado a inexistência de previsão no *Code du Travail*, v. PAUL-HENRI ANTONMATTEI, *Les clauses du contrat du travail* (2010), cit., 30.

tida no n.º 3 do art. 21 do ET de que a "rescisão" pelo trabalhador do acordo tem de ser feita por escrito, considera que à luz do princípio da equiparação de forma que o pacto de exclusividade não se compadece com uma estipulação verbal[1856], entre nós, o princípio da liberdade de forma, a par da ausência de previsão legal quanto à forma dos pactos, viabiliza uma estipulação verbal[1857], conquanto se reassinalem os graves inconvenientes desta solução: para lá da ponderação subjacente a uma redução a escrito oferecer garantias acrescidas quanto ao consentimento livre, esclarecido e consciente do trabalhador que é necessário assegurar, potenciam-se dificuldades probatórias com a desnecessidade de definição por escrito das vantagens específicas associadas à assunção da obrigação de exclusividade e cujo potencial de dissenso se manifesta a um tempo na extinção do pacto, que, operando a cessação de contrapartida, não afecta a retribuição remanescente[1858].

Esta situação é tanto mais saliente quanto as possibilidades de condicionamento ou de enfraquecimento do direito de revogação do pacto a todo o tempo são efectivas e não devem ser descuidadas[1859].

Por contraste com os demais pactos de limitação à liberdade de trabalho, o pacto de exclusividade pode ser celebrado por tempo indeterminado, garantindo-se, todavia, que o trabalhador é livre de se desvincular a todo o tempo[1860].

[1856] Nestes termos: CRUZ VILLALÓN, *Estatuto de los Trabajadores Comentado* (2003), cit., 297, embora acrescentando que dificilmente se pode entender como nulo um pacto efectuado verbalmente, sempre que se demonstre a sua celebração. Essa é também a interpretação seguida, à luz do n.º 4 do art. 6. do RDAEP, por ALZAGA RUIZ, *La Relación Laboral de los Artistas* (2001), cit., 233, a propósito do *pacto de plena dedicacion* associado aos contratos de trabalho dos artistas e dos profissionais de espectáculos. Com dúvidas, v. MARTÍN VALVERDE/RODRIGUEZ-SANUDO GUTIÉRREZ/GARCÍA MURCIA, *Derecho del Trabajo* (2006), cit., 492.

[1857] Defendendo, por analogia com o regime traçado para os pactos de não concorrência, a redução a escrito dos pactos de exclusividade, mas manifestando dúvidas acerca da aplicação analógica de disposições que versem sobre a forma da declaração negocial, v. PEDRO FURTADO MARTINS, "O Pluriemprego no Direito do Trabalho" (1999), cit., 204.

[1858] Aludindo à necessidade de que a compensação "apareça diferenciada dentro da estrutura salarial", por forma a discernir-se, no plano probatório, esse *mais* em relação à retribuição que o trabalhador normalmente auferiria: DURAN LÓPEZ, "Pacto de no concurrencia", *El Estatuto de los Trabajadores. Comentarios a las Leyes Laborales* (1985), cit., 182. Este *plus* pode, contudo, não se desbastar na compensação económica, uma vez que o art. 21.3 do ET vem dar cobertura à atribuição de "outros direitos vinculados à plena dedicação", abrindo espaço a que se convencionem benefícios conexos com férias ou horários.

[1859] Salientando o reconhecimento de que o "o trabalhador poderá sempre alterar o *status* de dedicação plena", v. JORGE LEITE, *Direito do Trabalho*, vol. II (1999), cit., 65.

[1860] ALBIOL MONTESINOS/CAMPS RUIZ/LÓPEZ GANDÍA/SALA FRANCO, *Normas laborales – concordadas com la jurisprudencia de los Tribunales Constitucional y Supremo* (2000), cit., 344.

Se a indeterminação temporal do pacto também entrecorria da regulação contida no art. 138.º do anteprojecto relativo ao CT2003, a desnecessidade de fixação de um prazo que contenha temporalmente a limitação assumida pelo trabalhador aparece justificada pela sua importância no que se refere ao desempenho das funções que compõem o contrato de trabalho e pela possibilidade de desvinculação a todo o tempo por parte do trabalhador, que, tal como nos demais acordos, é um corolário da auto-limitação à liberdade de trabalho, cuja imbricação com a tutela da personalidade deixámos caracterizada[1861].

Não se verificando as razões que, em razão do nível de compressão à liberdade de trabalho, determinam a existência de prazos máximos nos outros acordos de limitação à liberdade de trabalho, nada impede, bem ao contrário, que os sujeitos limitem temporalmente o acordo mediante a aposição de um termo ou de uma condição resolutiva que não colida com o art. 280.º do CC[1862] ou, embora com especiais cautelas no que se refere à adequação da compensação, que operem, por mútuo acordo, sucessivas prorrogações ou renovações, à semelhança da estipulabilidade da obrigação de exclusividade que pode ocorrer em qualquer fase da relação de trabalho.

Mas, com a exigência de redução a escrito a manifestar-se nos acordos de limitação à liberdade de trabalho como uma necessidade de política legislativa, a aponibilidade de um termo ao pacto e as dificuldades de prova relativas à concreta temporalidade do pacto adensam a conveniência em estabelecer uma forma solene para a vinculação dos sujeitos.

12. Admitindo-se, sem prejuízo, que o pacto de exclusividade possa ser objecto de estipulação verbal, parece, contudo, afastada a possibilidade de criação de um dever de exclusividade por instrumento de regulamentação colectiva.

Mau grado os esforços de parte substancial da doutrina quanto ao desenho de um *apertus* em que a consagração do dever de exclusividade por IRCT pode operar[1863], a reserva formal e material postulada pelo art. 18.º da CRP não con-

---

[1861] Em sentido idêntico, enquadrando a questão no âmbito das restrições *ex voluntate* aos direitos de personalidade (*in casu*: liberdade de expressão artística) e dando justamente o exemplo das "cláusulas de exclusividade apostas em contrato de trabalho ou de prestação de serviços celebrados entre um artista e a casa de espectáculos onde actua", v. FILIPE DE ALBUQUERQUE MATOS, *Responsabilidade Civil por Ofensa ao Crédito ou ao Bom Nome* (2011), cit., 102.
[1862] CRUZ VILLALÓN, *Estatuto de los Trabajadores Comentado* (2003), cit., 297.
[1863] Veja-se, por todos, LUÍS MENEZES LEITÃO, *Direito do Trabalho* (2010), cit., 246 e M.ª ROSÁRIO PALMA RAMALHO, *Direito do Trabalho. Parte II* (2010), cit., 123, que, aludindo ao facto de alguns instrumentos de regulamentação colectiva do trabalho vedarem o desempenho de actividades secundárias remuneradas, refere, contudo, que tais restrições só são de admitir "quando devida-

sente a existência de uma restrição à liberdade de trabalho e de livre escolha de profissão introduzida à margem da vontade do trabalhador, tornando desnecessária qualquer perquirição de modelos acolhidos noutros ordenamentos.

À semelhança do que dissemos quanto aos pactos de permanência, se por via de regra é conferida maior possibilidade de intervenção aos IRCT do que ao contrato de trabalho, está-se, todavia, num domínio em que existe uma reserva de lei formal, que implica que quaisquer restrições à liberdade de trabalho só possam ser introduzidas mediante lei da Assembleia da República ou, no caso de Decreto-Lei, através de lei que previamente habilite o Governo a legislar sobre a matéria, com excepção das situações em que é o trabalhador, enquanto tal, mas de forma não irrestrita, a conformar a limitação à *sua* liberdade de trabalho, ante a perspectivação do poder de renúncia como um poder inseparável da pessoa do seu titular que, nesta concepção, inviabiliza que terceiros o exerçam em seu nome.

Tratando-se de uma nota característica que conforma todas as limitações à liberdade de trabalho, esta exigência binómica de restrição por via legal em observância do art. 18.º da CRP ou de um consentimento do trabalhador dirigido à obrigação de exclusividade não logra ser atalhada por previsões ínsitas em convenções colectivas de trabalho de que a exclusividade só pode ser afastada se existir acordo em sentido contrário por parte dos sujeitos laborais.

Sirva de exemplo o art. 20.º da convenção colectiva de trabalho aplicável aos treinadores profissionais de futebol, que, com epígrafe *outras actividades na vigência do contrato*, e estabelecendo no n.º 1 que "ao treinador é vedado o desempenho de qualquer outra actividade desportiva remunerada no período da duração do contrato, salvo convenção expressa em contrário[1864], vem permitir o pluriemprego, conquanto exista uma conjunção de vontades entre trabalhador e empregador.

Dir-se-ia que, nesse caso, a exclusividade não surge como uma imposição ao trabalhador, e que este, não logrando obter o acordo do empregador quanto à possibilidade de desenvolver outras actividades laborais, consente especifica-

---

mente justificadas e devem ser acompanhadas de contrapartidas financeiras adequadas", posição que, à luz da LCT, já ANTÓNIO MENEZES CORDEIRO, *Manual de Direito do Trabalho* (1997), cit., 550, sustentava, conquanto as convenções colectivas prosseguissem "valores *in concreto* mais intensos que a liberdade das pessoas" e "com contrapartidas adequadas, sob pena de estabelecer um regime menos favorável, perdendo aplicação".

[1864] Mais elipticamente o n.º 2 determina que "é igualmente vedado, na vigência do contrato, o exercício pelo treinador de actividades de qualquer natureza que sejam incompatíveis com a sua prestação laboral, excepto se o contrário for expressamente autorizado pelo clube".

mente na exclusividade, por saber que a aceitação das funções de treinador de futebol envolve uma adesão ao regime de exclusividade.

Esta lógica de análise, aparentemente probante, esbarra, contudo, na exigência de reserva de lei e/ou na necessidade de um consentimento do trabalhador especificamente dirigido à assunção da obrigação de exclusividade.

Está-se diante de uma limitação à liberdade de trabalho que, não sendo introduzida por lei ou por acordo em que o trabalhador intervenha directamente, não pode ser atendida.

A perspectiva de que um acordo entre os sujeitos logra afastar a impositividade da obrigação de exclusividade não supera a necessidade de uma conjunção de vontades para que a obrigação se encontre assumida, uma vez que X não pode ser não X na mesma relação. A unidade apenas existe entre o X que não é e o não X, sendo em função dessa unidade que pode haver oposição. A partir do momento em que X se afasta de não X e contra ele se afirma – e uma vez que duas proposições são contraditórias se, como notavelmente explicou JEAMMAUD, a alternatividade que essa relação determina for de tal sorte que a veracidade de uma implica o falecimento da outra[1865] –, a obrigação de exclusividade, não sendo estabelecida por lei, tem que repousar na vontade do trabalhador[1866]. Vontade que, no âmbito do IRCT que vimos de referir, é, por si só, insuficiente para permitir o exercício de outras actividades laborais, situando-se na esfera jurídica do empregador a faculdade, conjuntiva é certo, de afastar essa limitação *ab extrinseco* à liberdade de trabalho.

Impondo-se, deste modo, o desenvolvimento de um juízo de invalidade quanto a este recorte da obrigação de exclusividade desenhável por um IRCT, o mesmo não sucederá, contudo, em relação a um IRCT que contenha uma obrigação de exclusividade, desde que sejam os sujeitos laborais a fixar, por convenção adrede, a compensação que o trabalhador recebe em razão da assunção dessa obrigação: na ausência de uma tal convenção, o empregador não pode exigir exclusividade ao trabalhador, não havendo sequer margem para intervenção dos tribunais com vista à supressão da vontade dos sujeitos, no caso: para fixar a contraprestação económica que impende(ria) sobre o empregador.

[1865] Nestes exactos termos: ANTOINE JEAMMAUD, *Des oppositions de normes en droit privé interne*, Thése, Lyon III – Jean Moulyn, 1973, 91.
[1866] Não vislumbrando qualquer problema, mas entendendo que a exclusividade devia operar em modo inverso, v. porém ALBINO MENDES BAPTISTA, "Treinadores profissionais: Aplicação do regime laboral comum ou do regime dos praticantes desportivos – duas maneiras simplistas de ver a mesma realidade?" *Estudos dedicados ao Professor Doutor Luís Alberto Carvalho Fernandes*, UCP, Lisboa, 2011, 104-6.

Exigindo-se o acordo do trabalhador quanto a um elemento essencial do pacto e que viabiliza a determinação do seu objecto, é o acordo de exclusividade que, enquanto tal, se encontra na dependência inicial de um acto volitivo do trabalhador, respeitando-se a exigência de uma vinculação *ad personam*.

São, por isso, possíveis, conquanto se encontrem condicionados ao acordo do trabalhador, IRCT que definam ou densifiquem as condições de um regime de exclusividade, tratando-se mesmo de um domínio em que as vantagens da intervenção da autonomia colectiva, face à ausência de uma definição legal das condições em que a exclusividade opera, se manifestam de forma expressiva[1867]. A necessidade de acordo do trabalhador é, porém, impreterível.

IV. Conteúdo da limitação à liberdade de trabalho

13. Por regra, a constituição de um vínculo laboral não impede que o trabalhador realize outras actividades, seja por conta própria, seja em benefício de outrem[1868].

Sem prejuízo do dever de, à luz do princípio da boa fé, o trabalhador informar o empregador acerca do exercício de outra actividade profissional[1869] (o n.º 2 do art. 80.º aflora-o *expressis verbis*), como se fez notar, o direito ao trabalho e a livre escolha de trabalho e de profissão conformam a possibilidade de o trabalhador exercer mais do que uma actividade remunerada[1870]: "a celebração dum contrato de trabalho não implica a alienação, a favor do empregador, de toda a força de trabalho do trabalhador", e, por força daqueles princípios, "o trabalhador não perde a legitimidade para exercer outras ocupações profissionais, *inclusive* recorrendo à celebração de contratos de trabalho laterais"[1871].

Partindo-se, em termos esquemáticos, do princípio de que o pluriemprego é genericamente e de há muito admitido – já o salientava RAÚL VENTURA[1872] –, o exercício de qualquer outra actividade por parte do trabalhador encontra,

---

[1867] PEDRO FURTADO MARTINS, "O Pluriemprego no Direito do Trabalho" (1999), cit., 201.

[1868] MARTINA WEBER, *Arbeitsrecht für Pflegeberufe: Handbuch für die Praxis* (2007), cit., 189, JEAN MOULY, *Droit du Travail* (2008), cit., 84, e, entre nós, PEDRO FURTADO MARTINS, "O Pluriemprego no Direito do Trabalho" (1999), cit., 197.

[1869] BAG 18.01.1996 – 6 AZR 314/95, NZA 1997, 41, RALPH JÜRGEN BÄHRLE, *Praxishandbuch Arbeitsrecht* (2004), cit., 247 e WOLFGANG HROMADKA & FRANK MASCHMANN, *Arbeitsrecht Band I* (2012), cit., 96.

[1870] Ainda: HARALD SCHLIEMANN & REINER ASCHEID, *Das Arbeitsrecht im BGB: Kommentar* (2002), cit., 9, e, entre nós, PEDRO ROMANO MARTINEZ, *Direito do Trabalho* (2010) cit., 692-3. O princípio genérico da cumulação de actividades foi expressamente firmado pela jurisprudência francesa ainda na década de 70 do século passado: Cass. Soc. 14.06.1979, D. 1980, 96.

[1871] ANTÓNIO MENEZES CORDEIRO, *Manual de Direito do Trabalho* (1997), cit., 549.

[1872] RAÚL VENTURA, *Teoria da Relação Jurídica de Trabalho* (1944), cit., 304 e ss..

contudo, um limite intrínseco: o dever de lealdade, particularmente intenso nas obrigações duradouras[1873].

Uma vez que o étimo lealdade encontra as suas raízes em *legalis* e em *lex*, a proibição de concorrência, especificamente aflorada na al./f do n.º 1 do art. 128.º, estrema *ex lege* o conjunto de actividades que o trabalhador pode desenvolver, cuja violação é susceptível de ocorrer com a criação de um perigo específico de perda de clientela ou, mais vastamente, com a prática de um acto integrativo de um processo de disputa de mercado: a noção de concorrência que é necessariamente suposta pelo dever de lealdade não postula a realização efectiva de um negócio, bastando-se com a singela eventualidade de um prejuízo e, *ex bona fide*, com o desenvolvimento de uma actuação que, inobservando o padrão de conduta requerido, desprotege os interesses do empregador[1874]. O assunto será desenvolvido adiante, a propósito da eventual extensibilidade do dever para lá da cessação do contrato de trabalho.

Com a distinção entre modos de abordagem tendentes à apreensão de conexões entre factos ou dirigidos ao sentido normativo a encontrar expressão tanto na linguagem pré-científica como na linguagem científica[1875], sedimentou-se, por contraposição à ideia de pluriemprego, a utilização do termo "exclusividade" para denominar os pactos em que o trabalhador se auto-limita quanto ao exercício de outras actividades.

Não obstante o seu arreigamento nominológico – que contribui, aliás, para que o utilizemos neste trabalho e que se encontrava também presente no ante-

---

[1873] KARL LARENZ, *Lehrbuch des Schuldrechts I* (1987), cit., 141-2; IDEM, *Metodologia da Ciência do Direito* (1989), cit., 671.

[1874] Ainda, PETER HANAU & KLAUS ADOMEIT, *Arbeitsrecht* (2005), cit., § 725, 218, que aludem ao princípio geral que o § 60 HGB condensa e, entre nós, Ac. STJ de 16.10.96 (LOUREIRO PIPA), CJ 1996, Ano IV, T. III, 244. Assim, estando sobretudo em causa o "desvio da clientela actual ou potencial", conforme se pode ler no Ac. Rl. Ev. de 08.02.2000 (ANDRÉ PROENÇA), BMJ 2000, n.º 484, 410, ante a conjugação da qualidade de sócio de sociedade exercente de actividade paralela com o exercício por parte do trabalhador de funções de elevada responsabilidade na sua entidade empregadora, a falta de informação sobre uma tal actividade *extra-laboral*, por consubstanciar uma violação grave do dever de lealdade, justifica o seu despedimento com justa causa. Algo diferentemente, entendeu-se no Ac. Rl. Cb. de 13.05.1997 (AZEVEDO SOARES), BMJ 1997, n.º 465, 665, que a colaboração esporádica de um dos trabalhadores aos fins-de-semana (período em que as oficinas do empregador se encontram encerradas) não contende com o dever de não concorrência, considerando-se, *inter alia*, o facto de a reparação dos veículos em questão revestir carácter urgente; atribuindo, todavia, relevância disciplinar a uma conduta negligente conexa com situação aparentada, uma vez que põe em crise a relação de confiança entre os sujeitos, *vide* Ac. Rl. Lx. de 15.11.99 (SOUSA PEIXOTO), CJ 2000, Ano XXIV, Tomo V, 244.

[1875] KARL LARENZ, *Metodologia da Ciência do Direito* (1989), cit., 275.

projecto do CT2003 –, a designação "exclusividade" é susceptível de gerar equívocos, distorcendo a identificação da limitação assumida. Pode haver restrições que sejam um *minus* em relação à exclusividade, mas que nem por isso se devem desviar dos traços jurídico-socialmente tipicizantes que esta implica: por exemplo, proibição de exercício das funções de vendedor, independentemente do ramo de negócio.

Se a exclusividade implica o não exercício de qualquer outra actividade em regime de subordinação ou por conta própria, os *minuses* admissíveis são vários e diversificados: não exercício de actividade no mesmo ramo de actividade ou proibição de funções idênticas às que o contrato de trabalho compreende, independentemente do sector de actividade[1876].

Tratando-se do estabelecimento de graus quanto à limitação estabelecida para o exercício de outras actividades, estas cambiantes mais não são do que uma questão de mensuração do grau introduzível quanto ao exercício de actividades laborais por parte do trabalhador, topando-se, à partida, com uma ampliação do dever de não concorrência imposto *ex lege*[1877].

Esta qualificação, que atina com a natureza amplificativa dos pactos, é, todavia, imprecisa: mau grado a exegese encontrar voga nalguma doutrina[1878], não se trata, em rigor, de uma ampliação do dever de não concorrência, uma vez que a vedação convencionalmente estabelecida não respeita a actividades que concorram com a do seu empregador, sendo irrelevante a existência de uma coincidência de produtos ou bens oferecidos, zona geográfica de actuação e clientes[1879].

[1876] GÜNTER SCHAUB, *Arbeitsrechts-Handbuch* (12.ª ed), C.H. Beck, Munich, 2007, § 53, n. 1.

[1877] Assim, EMANUELE MENEGATTI, *I limiti alla concorrenza del lavoratore subordinato* (2012), cit., 97.

[1878] Assim, PETER HANAU & KLAUS ADOMEIT, *Arbeitsrecht* (2005), cit., § 726, 218, LUQUE PARRA, "Pactos típicos, nuevas tecnologias y relación laboral" (2005), cit., 164 e REY GUANTER, *Estatuto de los trabajadores* (2007), cit., 434, sendo nesse contexto que M.ª ROSÁRIO PALMA RAMALHO, *Direito do Trabalho. Parte II* (2010), cit., 232, dá nota de que existe doutrina favorável à sua admissibilidade, com os seguintes argumentos: (i) admitindo-se a criação de um dever de não concorrência para valer após a cessação do contrato, consente-se que, à luz do princípio da liberdade negocial, esse dever possa ser convencionado para valer na pendência do contrato, (ii) na medida em que a lei obriga o trabalhador a "guardar lealdade ao empregador, *nomeadamente* não negociando por conta própria ou alheia em concorrência com ele, não há razão para subtrair às partes a estipulação expressa de um dever de não concorrência com o mesmo conteúdo".

[1879] Certeiramente: Ac. STJ de 10.12.2009 (VASQUES DINIS), proc. n.º 09S0625, lendo-se que "(a) obrigação de exclusividade, eventualmente, consignada em cláusula acessória do contrato de trabalho, se referida a actividades concorrentes com a do empregador, não releva com autonomia, na perspectiva de restrição à liberdade de trabalho, por se tratar de obrigação inerente à relação laboral, por força do disposto na alínea e) do n.º 1 do artigo 121.º do referido Código, como aflora-

Como já fez notar o BAG[1880], o desenvolvimento de actividades auxiliares, que, no seu âmago, não se justaponham à actividade comercial do empregador são, por princípio, acessíveis ao trabalhador, não sendo atendível, em função do princípio da liberdade de trabalho, a proibição de actividades acessórias como densificação por via de convenção colectiva do dever de não concorrência sempre que esta abranja actividades que não se apresentem numa relação de concorrência directa com a actividade do empregador, estando-se, por isso, para lá do perímetro de qualquer dever de não concorrência.

Afastando-se, dessarte, a possibilidade de criação convencional de um dever de não concorrência – este existe na lei, enquanto dever acessório legal reforçado, e com uma amplitude tal que à partida torna redundante a sua consagração convencional[1881] –, cuida-se apenas de, mediante acordo *ad hoc*, vedar ao trabalhador o exercício de outras actividades que, em função da extensão convencionalmente estabelecida, são susceptíveis de provocar um desgaste acrescido, que, enquanto tal, preclude os níveis de eficácia presumivelmente subjacentes ao exercício de uma única actividade ou que visam salvaguardar interesses económico-empresariais com pressuposto significado.

14. Assim, se o facto de não se tratar de uma exclusividade *proprio sensu* não implica a falta de recondução destes pactos aos requisitos exigíveis para os pactos de exclusividade – argumento *ad maioris ad minus*, que legitima uma espécie de pactos de semi-exclusividade –, está-se, em rigor, perante pactos de proibição de outras actividades. Em ilustração: a proibição convencional de exercício de qualquer actividade na localidade em que o trabalhador exerce funções, permi-

---

mento do dever geral de lealdade" e, na jurisprudência gaulesa: Cass. Soc. 07.05.1997, Cah. prud'h. n.º 10/03, 137.

[1880] Assim: BAG 24.03.2010- 10 AZR 66/09, NZA 2010, 693, NZA 2010, 693, onde se analisou a actividade de um trabalhador a tempo parcial, com 15 horas semanais, balconista da Deutsche Post AG, cujas funções consistiam em fazer a distribuição de correspondência. A partir de 2006, o trabalhador decidiu exercer funções para a ZZ GmbH, 6 horas por semana, colaborando na entrega de jornais e entrega de correio. O BAG, considerando o art. 12 da GG, a justaposição residual entre actividades e as necessidades de sustento por parte do trabalhador, não censurou a conduta do trabalhador. Fê-lo, salientando que a proibição de actividades acessórias como densificação por via de convenção colectiva do dever de não concorrência não é possível sempre que abranja actividades que não se apresentem numa relação de concorrência directa com a actividade do empregador. Logo, o desenvolvimento de actividades auxiliares, que, no seu âmago, não se justaponham à actividade comercial do empregador são, por princípio, acessíveis ao trabalhador.

[1881] Cfr. Vincent Neuprez & Michel Deprez, *Contrats de travail: l'essentiel* (2008), cit., 92 e, mais incisivamente quanto à redundância, Francis Ahner & Jean-Jacques Touati, *Inventions et créations des salariés: Du Code du travail au Code de la proprieté intellectuelle*, Lamy, Paris, 2010, 191.

tindo que o trabalhador exerça actividades fora desse perímetro, é reconduzível à *factis species* dos pactos de exclusividade, não obstante as margens relativas ao desenvolvimento de outras actividades laborais.

Limitando-se a liberdade de trabalho através da proibição de exercício de uma ou mais actividade para lá das que o contrato de trabalho condensa, encontram-se preenchidas as notas características adequadas à subsunção destas convenções no tipo "pactos de exclusividade".

As implicações de combinação dos elementos que formam a proibição de exercício de uma ou mais actividades, que se verificam, a partir das funções, responsabilidades ou remuneração atribuídas ao trabalhador, com intensidade e enlaces distintos, vão relevar, em análise sequente, na mensuração da adequação da auto-limitação assumida pelo trabalhador e na aferição da manutenção da obrigação de exclusividade, conformando, todavia, e desde logo, o objecto da prestação que o sistema exige ao empregador: o pagamento de uma compensação ao trabalhador (infra) e o conjunto concreto de actividades cuja vedação se justifica[1882].

Com o tráfego jurídico a revelar uma multiplicidade de cambiantes que implicam o não exercício de outras actividades, é frequente, neste domínio, a previsão convencional de que o trabalhador não pode aceitar outros trabalhos sem o consentimento do empregador, sem que exista, *ab initio*, uma proibição incondicionada.

[1882] Neste domínio, dando-se como verificado o interesse sério, pode, contudo, entender-se que a extensão absoluta da proibição de outras actividades não se justifica, sem que se deva considerar o pacto imediatamente nulo. Operará aí a redução do negócio jurídico (art. 292.º do CC), não havendo especificidades de regime. Tratando-se de inter-relacionar o objecto convencionado com o interesse do pacto, o princípio da proporcionalidade determina que se analisem concretamente as funções exercidas ou exercíveis pelo trabalhador e o respectivo sector de actividade, impondo-se distinguir, dentro da mesma categoria de trabalhadores, os diferentes graus de autonomia e de responsabilidade e o respectivo influxo sobre o âmbito e o alcance da proibição, conforme sinaliza Jean-Emmanuel Ray, "Fidélité et exécution du contrat de travail" (1991), cit., 376. É, aliás, neste contexto que, entre nós, a Lei n.º 2/2004 de 15.01, na redacção dada pela Lei n.º 51/2005 de 30.08, relativa aos cargos dirigentes da Administração Pública, vem estabelecer uma diferenciação entre os dirigentes de nível superior e os dirigentes de nível intermédio: se os n.ºs 1 e 2 do art. 16.º determinam que o exercício de cargos dirigentes é feito em regime de exclusividade e que este implica a incompatibilidade do cargo dirigente com quaisquer outras funções, públicas ou privadas, remuneradas ou não, já o n.º 4 vem prever que os dirigentes de nível intermédio podem ainda exercer outras actividades privadas, desde que autorizadas pelo membro do Governo competente e fundamentadas de modo a evidenciar a inexistência de conflitos de interesse, bem como a insusceptibilidade de comprometer ou interferir com a isenção exigida para o exercício do cargo.

Nesta esquadria de situações, embora a liberdade de escolha da profissão e o direito ao trabalho só *in potentia* sejam limitados, a inexistência de um quadro em que o trabalhador é livre de dispor da sua força de trabalho para lá do contrato de trabalho faz com que se esteja ainda no âmbito de um pacto de exclusividade, suscitando-se, em consequência, a aplicação do regime correspondente[1883].

Trata-se, em todo o caso, de previsão diferente da que, em reiteração do dever de não concorrência *ex lege*, prevê a impossibilidade de o trabalhador exercer actividade concorrencial, redundância que ainda assim convive com a estipulação de uma cláusula em que o exercício de actividades secundárias susceptíveis de comprometer os interesses do empregador carece do seu consentimento.

Como já firmou o BAG[1884], uma cláusula com este teor tem uma feição marcadamente preventiva e, admitindo-se que o empregador possa abdicar da exigibilidade do cumprimento do dever de não concorrência (sirva de exemplo o não exercício de acção disciplinar perante uma violação do dever perpetrada pelo trabalhador ou o consentimento prestado quanto à possibilidade e/ou ao exercício de actividade concorrente), legítimo será validar-se uma disposição em que, nos limites da lei, o empregador, por via do seu consentimento, densifica o dever de não concorrência.

Contudo, se a necessidade de autorização do empregador entalhar em actividades que estão para lá do dever de não concorrência, não sobejam dúvidas de que se está na presença de um pacto de exclusividade e já não perante uma convenção que se destina a dilucidar *ex ante*, e através do juízo do empregador subjacente ao seu consentimento, as actividades cujo exercício é susceptível de violar o dever de não concorrência, circunstância que, suscitando um juízo *ex post* acerca do carácter concorrencial da actividade que o trabalhador se propõe exercer, torna nebuloso este tipo de convenções e suscita cautelas particulares[1885].

[1883] Peter Hanau & Klaus Adomeit, *Arbeitsrecht* (2005), cit., § 726, 218.
[1884] BAG 11.12.2001 – 9 AZR 464/00, NZA 2002, 965.
[1885] Uma vez que, sem prejuízo da nominação que os sujeitos deram ao acordo, o pacto pode suscitar a aplicação do regime previsto para os pactos de exclusividade, exigindo-se o pagamento de uma compensação ao trabalhador. Se a actividade não interferir com o dever de não concorrência e o empregador não autorizar o seu exercício, tudo dependerá da opção que o trabalhador fizer. Na hipótese de o trabalhador, após a não autorização do empregador, prosseguir com o exercício da actividade, não existe violação de qualquer dever, uma vez que não há qualquer pacto de exclusividade, que é o meio sistemicamente adequado para que, mediante adequada justificação, se possa vedar o exercício de outras actividades laborais que não interfiram com o dever de não concorrência.

Cuidando-se da medição do alcance do pacto, do conhecimento relativo à actuação combinada dos vários elementos que o compõem e que se articulam com o contrato de trabalho, e do tratamento do seu significado para o entendimento da regulação suscitada e da delimitação da sua função, mais do que a proibição de exercício de uma ou mais actividades o objecto do pacto vai atinar com a impossibilidade de o trabalhador exercer livremente, e sem quaisquer espartilhos ou condições determináveis pelo empregador, outra actividade não concorrencial em benefício de outrem ou por conta própria.

15. A liberdade de conformação dos sujeitos quanto à forma como se materializa a proibição de exercício de outras actividades em paralelo com a execução do contrato de trabalho é, por princípio, alargada, uma vez que, assim se prove o interesse sério exigido para a validade do pacto, a admissão de proibições genéricas e incondicionais confere guarida a proibições concretas e condicionadas, havendo margem bastante para a escolha do *modus* como se materializa a interdição.

Neste plano, embora se trate já da interpretação do acordo e de questão que, cabendo na autonomia da vontade dos sujeitos, pode ficar explicitada no pacto, há razões para entender que, na falta de menção específica, o trabalho voluntário, previsto na Lei n.º 71/98, de 03.11[1886], não fica abrangido pela proibição de exercício de outras actividades que os sujeitos tenham acordado, o mesmo sucedendo com a prestação gratuita de trabalho[1887].

Sendo o voluntariado definido como "o conjunto de acções de interesse social e comunitário, realizadas de forma desinteressada por pessoas, no âmbito de projectos, programas e outras formas de intervenção ao serviço dos indivíduos, das famílias e da comunidade, desenvolvidos sem fins lucrativos por entidades públicas ou privadas" (n.º 1 do art. 2.º)[1888], vislumbra-se um verdadeiro regime jurídico do trabalho voluntário, mau grado a ausência de referência formal a um contrato que enquadre o *trabalho benévolo*[1889].

[1886] Regulamentada pelo Decreto-Lei n.º 389/99, de 30.09, com as alterações introduzidas pelo Decreto-Lei n.º 176/2005, de 25.10.

[1887] Ainda mais restritivamente, indesligando o pacto da proibição de exercício de "qualquer outra actividade remunerada", cfr. João Leal Amado, *Contrato de Trabalho* (2009), cit., 375.

[1888] Não sendo abrangidas pela Lei as actuações que, embora desinteressadas, tenham um carácter isolado e esporádico ou sejam determinadas por razões familiares, de amizade e de boa vizinhança.

[1889] A expressão é de Júlio Vieira Gomes, *Direito do Trabalho* (2007), cit., 187 e ss.. Ainda: M.ª Rosário Palma Ramalho, *Direito do Trabalho. Parte II* (2010), cit., 28.

Tratando-se de um "contrato de prestação de serviço com função de liberalidade, mas que apresenta características muito próximas do contrato de trabalho"[1890], este enquadramento recorta-se a partir da obrigação assumida pelo trabalhador de prestação, sem retribuição, de serviços em conformidade com o programa acordado com a organização promotora, do qual têm de constar o conteúdo, a natureza e a duração do trabalho[1891], com as funções do voluntário, na relação com a entidade promotora, a terem que ser definidas quanto ao conteúdo, à duração e às formas de desvinculação[1892].

Muito embora a *ratio* do acordo de exclusividade se possa identificar as mais das vezes com o afastamento dos níveis de desgaste físico inerentes ao exercício de outras actividades, consideramos que o exercício de outras actividades de carácter pessoal, ainda que potenciadoras desse desgaste (exemplo: actividades desportivas ou de criação e comunicação intelectual[1893]), não podem, por princípio, ser consideradas vedadas ao trabalhador em razão da assunção de uma obrigação de exclusividade, por razões idênticas às que conformam o n.º 1 do art. 247.º quanto ao exercício de outras actividades durante o período de férias, preceito que, *hoc sensu*, aparece a entrelaçar proibição e remuneração, e que se aparta, com clareza, de uma alegada tutela do direito ao repouso[1894].

Se as desvantagens associáveis ao trabalho voluntário são compensadas por lei com medidas como a justificação de faltas ao emprego, o reembolso de despesas ou a cobertura pelo seguro dos riscos inerentes à actividade – traduz-se,

---

[1890] Assim: CARLOS FERREIRA DE ALMEIDA, *Contratos III. Contratos de liberalidade, de cooperação e de risco* (2012), cit., 67. A opção encontra porventura razão de ser na tendencial indiferença das *operae gratis datae* às coordenadas regulativas do Direito do trabalho, em congruência parcial com o axioma de que o legislador carece de razões sérias para invadir o âmbito de actividades motivadas pela generosidade e, em geral, por todas aquelas em que são estranhas as conotações de direito e de dever, como faz relevar MONTOYA MELGAR, *Derecho y Trabajo* (1997), cit., 20.

[1891] Arts. 3.º, 6.º e 7.º da Lei n.º 71/98, de 03.11.

[1892] Art. 9.º da Lei n.º 71/98, de 03.11.

[1893] Sobre estas, também JOSÉ DE OLIVEIRA ASCENSÃO, "O exercício de actividades remuneradas por docentes e investigadores em regime de dedicação exclusiva", RDES 1986, n.º 2, 210-1, que as considera inabrangíveis pelo regime de exclusividade dos docentes do ensino superior, desde logo por que elas são, por definição, complementares às funções docentes, integrando o aprofundamento científico requerido por tais funções.

[1894] Nestes termos, acerca do § 8 *Bundesurlaubsgesetz* (BUrlG), v. WILHELM MOLL, *Arbeitsrecht* (2005), cit., § 31, 762 e KLAUS HÜMMERICH/ WINFRIED BOECKEN/FRANZ JOSEF DÜWELL, *Anwalt-Kommentar Arbeitsrecht: vol. I* (2008), cit., 3318, embora o preceito assuma explicitamente o dever de preservação dos interesses do empregador, impedindo, durante o período de férias, o trabalhador de exercer qualquer actividade que conflitue com o contrato de trabalho, sem qualquer referência expressa ao conceito de retribuição.

aqui, um importante estímulo ao voluntariado, enquanto sector dinâmico da sociedade, cuja actividade se revela complementar à actuação das instituições públicas –, entende-se que, face à importância do altruísmo e da solidariedade como valores morais socialmente constituídos e juridicamente reconhecidos, o exercício de actividades de interesse social ou comunitário, bem como as que são desenvolvidas em regime de prestação gratuita de trabalho, não cabem, ante a ausência de menção contratual diversa, na vedação estabelecida[1895].

Aos sujeitos, face aos fins prosseguidos com o acordo (*v.g.* garantia de níveis máximos de concentração), fica no entanto reservada a possibilidade de absolutizarem a exclusividade, incluindo a proibição de trabalho voluntário, conquanto, e sem que se perca de vista que as limitações têm que se mostrar indispensáveis aos fins prosseguidos, o interesse que empresta validade a uma estipulação com esse alcance logre também ser devidamente justificado[1896].

Não havendo razões de interesse colectivo que a tal se oponham, esta possibilidade de dilucidação prévia é igualmente possível quanto à vedação de actividades por conta própria e não apenas por conta de outrem.

No entanto, e por contraste com o que vai dito em relação ao trabalho voluntário, caso não se verifique qualquer exclusão convencional quanto à possibilidade de o trabalhador desenvolver actividades por conta própria, há boas razões para se julgar que também estas são abrangidas pela obrigação de *non facere* que o pacto determina, mau grado a questão suscitar análises desencontradas no país vizinho[1897].

[1895] Em plano diverso, desde logo porque se trata de uma limitação *ex lege*, mas com enquadramento exegeticamente idêntico, o Estatuto do Gestor Público estabelece para os gestores com funções executivas o exercício das respectivas funções em regime de exclusividade, previsão que, na leitura de PEDRO MACHETE, "Incompatibilidades e Impedimentos no novo Estatuto do Gestor Público", *Estudos dedicados ao Professor Mário Fernando de Campos Pinto. Liberdade e Compromisso. Vol. II*, UCP, Lisboa, 2009, 304-5, implica a "renúncia ao exercício de quaisquer outras actividades ou funções de natureza profissional, públicas ou privadas, exercidas com carácter regular ou não, e independentemente da respectiva remuneração". Mas, considerando que "estão apenas em causa as actividades que possam comprometer o exercício correcto e eficiente das funções protegidas através do regime da exclusividade", o Autor não deixa de salientar que, fora deste âmbito, o direito ao livre desenvolvimento da personalidade justifica um amplo espaço de liberdade pessoal, a exercer individualmente ou em associação.

[1896] BAG 13.03.2003 -6 AZR 585/2001, NZA 2003, 976: os pactos em que se encontra proibido o exercício de actividades secundárias devem ser interpretados no sentido de que apenas são proibidas as actividades secundárias em relação às quais exista um legítimo interesse do empregador, de acordo com o esquema de interesses em que se move a execução do contrato de trabalho.

[1897] No sentido que preconizamos: ALCÁZAR ORTIZ & VAL TENA, "Los pactos de dedicación exclusiva y permanencia en la empresa" (1995), cit., 128 e REY GUANTER, *Estatuto de los trabajadores*

É certo que, em razão da presunção de liberdade que rege as relações entre o contrato de trabalho e os direitos fundamentais[1898] e em atenção a uma interpretação constitucionalmente orientada, a limitação à liberdade de trabalho deve ficar contida na medida do estritamente necessário[1899].

Contudo, face aos interesses prosseguidos e à origem convencional da obrigação, a interpretação que melhor quadra com o sistema e com a motivação dos sujeitos na celebração do pacto é a que conduz à proibição de actividades negociais por conta própria, independentemente da sua refracção concorrencial.

Por um lado, e uma vez que a obrigação de exclusividade se destina a garantir que o trabalhador, face ao desgaste implicado pelas funções exercidas, se concentra na actividade objecto do contrato do trabalho ou que, por razões de absoluta transparência, não é capturável por outros interesses, a susceptibilidade de exercício de actividades por conta própria é susceptível de esvaziar o interesse subjacente à sua estipulação.

Por outro, não subsistindo hoje grandes controvérsias quanto ao facto de o exercício de actividades por conta própria ser abrangido pelo dever de não concorrência – a *littera* da fórmula legal faz menção expressa à não negociação por conta própria ou alheia –, não faria sentido ignorar esta compressão na criação convencional de uma obrigação que, à semelhança daquele dever, se predestina ao não exercício de outras actividades, mau grado a desnecessidade de deslealdade subjacente.

16. Neste plano, se, ante a limitação da capacidade para a angariação de meios subsistência, o princípio da proporcionalidade vai conformar o âmbito da obrigação de exclusividade assumida pelo trabalhador, dir-se-á, de forma rigorista, que as actividades vedadas ao trabalhador só podem ser as que se mostrem indispensáveis à satisfação dos interesses empresariais que emprestem justificação à limitação acordada, por contraste com a amplitude com que se admitem tais limitações no Reino Unido, onde a mera susceptibilidade de interferência com a boa execução do contrato de trabalho (*good performance*) dá guarida a proibições contratuais genéricas de exercício de outras actividades que se refractem

---

(2007), cit., 432; mas entendendo que apenas ficam excluídas as actividades desenvolvidas por conta de outrem: DURÁN LÓPEZ, "Pacto de no concurrencia" (1985), cit., 185.

[1898] JOSÉ JOÃO ABRANTES, *Contrato de Trabalho e Direitos Fundamentais* (2005), cit., 190.

[1899] Assinalando o ponto: WOLF HUNOLD, "*Rechtsprechung zur Nebentätigkeit des Arbeitnehmers*", NZA-RR 2002, 506-7.

na diligência exigível para o cumprimento do vínculo e com desnecessidade de qualquer contrapartida[1900].

Será assim por princípio, não havendo razões para, em confronto com os demais acordos de limitação à liberdade de trabalho, se amenizar substancialmente o alcance do princípio da proporcionalidade no que ao pacto de exclusividade diz respeito.

Está-se, contudo, diante de um pacto que, em razão da sua morfologia, é compatível com um alargamento da autonomia dos sujeitos no que se refere à delimitação do acervo de actividades que o trabalhador não pode exercer.

Este sentido gradativo do princípio da proporcionalidade, que afasta uma homologia absoluta com o enquadramento seguível em relação aos pactos de não concorrência, encontra esteio no facto de se mostrar desnecessário que as actividades sejam concorrenciais (abrindo-se espaço para o conjunto de actividades vedáveis) e no alcance dos próprios interesses que justificam o pacto, de que é exemplo a exigente responsabilidade das funções desenvolvidas.

A diferenciação em relação aos pactos de não concorrência encontra ainda eco no facto de o direito ao trabalho se encontrar em curso de satisfação, algo que os pactos de não concorrência não logram garantir *ab initio* e que os pactos de exclusividade, por essência, fazem pressupor.

Sem prejuízo, não há razão, por princípio, para ficarem vedadas ao trabalhador actividades cuja potencial incidência sobre os interesses que justificam o pacto é residual e/ou mesmo inexistente (actividades recreativas ou desportivas), e cuja subsistência, em razão do princípio da proporcionalidade, deve ser considerada arredada.

Não havendo margem para admitir pactos que invadam a "vida pessoal ou privada"[1901] do trabalhador, a tarefa do intérprete-aplicador, em aplicação do princípio da proporcionalidade, é preguiada por um critério: o esquema de interesses em que se move o contrato de trabalho, sendo, por isso, insignificante o exercício de actividades privadas que, correspondendo à fruição de direitos de

---

[1900] Deborah J. Lockton, *Employment Law* (2003), cit., 110.

[1901] Cabendo recordar que, para o Tribunal Europeu dos Direitos do Homem, "la notion de vie privée est une notion large, non susceptible d'une définition exhaustive, qui recouvre l'intégrité physique et morale de la personne. Elle peut donc englober de multiples aspects de l'identité physique et sociale d'un individu": CEDH, 04.12.2008, *Marper c. Royaume-Uni*, req. 30562/04. Ainda: Thomas Hammarberg, *Droits de l'homme en Europe: la complaisance n'a pas sa place,* Conselho da Europa, Estrasburgo, 2011, 305.

personalidade, não são estritamente necessárias e relevantes para a prestação da actividade laboral em regime de exclusividade[1902].

Não obstante, as franjas de autonomia relativas aos pactos de exclusividade, no que à delimitação do objecto diz respeito, são substanciais, incluindo o afastamento de actividades a título não remunerado, em regime de trabalho autónomo ou subordinado e também a confecção de situações cuja verificação suspende a auto-limitação assumida.

Por princípio, a proibição de exercício de outras actividades que tenha sido pactuada vale durante o período de férias e durante a suspensão do contrato de trabalho, uma vez que o contrato de trabalho existe e a obrigação de exclusividade, inverificada a caducidade do pacto ou a respectiva desvinculação por qualquer dos sujeitos, não é dissociável da permanência na relação laboral[1903].

Nada obsta, contudo, a que os sujeitos assumam estipulação contrária, cuja verificação até pode ocorrer em momento sequente à sua celebração[1904].

V. Compensação

17. Estando-se perante uma auto-limitação de direitos constitucionalmente garantidos que exorbita da dinâmica vicissitudinária normal de execução do contrato de trabalho – exorbitância que, em fundamento, já conduziu a *Cour de Cassation* a qualificar uma cláusula de exclusividade como uma modificação do contrato de trabalho, cuja recusa por parte do trabalhador é insusceptível de preencher o conceito de despedimento com justa causa (*licenciement motivé par son refus est dépourvu de cause réelle et sérieuse*)[1905] –, é quase sempre omitida a indicação de uma referência à prestação que se gera a cargo do empregador, podendo, no limite, sustentar-se a gratuitidade do acordo ou, por caminho similar, entregar-se um eventual acréscimo retributivo à autonomia privada[1906].

[1902] Como refere de forma lapidar JEAN-EMMANUEL RAY, "Les Libertés dans L'entreprise", (2009), cit., 133, «le terme "vie personnelle du salarié" contient en lui-même la solution jurisprudentielle adoptée: le lien de subordination étant limité au temps et au lieu de travail».

[1903] CRUZ VILLALÓN, *Estatuto de los Trabajadores Comentado* (2003), cit., 297.

[1904] Sirva de exemplo a atribuição de uma licença sem retribuição, cujo requerimento feito pelo trabalhador explicita que a mesma se destina ao exercício de outras actividades.

[1905] Cass. Soc. 07.06.2005 (*Sonnerat c/ Sté Scolarest*), n.º 03-42.080, Bull. civ. V, n.º 189.

[1906] Assumindo esta posição, v. PEDRO ROMANO MARTINEZ, *Direito do Trabalho* (2010) cit., 693, que sustenta que "frequentemente a exclusividade está associada a um acréscimo retributivo (p. ex. subsídio de exclusividade), mas também, neste aspecto, vigora o princípio da autonomia privada". É também essa a tendência no direito alemão, com a doutrina e a jurisprudência a centrarem-se na

Este desenvolvimento, que arranca da ausência de previsão legal e da impostação dos pactos de exclusividade no domínio da autonomia privada, não desconsidera, é certo, os limites tradicionalmente antepostos às margens intra-subjectivas de vontade do trabalhador.

Porém, em tese, pode até encontrar arrimo na regulação desenhada para os pactos de permanência, onde não se exige o pagamento de qualquer compensação em razão da obrigação de permanência assumida pelo trabalhador.

Em paralelo, e *in extremis*, conseguirá até entrever-se sustento na perspectiva de que um pacto de exclusividade se limita a intensificar o dever de lealdade que a lei prevê, não gerando, por si, qualquer obrigação com incidência directa sobre a execução do contrato – em *fictio*, o contrato é executado em moldes semelhantes e a obrigação atina com o que o trabalhador faz para lá relação laboral – ou, forçando a nota, entender-se que a assunção da obrigação de exclusividade será o preço a pagar pelo trabalhador para obter o emprego, sem a qual o empregador não estará disposto a investir na sua profissionalidade.

Se quanto a este último argumento, que na prática condiciona a celebração de um contrato de trabalho a uma renúncia por parte do trabalhador a um direito constitucionalmente sedimentado (*take it or leave it*), a única virtualidade explicativa radica na necessidade de garantir que, *de facto et de iure*, o trabalhador se vincula de forma livre e consciente e/ou na confecção de mecanismos de tutela adequados[1907] – e já não que a celebração do contrato de trabalho funciona como a contra-prestação a cargo do empregador com a assunção da renúncia por parte do trabalhador, desde logo porque se trata de negócios com uma causa, um conteúdo e um alcance diversos e a efectivação do direito ao trabalho, na vertente de acesso ao emprego, não pode depender de uma renúncia à liberdade de trabalho (...) –, também o argumento *a pari ratione*, por referência aos pactos de permanência, se revela falho de sentido, o mesmo sucedendo com a perspectivação de que a proibição de outras actividades em nada influi na execução do contrato, limitando-se a fortificar o dever de lealdade.

Com efeito, embora os vectores ligados à lealdade surjam em todo o ordenamento, a limitação ínsita no pacto quanto ao não exercício de outras actividades

---

indagação dos interesses do empregador que concorrem para validade da cláusula e na proporcionalidade da limitação assumida, sem se curar da necessidade de uma compensação.

[1907] Alertando para esta necessidade no domínio particular dos pactos de exclusividade, v. Lise Casaux, *La pluriactivité ou l'exercice par une même personne physique de plusieurs activités professionnelles* (1993), cit., 149 e, em geral, Muriel Fabre-Magnan, "Le forçage du consentement du salarié" (2012), cit., 463.

está para lá da carga significativa do dever de lealdade[1908], cujo apelo aos valores fundamentais do sistema ultrapassa a capacidade dispositiva dos sujeitos[1909].

Neste sentido, reduzir a função do pacto de exclusividade a uma intensificação do dever de lealdade significa, por um lado, desatender à noção de interesse sério requerido para a validade dos pactos – e cuja intersecção com a tutela dos interesses subjacentes ao contrato de trabalho transmuda a sua execução –, e, por outro, desconsiderar que a proibição de exercício de actividades não concorrenciais *a latere* do contrato de trabalho não se cruza dogmaticamente com o dever de lealdade, visto que o incumprimento do pacto, operando com o exercício de actividade vedada *ex ante*, torna desnecessário qualquer juízo de valor acerca da deslealdade subjacente.

No que diz respeito à similitude estabelecível com os pactos de permanência, torna-se, antes do mais, essencial retrilhar a sua onerosidade ("ambas as partes suportam esforços económicos, em simultâneo com vantagens correlativas") e sinalagmaticidade (reciprocidade das obrigações – investimento/obrigação de permanência), já que, sob pena de um juízo de invalidade, são necessárias *despesas extraordinárias comprovadamente feitas pelo empregador com a formação profissional do trabalhador*.

Se estas despesas traduzem um investimento do empregador que, exorbitando do custo normal associado à beneficiação da força de trabalho de outrem, conformam, pelo interesse sério subjacente, a recepção por parte do sistema deste acordo em que o trabalhador auto-limita a liberdade de trabalho, essa recepção sistemática falha, no plano teleológico e no que ao acordo de exclusividade diz respeito, se os deveres do empregador não apresentarem qualquer variegação em razão da obrigação de exclusividade assumida pelo trabalhador, tudo se passando, na perspectiva dos direitos que assistem ao trabalhador, como que se este não renunciasse à liberdade de escolha de profissão, quedando em posição idêntica à de um trabalhador que vê intocadas as possibilidades de exer-

---

[1908] Em sentido diverso, considerando que a cláusula de exclusividade visa o reforço do dever de lealdade, v. STEPHANIE HOWARD & NICOLAS LÉGER, "Non-competition and employment issues in France", *Restrictive Covenants in Employment Contracts and Other Mechanisms for Protection of Corporate Confidential Information* (dir. Pascal Lagesse & Mariann Norrbom), Kluwer Law International, Londres, 2006, 90.

[1909] Se, do que vimos, o dever de lealdade molda a execução do contrato de trabalho, a referência à ultrapassagem da capacidade dispositiva dos sujeitos atina com a insusceptibilidade de renúncia antecipada à observância daquele dever, embora se admita que, através de acção (*v.g.* consentimento do empregador quanto ao exercício de uma actividade concorrente pelo trabalhador) ou de omissão (*v.g.* tolerância quanto ao exercício de uma actividade concorrente pelo trabalhador e/ou não exercício de acção disciplinar), os sujeitos abdiquem da sua concreta projecção operativa.

cer outras actividades profissionais para lá do contrato de trabalho e que, portanto, não celebrou um pacto de exclusividade (níveis de vinculação distintos//contraprestações idênticas).

Mesmo que se avance com o argumento de que a vontade do trabalhador traz consigo um espírito de liberalidade, não se poderá, sem prejuízo das virtualidades operativas atribuíveis a esse critério, apagar o sentido resultante da aplicação dos critérios legais sobre a interpretação de um contrato: topa-se com um custo apenas para o trabalhador e com uma vantagem exclusiva para o empregador, numa construção que, descurando o equilíbrio entre os sujeitos, soçobra ante as coordenadas do sistema laboral, impondo-se, uma vez mais, desenvolver um pensamento sistemático, que evite torções normativas, susceptíveis de quebrar a unidade do ordenamento, e que atenda ao *"plus* implicado pela exclusividade"[1910].

18. Nos lugares paralelos, o regime dos contratos de trabalho dos profissionais de espectáculos[1911] – e foi nesse domínio, a par do sector das artes, que as cláusulas de limitação à liberdade de trabalho encontraram, *praeter legem*, terreno fértil para o seu aparecimento[1912] – estabelece, por um lado, no n.º 5 do art. 11.º, que "as partes podem estabelecer, por escrito, que o trabalhador realiza a sua actividade artística em exclusivo para o empregador, mediante a fixação de uma compensação adequada para a prestação do trabalho em regime de exclusividade", e, por outro, no n.º 6., que "quando não exista contrato de exclusividade, celebrado nos termos do número anterior, os trabalhadores das artes do espectáculo e do audiovisual podem celebrar contratos simultâneos com mais de uma entidade empregadora, desde que o cumprimento do objecto dos diferentes contratos não seja incompatível por razão de horário, localização geográfica, profissional ou outra".

Esta união entre *compensação adequada* e o não exercício de outras actividades remuneradas conforma também o enquadramento legal relativo à carreira docente universitária, que, em associação à opção pela dedicação exclusiva, prevê um "subsídio complementar" para os professores[1913] e um "subsídio de

---

[1910] A expressão é de Durán López, "Pacto de no concurrencia" (1985), cit., 185.
[1911] Tratamos da Lei n.º 4/2008, de 07.02, com as alterações introduzidas pela Lei n.º 28/2011, de 16.06, que aprova o regime dos contratos de trabalho dos profissionais de espectáculos e estabelece o regime de segurança social aplicável a estes profissionais.
[1912] Daniele Corvi, *Causa e tipo del contratto di lavoro artístico*, Wolters Kluwer Italia, Milão, 2009, 58.
[1913] N.º 1 do art. 70.º

formação-investigação" para os assistentes[1914], cominando, em caso de violação do compromisso, a reposição das importâncias do subsídio durante o ano respectivo, além da responsabilidade disciplinar[1915].

Se os conteúdos regulativos que atinam com tipos laborais situados para lá do Código do Trabalho fornecem uma pauta de valoração que conforma os pactos de exclusividade como onerosos, é todavia no plano intra-codicístico que este enquadramento ganha lastro para a sua sedimentação, uma vez que a onerosidade é uma característica qualificante dos pactos de permanência e de não concorrência[1916] – quais "cláusulas vizinhas das cláusulas de exclusividade"[1917] –, confirmando que a obrigação de exclusividade, ao implicar uma limitação à liberdade de trabalho que está para lá das obrigações legais impostas ao trabalhador, tem de ser acompanhada por uma compensação, que traduza um mínimo de tutela dos seus interesses, na sequência aliás da previsão contida no anteprojecto do CT2003 (n.º 1 do art. 138.º)[1918].

Encontrando-se ultrapassada uma concepção meramente subsuntiva ou dedutiva do Direito, que determina que a sua aplicação conleve cada vez mais "uma concreta realização normativamente constitutiva"[1919], na exacta medida em que o pagamento da contrapartida que entretece o pacto de não concorrência é valorado pela jurisprudência constitucional como um mecanismo de tutela dos interesses do trabalhador – impõe-se que "o trabalhador seja economicamente compensado pela limitação de actividade a que se obriga"[1920] –, não há razão para entender que o empregador possa beneficiar de um dever de

---

[1914] N.º 2 do art. 70.º.
[1915] N.º 3 do art. 70.º Sobre o preceito, cfr. JOSÉ DE OLIVEIRA ASCENSÃO, "O exercício de actividades remuneradas por docentes e investigadores em regime de dedicação exclusiva" (1986), cit., 191-217.
[1916] Relembrando-se que, em relação aos pactos de permanência, e como entre nós fez notar JÚLIO VIEIRA GOMES, *Direito do Trabalho* (2007), cit., 627, "a lei não prevê aqui uma compensação pecuniária para o trabalhador, precisamente porque a cláusula representa, ela própria, a contrapartida de um investimento realizado ou que terá de o ser".
[1917] As palavras são de FRANÇOIS GAUDU & RAYMONDE VATINET, *Les contrats du travail* (2001), cit., 253.
[1918] Identicamente, e apelando ao direito espanhol, PEDRO FURTADO MARTINS, "O Pluriemprego no Direito do Trabalho" (1999), cit., 205.
[1919] ANTÓNIO CASTANHEIRA NEVES, "A unidade do sistema jurídico: o seu problema e o seu sentido (Diálogo com Kelsen)", *Estudos em homenagem ao Prof. J. J. Teixeira Ribeiro*, vol. II, BFDUC, Coimbra editora, Coimbra, 1979, 106.
[1920] Assim, em adesão à perspectiva de ANTÓNIO MONTEIRO FERNANDES, v. o já citado Ac. TC n.º 256/04, de 14.04 (MÁRIO TORRES).

exclusividade criado negocialmente sem que também aqui ao trabalhador seja atribuída uma contrapartida[1921].

Entrever-se-ia, aliás, uma torção sistemática se um trabalhador cujo vínculo cessou tivesse *ex lege* direito a uma compensação adequada à limitação à sua liberdade de trabalho produzida pelo pacto de não concorrência – al./c do n.º 3 do art. 136.º – e esse direito à compensação lhe fosse subtraído na hipótese em que o contrato de trabalho se encontra a ser executado. Na primeira situação, o exercício de outras actividades, conquanto não concorrenciais, não afasta o direito à compensação. Na segunda, mau grado o direito ao trabalho estar parcialmente satisfeito, o trabalhador não só não teria direito a qualquer compensação, como se encontra, no modelo de frequência média dos pactos de exclusividade, impossibilitado de exercer qualquer outra actividade.

Ora, se por princípio o trabalhador tem o direito de exercer, em respeito pelo dever de não concorrência, uma actividade adequada à sua profissionalidade ou qualquer outra actividade que se mostre idónea à obtenção de ganhos que permitam o seu sustento e o da sua família, a função do correspectivo, para lá de reprimir qualquer "abuso de posição de força por parte do empregador"[1922], consiste em assegurar um *minimum* de reparação do prejuízo[1923], mesmo que potencial, implicado pela limitação à liberdade de trabalho[1924].

Falamos, aqui, em prejuízo potencial sob uma perspectiva dual: *(i)* o trabalhador pode não querer exercer outra actividade, mas a dissemelhança de planos entre o "não querer" e o "não poder" conforma a necessidade de compensação, face à privação do direito subjacente; *(ii)* o pacto pode prever, nos termos que foram descritos, uma autorização por parte do empregador quanto ao exercício de outras actividades, sem que essa possibilidade de exercício fique *ab initio* vedada; contudo, se aí o afastamento da necessidade de uma compensação caso o trabalhador não exercesse outra actividade ou na hipótese de essa autorização ser concedida pelo empregador implicariam que estivéssemos perante uma outra figura que não um pacto de exclusividade, cabe não perder de vista que, na exacta medida em que tanto o exercício de uma actividade laboral quanto o pagamento da compensação são determináveis unilateralmente pelo empregador, o desequilíbrio é manifesto e os direitos ao trabalho e à livre escolha de pro-

---

[1921] Parece ser também esse o entendimento de M.ª Rosário Palma Ramalho, *Direito do Trabalho. Parte II* (2010), cit., 123.
[1922] Vislumbrando este fundamento na obrigação de pagamento de uma contrapartida, v. Léa Benbouaziz, *L'économie générale du contrat de travail* (2011), cit., 94.
[1923] Assim, Cruz Villalón, *Estatuto de los Trabajadores Comentado* (2003), cit., 297.
[1924] Nesta perspectiva, ainda: Jorge Leite, *Direito do Trabalho*, vol. II (1999), cit., 65.

fissão são objecto de uma limitação, face à insusceptibilidade de fruição plena do direito ao trabalho, que, na ausência de pacto específico, não existiria.

Não se trata, em todo caso, de uma indemnização *stricto sensu*[1925] – uma vez que não se vislumbra qualquer situação de incumprimento contratual na génese da contrapartida percebível pelo trabalhador –, mas antes de um corolário lógico de um acordo oneroso que, face à posição ocupada pelos sujeitos e às implicações jus-fundamentais que traz consigo, não se compagina com a gratuitidade e tem como função compensar *ex ante* o trabalhador pela não fruição plena do seu direito ao trabalho[1926], assegurando o sinalagma[1927].

19. Neste plano, as questões que emergem atinam com o grau de autonomia privada relativo à fixação do valor da retribuição, cuidando-se aí de saber se basta uma prestação que satisfaça uma utilidade concreta do trabalhador, e com a respectiva forma de cumprimento, tratando-se agora de indagar se esta é compatível com as figuras da dação em cumprimento, da dação *pro solvendo*, da consignação em depósito, da compensação, da novação, da remissão ou da confusão.

A resposta é, em parte, idêntica e arranca de um pré-referente qualificativo: se, no plano económico, conforme faz notar STIGLITZ, se consubstancia uma

---

[1925] Falando, porém, em indemnização, v. VINCENT NEUPREZ & MICHEL DEPREZ, *Contrats de travail: l'essentiel* (2008), cit., 92.

[1926] LUQUE PARRA, "Pactos típicos, nuevas tecnologias y relación laboral" (2005), cit., 164, RUBIO DE MEDINA, *El pacto de permanencia en la empresa* (2005), cit., 11 e REY GUANTER, *Estatuto de los trabajadores* (2007), cit., 433. CRUZ VILLALÓN, *Estatuto de los Trabajadores Comentado* (2003), cit., 297, entrevê na contrapartida uma função de compensação ao trabalhador de dano patrimonial derivado de um lucro cessante, função que todavia nos suscita dúvidas, uma vez que não existem propriamente ganhos que se frustraram ou prejuízos advenientes ao trabalhador por não ter aumentado o seu património: o exercício de uma outra actividade, afora casos circunscritos, é sempre uma eventualidade, não sendo possível afirmar-se que, por força da exclusividade, não se concretiza uma vantagem que, na ausência do pacto, se verificaria. A contrapartida atina com a titularidade de um *status* que, a manter-se, era susceptível de dar ao trabalhador o direito a um ganho, face à não compressão da liberdade de trabalho, sendo, pois, uma consequência directa dessa compressão, sem que, *summo rigore*, exista a frustração de um ganho.

[1927] Construção que, *grosso modo*, é sustentada no ordenamento transalpino para sustentar a onerosidade de um *pactum de non recedendo* – assim: ALBERTO RUSSO, *Problemi e prospettive nelle politiche di fidelizzazione del personale* (2004), cit., 96 –, mas cuja razão de ser é extensível a qualquer convenção que, nas margens do sistema, opere uma limitação da liberdade de trabalho.

relação entre salário e desempenho em exclusividade[1928], a compensação integra-se no conceito de retribuição[1929].

Ora, se esta qualificação é inequívoca em relação aos suplementos que *ex lege* são devidos a quem exerce funções em exclusividade (sirva de exemplo o regime aplicável aos docentes do ensino superior) ou aparece, sem discriminação explícita, incorporada na estrutura retributiva relativa a profissionais cuja exclusividade é imposta por lei (assim: os magistrados), ela é também a única que, em razão da sua atinência directa com a actividade desempenhada pelo trabalhador, é susceptível de ser encontrada: para lá de se presumir que *constitui retribuição qualquer prestação da entidade empregadora ao trabalhador*, este, comprometendo-se a não exercer outras actividades, assume a obrigação de exercer a actividade contratualizada em exclusividade ou em quasi-exclusividade, pelo que a contrapartida, embora destinada a compensar o trabalhador pela não fruição plena do seu direito ao trabalho, entronca no acréscimo de disponibilidade para o exercício das funções compreendidas no contrato de trabalho, aportando-se assim a "um conjunto de valores (pecuniários ou não) que a entidade patronal está obrigada a pagar regular e periodicamente ao trabalhador em razão da actividade por ele desempenhada (ou, mais rigorosamente, da disponibilidade da força de trabalho por ele oferecida)"[1930].

Deste modo, e uma vez que "(a) qualificação de certa prestação como retribuição determina a aplicação dos regimes de garantia e de tutela dos créditos retributivos previstos no Código"[1931], a contrapartida devida em razão do pacto de exclusividade fica sujeita às limitações previstas na lei quanto ao seu modo de cumprimento, podendo, no entanto, ser satisfeita em espécie, conquanto a

---

[1928] Assim, associando as "restrictions on the employee undertaking outside employment" à "relationship between pay and performance", v. JOSEPH E. STIGLITZ, *Whither Socialism?*, MIT Press, Massachusetts, 1996, 72.

[1929] Inserindo também a compensação no conceito de retribuição: DURAN LÓPEZ, "Pacto de no concurrencia", *El Estatuto de los Trabajadores. Comentarios a las Leyes Laborales* (1985), cit., 187 e CRUZ VILLALÓN, *Estatuto de los Trabajadores Comentado* (2003), cit., 297. Diversamente, afastando a recondução da compensação ao conceito de retribuição, uma vez que "o pacto de dedicação é um elemento acidental do contrato de trabalho", v. ALONSO OLEA & CASAS BAAMONDE, *Derecho del Trabajo* (1999), cit., 986.

[1930] A definição de retribuição que utilizamos neste contexto é dada por ANTÓNIO MONTEIRO FERNANDES, *Direito do Trabalho* (1998), cit., 399 [=*Direito do Trabalho* (2012), cit., 395], salientando-se que, nestes termos, e para efeitos infortunísticos, incumbirá ao empregador a obrigação de declarar à seguradora todas as prestações auferidas pelo trabalhador susceptíveis de integrarem o conceito de retribuição, como sucede com a compensação em razão do pacto de exclusividade.

[1931] N.º 4 do art. 258.º.

retribuição global não seja composta, na sua maioria, por prestações não pecuniárias[1932] e satisfaça uma utilidade concreta do trabalhador.

Se o princípio da irredutibilidade da retribuição não obsta, bem ao contrário, a que, verificada a caducidade do pacto de exclusividade ou exercida a desvinculação por qualquer dos sujeitos, a parcela correspondente à obrigação de exclusividade desapareça – pois está-se diante de modificações factuais que ocorrem ao nível do modo específico de execução da prestação laboral, ficando esse *plus* compensatório sem fundamento[1933] –, cumpre todavia ter presente, no que à forma de cumprimento da compensação diz respeito, que, na pendência do contrato de trabalho, o empregador não pode compensar a atribuição em dívida com crédito que tenha sobre o trabalhador, nem fazer desconto ou dedução sobre o montante daquela[1934].

Com o estreitamento da autonomia privada a justificar-se em razão da existência de uma relação laboral e com a recondução da compensação ao conceito de retribuição – que não se verifica, como veremos, no âmbito da compensação devida por um pacto de não concorrência –, impõe-se mensurar o valor da compensação: se o valor da contrapartida é, por um lado, entregue em boa parte à autonomia da vontade dos sujeitos, por outro, há-de satisfazer um mínimo que permita a não desnaturação do alcance compensatório que, por definição, a contrapartida traz consigo[1935].

Assim, mau grado a dissemelhança de fundamentos e a diferença de natureza entre as compensações pagáveis no âmbito dos pactos de exclusividade e de não concorrência, impõe-se a sujeição da compensação exigida por força da exclusividade ao juízo de adequação comummente estabelecido a propósito da obrigação de não concorrência pós-contratual: tratando-se de um sacrifício a um direito fundamental, o trabalhador tem direito à *justa* reparação por tal facto[1936].

[1932] N.º 1 do art. 259.º.

[1933] Em ilustração, é o que se verifica, nos termos do n.º 1 do art. 267.º, com a retribuição por exercício de funções afins ou funcionalmente ligadas ou com outras prestações feitas pelo empregador que se relacionam com situações especiais de trabalho caracterizáveis pela reversibilidade, como os subsídios de turno, de alojamento, de risco, penosidade ou salubridade. Desaparecidas as condições que preditam a atribuição destes subsídios, a cessação do pagamento tem fundamento, em nada bulindo com o princípio da irredutibilidade da retribuição.

[1934] Com excepção das situações admitidas no n.º 2 do art. 279.º.

[1935] A UGT, em comentário ao anteprojecto do CT2003, salientava o ponto, referindo que "se deveria desde já estabelecer um limite mínimo para o montante da compensação, sob pena de um simples cêntimo poder ser encarado como tal e a entidade empregadora exercer de forma abusiva o seu poder de direcção e autoridade para obrigar à assinatura de um tal pacto".

[1936] REY GUANTER, *Estatuto de los trabajadores* (2007), cit., 433.

Aqui, se na ausência de fixação da contrapartida o pacto será nulo, não é, contudo, tarefa fácil fixar, em concreto, a quantificação do montante adequado ao sacrifício suportado pelo trabalhador. A hipótese só se suscita caso o montante fixado no pacto seja depreciado ou irrisório, uma vez que a ausência de inscrição da contrapartida ou dos respectivos critérios de cálculo tornam o pacto nulo por indeterminabilidade do objecto, embora, *de iure condendo*, assim se avance com a regulação da figura, se devesse restringir a invocação do vício ao trabalhador, à semelhança do quadro empreendido pela jurisprudência gaulesa no que aos pactos de não concorrência diz respeito.

Havendo, porém, margem para a intervenção dos tribunais no que à correcção do montante diz respeito, o desenvolvimento desta tarefa basear-se-à, a um tempo, no princípio da igualdade: está-se diante de uma parcela da retribuição e conhecem cabimento as razões subjacentes ao art. 270.º do C. T., impondo-se que, face às funções exercidas pelo trabalhador, e perante pactos de exclusividade paralelos e/ou coetâneos, se faça uso da coordenada "a abstenção igual, contrapartida igual".

Após, cabe arredar uma valoração formal do montante convencionado e, sem descurar que este resulta da vontade dos sujeitos mas outrossim sem perder de vista que a relação de trabalho é tendencialmente assimétrica, atender à retribuição do trabalhador, ao seu grau de experiência, à sua idade e à sua experiência profissional, não devendo descuidar-se a amplitude do dever assumido (por exemplo: quanto mais forem as actividades vedadas, maior deverá ser a compensação) e, embora de forma ancilar, a existência de responsabilidades familiares[1937].

Na ausência de critérios legais ou de limites mínimos estabelecidos para a compensação, que acompanha de resto o vazio legal no que aos pactos de exclusividade diz respeito, será este controlo judicial dos montantes estabelecido (valor e adequação da contrapartida), efectuável à luz de um pressuposto global de justeza das obrigações convencionadas, que garante o equilíbrio da relação entre os sujeitos gerada pelo pacto e que, sem prejuízo da diferente natureza das prestações, desenvolveremos a propósito da compensação devida ao trabalhador em razão de um pacto de não concorrência.

[1937] Este aspecto, apesar de pouco focado, ganha relevo na perspectiva de que o exercício de outras actividades está geralmente associado a necessidades de sustento familiar, circunstância que não pode ser ignorada na confecção do modelo de decisão do intérprete-aplicador, sendo, aliás, nessa perspectiva, que o n.º 1 do art. 259.º, associando família e trabalho, vem funcionalizar a prestação retributiva não pecuniária à satisfação de necessidades pessoais do trabalhador ou da sua família.

VI. Cessação

a) Causas gerais

20. O pacto de exclusividade, tal como os demais acordos de limitação à liberdade de trabalho, apresenta causas extintivas próprias, que, conceptualmente, são reconduzíveis às causas gerais de cessação de qualquer negócio jurídico. Pode, por isso, cessar por caducidade, por revogação, por denúncia pelo trabalhador, independentemente de justa causa, e através de uma resolução.

Não havendo especificidades de vulto quanto ao que vai dito para os demais acordos de limitação à liberdade de trabalho no que à revogação e aos pressupostos de funcionamento da caducidade diz respeito, importa, todavia, indagar da continuidade da situação laboral sempre que o pacto cessa por vontade de um dos sujeitos, premissa de análise que traz também ínsita a equação da possibilidade de o empregador se desvincular do pacto sempre que este haja sido acordado por tempo indeterminado, ponderação cuja multiplicidade de implicações suscitará, contudo, análise autonomizada.

Sem prejuízo da estrutura de "supra-infra-ordenação" que caracteriza a combinação vertical entre o contrato de trabalho e o pacto de exclusividade[1938], as consequências emergentes da cessação são, por princípio, atíveis à insubsistência do pacto, deixando intocado o contrato de trabalho[1939].

b) Iniciativa do trabalhador

21. No que respeita à desvinculação *ad nutum* por parte do trabalhador, que conforma o regime aplicável a todos os acordos de limitação da liberdade de trabalho, o enquadramento seguível deve acomodar-se ao que dispõe o art. 81.º do CC.

Para lá da mensuração dos prejuízos conexos com as expectativas do empregador quanto à subsistência do pacto – cujas dificuldades aplicativas não encontram aqui qualquer singularidade em relação às que se verificam no âmbito genérico da revogação de limitações a direitos de personalidade –, e não perdendo de vista que a eficácia da desvinculação priva o trabalhador das vantagens específicas que lhe tenham sido atribuídas como contrapartida da exclusividade, a questão controvertível originada por esta passagem prende-se com o possível influxo que a desvinculação do trabalhador exerce sobre o contrato de trabalho.

[1938] Utilizamos a estrutura descritiva de ORLANDO DE CARVALHO, *Teoria Geral do Direito Civil* (2012), cit., 162, no que diz respeito às combinações de relações jurídicas por acessoriedade.

[1939] Em direcção parecida: Ac. Rl. Lx. de 02.05.2007 (NATALINO BOLAS), proc. 10545/2006-4, acrescentando, contudo, a necessidade de não existirem prejuízos para o empregador.

É, pois, neste plano que se tem propugnado a possibilidade de esse direito potestativo constituir justa causa de despedimento, integrando-se no n.º 1 do art. 351.º[1940], na perspectiva de que a crise de confiança originada pela desvinculação do trabalhador afectará de tal sorte a relação entre os sujeitos laborais que será inexigível a continuidade da relação laboral.

A situação convoca, é certo, a dissecação dos quadros que justificam o *terminus* da relação laboral promovida pelo empregador, quadros que, como se viu a propósito do princípio da segurança no emprego, são, por definição, restritivos e justificadamente apertados.

Porém, independentemente do juízo aplicativo do conceito de justa causa que imana ao despedimento por facto imputável ao trabalhador e que nunca pode radicar numa valoração subjectiva ou de ordem estritamente psicológica, a objectividade subjacente à verificação daquele conceito operativo implicará, a nosso ver, que o exercício de um direito com alcance constitucional, isento de ilicitude e reconhecido pelo ordenamento, não possa determinar o despedimento de um trabalhador.

Tratando-se da liberdade pessoal do trabalhador, o exercício desse direito não poderá ficar condicionado à eventualidade de o seu meio de sustento ser posto em crise, a par de uma possível indemnização devida ao empregador em razão dessa desvinculação *ad beneplacitum*. Entendendo-se que, por princípio, a indemnização devida é o mecanismo adequado para sancionar o trabalhador pela prática de um acto lícito e que o direito de revogação do pacto é insusceptível de renúncia ou de sujeição a qualquer condição, é ainda essa liberdade que justifica a eventualidade do pacto de exclusividade e que, correlativamente, postula o afastamento de uma perspectiva baseada na sua impositividade.

Em ilustração do que acabamos de dizer, e para melhor compreensão das consequências inerentes à perfilhação da possibilidade de recondução da revogação do pacto ao conceito de justa causa, a potencial associação da desvinculação do pacto a um despedimento por facto imputável ao trabalhador só encontraria guarida se o pacto de exclusividade fosse *ex lege* obrigatório, face à homologia do juízo valorativo que implica a aplicação da sanção mais grave para o incumprimento de deveres laborais; contudo, da mesma forma que o trabalhador não pode ser sancionado por não celebrar um pacto de exclusividade que

---

[1940] Veja-se PEDRO ROMANO MARTINEZ, *Direito do Trabalho* (2010), cit., 536 (nota 2), entendendo que a desvinculação de uma cláusula de exclusividade, "ainda que lícita, pode constituir justa causa de despedimento, nos termos do n.º 1 do art. 351.º, n.º 1", solução que parece ser acolhida por LUÍS MENEZES LEITÃO, *Direito do Trabalho* (2010), cit., 246.

lhe tenha sido proposto[1941], também não o poderá ser em razão do exercício de uma actuação lícita, destinada a fazer cessar essa limitação (*freedom to contract/ freedom from contract*).

Para lá desta estrutura homológica entre a liberdade de celebração do pacto e a liberdade de desvinculação do pacto, e sem que se perca de vista que a prática de actos lícitos não deve suscitar a aplicação de sanções, a admissibilidade de um despedimento com justa causa significaria, na prática, um esvaziamento do mecanismo de segurança que permite a compatibilização constitucional do pacto: se com a desvinculação o trabalhador perde o emprego, o direito que *prima facie* lhe assiste torna-se infactível, apondo-se, à revelia do sistema (ainda o art. 81.º do CC), uma obrigação de permanência na exclusividade, que torna a renúncia à liberdade de trabalho definitiva[1942].

22. Sem prejuízo do enquadramento principiológico que vem de ser estabelecido, impõe-se afastar a aplicação de uma valoração homogénea, que desconsidere a motivação dos sujeitos na constituição do vínculo laboral e desatenda às circunstâncias, necessariamente objectivas, que podem prefigurar a exclusividade como condição essencial à intersubjectividade gerada pelo contrato de trabalho.

O desaparecimento dos pressupostos nos quais os sujeitos se basearam para a celebração do contrato, na medida em que são essenciais ao desenvolvimento da actividade laboral, importará uma impossibilidade superveniente do dever de prestar o trabalho, implicando a caducidade do contrato de trabalho, conceito operativo que, do que fez notar, se encontra para lá das hipóteses especificamente previstas no art. 343.º[1943] e que, nessa perspectiva, pode atinar com a organização do trabalho[1944].

[1941] Expressamente: Cass. Soc. 07.06.2005 (*Sonnerat c/ Sté Scolarest*), n.º 03-42.080, Bull. civ. V, n.º 189.

[1942] No sentido de que a desvinculação de um pacto de exclusividade por parte do trabalhador jamais poderá consubstanciar uma situação integrável no conceito de justa causa, v. GÓMEZ ABELLEIRA, "Pactos de no concurrencia y de permanência" (2000), cit., 282.

[1943] Como faz notar PEDRO ROMANO MARTINEZ, *Direito do Trabalho* (2010), cit., 972, ante a impossibilidade de a lei prever todos os modos de cessação do contrato de trabalho, importará atender a uma multiplicidade de hipóteses em que se inviabiliza a execução das prestações contratuais, de que é exemplo a *confusão* (art. 868.º do CC).

[1944] Sobre a impossibilidade superveniente da prestação de trabalho e a sua relação com a organização do trabalho, v. GIUSEPPE SUPPIEJ/MARCELLO DE CRISTOFARO/CARLO CESTER, *Diritto del Lavoro* (2008), cit., 369.

Se esta situação, por princípio, não se verifica na hipótese de o pacto de exclusividade ter sido acertado em fase ulterior à constituição do vínculo laboral – a superveniência do pacto traz consigo o juízo de que a exclusividade não é condição essencial à firmação da situação laboral e, por decorrência, à sua continuidade[1945] –, admite-se, todavia, nos casos em que a exclusividade é assumida *ab initio* por ambos os sujeitos como essencial à contratação, que o desaparecimento da base relativa ao juízo hipotético representativo que determinou a proposição declarativa dos sujeitos na constituição da relação laboral influa na subsistência da relação, *scilicet*, que apareça a conformar a sua cessação, perante o juízo de que, se o trabalhador não pode realizar a sua prestação nos termos prefigurados, o empregador fica desobrigado da contraprestação.

Verificando-se que o empregador, em razão da cessação da exclusividade promovida pelo trabalhador, se encontra impossibilitado de receber a prestação laboral nos moldes em que esta se desenvolve e que foram projectados por ambos os sujeitos como essenciais, a prestação torna-se impossível e, em consequência, o contrato de trabalho caduca[1946].

Tornando-se necessário um comportamento declarativo do empregador dirigido à definição da extensão da situação surgida[1947], é, no entanto, claro, e uma vez que a caducidade do contrato de trabalho convoca em razão dos princípios da segurança no emprego e de tutela do trabalhador especiais cautelas no que tange à validação operativa, que incumbirá ao empregador a prova de que o contrato de trabalho não pode subsistir.

Se a tanto, e por princípio, obstará *(i)* o facto de o pacto de exclusividade ser celebrado no decurso do contrato de trabalho sem que tenha havido mudança de funções por parte do trabalhador ou *(ii)* a existência de funções similares desempenhadas por trabalhadores que não assumiram qualquer obrigação de exclusividade – a tarefa de comparação dirigida ao exterior do vínculo contratual assume relevo significativo, impondo-se uma valoração global da organização empresarial e do conjunto de funções que se mostram indissociáveis da exclusividade –, a impossibilidade, por referência à necessidade e ao interesse exigíveis para a exclusividade, pode confinar-se a uma das funções incluídas na actividade

---

[1945] Afora situações excepcionais, em que a atribuição de novas funções ao trabalhador fique, pelas suas características, dependente da assunção da obrigação de exclusividade.

[1946] Identicamente: PEDRO FURTADO MARTINS, "O Pluriemprego no Direito do Trabalho" (1999), cit., 204.

[1947] Como faz notar BERNARDO LOBO XAVIER, "A extinção do contrato de trabalho" (1989), cit., 415, este é um dos casos em que se trata de uma declaração que atesta ou comprova uma situação de facto e não uma declaração de vontade extintiva.

que o trabalhador se vincula a realizar com o contrato de trabalho, circunstância em que se estará perante um simples agravamento da prestação e em que a impossibilidade de prestar, que prefigura a caducidade, não se verificará.

A cessação do contrato de trabalho, sendo gravosa para o trabalhador e aparecendo cumulável com a indemnização que este pode ter que suportar em razão do exercício de um direito que é constitucionalmente imposto[1948], suscita cautelas, apenas devendo operar nos casos em que o empregador consiga fazer prova de que a actividade do trabalhador não é exercível sem um regime de exclusividade, uma vez que, também aqui, as restrições constitucionais e legais previstas para o despedimento não podem ser torneadas por uma expansão operativa do conceito de caducidade, cuja impossibilidade subjacente não logre ser devidamente provada.

c) Iniciativa do empregador

23. A possibilidade de desvinculação do empregador presta-se a enquadramentos diversos, adensando as críticas dirigidas à ausência de *regula iuris* sobre os pactos.

Porém, mesmo onde os pactos, embora com *nomen* distinto, se encontram regulados, o dissenso quanto à possibilidade de o empregador pôr termo ao pacto subsiste[1949], aspecto que, no mais, também não era expressamente solucionado no anteprojecto do CT2003: o n.º 2 do art. 138.º apenas previa que "o trabalhador pode, a todo o momento, fazer cessar o pacto de exclusividade, mediante comunicação escrita ao empregador com a antecedência de 30 dias"[1950].

Nada se dizendo a propósito da desvinculação por parte do empregador, seria possível, de um lado, sustentar-se que igual direito se haveria de reconhecer ao empregador ou, de outro lado, em direcção antitética, entender-se que, *a contrario*, esse direito não poderia ser actuado por outro sujeito que não o trabalhador, num contexto em que a filiação dos pactos de exclusividade, por contraste com os demais acordos de limitação à liberdade de trabalho, na categoria dos acordos de duração indeterminada não é meramente classificatória e exprime uma lei-

---

[1948] Tratamos da indemnização prevista no art. 81.º e não daquela que, no âmbito do regime geral da impossibilidade superveniente, surge associada à verificação de culpa de uma das partes, uma vez que essa verificação não vale no âmbito laboral, onde, sem prejuízo da aplicabilidade do regime geral de *neminen laedere*, o trabalhador não responde pela caducidade do contrato. Ainda: PEDRO ROMANO MARTINEZ, *Direito do Trabalho* (2010) cit., 980-1.

[1949] Por exemplo, em sentido negativo: ALZAGA RUIZ, *La Relación Laboral de los Artistas* (2001), cit., 239.

[1950] Preceito decalcado do art. 21.3 do ET.

tura muito definida acerca da função que estes pactos desempenham no plano em que se desenvolve a sua admissibilidade.

Afigurando-se, num quadro de desamparo normativo, inviável a adopção de uma posição apriorística de aprovação ou rejeição liminares[1951], impõe-se ponderar os argumentos subjacentes a cada um dos enquadramentos, numa combinação dialógica que entrecorra as diferentes perspectivas e que se mostre consentânea com os vectores materiais que no caso sejam chamados.

24. A circunscrição da possibilidade de desvinculação *ad nutum* ao trabalhador louva-se, antes do mais, no facto de os pactos de exclusividade, por constituírem uma limitação à liberdade de trabalho, só poderem ser inflectidos por quem beneficia do sentido protectivo que conforma o seu figurino e que, em geral, acomoda os acordos de limitação à liberdade de trabalho[1952].

Nesse sentido, o princípio da liberdade de trabalho não pode ser invocado por um sujeito para o qual não se encontra talhado, mesmo que se impregne no plano finalístico o direito de desvinculação do empregador com o sentido de permitir ao trabalhador a fruição *de pleno* dos direitos ao trabalho e à livre escolha de profissão, pois é ao trabalhador que cabe fazer tal opção, rejeitando-se a atribuição ao empregador de um direito predestinado à garantia desses direitos, qual sub-rogação, de contornos paternalísticos, à vontade de quem limita a sua liberdade de trabalho.

Assim, por força do *pacta sunta servanda*, apenas ao trabalhador será lícito desvincular-se, desvinculação que se arrima no regime desenhado para as limitações voluntárias de direitos de personalidade contido no art. 81.º do CC e conquanto o trabalhador incorra no dever de indemnizar o empregador pelos prejuízos causados, quadro que, com fundamentação parcialmente coincidente, conforma a desvinculação dos sujeitos no âmbito do contrato de trabalho: também aí, e matricialmente em razão do princípio da segurança do emprego, a liberdade de desvinculação do empregador não existe, por contraste com a possibilidade de desvinculação a todo o tempo exercível pelo trabalhador, não bas-

---

[1951] Não se esquecendo, também nesta passagem, que não é possível assumir-se uma estrutura bivalente do certo-falso. Se o conhecimento consensual aparece como uma instância crítica que possibilita uma avaliação dos resultados da prática, sempre que não houver consenso, o único critério possível vai radicar na *força de convicção*, num pressuposto de plausibilidade e de maior ou menor aceitabilidade dos argumentos carreados para a solução encontrada, como faz evidenciar ROBERTO BIN, *Diritti e Argomenti*, Giuffré, Milão, 1992, 57 e ss..

[1952] Parece ser esse o sentido de REY GUANTER, *Estatuto de los trabajadores* (2007), cit., 433.

tando uma simples diminuição ou perda de interesse do credor-empregador na disponibilidade do trabalhador para que o contrato cesse.

Sob esse ângulo, tratando-se de acordos que fundam relações duradouras, não haverá razões para trilhar enquadramentos diferenciados quanto à impossibilidade de desvinculação do empregador, até porque, tanto em relação ao contrato de trabalho como no que diz respeito ao pacto de exclusividade, se está diante de acordos que convocam um sentido de protecção ao trabalhador e que implicam a remoção de actos cessatórios *per arbitrium merum* do empregador.

Em acréscimo, e uma vez que a contrapartida abonável ao trabalhador é integrada no conceito de retribuição, avança-se outrotanto com o argumento de que, por força do princípio da irredutibilidade da retribuição, o empregador não pode fazer cessar esse suplemento à margem da vontade do trabalhador[1953].

Usando o argumento da completude do sistema, permitir-se-ia que o empregador, de forma unilateral, conformasse *ex post* um elemento essencial do contrato, elemento cuja importância radica, em primeira linha, na "satisfação das necessidades pessoais e familiares do trabalhador"[1954].

Por último, e sem que existam espartilhos à faculdade de conformação temporal do pacto (=admissibilidade de termo), o reconhecimento da atribuição ao empregador de um direito de desvinculação funcionaria como *leit motiv* para a exponenciação do alcance da limitação à liberdade de trabalho: assumindo-se que esta deve ficar contida nos limites do estritamente necessário, para o empregador será preferível acertar um pacto sem termo, uma vez que, por contraste com a situação subjacente à aposição de um termo, poderia actuar a sua desvinculação, direito potestativo que com a estabilização contratual produzida pela determinação temporal do contrato sempre se teria como excluído, ponderação consequencial que, nesse contexto valorativo, tornaria residual a aponibilidade de um termo ao pacto, ainda que fosse esse o figurino que melhor quadrasse com o princípio da proporcionalidade que conforma o sentido, a dimensão e o alcance destes acordos.

25. Na perspectiva de que o empregador, à semelhança do trabalhador, não pode ficar juridicamente vinculado *ad aeternum* ao pacto, assume especial importância o argumento de que se o pacto se encontra funcionalizado à protecção de interesses económicos da empresa (cuja densidade, é certo, tem de se mostrar

---

[1953] Nesta direcção: LUQUE PARRA, "Pactos típicos, nuevas tecnologias y relación laboral" (2005), cit., 164.
[1954] Sobre os afloramentos desta perspectiva, v. ANTÓNIO MONTEIRO FERNANDES, *Direito do Trabalho* (2012), cit., 282-3.

significante para que a limitação à liberdade de trabalho seja reconhecida pelo sistema), legítimo será reconhecer-se que o juízo de desinteresse formulado pelo titular desses interesses tem que lograr concretização efectiva no que à cessação do pacto diz respeito, sob pena de, em contradição, se forjar a manutenção forçada de um acordo destinado à protecção dos interesses de um sujeito que não a quer.

A tal não obstará a existência de uma previsão legal relativa aos termos em que o trabalhador se pode desobrigar do pacto e a ausência de previsão similar em relação ao empregador (que entre nós nem se encontra tipificada), uma vez que, na perspectiva da tutela da liberdade de trabalho que conforma a regulação desta categoria de pactos, a preocupação primeira do sistema é a de garantir o direito à desvinculação do trabalhador e, por associação, assegurar a não inconstitucionalidade da regulação desenhada[1955].

Ainda sob este ângulo, encontra-se falha de sentido a consideração de que, sendo os pactos admitidos com restritividade e aparecendo envoltos por requisitos particularmente estreitos, existem razões para perpetuar a limitação à liberdade de trabalho, uma vez que essa excepcionalidade cunha também o plano temporal, num contexto em que, ante a natureza duradoura da relação assumida, a duração temporal da relação creditória tem uma influência decisiva na conformação global da prestação.

Será justamente aqui, que, em evidenciação da dissemelhança entre o sentido do pacto de exclusividade e o sentido do contrato de trabalho, se encontra, sob este prisma, boas razões para sustentar a possibilidade de o empregador se desvincular: de um quadrante, os pactos, por constituírem uma limitação à liberdade de trabalho, devem ficar temporalmente contidos, por contraste com o contrato de trabalho, cujo regime-regra, por força do princípio da segurança no emprego, se encontra sinalizado à indeterminação temporal do contrato e proíbe a desvinculação imotivada do empregador; de outro quadrante, a transposição da impossibilidade de desvinculação *ad nutum* por parte do empregador no âmbito de uma relação de trabalho para o domínio dos pactos de exclusividade desconsidera a conformação dessa solução pelo princípio da segurança no emprego, num contexto em que a cessação do pacto de exclusividade, abrindo novas possibilidades de emprego ao trabalhador, mantém intocado o contrato de trabalho e garante a conservação do seu posto de trabalho.

Se, no mais, e ainda sob este prisma, o princípio da irredutibilidade da retribuição não se opõe a que a desvinculação por parte do empregador implique

---

[1955] É este o pensamento de Durán López, "Pacto de no concurrencia" (1985), cit., 191.

a cessação do suplemento referente à exclusividade – pois "a irredutibilidade da retribuição não pode, sob pena de criar situações absurdas (e de injustificada disparidade retributiva entre trabalhadores que desempenham funções semelhantes), ser entendida de modo formalista e desatendendo à substância das situações"[1956] –, o entendimento de que o reconhecimento da atribuição ao empregador de um direito de desvinculação funcionaria como *leit motiv* para a exponenciação do alcance da limitação à liberdade de trabalho subjacente à indeterminação temporal do pacto falha nos seus pressupostos: o primeiro é o de que a duração do pacto não é imposta pelo empregador, aparecendo determinada pela vontade concorde dos sujeitos; o segundo é o de que a duração do pacto configura um elemento que é livremente disponível, possibilidade que, em razão da necessidade de observância do princípio da proporcionalidade, não se verifica: mau grado as dificuldades na conformação temporal do pacto em razão do princípio da proporcionalidade, este só vigora se e enquanto for absolutamente indispensável para proteger os interesses do empregador (supra), aspecto que, em arco conceptual mais vasto, implica a cessação do pacto em razão do desaparecimento dos respectivos pressupostos (caducidade) e cuja verificação se entrecruzará amiudadas vezes com a manifestação de um juízo de desinteresse por parte do empregador quanto à subsistência da proibição de exercício de outras actividades assumida pelo trabalhador.

Por último, o risco de excessiva compressão da liberdade do empregador subjacente à impossibilidade de desvinculação de um pacto acessório sem qualquer limitação temporal comporta uma excessividade na vinculação que desemboca numa supressão absoluta da autonomia privada[1957], em fundamento axiológico que, embora com as restrições postuladas pela dimensão juslaboral do acordo, conhece cabimento e que, nessa perspectiva, dá notoriedade ao risco de excessiva rigidez implicado pelo princípio da força vinculativa.

26. Desfiados os argumentos mobilizáveis para a sustentação de ambos os enquadramentos possíveis, tem-se como vero que a questão relativa à desvinculação do empregador através da denúncia do pacto assume contornos mais descerrados sempre que o pacto não contenha um termo, embora o exercício do direito desvinculatório imotivado também se coloque no âmbito de pactos de

---

[1956] Mário Pinto/Pedro Furtado Martins/António Nunes de Carvalho, *Comentário às Leis do Trabalho* (1994), cit., 100.
[1957] João Baptista Machado, "Parecer sobre Denúncia e Direito de Resolução de Contrato de Locação de Estabelecimento Comercial", *Obra dispersa*, vol. I, SI, Braga, 1991, 650.

exclusividade temporalmente determinados, designadamente nos que contêm um termo associado a uma duração dilatada.

Ora, se, por princípio, o princípio da boa fé vai cunhar o enquadramento adoptável, tem-se igualmente como seguro de que, por regra, o empregador não pode denunciar um acordo de limitação à liberdade de trabalho: foi o que ficou documentado a propósito dos pactos de permanência e será também esse o enquadramento adoptado em relação aos pactos de não concorrência (infra).

Contudo, independentemente do revestimento atribuível ao argumentário carreável para a *vaexata quaestio* e que muitas vezes se desbasta nas feições consolidativas da compensação percebida pelo trabalhador[1958], há um aspecto que, para lá da necessidade de remoção de actos arbitrários, assume especial relevância: o trabalhador programa a sua vida e muitas vezes a da sua família em razão do conteúdo do pacto e do suplemento remuneratório inerente, confiando no cumprimento integral das obrigações acordadas. Limita os seus direitos à liberdade de trabalho e à escolha de profissão em troca de uma compensação, cuja percepção se sedimenta, influindo na gestão da sua vida pessoal e familiar. Fá-lo, confiando que o quadro contratual em que se envolveu não é alterável ou cessável por vontade exclusiva do outro sujeito.

Porém, de outra banda, o empregador, verificando que os interesses subjacentes à estipulação da exclusividade já não se verificam, encontra fortes razões para querer denunciar o pacto, pondo termo à relação da natureza duradoura que este substancia, cessação que, em razão do princípio da segurança do emprego e da garantia de vida e subsistência que o trabalho representa, deixa intocado o contrato de trabalho e não afecta, bem ao contrário, o direito ao trabalho.

É neste quadro que assume especial importância um aspecto do regime aplicável aos pactos de exclusividade que contrasta com o que se encontra desenhado *ex lege* para os pactos de permanência e para os pactos de não concorrência: a desnecessidade de um termo[1959].

Se nos pactos previstos no arts. 136.º e 137.º a delimitação temporal aí prevista funciona como caução da liberdade do trabalhador, já no âmbito dos pactos de exclusividade a equação relativa à possibilidade de o empregador denunciar o contrato não pode irrelevar a importância que a desnecessidade de limitação temporal apresenta, devendo reflectir esse rasgo na construção dos pressupostos subjacentes à denunciabilidade do pacto por parte do empregador.

[1958] Durán López, "Pacto de no concurrencia" (1985), cit., 191.
[1959] Alcázar Ortiz & Val Tena, "Los pactos de dedicación exclusiva y permanencia en la empresa" (1995), cit., 129.

A solução, que não pode desatender à natureza duradoura da relação gerada pelo pacto, há-de ser encontrada num pressuposto de equilíbrio e face às orientações de sentido que os pactos legalmente previstos prescrevem, num diálogo que só em concreto permite a constituição de critérios para que se reconheça essa faculdade ao empregador, que, surgindo como corolário evidente da interdição da perpetuidade contratual e da consequente defesa da liberdade individual, não visa "sancionar" qualquer estado contratual alterado na sua execução normal, mas tão só terminar com a eternização da relação.

Em geral, e uma vez que a ordem jurídica não consente vínculos obrigacionais perpétuos, a existência de um poder de desvinculação *ad nutum* é de admitir: embora a legitimidade denunciativa radique apenas num interesse do próprio denunciante, não condicionado à colaboração da contraparte ou mesmo contra a sua vontade (*v. g.* art. 1096.º do CC) e um "tal poder de denúncia exista mesmo na falta de norma jurídica ou cláusula contratual explícita"[1960], é mister assinalar que o interesse da parte legitimada não é, contudo, plenamente livre, já que a denúncia pode contender com a pessoa (por exemplo: o sustento ou a habitação), "pelo que se exige uma vinculação ou um condicionamento legal no seu exercício"[1961] em situações implicativas de interesses sociais proeminentes.

No caso, pressuposto que vai o desinteresse do empregador na execução do pacto de exclusividade e importando obviar aos riscos de imponderação e rigidez que inerem à aplicação irrestrita do princípio da força vinculativa, torna-se fundamental encontrar um arrimo que, salvaguardando o equilíbrio entre os sujeitos laborais, afaste o exercício a todo o tempo de um acto cessatório *per arbitrium merum* e viabilize a fundação de um critério temporal, que, pelos interesses subjacentes, se não há-de desbastar na observância de um prazo de aviso prévio, semelhante ao que o n.º 2 do art. 138.º do anteprojecto CT2003 previa para a cessação do pacto promovível pelo trabalhador (30 dias).

Aliás, mesmo aí, caso a regulação anteprojectada tivesse obtido forma de lei, sempre haveria espaço para a detecção de uma lacuna *oculta* ou *latente* (pois "segundo a teleologia imanente, a regra legal carecia de uma restrição que a lei não formula"[1962]), impondo-se complementar a lei e concretizar o seu espírito

---

[1960] CARLOS A. MOTA PINTO, *Teoria Geral do Direito Civil* (1992), cit., 623.
[1961] JOSÉ CARLOS BRANDÃO PROENÇA, *A resolução do contrato no direito civil* (2006), cit., 41.
[1962] KARL LARENZ, *Metodologia da Ciência do Direito* (1989), cit., 54. As lacunas ocultas ou latentes apartam-se das lacunas patentes: "verifica-se um caso da segunda espécie sempre que a lei não contém qualquer regra que seja aplicável a certo caso, se bem que a mesma lei, segundo a sua própria teleologia imanente e a ser coerente consigo própria, deveria conter tal regulamentação", como faz notar JOÃO BAPTISTA MACHADO, *Introdução ao Direito e ao Discurso Legitimador* (1994), cit., 196. Por

de acordo com as circunstâncias da situação e com as exigências do sistema, por forma a assegurar a não perpetuidade da obrigação de exclusividade no que ao empregador diz respeito, mas, do mesmo modo, sem perder de vista a inadmissibilidade de exercícios desvinculatórios intempestivos que, rompendo o sinalagma, desconsideram as legítimas expectativas criadas ao trabalhador com a assunção da obrigação de exclusividade.

A necessidade de, à luz dos interesses prosseguidos com a cláusula de exclusividade, se estabelecer um período razoável de execução do contrato que garanta a estabilidade e a salvaguarda das expectativas do trabalhador sem que todavia fique comprometida a liberdade pessoal do empregador em desvincular-se sempre que haja perdido o interesse na consecução da obrigação, implica uma objectivação do momento a partir do qual se deve considerar atribuído ao empregador esse direito à desvinculação[1963].

É nesse sentido que, em articulação com as proposições objectivas do sistema e pelos fundamentos que inspiram a delimitação temporal dos pactos legalmente típicos, os três anos que balizam a vigência dos pactos de permanência e de não concorrência devem funcionar como critério para garantir a permanência do empregador no pacto, permitindo ao trabalhador o desenvolvimento da sua actividade em estabilidade, sem que, no anverso, apareça subvertida a liberdade do empregador quanto a uma desvinculação, cuja atendibilidade deve operar a partir do momento em que a obrigatoriedade de uma conduta de continuidade nessa relação contratual deixa de ser necessária à preservação das expectativas do trabalhador, de acordo com os critérios fornecidos pelo sistema.

Tal não significa, como ficou visto, que o pacto não possa ou não deva ter duração superior a três anos, uma vez que, ao contrário, a questão só tem préstimo caso se assuma o pressuposto de que os pactos podem ter uma duração indefinida, indefinição temporal que pode revelar-se perfeitamente justificada a partir de uma valoração combinatória da natureza das funções e do grau de responsabilidade do trabalhador em articulação com a salvaguarda de interesses significantes do empregador.

seu turno, José de Oliveira Ascensão, *O Direito – Introdução e Teoria Geral* (2001), cit., 424, não admitindo a redução teleológica, alude à figura da "lacuna oculta", analisando as suas implicações no quadro da interpretação restritiva, conceito que, para Norberto Bobbio, "Lacune" (1993), cit., 422, se identifica com a "mancanza di una norma adeguata (opportuna o soddisfacente o giusta)".

[1963] Sobre a necessidade de um período razoável de vinculação como fundamento da denúncia, enquanto garantia de compatibilização entre interesses contrapostos (interesse liberatório do sujeito a quem é atribuído e as legítimas expectativas na continuidade e estabilidade do vínculo infundidas no outro contratante pelo programa contratual), v. ainda Paulo Videira Henriques, *A Desvinculação Unilateral Ad Nutum nos Contratos Civis de Sociedade e de Mandato* (2001), cit., 213 e ss.

Porém, discernindo-se justificação para a cessabilidade do pacto por parte de um empregador que a este não quer ficar vinculado *ad infinitum,* o limite de três anos vai funcionar, por um lado, como garantia de que o empregador não vai poder fazer cessar de forma imotivada o pacto durante esse período e, por outro, como caução de que o trabalhador dispõe de horizontes mínimos para, com razoabilidade, programar a sua vida pessoal e familiar em conformidade com a confiança exigida por uma relação duradoura, cujo alcance conforma os termos em que o trabalhador desenvolve a sua actividade laboral e se objectiva na compensação implicada pela assunção da limitação à sua liberdade de trabalho.

Após, não se justificando que o empregador continue ilaqueado ao pacto em razão de um juízo sobre a insubsistência dos interesses que preencheram o interesse requerido para a sua atendibilidade e afastando-se uma tutela de expectativas criadas pelo trabalhador que sobrepassem o prazo de três anos, justifica-se que, com observância de um prazo de aviso prévio[1964] e com efeitos *ex nunc*[1965], o empregador possa fazer cessar a relação de natureza duradoura substanciada pelo acordo, sem afectação do contrato de trabalho.

Na falta de limitação temporal do pacto, *(i)* a natureza duradoura da relação emergente, *(ii)* a homogeneidade temporal que aglutina categorialmente os pactos de limitação à liberdade de trabalho, *(iii)* o princípio da boa fé e *(iv)* a extroversão de margens de liberdade pessoal conformam o período de três anos como o período razoável de execução do pacto de exclusividade, durante o qual o empregador não vai poder desvincular-se *ad libitum.*

VII. Não cumprimento do pacto

a) Trabalhador
27. A verificação de uma situação de incumprimento depende, em primeira linha, da forma como os sujeitos ajustaram o objecto do pacto de exclusividade.

Se, na falta de sinal convencional expresso e com excepção do trabalho voluntário, o exercício por parte do trabalhador de funções ou actividades a título remunerado ou não, em regime de trabalho autónomo ou subordinado,

---

[1964] Naturalmente, sendo o prazo de aviso prévio uma exigência conformativa do princípio da boa fé, os 30 dias anteprojectados para a produção de efeitos da cessação promovida pelo trabalhador mostram-se razoáveis, podendo ser aproveitados nesta equação.

[1965] O que também se verifica em relação à cessação imotivada que for promovida pelo trabalhador, como fazem notar ALCÁZAR ORTIZ & VAL TENA, "Los pactos de dedicación exclusiva y permanencia en la empresa" (1995), cit., 131.

directamente ou por interposta pessoa, consubstancia uma situação de incumprimento, a indagação do incumprimento por parte do trabalhador não postula a assunção de qualquer juízo de deslealdade em relação à sua conduta, bastando-se com a verificação do desenvolvimento de qualquer actividade profissional ou com a existência de factos externos conducentes a facilitar ou a preparar essa(s) actividade(s).

Em profissões cuja exclusividade integra o núcleo de deveres que pende sobre o trabalhador, a infracção ao dever de exclusividade pode refractar-se na manutenção do vínculo laboral, na exacta medida em que se esteja perante um comportamento culposo do trabalhador que, pela sua gravidade e consequências, torne imediata e praticamente impossível a subsistência da relação de trabalho.

Contudo, tal sucede em virtude da violação de um regime de incompatibilidades *ex lege*, que, implicando responsabilidade disciplinar em caso de acumulação ilegal de funções, faz parte do conjunto de "deveres estruturantes da relação laboral"[1966], integrando o dever de cumprimento pontual do contrato de trabalho.

No caso, embora sem apagar a relevância dos deveres de conduta gerados pelo pacto de exclusividade, a violação desses deveres por banda do trabalhador não é alçável a uma violação do contrato de trabalho *qua tale*, contendo-se na acessoriedade do pacto[1967].

A não inclusão do dever de exclusividade criado convencionalmente no feixe de deveres estruturantes da relação laboral justifica-se em razão da eventualidade do pacto, da restritividade que envolve os acordos de limitação à liberdade de trabalho e, sobretudo, em função da irrelevância apriorística, perante os critérios ordenantes do sistema, que o desenvolvimento de actividades em exclusividade por parte do trabalhador apresenta.

Ora, se esta irrelevância se objectiva, por contraste com os tipos laborais em que a lei exige exclusividade, através da ausência de previsões legais quanto à proibição de actividades não concorrenciais[1968] e pela assunção de uma regra

---

[1966] Assim: ANTÓNIO MENEZES CORDEIRO, *Manual de Direito do Trabalho* (1997), cit., 551.

[1967] Nesta direcção: GÓMEZ ABELLEIRA, "Pactos de no concurrencia y de permanência" (2000), cit., 282.

[1968] Em sentido que entendemos diverso, veja-se, porém, o Ac. STJ de 10.12.2009 (VASQUES DINIS), proc. n.º 09S0625, onde se considera que a verificação do interesse na celebração do pacto conduz a uma ponderação "susceptível de reconduzir a obrigação de exclusividade à própria essência do contrato, na perspectiva de que, sem a exclusividade, os fins por ele prosseguidos não seriam plenamente atingidos".

implicitada de admissão do pluriemprego, o juízo de que a violação do dever de exclusividade *stante pacto* é susceptível de conduzir a um despedimento sem justa causa significaria a admissão de que uma renúncia efectiva à limitação da liberdade de trabalho, atribuível ao exercício concomitante de outra actividade, se mostra idónea à provocação da perda do posto de trabalho, sem que o dever de cumprimento pontual do contrato de trabalho seja incumprido (hipótese que rejeitámos *infra*).

Ou, noutra formulação, que uma actuação conforme ao exercício da liberdade de trabalho, mas em violação de um acordo acessório, implica o sacrifício de um outro direito constitucionalmente garantido que conforma os termos em que se desenvolve o contrato principal: o princípio da segurança no emprego.

Na substância, esta associação inexorável entre subsistência do pacto e permanência da relação laboral, construída a partir da inserção da exclusividade nos fins do contrato de trabalho, além de automatizar a admissão e a aplicação destes acordos acessórios e de escusar a tarefa do intérprete-aplicador quanto à indagação concreta do interesse legítimo que estriba a sua validade, esvaziaria, nos termos que foram vistos, o reconhecimento do direito de revogação por parte do trabalhador que isenta as cláusulas de limitação à liberdade de trabalho de censura jurídico-constitucional.

Forçando a nota – porventura demais –, uma tal conectibilidade entre a violação do dever de exclusividade convencional e a susceptibilidade de despedimento sem justa causa exprimiria ademais o reconhecimento de que os sujeitos haviam forjado, através do pacto de exclusividade, uma causa convencional para um "despedimento por facto imputável ao trabalhador": um *plus* assumido pelo trabalhador, uma limitação à sua liberdade de trabalho – que, por si, já convoca um enquadramento restritivo – alargaria *ipso iure* o leque de comportamentos susceptíveis de conduzir à perda do seu posto de trabalho.

Em razão dessa conjecturação exegética, dir-se-á, em acrescento, que se abrem as portas a que os sujeitos alarguem convencionalmente o conjunto de comportamentos susceptíveis de constituir justa causa de despedimento (*in casu*: violação do pacto de exclusividade= despedimento por facto imputável ao trabalhador), assim se curto-circuitando as preocupações quanto à imperatividade do regime de cessação do contrato de trabalho, cuja carga significativa se encontra sobretudo no princípio da segurança no emprego e na assimetria da situação laboral subjacente.

Contudo, embora tendo a virtualidade de dissociar o incumprimento do pacto do incumprimento do contrato de trabalho e de sinalizar a compressão à autonomia privada subjacente à imperatividade do regime da cessação do contrato de trabalho, esta perspectivação parece dar por demonstrado o que pretende demonstrar, ao considerar *a priori* que o incumprimento do pacto está para lá do conceito de justa causa acolhido no CT e conformado pela CRP. É que só depois se aferir o conjunto de comportamentos que pela sua gravidade e consequências integram o conceito de justa causa se tornará possível falar em extensão convencional (inadmissível) do conceito, por via de uma inter-relação entre a verificação da situação que envolve o trabalhador e o significado do instituto.

Qual seja a perspectiva que se assuma a propósito da (não) atribuição ao incumprimento de um pacto de exclusividade de uma causa convencional de despedimento, mas tendo-se como assente a impossibilidade de associação convencional de um facto futuro à cessação automática do contrato de trabalho (seja pela tipificação *ex ante* de que determinado comportamento assumido pelo trabalhador configura justa causa de despedimento, seja pela estatuição negocial de que determinada atitude do trabalhador, *prima facie* equívoca, equivale à sua demissão), a admissão de um despedimento por facto imputável ao trabalhador só procederá, em harmonia com o que vai dito a propósito da desvinculação do pacto actuável pelo trabalhador, nas situações em que a exclusividade foi prefigurada pelos sujeitos como essencial à constituição da relação laboral.

Cuidando-se de uma situação em que excepcionalmente um acordo acessório conforma a subsistência do vínculo principal – e tal acontece não em razão de uma sobrevaloração da acessoriedade do pacto mas em função da ligação da exclusividade a um dever principal do trabalhador e em razão da sua validação como elemento essencial à conclusão do contrato de trabalho –, em todas as outras situações o incumprimento do pacto não significa necessariamente um incumprimento do contrato de trabalho, sendo o sistema que, através da eventual temporalidade da obrigação de exclusividade, surte uma disjunção entre o pacto e o contrato de trabalho, não colhendo, de resto, a perspectiva analítica de que o despedimento é possível a partir do momento em que a exclusividade corresponda a um interesse legítimo do empregador[1969], já que, em rebate, e do que se viu, sem esse interesse a cláusula não é válida, naufragando a hipotização de um incumprimento.

Eis porque a ligação da cláusula a um interesse legítimo, sendo um pressuposto de validade, afasta a possibilidade de despedimento sempre que essa associação se verifique, pois então o incumprimento automatizaria o despedimento, na premissa de que só pode haver incumprimento relativamente a um acordo válido e eficaz.

[1969] Assim, WOLF HUNOLD, *"Rechtsprechung zur Nebentätigkeit des Arbeitnehmers"* (2002), cit., 506-7.

Em demonstração da autonomia operativa que cada um dos vínculos apresenta, na hipótese de um pacto de exclusividade com duração prefixada de três anos, o atingimento do termo, produzindo a caducidade do pacto de exclusividade, deixa inafectado o contrato de trabalho. Logo, acrescentamos, a associação da sorte do contrato de trabalho ao destino do pacto de exclusividade, para lá da inversão metodológica subjacente, deixa sem espaço explicativo o conjunto de hipóteses em que a caducidade do pacto de exclusividade ou mesmo a sua revogação por ambos os sujeitos não bule com a subsistência do vínculo laboral.

28. Este enquadramento, que situa as consequências do incumprimento do pacto de exclusividade por parte do trabalhador nas fronteiras da acessoriedade do negócio, não impede, todavia, que a verificação de uma situação de incumprimento, em razão da sua morfologia, não possa traduzir uma violação dos deveres que pontuam o contrato de trabalho nos casos em que a exclusividade não seja validada como elemento essencial à conclusão do contrato de trabalho[1970].

Eis o que sucederá *(i)* com o desenvolvimento de actividades em horário sobreposto, ainda que parcialmente, ao das funções postuladas pelo contrato de trabalho, *(ii)* com o exercício de actividades concorrenciais, *(iii)* com a verificação de uma redução anormal de produtividade em função desse exercício concomitante ou *(iv)* com a correlativa comprovação de menor diligência em relação aos seus deveres profissionais, implicativa de um juízo de "desinteresse repetido pelo cumprimento, com a diligência devida, das obrigações inerentes ao exercício do cargo"[1971].

Contudo, neste feixe exemplificativo de situações, que atina só por si com o dever de cumprimento pontual do contrato de trabalho, viola-se *qua tale* o contrato de trabalho e o pacto de exclusividade, penetrando-se no catálogo de comportamentos assumíveis pelo trabalhador, que o sistema, embora sem automaticidade e com necessidade de valorar as circunstâncias do caso concreto, assume, em trecho ilustrativo, como constitutivos do conceito de justa causa (n.º 2 do art. 351.º): o comportamento censurável do trabalhador, que, violando deveres

---

[1970] Da mesma maneira que o exercício de outras actividades na ausência de um pacto de exclusividade também não implica por si qualquer incumprimento do contrato de trabalho, não cumprimento que, como fazem notar PETER HANAU & KLAUS ADOMEIT, *Arbeitsrecht* (2005), cit., § 725, 217, apenas se verificará se o exercício de outras actividades implicar uma quebra da diligência devida para a execução das obrigações compreendidas no contrato. Identicamente, ainda: BAG 18.01.1996 – 6AZR 314/95, NZA 1997, 41.

[1971] Como faz notar M.ª ROSÁRIO PALMA RAMALHO, *Direito do Trabalho. Parte II* (2010), cit., 355, a actuação do trabalhador será diligente se corresponder ao comportamento normalmente exigível para aquele tipo de trabalhador, naquela função em concreto.

de natureza laboral, seja de tal modo grave, em si mesmo e nos seus efeitos, que torne a situação insustentável, é analisado sob o prisma do contrato de trabalho e não sob o ângulo do pacto de exclusividade[1972].

Importando, como regra-geral, afastar a recondução da obrigação de exclusividade à própria essência do contrato – na perspectiva de que, sem a exclusividade, os fins por ele prosseguidos não seriam plenamente atingidos[1973] –, não é a violação do pacto de exclusividade *per se* que faz brotar a aplicabilidade do conceito de justa causa, mas antes a violação do contrato de trabalho, cujo preenchimento operativo da necessidade de uma "perturbação relacional insuperável" e da correlativa insusceptibilidade de "sanação com recurso a medidas disciplinares não extintivas"[1974] é, por princípio, desenvolvido com independência em

---

[1972] Neste sentido: Cass. Soc. 04.05.2011, proc. n.º 09-71566, onde se curou da situação que envolveu um gerente de armazém que, com onze anos de antiguidade e vinculado a um pacto de exclusividade, exerceu funções de gerência num restaurante. O empregador, tomando conhecimento da situação, alegou violação do dever de lealdade e despediu o trabalhador por *faute grave*, cessação que o trabalhador impugnou. A *Cassation* deu provimento ao recurso interposto pelo trabalhador, tendo condenado o empregador ao pagamento de uma indemnização, inflectindo jurisprudência anterior que associava a quebra de uma obrigação de exclusividade convencional a causa de despedimento enquanto *faute grave* (assim: Cass. Soc. 10.07.1990, JCP G 1990, IV, 342 e, mais recuadamente, Cass. Soc. 13.02.1974, Cah. Prud'h. 1974, 133). Entre nós, em sentido que entendemos diverso, porém: Ac. STJ de 27.02.2008 (Pinto Hespanhol), proc. n.º 07S4484, considerando-se válido o despedimento com justa causa de um trabalhador bancário que passou a desempenhar a actividade de solicitador de execução, revogando o acórdão da Relação que havia decidido o contrário. Embora o aresto contenha fundamentação extensa e sustentada, escora-se num argumento que julgamos não ser probante: o facto de, à luz do Estatuto da Câmara dos Solicitadores, aprovado pelo Decreto-Lei n.º 88/2003, de 26.04, o exercício dessas funções poder gerar incompatibilidades com as funções de solicitador, configurando, nessa linha argumentativa, uma "violação do dever de lealdade que lhe vai implicado, ao omitir à empregadora um potencial conflito de deveres, em resultado daquela acumulação de funções". A nossa reserva atina com o facto de as incompatibilidades e o conflito de deveres subjacente relevarem perante aquela associação pública e não perante o empregador. Só reflexamente, e em última instância, é que a acção disciplinar exercida pela Câmara dos Solicitadores pode influir no contrato de trabalho se implicar perda do título profissional. Mas, com excepção da caducidade do contrato pressuposta por essa perda, a natureza juspublicística da decisão de incompatibilidade e a insusceptibilidade de apreciação primeira da situação por outro órgão que não aquele que compõe a associação a quem o Estado delegou poderes públicos para a regulação do exercício da profissão não podem fundamentar um despedimento em que a justa causa se centra em incompatibilidades, ainda para mais quando, de *facto et de iure*, essa decisão não foi proferida.

[1973] Em sentido diverso, ainda: Stephanie Howard & Nicolas Léger, "Non-competition and employment issues in France" (2006), cit., 90.

[1974] Sortimo-nos das palavras de João Leal Amado, *Contrato de Trabalho* (2009), cit., 383, que acompanhamos de perto.

relação a acordos acessórios e com recurso a critérios de razoabilidade (ingrediente objectivo) e não de valoração subjectiva ou de ordem psicológica[1975].

Com excepção da restituição dos montantes relativos à compensação que o trabalhador recebeu a partir do momento em que incumpre o pacto, a prova dos danos causados sofridos em razão da actividade desenvolvida pelo trabalhador, fazível à luz da formulação negativa da doutrina da causalidade adequada contida no art. 563.º do CC, impende, nos termos do n.º 1 do art. 342.º do CC, sobre o empregador, embora a culpa do trabalhador se presuma *ex vi* do art. 798.º do CC[1976].

b) Empregador

29. Agora de outra parte, o não pagamento da contrapartida por parte do empregador pode implicar a cessação do contrato de trabalho, mediante o exercício do direito de resolução por parte do trabalhador.

Esta possibilidade, que se apresenta *prima facie* contrária à contenção da relevância dos comportamentos transgressores nas fronteiras do pacto de exclusividade e à correlativa subsistência do contrato de trabalho, além de ser a que melhor se harmoniza com a amplitude subjacente ao conceito de justa causa para o preenchimento do direito de resolução por parte do trabalhador, estriba-se, sobretudo, na recondução da contrapartida que o empregador tem de satisfazer ao conceito de retribuição.

Operada essa qualificação, e uma vez que a falta culposa de pagamento pontual da retribuição é uma das situações densificadas *ex lege* como sendo integrativas da noção de justa causa de resolução do contrato pelo trabalhador[1977], o incumprimento do pacto pode implicar *per se* a cessação do contrato de trabalho promovida pelo trabalhador: os trabalhadores com remunerações atrasadas têm,

---

[1975] LISE CASAUX, *La pluriactivité ou l'exercice par une même personne physique de plusieurs activités* (1993), cit., 357.

[1976] Acompanhando ALCÁZAR ORTIZ & VAL TENA, "Los pactos de dedicación exclusiva y permanencia en la empresa" (1995), cit., 133, admite-se, todavia, nos termos que ficaram descritos a propósito dos pactos de permanência, uma cláusula penal com a função de liquidação antecipada dos danos (supra). Diversamente, considerando que a estipulação de uma cláusula para o caso de incumprimento do pacto "só actuará se o trabalhador não observar o aviso prévio", v. RICARDO NASCIMENTO, *Da cessação do contrato de trabalho: em especial por iniciativa do trabalhador* (2008), cit., 351.

[1977] Cfr. al./a do n.º 2 do art. 394.º. Como refere JULIO VIEIRA GOMES, "Da Rescisão do Contrato de Trabalho por Iniciativa do Trabalhador" (2003), cit., 159, a referência à culpa do empregador aparece aí como um mero pressuposto da obrigação de indemnização a cargo do empregador, nada tendo que ver o conceito de justa causa para a resolução do contrato que, com independência de culpa, se baseia na falta de pagamento pontual da retribuição.

ao abrigo do n.º 5 do art. 394.º, o direito de resolver o contrato com justa causa culposa[1978] (se o atraso foi igual ou superior a 60 dias[1979], qual presunção de culpa *iuris et de iure*[1980]).

Tratando-se de opção que cabe ao trabalhador, a resolução do pacto de exclusividade deixa, por princípio, inafectado o contrato de trabalho.

Neste plano, a perspectiva de que a resolução do pacto, pela importância da exclusividade na vinculação laboral dos sujeitos, afecta o contrato de trabalho, para lá de, na ponderação reversamente desenvolvida a propósito do despedimento por facto imputável ao trabalhador, desatender à eventualidade de um acordo de limitação da liberdade de trabalho – este não é obrigatório e uma relação laboral, afora previsão legal expressa, não pode depender da sua existência, a menos que os sujeitos, no momento da admissão laboral, configurem a exclusividade como essencial à celebração do contrato de trabalho –, significaria legitimar o alvedrio, erigindo a actuação de um direito a meio privilegiado de cessação da relação laboral.

O direito de resolução de qualquer contrato é por princípio inafastável, aflorando a ordem pública. É-o, com intensidade acrescida, no domínio da situação laboral, em razão do princípio da liberdade de trabalho[1981].

A subtracção ou a paralisação desse direito ao trabalhador, após a verificação de uma situação de incumprimento por parte do empregador, implicaria a camuflagem de uma actuação contrária ao pacto, tornando o trabalhador prisioneiro da relação. Potenciar-se-ia, além disso, um expediente utilizável pelo empregador para, com a provocação de um incumprimento e na antevisão do exercício do direito de resolução do pacto por parte do trabalhador, forjar um motivo conducente ao despedimento do trabalhador, cujo resultado se contém na seguinte fórmula: ao incumprimento do pacto por parte do empregador adiciona-se a possibilidade de este encontrar caminho para fazer cessar o contrato, volvendo-se um acto ilícito do empregador num juízo sobre a inexigibilidade da continuidade da relação laboral.

[1978] Assim: JOANA VASCONCELOS, "Anotação ao artigo 394.º", Código do Trabalho Anotado (2009), cit., 1019-1020.

[1979] Já se o atraso for de 15 dias ou mais, o art. 325.º atribui ao trabalhador o direito de suspender o contrato de trabalho.

[1980] PEDRO ROMANO MARTINEZ, *Direito do Trabalho* (2010) cit., 857, alude a uma situação em que se ficciona justa causa de resolução se tiverem decorrido 60 dias de mora; mas se o prazo for inferior a 60 dias, não existindo incumprimento definitivo, o trabalhador terá de provar que a mora constitui justa causa de resolução, atendendo à gravidade da situação.

[1981] RABINDRANATH CAPELO DE SOUSA, *O Direito Geral de Personalidade* (1995), cit., 279 (nota 667).

Por isso, com excepção dos deveres de exclusividade *ex lege* ou dos que são assumidos *ab initio* pelos sujeitos como essenciais à constituição da relação laboral, a inafectabilidade do contrato de trabalho é a solução que melhor quadra com a autonomia do pacto, com a salvaguarda dos direitos que assistem aos sujeitos, com a remoção do arbítrio e, no caso concreto, com a desvinculação exercível a todo tempo pelo trabalhador em relação a pactos que limitam a sua liberdade de trabalho, direito que, aliás, justifica a respectiva atendibilidade constitucional, ao perfilar-se como limite inafastável à limitação da liberdade de trabalho e que, à semelhança da revogabilidade de qualquer limitação voluntária aos direitos de personalidade, se caracteriza pela irrenunciabilidade[1982].

[1982] Nesta direcção: ALCÁZAR ORTIZ & VAL TENA, "Los pactos de dedicación exclusiva y permanencia en la empresa" (1995), cit., 131.

Capítulo III
Pactos com Projecção Pós-Contratual

SECÇÃO I – Não concorrência

I. Enquadramento

1. O empregador organiza um conjunto de elementos funcionalmente dirigidos ao exercício de uma actividade, dando assim corpo a um projecto económico, cujo risco assume, e no qual os trabalhadores participam intimamente. A susceptibilidade de os trabalhadores aproveitarem o conhecimento e a experiência adquiridos para desenvolver essa mesma actividade, por conta própria ou por conta de um terceiro, após o contrato de trabalho, pode atentar contra os interesses do (antigo) empregador, assumindo amiúde a aparência psicológica de uma "traição"[1983].

Contudo, cessado o seu vínculo laboral, o trabalhador tem o direito legítimo de continuar a empregar a sua força de trabalho no mesmo âmbito material, dando sequência à sua "carreira pessoal", e conferindo cadeia ao esforço educativo e/ou formativo e à pletora de aptidões profissionais que foi adquirindo: esta é a sua vantagem competitiva e o seu valor específico no mercado de trabalho, ainda que grande parte dessas aptidões, na chamada curva de aprendizagem, possa ter sido adquirida por *transferência* do seu anterior empregador (*first--mover*). Trata-se do seu talento, da sua força de trabalho, do *capital humano* que faz avançar as sociedades.

As críticas aos acordos de não concorrência, independentemente da sua feição, são, por isso, inúmeras.

[1983] Assim, na sequência de Amiel-Donat, v. Júlio Veira Gomes, "Algumas novas questões sobre as cláusulas ou pactos de não concorrência em Direito do Trabalho" (2011), cit., 79.

Desde logo, o argumento de que os empregadores se procuram proteger contra os interesses da concorrência, além de contrariar o espírito de uma economia de mercado, rigidifica o mercado de trabalho e paralisa a contratação de novos trabalhadores.

Depois, estes acordos desestimulam o empreendedorismo, uma vez que criam barreiras à criação de negócios em áreas de actividade onde a mais-valia técnica é um factor de dinâmica importante e o auto-emprego uma possibilidade consistente.

Além disso, para lá de obviarem à criação de incentivos remuneratórios destinados a garantir a permanência do trabalhador e de frustrarem igualmente as suas expectativas de melhoria profissional após a frequência de acções de formação profissional – cuja valorização legal se posta em contrariedade com a impossibilidade de os trabalhadores fazerem uso do benefício formativo –, os pactos produzem um impedimento à transferência de competências e conhecimentos, num mundo que clama por competitividade[1984] e em que a promoção de um elevado nível de ocupação, de instrução e de formação são garantias civilizacionais dos povos[1985].

Segundo critérios de eficiência, refreia-se, em acréscimo, o interesse geral associado à inovação e ao desenvolvimento de novos produtos que se encontra subjacente à distribuição de recursos ordenada por critérios de mercado, uma vez que o (ex)empregador não sentirá a necessidade de reduzir os custos de produção nem o incentivo a inovar e a desenvolver novos produtos.

Aliás, nos Estados Unidos da América, onde o escrutínio judicial sobre as cláusulas de não concorrência (*covenants not to compete*) é rigoroso, entende-se, de um lado, que o trabalhador deve colocar as suas aptidões ao serviço da comunidade; do outro, invoca-se que o trabalhador não tem capacidade negocial para rejeitar uma obrigação de não concorrência avançada pelo empregador: "trata-se de uma preocupação com a posição individual em que o trabalhador

---

[1984] HUGH COLLINS, *Employment Law* (2008), cit., 155-6. Em reforço, o Autor assinala que em Silicon Valley as cláusulas de não concorrência são geralmente consideradas inválidas, garantindo-se assim elevados níveis de inovação em sectores económicos que são baseados no conhecimento. Ainda: NORMAN BISHARA "Covenants not to compete in a knowledge economy: Balancing innovation from employee mobility against protection for human capital investment" (2006) cit., 287-322.

[1985] Veja-se, por exemplo, o art. 2.º do Tratado de Lisboa, que acolheu uma cláusula social da qual se extraem estas garantias institucionais: GIUSEPPE BRONZINI, «Il Trattato di Lisbona: funzionerà il "compromesso dilatório?"», QG 2008, II, 143.

se coloca, a qual é resultado de uma diferença de poder negocial que o pode colocar em circunstâncias opressivas"[1986].

Sem que se esqueça a proibição genérica do *United States Code*[1987], cuida-se, por isso, de um acordo que, aparecendo envolvido por uma lógica de excepcionalidade, é absolutamente proibido em Estados como a Califórnia[1988], exigindo-se, lá onde se permite a vedação de concorrência, uma manifesta utilidade social, até por razões de mercado: não sendo possível um "mercado verdadeiro sem limitações"- como refere VANBERG, o mercado "é sempre um sistema de interacção social caracterizado por um *enquadramento institucional* específico, isto é, por um *conjunto de regras* que define certas restrições sobre o comportamento dos praticantes no mercado"[1989] –, a clientela é objecto de tutela jurídica[1990], seja por razões de interesse geral, seja por razões de protecção de outros concorrentes[1991].

[1986] Assim: *Carnes v. St. Paul Union Stockyards Co.* 164 Minn. 457, 462, 205 NW 630 *in* JOHN ROGERS COMMONS, *Selected Essays: vol. 1&2*, Routledge, Nova Iorque, 1996, 434.

[1987] Secção 1 do Título 15: "(e)very contract, combination in the form of trust or otherwise, or conspiracy, in restraint of trade or commerce among the several States, or with foreign nations, is declared to be illegal. Every person who shall make any contract or engage in any combination or conspiracy hereby declared to be illegal shall be deemed guilty of a felony, and, on conviction thereof, shall be punished by fine not exceeding $10,000,000 if a corporation, or, if any other person, $350,000, or by imprisonment not exceeding three years, or by both said punishments, in the discretion of the court".

[1988] Veja-se o art. *16666 do Business and Professions Code (1872) da Califórnia*. Para uma visão panorâmica: SHANNON MIEHE, *How to Create a Noncompete Agreement* (2002), cit., 40.

[1989] Cfr. VIKTOR VANBERG, "Spontaneous Market Order and Social Rules: A Critique of F. A: Hayek's Theory of Cultural Evolution", EP 1986, n.º 2, 75-100 (75). Por isso, embora sendo um espaço físico onde os preços se formam segundo a oferta e a procura, a sua existência encontra-se condicionada ao reconhecimento e à regulação jurídica, encontrando-se nessa juridificação o seu inelimínável *contexto de sentido*.

[1990] JOSÉ DE OLIVEIRA ASCENSÃO, *Concorrência Desleal* (2002), cit., 131.

[1991] É-o, muitas vezes, de forma paradoxal: estabelecem-se limitações/restrições à liberdade de concorrência com o objectivo de proteger a clientela e de assegurar os direitos da colectividade; este conjunto de limitações potencia, porém, a patrimonialização do conceito de clientela e faz surgir a necessidade de confecção de mecanismos destinados à sua tutela, que aparecem fundamentados em situações jus-subjectivas ou em círculos egoístas associados aos pretensos titulares de um direito à sua fruição. Se a cláusula de não concorrência se predestina a salvaguardar a clientela do empregador, este instrumento contratual, ao criar barreiras à criação de negócios em determinadas áreas de actividade, torna a clientela um bem jurídico *a se*, cuja protecção é reclamada e se vai expandindo: a autonomização do que seja a clientela só é possível porque existe um sistema de excepções a um princípio estruturante da economia – a liberdade de concorrência –, valor que, sendo essencial ao bem da colectividade, cede perante a tutela de situações individuais, cujo primado sobre o interesse comum da liberdade de concorrência, em nome da protecção do

Mas as limitações convencionais à disputa de clientela não só são um instrumento de patrimonialização da clientela, como uma técnica de eliminação de concorrentes, que exponencia o primado da liberdade contratual em detrimento da liberdade de concorrência[1992] e cujos efeitos desincrementalistas sobre o mercado de trabalho colidem com os padrões de flexibilização reclamados e com a lógica meritocrática que permeia o instrumentário associado à tutela da concorrência desleal, em que a assunção ou a manutenção de posições no mercado se processa com base no mérito e na eficiência das prestações[1993].

Se, de forma incisiva, PÉLISSIER não tem pejo em considerar a validade das cláusulas "juridicamente inaceitável, socialmente injusta, economicamente absurda"[1994], noutra perspectiva acentuam-se, porém, as virtualidades contidas nas proibições de concorrência com eficácia laboral: como observa SPINELLI, elas são socialmente úteis, pois trazem consigo um reconhecimento da valorização profissional dos trabalhadores e constituem um importante factor de fidelização, que, além de reforçarem a credibilidade dos mecanismos de cessação do contrato, estreitam a fidúcia entre os sujeitos laborais[1995].

Não obstante a "inegável compressão da liberdade de trabalho"[1996], estribam-se, aliás, "em relevantes motivos económicos e sociais, assegurando a tutela do património de conhecimento, experiência e segredos que é uma das mais importantes componentes da potencialidade produtiva de uma empresa"[1997], abrindo margem para o aparecimento de "novas oportunidades de trabalho"[1998].

Esta necessidade de protecção é tanto mais importante quanto a necessidade de tutela específica de pequenas e médias empresas, oportunamente recla-

---

investimento feito pelos agentes económicos que é postulada por um alegado interesse comum, se vai arreigando. Sobre esta construção, veja-se, por todos, YVAN AUGUET, *Concurrence et clientèle: contribution à l'étude critique du rôle des limitations de concurrence pour la protection de la clientèle*, LGDJ, Paris, 2000, 33 e ss., sustentando que a protecção da clientela, em si mesma, não é uma justificação suficiente para o estabelecimento de limitações à concorrência.

[1992] Cfr. YVES PICOD, "Concurrence déloyale et concurrence anticontractuelle" (2001), cit., 11, sendo que, no ordenamento francês, merece realce a decisão do Conselho Constitucional n.º 81-132, de 16.01.1982, *Recueil des decisions du Conseil Constitutionnel*, Dalloz, 1997, 441, que atribuiu à liberdade de concorrência um valor superior ao da liberdade contratual.

[1993] CHRISTOPH NEERACHER. *Das arbeitsvertragliche. Konkurrenzverbot* (2001), cit., 7.

[1994] JEAN PÉLISSIER, "La liberté du travail" (1990), cit., 19.

[1995] STEFANO SPINELLI, *Lavoro. Vol. 1* (2009), cit., 503.

[1996] As palavras são de PIERA FABRIS, *Il patto di non concorrenza nel diritto del lavoro* (1976), cit., 161.

[1997] Trib. Turim, 19.02.1964, Mass. Gl 1964, 413.

[1998] App. Turim, 28.06.1968, *Foro Italiano* 1969, I, 747.

mada por Romagnoli[1999], implica que não se possa subestimar a emergência de unidades empresariais que, baseando a sua actividade em mercados especializados de electrónica, biotecnologia ou *software*, não podem ficar à mercê de empresas de grande dimensão, cuja contratação de trabalhadores sem quaisquer limitações se posta(ria) como um instrumento alternativo ao controlo do produto ou serviço com potencial económico que microcontextualizadamente foi desenvolvido com base na qualificação, muitas vezes suportada a custo, dos seus trabalhadores[2000].

Assim, em razão da permeabilidade da legislação laboral a desígnios de protecção das empresas e de regulação do mercado (ainda e também a protecção específica tributável às pequenas e médias empresas) e muito por força de uma certa plastificação do conceito de utilidade social – perante a falta de maleabilidade do método subjacente à fixação de uma craveira tendente à aferição da produtividade, o conceito de necessidade, em conjugação com a noção de riqueza, foi emergindo como conceito fundamental na aportação do intérprete à verificação da utilidade social que caracteriza o próprio conceito jurídico de trabalho[2001] –, os pactos de não concorrência, independentemente da perspectiva adoptável, impuseram-se em plano genérico[2002] e, embora com cambiantes, são legalmente *tolerados*, vislumbrando-se mesmo a tendência para a sua extensão e

---

[1999] Umberto Romagnoli, "Due leggi, due commenti. Picole imprese e grandi traumi", LD 1990, n.º 4, 522.
[2000] Sob este ângulo, refreando-se a possibilidade de outras empresas *irem à boleia* desse investimento, torna-se clara uma relação friccional entre as necessidades de protecção de investimento em cada trabalhador e a mobilidade do trabalho, suscitando-se a confecção de modelos que, conciliando estes objectivos, sejam socialmente eficientes, estreitando as vantagens obteníveis por comportamentos oportunistas. Entre nós, embora numa perspectiva exclusivamente económica, v. Fernando Araújo, *Teoria Económica do Contrato* (2007), cit., 984-5.
[2001] Seguimos Raúl Ventura, *Teoria da Relação Jurídica de Trabalho* (1944), cit., 13-5, para quem o correr dos tempos transmuda o conceito de utilidade social, pelo que o conceito, pela sua plasticidade, mas à falta de melhor, deve ser aceite como critério heurístico de aferição da noção de produtividade, embora, nesse plano, só se releve o trabalho entendido como "acção social" (segundo a expressão clássica de Max Weber), excluindo-se da preocupação ordenadora do Direito do trabalho o trabalho autista ou intransitivo, exclusivamente realizado em interesse próprio, uma vez que este é intranscendente, no exacto sentido em que a sua consecução não transcende para os demais, sendo, por isso, socialmente insignificante.
[2002] Veja-se a al./c do n.º 3 do art. 5.º do Regulamento (UE) n.º 330/2010 da Comissão de 20.04.2010, relativo à aplicação do n.º 3 do artigo 101.º do Tratado sobre o Funcionamento da União Europeia a determinadas categorias de acordos verticais e práticas concertadas, que, reconhecendo a importância das cláusulas de não concorrência, admite a validade de obrigações de não concorrência convencionais assumidas pelos distribuidores sempre que estas se revelem necessárias à protecção do saber-fazer.

para um certo aligeiramento dos respectivos pressupostos, entendendo-se que, em determinados casos, a liberdade de concorrência não existe sem auto-limitações convencionais que garantam a sua efectividade[2003].

2. Como o *nomen* indica, os pactos de não concorrência procuram evitar que o trabalhador *concorra* com o seu empregador no seguimento da extinção do contrato de trabalho, sortindo-se, para o efeito, dos conhecimentos e técnicas por si adquiridos (*worker's goodwill*)[2004], num contexto em que os homens, de forma não isenta de paradoxo, se encontram cada vez mais livres, mas reféns da tecnologia[2005].

Visa-se proteger dos concorrentes os conhecimentos do empregador em matéria de desenvolvimento do produto, investigação e outros conhecimentos similares, elementos que constituem "situações de facto com relevo económico"[2006] e que, fazendo parte da empresa[2007], são um dos factores competitivos mais relevantes de uma economia orientada pelo conhecimento, baseada na inovação e assente em estratégias de *marketing* diferenciadoras, em que a propriedade intelectual e a confiança dos clientes no *know-how* tendem a ser activos com valor superior ao dos bens físicos[2008].

Estando inseridos numa secção com a epígrafe "cláusulas acessórias" e sendo genericamente qualificáveis como pactos acessórios ao contrato de trabalho[2009], os pactos de não concorrência regulados no art. 136.º pressupõem uma situação

---

[2003] Assim, expressamente, a decisão da Corte Constitucional italiana, de 16.12.1982, n.º 223, *Foro Italiano*, 1983, I, 12 e ss., a propósito da conformidade constitucional do art. 2596 do Código Civil, salientando-se os casos em que os acordos se destinam a garantir o crescimento de empresas mais débeis e a evitar a formação de situações de monopólio.

[2004] Cfr. DEBORAH J. LOCKTON, *Employment Law* (2003), cit., 348-350.

[2005] Assinalando o aspecto e aludindo às «realidades da *"gaiola de ferro"* em que o homem moderno se encontra confinado», v. ANTHONY GIDDENS, *Capitalismo e Moderna Teoria Social* (trad. Maria do Carmo Cary), Presença, Lisboa, 1990, 322.

[2006] A expressão é de FERRER CORREIA, "Sobre a projectada reforma da legislação comercial portuguesa", ROA 1984, ano 44 (I), 21.

[2007] COUTINHO DE ABREU, *Curso de Direito Comercial*, vol. I (5.ª ed.), Almedina, Coimbra, 2004, 213.

[2008] Em exemplo, salientando o aspecto: PETER DRUCKER, *Sociedade Pós-Capitalista*, Actual Editora, Lisboa, 2003, 10 e ss.. Esta perspectiva encontra-se acentuada de forma marcante no Acórdão TJUE de 28.01.1996 (*Pronuptia de Paris GmbH vs Pronuptia de Paris Irmgard Schillgallis*), que, com referência a cláusulas de não concorrência pós-contratual orientadas à protecção do saber-fazer, entendeu que estes pactos destinados «a impedir que o "know-how" transmitido e a assistência prestada pelo licenciante beneficiem os seus concorrentes não constituem restrições à concorrência, na acepção do artigo 85.º, n.º 1».

[2009] CHRISTOPHE RADÉ, *Droit du Travail* (2002), cit., 34.

laboral, mas esta, por um lado, não implica uma limitação *ex post* à liberdade de trabalho, nem a limitação estabelecível, por outro lado, é acantonável à existência pregressa de uma relação de trabalho subordinado: por exemplo, além do contrato de agência, não haverá razão para afastar a aplicabilidade, nas coordenadas do sistema, de pactos de não concorrência a situações de trabalho independente[2010] ou de mandato[2011], cujos requisitos conjuntivos não serão, contudo, tão espartilháveis[2012], embora a ausência de regulação legal adrede não deixe de suscitar problemas, ante a inaplicabilidade, em toda a extensão, do pressuposto *stat pro ratione voluntas*, avultando, segundo a opinião dominante, a necessidade de limites de espaço, tempo e género de actividade, face à saliência do princípio da liberdade de exercício de uma actividade industrial ou comercial[2013].

Nascidos e disseminados por outros ramos do Direito, os pactos situam-se, assim, numa área em que as normas de Direito da concorrência se intersectam com as normas que apresentam incidência laboral[2014], incindindo sobre aspectos como a redistribuição de riqueza, a protecção das pequenas e médias empresas ou a mesmo prossecução de objectivos de política de emprego[2015], dando corpo à tradução das teorias *insider/outsider*[2016], uma vez que potenciam um alargamento do espaço de penetração no mercado de trabalho a novos agentes.

[2010] Neste sentido: GIAMPERO FALASCA, *Manuale di Diritto del Lavoro* (2011), cit., 168.

[2011] M. NOGUEIRA SERENS, *Notas sobre a Sociedade Anónima* (2.ª ed.), Stvdia Ivridica 14, Coimbra Editora, Coimbra, 1997, 75-6.

[2012] Em Itália, lavrando este entendimento e considerando inaplicáveis as condições inscritas no art. 2125 do *Codice Civile* ao trabalho para-subordinado, v. Cass. 6.11.2000, n.º 14454, MGC, 2000 *in* PAOLO CENDON, *Commentario al codice civile. Artt. 2595-2642* (2009), cit., 10. Já FERNANDEZ-ALBOR BALTAR, *Prohibiciones de competencia en la sociedade de responsabilidad limitada* (2005), cit., 284-7, com referência a acordos relativos a uma obrigação de não concorrência após a cessação de funções de administradores, faz aplicar, de forma tópica, o regime jurídico previsto para o pessoal de alta direcção (RD 1382/1985), por considerar as situações valorativamente similares.

[2013] Assim, por todos, GIANNANTONIO GUGLIELMETTI, *Limiti negoziali della concorrenza*, Cedam, Pádua, 1961, 117 e CHRISTOPH NEERACHER, *Das arbeitsvertragliche. Konkurrenzverbot* (2001), cit., 16. Igualmente, com referência à aplicabilidade de cláusulas de não concorrência nos casos de cessão de acções ou de fundos de comércio, CEDRIC GUYOT, "Les clauses de non-concurrence et de confidentialité dans les cessions d'actifs et d'actions" (2001), cit., 13.

[2014] HUGH COLLINS, *Employment Law* (2008), cit., 50.

[2015] CYNTHIA ESTLUND, "Between rights and contract: Arbitration agreements and non-compete covenants as a hybrid form of employment law", UPLR 2006, n.º 2 (Vol. 155), 379-445.

[2016] Cfr. ERIC LECLERCQ, *Les Théories du marché du travail*, (1999), cit., 218 e 246 e ss., PIETRO ICHINO, *Il Contratto di Lavoro. I* (2000), cit., 11-2, ANNE C. PETERSEN & JEYLAN T. MORTIMER, *Youth Unemployment and Society* (ed. By Anne C. Petersen & Jeylan T. Mortimer), Cambridge University Press, Cambridge, 2006, 122-3 e LEFTERIS TSOULFIDIS *Competing schools of economic thought*, Springer, Heidelberg, 2010, 371. *Breviter*, para os próceres de tal construção (cfr. ASSAR LINDBECK & DEN-

Este tipo de cláusulas dirige-se normalmente a garantir ao empregador informação confidencial[2017], segredos de negócios (*business secrets*) e, na prática, as mais das vezes, diz respeito a informações técnicas sobre produtos, fórmulas e processos químicos[2018] e relações com financiadores, clientes e fornecedores, assistindo-se, diversificadamente, à evocação de vários fundamentos com vista à sua sustentabilidade[2019].

Para tanto, empregador e trabalhador ajustam uma cláusula que delimita o conjunto de actividades que este não pode exercer após a cessação do contrato de trabalho, conformação que, como se verá, não é irrestrita.

Se a jurisprudência anglo-saxónica, no século XIX, em razão da sua contendência com a liberdade de trabalho, comércio e indústria, estimava nulas cláusulas com este teor (*restraint of trade→public policy*)[2020], a matização desta análise foi sendo lentamente trilhada e, à luz do *holding of the case*, foi-se considerando

---

NIS J. SNOWER, "Insiders versus Outsiders", JEP 2001, Vol. 15, 165-188 e antes: *The Insider-Outsider Theory of Employment and Unemployment*, MIT Press, Cambridge, 1989), o proteccionismo que subjaz ao Direito laboral potencia o interesse egoístico dos trabalhadores que têm uma ocupação, constituindo, *hoc sensu*, uma barreira de acesso a todos os que se encontram desocupados. A preocupação obsessiva com o garantismo, além de efeitos economicamente desincrementalistas (perda de competitividade económica), mostra-se inequitativa, pois os mais necessitados (*outsiders*), ante a exiguidade de recursos cada vez mais rivais, ficam em definitivo privados da mudança de *statu quo*. Concluindo, nesta perspectiva: o funcionamento do mercado deve corresponder a um interesse partilhado de *insiders* e *outsiders*, buscando-se ganhos de eficiência social e obviando-se a taxas de desocupação de longa duração.

[2017] HUGH COLLINS, *Employment Law* (2008), cit., 153.

[2018] Assim: NORMAN SELWYN, *Law of Employment* (2008), cit., 482.

[2019] Por exemplo: GONZALO DIEGUEZ, *Lecciones de Derecho del Trabajo* (4.ª ed.), Marcial Pons, Madrid, 1995, 270-1. Entre nós, baseando também, e em parte, a protecção dos interesses económicos do empregador subjacente ao pacto na necessidade de "evitar o desperdício de meios investidos na qualificação profissional do trabalhador", v. ANTÓNIO MONTEIRO FERNANDES, *Direito do Trabalho* (2012), cit., 536.

[2020] Veja-se o caso *Mitchell v. Reynolds*, 24 Eng. Rep. 347 (QB 1711), com o juiz Macclesfield, em 1711, a referir que "a lei presume maus este tipo de acordos" – cfr. WILLIAM W. STORY, *A Treatise on the Law of Contracts* (4.ª ed.), Law Book Exchange, Nova Jérsia, 2006, 680 (nota 4) –, e, um século antes, o caso *Tailors of Ipswich* (77 Eng. Rep. 1213 (KB 1614), em que se firmou a inadmissibilidade absoluta de pacto similar. Cfr. BERNARD H. SIEGAN, *Economic Liberties and the Constitution* (2006), cit., 23 e 27.

paulatinamente atendíveis os interesses do empregador na sua estipulação[2021], à semelhança do trilho seguido no ordenamento germânico[2022].

Ainda antes da sua previsão legal, também a jurisprudência francesa foi, laboriosamente, e logo a propósito do "contrat de louage de services"[2023], admitindo cláusulas de não concorrência com eficácia pós-contratual[2024].

Permeando-se a uma análise de indicadores aptos a revelar a adequação das soluções jurídicas aos interesses da empresa, mas procurando garantir uma protecção *eficaz* dos trabalhadores[2025], a calibragem desenvolvida – e que hoje parte, antes do mais, do respeito pelas "liberdades e direitos do homem"[2026] – sempre considerou absolutamente interditas cláusulas como as que proíbem o trabalhador de casar, que determinam a mudança da residência familiar do

---

[2021] Tudo começou com o caso *Nordenfelt v Maxim Nordenfelt Guns and Ammunition Co* [1894], AC 535, que, incidindo sobre um contrato de compra e venda, fez com que o Tribunal "abrisse as portas" às *restrictive covenants* – cfr. HARLAN M. BLAKE, "Employee agreements not to compete", HLR 1960, vol. 73, n.º 4, 625-691, MICHAEL J. TREBILCOCK, *The Common Law of Restraint of Trade* (1986), cit., 66, JAMES MACKENS/PAUL O'GRADY/CAROLYN SAPIDDEN/GEOFF WARBURTON, *The Law of Employment* (2002), cit., 87, EWAN MCKENDRICK, *Contract Law* (2003), cit., 341 e STEPHEN HARDY, *Labour Law in Great Britain* (4.ª ed.), Kluwer Law, Londres, 2011, 229.

[2022] Conforme dá nota JOSÉ JOÃO ABRANTES, *A vinculação das entidades privadas aos direitos fundamentais* (1990), cit., 39, também o Tribunal Federal do Trabalho alemão, numa primeira fase, produziu jurisprudência constante no sentido que "a cláusula pela qual um trabalhador ao serviço de uma firma se obriga a não trabalhar, durante um certo prazo após a cessação do contrato, no mesmo ramo de negócio, é nula, pois colide com o direito de livre escolha da profissão garantido no art. 12.º da Lei Fundamental alemã".

[2023] Com uma análise detalhada acerca do aparecimento das cláusulas de não concorrência em França, veja-se, entre nós, M. NOGUEIRA SERENS, "As cláusulas (ou obrigações) de não–concorrência na jurisprudência francesa oitocentista" (2009), cit., 797-833.

[2024] JEAN PELISSIER "Existe-t-il un principe de faveur en droit du travail?", *Melanges Dedies au President Michel Despax*, Toulouse, Presses de L'Universte des Sciences Sociales de Toulouse, Toulouse, 2002, 439-440 e MICHÈLE BONNECHÈRE, *Le Droit du Travail* (2008), cit., 291.

[2025] Sobre este processo, BERNARD TEYSSIÉ, "À propos de la pertinence économique de la règle de droit du travail", *Mesurer l'efficacité économique du droit* (dir. G. Canivet/M.-A. Frison-Roche/M. Klein), LGDJ, Paris, 2005, 67. A asserção não prejudica o facto de, como se disse, no último terço do século XIX e na primeira década do século XX a validade destes acordos se encontrar apenas dependente da inexistência de uma restrição absoluta: para tanto, bastava que existisse um limite temporal ou geográfico, admitindo-se, portanto, obrigações de não concorrência sem limite temporal, conquanto fossem delimitadas espacialmente e vice-versa. Ainda: M. NOGUEIRA SERENS, "As cláusulas (ou obrigações) de não–concorrência na jurisprudência francesa oitocentista" (2009), cit., 802-3.

[2026] O art. L120-4 do *Code du Travail* dispõe que o contrato de trabalho é executado de boa fé. Os arts. L121-1 e seguintes do *Code du Travail* conformam a regulação aplicável ao contrato de trabalho.

trabalhador[2027] ou implicam a caducidade do contrato em função da idade do trabalhador[2028], abrindo, contudo, margem para que os acordos através dos quais o trabalhador se compromete a não concorrer com o antigo empregador fossem considerados válidos, face às necessidades de tutela da empresa[2029].

É, aliás, no início do século XX que as cláusulas, em função dos interesses subjacentes, lograram obter da Organização Internacional do Trabalho suporte para a sua disseminação[2030].

3. Entre nós, com recurso ao Código de Seabra, e invocando tais fundamentos, já em 1950 RAÚL VENTURA, admitia, perante o laconismo da Lei n.º 1952, de 10.03 de 1937, que os interesses dos empregadores fossem protegidos através de uma cláusula de não concorrência[2031], situando-a numa zona de fronteira entre o Direito do trabalho, o Direito comercial e o Direito civil, em que inevitavelmente se dá a confluência de interesses e princípios opostos[2032].

A obrigação de não concorrência pós-contratual tem, por isso, traços genealógicos dificilmente datáveis, que vão de encontro à percepção de que "a liberdade económica, entregue a si própria, terminava, em muitos casos, pela destruição da própria livre concorrência"[2033].

Remontável, pelo menos, ao início da década de cinquenta do século passado[2034] – data em que se começou a estruturar como *tipo social*, quando em Espanha ou em Itália já constituía um tipo legal[2035], algo depois da sua regulação no HGB, de 10.05.1897 –, foi com o Decreto-Lei n.º 47 032, de 27.05.1966

[2027] JEAN-EMMANUEL RAY, *Droit du Travail: Droit Vivant* (2008), cit., 232.

[2028] Cass. Soc. 10.06.1982, n.º 80-40929. Sobre este conjunto circunstanciado de cláusulas, cfr. THÉRÈSE AUBERT-MONPEYSSEN, "Les libertés et droits fondamentaux dans l'entreprise: brèves remarques sur quelques évolutions recentes" (2002), cit., 319.

[2029] AMIEL-DONAT, *Les Clauses de non-concurrence en droit du travail* (1998), cit., 33 e ss. e, em acentuação deste reconhecimento, ultrapassado o juízo de contrariedade com a ordem pública, DENIS MAZEAUD, *La notion de clause pénale* (1992), cit., 253.

[2030] Através de Resolução adoptada em 1928, disponível em "Les clauses restrictives de la liberte d'emploi dans le contrat de travail des techniciens et employés de l'industrie et du commerce", RIT, Genebra, 1929, vol. XIX, n.º 1, 1929, 423 e ss..

[2031] RAÚL VENTURA, "Extinção das relações jurídicas de trabalho" (1950), cit., 362.

[2032] Nestes exactos termos, v. Ac. STJ de 17.02.2009 (HELDER ROQUE), proc. n.º 08A3836.

[2033] As palavras são de FEZAS VITAL, *Curso de Direito Corporativo* (1940), cit., V.

[2034] Cfr. RAÚL VENTURA, "Extinção das relações jurídicas de trabalho" (1950), cit., 361-2.

[2035] Os pactos apareciam previstos no art. 86 da Lei do Contrato de Trabalho de 1931, produzida na Segunda República, possivelmente por importação do ordenamento francês, como referem PEDRAJAS MORENO & SALA FRANCO, *El pacto de no concurrencia postcontractual* (2005), cit., 17. Em Itália, foi com o art. 2125 do Código Civil que em 1948 lograram consagração definitiva.

e depois com o Decreto-Lei 49 408, de 24.11.1969 (LCT) que o pacto de não concorrência logrou corresponder a um *tipo fechado*: o legislador, colocando em evidência alguns traços individualizadores do tipo (através da definição, que transforma os contratos regulados na prática num conceito[2036]), estabeleceu os pressupostos necessários à disciplina da figura que surgiu fixada no n.º 2 do art. 36.º da LCT[2037].

Hoje, a figura aparece regulada na Subsecção III (*Cláusulas de condicionamento à liberdade de trabalho*) da Secção VIII (*Cláusulas acessórias*) do Título II (*Contrato de trabalho*), como uma *cláusula acessória ao contrato de trabalho que produz um condicionamento à liberdade de trabalho*.

Contudo, se a densidade normativa que o CT emprestou aos pactos de não concorrência contrasta com o laconismo associado aos n.os 1 e 2 do art. 36.º da LCT, são ainda vários os problemas que estes acordos suscitam. Desde logo, a inserção da sua regulação: aparecendo tratados em sede de *formação e de delimitação do conteúdo do contrato de trabalho*, os pactos, ao contrário, atinam com a cessação do vínculo laboral, face à sua direcção pós-contratual[2038].

II. O dever de não concorrência no decurso do contrato de trabalho

4. As análises empreendíveis em relação ao princípio da liberdade de trabalho não são justaponíveis à valoração das limitações operativas que a liberdade de trabalho apresenta em sede de execução do contrato de trabalho. Aí, por força do princípio da boa fé, a actividade a exercer pelo trabalhador sofre espartilhos que, *per definitionem*, se justificam à luz dos deveres de cooperação creditória a que o trabalhador está adstrito: o dever de não concorrência, em função dos conhecimentos técnicos e de mercado e dos contactos com clientes e fornecedores que o trabalhador detenha, existe no decurso do contrato de trabalho, aparecendo filiado no dever de lealdade.

[2036] Pedro Pais de Vasconcelos, *Contratos Atípicos* (1995), cit., 40.

[2037] Se o artigo encontra correspondência, inclusivamente numérica, no Decreto-Lei n.º 47 032, de 27.05.1966, postulou-se, para tanto, que, de modo cumulativo, *(i)* a cláusula constasse de forma escrita, do contrato de trabalho, *(ii)* se tratasse de actividade cujo exercício pudesse efectivamente causar prejuízo à *entidade patronal*, *(iii)* se atribuísse ao trabalhador uma *retribuição* durante o período de limitação da sua actividade, *retribuição* que podia sofrer redução equitativa quando a *entidade patronal* houvesse despendido somas avultadas com a sua formação profissional, diferença saliente face ao Anteprojecto Pessoa Jorge, que permitia o afastamento *in totum* da compensação (então nominada "retribuição") sempre que o empregador houvesse despendido somas avultadas com a formação profissional do trabalhador: Fernando Pessoa Jorge, "Contrato de Trabalho – Anteprojecto de Diploma Legal" (1965), cit., 264.

[2038] M.ª Rosário Palma Ramalho, *Direito do Trabalho. Parte II* (2010), cit., 1032.

Independentemente das perspectivas que histórica e descoincidentemente envolveram a relação de trabalho[2039], o dever relaciona-se com a confiança que marca a relação entre os sujeitos e com o influxo que o comportamento de cada um exerce na esfera jurídica do outro, entrelaçando-se com o esconjuro de uma compreensão da situação laboral estritamente intercambial.

Qual seja o ângulo de análise seguido, e sem prejuízo da bilateralidade do dever de lealdade, interessa sobretudo observar os limites que este impõe à conduta do trabalhador, mormente quanto ao dever de não concorrer com o empregador.

a) Ordenamentos estrangeiros

5. Na Alemanha a doutrina vem inserindo a obrigação de não concorrência, a par do dever de sigilo, no feixe de obrigações paralelas, enquanto derivação do dever de lealdade (*Treuepflicht*)[2040], essencial à relação de confiança subjacente à existência de uma situação laboral[2041] e que, aparecendo como um resquício da *Treudienstvertrag*, se posta em plano idêntico aos deveres de protecção (*Schutzpflichten*) e assistência (*Fürsorgepflichten*) que recaem sobre o empregador (designadamente: saúde, dignidade e personalidade do trabalhador), extraíveis dos §§ 617. e 618. do BGB.

Sendo o contrato de trabalho (*Arbeitsvertrag*) uma modalidade da *Dienstvertrag* que implica uma dependência pessoal do prestador de trabalho relativamente ao credor do serviço, o dever de lealdade, que encontra no § 618 do BGB o seu fundo genérico, surge numa certa visão doutrinária, mau grado o corte com o *Arbeitsordnungsgesetz* (1934) do nacional-socialismo[2042], como um ressaibo da noção de vínculo comunitário (*Gemeinschaftsverhältnis*), que emergiu como uma reacção à concepção pandectistica da *locatio operarum*: a lealdade víncula ambos os sujeitos e, na comunidade empresarial (*Betriebsgemeinschaft*), é essa lealdade recíproca que baliza as múltiplas prestações a que os sujeitos se obrigam com a constituição da situação laboral, embora hoje as leituras sobre a

---

[2039] Designadamente as teorias contratualistas e da incorporação. Sobre a questão, ANTÓNIO MENEZES CORDEIRO, "Da situação jurídica laboral: perspectivas dogmáticas do Direito do Trabalho" (1982), cit., 109 e ss. e 120 e ss..

[2040] BAG 26.09.2007 – 10 AZR 511/06, NZA 2007, 1436.

[2041] BAG 17.10.1969 – 3 AZR 442/68, BB 1970, 214; BAG 21.10.1970 – 3 AZR 479/69, BB 1971, 86; BAG; 11.04.2000 – 9 AZR 131/99, NZA 2001, 94. Ainda: WOLFGANG HROMADKA & FRANK MASCHMANN, *Arbeitsrecht Band 1: Individualarbeitsrecht* (2012), cit., 221.

[2042] Cfr. REINHARD RICHARDI, "Kontinuität und Wandel im Arbeitsleben während der Besatzungszeit", *Zwischenzeit: Rechtsgeschicte der Besatzungsjahre* (dir. Martin Löhnig), ed. Rechtskultur, Ratisbona, 2011, 96.

recondução do dever às coordenadas impostas pelo princípio da boa fé tendam a ganhar predominância[2043].

Traçando-se, no que ao trabalhador diz respeito, o dever de lealdade a partir da abstenção de todo e qualquer comportamento que possa ser prejudicial ao empregador[2044] – traçado reforçado com a obrigação de adopção de uma conduta que respeite os direitos e os interesses da outra parte que o § 241, 2 BGB postula[2045], o que não implica, contudo, que o trabalhador tenha de agir sempre no interesse do empregador, uma vez que não é um agente *proprio sensu* –, compreende-se aí a obrigação de não divulgar segredos da empresa e de não exercício de qualquer actividade concorrencial.

Surgindo enquadrado no postulado de fidúcia que subjaz à situação jus-laboral[2046], e mau grado a existência de leituras descoincidentes quanto à relevância *a se* do dever de lealdade (e também do dever de cuidado) no âmbito da situação laboral, a violação deste dever permite ao empregador ser ressarcido dos danos causados ou, em alternativa, optar por ficar com os lucros obtidos pelo trabalhador; nas situações em que a violação é grave e em que a relação de confiança entre os sujeitos fica irremediavelmente afectada, há lugar a despe-

---

[2043] KONRAD RUSCH, *Gewinnhaftung Bei Verletzung Von Treuepflichten*, Mohr Siebeck (109), Tubinga, 2003, 180-4. Já depois da jurisprudência do *Reich* ter considerado o contrato de trabalho como um contrato associativo do direito das pessoas (a que não era aplicável o § 611 BGB) e de se haver atribuído ao dever de fidelidade uma coloração comunitária, a jurisprudência do pós-guerra, retirando a carga política dos deveres de fidelidade e de assistência, foi firmando como corolário do dever de fidelidade que adstringe o trabalhador a obrigação de este actuar por forma a realizar o interesse do empregador, a promover o progresso da empresa e a abster-se de qualquer actuação susceptível de vulnerar tais interesses, numa concepção implicativa de que o trabalhador se obriga, porém, a ordenar a sua vida segundo os interesses da empresa. Se para o empregador, em razão do dever geral de assistência (*allgemeine Fürsorgepflicht*) a que se encontra não só obrigado pelo contrato (*vertaglich verplifchtet*) como também pelas disposições jurídico-públicas sobre a tutela do trabalhador (*öffentlich-rechtliche Vorschriften zum Schutz der einzelnen Arbeithehmer*), se estabelecia tudo o que fosse necessário para proteger o trabalhador – com a violação das normas de protecção a implicarem uma dupla responsabilidade pública e privada pelo seu incumprimento –, apenas a partir dos anos 70 se entrevê uma recondução mais nítida do contrato de trabalho ao Direito das obrigações, embora com acentuação de um conjunto de obrigações recíprocas que estão para lá de uma simples relação de troca entre trabalho e retribuição, firmando-se um enquadramento em que o dever de fidelidade se desenvolve à luz do princípio da boa fé (§ 242 BGB) e em que já se atende à pessoalidade da relação. Ainda: REINHARD RICHARDI, "Kontinuität und Wandel im Arbeitsleben während der Besatzungszeit" (2011), cit., 96-7.

[2044] BAG 16.06.76 – 5 AZR 224/75, NJW 1977, 74.

[2045] HARALD SCHLIEMANN, *Das Arbeitsrecht im BGB: Kommentar* (2002), cit., 221.

[2046] Sobre este enquadramento BERNHARD ULRICI, *Vermögensrechtliche Grundfragen des Arbeitnehmerurheberrechts*, Mohr Siebeck, 2008, 188-9.

dimento ordinário, que, fundando-se em "motivo importante" (*wichtig Grund*), dispensa o aviso prévio[2047].

6. No direito anglo-saxónico, a obrigação de não concorrência no decurso do contrato de trabalho filia-se nos deveres de fidelidade (*implied terms*), essenciais à boa execução (*performance*) do contrato de trabalho, particularmente conformados pela boa fé[2048].

A doutrina perspectiva os deveres de fidelidade como aforamentos do princípio da boa fé na execução dos contratos[2049], sem que, todavia, descure o especial relacionamento que se estabelece entre os interesses de uma concorrência sã, a protecção dos interesses do empregador e a necessidade de tutelar o direito ao trabalho.

Com o *duty of fidelity* a ser alçado a dever principal[2050], vislumbra-se a tendência para assimilar o dever de fidelidade emergente do contrato de trabalho ao dever de fidelidade que, no âmbito do *trust,* caracteriza a posição do fiduciário[2051], ultrapassando-se a tripartição *duty not to work for a competitor/duty not to disclose information/duty not to accept bribes or secret comission.*

Nesse sentido, os tribunais consideram que, se no curso do contrato de trabalho, o trabalhador obtém uma informação sobre oportunidades de negócio e a guarda para seu benefício, em vez de facultar a sua utilização ao empregador, se configura uma violação do dever de fidelidade: a adopção de comportamentos que apontem para a neutralização da consecução dos interesses do empregador encontra-se vedada ao trabalhador[2052], exigindo-se, no anverso, a assunção de comportamentos potenciadores dos interesses da empresa[2053], numa valoração

---

[2047] ABBO JUNKER, *Grundkurs Arbeitsrecht* (2006), cit., 179 e ss..

[2048] Inserindo a *non-competition*, a par dos *secret profits*, no *duty of fidelity*, cfr. GWYNETH PITT, *Cases and Materials in Employment Law* (2.ª ed.), Finantial Times Pitman Publishing, Londres, 1998, 146 e ss..

[2049] Neste sentido, mau grado a inexistência de uma recepção da *bona fides* romana como a que se processou nos sistemas jurídicos continentais, v. HUGH COLLINS, *Employment Law* (2008), cit., 151.

[2050] SIMON DEAKIN & GILLIAN MORRIS, *Labour Law* (2003), cit., 336.

[2051] Sendo o *trust* no Reino Unido uma instituição cujo âmbito é fundamentalmente recortado pela negativa: a actuação do *trustee*, aparecendo balizada pela fidelidade ao fim a prosseguir, deve observar padrões de diligência, prudência, cuidado, lealdade e eficiência. A matização desta equiparação tem, todavia, vindo a ganhar terreno, entendendo-se, por exemplo, que o trabalhador, ao revés do que se exige para o fiduciário, não pode ser compelido a revelar factos relativos ao seu incumprimento do contrato de trabalho.

[2052] *Sybron Corp v. Rochem Ltd* [1983] ICR 801. Cfr. STEPHEN HARDY, *Labour Law in Great Britain* (2011), cit., 121.

[2053] Cfr. MALCOLM SARGEANT & DAVID LEWIS, *Employment Law* (2008), cit., 97.

que tende a fundir os *fiduciary duties* e os *duties of care,* cuja disjunção é tradicionalmente estabelecida no sistema da *common law*[2054].

Ora, se o respeito pela confidencialidade da informação relativa ao negócio do seu empregador é um dos corolários do *duty of fidelity* que maior escrutínio demanda[2055] – no que à utilização de informação confidencial diz respeito tem-se reconhecido a possibilidade de o empregador obter uma injunção com vista à não utilização dessa informação, abrindo uma conta para o depósito dos proveitos económicos obteníveis com a divulgação da informação[2056] –, no mais, o simples estabelecimento de contactos com vista à transferência do trabalhador para um concorrente do seu empregador pode prefigurar uma violação do dever de fidelidade – infirmável perante a demonstração de que o trabalhador não busca a utilização de informação confidencial [*Harris & Russell Ltd v Slingsby* (1973)[2057]] –, o mesmo sucedendo com o contacto com clientes, tendo em vista a aferição da sua receptividade para uma eventual transferência de fornecedor[2058].

Trata-se, em todo o caso, de análise que tem de atender às funções do trabalhador, à natureza do trabalho que ele se predispõe executar, aos clientes e às práticas do sector de actividade[2059], suscitando-se uma indagação casuística: na senda do caso *Shepherds Investments ltd v. Tunnard* [2006][2060], o dever de fidelidade tem outra intensidade em funções de elevada responsabilidade, apertando-se o filtro de análise das actividades preparatórias desenvolvidas por trabalhadores que exercem funções dirigentes. Assim, um director que procura transferir-se para o *senior staff* de um concorrente [*Marshall v Industrial Systems and Control Ltd* (1992)[2061]] tem, por princípio, mais probabilidades de ofender o dever de fide-

---

[2054] Os *fiduciary duties* e os *duties of care* são geralmente conglobados nos deveres de lealdade continentais.
[2055] DEBORAH J. LOCKTON, *Employment Law* (2003), cit., 105-7.
[2056] Foi o que aconteceu no célebre caso do espião Blake, com a criação de uma conta onde foram depositadas as receitas comerciais da venda das suas memórias: *Attorney General v. Blake* [2001], IRLR 36, I IL.
[2057] 3 All ER 31/ ICR 454. Cfr. ALEXANDRA KAMERLING/CHRISTOPHER OSMAN/SIMON MEHIGAN, *Restrictive covenants under common and competition law* (2004), cit., 94.
[2058] Nos EUA, como nota HUGH COLLINS, *Employment Law* (2008), cit., 153, os tribunais têm admitido o estabelecimento de contactos preliminares por parte do trabalhador, mas não o contacto com vista à angariação de clientes ou a oferta de serviços por parte do trabalhador, no decurso do contrato de trabalho, a outros empregadores.
[2059] Apelando a esta análise casuística, v. NORMAN SELWYN, *Law of Employment* (2008), cit., 482.
[2060] IRLR 110.
[2061] IRLR 294 (EAT). Cfr. JAMES HOLLAND & STUART BURNETT, *Employment Law* (2008), cit., 221.

lidade do que um quadro técnico que se procura transferir para o *junior staff* de um concorrente [*Tithebarn Ltd v Hubbard* (1991)[2062]].

Neste quadro, admitem-se injunções para impedir o trabalhador de usar listas de clientes com os quais teve contacto na constância no contrato de trabalho[2063], remédios que todavia dificilmente procederão sempre que o trabalhador desenvolva essas actividades fora do local e do horário de trabalho e use o seu próprio equipamento para contactar com clientes cuja existência não seja atribuível ao seu empregador[2064].

Ademais, se, por um lado, se considera não existir uma violação do dever de fidelidade sempre que o trabalhador se limita a manifestar a intenção de competir futuramente com o seu empregador[2065] – podendo mesmo firmar-se um princípio genérico de liberdade quanto à preparação de futuras actividades[2066] –, entende-se, por outro, que o dever de fidelidade se encontra irremediavelmente afectado nas situações em que o trabalhador executa um trabalho que havia sido iniciado pelo seu empregador[2067], utiliza meios e equipamentos pertencentes ao seu empregador com vista ao desenvolvimento de qualquer actividade[2068], contacta clientes com o fim de estabelecer relações comerciais alheias aos interesses do empregador[2069] ou copia uma lista de clientes com vista à sua utilização após uma eventual cessação do contrato de trabalho[2070].

[2062] Ainda NORMAN SELWYN, *Law of Employment* (2008), cit., 482.

[2063] Cfr. *Roger Bullivant Ltd v. Ellis* [1987] ICR 464, CA: um director denunciou o seu contrato de trabalho para ir trabalhar para uma empresa rival, levando consigo as listas com os nomes e moradas dos clientes; esta prática foi considerada uma violação do dever de lealdade, tendo o (ex) empregador obtido uma injunção que impediu o antigo director de estabelecer qualquer contacto ou de celebrar, mesmo por interposta pessoa, contratos com qualquer pessoa cujo nome aparecesse na lista. Ainda: STEPHEN HARDY, *Labour Law in Great Britain* (2011), cit., 118.

[2064] Assim: *Balston Ltd v Headline Filters Ltd* [1987] FSR 330. Cfr. RICHARD AUSTEN-BAKER, *Implied Terms in English Contract Law* (2011), cit., 33.

[2065] *Laughton and Hawley v Bapp Industrial Supplies Ltd* [1986] ICR 634 e MALCOLM SARGEANT & DAVID LEWIS, *Employment Law* (2008), cit., 97 e 142 (nota 249).

[2066] *Helmet Integrated Systems Ltd v Tunnard* [2007] IRLR 126. Ainda: NORMAN SELWYN, *Law of Employment* (2008), cit., 483.

[2067] *Adamson v B L Cleaning Services Ltd* [1995] IRLR 193.

[2068] *Lancashire Fires Ltd v SA Lyons & Co Ltd* [1999], IRLR 113. Cfr. MALCOLM SARGEANT & DAVID LEWIS, *Employment Law* (2008), cit., 97.

[2069] *Wessex Dairies v Smith* [1935] 2 KB 80. Cfr. RICHARD AUSTEN-BAKER, *Implied Terms in English Contract Law* (2011), cit., 34-5.

[2070] *Robb v Green* [1895] 2 QB 1., *Golden Cross Co Ltd v Lovell* [1979] IRLR 267, EAT. Ainda: STEPHEN HARDY, *Labour Law in Great Britain* (2011), cit., 314.

A diferença, mesmo que ténue, está entre a intenção, ainda que firme, de competir com o seu empregador e a existência de actividades preparatórias que, independentemente da sua inconsequência, substanciam factos externos conducentes a facilitar ou a preparar a situação de concorrência potencial que conflitua com o dever de lealdade. Na primeira situação, estando-se no domínio da *nuda cogitatio*, o dever de não concorrência não é violado: uma intenção de entrar em concorrência com o empregador não configura, por si, uma violação do dever de fidelidade[2071]. Já perante situações de facto indiciadoras de concorrência potencial, que logrem projecção objectiva, mau grado a exigência de uma análise casuística, o dever de não concorrência é presumidamente incumprido[2072].

7. Em França o dever de lealdade não é um dever principal do trabalhador. O dever, cuja abordagem é residual e aparece quase sempre feita a propósito do poder disciplinar, surge geralmente enquadrado pelo art. L. 120 do *Code du Travail* que, à semelhança do princípio geral condensado no art. 1134 do *Code Civil* e depois da lei de modernização social de 17.01.2002, dispõe que o contrato de trabalho é executado de boa fé[2073].

[2071] GWYNETH PITT, *Cases and Materials in Employment Law* (1998), cit., 153, com referência ao caso *Laughton v Bapp Industrail Supplies*.

[2072] Aqui, em contraste com o sistema germânico, admite-se que as obrigações advenientes dos *implied terms* possam ser afastadas através do contrato de trabalho. Mas a objectividade das circunstâncias, quando associada ao aumento do risco subjacente à verificação de situações que podem ocasionar prejuízos ao empregador, já determinou o despedimento, por violação do dever de fidelidade, de uma trabalhadora casada com o director de uma empresa concorrente, em razão da inevitabilidade da divulgação de informação confidencial da empresa: *Dyer v Inverclyde Ltd* 25.11.1987 em PETER CHANDLER, *Waud's Employment Law* (2003), cit., 127. Se, conforme se lê, "o risco de divulgação da informação era excessivamente grande" e "não é injusto despedir a trabalhadora em razão desse facto", a decisão abriu graves precedentes, ao fazer condicionar a subsistência de um contrato de trabalho à (in)verificação de um determinado *status* familiar. Ora, se uma cláusula com este teor é *a priori* inadmissível, não se vê como pode a cessação do contrato de trabalho operar em razão de uma condição cuja previsão antecipada tem um desvalor evidente. O dever de fidelidade, sem prejuízo da sua indagação casuística, jamais poderá entender-se violado em função de situações alheias ao vínculo laboral, que, mais do que não imputáveis ao trabalhador(a), não são por este impedíveis.

[2073] Princípio que hoje se encontra igualmente plasmado no art. 1222-1 do *Code du Travail*. Em panorâmica: FANNY VASSEUR-LAMBRY, "La bonne foi dans les relations individuelles de travail", LPA 2000, n.º 55, 4-6 e VINCENT NEUPREZ & MICHEL DEPREZ, *Contrats de travail: l'essentiel* (2008), cit., 96. Fazendo apelo ao art. 1134 do Código de Napoleão, cfr. Cass. Soc. 06.02.2001, DS 2001, 439, com anotação de BERNADETTE LARDY-PÉLISSIER, "Obligation de loyauté du salarié et liberte du travail. Soc. 9 décembre 2009, n.º 08-41.213" (2010), cit., 164-5.

Tendo presente que o dever não é pétreo e é transversal às diferentes áreas, conforme faz notar Aynés, o dever de lealdade encontra no contrato de trabalho, que aparece inserido na "categoria das relações de confiança", o seu campo de aplicação mais intenso[2074].

A despeito de tanto a legislação quanto a doutrina francesas jus-laborais não fazerem menção expressa à lealdade, vislumbram-se, no entanto, tentativas de associação do dever à noção de empresa como comunidade de interesses, buscando-se uma remoção do antagonismo de posições que marca a relação de trabalho, com renovados apelos à assunção de comportamentos cooperativos, no qual a lealdade reganha significado[2075].

Mas, seja qual for o ângulo de análise que se assuma a propósito da delimitação conceptual do dever de lealdade no ordenamento francês, é tendencialmente pacífico que o dever, no seio das situações juslaborais, conhece diferentes níveis de adstringência quando se encontram envolvidos quadros técnicos e/ou organizações de tendência, sendo outrotanto vulgar ressaltar-se a existência de um escrutínio mais rigoroso para o trabalhador do que para o empregador[2076], com a perspectiva de que o dever pendente sobre o trabalhador atina com a empresa globalmente considerada, ao passo que para o empregador ele apenas vai referido à pessoa do trabalhador.

[2074] Laurent Aynès, "L'obligation de loyauté", APD 2001, n.º 44, 195.

[2075] Por todos, em releitura do art. 1134 do *Code Civil* e sustentando uma reorganização da teia de obrigações recíprocas dos sujeitos laborais em que o dever de cooperação surja como princípio rector do contrato, v. Arnaud Teissier, *La loyauté dans les relations individuelles de travail*, Thèse Paris II, 1997, *maxime* 297-332. Significando-se também com este enquadramento uma imposição aos sujeitos dos comportamentos "adequados à optimização das vantagens que o outro legitimamente espera retirar do contrato" [assim: Jean Mouly, "Une nouvelle création prétorienne à la charge de l'employeur: l'obligation de protection juridique du salarié", D. 10/2007 (8 mars 2007), 695], se para alguns a boa fé e a lealdade têm significação idêntica (*v. g.* Jacques Ghestin, Cristophe Jamin e Marc Billiau, *Traité de Droit Civil. Les effets du contrat* (2001), cit., 231-9, uma outra leitura, que encontra voga em Marion Del Sol & C. Lefranc-Hamoniaux, "La protection de l'information confidentielle acquise par les salariés et leurs représentants", *JCP S* 2008, n.º 52/1666, 16-24, contrasta a lealdade com a boa fé com base no facto de a primeira extravasar o campo da execução contratual, abrangendo as denominadas condutas extra-profissionais.

[2076] Catherine Puigelier, *Droit du Travail* (2000), cit., 84.

É, pois, nesse quadro que o dever de não concorrência, a par do dever de sigilo[2077], aparece geralmente traçado como um "dever implícito"[2078], construído pela jurisprudência com base no art. 1134 do *Code Civil*[2079], perimindo-se, *hoc sensu*, qualquer comportamento do trabalhador que entre em conflito de interesses com a empresa e vedando-se o aproveitamento de quaisquer oportunidades de negócio que, mesmo reflexamente, possam interferir com os interesses económicos do empregador.

A casuística jurisprudencial tem-se revelado fecunda: a *Cour de Cassation* já considerou que a criação por parte do trabalhador de uma sociedade concorrente na qualidade de sócio e administrador consubstancia uma violação grave do dever de não concorrência, entendendo, todavia, que a aquisição de acções pelo trabalhador de uma sociedade concorrente, conquanto não conduza à assunção de uma posição maioritária, não contende com esse dever[2080].

A violação do dever de não concorrência, a par do incumprimento do dever de reserva, que se mantêm durante o período de "hibernação legal"[2081] associado à suspensão do contrato de trabalho[2082], constituem infracção grave, que justifica o despedimento motivado do trabalhador (*licenciement pour faute grave*)[2083].

8. Em Espanha, se a doutrina e a jurisprudência utilizam outrossim o art. 1258 do Código Civil a propósito do dever de lealdade[2084], o art. 5, al./d, e o art. 20.2, ambos do ET, determinam a execução das obrigações emergentes da situação laboral em conformidade com as exigências da boa fé, cujo incumprimento, de acordo com o art. 54.2, al./d do ET, é causa de despedimento disciplinar, sem

---

[2077] Dever que muitas vezes aparece nominado como *dever de discrição* [FRANÇOIS GAUDU, *Droit du Travail*, (2007), cit., 111] e que se substancia na proibição de divulgação de informações confidenciais adquiridas pelo trabalhador no exercício das suas funções, como fazem notar MARION DEL SOL & C. LEFRANC-HAMONIAUX, "La protection de l'information confidentielle acquise par les salariés et leurs représentants" (2008), cit., 16. Para lá das situações relativas ao segredo profissional, a divulgação de segredos de fabrico encontra tutela penal, como enfatiza JEAN MOULY, *Droit du Travail* (2008), cit., 83.

[2078] JEAN-EMMANUEL RAY, "Fidélité et exécution du contrat de travail" (1991), cit., 376.

[2079] CHRISTOPHE RADÉ, *Droit du Travail* (2002), cit., 34.

[2080] Cass. Soc. 08.11.1989, DS1992, n.º 4, 918.

[2081] A expressão é de MICHEL DESPAX/JACQUES ROJOT/JEAN-PIERRE LABORDE, *Labour Law in France*, Kluwer Law International, Bedforshire, 2011, 134.

[2082] JEAN-EMMANUEL RAY, *Droit du Travail: Droit Vivant* (2008), cit., 213-4.

[2083] JEAN MOULY, *Droit du Travail* (2008), cit., 83.

[2084] LUQUE PARRA, "Pactos típicos, nuevas tecnologias y relación laboral" (2005), cit., 157 e ss..

prejuízo das responsabilidades indemnizatórias e inclusivamente penais que podem pender sobre o trabalhador[2085].

O princípio da boa fé apresenta, nesta sede específica, três corolários: o dever de não receber gratificações, o dever de sigilo e a proibição de concorrência[2086].

Se o dever de não receber gratificações e o dever de sigilo não têm cobertura legal expressa, já o dever de não concorrência aparece especificamente consagrado no art. 5, al./d e no art. 21, n.º 1 do ET, substanciando-se na "vedação de todo e qualquer comportamento que seja contrário aos usos honestos em matéria comercial e industrial", mesmo que este não implique qualquer prejuízo para o empregador.

A proibição de concorrência obriga a que o trabalhador se abstenha de exercer actividades que concorram com a do seu empregador, tratando-se da manifestação legal mais expressiva do dever de boa fé exigível ao trabalhador durante a execução do contrato de trabalho[2087].

À partida, o ET estabelece dois requisitos: um objectivo (concorrência) e outro subjectivo (desleal)[2088].

Sem prejuízo de a doutrina partir de uma presunção de lesividade na existência de actividades iguais ou análogas por parte do trabalhador – a qual é elidida sempre que se logre demonstrar que o empresário autoriza, ainda que de forma tácita, tal comportamento –, a concorrência com o empregador pode ser parcial ou total e efectiva (real) ou futura (potencial).

A jurisprudência entende que o dever de não concorrência é violado nos casos em que a concorrência é parcial e potencial, desenhando-se um quadro restritivo quanto à possibilidade de o trabalhador exercer outras actividades[2089].

Importando, no plano objectivo, atentar às actividades exercidas para lá do contrato de trabalho em que exista uma coincidência de produtos ou bens oferecidos, zona geográfica de actuação e clientes, o aspecto relevante atina com

---

[2085] Montoya Melgar, *Derecho del Trabajo* (2000), cit., 323.

[2086] Montoya Melgar, *Derecho del Trabajo* (2000), cit., 324 e Cruz Villalón, *Estatuto de los Trabajadores Comentado* (2003), cit., 295.

[2087] Nestes exactos termos: Pedrajas Moreno & Sala Franco, *El pacto de no concurrencia postcontractual* (2005), cit., 21.

[2088] Ramírez Martinez, *Curso de Derecho del Trabajo* (2001), cit., 382 e Luque Parra, "Pactos típicos, nuevas tecnologias y relación laboral" (2005), cit., 157.

[2089] S.TS 15.07.1987, S.TS 12.07.1988, S.TS 29.03.1990, S.TS 28.05.1990, S.TS 8.03.1991; S.TSJ Cataluña 16.11.1993, S.TSJ Extremadura 23.06.1994, S.TSJ Andalucía 18.04.1994, 1676. Veja-se ainda a jurisprudência contida em Albiol Montesinos, Alfonso Mellado, Blasco Pellicer e Goerlich Peset, *Normas laborales* (2000), cit., 187-9 e Rey Guanter, *Estatuto de los trabajadores* (2007), cit., 432.

o facto de o trabalhador adquirir conhecimentos sobre a clientela, a produção, o mercado e outras circunstâncias que não poderão deixar de ser incluídos no exercício da sua actividade futura, não sendo, nessa perspectiva, necessária a causação de qualquer prejuízo[2090].

Quanto à deslealdade, é hoje pacífico, no que ao plano subjectivo diz respeito, que não é necessário verificar-se dolo por parte do trabalhador: basta a verificação de negligência[2091], cuja presunção tem operado em situações em que o trabalhador figura como sócio ou administrador de sociedade que exerce actividade objectivamente concorrente ou em que o cônjuge ocupa idêntica posição[2092], embora se sustente que o exercício de funções por parte de familiares do trabalhador está para lá da esfera de protecção dos interesses do empregador[2093].

A violação deste dever, bem como do dever de sigilo[2094], além de poder constituir motivo bastante para "causa de despedimento" à luz do art. 54.2, al./d do ET, pode servir de base a uma acção de indemnização (art. 1101 CC) apreciável na jurisdição laboral, o mesmo se verificando quando a sua infracção ocorre após a cessação do contrato de trabalho (art. 1902 CC)[2095].

9. Já em Itália o dever de não concorrência do trabalhador é construído pela jurisprudência à luz do art. 2105 do *Codice Civile*, que, para tanto, integra o conjunto de comportamentos exigidos ao trabalhador no próprio objecto do contrato de trabalho, sem prejuízo do tratamento autónomo do dever de fidelidade, cujo recorte legal se formou sob o influxo das relações comunitário-pessoais[2096].

Excluindo-se, todavia, uma obrigação de comportamento do trabalhador tão ampla e dilatada ao ponto de se impor um sacrifício à sua liberdade de com-

---

[2090] LUQUE PARRA, "Pactos típicos, nuevas tecnologias y relación laboral" (2005), cit., 158 e RUBIO DE MEDINA, *El pacto de permanencia en la empresa* (2005), cit., 7-8.

[2091] CRUZ VILLALÓN, *Estatuto de los Trabajadores Comentado* (2003), cit., 296.

[2092] Ainda: LUQUE PARRA, "Pactos típicos, nuevas tecnologias y relación laboral" (2005), cit., 160.

[2093] Assim, GÓMEZ ABELLEIRA, "Pactos de no concurrencia y de permanência" (2000), cit., 279, que considera irrelevantes as actividades exercidas por cônjuge, descendentes ou ascendentes.

[2094] O dever de sigilo, que obriga o trabalhador a manter os segredos relativos à exploração e aos negócios do empregador, mantém-se para lá do contrato de trabalho, não sendo necessária a produção de um dano efectivo para que se considere violado.

[2095] RAMÍREZ MARTINEZ, *Curso de Derecho del Trabajo* (2001), cit., 382.

[2096] CECILIA ASSANTI, *Corso di Diritto del Lavoro* (1993), cit., 406, PIETRO RESCIGNO, *Codice Civile*. Tomo II (2010), cit., 4194-6, e GIANLUCA FALCO, *La Buona Fede e L' Abuso del Diritto. Principi, fattispecie e casistica*, Giuffrè Editore, Milão, 2010, 324-5. É igualmente nessa perspectiva que, com referência ao dever de diligência previsto no art. 2104 do *Codice Civile*, em que se faz apelo literal ao "interesse superior da produção nacional", se considera a disposição, semelhante à que constava da *Carta del Lavoro* (1926), caduca.

portamento em nome de um superior e impreciso interesse da empresa (qual repristinação de uma ideia da empresa como "comunidade-autoridade"[2097]), o art. 2105 do *Codice Civile* (*obbligo de fedeltà*), não raras vezes abordado sob o signo de uma obrigação de protecção da esfera jurídica do credor da prestação[2098], estabelece duas obrigações *específicas: (i)* não concorrência e *(ii)* segredo. Esta delimitação é tanto mais marcante quanto a generalidade da doutrina vem entendendo que o ordenamento italiano não alberga um dever geral de fidelidade[2099], sortindo-se, porém, e para tanto, do dever de correcção (art. 1175) e do princípio da boa fé (art. 1373) para obrigar o trabalhador à prestação de informações que sejam relevantes para o antigo empregador[2100].

Havendo uma *summa divisio* entre a doutrina e a jurisprudência quanto à dimanação do art. 2105 de um dever geral de fidelidade, os tribunais transalpinos já consideraram como justa causa de despedimento a omissão de sinalização de um conflito de interesses[2101], que, não estando expressamente coberta pelo art. 2105, foi valorada incompatível com a irradiação axiológica que o dever geral de fidelidade (considerado) aí previsto determina e que interdita todo e qualquer comportamento susceptível de abalar a natureza fiduciária da situação jus-laboral e/ou que possa prejudicar os interesses da empresa[2102].

Assim, embora a jurisprudência construa a partir do art. 2105 do *Codice Civile* um dever geral de fidelidade – a natureza estritamente enunciativa atribuída ao preceito implica um dever de conteúdo mais amplo –, a doutrina, por seu turno, constrói um feixe de direitos de protecção atípicos, que surge a partir do contacto socialmente estreito que é característico do contrato de trabalho, *locus* onde a integração do trabalhador na esfera jurídica do empregador demanda o

---

[2097] Seguimos MARCO BIAGI & MICHELE TIRABOSCHI, *Istituzioni di diritto del lavoro* (2007), cit., 601. Em enquadramento idêntico: GIUSEPPE FERRARO, *Diritto dei contratti di lavoro* (2011), cit., 130.

[2098] MARIA GIOVANNA MATTAROLO, *Obbligo di fedeltà del prestatore di lavoro*, Giuffrè, Milão, 2000, 22 e ss. e GIUSEPPE FERRARO, *Il Rapporto di Lavoro*, Giappichelli, Turim, 2006, 127.

[2099] Sobre esta *summa divisio* entre doutrina e jurisprudência, GIUSEPPE PERA, *Compendio di Diritto del Lavoro* (2000), cit., 209 e EMANUELE MENEGATTI, *I limiti alla concorrenza del lavoratore subordinato* (2012), cit., 38 e ss..

[2100] ENRICO GRAGNOLI, *L'informazione nel rapporto di lavoro*, Giappichelli Ed., Turim, 1996, 49-50.

[2101] RITA CANAS DA SILVA, "Dever de lealdade do trabalhador e níveis de gestão", *Estudos em Homenagem ao Professor Doutor Carlos Ferreira de Almeida*. Vol. III, Almedina, Coimbra, 2011, 581 e ss..

[2102] Sobre esta caracterização, v., por exemplo, PROTO PISANI, "Sull'uso improprio dell'art. 2105 cod. civ. da parte della Cassazione", RIDL 2005, n.º 4, 916-928, FRANCESCO BACCHINI, *Lavoro intermittente, ripartito e accessorio: subordinazione e nuova flessibilità* (3.ª ed.), Wolter Kluwers, Milão, 2009, 365 ou PIETRO LAMBERTUCCI, *Diritto del Lavoro* (2010), cit., 512.

afastamento de riscos quanto à causação de danos que este pode provocar[2103]: nesta leitura do art. 2105 do *Codice Civile*, o dever de fidelidade aí previsto desbasta-se nos deveres *(i)* de não concorrência e *(ii)* de segredo[2104], sendo complementado por deveres de protecção atípicos como o dever de aviso e informação, de salvaguarda do património do empregador ou de protecção do nome e do crédito do empregador[2105].

Independentemente da perspectiva seguível, o dever de não concorrência que o art. 2105 alberga é específico e, ao contrário do acto de concorrência desleal sancionado no art. 2598 do *Codice Civile* (aí: responsabilidade extra-contratual[2106]), a respectiva violação ocorre com a pré-ordenação de uma actividade contrária aos interesses do empregador[2107], que seja potencialmente (e já não efectivamente) causadora de danos[2108], ainda que, também aqui, este quadro sofra matizações de vulto em função do tipo de trabalhador: a "autonomia laboral", as especiais qualificações do trabalhador e o acesso a informação impor-

---

[2103] Seguindo a doutrina italiana – que sobre o tema nos oferece ampla reflexão –, trata-se, de resto, de uma obrigação que conleva duas perspectivas vectorialmente opostas, mas orientadas em sentido convergente: um comportamento negativo, destinado a garantir o respeito pela esfera jurídica do empregador e, anversamente, um comportamento activo, orientado a um esforço de promoção do interesse do empregador. Por exemplo: Giuseppe Suppiej/Marcello de Cristofaro/Carlo Cester, *Diritto del Lavoro* (2008), cit., 104-6, Massimo Rocella, *Manuale di Diritto del Lavoro* (2010), cit., 283-4 e Giampero Falasca, *Manuale di Diritto del Lavoro* (2011), cit., 166. É sob essa leitura que, como salienta Gabriele Franza, "Veri e falsi limiti al diritto di critica del lavoratore (nota a Cass. civ. Sez. lav., 21 maggio 2007, 11740)", Mass. Gl 2007, n.º 11, 787-795, a orientação jurisprudencial maioritária reconduz ainda a ultrapassagem dos limites do direito à crítica do trabalhador a uma violação do dever de fidelidade, postulando limites imanentes de omissão à liberdade de expressão em razão da protecção dos interesses da empresa na qual o trabalhador se integra; entre vários, Cass. 05.12.1990, n.º 11657, RIDL 1991, n.º 2, 828 e Cass. 09.11.1995, n.º 11220, Mass. Gl 2004, 813.

[2104] Conforme faz notar Antonio Vallebona, *Istituzioni di Diritto del Lavoro* (2008), cit., 136, são "due obblighi di non fare".

[2105] Com clareza, sobre os termos da questão, Giuseppe Pera & Marco Papaleoni, *Diritto del Lavoro* (2003), cit., 523-4 e Riccardo Del Punta, *Diritto del lavoro* (4.ª ed.), Giuffrè, Milão, 2011, 418.

[2106] Foi essa a génese da concorrência desleal em Itália, com o art. 1151 do CC de 1865, que permitiu a confecção de "uma *species* de ilícito civil". Cfr. Salvatore Sanzo, *La concorrenza sleale*, Cedam, Padua, 1998, 5.

[2107] Antonio Vallebona, *Istituzioni di Diritto del Lavoro* (2008), cit., 136 e Oronzo Mazzotta, *Diritto del Lavoro* (3.ª ed.), Giuffrè, Milão, 2008, 495.

[2108] Nestes termos: Cass. 16.01.1996 n.º 313 *in* Roberto Triola. *Codice Civile* (2002), cit., 1658. Ainda: Giuseppe Pera, *Compendio di Diritto del Lavoro* (2000), cit., 210, Maria Giovanna Mattarolo, *Obbligo di fedeltà del prestatore di lavoro* (2000), cit., 51, Giuseppe Pera & Marco Papaleoni, *Diritto del Lavoro* (2003), cit., 525 e Giuseppe Ferraro, *Il Rapporto di Lavoro* (2006), cit., 127.

tante e/ou reservada conformam o recorte aplicativo do dever[2109], que, em todo o caso, apresenta um conteúdo mais amplo do que o que se encontra contido no art. 2598 do *Codice Civile*, relativo à concorrência desleal[2110] e que se intersecta outrossim com o dever de sigilo[2111], numa tutela funcionalmente dirigida à garantia da "competitividade da empresa no mercado"[2112].

Neste quadro, a violação dos deveres previstos no art. 2105 do *Codice Civile*, além da responsabilidade disciplinar cabida (art. 2106), gera responsabilidade civil, cabendo ao trabalhador ressarcir os danos que tenham sido causados ao empregador, norma que, no entanto, é comumente tida como dispositiva: a autonomia da vontade, individual ou colectiva, pode dar cobertura ao desenvolvimento de actividades concorrenciais por banda do trabalhador (a derrogabilidade do dever de fidelidade, que se atém à tutela dos interesses de apenas um dos sujeitos, é pacífica[2113]) ou, no inverso, vedar toda e qualquer actividade, autónoma ou subordinada, a favor de terceiro, independentemente da sua refracção concorrencial com os interesses do empregador[2114].

[2109] Assim. Cass. 13329, de 26.10.2001. Cfr. LUISA GALANTINO, *Diritto del Lavoro* (1995), cit., 388, ROBERTA DI VIETO/ALESSANDRA GARZYA/UMBERTO ORSO GIACONE, *Lavoro* (2011), cit., 88 e ORONZO MAZZOTTA, *Diritto del Lavoro* (2008), cit., 495.

[2110] CARLO ZOLI, "Clausole di fidelizzazione e rapporti di lavoro" (2003), cit., 459, MARCO BIAGI & MICHELE TIRABOSCHI, *Istituzioni di diritto del lavoro* (2007), cit., 602 e ROBERTA DI VIETO/ALESSANDRA GARZYA/UMBERTO ORSO GIACONE, *Lavoro* (2011), cit., 86.

[2111] Conforme notam GUIDO TRIONI, *L'obbligo di fedeltà nel rapporto di lavoro*, Giuffrè Editore, Milão, 1982, 133 e PAOLO CENDON, *Commentario al codice civile. Artt. 2060-2134* (2011), cit., 842-3. Em síntese, o dever de sigilo apresenta duas cambiantes: (i) proibição de divulgação de informações relativas à organização e aos métodos de produção da empresa e (ii) proibição de utilização dos segredos da empresa, cuja inobservância se encontra sancionada no plano criminal (arts. 621, 622 e 623 do Código Penal) e que, como salientam MARCO BIAGI & MICHELE TIRABOSCHI, *Istituzioni di diritto del lavoro* (2007), cit., 602-3, pode ter lugar após a cessação do contrato de trabalho.

[2112] Assim, GIUSEPPE FERRARO, *Diritto dei contratti di lavoro* (2011), cit., 132, afastando, por isso, o dever de não concorrência em relação a trabalhadores domésticos e aos que se encontrem vinculados a associações sem fim lucrativo, enquadramento genérico que todavia temos reserva em acompanhar, como veremos a propósito da admissibilidade de pactos de não concorrência associados a essas situações laborais, com argumentos cuja homologia é substancial.

[2113] Com recensão jurisprudencial e doutrinária: MARIA GIOVANNA MATTAROLO, *Obbligo di fedeltà del prestatore di lavoro* (2000), cit., 140-3.

[2114] ROBERTA DI VIETO/ALESSANDRA GARZYA/UMBERTO ORSO GIACONE, *Lavoro* (2011), cit., 85-7 e EMANUELE MENEGATTI, *I limiti alla concorrenza del lavoratore subordinato* (2012), cit., 96.

b) Ordenamento português

10. A al./f do art. 128.º, sintetizando em termos exemplificativos o dever de não concorrência e o dever de sigilo[2115], obriga o trabalhador a "guardar lealdade ao empregador, *nomeadamente* não negociando por conta própria ou alheia em concorrência com ele, nem divulgando informações referentes à sua organização, métodos de produção ou negócios"[2116].

Genericamente, os deveres laterais, que decorrem do princípio de alcance genérico vertido no n.º 2 do art. 762.º do CC, são divisíveis, em atenção à função desempenhável na economia da relação estabelecida, em deveres de lealdade e esclarecimento (aqui, tomando como elemento referencial a prestação; finalidade positiva) e em deveres de protecção (aqui, tomando como referência a salvaguarda de danos que possam surgir no âmbito da relação contratual; finalidade negativa)[2117].

Se a ideia de contrato convoca uma ordem normativa, "ao lado dos deveres de prestar – sejam eles *principais de prestação* ou *acessórios da prestação principal* –, floresce, na relação obrigacional complexa, um leque mais ou menos amplo de deveres que disciplinam o desenrolar da relação contratual, que podem designar-se *deveres laterais* ou *simples deveres de conduta*"[2118].

Sufragando-se, no âmbito particular das relações laborais, a classificação que opera a distinção entre deveres acessórios integrantes da prestação laboral e deveres autónomos da prestação laboral e incluindo-se nos últimos o dever de lealdade[2119], a confiança entre os sujeitos, enquanto critério determinativo do

---

[2115] Sendo estes deveres exemplificativos, importa notar, na sequência de PEDRO ROMANO MARTINEZ, que o dever de sigilo tem um perímetro aplicativo mais alargado do que a obrigação de não concorrência, porquanto não se compadece com a divulgação de informações que, embora não sirvam a concorrência de terceiros, prejudicam o empregador. Cfr. *Direito do Trabalho* (2010), cit., 536-9.

[2116] Com excepção da substituição da locução "fidelidade" por "lealdade", a redacção é absolutamente idêntica à que se encontrava na al./c do art. 14.º do Anteprojecto Pessoa Jorge.

[2117] Ainda, CARLOS A. MOTA PINTO, *Cessão da posição contratual* (1982), cit., 514, MANUEL CARNEIRO DA FRADA, *Contrato e deveres de protecção* (1994), cit., 41 e ANTÓNIO MENEZES CORDEIRO, *Da Boa Fé no Direito Civil* (1997), cit., 606 e ss..

[2118] MANUEL CARNEIRO DA FRADA, *Teoria da Confiança e Responsabilidade Civil* (2004), cit., 443.

[2119] M.ª ROSÁRIO PALMA RAMALHO, *Direito do Trabalho. Parte II* (2010), cit., 411 e ss.. Se quanto aos deveres acessórios integrantes da prestação principal (assiduidade, pontualidade, obediência, zelo e diligência, produtividade) se cuida de deveres intrinsecamente ligados ao dever de prestar a actividade laboral, já a inclusão do dever de lealdade na categoria de deveres autónomos da prestação laboral justifica-se em função da falta de associação directa destes deveres ao dever principal, pelo que são exigíveis tanto na pendência da actividade principal, como em situações em que o trabalhador não se encontra adstrito ao cumprimento desta actividade (*v.g.* respeito e urbanidade para

dever de lealdade, representa uma forma particularizante da diligência e correcção exigíveis para o cumprimento do próprio contrato de trabalho[2120], vínculo que, aparecendo caracterizado pela natureza duradoura e pessoal das relações dele emergentes, reveste a exigência geral de boa fé de especial significado na execução do programa contratual[2121].

Se este dever conhece cambiantes de natureza vária – *v. g.* em razão da duração prevista para o contrato, da antiguidade do trabalhador ou do tipo de contrato de trabalho –, a área laboral constitui, a par da civil e da societária, uma das áreas de especialização da lealdade, sem prejuízo da sua transversalidade[2122]. Mas o dever de lealdade, substanciando uma obrigação de abstenção de qualquer comportamento que possa fazer desaparecer essa relação de confiança (enquanto *obrigação de conteúdo mais amplo*[2123]) e uma convergência de esforços com vista à satisfação dos interesses do empregador e da empresa, move-se nas coordenadas impostas pelo princípio da boa fé[2124] – com expressão no art. 126.º –, atendendo ao "esquema de interesses em que se move o contrato de trabalho"[2125] e à especial confiança exigida pela natureza da relação.

---

com o empregador e colegas, cooperação e actuação em matéria de segurança, higiene e saúde no trabalho ou custódia).

[2120] No dizer de António Monteiro Fernandes, *Direito do Trabalho* (2004), cit., 231-4 [=*Direito do Trabalho* (2012), cit., 199-203], "a obrigação de lealdade constitui uma parcela essencial, e não apenas acessória, da posição jurídica do trabalhador".

[2121] O dever de agir de boa fé, implicando um dever geral de conduta que postula um comportamento pautado pela lealdade, envolve duas implicações: por um lado, o trabalhador não pode limitar-se a uma realização puramente literal da prestação a que se encontra adstrito; por outro, o dever de boa fé não se circunscreve ao simples acto da prestação, abrangendo ainda, na preparação e execução desta, todos os actos destinados a salvaguardar o interesse do credor na prestação (o fim da prestação) ou a prevenir prejuízos, perfeitamente evitáveis com o cuidado ou a diligência exigível do obrigado. Cfr. Manuel Carneiro da Frada, *Contrato e deveres de protecção* (1994), cit., 36.

[2122] Assim: António Menezes Cordeiro, "Os deveres fundamentais dos administradores das sociedades (art. 64.º, n.º 1 do CSC), ROA 2006, vol. 2, 470-1.

[2123] João Baptista Machado, "Pressupostos da resolução por incumprimento" (1991), cit., 140 e António Menezes Cordeiro, *Da Boa Fé no Direito Civil* (1997), cit., 605-6.

[2124] Fernando Ribeiro Lopes, *Direito do trabalho. Lições policopiadas*, Lisboa, 1977/78, 118, Jorge Leite, *Direito do Trabalho*, vol. II (1999), cit., 131, João Leal Amado, *Contrato de Trabalho* (2009), cit., 386, M.ª Rosário Palma Ramalho, *Direito do Trabalho. Parte II* (2010), cit., 423 e Bernardo Lobo Xavier, *Manual de Direito do Trabalho* (2011), cit., 201 e 445. Sobre a recondução do dever de lealdade do trabalhador ao princípio da boa fé, veja-se, na jurisprudência, por todos: Ac. STJ de 16.10.96 (Loureiro Pipa), CJ-STJ 1996, T. III, 243-4.

[2125] António Monteiro Fernandes, "Reflexões acerca da boa fé na execução do contrato de trabalho" (2003), cit., 121.

Ultrapassadas as construções comunitário-pessoais[2126] – não só não existe qualquer situação de contitularidade de direitos/interesses entre os sujeitos, como "a conflitualidade latente entre empregadores e trabalhadores" e a "assimetria de posições" justifica a existência do direito à greve[2127] –, os deveres de não concorrência e de sigilo, ao contrário do que poderia resultar daquelas construções clássicas, não devem ser deduzidos de um alegado dever global de lealdade[2128]: tendo presente que a complexidade intra-obrigacional traduz a ideia de que o vínculo obrigacional abriga, no seu seio, não um simples dever de prestar, simétrico a uma obrigação creditícia, mas antes vários elementos jurídicos dotados de autonomia bastante para, de um conteúdo unitário, fazerem uma realidade composta[2129], os deveres de não concorrência e de segredo *cursus contractum* surgem como uma manifestação *específica* do dever de lealdade implicado pela confiança subjacente a uma relação laboral, dever que "de entre os deveres do trabalhador para com a entidade patronal, é o que possui contornos com maior rigidez e de aplicação em termos mais absolutos"[2130].

Esta exigência de lealdade é tanto mais vincada quanto a proibição de despedimentos sem justa causa modela o regime de cessação do contrato e a vocação de perdurabilidade do contrato de trabalho, que surge associada ao princípio da segurança e estabilidade no emprego (art. 53.º da CRP), tornam especialmente intensa a integração do trabalhador na organização do empregador.

Neste plano, se existem circunstâncias que reforçam as exigências de lisura de comportamento e de probidade de conduta – *v. g.* a dimensão da empresa, a categoria do trabalhador ou as funções exercidas, visto que a "especificidade do

---

[2126] Se na LCT se aludia a "fidelidade", hoje, mantendo-se a redacção do CT2003, refere-se "lealdade", embora não seja a substituição da locução que afasta o alcance que o dever de fidelidade lograva nas construções comunitário-pessoais, enquanto dever cuja amplitude englobava a própria prestação: por exemplo, Mário Pinto/Pedro Furtado Martins/António Nunes de Carvalho, *Comentário às Leis do Trabalho* (1994), cit., 92-3 e M.ª Rosário Palma Ramalho, *Da Autonomia Dogmática do Direito do Trabalho* (2000), cit., 279 e ss., 291 e ss..

[2127] Assim: José João Abrantes, *Contrato de Trabalho e Direitos Fundamentais* (2005), cit., 176-7 e Carlos Ferreira de Almeida, *Contratos II. Conteúdo, Contratos de Troca* (2007), cit., 177.

[2128] António Menezes Cordeiro, "Concorrência laboral e justa causa de despedimento", ROA 1986, 485 e ss. e M.ª Rosário Palma Ramalho, *Direito do Trabalho. Parte II* (2010), cit., 420.

[2129] Cfr. António Menezes Cordeiro, *Da Boa Fé no Direito Civil* (1997), cit., 586 e ss. e Mário Júlio de Almeida Costa, *Direito das Obrigações* (1998), cit., 63.

[2130] Sendo que "o valor de honestidade é um valor absoluto, insusceptível de graduação na medida que a sua violação, fazendo desaparecer a base de confiança em que o contrato de trabalho assenta, constitui falta grave que torna imediata e praticamente impossível a subsistência da relação laboral", segundo se pode ler no Ac STJ de 01.02.2001 (Azambuja Fonseca), proc. n.º 33170/00. Ainda, M.ª Rosário Palma Ramalho, *Da Autonomia Dogmática do Direito do Trabalho* (2000), cit., 279 e ss..

objecto da prestação de trabalho pode derivar ainda da especial relação de confiança que a função envolve, seja qual for o sector de actividade empresarial"[2131] –, a particular densidade que o dever de lealdade assume no domínio da situação jus-laboral justifica-se em função da dimensão de pessoalidade que inere à disposição da *energia laborativa* colocada na execução da prestação[2132], impondo-se, todavia, "ponderar as circunstâncias ambientais atinentes ao trabalhador, à empresa e ao empregador, nas suas dimensões pessoais, profissionais e técnicas" e operar uma "substancialização teleológica de relevo"[2133].

Sendo, por isso, claro que o dever de lealdade não se esgota nos seus dois corolários típicos: a proibição de concorrência e a obrigação de sigilo[2134], importa, contudo, não perder de vista que estas manifestações, formuladas por via negativa[2135], são as que mais caracteristicamente conflituam com o dever de adequação funcional do trabalhador à realização do interesse do empregador e as que, *in abstracto*, maiores prejuízos lhe podem causar, mesmo que para a sua consumação não seja exigível a verificação de qualquer prejuízo efectivo, à semelhança do que cabe entender em relação a outros corolários do dever (por exemplo: transferência de elementos sigilosos do empregador para a esfera pessoal do trabalhador[2136]).

Se a obrigação de não concorrência no decurso da situação juslaboral não se confunde com um dever de exclusividade e é, por princípio, compatível com o pluriemprego[2137] – mantendo-se durante a suspensão do vínculo laboral –, um acto integrativo de um processo de disputa de mercado, ainda que não atinando com a clientela (*v.g.* matérias primas, fornecedores, distribuidores,

---

[2131] Assim, MANUEL CARNEIRO DA FRADA, *Teoria da Confiança e Responsabilidade Civil* (2004), cit., 329 e ss., que faz acentuar o papel de instância crítica da responsabilidade profissional nos contributos para a doutrina da confiança, e CARLOS FERREIRA DE ALMEIDA, *Contratos II. Conteúdo, Contratos de Troca* (2007), cit., 181.

[2132] M.ª ROSÁRIO PALMA RAMALHO, *Direito do Trabalho. Parte II* (2010), cit., 423.

[2133] ANTÓNIO MENEZES CORDEIRO, "Concorrência laboral e justa causa de despedimento" (1986), cit., 521. Como se lê no Ac. STJ de 23.11.2011 (FERNANDES DA SILVA), proc. n.º 28/06.7TTLSB.L1.S1, só a não absolutidade do dever e a correspondente graduação se compaginam com os princípios da proporcionalidade e da equidade.

[2134] JÚLIO VIEIRA GOMES, *Direito do Trabalho* (2007), cit., 531.

[2135] Retendo-se que, em geral, os deveres de lealdade visam condutas positivas e promovem directamente o escopo almejado pelo credor.

[2136] Certeiramente: Ac. Rl. Év. de 07.02.2012 (JOÃO NUNES), proc. n.º 238/10, lavrando-se o entendimento de que constitui justa causa de despedimento a conduta da trabalhadora que retira do seu local de trabalho para o seu correio electrónico pessoal dados sigilosos da contabilidade do empregador.

[2137] PEDRO ROMANO MARTINEZ, *Direito do Trabalho* (2010), cit., 534-5.

trabalhadores, etc.), é susceptível de contender com o dever específico de não concorrência[2138].

Tratando-se de vedação não cingível ao conceito de clientela e que apenas vincula o trabalhador (e não os seus familiares)[2139], esta ponderação é feita em razão das concretas circunstâncias do caso que podem determinar a afectação da confiança pressuposta pelo vínculo laboral (o que pode abranger actos preparatórios, desde logo em razão da criação imediata de uma condição susceptível de provocar um prejuízo[2140]), trazendo igualmente à tona o conceito de mercado relevante, cuja saliência obriga a desenvolvimentos que serão feitos a propósito dos pactos que criam este dever após a cessação do contrato de trabalho.

Independentemente dos diferentes níveis de adstringência a este dever que os factores assinalados preconformam, a sua violação, à semelhança dos demais deveres especificamente impostos ao trabalhador, é susceptível de, pela sua gravidade e consequências, determinar o despedimento sem justa causa[2141], assim se encontre abalada ou destruída a confiança subjacente ao contrato de trabalho, a par da criação no espírito do empregador de dúvidas acerca da idoneidade

---

[2138] Assim: Ac. Rl. Lx. de 09.03.94 (Álvaro Vasco), CJ 1994, Ano XIX, T. II, 153-5 e Júlio Vieira Gomes, *Direito do Trabalho* (2007), cit., 536.

[2139] A extensibilidade do dever de não concorrência, afora situações de fraude ou simulação, a familiares ou pessoas próximas do trabalhador é inaceitável, ao absolutizar a subordinação jurídica, ao desconsiderar a pessoalidade do vínculo e ao propender para a incorporação no objecto do contrato de trabalho de situações jus-familiares cuja verificabilidade o trabalhador não pode *de iure* impedir.

[2140] Menos restritivamente, ainda: Júlio Vieira Gomes, *Direito do Trabalho* (2007), cit., 537, que, dando o exemplo de constituição de uma sociedade para vir a concorrer com o antigo empregador, não o considera uma violação do dever de não concorrência. Diversamente: Maria Giovanna Mattarolo, *Obbligo di fedeltà del prestatore di lavoro* (2000), cit., 79 ou ainda Paolo Cendon, *Commentario al codice civile. Artt. 2060-2134* (2011), cit., 837, que, no exemplo figurado, entende existir uma "preordenação de um comportamento danoso para o empregador que estilhaça a fidúcia do vínculo", algo que não existe nos casos em que há uma intenção, ainda que verbalizada, de concorrer com o empregador (838).

[2141] Assim: Ac. STJ de 08.03.1985 (Castelo Paulo), ADSTA 1985, n.º 283, 871-6. Todavia, conforme se pode ler no aresto, "não constitui justa causa de despedimento a prática de um acto isolado de concorrência, que foi proposto pelo chefe dos serviços técnicos da entidade patronal do respectivo trabalhador e que não causou à empresa qualquer prejuízo, por tal acto não tornar praticamente impossível a subsistência da relação do trabalho". Isto, porque a sanção disciplinar a aplicar a um trabalhador tem que ser proporcional à gravidade da infracção por ele praticada. Ainda: Ac. STJ de 12.09.2012 (Pinto Hespanhol), proc. n.º 492/08.0TTLMG.P1.S1

futura do comportamento do trabalhador[2142], "tudo dependendo, porém, do circunstancialismo que o rodeou"[2143].

III. O dever de não concorrência após a cessação do contrato de trabalho

a) Sentido e alcance

11. As cautelas subjacentes à celebração de um acordo de não concorrência com eficácia pós-contratual não significam que se haja de considerar que o trabalhador, com a cessação do contrato de trabalho, fica liberado de quaisquer deveres[2144].

Equaciona-se, para tanto, a hipótese em que o trabalhador, após a desvinculação, e sem que tenha sido celebrado um pacto de não concorrência, actua em rota de colisão com os interesses comerciais do seu antigo empregador.

Embora se vislumbre a preocupação em "afastar qualquer tentação de basear um dever de não concorrência numa espécie de pós-eficácia do dever de lealdade do trabalhador, o qual sobreviveria, ainda que de forma atenuada, à cessação do contrato de trabalho"[2145], a inexistência de um pacto de não concorrência não designa uma desprotecção do empregador em relação a condutas futuramente assumidas que, pelos seus contornos, podem conflituar com o princípio da boa fé[2146], uma vez que as razões de busca de saídas jurídicas materiais que levam, independentemente da vontade das partes, a admitir deveres acessórios

---

[2142] É, por isso, necessário que a conduta do trabalhador não seja, em si mesma, susceptível de abalar ou destruir a confiança exigível pelo dever de lealdade, criando no espírito do empregador a dúvida sobre a idoneidade futura do seu comportamento. Mas se a diminuição da confiança exigível pode ser aferida objectivamente, a violação do dever de lealdade não está dependente da verificação de prejuízos nem da existência de culpa grave do trabalhador, uma vez que a simples materialidade de certos comportamentos pode em determinado contexto levar razoavelmente a um efeito redutor das expectativas de confiança, o que sucederá, exemplificativamente, no caso em que o trabalhador presta a terceiros, por si ou por interposta pessoa, em regime de trabalho autónomo ou subordinado, serviços no âmbito do estudo, preparação ou financiamento de projectos, candidaturas ou requerimentos que devam ser submetidos à sua apreciação ou decisão ou à de serviços colocados sob sua directa influência.

[2143] Ac. STJ de 05.02.97 (Victor Devesa), CJ 1997, T. I, 273-6.

[2144] Veja-se Claus-Wilhelm Canaris & Hermann Staub, *Handelsgesetzbuch: Grosskommentar*. Vol. I, Walter de Gruyter, Berlim, 1995, §§ 145 e 146, 365.

[2145] Júlio Vieira Gomes, "As Cláusulas de Não Concorrência no Direito do Trabalho" (1998), cit., 939. Neste sentido, também: BAG, 28.06.2006 – 10 AZR 407/05, NJW 2006, 3659.

[2146] Cfr. Raúl Ventura, "Extinção das relações jurídicas de trabalho" (1950), cit., 358-9.

durante a vigência da obrigação são sobejamente fortes para os impor depois da extinção[2147].

Assim se compreende, de resto, que a jurisprudência transalpina tenha considerado *ilegítimo* o facto de o responsável pelo *marketing* de um empresa vir a operar como consultor de uma sociedade concorrente[2148] ou, ainda, agora no plano desvinculativo, que a *Cour de Cassation* tenha suscitado dúvidas quanto ao exercício de uma denúncia *a parte laboratoris*, que, aparecendo integrada no período experimental, e na ausência de pacto de não concorrência, era susceptível de ofensa aos interesses do empregador, face à susceptibilidade de colocação dos segredos comerciais entretanto adquiridos ao serviço de empresa concorrente[2149].

Se as obrigações de não concorrência e de sigilo são comumente inseridas no feixe de obrigações que sobrevivem ao *terminus* do contrato[2150], neste enquadramento importará separar a possibilidade, inerente ao princípio da liberdade de trabalho, que o trabalhador, na ausência de pacto, tem de concorrer com o seu ex-empregador da (des)necessidade de observar determinados deveres pós-contratuais, os quais, em determinadas situações, como as que envolvam uma organização ideológica ou de tendência, face à intensidade da vinculação aos fins prosseguidos pelo empregador e às "maiores restrições à liberdade de expressão" que daí advêm[2151], podem conhecer uma intensificação aplicativa[2152].

[2147] António Menezes Cordeiro, *Estudos de direito civil*. Vol. I (1991), cit., 181.

[2148] Ao que dá nota Francesco Paolo Rossi, *Nozioni di Diritto Europeo del Lavoro* (2000), cit., 233.

[2149] Cass. Soc. 14.03.1983, BICC V, n.º 144. No caso, entendendo que o período de execução do contrato não teve extensão bastante para que o trabalhador adquirisse conhecimentos sobre os segredos da empresa – situação que mereceu uma análise concreta e que resultava da matéria dada como provada nos autos –, o tribunal acabou, sem prejuízo da equação efectuada, por não colocar quaisquer óbices quanto ao exercício do direito de denúncia e afastou a indemnização reclamada pelo (ex) empregador. Mas, com referência à existência de um pacto específico, é pacífico que uma cláusula de não concorrência pode encontrar amparo na protecção de interesses legítimos do empregador nos casos em que o contrato haja cessado no decurso do período experimental (Cass. Soc. 15.11.2005, n.º 446 FD).

[2150] Especificamente: Eric Gastinel, "Les effets juridiques de la cessation des relations contractuelles – obligation de nonconcurrence et de confidentialité", *La cessation des relations contractuelles d'affaires (Colloque de l'Institut de Droit des Affaires d'Aix-en-Provence 30-31 mai 1996)*, PUAM, Marselha, 1997, 197 e ss..

[2151] Sobre esta caracterização, cfr. Luís Menezes Leitão *Direito do Trabalho* (2010), cit., 233. Como faz notar Teresa Coelho Moreira, *Da esfera privada do trabalhador e o controlo do empregador*, Coimbra Editora, Coimbra, 2004, 507-520, impõe-se, todavia, distinguir entre trabalhadores que executam tarefas de tendência e os que, embora integrados em organizações de tendência, exercem tarefas neutras.

[2152] Cfr. Enrico Gragnoli, *L'informazione nel rapporto di lavoro* (1996), cit., 63-4 e Giuseppe Pera, *Compendio di Diritto del Lavoro* (2000), cit., 57.

Tratando-se de valorar com adequação o enquadramento organizacional do trabalhador e os fins prosseguidos pelo empregador, bem como os negócios que este celebre, tem sido aliás neste contexto que se tem considerado que a atribuição por parte do empregador de certas regalias na fase terminal do contrato e que assumem carácter (tendencial) de seguro social – *v.g.* pensões de pré-reforma ou subsídios complementares de reforma – envolve, por natureza, como contrapartida o não exercício pelo trabalhador de actividade concorrencial: se o trabalhador desenvolver actividade concorrencial, justificar-se-ia, pois, a revogação de uma tal atribuição[2153].

Ora, considerando que a "pensão visa, ainda, compensar serviços passados e não obter, para o futuro, uma obrigação de não concorrência"[2154], é importante salientar que esquemas contratuais que visam atrair trabalhadores ou criar condições para que estes permaneçam ao seu serviço não podem funcionar como expediente para obter efeitos idênticos aos de um pacto de não concorrência, sem a necessária e correspondente aplicação do regime traçado para este.

Admitir que o trabalhador não pudesse concorrer durante o período em que recebe a pensão ou o subsídio significaria, por um lado, admitir uma restrição à sua liberdade de trabalho estabelecida à margem do seu consentimento específico, e, por outro, que poderíamos estar, à revelia das preocupações legais com o balizamento temporal dos pactos, perante uma obrigação passível de vigorar durante toda a vida do ex-trabalhador, assim fosse esse o período correspondente à prestação recebida.

Arredando-se a impostação do problema no campo da integração do negócio ou das declarações tácitas ou concludentes para a partir dessa deslocação se construírem autênticas ficções de vontade negocial, e importando outrotanto afastar a perpetuidade de uma obrigação de não concorrência implicitada a partir de uma prestação que o antigo empregador assume, não se pode perder de vista que o pacto de não concorrência é o meio legalmente previsto para produzir uma *extensão* da obrigação de não concorrência a um estádio ulterior à cessação da situação laboral[2155].

Este requisito de exclusividade, como entrevimos, tem consequências: *(i)* por um lado, não são permitidos pactos que se destinem a vedar a concorrência do trabalhador que estejam para lá das condições exigidas no art. 136.º e *(ii)*, por outro lado, a forma exigida para a celebração do pacto, em conjugação com os

---

[2153] Bernardo Lobo Xavier, *Curso de Direito do Trabalho* (1999), cit., 412.
[2154] Júlio Vieira Gomes, "As Cláusulas de Não Concorrência no Direito do Trabalho" (1998), cit., 944-5.
[2155] Stefano Spinelli, *Lavoro. Vol. 1* (2009), cit., 503.

requisitos postulados, impede a confecção de obrigações de não concorrência que estejam para lá do meio expressamente previsto na lei para atingir tal efeito.

12. Assim, se no direito inglês, na falta de uma cláusula de não concorrência, é comummente entendido que não há qualquer restrição imposta ao (antigo) trabalhador quanto ao estabelecimento de relações comerciais com clientes do seu ex-empregador, quanto à disputa de segmentos de actividade com o ex--empregador ou mesmo, de forma mais afoita, e para muitos, quanto à utilização de informação outrora considerada confidencial não tutelável pelo regime da propriedade industrial[2156], seja em benefício próprio, seja em benefício alheio – *United Sterling Corpn v Felton and Mannion* [1974)[2157], *Wallace Bogan & Co v Cove* [1997][2158], e, mais recentemente, *Campbell v Frisbee* [2002][2159] –, também no direito continental é tendencialmente pacífico que o trabalhador, na falta de pacto específico, pode concorrer com o antigo empregador[2160].

Mas, em geral, se um roteiro pela jurisprudência revela, no que às manifestações de pós-eficácia diz respeito, que extinta uma obrigação podem subsistir a cargo das antigas partes alguns deveres – deveres de proteção (*v. g.* proibição de provocação de danos mútuos), de informação (*v. g.* esclarecimentos acerca do funcionamento de aparelhos vendidos) e de lealdade (*v.g.* persistência do dever de não adopção de atitudes que possam frustrar o objectivo subjacente à situação obrigacional finda ou que possam implicar, mediante o aproveitamento da antiga posição contratual, a diminuição de vantagens ou até o infligimento

---

[2156] O que, face à inexistência de legislação específica ou de uma cláusula geral de concorrência desleal, assume importância reforçada. Com excepção das directivas comunitárias transpostas e que atinam essencialmente com os direitos dos consumidores, os comportamentos *prima facie* integráveis num regime de concorrência desleal têm sido reprimidos através do *law of torts*, designadamente o *tort of passing off*. Cfr. JOHN MURPHY, *Street on torts* (12.ª ed.), Oxford University Press, Oxford, 2007, 338-349.
[2157] IRLR 314. Ainda ALEXANDRA KAMERLING/CHRISTOPHER OSMAN/SIMON MEHIGAN, *Restrictive covenants under common and competition law* (2004), cit., 90 e 124.
[2158] IRLR 453 CA. Cfr. MALCOLM SARGEANT & DAVID LEWIS, *Employment Law* (2008), cit., 97.
[2159] EMLR 656/ EWCA Civ 1374, [2003] ICR 141, 325. Cfr. ALEXANDRA KAMERLING/CHRISTOPHER OSMAN/SIMON MEHIGAN, *Restrictive covenants under common and competition law* (2004), cit., 167.
[2160] Representativamente, na Alemanha: WOLFGANG GRUNSKY, *Wettbewerbsverbote für Arbeitnehmer* (1987), cit., 23 e ss.; em Espanha: PEDRAJAS MORENO & SALA FRANCO, *El pacto de no concurrencia postcontractual* (2005), cit., 21; em França: PAUL-HENRI ANTONMATTEI, *Les clauses du contrat du travail* (2010), cit., 83 e ss.; e em Itália: ANTONIO VALLEBONA, *Istituzioni di Diritto del Lavoro* (2008), cit., 138.

de danos ao ex-contraente)[2161] –, também os deveres dos sujeitos laborais não se extinguem de forma genérica e absoluta com a cessação do contrato de trabalho, não estando a área laboral impermeabilizada às manifestações da pós-eficácia.

Cuidando-se da responsabilidade que deriva do não cumprimento dos deveres que subsistam após a extinção dos deveres primários de prestação, aportamos, pois, à *culpa post pactum finitum*, que, "correspondendo à projecção simétrica da *culpa in contrahendo* no período pós-contratual"[2162], tem vindo a ser inserida numa nova categoria da responsabilidade civil, situada entre a responsabilidade contratual e a responsabilidade delitual – a «terceira via» da responsabilidade civil –, a par da responsabilidade pré-contratual, da relação corrente de negócios e do contrato com eficácia de protecção para terceiros[2163].

Estando-se perante uma "forma de responsabilidade intermédia, situada entre os pólos do contrato e do delito"[2164], apesar da extinção do contrato "impõe-se a cada parte – limitemo-nos a formular uma directiva genérica –, o dever de omitir comportamentos susceptíveis de prejudicar o fim do contrato"[2165], numa designação abstracta que alberga realidades jurídicas diversas e a que se coligam regimes distintos[2166].

Sirvam, nesse âmbito, de exemplo as obrigações que o CT prevê directamente. No que respeita ao empregador, ele encontra-se obrigado a entregar ao trabalhador um certificado de trabalho e outros documentos destinados a fins oficiais que por aquele devam ser emitidos e que este solicite, designadamente os previstos na legislação de segurança social (art. 341.º)[2167], situação cuja inob-

---

[2161] ANTÓNIO MENEZES CORDEIRO, *Da Boa Fé no Direito Civil* (1997), cit., 628-631. Como refere MÁRIO JÚLIO ALMEIDA COSTA, *Direito das Obrigações* (1998), cit., 318-9, esta eficácia póstuma ou ulterior alicerça a figura jurídica da responsabilidade pós-contratual, que se traduz na possibilidade de surgir um dever de indemnização derivado da conduta de uma das partes depois da referida extinção do contrato.

[2162] ANTÓNIO MENEZES CORDEIRO, *Da Boa Fé no Direito Civil* (1997), cit., 625.

[2163] Assim, entre nós, JORGE SINDE MONTEIRO, *Responsabilidade por conselhos, recomendações ou informações* (1989), cit., 478 e ss. e ANTÓNIO MENEZES CORDEIRO, *Estudos de direito civil. Vol I.* (1991), cit., 147-193.

[2164] MANUEL CARNEIRO DA FRADA, «"Vinho Novo em Odres Velhos"? – A responsabilidade civil das "operadoras de Internet" e a doutrina comum da imputação de danos», ROA 1999, ano 59, 673.

[2165] As palavras são de CARLOS A. MOTA PINTO, *Cessão da Posição Contratual* (1982), cit., 354.

[2166] Ainda, ANTÓNIO MENEZES CORDEIRO, *Estudos de direito civil. Vol I.* (1991), cit., 174 e ss..

[2167] A situação assume particular relevância, tendo em vista a percepção do subsídio de desemprego, como faz notar BERNARDO LOBO XAVIER, *Manual de Direito do Trabalho* (2011), cit., 823.

servância tem sido reconduzida à responsabilidade pós-contratual, admitindo-se um dever de indemnizar a cargo do ex-empregador[2168].

No que tange ao trabalhador, prevê-se um dever de restituição, com natureza imediata, dos instrumentos de trabalho e quaisquer outros objectos pertencentes ao empregador, sob pena de incorrer em responsabilidade civil pelos danos causados (art. 342.º)[2169], uma vez que fenece o título que legitimava a sua utilização.

Contudo, os deveres que pendem sobre os sujeitos estão para lá do que o CT prevê (em rigor: pós-eficácia aparente), uma vez que o facto de o dever de lealdade ser autónomo da prestação laboral tem consequências: trata-se de "um dever dotado da característica da pós-eficácia"[2170], que, movendo-se nas coordenadas impostas pelo princípio da boa fé, se deve harmonizar com os vectores do sistema[2171], ante uma relação alimentada pela confiança recíproca.

Sem que se olvide que a relação de subordinação jurídica desapareceu e que a gestão de interesses alheios demandada pelo execução do contrato de trabalho já não existe *qua tale*, significa isto, mesmo na ausência de convenção que preveja uma obrigação de não concorrência, e para lá dos deveres emergentes da relação de liquidação (que subsistem após a produção dos efeitos extintivos[2172]), que o princípio da boa fé pode conduzir a uma responsabilização do trabalhador após a extinção do contrato, sempre que, em violação do dever de confiança subsequente (*nachwirkende Treupflicht*), venham a ser causados danos ao seu antigo

---

[2168] Nestes termos: JÚLIO VIEIRA GOMES, *Direito do Trabalho* (2007), cit., 913. Na jurisprudência nacional: Ac. Rl. Pt. de *02.06.2008* (M.ª FERNANDA PEREIRA SOARES), *proc. n.º* 909/08; e, na germânica, ante o dever de entrega do cerificado previsto no § 630 BGB (*Pflicht zur Zeugniserteilung*), v. BAG 02.12.2013 – 3 AZR 120/11, DB 2013, 1307.

[2169] Igualmente, no direito belga, JACQUES VAN DROOGHENBROECK & BÉNÉDITE INGHELS, "Lorsque tout est fini, le dit et le non-dit (les droits et obligations postcontractuels)", *Quelques propos sur la rupture du contrat de travail: hommage à Pierre Blondiau*, Anthemis, Louvain, 2008, 163.

[2170] Ainda: M.ª ROSÁRIO PALMA RAMALHO, *Direito do Trabalho. Parte II* (2010), cit., 420.

[2171] Em sentido que entendemos diverso, JÚLIO VIEIRA GOMES, *Direito do Trabalho* (2007), cit., 534, embora os resultados práticos a que aportamos não se afastem substancialmente daqueles a que ali se chega.

[2172] Isto, porque como bem nota JOÃO BAPTISTA MACHADO, "Anotação ao Acórdão do Supremo Tribunal de Justiça, de 8 de Novembro de 1983" (1986), cit., 276, "(p)osto um termo à duração, a relação complexa duradoira é substituída por uma relação obrigacional complexa não duradoira que persiste até ao integral cumprimento das obrigações surgidas na constância daquela primeira relação, extinguindo-se esta relação complexa não duradoura com o adimplemento da sua função". Ainda, JOSÉ CARLOS BRANDÃO PROENÇA, *A resolução do contrato no direito civil* (2006), cit., 162 e ss..

empregador (pós-eficácia em sentido restrito)[2173], não havendo razão para afastar a necessidade de um agir correcto e civilizado (*civiliter agere*) por parte de ambos os sujeitos.

Por princípio, a violação do dever de lealdade, ressalvados os casos em que a protecção da esfera pessoal e patrimonial da parte advém de estipulações contratuais estabelecidas (como sucede com o pacto de não concorrência ou com uma cláusula de confidencialidade), tem natureza delitual[2174], pois não há como discernir no contrato de trabalho deveres não previstos pelos sujeitos[2175].

Neste quadro, se a cessação da relação de trabalho não significa o fim dos riscos de exercício de actividades concorrenciais por banda do ex-trabalhador, o dever geral de lealdade pós-eficaz, de conteúdo maleável, deve, porém, ficar contido nos limites da proibição de concorrência desleal[2176], numa inter-relação valorativa que atenda ao direito ao trabalho, à harmonização dos vectores do sistema e ao enquadramento restritivo relativo aos pactos de não concorrência[2177].

b) Concorrência desleal: delimitação

13. A proibição de concorrência desleal, no direito português actual, encontra-se prevista, em geral, no art. 317.º do CPI e, desde 2003, é encarada na perspectiva de um ilícito de mera ordenação social[2178], ainda que o mesmo acto de concorrência possa suscitar o regime de responsabilidade civil extra-contratual, conquanto se verifiquem os pressupostos exigidos no art. 483.º do CC (ilicitude, culpa, nexo de imputação, nexo de causalidade e danos), criando-se *ex novo* um dever de indemnizar em virtude da ocorrência do facto danoso, que corresponde a um "dever primário"[2179]: se a responsabilidade contratual surge no âmbito de

---

[2173] Seguindo António Menezes Cordeiro, *Estudos de direito civil. Vol I.* (1991), cit., 174 e ss., a pós-eficácia em sentido estrito refere-se aos deveres laterais ou acessórios que sobrevivem à extinção dos deveres principais e secundários de prestação e que, por isso, são dotados de autonomia.

[2174] Nestes termos, Wolfgang Ernst, *Münchener Kommentar BGB*, (5.ª ed.), CH Beck, Munique, 2007, § 109 e António Menezes Cordeiro, *Da Boa Fé no Direito Civil* (1997), cit., 639 e ss..

[2175] Já que, ao contrário, como sublinha Manuel Carneiro da Frada, *Contrato e deveres de protecção* (1994), cit., 68-9, radicando-se a violação do dever de lealdade pós-eficaz numa situação de incumprimento contratual, ter-se-á que admitir a existência de consequências contratuais que prescindem do consenso como elemento de conexão ao contrato, correndo-se o risco de atingir no coração a legitimação voluntarística deste instituto.

[2176] Conforme faz notar Antonio Vallebona, *Istituzioni di Diritto del Lavoro* (2008), cit., 138.

[2177] Parecidamente: Francesco Santoro-Passarelli, "Lavoro (Contratto di)" (1963), cit., 507.

[2178] Com o abandono da sanção penal, como era tradição no nosso ordenamento jurídico: Luis Couto Gonçalves, *Manual de Direito Industrial*, Almedina, Coimbra, 2008, 411.

[2179] Dario Moura Vicente, *A Responsabilidade Civil Pré-Contratual no Direito Internacional Privado*, Almedina, Coimbra, 2001, 150.

uma relação já existente, da qual emerge como dever secundário de prestação o dever de indemnizar substantivo ou complementar da prestação principal, do que se cuida, ante a inexistência de um pacto de não concorrência ou perante a sua eventual nulidade, é de um dever de indemnizar que se constitui em virtude da ocorrência do facto danoso, correspondendo, por isso, a um dever primário.

Aqui, importará desde logo acentuar que a concorrência desleal é, enquanto tal, diferente de uma limitação convencional da concorrência e que o art. 136.º tem uma *factis species* autónoma em relação ao art. 317.º do CPI, não se entrevendo uma relação *genus-species*[2180]: com a concorrência desleal, em razão da ilicitude subjacente, a ser uma concorrência que ninguém pode desenvolver – ao passo que o dever de não concorrência convencional com direcção pós--contratual apenas adstringe, por princípio, o trabalhador –, num caso, trata--se da tutela da liberdade de trabalho e profissão, cuja conformação contratual, sendo espartilhada e tendo de ser reduzida a escrito, pode ser revogada a todo o tempo pelo trabalhador; no outro, visa-se garantir a liberdade de iniciativa económica e a liberdade de concorrência que a subdimensiona, protegendo-se as empresas concorrentes e também os consumidores[2181], numa malha normativa que se intersecta com a ordem pública e que não se encontra na dependência da vontade do trabalhador.

Assim, um acto praticado no decurso do contrato de trabalho que viole o dever de não concorrência pode ou não ser qualificado como um acto de concorrência desleal.

Ainda que não integre o art. 317.º do CPI, a actuação do trabalhador pode determinar a cessação do contrato de trabalho por despedimento com justa causa, na exacta medida em que crie no espírito do empregador a dúvida sobre a idoneidade futura do comportamento do trabalhador.

Não sendo para tanto necessário que se recorra ao CPI, a violação do dever de não concorrência pode também coexistir com a qualificação como acto de concorrência desleal[2182].

[2180] Ao contrário do que sustenta MARCELLO D'APONTE, "Patto di concorrenza e validità del divieto eccedente le mansioni specifiche dell'ex dipendente (nota a cass. 26/11/1994, n. 10064)" RDI 1995, n.º 3, 556, recordando-se que os institutos se encontram vertidos no mesmo diploma: o Código Civil (art. 2125/2596). No sentido da diferenciação, que comungamos: CARLO ZOLI, "Clausole di fidelizzazione e rapporti di lavoro" (2003), cit., 459.

[2181] Cfr. ANTÓNIO MENEZES CORDEIRO, "Defesa da concorrência e direitos fundamentais das empresas: da responsabilização da autoridade da concorrência por danos ocasionados em actuações de inspecção", Dir. 2004, n.º 1, 43-7.

[2182] Salientando o ponto: MARIA GIOVANNA MATTAROLO, *Obbligo di fedeltà del prestatore di lavoro* (2000), cit., 96-8 e CHRISTOPH NEERACHER. *Das arbeitsvertragliche. Konkurrenzverbot* (2001), cit., 7.

Se esta (potencial) coexistência se mantém *mutatis mutandis* na hipótese em que os sujeitos celebraram um pacto de não concorrência com vista à proibição de uma concorrência *leal* – a violação de uma obrigação subjacente ao pacto pode constituir *per se* um acto de concorrência desleal[2183] –, ela é, todavia, falha de significado na falta de um acordo, uma vez que não existe qualquer dever de não concorrência após o contrato de trabalho que vincule o trabalhador: só há coexistência de infracções, não obstante a unidade material do acto ilícito, se houver um acordo firmado à luz do art. 136.º.

Porém, dado que os deveres dos sujeitos laborais não se eclipsam com a cessação formal do vínculo, a laboralidade (anterior) vai fundar uma circunstância importante na utilização do *critério teleológico funcional*[2184] destinado à aferição da correcção profissional exigível para o normal funcionamento do mercado e para a concretização da noção de deslealdade de concorrência, sem prejuízo do seu "rude açambarcamento"[2185].

Não sendo necessário um elemento finalístico com vista ao preenchimento de uma situação de concorrência desleal – a culpa apenas se exige para a indemnização civil e conquanto se provem os danos[2186] –, no art. 317.º indica-se, a título exemplificativo, vários tipos de actos de concorrência desleal, que costumam ser agrupados em actos de confusão, actos de apropriação, actos de descrédito e actos de desorganização, aos quais acresce ainda, para alguns autores, a concorrência parasitária[2187].

Sobre esta hipótese, *v.g.* Ac. Rl. Pt. de 05.12.11 (FERREIRA DA COSTA), proc. n.º 513/10.6TTMAI.P1: o trabalhador tornou-se sócio de uma sociedade concorrente da sua empregadora, tendo ambas as sociedades idêntico objecto social e concorrendo aquela às mesmas obras desta. O acto foi qualificado como um acto de concorrência desleal, tendo determinado, *pari passu*, o seu despedimento com justa causa.

[2183] YVES PICOD, "Concurrence déloyale et concurrence anticontractuelle" (2001), cit., 12.

[2184] Tem sido este o critério seguido pela jurisprudência italiana. Por exemplo: PAOLO CENDON, *Commentario al codice civile. Artt. 2595-2642: Concorrenza, consorzi, disposizioni penali* (2009), cit., 83.

[2185] As palavras são de LOBO D'ÁVILA, *Da Concorrência Desleal* (1910), cit., V, que já então apontava à concorrência desleal um carácter "essencialmente móvel e variável, enquanto o seu êxito está na razão directa da multiplicidade e rapidez das suas transformações" (16).

[2186] PAOLO CENDON, *Commentario al codice civile. Art. 2595-2642* (2009), cit., 83 e LUIS COUTO GONÇALVES, *Manual de Direito Industrial* (2008), cit., 412. Por isso, não havendo culpa, é permitida a actuação judicial para cessar uma conduta ilícita, não havendo, contudo, base para a responsabilização civil.

[2187] Ainda: JORGE PATRÍCIO PAÚL, "Concorrência desleal e direito do consumidor" (2005), cit., 98. Como referia o Autor em *Concorrência Desleal* (1965), cit., 41-2, "os actos qualificados como desleais são proibidos, não com a finalidade de limitar ou restringir a concorrência, mas, bem pelo contrá-

Contudo, o preceito alberga uma cláusula geral, permitindo, "como é próprio das cláusulas gerais, a renovação permanente do seu conteúdo" e viabilizando a extensão da concorrência desleal a novas zonas, "em que se preencha ou venha a preencher o pressuposto da contrariedade às normas e usos honestos"[2188].

Esta maleabilidade, que é essencial à concretização do conceito, demanda a consideração da situação atinente a um ex-trabalhador que, em razão desse facto, se encontra numa relação especial de potencial concorrência, que o coloca, enquanto operador económico, em posição privilegiada para a disputa da mesma clientela, face aos particulares conhecimentos sobre a antiga empresa de que é portador.

Assim, se as regras constantes dos códigos de boa conduta elaborados com cada vez maior frequência pelas associações profissionais são reconduzíveis à pauta móvel subjacente à previsão incidente sobre "normas de um ramo de actividade económica" e albergam uma normatividade específica[2189], relativamente aos usos há que fazer apelo a "padrões sociais de comportamento" e aos "padrões extrajurídicos de conduta"[2190] que conformam a actividade prudencial do intérprete-aplicador quanto ao preenchimento da cláusula geral, à semelhança do conceito alemão de *gutten Sitten* utilizado na UWG ou, em Itália, da *correttezza professionale* contida no n. 3 do art. 2598 do Código Civil[2191].

Ora, se a repressão da concorrência desleal surgiu através um esforço de adequação de cláusulas gerais de responsabilidade civil aquiliana aos particularismos da concorrência desleal[2192], existe uma correlação positiva entre a situação de ex-trabalhador e o preenchimento do conceito "normas e usos honestos de qualquer ramo da actividade económica": a exigência na lealdade do mercado subjacente à concorrência desleal – que para PICOD se inscreve numa lógica de

---

rio, com a justificação de que, de outro modo, a concorrência não poderia atingir o seu objectivo, que é o de permitir o triunfo das empresas que os consumidores reputem mais dignas de sucesso".
[2188] JOSÉ DE OLIVEIRA ASCENSÃO, *Concorrência Desleal* (2002), cit., 151.
[2189] Assim, com relação à tutela delitual do crédito à luz do art. 484.º do CC, FILIPE DE ALBUQUERQUE MATOS, *Responsabilidade Civil por Ofensa ao Crédito ou ao Bom Nome* (2011), cit., 162, salientando que só após o conhecimento dessa normatividade específica se torna possível "avaliar do impacto de certas declarações de facto, ou seja, de determinar se a factualidade transmitida se revela indiciadora do não acatamento pelos visados das suas atribuições profissionais".
[2190] Cfr. JOSÉ DE OLIVEIRA ASCENSÃO, *Direito Comercial*. Vol. II, ed. Pedro Ferreira, Lisboa, 1994, 54 e 59, que sustenta o seguinte: não há "um total abandono da lei aos hábitos daquele sector, pois a exigência de que esses hábitos sejam honestos funciona como cláusula de salvaguarda" (56).
[2191] Sobre estes conceitos e respectiva evolução, entre nós: ADELAIDE MENEZES LEITÃO, *Estudo de Direito Privado sobre a cláusula geral de concorrência desleal*, Almedina, Coimbra, 2000, 61 e ss..
[2192] YVES SERRA, "Rapport introductif", *La concurrence déloyale*, Dalloz, Paris, 2001, 4.

solidariedade e que conhece uma intensificação aplicativa no caso de existirem ou terem existido relações jurídicas entre os intervenientes[2193] – constitui "um dever geral de conduta"[2194], que faz apelo à boa fé objectiva[2195].

Neste contexto, a pós-eficácia do dever de lealdade, não podendo ser exaltada de forma a forjar uma proibição de concorrência *avant la lettre*, operará no quadro do "conceito móvel e contingente de honestidade profissional"[2196] subjacente ao art. 317.º do CPI, reforçando os critérios necessários à sua concretização: a boa fé aparece como critério da deslealdade, designadamente nas situações em que a colaboração intersubjectiva traz uma proximidade competitiva entre os sujeitos[2197].

Assim, a inexistência de limitações aos princípios da liberdade de trabalho e de concorrência não significa a negação de relevância à qualidade de ex-trabalhador e aos conhecimentos obtidos em razão da sua inserção na estrutura organizativa da empresa, podendo substanciar, ao contrário, uma situação prototípica de "violação da correcção profissional"[2198], face à importância que a boa fé tem "na concretização da deslealdade na concorrência, enquanto padrão normativo de correcção e de boa conduta, que faz apelo à materialização de posições jurídicas"[2199].

Independentemente de acordo expresso, as limitações estabelecíveis ao trabalhador quanto ao desenvolvimento de actividades profissionais após a cessação do contrato de trabalho impostam-se no âmbito da concorrência desleal[2200], não descuidando que a condição de ex-trabalhador, pelos conhecimentos que traz consigo e pelo reconhecimento de que o dever de lealdade tem "vida para

---

[2193] YVES PICOD, "Concurrence déloyale et concurrence anticontractuelle" (2001), cit., 16-8.
[2194] JOSÉ DE OLIVEIRA ASCENSÃO, *Concorrência Desleal* (2002), cit., 238-9.
[2195] Esta encontra-se, aliás, presente na al./h do art. 3.º do Decreto-Lei n.º 57/2008, de 26.03, que, transpondo a Directiva 2005/29/CE, do Parlamento e do Conselho, de 11.05, relativa às práticas comerciais desleais, estabelece como critério de apreciação da diligência profissional um "padrão de competência especializada e de cuidado que se pode razoavelmente esperar de um profissional nas suas relações com os consumidores (...) à prática honesta de mercado e/ou o princípio geral da boa fé no âmbito da actividade profissional".
[2196] A expressão vem no Parecer da PGR n.º 17/57, de 17.03, BMJ 1957, n.º 69, 449 e ss..
[2197] Cfr. ADELAIDE MENEZES LEITÃO, *Estudo de Direito Privado sobre a cláusula geral de concorrência desleal* (2000), cit., 76, relegando as restantes situações para os bons costumes, no sentido que lhe é infundido pela lei alemã.
[2198] Ainda: SALVATORE SANZO, *La concorrenza sleale* (1998), cit., 235.
[2199] ADELAIDE MENEZES LEITÃO, *Estudo de Direito Privado sobre a cláusula geral de concorrência desleal* (2000), cit., 76.
[2200] VINCENT NEUPREZ & MICHEL DEPREZ, *Contrats de travail: l'essentiel* (2008), cit., 97.

além do tempo do contrato"[2201], é permeável a um juízo de censurabilidade acrescida, sendo, *pari passu*, enquanto *ante*, susceptível de vivificar o âmbito aplicativo do pressuposto de contrariedade às "normas e usos honestos de qualquer ramo da actividade económica", que representa uma quase tradução do disposto no art. 10.º bis da Convenção da União de Paris[2202].

14. As actividades que, ao menos in *potentia*, podem conflituar com o princípio da lealdade não se iniciam, geralmente, *ex nihilo*. O resultado danoso pode verificar-se após a cessação do vínculo, mas a actividade infractora do dever de lealdade ocorrer durante a execução do contrato de trabalho. É o que sucede concretamente com os actos preparatórios, que têm merecido particular atenção nos Estados Unidos da América.

Admitindo-se um direito genérico ao exercício de actividades concorrenciais[2203], tem-se, no entanto, excluído deste direito um conjunto circunstanciado de situações, em relação às quais se entende existir uma violação do dever de lealdade.

Aqui, a violação do dever de lealdade ocorre durante a execução do contrato de trabalho, não se estando, por conseguinte, no âmbito da pós-eficácia: eis o que se verifica com cópias de listas de clientes ou de segredos comerciais[2204], contactos com clientes a anunciar a saída da empresa e subsequente assédio[2205], com a procura de colegas tendo em vista o seu convencimento a abandonar a empresa[2206] ou, mais demarcadamente, com a usurpação de negócios da empresa[2207].

[2201] A afirmação é de João Leal Amado, "As condutas extra-laborais do praticante desportivo profissional", *I Congresso de Direito do desporto*, Almedina, Coimbra, 2005, 213-7.

[2202] Luis Bigotte Chorão, "Notas sobre o âmbito da concorrência desleal", ROA 1995, n.º 55, 713-755.

[2203] Frank B. Harty, "Competition Between Employer and Employee: Drafting and Enforcing Restrictive Covenants in Employment Agreements", DLR 1985-1986, n.º 35, 263.

[2204] Cfr. *Northern Electric Co. Inc., v. Torma, 819 N.E.2d 417* (Ind. CA 2004), Brian M. Malsberger/ Robert A. Blackstone/Arnold H. Pedowitz, *Trade secrets: a state-by-state survey: Vol. I* (3.ª ed.), BNA Books, Arlington, 2006, 238.

[2205] Em Indiana, veja-se o caso *Wenzel v. Hopper & Galliher, 779 N.E. 2d 30* (Ind. CA 2002), com Wenzel, sócio-advogado, a informar os clientes que podiam continuar a contar com os seus serviços na sociedade que ia fundar.

[2206] Michael S. Sirkin & Lawrence K. Cagney, *Executive compensation*, Law Journal Press, Nova Iorque, 2006, 4-9.

[2207] Em Maryland, cfr. *Maryland Metals, Inc. v. Metzner*, 382 A.2d 564, 568 (Md. CA 1978). Ainda: Michael S. Sirkin & Lawrence K. Cagney, *Executive compensation* (2006), cit., 4-8.

A jurisprudência, em plano indiciário, utiliza como critério o período em que o trabalhador continua a exercer funções após a realização dos actos preparatórios destinados à sua saída e à subsequente criação de uma actividade concorrente: quanto maior for esse período, maiores são os indícios de que existe uma violação do dever de lealdade[2208].

A usurpação de negócios da empresa, sempre que a oportunidade de negócio surge antes da cessação do vínculo e o (agora antigo) trabalhador se aproveita dela para benefício próprio, situa-se já no domínio da pós-eficácia, embora a jurisprudência não se baseie em critérios absolutamente precisos. Tende-se, todavia, a exigir a demonstração de que o trabalhador conhecia a *corporate opportunity* em razão da sua vinculação laboral[2209], não sendo bastante a existência objectiva da oportunidade de negócio que se anteponha à sua desvinculação.

Ora, se um trabalhador com a sua demissão não pode aproveitar-se de um negócio da empresa do qual tenha conhecimento – ainda para mais quando se topa com uma utilização, directa ou indirecta, de recursos da empresa[2210]–, postula-se, contudo, a existência de um interesse ou de uma expectativa consistente por parte da empresa quanto à exploração do negócio, que se baseie em comportamentos concludentes anteriores ao aproveitamento feito pelo antigo empregado[2211].

Esta linha decisória tem, porém, deixado de fora a clientela, que não cabe no conceito de oportunidades de negócio. Por isso, o trabalhador é livre de, na ausência de acordo expresso, fazer negócio com a clientela do antigo empregador, conquanto não a tenha induzido, no decurso do contrato de trabalho, a transferir-se conjuntamente consigo[2212]. Isto, mesmo que a clientela represente mais de 50% da facturação da sociedade, já que uma clientela com alguma antiguidade não pode, em razão da constância temporal subjacente ou mesmo da

---

[2208] *Potts v. Review Bd. of Ind. Emp. Sec. Div.*, 475 N.E.2d 708, 711-712 (Ind. CA 1985). Cfr. BRIAN M. MALSBERGER/ROBERT A. BLACKSTONE/ARNOLD H. PEDOWITZ, *Trade secrets: a state-by-state survey*: Vol. I (2006), cit., 141.

[2209] Na Geórgia: *Southeast Consultants Inc. v. McCrary Engineering Corporation*, 273 SE 2d 112 (Sup.Ct Ga. 1980).

[2210] No Delaware: *Science Accessories v. Summagraphics, Corp.* 425 A.2d 957 (Supreme Court 1980). Cfr. EDWARD WELCH & ANDREW J. TUREZYN, *Folk on the Delaware general corporation law: fundamentals*, Aspen Publishers, Nova Iorque, 2009, 229.

[2211] *Maryland Metals, Inc. v. Metzner*, 382 A.2d 564, 568 (Md. App. 1978). Ainda: MICHAEL S. SIRKIN & LAWRENCE K. CAGNEY, *Executive compensation* (2006), cit., 4-8 e EDWARD WELCH & ANDREW J. TUREZYN, *Folk on the Delaware general corporation law: fundamentals* (2009), cit., 229-230.

[2212] Na Geórgia: *Sofate of America, Inc. v. Brown*, 318 S.E.2d 771, (Ga.App., 1984).

sua relevância na volumetria financeira da empresa, ser considerada uma oportunidade de negócio[2213].

15. Quanto a nós, e do que se tem visto, como princípio, os empregadores, após a cessação do contrato de trabalho, não podem impedir os antigos trabalhadores de exercerem actividade concorrente[2214].

As capacidades, as competências, a inteligência e a experiência do trabalhador não são património dos empregadores[2215]: fazem parte de um *acquis intellectuel* que é inapropriável[2216] e os conhecimentos adquiridos pelo trabalhador serão sempre utilizáveis, não sendo possível "um *reset* cerebral"[2217].

Mas se a actividade concorrente que o trabalhador venha a desenvolver não pode ser exercida de forma irrestrita, haverá que distinguir uma extensa fenomenologia de constelações típicas de situações que, à luz da cláusula geral contida no art. 317.º do CPI, comportam limites intrínsecos ao desenvolvimento da liberdade de trabalho e/ou à liberdade de actividade económica, no pressuposto de que tratamos de uma actividade que, no seu âmago, traz ínsita a possibilidade de desvio de clientela desenvolvida por alguém que tem conhecimentos específicos acerca da estrutura económica de um concorrente.

Assim, para lá da possibilidade de concorrência parasitária – baseada na mimetização sistemática da conduta e das estratégias adoptadas pelo antigo empregador[2218] –, cabe atender aos segredos de negócio. A hipótese a tratar atina com o desenvolvimento, por parte de ex-trabalhador, de uma actividade

---

[2213] Ainda na Geórgia, lapidarmente: *United Seal & Rubber Co. v. Bunting, 285 SE2d 721* (Ga. 1982).
[2214] STEPHEN HARDY, *Labour Law in Great Britain* (2011), cit., 229. Igualmente: REY GUANTER, *Estatuto de los trabajadores* (2007), cit., 434.
[2215] HUGH COLLINS, *Employment Law* (2008), cit., 157.
[2216] As palavras são de RAYMONDE VATINET, "Les príncipes mis en ouevre par la jurisprudence relative aux clauses de non-concurrence en droit du travail" (1998), cit., 536.
[2217] UMBERTO OLIVA & GIULIA CANTINI CORTELLEZZI, "Obblighi legali di fedeltà, riservatezza e non concorrenza dei collaboratori dell'impresa", *La tutela del know-how. Diritto industriale, del lavoro, penale e responsabilita' civile* (dir. Marco Bona, Alberto Camusso, Umberto Oliva & Alberto Vercelli), Giuffrè, Milão, 2012, 132.
[2218] Sobre este conceito, BERNARD DUTOIT, "Concurrence déloyale et droit compare", *La concurrence déloyale*, Dalloz, Paris, 2001, 71-3, salientando que, a par da proibição relativa aos acordos de exclusividade, o sancionamento da concorrência parasitária visa essencialmente a protecção dos interesses dos concorrentes e não os interesses dos consumidores, e, entre nós, v. JORGE PATRÍCIO PAÚL, *Concorrência Desleal* (1965), cit., 190-203, JOSÉ DE OLIVEIRA ASCENSÃO, *Concorrência Desleal* (2002), cit., 444-8 e ANA AZEVEDO DE AMORIM, *Parasitismo económico e direito*, Almedina, Coimbra, 2009.

concorrente em razão da exploração de um segredo de negócio ou de uma informação confidencial que obteve no exercício de funções.

Neste plano, não se cuida da ilicitude do acesso às informações (esta, do que se viu, constituindo uma infracção ao dever de lealdade, pode determinar o despedimento com justa causa, não sendo necessária a causação de qualquer prejuízo).

Trata-se da ilicitude da exploração dos segredos: o trabalhador aproveita-se de factos obtidos graças às suas funções, utilizando-os para concorrer com a anterior entidade empregadora.

Cuidando-se de segredos de negócio qualificáveis como informação reservada para efeito do art. 318.º do CPI (*summo rigore*: "informação não divulgada"), conforme veremos mais detalhadamente a propósito dos pactos de confidencialidade, o dever de sigilo não desaparece com a cessação da relação laboral: a informação obtida pelo trabalhador sobre os métodos e os processos produtivos da empresa fazem parte de um dever de reserva que subsiste enquanto existir um interesse da empresa na sua não divulgação; assim se proceda à qualificação como segredos de negócio (segredos industriais, comerciais e organizativos e financeiros)[2219], está-se perante uma tutela que, ultrapassando o âmbito da relação contratual, releva para a própria organização dos mercados.

Na verdade, os dados, as técnicas, as informações ou as previsões que são reservados por vontade do seu titular e que fundam uma vantagem concorrencial ou cuja exposição conleva um benefício concorrencial para os competidores são objecto de tutela, face ao interesse no fomento da investigação, do desenvolvimento e da competitividade.

A isto acrescem, naturalmente, os interesses da empresa (sem que se trate de um direito privativo) e até o interesse dos demais trabalhadores, designadamente no caso de descobertas de investigação conseguidas em trabalho de equipa, situação em que os trabalhadores que continuam a sua prestação laboral com a mesma inserção organizativa quedariam inermes perante a utilização dessa informação por parte de um trabalhador que cessou o vínculo laboral.

Não existindo, *qua tale*, um direito à utilização exclusiva dessa informação, existe, todavia, um instrumentário sancionatório para a quebra do dever de sigilo ou de reserva relativamente ao uso dessa informação. Este, sem prejuízo da sua possível relevância jus-criminal, encontra a sua *sedes materiae* privilegiada

---

[2219] Cfr. Marco Biagi & Michele Tiraboschi, *Istituzioni di diritto del lavoro* (2007), cit., 602-3 e Giampero Falasca, *Manuale di Diritto del Lavoro* (2011), cit., 169-170.

na regulação legal sobre a proibição de concorrência desleal (CPI) e é sancionável como ilícito contra-ordenacional (art. 331.º do CPI).

Se a exigência deste dever de sigilo, perante norma legal adrede, é indiscutível e pode ser associada a determinadas profissões em razão de interesses de ordem pública que aparecem a delimitar o conceito de segredo profissional (por exemplo: médicos, jornalistas ou membros de instituições de crédito) ou por se tratar de genuínos segredos de negócio, no mais o dever de sigilo não carece de expressa previsão normativa, sendo com base no princípio da boa fé, em relação com as circunstâncias de cada situação, que se haverá de estabelecer (ou não) a observância desse dever: é necessário analisar a utilização que o ex-trabalhador faz da informação específica que adquiriu na empresa e a forma como a obteve.

Neste sentido, sabendo-se que um agente que utiliza um segredo alheio parte para a concorrência "não com as próprias capacidades, mas à custa de uma ilegítima e indevida intromissão e utilização de elementos reservados da empresa alheia" e que essa situação prefigura "um aproveitamento da prestação alheia às normas e aos usos honestos"[2220], o art. 318.º do CPI tem um perímetro mais lato do que os segredos de negócio, inspirando-se no Acordo ADPIC/TRIPS[2221].

Contendo uma protecção valorativa e não taxativa, o preceito contempla um leque alargado de situações – noção "amplíssima", que, à partida, vai "desde listas de clientes a quaisquer instruções internas"[2222] –, que, enquanto tal, se encontra sujeito ao critério valorativo das "normas e usos honestos" ínsito no art. 317.º do CPI.

Nesta sequência, entendendo-se que a boa fé demanda que se *observem determinadas condições para que não se causem danos ao outro sujeito*, retêm-se, para tanto, as palavras de BERNARDO LOBO XAVIER, que, na ausência de uma cláusula de não concorrência, não deixa de salientar que o trabalhador em nova actividade deverá "proceder de acordo com normas de boa fé, *v.g.*, não divulgando segredos de fabrico do anterior empregador, nem fazendo aproveitar por outrem documentação a que tenha tido acesso (assim, listas de clientes, suportes informáticos, etc.) em termos de prejudicar o antigo empresário"[2223].

[2220] Cfr. Ac. STJ de 20.09.2005 (FERNANDES MAGALHÃES), proc. n.º 05A1973.
[2221] DÁRIO MOURA VICENTE, "Segredo comercial e acesso à informação administrativa", *Estudos em Homenagem ao Professor Doutor Sérvulo Correia. III Vol.*, Coimbra Editora, Coimbra, 2011, 292-6.
[2222] JOSÉ DE OLIVEIRA ASCENSÃO, "Concorrência desleal: as grandes opções", *Nos 20 anos do Código das Sociedades Comerciais – Homenagem aos Profs. Doutores A. Ferrer Correia, Orlando de Carvalho e Vasco Lobo Xavier. Vol. I: Congresso Empresas e Sociedades*, Coimbra Editora, Coimbra, 2007, 123. Também: PIETRO RESCIGNO, *Impresa e lavoro*. Vol. IV (2009), cit., 216-7.
[2223] BERNARDO LOBO XAVIER, *Curso de Direito do Trabalho* (1999), cit., 543 (=*Manual de Direito do Trabalho*, cit., 2011, 824); IDEM, "A extinção do contrato de trabalho" (1989), cit., 479. Ainda:

Atribuindo-se ao (antigo) empregador o direito a uma indemnização em razão dos danos que advenham da divulgação de segredos atinentes à exploração e negócios da empresa e que se refiram aos processos de fabricação, à situação financeira da empresa ou às listas de clientes, às matérias-primas utilizadas (*etc.*)[2224], entre nós, já RAÚL VENTURA, embora reconhecendo dificuldades em destrinçar o segredo comercial e industrial da simples aquisição de conhecimentos profissionais por banda do trabalhador, não deixava de enfatizar que "os segredos comerciais e industriais de que teve conhecimento por virtude do trabalho (...) não devem ser divulgados, depois de finda a relação de trabalho"[2225], o mesmo não sucedendo quanto à preparação profissional que o trabalhador tenha adquirido (designável como "personalidade profissional") pois que, com relação a esta, falha qualquer dever "de não utilizar a técnica adquirida ao serviço de qualquer empresa"[2226].

De qualquer modo, e em contraste com o perímetro aplicativo de uma obrigação de não concorrência convencionada, em princípio, nada impede que o trabalhador, uma vez extinto o contrato de trabalho, utilize os segredos *profissionalmente* adquiridos, conquanto esta utilização configure uma "exigência justificada da sua profissão habitual"[2227] e não seja utilizada em termos de prejudicar o antigo empregador[2228].

Não obstante a previsão típica do art. 318.º do CPI, o critério há-de ser encontrado na adequação social da conduta do trabalhador, permeando-se o modelo decisório a considerações de não reprovabilidade social, de acordo com um sentido valorativo que é fruto da ponderação dos interesses envolvidos e com o sentido conformativo do princípio da boa fé[2229].

M.ª ROSÁRIO PALMA RAMALHO, *Direito do Trabalho. Parte II* (2010), 422, referindo não ser admissível que, após a cessação do contrato de trabalho, o trabalhador revele os segredos de fabrico ou a carteira de clientes do seu antigo empregador a uma empresa concorrente.

[2224] Veja-se ALONSO OLEA & CASAS BAAMONDE, *Derecho del Trabajo* (1999), cit., 311 e RAMÍREZ MARTINEZ, *Curso de Derecho del Trabajo* (2001), cit., 382.

[2225] RAÚL VENTURA, "Extinção das relações jurídicas de trabalho" (1950), cit., 359. Em sentido tendencialmente idêntico, veja-se DEBORAH J. LOCKTON, *Employment Law* (2003), cit., 348-9.

[2226] Também ANTONIO VALLEBONA, *Istituzioni di Diritto del Lavoro* (2008), cit., 136.

[2227] RAMÍREZ MARTINEZ, *Curso de Derecho del Trabajo* (2001), cit., 382.

[2228] Assim, no direito suíço: RÉMY WYLER, *Droit du travail* (2.ª ed.), Précis de droit, Berna, 2008, 600.

[2229] Em sentido negativo quanto à possibilidade de o agente utilizar ou explorar segredos do principal em proveito próprio após a cessação do contrato de agência, e à luz do art. 8.º da LCA, v., por exemplo, FERNANDO FERREIRA PINTO, *Contratos de distribuição* (2013), cit., 434.

Nesse contexto, sendo claro que não é admissível que, após a cessação do contrato de trabalho, o trabalhador revele ou divulgue os segredos de fabrico ou a carteira de clientes do seu antigo empregador a uma empresa concorrente[2230], mas sendo igualmente seguro que, como princípio geral, o trabalhador não está coarctado quanto ao desenvolvimento de uma actividade que possa concorrer com a do antigo empregador, uma das questões que se coloca neste âmbito, e que não pode ser confundida com um alegado direito à clientela, diz respeito à utilização de informações sobre a clientela.

Esta informação pode ser considerada como confidencial, qualificação que, todavia, não se confunde com a que está subjacente a um segredo de negócio. O segredo de negócio diz apenas respeito a informações que se relacionam com uma actividade com um valor económico efectivo ou potencial, cuja divulgação ou utilização possa proporcionar vantagens financeiras para outras empresas, ao passo que uma informação confidencial ou "não divulgada" tem um âmbito mais vasto: pode atinar com aspectos que são prejudiciais ao empregador, aspecto com que o segredo de negócio não se basta, pois o simples facto de a divulgação de informações poder prejudicar a empresa não constitui por si só motivo suficiente para considerar tal informação como segredo de negócio[2231].

Importando ter presente que a confidencialidade ou a reserva da informação não pressupõe necessariamente a presença de um segredo de negócio, as listas de clientes não constituirão informação confidencial sempre que os nomes e os respectivos contactos forem, de acordo com padrões normais de diligência, obteníveis por um agente económico[2232].

Na verdade, se a identidade da clientela de produtos normais ou de bens de primeira necessidade à partida não é qualificável como informação confidencial, reconhece-se, de há muito, e ao contrário, que as listas selectas de clientes (*screened lists*) são, por princípio, consideradas confidenciais[2233], pois não só fazem

---

[2230] GÓMEZ ABELLEIRA, "Pactos de no concurrencia y de permanência" (2000), cit., 283 e M.ª ROSÁRIO PALMA RAMALHO, *Direito do Trabalho. Parte II* (2010), cit., 421-2.

[2231] Não se exige, ademais, que essa informação permita vantagens económicas para outras empresas, já que essas vantagens, em combinação com os elementos referentes ao histórico-profissional, podem cingir-se aos trabalhadores, circunstância que não desprove a informação da confidencialidade querida pelo empregador.

[2232] Todavia, mais ousadamente, entendendo que as listas de clientes não são um segredo empresarial e são livremente utilizáveis, cfr. FRANCESCO BOCHICCHIO, "La concorrenza sleale nel settor finanziario tra principi generali e specificità", *Contratto e Impresa*, 2003, Vol. 19, n.º 2, 810-3.

[2233] Por exemplo, na California: *Scavengers Protective Ass'n v. Serv-U-Garbage Co.*, 218 Cal. 568, 24 P.2d 489 (1933). Cfr. MARK R. FILIPP, *Covenants Not to Compete*, (2009), cit., 3-21.

parte do património da empresa, como a sua utilização proporciona vantagens económicas aos concorrentes[2234].

Haverá, naturalmente, que atender aos esforços feitos pelo empregador para manter a informação reservada, situação que, por exemplo, impede a qualificação como confidencial de informação fornecida ao trabalhador sem qualquer medida de precaução ou sem a sinalização por parte do empregador de que, por princípio, a informação é confidencial.

Nestes casos, o trabalhador pode utilizar a informação livremente, carreando-a para o lançamento ou o desenvolvimento de actividade que concorra com a do antigo empregador.

Todavia, sem prejuízo da consideração de que "numa economia de mercado a clientela é livre e não susceptível de apropriação"[2235], importa relevar que a *insusceptibilidade de apropriação* não poderá já significar *inexistência de protecção*, posto que a clientela, enquanto elemento da empresa, gozará da protecção inerente à tutela da empresa: a noção de aviamento está umbilicalmente ligada à noção de clientela, enquanto conjunto de pessoas que mantém com um estabelecimento relações continuadas de procura de bens e de serviços, que, representando um valor que acresce à soma dos valores individualmente considerados, substancia uma aptidão para a geração de riqueza.

Não esquecendo que o alienante de um estabelecimento fica impedido do exercício de uma actividade que o conduza à manutenção ou à recuperação da clientela do estabelecimento alienado[2236], também na regulação do contrato de agência a necessidade de protecção do agente comercial aquando da extinção

---

[2234] FARRANDO MIGUEL, "La protección jurídica de las listas de clientes (A propósito de las Sentencias del Tribunal Supremo de 17 de julio de 1999 y 29 de octubre de 1999)", RGD 2000, n.os 670-671, 9610. Inserindo as listas de clientes no conceito de segredos de negócio e questionando mesmo se as listas de clientes não deverão ser consideradas bases de dados, com evidentes repercussões no regime jurídico aplicável, designadamente no que tange com a aplicação da Lei n.º 67/98 de 26.10, a Lei da Protecção de Dados Pessoais, cfr. JOSÉ DE OLIVEIRA ASCENSÃO, *Concorrência Desleal* (2002), cit., 459 e 473 e ss..

[2235] Assim, JÚLIO VIEIRA GOMES, "As Cláusulas de Não Concorrência no Direito do Trabalho" (1998), cit., 938-9, um pouco na esteira do Ac STJ de 21.03.1996 (MÁRIO CANCELA), BMJ 1996, n.º 461, 451-6.

[2236] Conforme sustentava ANTÓNIO FERRER CORREIA, *Lições de Direito Comercial*, Lex, Lisboa, 1994, 234 e ss.. e, entre outros, evidencia ENGRÁCIA ANTUNES, "Contratos Comerciais. Noções Fundamentais" (2007), cit., 231. Este impedimento é também aplicável à cessão de exploração, enquanto manifestação da obrigação essencial do locador de assegurar ao locatário o gozo da coisa locada para os fins a que esta se destina (arts. 1022.º e 1031.º, al./b do CC). O impedimento foi progressivamente deslocado da concorrência desleal para uma violação do contrato, que gera responsabilidade civil: JOSÉ DE OLIVEIRA ASCENSÃO, *Concorrência Desleal* (2002), cit., 597-8.

do contrato e a circunstância de a outra parte normalmente continuar a aproveitar-se da clientela que foi sendo angariada ao longo da sua duração justificam a imposição ao principal da obrigação de compensar o agente por essa clientela[2237].

Ora, se, por definição, na falta de pacto, o empregador não pode impedir a iniciativa de um antigo trabalhador em operar no mercado, o tratamento da questão relativa à captação de clientela situa-se, na falta de instrumento específico, no domínio da concorrência desleal, que se fundamenta na protecção da empresa, como organização concreta, posicionada no mercado, especialmente da clientela, que é a sua principal projecção exterior.

Reafirmando-se a liberdade de concorrência por banda de um ex-trabalhador, apenas em situações nitidamente isoláveis é que caberá sancionar a conduta de um antigo trabalhador que estabelece relações comerciais com clientes relacionados com o antigo empregador[2238], como sucederá na hipótese em que o antigo trabalhador, nessa qualidade, para tanto e/ou nesse contexto relacional, produz falsas afirmações com o fim de desacreditar o anterior empregador (al./b do art. 317.º do CPI), faz invocações ou referências não autorizadas feitas com o fim de beneficiar do crédito ou da reputação de um nome, estabelecimento ou marca do anterior empregador (al./c do art. 317.º do CPI)[2239] ou emite falsas

---

[2237] Este mecanismo é, aliás, extensível aos contratos de concessão comercial, conquanto o conteúdo concreto do contrato de concessão permita concluir que as obrigações assumidas e executadas pelo concessionário são análogas às de um agente. Sobre o art. 33.º do Decreto-Lei n.º 178/86, de 03.07, cfr., por todos, Luís MENEZES LEITÃO, *A Indemnização de Clientela no Contrato de Agência*, Almedina, Coimbra, 2006, 91, salientando que a indemnização de clientela funda-se na ideia de *não ser justo* o principal conservar, após o fim do contrato, os benefícios da actividade desenvolvida pelo agente, tendo este deixado de auferir a correspondente remuneração, o que justifica a atribuição de uma prestação suplementar, e ANTÓNIO PINTO MONTEIRO, *Contratos de Distribuição Comercial* (2009), cit., 151-170. Mais recentemente, ainda em dissecação da natureza da figura, com posição todavia parcialmente descoincidente, baseada essencialmente no argumento de que a indemnização de clientela é devida quando o contrato cessa por impulso discricionário do agente ou por motivo que lhe é imputável (= insensibilidade do regime legal à culpa da parte que suporta o empobrecimento) e de que a sujeição da indemnização a um limite máximo e o seu cálculo segundo juízos de equidade não quadram com o sentido de compensação de uma deslocação patrimonial, v. FERNANDO FERREIRA PINTO, *Contratos de distribuição* (2013), cit., 676 e ss., que filia, assim, o instituto no *princípio da equivalência material de prestações* (686).

[2238] Neste sentido, v. também JACQUES VAN DROOGHENBROECK & BÉNÉDITE INGHELS, "Lorsque tout est fini, le dit et le non-dit (les droits et obligations postcontractuels)" (2008), cit., 184, que salientam que, na ausência de uma cláusula de não concorrência, o contacto do antigo trabalhador com clientes do seu antigo empregador não substancia um acto contrário aos *usages honnêtes en matière de commerce*, face ao princípio da livre da concorrência.

[2239] Esta previsão diz respeito a "invocações ou referências não autorizadas feitas com o fim de beneficiar do crédito ou da reputação de um nome, estabelecimento ou marca alheios". Embora

indicações de crédito ou reputação próprios, respeitantes ao capital ou à situação financeira da empresa ou estabelecimento, à natureza ou âmbito das suas actividades e negócios e à qualidade ou quantidade da clientela (al./d do art. 317.º do CPI).

Assim, embora não se cuide de um direito genérico à clientela[2240], se a clientela de uma determinada empresa sofrer uma diminuição em razão de comportamento subsumível ao art. 317.º do CPI, os danos daí advenientes são inseríveis no âmbito da comparação patrimonial implicada pelo n.º 2 do art. 566.º do CC.

A esfera de protecção das normas sobre concorrência desleal, tratando-se da responsabilidade civil extracontratual por factos ilícitos, embora não tutele um direito subjectivo, contempla os interesses dos concorrentes[2241], estando-se diante de uma segunda variante de ilicitude, que diz respeito à violação de uma norma que se destina a tutelar interesses alheios.

Mas, na sequência do que já decidiu o BAG[2242], na ausência de uma obrigação de não concorrência legal ou convencional eficaz, o trabalhador pode competir com o seu antigo empregador, usando a experiência e os conhecimentos adquiridos no decurso da situação laboral, incluindo os contactos com clientes; o empregador apenas disporá de uma acção baseada em concorrência desleal (§ 1 UWG/ §§ 823, 826 BGB) para reagir à actuação do trabalhador que intenta desviar clientela, uma vez que o dever de lealdade pós-contratual não se destina a proteger qualquer expectativa conexa com a clientela[2243].

Em todo o caso, faz-se notar que é importante analisar a actividade e o mercado em causa: se numa situação de domínio de mercado os ex-trabalhadores concorrentes hão-de dirigir-se necessariamente aos clientes da sua antiga empresa, já num mercado atomizado o facto de os ex-trabalhadores se dirigirem à clientela que mantém relações com o antigo empregador pode prefigurar uma

---

não se exija a falsidade da invocação – o que significa que referências verdadeiras, desde que não autorizadas, poderão ser consideradas desleais –, a deslealdade só existe quando "o agente se pretende apoderar das vantagens inerentes a prestações alheias" e não quando se destina a caracterizar objectivamente a sua própria prestação. Por isso, a referência, ainda que não autorizada, a *antigo trabalhador de* será lícita, conquanto seja verdadeira.

[2240] COUTINHO DE ABREU, *Da empresarialidade*, Almedina, Coimbra, 1996, 52.

[2241] Assim, PAULA COSTA E SILVA, "Meios de reacção civil à concorrência desleal", *Concorrência Desleal* (dir. José de Oliveira Ascensão), Almedina, Coimbra, 1997, 111 e ss..

[2242] BAG 19.05.1998 – 9 AZR 394/97, NZA 1999, 200. Na mesma linha: BAG 09.07.2004 – 9 AZR 545/03, NZA 2005, 105.

[2243] Ainda, à luz da UWG/1909, entretanto revogada em 03.07.2004, BAG 15.06.1993 – 9 AZR 558/91, NZA 1994, 502. Já à luz da UWG 2004, v. OLAF MÜLLER & PETER RIELAND, *Arbeitsrecht: Tipps und Taktik* (2006), cit., 70-71, §§ 410-5.

intenção de aproveitamento de informação obtida em razão do seu exercício de funções, verificando-se, sequententemente, um aproveitamento do esforço alheio.

Trata-se, contudo, apenas de um indício, que não dispensa o preenchimento do critério valorativo contido no art. 317.º, que apela a que "os agentes económicos no processo de captação de clientela, em competição com os seus concorrentes, devem agir com honestidade, correcção e consideração, não só pelos seus competidores, como também com os consumidores, o que mais não é do que agir com boa fé"[2244].

Se os pressupostos de desvio de clientela dificilmente se verificam nos casos em que os clientes não têm relações de carácter estável e duradouro com o antigo empregador ou nas situações em que os clientes terminaram as relações com a empresa ainda antes da cessação do contrato de trabalho, é perfeitamente legítimo que o trabalhador contacte com clientes da antiga sociedade propondo-lhes ofertas de contratos alternativos em relação aos que mantêm com o seu anterior empregador. De acordo com o art. 318.º do CPI, não pode é usar informação confidencial para esse efeito (por exemplo, cronogramas de pagamento ao anterior empregador ou propostas de renegociação que aquele haja feito[2245]).

Por maioria de razão, também não é relevante que os clientes se dirijam ao trabalhador, encetando relações comerciais com este. Ou que o trabalhador informe os clientes de que se estabeleceu por conta própria ou tem novo vínculo laboral[2246], visto que a liberdade dos mercados não proíbe uma tal abordagem: o que proíbe são práticas desonestas na captação da clientela[2247].

Se para tanto é de exigir que o trabalhador não tenha recebido uma indemnização de clientela – já que esta prestação suplementar, que se fundamenta

---

[2244] Nestes exactos termos: Ac. STJ de 12.02.2008 (FONSECA RAMOS), proc. n.º 07A4618 e Ac. STJ de 17.06.2010 (FONSECA RAMOS) proc. n.º 806/03.TBMGR.C1.S1.

[2245] Sobre esta situação, v. SALVATORE SANZO, *La concorrenza sleale* (1998), cit., 239.

[2246] Assim, não é ilícita a actuação de um antigo trabalhador que dirige cartas a clientes do seu antigo empregador com o objectivo de os informar acerca da sua nova situação (Cass. Soc. 05.09.1981), o que já não sucederá se for utilizada informação privilegiada, de natureza confidencial e com acesso restrito, para angariar clientela (*inter alia*: Cass. Com. 13.05.1997). Identicamente: JACQUES VAN DROOGHENBROECK & BÉNÉDITE INGHELS, "Lorsque tout est fini, le dit et le non-dit (les droits et obligations postcontractuels)" (2008), cit., 184.

[2247] A passagem encontra-se no Ac. STJ de 03.05.2000 (MANUEL PEREIRA), proc. n.º 99S342, mais se firmando, de forma certeira, que "a todo o momento os clientes podem mudar de fornecedores, concretização de um mercado aberto à livre concorrência, em que cada operador não deixa de publicitar os seus produtos em termos de cativar a aquisição deles". Identicamente: PEDRAJAS MORENO & SALA FRANCO, *El pacto de no concurrencia postcontractual* (2005), cit., 21.

nos princípios gerais do enriquecimento sem causa[2248], dirige-se justamente a esse fim –, deve notar-se, contudo, que a captação de clientes de forma desleal, além de ser um processo subreptício e procrastinado no tempo, depara-se com dificuldades probatórias, designadamente quanto à identidade dos clientes cujo desvio foi praticado com deslealdade, tornando-se difícil atribuir, com rigor, uma indemnização em razão desse facto[2249].

16. Nestes termos, uma vez que o dever de não concorrência que vincula o trabalhador no decurso da situação laboral se esgota, em princípio, na sua vigência – de um modo tal que com aquela extinção o trabalhador pode competir por conta própria ou alheia[2250] –, e sendo claro que a malha normativa sobre concorrência desleal em razão dos interesses de ordem pública subjacentes[2251] é inafastável[2252], aporta-se a um enquadramento que, *prima facie*, guarnece de forma suficiente os interesses do antigo empregador e o direito a trabalhar e a operar no mercado do antigo trabalhador[2253].

Contudo, em atenção à cogência do princípio da liberdade de trabalho e em razão das virtualidades subjacentes à clarificação empreendida pela *lex contractus* (também aqui a importância dos mecanismos *self-enforcement*), o art. 136.º, na esteira do art. 36.º da LCT, traça o quadro que guia o intérprete-aplicador na aferição de uma conduta laboralmente concorrencial, facultando *ad cautelam*[2254],

---

[2248] Cfr. Luís Menezes Leitão, *A Indemnização de Clientela no Contrato de Agência* (2006), cit., 91 e ss. e António Pinto Monteiro, *Contratos de Distribuição Comercial* (2009), cit., 151-170.

[2249] Isto, sem prejuízo de, após a prova do dano em acção declarativa sem que contudo se logre determinar o seu exacto valor, o tribunal poder julgar segundo a equidade, se entender que mesmo na execução o autor não será capaz de efectuar tal liquidação (n.º 3 do art. 566.º do CC), ou então remeter para liquidação em execução de sentença, se considerar que o autor na execução poderá quantificar o valor dos prejuízos (n.º 2 do art. 609.º do CPC).

[2250] Entre nós António Menezes Cordeiro, "Concorrência laboral e justa causa de despedimento" (1986), cit., 596, e, em Espanha, Gómez Abelleira, "Pactos de no concurrencia y de permanência" (2000), cit., 283, Pedrajas Moreno & Sala Franco, *El pacto de no concurrencia postcontractual* (2005), cit., 21 e Rey Guanter, *Estatuto de los trabajadores* (2007), cit., 434.

[2251] Veja-se Salvatore Sanzo, *La concorrenza sleale* (1998), cit., 11.

[2252] Conforme faz notar Antonio Vallebona, *Istituzioni di Diritto del Lavoro* (2008), cit., 13. Também: Pedro Romano Martinez, *Direito do Trabalho* (2010), cit., 534-5.

[2253] Cfr. Mário Pinto/Pedro Furtado Martins/António Nunes de Carvalho, *Comentário às Leis do Trabalho* (1994), cit., 172.

[2254] Salientando a importância da cláusula de não concorrência "como meio preventivo", veja-se Mário Pinto/Pedro Furtado Martins/António Nunes de Carvalho, *Comentário às Leis do Trabalho* (1994), cit., 171 e Pedro Romano Martinez, *Direito do Trabalho* (2010), cit., 688. Embora em entrecho diverso, como diz Paula Costa e Silva, "Meios de reacção civil à concorrência desleal" (1997), cit., 108, "na ausência de previsão substantiva específica que permita a actuação do

nos termos e com os efeitos aí previstos, a celebração de um pacto de não concorrência com *eficácia* após a cessação do contrato de trabalho, podendo abranger condutas reconduzíveis ao âmbito da concorrência desleal ou simplesmente condutas que, sendo leais, passam a ser ilícitas com a celebração do pacto (*plus* em relação à concorrência desleal).

Importando ter presente que a direcção deste pacto pressupõe a insubsistência da situação laboral – o dever de não concorrência que vigora no decurso da situação laboral assegura a protecção dos interesses do empregador, impedindo, por exemplo, que os sujeitos acordem numa obrigação de não concorrência durante o período de suspensão do contrato de trabalho, uma vez que aquele dever subsiste *ex lege* –, a insuficiência dos mecanismos de concorrência desleal e as dificuldades probatórias que lhe vão associadas contribuem para a difusão de acordos que limitam as actividades a exercer por um trabalhador após a cessação do contrato[2255].

Embora se trate de aspecto nem sempre acentuado, acrescerá, naturalmente, a fortificação da posição do empregador produzível por estas cláusulas, uma vez que em caso de incumprimento se presume a culpa do trabalhador nos termos do art. 799.º do CC, cabendo a este o ónus da prova da falta de culpa, ou seja, a prova de que, nas concretas circunstâncias, não podia e não devia ter agido de maneira diferente (arts. 344.º e 799.º do CC). Isto, ao revés do que sucede no âmbito da responsabilidade civil extracontratual, em que compete, em princípio, ao lesado o ónus da prova da culpa do autor da lesão (salvo havendo presunção legal de culpa, nos termos do disposto pelos arts. 487.º e 342.º do CC), quadro aplicável na ausência de pacto[2256].

Ao contrário da obrigação de não concorrência que dimana da situação jus-laboral, o dever abstensivo que o trabalhador assume com o pacto é um dever

---

concorrente no sentido de inibir um acto desconforme surgirá uma lacuna. Esta lacuna deverá ser preenchida através do estabelecimento de uma analogia com as regras do direito de exclusão, que permitem actuações preventivas. Tal como o proprietário pode impedir um acto futuro lesivo do seu direito de propriedade, também o concorrente pode prevenir a prática futura de actos contrários à regras da leal concorrência".

[2255] WALTER GRUNSKY, *Wettbewerbsverbote für Arbeitnehmer* (1987), cit., 23 e ss. e PAUL-HENRI ANTONMATTEI, *Les clauses du contrat du travail* (2010), cit., 83-4.

[2256] O aspecto é salientado por CARLO ZOLI, "Clausole di fidelizzazione e rapporti di lavoro" (2003), cit., 460 e por GUIDO ALPA & VINCENZO MARICONDA, *Codice Civile Commentato*, Ipsoa, Trieste, 2009, 431.

principal[2257] e cinge-se à concorrência diferencial (infra)[2258], pacto que, a partir do momento em que é celebrado, estabiliza o vínculo laboral entre os sujeitos e se posta em reforço da ideia de confiança que conforma a sua execução[2259].

Em sintonia com as limitações que os pactos convocam, também as condições exigidas para a sua validade devem ser interpretadas de forma restritiva[2260], apresentando um conteúdo parcialmente vinculado, pois os pactos de não concorrência correspondem a um tipo negocial taxativo[2261], cujos limites não são derrogáveis por vontade do trabalhador[2262], embora possam ser objecto de alteração *in melius*[2263].

IV. Condições de admissibilidade do pacto de não concorrência

a) Prazo

17. O pacto de não concorrência tem sempre uma duração determinada (*ad tempus*), nunca podendo ser perpétuo ou vigorar por "um período excessivamente dilatado"[2264]. A vocação perdurante no tempo como característica da relação laboral não encontra cabimento nesta *species* contratual.

O estabelecimento de um prazo define, em abstracto, uma partilha de riscos equilibrada, estabelecendo o nível de custos e de responsabilidades que coordena as pretensões dos sujeitos, face à protecção de interesses que a lei admite,

---

[2257] YVES PICOD, "Concurrence déloyale et concurrence anticontractuelle" (2001), cit., 21.

[2258] Já o dever de não concorrência que vincula o trabalhador durante a situação laboral não se cinge à noção de concorrência diferencial, abarcando, em razão da eficácia conformativa do dever de lealdade, toda e qualquer concorrência: KONRAD RUSCH, *Gewinnhaftung Bei Verletzung Von Treuepflichten* (2003), cit., 182-4.

[2259] Nestes exactos termos: FRANÇOIS GAUDU, "Fidelité et rupture" (1991), cit., 419.

[2260] M.ª ROSÁRIO PALMA RAMALHO, *Direito do Trabalho. Parte II* (2010), cit., 1034, alude, mais latamente, a uma interpretação restritiva dos pactos.

[2261] STEFANO SPINELLI, *Lavoro. Vol. 1* (2009), cit., 504.

[2262] Como bem salienta ALEXANDRO BOSCATI, "Patto di non concorrenza. Art. 2125", *Il Codice Civile – Commentario*, Giuffrè, Milão, 2010, 176.

[2263] Ainda, com sustentação jurisprudencial, GIOSAFATO RIGANO, "Commento all'art. 2125". *Diritto del lavoro. Vol. I – La Costituzione, il Codice civile e le leggi speciali* [dir. G. Amoroso/Di Cerbo/A. Maresca (3.ª ed.)], Giuffrè, Milão, 2009, 1258-9. Não obstante, à face do art. 36.º da LCT, JOSÉ BARROS MOURA, *Compilação de direito de trabalho*, Almedina, Coimbra, 1980, 101, manifestou-se favorável à inconstitucionalidade dos pactos de não concorrência, por violação do direito ao trabalho, posição para que, ao cabo e ao resto, parecem apontar JORGE LEITE & F. JORGE COUTINHO DE ALMEIDA, *Legislação do Trabalho* (2000), cit., 79.

[2264] RABINDRANATH CAPELO DE SOUSA, *O Direito Geral de Personalidade* (1995), cit., 279 (nota 667).

configuração adensada no caso do pacto de não concorrência, já que este não é um *contrato qui unico momento consumantur*, mas um *contrato a lungo termine*: existindo uma abstenção, não cingível a uma obrigação transeunte, que se protela no tempo, mas que, com maior ou menor duração, se vai extinguir em atenção à sua *congénita* temporalidade, as limitações incidíveis sobre a actividade do trabalhador, à luz do n.º 2 do art. 136.º, não podem, por princípio, vigorar por mais de dois anos, ante a envolvência directa do princípio da liberdade de trabalho.

Se o período máximo de dois anos é idêntico ao que vigora na Alemanha para o *Wettbewerbsabrede* ou ao que as convenções colectivas prevêem em França para a *clause de non-concurrence*[2265] – já em Itália o limite do *patto di non concorrenza* aparece cifrado nos três anos[2266] e no direito inglês, perante a ausência de previsão legal, tendo-se começado por admitir prazos de 25 anos[2267], já se admitiu, contudo, interdições perpétuas[2268] –, cabe sinalizar a diminuição operada pelo CT2003 e mantida pelo CT2009 quanto ao prazo de três anos que aparecia inscrito no art. 36.º da LCT e também no Anteprojecto Pessoa Jorge[2269], prazo que é ainda o limite máximo permitido pelo n.º 1 do art. 340A da Lei federal que complementa o Código Civil suíço[2270].

Com a passagem de três para dois anos pôs-se termo à discrepância entre o prazo genérico previsto na legislação laboral e o que fluía do n.º 2 do art. 9.º do Decreto-Lei n.º 178/86, de 03.07 – com as modificações que lhe foram introduzidas pelo Decreto-Lei n.º 118/93, de 13.04, que transpôs a Directiva 86/653/CEE, do Conselho, de 18.12[2271], sobre o contrato de agência (LCA) –, porquanto as necessidades protectivas que o instrumentário laboral reclama para o trabalhador, como oportunamente notou JÚLIO VIEIRA GOMES[2272], mostravam-se sistemicamente conflituantes com a menor limitação temporal prevista para o agente comercial, parametrização que naquele diploma se justifica *tão somente*

[2265] CHRISTOPHE RADÉ, *Droit du Travail* (2002), cit., 35.
[2266] GIUSEPPE PERA & MARCO PAPALEONI, *Diritto del Lavoro* (2003), cit., 526.
[2267] Assim o caso *Nordenfelt v Maxim Nordenfelt Guns & Ammunition Co Ltd* [1894], analisado em DES BUTLER/SHARON CHRISTENSEN/BILL DIXON/LINDY WILLMOTT, *Contract Law Casebook*, Oxford University Press, Oxford, 2009, 121.
[2268] Assim: *Fitch v Dewes* [1921] 2 AC 158. Ainda: NORMAN SELWYN, *Law of Employment* (2008), cit., 492.
[2269] Cfr. "Contrato de Trabalho – Anteprojecto de Diploma Legal" (1965), cit., 264.
[2270] Cfr. CHRISTOPH NEERACHER. *Das arbeitsvertragliche. Konkurrenzverbot* (2001), cit., 52.
[2271] Sobre aquela limitação temporal rege o n.º 3 do art. 20.º da Directiva.
[2272] JÚLIO VIEIRA GOMES, "As Cláusulas de Não Concorrência no Direito do Trabalho" (1998), cit., 943.

em razão da livre iniciativa económica (art. 61.º da CRP)[2273] não bulindo directamente com a liberdade de trabalho.

Neste quadro, se a ultrapassagem convencional do prazo de dois anos não inquina necessariamente o pacto de não concorrência (ainda a redução, *ex vi* do art. 292.º do C. C.)[2274], admitir-se-á, desde que respeitado o limite máximo, um prolongamento da obrigação de não concorrência, que tanto pode ser previsto *ab initio* quanto ser objecto de acordo posterior, hipótese em que, apesar da alusão recorrente ao termo "renovação", se estará perante uma "prorrogação" *stricto sensu*.

Neste âmbito, a solução alemã é interessante e merece ponderação: como o período máximo é de dois anos (§ 74.a 1 HGB), caso tenha sido estabelecido um período superior é conferido o direito ao trabalhador de, após os dois anos, optar pela percepção da compensação até ao final do período convencionado ou fazer cessar a obrigação, iniciando uma nova actividade[2275].

Se em Itália o art 2125 do *Codice Civile* estabelece um alargamento da duração máxima da obrigação de não concorrência de três para cinco anos sempre que estejamos perante *dirigenti*, e em Espanha, para um trabalhador qualificado como técnico, a abstenção de concorrência é dilatável de seis meses até dois anos (art. 21, § 2 do ET)[2276], entre nós caberá recordar que o projecto Inocêncio Galvão Telles, anterior ao art. 36.º da LCT, estabelecia prazos máximos em razão da categoria dos trabalhadores: seis anos para os dirigentes, quatro para os empregados e dois para os assalariados.

Não descuidando o efeito potencial de redução da motivação na execução da prestação laboral que um prazo longo produz – o trabalhador sabe que, finda a situação laboral, só vai poder usar os seus conhecimentos após o decurso de um período substancial –, actualmente, o n.º 5 do art. 136.º, tratando-se *de trabalhador afecto ao exercício de actividades cuja natureza suponha especial relação de confiança*

[2273] Trata-se, como se fez notar, de um direito fundamental de conteúdo económico e social que, tendo surgido como princípio de liberdade de comércio e indústria, não se limita a regular a actuação do Estado, atribuindo também verdadeiras garantias aos particulares – J. J. GOMES CANOTILHO & VITAL MOREIRA, *Constituição Portuguesa da República Anotada. Artigos 101.º a 107.º* (2007), cit., 789.

[2274] Assim: GIUSEPPE PERA & MARCO PAPALEONI, *Diritto del Lavoro* (2003), cit., 526, M. CRISTINA CATAUDELLA, *Contratti di lavoro e nullità parziale*, Giuffrè, Milão, 2008, 27, ORONZO MAZZOTTA, *Diritto del Lavoro* (2008), cit., 495, GUIDO ALPA & VINCENZO MARICONDA, *Codice Civile Commentato* (2009), cit., 431 e, entre nós, PEDRO ROMANO MARTINEZ, *Direito do Trabalho* (2010), cit., 689.

[2275] De resto, entende-se que o prazo não tem de estar previsto no acordo; os dois anos são injuntivos, estando incorporados na vontade das partes: BAG, 28.06.2006 – 10 AZR 407/05, NJW 2006, 3659.

[2276] Cfr. REY GUANTER, *Estatuto de los trabajadores* (2007), cit., 434.

ou com acesso a informação particularmente sensível no plano da concorrência, possibilita que, em razão do *tipo* de trabalhador e dos interesses especificamente conexos com o conteúdo da obrigação gerável, a obrigação de não concorrência seja prolongada até três anos[2277].

No que toca a um *trabalhador afecto ao exercício de actividades cuja natureza suponha especial relação de confiança*, trata-se de uma flexibilização de regime que, aparecendo plenamente justificada pela rede de contactos suponível e pelo acesso a informações que em princípio não são acessíveis à generalidade dos trabalhadores, se acomoda à lógica pluralística que atravessa o Código do Trabalho e que, para lá de conexões extra-sistemáticas a que se associam razões de transparência e de preservação do interesse público, tinge diversos aspectos de regime[2278].

Consagrando-se esta regra especial em função de factores objectivos que são transversais às diferentes construções tipológicas e que podem ter aplicação em qualquer contrato de trabalho, à semelhança do que se entende no âmbito do período experimental – e sem que haja fundamento para sustentar solução diversa –, dever-se-á entender, ante a necessidade de uma análise casuística, que a aplicação desta *qualificativa* deve ser acompanhada da alegação e prova dos factos que preenchem a sua *factis species*[2279].

[2277] As funções exercidas pelo trabalhador ou a especialidade do vínculo são, aliás, factores que historicamente moldaram tanto a aplicação destes acordos quanto a respectiva duração e que, em fundo, conferem flexibilidade ao sistema. Por exemplo, como faz notar WILHELM MOLL, *Arbeitsrecht* (2005), cit., 716, no direito alemão a cláusula de não concorrência apresentou durante muito tempo certas limitações, aplicando-se apenas aos trabalhadores especializados que desempenhassem funções comerciais: a sede específica encontrava-se no HGB, que contém o "direito privado especial dos comerciantes". Neste quadro, os trabalhadores especializados que desempenhassem funções técnicas não comerciais encontravam-se sujeitos à aplicação do § 133f GewO; todavia, o BAG decidiu aplicar os princípios contidos no § 133f GewO a todos os trabalhadores, independentemente do tipo de funções exercidas, situação que esteve na origem da redacção introduzida em 2003 ao § 110 GewO, que hoje admite a celebração de pactos de não concorrência e que é preenchida, *mutatis mutandis,* pela aplicação dos §§ 74 e 75 do HGB. Cfr. PIET DIEPHOLZ & JAN-ECKHARD VON HORN, *Arbeitsrecht Für Steuerberater* (2008), cit., 200 e PETER MÜSSIG, *Wirtschaftsprivatrecht: Rechtliche Grundlagen wirtschaftlichen Handelns*, C.F. Mülller, Heidelberg, 2010, 389.

[2278] Sirva para já o exemplo o art. 161.º: podem ser exercidos em comissão de serviço os cargos de administração ou equivalentes, de direcção dependentes da administração e as funções de secretariado pessoal relativas aos titulares desses cargos, bem como outras, previstas em instrumento de regulamentação colectiva de trabalho, cuja natureza também suponha, quanto aos mesmos titulares, *especial relação de confiança.* Sobre este enquadramento, v. LUÍS MIGUEL MONTEIRO, "Regime jurídico do trabalho em comissão de serviço", *Estudos em Homenagem do Prof. M. Alonso Olea*, Almedina, Coimbra, 2004, 507-528.

[2279] Nestes termos, JÚLIO VIEIRA GOMES, "Do uso e abuso do período experimental" (2000), cit., 67, embora sem o acompanhamento de parte da jurisprudência – por exemplo, Ac. Rl. Lx. de

Sem embargo, e porque o regime da comissão de serviço fornece um bom ponto de arrimo, serão presumidamente *actividades cuja natureza supõe uma especial relação de confiança* aquelas que se referem a cargos de administração ou equivalente, a funções de direcção ou chefia directamente dependente da administração ou de director geral ou de secretariado pessoal.

Trata-se de um raciocínio lógico, baseado em regras de experiência e normalidade, passível de ser utilizado como substância de uma presunção, enquanto prova de primeira aparência, firmada em juízos de probabilidade[2280].

19. Já no que no que respeita à eleição (disjuntiva) do *acesso a informação particularmente sensível no plano da concorrência* como critério determinante do alongamento de três anos, a previsão carece de uma leitura devidamente concatenada com o Direito da concorrência desleal e o Direito da concorrência *tout court*[2281],

---

12.06.1996 (César Teles), CJ 1996, T. III, 167, em que se refere que o "período experimental de 240 dias (...) constitui um regime regra para todos os trabalhadores que nas respectivas empresas exerçam cargos de direcção ou sejam quadros superiores das mesmas", dispensando-se a empresa do ónus de alegação e prova dos elementos *concretamente* viabilizadores da qualificação jurídica do trabalhador, permitente da aplicação do *prazo máximo*. Já no sentido, que nos parece o correcto, de que os factos constitutivos do alargamento do prazo têm de ser provados por quem se quer prevalecer da denúncia, geralmente o empregador, cfr. Ac. Rl. Lx. de 15.05.1996 (Azevedo Soares), CJ 1996, Ano XXI, T. III, 297. E, já antes, Ac. Rl. Lx. de 15.06.1994 (Ventura de Carvalho), CJ 1994, Ano XIX, T. III, 177 e Ac. Rl Cb. de 13.01.2000 (Gonçalves Afonso), CJ 2000, T. I, 61-3, dizendo-se que "não parece credível que as funções de estagiário-distribuidor, sem quaisquer outros factos indicadores e concretizadores, se possam distinguir, em termos de período experimental, da generalidade dos trabalhadores".

[2280] Sobre este conceito: José Alberto dos Reis, *Código de Processo Civil Anotado*, Coimbra, 1960, 249: as presunções judiciais, também designadas de materiais, de facto ou de experiência (art. 349.º do Código Civil), não são, em bom rigor, genuínos meios de prova, mas antes meios lógicos ou mentais ou operações firmadas em regras de experiência, operações de elaboração das provas alcançadas por outros meios, reconduzindo-se, assim, a simples prova de primeira aparência, baseadas em juízos de probabilidade.

[2281] Neste plano, sem prejuízo da autonomia analítica que as cláusulas de não concorrência apostas a um contrato de trabalho convocam, o Direito da concorrência desleal fornecerá um *apport* importante na indagação da natureza, do sentido e do alcance da expressão "informação *particularmente sensível*", sabendo-se que o interesse jurídico protegido com a repressão da concorrência desleal consiste "no direito de cada empresário à lealdade de concorrência, com o correspondente dever de abstenção por parte dos concorrentes da prática de actos susceptíveis de prejudicar a obtenção do resultado económico considerado legítimo, de acordo com o mecanismo da livre concorrência" e que a concorrência desleal não é, *de per se*, propriedade industrial, mas sim o instrumentário sancionatório cominado para formas anómalas de concorrência: Jorge Patrício Paúl, *Concorrência Desleal* (1965), cit., 222, José de Oliveira Ascensão, *Concorrência Desleal* (2002), cit., 69-73 e Luis Couto Gonçalves, *Manual de Direito Industrial* (2008), cit., 433.

embora o alongamento da obrigação se processe, as mais das vezes, em função da caracterização da actividade exercida pelo trabalhador, preenchendo-se, destarte, a primeira componente da previsão do n.º 5 do art. 136.º[2282].

Assim, a mais de estarmos na presença de um conceito pouco cientificado pela laboralística, não se poderá esquecer que o n.º 5 do art. 136.º, em atenção ao princípio da liberdade de trabalho, espartilha os requisitos que delimitam a informação protegida para o efeito de prossecução de uma actividade laboral, espartilho que, *per essentiam*, obriga à existência de um *ante* (o que é espartilhado), *algo* que, sem prejudicar as exigências de uma avaliação situacional, tem afinidades notórias com conceitos sedimentados no domínio da concorrência desleal[2283], designadamente com o âmbito de *protecção de informações não divulgadas*[2284].

Entendendo-se por secretas as informações que são do conhecimento de pessoas que se encontram sujeitas a sigilo profissional ou a contratos de natureza diversa que não são facilmente acessíveis, o valor comercial a que alude a al./b do art. 318.º do CPI postula que se trate de um bem incorpóreo, susceptível de ser transaccionado comercialmente, plano negocial que se "concretiza,

---

[2282] Fazendo esta associação: NATACHA GAVALDA, "Les critères de validité des clauses de non-concurrence en droit du travail" (1999), cit., 586. Também a jurisprudência anglo-saxónica, com vista à aferição da particular sensibilidade da informação, acaba por se servir de factores como a qualificação profissional do trabalhador e a natureza do seu trabalho: KONRAD ZWEIGERT/HEIN KOETZ/TONY WEIR, *Introduction to Comparative Law*, Clarendon Press, Oxford, 1998, 385 e ss. e TARA BRILL--VENKATASAMY, «La clause de non-concurrence en droit du travail: comparaison des droits anglais et français» (1998), cit., 145.

[2283] É, de resto, em contexto semelhante que MONTOYA MELGAR, *Derecho del Trabajo* (2000), cit., 324, refere que a proibição de concorrência inscrita nos arts. 5 e 21 do ET é identificada com a proibição de concorrência desleal, recortada no domínio da propriedade industrial (Ley de Competencia Desleal). Em sentido algo diferente, cfr. RAMÍREZ MARTINEZ, *Curso de Derecho del Trabajo* (2001), cit., 382-3.

[2284] Nos termos do art. 318.º do CPI, sob a epígrafe *protecção de informações não divulgadas*, constitui *acto ilícito*, que contraria as normas e usos honestos de qualquer ramo de actividade económica, *nomeadamente*, o acto de divulgação, de aquisição ou de utilização de segredos de negócios de um concorrente, sem o consentimento do mesmo, desde que essas informações: a) sejam secretas, no sentido de não serem geralmente conhecidas ou facilmente acessíveis, na sua globalidade ou na configuração e ligação exactas dos seus elementos constitutivos, para pessoas dos círculos que lidam normalmente com o tipo de informações em questão, b) tenham valor comercial pelo facto de serem secretas e c) tenham sido objecto de diligências consideráveis, atendendo às circunstâncias, por parte da pessoa que detém legalmente o controlo das informações, no sentido de as manter secretas

através, normalmente, de contratos de licenças-puras, de saber-fazer ou licenças mistas de patente de saber-fazer"[2285].

Aqui, importará, desde logo, não perder de vista que se o preceito visa proibir comportamentos desonestos e censuráveis entre concorrentes, o escopo dos pactos de não concorrência e dos traços de regime que o caracterizam é bem diferente: busca-se, embora com fundamento atendível, uma limitação da concorrência, sem se cuidar da deslealdade subjacente.

Já o Direito da concorrência, no plano adjectivo, estabelece no n.º 1 do art. 30.º do Regime Jurídico da Concorrência[2286] que "na instrução dos processos a Autoridade acautela o interesse legítimo das empresas na não divulgação dos seus segredos de negócio" [2287], não se fazendo qualquer alusão a *informação particularmente sensível*[2288].

[2285] Nestes termos: LUIS COUTO GONÇALVES, *Manual de Direito Industrial* (2008), cit., 430.

[2286] Aprovado pela Lei n.º 19/2012, de 08.05, que revogou a Lei n.º 18/2003, de 11.06.

[2287] Nos termos do n.º 5 do art. 30.º, se a Autoridade da Concorrência não concordar com a classificação da informação como segredos de negócio informa a empresa, associação de empresas ou outra entidade de que não concorda no todo ou em parte com o pedido de confidencialidade. Não obstante a relevância qualificativa dos segredos de negócio, prevê-se, no n.º 3 do art. 31.º, em sede de prova, que a Autoridade, sem prejuízo da garantia dos direitos de defesa do visado pelo processo, possa utilizar como meios de prova para a demonstração de uma infração às normas da concorrência previstas na presente lei ou no direito da União Europeia a informação classificada como confidencial, por motivo de segredos de negócio, ao abrigo da al./c do n.º 1 e do n.º 3 do art. 15.º e dos n.ºs 2 e 3 do art. 29.º

[2288] Não obstante, a al./c do n.º 1 do art. 15.º, com epígrafe *prestação de informações*, confere à Autoridade de Concorrência o poder de solicitar às entidades nele identificadas, documentos e outras informações que se revelem necessários, devendo esse pedido ser instruído, entre outros, com a informação de que as empresas deverão identificar, de maneira fundamentada, as informações que considerem confidenciais por motivo de segredos de negócio" (nesse caso, as empresas devem "uma cópia não confidencial dos documentos que contenham tais informações, expurgada das mesmas"). Se a flutuação terminológica é passível de gerar dúvidas – tanto se menciona "segredos de negócio" como "informações que considerem confidenciais", embora a al./c do n.º 1 do art. 15.º da Lei n.º 19/2012, de 08.05, por contraste com a al./d do n.º 1 do art. 18.º da Lei n.º 18/2003 de 11.06, pareça restringir de forma explícita a confidencialidade à informação subjacente a segredos de negócio –, a interpretação congraçada dos preceitos conduz a uma equiparação, *de facto*, entre segredo de negócio e informação confidencial, qualificação que, no contexto analisado, vai aparecer igualmente sobreposta à que diz respeito ao conceito de "informação sensível no plano da concorrência". Neste sentido, veja-se a interpretação seguida pela Autoridade da Concorrência e que se encontra contida no Ac. TC n.º 203/2009, de 29.04.2009 (PAMPLONA DE OLIVEIRA), proc. n.º 529/07 e FERNANDO PEREIRA RICARDO, "Os segredos de negócio e o acesso aos autos no procedimento de controlo de concentrações", *Estudos em Memória do Prof. Doutor J. L. Saldanha Sanches – Vol. I*, Coimbra Editora, Coimbra, 2011, 161-198. São, aliás, várias as disposições que, neste quadro, se destinam a proteger os segredos de negócio: exemplificativamente, veja-se o n.º 1 do art.

Agudizando-se as dificuldades de distinção entre os conceitos, *in situ*, em vista da não concorrência pós-laboral, para que o alargamento até três anos se produza, não bastará que a informação seja concorrencialmente sensível. É necessário que seja *particularmente* sensível[2289].

Excluindo-se deste perímetro as informações que, sendo necessárias à organização da empresa, são do conhecimento de todos os trabalhadores, contemplar-se-ão, no entanto, e por regra, os segredos de negócio, que dizem respeito a informações que se relacionam com uma actividade com um valor económico efectivo ou potencial, cuja divulgação ou utilização possa proporcionar vantagens financeiras para outras empresas que actuam no mesmo mercado[2290].

Não sobejando dúvidas de que para a verificação desta *factis species* não será necessário transitar os requisitos que vão inscritos no art. 318.º do CPI – não é exigível, por exemplo, que se trate de informação susceptível de transacção comercial *a se* –, não é menos certo que, atentando à necessidade de "diligências consideráveis por parte da pessoa que detém legalmente o controlo das informações" que concorre para a particular sensibilidade da informação, a celebração de um pacto de não concorrência relevará para o preenchimentos dos pressupostos de facto que travejam a *protecção de informações não divulgadas,* ao configurar uma diligência patronal, ora vertida em contrato, destinada a assegurar

---

62.º do Código de Procedimento Administrativo, que permite a recusa de acesso a documentos "cuja comunicação ponha em causa segredos industriais" ou o n.º 1 do art. 10.º da Lei n.º 65/93, de 26.08, na redacção da Lei n.º 8/95, de 29.03, que prevê que "a Administração pode recusar o acesso a documentos cuja comunicação ponha em causa segredos comerciais, industriais ou sobre a vida interna das empresas".

[2289] As situações suscitadas pela existência de informações particularmente sensíveis funcionaram como cadinho da admissibilidade das obrigações não concorrência com eficácia pós-contratual no Reino Unido, com o célebre caso *Herbert Morris Ltd/Saxelby,* de 1916, conforme faz notar TARA BRILL-VENKATASAMY, «La clause de non-concurrence en droit du travail: comparaison des droits anglais et français» (1998), cit., 145, embora a particular sensibilidade da informação, na prática, seja dificilmente apartável da confidencialidade que esta há-de revestir; a jusante, como refere GWYNETH PITT, *Cases and Materials in Employment Law* (1998), cit., 153, "the greatest difficulty is establishing what is confidential information".

[2290] CHRISTIAN GAVALDA, "Le secret des affaires", *Mélanges offerts à René Savatier,* Dalloz Paris, 1965, 291-4 e JORGE PATRÍCIO PAÚL, "Concorrência desleal e segredos de negócio", *Direito industrial – Vol. II,* Almedina, Coimbra, 2002, 139-162. Como exemplos típicos desta informação encontram-se os métodos de avaliação dos custos de produção e distribuição, os segredos de produção (ou seja, um segredo, um plano valioso em termos comerciais, uma fórmula, um processo ou instrumento utilizados para a produção, preparação, montagem ou processamento de produtos comerciais) e processos, fontes de fornecimento, quantidades produzidas e vendidas, quotas de mercado, listas de clientes e distribuidores, planos de comercialização, política de vendas e informações sobre a organização interna da empresa.

a protecção dessas informações, a par da indagação das medidas tomadas para proteger as informações dentro da empresa, da valoração do esforço ou investimento empreendidos pela empresa para adquirir as informações, da prognose dos esforços envidáveis por terceiros para adquirir ou copiar as informações ou da estimação do valor da informação para a empresa e para os seus concorrentes.

Não sendo de exigir que tal informação seja absolutamente secreta – bastará que se verifique uma situação de dificuldade ou extrema onerosidade no acesso por parte da concorrência[2291]–, o pacto de não concorrência pode, *per se*, constituir um elemento carreável para, atendendo às circunstâncias, sustentar o alargamento da sua própria duração, topando-se, materialmente, com uma identificação entre causa e efeito[2292].

O *plus* introduzido pelo n.º 5 do art. 136.º está na particular sensibilidade dessa informação no plano da concorrência, que convoca o conceito de mercado e a relação concorrente-concorrente, que subjaz ao modelo profissional que, por exemplo, o CPI acolheu[2293].

Ora, se em adição à *particular sensibilidade* da informação haverá que atender à sua *refracção concorrencial*, o conceito de "informação particularmente sensível no plano da concorrência" diz respeito a factos ou situações cujo conhecimento por parte de terceiros é susceptível de lhes proporcionar vantagens e de enfraquecer a armadura competitiva do empregador, não se bastando com factos cujo conhecimento seja desfavorável aos interesses do empregador[2294].

[2291] FLORENCE AUBRY GIRARDIN, "Aspects de la clause d'interdiction de concurrence", *Journée 1996 du droit du travail et de la sécurité sociale*, Schulthess Verlag, Zurique, 1999, 9-10.

[2292] Contudo, e neste quadro, importará considerar que a informação particularmente sensível, sendo um conceito potencialmente justaponível ao de segredos de negócio, apresenta um âmbito conceptual distinto. Ele pode atinar com questões relativas ao segredo profissional, ao conhecimento de situações jus-subjectivas ou similares que não sejam qualificáveis como segredo de negócio. Pode inclusivamente tratar-se de informação importante, por definição reservada, obtida no exercício de funções para-públicas, que, em razão da natureza da entidade empregadora, não possa ser qualificada como informação reservada respeitante a um negócio, mas que, face às consequências da sua exposição, não deixa de ser informação particularmente sensível, face ao aproveitamento que dela uma ou mais empresas que actuam no mesmo sector de mercado possam fazer e ao prejuízo concorrencial que a situação conleva.

[2293] Isto, em detrimento do denominado modelo social, que, caracterizando a legislação alemã ou espanhola, se alcandora a uma tutela mais equilibrada do interesse geral, do interesse dos consumidores e do interesse dos concorrentes, conforme fazem notar ANTÓNIO CAMPINOS & LUÍS COUTO GONÇALVES, *Código da Propriedade Industrial Anotado*, Almedina, Coimbra, 2008, 55 e JORGE PATRÍCIO PAÚL, "Concorrência desleal e direito do consumidor" (2005), cit., 108.

[2294] Abrangem-se, em todo o caso, os frutos da experiência negocial comum – como, por exemplo, a adopção de estratégias para entrar em determinado mercado ou as políticas de formação

Se, nos casos em que os sujeitos estabelecem a cláusula no início ou no decurso da relação de trabalho, os factos podem ser particularmente sensíveis no plano da concorrência e, em razão do decurso de tempo, deixarem de o ser, é importante notar que as circunstâncias fundantes do alongamento diferem do étimo pressuponente da validade do pacto: seguindo um critério de lógica e cronologia preclusivas, primeiro transita-se a validade do pacto e só depois se afere do cabimento da duração acordada.

O exercício de actividades cuja natureza suponha especial relação de confiança ou o acesso a informação particularmente sensível no plano da concorrência não determinam *per modum conclusionum* a validade do pacto de não concorrência, tudo dependendo da forma como os sujeitos, dentro das coordenadas impostas pelo art. 136.º, conformaram os interesses cuja protecção se procura assegurar.

Na premissa de que a legitimidade dos interesses concretamente tutelados pelo pacto carece de alegação e prova, importará, com efeito, não perder de vista essa dissemelhança de esferas: por um lado, o exercício de actividade cuja natureza suponha o acesso a informação particularmente sensível no plano da concorrência não serve de sustento, enquanto tal, a um pacto de não concorrência se, no exercício de funções, o trabalhador não tiver contactado, *de facto*, com informação particularmente sensível (exemplo: licença sem retribuição), embora, ao momento da conclusão do pacto, fosse perspectivável que esse contacto existisse e que a fixação do prazo de três anos fosse adequada; por outro lado, se essa informação, sendo particularmente sensível, não o for no plano da concorrência (embora continue a ser sensível), não se justifica o alongamento

---

de preços –, conquanto a sua divulgação desproteja de forma marcada a empresa e o respectivo conhecimento por parte de terceiros, designadamente em razão da sua natureza ou das suas características, tenha implicações negativas na actividade do empregador, constituindo essa informação, *per se*, uma vantagem económica para o terceiro que, actuando no mesmo mercado, acede ao seu conteúdo. Na verdade, se o benefício económico extraível pelos concorrentes, a par das implicações negativas no plano concorrencial que o conhecimento dessa informação por parte de terceiros pode representar quanto aos interesses prosseguidos pelo empregador, são a pedra angular do quadro de análise a seguir, excluir-se-ão, por princípio, *(i)* informações que sejam referentes ao volume de negócios da empresa (uma vez que se trata de um valor publicado nas contas anuais ou que é de outra forma conhecido no mercado) ou a factos históricos (por exemplo, com mais de cinco anos), *(ii)* informações que estejam disponíveis publicamente, incluindo as que apenas são disponíveis contra pagamento, através de serviços de informação especializados, bem como ainda *(iii)* as que sejam do conhecimento geral dos especialistas nessa área (por exemplo, do conhecimento geral de engenheiros ou de médicos).

permitido pelo n.º 5, à semelhança do que sucede na hipótese em que o escopo da cláusula não quadra com o arrimo encontrado para o alongamento do prazo.

Na verdade, suscita-se uma conexão valorativa entre a *factis species* "informação particularmente sensível no plano da concorrência" e o âmbito material emprestado pelos sujeitos ao pacto de não concorrência, visto que o critério terá de ser congruente com o sentido do regime previsto[2295].

Neste sentido, o alongamento permitido por esta previsão deve estar em conexão funcional com o fundamento do pacto e com os objectivos de tutela empresarial que este traz consigo e que se materializam na actividade ou nas actividades cujo exercício é vedado ao trabalhador.

Não sendo a qualificação feita pelos sujeitos vinculativa, o intérprete-aplicador deverá aferir a *particular sensibilidade da informação no plano da concorrência* a partir dos benefícios obteníveis pelos agentes que disputam com a empresa determinado segmento de mercado e cujo conhecimento é susceptível de gerar perturbação significativa das regras da concorrência no sector de economia privada em causa. Trata-se de factores que terão de ser justificados e que deverão ser apreciados numa base casuística.

21. Sem prejuízo das virtualidades subjacentes à diminuição operada pelo CT2003 quanto ao limite-regra imposto para a vigência de uma obrigação de não concorrência e sem que apareça desconsiderada a adequação da diversificação intra-tipológica relativa à extensão da obrigação, a permissão de três anos como prazo máximo para os pactos de não concorrência não escapa ao entorse sistemático de se admitir que uma limitação à liberdade de trabalho possa ter uma duração superior à limitação à liberdade de iniciativa económica implicada pelo contrato de agência, que aparece cifrada no limite de dois anos[2296].

Nesse sentido, o facto de, um por lado, as circunstâncias pressuponentes da aplicação do prazo máximo de três anos a uma limitação à liberdade de traba-

---

[2295] Mau grado o alongamento de três permitido pela verificação da *factis species* ser logicamente um *subsequens* em relação à análise da validade do pacto – na qual sobressai a valoração do interesse empresarial que limita a liberdade de trabalho –, dar-se-ia uma fragmentariedade dos critérios valorativos subjacentes se, por exemplo, o pacto se destinar a vigorar por três anos com fundamento no acesso a informação particularmente sensível no plano da concorrência e a actividade materialmente delimitada pelos sujeitos consistir em vedar o contacto com clientes por parte do trabalhador numa determinada área geográfica, sem qualquer relação valorativa com a natureza da particular sensibilidade da informação no plano da concorrência obtida ou obtenível pelo trabalhador que justifica *prima facie* a conformação do prazo de três anos.

[2296] Salientando este ponto, v. PEDRO ROMANO MARTINEZ, *Direito do Trabalho* (2010), cit., 689 (nota 2).

lho implicarem um regime mais gravoso para o trabalhador do que aquele que o contrato de agência traz consigo, e de, por outro, se produzir uma elevação em metade do prazo máximo de dois anos genericamente aplicável, suscita uma interpretação e um controlo jurisprudencial que, fazendo *uma relação valorativa entre as consequências que se associam às diferentes alternativas de solução*[2297], evitem a "convolação do especial em geral" e a elevação do prazo máximo de três anos a prazo, *de facto et de iure,* genericamente aplicável.

Uma vez que o modelo encontrado pelo legislador para o alargamento do prazo não se baseia no tipo de contrato de trabalho que serve de base ao pacto – como por exemplo em Espanha[2298] –, e aparece recortado numa perspectiva funcional ou factorial, neste contexto caberá ainda ter presente que a duração do contrato de trabalho, pela sua exiguidade, e em atenção aos interesses que o art. 136.º intenta salvaguardar, pode mostrar-se insuficiente para amparar um interesse sério na limitação incidível sobre a liberdade de trabalho[2299], independentemente do prazo acordado *ab initio* ou de o trabalhador poder ter acesso a *informação particularmente sensível no plano da concorrência.*

De facto, num contrato com prazo inferior a seis meses será difícil entrever justificação para uma cláusula com um prazo de três anos, ainda que, perante as funções exercíveis, a hipótese não seja rejeitável *in limine,* importando, *ad adiuvandum,* cotejar o período de execução do contrato de trabalho com o período subjacente à obrigação abstensiva assumida pelo trabalhador[2300], salvaguardando, também aqui, agora por via da comparação: período de actividade laboral *versus* período de abstenção laboral, o princípio da proporcionalidade (infra).

Em qualquer caso, se após uma combinação do tempo com as funções exercidas se entender que não há concorrência diferencial falhará o interesse sério, com o que a cláusula de não concorrência não será válida.

[2297] NIKLAS LUHMANN, *Sistema Juridico y Dogmatica Juridica,* Centro de Estudios Constitucionales (1983), cit., 67.
[2298] Veja-se o RD 1382/1985, de 01.08, que regula a relação laboral do pessoal de alta direcção, e que, neste plano, estabelece um prazo de dois anos.
[2299] Ainda JEAN PÉLISSIER/ALAIN SUPIOT/ANTOINE JEAMMAUD, *Droit du Travail* (2000), cit., 287. A *Cour d'appel d'Orléans* (10.11.1993) já considerou inválida uma cláusula de não concorrência, em função do período de laboração que envolveu uma trabalhadora de um cabeleireiro: NATACHA GAVALDA, "Les critères de validité des clauses de non-concurrence en droit du travail" (1999), cit., 586.
[2300] Admitindo-o, perante um curso de formação profissional proporcionado ao trabalhador propiciador de conhecimentos importantes sobre a organização da empresa, susceptíveis de fundar um interesse sério por parte do empregador, e verificada uma situação de concorrência diferencial, veja-se a sentença do tribunal de Milão de 16.03.01, OGL 2011, 124.

O ajustamento da cláusula com base na aplicação do limite máximo permitido por lei não impedirá os tribunais, após a inter-relação de todos os factores e em atenção ao princípio da proporcionalidade, de operar uma diminuição do período acordado.

O estabelecimento de um período que, aparecendo situado na moldura legal permitida, está para lá da justa medida é compatível com o instituto da redução (art. 292.º do CC), já que os limites previstos na lei não são objecto de aplicação automática e podem ser prudencialmente diminuídos, como sucede na hipótese em que a duração prevista sobrepassa o necessário ao desaparecimento das conexões entre o trabalhador e a clientela do (ex)empregador ou excede a possibilidade de utilização com êxito das informações a que o trabalhador acedeu no decurso do contrato de trabalho[2301].

b) Forma e consentimento

1. Coordenadas

22. As exigências de forma não constituem imposições desprovidas de sentido. Em Direito do trabalho destinam-se geralmente a proteger um dos sujeitos: o trabalhador.

Em tradução desta preocupação, a cláusula de não concorrência tem de vir inserta, por escrito, no contrato de trabalho ou no acordo de cessação deste. Esta era a formulação do CT2003. Hoje, a al./a do n.º 2 do art. 136.º do CT2009, exprimindo a ideia de que existe "um vector juslaboral que implica a forma escrita para estabelecer situações que enfraqueçam a posição dos trabalhadores"[2302], arvora também, no trilho do art. 220.º do CC e da regulação alemã (§126 BGB)[2303], belga (art. 65 da LCT) e italiana (art. 2125 do *Codice Civile*)[2304], a redução a escrito a exigência *ad substantiam*[2305].

[2301] JOHN H. MATHESON, *Employee Beware: The Irreparable Damage of the Inevitable Disclosure Doctrine*, cit., 156.

[2302] ANTÓNIO MENEZES CORDEIRO, *Manual de Direito do Trabalho* (1997), cit., 587.

[2303] Cfr. HARALD SCHLIEMANN, *Das Arbeitsrecht im BGB: Kommentar* (2002), cit., 224 e PIET DIEPHOLZ & JAN-ECKHARD VON HORN, *Arbeitsrecht Für Steuerberater* (2008), cit., 197.

[2304] GIUSEPPE PERA & MARCO PAPALEONI, *Diritto del Lavoro* (2003), cit., 527 e ALEXANDRO BOSCATI, "Patto di non concorrenza. Art. 2125" (2010), cit., 177.

[2305] Cfr. MÁRIO PINTO/PEDRO FURTADO MARTINS/ANTÓNIO NUNES DE CARVALHO, *Comentário às Leis do Trabalho* (1994), cit., 172.

Na medida em que assim é, e recobrindo o *distinguo* entre formalidades *ad substantiam* e formalidades *ad probationem*[2306], não é possível que se atribua validade a um pacto celebrado oralmente ou substituir esta formalidade por outro género de prova. A sua inobservância determina a nulidade do contrato, que é insuprível através de confissão[2307].

É também assim em França, onde, numa interpretação do art. L. 121-1 do *Code du Travail* conforme com a Directiva 91/533/CEE do Conselho, de 14.10, relativa à obrigação de o empregador informar o trabalhador acerca das condições aplicáveis ao contrato ou à relação de trabalho, se entende que a cláusula tem de ser acompanhada da prestação de informações por escrito por parte do empregador acerca das condições em que a restrição convencionada vai actuar, bem como dos interesses que ela intenta proteger[2308], o mesmo sucedendo com o n.º 1 do art. 340 da Lei federal que complementa o Código Civil suíço, que acenando para a clareza e compreensibilidade da estipulação, impede também a elicitabilidade da obrigação de não concorrência por via de remissão para outras fontes[2309].

A explicitude na exigência de um acordo expresso, formalizado por escrito entre trabalhador e empregador, afasta a validade de uma obrigação de não concorrência estabelecida por mera declaração unilateral não receptícia ou da possibilidade, inscrita no contrato de trabalho, de que o pacto venha a ter lugar, dada a ausência de todos os elementos essenciais à sua conclusão.

Não bastando o pagamento antecipado da compensação por parte do empregador para daí se retirar a anuência do trabalhador à celebração de um pacto de

---

[2306] Sobre esta distinção, MANUEL DE ANDRADE, *Teoria Geral da Relação Jurídica*, vol. II (1966), cit., 145 e ss., JOÃO DE CASTRO MENDES, *Teoria Geral do Direito Civil*, vol. III, AAFDL, Lisboa, 1979, 130 e ss., FERNANDO PIRES DE LIMA & JOÃO ANTUNES VARELA, *Código Civil Anotado*, vol. I (1987), cit., 322-3, ANTÓNIO MENEZES CORDEIRO, *Teoria Geral do Direito Civil*, vol. II, Lisboa, 1987, 149-150, JOSÉ DE OLIVEIRA ASCENSÃO, *Teoria Geral do Direito Civil*. Vol. III, ed. Pedro Ferreira, Lisboa, 1992, 183-4 ou LUÍS CARVALHO FERNANDES, *Teoria Geral do Direito Civil, Vol. II* (1996), cit., 195.

[2307] O art. 364.º do CC estabelece que quando a lei exigir, como forma de declaração negocial, documento autêntico, autenticado ou particular, não pode este ser substituído por outro meio de prova ou por outro documento que não seja de força probatória superior. Mas, se resultar da própria lei que o documento é exigido apenas para prova da declaração, pode ser substituído por confissão expressa, judicial ou extrajudicial, contanto que, neste último caso, a confissão conste de documento igual ou de superior valor probatório (n.º 2 do art. 364.º).

[2308] CHRISTOPHE RADÉ, *Droit du Travail* (2002), cit., 34.

[2309] RÉMY WYLER, *Droit du travail* (2008), cit., 448.

não concorrência[2310], o consentimento para ser válido, além da formalização por escrito, deverá ser emitido de forma expressa, livre e esclarecida.

23. Em nexo com o que vem sendo dito, entendemos que a virtualidade ostentada pela aparente restrição que está subjacente à menção de que *a cláusula deve aparecer inserida no contrato de trabalho ou no acordo de cessação deste* entronca na necessidade de o trabalhador, *ad personam*, ter de concorrer com a sua vontade para a eficácia de um pacto de não concorrência[2311], ao revés do que sucede noutras latitudes: por exemplo, o regime francês possibilita a fixação por escrito, em acordo individual ou por convenção colectiva[2312], da proibição de concorrência, com a incumbência, a cargo do empregador, de informar especificamente o trabalhador das especificações da obrigação caso esta se encontre prevista em convenção colectiva[2313]; porém, já não se admite que um acordo de não concorrência seja afectado nos seus termos e no seu modo de execução por uma convenção colectiva[2314] ou que, em caso de nulidade do acordo individual, se faça

---

[2310] Perante situação similar, veja-se a decisão judicial citada por PEDRAJAS MORENO & SALA FRANCO, *El pacto de no concurrencia postcontractual* (2005), cit., 27. Curiosamente, em Espanha o pacto não tem de ser firmado por escrito, admitindo-se a validade de um pacto estabelecido verbalmente. Trata-se, porventura, de um resquício do sistema anterior ao ET, em que o dever de não concorrência após o contrato de trabalho era imposto por lei, restando ao empregador e ao trabalhador o acerto da compensação necessária, embora, na falta de acordo, se suscitasse uma decisão judicial de suprimento, conforme faz notar GÓMEZ ABELLEIRA, "Pactos de no concurrencia y de permanência" (2000), cit., 283.

[2311] Neste sentido, afirmando que "só por acordo com o trabalhador pode a entidade patronal prevenir, em certa medida, os riscos apontados", cfr. ANTÓNIO MONTEIRO FERNANDES, *Direito do Trabalho* (1999), cit., 590 [= *Direito do Trabalho* (2012), cit., 535] e, em Espanha, v. LUQUE PARRA, "Pactos típicos, nuevas tecnologias y relación laboral" (2005), cit., 177-8 e PEDRAJAS MORENO & SALA FRANCO, *El pacto de no concurrencia postcontractual* (2005), cit., 25.

[2312] Nestes termos: Cass. Soc. 08.01.1997, n.º 93-44.009 (*Mme Pied c/ Société Gras Savoye*), D. 1991, 152, anotada por CHRISTOPHE RADÉ, *Droit du Travail* (2002), cit., 34; a jurisprudência admite a previsão da obrigação de não concorrência em convenção colectiva, conquanto o empregador informe, por escrito, o trabalhador da sua existência. Ainda: JEAN PELISSIER "Existe-t-il un principe de faveur en droit du travail?"(2002), cit., 445.

[2313] CHRISTOPHE RADÉ, *Droit du Travail* (2002), cit., 34 ; exigindo mesmo uma *cláusula informativa*: MUSTAPHA MEKKI, "Existe-t-il un jus commune applicable aux clauses du contrat de travail ?" (2006), cit., 299.

[2314] Cass. Soc. 17.10.2000 (*Mr. Demard vs Centre de gestion et de comptabilité agricole*), n.º 98-42018, Bull. Civ. 2000, n.º 334, 258 (= DS 2000, n.º 12, 1147). O princípio, ao que dá nota FLORENCE CANUT, "Sanction d'une clause de non concurrence excessive: vers une evolution de la jurisprudence de la Chambre sociale de la Cour de cassation?" (2012), cit., 14 e 16, tem, no entanto, vindo a ser matizado pelo princípio do tratamento mais favorável: se a disposição fundada na autonomia colectiva estabelecer um regime mais favorável para o trabalhador, a cláusula de não concorrência,

aplicar a disposição da convenção colectiva que proíbe a concorrência do antigo trabalhador[2315].

Uma vez que o legislador português, à semelhança do italiano[2316], não optou por este modelo, exige-se um pacto subscrito pelo trabalhador, não podendo um instrumento de regulamentação colectiva de trabalho prever *ipso jure* uma obrigação de não concorrência.

Além do art. 3.º, o contraste entre o n.º 1 e o n.º 2 do art. 136.º corta cerce análise diversa: se no n.º 1, que aflora o princípio geral da liberdade de trabalho, se prevê a nulidade das cláusulas dos contratos de trabalho e de *instrumento de regulamentação colectiva de trabalho* que, por qualquer forma, possam prejudicar o exercício da liberdade de trabalho, após a cessação do contrato, já na al. a) do n.º 2 apenas se admite uma derrogação àquele princípio, conquanto esta, de entre outras condições, apareça inserida num acordo individualmente subscrito, formulação que correspondia à prevista no Anteprojecto Pessoa Jorge[2317].

Ora, se a proibição geral relativa aos IRCT não aparece expressamente excepcionada pelo quadro estabelecido para os pactos de não concorrência, demanda a lógica que se considere que em relação aos IRCT continua a valer o desenho proscritivo traçado no n.º 1[2318].

Sendo plenamente justificável que o trabalhador tenha de concorrer com a sua vontade para a renúncia à liberdade de trabalho implicada pela proibição

---

mau grado a sua licitude, é substituída pela convenção colectiva, firmando-se, todavia, uma originalidade de vulto, que a jurisprudência tem eliciado do sentido do princípio do tratamento mais favorável: o empregador não pode invocar o princípio do favor em seu benefício, estando reservada ao trabalhador a sua invocabilidade.

[2315] Ainda: FLORENCE CANUT, "Sanction d'une clause de non concurrence excessive: vers une evolution de la jurisprudence de la Chambre sociale de la Cour de cassation?" (2012), cit., 12.

[2316] Conforme faz notar ANTONIO VALLEBONA, *Istituzioni di Diritto del Lavoro* (2008), cit., 138 (nota 9). Ao contrário, no ordenamento germânico admite-se a criação de uma obrigação de não concorrência através de convenção colectiva: PATRICK REMY, "La clause de non concurrence: Allemagne" (2007), cit., 679.

[2317] Previa o n.º 1 do art. 30.º do Anteprojecto que "(s)alvo o disposto no número seguinte, são nulas as cláusulas dos contratos individuais e das convenções colectivas de trabalho que, por qualquer forma, possam prejudicar o exercício do direito ao trabalho, após cessação do contrato", com o n.º 2 a estabelecer que "(é) lícita, porém, a cláusula pela qual se limita a actividade do trabalhador no período máximo de três anos subsequente à cessação do contrato de trabalho", mediante a verificação das condições que a LCT veio estabelecer e que correspondem, *grosso modo*, às que o CT hoje exige. Cfr. FERNANDO PESSOA JORGE, "Contrato de Trabalho – Anteprojecto de Diploma Legal" (1965), cit., 264.

[2318] Com interpretação idêntica perante o art. 21 do ET, considerando impossível que a contratação colectiva fixe uma obrigação de não concorrência ou de exclusividade, v. ALCÁZAR ORTIZ & VAL TENA, "Los pactos de dedicación exclusiva y permanencia en la empresa" (1995), cit., 129.

de concorrência[2319], não significa isto que, em atenção ao papel da autonomia colectiva, se interdite, *sic et simpliciter,* e sem razão bastante, a possibilidade de uma convenção colectiva de trabalho densificar o regime que o art. 136.º prevê, contanto que ao trabalhador seja garantido que o pacto de não concorrência só valerá se este prestar o seu assentimento.

Esta *dispositivização*[2320], que traduz uma noção de confiança no poder de auto-regulação dos grupos, fomenta, em atenção aos interesses coenvolvidos por uma obrigação de não concorrência, uma "consciência organizativa" que favorece a adopção de soluções equilibradas para cada um dos sujeitos e para a sociedade em geral.

Contudo, tratando-se de uma figura que tange em direitos fundamentais, a vontade do trabalhador é, só por si, insuficiente para validar um pacto de não concorrência e o controlo por parte dos tribunais impor-se-á.

Em razão deste vector, tornando-se mister uma avaliação concreta da noção de interesse sério que empresta justificação ao pacto, a previsão apriorística da sua execução num IRCT jamais se compaginaria com a verificação casuística da seriedade do interesse postulado pela convenção celebrada[2321], pelo que, nas margens oferecidas pelo sistema, um ICRT apenas poderá, *in melius,* densificar o regime fluente do art. 136.º (exemplo: fixação de um limite mínimo de 80% para a compensação por referência à retribuição-base à data da cessação do contrato), no pressuposto inafastável de um consentimento *singularizado* do trabalhador que objective essa limitação à *sua* liberdade de trabalho[2322].

2. Momento

24. O momento em que os sujeitos laborais ajustam os seus interesses assume, em Direito do trabalho, um significado especial, face à relação assimétrica subjacente. A questão relativa ao momento em que a estipulação da obrigação de não concorrência pode ter lugar suscitava dúvidas à face da LCT.

Surge, porém, agora claro que o pacto de não concorrência pode ser firmado a todo o momento – incluindo o acordo que se destina a pôr termo à situação

---

[2319] Veja-se a jurisprudência contida em STEFANO SPINELLI, *Lavoro. Vol. 1* (2009), cit., 509.

[2320] Na expressão de SALA FRANCO, *La reforma del mercado de trabajo,* CISS, Valência, 1994, 249.

[2321] Assim, RAYMONDE VATINET, "Les príncipes mis en ouevre par la jurisprudence relative aux clauses de non-concurrence en droit du travail" (1998), cit., 534-546.

[2322] Veja-se, contudo, M.ª ROSÁRIO PALMA RAMALHO, *Direito do Trabalho. Parte II* (2010), cit., 231, admitindo que "estas cláusulas (...) possam constar, logo à partida, do contrato de trabalho ou do instrumento de regulamentação colectiva aplicável".

laboral (art. 349.º)[2323] –, e já não apenas no momento da celebração do contrato de trabalho[2324], ao contrário da direcção limitativa contida no Anteprojecto Pessoa Jorge[2325] e à semelhança que sucede no direito inglês[2326].

Nada parecendo impedir que o pacto de não concorrência, por igualdade de razão, possa inclusivamente ser celebrado logo após a cessação do contrato de trabalho[2327] – a autonomia do pacto justifica-o e a cessação da situação laboral entretanto produzida torna desnecessária previsão expressa na economia regulativa do Código[2328] –, a solução legal é perfeitamente justificável[2329].

A restrição da firmação do *pactum* à celebração do contrato de trabalho não se encontrava isenta de escolhos, assim se entendesse que é no momento da celebração do contrato de trabalho que as necessidades tutelares que coloram o Direito do trabalho mais se evidenciam[2330].

Na verdade, considerando que o Direito do trabalho procura instaurar a justiça num conjunto de relações socialmente típicas e corrigir a desigualdade posicional dos sujeitos, é na fase da negociação e celebração do vínculo que, como nota JÜRGEN KÜHLING[2331], maiores probabilidades existem quanto à veri-

---

[2323] Em termos próximos, ainda no quadro da LCT, PEDRO FURTADO MARTINS, *Cessação do Contrato de Trabalho* (2002), cit., 65.

[2324] Assim, LUÍS MENEZES LEITÃO, *Código do Trabalho Anotado* (2003), cit., 130 e JOANA VASCONCELOS, "Anotação ao art. 146.º" (2003), cit., 256 e "Anotação ao art. 136.º" (2009), cit., 374.

[2325] "Contrato de Trabalho – Anteprojecto de Diploma Legal" (1965), cit., 264.

[2326] Cfr. NORMAN SELWYN, *Law of Employment* (2008), cit., 487.

[2327] Em defesa desta possibilidade no direito belga, v. JACQUES VAN DROOGHENBROECK & BÉNÉDITE INGHELS, "Lorsque tout est fini, le dit et le non-dit (les droits et obligations postcontractuels)" (2008), cit., 172-3.

[2328] Admite-se, aliás, que o pacto seja convencionado por ocasião de um acordo de conciliação em razão de um despedimento, obtido nos termos do n.º 1 do art. 52.º do CPT. Em sentido semelhante: PEDRAJAS MORENO & SALA FRANCO, *El pacto de no concurrencia postcontractual* (2005), cit., 61.

[2329] Neste sentido, e em defesa dessa solução, v. LUISA GALANTINO, *Diritto del Lavoro* (1995), cit., 394, embora a discussão em Itália, perante decisões dissonantes da *Suprema Corte*, continue a travar-se.

[2330] Com interesse histórico: UBALDO PROSPERETTI, "Invalidità delle rinunzie e delle transazioni del prestatore di lavoro", Giuffrè, Milão, 1950, 12-14.

[2331] JÜRGEN KÜHLING, "Die Berufsfreiheit des Arbeitnehmers" in *Festschrift für Dieterich*, C. H. Beck, Munique, 1999, 325 ss.. Analisando o princípio da liberdade de trabalho à luz dos §§ 1, 12 e 20 da GG, o Autor traz à liça a questão da assimilação de algumas cláusulas a determinações externas à vontade do trabalhador que, pelo contexto em que surgem, fazem desencadear um conjunto de níveis de protecção de molde a impedir imposições unilaterais em situações tidas como assimétricas e que conheceu na aplicação do regime das cláusulas contratuais gerais um importante mecanismo, após o novo parágrafo do 310/IV BGB.

ficação de uma situação de debilidade negocial[2332] e em que o relativo desconhecimento entre os sujeitos – por definição, gerador de uma assimetria informativa – pode colocar alguns entraves à livre disposição das respectivas margens intra-subjectivas.

Esta situação tem recolhido evidência empírica e varia em função do nível de informação e de qualificação do trabalhador[2333], factor que tem aliás conformado o desenho acerca da admissibilidade deste tipo de acordos noutros sistemas (*v.g.* Bélgica)[2334], e que, colocando-se mais vastamente em relação a outras cláusulas acessórias (incluindo o termo), é avançado, não raras vezes, como um dos factores que concorre para a inconstitucionalidade das cláusulas[2335].

Na medida em que é assim, só uma leitura excessivamente apegada à letra do preceito é passível de conduzir a um afastamento da possibilidade de celebração do pacto no decurso do contrato de trabalho[2336]. Depois da introdução do advérbio *designadamente* operada pelo CT2009, esta consideração encontra-se, aliás, reforçada, em tradução do conteúdo evolutivo do contrato e do seu ajustamento aos interesses dos sujeitos.

Assim, e apesar das (estritas) referências ao contrato de trabalho e ao acordo de cessação deste, os sujeitos poderão convencionar a obrigação de não concorrência a todo momento, juntando o respectivo documento ao contrato de trabalho, porquanto não só a proibição de despedimentos sem justa causa confere ao trabalhador suporte bastante para negociar o acordo – e com isso extrair os correlativos benefícios, *maxime* a contrapartida que entretece a sinalagmatici-

---

[2332] De igual modo: Júlio Vieira Gomes, *Direito do Trabalho* (2007), cit., 337-8. Neste quadro, sem embargo das dúvidas levantadas sobre a constitucionalidade dos pactos, pode ler-se no Ac. Rl. Lx. de 30.10.2002 (Ferreira Marques), proc. n.º 0049294, que "o consentimento de trabalhador obtido no momento da celebração do contrato, pode ter-se ficado a dever, de alguma forma, à necessidade de não perder a oportunidade de conseguir emprego", razão pela qual se entende no aresto que o juiz "deve fazer um juízo sobre o equilíbrio das obrigações assumidas e sobre a sua legalidade e constitucionalidade".

[2333] Veja-se Simon Deakin, "Interpreting employment contracts: judges, employers, workers" IJCLLIR 2004, vol. 20, n.º 2, 201-226, que analisa também as opções subjacentes à celebração de um contrato de trabalho *ou* de prestação de serviços.

[2334] Assim, na Bélgica, a cláusula só é admissível em relação a trabalhadores com remuneração acima de um limite fixado por lei, presumindo-se serem estes os portadores de maiores qualificações. Caso contrário, são nulas. Em 2011, os limites mínimos eram os seguintes: 60.654,00€ ou, em categorias profissionais definidas por convenção colectiva ou acordo de empresa, 30.327,00€. Cfr. Jacques Van Drooghenbroeck & Bénédite Inghels, "Lorsque tout est fini, le dit et le non-dit (les droits et obligations postcontractuels)" (2008), cit., 173-4.

[2335] Por todos: Jorge Leite, *Direito do Trabalho*, vol. II (1999), cit., 64.

[2336] Em sentido idêntico: Joana Vasconcelos, *A Revogação do Contrato de Trabalho* (2011), cit., 195-7.

dade do pacto –, como também o regime geral dos vícios da vontade garante, por princípio, a autenticidade das determinações volitivas que concorrem para o seu preenchimento[2337].

Além disso, porque só o desenvolvimento das relações contratuais permite, em muitos casos, ajuizar sobre os factores de que depende a oportunidade do pacto de não concorrência[2338], uma leitura que desconsiderasse o *iter* de execução do contrato de trabalho mostrar-se-ia excessivamente formal e, por conseguinte, pouco ajustada[2339].

c) Actividade cujo exercício possa causar prejuízo ao empregador

1. Concorrência diferencial: sentido geral

25. Em vez da exigência de que a cláusula tem de trazer consigo um efectivo interesse industrial ou comercial (como sucede, por exemplo, no ordenamento espanhol[2340]), o legislador nacional optou por considerar que a cláusula só é válida se a actividade a exercer pelo trabalhador for susceptível de *provocar*

[2337] Assim, como qualquer outra estipulação negocial, também o pacto de não concorrência se encontra sujeito a um controlo geral, para o que se torna necessário apurar da adequação do consentimento e da existência de vícios de vontade (*v.g.* erro, dolo, coacção moral, incapacidade acidental ou usura).

[2338] ALEXANDRO BOSCATI, "Patto di non concorrenza. Art. 2125" (2010), cit., 152-3 e ANTÓNIO MONTEIRO FERNANDES, *Direito do Trabalho* (2010), cit., 658 [= *Direito do Trabalho*, (2012), cit., 537].

[2339] Nesta linha, cfr. FERNANDO RIBEIRO LOPES, *Direito do trabalho. Lições policopiadas* (1978), cit., 371-2, MÁRIO PINTO/PEDRO FURTADO MARTINS/ANTÓNIO NUNES DE CARVALHO, *Comentário às Leis do Trabalho* (1994), cit., 172 e JÚLIO VIEIRA GOMES, "As Cláusulas de Não Concorrência no Direito do Trabalho" (1998), cit., 943. Não tendo cabimento a lógica dos contratos acorrentados (*tying arrangements*) – uma vez que o pretenso contrato-âncora, aquele em que o trabalhador se encontra(va) verdadeiramente interessado, já se encontra firmado, perdendo préstimo qualquer tentativa de subordinar o pacto à concomitante celebração de um contrato de trabalho –, a verdade é que se o pacto de não concorrência, em respeito pelo art. 405.º do CC, não fica *cristalizado* e pode ser modificado a todo o tempo (exemplo: aumento da compensação prevista em cláusula de não concorrência inserta *ab initio* no contrato de trabalho), não deixaria de se evidenciar pouco razoável que a possibilidade de modificação do pacto, em atenção ao *sicut initio libera potestas unicuique est habendi vel non habendi contractus, ita renuntiare semel constituae obligatione, adversario non consentiente, nemo potest*, não pudesse ser acompanhada da susceptibilidade de firmação *ex novo* de um pacto de não concorrência no decurso do contrato de trabalho.

[2340] Assim: art. 21, n.º 2, al./a do ET. Como refere CHARRO BAENA, "El pacto de no competencia postcontractual", RL 1995, n.º 2, 19, o interesse industrial que se protege é aquele que se refere ao processo de elaboração ou fabrico de um produto e o interesse comercial é o que atina com as actividades necessárias à colocação do dito produto, tais como a venda ou a distribuição. Ainda:

um prejuízo, entendendo-se, como tal, o exercício de uma actividade, que face à experiência profissional acumulada no âmbito do contrato de trabalho, seja idónea à privação ou à diminuição do gozo de bens, à sujeição a encargos (que não, naturalmente, a compensação que o empregador tem de prestar ao trabalhador) ou à frustração de aquisição ou acréscimo de valores.

A actividade aqui prevista pode ter índoles diversas e relaciona-se com o conteúdo que o pacto pode revestir[2341], como, por exemplo, proibição de contactos com clientela (*non-solicitation provisions*) ou renúncia ao exercício de uma actividade profissional concreta (*non-competition provisions*)[2342].

Verificadas as condições exigidas pelo art. 136.º– mormente a contida na al./b –, a margem de conformação dos sujeitos é ampla, havendo vantagens em minuciar as actividades que ficam interditas, pensando designadamente numa situação de eventual incumprimento: em ilustração, se o trabalhador se comprometer a não desenvolver actividade profissional igual à exercida no âmbito do contrato de trabalho cessado não haverá, por princípio, qualquer incumprimento se exercer funções diferentes em empresas que actuem no mesmo sector de actividade.

A inexigência de minúcia ou de indicação de motivo justificativo para a vedação imposta ao trabalhador não significa, todavia, que o pacto se baste com a menção de que o trabalhador não pode exercer uma actividade ou mais actividades cujo exercício possa causar prejuízo ao empregador.

Trata-se de uma replicação convencional da letra da lei que, não tendo qualquer conteúdo útil, é insusceptível de estabelecer a prestação (aqui: uma abstenção ou omissão) que é posta a cargo do trabalhador, e que é devida ao empregador[2343].

Não estando fixada a individualidade da obrigação ou enunciados os critérios que permitem a sua determinação, o pacto de não concorrência será, via de regra, nulo, o que só não sucederá se, interpretado o negócio na sua completude (art. 236.º do CC), se concluir que o objecto não é indeterminável, mas indeterminado. Dado que o objecto do negócio pode ser indeterminado, o que

---

Cruz Villalón, *Estatuto de los Trabajadores Comentado* (2003), cit., 21 e Luque Parra, "Pactos típicos, nuevas tecnologias y relación laboral" (2005), cit., 178-9.

[2341] Assim: Paul-Henri Antonmattei, *Les clauses du contrat du travail*, (2010), cit., 84.

[2342] Com abordagem aproximada, destacando a cláusulas de *non-création de réseaux concurrents* ou de *non-sollicitation de clientèle*, cfr. Eric Gastinel, "Les effets juridiques de la cessation des relations contractuelles – obligation de nonconcurrence et de confidentialité", (1997), cit., 199 e Mustapha Mekki, "Existe-t-il un jus commune applicable aux clauses du contrat de travail ?" (2006), cit., 297.

[2343] Também Carlo Zoli, "Clausole di fidelizzazione e rapporti di lavoro" (2003), cit., 465, alude à necessidade de a determinação dos limites do objecto do pacto ser precisa e não genérica.

não pode ser é indeterminável, admite-se que este possa pode ser concretizado com recurso ao critério supletivo dos "juízos de equidade" (arts. 280.º e 400.º do CC), e que, face à indicação das circunstâncias concretas que conformam os interesses empresariais prosseguidos com o pacto, exista uma cláusula de restrição implícita que permita estremar a prestação de *non facere* a que o trabalhador se adstringe (critério limitativo).

Aqui, embora se exija especial atenção, os critérios fornecidos pelo pacto podem ser mais ou menos vagos[2344], não podendo, contudo, entregar-se ao arbítrio de um dos sujeitos ou de terceiro a sua fixação. Logrado o estabelecimento dos critérios a partir das circunstâncias factuais que o pacto há-de ter – dada a prova que o empregador vai ter de fazer no que à legitimidade dos interesses que limitam a liberdade de trabalho diz respeito –, o tribunal, chamado a intervir, vai actuar dentro desses critérios e, aí, usar da equidade[2345].

Se não existir critério que permita essa determinação – ou seja, se o pacto se limitar a remeter para a formulação legal e não contiver quaisquer elementos dotados de concretude que possibilitem o recorte da prestação exigível ao trabalhador –, a prestação será indeterminada e indeterminável e, por conseguinte, a obrigação será nula.

26. Neste quadro, embora, não raro, se tenda a polarizar a diferença entre a obrigação de não concorrência *cursus contractum* e a obrigação de não concorrência *post contractum* na "não potencialidade do prejuízo para o empregador"[2346] – i. e., no decurso do contrato de trabalho, o dever de não concorrência convive, no seu objecto preclusivo, com o aspecto de potencial prejuízo[2347], havendo, por contraste, para a obrigação de não concorrência criável à luz do art. 136.º, uma desnecessidade de susceptibilidade de causação efectiva de qualquer dano, que

---

[2344] Que já não, como notam MASSIMO GOFFREDO & VINCENSO MELECA, *Orario e tempi di lavoro. Viaggi, transferte, reperibilitá, contratti e calcolo degli organici*, Wolters Kluwer Italia, Roma, 2009, 202, totalmente vagos. Também: ENRICO GHIROTTI, *Il patto di non concorrenza nei contratti commerciali* (2008), cit., 105.

[2345] Sobre a questão, veja-se ANTÓNIO MENEZES CORDEIRO, "Impugnação pauliana e fiança de conteúdo indeterminável", CJ 1992, Ano XVII, T. III, 55-64, sinalizando que o problema da determinação da prestação nos termos do art. 400.º do Código Civil só se põe se a obrigação não for nula, por força do art. 280.º". Ainda: JOÃO BAPTISTA MACHADO, "A Cláusula do Razoável" (1991), cit., 485-7.

[2346] Neste sentido, em Itália, e contrastando com a obrigação de não concorrência *cursus contractum*, cfr. Cass. 05.04.1990, n.º 2822, DPL 1990, 2143, FRANCESCO PAOLO ROSSI, *Nozioni di Diritto Europeo del Lavoro* (2000), cit., 234 e GIAMPERO FALASCA, *Manuale di Diritto del Lavoro* (2011), cit., 67.

[2347] Por exemplo: PEDRO ROMANO MARTINEZ, *Direito do Trabalho* (2010), cit., 537 e ANTÓNIO MONTEIRO FERNANDES, *Direito do Trabalho* (2012) cit., 203.

seja bastante para a perda de confiança[2348] –, o *distinguo* decanta-se perante o juízo de prognose que a actividade a exercer após a cessação do contrato pelo trabalhador postula, uma vez que essa afirmação prognóstica não é, em si mesma, um facto.

Ainda assim, existe, a nosso ver, uma diferença importante em relação ao dever que promana da al./f do n.º 1 do art. 128.º, que, atendo-se à actividade e não à concretização de um resultado, se basta com prejuízos potenciais[2349], para o que, todavia, será necessária uma concorrência efectiva ou a criação de uma condição concreta susceptível de objectivar essa concorrência[2350] e não apenas, como por vezes se entrevê, uma mera hipótese concorrencial.

Na verdade, considerando que o dever de não concorrência no decurso do contrato de trabalho não se encontra violado com a simples existência de um projecto e obriga, como *minimum*, a um *princípio de execução dotado de intencionalidade suficiente*[2351] – não sendo "imperioso que se verifique a prática efectiva de negócios, bastando que o comportamento do trabalhador seja meramente preparatório de molde a criar a expectativa de uma actividade concorrencial"[2352] –, já para o art. 136.º a efectividade que vai ínsita na causação de prejuízo ao empregador (*ante*), pressuposta que vai afastada nesse momento a concreta verificação de um dano (*post*), consiste numa idoneidade à *provocação efectiva desse prejuízo*[2353],

---

[2348] Entre vários: Ac. STJ de 12.09.2012 (Pinto Hespanhol), proc. n.º 492/08.0TTLMG.P1.S1, considerando, por um lado, que "a violação do dever de lealdade, na dimensão da proibição de concorrência, não exige ou implica a efectividade de prejuízos para o empregador, nem o efectivo desvio de clientela, sendo suficiente um desvio potencial" e que, por outro, sendo o trabalhador sócio de sociedade comercial com objecto social idêntico à do empregador, há justa causa para o despedimento.

[2349] Nestes termos, Roberto Triola, *Codice Civile* (2002), cit., 1657-8, e, em relação à existência de um desvio de clientela, Pedro Romano Martinez, *Direito do Trabalho* (2002), cit., 462. Na jurisprudência, entre vários: Ac. STJ de 16.10.96 (Loureiro Pipa), CJ 1996, Ano IV, T. III, 244.

[2350] Paolo Cendon, *Commentario al codice civile. Artt. 2060-2134* (2009), cit., 836-7.

[2351] As palavras são de Ramírez Martínez, *Curso de Derecho del Trabajo* (2001), cit., 383, que, para o efeito, refere não ser necessário o início efectivo de laboração de uma nova empresa. É, aliás, nesta ordem de ideias que a noção de prejudicialidade, conforme faz notar Gonzalo Dieguez, *Lecciones de Derecho del Trabajo* (1995), cit., 272-273, não tem que se revelar efectiva, directa ou mesmo lograr absoluta consumação: actos que não passam de preparatórios – como a captação de clientes ou o aliciamento de outros trabalhadores com vista à celebração de um contrato de trabalho – podem ofender o dever de não concorrência, devendo mesmo presumir-se que tal sucede se o trabalhador exercer actividade idêntica à que o empregador prossegue.

[2352] Ac. do STJ de 09.04.2008 (Mário Pereira) proc. n.º 07S3388, e, em reiteração, Ac. Rl. Pt de 23.11.2009 (Paula Leal de Carvalho), proc. n.º 90/08.8TTMTS.P1.

[2353] BVerfG 07.02.90, BVerfGE 81, 242.

e, por conseguinte, implica algo mais do que a simples preparação ou a consecução de uma actividade potencialmente concorrencial[2354].

O aperto na aferição das expressões volitivas do trabalhador na violação do dever de não concorrência subjacente à al./f do n.º 1 do art. 128.º justifica-se, sem prejuízo da respectiva elasticidade de conteúdo, com a necessidade de estrita preservação da confiança entre as partes que caracteriza a situação laboral.

O facto de o trabalhador se encontrar inserido na estrutura produtiva do empregador implica que este não possa utilizar a sua posição funcional como instrumento direccionado à produção de resultados negativos para o interesse contratual do empregador e que seja suficiente a criação no espírito deste de dúvidas acerca da idoneidade futura do trabalhador[2355].

Se este fundamento não alimenta a obrigação de não concorrência estabelecível de acordo com o art. 136.º – a respectiva produção integral de efeitos implica a cessação da actividade laboral e a correspondente desinserção da estrutura produtiva, e a irradiação axiológica do dever de lealdade, de que o dever de não concorrência constitui manifestação, é menor, face ao desaparecimento da situação de subordinação jurídica –, o critério utilizável, à luz do art. 136.º, para a conexão jurídico-normativa com a actividade cujo exercício possa causar prejuízo ao empregador fica mais estreito. Não o fica apenas em razão da limitação temporal máxima que o ordenamento prefixa para essa inibição.

[2354] Neste sentido, cfr. M.ª ROSÁRIO PALMA RAMALHO, *Direito do Trabalho. Parte II* (2010), cit., 1034, afirmando que se exige "a probabilidade de um prejuízo efectivo do empregador" e, em Itália, por contraste com o dever de não concorrência *cursus contractum*, ALEXANDRO BOSCATI, "Patto di non concorrenza. Art. 2125" (2010), cit., 217, embora GUIDO ALPA & VINCENZO MARICONDA, *Codice Civile Commentato* (2009), cit., 431, não estabeleçam tal *distinguo*. Identicamente, em Espanha, veja-se a vasta jurisprudência contida em ALBIOL MONTESINOS, ALFONSO MELLADO, BLASCO PELLICER & GOERLICH PESET, *Normas laborales* (2000), cit., 187 e ss., cujo apelo ao art. 35 da Constituição é permanente.

[2355] Como refere ANTÓNIO MONTEIRO FERNANDES, *Temas Laborais* (1984), cit., 65: "(a) expressão *negociar*, constante daquele preceito, não tem de corresponder a uma actividade concreta e actual no mercado, possuindo uma amplitude bastante maior. Não é, com efeito, imperioso que se verifique a prática efectiva de negócios, no sentido corrente e empírico do termo; basta que o comportamento do trabalhador seja meramente preparatório ou de molde a criar a expectativa de uma actividade concorrencial. Com efeito, o que está em causa na proibição de concorrência é, claramente, tudo aquilo que possa conduzir ao desvio da clientela do empregador. E sabe-se que a posição da empresa no mercado, o seu aviamento em suma, constitui um valor cuja tutela se não centra na materialidade de certos actos ou comportamentos. A criação de um perigo específico da perda de clientela, mesmo sem a realização efectiva de negócios é suficiente para o preenchimento da ampla noção de concorrência que é necessariamente suposta pelo conceito do dever de lealdade".

Com efeito, ao contrário do que já se sustentou[2356], tal acontece em razão de o alcance normativo do dever de lealdade que informava a situação laboral perder a sua substancialização teleológica de relevo, que é demandada pela subordinação jurídica em que o trabalhador se encontra, e de perder cabimento o argumento de que a concorrência efectuável com o (agora) empregador é permeável a um grau de censurabilidade mais elevado pelo facto de os gastos empresariais correrem por conta do empregador[2357], com o trabalhador a não ter de suportar qualquer risco[2358].

Acrescerá, naturalmente, a dimensão do direito ao trabalho, que, se no curso da relação laboral já se encontra potencialmente satisfeita, após a cessação do contrato de trabalho demanda a criação de condições para que o cidadão possa retomar a qualidade de trabalhador[2359].

Não se estando já perante um dever (de lealdade) que tem um alcance normativo bastante mais lato que os limites da não-concorrência (e do sigilo), esta interpretação apela à noção de *concorrência diferencial*[2360], conceito que, convocando uma direcção essencialmente preventiva e inibitória[2361], reveste uma importância nodal na compreensão da validade e da manutenção da cláusula de não concorrência, e, naturalmente, na indagação do respectivo incumprimento.

Recuperando GIUSEPPE PERA, o conceito traduz a especial vantagem de que o trabalhador é portador, materializada nos conhecimentos das características técnicas e comerciais da empresa e nos laços criados com a clientela daquela[2362]. Na sua forma matricial, apenas estes factores se mostram, por isso, virtualmente geradores do *dano diferencial* que a cláusula visa cobrir e que, à luz

---

[2356] SANTORO PASSARELLI, *Nozioni di Diritto del Lavoro* (1973), cit., 178 e ss..

[2357] Aludindo ao facto de o trabalhador não suportar por regra os gastos empresariais, v. PEDRO ROMANO MARTINEZ, *Direito do Trabalho* (2010), cit., 534.

[2358] Assim, no início do século passado, cfr. FRANCESCO CARNELUTTI, "Il diritto di privativa nel contratto di lavoro", RDCom, 1910, II, 435-6, que, em vista da distinção entre *locatio operarum* e *locatio operis*, salientava que o risco da actividade, enquanto incerteza na obtenção do resultado para que se orienta o dispêndio de energia, surgia como elemento característico da situação laboral (*locatio operarum*). A *alienidade*, consistente na atribuição dos resultados produtivos ou dos frutos do trabalho a uma pessoa distinta da do trabalhador, postula assim que não seja o trabalhador o sujeito afectado pelo risco subjacente ao exercício da sua actividade.

[2359] É também este o sinal fornecido pela jurisprudência espanhola, conforme dá nota CRUZ VILLALÓN, *Estatuto de los Trabajadores Comentado* (2003), cit., 298.

[2360] A locução legal aproxima-se do *risque concurrentiel effectif* traçado pela jurisprudência francesa: NATACHA GAVALDA, "Les critères de validité des clauses de non-concurrence en droit du travail" (1999), cit., 585.

[2361] Nestes termos, cfr. GWYNETH PITT, *Employment Law* (1997), cit., 103.

[2362] GIUSEPPE PERA, *Compendio di Diritto del Lavoro* (2000), cit., 209.

do juízo de prognose fazível, contribuem para traçar as fronteiras da vedação imposta ao trabalhador[2363] e para proteger o empregador dos prejuízos que a actividade a desenvolver lhe causaria, mesmo que se afigure inexequível uma hipotização abstracta e global dos comportamentos do trabalhador infractores do dever de não concorrência convencionado e causadores do dano que o acordo visa prevenir.

Aqui, verificando-se a natureza complexa que coenvolve as cláusulas de não concorrência, tem sido vincado que estas se destinam a proteger, de forma simultânea e no mesmo plano de valor, tanto a clientela como o conjunto de despesas financeiras atinente à formação profissional de que o trabalhador haja beneficiado[2364].

Neste plano, embora se vislumbrem dificuldades quanto a uma noção agregadora dos diferentes interesses comuns às várias cláusulas de não concorrência que o tráfego jurídico oferece, a noção de concorrência diferencial e a delimitação dos interesses subjacentes às cláusulas, a par da esfera de protecção subjacente a acordos afins, viabilizam uma agregação tipológica, independentemente das diferenças de intensidade com que esses interesses surgem no caso concreto e da forma como os sujeitos conformam o pacto.

No entanto, impõe-se notar que as despesas extraordinárias que o empregador haja suportado com a formação profissional do trabalhador não constituem justificação bastante para a validade de uma obrigação de não concorrência.

Com efeito, embora não se conteste que a formação profissional outorgada ao trabalhador é susceptível de produzir condições que potenciam uma concorrência diferencial[2365], importa não confundir os riscos que uma acção de formação profissional comporta (em virtude do saber adquirível pelo trabalhador sobre a organização produtiva do empregador) com a lógica de amortização de

---

[2363] Ainda, GUIDO TRIONI, *L'obbligo di fedeltà nel rapporto di lavoro* (1982), cit., 142-3, que, neste plano, afasta o dever de concorrência sempre que a actividade exercível pelo trabalhador se mostre inidónea *ad interferire in misura rilevante in quella del principale*. Entre nós, referindo que "há inúmeras situações em que esses caracteres diferenciais não ocorrem, e em que, apesar disso, a saída do trabalhador e a sua passagem para outra empresa pode ter um efeito genérico prejudicial nos interesses do ex-empregador" e notando de forma certeira que "nem por isso estará legitimada a existência de pacto de não concorrência", vide ANTÓNIO MONTEIRO FERNANDES, *Direito do Trabalho* (1999), cit., 592 [=*Direito do Trabalho* (2012), cit., 536].

[2364] ANTÓNIO MONTEIRO FERNANDES, *Direito do Trabalho* (2010), cit., 657 [=*Direito do Trabalho* (2012), cit., 536. Também em Itália, falando em *relazione alla concreta formazione professionale del lavoratore* como pressuposto do pacto, v. FRANCESCO PAOLO ROSSI, *Nozioni di Diritto Europeo del Lavoro* (2000), cit., 234.

[2365] JEAN PÉLISSIER/ALAIN SUPIOT/ANTOINE JEAMMAUD, *Droit du Travail* (2000), cit., 291.

despesas efectuadas que está subjacente ao art. 137.º, preceito que, para tanto, admite a celebração de um pacto de permanência.

Mau grado não tratarmos das despesas ordinárias que estão associadas à formação profissional que o empregador está obrigado a promover – mas antes de despesas excepcionais, que estão para lá da formação exigida por lei para o empregador –, a verdade é que se para um pacto de permanência as despesas têm de ser extraordinárias, já para um pacto de não concorrência acaba por ser irrelevante se a acção é (extra)ordinária, porquanto o factor sobrelevante é a aquisição de conhecimentos que, quando usados em benefício próprio ou colocados em benefício de outrem, podem colocar o seu beneficiário numa situação concorrencialmente vantajosa e, com isso, prejudicar o antigo empregador.

É certo que no Anteprojecto Pessoa Jorge se previa a desnecessidade de pagamento de uma compensação ao trabalhador caso o empregador houvesse despendido somas avultadas com a formação profissional do trabalhador[2366], entrecruzando-se a formação profissional com a unilateralidade do pacto de não concorrência.

Tratava-se, contudo, de uma ponderação da formação fazível *ex post* – e não enquanto *ante* –, que, não apresentando singularidades quando à necessidade de aferição de uma actividade cujo exercício pudesse efectivamente causar prejuízo ao empregador, cobrava relevo (residual) no facto de, por um lado, a formação profissional não apresentar a difusão que o ordenamento laboral hodiernamente lhe atribui e, de por outro, não se contemplar regulativamente a figura dos pactos de permanência.

Hoje, não se podendo ocultar a circunstância de a cláusula de não concorrência implicar uma lesão para a liberdade de desvinculação do trabalhador – atenta a situação em que fica colocado após o *terminus* do contrato de trabalho, cenário, desde logo, gerador de efeitos dissuasores quanto a uma desejada desvinculação laboral –, a amortização do investimento efectuado com a formação profissional do trabalhador não constitui, só por si, fundamento bastante para um pacto de não concorrência, porquanto, para estes fins, o sistema associa-o a um outro tipo contratual: o pacto de permanência[2367].

[2366] "Contrato de Trabalho – Anteprojecto de Diploma Legal" (1965), cit., 264.

[2367] Parecendo firme que nada impede que um pacto de não concorrência seja antecedido por um pacto de permanência, não é menos seguro que o investimento realizado na formação do trabalhador, ainda que não amortizado, não constitui, *a se stante*, suporte bastante para a validade de um pacto de não concorrência, mesmo que, em razão da obtenção de conhecimentos técnicos em acções de formação profissional, esse aspecto apareça a sustentar a legitimidade do interesse subjacente a uma obrigação de não concorrência em ordenamentos onde os pactos de limitação

Se, neste quadro, importará atentar aos conhecimentos específicos adquiridos pelo trabalhador no decurso da permanência ao serviço do anterior empregador, não serão, contudo, quaisquer conhecimentos: terão de ser conhecimentos sobre a estratégia ou a situação económica da empresa, que impliquem informações sobre a clientela, sobre fornecedores ou mesmo sobre as técnicas organizativas utilizadas, já que a inverificabilidade de conhecimentos sobre estes elementos privará o pacto de não concorrência de qualquer "interesse útil"[2368], noção que no sistema português se assimila à idoneidade para a provocação de um prejuízo aos interesses económicos do empregador.

2. Delimitação

27. Em certa medida, o ponto de partida correcto na determinação do prejuízo que o pacto visa evitar acaba por residir na *utilidade* que a cláusula objectivamente transporta para o empregador, realidade jus-económica que predetermina o interesse sério na sua estipulação.

Ora, se a caracterização deste conceito se busca, em primeiro lugar, na ciência económica – *campus* onde, sem prejuízo das múltiplas acepções que lhe são infundidas, se poderá definir utilidade, de forma simples, como *a qualidade de um bem ou serviço que o torna apropriado para satisfazer os desejos dos agentes económicos* –, importa não perder de vista que a utilidade que a cláusula transporta, face à envolvência de um direito fundamental, tem de ser analisada de forma objectiva e nunca pode ser dissociada da confecção de um cenário em que o exercício de determinada actividade após o contrato causa um prejuízo ao empregador, impondo-se, assim, uma coincidência entre utilidade da cláusula e idoneidade à provocação de um prejuízo aos interesses económicos do ex-empregador[2369].

Estando-se perante uma "condição que tem que ser encarada com cautela"[2370], a formulação legal se, por um lado, traz ínsita a exigência de um interesse de natureza económica sério e legítimo por parte do empregador, por outro lado, não pode ser desligada do conceito de concorrência diferencial, estreitando, ao revés do que se sustenta noutras latitudes, a aplicação do pacto de não concor-

---

à liberdade de trabalho, qual seja o seu tipo, são muitas vezes perspectivados como obrigações geradas a partir de um dispêndio monetário feito pelo empregador, contexto que, no Reino Unido, tem conduzido à admissão de obrigações de não concorrência amparadas na formação profissional recebida pelo trabalhador: Hugh Collins, *Employment Law* (2008), cit., 155.

[2368] Montoya Melgar, *Derecho del Trabajo* (2000), cit., 326.

[2369] Parecendo apontar neste sentido: Jean-Maurice Verdier/Alain Coeuret/Marie-Armelle Souriac, *Droit du Travail* (2002), cit., 549 e Pedro Romano Martinez, *Direito do Trabalho* (2002), cit., 604 [= *Direito do Trabalho* (2010), cit., 688].

[2370] As palavras são de António Monteiro Fernandes, *Direito do Trabalho* (2012), cit., 536.

rência: a actividade de que se cuida é a actividade do trabalhador e não a actividade da empresa para a qual vai trabalhar. Tal não significa que a similitude entre as actividades empresariais não seja relevante.

Contudo, perante um acordo em que o trabalhador se compromete a não desenvolver uma determinada actividade em favor de outrem, o primeiro ponto do roteiro de análise é a actividade do trabalhador e não a actividade do novo empregador, cuja avaliação só ocorrerá depois de se identificar na actividade exercida ou exercível pelo trabalhador a utilização dos conhecimentos sobre a estrutura organizativa do anterior empregador que lhe outorgam uma posição de vantagem concorrencial.

Se duas empresas com actividades idênticas podem não actuar em concorrência – bastando que, em razão da distância geográfica e, face à natureza da actividade, não disputem a mesma clientela –, é, contudo, seguro que a desconsideração da actividade exercida pelo empregador com quem o trabalhador inicia nova relação laboral e a consequente polarização na identidade de actividade do trabalhador não deixaria de ser uma *fictio:* bastaria que o trabalhador ocupasse posto de trabalho diferente em empresa concorrente para que o pacto de não concorrência fosse *letra morta*[2371], vale por dizer, para que os interesses económicos do empregador, não obstante a compensação acordada, ficassem materialmente desprotegidos.

Assim, se a margem conferida aos sujeitos é bastante significativa quanto à conformação através do pacto das actividades que ficam vedadas ao trabalhador (e este aspecto é fundamental), importará, contudo, salientar que, à face da al./ b do n.º 3 do art. 136.º, não constituirá interesse legítimo bastante o facto de o trabalhador poder colocar os seus conhecimentos ao serviço de empresa concorrente se esses conhecimentos nada tiverem que ver com a sua actividade profissional pretérita e não forem utilizados em actividade que concorra com a do antigo empregador, mesmo que, reflexamente, se produza a frustração de um acréscimo de valores por parte do antigo empregador.

Exemplificando, se o trabalhador vai trabalhar para uma empresa, cujo objecto social é diversificado, a colocação dos seus conhecimentos no exercício de uma actividade que nada tem que ver com as actividades exercidas pelo seu anterior empregador ou com as actividades que o trabalhador exerceu não é idónea à causação de um prejuízo ao anterior empregador, mesmo que a sua experiência profissional possa trazer um acréscimo de facturação à empresa para a qual trabalha.

[2371] GIANNANTONIO GUGLIELMETTI, *Limiti negoziali della concorrenza* (1961), cit., 27.

Ora, se neste caso se hipotiza uma situação em que, à partida, o anterior empregador em nada é afectado pela actividade do trabalhador, uma ponderação mais detida evidencia que um acréscimo de facturação da empresa que contratou o trabalhador, ainda que este aumento de facturação se funde em área de negócio diversa, é um elemento importante na concorrência entre empresas, que consubstancia uma posição de proveito para esta empresa e que lhe pode conferir uma vantagem face àqueloutra: seja, ilustrativamente, na prestação de garantias destinadas à obtenção de financiamento bancário, no investimento em publicidade ou na renegociação de contratos com todos os fornecedores.

Contudo, lá onde falha a concorrência diferencial que sustenta o interesse legítimo do pacto falha também a validade do pacto ou naturalmente o seu incumprimento, mesmo que, em função de factores extrínsecos ao conceito de concorrência diferencial, a empresa concorrente adquira uma posição de vantagem no mercado.

Cuidando-se de estabelecer, como referência premissal, uma associação merceológica entre o conceito de concorrência diferencial e a concorrência entre as empresas (concorrência *stricto sensu*)[2372], é, aliás, por isso que se frisa que o benefício extraível por uma empresa concorrente em relação à prestação de serviços por parte de um trabalhador cuja preparação profissional foi custeada pelo anterior empregador não constitui circunstância suficiente para o preenchimento de uma situação de incumprimento por banda do trabalhador.

Se os custos despendidos pelo empregador com a preparação profissional têm uma eficácia operativa limitada – eles cingem-se aos pactos de permanência e no âmbito dos pactos de não concorrência actuam, de forma circunscrita e numa fase ulterior, na eventual diminuição da compensação a suportar pelo empregador –, o pacto de não concorrência só é válido se atinar com uma actividade que cause prejuízo ao empregador, recortando-se a partir daqui o interesse sério e legítimo que é comummente associado ao pacto e que terá de ser entrecruzado com o conceito de concorrência diferencial, já depois da inter-relação entre as actividades proibidas e as actividades empresariais desenvolvidas pelo anterior e pelo novo empregador.

28. No Reino Unido, não se fazendo apelo à necessidade de que exista uma actividade susceptível de provocar prejuízo ao empregador, tem-se, todavia, exigido que se trate da protecção de interesses comerciais legítimos.

[2372] ALEXANDRO BOSCATI, "Patto di non concorrenza. Art. 2125" (2010), cit., 211-2 e EMANUELE MENEGATTI, *I limiti alla concorrenza del lavoratore subordinato* (2012), cit., 101.

A exigência, que, à partida, seria restritiva, permitiu, contudo, e numa primeira fase, que todo e qualquer trabalhador pudesse ficar privado de trabalhar após a cessação do contrato de trabalho conquanto houvesse o risco de utilizar os conhecimentos e técnicas adquiridos – ainda que a situação fosse mais marcada sempre que houvesse contactos frequentes com clientes e fornecedores –, extraindo-se, por consequência, e em abstracto, uma susceptibilidade de causação de prejuízo ao ex-empregador[2373].

Esta condição foi evoluindo para a verificação de um interesse na restrição da concorrência, interesse cujo pressuposto de verificabilidade aparece hoje associado à indagação da sua extensão[2374].

Isto é, a necessidade de protecção e a razoabilidade da restrição, que seriam um *posteriorus* da verificação da legitimidade do interesse do empregador na restrição estabelecida, são hoje uma parte do pressuposto relativo à legitimidade dos interesses comerciais subjacentes: onde não há razoabilidade, não há legitimidade, falhando a atendibilidade do interesse que, em abstracto, poderia emprestar justificação a uma obrigação de não concorrência[2375].

Todavia, com a aplicação da regra *blue pencil*, é possível apartar o requisito da legitimidade dos interesses do empregador da razoabilidade da restrição imposta[2376], requisito esse que surge como um *posteriorus* da verificação dos factores que concorrem para o fundamento da obrigação de não concorrência, designadamente: *(i)* segredos de negócio ou informação confidencial, *(ii)* clientela, *(iii)* trabalho para empregadores concorrentes e *(iv)* potencial desvio de trabalhadores com contrato de trabalho em curso[2377].

[2373] HUGH COLLINS, *Employment Law* (2008), cit., 51.

[2374] Por exemplo, no caso *Dowden and Pook Ltd v Pook* [1904], o empregador, que exercia a sua actividade no sul de Inglaterra, acordou com o trabalhador uma obrigação de não concorrência, em que se previa que este ficava impedido de contactar todos os clientes do ex-empregador, independentemente do sítio em que estes se encontrassem. O tribunal julgou a cláusula nula, entendendo que a irrazoabilidade da restrição imposta desprovia de tutela jurídica a protecção de negócios reclamada pelo ex-empregador. Cfr. NORMAN SELWYN, *Law of Employment* (2008), cit., 489.

[2375] HUGH COLLINS, *Employment Law* (2008), cit., 151 e JOHN DYSON HEYDON, *The restraint of trade doctrine* (1999), cit., 29 e 35.

[2376] Ver RICHARD STONE, *The Modern Law of Contract* (2009), cit., 525. Também na Austrália: LOUISE FLOYD, *Employment Law* (2010), cit., 47.

[2377] Como referia HARLAN M. BLAKE, "Employee agreements not to compete" (1960), cit., 683, "if the court is persuaded that employer's policy and practice with respect to employee restraints generally is fair and designed only to protect legitimate interests, the court should tailor the covenant to provide such protection with a minimum burden to the employee". Sobre a aplicação da *blue pencil rule* nos EUA às *covenants not to compete*, nas diferentes jurisdições estaduais, veja-se: *Keystone Automotive Industries, Inc.v. Stevens*, 854 So. 2d 113 (CA 2003); Alabama Code § 8-1-1 (1975) – Ala-

Sendo necessário cruzar todos estes factores, e muito embora se propenda para o estabelecimento no Reino Unido de uma presunção de legitimidade dos interesses que podem justificar uma cláusula de não concorrência – designadamente em áreas onde o trabalho é altamente especializado e/ou envolve conexões variadas com acesso a informação sensível [assim: *Thomas v Farr Plc and another* (2007)[2378]], circunstâncias que, no nosso ordenamento, apenas relevam, por princípio, para o alongamento do prazo da obrigação, factor, *qua tale*, diferente do interesse sério que o acordo postula –, na prática os problemas são muitos e tendem a surgir sempre que o trabalhador tenha contribuído para a criação desse processo que se tem por confidencial: foi o que sucedeu no caso *Stenhouse Ltd v. Phillips* (1974)[2379], onde se reconheceu ao trabalhador a possibilidade de utilizar informação técnica criada por si, ainda que o processo criativo se tenha processado durante o exercício das suas funções enquanto trabalhador.

Deu-se, assim, substância ao conceito de *património profissional pessoal*[2380], não podendo associar-se qualquer possibilidade de prejuízo ao exercício de uma actividade que se funde na utilização de processos técnicos ou métodos criados pelo trabalhador.

Trata-se de enquadramento válido, que, partindo da valoração de factores cuja criação ou ampliação estão para lá da esfera do empregador – e que, por-

---

bama; *Fearnow v. Ridenour, Swenson, Cleere & Evans, P.C.*, 138 P.3d 723 (Arizona 2006) – Arizona; *Whittenberg v. Williams*, 135 P.2d 228 (Colorado 1943); *National Graphics Co. v. Dilley*, 681 P.2d 546 (Colorado CA 1984) – Colorado; *Deming v. Nationwide Mutual Insurance Co.*, 905 A.2d 623 (Connecticut 2006) – Connecticut; *Pollard v. Autotote, Ltd.*, 852 F.2d 67 (1988) – Delaware; *Globe Data Systems v. Johnson*, 745 So. 2d 1101 (Florida CA 1999); Fla. Stat. Ann. § 542.33 (1997) – Florida; *Bybee v. Isaac*, 178 P.3d 616 (Idaho 2008) – Idaho; *Cambridge Engineering, Inc. v. Mercury Partners 90 BI, Inc.*, 879 N.E.2d 512 (Ill. CA 2007) – Illinois; *Gleeson v. Preferred Sourcing LLC*, 883 N.E.2d 164 (Indiana CA 2008) – Indiana; *Air Relief, Inc. v. Centrifugal Technologies, Inc.*, 2008 WL 4755098, at *1 (Kentucky CA 2008) – Kentucky; *Ecology Services, Inc. v. Clym Environmental Services, LLC*, 952 A.2d 999 (Maryland CA 2008) – Maryland; *Hilligross v. Cargill, Inc.*, 649 N.W.2d 142 (Minnesota 2002) – Minnesota; *The Community Hospital Group, Inc. v. More*, 869 A.2d 884 (Nova Jersey 2005) – Nova Jersey; *Ricca v. Ouzounian*, 859 N.Y.S.2d 238 (Nova Iorque CA 2008) – Nova Iorque; *Kinesis Advertising, Inc. v. Hill*, 652 S.E.2d 284 (Carolina do Norte CA 2007) – Carolina do Norte; *WellSpan Health v. Bayliss*, 869 A.2d 990 (Pensilvania SC 2005) – Pensilvania; *Poole v. Incentives Unlimited, Inc.*, 548 S.E.2d 207 (Carolina do Sul 2001) – Carolina do Sul; *Systems and Software, Inc. v. Barnes*, 886 A.2d 762 (Vermont 2005) – Vermont; *Labriola v. Pollard Group, Inc.*, 100 P.3d 791 (Washington 2004) – Washington.
[2378] Cfr. *EWCA Civ 118* e respectiva análise em PETER MÄNTYSAARI, *The Law of Corporate Finance: Cash flow, risk, agency, information*, Springer-Verlag, Berlim, 2009, 381.
[2379] 1 All ER 117.
[2380] JOHN HULL, *Commercial secrecy: law and practice*, Sweet & Maxwell, Londres, 1998, 243 e HUGH COLLINS, *Employment Law* (2008), cit., 157.

tanto, só muito remotamente se conexionam com a ideia (plástica) de património da empresa –, merece, quanto a nós, seguimento.

O conceito de património profissional do trabalhador, por referência aos projectos, métodos ou técnicas criados por si, não pode, ressalvada a regulação sobre direito intelectual, ser objecto de tutela no âmbito do património imaterial da empresa, com vista a impedi-lo de trabalhar após a cessação do contrato de trabalho.

3. A alteração do CT2009: sentido crítico

29. Buscando-se a compaginação do conceito de concorrência com a necessidade de uma actividade que seja susceptível de causar prejuízo ao empregador, é importante analisar a mudança de redacção operada pelo CT2009 em relação à versão que constava do CT2003 e que remontava à LCTT.

A al./b exige agora "tratar-se de actividade cujo exercício possa causar prejuízo ao empregador" e não, como nas versões anteriores, "tratar-se de actividade cujo exercício possa *efectivamente* causar prejuízo ao empregador".

A abolição expressa da noção de efectividade ínsita na redacção do art. 146.º do CT2003 e que já vinha na al./b do n.º 2 do art. 30.º do Anteprojecto Pessoa Jorge[2381] pode ter o sentido útil de sinalizar que o dever de não concorrência criável tem como elemento conatural, implícito na própria noção, o perigo de dano, ou seja, a susceptibilidade de a actividade contratualmente vedada provocar danos ao empregador.

Tratar-se-ia, pois, de um dano potencial ou perigo de dano, à semelhança do recorte traçado para os actos de concorrência desleal[2382] ou de uma certa corrente jurisprudencial francesa no que à avaliação do interesse legítimo associado à limitação convencional da concorrência diz respeito[2383].

Não se poderá, contudo, entender que, em aproximação ao conceito de concorrência desleal, o intérprete-aplicador se baste com um juízo de mera susceptibilidade quanto à provocação de prejuízos.

Por um lado, importará desfixarmos a análise do acto de concorrência hipotizado do acto de concorrência desleal. Se, na primeira situação, se trata de uma limitação à liberdade de trabalho em relação ao exercício de actividades que por

---

[2381] "Contrato de Trabalho – Anteprojecto de Diploma Legal" (1965), cit., 264.
[2382] JORGE PATRÍCIO PAÚL, *Concorrência Desleal* (1965), cit., 222.
[2383] Veja-se JEAN-MAURICE VERDIER/ALAIN COEURET/MARIE-ARMELLE SOURIAC, *Droit du Travail* (2002), cit., 549, que, com referência a jurisprudência da *Cour de Cassation*, aludem à "dangerosité de la concurrence éventuelle". Ainda: FLORENCE CANUT, *L'ordre public en droit du travail* (2007), cit., 70-2.

lei são lícitas, no segundo caso existe uma censura ético-jurídica acerca do acto em toda a sua extensão – designadamente em razão da sua contrariedade às normas e usos honestos –, que impõe, aliás, o seu tratamento contra-ordenacional e um processo oficiosamente iniciado por um ente público[2384].

Justifica-se, por isso, que se considere preenchido o conceito de concorrência desleal através da utilização de conceitos normativos que visam prevenir não a produção do *dano em concreto,* mas o simples *perigo de dano, em abstracto.*

Trata-se, aí, da definição do perigo de dano que o meio utilizado, por si mesmo, faz presumir em concreto, independentemente da qualidade em que o agente que actua ilicitamente intervém.

Este enquadramento valorativo não se verifica, porém, no domínio da obrigação de não concorrência laboral, cuja estrutura é diferente daquela que suporta a concorrência desleal: estamos perante uma vedação estabelecível por acordo, cingível à concorrência diferencial, que tem necessariamente um limite temporal, e em que o exercício de actividade contrária ao pacto é ilícita[2385], juízo que, na ausência de convenção específica, não encontraria cabimento, pois a concorrência vedada pelo acordo só o é em razão da conformação negocial desenvolvida pelos sujeitos.

Não se cuida, pois, de um juízo de censurabilidade acerca dos meios empregues para praticar concorrência, como sucede na concorrência desleal e cuja efectivação está para lá da vontade dos sujeitos.

No caso em que existe um acordo, a concorrência é limitada *ex consensu*; já na falta de pacto, e no que à concorrência desleal diz respeito, não se visa limitar a concorrência: a concorrência desleal não só pressupõe uma liberdade de concorrência, como se posta como o meio que garante a sua efectivação.

Perante pressupostos diversos, que aparecem envoltos por objectivos dissemelhantes, o critério não poderá ser homólogo: se no acto da concorrência desleal o que é proibido é o meio desleal por que ele foi praticado, a modalidade de concorrência que ele revestiu, a incorrecção da actuação que por ele se manifestou, e não a actividade desenvolvida (i. e.: o facto de ser um acto concorrente), já no que respeita ao pacto de não concorrência é apenas a actividade de concor-

---

[2384] Salientando este aspecto da legislação portuguesa, v. Thomas M. J. Möllers & Andreas Heinemann, *The enforcement of competition law in Europe*, Cambridge University Press, Cambridge, 2007, 295 e, entre nós, José de Oliveira Ascensão, "Concorrência desleal: as grandes opções" (2007), cit., 124-5. Nos termos do art. 343.º do CPI compete à Inspecção Geral das Actividades Económicas a instrução oficiosa, mediante participação das autoridades policiais ou fiscalizadoras ou denúncia particular, de acordo com o previsto no n.º 1 do art. 54.º do Regime Geral das Contra-Ordenações.
[2385] Yves Picod, "Concurrence déloyale et concurrence anticontractuelle" (2001), cit., 11-2.

rência prosseguível pelo trabalhador que se baseia em elementos diferenciais que é convencionalmente vedável.

Não sobejando dúvidas de que a efectividade dessa aptidão só é concretamente aferível no momento em que o contrato de trabalho cessa, importa outrotanto afastar um quadro de análise similar ao que se segue em relação ao dever de não concorrência que vale durante o contrato de trabalho, credenciando-se a aposição de uma cláusula cuja actividade vedada ao trabalhador não depende da causação de qualquer prejuízo e cuja simples materialidade do comportamento do trabalhador leva razoavelmente a um efeito redutor das expectativas de confiança do empregador.

30. Neste quadro, ao utilizar uma formulação ampla como a que se refere a uma "actividade cujo exercício possa causar prejuízo ao empregador" – e já não, como na redacção anterior ao CT2009, uma "actividade cujo exercício possa *efectivamente* causar prejuízo ao empregador" –, a lei parece abranger uma multiplicidade de condutas capazes de obstaculizar ao exercício da liberdade de trabalho e da liberdade económica *lato sensu*, para lá do perímetro em que se enxertam os legítimos interesses do empregador e da forma como a limitação convencional estabelecível busca legitimação constitucional.

Ora, se a lógica trivializante de cláusulas de não concorrência que, numa certa leitura, pode estar subjacente à letra da al./b do n.º 2 do art. 136.º do CT2009 suportaria no extremo a consideração de que a simples cessação do contrato de trabalho já transporta um prejuízo para o empregador – a privação da actividade de um quadro qualificado implicaria que a actividade pós-laboral, independentemente do seu matiz, fosse sempre prejudicial, em função da ausência de uma prestação de *facere* orientada à produção da empresa –, a desconsideração acerca da efectividade que para, o efeito, deve exigir-se, implicaria que o trabalhador pudesse ficar em pior situação do que aquela em que estava no decurso do contrato de trabalho: uma actividade, desde que complementar ou afim da do (ex)empregador, que o trabalhador exercesse com o conhecimento daquele no decurso do contrato, passa(ria), numa interpretação *ad litteram*, a estar proibida, ainda que o seu exercício não pudesse *efectivamente* causar qualquer prejuízo ao empregador.

O resultado desta via exegética é paradoxal: o dever de lealdade ao empregador é substancialmente reforçado com cessação da situação laboral, entregando-se ao empregador, ao contrário do que já decidiu o BAG, a aferição da susceptibilidade de uma situação de concorrência futura por parte do trabalhador[2386],

---

[2386] BAG 13.05.1986, NZA 1986, 828, com referência ao § 74 HGB, a partir de uma cláusula com a

já que, naquela hipótese, a ausência de laboração de actividade anteriormente exercida pelo trabalhador revela-se idónea a um aumento virtual da quota de mercado do antigo empregador.

Embora se logre atalhar a este *iter* analítico com o facto de a cessação do contrato de trabalho imobilizar os interesses do empregador prosseguidos com o pacto – mesmo que em réplica se afirme que esta imobilização deve cingir-se às actividades exercidas pelo empregador e já não às que o trabalhador desenvolve, o que, em todo o caso, não é absoluto, já que são os conhecimentos fornecidos pela actividade que o trabalhador desenvolve para aquele empregador que substanciam o conceito de concorrência diferencial –, ou que se avance com o argumento de que a proibição pós-contratual de actividades exercidas pelo trabalhador no decurso do contrato de trabalho para lá daquela concreta situação laboral configura uma situação de abuso de direito – o que também não é seguro, face aos interesses que o empregador procura salvaguardar com o pacto, à diluição prática da identificabilidade da proveniência dos conhecimentos obtidos pelo trabalhador durante o período em que se encontrava em pluriemprego e, sobretudo, em atenção à ausência de uma intenção exclusiva de prejudicar o trabalhador ou à inverificabilidade de um interesse patronal de valor insignificante ou desproporcional –, haverá que empreender uma interpretação restritiva.

Não será um risco potencial, que seja susceptível de abalar a confiança do empregador, como sucede no decurso do contrato de trabalho, que irá prefigurar o exercício de actividade que seja susceptível de causar um prejuízo ao empregador.

Ou, embora se esteja já no âmbito da obrigação assumida e não na aferição do respectivo pressuposto, também não o será uma actividade diferente da que o empregador ou o trabalhador desenvolviam, empreendível com base em raciocí-

---

seguinte formulação: "a sociedade reserva-se o direito de aplicar à relação de trabalho uma interdição de concorrência em conformidade com as disposições dos parágrafos 74 e ss. HGB". Lapidarmente, o BAG firmou que a aferição do prejuízo que a actividade efectivamente pode transportar tem de ser feita de forma rigorosa e objectiva, não podendo ficar entregue a um juízo de conveniência do empregador. Em sentido que entendemos diverso, e no que à possibilidade de a actividade causar prejuízo ao empregador diz respeito, v. Ac. Rl. Lx. de 29.03.2006 (Isabel Tapadinhas), proc. n.º 863/2006-4, lendo-se que, à semelhança do que vale para o decurso do contrato de trabalho, "(p)ara se falar de concorrência não é necessário que exista um efectivo desvio de informação, conhecimentos ou recursos (clientela), a que o trabalhador teve acesso pela posição que detinha na empresa, bastando que esse desvio seja potencial".

nios recônditos, elucubrados a partir de uma potencial deslocação do consumo da clientela[2387].

Aqui, trata-se de uma obrigação de não concorrência convencional, que, não sendo co-natural à situação laboral, não tem de ser analisada na complexidade intra-dinâmica do vínculo laboral.

Sob a relevância conformadora do conceito de concorrência diferencial, o juízo de prognose de dano (*i. e.*, o juízo de verosimilhança da ocorrência futura de um facto gerador de dano) implicado pela verificação do interesse legítimo basear-se-á em raciocínios de existência/inexistência de desvalor da actividade face aos elementos laboralmente obtidos pelo trabalhador, que postulando um juízo de concretização edificado a partir da efectividade do risco que esse exercício traz na concretização do resultado típico[2388], não deve atender, por princípio, a factores conexos com a intensidade dos danos causáveis com as actividades exercíveis pelo trabalhador.

Se o n.º 2 do art. 340 da Lei federal que complementa o Código Civil suíço constitui, neste plano, um importante ponto de arrimo – ao inter-relacionar os "contactos do trabalhador com a clientela" com a aptidão para a provocação de um prejuízo sensível ao antigo empregador[2389], aptidão que tem de ser efectiva[2390] –, a cláusula de não concorrência "não pode ser um instrumento para que os empregadores se protejam da concorrência *per se*", sacrificando sem mais o talento, a competência e os conhecimentos que um trabalhador pode oferecer à sociedade[2391]: o temperamento, o comportamento e a actividade do trabalhador

---

[2387] Em ilustração, o empregador desenvolve actividades de pronto-a-vestir, ficando o trabalhador impedido de abrir uma pastelaria, uma vez que os clientes deixarão de comprar roupa para passarem a comprar bolos (...).

[2388] WALTER GRUNSKY, *Wettbewerbsverbote für Arbeitnehmer* (1987), cit., 12 e, expressamente, a Apelação de Milão 17.03.2006, LG 2006, 1138.

[2389] Em tradução nossa: "(a) proibição de fazer concorrência só é atendível se os contratos de trabalho permitirem ao trabalhador ter conhecimento da clientela ou de segredos de fabrico ou de negócios do empregador e se a utilização desses elementos for de forma a causar ao empregador um prejuízo sensível". O conceito de prejuízo sensível tem sido entendido como prejuízo significativo, não sendo relevante a causação de prejuízos que, atendendo à dimensão da empresa, se consideram marginais. Cfr. ARTHUR HAEFLIGER, *Das Konkurrenzverbot im neuen schweizerischen Arbeitsvertragsrecht* (col. Abhandlungen zum schweizerischen Recht. Neue Folge H. 429), Stämpfl, Berna, 1974, 31. Esta disposição foi literalmente replicada pelo art. 28 (2) do Código do Trabalho albanês, aprovado pela Lei n.º 7961, de 12.07.1995.

[2390] ARTHUR HAEFLIGER, *Das Konkurrenzverbot im neuen schweizerischen Arbeitsvertragsrecht* (1974), cit., 37 e RÉMY WYLER, *Droit du travail* (2008), cit., 596-8.

[2391] Lapidarmente: *SW Strange Ltd v Mann* [1965]1 WLR 629. O trabalhador era director de uma editora, contactando, nessa qualidade, e de forma frequente, com vários clientes. Celebrou um

não são parte de um negócio, mas antes uma dimensão da sua pessoalidade que não é susceptível de apropriação por parte de um empregador[2392].

Tal implica, como corolário lógico, que a concorrência diferencial tenha de ser efectiva e não potencial.

Com efeito, não se estando perante um *negócio jurídico com causa presumida*[2393], a concorrência interditável tem de respeitar a um conjunto de situações de facto com que o trabalhador tomou contacto e não a uma simples eventualidade de aquisição de conhecimentos ou ao potencial prejuízo que uma actividade exercível pelo trabalhador pode transportar.

Nesse sentido, o conceito subjacente é mais estreito, adscrevendo-se a efectividade exigível para a verificação de concorrência diferencial à efectividade implicável pela idoneidade da actividade quanto à causação de prejuízos ao empregador[2394].

Não havendo, nesta sede, que empreender qualquer juízo de prognose de ilicitude, i.e., de verosimilhança da ocorrência futura de um facto ilícito – uma vez que é o próprio pacto que, após a cientificação da sua validade, vai estabelecer a delimitação do que é ilícito –, as actividades cujo exercício é vedado ao trabalhador são convencionalmente delimitáveis em função de juízos de adequação entre o perigo de dano concreto e essas actividades, o que, se, por um lado, conduz a uma desnecessidade de atender à variação da intensidade do perigo, implica, por outro, que se atenda à idoneidade da actividade ou das actividades interditas para produção de um dano em concreto, não sendo suficiente o simples perigo de dano, em abstracto.

Impondo-se entender, na hipótese de ficarem abrangidas as actividade cujo exercício possa "potencialmente" causar prejuízo ao empregador, que o legis-

---

pacto de não concorrência, comprometendo-se a não desenvolver actividade similar num raio de 12 milhas. Cessado o contrato de trabalho, criou uma editora em área geográfica coberta pela interdição territorial prevista no acordo. O tribunal considerou a cláusula nula por entender que os interesses do antigo empregador se encontravam falhos de legitimidade; estes, no juízo do tribunal, mais não eram do que evitar a concorrência.

[2392] *Cantor Fitzgerald (UK) Ltd v Wallace* [1991], IRLR 215. Cfr. JOHN HULL, *Commercial secrecy: law and practice* (1998), cit., 240.
[2393] Veja-se JOÃO DE CASTRO MENDES, *Teoria Geral do Direito Civil, Vol. II* (1979), cit., 420.
[2394] O que significa também que a interdição de toda e qualquer actividade actividade que se mostre potencialmente concorrencial – e não apenas efectivamente concorrencial – está para lá do quadro em que o conjunto de actividades vedadas ao trabalhador se mostra causa adequada à provocação de um dano efectivo aos interesses económicos do empregador. Entretanto, em sentido diverso, cfr. SOFIA SILVA E SOUSA, *Obrigação de não concorrência com efeitos "post contractum finitum"* (2012), cit., 76.

lador sempre teria tido a prudência de inserir este advérbio na formulação normativa da al./b do n.º 2 do art. 136.º do CT2009, haverá quer ter em conta que "a incidência automática da regra, em virtude do preenchimento da previsão, não é suficiente para nos dar a consequência jurídica, que exigirá ainda um novo facto para ser concretizada"[2395]. E esse facto é a concorrência diferencial: o risco juridicamente relevante que está subjacente à actividade do trabalhador tem de importar um prejuízo para o empregador.

É a concorrência diferencial que se objectiva no exercício de uma actividade que tem de se materializar, de acordo as regras gerais da experiência e o normal acontecer dos factos, num resultado, e não em outro qualquer factor, designadamente de ordem conjectural ou psicológica[2396].

Excluindo-se, assim, a noção de clientela virtual – ou seja, aquela correspondente às expectativas ou às possibilidades de que novos clientes se dirijam ao antigo empregador–, tem de se fazer um juízo de prognose, partindo da determinação do âmbito das condutas obrigacionalmente relevantes, em harmonia com o sentido decisório da jurisprudência constitucional, designadamente o Acórdão n.º 256/2004 (MÁRIO TORRES), que, com vista ao juízo de não inconstitucionalidade do art. 146.º do CT2003, se sortiu do argumento de que "(e)special relevância assume a exigência legal da existência de risco efectivo de prejuízos para o exempregador, entendidos estes limitadamente como sendo apenas os derivados directamente da colocação ao serviço de empresas concorrentes dos segredos e conhecimentos especificamente adquiridos ao serviço da antiga empresa"[2397].

Sem embargo de se atender à concretude de cada situação e de não ser possível desenvolver juízos de subsunção em presciências esquemáticas, com o juízo de prognose procurar-se-á saber se, naquelas circunstâncias, a actividade a desenvolver pelo trabalhador o coloca numa situação de vantagem, posição que, em virtude dos ganhos de competitividade apurados (o *savoir-faire* de que fala NATACHA GAVALDA[2398]), pode efectivamente afectar os interesses económicos do antigo empregador: a realidade, o facto concreto, determinável no seu conjunto e âmbito, susceptível de juízos empíricos, será causa adequada se em abstracto e em geral se revelar apropriado para provocar efectivamente um dano aos interesses económicos do empregador.

[2395] JOSÉ DE OLIVEIRA ASCENSÃO, *O Direito – Introdução e Teoria Geral* (2001), cit., 599.
[2396] Em plano idêntico, v. Ac. Rl. Lx. de 20.10.2010 (SEARA PAIXÃO), proc. n.º 4883/07.5TTLSB.L1-4.
[2397] Mais se lê que "(n)ão basta o prejuízo comum de o empregador perder um seu trabalhador de qualidade para outra empresa concorrente".
[2398] NATACHA GAVALDA, "Les critères de validité des clauses de non-concurrence en droit du travail" (1999), cit., 585-7.

Neste quadro, em que a limitação é desprovida de legitimidade, se a actuação de um qualquer outro agente económico representar um risco idêntico para os interesses económicos do empregador o juízo de prognose terá de considerar um quadro de análise não imune às cambiantes e variações que podem tingir a situação que envolve o trabalhador e o seu antigo empregador: ele vai aparecer condicionado por factores de mercado – *v.g.* movimentos de atomização do mercado, homogeneidade do produto, níveis de transparência na informação acessível a cada participante –, podendo mesmo sofrer o influxo de aspectos conjunturais.

Daí que, não raro, se deva entender que a susceptibilidade de causação de prejuízo ao antigo empregador depende, em boa medida, das decisões racionais dos agentes económicos, exorbitando, assim, de uma análise jurídica predelineada, mormente quando esta é feita sempre que o pacto tenha sido celebrado no início ou no decurso do contrato de trabalho.

Na verdade, o prognóstico relativo ao modo como o mercado se comporta no futuro – aspecto indissociável da prejudicialidade que o exercício de uma determinada actividade pode transportar para o antigo empregador – é susceptível de infirmação pelo desenrolar dos acontecimentos, porquanto a base que sustenta uma tal projecção não só varia consoante o momento em que a análise é feita (o que, por si, convoca, desde logo, um *distinguo* entre o momento da celebração do pacto de não concorrência e o seu início de vigência), como é transmutável em razão da própria qualidade profissional do trabalhador e em função dos juízos de valor emitíveis pela *clientela*, esta, a *massa inorgânica*, que, em atenção à pluralidade de ofertas no mercado, pode conferir *identidade* à utilidade e fins que caracterizam a actividade prosseguível pelo trabalhador após a cessação do contrato (*per relationem* com a actividade do antigo empregador).

Assim, além de as vicissitudes que afectam a situação laboral poderem impedir o contacto do trabalhador com aspectos relevantes da empresa – desaparecendo o risco de afectação dos interesses económicos perspectivado pelos sujeitos no momento em que acertaram a convenção –, acrescerá a introdução de elementos sócio-económicos, como a verificação de uma situação de crise do mercado de emprego ou a carência de quadros qualificados e de competências específicas para o desempenho de determinadas funções, circunstâncias que, a jusante, podem desprover a obrigação de não concorrência do interesse sério que lhe é assestado, face às necessidades de interesse geral que vão permear o modelo decisório do intérprete-aplicador[2399].

[2399] Jean Pélissier/Alain Supiot/Antoine Jeammaud, *Droit du Travail* (2000), cit., 287 e Favennec-Héry, *Code du Travail* (64.ª ed.), Dalloz, Paris, 2002, 36-7.

Se sem interesse sério a prognose relativa à prejudicialidade da actividade do trabalhador fica afectada, importará ainda atender ao sector de actividade implicado e a factores relativos à evolução tecnológica, não se esquecendo que, em determinados sectores, o *saber-fazer* carece de uma actualização permanente, com o que, naturalmente, os conhecimentos adquiridos pelo (ex)trabalhador são rapidamente ultrapassados, desvanecendo-se a margem concorrencial diferencialmente adquirida.

A prognose fazível pelos sujeitos laborais, que postula uma reconstituição hipotética do momento, não passa de uma previsão e a prejudicialidade subjacente à actividade exercível pelo trabalhador em função dos conhecimentos que a situação laboral lhe proporcionou tem de ser analisada a cada momento.

4. Clientela: pressupostos específicos

31. O pacto de não concorrência é muitas vezes qualificado como uma "cláusula de afastamento de desvio de clientela"[2400].

Tratando-se de qualificação redutora, é, todavia, essa a principal função que o tráfego jurídico permite observar, sendo esse o objectivo que, mais salientemente, impele os sujeitos à configuração de uma ou mais actividades, através do pacto, como ilícitas.

Assim, no que se refere a clientes, é vulgar considerar-se a clientela como parte do *goodwill* adquirido pelo empregador, havendo pontualmente a tendência para obtemperar ao *freeriding* ou aproveitamento indevido (próximo do enriquecimento injusto) por parte do antigo trabalhador da força distintiva ou da reputação (o *goodwill* e o *selling power*) que o ex-empregador foi construindo, tomando-se, todavia, apenas a noção de clientela certa, isto é, aquela que se baseia em relações contratuais com alguma estabilidade (*v.g.* contratos de for-

---

[2400] Assim a denomina PAUL-HENRI ANTONMATTEI, *Les clauses du contrat du travail*, (2010), cit., 84 ou FRANCIS AHNER & JEAN-JACQUES TOUATI, *Inventions et créations des salariés* (2010), cit., 190, que falam em *cláusulas de reserva de clientela*, sendo que MARIEKE CASTRONOVO, "Clause de clientéle et clause de non-concurrence" (2010), cit., 507-8, procede a uma autonomização destas cláusulas, suscitando uma análise gradativa em razão da sua inidentificabilidade com as cláusulas de não concorrência. Independentemente do alcance da limitação da liberdade de trabalho, as cláusulas de clientela são, em nosso entender, uma das modalidades possíveis das cláusulas de não concorrência, não havendo razões para não aplicar o art. 136.º: atinando-se com o conceito de concorrência diferencial, a limitação à liberdade de trabalho é efectiva, estando-se no domínio da atendibilidade dos limites materiais aplicáveis aos pactos de não concorrência, cuja concretização, conforme veremos, mais não é do que um parâmetro que permite a mensuração da proporcionalidade exigível para a protecção dos interesses económicos do empregador.

necimento) ou a que, com base na natureza da actividade, faz pressupor, com razoável grau de verosimilhança, uma renovação das encomendas[2401].

Não sendo a clientela, *qua tale*, susceptível de apropriação, como exemplo claro do conflito de interesses que se suscita neste domínio tem interesse o caso *Office Angels v. Rainer-Thomas and O'Connor* [1991][2402]: numa agência de trabalho temporário, alguns trabalhadores denunciaram o respectivo contrato de trabalho e criaram o próprio negócio, pretendendo, para tanto, contactar os clientes do seu antigo empregador. A questão colocou-se nos seguintes termos: os clientes são um activo do negócio ou são parte do capital humano dos trabalhadores? A resposta foi: são ambas as coisas. Para resolver a questão concreta, o enquadramento acomodou-se à doutrina da *restraint of trade*: é necessário escrutinar o motivo do acordo de não concorrência e garantir que este estabelece a restrição mínima aos direitos dos trabalhadores, sem que se perca de vista a tutela dos interesses do empregador[2403], enquadramento que, apelando a uma ponderação casuística, se mostra contudo materialmente infixo no que à possibilidade de contactos com clientes diz respeito.

Mais recentemente, todavia, no caso *Janes LLP v Johal* [2006][2404], o tribunal validou uma obrigação de não concorrência cifrada em 12 meses que vedava a prestação de serviços de um solicitador a clientes do seu ex-empregador, mesmo que aqueles não tivessem sido os clientes a quem o solicitador tinha prestado serviço no decurso do contrato de trabalho (= todos os clientes do antigo empregador)[2405], seguindo-se via de análise similar no caso *Beckett Invest-*

[2401] Cfr. Des Butler/Sharon Christensen/Bill Dixon/Lindy Willmott, *Contract Law Casebook* (2009), cit., com análise do caso *Nordenfelt v Maxim Nordenfelt Guns & Ammunition Co Ltd* [1894].

[2402] IRLR 214 e John Bowers & Simon Honeyball, *Textbook on Labour Law* (1998), cit., 37.

[2403] No caso, o acordo foi julgado inválido: não existia qualquer restrição geográfica e tinha um prazo de seis meses. O tribunal entendeu, sobretudo em razão da irrestrição geográfica, que a interdição assegurava mais protecção ao empregador do que a necessária. Contudo, na Austrália, em situação parecida, o Supremo Tribunal de New South Wales considerou válida uma *restrictive covenant* com esse alcance: cfr. *Portal Software v Bodsworth* [2005], NSWSC 631, já que, à semelhança do *Nordenfelt v Maxim Nordenfelt Guns & Ammunition Co Ltd* [1894], a actividade do ex-empregador era global e cobria todos os continentes.

[2404] IRLR 599. Cfr. Malcolm Sargeant & David Lewis, *Employment Law* (2008), cit., 99 (nota 168).

[2405] Em sentido idêntico, cfr. *Thomas v Farr Plc and another* [2007] *EWCA Civ 118*/CA TLR 27, onde se confirmou a validade de uma interdição por 12 meses, ainda que se vislumbrassem sérias dificuldades na identificação da informação confidencial que pode(ria) amparar a restrição de concorrência. Ainda sobre o ponto: Peter Mäntysaari, *The Law of Corporate Finance: Cash flow, risk, agency, information* (2009), cit., 381.

ment Management Group Ltd and others v Hall and others [2007][2406], uma vez que em ambos os casos a clientela não tinha variegações de vulto e os trabalhadores usaram as listas de clientes obtidas no decurso da situação laboral. Isto, porque, em substância, nestas situações a clientela era marcadamente fixa, sendo justamente em relação à clientela que não é oscilante que a jurisprudência anglo--saxónica tem considerado haver "riscos de desvio"[2407].

No caso *Attwood v Lamont* [1920][2408], cuidou-se de um alfaiate que, tendo ganho a confiança dos clientes, arrastou a clientela consigo após a cessação do contrato de contrato. Aqui, o tribunal considerou a cláusula nula em função da ausência de relações *estandartizadas* que caracterizam a actividade de alfaiataria e à prática não recorrente que caracteriza os serviços de um alfaiate[2409], argumentário repisado no caso *Bowler v Lovegrove* [1921][2410] a propósito da actividade de um vendedor imobiliário (uma vez mais a *non-recurring nature*[2411]), dando-se importância à *affectio modulus*.

Por outras palavras: trabalhos que exigem especial destreza por parte do executante, que não se reconduzem a modelos de produção enraizados e que implicam qualidades de natureza artística ou para-artística não são, por princípio, sustáveis no conceito de concorrência diferencial e, por conseguinte, mostram--se *per se* insusceptíveis de legitimar uma cláusula de não concorrência e/ou de entretecer o seu âmbito aplicativo. Faz sentido que assim seja.

[2406] ICR 1539 e RICHARD STONE, *The Modern Law of Contract* (2009), cit., 518-9.

[2407] Perante o sentido das decisões referidas, cabe trazer à colação BENTHAM, que, em *Of Laws in General*, utiliza o exemplo de uma decisão judicial para demonstrar que a norma pode ser produzida independentemente do discurso verbal utilizado. Com efeito, na sentença o juiz decide apenas em relação às pessoas envolvidas no caso, pelo que a sua decisão se dirige a um número de pessoas que é determinado e que está absolutamente identificado. No entanto, a sentença tem uma vocação de aplicação mais alargada, através da criação de uma norma de conduta (o precedente), que se retira do sinal que é transmitido a toda a comunidade no sentido de que uma situação semelhante à que está a ser apreciada será *in futurum* decidida em termos similares, e não do discurso exacto que compõe a sentença, que é, como refere BERNARD JACKSON, *Making sense in jurisprudence*, Deborah Charles Publications, Liverpool, 1996, 38, destinado apenas às partes.

[2408] Veja-se a referência em NORMAN SELWYN, *Law of Employment* (2008), cit., 489 e em RICHARD STONE, *The Modern Law of Contract* (2009), cit., 526.

[2409] Esta foi a razão principal invocada pelo tribunal. Conexamente, salientou-se o facto de as relações comerciais com a clientela se justificarem em razão das competências pessoais do trabalhador, não sendo atribuíveis ao *goodwill* do ex-empregador.

[2410] Veja-se a referência em ANDREW C. BELL, *Employment Law* (2.ª ed.), Sweet & Maxwell, Londres, 2006, 181 e NORMAN SELWYN, *Law of Employment* (2008), cit., 489.

[2411] A cláusula, que previa uma interdição por ano numa área restrita, foi julgada nula.

Sem prejuízo das regras relativas à propriedade industrial, trata-se, no fundo, do afloramento de uma necessidade genérica de avaliação da contribuição pessoal do trabalhador para a satisfação da clientela[2412], para o que importará também analisar a relevância dos aspectos implicados pela estrutura organizativa do empregador na criação de laços com aquela, exame que, confrontando-se com parâmetros de difícil exequibilidade, deve aparecer baseado num critério de predominância.

Não sendo bastante um nexo de concausalidade – no sentido em que a actividade do trabalhador haja concorrido para a satisfação da clientela que demanda os produtos ou serviços oferecidos pela empresa na qual este se integra(va), pois esse será um corolário do zelo e da diligência postulados pela execução do contrato de trabalho –, tal significará que se a satisfação dos clientes se ficar a dever, de modo exclusivo ou com definição predominante, às qualidades do trabalhador, a susceptibilidade de desvio de clientela é falha de significado.

Já no caso *Marley Tile Co Ltd v Johnson* [1982][2413], à semelhança do que havia sucedido no caso *International Consulting Services (UK) Ltd v Hart* [2000][2414], admitindo-se que a proibição de contactos com antigos clientes se afigura uma razão válida para a vigência de uma obrigação de não concorrência, firmou-se a posição que, de molde a que a restrição não possa ser valorada como um puro instrumento de afastamento da concorrência, a obrigação deve ficar confinada aos clientes com os quais o ex-trabalhador realizou negócios ao serviço do seu antigo empregador[2415]. Isto, ainda que os clientes tenham entretanto cessado relações comerciais com o antigo empregador, dado que não só o conhecimento da clientela se fica a dever ao antigo empregador, como este pode(rá) ter legítimas expectativas de reatamento das relações comerciais com a sua clientela *ex antea*[2416].

Em todo o caso, importa separar a clientela virtual, isto é: a clientela em relação à qual o empregador tem expectativas de entabular *ex novo* relações comerciais – esta não configurável como interesse legítimo para o acordo de que cuida-

---

[2412] Sinalizando este aspecto, JÚLIO VIEIRA GOMES, *Direito do Trabalho* (2007), cit., 612.
[2413] IRLR 75. Cfr. ALEXANDRA KAMERLING & CHRISTOPHER OSMAN/SIMON MEHIGAN, *Restrictive covenants under common and competition law* (2004), cit., 135 e 143.
[2414] IRLR 227. Ainda: ALEXANDRA KAMERLING/CHRISTOPHER OSMAN & SIMON MEHIGAN, *Restrictive covenants under common and competition law* (2004), cit., 131 e 144.
[2415] Com a mesma direcção: JAMES MACKENS/PAUL O'GRADY/CAROLYN SAPIDDEN & GEOFF WARBURTON, *The Law of Employment* (2002), cit., 87.
[2416] *GW Plowman & Sons Ltd v Ash* [1964] 2 ALL ER 10. Neste sentido também, e só por aqui se pode admitir a cobertura de clientes potenciais (*i. e.*: antigos clientes que já não o são), cfr. JAMES HOLLAND & STUART BURNETT, *Employment Law* (2008), cit., 203.

mos[2417] – da clientela que já não tem relações comerciais com o empregador, em relação à qual existem expectativas consistentes de restabelecimento comercial e cujo conhecimento por parte do trabalhador se fica a dever às funções outrora exercidas na estrutura organizativa do ex-empregador, independentemente de, nesta análise, se tratar de uma clientela que não era estável ou assídua e/ou do grau de fidelização subjacente.

Neste último conjunto de situações, o contacto com a clientela é um componente conjuntivo de uma condição probabilística de provocação de prejuízo ao empregador, que se funda na circunstância suficiente de este ter trabalhado para aquele empregador e de a ter conhecido no exercício dessas funções, não se discernindo razão para uma intervenção preclusiva de factores conexos com um eventual comportamento reiterativo da clientela ou com a (contingencial) presença de uma relação de negócios especialmente qualificada[2418].

Embora se deva atender ao ramo da actividade económica implicado, à natureza do produto ou do serviço oferecidos e às características da procura que a estes se dirige, a ligação da susceptibilidade de reatamento ou renovação comercial com o antigo empregador à situação fundante do conhecimento da clientela por parte do trabalhador, ao implicar a noção de concorrência diferencial, legitima, por princípio, a atribuição de tutela jurídica à proibição de contactos com estes clientes através de uma cláusula de não concorrência.

Sem que tal implique um afastamento liminar da protecção conferível a clientes cujas relações comerciais com o antigo empregador não apresentam natureza reiterativa, deve, contudo, atentar-se à causa da cessação dos contratos com os clientes, à esporadicidade/antiguidade da relação comercial que estes mantiveram, às características do mercado (domínio/atomizado) ou à facilidade na obtenção desses contactos por parte de um agente económico que paute a sua actuação por parâmetros normais de diligência[2419], utilizando, para tanto, os critérios usualmente aplicados pelas empresas desse sector de

---

[2417] Em sentido idêntico, EWAN MCKENDRICK, *Contract Law* (2003), cit., 341, de acordo com a leitura que faz do caso *Fitch v. Dewes* [1921].
[2418] Desde logo porque uma singela transacção, independentemente do momento em que haja ocorrido, pode constituir factor suficiente para um juízo de prognose acerca da realização de novas transacções intersubjectivamente similares, falhando a importância do factor fidelização, cuja relevância operativa, num mercado aberto, é extremamente relativa, já que os operadores económicos tendem a adquirir bens ou serviços a empresas que concorrem no mesmo sector de actividade de acordo com opções preditadas por factores estocásticos como a oscilação de preços, as quantidades desejadas ou a rapidez no fornecimento.
[2419] MARIEKE CASTRONOVO, "Clause de clientéle et clause de non-concurrence" (2010), cit., 507-9.

actividade, enquanto referencial prático-normativo que optimiza a tarefa do intérprete-aplicador.

Exigindo-se que a restrição se confine aos clientes com quem o trabalhador tomou contacto, mesmo que não lhes tenha prestado serviço, sufraga-se, contudo, uma noção ampla de clientela, que abrange todas as conexões estabelecidas pelo ex-trabalhador, incluindo intermediários[2420], na linha do sentido decisório contido no caso *Office Angels Ltd v Rainer-Thomas* [1991] [2421]: analisando-se a abordagem feita por um ex-trabalhador de uma agência de emprego ao *staff* de uma empresa que assegurou temporariamente a assessoria a alguns dos clientes da agência, lavrou-se o entendimento de que a noção de clientela abrange as conexões funcionais que o trabalhador haja estabelecido com qualquer pessoa que se tenha relacionado, directa ou indirectamente, com o seu empregador.

Estando em causa a protecção de interesses concorrenciais, não serão, contudo, todos os clientes ou pessoas com quem, directamente ou indirectamente, o trabalhador haja contactado profissionalmente. Existe um *plus*, que apela à relação entre contactos profissionais e concorrência. Por isso, são apenas aqueles que, pela actividade que desenvolvem, interfiram com a esfera de negócios subjacentes à tutela conferível ao ex-empregador.

É, aliás, por essa razão que se entende que uma cláusula de não concorrência não poderá proibir o contacto do trabalhador com clientes ou com outras pessoas funcionalmente conectadas ao ex-empregador quando não exista susceptibilidade de concorrência com este. O que, neste plano, significará que devem ser permitidos tanto os contactos pessoais quanto os contactos profissionais que o ex-trabalhador entenda desenvolver, conquanto se situem em áreas de negócio diversas e não se mostrem interponíveis com a actividade comercial do ex-empregador[2422].

5. Tipo contratual e funções: irrelevância genérica

32. Os pactos de não concorrência costumam vir associados a funções de especial complexidade ou para as quais se torna necessária uma qualificação profissional adicional.

[2420] Também na Austrália: JAMES MACKENS/PAUL O'GRADY/CAROLYN SAPIDDEN & GEOFF WARBURTON, *The Law of Employment* (2002), cit., 87.

[2421] IRLR 214.

[2422] Assim: *Scully UK Ltd v Lee* [1998] IRLR 259. Igualmente: HARLAN BLAKE, *Employee agreements not to compete* (1960), cit., 663, salientando que tanto o contacto com a clientela quanto a posse de informação podem não adquirir relevância particular, perante o uso exíguo que o trabalhador deles pode fazer, contexto em que, no seu juízo, a cláusula de não concorrência se encontrará falha de *legitimidade*.

Sem embargo da avaliação circunstanciada cabível, existem actividades que, pela sua essência, muito remotamente poderão trazer mais-valias directamente imputáveis ao empregador ou fundar o acesso a informações que, pela sua fisionomia, possam prejudicar os interesses desse empregador.

Sem que tal signifique uma repristinação da dicotomia trabalho material/trabalho intelectual[2423], a *Cour de Cassation* vem-se revelando particularmente exigente quanto a este aspecto, e, afastando-se de validações apriorísticas[2424], tem-no ajustado à verificabilidade de um feixe de riscos concretos e efectivos, com particular destaque para os contactos com clientes, situação que, normalmente, empresta legitimidade a uma cláusula com esta fisionomia[2425]: os tribunais franceses vêm apreciando este requisito em atenção *(i)* às funções do trabalhador[2426], *(ii)* à sua experiência, *(iii)* à sua especificação técnica, *(iv)* à susceptibilidade de acesso a informação estratégica ou confidencial *(v)* e à especial relação que as funções possam propiciar com a clientela[2427].

Trata-se de um conjunto de critérios que são entrecruzáveis e também permeáveis a valorações adicionais (*v. g.* oferta da actividade no mercado laboral ou volatilidade da base técnica que conforma a actividade[2428]), entendendo-se que

---

[2423] Como notava RAUL VENTURA, *Teoria da Relação Jurídica de Trabalho* (1944), cit., 35-6, numa época em que a Lei 1952, de 10.03.1937 (art. 4.º), fazia uma distinção entre empregados e assalariados, a dicotomia trabalho material/trabalho intelectual é fluida, havendo em todos os casos um concurso de esforço físico e intelectual; o critério adoptado, a despeito da escassez de interesse prático que reveste a destrinça, baseava-se, assim, na predominância do *tipo* de esforço. Como informa OLE HASSELBALCH, "Denmark", *International Encyclopaedia for Labour Law and Industrial Relations*. v. 5 (coord. Roger Blanpain) Kluwer Law International, Haia, 2005, 153-5, esta distinção encontra, porém, ainda hoje, grande relevância no direito dinamarquês, com reflexos no aviso prévio para o exercício da denúncia do contrato de trabalho.

[2424] Cfr. RAYMONDE VATINET, "Les principes mis en oeuvre par la jurisprudence relative aux clauses de non-concurrence en droit du travail" (1998), cit., 534 e ss..

[2425] NATACHA GAVALDA, "Les critères de validité des clauses de non-concurrence en droit du travail" (1999), cit., 586.

[2426] Sobre a relevância na jurisprudência francesa da tendência para erigir as funções do trabalhador e a sua importância social a critério de conformação da legitimidade do pacto, veja-se YVES SERRA, "*Tsunami* sur la clause de non-concurrence en droit du travail" (2002), cit., 2493 e 2496-7.

[2427] Neste sentido: *Cass. Soc. 13.10.1988, n.º 85-43352; Cass. Com. 04.01.1994, n.º 92-14121; Cass. Soc. 19.11.1996, n.º 94-19404*. Quadro de análise idêntico tem vindo a ser seguido em relação aos contratos de franquia, tendo-se já considerado que uma cláusula de não concorrência, ainda que limitada no tempo e no espaço, pode não ser proporcional ao objecto do contrato: Cass. Com., 12-03-2002, (*Sté Troc de l'Île c/ Sté Nicolas*) Juris-Data n.º 2002-01365.

[2428] Encontra-se um exemplo desta permeação a factores extrínsecos no caso *Doubleclick v. Henderson*, 1997 WL 731413 (NY Sup.), entendendo-se que num negócio relativo à *internet* não cabe admitir uma duração de 12 meses, período que, na área cibernética, é uma eternidade (...). Sobre

a ideia de protecção do trabalhador, enquanto elemento de definição do universo subjectivo abrangido, por referência a uma lógica de socialidade à qual a convocação do princípio da liberdade de trabalho não é alheia[2429], torna imprescindível a consideração destes elementos na construção do modelo decisório, não se tratando, por conseguinte, de domínios exteriores ao instituto dos pactos de não concorrência (supra)[2430].

A ponderação concreta desses factores implica que a restrição da aplicação dos pactos a trabalhadores dotados de especial qualificação seja, por isso, um apriorismo, não se devendo enjeitar que um trabalhador com funções que não exijam especial qualificação não possa ser parte de um pacto de não concorrência[2431].

Já se considerou assim que um empregado de café, em razão dos contactos mantidos com a clientela, pode exercer uma *concorrência diferencial*, encontrando-se, por isso, justificação para a cláusula – aqui a clientela representava um factor importante do aviamento, da aptidão da empresa com base nos conjunto de factores nela reunidos para gerar lucros, estando relativamente fidelizada –, bem ao contrário do juízo de ilicitude que recaiu sobre cláusulas de não concorrência atinentes a um amolador/montador de máquinas de lenha, a um projectista, a um especialista de métodos de fabrico de rebocos de pintura, a um especialista de turismo ou a um engenheiro comercial[2432].

Do mesmo passo, não há razões, na falta de sinal legal, para se empreender uma restrição aplicativa dos pactos de não concorrência a um contrato por tempo indeterminado.

É, assim, possível que este instrumento seja utilizado no âmbito de um contrato por tempo determinado ou, após a valoração da regulação do tipo legal e dos interesses subjacentes, nos denominados contratos especiais, mesmo que a expressão contratos especiais seja fonte de confusões, pois todos os contratos são especiais, não existindo um contrato geral *proprio sensu*[2433].

---

a jurisprudência norte-americana e os factores de ponderação utilizados, v. RICHARD L. HANNAH, "Post-employment covenants in the United States: Legal framework and market behaviours", ILR 3/2010, vol. 148, 107-119.

[2429] Sobre esta interpenetração, ainda: BORRAJO DA CRUZ, *Introducción al Derecho del Trabajo* (1999), cit., 48, que alude a "uma ideia social de justiça", e, entre nós, M.ª ROSÁRIO PALMA RAMALHO, *Da Autonomia Dogmática do Direito do Trabalho* (2000), cit., 255-6.

[2430] Ainda: VANIA BRINO, "La clause de non concurrence: Italie" (2007), cit., 683.

[2431] Bem o salienta VANIA BRINO, "La clause de non concurrence: Italie" (2007), cit., 682.

[2432] JEAN PÉLISSIER/ALAIN SUPIOT/ANTOINE JEAMMAUD, *Droit du Travail* (2000), cit., 288, 291.

[2433] PHILIPPE MALAURIE & LAURENT AYNÈS, *Cours de Droit Civil. Les Contrats Spéciaux* (13.ª ed.), 2000, 21. Ainda: PHILIPPE RÉMY, «La Jurisprudence des Contrats Spéciaux quarente ans de chro-

Também quanto à sua aplicação aos contratos a termo, o que, uma vez mais, interessará ter presente é o conceito de concorrência diferencial e o interesse sério do empregador quanto à direcção protectiva do pacto, substanciado na possibilidade de o trabalhador exercer futuramente uma actividade que, utilizando os elementos/conhecimentos obtidos no decurso do contrato, o possa prejudicar[2434].

Este quadro genérico, face aos limites estabelecidos para a duração e para a renovação, a par da admissibilidade de contratos a termo incerto, torna o pacto *in abstracto* admissível.

Assim, no âmbito dos contratos especiais – sabendo-se que o "reconhecimento da especialidade de uma relação laboral pode, no caso concreto, suscitar problemas"[2435] –, a mesma admissibilidade pode existir em relação a um contrato de comissão de serviço[2436] ou em relação a um contrato de profissionais de espectáculos[2437], mas não em relação a tipos contratuais, onde, pela natureza da actividade, pelas exigências do sub-sistema implicado ou pela existência de outros mecanismos de tutela com esfera de protecção idêntica, o pacto de não concorrência não logra cabimento.

Cuidando-se de excepções à irrelevância genérica do tipo contratual laboral no que à aponibilidade de um pacto de não concorrência diz respeito, sirva de exemplo a actividade laboral desportiva: não só o n.º 1 do art. 18.º do RCTD corta cerce quaisquer dúvidas quanto à indagação de uma tal possibilidade, como sempre se imporia considerar que o "interesse sério da empresa", que contribui para a sustentação deste acordo, jamais se verificaria, pois o afastamento da susceptibilidade de desvio da clientela que entretece um tal interesse e a

---

niques à la Revue Trimestrielle de Droit Civil», BFDVC, Vol. LX, 1984, Coimbra Editora, Coimbra, 162-7 e MARCO BIAGI & MICHELE TIRABOSCHI, *Istituzioni di diritto del lavoro* (2007), cit., 166-7, acentuando que o recurso ao conceito de especialidade dos contratos de trabalho como via explicativa para a diversificação tipológica do contrato de trabalho parece desconhecer a mesmeidade de causa típica entre todos.

[2434] PEDRAJAS MORENO & SALA FRANCO, *El pacto de no concurrencia postcontractual* (2005), cit., 30-1, afastam, com apoio jurisprudencial, a aplicabilidade dos pactos de não concorrência aos contratos por tempo determinado, por considerarem não existir um interesse sério e efectivo da empresa na sua celebração.

[2435] Assim: JÚLIO VIEIRA GOMES, "Da fábrica à fábrica de sonhos – primeiras reflexões sobre o regime dos contratos de trabalho dos profissionais de espectáculos" (2009), cit., 252.

[2436] Em utilização da terminologia distintiva empregue por JORGE LEITE, "Comissão de serviço", QL 2000, n.º 16, 157 e ss., aludimos, naturalmente, à denominada comissão de serviço *externa*.

[2437] Cujo regime consta da Lei n.º 4/2008, de 07.02, com as alterações introduzidas pela Lei n.º 105/2009, de 14.09. Cfr. JÚLIO VIEIRA GOMES, "Da fábrica à fábrica de sonhos – primeiras reflexões sobre o regime dos contratos de trabalho dos profissionais de espectáculos" (2009), cit., 247-281.

inerente colocação dos conhecimentos adquiridos pelo trabalhador ao serviço de um concorrente não logram, pela natureza da actividade, fundamento neste domínio[2438].

Com efeito, além de se tratar de factores relativos à destreza física dos praticantes não imputáveis à entidade empregadora desportiva, a efemeridade da profissão (desgaste rápido) postula uma competição permanente que conflitua com a vocação abstensiva da cláusula de não concorrência[2439], quadro que foi estendido aos treinadores profissionais de futebol pelo art. 19.º do CCT aplicável[2440].

Deste passo, também quanto a um docente, cujas funções são enquadráveis num tipo contratual especial em razão da autonomia científica e pedagógica da escola[2441], dificilmente se visualiza fundamento para a utilidade social de uma cláusula de não concorrência: trata-se de um tipo de actividade que, pela sua síntese, e em razão da ministração de conhecimentos e da qualificação científica dos alunos que a orientam, muito improvavelmente poderá trazer um dano diferencial para o antigo empregador.

Sem prejuízo da aprendizagem contínua que um professor recebe dos seus alunos – não sendo, em rigor, o empregador, enquanto tal, a propiciar ao professor esse *plus* formativo ou esse conjunto de reflexões e de saberes acrescidos –, será assim não só porque a cláusula de não concorrência não pode servir para

---

[2438] RAFFAELE GUIDOLIN, "Da Bosman a Ronaldo: I Trasferimenti in Pendenza di Contratto" (1998), cit., 92. Nestes termos, ainda: JOÃO LEAL AMADO, *Vinculação Versus Liberdade* (2002), cit., 126.

[2439] Atendendo a que também a al./f do art. 14.º do CCT para o futebol vem proibir a entidade empregadora de "prejudicar, por qualquer forma, o exercício do direito ao trabalho após a cessação do contrato", considera-se, na mesma linha, que cláusulas subscritas pelo praticante através das quais este se compromete a não alinhar, após a cessação do contrato, por determinada equipa, se devem ter como interditas à luz do art. 18.º do RCTD. Sobre a figura: JOÃO LEAL AMADO, "Sobre as sociedades desportivas e as «indemnizações de transferência»", QL 1998, ano V, 65 e ss. e JOÃO ZENHA MARTINS, "A realidade laboral desportiva e as indemnizações por promoção ou valorização", *Estudos de Homenagem a Vítor Ribeiro*, CEJ/Coimbra Editora, Coimbra, 2008.

[2440] CCT entre a LPFP e ANTF, BTE, 1.ª Série, n.º 27, de 22.07.1997, 1219 e ss..

[2441] Cfr. PEDRO ROMANO MARTINEZ, *Direito do Trabalho* (2010), cit., 780, que, acrescentando a necessidade de ajustamento do dever de ocupação efectiva à autonomia científica e pedagógica do estabelecimento de ensino, conclui: "justifica-se, à imagem do que ocorre com outros profissionais (p. ex., desportistas), o estabelecimento de um regime laboral próprio". Ainda em relação a docência universitária, que não é comummente qualificada na manualística espanhola como uma relação laboral especial, sinalizando as particularidades desta relação à luz da *Ley de Ciencia, Tecnología e Innovación* e o seu desvio em relação ao modelo laboral de frequência média, cfr. SAN MARTÍN RODRÍGUEZ, *El carácter laboral del profesor universitario*, Civitas, Madrid, 2012, 11 e ss..

adulterar a concorrência normal[2442], como também porque os conhecimentos sobrevindos a um profissional e que não sejam reportáveis ao empregador não podem sustentar a abstenção de trabalho implicada pela cláusula, situação para que concorre a liberdade de orientação científica e pedagógica que pauta esta *species* contratual: em geral, os conhecimentos sobrevindos a um profissional e que não sejam directamente atribuíveis ao empregador, não são, como notámos, susceptíveis de limitação convencional, ainda que, em determinados casos, a delimitação que a situação convoca se ofereça demasiado plástica e postule uma concretização eminentemente casuística, que pode aportar o julgador à sua inserção na esfera de interesses protegida pelo pacto (por exemplo: conhecimentos sobre a situação económica da empresa obtidos a partir de clientes desta[2443]) e determinar a sua atendibilidade.

Assim, e uma vez que a ponderação de um eventual incumprimento por banda do trabalhador tem desempenhado a importante função de em metalepse se apurar o que cabe (ou não) no âmbito de uma cláusula de não concorrência, foi esse o sentido acolhido no caso *Herbert Morris Ltd v Saxelby* (1915)[2444], em que se considerou não existir qualquer violação da cláusula nas hipóteses em que as competências técnicas e os conhecimentos utilizados pelo trabalhador não se fica(va)m a dever ao antigo empregador, mas à forma como o trabalhador, durante o contrato de trabalho pregresso, foi exercitando as suas competências[2445]. Isto, porque a cláusula não pode ignorar a *causa* dos conhecimentos e das competências adquiridas pelo trabalhador[2446].

Nestes termos, na premissa de que as regras normais da experiência e os modelos de probabilidade associados aos vários sectores económico-sociais alcançam projecção na regulação existente, se em relação a um trabalhador que exerce funções como caixa de supermercado se deve presumir que o contacto com clientes e/ou a informação obtida não adquirem particular relevância e são

---

[2442] Em termos próximos: CECILIA ASSANTI, *Corso di Diritto del Lavoro* (1993), cit., 407, RAYMONDE VATINET, "Les principes mis en oeuvre par la jurisprudence relative aux clauses de non-concurrence en droit du travail" (1998), cit., 534 e ss., YVES SERRA, "*Tsunami* sur la clause de non-concurrence en droit du travail" (2002), 2493, e, entre nós, JÚLIO VIEIRA GOMES, "As Cláusulas de Não Concorrência no Direito do Trabalho" (1998), cit., 941, referindo que o prejuízo "não pode ser simplesmente o prejuízo que resulta de ter mais concorrentes".

[2443] Sem prejuízo de um atendimento à actividade exercida, por princípio não é relevante a forma como a informação chega ao trabalhador, pois o que interessará saber é se esse conhecimento se deve à sua inserção na estrutura produtiva do empregador.

[2444] Cfr. NORMAN SELWYN, *Law of Employment* (2008), cit., 486.

[2445] RICHARD STONE, *The Modern Law of Contract* (2009), cit., 517.

[2446] IAN SMITH & AARON BAKER, *Employment Law*, Oxford University Press, Oxford, 2010, 93-4.

marginais os benefícios económicos extraíveis em razão dessa situação (ainda a insusceptibilidade de causação de prejuízos ao empregador por relação com a ausência de contacto com o património imaterial da empresa e com a neutralidade subjacente à natureza estritamente manual das tarefas[2447], bem como a sua natureza rotineira[2448]), já no que respeita a um empregado comercial ou a um director de uma empresa existem, em virtude dos conhecimentos adquiridos, maiores probabilidades quanto à justificação encontrável para uma tal estipulação, ainda que, importará renotá-lo, não se possa desmerecer o facto de, perante a atracção de valores constitucionais, o perigo subjacente aos riscos da concorrência ter de ser *efectivo*[2449].

Postula-se, para tanto, e de entre outros factores: uma avaliação dos objectivos económicos do anterior empregador, uma delimitação da sua clientela, uma caracterização da actividade em apreço, uma valoração da dimensão e do volume de negócios da empresa e uma especial atenção ao *acquis* que a laboração desenvolvida para o antigo empregador representa para o trabalhador em termos de conhecimento.

Importará ainda, *inter alia*, valorar o *curriculum vitae* do trabalhador[2450] e as especificidades da sua formação[2451], assim como os códigos ou usos prevalecentes na comunidade, fundando-se uma análise que, sem descurar os factores que concretamente concorrem para a efectividade do perigo subjacente aos riscos de concorrência, não fique absolutamente enredada nas contingências do casuísmo

---

[2447] Com referência à situação estereotípica do trabalhador de *modesta qualificazione*, cfr. GIUSEPPE PERA, *Compendio di Diritto del Lavoro* (2000), cit., 209.

[2448] ESTEVÃO MALLET, "Cláusula de não concorrência em contrato individual de trabalho", RDES 2006, 2006, n.os 3 e 4, 244.

[2449] JÚLIO VIEIRA GOMES, "As Cláusulas de Não Concorrência no Direito do Trabalho" (1998), cit., 934-6.

[2450] Assim, NATACHA GAVALDA, "Les critères de validité des clauses de non-concurrence en droit du travail" (1999), cit., 588, inserindo o *curriculum vitae* na lista dos *indices principaux*. Se é verdade que emergem os "índices *semióticos*", apenas se podendo apurar, em rigor, da existência de uma *conformidade com o sistema* perante os contornos de cada situação concreta, a Câmara dos Lordes, no Acórdão *Herbert Morris Ltd/Saxelby* [1916], escorou-se inclusivamente na competência, na inteligência e no sentido de observação do trabalhador para afastar, com base na ausência de interesse sério, a validade de uma cláusula de não concorrência, conforme faz notar TARA BRILL-VENKATASAMY, «La clause de non-concurrence en droit du travail: comparaison des droits anglais et français» (1998), cit., 145.

[2451] *Cass. Soc. 19.11.1996, n.º 94-19404*. Também CARLO ZOLI, "Clausole di fidelizzazione e rapporti di lavoro" (2003), cit., 466.

e possibilite a assunção de critérios com níveis de abstracção permitentes de objectividade[2452].

34. No quadrante que nos ocupa, a obrigação de não concorrência terá de encontrar amparo no risco concreto que emerge da posição ocupada pelo trabalhador no sistema produtivo organizado pelo (ex)empregador[2453].

Este risco, que nos aporta ao "interesse legítimo do empregador que justifica a limitação à liberdade de trabalho"[2454], tem de ser alegado e provado pelo empregador, não havendo qualquer presunção legal quanto à sua existência[2455], à semelhança do direito francês[2456] ou suíço[2457], mas por contraste com o que sucede no direito inglês[2458].

A inexistência de uma presunção legal, cuja consagração opera com vista a conferir valor jurídico a determinados actos ou situações que pela sua importância e/ou determinabilidade numa relação jurídica devem merecer uma especial consideração e protecção[2459], e a correlativa necessidade de o empregador ter de fazer prova da legitimidade dos interesses tutelados com o pacto, justificam-se, por um lado, em função da convocação de um direito fundamental e, por outro lado, em razão da necessidade de obviar a uma protecção generalizada e desnecessária dos interesses empresariais, evitando-se uma utilização abusiva das cláusulas de não concorrência, cuja aplicação poderia degenerar num ins-

---

[2452] Sirvam de exemplo, no que aos padrões de valoração social diz respeito, o critério do bom pai de família (n.º 2 do art. 487.º do CC) no que se refere à aferição da culpa no âmbito da responsabilidade civil ou a teoria da impressão do destinatário, relativa à interpretação dos negócios jurídicos (art. 236.º do CC), mau grado, conforme faz salientar JÚLIO VIEIRA GOMES, "Responsabilidade subjectiva e responsabilidade objectiva", RDE, 1987, 101-105, se entrevejam dificuldades quanto à exacta caracterização do perfil aí contido, partindo-se de um padrão comportamental homogéneo que pode não atender de forma adequada à irredutível individualidade do Homem.
[2453] FRANZ SCHRANK, Arbeitsrecht. Ein systematischer Grundriss (2000), cit., 54 ou MONTOYA MELGAR, Derecho del Trabajo (2000), cit., 326.
[2454] Nestes termos RENATO CORRADO, "Il lavoratore nell'organizzazione dell'impresa" (1971), cit., 267.
[2455] Assim: Ac. Rl. Lx. de 20.10.2010 (SEARA PAIXÃO), proc. n.º 4883/07.5TTLSB.L1-4 e RITA CANAS DA SILVA, "O pacto de não concorrência" (2004), cit., 298.
[2456] Entre vários: ANTOINE LYON-CAEN, "Note sur le pouvoir de direction et son contrôle" (2002), cit., 108-9.
[2457] Cfr. RÉMY WYLER, Droit du travail (2008), cit., 600.
[2458] Assim: Kores Manufacturing Company Limited v Kolok Manufacturing Company Limited [1959] (CA) Ch D 109, firmando-se que é o trabalhador quem tem de alegar e provar que a convenção contende com o interesse público. Cfr. PETER CHANDLER, Waud's Employment Law (2003), cit., 204.
[2459] JOÃO ANTUNES VARELA & MIGUEL BEZERRA & SAMPAIO NORA, Manual de Processo Civil, cit., 485-8.

trumento destinado a evitar a simples contratação de trabalhadores por outras empresas[2460], mesmo que daí não adviesse qualquer prejuízo que se conectasse com os interesses que a cláusula visa proteger[2461].

Com o ónus da prova e da alegação ao empregador a recaírem sobre o empregador, cabe ter presente que o conceito de concorrência, independentemente da valoração jurídica efectuável, é um conceito eminentemente económico.

Se em Economia são múltiplas e proteiformes as acepções atribuídas ao termo concorrência – etimologicamente a noção de concorrência, tendo a sua génese em *cumcurrere*, significa correr em conjunto para a conquista de um bem, exprime coincidência (de desejos ou fins), concurso, competição, luta, combate leal, trazendo implícita uma ideia de pluralidade de opções em proveito dos que têm de fazer as escolhas[2462] –, enquanto sistema social a concorrência ordena a actividade dos agentes económicos, correspondendo a uma "ideia abstracta"[2463].

Na medida em que esta noção conleva a outorga de liberdade às pessoas chamadas a fazer essas escolhas, é necessário que existam várias ofertas no mercado, onde se processa o intercâmbio económico de bens. E o mercado é estimulado pela oferta. Para se poder falar de concorrência é, pois, essencial que sejam idên-

---

[2460] Sinalizando este risco, ainda MARIEKE CASTRONOVO, "Clause de clientéle et clause de non-concurrence" (2010), cit., 50.

[2461] Se o afastamento da concorrência é contrário aos interesses de eficiência do mercado e se a utilização da cláusula como meio puramente interditivo da contratação do trabalhador por outra empresa contende outrossim com a esfera de interesses subjacente à proibição contida no art. 138.º (em ilustração: o trabalhador compromete-se, independentemente das funções exercíveis, a não trabalhar para os empregadores Y e X), o ónus de alegação é ainda consequência do regime de ónus de prova a cargo do empregador, o qual é determinado pelo regime substantivo que enforma o pacto de não concorrência, nos termos gerais do n.º 1 do art. 342.º do CC, que, do que foi dito, derroga a proibição genérica dos acordos de limitação da liberdade de trabalho prevista no n.º 1 do art. 136.º e substancia o princípio, mais vasto, de que se o empregador se faz valer de um motivo para poder apor uma determinada cláusula tem que o provar.

[2462] Economicamente, o conceito materializa-se na disputa de clientela entre agentes que oferecem no mercado produtos idênticos, remontando ao *Sherman Act* (1890) a primeira intervenção digna de registo quanto à vedação de comportamentos empresariais predatórios, como salienta ANTÓNIO PINTO MONTEIRO, *Contratos de Distribuição Comercial* (2009), cit., 52. A preocupação demorou quase 50 anos a chegar ao velho continente, tendo obtido tradução legal com a *Ordonnance* 45-1483 em França (1945), o *Monopolies and Restrictive Trade Pratics Act* na Grã-Bretanha (1948) e a *Gesetz gegen Wettbewerbsbeschränkungen* (GWB) na Alemanha (1957).

[2463] DAVID J. GERBER, *Global Competition: Law, Markets, and Globalization*, Oxford University Press, Nova Iorque, 2010, 4.

ticas ou afins as actividades económicas prosseguidas por dois ou mais agentes económicos, embora não haja uma concepção unívoca[2464].

A susceptibilidade de provocação de um prejuízo ao antigo empregador implica que a actividade que o trabalhador possa vir a desenvolver se situe em mercados do produto e geográficos relevantes ou que, com base em premissas realistas, se possa entender que se situa em mercados do produto e geográficos relevantes em que o antigo empregador deseja entrar[2465], mesmo que para tanto tenha de realizar investimentos adicionais necessários ou suportar outros custos de conversão, conquanto, neste quadro, a situação exista com consistência bastante à data da cessação do contrato de trabalho e o trabalhador conheça ou não deva desconhecer esta circunstância[2466], assim se possa prognosticar com segurança, face às circunstâncias conhecidas e conjecturáveis, que este irá extrair verosimilmente benefícios efectivos com esses conhecimentos[2467].

Importando arredar transposições apressadas da doutrina das "oportunidades de negócio" trabalhada nos Estados Unidos da América para a aferição do dever de lealdade em contexto de funções societárias – para a qual se avança, de resto, com critérios múltiplos: *v. g.* "line of business test"[2468], "interest or expec-

---

[2464] Sobre as mais diversas concepções de concorrência existentes na doutrina nacional, e em síntese, veja-se PEDRO SOUSA E SILVA, *Direito Industrial: noções fundamentais*, Coimbra Editora, Coimbra, 2012, 325-6.

[2465] Nestes termos, fazendo apelo à globalização e ao desaparecimento de fronteiras no território da União Europeia, cfr. a sentença do tribunal de Milão de 03.02.05, OGL 2005, 315, e a anotação (parcialmente) concordante de LORENZO CAIRO, "Ancora sul patto di non concorrenza: il limite territoriale nel nuovo mercato, le modalità di pagamento del corrispettivo, i limiti alla pattuizione e all'esercizio del potere di recesso" (317).

[2466] MICHAEL TREBILCOCK, *The Common Law of Restraint of Trade: A Legal and Economic Analysis* (1986), cit., 89-90.

[2467] A dificuldade subjacente a este juízo de prognose encontra-se, como é bom de ver, no traçado de que tais factos eram previsíveis ao momento da cessação do contrato de trabalho, dificuldade que se agudiza com uma necessidade de comprovação pela conduta posterior dos interessados, mediante a exigência de que existam factos supervenientes que inequivocamente demonstrem que a intenção de entrada do antigo empregador nesses mercados era consistente, circunstância cuja verificação após um alegado incumprimento do pacto de não concorrência por banda do trabalhador suscita, como se entrevê, actividade probatória especialmente rigorosa quanto à demonstração de factos, situações ou actos que, sendo conhecíveis ou dificilmente desconhecíveis por parte do trabalhador, substanciem uma intenção empresarial, com projecção exterior, dirigida ao lançamento, à orientação ou à reconversão de uma actividade.

[2468] Este critério de determinação de uma oportunidade de negócio entende como tal todas as actividades que se reconduzam à linha de actuação da empresa, critério que nos aporta a considerar que essas actividades se devem considerar pertencentes ao ex-empregador. As críticas que esta construção gera baseiam-se na fluidez do critério interpretativo seguido pela jurisprudência

tancy test"[2469], "fairness test"[2470] –, o momento relevante, que cristaliza o património comercial ou industrial do empregador susceptível de tutela, ou seja o momento que demarca a possibilidade de causação de prejuízos ao empregador, é aquele em que a cláusula de não concorrência se destina a iniciar vigência, criando-se a partir daí uma barreira no mercado à actuação de um agente que se encontra em posição privilegiada para afectar os interesses económicos do empregador.

Se esta situação não pode ser desligada dos conhecimentos adquiridos pelo trabalhador e da sua ciência, ao momento da cessação do contrato de trabalho, quanto aos projectos do ex-empregador que se encontram em conjecturação ou em desenvolvimento, à luz dos objectivos que estão subjacentes à estipulabilidade de uma obrigação de não concorrência não interessará tanto recobrir a diversidade de estruturas económicas e traçar os vectores necessários ao funcionamento ordenado e eficiente do mercado (para o que, de resto, se avançam vários paradigmas)[2471], quanto delimitar o raio de interesses do empregador, que, em atenção à forma como o contrato de trabalho foi executado, pode estre-

---

norte-americana, designadamente quanto a actividades inscritas no objecto social da sociedade que não são efectivamente prosseguidas. Acresce o facto de este critério não atender devidamente à limitação da actividade da sociedade a uma área geográfica determinada: LORRAINE TALBOT, *Critical company law*, Routledge, Nova Iorque, 2007, 176.

[2469] Este modelo, mais tradicional, baseia-se no seguinte: oportunidade de negócio é toda aquela em relação à qual a empresa tem expectativas de aquisição. A fluidez do conceito, que tem aportado os tribunais a decisões oscilantes, não consegue distinguir expectativas legítimas e ilegítimas, não fornecendo, pois, um critério seguro que funde uma necessidade de tutela. Ainda: LORRAINE TALBOT, *Critical company law* (2007), cit., 176 e ROBERT W. HAMILTON, JONATHAN R. MACEY & DOUGLAS K. MOLL, *Cases and materials on corporations, including partnerships and limited liability companies*, Thomson/West, Eagan, 2010, 799.

[2470] Este modelo reconduz-se primariamente ao seguinte binómio: o exercício de uma actividade, associável a uma oportunidade de negócio, é admissível se for justo (*fair*), sendo rejeitável se for injusto (*unfair*) para a sociedade. Aqui, não se trata de decidir se uma oportunidade se insere (ou não) na linha de actuação da empresa ou decidir se ela tem (ou não) interesse para a sociedade. Trata-se de considerar se a actividade é (ou não) adequada à posição jurídica que o ex-trabalhador hoje assume e se o seu desenvolvimento não fere *injustamente* os interesses da sociedade. Embora tenha substituído o foco de análise *misapropriation* por *misbehavior*, o modelo presta-se, todavia, a uma relatividade excessiva. Veja-se ALAN R. PALMITER, *Corporations: examples and explanations*, Aspen Publishers, Nova Iorque, 2006, 236 e ss., 295-6 e ROBERT W. HAMILTON, JONATHAN R. MACEY & DOUGLAS K. MOLL, *Cases and materials on corporations, including partnerships and limited liability companies*, 789 e ss.

[2471] Para uma síntese destas correntes e dos modelos que lhes vão associados (basicamente: *Chicago vs Harvard*), cfr. KATALIN JUDIT CSERES, *Competition law and consumer protection*, Kluwer Law International, Bedfordshire, 2005, 41 e ss.

mar as actividades a exercer pelo trabalhador, na busca de uma solução de equi-líbrio, que envolve uma análise do conceito de *mercado relevante*.

6. O conceito de mercado relevante: âmbito operativo

35. O conceito de *mercado relevante* tem sido trabalhado em Direito da concorrência e, em escala diversa, deve ser aproveitado.

Geralmente associado ao cálculo de quotas de mercado – o que representa uma informação profícua em relação ao poder de mercado para apreciar a existência de uma posição dominante ou para efeitos de aplicação do art. 85.º do Tratado –, o conceito tem um significado importante, por um lado, na apreciação do interesse sério que a cláusula tem de apresentar e, por outro, na aferição do seu (in)cumprimento.

Aqui, visa-se com o conceito definir um mercado tanto em função do produto como em função da sua dimensão geográfica. Com isso consegue-se identificar os concorrentes efectivos do ex-empregador em causa susceptíveis de limitar a actividade do trabalhador[2472], sabendo-se que "quanto mais exacta e minuciosamente for analisado o mercado, mais estreito é o círculo de concorrentes"[2473].

Neste recorte, face aos interesses que o pacto de não concorrência visa tutelar, têm de ser consideradas as necessidades a satisfazer, necessidades que entalham, primacialmente, na noção de *clientela*, noção sobressaliente no domínio da concorrência desleal[2474], mas que flutua em função da qualidade do serviço,

---

[2472] Os regulamentos baseados nos arts. 85.º e 86.º do Tratado, nomeadamente, a secção 6 do formulário A/B relativo ao Regulamento n.º 17, bem como a secção 6 do formulário CO referente ao Regulamento (CEE) n.º 4064/89, relativo ao controlo das operações de concentração de empresas com dimensão comunitária, estabeleceram as seguintes definições: "um mercado de produto relevante compreende todos os produtos e/ou serviços consideradas permutáveis ou substituíveis pelo consumidor devido às suas características, preços e utilização pretendida". Já os mercados geográficos relevantes são definidos da seguinte forma: "(o) mercado geográfico relevante compreende a área em que as empresas em causa fornecem produtos ou serviços, em que as condições da concorrência são suficientemente homogéneas e que podem distinguir-se de áreas geográficas vizinhas devido ao facto, em especial, das condições da concorrência serem consideravelmente diferentes nessas áreas".

[2473] Assim: JÚLIO VIEIRA GOMES, "As Cláusulas de Não Concorrência no Direito do Trabalho" (1998), cit., 948.

[2474] Espaço onde o direito à lealdade de concorrência surge por vezes configurado como uma mera pretensão à abstenção de terceiros, sem qualquer conteúdo positivo: CARLOS OLAVO, *Propriedade Industrial – Sinais Distintivos do Comércio, Concorrência Desleal* (2.ª ed.), Almedina, Coimbra, 2005, 257. No nosso ordenamento jurídico, a concorrência desleal é uma actividade voluntária, desonesta e conscientemente praticada com intenção de desviar clientela alheia em proveito próprio. Neste plano, a concorrência só pode ser apreciada em concreto, pois o que interessa saber é se

da forma de apresentar os produtos, do seu preço e qualidade e de uma enorme variedade de factores de ordem económica, social, sociológica e psicológica[2475].

Face às dúvidas geráveis pela intersecção entre a actividade exercível pelo trabalhador e a limitação à concorrência implicada pelo pacto[2476], importará, desde já, admitir a possibilidade de pessoas sem fim lucrativo poderem beneficiar da obrigação de não concorrência, independentemente de, no plano do Direito da concorrência, ser entendível que, para determinados efeitos, na exacta medida em que não se encontram sujeitos ao jogo da oferta e da procura, alguns destes entes se possam encontrar isentos da aplicação de parte dos instrumentos destinados a assegurar a livre concorrência[2477].

Por princípio, podem sê-lo, independentemente dos termos em que a cláusula é convencionada (seja para protecção de segredos de fabrico, de clientela ou de fornecimentos)[2478].

Se um trabalhador de uma associação, fundação ou cooperativa se encontra obrigado ao dever de não concorrência ou de sigilo no decurso do contrato de trabalho, não se vê que estes deveres, mediante convenção *ad hoc*, não possam ser objecto de idêntica protecção após a cessação do vínculo laboral.

Aliás, não confundindo a afectabilidade do elemento lucro à pessoa colectiva *qua tale* e/ou aos associados – e assumindo-se, em simultâneo, que uma associação não é constituída com vista a gerar prejuízo e que a actividade empresarial pode ser o meio directo para a consecução dos seus fins próprios[2479] –, vislumbram-se hoje tendências de recondução do tratamento de associações e sociedades comerciais a um tronco comum, erigindo-se dogmaticamente um quadro analítico polarizado no elemento pessoa colectiva de direito privado[2480], semelhantemente ao que sucedia no âmbito do Código de Seabra, que previa

---

a actividade de um agente económico atinge ou não a actividade do outro, através da disputa da mesma clientela, como desenvolve Francesco Bochicchio, "La nuova disciplina del patto di non concorrenza nel contratto di agenzia e riflessi sulla configurazione dei contratti di distribuzione", *Contratto e impresa: dialoghi* (dir. Francesco Galgano), ano 20, n.º 3, Cedam, Pádua, 2004, 1288 e ss..

[2475] Veja-se o Ac. Rl. Pt. de 14.03.1996 (Custódio Montes), CJ 1996, ano XXI, T. II, 200-2.

[2476] Neste sentido: Júlio Vieira Gomes, *Direito do Trabalho* (2007), cit., 619.

[2477] Permita-se-nos a remissão para João Zenha Martins, "Auxílios de Estado. O caso específico dos auxílios à formação e dos auxílios *de minimis*", RJAAFDL 2002, n.º 23, AAFDL, 381-409.

[2478] Em Itália, sobre a violação do dever de não concorrência por parte de um trabalhador de uma associação sem fins lucrativos, cfr. Cass. 04.08.2000 n.º 10287 *in* Roberto Triola, *Codice Civile* (2002), cit., 1657.

[2479] Coutinho de Abreu, *Da empresarialidade* (1996), cit., 161.

[2480] Por exemplo, António Menezes Cordeiro, *Manual de Direito das Sociedades*, Vol. I (2.ª ed.), Almedina, Coimbra, 2007, 238-9.

que as associações de interesse particular fossem regidas pelas regras do contrato de sociedade[2481].

Verificando-se a possibilidade de uma associação adquirir participações no capital de sociedades comerciais – "porque quem exerce a actividade correspondente ao objecto social não é a associação, mas sim as sociedades a que as participações respeitem"[2482] –, e não desmerecendo outrossim o poliedrismo que informa o conceito de lucro (definível como um ganho, um benefício, um interesse, uma utilidade ou mesmo uma poupança de despesa[2483] e cujo âmbito conceptual se identifica na ciência económica como o excedente de preço de venda das mercadorias sobre o preço de custo[2484]), extremam-se as dificuldades na polarização do elemento lucro enquanto critério que firma o *distinguo* tradicionalmente estabelecido entre associações e sociedades[2485], face ao reconhecimento claro, jurisprudencialmente firmado e doutrinariamente semi-sedimentado, de que uma associação pode exercer de forma acessória uma actividade comercial se tal se revelar necessário à prossecução dos seus fins[2486].

[2481] Assim, o art. 39.º do Código de Seabra. Ainda: MARCELO CAETANO, "As Pessoas Colectivas no novo Código Civil Português" (1967), cit., 87.

[2482] Ac. STJ de 15.10.96 (JOAQUIM MATOS), com Anotação de M. HENRIQUE MESQUITA, RLJ n.º 3880, 202-249 (202). Em sentido idêntico, cfr. COUTINHO DE ABREU, *Da empresarialidade* (1996), cit., 164 e, em França, FRANCIS LEMEUNIER, *Associations – Constitution, Gestion, Évolution* (2009), cit., 20.

[2483] ROGÉRIO FERREIRA, "Lucro", *Polis. Enciclopédia da Sociedade e do Estado*, Vol. III, Verbo, Lisboa/São Paulo, 1986, 1263 e COUTINHO DE ABREU, *Curso de Direito Comercial, Vol. II* (2.ª ed.), Almedina, Coimbra, 2007, 14-6. Já GUILHERME MOREIRA, há dois séculos, em O *lucro e a questão económica*, Imprensa da Universidade, Coimbra, 1891, 101, fazendo um excurso sobre a evolução do conceito pelas diferentes escolas e à luz de outras tantas teorias, ao abordar a *dynamica do lucro*, salientava a sua associação à produção de uma vantagem, à geração de um *quid* economicamente avaliável, sendo, por isso, larga a zona de coincidência entre os conceitos de lucro e utilidade.

[2484] Por exemplo: HENRI DENIS, *História do Pensamento Económico*, Horizonte, Lisboa, 2000, 676, 698 e 717.

[2485] Veja-se também PAOLO DE CARLI, «Le problematiche dello scopo negli enti "non profit" tra pubblico e privato», *Gli enti non-profit: nuove figure e nuove problematiche* (Atti del Convegno 3 ottobre 1992 organizzato dal Comitato regionale notarile della Lombardia), Giuffrè, Milão, 1993, 4971 ss. (4982). ANTÓNIO MENEZES CORDEIRO, *Manual de Direito das Sociedades*, Vol. I (2007), cit., 239, refere que "o fim lucrativo ou não lucrativo não dita, pois, de modo fatal, a posição assumida pela pessoa colectiva em jogo".

[2486] No dizer de FERNANDO PIRES DE LIMA & JOÃO ANTUNES VARELA, *Código Civil Anotado*, vol. I (1987), cit., 165: "(n)ão obstante a especialização consagrada neste art. quanto à capacidade de gozo de direitos, admite-se que a pessoa colectiva pratique actos convenientes à prossecução dos seus fins. Estes actos podem afastar-se, quanto ao seu objecto, dos fins da pessoa colectiva, como a organização duma festa com o fim de angariar fundos para a colectividade. Consagra-se, por conseguinte, o princípio da especialidade, mas com larga atenuação do seu rigor". Ou, como exemplifica

No que ao exercício de uma actividade susceptível de causar prejuízo diz respeito, o factor relevante residirá no facto de se tratar de uma entidade económica organizada de modo estável, independentemente do seu estatuto jurídico, que prossegue um objectivo próprio, substanciado numa actividade que consiste na oferta de bens ou de serviços num determinado mercado[2487].

Existindo normas e institutos cuja aplicação juslaboral, não obstante o *nomen*, não se cingem ao conceito de "empresa" – o que não impede a sua extensão a realidades não empresariais[2488]–, e ainda que em momento algum o art. 136.º faça eco da categoria-cenário empresa que conforma grande parte da malha normativa laboral, o importante, para este efeito, é a qualificação da actividade exercida pelo empregador como actividade económica e, independentemente dos fins lucrativos, verificar se os serviços oferecidos se encontram em concorrência com os serviços propostos por operadores que prosseguem fins lucrativos[2489].

Admitir que informações sobre métodos de organização ou de desenvolvimento científico de uma fundação ou listas de clientes ou fornecedores de uma associação não são tuteláveis através de um pacto livremente firmável pelos sujeitos significaria colocar um universo de entidades sem fim lucrativo numa

---

Manuel de Andrade, *Teoria Geral da Relação Jurídica*. Vol. II (1966), cit., 94, "as próprias pessoas colectivas de fim desinteressado não estão de todo incapacitadas para praticar actos de natureza lucrativa, em ordem a obter recursos com que possam promover a satisfação dos interesses altruísticos que se propõem servir". Enquanto o art. 34.º do Código de Seabra se referia a "todos os direitos civis, relativos aos interesses legítimos do seu instituto", a disposição actual reporta-se a "todos os direitos e obrigações necessários ou convenientes à prossecução dos seus fins" (n.º 1 do art. 160.º). No direito estrangeiro, por exemplo: Günter Weick, "Vorbem zu § 21 ff.", *Staudingers Kommentar zum BGB, I* (13.ª ed), Sellier–de Gruyter, Berlim, 1995, 73, Alain-Serge Mescheriakoff, Marc Frangi & Moncef Kdhir, *Droit des associations*, Puf, Paris, 1996, 50-54 ou Massimo Bianca, *Diritto Civile*. Tomo III (2000), cit., 345 e ss..

[2487] Com interesse, veja-se ainda a Lei n.º 19/2012, de 08.05, que, sendo "aplicável a todas as actividades económicas exercidas, com carácter permanente ou ocasional, nos setores privado, público e cooperativo" (n.º 1 do art. 2.º), fornece, para esse efeito, uma definição de empresa que abrange "qualquer entidade que exerça uma actividade económica que consista na oferta de bens ou serviços num determinado mercado, independentemente do seu estatuto jurídico e do seu modo de financiamento" (art. 3.º).

[2488] Por exemplo, também em relação ao despedimento colectivo, como salienta Bernardo Lobo Xavier, *O despedimento colectivo no dimensionamento da empresa* (2000), cit., 657, e não obstante a lei referir-se a *empresa*, "as fundações com objecto artístico ou de beneficência, as associações ligadas à assistência ou cultura, e as outras instituições similares necessitam muitas vezes de ter ao seu serviço trabalhadores e também elas – que não assumem a forma empresarial – se poderão valer das formas de despedimento colectivo".

[2489] Ao que cremos, neste sentido, cfr. Júlio Vieira Gomes, *Direito do Trabalho* (2007), cit., 619. Diversamente: Giuseppe Ferraro, *Il Rapporto di Lavoro* (2006), cit., 128.

situação de desprotecção, cuja polarização no elemento teleológico não lograria atender às exigências impostas pela actividade económica subjacente, afinal o elemento cujo relevo deve guiar o intérprete-aplicador na indagação do prejuízo causável com a actividade do trabalhador[2490].

Se em relação à actividade exercida pelo empregador o que interessa é que se trate de uma actividade que não seja exclusivamente pessoal e não se situe para lá do âmbito económico – independentemente da forma legal assumida ou do seu escopo lucrativo –, neste quadro, a concorrência que representa uma nova actividade exercida pelo antigo trabalhador, conforme salientou já o BAG[2491], é reassumável a partir dos fins que este se propõe alcançar, e, perante a impossibilidade de sindicar o *animus* do trabalhador, o recorte da situação concorrencial é feito objectivamente: visando afastar-se quaisquer tentames na criação de obstáculos à actividade dos demais operadores económicos, a actividade será concorrencial quando, em atenção às necessidades do mercado, for susceptível de revestir a mesma utilidade e partilhar os fins que estão subjacentes à actividade exercida pelo empregador pregresso[2492].

Estabelecido este teorema, o problema da definição de mercado está na dificuldade em decidir que produtos ou serviços estão no *mesmo* mercado, uma vez que bens diferentes podem satisfazer necessidades coincidentes (exemplo: chá/café, vodka/whisky)[2493], afluindo-se ao conceito de bens substitutivos[2494], não que sem antes se desfibre o conceito de mercado relevante: aqui, com vista à delimitação do mercado relevante, os critérios seguidos pela Comissão Europeia assumem relevo e, embora em escala diversa, têm virtualidades que não devem ser desaproveitadas[2495].

[2490] Diferentemente, considerando, com arrimo jurisprudencial, que não se vê como pode um ente público ou um ente sem fins lucrativos beneficiar de uma cláusula de não concorrência, v. PEDRAJAS MORENO & SALA FRANCO, *El pacto de no concurrencia postcontractual* (2005), cit., 31.
[2491] BAG 13.09.69 – 3 AZR 138/68, NJW 1970, 626.
[2492] KONRAD ZWEIGERT/HEIN KOETZ/TONY WEIR, *Introduction to Comparative Law* (1998), cit., 385.
[2493] Cfr. ALISON JONES/BRENDA SUFRIN, *EC competition law: text, cases and materials*, Oxford University Press, Oxford, 2008, 62.
[2494] Se por bens substitutivos se entende todos aqueles que se mostram aptos a satisfazer necessidades iguais ou similares, é corrente estabelecer-se, dentro desta categoria, uma distinção entre bens substitutivos perfeitos e imperfeitos. Nos primeiros, não existe apenas uma diferenciação do produto ou se existe o público não a percebe; nos segundos, existe uma diferenciação de produto evidente, mas as curvas de indiferença entre os diferentes produtos são próximas – cfr. RICHARD G. LIPSEY, *An Introduction to Positive Economics* (7.ª ed.), Weidenfeld and Nicolson, Londres, 1998, 65-7.
[2495] Cfr. *Comunicação da Comissão relativa à definicação de mercado relevante para efeitos do direito comunitário da concorrência*, JOCE n.º C 372 de 09.12.1997, 5-13.

Para tanto, deve atender-se à substituibilidade do lado da procura e à substituibilidade do lado da oferta. Na primeira cuida-se da identificação das verdadeiras fontes alternativas de fornecimento para os clientes do ex-empregador em causa, tanto em termos de produtos/serviços como em termos da localização geográfica dos fornecedores; na segunda, trata-se sobretudo da determinação da gama de produtos considerados substituíveis pelo consumidor, abordagem que implica que, partindo do tipo de produtos que o (ex)empregador em causa fabrica/vende e da respectiva área de fabrico/venda, se atenda à fixação dos preços dos produtos a curto prazo e se atente aos produtos considerados pelos compradores como intersubstituíveis ou substituíveis, com base nas suas características, na utilização que lhes é dada[2496] e nos preços[2497], importando outro-

---

[2496] De forma não assumida a Comunicação da Comissão faz apelo ao teste SSNIP (*Small but Significant Non-transitory Increase in Price*), criado por Morris Adelman, com recurso ao monopólio hipotético [cfr. IOANNIS LIANOS, "Lost in translation? Towards a theory of economic transplants", *Current Legal Problems 2009*. Vol. 62 (ed. Colm O'Cinneide), Oxford University Press, Oxford, 2010, 376-380]. O exercício é o seguinte: definem-se os produtos em relação aos quais uma empresa em monopólio ou em cartel hipotético consegue aumentar, de forma não significativa e transitoriamente, os preços, sem registar perda de rendimento. Isto só é possível porque o ganho proporcionado pelo aumento de preço compensa a perda que está associada à diminuição da procura. A análise desta compensação é feita com recurso à *critical loss analysis* e baseia-se na seguinte questão: quantas vendas têm de se perder para estabelecer um SSNIP não lucrativo? Uma vez que a quantidade de vendas perdidas em valor de margem é representada pela *critical loss*, esta será superior, igual ou inferior à perda efectiva em razão da elasticidade da procura e do efeito substituição. Se a *critical loss* for superior à perda efectiva (*actual loss*) torna-se necessário estender o mercado geográfico e de produto; se a *critical loss* for inferior ou igual à perda efectiva é porque foi encontrado o mercado relevante. Com detalhe: STEFAN VOIGT & ANDRÉ SCHMIDT, *Making European merger policy more predictable*, Springer, Dordrecht, 2005, 57-9 e KAI HÜSCHELRATH, *Competition Policy Analysis: An Integrated Approach*, Vol. 41, Springer, Heidelberg, 2009, 161-170.

[2497] Os preços são fixados no mercado em função de um conjunto de factores, que determinam o equilíbrio entre a oferta e a procura. São, pois, os preços que orientam as decisões dos produtores e consumidores no mercado. Se a sua subida tende a reduzir a procura e a fomentar a produção, a sua descida, ao invés, incrementa a procura e reduz os incentivos à produção: WILLIAM J. BAUMOL & ALAN S. BLINDER, *Economics: Principles and Policy* (12.ª ed.), South Western, Mason, 2012, 110-112 e 116. É desta forma que se estabelecem as curvas da oferta e da procura e, por consequência, que se reflecte a relação existente entre o bem e a quantidade procurada ou produzida do produto. As relações entre as variáveis do preço de um bem e a quantidade de procura expressam-se numa função denominada *elasticidade do preço*. Será esta, que, com respeito à procura, vai permitir fixar o grau de resposta do movimento de procura de um bem ante uma variação de preço. No que respeita à oferta, a elasticidade permite determinar a resposta dos oferentes ante a variação de preço de um bem. É, todavia, possível que, não havendo variações no preço de um bem, se registem variações na sua oferta ou na sua procura. Um dos factores que concorre para esta situação diz respeito às variações de outros bens no mercado, caso em que a elasticidade da oferta e da procura se produz de

tanto atender aos condicionalismos em matéria de substituição impostos pelas condições nos mercados conexos[2498].

Assim, no que à oferta diz respeito, está-se diante de um bem substitutivo sempre que o aumento de preço de um bem provoque um aumento da procura de outro bem (exemplo típico: margarina/manteiga)[2499]. Registando-se uma diminuição do preço do bem, produz-se uma diminuição da procura do bem substitutivo.

Já no que se refere à procura, o fenómeno é idêntico: os bens são substitutivos sempre que o aumento ou a diminuição de preço de um bem determina, respectivamente, uma diminuição ou um aumento da oferta de outro bem. Neste caso, a tendência é para uma deslocação da produção para o bem que oferece melhores margens de lucro, o que sucederá fundamentalmente em sectores onde as características dos processos de produção permitem oferecer bens distintos que utilizam os mesmos factores. Este fenómeno de intercâmbio das uni-

---

forma cruzada com o preço de outro bem. Cfr. JOSHUA GANS/STEPHEN KING/GREGORY MANKIW (5.ª ed.), *Principles of Microeconomics*, Cengage Learning, South Melbourne, 2012, 95-8.

[2498] Cfr. STEFAN VOIGT & ANDRÉ SCHMIDT, *Making European merger policy more predictable* (2005), cit., 54 e ALISON JONES & BRENDA SUFRIN, *EC competition law* (2008), cit., 63-8.

[2499] JOSEPH E. STIGLITZ & CARL E. WALSH, *Economics* (3.ª ed.), W. W. Norton & Company, Nova Iorque/Londres, 2002, 70-2. Assim, e tendo presente os interesses do empregador no afastamento da denominada concorrência diferencial, a aptidão para satisfação de necessidades idênticas, sucedâneas ou mesmo complementares do mercado recortar-se-á, no essencial, a partir da susceptibilidade de afluência à mesma clientela, com o que importará verificar se cada um dos produtos comercializados pelos sujeitos corresponde a um mercado distinto, e analisando-se mercado a mercado, considerar que o carácter distinto dos diferentes mercados de produtos não é todavia absoluto, situação que poderá impor uma apreciação relativa a um mercado de produtos particular à luz da situação concorrencial que existe no conjunto dos outros mercados de produtos do território e que convocará a apreciação de um conjunto alargado de factores. Designadamente: respostas dos clientes (com base nas decisões tomadas em matéria de compras), variações relativas dos preços, factores de produção alternativos, localização geográfica dos clientes, investimentos específicos que são necessários ao processo de produção, o investimento na formação e nos recursos humanos, custos associados à aquisição de novas ferramentas ou outros investimentos, *etc*. Sem prejuízo, em determinados casos será possível analisar elementos referentes a acontecimentos ou a perturbações recentes no mercado que ilustram de forma concreta a ocorrência de uma substituição entre dois produtos. Quando disponível, este tipo de informação será normalmente fundamental para a definição do mercado. Em caso de alterações anteriores dos preços relativos (*ceteris paribus*), as reacções em termos de quantidades solicitadas constituirão um factor determinante para estabelecer a substituibilidade, bem como o lançamento anterior de novos produtos sempre que for possível analisar de forma precisa quais os produtos que diminuíram as vendas em detrimento do novo produto.

dades de produção é naturalmente tanto mais marcado quanto mais contestável for o mercado[2500].

Ora, considerando que "em face do ramo do negócio há que formular um juízo de valor sobre os bens que poderão ser postos à disposição da colectividade ou que não poderão sê-lo"[2501], se a aptidão para a satisfação de necessidades idênticas, sucedâneas ou mesmo complementares obriga a uma identidade do sector de mercado, o traçado deste perímetro recorta-se a partir da direcção da actividade ao mesmo tipo de destinatários (mormente a clientela)[2502].

Mas, sendo esse o índice definidor do sector de mercado onde se processa a competição entre agentes, afigura-se, pois, difícil, polarizar na oferta ou, ao revés, na procura, o ponto de partida necessário à definição de uma situação de concorrência que releve para o recorte das actividades vedáveis ao trabalhador, para a delimitação material geográfica e temporal exigida para este tipo de obrigações e para a aferição de uma eventual situação de incumprimento.

36. Assente que o conceito de mercado de produto compreende todos os bens que em razão da sua natureza e das suas características são consideráveis intercambiáveis ou substituíveis, proceder-se-á de seguida ao traçado do mercado geográfico concreto, atendendo-se, para tanto, à dimensão territorial dos circuitos associados à empresa para a qual o trabalhador laborou.

Este problema, que aparece agudizado pela incerteza que emerge das inter-relações complexas entre os diferentes sectores de mercado associados à noção de clientela (mas também de produtores ou fornecedores), convoca um entrecruzamento de factores variados e impõe uma prudencial ponderação dos interesses em causa[2503].

Como princípio, deve entender-se que o mercado geográfico relevante compreende a área em que as empresas em causa fornecem produtos ou serviços, em que as condições da concorrência são suficientemente homogéneas e que podem distinguir-se de áreas geográficas vizinhas devido ao facto, em espe-

---

[2500] ROGER LEROY MILLER, *Economics Today* (16.ª ed.), Addison-Wesley, Boston 2001, 563-4. Ainda: RICHARD G. LIPSEY, *An Introduction to Positive Economics* (1998), cit., 90-3 e JOSEPH E. STIGLITZ & CARL E. WALSH, *Economics* (2002), cit., 72.
[2501] AMÉRICO DA SILVA CARVALHO, *Concorrência Desleal* (1984), cit., 43.
[2502] CHRISTOPH NEERACHER. *Das arbeitsvertragliche. Konkurrenzverbot* (2001), cit., 42-4 e ENRICO GHIROTTI, *Il patto di non concorrenza nei contratti commerciali* (2008), cit., 65.
[2503] Quanto a este ponto, acompanha-se KONRAD ZWEIGERT/HEIN KOETZ/TONY WEIR, *Introduction to Comparative Law* (1998), cit., 386 e DEBORAH J. LOCKTON, *Employment Law* (2003), cit., 351.

cial, das condições da concorrência serem consideravelmente diferentes nessas áreas[2504].

Contudo, o recurso a teoremas trabalhados noutras áreas científicas (*v.g.* economia), tendo virtualidades reconhecidas e podendo funcionar como critério heurístico na determinação de uma situação de concorrência pós-laboral, não implica, por um lado, que o intérprete-aplicador acolha o objecto com que trabalha de forma acrítica[2505] – o Direito tem um *logos* próprio e os modelos económicos são um *condicionante condicionado,* pois o critério de solução está para além deles –, e que, por outro, face às implicações demandadas pelo enquadramento estabelecível, se dispense a sua valoração jurídico-laboral, tendo em vista, com base num *definens* axiológico, a sua (in)atendibilidade sistemática[2506].

Em primeiro lugar, porque a concorrência normal só pode ser afastada dentro das estritas baias em que a legislação sobre concorrência o permita.

Não podendo a empresa ficar colocada numa situação de vantagem que afecte artificialmente o mercado de trabalho[2507], denotar-se-á a impossibilidade de a obrigação de não concorrência laboralmente assumida, repristinando o espírito *malthusiano*[2508], se tornar num instrumento destinado à circunvicção das normas gerais sobre concorrência[2509] (adulterando, para tanto, os sinais de estímulo dos

---

[2504] Para a análise de mercados, veja-se, com carácter indicativo para o efeito, a Recomendação da Comissão Europeia 2003/311/CE, de 11.02.

[2505] CARLO BEDUSCHI, *Tipicitá e Diritto* (1992), cit., 10 e MONTOYA MELGAR, *Derecho y Trabajo* (1997), cit., 97.

[2506] Neste sentido RICARDO DEL PUNTA, "The Economic Challenge to Labour Law" (2010), cit., 9, que, justificadamente, salienta: "any economic reductionism that is any domination of economics over labour law must be rejected", acrescentando: "the importance of the jurist's role derives just from being an arbitrator of these conflicts, since the legal rationale must result from a synthetic evaluation of all the relevant values and interests emerging from society to the extent that these are compatible with the general principles of the legal system".

[2507] Sobre este conceito, cfr. ANNE C. L. DAVIES, *Perspectives on Labour Law* (2004), cit., 21 e ss..

[2508] A qualificação pertence a JEAN PÉLISSIER/ALAIN SUPIOT/ANTOINE JEAMMAUD, *Droit du Travail* (2000), cit., 287. Economicamente o pacto adquire feições malthusianas, porque impede o trabalhador de trabalhar no(s) domínio(s) em que ele melhor sabe, privando-o de um fonte importante de rendimentos, e porque gera, reflexamente, um tendencial abaixamento dos níveis remuneratórios nesse sector de actividade, uma vez que os trabalhadores com maior experiência profissional são arredados da possibilidade de nele poderem intervir, seja através da oferta dos seus serviços em benefício de outrem, seja através da possibilidade de contratarem outros trabalhadores para, no exercício de funções comerciais, aí desenvolverem actividade, estancando-se, sob este ângulo, a procura de trabalhadores com tais saberes profissionais e recebendo-se uma compensação por regra inferior à retribuição auferida e/ou auferível.

[2509] Assim, "Cassazione 3 Dicembre 2001, n.º 15253", NGL 2002, 243, considerando-se inválido um pacto de não concorrência em que o trabalhador se havia comprometido a não trabalhar para

agentes económicos no mercado de emprego[2510]), sendo mister ter presente o princípio da concorrência *efectiva* e *equilibrada* ou salutar que se extrai dos arts. 81.º, alínea f), e 99.º, alíneas a) e c), ambos da CRP, e garantir uma liberdade de competição económica, cuja tradução efectiva há-de consistir na disputa operacional da preferência dos destinatários dos seus bens e/ou serviços, buscando-se uma afectação óptima dos recursos[2511].

Neste sentido, essa indagação mostra-se insusceptível de validações abstractas e, após o entrecruzamento de todos os factores, poder-se-á mesmo considerar inverificado o interesse sério, caso se entenda que o efeito primário produzido associável à cláusula consiste num afastamento da concorrência[2512], para o que aliás podem relevar factores aparentemente acessórios, como a densidade populacional da área geográfica coberta pela interdição[2513].

---

empresas concorrentes com o seu antigo empregador sem qualquer especificação das funções abrangíveis pela obrigação interditiva.

[2510] Ainda que, conforme nota José de Oliveira Ascensão, *Concorrência Desleal* (2002), cit., 566, um acto restritivo da concorrência não seja necessariamente um acto contrário às regras da concorrência vigentes, como poderá suceder com actos que contribuam para melhorar a produção ou a distribuição de bens ou serviços ou para promover o desenvolvimento técnico ou económico.

[2511] No ordenamento francês, onde se exige desde 1992 que a cláusula se mostre indispensável à protecção de interesses legítimos do empregador, fere-se de nulidade a cláusula cuja necessidade o empregador não logre provar e aquela que restringe em excesso a concorrência, fazendo-se com frequência apelo ao Direito da concorrência na apreciação da validade e da mensuração dos efeitos das cláusulas e trazendo-se, por isso, à colação tanto o art. L 420-1 (que incide sobre "ententes") como o art. L 420-2, ambos do Código do Comércio (que versa sobre o abuso de posição dominante). Cfr. Thérèse Aubert-Monpeyssen, "Les libertés et droits fondamentaux dans l'entreprise: brèves remarques sur quelques évolutions récentes" (2002), cit., 316-321.

[2512] Assim: Amiel-Donat, *Les Clauses de non-concurrence en droit du travail* (1998), cit., 31-2.

[2513] No caso *Office Angels v. Rainer Thomas and O'Connor* [1991] IRLR 214 e John Bowers & Simon Honeyball, *Textbook on Labour Law* (1998), cit., 37, foi este o factor que travejou o juízo de invalidade feito pelo tribunal, que considerou irrazoável a protecção conferida ao empregador, num *iter* argumentativo que, todavia, imbrica o interesse sério com a proporcionalidade da restrição, já que o juízo de desproporção deve surgir num momento subsequente à verificação da legitimidade do interesse (cfr. John Bowers & Simon Honeyball, *Textbook on Labour Law* (1998), cit., 37). Ora, se ao entrar num juízo de desproporção, considerando *pari passu* que os interesses do empregador não careciam por isso de tutela, o tribunal confundiu interesses com âmbito de aplicação da cláusula, realça-se, todavia, que a utilização de factores como a densidade populacional, a dimensão do mercado ou a duração do contrato pregresso, sempre que estes se mostrem manifestamente inadequados à possibilidade de causação de um prejuízo ao antigo empregador, implicará um juízo de invalidade da cláusula, que prejudica, naturalmente, a indagação do alcance da restrição. Já nas situações em que a cláusula produz um afastamento de uma oferta alternativa a um determinado universo social (exemplo: região do interior), proporcionando uma situação de monopólio, impõe-se a aplicação do Direito da concorrência. Trata-se, contudo, de situação alienígena à permeabili-

Em segundo lugar, está-se perante uma limitação à liberdade de trabalho e à liberdade económica *lato sensu*. Por isso, qualquer acordo que apareça a bulir com um direito fundamental deve passar pelo crivo do princípio da proporcionalidade[2514], até porque, mau grado a obrigação de não concorrência ser negocialmente assumida pelo trabalhador, é da interpretação do art. 136.º que cuidamos e da forma como a lei é constitucionalmente conformada através de acordo[2515].

Não se tratando de questionar a inconstitucionalidade dos pactos de não concorrência[2516] – já afastada, entre nós, pelo Tribunal Constitucional[2517] –, o certo é que, além do princípio da liberdade de trabalho, toca-se também no princípio da liberdade de empresa, que tem como dimensão essencial a liberdade de concorrência, que, enquanto tal, se encontra simultaneamente garantida e regulada pelo Direito da concorrência, constitucional, infra-constitucional e também comunitário[2518] e onde o princípio da proporcionalidade tem conhecido renovado lastro[2519].

Assim, atendendo ao *(q)uatenus cuius intersit, in facto, non iure consisti*[2520] e sufragando-se o sub-princípio da *interpretação conforme com os direitos fundamentais* (integrável na figura mais vasta da interpretação em conformidade com a

---

dade de considerações de natureza social, que, em princípio, não afecta a sua valoração enquanto instrumento previsto na legislação laboral. Havendo que atender ao Direito da concorrência, só não será assim se estivermos perante situação em que a cláusula tem como único objectivo o afastamento de concorrência (e em que por associação se encontra desprovida de qualquer interesse sério) ou em que a possibilidade de exercício de uma actividade profissional por parte do trabalhador compatível com a sua especialização e as suas habilitações implica uma migração que, pela sua desproporção, conduz o intérprete-aplicador a um juízo de inaplicabilidade da cláusula nos exactos termos em que esta se encontra formulada.

[2514] MONTOYA MELGAR, *Derecho del Trabajo* (2000), cit., 326.

[2515] Sobre este enquadramento, cfr. CONSTANTINO MORTATI, *Il diritto al lavoro secondo la Costituzione della Repubblica* (1972), cit., 82 e 144 ss., ANTOINE JEAMMAUD, "Le droit constitutionnel dans les relations du travail", *AJDA* 1991, 612 e MARIO GRANDI & GUISEPPE PERA, *Commentario breve alle leggi sul lavoro* (2009), cit., 609-610.

[2516] Com abundantes referências doutrinárias no sentido da inconstitucionalidade dos pactos, v. JÚLIO VIEIRA GOMES, "As Cláusulas de Não Concorrência no Direito do Trabalho" (1998), cit., 935-6.

[2517] Com o citado Ac. TC n.º 256/04, de 14.04 (MÁRIO TORRES). Em anotação ao aresto, v. JOÃO ZENHA MARTINS, "Pactos de não concorrência com projecção laboral", JC 2006, n.º 9, 69-89 e com referência ao sentido decisório do TC, v. Ac. STJ de 10.12.2009 (VASQUES DINIS), proc. n.º 09S0625.

[2518] No plano supra-ordinário, cfr. art. 101.º do TUE e arts. 61.º, 81.º/f e 99.º/a da CRP.

[2519] Sobre o ponto: FRANCESCA SPAGNUOLO, "Il principio di proporzionalità tra vecchi e nuovi schemi interpretativi", RIDPC 2008, n.os 3-4, 1005-8 (999-1012).

[2520] PAULO, *Libro quinto ad Sabinum*, Dig. 50.17.24.

Constituição)[2521], sendo a interpretação uma actividade volitivo-cognitiva complexa que intende para a decisão e na qual *a interpretação dos factos e a interpretação da norma surgem reciprocamente condicionados*[2522], importará preservar, na sua extensão possível, o princípio da liberdade de trabalho, não descuidando, de resto, os efeitos que esta convenção produz *ex ante* quanto à permanência do trabalhador.

Em terceiro lugar, haverá que ter presente o Direito comunitário, uma vez que, além das garantias destinadas à manutenção de uma estrutura concorrencial do mercado e a uma *economia social de mercado* fortemente competitiva (novo art. 3.º TUE)[2523], o princípio da livre circulação de trabalhadores é uma *liberdade fundamental da Comunidade*[2524].

Na medida em que os acordos de não concorrência podem limitar o direito dos trabalhadores em passarem a trabalhar para outros empregadores ou de fundar a sua própria empresa no mesmo sector, pode dar-se um impedimento à livre circulação dos trabalhadores e dos serviços entre os Estados-Membros.

Ademais, havendo grandes variações quanto ao desenho legal que incide sobre estes acordos nos diferentes Estados-Membros, os trabalhadores dos Estados-Membros não estão em posição de paridade no que respeita à circulação entre os Estados-Membros para procurar e obter um emprego, gerando-se um quadro desigualitário.

[2521] Cfr. João Zenha Martins, "Interpretação conforme com a Constituição", *Estudos em Homenagem ao Professor Inocêncio Galvão Telles*, Vol. V., Almedina, Coimbra, 2003, 823-957.

[2522] Cfr. Mathilde Scaglia, «La QPC et la "régle" jurisprudentielle, à propós de la clause de non concurrence", RDT 2013, n.º 4, 269-272, com enquadramento genérico sobre o acórdão da *Cour de Cassation*, de 28.11.12, que atinou com a questão prioritária de constitucionalidade (QPC) relativa à interpretação jurisprudencial sobre a desconsideração parcial (= não escrita) de uma disposição inscrita numa cláusula de não concorrência que previa uma diminuição da contrapartida financeira a cargo do empregador em caso de demissão do trabalhador e que, no juízo da *Cour de Cassation*, se revelou inatendível, face à absolutidade da função de compensar a lesão à liberdade de trabalho que caracteriza a contrapartida devida pelo empregador, posição que, contudo, não é unânime: Alexandre Charbonneau, "La contrepartie financière d'une clause de non-concurrence: indifference du mode de rupture du contrat quant à son montant. Sóc. 25 février 2012, n.º 10-11.590" (2012), cit., 217.

[2523] Patrizia de Pasquale, "Libera concorrenza ed economia sociale nel Trattato di Lisbona", DPCE I, 2009, 81. A expressão *economia social de mercado (Soziale Marktwirtschaft)* é fortemente inspirada na Escola de Friburgo, com destaque para Walter Eucken e Andreas Müller-Armack, permeando-se a critérios de justiça social e de solidariedade. Conforme notam Francesco Caruso & Patrizia de Pasquale, *L'ordinamento europeo – La politiche dell'Unione*. Vol. III, Giuffrè, Milão, 2009, 11-3, a liberdade do mercado tem um pêndulo: o equilíbrio social.

[2524] Na expressão de Jean-Claude Séché, «Quand les juges tirent au but: L'Arrêt Bosman du 15 Décembre 1995», CDE 1996, n.ºs 3-4, 356-7.

E, segundo o TJ, além das discriminações directas e as que (de forma mais ou menos dissimulada) acabam *ex post factum* por "impedir o acesso ou exercício de determinada profissão pelos não nacionais"[2525], são também contundentes com o art. 39.º do TUE quaisquer entraves à liberdade de circulação entre os Estados--Membros, ainda que não aferroáveis a qualquer discriminação[2526], edificando--se, nas palavras de TITO BALLARINO, a teoria «dell'ostacolo»[2527].

Em todo o caso, propendemos para a insusceptibilidade de afectação do princípio da livre circulação de trabalhadores em relação às limitações que apresentam um âmbito de eficácia intra-territorial[2528] (justamente, *ope legis*, o âmbito das cláusulas de não concorrência que é consentido no ordenamento belga[2529]), razão pela qual o âmbito da aplicação territorial da cláusula surge, neste âmbito, como um *posteriorus*, e já não como um *prius* que condiciona a apreciação da validade da cláusula.

Tal deve-se ao facto de considerarmos que este princípio, quando aplicado dentro dos Estados-Membros, convoca fundamentos por natureza diferentes daqueles que estão na sua génese (afora as situações de conexão com o Direito comunitário, *maxime* o lugar de aquisição de habilitações profissionais

---

[2525] PAUL CRAIG & GRÁINNE BÚRCA, *EC Law: texts, cases and materials*, Clarendon Express, Oxford, 1998, 720 e FAUSTO POCAR & ILARIA VIARENGO, *Diritto Comunitario del Lavoro*, Cedam, Pádua, 2001, 51-8.

[2526] BRIGITTE FAVAREL-DAPAS & ODILE QUINTIN, *L'Europe Sociale* (col. Réflexe Europe), La documentation francaise, Paris, 2007, 66-7. Neste quadro, apenas as excepções genéricas, ou outras que surjam jurisprudencialmente em atenção aos objectivos do Tratado (e que o Tribunal denomina "razões de interesse geral"), podem justificar uma restrição ao princípio da livre circulação de trabalhadores, conquanto apareçam predeterminadas por *motivos não económicos* [nas palavras de BERNARD TEYSSIÉ, *Droit Européen du Travail* (2001), cit., 76].

[2527] TITO BALLARINO, *Manuale Di Diritto Dell'Unione Europea* (2001), cit., 436. Assinalando também aquilo que qualifica como um *salto qualitativo*, vide CARLOS PINTO CORREIA, "Liberdade de Circulação dos Trabalhadores – o Problema dos Jogadores Profissionais de Futebol" (1995) cit., 241.

[2528] Neste sentido: DÁRIO MOURA VICENTE, "Liberdades Comunitárias e Direito Internacional Privado", Separata da ROA 2009, T. III/IV, 732. Em sentido não coincidente, ver JOÃO LEAL AMADO, *Vinculação Versus Liberdade* (2002), cit., 430-1.

[2529] Assim, à luz do art. 65, § 2, da Lei de 03.07.1978, OLIVIER LANGLET, *Le contrat de travail international*, Wolters Kluwer Belgium, Bruxelas, 2005, 143. Para que a obrigação possa extravasar o território belga, exige-se a validação por parte de uma Comissão instituída pela convenção colectiva n.º 1 de 12.02.1970: trata-se das denominadas cláusulas de não concorrência derrogatórias, que, para serem admitidas, têm que (i) visar a protecção de importantes interesses económicos, técnicos ou financeiros dos mercados internacionais ou (ii) decorrer de pesquisas feitas num departamento autónomo que o empregador disponha para esse efeito.

ou o lugar de proveniência[2530]), bastando, para tanto, pensar-se no sistema de carteiras profissionais, cujo caleidoscópio de exigências, configurando efectivamente uma restrição ao exercício de uma profissão, depende, em muito, do interesse público que cada Estado atribui ao exercício de um conjunto genérico de actividades.

Nesse sentido, as cláusulas que limitam ou condicionam a mobilidade *estritamente interna*[2531] não ofendem, por princípio, o Direito comunitário.

Se nos arts. 39.º e 49.º do TUE apenas se determina que a livre circulação e a livre prestação de serviços têm de ficar asseguradas no território dos Estados--Membros[2532], já no art. 52.º o critério de aplicação do direito de estabelecimento

---

[2530] Por exemplo, Ac. *Fernández de Bobadilla*, de 08.07.99 (proc. n.º C-243/97, Colect. 1999, T. I, 4773). Estiveram em análise as disposições de uma convenção colectiva, qualificadas como regulamentação de uma actividade profissional na acepção das Directivas n.ºs 89/48 e 92/51, que reservavam o direito de exercer uma profissão, no seio de um organismo público, a quem obtivesse validação ou homologação, por parte do Governo espanhol, do diploma ou qualificação profissional exigíveis, sendo que, no § 30, embora o litígio do processo principal respeitasse a uma pessoa de nacionalidade espanhola que pretendia exercer a sua profissão em Espanha, se estabeleceu uma equiparação da situação *sub specie iuris* à de um trabalhador migrante, determinando-se, assim, a aplicação dos direitos e liberdades garantidos pelo TUE ao trabalhador em questão. Sobre os elementos de conexão que afastam a internidade da situação para efeito do art. 39.º TUE, v. PIERRE RODIÉRE, *Droit Social de L'Union Européenne*, LGDJ, Paris, 1998, 127 e ss., Autor que, para tanto, *tricotomiza* os elementos de conexão que permitem a invocabilidade do princípio da livre circulação: *(i)* trabalhador que exerça a sua prestação num Estado-Membro de que não seja nacional, *(ii)* trabalhador que haja respondido a uma oferta real ou efectiva de trabalho em outro Estado-Membro e *(iii)* família de trabalhador que exerça ou haja beneficiado da livre circulação.

[2531] Para o TJ situações estritamente internas são todas aquelas em que ao exercício de uma liberdade económica falta uma *dimensão transnacional*, conforme se decidiu no Ac. de 28.04.1979, *Saunders*, Rec. 1979, 1129 e ss., em que se curou da situação de uma cidadã britânica que se viu privada do direito de mobilidade territorial em razão de uma condenação penal. Por isso, FRANCISCO LIBERAL FERNANDES, *Liberdade de circulação dos trabalhadores na Comunidade europeia*, Coimbra Editora, Coimbra, 2002, 82, refere que "atravessar a fronteira constitui, pois, um requisito necessário para se beneficiar do direito à livre circulação".

[2532] Assim: Ac. de 16.5.1997, *Ussl num. 47 di Biella* (proc. C-134/95, Rec. 1997, 1-195), em que o TJ reiterou a inaplicabilidade dos arts. 48.º, 52.º e 59.º do TUE às situações em que todos os elementos estejam situados no interior de um Estado-Membro. Neste caso, tratava-se de uma sociedade estabelecida num Estado-Membro que prestava serviços de colocação de trabalhadores a um organismo público desse mesmo Estado, sem empregar trabalhadores de outros Estados-Membros e que infringia a Lei italiana (1369/60), proibitiva do *appalto di mano d'opera*. Também no Ac. de 5.6.1007, *Uecker e Jacquet* (processos apensos n.ºs C-64/96 e C-65/96, Colect. 1997, I, 3171), o TJ considerou que a família de um trabalhador comunitário, nacional de um país terceiro, não pode invocar o direito conferido pelo art. 11.º do Regulamento n.º 1612/68 do Conselho, de 15.10.1968, quando esse trabalhador exerceu o direito de livre circulação dentro da Comunidade. Conforme se pode ler no acórdão, a cidadania da União, prevista no art. 8.º do TUE, "não tem por objecto

é o território de outro Estado-Membro. Daí decorre, em princípio, a existência de um quadro que garante o acesso ao território de outros Estados-Membros, postulando-se, para tanto, uma relação transfronteiriça.

Mas, sendo possível que os acordos, em razão de factores vários (designadamente: dimensão organizativa do empregador), tenham um âmbito de aplicação extra-territorial, haverá que garantir, conforme jurisprudência constante do TJ, a observância dos seguintes requisitos: *(i)* aplicação de forma não discriminatória; *(ii)* justificação por razões imperativas de carácter geral, *(iii)* adequação ao objectivo pretendido e *(iv)* limitação ao estritamente necessário para concretizar o referido objectivo[2533].

Ponderando que o desenvolvimento científico e o investimento em inovação postulam adequada protecção jurídica, estes interesses de natureza comunitária legitimam em abstracto a existência de cláusulas de não concorrência, cabendo depois ao intérprete-aplicador, conferido o interesse legítimo subjacente à cláusula que entre nós se substancia no exercício de actividade susceptível de causar prejuízo, verificar, em concreto, se os demais requisitos se encontram observados.

Embora neste domínio específico se enfrentem os problemas subjacentes ao facto de a UE deixar aos Estados-Membros a tarefa de definir o termo «trabalhador» – remissão para os direitos nacionais que poderá enfraquecer a protecção dos trabalhadores[2534] –, esta tarefa interpretativa, não podendo ser isolada dos valores que postam na situação concreta, há-de ser conformada pelo enquadramento restritivo que incide sobre os acordos de limitação da liberdade de trabalho.

Não obstante as proposições e os modelos utilizáveis noutros sub-sistemas jurídicos ou mesmo em áreas do saber diversas apresentarem virtualidades heurísticas irrefutáveis, a valoração empreendível e o modelo de decisão construído pelo intérprete aplicador são prosseguidos sem qualquer logicismo formal, numa linha decisória em que se firma a ponderação de todas as exigências impostas pela socialidade dos pactos.

---

estender o âmbito de aplicação material do Tratado também a situações internas que não tenham nenhum vínculo com o Direito Comunitário", concluindo-se que "as possíveis discriminações de que podem ser objecto os nacionais de um Estado-Membro no que respeita ao Direito desse Estado estão compreendidas no âmbito de aplicação deste". Ainda: Hans-Ralph Trommer, *Die Transferregelungen im Profisport im Lichte des "Bosman-Urteils" im Vergleich zu den Mechanismen im bezahlten amerikanischen Sport*, Duncker & Humblot, Berlim, 1999, 87.

[2533] Assim, desde cedo, Processo C-55/94 *(Gebhard)*, Colect. 1995, I-4165.

[2534] Sinalizando a ameaça à mobilidade dos trabalhadores que a variedade de definições do termo «trabalhador» implica, veja-se o Livro Verde da Comissão Europeia, de 22.11.2006.

Esta ponderação decisória pode excluir do âmbito aplicativo do pacto ou de uma eventual situação de incumprimento situações que, aparecendo configuradas como "situações concorrenciais" noutros domínios (concorrência desleal), não são validáveis pela interpretação restritiva que os pactos de não concorrência convocam: é o que se verifica com a relação de concorrência que se estabelece entre prestações sempre que a consecução de uma implique um prejuízo para as restantes, como sucede com a produção de charutos/cigarrilhas, bebidas alcoólicas/bebidas não alcoólicas, automóveis/aviões, vinho/água mineral[2535].

Além disso, esta ponderação pode mostrar variegações de vulto consoante se trate de delimitar *ex ante* o âmbito aplicativo do pacto ou da aferição de uma situação de incumprimento: estando em análise determinados comportamentos no mercado e a análise de transformações estruturais na oferta ou na procura de produtos ou serviços direccionadas à satisfação de necessidades idênticas, o alcance do mercado geográfico pode divergir consoante se trate de uma análise prospectiva ou da análise de um comportamento anterior.

Na medida em que o horizonte temporal considerado em cada caso pode conduzir à definição de mercados geográficos distintos para produtos idênticos ou intersubstituíveis, os vários testes de adequação (*fit scrutiny*) a que se submete a solução forjada, após o trabalho de tratamento do caso concreto em vista da norma e desta em ordem àquele, têm de considerar os princípios que envolvem o pacto, a presença de um *cidadão-trabalhador* e os riscos no afastamento de uma concorrência não diferencial[2536].

d) Limitações e proporcionalidade

1. Extensão
37. O regime jurídico português sobre os pactos de não concorrência não exige um conteúdo mínimo necessário quanto aos limites da obrigação assumida pelo trabalhador para que o pacto seja considerado válido. Esta omissão não significa, porém, que, de acordo com o que vem sendo dito, os tribunais não sindiquem e não conformem os critérios convencionados pelos sujeitos para a prestação de *non facere* posta a cargo do trabalhador.

[2535] Sobre estas situações, à luz do § 4 UWG, veja-se FRIEDRICH L. EKEY & ANTJE BRÄMER, *Heidelberger Kommentar zum Wettbewerbsrecht*, C.F. Müller, Heidelberg, 2005, 197-9.

[2536] Em sentido próximo: JÚLIO VIEIRA GOMES, "As Cláusulas de Não Concorrência no Direito do Trabalho" (1998), cit., 949.

Não obstante a desejável segmentação entre os limites de tempo, actividade e território estabelecíveis, o único limite susceptível de definição abstracta é o que diz respeito à duração da obrigação de não concorrência. Mesmo aí, conforme se viu, o limite não vale *per se*, impondo-se um cruzamento entre os diferentes limites que têm que adequar a obrigação e o montante da compensação prevista.

Neste contexto, em que o princípio da proporcionalidade baliza a actividade do intérprete-aplicador, só em concreto se poderá verificar a atendibilidade dos limites materiais e geográficos aplicáveis aos pactos de não concorrência, cuja concretização mais não é do que um parâmetro que permite a mensuração da proporcionalidade[2537] e que, embora sem preocupações idênticas, tem sido estabelecida no plano da concorrência desleal com vista ao entendimento do que significa um acto de concorrência (a denominada "merceologia"[2538]).

Tornando-se necessário ter presente o conceito de mercado relevante, se na Alemanha a jurisprudência convoca o art. 12 da *Grundgesetz*, de molde a sindicar os termos e os efeitos que conformam esta limitação ao princípio da liberdade de trabalho e da liberdade de iniciativa económica e de empresa[2539], neste espectro cláusulas que prevejam a abstenção de *qualquer* actividade por banda do trabalhador numa determinada área geográfica devem ser consideradas nulas (sem prejuízo, naturalmente, da sua redução)[2540]. Mas não só. O mesmo sucederá, mais circunscritamente, e *por via de regra*, quanto:

i) à previsão de abstenção de actividades que não apresentem qualquer conexão funcional com a actividade que o trabalhador desenvolvia para o seu empregador (*v. g.* vendedor de produtos alimentares que fica privado

---

[2537] JEAN-MAURICE VERDIER/ALAIN COEURET/MARIE-ARMELLE SOURIAC, *Droit du Travail* (2002), cit., 549 e CARLO ZOLI, "Clausole di fidelizzazione e rapporti di lavoro" (2003), cit., 466.

[2538] TITO RAVÀ, *Diritto Industriale. Vol. I: Azienda. Segni distintivi. Concorrenza*, UTET, Turim, 1981, 153.

[2539] BAG 15.11.2000 – 5 AZR 296/99, NZA 2001, 1248; BAG 05.06.2002 – 7 AZR 241/01, NZA 2003, 149; BAG 13.03.2003 – 6 AZR 585/01, NZA 2003, 976. Ainda: HARALD SCHLIEMANN, *Das Arbeitsrecht im BGB: Kommentar* (2002), cit., 222-3.

[2540] JEAN PÉLISSIER/ALAIN SUPIOT/ANTOINE JEAMMAUD, *Droit du Travail* (2000), cit., 287 e FRANÇOIS GAUDU, *Droit du Travail* (2007), cit., 65, restringem a invocação da nulidade ao trabalhador. A jurisprudência francesa tem contudo estabelecido oficiosamente a redução no sentido de proteger a situação do trabalhador, sem polarizar a invocabilidade do instituto em qualquer dos sujeitos [Cass. Soc. 25.03.1998 (nº 95-41543)], *comprimindo* a interdição à área geográfica onde o trabalhador exerceu *efectivamente* funções. Ainda: RAYMONDE VATINET, "Les príncipes mis en ouevre par la jurisprudence relative aux clauses de non-concurrence en droit du travail" (1998), cit., 538 e JEAN-MAURICE VERDIER/ALAIN COEURET/MARIE-ARMELLE SOURIAC, *Droit du Travail* (2002), cit., 550.

da possibilidade de confeccionar esses produtos após o contrato[2541]), ainda que a concorrência possa existir em níveis económicos diversos, como no caso da produção e da distribuição, bastando, para tanto, que no fim da respectiva cadeia se encontrem os mesmos consumidores, situação que, à luz do que se viu, não prejudica a idoneidade desse facto quanto à "causação de um prejuízo efectivo ao antigo empregador"[2542], critério que é aliás erigido pela jurisprudência transalpina para, no limite, atender à validade de pactos que inibem o exercício de actividades funcionalmente diversas das que foram desenvolvidas no âmbito da situação laboral pregressa[2543];

ii) à previsão de interdição da mesma actividade num espaço geograficamente bastante mais amplo do que aquele que é coberto pela área de negócios da empresa (*v. g.*, uma empresa, de dimensão local, que tenha os seus clientes num distrito, não pode acordar com o trabalhador um impedimento quanto ao exercício da actividade de vendedor em todo o país ou, *ad absurdum*, no continente europeu[2544]) ou onde a empresa não

---

[2541] Notando-se que, também aqui, os conceitos de identidade ou afinidade de ramos de negócio não coincidem, conforme salientam AMÉRICO DA SILVA CARVALHO, *Concorrência Desleal* (1984), cit., 10 e CARLOS OLAVO, *Propriedade Industrial* (2005), cit., 260-1.

[2542] Salientando que "a actividade inibida pelo pacto deve ser a que constitui o objecto da prestação de trabalho", v. PIERA FABRIS, *Il patto di non concorrenza nel diritto del lavoro* (1976), cit., 222.

[2543] Neste sentido, veja-se, por exemplo, Cass. 10.10.2003 (n.º 13282) Mass. Gl 2004, 94.

[2544] Sobre situação semelhante, no sentido da respectiva inatendibilidade, v. *Cassazione* 26.11.1994, n.º 10062, NGL 1995, 104 e PIERA FABRIS, *Il patto di non concorrenza*, cit., 105 e ss.. No Reino Unido, como salientam DEBORAH J. LOCKTON, *Employment Law* (2003), cit., 352, EWAN MCKENDRICK, *Contract Law* (2003), cit., 341 e NORMAN SELWYN, *Law of Employment* (2008), cit., 492, assume realce o caso *Mason Provident Clothing and Supply Co* [1913], em que se considerou desproporcionada e, por isso, nula uma cláusula que proíbia Mason de exercer uma actividade económica similar à do contrato de trabalho extinto num espaço de 25 milhas a contar da cidade de Londres. Ora, se também no caso *Office Angels v. Rainer-Thomas and O'Connor* [1991], IRLR 214, se julgou eivada de nulidade uma cláusula que proibia *Rainer-Thomas* e *O'Connor* de exercerem a sua actividade numa área geográfica bastante mais ampla do que aquela em que a *Office Angels* tinha o seu negócio, já no caso *Hollis & Co v Stocks* [2000] IRLR 712, foi considerada atendível uma obrigação de não concorrência que interditava a actividade de um advogado no raio de 10 milhas a partir de *Sutton-in-Ashfield*, juízo de atendibilidade que também incidiu sobre uma cláusula que proibia um trabalhador de exercer o seu ofício em todo o mundo, uma vez que a actividade do ex-empregador era global e cobria todos os continentes: *Nordenfelt v Maxim Nordenfelt Guns & Ammunition Co Ltd* [1894], disponível em RICHARD STONE, *The Modern Law of Contract* (2009), cit., 518-9. Em França, a *Cassation*, segundo JEAN PÉLISSIER/ALAIN SUPIOT/ANTOINE JEAMMAUD, *Droit du Travail* (2000), cit., 288-9, já admitiu uma cláusula de não concorrência geograficamente ilimitada, o mesmo acontecendo, embora com considerações restritivas sobre o alcance da obrigação de não concorrência, com uma cláusula proi-

tem um interesse minimamente consistente, porquanto a circunscrição espacial da previsão interditiva, à semelhança do determinado quanto ao n.º 2 do art. 9.º da LCA, perfila-se como um *limite às limitações* da liberdade de trabalho[2545], nada justificando que, neste domínio, se ultrapasse o próprio fundamento do pacto[2546]. Se na Alemanha ou em Itália a cláusula apenas em situações excepcionais pode extravasar o âmbito geográfico que balizava a actividade do empregador aquando da sua estipulação (embora não se deva excluir os mercados potenciais[2547]), e, não raras vezes, cláusulas que vedam o contacto por parte do trabalhador com listas de clientes muito alargadas são consideradas nulas, com a jurisprudência a operar a redução do seu âmbito[2548] – neste caso, o montante da compensação a pagar pelo ex-empregador mantém-se, não se verificando a redução proporcional do preço que o ex-empregador suporta pela obrigação de conteúdo negativo assumida pelo trabalhador[2549] –, cabe notar que, sem prejuízo de uma avaliação casuística, não devem ser rejeitadas sem mais as denominadas "cascading restraints"[2550] ou, designadamente na indústria de tecnologia de informação, face à rapidez na circulação de conhecimentos, que não deve ser recusada a existência de

---

bitiva da actividade de cabeleireira num raio de 500 metros e 2000 metros. Já no que toca a uma cláusula que cobria o território francês, os tribunais franceses não tiveram dúvidas em declará-la nula, posição de que no entanto se afastaram perante âmbito geográfico idêntico em relação a um director de hotel.

[2545] Assim, LUISA GALANTINO, *Diritto del Lavoro* (1995), cit., 393-4 e FRANCESCO PAOLO ROSSI, *Nozioni di Diritto Europeo del Lavoro* (2000), cit., 235, salientando, todavia, que "il patto di non concorrenza potrebbe legittimamente prevedere un âmbito più ampio rispetto a quello per il passato ritenuto congruo, proprio a ragione del fatto che oramai há carattere internazionale o mondiale la competitività commerciale".

[2546] Nestes exactos termos, v. o referenciado Ac. TC n.º 256/04, de 14.04 (MÁRIO TORRES).

[2547] GIUSEPPE PERA & MARCO PAPALEONI, *Diritto del Lavoro* (2003), cit., 526.

[2548] WILHELM MOLL, *Arbeitsrecht* (2005), cit., 717.

[2549] BAG 14.08.1975 – 3 AZR 333/74, BB 1975, 1481. Isto é, a contrapartida que o empregador tem que pagar não acompanha a redução do âmbito material do acordo, afastando-se o efeito harmónico em toda a sua extensão. Ao que dá nota CRUZ VILLALÓN, *Estatuto de los Trabajadores Comentado* (2003), cit., 299, é outra a orientação jurisprudencial seguida em Espanha.

[2550] Sobre este conceito, cfr. LOUISE FLOYD, *Employment Law* (2010), cit., 48. Este tipo de cláusulas diversifica os períodos de interdição em função do território onde o trabalhador exerceu funções e onde o ex-empregador desenvolve a sua actividade. Por exemplo: o trabalhador não pode exercer actividade similar à que exercia no distrito X nos 3 meses subsequentes, no distrito Y nos 6 meses subsequentes e no distrito Z nos 9 meses subsequentes.

uma cobertura geográfica mais ampla, sob pena de a protecção de interesses subjacente à cláusula ser facilmente circunvinda[2551];
iii) a uma cláusula que, cobrindo a actividade desenvolvida pelo trabalhador, determine um alargamento da áreas económicas que ficam sob a alçada da proibição de concorrência (*v. g.*, um vendedor de produtos informáticos que fique impedido de vender produtos têxteis)[2552] ou impeça o entabulamento de relações comerciais com clientes com os quais o trabalhador nunca teve contacto. Aliás, quanto aos clientes é oportuno registar que caso tenham findado os laços comerciais com o empregador ainda antes da cessação do contrato de trabalho, e conquanto aquela cessação não se mostre imputável ao trabalhador, não há, em princípio[2553], razão para impedir que este encete relações comerciais com aqueles, ainda que, *ad cautelam*, mas sem prejuízo de uma ab-rogação (= não vinculatividade absoluta→ indagação concreta da susceptibilidade de causação do dano diferencial que o contacto com cada um dos clientes pode produzir), tenham os sujeitos conveniência em inscrever no pacto de não concorrência o nome dos clientes que o trabalhador não pode contactar (a chamada *lista de clientela*)[2554]. Isto, considerando ainda o juízo de invalidade fazível quanto a uma cláusula que proíba a utilização de meios, conhecimentos e/ou informações sem nexo com a actividade profissional do trabalhador, nos quais se incluem os clientes do antigo empregador com quem o ora ex-trabalhador não teve contacto[2555].

[2551] Nestes termos: CARLO ZOLI, "Clausole di fidelizzazione e rapporti di lavoro" (2003), cit., 466. Diversamente, a jurisprudência espanhola adopta um sentido mais restritivo, afastando a inidentificabilidade da área coberta pelo pacto com o âmbito territorial em que o empregador exerce a sua actividade. Cfr. PEDRAJAS MORENO & SALA FRANCO, *El pacto de no concurrencia postcontractual* (2005), cit., 42.
[2552] Cfr. EWAN MCKENDRICK, *Contract Law* (2003), cit., 341. De forma ainda mais justaposta, mas com argumentário e sentido idênticos, o *Court of Appeal*, no caso *Commercial Plastics Ltd v Vincent* [1964] 3 WLR 820, considerou nula, por violação do princípio da proporcionalidade, uma cláusula que proibia um trabalhador de trabalhar com fita-cola pelo prazo de um ano após a cessação do contrato, trabalhador que havia iniciado uma actividade laboral que consistia no fabrico de PVC a partir de fita-cola. Ainda: JAMES HOLLAND & STUART BURNETT, *Employment Law* (2008), cit., 207.
[2553] Com excepção da situação relativa à existência de expectativas consistentes por parte do empregador e que sejam conhecidas do trabalhador à data da cessação do contrato de trabalho quanto ao restabelecimento de relações comerciais com clientes. Em todo o caso, a situação é matizável pela forma como os contratos com os clientes cessaram relações ou pela esporadicidade das mesmas.
[2554] Ainda MURRAY FAIRCLOUGH & LAWRENCE DAVIES *In* JOHN PRITCHARD, *The New Penguin Guide to the Law* (2004), cit., 317-8.
[2555] Com esta convicção, v. DEBORAH J. LOCKTON, *Employment Law* (2003), cit., 352, que colaciona o

38. Neste contexto, é fundamental buscar-se uma resposta situativa.

Na medida em que a obrigação de não concorrência, além de buscar arrimo num interesse sério e legítimo do empregador, traduz uma renúncia do trabalhador ao direito à liberdade de trabalho e à liberdade económica, importa transitar o princípio da proporcionalidade na sua tríplice dimensão – *(i)* necessidade, *(ii)* adequação e *(iii)* justa medida –, até porque a jurisprudência constitucional, perante obrigações de concorrência *ex lege*, considera estarmos na presença de uma restrição (que não uma simples limitação) ao princípio da liberdade de trabalho[2556], que, não sendo directamente fundada no interesse colectivo ou suportada por motivos de inerência à própria capacidade de cada um, se arrima em interesses jus-subjectiváveis do empregador, que só muito difusamente são alçáveis a razões de interesse colectivo.

Tratando-se de indagação que deixámos caracterizada na primeira parte do estudo, a questão referente à conexão eventualmente exigível entre a actividade sobre a qual incide o traçado interditivo do pacto de não concorrência e a(s) actividade(s) que o trabalhador tenha efectivamente exercido só *in concreto* pode ser determinada, porquanto, em rigor, a actividade a exercer, ainda que formalmente diversa, pode frustrar os interesses subjacentes ao pacto de não concorrência, o que equivalerá a dizer que pode substanciar a concorrência diferencial que traça o perímetro aplicativo desta convenção[2557].

Vislumbra-se, por isso, a tendência para que o interesse da obrigação não apareça concentrado na última actividade que o trabalhador exerceu em benefício do seu antigo empregador, sendo plenamente justificada a atribuição de relevância ao exercício de actividades anteriores ao serviço daquele, contanto que, pela sua duração, se mostrem susceptíveis de provocar o dano diferencial

---

caso *Michael Design plc v. Cooke* [1987], 2 All ER 332, analisado em ALEXANDRA KAMERLING, CHRISTOPHER OSMAN & SIMON MEHIGAN, *Restrictive covenants under common and competition law* (2004), cit., 142.

[2556] Cfr. DURÁN LÓPEZ, "Pacto de no concurrencia" (1985), cit., 180 e, entre nós, o Ac. TC de 12.07.1989 (CARDOSO DA COSTA), D.R. II Série, n.º 25, de 30.01.1989, 1025 e ss..

[2557] YVES SERRA, *L'obligation de non concurrence dans le droit des contrats*, Sirey, Paris, 1970, 69 e ss. e DANIELLE CORRIGNAN-CARSIN, "Validité de la clause de non-concurrence et protection des intérêts légitimes de l'entreprise", DS 1992, n.º 12, 967. Firmando recentemente este entendimento em Itália, a Apelação de Turim (12.06.2009) entendeu que a última actividade que o trabalhador exerceu no âmbito do contrato de trabalho cessado não é decisiva: SILVIA ROSSETTI, "Il patto di non concorrenza tra orientamenti giurisprudenziali e nuove esigenze di mercato", RGLPS 2010, vol. 61, 293-303.

que surge agremiado à existência de uma "actividade cujo exercício possa (efectivamente) causar prejuízo ao empregador"[2558].

Trata-se não só de valorar o percurso profissional do trabalhador e de atribuir importância ao histórico da relação profissional que findou, como também de afastar um cingimento da análise à última actividade exercida, já que esta, no momento em que a cláusula foi acordada, podia nem ser perspectivável pelos sujeitos.

39. Sem embargo do que vai dito, se a obrigação, perante as circunstâncias concretamente verificadas (designadamente, tempo, lugar e modo[2559]), determinar uma inactividade que faça perigar toda a experiência profissional acumulada pelo trabalhador (e não apenas a experiência concretamente adquirida pelo trabalhador ao serviço do antigo empregador, ora beneficiário daquela obrigação), pode entender-se, numa lógica *als ob*, que a validade do pacto é atingida: o direito ao trabalho tem de ser atendido *a lungo termine* e, num contexto em que as políticas do mercado de trabalho realçam a empregabilidade[2560], a legitimidade da cláusula não convive com a ausência de perspectivas quanto ao recomeço da vida laboral após a cessação da obrigação[2561].

Por exemplo, em França, onde a liberdade de exercício de uma actividade profissional está contida no art. L. 120-2 do *Code du Travail* e faz materialmente parte do "bloco de constitucionalidade"[2562], no caso *Sté Go Sport*[2563] a cláusula

---

[2558] Atribuindo relevância a actividades anteriores, v. Cass. 26.11.1994 n.º 10062, ROBERTO TRIOLA, *Codice Civile* (2002), cit., 1697-8.

[2559] Recordando que, a seguir *(i)* à exigência de um interesse sério, *(ii)* "the restraint must be reasonable in terms of subject-matter, locality ant time", veja-se EWAN MCKENDRICK, *Contract Law* (2003), cit., 341 e, mais recuadamente, GEORGE A. RICHARDS, "Drafting and enforcing restrictive covenants not to compete" (1972), cit., 243-7, que convocava estas dimensões para a feitura do *reasonable test*.

[2560] Assim SANTELMANN, *La formation professionnelle, nouveau droit de l'homme?* (2001), cit., 167 e ANTHONY GIDDENS, *A Europa na Era Global* (2007), cit., 111.

[2561] Assim a vasta jurisprudência apresentada por RAYMONDE VATINET, "Les principes mis en oeuvre par la jurisprudence relative aux clauses de non-concurrence en droit du travail" (1998), cit., 534-546 e também por ENRICO BARRACO, "Il diritto del lavoro a tutela delle imprese: le clausole di fidelizzazione" (2006), cit., 316 (nota 17); já antes, LÓPEZ ANIORTE, *La Competencia del Trabajador con su Empresa*, Aranzadi, Pamplona, 1997, 71. Também: CHRISTOPHE RADÉ, *Droit du Travail* (2002), cit., 35.

[2562] A menção, retomando o conceito de Hauriou, é de YVES SERRA, "*Tsunami* sur la clause de non-concurrence en droit du travail" (2002), cit., 2491, aparecendo também em JEAN PÉLISSIER/ ALAIN SUPIOT/ANTOINE JEAMMAUD, *Droit du Travail* (2000), cit., 48.

[2563] Cfr. YVAN AUGUET, *Concurrence et clientèle* (2000), cit., 631.

interditava o trabalhador de trabalhar, em França e pelo período de um ano, com material desportivo destinado ao grande público; o trabalhador tinha 54 anos de idade e apresentava 20 anos de experiência profissional nesse sector de actividade.

Valorados estes factores, a *Cour d'appel* de Paris declarou a nulidade da cláusula, baseando-se no facto de esta impossibilitar o trabalhador de exercer uma actividade laboral conforme com a sua experiência e de, atento o raio geográfico, o trabalhador ter de ser "expatriado" na hipótese de querer trabalhar.

Percorrendo ademais o pressuposto de indispensabilidade da cláusula firmado com o acórdão *Godissart*[2564], foi ponderada a inserção sócio-profissional do trabalhador após o eventual cumprimento do prazo previsto na cláusula que o proibia de concorrer com o antigo empregador, julgando-se, a final, a cláusula desprovida de validade[2565].

Assim, além de toda e qualquer restrição ter de se mostrar adequada à salvaguarda da *eficiência* do princípio fundamental da liberdade de trabalho – cuja consagração constitucional tem sido combinada com o Decreto *d'Allarde*, de

---

[2564] SOPHIE LE GAC-PECH, *La proportionnalité en droit privé des contrats* (2000), cit., 192 e 199. Por exemplo, estando em análise uma obrigação de não concorrência assumida por um limpador de janelas – por quatro anos e com uma cobertura geográfica ampla –, o tribunal entendeu que, face às funções do trabalhador, a obrigação não era indispensável à protecção de interesses legítimos do empregador. Parecidamente: Cass. Soc. 17.12.2004 (*Societé Samse vs Mr. Christian X*), n.º 03-40.008.

[2565] Ademais, no caso *Sté Go Sport* a não verificação da indispensabilidade quanto à cláusula baseou-se no argumento de que, considerando o sancionamento penal previsto para a divulgação de segredos de fabrico, o ex-empregador não logrou provar que as regras de concorrência desleal não eram suficientes para proteger os interesses legítimos da empresa, à semelhança do que havia sido firmado em Cass. Soc. 28.10.1997, J.C.P 1998, T II, 10092. Este argumentário, valorado isoladamente, é, todavia, perigoso, atendendo, por um lado (*i*) à aptidão natural do pacto para a tutela de segredos e à correlativa suscitação das regras da responsabilidade contratual, e não da responsabilidade aquiliana, que se aplicam em caso de violação do dever de sigilo e, por outro, (*ii*) à desfocagem operada quanto à susceptibilidade de causação de um prejuízo ao empregador, cuja verificação deve independer da aplicabilidade das normas penais e sobre concorrência desleal, não se esquecendo ainda que, como *plus*, no ordenamento francês, à semelhança do que sucede em relação às cláusulas de não concorrência com eficácia laboral, não existe qualquer definição fechada de concorrência desleal, apelando-se assim a uma concretização casuística: em conformidade com o princípio da liberdade de comércio e indústria, que remonta a 1791, nenhuma empresa beneficia de um direito privativo sobre a clientela, não sendo o desvio de clientela ilícito se não for acompanhado de procedimentos desleais (Cass. Com. 24.10.2000, n.º 98-19774). Ainda: YVES GAUDEMET, "Droit de la concurence: une autre introduction", *1807-2007: le Code de Commerce*, Dalloz, Paris, 2007, 397 e MARTA TORRE-SCHAUB, "Liberté de commerce et libre concurrence" (2007), cit., 213.

17.03.1791[2566] – e de se postular que seja indispensável à protecção de interesses legítimos do empregador, exige-se que ela tenha tradução prática na garantia de uma *ocupação* para o trabalhador ou que, face à sua idade, não o afaste em definitivo do mercado de trabalho[2567], ponderação sinépica que, conformando o juízo aplicativo do intérprete-aplicador, é desfibrada a partir da referência discursiva de que, face aos valores constitucionalmente implicados, "o trabalhador não fica, em rigor, absolutamente privado do seu direito ao trabalho"[2568], na significação de um conteúdo irredutível de liberdade pessoal e de um feixe de garantias mínimas de sustento que não se esgotam no momento em que a cláusula se destina a ser executada.

Trata-se, como fazia notar PIERA FABRIS, de "não consentir a criação de uma situação que constringe o trabalhador a mudar de actividade ou a renunciar à sua própria carreira profissional"[2569], garantindo-se que o direito ao trabalho remanesce com um núcleo intangível, face à indissociação entre capacidade humana e liberdade[2570].

40. Neste quadro, num sistema, como o português, em que a cláusula de não concorrência não tem que ser fundamentada, há vantagem em que os sujeitos façam menção no pacto aos interesses que se visa proteger e cuja ofensa é susceptível de causar um prejuízo ao empregador.

E isto por mais circunscritos que sejam os limites de tempo, actividade e de território, dada, por um lado, a ausência de qualquer automaticidade no reconhecimento dos interesses legítimos do empregador que concorrem para a validade do pacto e, por outro lado, em atenção à medição da proporcionalidade da proibição que, independentemente da pouca significância que os limites apostos contenham, é uma tarefa indeclinável.

Pensando-se nos custos inerentes a um *posteriorus* contencioso e nas vantagens fluentes da clarificação *ex ante* dos critérios que permitem a sindicabilidade

---

[2566] Fazendo eco desta combinação, por exemplo: Cass. Soc. 19.11.1996, DS 1997, 95, com anotação de GÉRARD COUTURIER. Ainda: GÉRARD LYON-CAEN, "La jurisprudence du Conseil constitutionnel intéressant le droit du travail", D. 1989, 289 e ss., THÉRÈSE AUBERT-MONPEYSSEN, "Les libertés et droits fondamentaux dans l'entreprise: brèves remarques sur quelques évolutions récentes" (2002), cit., 319, PHILIPPE WAQUET, *L'entreprise et les libertés du salarié* (2003), cit., 189 e MARIEKE CASTRONOVO, "Clause de clientéle et clause de non-concurrence" (2010), cit., 508.
[2567] YVES SERRA, "*Tsunami* sur la clause de non-concurrence en droit du travail" (2002), cit., 2492.
[2568] Ac. TC n.º 256/2004, de 14.04 (MÁRIO TORRES), já citado.
[2569] PIERA FABRIS, *Il patto di non concorrenza*, cit., 77.
[2570] Nestes exactos termos, relacionando *human capital* com *human capability*, v. AMARTYA SEN, *Development as freedom* (2001), cit., 292.

da validade do pacto e/ou da sua razoabilidade, *de iure condendo* vê-se mesmo proveito na ponderação de um dever legal de indicação do motivo justificativo da interdição aplicável ao trabalhador, que funcione como critério para a determinação, sempre que esta não surja explicitada no acordo, do âmbito e do alcance da interdição.

Tratar-se-ia, aliás, de opção que apresentaria vantagens em relação à configuração futura da área geográfica cobrível pelo pacto como elemento essencial, visto que a ausência de delimitação geográfica da área em que o trabalhador não vai poder exercer a sua actividade é hoje uma circunstância que releva em sede de apreciação da desproporção da obrigação e que não pode ser considerada um requisito de validade[2571].

Nesse sentido, mais do que um elemento de avaliação do interesse patronal subjacente ao pacto, cura-se de uma garantia de que ao trabalhador restam margens quanto ao exercício de uma actividade profissional[2572].

Com efeito, se, por um lado, a reversão da delimitação geográfica em elemento essencial no negócio apenas dá resposta parcial às exigências de lugar e não considera aspectos relativos ao conteúdo material da interdição, por outro lado, é importante não esquecer que existem actividades que, pela sua imaterialidade, são desempenháveis em qualquer lugar, sem que este corresponda à área onde o evento é produzido (por exemplo: comércio electrónico), algo que mais não é do que um efeito da globalização dos mercados e, por associação, do definhamento do arquétipo tradicional de espaço físico concorrencial[2573], já que o tempo e o espaço, com a informática, tendem a contrair-se[2574].

Com a consagração expressa de um dever legal de indicação do motivo justificativo, e uma vez que grande parte dos problemas não dizem tanto respeito à necessidade de tutela dos interesses do empregador quanto ao âmbito de protecção que lhe é concedido, a tarefa judicatória apareceria sobremaneira facilitada, visto que a aplicação do princípio da proporcionalidade integra juízos cuja fundamentação só é traduzível através de uma relação entre os momentos normativos e as circunstâncias da vida, entre o motivo invocado e a vedação da concorrência prevista.

Ademais, mesmo no caso da aferição da legitimidade do interesse exigível para a cláusula de não concorrência, a relação entre a justificação e o comportamento abstensivo que pende sobre o trabalhador viabiliza que terceiros, de

---

[2571] Conforme faz notar M.ª Rosário Palma Ramalho, *Direito do Trabalho. Parte II* (2010), cit., 1034.
[2572] Alexandro Boscati, "Patto di non concorrenza. Art. 2125" (2010), cit., 240.
[2573] Salientando o aspecto, David J. Gerber, *Global Competition* (2010), cit., 7-10.
[2574] Ainda: Jean-Marc Salmon, *Um mundo a grande velocidade* (2002), cit., 37.

acordo com padrões objectivos, apurem a existência dessa necessidade – assim se mencionem os factos que integram o referido motivo –, dando-se tradução ao sentido jurisprudencial de que "cabe ao empregador que invoca em seu favor a cláusula de não concorrência demonstrar que os conhecimentos adquiridos pelo trabalhador no decurso do contrato implicam riscos particulares específicos para a empresa"[2575].

Dito isto, e ao contrário do regime estabelecido para os contratos a termo, não se trataria tanto de considerar inválida uma cláusula de não concorrência falha da indicação do motivo justificativo quanto de a considerar ininvocável por parte do empregador.

Na verdade, não tendo o empregador tido o cuidado de explicitar no acordo qualquer motivo justificativo quer permita estabelecer um nexo de causalidade com a vedação da concorrência prevista, há razões para considerar que não deve tirar benefício da cláusula, questão que, na sua essência, se impostaria no plano da invocabilidade e que aliás encontra já hoje uma conexão intra-sistemática importante no n.º 3 do art. 136.º.

Não se cuidando de solução extravagante – veja-se num outro plano a *ineficácia relativa*, à semelhança do que se topa para os negócios do representante sem poderes (n.º 1 do art. 268.º do CC) ou, mais aproximadamente, do que vai dito, a ininvocabilidade prevista para o empregador no caso de não elevação do montante até ao equivalente à retribuição-base devida no momento da cessação do contrato se tiver havido uma declaração de ilicitude do despedimento ou a procedência de uma resolução com justa causa pelo trabalhador com fundamento em acto ilícito do empregador –, a verdade é que a associação no futuro da invocabilidade do pacto de não concorrência à existência de um dever de indicação do motivo justificativo, além da obtenção de ganhos relativamente ao controlo deste tipo de pactos, permitiria, por um lado, que o trabalhador ficasse em melhores condições para formular o seu próprio juízo sobre o sentido, o alcance e a dimensão da limitação que assume e, por outro, que o empregador não enfrentasse dificuldades na aferição de uma situação de eventual incumprimento por parte do antigo trabalhador.

2. O problema dos grupos de empresas

41. Com as grandes empresas a alargarem no espaço o seu raio de acção, a dilatarem o objecto da sua actividade e a articularem-se numa pluralidade por vezes

---

[2575] Ac. Rl. Lx. de 20.10.2010 (SEARA PAIXÃO), proc. n.º 4883/07.5TTLSB.L1-4.

interminável de sociedades[2576], impõe-se analisar a licitude de uma cláusula de não concorrência celebrada com uma empresa que, estando integrada num grupo de empresas, pode cobrir as demais empresas do grupo[2577].

A suscitação do problema entronca em aspecto que, aparecendo hoje com alguma regulação no CT, coloca questões estruturais e teleológicas ao Direito do trabalho, sugerindo "desafios interessantes ao próprio processo de flexibilização em curso nesta área jurídica"[2578], face à emergência de "fórmulas jurídico-económicas variadas"[2579].

Assim, se a matéria das coligações plurisocietárias se encontra regulada no Título IV do Código das Sociedades Comerciais, que se encontra subdividido em quatro capítulos, sob a designação de sociedades coligadas[2580] – no Capítulo I, a lei estabelece que apenas as sociedades por quotas, sociedades anónimas e sociedades em comandita por acções[2581] que tenham sede em Portugal[2582] podem ser sociedades coligadas, e estas, nos termos do art. 482.º do CSC, podem ser sociedades de simples participação, sociedades em relação de participações recíprocas, sociedades em relação de domínio e sociedades em relação de grupo[2583] –, existe, todavia, uma falta de coincidência entre a noção de grupos de empresas e a de grupos de sociedades, cuja relação se processa em termos *genus-species*[2584].

[2576] FRANCESCO GALGANO, "As novas exigências da grande empresa no dealbar do século XXI", *Nos 20 anos do Código das Sociedades Comerciais – Homenagem aos Profs. Doutores A. Ferrer Correia, Orlando de Carvalho e Vasco Lobo Xavier. Vol. I: Congresso Empresas e Sociedades*, Coimbra Editora, Coimbra, 2007, 33.

[2577] Suscitando a problemática: CATARINA DE OLIVEIRA CARVALHO, "O direito do trabalho perante a realidade dos grupos empresariais – alguns problemas ligados à transmissão de estabelecimento entre empresas do mesmo grupo" (2003), cit., 58-9.

[2578] Nestes exactos termos, M.ª ROSÁRIO PALMA RAMALHO, *Grupos Empresariais e Societários. Incidências Laborais*, Almedina, Coimbra, 2008, 63.

[2579] ANTÓNIO MONTEIRO FERNANDES, *Direito do Trabalho* (2012), cit., 218.

[2580] Arts. 481.º a 508.º-E do CSC. Conforme nota ENGRÁCIA ANTUNES, *Grupos de sociedades – Estrutura e organização jurídica da empresa plurissocietária*, Coimbra, Almedina, 1993, 212 e ss., o conceito tem um valor estritamente societário, não podendo ser transposto sem mais para outros domínios do Direito, salvo "quando o diploma legal que o utiliza contenha remissão expressa ou implícita para a lei societária".

[2581] Art. 481.º do CSC, que tipifica as formas societárias que são abrangidas pela sua disciplina.

[2582] Afora as excepções previstas no n.º 2 do art. 481º do CSC.

[2583] ENGRÁCIA ANTUNES, *Grupos de sociedades* (1993), cit., 251 e ss..

[2584] Assinalando que o conceito juslaboral de grupo é diverso e bastante mais amplo do que o seu congénere societário: ENGRÁCIA ANTUNES, "Os grupos de sociedades no direito do trabalho", QL 2012, n.º 39, 55.

Podem, por isso, existir situações de controlo de sociedades por outras sociedades ou por outros entes não reconduzíveis à tipologia das sociedades em relação de grupo que transportem inegáveis riscos de instrumentalização, susceptíveis de provocar um desvio da função ou do fim da sociedade controlada, postergando a sua aptidão para o desenvolvimento de actividades em proveito próprio e prejudicando a posição dos credores sociais (*maxime* trabalhadores) e dos sócios não controladores[2585].

Se em Direito do trabalho o que releva é a identificação do credor da prestação do trabalho como centro de referência dos direitos e deveres emergentes da respectiva posição jurídica – sendo pessoa laboral "o centro de imputação de normas juslaborais"[2586] –, apenas em situações patológicas, que no limite representam uma forma de incumprimento das obrigações derivadas do contrato de trabalho e consubstanciam situações de abuso especialmente intensas, é que cabe recorrer à desconsideração da personalidade jurídica. A desconsideração não significa a personalização do grupo: este, por definição, não tem personalidade jurídica[2587].

Havendo a exigência de fazer prevalecer a realidade jurídica objectiva sobre a aparência, que prescinda da composição negocial adoptada entre os sujeitos e que tenha como principal ponto de referência a realidade efectiva das relações estabelecidas e a axiologia do Direito do trabalho[2588], *(i)* a figura da pluralidade de empregadores (que, segundo cremos, tanto no plano literal quanto no do espírito, não se cinge ao desempenho de uma actividade laboral para os vários credores em simultâneo, abrangendo também a prestação sucessiva ou alter-

---

[2585] Maria Augusta França, *A estrutura das sociedades anónimas em relação de grupo*, AAFDL, Lisboa, 1990, 9. Trata-se de um fenómeno imposto pela transição de um modelo de economia industrial baseado numa organização de produção verticalmente integrada para uma economia *post industrial* em que os empresários denotam particular apetência para o desenvolvimento de formas de produção horizontal ou verticalmente desintegradas, como acontece com a subcontratação.

[2586] António Menezes Cordeiro, *Manual de Direito do Trabalho* (1997), cit., 106.

[2587] Por exemplo, como assinala Engrácia Antunes, *Grupos de sociedades* (1993), cit., 152, "o grupo, conquanto constitua uma unidade de acção e decisão económica, não é tratado como um verdadeiro centro de imputação jurídica. Isto significa que, ao passo que no plano fáctico a empresa de grupo actua como um sujeito de acção económica, no plano jurídico tudo o que existe são apenas as diversas sociedades individuais que o compõem, não sendo aquela reconhecida em si mesma como sujeito de direito". Igualmente: Coutinho de Abreu, "Grupo de Sociedades e Direito do Trabalho", BFDUC 1990, Vol. 66, 132, Abel Ferreira, *Direito do Trabalho e grupos de empresas*, dissertação de mestrado (inédita), FDUL, 1996, 162 e ss., e M.ª Rosário Palma Ramalho, *Grupos Empresariais e Societários* (2008), cit., 365 e ss..

[2588] Assim, Marzia Barbera, "Trasformazioni della figura del dattore di lavoro e flessibilizzazione delle regole del diritto" (2010), cit., 9.

nada[2589]), *(ii)* a consideração de que existe um vínculo laboral a tempo parcial ou *(iii)* o recurso ao empregador real são enquadramentos possíveis, que só perante as circunstâncias concretas poderão ser estabelecidos, após uma adequada valoração dos interesses em conflito[2590].

Neste caso, além do enquadramento a dar aos aspectos suscitados pelos grupos de empresas em Direito do trabalho, importa não perder de vista aspectos como o interesse sério que a cláusula de não concorrência tem de apresentar e a necessidade de delimitar o seu alcance.

Vejamos, para melhor ilustração do problema, o caso *Beckett Investment Management Group Ltd and others v Hall and others* [2007][2591], onde se cuidou de uma cláusula de não concorrência, nominada *non-dealing clause*, que proibia dois trabalhadores, nos 12 meses subsequentes à cessação do contrato de trabalho, de prestar qualquer serviço aos clientes da *Beckett Investment Management Group Ltd.*, com a qual tinham contrato de trabalho, exercendo funções de consultoria financeira.

A *quaestio decidendi* atinou com o facto de a *Beckett Investment Management Group Ltd,* enquanto sociedade gestora de participações sociais, não prestar serviços a quaisquer clientes. Esses eram prestados pelas sociedades nas quais a *Beckett Investment* tinha participação maioritária.

Uma vez que a cláusula de não concorrência, que aparecia inserta no contrato de trabalho, não acautelava essa situação – ao passo que o contrato de trabalho continha, em passagens várias, a extensão *or subsidiary company* quanto ao exercício da prestação laboral –, o tribunal de primeira instância, verificando que os ex-trabalhadores haviam estabelecido relações comerciais com alguns clientes das subsidiárias da *Beckett Investment Management Group Ltd,* considerou não existir qualquer violação da obrigação de não concorrência; não deixou todavia de firmar a falta de utilidade de uma cláusula de não concorrência predestinada a tutelar interesses relativos a uma clientela que, *qua tale*, não existia[2592].

Entendimento diverso teve o tribunal de recurso. O *Court of Appeal*, valorando as subsidiárias como veículos da estratégia desenvolvida pela *Beckett Investment*

[2589] Neste sentido: JOANA VASCONCELOS, "Contrato de trabalho com pluralidade de empregadores", RDES 2005, 297-8, M.ª ROSÁRIO PALMA RAMALHO, *Grupos Empresariais e Societários* (2008), cit., 410 e CATARINA DE OLIVEIRA CARVALHO, "As perplexidades suscitadas pela regulamentação positiva de uma figura não inovadora: o contrato de trabalho celebrado com pluralidade de empregadores", PDT 2010, n.º 87, 50. Admitindo apenas a prestação cumulativa: JÚLIO VIEIRA GOMES, *Direito do Trabalho* (2007), cit., 234.

[2590] Veja-se PEDRO ROMANO MARTINEZ, *Direito do Trabalho* (2010), cit., 436-7.

[2591] EWCA Civ 61.

[2592] Ver RICHARD STONE, *The Modern Law of Contract* (2009), cit., 518.

Management Group Ltd, estendeu a obrigação de não concorrência ao universo da *holding*: por um lado, não se pode apreciar a extensão de uma cláusula de não concorrência que, em razão da putativa inexistência de clientela, não se ampararia em qualquer interesse legítimo do empregador, visto que o interesse legítimo está na protecção de interesses do grupo, factor que os trabalhadores, em razão das funções exercidas, não deviam desconhecer; por outro, havendo que estabelecer um nexo entre o âmbito de incidência do contrato de trabalho e o objecto da cláusula de não concorrência, haverá que discernir algum conteúdo na auto-regulação forjada pelos sujeitos, em obediência à proibição da frustração de expectativas consideráveis como legítimas[2593], coordenada que tem vindo a reganhar importância, paralisando muitas vezes a *blue pencil rule*[2594].

Sem prejuízo da autonomia conceptual dos dois contratos, é a partir da conexão teleológica entre o vínculo laboral e a obrigação de não concorrência convencionada que se admite no direito inglês o alargamento do perímetro da obrigação de não concorrência ao universo do grupo de empresas[2595].

Com a *corporate identity*, opera-se uma *interpretação extensiva* do pacto de não concorrência[2596], sintonizando-o com a realidade laboral pregressa[2597], de forma

---

[2593] Cfr. JAMES HOLLAND & STUART BURNETT, *Employment Law* (2008), cit., 214. Também quanto aos 12 meses de vigência da cláusula, o tribunal de recurso revogou a decisão da primeira instância que, tendo considerado aquele período excessivo, havia cifrado o limite máximo em três meses: a manutenção do prazo acordado justificou-se, no entender do tribunal, por se tratar de um período adequado ao desenvolvimento de acções por parte da *Beckett Investment Management Group Ltd* destinadas a garantir a lealdade dos seus clientes (os três meses estabelecidos pela instância seriam para tanto insuficientes) e a assegurar os mecanismos de substituição dos ex-trabalhadores. Mais: o tribunal refere que o período de 12 meses reflecte a importância que os ex-trabalhadores tinham na estrutura organizativa da *Beckett Investment Management Group Ltd*, cuidando-se, ainda e também, de prazo que é consentâneo com os usos daquele sector de actividade (*industry standard*). Em todo o caso, de forma prospectiva, e sem prejuízo da reserva de apreciação por parte dos tribunais, o tribunal encoraja a menção contratual de que o prazo é *razoável* para tutelar os interesses subjacentes, deixando, todavia, entrever que uma cláusula que preveja uma obrigação com um prazo superior a 12 meses muito dificilmente será de atender, com excepção da protecção relativa a segredos de negócio, que, como se viu, foi admitida por um período de cinco anos.

[2594] NORMAN SELWYN, *Law of Employment* (2008), cit., 493-4.

[2595] EWAN MACINTYRE, *Business law* (4.ª ed.), Pearson, Londres, 2008, 504 e RICHARD STONE, *The Modern Law of Contract* (2009), cit., 526.

[2596] Assim: EWAN MACINTYRE, *Business law* (2008), cit.,504.

[2597] Esta operação não é nova: veja-se o caso *Stenhouse Australia Ltd v Phillips* ([1974] AC 391, 402 (PQ). Cfr. JOHN HULL, *Commercial secrecy: law and practice* (1998), cit., 243.

aparentada à *joint employment doctrine*, que de há muito se arreigou nos Estados Unidos da América[2598].

Ora, se do que se viu, a cláusula não carece por regra no modelo anglo-saxónico de redução a escrito nem a compensação faz parte da sua *factis species* contratual, já no ordenamento gaulês, ao contrário, a *Cour de Cassation* afastou a extensão da obrigação de não concorrência às sociedades integrantes de um grupo societário[2599]: o trabalhador, que exercia funções de direcção, havia acordado numa cláusula em que se comprometia a não trabalhar para "empresas que desenvolvessem actividade publicitária ou de *marketing* na área da grande distribuição e que fossem consideradas concorrentes".

Cessado o vínculo laboral, celebrou contrato de trabalho com uma empresa que concorria directamente com uma das sociedades integrantes do grupo societário ao qual pertencia o anterior empregador, não actuando, contudo, em área justaponível à que este desenvolvia.

Mau grado o não tratamento de aspectos como a (in)admissibilidade de recortes subjectivos na vedação de actividades concorrenciais ou a desconsideração da actividade exercível pelo trabalhador e do conceito de concorrência diferencial, o aspecto sobressaliente do acórdão repousa, por um lado, na polarização no conceito formal de empregador; por outro, no afastamento de restrições à liberdade de trabalho processadas à margem do consentimento expresso pelo trabalhador.

A *Cour de Cassation* entendeu, em sequência, que a obrigação apenas vincula os sujeitos intervenientes no acordo que determina a sua criação[2600].

No nosso ordenamento, uma vez que o grupo não tem personalidade jurídica[2601], considerar-se-á, por princípio, que, independentemente do *business as*

[2598] A construção, em substância, assenta no seguinte: prescinde-se da tipologia jurídica utilizada pelos sujeitos (por exemplo: cedência de trabalhadores) e co-patronaliza-se todos os beneficiários da prestação laboral ou, ainda que desta não beneficiem, todos os que intervêm na fixação do conteúdo da prestação de trabalho ou participam no pagamento da retribuição, estendendo-se, *ipso iure*, todas as cláusulas e obrigações acessórias aos que são qualificados como empregadores. Cfr. KENNETH J. MCCULLOCH & JAMES O. CASTAGNERA, *Termination of employment: employer and employee rights*, Vols. 19-20, West Group, 2003, 19, PEGGY N. KERLEY, *Employment Law for the Paralegal*, West Legal Studies, Nova Iorque, 2009, 24-9 e DAVID P. TWOMEY, *Labor & Employment Law: Text and Cases* (2010), cit., 676.

[2599] Cass. Soc. 22.05.1995, n.º 93-41719, BC V n° 162, com anotação concordante de YVES PICOD, *Clause de non-concurrence et groupe de sociétés*, D. n.º 23, 11.06.1987, 325-6. Referenciando a situação, cfr. CHRISTOPHE RADÉ, *Droit du Travail* (2002), cit., 36.

[2600] CATHERINE PUIGELIER, *Droit du Travail* (2000), cit., 75.

[2601] Permita-se-nos a remissão para JOÃO ZENHA MARTINS, "A subcontratação e os grupos de empresas ante os novos horizontes laborais", RST 2003, n.ºs 14/15, MSST, Lisboa, 117-139.

going concern[2602], apenas o empregador pode beneficiar da obrigação abstensiva assumida pelo trabalhador: além de o interesse sério que é traçado para o pacto de não concorrência ter de aparecer reportado aos interesses do seu empregador (e não aos de quaisquer outros sujeitos) – o que, por si, não resolve os problemas relativos à superação do empregador formal nem os que atinam com o enquadramento subjacente à identificação do empregador real –, o exacerbamento das restrições subjacentes à dimensão da agregação das actividades desenvolvidas por outras empresas atinge potencialmente o núcleo essencial do princípio da liberdade de trabalho, por desrespeito ao princípio da proporcionalidade.

É certo que, com relação à compensação a que o trabalhador tem direito, a intervenção que os tribunais podem e devem ter sempre acautelaria a desproporção do montante previsto *per relationem* com o alargamento do âmbito material e/ou geográfico potencialmente subjacente à extensão subjectiva da obrigação de não concorrência.

E é também vero que o cingimento da obrigação de não concorrência aos sujeitos que figuram no pacto é permeável a críticas de excessivo formalismo, já que não logra atender à exigência de uma solução adequada à tensão conflituante entre as perspectivas jurídica e económica, podendo potenciar injustiças.

Mas, não havendo conhecimento de qualquer caso jurisprudencial intra-muros em que a questão seja versada, a relevância conformativa dos grupos de empresas no que à obrigação de não concorrência diz respeito afigura-se muito limitada. Ela opera dentro das coordenadas do sistema, havendo, porém, que distinguir um conjunto diversificado de situações.

Num primeiro núcleo de situações, e no âmbito da pluralidade de empregadores – que, traduzindo um caso de contitularidade da posição de empregador, não se esgota na figura dos grupos de empresas, mau grado existir uma larga zona de coincidência –, nada obsta à existência de uma obrigação de não concorrência que envolva o trabalhador e os diversos empregadores.

Se um dos pressupostos da figura da pluralidade de empregadores é o da existência de uma ligação entre estes – a qual pode consistir numa relação societária de participações recíprocas, de domínio ou de grupo ou na manutenção de estruturas organizativas comuns entre os vários empregadores, independentemente da sua natureza societária (exemplos: consórcio, associações em partici-

---

[2602] A expressão, destinada a fazer prevalecer a realidade económico-empresarial sobre a realidade jurídica criada pelos sujeitos, é de SIMON DEAKIN & GILLIAN MORRIS, *Labour Law* (2003), cit., 208.

pação ou agrupamentos complementares de empresas)[2603] –, aqui a obrigação de não concorrência já existe no decurso do contrato de trabalho, admitindo-se que valha em moldes similares após a situação laboral, contanto que se observem as condições inscritas no art. 136.º, cujo preenchimento, formal e substancial, deve ser exigido igualmente na hipótese de contitularidade sucessiva.

Trata-se, todavia, de situação que não apresenta especificidades substanciais, não se postulando sequer a verificação de um grupo de empresas: o trabalhador renuncia por escrito à sua liberdade de trabalho em troca de uma compensação, sendo os antigos empregadores solidariamente responsáveis pelo cumprimento da obrigação de pagamento (n.º 3 do art. 101.º).

A única diferença radica no universo de entidades que, por beneficiarem da limitação à actividade concorrencial assumida, são responsáveis pelo pagamento da compensação devida *ex lege* ao trabalhador, situação que, por seu turno, tem implicações de vulto na conformação material do conjunto de actividades vedadas ao trabalhador em razão de o seu exercício poder causar prejuízo ao(s) empregador(es).

Uma vez que o parâmetro relativo aos prejuízos causáveis aparece conexionado com a esfera de interesses económicos tuteláveis com uma cláusula de não concorrência, o alargamento da interdição assumida pelo trabalhador convoca a indagação de um sacrifício excessivo ao seu direito ao trabalho e ao seu direito à livre iniciativa económica (*unreasonable restraint*[2604]), exponenciando-se naturalmente as possibilidades de invalidade ou de redução da cláusula.

Contudo, sem prejuízo da tarefa exigida à jurisprudência, a obrigação de não concorrência vincula os sujeitos laborais, que coincidem com os que vão identificados no pacto exigido pelo art. 136.º[2605].

Num segundo núcleo de situações, em que o trabalhador é contratado por uma sociedade mas a partir de determinada altura passa a trabalhar para outra sociedade ou então em que se insere no contrato de trabalho cláusula que prevê

[2603] Assim, o n.º 1 do art. 101.º. Ainda: ENGRÁCIA ANTUNES, "Os grupos de sociedades no direito do trabalho" (2012), cit., 57.

[2604] KONRAD ZWEIGERT/HEIN KOETZ/TONY WEIR, *Introduction to Comparative Law* (1998), cit., 385 e ss.. É que a extensão da obrigação de não concorrência a todo o grupo (decorrência da sua *patronalização*) pode ganhar um âmbito de aplicação desmesurado sempre que o grupo tenha uma dimensão considerável e exerça, global mas diferenciadamente, um conjunto alargado de actividades.

[2605] Excepciona-se, naturalmente, os casos de cessação superveniente dos requisitos de admissibilidade do contrato de trabalho com pluralidade de empregadores, designadamente os casos de cessação de uma relação societária relevante para este efeito, hipótese em que a redução de uma das partes contratuais a uma única entidade jurídica ou às entidades jurídicas definidas pelo acordo previsto no n.º 4 do art. 101.º preconformam o âmbito da obrigação de não concorrência.

a sua prestação laboral às demais sociedades integrantes do grupo, está-se perante um caso de mobilidade intra-grupo. Se estas circunstâncias podem afastar a existência de um interesse legítimo por parte da sociedade que figura como empregadora[2606], a situação é reconduzível, *qua tale*, à cedência de trabalhadores.

Visto que esta mobilidade só é admissível nos termos em que a figura opera[2607], não há dúvidas de que o cessionário não pode beneficiar de uma cláusula de não concorrência, uma vez que, apesar de ser beneficiário directo da prestação laboral, não assume as vestes de empregador[2608].

As limitações à liberdade de trabalho e à liberdade de empresa implicadas por uma obrigação de não concorrência têm na sua génese um contrato de trabalho, não sendo produzíveis por referência a um acordo de cedência[2609].

Depois, em situação aparentemente similar, que inserimos num terceiro núcleo de situações, na hipótese de insolvência ou de crise empresarial da sociedade com quem o trabalhador formalmente tem vínculo e num quadro em que este trabalha materialmente para outra empresa do grupo, parece juridicamente inatendível que o trabalhador seja afectado pela crise da sociedade que está obrigada ao pagamento da compensação.

Aqui, não se trata de estender a obrigação de não concorrência às duas ou mais entidades, mas de confeccionar mecanismos que permitam ao trabalhador a satisfação do seu crédito, não havendo razões para tratar de forma diferente esta situação daqueloutra em que se encontra em causa a extinção do vínculo laboral em razão da extinção da sociedade que formalmente contratou o trabalhador[2610].

[2606] Identicamente, PIERRE VERGE & SOPHIE DUFOUR, *Configuration diversifiée de l'entreprise et droit du travail*, Les Presses de l'Université de Laval, Quebec, 2003, 101.

[2607] Neste sentido: M.ª ROSÁRIO PALMA RAMALHO, *Grupos Empresariais e Societários* (2008), cit., 492 e PEDRO ROMANO MARTINEZ, *Direito do Trabalho* (2010), cit., 433 (nota 5).

[2608] Na verdade, se a cedência *consiste na disponibilização temporária de trabalhador, pelo empregador, para prestar trabalho a outra entidade, a cujo poder de direcção o trabalhador fica sujeito, mantendo-se o vínculo contratual inicial*, no limite a extensão da obrigação de não concorrência em razão da mobilidade intra-grupo substanciaria um impedimento ao retorno do trabalhador à entidade cedente, face à susceptibilidade de colocação dos conhecimentos adquiridos ao serviço da cessionária em favor da cedente.

[2609] De contrário, o trabalhador, no âmbito de uma situação laboral única, poderia ficar vinculado de forma dúplice a uma obrigação de não concorrência (empregador e cessionário), assim houvesse já um pacto de não concorrência firmado com o empregador.

[2610] Sobre esta hipótese, cfr. CATARINA DE OLIVEIRA CARVALHO, "Cessação do contrato de trabalho promovida pelo empregador com justa causa no contexto dos grupos empresariais", *Estudos de direito do trabalho em homenagem ao Professor Manuel Alonso Olea*, Coimbra, Almedina, 2004, 205-239 e LUÍS MENEZES LEITÃO, *Direito do Trabalho* (2010), cit., 235.

Ora, se em ambos os casos se encontra directamente coenvolvido o direito ao trabalho, do que se cuida é da protecção dos interesses do trabalhador, assegurando que este, cumprindo a sua obrigação, não fica inerme perante a impossibilidade de cumprimento por parte da sociedade com quem celebrou o pacto.

O alargamento da responsabilização, neste acervo muito circunscrito de situações, não determina a extensão subjectiva da obrigação de não concorrência. Apenas conforma o regime de responsabilização pelo crédito relativo à compensação vencida e não paga, assegurando a protecção do trabalhador, procurando-se, destarte, "de uma forma pragmática, compensar os riscos acrescidos que resultam para o trabalhador da inserção grupal do seu empregador e da inerente influência do grupo na gestão da sua empresa"[2611].

Em tese, havendo uma relação interempresarial de natureza estrutural (e não esporádica ou evanescente) com as demais empresas do grupo e tendo o trabalhador contactado com os seus negócios internos, pareceria atendível que, atenta a possibilidade de causação efectiva de um prejuízo a entes que não são formalmente seus empregadores, a obrigação de não concorrência pudesse valer com essa extensão[2612].

Tratar-se-ia de harmonizar a realidade económica à qual o trabalhador se encontra ligado com o quadro jurídico aplicável após a cessação da situação laboral, enquadramento cuja seguibilidade se afiguraria reforçada com garantia em matéria de créditos laborais que o art. 334.º estabeleceu quanto à *responsabilidade solidária das sociedades em relação de domínio ou de grupo,* já que, diante deste regime de atribuição da responsabilidade por dívidas, aparece estiolada, em larga medida, a consideração de que as empresas teriam "o melhor de dois mundos: não teriam as obrigações e os encargos do empregador, mas poderiam fruir as respectivas vantagens"[2613].

Assim, se, nesta construção, a protecção dos interesses económicos das sociedades em relação de participações recíprocas, sociedades em relação de domínio e sociedades em relação de grupo encontraria o seu reverso no modelo de responsabilidade aplicável aos créditos emergentes do pacto de não concorrência em que o trabalhador figuraria como credor, cabe, todavia, dizer que ela

---

[2611] As palavras são de M.ª ROSÁRIO PALMA RAMALHO, *Grupos Empresariais e Societários* (2008), cit., 622.
[2612] Veja-se CATARINA DE OLIVEIRA CARVALHO, *Da mobilidade dos trabalhadores no âmbito dos grupos de empresas nacionais,* UCP, Porto, 2001, 368 e ss..
[2613] A imagética, plena de justificação antes do CT, é de JÚLIO VIEIRA GOMES, "As Cláusulas de Não Concorrência no Direito do Trabalho" (1998), cit., 953, embora já então importasse ter presente a necessidade de pagamento de uma compensação adequada ao trabalhador.

soçobra ante as coordenadas do sistema. A atendibilidade da extensão da obrigação de não concorrência ao grupo de empresas é aparente[2614].

Em primeiro lugar, a mobilização do art. 334.º para sustentar a extensão da obrigação de não concorrência às empresas que compõem o grupo encontra escolhos dificilmente removíveis, como seja, por um lado, a inextensibilidade das garantias instituídas às hipóteses de grupos empresariais que estejam para lá da tipologia societária aí contida, e, por outro, o facto de o preceito apenas lograr aplicação aos créditos laborais e não a quaisquer outros, como sucede com os que atinam com o pacto de não concorrência *tout court*[2615].

Mas, ainda que, perante as necessidades de protecção do trabalhador e face à existência de um círculo de semelhança entre os créditos devidos pelo empregador, se considerassem, em extensão teleológica não isenta de dúvidas, abrangidos os créditos emergentes do pacto de não concorrência, a utilização do art. 334.º com vista à aplicação *in extenso* da obrigação de não concorrência desconsidera a razão tuitiva que está na base do regime de responsabilidade previsto: visa-se que a inclusão do empregador em determinado tipo de coligação intersocietária não redunde em prejuízo dos seus trabalhadores[2616] e não, em sentido contrário, a compressão do seu direito ao trabalho em função de um reforço das suas garantias patrimoniais.

Trata-se, aliás, de ter presente que a tarefa interpretativa desenvolvida pelo intérprete-aplicador para resolver os problemas suscitados no âmbito dos grupos de empresas "está relacionada com uma ideia de justiça, na tentativa de levar a defesa do trabalhador até onde for juridicamente possível"[2617].

Em segundo lugar, cuidando-se de um *pacto* de não concorrência, o *nomen* da figura implica um encontro de declarações em vista do efeito que lhe está associado e uma formalização consensualizada da renúncia assumida pelo trabalhador, aprumando-se os maiores cuidados na configuração de obrigações de não concorrência forjadas à margem da vontade dos intervenientes.

[2614] Revimos a posição sustentada em João Zenha Martins, "Os pactos de não concorrência no Código do Trabalho", RDES, n.ºs 3 e 4, Ano XLVII (XX da 2.ª Série), Verbo Editora, Lisboa, 2006, 346-7.

[2615] Sobre a disciplina do art. 378.º, no CT2003 que, quanto a este ponto, não suscita modificação interpretativa, cfr. Catarina Oliveira Carvalho, "Algumas questões sobre a empresa e o Direito do Trabalho", *A Reforma do Código de Trabalho*, Coimbra Editora, Coimbra, 2004, 449-460, Joana Vasconcelos, "Sobre a garantia dos Créditos Laborais no código do Trabalho", *Estudos de direito do trabalho em homenagem ao Professor Manuel Alonso Olea*, Coimbra, Almedina, 2004, 329 e ss. e M.ª Rosário Palma Ramalho, *Grupos Empresariais e Societários* (2008), cit., 492.

[2616] Cfr. Joana Vasconcelos, "Anotação ao art. 334.º" (2009), cit., 893.

[2617] Como refere Pedro Romano Martinez, *Direito do Trabalho* (2010), cit., 434. Identicamente: António Monteiro Fernandes, *Direito do Trabalho* (2012), cit., 218-220.

Exige-se, por isso, que o trabalhador esteja cônscio dos termos e dos efeitos subjacentes à renúncia a um direito fundamental que, livre e voluntariamente, a lei lhe reconhece, não sendo surpreendido com o aparecimento de limitações à sua liberdade de iniciativa económica e de trabalho em razão da execução da sua prestação laboral a favor de outrem[2618].

Em terceiro lugar, e em conexão estreita com a formalização do consenso exigido para a existência de uma obrigação de não concorrência, a redução a escrito do consenso é uma formalidade *ad substantiam*, que, por definição, é insubstituível por outro meio de prova e cuja inobservância gera nulidade.

De acordo com o princípio geral do n.º 1 do art. 364.º do CC, os documentos autênticos ou particulares são formalidades *ad substantiam* e sê-lo-ão simplesmente probatórias apenas nos casos excepcionais em que resultar claramente da lei tal finalidade[2619].

Se o contrato de trabalho, por regra, não carece de forma especial e a vinculação do trabalhador ao empregador real é, independentemente do enquadramento cabível, uma tarefa imposta pelo alcance da materialidade subjacente e pela necessidade de proteger o trabalhador, neste caso, do que se viu, o documento escrito é exigido para a celebração do pacto de não concorrência com a finalidade de proteger o trabalhador, configurando-se como um requisito de forma *ad substantiam*.

Nestes termos, não será o facto de o trabalhador ter executado a sua prestação a favor de um terceiro, que não é formalmente o seu empregador, que legitimará a confecção de uma obrigação de não concorrência que não considera os requisitos de forma impostos pelo CT, mostrando-se aliás falha de sentido a atribuição do benefício da obrigação de não concorrência a entes que, além de não terem celebrado o pacto de não concorrência, não formalizaram um vínculo laboral, admitindo-se que a violação da lei se postaria como o caminho de acesso à obtenção de algo a que só por via da observância da lei se poderá aceder.

V. Compensação

a) Qualificação e regime

42. Nos termos da al. c) do art. 136.º, para que a cláusula de não concorrência seja *lícita*, tem de "atribuir-se ao trabalhador uma compensação durante

---

[2618] Sobre esta necessidade, v. RIVA SANSEVERINO, *Il Lavoro nell'impresa*, Unione Tipografico-Editrice Torinese, Turim, 1973, 352-3.
[2619] Cfr. CARLOS A. MOTA PINTO, *Teoria Geral de Direito Civil* (1992), cit., 346.

o período de limitação da sua actividade, que pode sofrer redução equitativa quando o empregador houver despendido somas avultadas com a sua formação profissional". A atribuição desta compensação ao trabalhador abona ao pacto de não concorrência um carácter sinalagmático[2620], não tendo sido, todavia, clara a qualificação atribuível a esta prestação.

Tratando-se, no fundo, de saber se ela pode(ria) ser considerada uma retribuição *stricto sensu*, importará, desde logo, acentuar a diferença de redacção em relação à al. c) do n.º 1 do art. 36.º da LCT, que, a propósito, aludia a "retribuição", na sequência da al./c do n.º 2 do art. 30.º do Anteprojecto Pessoa Jorge[2621].

Neste plano, atendendo não só à substituição da expressão "retribuição" pela expressão "compensação", como também aos traços característicos do conceito de retribuição que é trabalhado pela laboralística, há todos os motivos para se entender que estamos perante um dispêndio monetário a cargo do empregador que não é reconduzível ao art. 258.º.

Embora o n.º 2 deste preceito determine que "até prova em contrário, presume-se constituir retribuição toda e qualquer prestação do empregador ao trabalhador" – recaindo, portanto sobre o empregador, "o ónus de demonstrar que não se verificam, *in casu*, os elementos próprios e caracterizadores da retribuição"[2622] –, a verdade é que a presunção que vai inscrita neste inciso não só não valerá por princípio quanto a outras prestações patronais que aparecem na letra da lei nominadas de *modus* diferente, como ainda, atentando ao recorte geral do conceito que é feito pelo n.º 1, "só se considera retribuição aquilo a que, nos termos do contrato, das normas que o regem ou dos usos, o trabalhador tem direito como contrapartida do seu trabalho".

Ora, se a qualificação de uma prestação remuneratória como retribuição em sentido técnico-jurídico, para lá de corresponder a um direito do trabalhador, *(i)* tem que ter a sua base no contrato de trabalho, no instrumento de regulamentação colectiva do trabalho ou na norma legal aplicável ou no uso da empresa, *(ii)* tem que constituir uma contrapartida regular e periódica do trabalho prestado e *(iii)* tem que ter um valor patrimonial, a possibilidade de a retribuição sofrer uma redução equitativa em razão da formação profissional e, mais salientemente, o facto de, por princípio, o seu vencimento postular a cessação do con-

---

[2620] Assim: ALEXANDRO BOSCATI, "Patto di non concorrenza. Art. 2125" (2010), cit., 185-6 e WOLFGANG HROMADKA & FRANK MASCHMANN, *Arbeitsrecht Band 1* (2012), cit., 514.
[2621] "Contrato de Trabalho. Anteprojecto de Diploma Legal" (1965), cit., 264.
[2622] Assim: JOÃO LEAL AMADO, *Contrato de Trabalho* (2009), cit., 298.

trato de trabalho afastam-se dos traços fisiológicos da retribuição em sentido técnico-jurídico[2623].

De todo o modo, e caso se fizesse uma equiparação desta contrapartida à indemnização devida pelo empregador em virtude da cessação do contrato, sempre haveria margem, ainda que constrita, para se considerar que a contrapartida em análise configura uma prestação indemnizatória atribuída aos trabalhadores em virtude da cessação do contrato de trabalho e que, de forma indirecta, se recortaria como um tipo de remuneração diferida a que o trabalhador tem direito em razão do seu emprego.

Encarada a situação por este prisma, a justaposição que se verifica entre as duas realidades é, contudo, parcial. O aspecto central da compensação atribuível ao trabalhador em razão da obrigação de não concorrência, ao invés da indemnização devida em virtude da cessação do contrato, não encontra a sua razão de ser na facilitação da adaptação do trabalhador à nova situação resultante da perda do emprego, nem tampouco se destina a assegurar-lhe uma fonte de rendimento durante o *período de procura de um novo trabalho*.

Bem ao contrário, a compensação destina-se a que o trabalhador não trabalhe e, embora atinando indirectamente com a relação de trabalho (i.e.: o empregador atribui essa compensação em razão da relação de trabalho, mas sem que esta vigore), a lógica abstensiva que está subjacente à obrigação assumida (uma espécie de *ius prohibendi*), sem que haja qualquer *vinculum laboris*, contraria historicamente a materialidade instituinte do conceito de retribuição[2624], encontrando fundamento no sacrifício à liberdade de trabalho.

43. Neste ponto, tendo presente que a "qualificação obriga à delimitação do objecto a qualificar e a do conceito à luz do qual a qualificação é feita"[2625], e a mais do contraste com a nominação presente no CT2003 para os pactos de permanência, não deixaria de contrariar toda a lógica sistemática que esta compensação pudesse, sem quaisquer peias, situar-se muito abaixo da retribuição auferida pelo trabalhador no decurso do contrato de trabalho[2626], no que, a aten-

---

[2623] Atribuindo, porém, natureza retributiva à compensação: GIAMPERO FALASCA, *Manuale di Diritto del Lavoro* (2011), cit., 169.

[2624] GAETANO ZILIO GRANDI, *La retribuzione. Fonti, Strutura, Funzioni*, Jovene, Nápoles, 1996, 244 e ss. Explica SERAFIM LEITE, *A retribuição do trabalho* (1933), cit., 23-4, que a palavra salário provém do latim *salarius*, cuja raíz etimológica, o sal, foi, durante muito tempo e nalguns países, objecto de troca e remuneração do trabalho.

[2625] ISABEL MAGALHÃES COLLAÇO, *Da qualificação em Direito Internacional Privado*, Lisboa, 1964, 215.

[2626] Cfr. n.º 3 do art. 137.º, que vem determinar uma elevação da compensação até ao limite da retribuição devida ao trabalhador no caso de o contrato de trabalho ter cessado por motivo imputável

der-se à sua qualificação como retribuição (diferida), se esvaziaria também de alcance o princípio da irredutibilidade da retribuição ou mesmo da retribuição mínima mensal garantida (art. 273.º), face à ausência formal de limites quanto ao seu valor.

De resto, se a jurisprudência[2627] e a doutrina[2628] pátrias, mesmo perante o *nomen* inscrito no art. 36.º da LCT, já se vinham desviando da *littera* da lei, no plano fiscal a compensação a atribuir em razão do pacto de não concorrência aparece, nos termos do Código do IRS em vigor, e desde 2001[2629], enquadrada na categoria G, que, para tanto, considera como rendimentos nela englobáveis as "importâncias auferidas em virtude da assunção de obrigações de não concorrência, independentemente da respectiva fonte ou título".

A natureza compensatória da contrapartida e o sequente afastamento da categoria retribuição implicam que os mecanismos relativos à tutela da retribuição se mostrem, por princípio, inaplicáveis[2630].

Devendo aliás ter-se presente que a qualificação de certa prestação como retributiva não implica necessariamente a aplicação de todas as regras referentes à retribuição – afastamento de uma perspectiva unidireccional[2631] –, no caso, estando afastada a recondução da prestação que cabe ao empregador ao conceito de retribuição, considera-se que as garantias creditórias inerentes à retribuição não têm cabimento[2632].

Não só não existe qualquer sinal legal quanto a essa extensão, como também o facto de o trabalhador dispor de margens de actividade laboral após a cessação do contrato potencia a obtenção de rendimentos adicionais, que lhe garantem

---

ao empregador. Ainda, JOANA VASCONCELOS, "Anotação ao art. 146.º" (2003), cit., 256 e "Anotação ao art. 136.º" (2009), cit., 374.

[2627] Afastando a classificação retributiva e qualificando esta contrapartida financeira de direcção abstensiva como "um preço, devido pela assunção da obrigação de não concorrência", cfr. Ac. STA de 09.10.2002 (FONSECA LIMÃO), ADSTA 2003, Ano XLII, n.º 498, 910-5.

[2628] Como bem salientava JÚLIO VIEIRA GOMES, "Algumas observações críticas sobre a jurisprudência recente em matéria de retribuição e afins" (2002), cit., 52, fala(va)-se em retribuição, quando, em rigor, não se está perante uma contrapartida da prestação de trabalho.

[2629] Ac. TCAS, de 15.09.2010 (JOSÉ CORREIA), proc. n.º 04125/10.

[2630] Com esta direcção, em Itália, Cass. 04.04.2006, n.º 7835, Mass. Gl 2007, 562.

[2631] Neste sentido, por exemplo, BERNARDO LOBO XAVIER, "À volta do art. 260.º do CT (para além das gratificações: incentivos ao mérito, desempenho e assiduidade)", PDT 2010, n.º 87, 123-4.

[2632] ANTÓNIO MONTEIRO FERNANDES, *Direito do Trabalho* (1999) cit., 592, à vista da LCT, com base na locução "retribuição", e sem prejuízo do afastamento que estabelece em relação ao salário, entendia como "aplicável, na generalidade, e por manifesta analogia, o regime protectivo que a lei desempenha para a retribuição do salário" a esta prestação. O Autor mantém a posição em *Direito do Trabalho* (2012), cit., 537.

não só uma efectiva possibilidade de sustento, como outrossim, face à eventual laboralidade da situação que inicie, o benefício dos mecanismos de tutela da retribuição em relação à prestação do novo empregador[2633].

Se também as retenções feitas a favor da segurança social ficam afastadas[2634], não se deve igualmente enjeitar *in limine* que a compensação possa ser paga em espécie[2635] ou que se aplique o chamado *beneficium competentiae* ou *ne egeant* do direito romano, por via de um abatimento ou desconto numa eventual dívida do trabalhador[2636].

A autonomia privada quanto à forma de cumprimento da obrigação a cargo do ex-empregador é, por princípio, compatível com as figuras da dação em cumprimento, da dação *pro solvendo*, da consignação em depósito, da compensação, da novação, da remissão ou da confusão.

Neste plano, assim se explica também que o montante compensatório prescrito na lei se diferencie da figura da cláusula penal. Embora se possa admitir penas convencionais para as situações de incumprimento contratual do trabalhador[2637] ou mesmo para o inadimplemento da própria obrigação de não concorrência[2638] (infra), a real função desempenhada pela compensação em análise é toda outra: reparar o trabalhador do dano que, *in abstracto*, surge associado à sua inactividade[2639].

[2633] Esta é, aliás, a garantia de que a tutela da profissionalidade do trabalhador se encontra preservada: GILDA DEL BORRELLO, "Note in tema di patto di non concorrenza (Cassazione-sezione lavoro, sentenza 19/04/2002, *n.* 5691)", GC, 2003, I, 1081.

[2634] A solução encontra guarida nos arts. 14.º, 24.º, 46.º e 47.º do CRCSPSS. No direito belga, em sentido idêntico: Cass. Soc. 22.08.2003, J.T.T. 2003, 381. Já em França, ainda antes de a compensação constituir pressuposto da obrigação de não concorrência, a jurisprudência, na medida em que considerava tratar-se de um "salário de inactividade", de carácter facultativo, fazia aplicar aos montantes pagos pelo empregador as quotizações obrigatórias para a segurança social: Cass. Soc. 19.03.1974, *JCP* 1975, II, 18067 e 07.05.1998, *JCP* 1998, éd. E., 1700; na doutrina: CATHERINE PUIGELIER, *Droit du Travail* (2000), cit., 76 e JEAN HAUSER, "La notion de salaire et le droit privé" (2002), cit., 420-436.

[2635] Diferentemente: JEAN PELISSIER, "Clause de non-concurrence et contrepartie financière", RDT 2007, 95, que avança, por exemplo, com a invalidade de uma cláusula cuja contrapartida seja a formação profissional prestada ao trabalhador.

[2636] Assim, mas com dúvidas, ALEXANDRO BOSCATI "Patto di non concorrenza. Art. 2125" (2010), cit., 186-7.

[2637] Cfr ANTÓNIO PINTO MONTEIRO, *Cláusula Penal e Indemnização* (1990), cit., 155 e, em sentido idêntico, Ac. Rl. Pt de 06.11.1995 (RAMOS DA FONSECA), CJ 1995, T. V, 264.

[2638] FERDINAND GRAPPERHAUS & LEONARD G. VERBURG, *Employment Law and Works Councils of the Netherlands* (2001), cit., 11 e PEDRO ROMANO MARTINEZ, *Direito do Trabalho* (2010), cit., 688.

[2639] Ainda, JOANA VASCONCELOS, "Anotação ao art. 136.º" (2003), cit., 256 e JOÃO LEAL AMADO, *Contrato de Trabalho* (2009), cit., 408, que alude a uma "compensação de inactividade".

Na verdade, ao contrário do que já se propugnou[2640], a contrapartida atribuída ao trabalhador não é uma cláusula penal, porquanto o incumprimento que está génese desta figura[2641] (independentemente da sua função "de fixação antecipada do dano" ou, admitindo-se tal figurino, da índole "exclusivamente compulsivo-sancionatória"[2642] que ela pode revestir) não é um pressuposto da compensação. Atendendo a que, quanto a esta, não é possível a ampliação equitativa do *quantum respondeatur*[2643], compreende-se que o principal óbice à possibilidade de aumento da contrapartida acaba por repousar na sua qualificação como uma cláusula penal.

Todavia, esta condicionante é facilmente atalhável pela verificação de que a contrapartida, sendo uma imposição *ope legis*, faz parte da *factis species* da obrigação de não concorrência e não se destina a assegurar o cumprimento dessa obrigação ou, no limite, qualquer penalidade, não se arrimando, pois, numa situação de incumprimento, índice do tipo que caracteriza, *per definitionem*, uma cláusula penal.

Aliás, como se verá, por identidade de razão, tanto se apreciam circunstâncias susceptíveis de acrescer como de diminuir o montante em apreço, já que aqui a possibilidade de a contrapartida "sofrer redução equitativa quando o empregador houver despendido somas avultadas com a sua formação profissional", a mais de dimensionar as coordenadas de equilíbrio que guiam a execução de um negócio com este conteúdo, vem atribuir à equidade um papel fundamental enquanto medida de *solução* ou de *quantificação* de um efeito jurídico, tendo em conta as "valorações ínsitas no próprio tipo"[2644].

[2640] Cfr. JEAN PÉLISSIER/ALAIN SUPIOT/ANTOINE JEAMMAUD, *Droit du Travail* (2000), cit., 292.

[2641] JACQUES GHESTIN/CRISTOPHE JAMIN/MARC BILLIAU, *Traité de Droit Civil. Les effets du contrat* (2001), cit., 642.

[2642] ANTÓNIO PINTO MONTEIRO, *Cláusula Penal e Indemnização* (1990), cit., 604-5.

[2643] Situação que merece ásperas críticas de MÁRIO JÚLIO DE ALMEIDA COSTA, *Direito das Obrigações* (1998), cit., 691, pois o abandono do antigo *princípio da imutabilidade da cláusula penal* operado com o art. 812.º do CC devia ser acompanhado da possibilidade do seu reforço equitativo, à semelhança do que sucede por exemplo em França com o art. 1152 do CC, inclusivamente, conforme notam JEAN PÉLISSIER/ALAIN SUPIOT/ANTOINE JEAMMAUD, *Droit du Travail* (2000), cit., 296, no que ao pagamento pendente sobre o trabalhador diz respeito.

[2644] As palavras são de JOSÉ DE OLIVEIRA ASCENSÃO, *O Direito – Introdução e Teoria Geral* (2001), cit., 232 e, conforme acrescenta o Autor, "*mesmo onde a lei nada diz*, o efeito não pode deixar de ser o mesmo". Avança assim, bem a propósito, com o exemplo da retribuição, cujo paralelismo com a contrapartida de natureza plástica que se analisa conhece plena verificação: "(q)uando a lei, por exemplo, comete ao juíz a função de fixar uma retribuição, sem nada acrescentar, o juíz só pode chegar a esse desiderato através de critérios equitativos, mediante a ponderação das circunstâncias do caso concreto. Só poderá fixar pois uma retribuição equitativa" (234).

Não se tratando de uma recompensa pelos serviços prestados pelo trabalhador, pela sua antiguidade ou tão pouco "um preço que o empregador paga pela fidelização do trabalhador"[2645], o debate em torno da qualificação da compensação que a lei exige como condição de licitude do pacto[2646], basta-nos, por ora, para assinalar que a *compensatio* tem uma natureza mista: por um lado, tem uma componente indemnizatória *ex lege*[2647] – trata-se uma indemnização em sentido impróprio, visto que não há um incumprimento contratual e não existe qualquer condicionamento quanto à prova da suportação efectiva de prejuízos, embora se tope com uma reparação do dano suposto pelo sacrifício à liberdade de trabalho – e, por outro, é um corolário lógico de uma convenção onerosa, já que, se entre nós a gratuitidade não convive com a obrigação de não concorrência, o montante concretamente pagável depende, em larga medida, da autonomia da vontade dos sujeitos, cujo âmbito operativo acaba, contudo, onde começa a função protectiva das coordenadas legais sobre os acordos de limitação à liberdade de trabalho.

44. No que respeita ao momento em que tem lugar o pagamento da compensação, em boa medida ele é também determinado pela *lex contractus*.

É certo que na Alemanha se exige o pagamento de uma compensação durante o período pós-contratual, afastando-se a possibilidade de a compensação poder ter lugar *ex ante:* ao contrário do que se admitiu em França[2648], a compensação a abonar pelo empregador tem de ser satisfeita no decurso do período de abstenção laboral[2649], i. e., durante a vigência *de pleno* do pacto de não concorrência e no final de cada mês (§ 74 b I HGB) – partindo-se *hoc sensu* do pressuposto de que o pagamento antecipado (*Vorauszahlung*) é incompatível com o cumpri-

---

[2645] EMMANUEL DOCKÈS, *Droit du Travail: Droit Vivant* (2008), cit., 157.

[2646] Recordando-se que, quanto ao ponto, o projecto Pessoa Jorge, permitia o afastamento da compensação caso a "entidade patronal houver despendido somas avultadas com a formação profissional do trabalhador", previsão que, todavia, não transitou para a versão final do diploma. Cfr. FERNANDO PESSOA JORGE, "Contrato de Trabalho – Anteprojecto de Diploma Legal" (1965), cit., 264.

[2647] Assim PEDRO ROMANO MARTINEZ, *Direito do Trabalho* (2010), cit., 688.

[2648] Tem-se admitido que a compensação, sem prejuízo da sua periodicidade, apareça como aditamento à retribuição – cfr. Cass. Soc. 10.07.2002 (*M. Barbier vs société Maine Agri*, n.º 00-45-387) –, embora a *Cassation*, em 2007, tenha julgado nula uma cláusula que previa o pagamento da compensação no decurso do contrato de trabalho, posição, que, de entre outras razões, tem a vantagem de, como sinaliza JÚLIO VIEIRA GOMES, "Algumas novas questões sobre as cláusulas ou pactos de não concorrência em Direito do Trabalho" (2011), cit., 89, eliminar comportamentos fraudulentos.

[2649] BAG 16.5.1969- 3 AZR 137/68, NJW 1970, 443 e NORBERT HORN/ERNST HEYMANN/KLAUS PETER BERGER, *Handelsgesetzbuch: Kommentar*, Walter de Gruyter, Berlim, 1995, 547-8.

mento de uma obrigação que ainda não existe, na perspectiva de que o direito à contrapartida por parte do trabalhador apenas nasce com a cessação do contrato de trabalho, pois só então surge aquela obrigação de *non facere* –, questão que, aliás, tem provocado divisões no seio da jurisprudência italiana quanto à leitura correcta do art. 2125 do *Codice Civile*[2650].

Mas, no ordenamento português, embora a al./c do n.º 1 do art. 136.º refira que se deve atribuir "uma compensação durante o período de limitação da sua actividade", não há motivo para impedir que o seu pagamento anteceda a vigência da obrigação de não concorrência[2651], acautelando-se, assim, o trabalhador de um possível risco de insolvência do empregador, mau grado o pagamento *ex ante* embaciar o sentido da compensação, transmutando-a numa espécie de prémio de fidelidade do trabalhador[2652].

Ora, se em desfavor deste embaciamento se avança com a necessidade de que tais montantes se mostrem inequivocamente imputáveis à compensação devida *ex lege* pela obrigação de não concorrência destinada a valer *post pactum finitum* e sejam definidamente liquidados em acréscimo à retribuição auferida, as vantagens reconhecíveis ao trabalhador em razão da antecipação da liquidação, materializadas na arrecadação total ou parcial de um montante que só ulteriormente lhe seria devido e na subtracção aos riscos de incumprimento da obrigação pendente sobre o empregador, contribuem para um reforço dos níveis de segurança contratual que, poupando os custos e as delongas de um processo judicial com vista à efectivação desse direito, acabam também por se revelar susceptíveis de utilização vantajosa por banda do empregador, uma vez que, de um quadrante, o mecanismo de antecipação de pagamento da contrapartida pode por este ser utilizado para convencer outros trabalhadores à celebração de um pacto de não concorrência (e, antes disso, o trabalhador directamente envolvido), e dado que, de outro quadrante, mais dificilmente o trabalhador exercerá o seu direito de desvinculação da relação laboral, na ciência de que após a cessação do contrato de trabalho se vai encontrar limitado quanto ao exercício de uma actividade profissional, sem que durante esse período disponha de quaisquer garantias quanto à obtenção de rendimentos.

[2650] Umberto Oliva & Chiara Germano, "Patto di non concorrenza", *La tutela del know-how. Diritto industriale, del lavoro, penale e responsabilita' civile* (dir. Marco Bona/Alberto Camusso/Umberto Oliva/Alberto Vercelli), Giuffrè, Milão, 2012, 173.

[2651] Neste sentido, em Itália, cfr. Alexandro Boscati, "Patto di non concorrenza. Art. 2125" (2010), cit., 196.

[2652] Já o notava Piera Fabris, *Il patto di non concorrenza nel diritto del lavoro* (1976), cit., 122-3.

Tão pouco haverá também razões para impedir que a compensação possa ser efectivada instantaneamente[2653], à semelhança do que prevê o direito belga, cujo art. 65., § 2, al. 4, da Lei de 03.07.1978, impõe ao empregador o pagamento da contrapartida a um só tempo.

Neste rasto, se a instantaneidade ou o faseamento do pagamento da compensação são aspectos que ficam entregues à autonomia da vontade dos sujeitos, cumprirá, porém, afastar a conhecida regra da *pós-numeração* que vigora para a retribuição (na execução do contrato de trabalho "o trabalhador trabalha primeiro e recebe depois"[2654]), forjando-se um quadro em que "o trabalhador não trabalha primeiro e recebe no final do período abstensivo a respectiva compensação".

O facto de a compensação poder ser atribuída após a vigência absoluta da obrigação de não concorrência, considerando-se aqui que "a prestação do empregador será sempre posterior à correspondente contraprestação do trabalhador"[2655], não deixaria de quebrar os pontos de vista teleológicos que guiam a sinalagmaticidade do pacto e, no limite, amputariam o trabalhador, em razão da obrigação de *non facere* que sobre ele pende, das possibilidades de sobrevivência durante o período correspondente à obrigação de não concorrência[2656], suscitando ademais um esvaziamento efectivo de institutos como a excepção de não cumprimento do contrato de que o trabalhador, em razão do sinalagma, deve poder fazer uso ou uma vulneração absoluta das garantias que *prima facie* lhe assistem se o pacto entretanto, qual seja o fundamento, for declarado nulo[2657].

[2653] Não se trata de solução anómala. Em situações geradoras de inactividade, como as que se referem a acidentes de trabalho, o art. 75.º da Lei n.º 98/2009, de 04.09, prevê a remição de pensões: é obrigatória e total para os casos de pensão por incapacidade parcial permanente < a 30%, desde que não seja >a 6 x retribuição mínima mensal, à data da alta ou para os casos de pensão de beneficiário legal, desde que não seja > a 6 x retribuição mínima mensal à data do falecimento; é obrigatória e parcial para os casos de pensão por incapacidade parcial permanente = ou > a 30% ou para os casos de pensão de beneficiário, desde que (i) a pensão anual sobrante não seja inferior a 6 x retribuição mínima mensal à data da autorização da remição; e o capital de remição não seja superior ao que resultaria de incapacidade parcial permanente de 30%.

[2654] JÚLIO VIEIRA GOMES, "Da Rescisão do Contrato de Trabalho por Iniciativa do Trabalhador" (2003), cit., 160.

[2655] JOSÉ JOÃO ABRANTES, "Salários em atraso e excepção de não cumprimento do contrato (anotação ao Acórdão da Relação do Porto, de 18 de Maio de 1987)" (1995), cit., 79.

[2656] Em sentido aproximado: Ac. Rl. Lx. de 16.03.2011 (ALBERTINA PEREIRA), proc. n.º 5227/ /07.1TTLSB.L1-4.

[2657] O pagamento da compensação a final implicaria que, com a declaração de nulidade do pacto (*v. g.* em razão da inexistência de actividade susceptível de causar qualquer prejuízo ao empregador), o trabalhador, não obstante a abstenção praticada, nada recebesse.

Afastando-se a possibilidade de a compensação ser diferida para o final do cumprimento da obrigação[2658], consideramos existirem três possibilidades: *(i)* antecipação do pagamento no curso do contrato de trabalho, com a salvaguarda de que se o trabalhador opta pela associação da contrapartida financeira à retribuição mensal esse montante deve ser determinado e claramente identificável, o que não sucede se não se encontrarem fixadas as modalidades de cálculo da contrapartida[2659], *(ii)* pagamento de uma só vez aquando da cessação da situação laboral e *(iii)* pagamento periódico durante o período em que a obrigação de não concorrência se encontra a ser cumprida[2660]. Sendo esse, a nosso ver, o efeito útil do inciso que predetermina o pagamento da compensação "durante o período de limitação da sua actividade" – e que, pelos objectivos prosseguidos, legitima, contanto que definida e minimamente especificada, a sua antecipação –, na prática, a solução que melhor resguarda os interesses de ambos os sujeitos radica no seguimento da periodicidade que caracterizava o pagamento da retribuição no quadro do contrato de trabalho ora cessado.

Se, no plano estimativo, não raras vezes se tende a indexar a compensação, de acordo com um critério percentual, à retribuição *ex ante* auferida[2661], haverá todavia que escrutinar as condições aponíveis ao pagamento da compensação, designadamente quanto a obrigações impendentes sobre o trabalhador que estão para lá da esfera de interesses subjacente à obrigação assumida[2662].

No ordenamento gaulês, desde 2002 que o filtro incidente sobre as cláusulas de não concorrência foi sendo apertado, exigindo-se uma contrapartida financeira pela limitação ao "princípio fundamental da liberdade de actividade

---

[2658] Assim: Cass. Soc. 02.03.2005, n.º 538 FD, onde se declara a nulidade de uma cláusula em que se prevê o pagamento da contrapartida financeira no final do período de não concorrência. Porém, e entretanto, em sentido diverso: cfr. SOFIA SILVA E SOUSA, *Obrigação de não concorrência com efeitos "post contractum finitum"* (2012), cit., 94-5.

[2659] Assim, em França: *Cour d'appel* de *Lyon* 27.09.2005, BICC n.º 631, de 15.12.2005 e, mais exigentemente, com referência à necessidade de indicação do montante concreto da contrapartida, v. JEAN PELISSIER, "Clause de non-concurrence et contrepartie financière" (2007), cit., 95.

[2660] Sendo esta, segundo MARISA ANNE PAGNATTARO, "Protecting Trade Secrets in China: Update on Employee Disclosures and the Limitations of the Law", ABLJ 2008, vol. 45, n.º 2, 399-415, a modalidade adoptada na China com a codificação laboral que entrou em vigor em 01.01.2008.

[2661] CARLO ZOLI, "Clausole di fidelizzazione e rapporti di lavoro" (2003), cit., 463 e GIAMPERO FALASCA, *Manuale di Diritto del Lavoro* (2011), cit., 169.

[2662] Veja-se a decisão da *Cour d'appel* de *Poitiers*, 15.06.2004, BICC n.º 609, de 01.12.2004, que julgou inválida a subordinação da obrigação de pagamento da compensação à demonstração trimestral de que o trabalhador se encontrava desempregado e à comparência, em igual período, perante o antigo empregador.

profissional"[2663]. A reviravolta jurisprudencial ou *tsunami*, como lhe chamou Yves Serra[2664] – e que constitui um marco no papel *fertilizador* da *Cour de Cassation*[2665] – operou seguinte com a justificação: "a exigência de uma contrapartida financeira responde à necessidade imperiosa de assegurar a salvaguarda da efectividade da liberdade fundamental de exercício de uma actividade profissional"[2666].

Tratando-se de um sacrifício a um direito fundamental, o trabalhador tem direito à justa reparação por tal facto. Na ausência de previsão convencional, as cláusulas de não concorrência são nulas[2667], sem possibilidade de integração por via judicial[2668], o mesmo sucedendo com o afastamento da contrapartida em caso de cessação da situação laboral por iniciativa do trabalhador[2669] ou, no anverso, em caso de cessação do contrato de trabalho por *faute grave* do trabalhador, con-

---

[2663] Cass.10.07.2002 de 10.07.2002, n.º 00-45.135, (*Salembier c/ SA La Mondiale*), *Le Droit ouvrier* n.ᵒˢ 654-665, Confédération générale du travail, Genebra, 2003, 34 e ss.. e Jean Pelissier/A. Lyon-Caen/Antoine Jeammaud/Emmanuel Dockés, *Les grands arrêts du droit du travail*, Dalloz, Paris, 2004, 45. Antes disso, a jurisprudência havia atendido à validade de cláusulas que não previam qualquer compensação: *Cass. Soc. 09.10.1985, n.º 83-46113; Cass. Soc. 11.10.1990, n.º 86-45320; Cass. Soc. 17.03.1999, n.º 95-42977; Cass. Soc. 24.03.1999, n.º 97-40422.* Ainda: Francois Gaudu, *Droit du Travail* (2007), cit., 66-7 e Sandrine Jean, *Droit du travail: Les arrêts décisifs 2007-2008*, Liaisons, Paris, 2008, 116.

[2664] Yves Serra, "Tsunami sur la clause de non-concurrence en droit du travail" (2002), cit., 2491.

[2665] Gilles Jolivet "Les relations de travail à l'épreuve de la question prioritaire de constitutionnalité", *JCP S* 2010, 1353, 14.

[2666] *Cass. Soc. 17.12.2004, n.º 03-40008.* Ainda: Raymonde Vatinet, "Les principes mis en oeuvre par la jurisprudence relative aux clauses de non-concurrence en droit du travail" (1998), cit., 534-546 e Jean-Yves Frouin, "Nullité de la clause de non-concurrence qui ne prévoit de contrepartie pécuniaire qu'en cas de rupture du contrat de travail à l'initiative de l'employeur", JCP S, 19.09.2006, 27-8.

[2667] Mas, no que toca à nulidade, ao contrário dos efeitos típicos associados a este vício, restringe-se a invocação ao trabalhador. Foi o que sucedeu em relação a uma cláusula de não concorrência que não continha previsão acerca do pagamento da contrapartida financeira ao trabalhador, num caso em que o ex-empregador alegou que, por não existir previsão expressa acerca de contrapartida financeira, o trabalhador era livre de exercer a sua actividade profissional, não lhe sendo devida qualquer compensação (Cass. Soc. 25.01.2006, n.º 283). A construção suscita fundadas dúvidas, uma vez que a ausência de interesse do trabalhador quanto à vigência da obrigação de não concorrência, alicerçando-se na ausência de compensação, só é contrariável caso se admita que os tribunais podem suprir a falha desse elemento essencial, enquadramento que nos parece inadoptável face à indeterminabilidade do objecto do pacto.

[2668] Michèle Bonnechère, *Le Droit du Travail* (2008), cit., 42.

[2669] Assim: Cass. Soc. 27.02.2007, D. 2007, 2262.

texto em que já se recorreu inclusivamente ao art. 6.º do Pacto Internacional sobre os Direitos Económicos, Sociais e Culturais[2670].

A contrapartida não tem todavia de aparecer inscrita no acordo, bastando, segundo a *Cour de Cassation*, que esteja prevista na convenção colectiva aplicável[2671].

Admitindo-se no direito gaulês a validade de uma cláusula de não concorrência omissa em relação à contrapartida a atribuir ao trabalhador, a construção resulta da articulação entre o direito individual e o estatuto colectivo e louva-se no facto de o silêncio guardado pelas partes sobre parte de um regime não significar uma oposição à aplicação das normas ínsitas na convenção colectiva, estando, pois, ausente qualquer situação de colisão entre disposições de fontes diversas.

Se esta posição se encontra conforme com a jurisprudência da *Cour de Cassation* em relação a outros elementos essenciais do contrato de trabalho – *v. g.* aplicação da retribuição prevista na convenção colectiva de trabalho aplicável, sempre que os sujeitos tenham feito uma remissão para essa fonte[2672] –, uma análise dos casos decididos pela jurisprudência determina que, na ausência de previsão sobre a compensação devida ao trabalhador, se utilize como critério o valor da última retribuição mensal bruta que o trabalhador auferiu no decurso do contrato de trabalho[2673], quadro em que o ex-empregador apenas se pode

---

[2670] A falta de regulação legal, a par da pouca densificação constitucional do princípio da liberdade de trabalho, impeliram a *Cour de Cassation* a garantir a intangibilidade da compensação qualquer que seja a causa de cessação do contrato de trabalho. O ineditismo da decisão não está tanto na obrigatoriedade de reparação pelo sacrifício imposto ao trabalhador – já firmado expressamente em 2002 –, quanto na determinação da aplicabilidade directa do Pacto Internacional sobre os Direitos Económicos, Sociais e Culturais, uma vez que, como faz notar CHRISTOPHE PETTITI, "La clause de non concurrence en droit du travail et l'applicabilite directe du pacte international relatif aux droits economiques, sociaux et culturels du 16 decembre 1966", RDF 2008/9, n.º 7, 1-7, a "Cour de cassation recherche dans le droit international les garanties fondamentales qu'elle ne trouve pas en droit interne", obrigando a uma empreitada heurística que redefine a relação entre fontes de direito.

[2671] Cass. Soc. 10.03.04: LOUIS-FREDERIC PIGNARRE, "Contrepartie financière de la clause de non-concurrence et des droit des obligations: jeux d'influences" (2009), cit., 151 e ss..

[2672] O que implica a revisão da retribuição devida ao trabalhador sempre que as disposições da convenção de trabalho são revistas, quadro em que aquele não poderá invocar o seu contrato de trabalho como forma de oposição à mudança da fórmula de cálculo retributiva: Cass. Soc. 27.06.2000, n.º 99-41.135 (*M. Crochard c/ Société Air France*), DS 2000, 828 e Cass. Soc. 10.06.2003, n.º 01-40.985 (*M. François Chebanier c/ Compagnie nationale Air France, publié*), DS 2003, 887, com anotação de CHRISTOPHE RADÉ.

[2673] Assim: Cass. Soc. 15.11.2005, n.º 2445.

desobrigar do pagamento se lograr provar que o trabalhador não respeitou a obrigação de não concorrência[2674].

No ordenamento português, parecendo claros os motivos que determinam a necessidade de afastar um sacrifício imposto ao trabalhador sem adequado suporte pecuniário, para os pactos de não concorrência, e ao contrário do que sucede com os pactos de permanência, não só não se encontra fixado qualquer limite mínimo quanto ao montante a perceber pelo trabalhador (ali, como mínimo inarredável, a retribuição mantém-se), como também não se topa com qualquer previsão relativa à possibilidade de desobrigação da abstenção mediante o pagamento das verbas previstas[2675].

Todavia, a inexistência de um limite mínimo quanto à contrapartida exigível não dispensa os sujeitos da sua inscrição no acordo ou, pelo menos, dos critérios que presidem ao respectivo cálculo[2676].

Considerando que o problema da determinação do quantitativo do preço que o empregador tem de suportar não é mais do que um aspecto geral do problema da determinação do objecto do contrato, a obrigação de não concorrência contratual só pode impor-se se aparecer referida a obrigações ou prestações certas ou determináveis[2677].

A ausência da fixação de um montante ou de qualquer critério quanto à sua fixação, num contrato oneroso como é o pacto de não concorrência[2678], torna a prestação indeterminada e indeterminável (desconhecimento do conteúdo da prestação e carência de critério legal/convencional para a sua determinação). Uma vez que a indeterminação da prestação debitória, nos contratos onerosos, pode também respeitar ao seu aspecto *quantitativo*[2679], e porque se trata ainda de evitar que o trabalhador fique à mercê do empregador no que respeita à sua obrigação principal, um pacto que não contenha esta menção será nulo[2680].

[2674] Ainda Cass. Soc. 22.03.2006, n.º 834.

[2675] Em Espanha, ao que dá nota RAMÍREZ MARTINEZ, *Curso de Derecho del Trabajo* (2001), cit., 384, esta desobrigação tem sido jurisprudencialmente admitida.

[2676] Já que a prestação é indeterminada mas determinável se em certo momento não se conhecer o seu conteúdo, mas existir um critério convencionado para esse conhecimento.

[2677] Por todos, ANTÓNIO MENEZES CORDEIRO, *Tratado de Direito Civil Português I* (2002), cit., 487.

[2678] GÓMEZ ABELLEIRA, "Pactos de no concurrencia y de permanência" (2000), cit., 283 e GIAMPERO FALASCA, *Manuale di Diritto del Lavoro* (2011), cit., 168.

[2679] FABRIZIO DI MARZIO, *La nullità del contratto* (1999), cit., 120-1.

[2680] Identicamente: Ac. Rl. Lx. de 14.01.2009 (MARIA JOÃO ROMBA), n.º 9374/2008-4, considerando que para que o pacto seja válido é indispensável que dele constem os critérios para a determinação da compensação e, ao que cremos, JOANA VASCONCELOS, *A Revogação do Contrato de Trabalho* (2011), cit., 197-8.

b) Juízo de adequação

45. A inscrição da compensação no acordo ou pelo menos dos critérios que presidem ao respectivo cálculo não é objecto de conformação irrestrita.

Se a compensação auferível pelo trabalhador não colide, em contraste com a previsão específica inscrita na al./c do n.º 2 do art. 390.º[2681], com a percepção do subsídio de desemprego[2682], com o pagamento de uma indemnização de clientela[2683], com a pensão de reforma[2684], com a compensação em caso de despedimento[2685], com a indemnização em substituição da reintegração[2686] ou com o recebimento de subsídio de parentalidade[2687] – mas, nos termos da al./a no n.º 2 do art. 390.º, face à sua relação causal com a cessação do contrato de trabalho, a compensação entretanto recebida deve ser deduzida ao montante dos salários intercalares[2688] –, nem por isso o intérprete-aplicador se deve descartar da tarefa de avaliação do montante estipulado como *contre-chant* da inibição imposta ao trabalhador, compensação que na Alemanha tem de respeitar um limite mínimo,

---

[2681] Relativa ao desconto que atina com o montante do subsídio de desemprego e que é operável na compensação devida ao trabalhador em caso de despedimento declarado ilícito. Acautelando uma possível situação de "benefício do infractor", o legislador afectou o recebimento dessa quantia à Segurança Social, incumbindo o empregador dessa entrega.

[2682] Por exemplo: BAG 25.06.1985 – 3 AZR 254/83, NZA 1985, 775.

[2683] Ainda, JEAN PÉLISSIER/ALAIN SUPIOT/ANTOINE JEAMMAUD, *Droit du Travail* (2000), cit., 292 (nota 7). Entre nós, no âmbito da LCA, salientando, ante a dissemelhança de fundamentos, pressupostos e objectivos das figuras da cláusulas de não concorrência e da indemnização de clientela, a verificação de um concurso real de pretensões, v. FERNANDO FERREIRA PINTO, *Contratos de distribuição* (2013), cit., 628-9, referindo certeiramente que o direito do principal em desfrutar em exclusivo da clientela fidelizada pelo agente e qualquer limitação à liberdade de competição na demanda desses clientes apenas se mostram alcançáveis através de uma cláusula de não concorrência, estando para lá da indemnização de clientela.

[2684] Cass. Soc. 24.09.2008, n.º 07-40.098.

[2685] *V. g.* art. 390.º.

[2686] Arts. 390.º e 391.º. O n.º 1 do art. 391.º, tal como o n.º 3 do art. 392.º, estabelecem dois factores de ponderação: o valor da retribuição do trabalhador e o grau da ilicitude, recortável a partir da subsequência estabelecida no art. 381.º. Fixando-se parâmetros maleáveis em função dos quais o tribunal fixará o *quantum* indemnizatório, o grau de ilicitude do despedimento, conforme já fixou, entre outros, o Ac. Rl. Lx. de 16.03.2005 (SEARA PAIXÃO), CJ 2005, T. II, 146-8, assume especial relevância na conformação do montante indemnizatório.

[2687] BAG, 28.06.2006 – 10 AZR 407/05, NJW 2006, 3659, com anotação de ANNA CAROLINE GRAVENHORST, „Die Zusage der Karenzentschädigung nach § 74 II HGB", NJW 2006 Heft 50, 3609-3612.

[2688] Neste sentido, veja-se também JOÃO LEAL AMADO, *Contrato de Trabalho* (2009), cit., 408.

cifrado em metade da retribuição por cada ano de interdição (§74. HGB)[2689], limite igualmente adotado no direito polaco ou no direito dinamarquês[2690].

Neste plano, a infixidez da regulação portuguesa contrasta com a segurança proporcionada pelo quadro legal germânico: o limite mínimo da compensação a satisfazer cifra-se em 50% do montante da média das retribuições auferidas pelo trabalhador no ano antecedente ao *terminus* do contrato de trabalho, numa base periódica mensal[2691].

Não sendo possível solver de uma só vez a compensação a abonar ao trabalhador, no direito alemão o limite mínimo da compensação que assenta sobre o montante da média das retribuições auferidas pelo trabalhador no ano antecedente ao *terminus* do contrato de trabalho inclui os bónus, incentivos e todos os rendimentos que o trabalhador tenha auferido em razão do contrato de trabalho, com excepção das contribuições feitas pelo empregador para a segurança social[2692].

Já na Bélgica, à luz do art. 65 da Lei de 03.07.1978, o empregador tem de pagar um valor mínimo igual a metade da retribuição bruta do trabalhador durante o período abrangido pela cláusula, valor cuja ausência de inscrição na cláusula determina a ininvocabilidade do acordo. A *indemnização compensatória*, assim a qualifica a jurisprudência, é satisfeita a *forfaitaire*[2693].

Neste quadro, estando o ordenamento português cativo de previsão similar, e não obstante a unicidade da abstenção convencionada, parece adequado considerar que, à semelhança do que se faz quanto à retribuição, é importante individualizar as unidades de *non facere* (numa perspectiva vincenda, atinente ao período de abstinência laboral) com o escopo de delimitação mínima da compensação devida, no pretexto de que a referenciação da compensação a uma unidade de cálculo *pro tempore* é a solução que melhor se acomoda às feições mescladamente preventivas e reparatórias que a obrigação de não concorrência

---

[2689] Norbert Horn/Ernst Heymann/Klaus Peter Berger, *Handelsgesetzbuch: Kommentar* (1995), cit., 547-8, Martina Weber *Arbeitsrecht für Pflegeberufe: Handbuch für die Praxis* (2007), cit., 192 e Klaus Hümmerich/Winfried Boecken/Franz Josef Düwell, *AnwaltKommentar Arbeitsrecht: vol. I* (2008), cit., 3192.

[2690] Sobre ambos, Stephen Hardy & Mark Butler, *European Employment Laws: A Comparative Guide* (2.ª ed.), Spiramus, Essex, 2011, 187 e 71.

[2691] Ainda: Wolfgang Hromadka & Frank Maschmann, *Arbeitsrecht Band I* (2012), cit., 514.

[2692] Hartmut Schaub & Günter Oetker, *Erfurter Kommentar zum Arbeitsrecht*, Verlag C.H. Beck, Munique, 2008, § 74 HGB, n.º 28, Lutz Michalski, *Arbeitsrecht* (2008), cit., 154-5 e, na jurisprudência, BAG 16. 11.1973 – 3 AZR 61/ 73, NJW 1974, 765.

[2693] Desenvolvidamente: Olivier Langlet, *Le contrat de travail international* (2005), cit., 143 e Filip Tilleman, *Guide Pratique Du Travail*, Lannoo Uitgeverij, Bruxelas, 2007, 109.

faz trespassar (*factis species* de prevenção de actividades economicamente conflituantes e de ressarcimento do dano abstensivo que incide sobre o trabalhador em razão do sacrifício à sua liberdade de trabalho)[2694].

De igual modo, mesmo que não estejamos na presença de uma retribuição *proprio sensu*, pelas razões que estão na génese da solução presente no art. 270.º, nada impedirá que o intérprete-aplicador lance mão do preceito e que, atendendo às funções exercidas pelo trabalhador, possa, com as devidas adaptações, perante pactos de não concorrência paralelos e/ou coetâneos, impor a regra "a abstenção igual, contrapartida igual" (*anversus*).

É certo que a regulação portuguesa, ao contrário de outras (*v.g.* Bélgica, Itália ou Suíça), é extremamente permissiva quanto ao teor do pacto, não adoptando um método de cálculo da compensação baseado no valor médio da retribuição durante um determinado período de referência, tão pouco fornecendo indicações minimamente seguras sobre o procedimento a adoptar na quantificação do respectivo objecto[2695].

Assim, embora haja vantagem em estabelecer-se no futuro um limite mínimo legal quanto à compensação a receber pelo trabalhador e em formular um modelo de decisão que, esconjurando o arbítrio, seja minimamente praticável – o critério percentual existente no direito teutónico constitui um bom ponto de arrimo, facilitando o controlo da decisão através de balizas intersubjectivas quanto à fixação do *quantum meruit* –, e sem prejuízo de estarmos no âmbito da autonomia privada, resulta inviável que, na presença de um acordo com projecção directa sobre a liberdade de trabalho, se atribua ao julgador o exercício de um controlo estritamente formal, cingindo a sua tarefa à mera apreciação da presença de um consentimento isento de vícios, apenas porque, e ainda em

---

[2694] Ainda, CASTIÑERA FERNÁNDEZ, *Prohibición de competencia y contrato de trabajo*, Servicio de Publicaciones MT, Madrid, 1977, 44, CARLO ZOLI, "Clausole di fidelizzazione e rapporti di lavoro" (2003), cit., 463, LOUIS-FREDERIC PIGNARRE, "Contrepartie financière de la clause de non-concurrence et des droit des obligations: jeux d'influences" (2009), cit., 153 e, entre nós, MÁRIO PINTO/PEDRO FURTADO MARTINS/ANTÓNIO NUNES DE CARVALHO, *Comentário às Leis do Trabalho* (1994), cit., 171.

[2695] Se em relação a um acordo com este alcance no direito estrangeiro se vislumbram normas que impõem uma conformação rígida do conteúdo contratual, no seu todo ou em parte – por exemplo em relação à contrapartida ou ao modo de pagamento e/ou implicam uma determinação dos limites de objecto, tempo e lugar –, o CT2009 parte do pressuposto de que o conteúdo do contrato coincide sempre com o âmbito do consenso (art. 232.º do CC), estabelecendo condições para a validade do pacto, sendo que a falta de densidade não deve, porém, e do que se viu, ser confundida com a aplicação, em toda a sua extensão, do princípio da liberdade de estipulação na composição do conteúdo dos contratos, designadamente, e para o que ora interessa, no que se refere à fixação da compensação.

contraste com os termos em que o art. 21. do ET se encontra formulado[2696], não se discerne referência legal expressa à adequação da compensação.

Assumindo a necessidade de uma apreciação do conteúdo de um *pacto* com estes contornos[2697], o equilíbrio entre os sujeitos só é atingível se, à luz de um pressuposto global de justeza das obrigações convencionadas, estiver garantido um controlo judicial dos montantes praticáveis (valor e adequação da contrapartida[2698]), circunstância que tem aportado a jurisprudência gaulesa, na falta de suporte legal expresso, a adoptar como *mínimo adequador* 33% da média da remuneração mensal bruta devida ao trabalhador nos 12 meses antecedentes[2699].

Afigurando-se conveniente não esquecer que, numa *interpretação semiológica*, se tem recorrido ao montante da contrapartida convencionada como instrumento auxiliar na verificação da seriedade do interesse assestado à convenção celebrada[2700], temos para nós que a escassez do *quantum* atribuível ao trabalhador não determina automatica e inexoravelmente a invalidade do pacto, em razão da ausência do interesse sério que o justifica[2701], ao contrário do que se verifica nos casos em que o pacto não contém qualquer previsão sobre o valor ou o modo de cálculo da compensação ou em que a compensação tem carácter insignificante[2702].

[2696] Veja-se Luque Parra, "Pactos típicos, nuevas tecnologias y relación laboral" (2005), cit., 178-9, que salienta o facto de a inadequação da contrapartida determinar a nulidade do pacto.

[2697] Nestes termos: Rohan Price, *Employment Law in Principle*, Thomson Reuters, Sidney, 2009, 115, e, à luz da jurisprudência constitucional francesa, Alexis Bugada, "Droit constitutionnel appliqué, aperçu sélectif de la jurispudence de la chambre sociale de la Cour de cassation (année 2000)" (2001), cit., 779-791, que sustenta não só um escrutínio rigoroso deste tipo de cláusulas como também franjas alargadas de autonomia por parte do julgador.

[2698] Assim, em relação ao *patto di non concorrenza*, focando a necessidade de um montante *equitativo*, cfr. Andrea Pilati, "Sulla nullità del patto di non concorrenza per esiguità del compenso corrisposto nel corso del rapporto di lavoro" (2000), cit., 730 e Ramírez Martinez, *Curso de Derecho del Trabajo* (2001), cit., 384. Entre nós: Júlio Vieira Gomes, "As Cláusulas de Não Concorrência no Direito do Trabalho" (1998), cit., 945-6 e Joana Vasconcelos, *A Revogação do Contrato de Trabalho* (2011), cit., 198.

[2699] Benoît Géniaut, "Clause de non-concurrence: appréciation du caractere dérisoire de la contrepartie financière et pouvoir du juge" (2012), cit., 488.

[2700] Nestes termos, Raymonde Vatinet, "Les principes mis en oeuvre par la jurisprudence relative aux clauses de non-concurrence en droit du travail" (1998), cit., 534-546. A interpretação semiológica precede a qualificação, momento em que se apura globalmente o alcance da manifestação.

[2701] Neste sentido: Alonso Olea & Casas Baamonde, *Derecho del Trabajo* (1999), cit., 314.

[2702] É também esse o sentido jurisprudencial constante da *Cour de Cassation*: Benoît Géniaut, "Clause de non-concurrence: appréciation du caractere dérisoire de la contrepartie financière et pouvoir du juge" (2012), cit., 488-9.

Embora exista quem sustente que a contrapartida deveria ser igual à que o trabalhador auferia no momento em que o contrato de trabalho cessa, ou se avance, com vista ao afastamento de um negócio em fraude à lei, que a quantificação do montante deve operar de acordo com os critérios fornecidos por um cenário ficcionado relativo ao montante que o trabalhador receberia caso tivesse uma "ocupação adequada à sua profissionalidade"[2703], é entre nós hoje claro que, face à possibilidade de elevação da compensação até ao limite da retribuição-base, o montante pode ser inferior à retribuição-base auferida pelo trabalhador à data da cessação do trabalho.

Esta opção encontra sustento, de acordo com um juízo proporcional, no facto de o trabalhador dispor de margens de actividade laboral após a cessação do contrato, que precludem um sacrifício à liberdade de trabalho caracterizável pela absolutidade[2704].

Neste plano, se o nível salarial auferido pelo trabalhador, enquanto índice externo do receio do empregador quanto à concorrência, tem sido particularmente valorado pela jurisprudência anglo-saxónica para atender à necessidade de tutela dos interesses do empregador e à validade do pacto[2705], de forma singular, e como *tipping point*, a onerosidade não é no direito inglês uma característica qualificante da cláusula de não concorrência[2706], numa solução que, a nosso ver, e no que à desnecessidade da compensação diz respeito, desconsidera o pressuposto de interdependência entre atribuição e contra-atribuição que deve estruturar este tipo de acordos e que, tornando bastante estocástica a sua caracteri-

---

[2703] Nestes exactos termos: LUISA GALANTINO, *Diritto del Lavoro* (1995), cit., 394.

[2704] Ainda: STEFANO SPINELLI, *Lavoro. Vol. 1* (2009), cit., 510. Como salienta JÚLIO VIEIRA GOMES, "As Cláusulas de Não Concorrência no Direito do Trabalho" (1998), cit., 947, "o trabalhador pode realizar outras actividades remuneradas ou receber o subsídio de desemprego".

[2705] Assim: *M and S Drapers v Reynolds* [1956] 3 ALL ER 814. Cfr. ALEXANDRA KAMERLING/CHRISTOPHER OSMAN/SIMON MEHIGAN, *Restrictive covenants under common and competition law* (2004), cit., 19.

[2706] Assim, mau grado o pagamento de uma compensação por parte do empregador poder ser um factor relevante na ponderação da atendibilidade dos interesses que suportam a validade de uma obrigação de não concorrência, ela não só não é necessária, como a sua efectivação não dispensa o intérprete de saber se o objectivo de afastamento da concorrência encontra justificação, afastando-se qualquer conexão primária entre o pagamento da compensação e a validade do pacto: *Turner v Comommonwealth and British Minerals Ltd* [2000], IRLR 114. Veja-se ainda JAMES HOLLAND & STUART BURNETT, *Employment Law* (2008), cit., 210, salientando-se, todavia, o facto de a cláusula cobrir uma área em que o trabalhador não tinha exercido efectivamente funções, circunstância que, face aos conhecimentos adquiridos pelo trabalhador e à importância desse território para o negócio do antigo empregador, foi considerada atendível.

zação (oneroso *v.* gratuito/bilateral *v.* unilateral), desprotege o trabalhador que anui à sua celebração, designadamente em circunstâncias de admissão laboral.

Apesar de a contrapartida também ser no direito suíço uma eventualidade, o n.º 2 art. 340A da Lei federal que complementa o Código civil prevê que o intérprete-aplicador recorra a juízos de equidade para, diante das necessidades dos sujeitos e do equilíbrio de interesses prosseguível, determinar a existência de uma contraprestação patronal e fixar os termos em que esta vai operar[2707].

Com a jurisprudência a assumir no sistema suíço um papel axial, já no ordenamento teutónico se a compensação inscrita na cláusula não respeitar aquele limite – i. e.: 50% do montante da média das retribuições auferidas pelo trabalhador no ano que antecede a cessação do contrato de trabalho, conglobando as gratificações e as férias pagas –, o trabalhador tem o direito de optar pela invocação da cláusula, hipótese que ganha relevância acrescida em situações de escassez do mercado de trabalho, sempre que este se depare com dificuldades na obtenção de um novo emprego. Se o trabalhador não optar pela invocação da cláusula, esta não pode ser invocada pelo (ex)empregador.

Em todo o caso, sempre que se verifique a ausência de inscrição de um *quantum* na cláusula, esta será nula e, por consequência, insusceptível de produzir efeitos. O direito de invocação conferido ao trabalhador aplica-se, pois, apenas nas hipóteses em que o montante se cifra abaixo do que é imposto por lei e já não no caso em que aquele não se encontra previsto[2708], ao revés do direito belga, que reserva ao trabalhador a invocação da nulidade do pacto em caso de não fixação do valor no pacto ou de um critério para a sua determinação[2709].

Não sendo possível defender *de iure condito* tal solução no direito português, a alternativa será considerar a ampliação do montante compensatório.

E se parece segura, conquanto se verifiquem os seus pressupostos, a inexistência de motivos que obstaculizem à aplicação do art. 270.º, a verdade é que a tarefa correctiva que o julgador pode desempenhar não se exaure nessa função[2710].

Sob pena de na presença de um montante compensatório insuficiente se determinar, por manifesta desproporção, a invalidade do pacto[2711] – o trabalha-

---

[2707] ARTHUR HAEFLIGER, *Das Konkurrenzverbot im neuen schweizerischen Arbeitsvertragsrecht* (1974), cit., 64.
[2708] BAG 16.11.1973 – 3 AZR 61/73, NJW 1974, 765.
[2709] CLAUDE WANTIEZ, *Les clauses de non concurrence et le contrat du travail*, Larcier, Bruxelas, 2001, 12.
[2710] Ainda o *actis interpretandus est potius ut valeat quam ut pereat*.
[2711] Considerando o pacto nulo com o fundamento de que "o montante da compensação fixada ao trabalhador não salvaguarda verdadeiramente os seus interesses no período em que se encontra

dor pode ter despesas acrescidas em razão de necessidades de deslocação geográfica ou de obtenção de qualificações que lhe permitam o exercício de actividade não colidente com a obrigação assumida –, as virtualidades subjacentes ao aproveitamento da auto-regulação querida pelos sujeitos ditarão o reconhecimento de que o montante compensatório pode ser prudencialmente aumentado[2712], já que nesta área o juiz pode/deve considerar, na decisão, factos que não tenham sido alegados pelas partes, desde que os mesmos resultem da discussão da causa, podendo/devendo ainda condenar "além do pedido"[2713].

Não existindo a cominação de que, sob pena de nulidade, o pacto tem de conter os limites de tempo, actividade e território, esta valoração, eminentemente casuística, terá de atender à amplitude da restrição imposta ao trabalhador, considerando as dimensões materiais (extensão das funções vedadas), espaciais (extensão geográfica da obrigação) e temporais (duração da obrigação), cujo alargamento aplicativo deverá ser compatível com um juízo de proporcionalidade *per relationem* com a compensação prevista no pacto[2714], no pressuposto inafastável de que esta não pode deixar "de ser justa, isto é, suficiente para compensar o trabalhador da perda de rendimentos"[2715].

Se, por exemplo, quanto maior for a área em que o trabalhador não pode trabalhar maior deverá ser a compensação[2716], parece-nos, todavia, que o juízo prudencial acerca do montante da compensação não deverá atender aos prejuízos que o não exercício de novas actividades traz para o trabalhador[2717], o que não

---

claramente limitado no acesso ao mercado de trabalho", veja-se o Ac. Rl. Lx. de 16.03.11 (ALBERTINA PEREIRA), proc. n.º 5227/07.1TTLSB.L1-4. Em Itália, é também essa a posição seguida pela jurisprudência – ANDREA PILATI, "Sulla nullità del patto di non concorrenza per esiguità del compenso corrisposto nel corso del rapporto di lavoro" (2000), cit., 728-732 –, o mesmo sucedendo no direito espanhol: PEDRAJAS MORENO & SALA FRANCO, *El pacto de no concurrencia postcontractual* (2005), cit., 46.

[2712] Ou, embora menos frequentemente, prudencialmente diminuído, possibilidade que se coloca sempre que as limitações inerentes à obrigação de não concorrência se redimensionem, abrindo novos espaços de actividade ao trabalhador. Por exemplo: diminuição da área geográfica em que a empresa desenvolve a sua actividade, que sobrevenha à celebração do pacto.

[2713] Arts. 72.º e 74.º do CPT.

[2714] Em sentido aproximado: RENATO CORRADO, "Il lavoratore nell'organizzazione dell'impresa" (1971), cit., 270 e BENOÎT GÉNIAUT, "Clause de non-concurrence: appréciation du caractere dérisoire de la contrepartie financière et pouvoir du juge" (2012), cit., 489; falando-se em *equilíbrio quantitativo*, v. YVES SERRA, "*Tsunami* sur la clause de non-concurrence en droit du travail" (2002), cit., 2499 e STEFANO SPINELLI, *Lavoro. Vol. 1* (2009), cit., 512.

[2715] Ainda o Ac. TC n.º 256/2004, de 14.04 (MÁRIO TORRES), já citado.

[2716] UMBERTO OLIVA & CHIARA GERMANO, "Patto di non concorrenza" (2012), cit., 172.

[2717] Diversamente: DURÁN LÓPEZ, "Pacto de no concurrencia" (1985), cit.,199.

significa que no modelo decisório construído pelo intérprete-aplicador apareçam despojados de relevo – bem ao contrário – factores relativos à extensão (ou à sua falta) de actividades que o trabalhador vai poder exercer e, naturalmente, os que se prendem com as actividades e com o montante retributivo praticados no quadro do contrato de trabalho cessado[2718].

Não perdendo de vista que a dimensão do empregador pode também assumir relevância – ainda a diversificação em função da *dimensão da empresa* que tinge parte da regulação laboral –, trata-se aqui da incorporação de factores que se prendem *(i)* com amplitude da obrigação imposta (âmbito, tempo e espaço), *(ii)* com a posição dos sujeitos e *(iii)* com a situação existente à data da cessação do contrato de trabalho, mas não de uma operação dirigida à atribuição de relevância a circunstâncias virtuais, atinentes a expectativas de ganhos por parte do trabalhador, uma vez que estas estão para lá do sentido compensatório que justifica a contrapartida devida pela limitação à liberdade de trabalho.

Nestes termos, a consideração, a propósito do art. 270.º, de que o julgador deve intervir, face ao *tipo de critérios pré-fixados*, sempre que estejamos perante uma situação em que o trabalhador é objecto de um tratamento remuneratório "manifestamente lesivo"[2719], constitui uma dimensão normativa do princípio do equilíbrio obrigacional[2720], e, embora mais mitigadamente, por força da autonomia privada, dos princípios da proporcionalidade e da igualdade.

De facto, também aqui, o juízo de *razoabilidade* ("momento de racionalidade"[2721]), sendo o elemento fundamental na actividade prudencial do intérprete-aplicador, deve partir de um equilíbrio entre o grau de concretização dos princípio da igualdade e da proporcionalidade e os princípios da boa fé e da correcção que, em atenção à economia de interesses que o contrato substancia,

---

[2718] Também: Pedrajas Moreno & Sala Franco, *El pacto de no concurrencia postcontractual* (2005), cit., 48, salientando-se que o elevado grau de especialidade do trabalhador, produzindo um afunilamento do mercado de trabalho disponível, dificulta-lhe o exercício de qualquer outra actividade, factor que, nessa medida, não pode deixar de ser considerado no juízo efectuável acerca da adequação da compensação.

[2719] À luz do art. 90.º da LCT já Bernardo Lobo Xavier via no preceito potencialidades bastantes para que o julgador houvesse de considerar ineficaz a previsão de uma retribuição escandalosamente inadequada face aos parâmetros vigentes *naquela* unidade produtiva. Cfr. "Introdução ao estudo da retribuição no direito do trabalho português", RDES 1986, n.º 1, 66 e ss. (73).

[2720] Em todo o caso, e como nota José de Oliveira Ascensão, *Teoria Geral do Direito Civil*, Vol. III (1992), cit., 135, já não existe a figura da lesão enorme, "para significar a desproporcionada vantagem obtida por uma parte sobre a outra", pois "em lugar dela, a lei preferiu regular a usura no art. 282.º".

[2721] No dizer de António Castanheira Neves, "Fontes do Direito" (1995), cit., 31.

refreiam a introdução heterónoma (mesmo que judicial) de obrigações patrimoniais que estão para além do arranjo subjacente ao juízo hipotético representativo que determinou a proposição declarativa dos sujeitos.

Em todo o caso, sendo o art. 270.º um afloramento do princípio da igualdade retributiva, constitucionalmente plasmado, a autonomia privada acaba onde começa aquela determinante constitucional. Posto que se topa com uma regra que aflora a principiologia que anima o sistema, não se está já perante uma norma materialmente excepcional (aquelas, que são abrangidas pela estatuição do art. 11.º do CC[2722]) mas, quando muito, perante uma regra formalmente excepcional[2723].

Significa isto que, não se cuidando de uma solução *contra rationem iuris,* não fica vedada a sua aplicação analógica; bem ao contrário, tal regra suscitar-se-á sempre que os pressupostos circunstancialmente ocorrentes postularem "extensivamente" as mesmas consequências jurídicas, já que a analogia, enquanto *posteriorus* da detecção da lacuna, não é mecânica, nem *nada tem que ver com uma descrição exterior da situação*[2724].

[2722] Como nota José de Oliveira Ascensão, *O Direito – Introdução e Teoria Geral* (2001), cit., 437 e ss., a excepção é recortada a partir de um plano de contrariedade com as valorações ínsitas na regra geral.

[2723] Como nota Generoso Melillo, "Ius singulare" (1963), cit., 390, todo o debate em torno da valia da excepcionalidade foi sendo potenciado pela substituição do conceito de contrariedade pelo de diversidade, em torno do qual se foi sedimentando a objecção de que diferença de regulação não implica excepção.

[2724] José de Oliveira Ascensão, "Interpretação das leis. Integração das lacunas. Aplicação do princípio da analogia", ROA 1997, III, 923. De resto, conforme salienta Umberto Eco, *O pêndulo de Foucault* (trad. de J. Barreiros), Difel, Lisboa, 1989, 533, todas as coisas são semelhantes quando encaradas com base numa certa relação, sendo que, como adverte Castanheira Neves, *Metodologia Jurídica. Problemas Fundamentais* (1993), cit., 256, "quanto ao critério específico da analogia, tudo está em saber com que sentido se haverá de compreender a igualdade ou a universalidade fundamentante, pois só esse sentido nos dará a perspectiva para uma correcta definição do *critério concretamente regulativo*". Por isso, e no que respeita à aplicação do art. 337.º aos créditos emergentes do pacto de não concorrência, esta, por princípio, deve ter-se como afastada: não se está perante uma retribuição *proprio sensu*, e tais créditos, a existirem, emergem do pacto de não concorrência que, embora acessório, se aparta do contrato de trabalho [em sentido que cremos idêntico: Joana Vasconcelos, *A Revogação do Contrato de Trabalho* (2011), cit., 198]. Além da vigência do contrato de trabalho ser incompatível com a vigência do pacto de não concorrência (este sempre um *posteriorus*), o facto pressuponente da contagem do prazo prescricional – a cessação do contrato de trabalho – não se harmoniza com a possibilidade de inadimplemento do pacto em data posterior à que se encontra subjacente ao termo da contagem iniciada no dia seguinte ao fim do vínculo laboral. Aplicar-se-á, pois, o prazo prescricional geral, previsto no CC.

No caso, não se estando na presença directa do princípio constitucional da igualdade retributiva, topa-se com a necessidade de salvaguardar o sentido da liberdade de trabalho e de garantir a aplicação de um regime materialmente adequado à sua fundamentalidade.

Neste plano, tratando-se de uma incidência sobre o *quantum* e não sobre o *an*, o carácter subsidiário na economia sistemática desta solução imporá que, *in primis*, se preencham os outros requisitos que o art. 136.º exige para a licitude da cláusula de não concorrência, procurando depois evitar-se que esta, na ausência de uma modelação quantificativa circunstancial, fique, sem mais, viciada de nulidade. Ou não fosse o Direito do trabalho, pela sua topologia genética, um dos ramos em que mais se apela a um controlo *prudencialmente constitutivo* por parte do julgador[2725].

Sendo impossível fixar antecipadamente qual o montante que há-de ser considerado *razoável*, cumpre salientar que o *quantum*, atento o momento em que a obrigação é convencionada (mormente na celebração do contrato de trabalho), pode depender de circunstâncias que os sujeitos ainda desconhecem (*v.g.* informação a que o trabalhador acederá, funções que vai exercer, responsabilidades técnicas assumíveis), importando, *inter alia*, atentar ao prazo contratualmente cumprido e ao período contratual que substancia a obrigação de não concorrência[2726].

Se, também aqui, pode revelar-se *irrazoável* a admissão de um prazo superior ao prazo que baliza (ou balizou) o cumprimento do vínculo laboral (*v. g.* contrato de trabalho com dois meses de duração *versus* obrigação de não concor-

---

[2725] Veja-se ARTHUR HAEFLIGER, *Das Konkurrenzverbot im neuen schweizerischen Arbeitsvertragsrecht* (1974), cit., 64, FRANZ GAMILLSCHEG, *Die Grundrechte im Arbeitsrecht*, Duncker und Humblot, Berlim, 1989, 13 ou PETER HANAU & KLAUS ADOMEIT, *Arbeitsrecht* (2005), cit., 21 e ss., com a jurisprudência, face ao ArbGG, a assumir esse papel. Igualmente: GIUSEPPE PERA, *Compendio di Diritto del Lavoro* (2000), cit., 209. Esta tarefa, contudo, só valerá em relação a montantes compensatórios considerados insuficientes – nesta direcção: Cass. Soc. de 15.11.2006, com anotação de DANIELLE CORRIGNAN-CARSIN, "Une contrepartie financière dérisoire à la clause de non-concurrence équivaut à une absence de contrepartie", SJ 07.03.2007, n.º 10, 10039 –, já que o pacto será nulo se o montante acordado for insignificante ou irrisório, uma vez que se entende que onde falha o pressuposto de interdependência entre atribuição e contra-atribuição falhará a validade do acordo, sob pena de, perante enquadramento diverso, se tratar de modo igual situações distintas e de, face a uma hipotética identidade de efeitos, se prefigurar um incentivo à estipulação de montantes insignificantes ou irrisórios, potenciando-se, nessa perspectiva, os níveis de litigiosidade em torno da aplicação do pacto.

[2726] Designadamente, quanto maior for a duração, maior deverá ser a compensação.

rência com prazo de dois anos), suscitar-se-á uma inter-relação jurisprudencial que, no *geral-concreto*, estabeleça um juízo de proporcionalidade[2727].

Admite-se, todavia, que a cláusula de não concorrência possa estabelecer um modo de cálculo do montante compensatório mais flexível, escorando-se em elementos que o próprio decurso do contrato contribui para determinar, prefixando, entre outros factores, o âmbito espacial da limitação em razão de uma eventual expansão da actividade da empresa ou o valor de mercado hipotético do trabalhador no momento em que cessa o vínculo laboral[2728].

c) Redução equitativa

46. A compensação pode "sofrer redução equitativa quando o empregador houver despendido somas avultadas com a sua formação profissional". Assim o estabelece a al. c) do n.º 2 do art. 136.º do CT2009, na sequência do que já se previa no n.º 2 do art. 36.º da LCT e também no Decreto-Lei n.º 47 032, de 27.05.1966, suscitando-se o recurso aos particularismos da situação laboral em questão, com "um mínimo de objectividade jussocial que permita considerá-los como integrando a regulação da vida em sociedade"[2729].

Embora não estejamos perante uma cláusula penal (supra), a redução equitativa traz consigo a ideia de uma "compensação à própria compensação" que entretece a obrigação de não concorrência e que no Anteprojecto Pessoa Jorge, sem qualquer referência à equidade, podia abrogar *in totum* a compensação a cargo do empregador[2730].

Não se trata, porém, de uma compensação em sentido técnico: esta é uma forma de extinção de dois créditos contrapostos (no lugar do cumprimento, como sub-rogado dela, o devedor opõe o crédito que tem sobre o credor), e, no caso do dispêndio de somas avultadas com a formação profissional do trabalhador será difícil, por mor de tal facto, atribuir um crédito ao empregador, face

---

[2727] Ainda Sophie Le Gach-Pech, *Le principe de proportionnalité en droit prive des contrats* (2000), cit., 194-5.

[2728] Fazendo apelo ao *valor de mercado hipotético* do trabalhador, como parâmetro do qual a contrapartida não deve aparecer substancialmente desfasada, cfr. Cass. 14.05.1998 *in* Roberto Triola, *Codice Civile* (2002), cit., 1698; na doutrina: Stéphane Choisez "La contrepartie financière de la clause de non-concurrence d'un contrat de travail", DS 1993, n.ᵒˢ 7/8, 664 e Alexandro Boscati, "Patto di non concorrenza. Art. 2125" (2010), cit., 194.

[2729] As palavras são de António Menezes Cordeiro, *Da Boa Fé no Direito Civil* (1997), cit., 1204-5.

[2730] "Contrato de Trabalho – Anteprojecto de Diploma Legal" (1965), cit., 264.

aos condicionamentos operativos que espartilham a fundação de créditos *a parte empregatoris* na falta de previsão específica[2731].

Com a redução equitativa a ser judicialmente determinada – recordando-se, a propósito, que, por contraste com a necessidade *ope iudicis* subjacente à redução equitativa de que cuidamos, a compensação, *qua tale*, se torna efectiva mediante declaração de uma das partes à outra, revestindo, por força do n.º 1 do art. 848.º do CC, a configuração de um direito potestativo, que se exercita por meio de um negócio unilateral[2732] –, o CT, embora a formação profissional extraordinária não constitua fundamento para a celebração de um pacto de não concorrência, vem dar colocação sistemática às despesas efectuadas com o trabalhador em sede de fixação do montante devido pelo empregador.

47. Se nos interrogarmos por que razão, perante este cenário, o legislador veio permitir o desconto de somas avultadas que o empregador haja despendido com a formação profissional do trabalhador, verifica-se que os acordos incidentes sobre a liberdade de trabalho encontram guarida na protecção de interesses económicos do empregador, interesses cuja densidade tem de se revelar bastante significante para que a renúncia efectuada pelo trabalhador apareça justificada e em que o equilíbrio intersubjectivo tem de ser salvaguardado.

Assim, e ao contrário do que sucede com o pacto de permanência, a extraordinariedade da formação profissional não constitui um *ante* (= *factis species* justificativa de um pacto de não concorrência), mas um *posteriorus* que actua na quantificação *in concreto* da compensação que surge associada ao pacto de não concorrência e que, neste domínio, aparece a dimensionar o esforço de qualificação profissional promovido pelo empregador que concorre para o reforço da apetência concorrencial do trabalhador.

Na verdade, a formação profissional, ao substanciar um investimento do empregador que exponencia as possibilidades de sucesso concorrencial por

---

[2731] Por exemplo: ANTÓNIO MONTEIRO FERNANDES, *Direito do Trabalho* (2012), cit., 384. Assim, se na compensação, como fazem notar FERNANDO PIRES DE LIMA & JOÃO ANTUNES VARELA, *Código Civil Anotado*, Vol. II (1998), cit., 130, "ao mesmo tempo que se exonera da sua dívida, cobrando-se do seu crédito, o compensante realiza o seu crédito liberando-se do seu débito, por uma espécie de acção directa", já a economia do Código do Trabalho, além de o dispêndio de somas com a formação profissional apenas valer nos termos e com os efeitos desenhados no art. 137.º (pacto de permanência), também não se poderá olvidar a desnecessidade de observância das exigências previstas no CC, respeitantes aos requisitos positivos ou negativos da compensação, e a proibição genericamente contida no n.º 1 do art. 279.º.

[2732] A respectiva declaração é, pelo próprio teor (e espírito) do n.º 1 do art. 848.º do CC, uma declaração receptícia (art. 224.º), que tanto pode ser feita por via judicial, quanto extrajudicialmente.

parte do trabalhador, perfila-se, de acordo com uma certa ideia de retorno, como a circunstância que há-de ser tida em conta na equidade e, embora se trate da única referência explícita à *aequitas* que o CT contém (...), verifica-se que noutros domínios não é invulgar a lei atribuir ao julgador esta tarefa *bonum et aequum* (*v. g.* arts. 400.º, 494.º, 496.º ou 812.º do CC), fixando "as margens dentro das quais operará a equidade"[2733].

Por isso, sempre que surja a invocação de que o montante é desproporcionado perante o alcance do sacrifício assumido pelo trabalhador e diante do investimento realizado pelo empregador, deverá o julgador considerar o dispêndio havido com a sua formação profissional, conquanto, *a simile* com o disposto no n.º 1 do art. 137.º, as despesas se encontrem devidamente comprovadas[2734].

Tratando-se de um desconto a apurar com base nas somas *efectivamente* despendidas pelo empregador – em que não relevarão, pois, montantes que não tenham sido suportados pelo anterior beneficiário da prestação de trabalho (subsídios, comparticipações financeiras) –, impõe-se outrotanto entender que, curando-se de montantes que emprestam fundamento aos pactos de permanência, o período de estada subsequente às acções de formação que relevam para o desconto operável no âmbito intra-sistemático dos pactos de permanência não fica descarnado de sentido no âmbito da redução equitativa da compensação devida pelo empregador pela assunção de uma obrigação de não concorrência.

Embora não haja uma conexão primária entre o investimento na formação profissional do trabalhador e a assunção de uma limitação *post pactum finitum*[2735],

---

[2733] Assim: ANTÓNIO MENEZES CORDEIRO, "A decisão segundo a equidade", Dir. 1990, II, 270.

[2734] A este propósito, e também à semelhança do que sucede com os pactos de permanência, a redução implicará que as despesas efectuadas pelo empregador não sejam atíveis à formação profissional que o empregador, nos termos do art. 131.º, está obrigado a prover, afastando-se, em substância, e face aos deveres que pendem sobre o empregador no que à promoção da formação profissional diz respeito, o desencadeamento mecânico e permanentemente automático do mecanismo compensatório subjacente à redução equitativa. Compreendendo-se que as despesas *compensáveis* têm de estar conectadas com a formação profissional (e não com qualquer outro fim, por mais lídimo que este se afigure), assim se intelecciona outrossim o alcance da sua extraordinariedade, recortada a partir do emprego da locução "somas avultadas".

[2735] Em Itália, perspectivando-se a questão de forma idêntica, o tribunal de Milão, com anotação concordante de ALVISE MORO, "Sulle modalità di pagamento del corrispettivo del patto di non concorrenza (nota a Trib. Milano 28/9/10)", RCDDL 2010, 1080-1100, considerou nula uma cláusula de não concorrência cuja compensação só era paga ao trabalhador se este permanecesse ao serviço do empregador durante um determinado lapso de tempo, em contexto de análise que, além de afastar a realização de um investimento extraordinário feito pelo empregador como fundamento *a se* para o reconhecimento de validade de um pacto de não concorrência, entroncou ainda na consideração de que, por um lado, uma limitação à liberdade de trabalho não pode ficar dependente de

a relevância operativa dos montantes associados à formação profissional extraordinária na quantificação do montante devido ao trabalhador representa a incorporação de factores relativos ao decurso do contrato de trabalho, viabilizando-se a confecção de um critério de decisão que, face ao modelo de justiça contratual acolhido, visa também garantir um certo equilíbrio na massa complexiva de prestações dos sujeitos, implicando-se, em sequência, um grau de tutela mínimo quanto ao investimento realizado pelo empregador.

Ora, se o critério orientador da tutela subjacente à bitola legalmente consagrada se encontra na necessidade de evitar que o investimento realizado pelo empregador fique despojado de qualquer retorno, será esse o critério valorativo que há-de sustentar o juízo equitativo direccionado à redução prevista, encontrando-se aí o sentido que se mostra apto a justificar a decisão de diminuição da compensação devida ao trabalhador no caso concreto.

Se também neste âmbito a equidade não pode deixar de aparecer balizada por critérios normativos e parâmetros objectivos e é incompatível com uma ideia de arbítrio do julgador[2736], tal significa considerar que a redução equitativa fica desprovida de *valor* na hipótese em que o trabalhador permaneceu ao serviço do empregador durante um período alargado e na subsequência da acção de formação extraordinária ou mesmo na hipótese em que o pacto de não concorrência foi antecedido por um pacto de permanência, destinado à amortização daqueles gastos.

Assim, se do que se trata é da incorporação de um factor preteritamente associado à execução do contrato de trabalho para conformar a compensação devida em razão de uma obrigação pós-contratual (investimento extraordinário na formação profissional), a relevância deste factor, não podendo ser dissociada do critério valorativo que o enquadra, postulará a atribuição de relevância a outras circunstâncias atinentes à execução do vínculo laboral, conquanto directamente conexionadas com o sentido de equilíbrio e proporção que inspira a redução equitativa e com o factor que se encontra directamente na sua génese.

Suscitando-se um juízo de adequação da solução encontrável ao critério valorativo que enquadra a atribuição de relevância ao investimento realizado pelo empregador, afasta-se, por isso, a associação da compensação efectuável pelo

---

outra limitação à liberdade de trabalho, e de que, por outro, sendo a onerosidade essencial à composição legal do pacto, o pagamento de uma compensação ao trabalhador é incondicional, embora, paradoxalmente, a jurisprudência transalpina, como veremos *infra*, tenda a admitir a desvinculação *ad nutum* do empregador, conquanto esta opere antes da cessação do contrato de trabalho.
[2736] *Ex multis*, dissociando equidade e discricionariedade, PEDRO PAIS DE VASCONCELOS, *Contratos Atípicos* (1995), cit., 438 e ss..

julgador a uma operação estritamente aritmética, encontrando-se na duração da permanência do trabalhador subsequente ao investimento extraordinário a ductilidade conformativa da ideia de direito justo que subjaz à assunção de uma bitola equitativa.

Nesse sentido, a redução equitativa, a determinar judicialmente, pressuporá, assim, um investimento avultado, investimento que terá de aparecer reportado à formação profissional e que terá de ser, ao menos quanto aos montantes que exorbitam das acções de formação profissional genéricas, suportado *ad personam* (= irrelevância compensatória de somas avançadas por patrocinadores ou por fundos públicos).

Para além de se atender ao sentido de retorno subjacente à permanência do trabalhador sequente ao investimento extraordinário feito pelo empregador, é de exigir ainda que essas despesas não tenham sido amortizadas através de um pacto de permanência, uma vez que a conexão teleológica entre os diferentes acordos de limitação da liberdade de trabalho, implicando uma valoração contextual que interligue os diferentes preceitos e atribua sentido útil ao elemento sistemático de interpretação, impede a atribuição de tutela replicada ao investimento feito pelo empregador e resguarda, além do mais, o sentido equitativo da redução prevista para a compensação devida ao trabalhador.

d) Dedução à compensação

48. Em relação com o que precede, o n.º 4 do art. 136.º, inspirado na regra civilística da *compensatio lucri cum damno*, vem determinar que "são deduzidas no montante da compensação referida no número anterior as importâncias percebidas pelo trabalhador no exercício de outra actividade profissional iniciada após a cessação do contrato de trabalho até ao montante fixado nos termos da al./c do n.º 2".

Adiante-se, desde já, que a disposição introduzida no CT2003, sem prejuízo dos seus propósitos clarificadores, vem acender vários problemas e, na economia do regime legal dos pactos de não concorrência, suscita algumas perplexidades.

Em primeiro lugar, tratando-se de uma *regra não autónoma*[2737], a dedução acenada pelo preceito só vale para os casos de despedimento declarado ilícito ou de resolução com justa causa pelo trabalhador com fundamento em acto ilícito do empregador, significando-se com isto que, *primo conspectu*, em todas as outras situações a dedução do *aliunde perceptum* é inaplicável.

[2737] Cfr. Karl Engish, *Introdução ao pensamento jurídico* (1990), cit., 38-9 ou João Baptista Machado, *Introdução ao Direito e ao Discurso Legitimador* (1994), cit., 96.

Por isso, na ponderação desta solução permeia-se, desde logo, a críticas o facto de se poderem deduzir na compensação devida pelo empregador montantes que não apresentam qualquer conexão com a cláusula de não concorrência – isto é, que se faça aplicar a dedução do *aliunde perceptum* a situações em que o trabalhador exerce uma actividade que não é abrangida pela esfera de interesses que o pacto intenta salvaguardar[2738] –, previsão que aliás, constituindo um desincentivo ao trabalho, se encontra, por exemplo, no n.º 2 do art. 390.º[2739].

Com efeito, sendo claro que se trata do exercício de uma outra actividade, que não a(s) actividade(s) abrangida(s) pela alçada de interesses que a cláusula de não concorrência visa proteger – já que, ao contrário, sucederia uma violação do pacto de não concorrência e, por consequência, não faria qualquer sentido aludir à dedução da verba pagável pelo empregador –, cumprirá salientar que as verbas abatíveis à compensação são referenciadas "a qualquer actividade profissional iniciada após a cessação do contrato de trabalho".

Confrontados com esta *factis species*, vislumbra-se um alargamento do âmbito aplicativo da dedução às importâncias recebíveis pelo trabalhador com o exercício de uma actividade *profissional* não enxertável num contrato de trabalho – assim, também, a preocupação legal quanto à substituição da expressão "retribuição" por "importâncias percebidas pelo trabalhador"[2740] –, com o que, para

---

[2738] Salientando a dedução do *aliunde perceptum* na prestação de qualquer outra actividade, cfr. JOANA VASCONCELOS, "Anotação ao art. 146.º" (2003), cit., 257 e, mais recentemente, "Anotação ao art. 136.º" (2009), cit., 374.

[2739] Abrangendo-se aí o período que medeia entre a decretação do despedimento e a respectiva declaração judicial de ilicitude. A solução beneficia os trabalhadores negligentes e sanciona o trabalhadores diligentes, que, em razão do desconto operável, podem receber o mesmo que um trabalhador diligente. Por isso se fala em incentivo à preguiça: M.ª ROSÁRIO PALMA RAMALHO, *Direito do Trabalho. Parte II* (2010), cit., 1035. Em todo o caso, é importante notar que, conforme posição vertida no Ac. Rl. Pt. 16.01.2006 (DOMINGOS MORAIS), CJ 2006, T. I, 220-2, *(i)* a dedução de rendimentos apenas opera quanto à retribuição a que o trabalhador teria direito e não em relação à indemnização devida pelo empregador e *(ii)* que a obtenção de emprego a que se associe retribuição superior à percebida no âmbito do contrato de trabalho entretanto cessado é inafectada. Neste caso, se o ónus da prova relativo à existência e ao alcance dos danos impende sobre o trabalhador, já o ónus *probandi* relativo aos rendimentos auferidos pelo trabalhador pertence ao empregador, embora a dedução do subsídio de desemprego constitua matéria de conhecimento oficioso, conforme prevê hoje o n.º 2 do art. 75.º do CPT, na senda de jurisprudência pacífica, de que é exemplo o Ac. STJ de 12.09.2012 (FERNANDES DA SILVA), proc. n.º 154/06.2TTMTS-C.P1.S1.

[2740] Já a utilização da locução *actividade profissional* refere-se a uma actuação desenvolvida por todo aquele que exerce uma *profissão*, o que, no caso, significará o "exercício habitual de uma actividade económica como meio de vida", conceito que implica, na sua raíz etimológica, um compromisso (o substantivo deriva do étimo latino *professio*, que, por seu turno, procede do substantivo *fassio*, que formou os compostos *professio e confessio*).

lá do possível enfraquecimento ou mesmo neutralização da compensação *primo conspectu* devida ao trabalhador, se suscitam legítimas dúvidas acerca da idoneidade do facto que está no cerne da cessação do contrato de trabalho para produzir tal "vantagem para o trabalhador", considerando, designadamente, a possibilidade de prestação de serviços no decurso do contrato de trabalho cuja relevância pecuniária para o empregador é inexistente[2741].

Aliás, a formulação do n.º 4 e a formulação da al./a do n.º 2, a par com a supressão da adversativa "porém" presente no n.º 2, foram as únicas alterações feitas pelo CT2009 ao desenho normativo do pacto de não concorrência.

Mas a substituição da locução "importâncias percebidas pelo trabalhador no exercício de *qualquer* actividade profissional iniciada após a cessação do contrato de trabalho" pela locução "importâncias percebidas pelo trabalhador no exercício de *outra* actividade profissional iniciada após a cessação do contrato de trabalho" não foi feliz: sugere-se, *a contrario sensu*, que o exercício de actividade profissional similar à que o trabalhador desempenhava no decurso do contrato de trabalho não fica abrangido pela dedução aí prevista.

Não se podendo sufragar a inaplicabilidade da compensação no caso de exercício de actividade similar à que o empregador desenvolve – tal seria o contra-senso da solução e o incentivo legal a que o trabalhador exercesse actividades similares –, o único sentido útil atribuível ao preceito é o de que o mecanismo de

---

[2741] Esta ordenação básica dos resultados em que pode desembocar a aplicação da *compensatio lucro cum damno*, questionável que é o tratamento da cessação do contrato de trabalho como condição suficiente para o desenvolvimento de outra actividade profissional por banda do trabalhador, aporta-nos à seguinte questão: pode o trabalhador, sem vínculo laboral, e em comparação com as possibilidades cabíveis no decurso do (pregresso) contrato de trabalho, ficar diminuído quanto à sua capacidade para exercer outras actividades que não sejam concorrencialmente relevantes? O preceito procura acautelar esta situação. Repare-se que, no extremo, quaisquer actividades que o trabalhador exercesse paralelamente no decurso do contrato de trabalho (e que não ofendessem, naturalmente, o dever de não concorrência) poderiam, extinto o vínculo laboral, adquirir relevância para o seu antigo empregador. E tal ocorreria graças a um acto ilícito deste. Tratando-se de situação que não se esgota(va) no âmbito de um contrato de trabalho a tempo parcial, o n.º 4 do art. 136.º apenas releva as actividades *iniciadas* após a cessação do contrato de trabalho, pois, se assim não fosse, a continuação de uma actividade profissional por parte do trabalhador seria economicamente relevante para o seu antigo empregador, independentemente da inexistência de qualquer conexão causal com a cessação do vínculo. Por outras palavras: com a cessação do vínculo os rendimentos gerados por essa actividade acresceriam ao património do empregador, produzindo-se reflexamente uma *nova* limitação à liberdade de trabalho, uma vez que para o trabalhador poderia ser preferível fazer cessar a actividade que vinha exercendo, ponderação que surgiria em razão de o antigo empregador ter procedido ilicitamente, reforçando a natureza abstensiva que está subjacente à obrigação de não concorrência.

dedução só opera se a actividade for outra, pois que se parte do pressuposto de que se a actividade for similar há uma situação de incumprimento do pacto que prejudica a aplicação do mecanismo compensatório aí previsto.

Todavia, também esta construção normativa, aparentemente sédula, é falha de sentido.

Em primeiro lugar, o exercício de uma actividade similar não implica por si um incumprimento do pacto: a actividade similar não só pode ser exercida sem que haja susceptibilidade de causação de prejuízo ao empregador (exemplo: actividade exercida num outro território, em área geográfica não coberta pelo pacto), como o exercício de outra actividade, não similar, pode fundar uma situação de incumprimento (exemplo: uso de informações reservadas). O pressuposto de que o exercício de uma actividade similar se liga ao incumprimento do pacto e de que actividades não similares se encontram fora desse perímetro é errado.

Em segundo lugar, a atribuição de um efeito de automaticidade ao desenvolvimento de uma actividade similar no que ao incumprimento diz respeito e à inerente susceptibilidade de cessação do pacto desconsidera o facto de o vínculo de confiança, indispensável ao prosseguimento futuro do contrato, ter de ser substancialmente afectado, sendo necessário "averiguar se o inadimplemento tem suficiente gravidade (importância) para desencadear tal efeito", pois só será "uma justa causa ou um fundamento importante qualquer circunstância, facto ou situação em face da qual, e segundo a boa fé, não seja exigível a uma das partes a continuação da relação contratual; todo o facto capaz de fazer perigar o fim do contrato ou de dificultar a obtenção desse fim"[2742].

Importando atender à extensão da inexecução (parcial ou total) e ao carácter culposo ou não culposo da inexecução, bem como à sua importância para a economia de interesses das partes[2743], a ligação inexorável que o preceito estabelece entre a cessação do pacto por incumprimento e o exercício da mesma actividade é susceptível de se mostrar falha de sentido, pois o exercício de uma actividade puramente acessória, ainda que intersectável com a actividade pregressa, pode não ofender a obrigação de não concorrência convencionada[2744].

[2742] João Baptista Machado, "Pressupostos da resolução por incumprimento" (1991), cit., 131 e 143-4 e Pedro Romano Martinez, *Da cessação do contrato* (2006), cit., 236.

[2743] IDEM, 135. Ainda: Jorge Ribeiro de Faria, *Direito das Obrigações*, Vol. II (1990), cit., 426.

[2744] Nestes termos, por contraste com o art. 2598 do Código Civil (concorrência desleal), v. Alexandro Boscati, "Patto di non concorrenza. Art. 2125" (2010), cit., 217. Fazendo esta análise em relação ao dever de não concorrência no decurso do contrato, v. BAG 24.03.2010 – 10 AZR 66/09, NZA 2010, 693.

49. A dedução ao montante da compensação elevada até ao equivalente à retribuição-base devida no momento da cessação do contrato tem como limite a compensação atribuível ao trabalhador durante o período de limitação da sua actividade.

Trata-se de um modo de cálculo *heterogéneo*, já que, além de cuidarmos de uma situação em que a compensação foi elevada até ao equivalente à retribuição-base devida no momento da cessação do contrato de trabalho, ao trabalhador pretende-se que seja assegurada a fruição mínima de um montante em razão da obrigação de não concorrência.

Neste âmbito, e no ordenamento germânico, caso o trabalhador, durante a obrigação de não concorrência, exerça uma actividade que não entre em colisão com a obrigação assumida, forja-se um sistema compósito, que releva os ganhos obtidos com a sua actividade.

Se estes, conjuntamente com a compensação, excederem 110% da antiga retribuição, o montante da compensação pode ser reduzido na parte que excede essa percentagem (§ 74c HGB)[2745].

Por isso, a inter-relação entre o montante acordado pelo trabalhador e pelo empregador que significa a compensação devida pela obrigação de não concorrência e o nível de rendimentos auferidos pelo trabalhador com o exercício de outras actividades vai conformar a natureza mais vantajosa dos quadros potencialmente aplicáveis, abrindo-se margens para ponderações da relação custo-benefício por parte do trabalhador quanto às condições subjacentes ao exercício de uma nova actividade[2746], num quadro de *racionalidade estratégica*[2747].

[2745] Cfr. LUTZ MICHALSKI, *Arbeitsrecht* (2008), cit., 176. Com o antigo empregador a ter o direito de aceder à informação relativa à retribuição auferida pelo trabalhador durante a obrigação de não concorrência, tome-se o seguinte exemplo: (i) a média de retribuições do ano que antecedeu o *terminus* do contrato cifra-se em 3000, (ii) a compensação acordada é de 1500 e (iii) a retribuição que o trabalhador agora percebe é de 2500. Ora, se os 110% da média salarial relevante para este efeito redundam num valor de 3300, a dedução a operar cifra-se nos 700 [(1500 + 2500) – 3300], pelo que o montante da compensação é reduzido para 800 (1500 -700). A redução não opera, contudo, nestes termos se o montante compensatório acordado pelos sujeitos for superior a 50%. Nesse caso, o limite adoptado para o cálculo é de 125%, o que, em função da percentagem que excede os 50% da compensação calculada sobre o montante da média das retribuições auferidas pelo trabalhador no ano antecedente ao *terminus* do contrato, tanto pode significar a aplicação de um quadro mais vantajoso para o trabalhador quanto uma situação em que o montante compensatório a receber do ex-empregador é substancialmente encurtado. Ainda: KLAUS HÜMMERICH/ WINFRIED BOECKEN/FRANZ JOSEF DÜWELL, *AnwaltKommentar Arbeitsrecht: vol. I* (2008), cit., 3193.

[2746] WOLFGANG GRUNSKY, *Wettbewerbsverbote für Arbeitnehmer* (1987), cit., 84.

[2747] Sobre este conceito, que significa uma decisão consistente entre possibilidades de escolha, com dadas preferências e tendo em conta as decisões de adversários racionais, v. JÜRGEN HABERMAS,

Entre nós, face ao n.º 4 do art. 136.º, há duas leituras possíveis. Numa primeira leitura, pode entender-se que à retribuição-base auferida no momento da cessação do contrato de trabalho (colacionada *ex vi* da remissão operada pelo n.º 4 para o n.º 3 do art. 136.º) abater-se-ão as importâncias percebidas pelo trabalhador no exercício de qualquer actividade profissional iniciada após a cessação do contrato de trabalho, abatimento que, todavia, não poderá ultrapassar a compensação acordada *ab origine* para o período de limitação da sua actividade, visando-se com este esquema garantir ao trabalhador a percepção dos montantes que são determinados pela subtracção da compensação acordada *ab initio* à retribuição-base auferida no momento da cessação do contrato de trabalho[2748].

Sendo esta a taxa de cálculo genericamente seguível, não se poderá, contudo, esquecer a susceptibilidade de redução equitativa que vai ínsita na al. c) do n.º 2 do art. 136.º e que, no critério da lei, não actua sobre a elevação do montante que haja sido determinada em caso de despedimento declarado ilícito ou de resolução com justa causa pelo trabalhador com fundamento em acto ilícito do empregador, mas somente no quadro da obrigação compensatória inicialmente estipulada.

Tratando-se, assim, de isolar primeiramente a compensação devida pelo empregador ao trabalhador, só depois se indagará da ilicitude do acto que gerou a cessação do contrato de trabalho, momento em que, com a suscitação da elevação do montante compensatório até à retribuição-base devida no momento da cessação do contrato de trabalho, caberá fazer o desconto estabelecido por lei, em todo o caso, com o limite da compensação acordada *ab initio*, em que já entra a redução equitativa que tenha sido eventual e judicialmente determinada.

Ora, perante a estrutura legal do cálculo compósito que vai prescrito no n.º 4 do art. 136.º, parece então correcto concluir que, ao arrepio de toda a lógica, o empregador não terá interesse em invocar a redução equitativa da compensação acordada *ab origine* com fundamento nas somas avultadas com a formação profissional do trabalhador que haja despendido.

Fundamentação Linguística da Sociologia, Edições 70, 2010, 272-3. Entre nós, abordando o conceito no âmbito do «princípio regulativo das "teorias racionais de decisão"», v. ANTÓNIO CASTANHEIRA NEVES, *Teoria do Direito (Lições proferidas no ano lectivo de 1998/1999)*, Universidade de Coimbra, 1998, 177.

[2748] Por exemplo, se a retribuição-base devida no momento da cessação do contrato de trabalho for 2000 e a compensação acordada *ab initio* se cifrar nos 1500 por mês, ao trabalhador é garantida a percepção de 500 mensais por conta da obrigação de não concorrência, mesmo que com o exercício de outra actividade profissional aufira 3000 mensais.

Na verdade, a redução equitativa, ao produzir um abaixamento da compensação devida pelo empregador, vai prefigurar uma diminuição do limite estabelecido para a dedução do *aliunde perceptum*, garantindo ao trabalhador a intocabilidade do montante remanescente, com o que, *ad absurdum*, será este quem aparecerá a suscitar a redução equitativa da compensação devida pelo empregador como *contre-chant* da obrigação de não concorrência (!).

Se nesta interpretação a solução legal não deixaria de se revelar contrária aos interesses dos sujeitos intervenientes na estipulação de uma obrigação de não concorrência, no mais ela de nada valeria sempre que a compensação acordada para a obrigação de não concorrência coincidisse com a retribuição-base devida no momento da cessação do contrato, topando-se, no extremo, e em função da dedução legalmente prevista, com a ausência efectiva de qualquer compensação por banda do trabalhador[2749].

Conferida esta circunstância, embora se pudesse atribuir ao n.º 4 do art. 136.º o efeito útil de balizar a operação de dedução das importâncias percebidas pelo trabalhador no exercício de qualquer actividade profissional iniciada após a cessação do contrato de trabalho, a aparente virtualidade acabaria por ser uma *fictio*, uma vez que seria inaceitável que, a jusante, e abdicando da sua liberdade de trabalho, o trabalhador tivesse de pagar para não concorrer com o seu antigo empregador.

Há, por isso, razões para, numa segunda leitura, entender que a dedução não opera até ao valor da compensação acordada inicialmente, mas actua com respeito ao valor da compensação prevista no n.º 3 do art. 136.º.

Nesta leitura, que nos parece a correcta e que atalha a uma incoerência intra-sistemática de relevo, o preceito determina a intangibilidade da compensação inicialmente prevista para os sujeitos[2750], evitando-se que o trabalhador possa ficar em situação substancialmente agravada face à situação em que se encontraria caso o contrato não tivesse cessado por motivo imputável ao empregador. Verificado este cenário, o empregador já terá interesse em invocar a redução equitativa da compensação acordada com fundamento nas somas avultadas com a formação profissional do trabalhador que haja despendido.

Como corolário essencial desta análise, verifica-se que a dedução do *aliunde perceptum* apenas tende a vigorar para as situações em que o contrato de trabalho cessa com fundamento em acto ilícito do empregador, configuração que, na economia da obrigação de não concorrência, parece impelir o empregador à

[2749] O que significará, ante o desaparecimento do elemento *troca*, uma neutralização absoluta da reciprocidade do *pactum*.
[2750] Neste sentido: JOANA VASCONCELOS, "Anotação ao art. 136.º" (2009), cit., 374.

adopção de uma conduta ilícita, em lugar da tutela pedagógica que deve subjazer à aplicação das normas legais, porquanto a cessação do contrato de trabalho isenta de ilicitude, face ao abandono da *compensatio lucri cum damno*, pode desguarnecer os interesses do empregador.

50. Neste conspecto, a construção delineada para a dedução do *aliunde perceptum*, revelando-se paralógica, dificilmente afasta conexas observações críticas sobre o regime aplicável.

Uma vez que a dedução do *aliunde perceptum* vale para as situações em que a actuação ilícita do empregador concitaria outro tipo de resposta normativa, a existir um pacto de não concorrência será preferível para o trabalhador, ante uma situação culposamente criada pelo empregador, e após uma ponderada análise do *retorno* expectável (relação *custo/benefício* < 1), proceder à denúncia do contrato de trabalho, em lugar da resolução prevista no art. 394.º.

A simples racionalidade económica mostra-se suficiente para justificar uma tal opção, uma vez que o exercício da denúncia do vínculo naquelas circunstâncias permitirá ao trabalhador obter ganhos acrescidos, em função da poupança que realiza, visto que, ao servir-se deste meio de cessação do contrato de trabalho, o trabalhador vê garantida a indemnidade dos montantes percebidos com a(s) sua(s) nova(s) actividade(s).

Sob esta perspectiva, seria mesmo tentadora a invocação, por via lógico-dedutiva, de uma ampliação da regra ínsita no n.º 4 do art. 136.º: se a entidade empregadora dá azo ao exercício da resolução ou despede ilicitamente o trabalhador (que não opta pela reintegração), então tal compensação, não obstante a nocividade que leva implicada para quem labora, terá necessariamente de operar sempre que o contrato cessa por livre e exclusiva vontade do trabalhador, como sucede com o exercício da denúncia do contrato de trabalho, porquanto, *a fortiori*, os interesses do empregador suscitarão, nesse espectro, tutela acrescida.

Ponderando, todavia, que na interpretação enunciativa "não nos podemos abandonar exclusivamente à lógica"[2751], e atento o *plus* de desvalor que caracterizaria o revestimento atribuível àquela(s) hipótese(s), temos para nós que a uma imperfeição de regime não se deverá acenar com outra imperfeição (*injuria non excusat injuriam*), que, a ser acolhida, arvoraria a dedutibilidade em princípio geral, esvaziando, ao arrepio da letra da lei, o sentido e o alcance do direito ao trabalho, face à necessária percepção pecuniária que este traz implicada.

[2751] José de Oliveira Ascensão, *O Direito – Introdução e Teoria Geral* (2001), cit., 460.

Na verdade, não só o n.º 4 do art. 136.º se apropria na *factis species* do pressuposto resolutivo do contrato que vai ínsito no n.º 3 do art. 136.º, como também não se pode perder de vista que uma interpretação em conformidade com a Constituição não consente uma solução que, alcandorando a dedução do *aliunde perceptum* a *regra universal* da obrigação de não concorrência, acaba por afectar desproporcionadamente o princípio da liberdade de trabalho, podendo mesmo amputá-lo do seu núcleo essencial de fruição.

Sem prejuízo, o regime português, no que à dedução à compensação diz respeito, encontra-se falho de coerência, abrindo-se ensejo para uma revisão que congrace melhor os direitos do empregador protegíveis através do pacto com o princípio da liberdade de trabalho.

VI. Ininvocabilidade do pacto

a) Causas de cessação do contrato de trabalho: relevância típica

51. Buscando a clarificação de uma das questões mais controvertidas à luz do regime contido na LCT, o n.º 3 do art. 136.º do CT2009 dispõe que "(e)m caso de despedimento declarado ilícito ou de resolução com justa causa pelo trabalhador com fundamento em acto ilícito do empregador o montante referido na al./c do número anterior é elevado até ao equivalente à retribuição-base devida no momento da cessação do contrato, sob pena de não poder ser invocada a cláusula de não concorrência".

Quanto a este ponto, face à infixidez de contornos que no âmbito do regime instituído pela LCT contribuía para a criação de margens de incerteza nos operadores e sobretudo nos cidadãos, se qualquer clarificação dos quadros legais é sempre de saudar, não menos positivo se afigura o facto de o Código ter operado um *distinguo* quanto aos efeitos produzíveis por uma obrigação de não concorrência em razão da forma de cessação do contrato de trabalho, situação que, constituindo um pressuposto lógico da sua vigência, não vem conhecendo qualquer distinção no plano das cláusulas, histórico-socialmente enraizadas, que padronizam os instrumentos deste género.

Com efeito, a correlação entre a forma de cessação do contrato de trabalho e o critério que se assuma quanto à vigência do pacto de não concorrência pode configurar um mecanismo indirecto de salvaguarda do contrato de trabalho[2752],

---

[2752] Ver Cass. Soc. 10.12.2008, D n.º 18 (07.05.2009), 1256-1259, com anotação de Louis-Frédéric Pignarre, "Clause de non-concurrence et droits fondamentaux".

uma vez que a aplicabilidade ulterior da obrigação de não concorrência não só despersuade o trabalhador quanto a uma eventual desvinculação *ad nutum*, como também a garantia de pagamento da compensação que imana à obrigação de não concorrência pode ter, por outro lado, o efeito de desmotivar o empregador quanto à promoção da cessação do vínculo, equação em que a introdução de cambiantes relativas à susceptibilidade de exercício de actividade concorrencial por parte do trabalhador, embora prejudicando o efeito dissuasório associado ao encargo pendente sobre o empregador, encontra nalguns sistemas ligação directa ao juízo de imputabilidade acerca da extinção do vínculo, procurando-se um enquadramento que, sendo marcado por um sentido protectivo, visa remover comportamentos empresarialmente predatórios.

É, aliás, por esta ordem de razões que no direito belga se afasta a cláusula de não concorrência nas situações em que o empregador tenha denunciado o contrato no período experimental ou despedido o trabalhador sem justa causa e homologamente no caso em que o trabalhador faz actuar o seu direito de resolução do contrato de trabalho[2753], ou que, no ordenamento suíço, o n.º 2 do art. 340C da Lei federal que complementa o Código Civil, em solução tecnicamente diversa mas com axiologia idêntica, determina a caducidade – e não apenas a ininvocabilidade – da cláusula de não concorrência nos casos em que o trabalhador tenha sido despedido ilicitamente ou tenha resolvido o contrato de trabalho por "motivo justificável imputável ao empregador".

52. Se também no direito alemão as causas de cessação do contrato não são irrelevantes – caso o empregador tenha concorrido com a sua vontade para a cessação do contrato de trabalho é conferido ao trabalhador o direito de optar pela invocação da cláusula de não concorrência, bastando, para tanto, que não a denuncie nos 30 dias subsequentes à cessação do contrato de trabalho –, entre nós, e antes do CT, sempre se rejeitou a atribuição de relevância à causa de cessação do contrato de trabalho no que à aplicação do pacto de não concorrência diz respeito[2754], à semelhança da corrente que fez curso na jurisprudência francesa[2755].

[2753] Cfr. CLAUDE WANTIEZ, *Les clauses de non concurrence et le contrat du travail* (2001), cit., 11.

[2754] Por exemplo: MÁRIO PINTO/PEDRO FURTADO MARTINS/ANTÓNIO NUNES DE CARVALHO, *Comentário às Leis do Trabalho* (1994), cit., 171. Apenas JÚLIO VIEIRA GOMES, "As Cláusulas de Não Concorrência no Direito do Trabalho" (1998), cit., 959-960, defendia a relevância da causa de cessação do contrato de trabalho, seguindo a linha de imputabilidade da cessação do vínculo acolhida nos direitos alemão e suíço.

[2755] Por exemplo: TARA BRILL-VENKATASAMY, «La clause de non-concurrence en droit du travail:

Hoje, numa primeira leitura, para que o empregador possa invocar a cláusula de não concorrência pareceria constituir pressuposto natural que o trabalhador não tivesse sido ilicitamente despedido ou tivesse resolvido o contrato com justa causa. Porém, a invocação é possível.

Embora estejamos na presença de um acto ilícito do empregador, a obrigação de não concorrência pode subsistir, conquanto o montante seja elevado até ao equivalente à retribuição-base devida no momento da cessação do contrato.

Neste cenário, são plúrimas a questões suscitáveis por esta solução que o Código acolhe e que se inscreve numa "regulamentação de alguma complexidade no que toca à compensação e sua elevação e diminuição em circunstâncias especiais"[2756], que, adiante-se desde já, é simplificável *de iure condendo*.

Em primeiro lugar, não deixa de impressionar o facto de o empregador, mau grado a ilicitude do seu comportamento, e sempre que a contrapartida pela abstenção de exercício de actividade concorrencial for *ab initio* equivalente à retribuição-base, não sofrer *ad extra* quaisquer consequências, podendo continuar a invocar a cláusula de não concorrência, numa solução que, em substância, infirma o princípio de que o exercício de um direito não se deve fundar num comportamento ilicitamente assumido[2757].

A solução não tem, por isso, qualquer significado prático sempre que a compensação acordada não se situe abaixo da retribuição-base auferida à data da cessação do contrato, cenário em que a causa de cessação do contrato se mostra desprovida de consequências.

Se o objectivo de tutela do trabalhador fica nestas situações frustrado e para o empregador, quanto ao benefício da cláusula de não concorrência, é irrelevante o juízo de imputabilidade acerca da extinção do vínculo, é igualmente notório que a utilização de um critério baseado na elevação da compensação até ao limite da retribuição-base é insatisfatório.

Bastaria, para tanto, e em alternativa, que se houvesse previsto um aumento percentual da compensação acordada, que, não se atendo ao limite da retribuição-base, assegurasse com efectividade a tutela do trabalhador, e que abando-

---

comparaison des droits anglais et français» (1998), cit., 155, FRANÇOIS GAUDU, *Droit du Travail* (2007), cit., 65 e FLORENCE CANUT, *L'ordre public en droit du travail* (2007), cit., 70-1.

[2756] BERNARDO LOBO XAVIER, *Manual de Direito do Trabalho* (2011), cit., 603. Assinalando igualmente o aspecto, cfr. JOÃO LEAL AMADO, *Contrato de Trabalho* (2009), cit., 408 (nota 573).

[2757] O facto de o trabalhador não poder continuar a desenvolver a sua actividade na área para a qual se encontra preparado e a susceptibilidade de ter um aumento remuneratório com o exercício dessa actividade, constituindo factores que podem ter conformado a sua vontade de renúncia à liberdade de trabalho e determinado a convenção de uma compensação cujo valor é igual ou superior à retribuição-base, são desconsiderados na economia da solução prevista.

nasse, aliás, o sinal legal de que a compensação se situa por princípio abaixo da retribuição-base, circunstância que, em contextos fortemente permeados por estruturas retributivas variáveis (*v.g.* prémios de desempenho), traduz um decréscimo significativo dos rendimentos do trabalhador, revelando-se desadequada à sua profissionalidade.

Nesse sentido, o facto de se apontar, embora de forma indicativa e através de um preceito cuja *factis species* é outra, para a retribuição-base como limite máximo da compensação a auferir pelo trabalhador, potencia a crítica de que, em metalepse, o que importaria era estabelecer um limite mínimo para a compensação, deixando o mais aos sujeitos e tutelando o trabalhador, nos casos em que o contrato cessa em razão de comportamento ilícito do empregador, com a previsão de que a cláusula de não concorrência só poderia valer caso se aumentasse, de forma percentual e sem limite material, a compensação acordada.

Com o preceito, ao contrário de leitura seguível na ausência de previsão específica, a prefixar a manutenção da obrigação de não concorrência mesmo nos casos em que o empregador deu azo à cessação do contrato de trabalho – a *obligatio* vale se o empregador o desejar, bastando, para tanto, que o montante compensatório atinja valores equivalentes à retribuição-base devida no momento da cessação do contrato[2758] –, verifica-se que, ao arrepio dos efeitos dissuasores que a cláusula de não de concorrência produz quanto à possibilidade de o trabalhador se desvincular do contrato de trabalho[2759], existe a possibilidade de se irrelevar a causa da cessação do vínculo e, no limite, de se permitir que uma denúncia exercida no âmbito do experimental por banda do empregador deixe ilesa uma obrigação de não concorrência destinada a vigorar por dois anos, numa solução em que, não existindo qualquer facto ilícito atribuível ao trabalhador, a imputação ao empregador da cessação do vínculo não tem relevo para o montante da compensação que este tem que pagar[2760].

[2758] A propósito, referem Jean Pélissier/Alain Supiot/Antoine Jeammaud, *Droit du Travail* (2000), cit., 287: "est inadmissible socialement que l'auteur d'un licenciement puisse interdire au salarié licencié et chômeur d'exercer son activité dans un domaine où celui-ci est spécialement compétent!". A indignação é tanto mais justificada quanto a jurisprudência francesa tende a ignorar a relevância conformativa da causa de cessação do contrato na invocabilidade da obrigação: François Gaudu, *Droit du Travail* (2007), cit., 65.

[2759] Aspecto muito salientado por François Gaudu, "Fidelité et rupture" (1991), cit., 419.

[2760] Ainda que, naturalmente, sempre se possa considerar que, perante a necessidade de preenchimento do conceito de interesse sério, a cláusula perde razão de ser e que, neste contexto, a sua invocação por banda do empregador não deixa(ria) de ser abusiva. Por um lado, haverá que demonstrar que o tempo de execução do contrato não foi suficiente para preencher o conceito de concorrência diferencial; por outro, o princípio da boa fé pode paralisar a invocação da obrigação

A irrelevância de tal facto potencia aliás a utilização da cláusula como um instrumento de baixo custo destinado ao afastamento de concorrentes, uma vez que a contratação de um trabalhador seguida *pari passu* de uma denúncia exercida no quadro do período experimental afasta aquele trabalhador do mercado de trabalho, num sistema que, sem prejuízo da tarefa adequadora exigível à jurisprudência, não só não fixa qualquer limite mínimo quanto ao valor da compensação, como também apenas prevê a elevação obrigatória do *quantum debeatur* em caso de actuação ilícita do empregador, sem cobrir, *hoc sensu*, todo o feixe de situações em que a vontade do empregador concorre, de forma unilateral, para a cessação do contrato de trabalho.

53. Produzindo-se, em princípio, uma limitação do halo da ininvocabilidade da obrigação de não concorrência aos casos de despedimento declarado ilícito ou de resolução com justa causa pelo trabalhador com fundamento em acto ilícito do empregador, nesta ordem de razões, e conferido(s) aquele(s) circunstancialismo(s), a ininvocabilidade da cláusula de não concorrência cinge-se ao empregador.

Na verdade, porque a um acto ilícito do empregador não se poderia seguir a invocação da obrigação de não concorrência – paralisando-se, assim, o exercício abusivo do direito em questão, para, em conexão funcional, se evitar a consumação do dano para o trabalhador –, o preceito comina uma *ineficácia relativa*, à semelhança do que se topa para os negócios do representante sem poderes[2761].

Significa isto, perante a não elevação do montante até ao equivalente à retribuição-base devida no momento da cessação do contrato, e pressuposta que vai a declaração de ilicitude do despedimento ou a procedência de uma resolução com justa causa pelo trabalhador com fundamento em acto ilícito do empre-

---

de não concorrência, provando-se que a contratação do trabalhador teve como único objectivo o afastamento da concorrência, numa solução que, mau grado o preenchimento dos pressupostos materiais exigidos para a validade da cláusula, alarga os casos de ininvocabilidade legalmente previstos em razão do abuso de direito, mas que, de uma parte, se confronta com importantes dificuldades probatórias, e que, de outra parte, esbarra na consideração, que acompanhamos, de que a *volitio* do empregador é um elemento interno, puramente psicológico, que não obnubila a tarefa que se exige ao intérprete-aplicador: a de desenvolver um juízo objectivo acerca da verificação de necessidades empresariais, a qual deve basear-se em pressupostos materialmente específicos, externamente aferíveis e que independem do objectivo visado pelo empregador, qual foro interno exclusivo, que não afecta a projecção razoável das razões empresariais que recorta os interesses tuteláveis com os pactos.

[2761] N.º 1 do art. 268.º do CC. Cfr. Carlos A. Mota Pinto, *Teoria Geral do Direito Civil* (1992), cit., 607.

gador, que estamos perante um "pacto com *cabeça de Jano*" e que o trabalhador pode invocar a obrigação de não concorrência, já que este, deparando-se com dificuldades na obtenção de um emprego, pode ter interesse na invocação da obrigação de não concorrência, por forma a perceber as verbas relativas à abstenção pós-contratual convencionada[2762].

Assim, e de um ponto de vista material, sendo necessário proteger o trabalhador da actuação ilícita do empregador, não se poderá limitar a produção de efeitos da cláusula mais do que o necessário à efectivação dessa protecção.

Impondo-se remarcar, em atenção aos interesses prosseguidos, o *distinguo* entre ininvocabilidade e ineficácia *tout court* da cláusula de não concorrência, estes planos não se confundem todavia com o desvalor que pode atingir o pacto.

Na verdade, em relação a uma cláusula nula não cabe restringir a invocação do vício a qualquer dos sujeitos laborais, ao revés do que sucede no direito francês, com os tribunais gauleses a restringirem a invocação da nulidade ao trabalhador nos casos de falta de interesse legítimo[2763] ou de ausência de previsão contratual acerca do montante da compensação[2764]: a nulidade prevista para um pacto que atenta contra a liberdade de trabalho é, no sistema francês, instituída a favor do trabalhador[2765].

Ora, se também o direito belga circunscreve ao trabalhador a invocação da nulidade de um pacto sempre que se considerem inobservadas as "condições legais" que a Lei de 03.07.1978 exige – avançando-se com o argumento de que as normas que regulam estes pactos são caracterizadas por uma "imperatividade unilateral" –, não existe, *de iure condito*, face ao CT2009, razão para amparar tal enquadramento: carece de sentido a sustentação de que um pacto sem qualquer interesse legítimo só possa ser invocado pelo trabalhador ou, em relação à ine-

---

[2762] Montantes que, no caso, acrescerão aos que lhe são devidos em razão do acto (ilícito) do empregador que deu azo à cessação do vínculo laboral.

[2763] Veja-se o desatendimento jurisprudencial relativo à invocação, por banda de um novo empregador, da nulidade de uma cláusula que ligava o trabalhador ao seu antigo empregador, reiterando-se que só o trabalhador, nessa qualidade, o poderá fazer (Cass. Soc. 02.02.2006, n.º 329 FSPB), numa solução que, sendo construída a partir da falta de interesse em agir, colide com a invocabilidade universal do vício da nulidade.

[2764] Cass. Soc. 25.01.2006, n.º 283 FP e Daniel Fasquelle «Clause de non-concurrence: Compétence exclusive du salarié pour contester la validité de la clause de non-sollicitation sans contrepartie pécuniaire (*Union Technologies Informatique/Metaware Technologies*)», *Concurrences (Thomson)*, 01.07.2006, 111-2.

[2765] Catherine Puigelier, *Droit du Travail* (2000), cit., 75 e Jean Pélissier/Alain Supiot/Antoine Jeammaud, *Droit du Travail* (2000), cit., 294 ou Yves Chagny, "Débauchage de salarié, nullité de la clause de non-concurrence: une prise de possession du droit du travail par le droit commercial", RDT 2008, 455.

xistência de compensação, que se ultrapasse, sem critério, um aspecto geral do problema da determinação do objecto do contrato.

Não havendo base legal que determine a imputabilidade do vício a um dos sujeitos e que confine a arguição do vício a um deles – como exemplo desta técnica veja-se o regime jurídico aplicável ao exercício da actividade de construção[2766] ou as categorias de normas imperativas que existem nos contratos de consumo[2767] –, trata-se aqui da subtracção *ex lege* ao pacto da aptidão para produzir os efeitos colimados, os quais, independentemente das preocupações sociais virtualmente subjacentes, não poderão ficar polarizados na vontade exclusiva do trabalhador, embaciando as figuras da nulidade e da anulabilidade, por via da confecção exegética de uma "nulidade relativa"[2768]. A nulidade é uma "característica do negócio que *ab initio* não produz, por força dum vício, os efeitos que lhe correspondem"[2769].

Como tal, na falta de previsão legal específica, a invocação do vício não deve ficar reservada ao trabalhador, pois a *ratio legis* do art. 136.º não se baseia no desígnio de protecção exclusiva do trabalhador, visando a regulação balanceada dos interesses profissionais e concorrenciais dos sujeitos envolvidos.

De acordo com a essência do vício, ele opera nos termos gerais (280.º do CC), sem que haja confusão com a ininvocabilidade relativa que a lei estabelece quanto a um pacto de não concorrência válido, mas cuja aplicação se funda na produção de um acto ilícito por parte do empregador no quadro de uma relação (laboral) pregressa.

[2766] Aprovado pelo Decreto-Lei n.º 12/2004, de 09.01, com a redacção que lhe foi dada pelo Decreto-Lei n.º 18/2008, de 29.01. O n.º 1 do art. 29.º determina que o contrato de empreitada cujo preço acordado seja superior a € 16.600,00 está sujeito à forma escrita, sob pena de nulidade, impondo ainda como conteúdo mínimo obrigatório um conjunto de menções. Inobservadas estas condições de validade, a nulidade que atinge o contrato não pode ser invocada pelo empreiteiro, uma vez que, de acordo com o n.º 2 do preceito, cabe "à empresa que recebe a obra de empreitada [ou de subempreitada], que venha a celebrar um contrato de subempreitada, assegurar e certificar-se do cumprimento do disposto no número anterior" [redução a escrito do contrato de empreitada de acordo com o conteúdo mínimo previsto no número um do preceito]."

[2767] Por todos, CARLOS FERREIRA DE ALMEIDA, *Direito do Consumo*, Coimbra, Almedina, 2005, 122, que, a par da categoria de normas que impõem uma certa composição positiva do conteúdo, refere a categoria de normas que proíbem certas cláusulas, cominando a sua nulidade (geralmente apenas relativa, em favor do contraente consumidor), normas que, nesse sentido, conformam, pela negativa, o conteúdo do contrato. Ainda, em análise ao art. 16.º da Lei de Defesa do Consumidor, v. JORGE MORAIS CARVALHO, *Os Contratos de Consumo. Reflexão sobre a Autonomia Privada no Direito do Consumo*, Almedina, Coimbra, 2012, 94.

[2768] Sobre a figura, em jeito crítico: FABRIZIO DI MARZIO, *La nullità del contratto* (1999), cit., 46.

[2769] CASTRO MENDES, *Teoria Geral do Direito Civil. Vol. III* (1979), cit., 671.

No mais, declarada a nulidade da cláusula, o trabalhador conservará os montantes conlevados pela contrapartida financeira assumida pelo empregador que já tenham sido pagos até à decisão que declare o desvalor do *negotio*[2770].

De facto, atenta a imbricação da obrigação de não concorrência com o contrato de trabalho, o afastamento do *quod nullum est, nullum producit effectum ex nudo pacto actio non nascitur* justifica-se não só com a impossibilidade de restituição *in natura* (=insusceptibilidade de reposição *in pristinum*) mas também com base na visão doutrinária que conforma a preclusão da regra da retroactividade da declaração de nulidade do contrato de trabalho e que, no caso em apreço, conhece ampla pertinência: as consequências da destruição retroactiva dos seus efeitos e/ou o escopo de protecção do trabalhador[2771], ponderando concretamente, e também, os efeitos dissuasores que a cláusula haja produzido quanto à denúncia do contrato de trabalho (*quod factum est, infectum fieri nequit*)[2772].

54. A este propósito convirá não esquecer que o preceito estabelece uma clivagem entre a cessação do contrato de trabalho que se funda em acto ilícito do empregador e todas as outras formas de cessação do contrato de trabalho.

Quanto ao aspecto, o § 75 I HGB, no sistema germânico, confere ao trabalhador o direito de invocar a cláusula nos casos em que o contrato de trabalho tenha cessado por motivos económicos e nos casos em que faça actuar a resolução do contrato de trabalho com justa causa por motivo imputável ao empregador[2773].

Nesta última hipótese, o trabalhador tem de notificar o empregador, no prazo máximo de um mês após a cessação do contrato de trabalho, de que não se

---

[2770] Sobre a incolumidade das compensações pagas na hipótese em que a nulidade do pacto é declarada, por razões idênticas às que determinam a preclusão dos efeitos típicos da nulidade em Direito do trabalho, cfr. JEAN PÉLISSIER/ALAIN SUPIOT/ANTOINE JEAMMAUD, *Droit du Travail* (2000), cit., 294. Em sentido contrário, sortindo-se do enquadramento genérico relativo à figura da nulidade, v. Cass. Soc. 28.03.2007, n.º 05-45.423, FAVENNEC-HÉRY & PIERRE-YVES VERKINDT, *Droit du Travail*, LGDJ, Paris, 2007, 207 e, em Itália, as decisões do Tribunal de Milão (18.11.1992, RCDDL 1993, 349) e da Prelatura de Lecce (10.06.1992, GC 1993, n.º 1, 1937).

[2771] Neste sentido, cfr. CECILIA ASSANTI, *Corso di Diritto del Lavoro* (1993), cit., 283 e entre nós JÚLIO VIEIRA GOMES & CATARINA DE OLIVEIRA CARVALHO, "Sobre o Regime da Invalidade do Contrato de Trabalho" (1999), cit., 155.

[2772] Esta ponderação surge em FLORENCE CANUT, "Stipulation d'une clause de non-concurrence nulle et indemnisation du salarié", Dr. ouvrier 2011, n.º 753, 209-214. Segundo a *Cour de Cassation*, em aresto de 12.01.2011, "*l'employeur n'est en droit de demander la restitution des sommes reçues à titre de contrepartie financière (...) que dans la mesure où il apporte la preuve que le salarié a violé cette clause*".

[2773] PETER GLANEGGER/CHRISTIAN KIRNBERGER/STEFAN KUSTERER/WERNER RUSS/JOHANNES SELDER/ULRICH STUHLFELNER, *Heidelberger Kommentar zum Handelsgesetzbuch (HGB): Handelsrecht, Bilanzrecht, Steuerrecht* (7.ª ed.), C.F. Müller, Munique, 2007, 215.

considera vinculado pela obrigação de não concorrência. A ausência ou a intempestividade da comunicação determinam a aplicação da cláusula de não concorrência, nos termos e com os efeitos que os sujeitos acordaram[2774].

Já no direito inglês, vigorando o princípio que de um comportamento ilícito não se podem tirar vantagens[2775], o despedimento ilícito do trabalhador prejudica *ipso iure* a invocação da obrigação de não concorrência: o *Court of Appeal*, no caso *Rock Refrigeration Ltd v Jones* [1997][2776], e à luz do princípio genérico firmado com o caso *General Billposting Co Ltd v Atkinson* [1908][2777], considerou que a vontade exoneratória por banda do empregador do contrato de trabalho liberta automaticamente o trabalhador de todas as suas obrigações, incluindo os *restrictive convenants*, ou seja, produz, no que ora interessa, um efeito de ininvocabilidade *lato sensu* do acordo de não concorrência[2778], em que avultam, de forma combinada, os critérios da imputação da cessabilidade do vínculo e o da licitude na sua dissolução.

Neste quadro, tem sido afastada a restrição aplicável ao trabalhador sempre que *(i)* o contrato de trabalho tenha cessado por iniciativa do empregador sem que tenha havido processo disciplinar ou, a ter existido, este se mostre deficientemente realizado e *(ii)* quando não tenha havido comunicação prévia nos termos legalmente fixados ou esta tenha sido insuficiente[2779], embora já se tenha considerado aplicável uma obrigação de não concorrência num caso em que o empregador, fazendo cessar de imediato um vínculo que previa um prazo de

---

[2774] Cfr. HARALD SCHLIEMANN, *Das Arbeitsrecht im BGB* (2002), cit., 223, RALF VOGLER, *Darstellung Der Rechtlichen Voraussetzungen Für Wettbewerbsverbote im Arbeitsverhältnis*, Grin Verlag, Norderstedt, 2003, 10.

[2775] Cfr. NEIL ANDREWS, *Contract Law*, Cambridge University Press, Cambridge, 2011, 511.

[2776] IRLR 675. Cfr. JAMES MACKENS/PAUL O'GRADY/CAROLYN SAPIDDEN/GEOFF WARBURTON, *The Law of Employment* (2002), cit., 145 e JAMES HOLLAND & STUART BURNETT, *Employment Law* (2008), cit., 176.

[2777] Decisão invocada por NORMAN SELWYN, *Law of Employment* (2008), cit., 494.

[2778] Cfr. DANIEL BARNETT & TIMOTHY GEORGE, "Post-Employment Restrictive Covenants", NLJ 2002, n.º 1849, 1-2. Também no já citado caso *Campbell v Frisbee* [2002] EMLR 656/ EWCA Civ 1374, [2003] ICR 141, 325, tendo-se cuidado da invocabilidade de uma cláusula de não concorrência por parte de um empregador que tinha posto um termo ao vínculo, o tribunal considerou a cláusula ininvocável, uma vez que o contrato tinha cessado à margem da vontade do trabalhador. Cfr. ALEXANDRA KAMERLING/CHRISTOPHER OSMAN/SIMON MEHIGAN, *Restrictive covenants under common and competition law* (2004), cit., 167.

[2779] *Dietman v Brent London Borough Council* [1987] IRLR 146. Cfr. JAMES HOLLAND & STUART BURNETT, *Employment Law* (2008), cit., 98 e 240, STEVEN ANDERMAN, "La clause de non concurrence: Royaume-Uni" (2007), cit., 677 e STEPHEN HARDY, *Labour Law in Great Britain* (2011), cit., 180.

aviso prévio de seis meses, pagou ao trabalhador o montante correspondente ao prazo de aviso prévio[2780].

Assim, se, no direito anglo-saxónico, uma previsão contratual relativa à vigência da obrigação de não concorrência, com independência dos critérios da imputação da cessabilidade do vínculo e o da licitude na sua dissolução, apenas vale dentro das coordenadas do sistema desfibradas pela jurisprudência[2781], no sistema português, embora fosse sustentável que, nas hipóteses em que o empregador desse azo à cessação do contrato de trabalho, pouco sentido faria defender, em razão do abuso de direito, a subsistência da obrigação de não concorrência, o CT vem circunscrever o regime da elevação do montante compensatório até ao equivalente à retribuição-base devida no momento da cessação do contrato às situações em que na génese da dissolução do vínculo se encontra um acto *ilícito* do empregador.

Deste modo, se na hipótese em que o trabalhador resolve o contrato de trabalho com justa causa *subjectiva* poucos problemas se aprumam[2782], no mais é essencial reter o propósito legal de restrição da invocação *a parte empregatoris* da obrigação de não concorrência aos casos em que existe um acto ilícito do empregador e que esta ininvocabilidade, nos exactos termos em que aparece configurada, só existirá na concreta medida em que o empregador não eleve a compensação até ao equivalente à retribuição-base devida no momento da cessação do contrato.

A ilicitude subjacente ao critério acolhido abrangerá ainda as situações em que o recurso à cedência é ilícito ou o acordo é irregular, circunstância em que a lei confere ao trabalhador um direito potestativo de opção pela integração na empresa cessionária com contrato de trabalho sem termo e cuja opção implicará a cessação do vínculo laboral com o anterior empregador[2783].

[2780] *Rex Stewart Jeffries Parker Ginsberg Ltd v Parker* [1988] IRLR 483. Cfr. JOHN BOWERS & SIMON HONEYBALL, *Textbook on Labour Law* (1998), cit., 61.

[2781] NORMAN SELWYN, *Law of Employment* (2008), cit., 494.

[2782] *A contrario*, a resolução com justa causa objectiva (*v. g.* cumprimento de obrigações legais incompatíveis com a continuação ao serviço) em nada bule com o regime da obrigação de não concorrência convencionada.

[2783] Art. 292.º Aqui sempre se dirá que, equacionando um eventual incumprimento, o exercício de actividade similar à que o empregador consentiu que o trabalhador exercesse no cessionário não pode ser considerado uma violação do pacto: *(i)* o empregador, na qualidade de cedente, considerou não existir qualquer susceptibilidade de causação de prejuízo com a actividade exercida pelo trabalhador a favor do cessionário, cuja concreta identificação vai pressuposta e *(ii)* o contrário, *i. e.*, a ligação da actividade exercida pelo trabalhador após o direito de opção pela permanência ao serviço do cessionário, significaria o esvaziamento de um direito *ex lege*, implicando, na prática, que

b) Outras causas relevantes

55. Como enquadramento geral, parecendo topar-se com uma "monetarização" da invocação da obrigação de não concorrência, resulta, em primeira linha, que toda uma mole de situações inabrangíveis por um juízo reprovatório sobre a conduta ilícita do empregador permite, numa leitura mais imediatista, que este beneficie da cláusula de não concorrência.

Se o CT estivesse omisso de previsão específica quanto a tais situações – *i. e.* se não previsse a ininvocabilidade por parte do empregador nos casos em que este não eleva a compensação até ao equivalente da retribuição-base devida no momento da cessação do contrato promovida ilicitamente por si –, não só seria difícil sustentar uma pretensão empresarial de manutenção da obrigação no caso de conduta ilícita do empregador conducente à cessação do vínculo[2784], como também, não menos razoavelmente, se poderia entender que o empregador, face aos princípios que animam o sistema, se depararia com dificuldades extremas, num conjunto de hipóteses de cessação do contrato de trabalho para as quais concorreu com a sua manifestação de vontade sem ilicitude, em beneficiar da renúncia à liberdade de trabalho assumida pelo trabalhador com o pacto.

É, aliás, esse o enquadramento que alguma jurisprudência transalpina, face ao art. 2125 do *Codice Civile*, tem seguido[2785].

Pois bem, o facto de não haver um juízo reprovatório sobre a conduta do empregador que deu azo à cessação do contrato de trabalho não implica que tal juízo não seja fazível em relação à invocabilidade *postcipada* da obrigação de não concorrência sempre que tenha sido o empregador quem, através de uma manifestação de vontade sinalizada à extinção do vínculo, aparece, em concomitância, como sujeito beneficiário da obrigação de não concorrência e como sujeito cuja vontade põe fim ao contrato de trabalho.

Nesta linha, sirvam de exemplo o despedimento colectivo ou a denúncia integrável no período experimental.

---

o cessionário se opusesse ao exercício daquele direito, uma vez que o pacto de não concorrência condicionaria o exercício da opção.

[2784] É também esta, como salienta TARA BRILL-VENKATASAMY, «La clause de non-concurrence en droit du travail: comparaison des droits anglais et français» (1998), cit., 153-4, a posição assumida pelos tribunais ingleses, que, exonerando o trabalhador da execução futura (*further performance*) das cláusulas do pacto de não concorrência, consideram irrazoável (*unreasonable*) que o empregador possa beneficiar de um comportamento ilícito. É, outrotanto, ao que dão nota STEPHEN HARDY & MARK BUTLER, *European Employment Laws: A Comparative Guide* (2011), cit., 31-2, a solução que hoje vigora *expressis verbis* no direito austríaco.

[2785] Sobre esta linha decisória, no que ao despedimento do trabalhador diz respeito, v. STEFANO SPINELLI, *Lavoro. Vol. 1* (2009), cit., 507.

Em relação ao despedimento colectivo, e caso se empreenda uma aplicação cega do preceito, o corolário lógico implicará que o trabalhador, numa situação em que o vínculo cessa por motivos extrínsecos à sua esfera jurídica e em que a lei lhe confere um crédito de horas para a *procura de um novo emprego* (art. 364.º)[2786], fique impedido de procurar um trabalho compatível com as suas habilitações profissionais.

É certo que em Itália a *Cassazione* já lavrou este entendimento, louvando-se no argumento de que a continuação da actividade da empresa prefixa a continuidade do interesse na cláusula de não concorrência e que a situação económica que esta atravessa reforça a necessidade de tutela em relação a actividades concorrenciais[2787].

Havendo que distinguir "certas hipóteses de despedimento colectivo"[2788], a invocabilidade do pacto tem como condição a existência de um interesse sério, cuja subsistência é de exigir não apenas no momento da sua invocação como também no decurso do cumprimento da obrigação.

Tratando-se de aspecto fundamental, que nem sempre é devidamente atendido, e importando desfixar a análise do momento em que a limitação voluntária ao direito ao trabalho é assumida, há situações respeitantes a motivos estruturais (*v. g.* mudança de actividade ou substituição de produtos dominantes) ou referentes a motivos tecnológicos (*v. g.* alterações nas técnicas ou nos processos de fabrico) que, servindo de fundamento ao despedimento (colectivo) que envolve o trabalhador, retiram justificação à cláusula de não concorrência, ao configurarem, elas mesmas, o motivo objectivo que traveja o despedimento.

Aqui, a conjunção da imputabilidade do vínculo com o desaparecimento do interesse sério da cláusula pode significar a caducidade do pacto, que tem como condição de invocabilidade a existência de uma actividade cujo exercício possa causar prejuízo ao empregador, sujeito que, tendo abdicado voluntariamente da *energia laborativa* do trabalhador (embora por razões objectivamente atendíveis), não beneficia, sem limitações, de um direito à invocação da obrigação de não concorrência[2789].

[2786] Por todos, à face do art. 22.º da LCCT, BERNARDO LOBO XAVIER, *O despedimento colectivo no dimensionamento da empresa* (2000), cit., 536 e ss..

[2787] V. Cass. Soc. 13.06.2003, com anotação de ANDREA PARDINI, "Recedibilità dal patto di non concorrenza – Nota a Corte di Cassazione 3/6/2003, n. 9491", RIDL 2004, n.º 1, 161-7.

[2788] As palavras são de JÚLIO VIEIRA GOMES, *Direito do Trabalho* (2007), cit., 618.

[2789] RITA CANAS DA SILVA, "O pacto de não concorrência" (2004), cit., 296-7.

Sendo assim, o pacto pode cessar em virtude da ocorrência de um facto a que o Direito associa a extinção do vínculo contratual[2790], análise que, sendo impostável no quadro geral da durabilidade implícita do contrato por referência a elementos extrínsecos[2791], prejudica *eo ipso* a sua invocação, não cabendo, em consequência, hipotizar uma extinção do negócio promovível pelo trabalhador (designadamente resolução, à luz do art. 437.º do CC), já que a caducidade dispensa, enquanto *quid* objectivo, qualquer manifestação de vontade dos sujeitos[2792].

No que tange com a denúncia exercida no período experimental, não deixa de repugnar à consciência jurídica que o empregador, provocando sem quaisquer custos a cessação do contrato de trabalho, se queira prevalecer dos efeitos laboralmente abstensivos que pendem sobre o trabalhador.

Se, em princípio, esta *incompatibilidade* pode ser atalhável por via da verificação de que perante o tempo de execução contratual transcorrido a obrigação de não concorrência se encontra falha da susceptibilidade de causação de um dano diferencial e, com isso, desprovida do interesse sério requerido[2793] – sendo essa a presunção trabalhada no direito belga[2794] –, é necessário ponderar que a cláusula de não concorrência pode encontrar amparo na protecção de interesses legítimos do empregador mesmo nos casos em que o contrato haja cessado no decurso do período experimental[2795].

Uma vez que nesta fase se "intensificam os deveres de informação e de lealdade, de modo a facultar uma experiência efectiva"[2796], o trabalhador pode ter, desde logo, acesso a clientes, fórmulas, modelos, programas, técnicas ou processos que tenham um valor económico independente, pois "as partes devem, no

---

[2790] Ainda: Pietro Rescigno, "Condizione (diritto privato)" (1961), cit., 789.
[2791] Como faz notar Philippe Stoffel-Munck, "L'après-contrat", RC 2004, n.º 1, 166, "la force obligatoire de la clause se limite en général à ce que commande sa raison d'être".
[2792] Parece-nos ser outrossim neste contexto que Júlio Vieira Gomes, "As Cláusulas de Não Concorrência no Direito do Trabalho" (1998), cit., 942, refere que "o interesse sério da entidade patronal desempenha aqui o papel de limitar o âmbito possível da cláusula, ao mesmo tempo que possibilita ao trabalhador libertar-se desta quando o referido interesse venha a desaparecer".
[2793] Nestes termos: BAG, 28.06.2006 – 10 AZR 407/05, NJW 2006, 3659. Contudo, o BAG entende que, não tendo sido acordada expressamente uma condição suspensiva (= período mínimo de situação laboral), a cláusula de não concorrência é, por princípio, eficaz.
[2794] Cfr. Claude Wantiez, *Les clauses de non concurrence et le contrat du travail* (2001), cit., 11.
[2795] Cass. Soc. 15.11.2005 (*Cuir c/ Degeorges*), proc. n.º 03-47.456 *apud* Renaud Rialland, "L'illusoire souplesse de la période d'essai", *Gazette du Palais* 2006, n.ºˢ 274-6, 5.
[2796] António Menezes Cordeiro, *Manual de Direito do Trabalho* (1997), cit., 247.

decurso do período experimental, agir de modo a permitir que se possa apreciar o interesse na manutenção do contrato"[2797].

Contudo, e não sendo possível associar o exercício da denúncia por parte do empregador à ininvocabilidade do pacto ou, ao revés, considerar que a cessação do contrato promovida pelo empregador no período experimental não tem qualquer refracção na produção de efeitos da cláusula, importa não perder de vista que a conformação do período experimental visa "proporcionar um suficiente período de experiência adequado às exigências da função e às características do posto de trabalho, contribuindo para a salvaguarda da competitividade da empresa e da realização profissional do trabalhador"[2798] e que a cessação do contrato de trabalho nesta fase pode trazer um juízo do empregador acerca da falta de competência ou aptidão técnica do trabalhador, circunstância que, pelos seus contornos, pode afastar a invocabilidade da cláusula sempre que seja essa a razão da denúncia.

Sem prejuízo de uma avaliação concreta e rigorosa dos motivos que formam o juízo do empregador acerca do seu desinteresse na continuidade da situação laboral e da apreciação dos termos que conformam a cláusula, poderá estabelecer-se, nos casos em que o motivo da denúncia é conhecido e se louva em imperícia ou incapacidade do trabalhador para o exercício da actividade para que foi contratado, uma relação de equipolência entre os motivos da denúncia e os motivos que sustentam a pretensão do empregador em sortir-se da cláusula de não concorrência, uma vez que a inaptidão do trabalhador para o exercício da actividade objecto do contrato de trabalho que gerou a denúncia do empregador pode fundamentar o juízo de que essa inaptidão vale outrossim quanto ao exercício de actividade que seja susceptível de causar prejuízo ao empregador denunciante.

Em todo o caso, não sendo necessária a indicação do motivo aferente à denúncia exercida pelo empregador, melhor seria, à semelhança do § 75. do HGB, que, verificada a alienidade da causa da cessação do contrato (aqui: não imputabilidade ao trabalhador), o trabalhador dispusesse da faculdade de denunciar o pacto de não concorrência nos 30 dias subsequentes à cessação do contrato de trabalho[2799].

[2797] Ainda o n.º 2 do art. 111.º.
[2798] *Os Acordos de Concertação Social em Portugal* (II textos), CES, Lisboa, 1993, 99 e ss..
[2799] Mecanismo que, todavia, não impede a jurisprudência de, em concreto, considerar que o período experimental não foi suficiente para que o trabalhador adquirisse uma posição de concorrência diferencial: BAG, 28.06.2006 – 10 AZR 407/05, NJW 2006, 3659.

Por um lado, a contagem do prazo para o exercício da denúncia a partir da cessação do contrato de trabalho tem a vantagem de cortar cerce quaisquer dúvidas relativas à extensão da liberdade que deve subjazer a uma limitação voluntária com este alcance.

Por outro, o reconhecimento deste direito à desvinculação imotivada naquele prazo, em conjugação com os quadros em que o direito germânico reconhece o exercício do direito de renúncia ao empregador, incorpora os efeitos dissuasores que a cláusula produz quanto à denúncia por parte do trabalhador do contrato de trabalho *proprio sensu*, alcançando essa correlação[2800].

Com esta solução a apresentar o proveito de relevar a imputabilidade da extinção do vínculo e de se polarizar num momento objectivamente determinável – a cessação do contrato de trabalho –, é importante salientar que um regime operativo deve apartar-se de um eventual *posteriorus* judicial, sem prejuízo da eficácia atribuída aos meios processuais destinados à tutela de direitos.

O regime português, tal como se encontra desenhado, não logra atingir tal propósito, defraudando, em acréscimo, a certeza na regulação jurídica que a análise económica do direito tradicionalmente reclama e que não se compagina com a infixidez de uma valoração realizada *a posteriori*.

Na verdade, embora o n.º 3 do art. 136.º trate de uma situação de ininvocabilidade da obrigação de não concorrência, é notório que o preceito não atende de forma adequada ao lapso de tempo que medeia entre as circunstâncias pressuponentes da ininvocabilidade e que conformam a elevação da compensação até ao valor da retribuição-base (*i. e.*: declaração de ilicitude do despedimento e de justa causa para a resolução actuada pelo trabalhador) e a execução da obrigação de não concorrência.

Esta inadequação é ainda reforçada pelo facto de não se fazer alusão ao trânsito em julgado da decisão judicial implicada, gerando-se dúvidas e incertezas quanto ao momento relevante que predetermina a ininvocabilidade em caso de não elevação da compensação até ao valor da retribuição-base.

Segundo as regras normais da experiência, o tempo necessário à prolação da declaração judicial aí prevista corresponderá, quase sempre, senão sempre,

---

[2800] Se o trabalhador, atenta a susceptibilidade conjuntural de uma situação de escassez de oferta de emprego, não actuar o direito desvinculativo que a lei lhe confere, os interesses concorrenciais do empregador convergem *de pleno* com as perspectivas do mercado de trabalho directamente interessáveis ao trabalhador, dando-se tradução às preocupações sociais que vertebram o Direito do trabalho. Se actuar esse direito, e uma vez que o contrato de trabalho não cessou em razão da sua vontade, cuida-se do reconhecimento de que a frustração da sua vontade em prosseguir com a situação laboral deve associar-se ao aumento das possibilidades de encontrar trabalho.

e independentemente do respectivo trânsito em julgado, ao prazo máximo que baliza a obrigação de não concorrência.

O que significa, por princípio, que a obrigação de não concorrência será sempre invocável por parte do empregador, sem que o facto gerador da extinção da situação laboral tenha significado prático, uma vez que ainda não houve a declaração judicial postulada pela sua *factis species*, a que se associa, por seu turno, o juízo de imputabilidade da extinção laboral que preconforma o regime de elevação previsto.

Contudo, embora a estrutura operativa do preceito se encontre irremediavelmente inquinada, há que atribuir um efeito útil ao n.º 3 do art. 136.º, ultrapassando a aplicação potencialmente frustre do sentido de tutela do trabalhador que esta cominação traz consigo[2801].

Não se tratará de uma (in)invocabilidade em sentido técnico, uma vez que a obrigação já se encontra total ou parcialmente executada, perdendo qualquer préstimo a questão relativa à sua invocabilidade por parte do empregador.

Porém, se a execução da obrigação de não concorrência consome a questão da invocabilidade, o regime subjacente tem de lograr concretização: a declaração judicial da ilicitude do despedimento emitida *ex post* aplicar-se-á retroactivamente, devendo o empregador, enquanto beneficiário da limitação voluntária à liberdade de trabalho, satisfazer com efeitos pretéritos os montantes correspondentes à diferença entre o valor da contrapartida paga ao trabalhador (neste caso: o valor convencionado *ab initio*) e o valor da retribuição-base à data da cessação do contrato.

Por último, importa notar que o influxo modelador desta situação no regime compensatório *sub examine* aparece ainda dependente da não reintegração do trabalhador.

Como a reintegração depende da declaração de ilicitude do despedimento[2802], se esta operar após o cumprimento da obrigação de não concorrência, o relevo da reintegração é limitado, uma vez que a obrigação foi cumprida, devendo ser considerada extinta. Aqui, não se deverá ser enjeitada a possibilidade de os sujeitos convencionarem nova obrigação de não concorrência, assim se encontrem verificados os seus requisitos e existam elementos novos em rela-

---

[2801] Salientando o objectivo de "tutelar o trabalhador em caso de cessação do contrato de trabalho imputável ao empregador", veja-se JOANA VASCONCELOS, "Anotação ao art. 146.º" (2003), cit., 256 e "Anotação ao art. 136.º" (2009), cit., 374.

[2802] Al./b do n.º 1 do art. 389.º.

ção aos que sustentavam a concorrência diferencialmente adquirida pelo trabalhador no âmbito do outro ciclo de execução do contrato de trabalho[2803].

Evidenciando-se a atipicidade desta possibilidade – uma situação laboral, cuja identidade de sujeitos não impede a existência de mais do que um pacto destinado a evitar a concorrência do trabalhador após a cessação do contrato de trabalho –, é ainda possível que a reintegração tenha lugar no decurso do cumprimento da obrigação de não concorrência, gerando uma situação de cumprimento parcial da obrigação.

Neste cenário, opera-se *ope legis*, por efeito da reintegração, uma suspensão da obrigação de não concorrência. Com o trabalhador reintegrado, o vínculo laboral retoma o seu curso normal de execução, dado que a reintegração tem como consequência a reposição do contrato de trabalho na plenitude dos seus efeitos, processando-se um fenómeno de repristinação da situação juslaboral.

Neste caso, o empregador fica obrigado à elevação da contrapartida até ao valor da retribuição-base até à data em que a obrigação de não concorrência é suspensa em razão da reintegração, cuja existência se funda na proibição de despedimentos sem justa causa.

Se a partir dessa altura fica prejudicada a indagação da elevação do montante compensatório que se analisa (incompatibilidade entre o renascimento da situação juslaboral e a pós-contratualidade da obrigação de não concorrência), o sancionamento do comportamento do empregador que subjaz à reintegração não preclude a elevação do montante da contrapartida que, em função do efeito atribuível ao n.º 3 do art. 136.º, é devida ao trabalhador.

Uma coisa é a reintegração, que se louva no direito à conservação do *posto de trabalho* e que surge associada ao princípio da segurança no emprego e à proibição de despedimentos sem justa causa e outra, que apenas atina com a economia

---

[2803] O interesse útil do pacto e a susceptibilidade de exercício de actividade cujo exercício possa causar prejuízo ao empregador, a par das demais condições exigidas, suscitam uma valoração que se baseie nos elementos fornecidos pela execução do contrato após a reintegração. Por isso, além da necessidade de nova convenção escrita, importa afastar a replicação dos elementos carreados para a validade da obrigação de não concorrência primeva, pelo que serão apenas as informações obtidas pelo trabalhador ou os contactos mantidos com clientes após a reintegração que serão mobilizáveis para o preenchimento do interesse útil exigível para a validade da nova obrigação de não concorrência. Sendo claro que será também a retribuição-base praticada à data da futura da cessação do contrato que travejará o regime previsto no art. 136.º, a não replicação dos elementos carreáveis para a validade do segundo pacto de não concorrência que tenha sido estabelecido cientifica a autonomia deste *negotio*: não obstante a unicidade do contrato de trabalho (*v.g.* antiguidade do trabalhador), opera-se uma fragmentação da situação laboral com vista à avaliação dos termos e dos efeitos de cada pacto de não concorrência, cuja valoração deve ser feita *per se*.

de interesses coberta pelo pacto de não concorrência, é o sancionamento do comportamento patronal que preconforma a solução do n.º 3 do art. 136.º e a sequente tutela do trabalhador.

Se ambas encontram afinidades funcionais na protecção de direitos do trabalhador, não há, todavia, qualquer justaposição finalística entre os dois mecanismos de tutela que impeça a sua cumulação: por um lado, a defesa de que a aplicação, ainda que com efeitos retroactivos, do direito do trabalhador à elevação da contrapartida até ao valor da retribuição-base é consumida pela opção pela reintegração comporta um esvaziamento do direito à reintegração incompatível com os termos em que este direito é imposto pela Constituição; por outro lado, as consequências do despedimento ilícito não afectam a *ratio legis* do n.º 3 do art. 136.º, ao contrário do que sucede com a declaração da ilicitude do despedimento *tout court*: tanto a reintegração como a indemnização em substituição de reintegração a pedido do empregador são um *posteriorus*, irrelevante para o montante da contrapartida devida ao trabalhador.

O critério condicionante da aplicação do preceito, que conforma o montante da compensação devida ao trabalhador, radica num juízo de censurabilidade acerca do comportamento do empregador que, tendo dado azo à extinção da situação laboral, se quer prevalecer do pacto, não havendo, em razão dos fundamentos que moldam os dois regimes, qualquer duplicação desnecessária da tutela atribuível ao trabalhador[2804].

VII. Cessação do pacto

a) Enquadramento genérico

56. O pacto de não concorrência, por princípio, apresenta causas de cessação que são reconduzíveis às causas gerais de cessação de qualquer negócio jurídico. Pode, por isso, cessar por caducidade, por revogação (por acordo das partes), por denúncia pelo trabalhador, independentemente de justa causa e através de uma resolução. Neste plano, se não há motivo para impedir que os sujeitos acordem *ex post* em liberar-se do pacto (= revogação) nem se vislumbram singularidades de vulto quanto à estrutura e ao alcance das causas gerais de cessação dos negócios jurídicos, assume, todavia, especial importância a desvinculação

---

[2804] Por aqui se firma também a irrelevância da indemnização em substituição da reintegração que o trabalhador receba no que à dedução à compensação, prevista no n.º 4 do art. 136.º, diz respeito.

actuável pelo trabalhador, pois, em razão do princípio da liberdade de trabalho, "a limitação voluntária ao exercício desse direito é sempre revogável"[2805].

Neste plano, se a desvinculação *ad nutum* do trabalhador não suscita grandes problemas, a extensão deste direito ao empregador, no caso em que o pacto de não concorrência ainda não começou a produzir efeitos *de pleno*, convoca interrogações que, na geografia do Direito, suscitam respostas diversificadas e que, entre nós, se situam para lá da letra do art. 136.º. Esta é a problemática que nos ocupa a seguir.

b) A desvinculação *ad nutum* do empregador: rejeição

57. A questão da desvinculação por parte do empregador, designadamente no decurso do contrato de trabalho, prende-se com a perda de interesse na efectivação da limitação da liberdade de trabalho e com os encargos que o cumprimento do pacto implicam para o empregador, num contexto em que a verificação de dificuldades económicas pode suscitar uma inflexão do juízo relativo à necessidade de proteger os interesses económicos visados com o pacto e obstar à manutenção do custo fixo representado pela compensação devida ao trabalhador.

É neste plano que o sistema germânico, fazendo eco das necessidades de adaptação às flutuações mercado e às condicionantes económico-sociais verificáveis, abre margens à redução do âmbito temporal da obrigação de não concorrência, permitindo uma renúncia do empregador.

Assim, caso o empregador queira desobrigar-se da obrigação de não concorrência, pode fazê-lo através de uma renúncia, comunicando-a, de forma tempestiva, ao trabalhador.

Obriga-se, porém, a pagar o montante compensatório que acordou com o trabalhador no ano subsequente ao exercício da renúncia.

Ora, como a compensação, por força do § 74. do HGB, tem de ser paga após a cessação do contrato de trabalho, a renúncia à obrigação de não concorrência que for feita pelo empregador, até por força do limite temporal genérico de dois anos, só será, as mais das vezes, vantajosa se operar antes da cessação do contrato de trabalho[2806].

[2805] Expressamente: Ac. TC n.º 256/2004, de 14.04 (Mário Torres), já citado. Diferentemente, e por contraste com os pactos de exclusividade, v., porém, Martín Valverde/Rodriguez-Sanudo Gutiérrez/García Murcia, *Derecho del Trabajo* (2006), cit., 492, cujo argumentário se baseia na ausência de previsão legal expressa quanto à revogabilidade do pacto.

[2806] Wolfgang Hromadka & Frank Maschmann, *Arbeitsrecht Band 1* (2012), cit., 514-5. Uma vez que o pagamento da compensação durante o período de um ano se conta a partir da renúncia, o empregador apenas se desonera do pagamento da compensação se a renúncia for exercida

Se no ordenamento belga se confere ao empregador o direito a renunciar à cláusula de não concorrência no prazo de 15 dias a partir do momento em que o contrato de trabalho cessa[2807], já no direito francês, em atenção aos efeitos inibitórios que incidem sobre a desvinculação *a parte laboratoris cursus contractus*, conforme já decidiu a *Cour de Cassation,* não pode o empregador, na falta de previsão convencional específica, renunciar à execução da obrigação de não concorrência, desvinculando-se unilateralmente[2808].

O que significa, ao arrepio do argumentário genérico de que são nulas todas as cláusulas que reservem ao empregador o direito de impor uma alteração ao contrato de trabalho[2809], que no direito gaulês se admite que o empregador possa renunciar à cláusula, desonerando-se do pagamento da contrapartida financeira devida ao trabalhador, se tal possibilidade estiver inscrita no contrato[2810].

Para que tal aconteça, é necessário que o empregador respeite o prazo de aviso prévio previsto no contrato ou na convenção colectiva aplicável; a inobservância do prazo de aviso prévio torna a renúncia ineficaz[2811] e não desobriga o empregador do pagamento da compensação ao trabalhador[2812].

---

com mais de um ano de antecedência relativamente ao *terminus* do contrato. Neste caso, a cláusula vigora *mitigadamente*, atendendo, desde logo, aos efeitos dissuasores que produz quanto à possibilidade de o trabalhador se desvincular do contrato de trabalho; por isso, a renúncia pode ser exercida pelo empregador ainda antes da assunção da conduta abstensiva que o pacto de não concorrência impõe primariamente ao trabalhador, o que significará que o empregador, em razão da combinação entre a data do exercício da renúncia e a data de cessação do contrato de trabalho, pode não ter que pagar qualquer montante ao trabalhador.

[2807] CLAUDE WANTIEZ, *Les clauses de non concurrence et le contrat du travail* (2001), cit., 28.
[2808] Cfr. JEAN PÉLISSIER/ALAIN SUPIOT/ANTOINE JEAMMAUD, *Droit du Travail (*2000), cit., 293.
[2809] Por exemplo: Cass. Soc. 27.02.2001, DS 2001, n.º 5, 514-6, com anotação de CHRISTOPHE RADÉ, "Haro sur le contrat: à propos de la prohibition des clauses de variation dans le contrat de travail Cass. Soc. 19.02.2001, Sté Gan Vie c./Rouillot".
[2810] BRIGITTE REYNES, "La renonciation à la clause de non-concurrence: la portée du revirement jurisprudentiel de 2002", D. 03.06.2004, 1543-1544.
[2811] Cass. Soc. 16.07.1997, BC V n.º 276.
[2812] Isto, no pressuposto de que este cumpre *ab initio* a obrigação de não concorrência, já que, de contrário, há cabimento para efectuar uma compensação: Cass. Soc. 13-09-2005, BC V n.º 251 (também: D. 2006, n.º 20, 1357, com anotação de SECHIER-DECHEVRENS JOCELYNE, "Vers un déséquilibre contractuel de la clause de non-concurrence"). Já no caso em que a obrigação de não concorrência se encontra prevista em convenção colectiva, a renúncia deve ser exercida em conformidade com as disposições colectivas aplicáveis, sem prejuízo da revogação operável por vontade de ambas as partes, que, podendo ser efectuada a todo o tempo, não deve ser confundida com a renúncia (Cass. Soc. 21.09.2005, n.º 1913 FD).

No mais, e tendo presente o *distinguo* traçado pela jurisprudência francesa entre renúncia e alteração do contrato[2813], a cláusula de não concorrência, por atinar com o princípio conformador da liberdade de trabalho, não pode ser modificada unilateralmente pelo empregador, estando precludida a atribuição de um poder de alteração unilateral aos termos e ao conteúdo do pacto.

Desvanecendo a natureza acessória que tradicionalmente caracterizou este tipo de cláusulas, a insusceptibilidade de modificação unilateral (*v. g.* alargamento do leque de actividades interditas) tem sido sustentada na impossibilidade de alterações unilaterais ao contrato de trabalho para lá das situações expressamente previstas[2814] – estando, por exemplo, perimidas as denominadas cláusulas de variabilidade, atributivas de um direito ao empregador de alteração do conteúdo do contrato[2815] –, tornando-se, por conseguinte, desnecessária a tarefa de apreciação da legitimidade que tem de vertebrar estas (sub) cláusulas[2816].

A interpretação jurisprudencial dominante em Itália, ante a ausência de previsão legal específica, vai no sentido de admitir a renúncia do empregador, conquanto seja feita antes da cessação do contrato de trabalho[2817]: a aferição da (i)licitude da desvinculação por parte do empregador, muitas vezes baseada em cláusulas que lhe conferem expressamente esse direito de desvinculação, depende do momento em que esta é exercida, estabelecida que foi a invalidade

---

[2813] Florence Canut, *L'ordre public en droit du travail* (2007), cit., 217-220.

[2814] É assim desde 1987, conforme informa François Gaudu, *Droit du Travail* (2007), cit., 14.

[2815] Por exemplo: Catherine Puigelier, *Droit du Travail* (2000), cit., 75 e Philippe Waquet, *L'entreprise et les libertés du salarié* (2003), cit., 103.

[2816] Cass. Soc. 05.04.2006, n.º 956 FD e, já antes, 28.04.1994, RJS n.º 607. Ainda: Catherine Puigelier, *Droit du Travail* (2000), cit., 76. Todavia, este trilho jurisprudencial, ao produzir a associação da imodificabilidade unilateral das cláusulas de não concorrências à inalterabilidade unilateral do contrato de trabalho não só se mostra vulnerável a críticas de formalismo excessivo – uma vez que a admissibilidade de uma renúncia patronal, em caso de previsão contratual, implica a perda voluntária de um direito por manifestação unilateral de vontade que tem reflexos na situação pessoal e patrimonial do trabalhador –, como embacia igualmente a valoração autónoma que estes pactos suscitam, cujas causas de extinção, como sucede *in casu* com a renúncia, são próprias, e não se confundem com as causas de extinção do contrato de trabalho *proprio sensu*. Perspectivando o problema sob este ângulo, *a contrario sensu*, tal fundamentação decisória parece ainda abrir as portas a modificações após o contrato de trabalho e em momento em que o pacto de não concorrência vigora *de pleno* [possibilidade defendida por Christian Goux, *Le guide commenté des contrats de travail* (2007), cit., 43], uma vez que os termos em que a imodificabilidade unilateral do contrato de trabalho para lá das situações legalmente previstas se colocam já não subsistem: sem a realidade pressuposta – a vigência do contrato de trabalho –, a lógica sequente da sua imodificabilidade deixa de existir.

[2817] Umberto Oliva & Chiara Germano, "Patto di non concorrenza" (2012), cit., 174.

pela Corte Suprema de uma cláusula que atribuía esse direito ao empregador após a cessação do contrato de trabalho[2818].

Este poder de "recesso unilaterale", que tem logrado cobertura jurisprudencial, não é, contudo, isento de críticas: o art. 2125 do *Codice Civile* estabelece, em termos contrastantes, a necessidade de o pacto conter *ex ante* a duração da obrigação de não concorrência e a aplicação do pacto não pode, de forma *nemine discrepante*, estar dependente da vontade do empregador[2819].

A atendibilidade subjacente à desvinculação unilateral do empregador tem-se louvado, todavia, no facto de o pacto ainda não estar em vigor[2820], inviabilizando-se a desvinculação unilateral sem justa causa nas situações em que a prestação de não concorrer a cargo do trabalhador já se iniciou.

Isto, considerando ainda a possibilidade de, à luz do art. 1373 do *Codice Civile*, as partes poderem, por princípio, conformar os seus interesses, justificando-se, *hoc sensu*, a inserção de cláusula atributiva de um direito desvinculativo no pacto de não concorrência, possibilidade que, na perspectiva maioritária, não ofende a exigência de determinação temporal do pacto, uma vez que esta não só existe, como nada tem que ver com os termos em que a desvinculação se coloca.

Ora, se, por um lado, a autonomia da vontade em pactos com este alcance se encontra espartilhada e, se por outro, é artificioso apartar a exigência de delimitação temporal do pacto da desvinculação exercível por qualquer dos sujeitos, cabe, desde já, afastar a transposição irrestrita desta corrente para os termos em que a questão se coloca no direito português.

Não porque a regulação nacional contenha previsão *ad hoc* ou seja mais exigente que a italiana – bem ao contrário, o CT2009 não faz depender a validade do pacto de um conteúdo mínimo necessário semelhante ao que o art. 2125 do *Codice Civile* prevê[2821] –, mas porque essa interpretação, sortindo-nos das palavras de CANARIS, escapa ao *controlo teleológico dos elementos sistemáticos utilizados*[2822].

Admitir, à luz do CT2009, mesmo na presença de previsão negocial específica possibilitante de renúncia, que o empregador pudesse de *motu proprio* pôr

---

[2818] Cass. Civ. 16.08.2004, Mass. Gl 2005, n.os 1/2, 42, com anotação concordante de MASSIMO LANOTTE, "Patto di non concorrenza e nullità della clausola di recesso. Spunti di riflessione su corrispettività delle obbligazioni e fidelizzazione del lavoratore (nota a Cass. Civ. Sez. Lav., 16 agosto 2004, n.º 1592)", Mass. Gl 2005, n.os 1/2, 44-54.

[2819] ALEXANDRO BOSCATI "Patto di non concorrenza. Art. 2125" (2010), cit., 157-160.

[2820] STEFANO SPINELLI, *Lavoro. Vol. 1* (2009), cit., 504.

[2821] Sobre este conteúdo mínimo necessário, cfr. FRANCESCO GALGANO, *Trattato di diritto civile: Gli atti unilaterali e i titoli di credito. Vol. III*, Wolters Kluwer Itália, Pádua, 2010, 618 (nota 34).

[2822] CLAUS-WILHELM CANARIS, *Pensamento Sistemático e Conceito de Ciência do Direito* (1996), cit., 187.

fim à obrigação de não concorrência significaria propiciar-lhe a extracção da obrigação de não concorrência de um efeito sucedâneo ao que é produzível por um pacto de permanência, por um lado, ao arrepio dos pressupostos estabelecidos no art. 137.º, e por outro, sem ter de assumir a contrapartida que abona ao pacto de não concorrência uma qualificação sinalagmática[2823].

Se a *reciprocidade causal* entre as duas obrigações existe tanto no momento da constituição do pacto (sinalagma genético) como durante a sua execução (sinalagma funcional)[2824], aqui o trabalhador ficaria numa situação de sujeição, provendo o empregador com o direito potestativo de, com desconsideração pelos efeitos dissuasores quanto à denúncia do contrato de trabalho exercível pelo trabalhador, extinguir o pacto, sem ter de assumir o pagamento da contrapartida que entretece a sua sinalagmaticidade[2825].

Sem prejuízo da autonomia de interesses que o pacto de não concorrência substancia – mas sem deixar de ter presente que os perigos de um abuso da autonomia contratual não podem ser todos afastados por normas imperativas expressas –, é, aliás, essa a estrutura normogenética da situação laboral típica, em que, por princípio, o trabalhador é livre de se desvincular a todo tempo, ao passo que o empregador não pode, *ad libitum*, pôr fim à situação laboral ou, mais latamente, *renunciar* à sua execução.

Neste caso, sem que se possa subestimar o efeito secundário produzido pelo pacto de tendencial afastamento do trabalhador do mercado de trabalho e de freio à sua mobilidade profissional[2826] – por exemplo: recusa do trabalhador em aceitar uma proposta de outra empresa na constância da situação laboral[2827] –, e tendo presente que, na ponderação dos interesses em jogo, o sacrifício de interesses profissionais subjacentes ao pacto é acompanhado de uma contrapartida que demanda margens de previsibilidade económica por parte do trabalhador que compensem a perda de retribuição gerável pela cessação do contrato, deve

---

[2823] Em Espanha, conforme dão nota GÓMEZ ABELLEIRA, "Pactos de no concurrencia y de permanência" (2000), cit., 288 e PEDRAJAS MORENO & SALA FRANCO, *El pacto de no concurrencia postcontractual* (2005), cit., 71-2, a jurisprudência é contraditória, embora propenda a considerar ilegal a desvinculação *ad nutum* exercida pelo empregador.

[2824] No sentido que referimos, e que encontra correspondência em CARLOS FERREIRA DE ALMEIDA, *Texto e enunciado na teoria do negócio jurídico* (1992), cit., 514-5, o sinalagma corresponde à "função económico-social" de troca.

[2825] Em admissão da renúncia, veja-se, porém, RICARDO NASCIMENTO, *Da cessação do contrato de trabalho: em especial por iniciativa do trabalhador* (2008), cit., 361-2.

[2826] Sobre o ponto: CRUZ VILLALÓN, *Estatuto de los Trabajadores Comentado* (2003), cit., 301 e ALBERTO RUSSO, *Problemi e prospettive nelle politiche di fidelizzazione del personale* (2004), cit., 144-5.

[2827] Salientando este aspecto, cfr. FRANÇOIS GAUDU, "Fidelité et rupture" (1991), cit., 420.

entender-se que a determinação legal de que uma proibição de concorrência está dependente da conclusão de um acordo expresso entre trabalhador e empregador preclude a sua imposição unilateral ou a desvinculação *ad nutum* por parte do empregador.

Assumindo-se que o inter-relacionar entre os sujeitos deve assentar em moldes previsíveis e estáveis, a atribuição da possibilidade de renúncia ao empregador significaria, além de tudo o mais, a extensão, embora atípica, do direito de revogação que a lei atribui ao consente de uma limitação a um direito de personalidade.

Ora, além de se encontrar falho de qualquer sentido o reconhecimento de que o sujeito beneficiário da limitação a um direito de personalidade assumida por outrem se pode prevalecer de direito com sentido e alcance idênticos ao que se faculta ao renunciante, gerar-se-ia ademais, e no limite, um entorse sistemático inultrapassável, pois o direito de revogação atribuído ao trabalhador suscita uma responsabilidade por acto lícito, que a generalidade das construções sinalizadas à possibilidade de desvinculação *ad nutum* por banda do empregador não associam a essa (putativa) faculdade.

Neste plano, considerando ainda o instrumentário axiológico-laboral[2828], é também de afastar, por razões idênticas, a validade de condições suspensivas ou resolutivas, de natureza potestativa, estabelecidas no pacto de não concorrência em favor do empregador, que produzam efeitos sucedâneos ao de uma renúncia exercida pelo empregador (equipolência entre o desvalor que recai sobre uma desvinculação *ad nutum* exercível pelo empregador e aquele que recai sobre a atribuição ao empregador da conveniência em obrigar o trabalhador a abster-se do exercício de uma actividade)[2829], estando falho de razão qualquer intento de equiparação entre a necessidade *ex lege* de um termo e a eventual admissibilidade relativa à estipulabilidade de uma condição, já que há uma diferença fundamental na maneira de conceber o pacto, consoante o facto futuro seja certo ou incerto: se com a dependência da produção de efeitos de um facto futuro, mas certo, o direito está desde já constituído e radicado na titularidade do trabalhador, no caso da condição paira uma incerteza, que só desaparece com a verifica-

---

[2828] Cfr. Yves Serra, "*Tsunami* sur la clause de non-concurrence en droit du travail" (2002), cit., 2495.

[2829] Maurizio Tatarelli, "Il patto di non concorrenza: contenuto e sanzioni", Mass. Gl 2002, n.º 3, 151. Em sentido idêntico, veja-se a sentença do tribunal de Milão de 03.02.05, OGL 2005, 315, com anotação de Lorenzo Cairo, "Ancora sul patto di non concorrenza: il limite territoriale nel nuovo mercato, le modalità di pagamento del corrispettivo, i limiti alla pattuizione e all'esercizio del potere di recesso" (317) e, antes, sentença do tribunal de Milão de 25.07.00, OGL 2001, 117.

ção do evento condicionante, produzindo-se então, em razão da simples vontade do empregador, a elevação da expectativa a direito subjectivo verdadeiro.

Assim, como qualquer contrato, o pacto de não concorrência tem de ser interpretado[2830]. Devendo validar-se em geral "a interpretação negocial mais justa"[2831], importará obviar a que sejam postos a cargo do trabalhador sacrifícios e riscos maiores do que aqueles pelos quais pareceu correcto ao legislador responsabilizá-lo, convergindo-se numa orientação axiológica sinalizada ao afastamento de uma satisfação prevalente dos interesses do empregador, que, em fundo, e ante a gestão fazível pelo empregador quanto à eficácia da obrigação de não concorrência, visa também evitar que a relação gerada pelo pacto seja desfigurada.

A ideia que perpassa este enquadramento preclusivo é a de que se impõe prevenir abusos, evitando aproveitamentos oportunísticos por parte do empregador da situação de debilidade em que o trabalhador queda colocado, mercê do carácter contingente atribuível à correlação entre os mecanismos de cessação do contrato de trabalho e um acordo em que se sacrifica a liberdade de trabalho.

Uma vez que a sorte dos efeitos contratuais não pode aparecer subordinada (vale por dizer, sob este ângulo, a própria funcionalidade da operação contratual) a um facto incerto, que incide não apenas sobre o *quando,* como também sobre o *se* da sua verificação, a saber: a vontade do empregador[2832], neste âmbito, e de forma anversa, será igualmente nula uma cláusula inserida no contrato de trabalho através da qual o empregador se reserva o direito, após a cessação da situação laboral, de impor ao trabalhador uma obrigação de não concorrência, já que, mau grado a admissão crivada pela jurisprudência italiana[2833], não se pode admitir que o princípio da liberdade de trabalho na sua concreta conformação fique dependente de um juízo de oportunidade desenvolvido por um sujeito

---

[2830] E a interpretação vai operar em atenção às regras do caso concreto, estabelecendo-se, na dúvida, e face ao art. 237.º do CC, situações de equilíbrio: ANTÓNIO MENEZES CORDEIRO, "Livrança em Branco – Pacto de Preenchimento» – Acórdão do Supremo Tribunal de Justiça de 3 de Maio de 2001", ROA 2001, II, 1040, IDEM, *Tratado de Direito Civil Português* I (2002), cit., 556. Na jurisprudência, por exemplo, cfr. Ac Rl. Pt. de 07.11.2002 (GONÇALO SILVANO), CJ 2002, Ano XXVII, T. V, 169-173.

[2831] As palavras são de ANTÓNIO MENEZES CORDEIRO, *Tratado de Direito Civil I* (2002), cit., 557.

[2832] Assim: ALEXANDRO BOSCATI "Patto di non concorrenza. Art. 2125" (2010), cit., 157-160. Sobre o conceito de direito potestativo, por exemplo: CARLOS A. MOTA PINTO, *Teoria Geral do Direito Civil* (1992), cit., 169 e JOSÉ DE OLIVEIRA ASCENSÃO, *Teoria Geral do Direito Civil*, vol. IV (1993), cit., 166 e ss..

[2833] Com referências jurisprudências várias, v. CARLO ZOLI, "Clausole di fidelizzazione e rapporti di lavoro" (2003), cit., 461 (nota 33).

para o qual o princípio não se encontra talhado[2834], coonestando-se uma condição potestativa arbitrária, consistente num "puro querer"[2835] do empregador[2836], per *definitionem* inadmissível[2837], seja qual for a fórmula que, para tanto, se confeccione[2838].

Admitir o contrário, além de desmerecer o Direito do trabalho como *Arbeitnehmerschutzrecht*[2839] e de desconsiderar a iniquidade subjacente ao estado de autêntica sujeição jurídica em que o trabalhador fica(ria) colocado, significaria dar guarida a um pacto de permanência obliquamente forjado e sem qualquer termo, uma vez que o trabalhador, não sabendo de antemão se poderia aceitar outra proposta de trabalho ou dar início a nova actividade, sentir-se-ia compelido a permanecer ao serviço do seu empregador, que fica(ria) com as mãos inteiramente livres para impor uma vedação ao exercício de actividades para as quais o trabalhador se encontra preparado[2840].

O que vem de ser dito não impede que o pacto não possa ficar dependente do transcurso de um determinado período (*v. g.* se o trabalhador permanecer ao

---

[2834] Cass. Soc. 12.02.2002 n.º 00-41765 (n.º 611 FSP).

[2835] As expressões são de MANUEL DE ANDRADE, *Teoria Geral da Relação Jurídica*, vol. II (1966), cit., 368.

[2836] Também: JEAN-MAURICE VERDIER/ALAIN COEURET/MARIE-ARMELLE SOURIAC, *Droit du Travail* (2002), CIT., 548-9 E RITA CANAS DA SILVA, "O pacto de não concorrência" (2004), cit., 300.

[2837] Sobre a inadmissibilidade de uma condição potestativa *a parte debitoris*, que condiciona a eficácia do negócio, v. JOÃO BAPTISTA MACHADO, "A Cláusula do Razoável" (1991), cit., 494.

[2838] O resultado prático obtido por uma cláusula com esta direcção é igualmente atingível por fórmulas, mais ou menos complexas, que entregam ao empregador a decisão sobre a vigência de uma cláusula de não concorrência ou sobre algum dos seus elementos, como sucede nos casos em que o trabalhador se encontra obrigado a informar o ex-empregador sobre uma actividade que se proponha exercer, prevendo-se que este, na hipótese de recusa de autorização, fica desobrigado do pagamento da compensação convencionada, aportando-se, *hoc sensu*, a uma situação em que tanto o exercício de uma actividade laboral quanto o pagamento da compensação são determinados unilateralmente pelo empregador. Embora se deva reconhecer aos sujeitos capacidade para estabelecerem os pactos, cláusulas e condições que tenham por convenientes, sempre que não sejam contrários à lei, à moral e à ordem pública e se possa sustentar um incremento da autodisciplina contratual, a determinação *ad nutum* de uma obrigação de não concorrência, substanciada num direito potestativo constitutivo, não só criaria um desequilíbrio na relação jurídica em presença como não deixaria de provocar uma injustiça nos resultados obteníveis, deixando o trabalhador durante a situação laboral à mercê da imposição eventual de uma obrigação que limita a sua liberdade de trabalho, sem que houvesse qualquer certeza acerca do seu desencadeamento.

[2839] Sobre este conceito, avançado por SINZHEIMER, e que, muito sinteticamente, traduz o escopo de protecção do trabalhador que preconforma as limitações ao contrato de trabalho impostas *ex lege*, veja-se, por todos, PETER KOCH/HELMUT SCHIRMER/REINHARDT SEIFERT/JÜRGEN WAGNER, *Allgemeines Recht Versicherungsrecht* (2003), cit., 206.

[2840] ALEXANDRO BOSCATI, "Patto di non concorrenza. Art. 2125" (2010), cit., 169-170.

serviço durante três anos) ou de uma condição relativa à promoção profissional (*v. g.* se o trabalhador assumir funções como director de departamento).

Por princípio, não se suscitam óbices à submissão do pacto de não concorrência a termos certos ou a condições, designadamente resolutivas[2841], a qual pode cobrar relevo em mecanismos de incentivo e em razões de racionalidade económica que sustentem interacções de longo prazo.

Contudo, a condição terá de ser, sob o ângulo do sujeito, parcelarmente causal[2842]: a verificação do facto não pode depender de determinação do empregador, tendo que aparecer situada para lá do seu *domínio* exclusivo.

Não sendo de opugnar, em relação ao trabalhador, a validade de uma condição potestativa (*ad beneplacitum*) destinada a beneficiá-lo[2843], o mesmo não sucederá, face ao desvalor jurídico que ela traz consigo, com o juízo recaível sobre uma cláusula estabelecida em favor do empregador, enquadramento que, afastando o abuso e o oportunismo, logra cabimento no domínio das cláusulas resolutivas expressas admissíveis, em que a cessação do pacto pode depender de um facto jurídico extrínseco à vontade das partes, mas cuja verificação confere a uma delas a faculdade de resolver o pacto[2844].

Não perdendo de vista a conexão deste acordo com o contrato de trabalho e a sua atinência com a axiologia laboral, trata-se, por isso, de soluções que aparecem inspiradas em critérios de razoabilidade e de tendencial equilíbrio entre os sujeitos, forjando-se a *justa regra do caso médio* sempre que o direito fundamental ao trabalho possa ficar dependente da vontade exclusiva de um outro sujeito que não o trabalhador, colocando em risco a "justiça do pacto", num enquadramento

---

[2841] Ainda sobre a verificação da condição resolutiva enquanto facto jurídico *stricto sensu* que faz caducar o negócio, v. PIETRO RESCIGNO, "Condizione (diritto privato)" (1961), cit., 789 c, entre nós, ANTÓNIO MENEZES CORDEIRO, *Tratado de Direito Civil Português I* (2002), cit., 509-518 e ss. e LUÍS MENEZES LEITÃO, *Direito das Obrigações* – Vol. II (2002), cit., 104.

[2842] Sobre as condições causais, cfr. MANUEL DE ANDRADE, *Teoria Geral da Relação Jurídica*, vol. II (1966), cit., 367 e ss. e ANTÓNIO MENEZES CORDEIRO, *Tratado de Direito Civil Português I* (2002), cit., 509.

[2843] Em sentido contrário, considerando que o pacto não pode ficar na dependência da vontade de qualquer dos sujeitos e que só é modificável por acordo, v. PEDRAJAS MORENO & SALA FRANCO, *El pacto de no concurrencia postcontractual* (2005), cit., 75 e REY GUANTER, *Estatuto de los trabajadores* (2007), cit., 432.

[2844] O evento não determina a extinção do pacto, mas a constituição do direito potestativo de o fazer cessar, através da *resolução*. Faz-se, neste momento, alusão à figura, face à sua aproximação prática à (latíssima) figura da condição resolutiva, pois aqui a cessação do pacto pode depender de um facto jurídico extrínseco à vontade das partes. Sobre esta, por todos, JOÃO BAPTISTA MACHADO, "Pressupostos da resolução por incumprimento" (1991), cit., 184 e ss..

que, sendo pluridimensional, funda, nas palavras de MEKKI, um *ius commune* aplicável às cláusulas apostas ao contrato de trabalho[2845].

c) A problemática da transmissão da empresa ou do estabelecimento

58. Sendo o pacto um instrumento cuja celebração estabiliza o vínculo entre os sujeitos e se posta em reforço da ideia de confiança que conforma a sua execução, cabe agora tratar do seu destino em caso de transmissão de empresa ou estabelecimento, cuja disciplina é fruto de um consolidado diálogo entre os ordenamentos nacional e comunitário.

Não obstante o potencial dissuasor que o pacto traz consigo quanto ao não exercício do direito de denúncia do contrato de trabalho por parte do trabalhador, este ainda não começou, nessa fase, a produzir efeitos *de pleno*: por um lado, o empregador, por princípio, ainda não pagou a contrapartida que é devida ao trabalhador em razão da obrigação abstensiva assumida e, por outro, este ainda não cumpriu a prestação omissiva implicada pelo acordo.

É certo que no direito inglês, sem prejuízo da consideração de que o direito à invocação da cláusula de não concorrência é transmitido com a empresa, tem feito curso o entendimento de que, em razão da alteração da identidade dos sujeitos e dos interesses subjacentes a um quadro circunstancial modificado, a cláusula precisa de ser analisada à luz da nova situação, apurando-se se a mudança de entidade empregadora não infirmou a genuinidade dos interesses protegíveis com aquela obrigação e se o fundamento para a sua invocação se mantém válido: tendo sido essa a posição assumida no caso *Morris Angel & Son Ltd v Hollande* [1993][2846], é também essa a lógica de análise que tem marcado a celebração de cláusulas de não concorrência durante o processo de transmissão da empresa, com os tribunais a considerarem que não é possível aferir naquele momento da legitimidade dos interesses do empregador que justificam o sacrifício à liberdade de trabalho[2847].

[2845] MUSTAPHA MEKKI, "Existe-t-il un jus commune applicable aux clauses du contrat de travail ?" (2006), cit., 292.

[2846] IRLR 169. Cfr. EDWIN PEEL, *The Law of Contract* (10.ª ed.), Sweet & Maxwell, Londres, 1999, 459.

[2847] Mais: no caso *Credit Suisse First Boston (Europe) Ltd v Padiachy* [1996]· IRLR 700, afastou-se a possibilidade de celebração de um acordo de não concorrência no período imediatamente subsequente à transmissão da empresa em razão da transferência, considerando-se que o trabalhador está vinculado nos termos e com os efeitos que delimitavam a sua posição jurídica ante o transmitente, pelo que toda e qualquer alteração ao contrato de trabalho ou celebração de um acordo conexo só pode ter lugar nos casos em que, para lá da manifestação de vontade livre e esclarecida

Não existindo, a nosso ver, razão para rejeitar a possibilidade de celebração de pactos de não concorrência durante o processo de transmissão da empresa ou mesmo motivos para que se aprumem especiais cautelas quanto a uma cláusula acordada nesta fase – não mais, certamente, do que os cuidados que devem guiar o intérprete-aplicador na aferição dos interesses prosseguíveis por uma cláusula acordada no início da relação laboral –, a existência de interesses tuteláveis e a susceptibilidade de causação de prejuízo ao empregador vai aferir-se no momento em que o contrato de trabalho cessa, devendo atender-se, para tanto, às actividades exercidas pelo trabalhador antes da transmissão do estabelecimento, que, nesse sentido, compõem globalmente a execução do contrato de trabalho transmitido.

Na verdade, porque o conceito de estabelecimento ou empresa operativamente relevante em Direito do trabalho compreende quer a organização afecta ao exercício de um comércio ou indústria, quer os conjuntos dependentes que correspondem a uma unidade técnica de venda, de produção de bens ou de fornecimento de serviços (conquanto a unidade destacada do estabelecimento global seja dotada de autonomia técnica-organizativa própria, constituindo uma entidade produtiva autónoma, com uma organização específica[2848]), importará ter presente que existem variadas formas de riqueza das empresas, que, não sendo objecto de um direito específico, consubstanciam "certas situações de facto com relevo económico"[2849], onde se inclui o saber-fazer, as relações com clientes e fornecedores ou a organização interna da empresa.

Cuidando-se assim de "valores *sui generis* do estabelecimento comercial" com os quais a cláusula de não concorrência se conexiona, eles são transferidos com a operação subjacente à transmissão do estabelecimento[2850], a qual pode ser um negócio relativo à transmissão do direito de propriedade sobre o bem ou uma transmissão (formal ou de facto) dos direitos de exploração desse bem, aí se

---

por parte do trabalhador, não exista uma ligação directa à transferência *per se*. Ainda: NORMAN SELWYN, *Law of Employment* (2008), cit., 495.

[2848] Dispõe o n.º 5 do art. 318.º, na sequência do art. 1.º, n.º 1, al./b da Directiva n.º 2001/23/CE, do Conselho, que se entende por unidade económica "o conjunto de meios organizados com o objectivo de exercer uma actividade económica, principal ou acessória". Sobre os problemas colocados pela disposição, cfr. MASSIMILIANO MARINELLI, "Il perdurante contrasto tra diritto interno e diritto comunitário sulla tutela dei lavoratori nel trasferimento di azienda", EDP 2004, n.º 1, 819-856.

[2849] FERRER CORREIA, "Sobre a projectada reforma da legislação comercial portuguesa" (1984), cit., 21.

[2850] Era, aliás, esta a orientação seguida em França já no século XIX: M. NOGUEIRA SERENS, "As cláusulas (ou obrigações) de não–concorrência na jurisprudência francesa oitocentista" (2009), cit., 807.

incluindo todas as alterações estáveis (mas não necessariamente definitivas) na gestão do estabelecimento ou da empresa[2851].

Sem prejuízo do direito de resolução conferido por lei ao trabalhador – e que mais não é do que "uma manifestação do direito constitucionalmente protegido à livre escolha de emprego", já que, como faz notar o BAG, um trabalhador não deve ser obrigado a laborar para quem não escolheu[2852], estando aí o sentido útil do direito de oposição do trabalhador à modificação da entidade empregadora que o n.º 1 do art. 285.º prevê[2853] –, os trabalhadores que hajam firmado um pacto de não concorrência não sofrem, em razão desta "transferência da posição contratual [laboral] *ope legis*"[2854], qualquer prejuízo.

Atendendo ao facto de a regulação contida no art. 285.º se encontrar conformada pelo Direito comunitário[2855], importará considerar, na senda do TJ, que o seu objectivo consiste, essencialmente, em impedir que os trabalhadores sujeitos a uma transferência sejam colocados numa posição menos favorável apenas por causa dessa transferência[2856]. Não descuidando que se visa igualmente

---

[2851] Trata-se, pois, da consagração de um conceito amplo de transmissão do estabelecimento, como notam JOANA VASCONCELOS, "A transmissão da Empresa ou Estabelecimento no Código do Trabalho", PDT 2005, n.º 71, 78 e ss. e JOÃO REIS, "O regime da transmissão da empresa no Código do Trabalho", *Nos 20 anos do Código das Sociedades Comerciais – Homenagem aos Profs. Doutores A. Ferrer Correia, Orlando de Carvalho e Vasco Lobo Xavier. Vol. I: Congresso Empresas e Sociedades*, Coimbra Editora, Coimbra, 2007, 306.

[2852] Nestes exactos termos: BAG 2004.09.30 – 8 AZR 462/03, NZA 2005, 43-5. Ainda: KLAUS HÜMMERICH/WINFRIED BOECKEN/FRANZ JOSEF DÜWELL, *AnwaltKommentar Arbeitsrecht: vol. I* (2008), cit., 2246-52.

[2853] Tratando-se, *hoc sensu*, de uma situação de resolução com justa causa objectiva enquadrável na al./b do n.º 3 do art. 394.º, relativa à "alteração substancial e duradoura das condições de trabalho no exercício dos poderes do empregador". Com enquadramento semelhante, face à *sostanziale modifica* das condições de trabalho implicada pela transmissão, e reconhecendo a resolução do contrato ao abrigo do 2119 do *Codice*, v. PAOLO CENDON, *Commentario al codice civile. Artt. 2060-2134* (2009), cit., 1021.

[2854] A expressão pertence a PEDRO ROMANO MARTINEZ, *Direito do Trabalho* (2010), cit., 746.

[2855] Directiva n.º 77/187/CEE, do Conselho, de 14.02, alterada pela Directiva n.º 98/50/CE, do Conselho, de 29.06 e revogada pela Directiva n.º 2001/23/CE, do Conselho, de 12.03.

[2856] Acórdão de 26.05.2005, *Celtec*, C478/03, Colect., I4389, n.º 26 e jurisprudência citada, assim como, a propósito da Directiva 2001/23, despacho de 15.09.2010, *Briot*, C386/09, n.º 26. Em contrapartida, o art. 285.º, preconformado que foi pela Directiva 77/187, não pode ser eficazmente invocado para obter uma melhoria das condições de remuneração ou de outras condições de trabalho por ocasião de uma transferência de empresa. Para uma análise sobre a jurisprudência do TJCE que, no essencial, mantém actualidade, veja-se JÚLIO VIEIRA GOMES, "A Jurisprudência recente do Tribunal de Justiça das Comunidades Europeias em matéria de transmissão da empresa, estabelecimento ou parte do estabelecimento – inflexão ou continuidade?", *Estudos do Instituto de Direito do Trabalho*, Vol. I, Almedina, Coimbra, 2001, 481 e ss.

acautelar os interesses do cessionário em receber uma empresa funcionalmente operativa, no caso o pacto mantém-se e, à data da "entrada continuativa na relação contratual"[2857], sustém-se nos elementos que compõem a concorrência diferencial até então adquirida, tutelando-se de modo dúplice tanto os interesses do trabalhador quanto os do cessionário e substancializando-se o conceito de transmissão de empresa ou estabelecimento.

Por isso, se, por um lado, o património económico do estabelecimento, que concorre para o seu valor de mercado e incorpora os contactos com a clientela e os métodos de organização, é transmitido juntamente com o estabelecimento ou a empresa – e são esses os factores que, de acordo com a al./b do n.º 1 do art. 136.º, dão sustento à cláusula de não concorrência, integrando ademais, e geralmente, o preço pago pelo cessionário –, por outro, como nota CATHERINE PUIGELIER[2858], a acessoriedade do pacto de não concorrência em relação ao contrato de trabalho substancia um argumento importante quanto à sua transmissão em conjunto com a empresa ou o estabelecimento: transmitido o contrato de trabalho, opera-se igualmente a transmissão de pactos acessórios[2859], independentemente da sua inserção formal no próprio contrato de trabalho[2860] ou até do momento em que a transferência se processa[2861], operação que, perante o enquadramento preclusivo quanto à possibilidade de desvinculação *ad nutum* por banda do empregador, é ainda a única que quadra com a necessidade de salvaguarda da expectativa juridicamente tutelada do trabalhador no que respeita à percepção da contrapartida devida pela obrigação de não concorrência

---

[2857] O sintagma é de CARLOS A. MOTA PINTO, *Cessão da posição contratual* (1982), cit., 177 e ss..

[2858] CATHERINE PUIGELIER, *Droit du Travail* (2000), cit., 77. Também em Espanha o pacto de não concorrência não é afectado em virtude da "sucessão de empresas", operável de acordo com o art. 44 do ET. Cfr. PEDRAJAS MORENO & SALA FRANCO, *El pacto de no concurrencia postcontractual* (2005), cit., 27.

[2859] Este é, aliás, o sentido e o alcance do n.º 1 do art. 3.º da Directiva n.º 77/187/CEE, que se manteve nas Directivas n.º 98/50/CE e n.º 2001/23/CE, ao estipular que «(o)s direitos e obrigações do cedente emergentes de um contrato de trabalho ou de uma relação de trabalho existentes à data da transferência de empresas, estabelecimentos ou partes de estabelecimentos são, por este facto, transferidos para o cessionário».

[2860] Em sentido idêntico, JÚLIO VIEIRA GOMES, *Direito do Trabalho* (2007), cit., 619. Não estando os créditos vencidos à data da transmissão (n.º 1 do art. 285.º), será o adquirente quem assume a responsabilidade pelo pagamento da compensação devida ao trabalhador

[2861] Pensamos, designadamente, na situação em que a transmissão do estabelecimento é posterior à cessação do contrato de trabalho, em momento em que a cláusula ainda vigora. Neste caso, a acessoriedade do pacto em relação ao contrato de trabalho e a sucessão na posição jurídica ocupada pelo outro sujeito do pacto operada com o regime da transmissão determinam que o transmissário apareça como titular do pacto, cabendo-lhe o pagamento da contrapartida acordada.

que assumiu, e que, também por isso, se impõe considerar integrada na posição jurídica transmitida ao cessionário.

59. Neste quadro, o influxo da vicissitude laboral subjacente à transmissão da empresa ou do estabelecimento na conformação ou manutenção do pacto de não concorrência suscita-se em fase ulterior.

Se o pacto, à data da transmissão, aparece sustido pelos elementos que compõem a concorrência diferencial, os conhecimentos que o trabalhador obtenha após esta vicissitude são incorporados pela sua *factis species*, sendo necessário aquilatar, no momento em que a obrigação de não concorrência se destina a produzir plenos efeitos, quais os elementos operativos que à data justificam a limitação assumida.

Embora o decurso do tempo possa retirar utilidade a um pacto que incida sobre actividades que o trabalhador exerceu numa fase prodómica em benefício do seu antigo empregador, é fundamental, nesta abordagem, afastar-se uma valoração *estática* daquela obrigação[2862].

Não se tratando já de um aspecto cingível às hipóteses de transmissão da empresa ou estabelecimento, o *interesse sério* da empresa, que adquire "relevância pública"[2863], tem a função de justificar e limitar o domínio aplicativo da cláusula[2864], o que significará considerar que o desaparecimento deste interesse determina a caducidade do pacto, conforme prevê expressamente o n.º 1 do art. 340C da Lei federal que complementa o Código Civil suíço.

Cuidando-se de questão que, por mor da sua superveniência, não se confunde com a validade do negócio, bastará para o efeito pensar também na deslocalização da empresa (passagem do centro de negócios para outro país) ou na extinção da unidade produtiva em que o trabalhador se encontrava inserido, ocorrências que carecem de uma leitura à luz da noção de *mercado relevante*, porquanto, em razão da destinação final dos produtos ou mesmo da susceptibilidade de satisfação de necessidades localizadamente idênticas, os interesses que justificam a protecção concorrencial atribuída ao antigo empregador podem subsistir, ou, mais acuradamente, estiolar-se, desvanecimento que, não fazendo cessar *ipso iure* a obrigação, pode, contudo, preditar a sua redução ou mesmo

---

[2862] Franz Schrank, *Arbeitsrecht. Ein systematischer Grundriss* (2000), cit., 54.
[2863] A expressão é de Deborah J. Lockton, *Employment Law* (2003), cit., 353-4.
[2864] Durán López, "Pacto de no concurrencia" (1985), cit., 181.

modificação[2865], operação que, como se entrevê, tenderá a ocorrer perante um alegado incumprimento por parte do trabalhador[2866].

Trata-se ainda de ter presente que, sem prejuízo do nexo de interdependência funcional entre os acordos, a correlação do pacto de não concorrência com o contrato de trabalho é apenas genética. Uma vez cessado o vínculo, e com a produção de efeitos *de pleno* do pacto, este acordo, que tem causa própria, desprende-se e sobrevive por si, enquadramento que, sem prejuízo da subjacência do conceito de concorrência diferencial, vai actuar em todos os campos problemáticos de análise das implicações do pacto[2867], mas que, em todo o caso, não pode ser desligado da concretude dos conhecimentos obtidos pelo trabalhador que lhe outorga uma posição diferencialmente concorrente.

Não havendo razão para impedir (bem ao contrário) a aplicação do instituto da alteração fundamental das circunstâncias com vista à modificação ou à resolução do pacto de não concorrência – assim se encontre substancialmente afectado o equilíbrio inicial das prestações –, também não sobejam dúvidas que é necessário fazer uma abordagem casuística do mercado, uma observação da actividade que o empregador exerce, um estudo das funções que o trabalhador desempenhou e uma análise da actividade que ele *hoje* concretamente desenvolve.

Com a tensão centrífuga do caso concreto a refrear qualquer pretensão de inventariação abstracta e fechada, só após a valoração destes factores é que se poderá sustentar um exame rigoroso não só dos pressupostos de validade da obrigação, como correlativamente do seu (in)cumprimento[2868].

[2865] Ao contrário, em Inglaterra, e ao que fazem notar KONRAD ZWEIGERT/HEIN KOETZ/TONY WEIR, *Introduction to Comparative Law* (1998), cit., 386 e TARA BRILL-VENKATASAMY, «La clause de non-concurrence en droit du travail: comparaison des droits anglais et français» (1998), cit., 150, durante muito tempo a cláusula seria declarada totalmente nula (*totally void*), uma vez que a jurisprudência era extremamente parcimoniosa na aplicação da *blue pencil rule*, "técnica" que, permitindo ao julgador uma revisão (*severance*) do contrato subscrito pelos sujeitos, não permite, todavia, que a amputação da disposição afecte os termos restantes do contrato. Com alusão à *general contract doctrine of severance* neste domínio, ainda: LOUISE FLOYD, *Employment Law* (2010), cit., 49.

[2866] JEAN PÉLISSIER/ALAIN SUPIOT/ANTOINE JEAMMAUD, *Droit du Travail* (2000), cit., 295.

[2867] ALBERTO RUSSO, *Problemi e prospettive nelle politiche di fidelizzazione del personale* (2004), cit., 141 e LUISA ZAMBONI, "Sui limiti del patio di non concorrenza a carico del prestatore di lavoro" (2003), cit., 342.

[2868] NATACHA GAVALDA, "Les critères de validité des clauses de non-concurrence en droit du travail" (1999), cit., 582-4.

VIII. Não cumprimento do pacto

a) Regime

60. O não cumprimento do pacto de não concorrência altera o equilíbrio entre as prestações dos sujeitos, configurando-se como fonte de responsabilidade contratual. Por princípio, trata-se de matéria que encontra nos quadros civilísticos tratamento adequado, justificando-se, entre nós, que o CT não forneça qualquer indicação sobre o quadro aplicável a uma violação da obrigação de não concorrência.

Sendo assim, com vista à aferição do incumprimento da obrigação de não concorrência, e além do que se disse, importará atender aos interesses subjacentes a este pacto, valorando-o de forma autónoma[2869].

Esta autonomia tem, aliás, consequências: no caso de uma transacção feita ao abrigo dos arts. 52.º ou 70.º do CPT, é de entender que aquela, na falta de disposição expressa contrária, não afecta as cláusulas contratuais destinadas a

---

[2869] STEFANO SPINELLI, *Lavoro. Vol. 1* (2009), cit., 504. Frisando também esta autonomia, v. Ac. STJ de 17.02.2009 (HELDER ROQUE), n.º 08A3836, onde se pode ler: "(o) pacto de não concorrência, que se traduz num compromisso inicial entre as partes, ou, em alternativa, num acordo simultâneo com o acto extintivo do contrato de trabalho, assume autonomia relativamente a este, impondo aos mesmos sujeitos novas obrigações correlativas, cujo conteúdo pode implicar, nomeadamente, uma inibição do exercício de certa actividade ou a proibição de contactar clientela, após a extinção do vínculo laboral". Não acompanhamos, todavia, o sentido decisório do acórdão de que, em relação a um pedido de condenação de ex-trabalhadores no pagamento de uma indemnização pelos danos patrimoniais e não patrimoniais em razão da violação de uma obrigação de não concorrência, se está na presença de uma acção cível de condenação da competência do tribunal cível, ao contrário do que se decidiu no Ac. STJ de 13.02.2008 (PINTO HESPANHOL), CJ 2008, Ano XVI, T. I, 279-282. Mau grado ser essa a interpretação dominante em Espanha [por exemplo: PEDRAJAS MORENO & SALA FRANCO, *El pacto de no concurrencia postcontractual* (2005), cit., 23], a verdade é que, além de se encontrar directamente envolvido o princípio da liberdade de trabalho, a obrigação de não concorrência tem um nexo funcional genético com o contrato de trabalho, não existindo *ex ante*. Tratando-se, na qualificação feita por lei, de uma cláusula *acessória* do contrato de trabalho (epígrafe da Secção VIII do CT2009), estamos em crer, face ao que dispõe a al./e do art. 85.º da LOTJ, que o incumprimento de um pacto de não concorrência, nos termos e com os efeitos previstos no CT, se integra no âmbito das "relações conexas com a relação de trabalho, por *acessoriedade*", competindo, dessarte, aos tribunais do trabalho conhecer, em matéria cível, das questões emergentes de um pacto de não concorrência, à semelhança do que se entende para os demais acordos de limitação da liberdade de trabalho. Acerca da competência dos tribunais de trabalho para o conhecimento de questões relacionadas com o incumprimento do pacto de não concorrência, em França: JEAN PÉLISSIER/ALAIN SUPIOT/ANTOINE JEAMMAUD, *Droit du Travail* (2000), cit., 296, CATHERINE PUIGELIER, *Droit du Travail* (2000), cit., 78; e em Itália: Cass. 10.07.2008, n.º 19001, LG 2009, 81 e GIOVANNA VISINTINI, *Trattato della responsabilità contrattuale.Vol. II*, Wolters Kuwer, Pádua, 2009, 932.

vigorar após a cessação da situação laboral[2870], uma vez que estas substanciam obrigações diferentes das que emergem da situação laboral.

Nesse sentido, verificar-se-á, com vista ao incumprimento, se existem factos que supervenientemente constituem uma perturbação na execução do pacto e se nos deparamos com algum evento que torne impossível ou prejudique gravemente a realização dos fins económicos do empregador, o que aponta para uma interpenetração entre normalidade e normatividade, entre normogénese social e concretização judicial do princípio da boa fé, que funde um diagnóstico facultado pelas regras da experiência e práticas institucionalizadas que se mostrem relevantes para o caso concreto.

Atentas estas circunstâncias, vislumbra-se, não raras vezes, a tentação de contornar a obrigação de não concorrência através do simples fornecimento de informações a outrem ou mesmo através do exercício, por interposta pessoa, das actividades sinalizadas pela proibição de concorrência.

Tratando-se de situações cuja consecução não é feita *ad personam*, o enquadramento não pode ser outro que não o incumprimento do pacto de não concorrência: a *limitação imposta à actividade do trabalhador* constitui, em rigor, uma limitação à causação dos danos que a passagem do trabalhador pela empresa propicia, sendo indiferente o sujeito que beneficia directamente desse *acquis*.

Do que se trata é de saber se as condições em que o trabalhador exerce a sua actividade são idóneas à produção de um prejuízo para o empregador. Esse prejuízo vai ser atribuído ao trabalhador se, segundo as regras gerais da experiencia e o normal acontecer dos factos, for previsível que da sua conduta derive o resultado verificado, uma vez que se limita não só a liberdade de trabalho como também a liberdade de iniciativa económica e de empresa[2871].

Ora, se a noção de concorrência praticável (*workable competition*) surge definida a partir de uma pluralidade de critérios empíricos[2872], para tanto, recuperando MANUEL DE ANDRADE, importará lançar mão, enquanto formulação negativa da teoria da causalidade adequada, da interrogativa "será um facto deste género indiferente para este género de dano?"[2873].

[2870] Assim, num caso em que o ex-empregador se baseava na transacção para não ter de pagar a contrapartida financeira devida ao trabalhador em razão da obrigação de não concorrência, cfr. Cass. Soc. 05.04.2006, nº 952 FD. Também, e já antes, CATHERINE PUIGELIER, *Droit du Travail* (2000), cit., 77.

[2871] WILHELM MOLL, *Arbeitsrecht* (2005), cit., 716.

[2872] Veja-se MAHER M. DABBAH, *International and Comparative Competition Law*, Cambridge University Press, Cambridge, 2010, 25-6.

[2873] MANUEL DE ANDRADE, [com a colaboração de Rui Alarcão (3.ª ed.)], *Teoria Geral das Obrigações*, Coimbra, Almedina, 1966, 352.

O traçado desta disputa, à luz do fascículo de interesses tutelado pelo art. 136.º, terá que envolver uma *margem diferencial* – *quid* baseado nas vantagens de que o trabalhador é portador pelo simples facto de executado *aquele* contrato de trabalho –, sem a qual os interesses do empregador não são atendíveis, aportando-se, em conexão com as actividades cuja vedação os sujeitos estabeleceram no pacto, ao conceito de concorrência diferencial.

Não incumprirá, por isso, o pacto o trabalhador que contacta clientes cujo conhecimento não radica na actividade exercida ao serviço do seu antigo empregador ou, face à ausência de *business connections,* o trabalhador que inicia relações com clientes que só após a cessação do contrato de trabalho encetam relações comerciais com o seu antigo empregador[2874].

Da mesma forma, a margem diferencial adquirida pelo trabalhador desaparece na hipótese de protecção de informações que venham a ser tornadas públicas (atingimento do limiar da publicidade, que já não apenas o alargamento do círculo controlável de detentores da informação), circunstância em que o pacto deixará de apresentar uma *função socialmente útil*[2875] e em que a respectiva caducidade, caso o trabalhador faça uso de tais informações, inviabilizará a indagação de uma situação de incumprimento[2876].

Importando também não confundir, sem mais, a criação e a expansão de uma clientela própria com a idoneidade para reduzir ou mesmo suprimir a clientela do antigo empregador (real ou possível) – apenas esta é interdita –, no mais, afigura-se claro que o trabalhador pode exercer qualquer outra actividade remu-

---

[2874] Konrad Zweigert/Hein Koetz/Tony Weir, *Introduction to Comparative Law* (1998), cit., 386 e Tara Brill-Venkatasamy, «La clause de non-concurrence en droit du travail: comparaison des droits anglais et français» (1998), cit., 146.

[2875] Na expressão de Cecilia Assanti, *Corso di Diritto del Lavoro* (1993), cit., 407.

[2876] No Reino Unido, sem que a legitimidade da cláusula de não concorrência seja posta em crise, o dever de confidencialidade que adstringe o ex-trabalhador em razão desse acordo cede perante investigações oficiais, não se configurando qualquer quebra do dever de confidencialidade sempre que sejam prestadas informações relativas à insolvência do antigo empregador, com a jurisprudência a firmar, neste último leque de situações, que "o dever de confidencialidade pós-contratual é bastante diminuído face ao que é imposto pelo princípio da boa fé na execução do contrato de trabalho": *Brookes v Olyslager OMS (UK) Ltd* [1988] IRLR 590, 601. Na mesma linha, também não há incumprimento, face ao interesse público na divulgação, sempre que os factos tenham sido forjados ou obtidos de forma ilícita pelo empregador (por exemplo, em violação do *Restrictive Trade Pratices Act* 1956), conforme se estabeleceu no caso *Initial Services Ltd v Putterill* [1968], WLR 1032, onde se rejeitou uma injunção requerida pelo empregador, após a divulgação de correspondência na comunicação social, disponibilizada pelo ex-trabalhador, relativa a uma concertação empresarial quanto à adopção de práticas comerciais restritivas. De forma similar, agora diante da prática de um crime de fraude e de corrupção, v. *Lion Laboratories Ltd v Evans* [1984] 3 WLR 539.

nerada, por contra de outrem, ou prestar serviços por conta própria, conquanto não haja uma *justaposição finalística* à actividade(s) desenvolvida(s) pelo antigo empregador[2877], em conexão com a actividade interdita pelo pacto.

Se esta justaposição não encontra razão de ser nos casos em que o ex-empregador inicia actividades após a cessação do contrato de trabalho – o trabalhador, por princípio, pode exercer toda e qualquer actividade que não fosse desenvolvida pelo empregador à data da cessação do contrato de trabalho –, como sublinha IVANA MARIMPIETRI, em atenção aos interesses prosseguidos por uma obrigação de não concorrência, o que releva para a "violação da *factispecie* paradigmática do dever de não concorrência" é a fonte dos elementos concorrencialmente diferenciais e os danos causáveis ao antigo empregador, independentemente de qualquer *animus nocendi*[2878], do exercício de actividade própria ou em favor de outrem[2879] ou mesmo da percepção de qualquer benefício por banda do trabalhador[2880].

61. As situações que, sem prejuízo da sua atinência com as regras da concorrência desleal, consubstanciam virtualmente uma violação do pacto por parte do trabalhador são múltiplas e polimórficas: *(i)* divulgação ou aplicação de informações respeitantes a modalidades especiais da actividade da empresa, *(ii)* utilização de descobertas ou invenções, de características técnicas de utilização de maquinaria, *(iii)* aproveitamento ou difusão de projectos de vendas ou de implantação no mercado, *(iv)* aplicação de estratégias de organização da publici-

---

[2877] Assim, um trabalhador do sector químico da indústria de cosméticos não fica impossibilitado de exercer a sua actividade de químico na indústria de adubos ou de materiais de construção.

[2878] IVANA MARIMPIETRI, "La «categoria» giurisprudenziale della fedeltà aziendale, nota a *Cassazione*, 16 Gennaio 1990, n.º 299", *Foro Italiano* 1990, I, 991-3.

[2879] Algo diferentemente, no domínio da obrigação de não concorrência associada ao trespasse de estabelecimento, a jurisprudência portuguesa tem entendido que não existe violação daquela obrigação quando o trespassante celebra contrato de trabalho com empresa concorrente, que até pode operar na mesma zona. Seguindo o Ac. Rl. Cb. de 01.06.1999 (CARDOSO DE ALBUQUERQUE), BMJ 1999, n.º 488, 420, para que exista uma violação da obrigação de não concorrência por parte do empresário trespassante de um dado estabelecimento é necessário demonstrar que este se tenha estabelecido de novo, *i.e.*, que ele continue a desenvolver a mesma actividade por conta própria e, logicamente, em condições que lhe permitam desviar em seu favor a clientela do estabelecimento trespassado. Com critério que entendemos mais largo, aludindo a uma obrigação de natureza implícita de não exercício de "uma actividade económica concorrente ou similar à da empresa trespassada susceptível de perturbar a sua fruição plena por parte do trespassário", veja-se, contudo, ENGRÁCIA ANTUNES, "Contratos Comerciais. Noções Fundamentais" (2007), cit., 231.

[2880] Ainda RAMÍREZ MARTINEZ, *Curso de Derecho del Trabajo* (2001), cit., 383.

dade, *(v)* utilização de correspondência com fornecedores e clientes e de dados relativos ao pessoal, *etc*[2881].

Uma vez que a actividade contida na al./b do art. 136.º pode ter índoles diversas e a sua amplitude depende do que os sujeitos houverem convencionado – não solicitação de serviços, proibição de clientela ou renúncia ao exercício de uma actividade profissional concreta –, neste plano, se o trabalhador iniciar uma actividade que se justapõe à actividade desenvolvida pelo ex-empregador pode não estar em causa o incumprimento da obrigação principal.

Haverá que averiguar, em concreto, qual a relevância da prestação incumprida na economia do acordo, em termos de proporcionar ao antigo empregador os efeitos patrimoniais tidos em vista com a sua conclusão, no pretexto de que o vínculo de confiança que o pacto de não concorrência alberga, graças à sua lógica de execução continuada, tem que ser substancialmente afectado.

Trata-se, em todo o caso, de uma ponderação diferente e com enquadramento diverso dos que estão subjacentes à existência de um contrato de trabalho, não só porque o pacto de não concorrência apresenta causas extintivas próprias, como também porque o contrato de trabalho já se encontra cessado e os fundamentos que estreitam os quadros materiais e formais relativos à sua cessabilidade não têm cabimento.

Assim, se um acto preparatório não constitui *per se* uma violação do pacto de não concorrência – apenas o exercício da actividade expressamente vedada no pacto configurará, por princípio, essa violação[2882] –, é, aliás, nesta ordem de ideias, e visto que o contrato de trabalho *qua tale* já não existe, que qualquer vicissitude que incapacite temporária ou absolutamente o trabalhador se afigura irrelevante: por exemplo, em caso de doença ou inaptidão para o trabalho, o empregador não se encontra desobrigado do pagamento ao trabalhador da compensação acordada[2883].

O mesmo se passa, embora em plano diverso, se o trabalhador durante esse período frequentar o ensino superior, decidir obter qualificações adicionais[2884]

[2881] Cfr. Franco Guidotti, "La tutela del segreto d'ufficio e delle notizie attinenti all'azienda", *Diritto del Lavoro* I, Giuffrè, Milão, 1952, 303, Ramírez Martinez, *Curso de Derecho del Trabajo* (2001), cit., 383 e Claude Wantiez, *Les clauses de non concurrence et le contrat du travail* (2001), cit., 6.
[2882] Alexandro Boscati, "Patto di non concorrenza. Art. 2125" (2010), cit., 217.
[2883] Cass. Soc. 10.10.2001, nº 99-42404.
[2884] BAG 13.02.1996 – 9 AZR 931/94, NJW 1996, 2677. Como fazem notar Olaf Müller & Peter Rieland, *Arbeitsrecht: Tipps und Taktik* (2006), cit., 253, a única situação contida no § 74 HGB que afasta a obrigação de pagamento da compensação atina com o cumprimento, por parte do trabalhador, de pena privativa da liberdade.

ou passar à situação de reformado[2885]. Isto, porque a *ratio* da obrigação de não concorrência consiste em vedar ao trabalhador o exercício das actividades que tenham sido acordadas; logo, independentemente da vicissitude que o afecte, a obrigação encontra-se a ser cumprida[2886], embora, por razões de política legislativa, existam sistemas, como o alemão, que, como *pena acessória*, desobrigam o antigo empregador do pagamento da compensação, caso o trabalhador cumpra uma pena privativa da liberdade[2887].

Considerando que é necessário que se verifique uma perda objectiva de interesse por parte do credor (dando tradução ao sentido etimológico de credor: aquele que acredita), e, naturalmente, que exista uma situação de *concorrência diferencial*, importará atender, designadamente: *(i)* ao momento em que a situação ocorre, *(ii)* à organização e ao sistema de produção da empresa, *(iii)* à natureza, ao destino e às semelhanças dos produtos, *(iv)* aos circuitos comerciais associáveis e *(v)* às informações de que se faz uso, visto que a apreciação do incumprimento implica uma análise global do programa inexecutado e uma valoração do "comportamento" total dos contraentes (particularmente da situação de expectativa do credor)[2888].

Não se enjeita, aliás, que, com vista ao bom cumprimento do pacto, os sujeitos acordem no estabelecimento de uma obrigação de informação, a cargo do trabalhador, das actividades que este se propõe exercer, o que, contudo, *não poderá significar que seja entregue ao empregador a decisão acerca do exercício de quaisquer actividades por parte do trabalhador*[2889].

[2885] Cass. Soc. 24.09.2008, n.º 07-40098. Com enquadramento diferente, considerando, na sequência de decisão do STSJ da Catalunha, aplicável a impossibilidade de cumprimento por parte do trabalhador, v. PEDRAJAS MORENO & SALA FRANCO, *El pacto de no concurrencia postcontractual* (2005), cit., 81.

[2886] Em França, entende-se igualmente que a obrigação de pagamento da contrapartida financeira se mantém, uma vez que a obrigação de não concorrência segue o seu curso de execução nos casos em que o antigo trabalhador seja declarado inapto para o trabalho (Cass. Soc. 13.07.2005, n.º 1678 FD), em que a entidade empregadora inicia um despedimento colectivo (Cass. Soc. 19.10.2005, BC V n.º 295) e nas demais situações em que a entidade empregadora cessa voluntariamente a sua actividade (Cass. Soc. 05.04.2005, BC V n.º 118).

[2887] Diante do § 74c I 3 HGB: WOLFGANG HROMADKA & FRANK MASCHMANN, *Arbeitsrecht. Band I* (2012), cit., 514.

[2888] Assim: JOSÉ CARLOS BRANDÃO PROENÇA, *A resolução do contrato no direito civil* (2006), cit., 88 e ss.. Neste sentido, a inexigibilidade tem que ver com o prognóstico do risco e com a frustração do fim do contrato, sendo que, nestes casos, a existência de justa causa exclui a necessidade de recurso ao mecanismo da interpelação admonitória do art. 808.º do CC.

[2889] Assim: UMBERTO OLIVA & CHIARA GERMANO, "Patto di non concorrenza" (2012), cit., 180.

Embora em França já se tenha julgado inválida a subordinação da obrigação de pagamento da compensação à demonstração trimestral de que o trabalhador se encontrava desempregado e à comparência, em igual período, perante o antigo empregador[2890], a justificação para esta rejeição louva-se no facto de se estar perante uma configuração negocial em que tanto o exercício de uma actividade laboral como o pagamento da compensação são determinados unilateralmente pelo empregador, havendo fundadas razões para obviar a fórmulas contratuais como a que vem de ser descrita (infra).

No caso da previsão de uma obrigação de informação, a cargo do trabalhador, das actividades que este se propõe exercer, trata-se tão só de um mecanismo de segurança, que, reforçando a confiança entre os sujeitos, não substancia um encargo desmesurado sobre o trabalhador e que, ao contrário, face à compensação recebível, corporiza a intenção de executar, com lealdade, as obrigações que firmou, sem que qualquer dos aspectos convencionados fique entregue à esfera decisória do empregador, uma vez que à previsão de informação não se encontra associada qualquer necessidade de autorização.

62. Se uma cláusula de não concorrência pode interditar o trabalhador de exercer, directa ou indirectamente, por si e/ou através de interposta pessoa, qualquer actividade similar à que o seu ex-empregador desenvolve – tudo dependendo dos termos convencionados –, é importante não se perder de vista o exercício simulado, desviado ou abusivo de uma actividade, através da coincidência interposta de uma outra pessoa física ou colectiva.

Com a lei belga a conter mesmo uma referência expressa à constituição de uma sociedade[2891], se a fraude à lei só se resolve interpretando o acordo e a lei de forma não literal, mas de acordo com o seu fim e o seu sentido, convoca-se atenção ao exercício de actividades similares por parte de cônjuges/unidos de facto ou por sociedades comerciais em que qualquer destes sujeitos apareça como sócio[2892], figurando-se inaceitável que "dois indivíduos obrigados ao dever de não concorrência se libertassem disso constituindo uma pessoa colectiva"[2893].

[2890] Veja-se a decisão da *Cour d'appel* de Poitiers, de 15.06.2004, BICC n.º 609, de 01.12.2004.
[2891] A par da celebração de contrato de trabalho com empresa concorrente. Ainda: CLAUDE WANTIEZ, *Les clauses de non concurrence et le contrat du travail* (2001), cit., 18.
[2892] Com saliência para estas situações, cfr. GEORGE A. RICHARDS, "Drafting and enforcing restrictive covenants not to compete" (1972), cit., 250.
[2893] Ac. STJ de 12.06.1997 (SÁ COUTO), proc. n.º 97B268.

Não existindo nesta sede qualquer critério legal que delimite com precisão a verificação do incumprimento através da interposição de terceiros[2894], conforme salienta Iruzubieta Fernández[2895] se o abuso do direito se induz e avalia a partir de um dano ou prejuízo (sem dano não há abuso) – o instituto, longe de pressupor uma violação no sentido formal, designa uma utilização alterada do esquema formal do direito, finalizada pela consecução de objectivos ulteriores e diversos aos que estavam indicados pela lei[2896] –, já a fraude à lei, embora evidenciando-se habitualmente a partir de um dano ou prejuízo, não exige esta circunstância como pressuposto da sua verificação, ainda que, em muitas ocasiões, a importância e o alcance do resultado danoso sirvam para verificar (*verus-facere*) do cabimento do instituto[2897].

Em todo o caso, o foco, em conexão com a ideia de concorrência diferencial, é a actividade e não o (futuro) empregador[2898]. Por isso se disse que o acordo estabelecia limitações não só à liberdade de trabalho como também à liberdade de iniciativa económica e de empresa.

Sendo questionável a admissão de proibições cujo recorte empregatício seja estritamente subjectivo – a sua admissibilidade procede se a nominação das empresas for considerada indicativa e aparecer contida nos limites do conceito de concorrência diferencial, o mesmo valendo, por razões de precaução, para as

---

[2894] Com esta técnica, veja-se o art. 8.º (epigrafe: *impedimentos aplicáveis a sociedades*) do regime jurídico de incompatibilidades e impedimentos dos titulares de cargos políticos e altos cargos públicos, aprovado pela Lei n.º 64/93, de 26.08, com a última alteração introduzida pela Lei Orgânica n.º 1/2011, de 30.11, que dispõe que "as empresas cujo capital seja detido numa percentagem superior a 10% por um titular de órgão de soberania ou titular de cargo político, ou por alto cargo público, ficam impedidas de participar em concursos de fornecimento de bens ou serviços, no exercício de actividade de comércio ou indústria, em contratos com o Estado e demais pessoas colectivas públicas" (n.º 1), ficando ainda "sujeitas ao mesmo regime: a) as empresas de cujo capital, em igual percentagem, seja titular o seu cônjuge, não separado de pessoas e bens, os seus ascendentes e descendentes em qualquer grau e os colaterais até ao 2.º grau, bem como aquele que com ele viva nas condições do art. 2020.º do Código Civil; b) as empresas em cujo capital o titular do órgão ou cargo detenha, directa ou indirectamente, por si ou conjuntamente com os familiares referidos na alínea anterior, uma participação não inferior a 10%.".

[2895] *El abuso del derecho y el fraude de ley en el Derecho del Trabajo*, Colex, Madrid, 1989, 87.

[2896] Nestes exactos termos: Gianluca Falco, *La Buona Fede e L'Abuso del Diritto* (2010), cit., 381.

[2897] Coutinho de Abreu, *Do Abuso de Direito* (2006), cit., 84-5. Tornando-se necessário o auxílio de técnicas simulatórias, o resultado jurídico da fraude à lei obtém-se mediante os dados fornecidos pelo ordenamento jurídico, formando-se um critério destinado a atender à especificidade do caso concreto: emergem os "índices *semióticos*", apenas se podendo apurar, em rigor, da existência de uma *reacção do sistema* perante os contornos de cada situação concreta. Ainda: António Menezes Cordeiro, *Tratado de Direito Civil Português I* (2002), cit., 496.

[2898] Giuseppe Pera & Marco Papaleoni, *Diritto del Lavoro* (2003), cit., 526.

listas de clientes com quem o trabalhador não vai poder contactar[2899] –, não há violação de uma obrigação de não concorrência na hipótese de o trabalhador ir exercer funções para uma empresa que concorre directamente com o seu ex-empregador se a actividade laboral desenvolvida não for, *qua tale*, concorrente ou nada tiver que ver com a actividade pregressamente desenvolvida[2900].

Por outras palavras, tratando-se da sua actividade e não da actividade do novo empregador – o que não significa, bem ao contrário, que esta não seja intercontextualizada –, a obrigação de não concorrência é cumprida se não estiveram em causa elementos concorrencialmente diferenciais e não existirem danos causáveis ao antigo empregador, quadro de análise que se funda, antes do mais, no conteúdo do pacto de não concorrência e nos termos como ficaram delimitadas as actividades cujo exercício fica, à partida, interdito ao trabalhador.

É o que sucede, de forma paradigmática, com a inverificação de uma situação de incumprimento no caso em que o pacto apenas veda ao trabalhador a possibilidade de exercício de uma actividade profissional idêntica à que exerce e este, embora trabalhando para empresa que concorre directamente com a do outro sujeito do pacto de não concorrência, exerce actividade profissional diversa.

63. Tendo a obrigação por fonte um pacto, o credor no caso de incumprimento, independentemente do direito à indemnização, pode resolver o contrato[2901], sabendo-se, por princípio, que o sujeito que invoca o direito à resolução se encontra obrigado a alegar e a demonstrar o fundamento que justifica a destruição do vínculo contratual[2902].

[2899] Assim: Eric Gastinel, "Les effets juridiques de la cessation des relations contractuelles – obligation de nonconcurrence et de confidentialité", (1997), cit., 199, a propósito das *clauses de non-affiliation à un réseau concurrent*. A lista, em razão do conceito de concorrência diferencial, é informativa, uma vez que tem de se conter nos limites do conceito, devendo desconsiderar-se, por exemplo, a indicação de clientes com quem o trabalhador nunca tomou contacto. Quanto à nominação de empresas, importa renotá-lo, a proibição de concorrência não é para que o trabalhador não trabalhe para X ou Z, mas para que o trabalhador não desenvolva "actividade cujo exercício possa causar prejuízo ao empregador".

[2900] Em sentido idêntico: Cass. Soc. 16.11.2005, n.º 2474 FD.

[2901] Como faz notar José Carlos Brandão Proença, *Lições de cumprimento e não cumprimento das obrigações*, Coimbra editora, Coimbra, 2011, 285 e ss., o direito de resolução de um contrato, enquanto destruição da resolução contratual, quando não convencionado pelas partes, depende da verificação de um fundamento legal, correspondendo, nessa medida, ao exercício de um direito potestativo vinculado (art. 432.º do CC). Fundamento de resolução é, como admitido nos arts. 801.º, n.º 2, e 802.º, n.º 1, do CC, a impossibilidade de cumprimento da prestação, geradora de incumprimento definitivo.

[2902] Na Suíça, Rémy Wyler, *Droit du travail* (2008), cit., 454.

No caso, sendo o pacto de não concorrência um contrato de execução continuada, a resolução deixa incólume o passado e não abrange as prestações já efectuadas[2903] – o decurso do tempo corresponde à satisfação efectiva dos interesses dos sujeitos –, e concretiza-se por referência a um critério da inexigibilidade, que implica uma valoração da proporcionalidade e da adequação da consequência que se visa extrair da desvinculação e que não pode deixar se aferir à luz dos parâmetros da boa fé[2904], trazendo consigo, em especial, um juízo prospectivo acerca do abalo produzível pela inexecução à "confiança do contrato"[2905].

Verificando-se uma situação de incumprimento por parte do empregador, deve reconhecer-se ao trabalhador a possibilidade de, para lá da excepção de não cumprimento do contrato[2906] (uma vez que o pagamento da compensação não é condição de eficácia do pacto[2907]), ser ressarcido, em cumulação com a resolução, pelos danos causados com a conduta culposa do empregador, colocando-se o trabalhador na situação em que estaria se o pacto fosse cumprido[2908].

Sendo a resolução "um meio de dissolução do vínculo contratual por declaração unilateral condicionado por um motivo previsto na lei ou que depende de

---

[2903] N.º 2 do art. 435.º do CC

[2904] Ainda: ROMANO MARTINEZ, *Da Cessação do Contrato* (2006), cit., 133 e 246.

[2905] JOÃO BAPTISTA MACHADO, "Parecer sobre Denúncia e Direito de Resolução de Contrato de Locação de Estabelecimento Comercial" (1991), cit., 666.

[2906] O trabalhador, ao opor a *exceptio*, suspende a execução da prestação negativa a que está adstrito até à realização da contraprestação pelo empregador (a compensação). O cumprimento defeituoso integra um dos modos de não cumprimento das obrigações, que permite ao credor da prestação imperfeita o recurso à excepção do não cumprimento do contrato. Não se tratando de um incumprimento total, mas de uma prestação executada deficientemente, o trabalhador, ao actuar a *exceptio*, coloca-se assim numa posição de recusa provisória de cumprimento, que se configura como uma causa justificativa de incumprimento, de acordo com o princípio da simultaneidade do cumprimento das obrigações recíprocas, que, nos contratos sinalagmáticos, como é o pacto de não concorrência, são também reciprocamente causais, face à relação de finalidade entre as duas atribuições.. Sobre esta relação: JOSÉ JOÃO ABRANTES, *A excepção de não cumprimento do contrato no direito civil português – conceito e fundamento*, Coimbra, Almedina, 1986 e JOÃO CALVÃO DA SILVA, *Cumprimento e Sanção Pecuniária Compulsória* (1987), cit., 334.

[2907] A questão é suscitada por JÚLIO VIEIRA GOMES, *Direito do Trabalho* (2007), cit., 617, que parece igualmente rejeitar essa construção, tal como CATHERINE PUIGELIER, *Droit du Travail* (2000), cit., 76, sustentada na jurisprudência da *Cour de Cassation*. A eficácia do pacto, sem prejuízo dos efeitos produzíveis *ab initio* quanto à possibilidade de o trabalhador se desvincular, não depende do pagamento da compensação, mas de uma outra condição: a cessação do contrato de trabalho.

[2908] Trata-se da globalidade das compensações vincendas. Adere-se, pois, à indemnização pelo interesse contratual positivo. Por todos, e em súmula das posições na doutrina nacional, v. JOSÉ CARLOS BRANDÃO PROENÇA, *Lições de cumprimento e não cumprimento das obrigações* (2011), cit., 303-4.

convenção das partes"[2909], se o antigo empregador, à luz do n.º 2 do art. 801.º do CC, actuar a resolução do contrato, a indemnização associada visará também a reposição do seu património no estado em que se encontraria caso o pacto tivesse sido cumprido, integrando-se a indemnização pelo interesse contratual positivo no leque de opções ao seu dispor.

Em princípio, além do enquadramento aplicável a um contrato de execução continuada[2910], por força do congelamento temporário da liberdade de trabalho (ainda, e também, os efeitos de tendencial blindagem produzidos *cursus contractum*), deve aplicar-se uma taxa de desconto ao tempo durante o qual o trabalhador não concorreu com o seu antigo empregador, factor que será computável na indemnização exigível[2911] e que se aplica, a montante, através da inafectação das compensações já pagas até à verificação da situação de incumprimento: a semelhança com a situação subjacente à não afectação das compensações pagas no âmbito de um pacto considerado nulo, em que aparece relevada a abstenção cumprida pelo trabalhador, é manifesta, justificando-se a atribuição de saliência ao tempo de efectividade da limitação assumida – analogamente, aliás, ao que ficou dito em relação aos pactos de permanência –, não descurando ademais que o exercício de uma actividade concorrente no período subsequente à cessação do contrato do trabalho é aquele que, por princípio, maior perigo representa

---

[2909] PEDRO ROMANO MARTINEZ, *Direito do Trabalho* (2010), cit., 1043. Sobre o conceito de resolução, v., entre outros, FRANÇOIS TERRÉ/ PHILIPPE SIMLER/YVES LEQUETTE, *Droit Civil. Obligations* (1999), cit., 471 e ss., e, entre nós, ADRIANO VAZ SERRA, "Resolução do contrato", BMJ 1957, n.º 68, 153 e ss. ou JOSÉ CARLOS BRANDÃO PROENÇA, *A resolução do contrato no direito civil* (2006), cit., 298.

[2910] Ainda o n.º 2 do art. 435.º do CC. A referência conexiona-se ademais com o afastamento da tese do interesse contratual negativo, já que, sendo a retroactividade da resolução o principal argumento aduzido em seu abono, a resolução do pacto não interfere com os efeitos que o vínculo haja produzido e que entretanto se tenham consolidado.

[2911] Assim, DANIELLE CORRIGNAN-CARSIN, «Cour de Cassation. Chambre sociale, 25/02/2003 – Évaluation de la contrepartie financière en cas de respect partiel de la clause de non-concurrence», SJ 18.06.2003, n.º 25, 10104, sendo também esta a jurisprudência do Supremo espanhol, conforme fazem notar ALBIOL MONTESINOS, ALFONSO MELLADO, BLASCO PELLICER e GOERLICH PESET, *Normas laborales* (2000), cit., 192, e a que é seguida em Itália: Tribunal de Milão 18.11.1992, RCDDL 1993, 349. No pressuposto de que o devedor cumpre a obrigação quando realiza a prestação a que está vinculado (n.º 1 do art. 762.º do CC), e estando o empregador adstrito ao pagamento de uma compensação ao trabalhador e este obrigado a não concorrer, sirva de exemplo a divulgação por banda do trabalhador de uma informação reservada, situação que, a mais da sua relevância em sede de propriedade industrial, configurará um inadimplemento da obrigação de não concorrência susceptível de conduzir à situação de incumprimento definitivo (e respectivas consequências), que é, em regra, o incumprimento da obrigação principal, a *obrigação caracterizada do contrato como sinalagmático*, como faz notar JOÃO BAPTISTA MACHADO, "Pressupostos da resolução por incumprimento" (1991), cit., 135.

para os interesses económicos do empregador e que a abstenção do trabalhador durante esse período não pode ser irrelevada.

Salientando-se, em razão da liberdade de trabalho, a aplicação dessa taxa amortizatória[2912], também em relação às consequências que brotam do incumprimento da obrigação de não concorrência se haverá de seguir, em princípio, as regras comuns sobre o incumprimento das obrigações em geral, mormente no que diz respeito à chamada "obrigação de indemnização", cuja efectivação o art. 340B da Lei federal que complementa o Código Civil suíço logrou prever[2913], *factis species* que a legislação laboral portuguesa, por presumida desnecessidade, nunca acolheu[2914].

64. Neste quadro, e face ao princípio da liberdade da liberdade de trabalho, tem-se sugerido, contudo, a atribuição de relevância negativa à causa virtual que está base da profissionalidade do trabalhador[2915]. Não haveria, assim, que indemnizar o empregador se o prejuízo causado acontecer em razão de o trabalhador

---

[2912] Diversamente, porém, defendendo a restituição na íntegra dos montantes satisfeitos pelo empregador e diferenciando esta situação da que pode subjazer à declaração de nulidade do pacto, v. CARLO ZOLI, "Clausole di fidelizzazione e rapporti di lavoro" (2003), cit., 467, ALBERTO RUSSO, *Problemi e prospettive nelle politiche di fidelizzazione del personale* (2004), cit., 208 ou VANIA BRINO, "La clause de non concurrence: Italie" (2007), cit., 684. Entre nós, sustentando o reembolso integral, v. RICARDO NASCIMENTO, *Da cessação do contrato de trabalho: em especial por iniciativa do trabalhador* (2008), cit., 362, e, na jurisprudência, Ac. Rl. Lx. de 29.03.2006 (ISABEL TAPADINHAS), proc. n.º 863/2006-4, que, fincando-se na reconstituição da situação patrimonial do empregador, firmou a necessidade de pagamento à A. das "quantias que esta despendeu por força da compensação prevista no pacto".

[2913] Cfr. CHRISTOPH NEERACHER. *Das arbeitsvertragliche. Konkurrenzverbot* (2001), cit., 100.

[2914] Aliás, também no direito inglês a violação de uma obrigação de não concorrência por parte do trabalhador, para lá dos mecanismos interditivos que o instituto da injunção permite efectivar, constitui o trabalhador na obrigação de ressarcimento de todos os danos causados em razão do incumprimento. O critério seguido consiste em colocar o (ex)empregador na situação em que estaria caso o contrato fosse cumprido: no caso *SBJ Stephenson Ltd v Mandy (2000)*, IRLR 233, em que se tratou da violação de uma obrigação de não concorrência por parte de um trabalhador que se tinha comprometido a não divulgar ou a aproveitar informação confidencial e a náo exercer actividade concorrente, o empregador, além de ter visto a injunção procedente, foi posteriormente ressarcido, por via de acção principal, de todos as perdas relacionadas com o desvio de clientes e dos prejuízos futuros que essa situação que lhe trouxe. Cfr. DAVID I. BAINBRIDGE, *Intellectual Property* (7.ª ed.), Pearson, Essex, 2009, 351.

[2915] No Reino Unido, TARA BRILL-VENKATASAMY, «La clause de non-concurrence en droit du travail: comparaison des droits anglais et français» (1998), cit., 145, e, na Suíça, RÉMY WYLER, *Droit du travail* (2008), cit., 600.

ter feito uso de saberes que, de acordo com um ciclo de maturação profissional normal, sempre teria como adquiridos naquele momento.

Ora, se, nestas circunstâncias, tem sido sustentado que a causa negativa virtual afasta o incumprimento do pacto de não concorrência[2916] – prejudicando, *ipso jure,* qualquer tentame de ressarcimento do empregador –, não se entrevê, todavia, como se pode considerar cumprida a obrigação sempre que o trabalhador exerça uma determinada actividade que colide com a vedação concretamente imposta pelo pacto.

De duas uma: os conhecimentos obtidos pelo trabalhador em função da sua inserção na organização do empregador, por não substanciarem qualquer possibilidade de concorrência diferencial, tornam ilegítimo o interesse que o empregador atribui à celebração do pacto e, em consequência, o pacto deve estimar-se nulo, ao menos quanto à actividade cujo concreto exercício é inidóneo à provocação de prejuízos ao empregador (sem prejuízo, naturalmente, da redução).

Ou, fazendo o empregador prova de que o pacto se funda em interesses legítimos, o compromisso assumido pelo trabalhador de que não exercerá uma determinada actividade em razão dos conhecimentos concretamente adquiridos no decurso da relação laboral não pode deixar de se considerar violado caso este exerça essa actividade, gerando um dever secundário de prestação: o dever de indemnizar.

Entendemos, pois, que a relevância da causa hipotética ou virtual deve actuar limitadamente, de acordo com as coordenadas do sistema. Se "nos casos de causalidade hipotética trata-se sempre, como nos casos de causalidade cumulativa, de dois factos, cada um dos quais seria capaz de produzir o dano só por si"[2917], no nosso ordenamento, o princípio geral é o da irrelevância da causa hipotética ou virtual[2918], uma vez que o objectivo da responsabilidade civil consiste na reparação do dano e essa finalidade é melhor conseguida através da irrelevância negativa da causa virtual, pois que, de contrário, proliferariam os danos sem qualquer ressarcimento, ofendendo-se o princípio (constitucional) da propriedade privada[2919].

[2916] Ainda, GIUSEPPE PERA, *Compendio di Diritto del Lavoro* (2000), cit., 452 e RÉMY WYLER, *Droit du travail* (2008), cit., 600.

[2917] FRANCISCO PEREIRA COELHO, *O Problema da Causa Virtual na Responsabilidade Civil*, Almedina, Coimbra, 1998, 25 (nota 7).

[2918] Neste sentido: JOÃO ANTUNES VARELA, *Das Obrigações em Geral*. Vol. I (1994), cit., 938- 949 e ALMEIDA COSTA, *Direito das Obrigações* (1998), cit., 636-7. As excepções encontram-se nos arts. 491.º, 492.º (n.º 1), 493.º(n.º 1), 616.º (n.º 2), 807.º(n.º 2) e 1136.º (n.º 2) do CC.

[2919] Por exemplo, Ac. TC n.º 417/2002, de 10.10.2002 (HELENA BRITO), proc. n.º 633/01, DR n.º 291, de 17.12.2002, II Série, 20627 e ss.: "(o) pagamento da justa indemnização, para além de ser

Não perdendo de vista a excepcionalidade das normas atributivas de relevância à causa hipotética, se a actividade diferencial exercida pelo empregador faz presumir que, num cenário ficcionado, os elementos diferenciais utilizados são efectivos mas que sempre seriam adquiridos pelo trabalhador de acordo com parâmetros de evolução normal do seu ciclo profissional, não há razão para atribuir relevância operativa a este facto no que ao alcance da indemnização diz respeito.

O pacto é válido, porque o trabalhador se comprometeu a não utilizar um conjunto de elementos cuja singularidade se funda na sua inserção numa concreta estrutura produtiva, sendo essa a protecção que se visa assegurar.

Além de não se estar perante um caso em que a lei agrava a posição do obrigado a indemnizar, admitir o contrário, perante um cenário em que o trabalhador exerce actividade contrária ao pacto, utilizando, para tanto, elementos cuja concretude se deve ao antigo empregador, significaria despojar o pacto de utilidade – mormente nos casos em que o trabalhadores são altamente qualificados –, deixando o património económico dos empregadores à mercê da desprotecção quando os sujeitos a tal pretenderam atalhar com a celebração do acordo.

65. Nesta conjectura, e porque não tratamos de um contrato de trabalho *qua tale*, de acordo com o art. 798.º e ss. do CC, e atento o princípio fundamental do art. 562.º do CC, sabe-se que "quem estiver obrigado a reparar um dano deve reconstituir a situação que existiria se não se tivesse verificado o evento que obriga à indemnização", não havendo razão para encarar outra solução que não a da ressarcibilidade global dos prejuízos causados[2920].

O trabalhador, verificada uma transgressão ao pacto, sem embargo da *discount rate* cabível, terá de colocar o seu antigo empregador na situação em que este se encontraria se a obrigação tivesse sido escrupulosamente cumprida, o que, para lá ressarcimento dos danos patrimoniais e não patrimoniais causados, designará também uma indemnização pelo lucro cessante que o antigo empregador deixou de obter[2921], por exemplo, em razão da divulgação de informações

---

uma exigência constitucional da expropriação, é também a concretização do princípio do Estado de Direito Democrático, nos termos do qual se torna obrigatório indemnizar os actos lesivos de direitos ou causadores de danos".

[2920] Identicamente, FRANCESCO PAOLO ROSSI, *Nozioni di Diritto Europeo del Lavoro* (2000), cit., 235, RAMÍREZ MARTINEZ, *Curso de Derecho del Trabajo* (2001), cit., 383, PATRICK REMY, "La clause de non concurrence: Allemagne" (2007), cit., 681-2 e, face ao art. 1218 do *Codice Civile*, RICCARDO DEL PUNTA, *Diritto del lavoro* (2011), cit., 418.

[2921] Como refere FERNANDO PESSOA JORGE, *Ensaio Sobre os Pressupostos da Responsabilidade Civil* (1999) cit., 378, "o lucro cessante pressupõe que o lesado tinha, no momento da lesão, um direito

acobertadas pelo pacto ou em razão da perda de uma oportunidade de negócio, ainda que, como facilmente se entrevê, perante a impossibilidade de adopção dos rigores aritméticos que são próprios das ciências exactas[2922], a tarefa do intérprete-aplicador se confronte com naturais dificuldades estimativas[2923].

Em todo o caso, uma coisa é o incumprimento e outra é a obrigação de indemnização que recai sobre o sujeito que incumpre. Não tendo o empregador que provar a culpa do trabalhador na violação da obrigação de não concorrência – na medida em que há uma presunção legal de culpa, como consequência da inversão do ónus de prova (arts. 344.º e 799.º do CC) –, na situação estereotípica o incumprimento por parte do trabalhador não basta, por si só, para fundar o direito a indemnização, tornando-se indispensável a demonstração de que da actividade desenvolvida resultaram danos para o empregador, o que pressuporá o estabelecimento do necessário nexo de causalidade[2924].

---

ao ganho que se frustrou, ou melhor, a titularidade de uma situação jurídica que, mantendo-se, lhe daria direito a esse ganho".

[2922] Já o dizia, em arco mais amplo, no que respeita à quantificação dos danos morais, MANUEL GOMES DA SILVA, *O dever de prestar e o dever de indemnizar*, Vol. I (1944), 67.

[2923] ALBERTO RUSSO, *Problemi e prospettive nelle politiche di fidelizzazione del personale* (2004), cit., 191 e ss..

[2924] Assim: art. 563.º do CC. Nos EUA, segundo dá nota GEORGE A. RICHARDS, "Drafting and enforcing restrictive covenants not to compete" (1972), cit., 252-3, tem-se recorrido à condição financeira do empregador e do trabalhador, fazendo-se uma estimativa do valor da clientela e uma avaliação dos balanços do ex-empregador, métodos contudo *per se* insuficientes, uma vez que as variações registadas podem fundar-se num número interminável de causas hipotéticas. Aqui, importará ter presente que a participação de diversos concorrentes num mercado relevante implica que o aumento da clientela de um redunde em diminuição ou não expansão de outro. Esta situação conleva, por princípio, prejuízos para os demais concorrentes e, no que ora importa, para o antigo empregador. Todavia, é possível que uma situação de concorrência efectiva não produza qualquer prejuízo para o antigo empregador, circunstância que pode verificar-se em mercados com um poder de procura tão grande que a entrada de novos concorrentes em nada afecta a capacidade de ganho de quem já se encontra a operar no mercado, mormente a que se refere à clientela. Mas, no que a esta diz respeito, a indemnização cabível não se cingirá à perda de clientela efectiva, abrangendo também, assim se logre fazer prova, a frustração do desenvolvimento da mesma (por exemplo: desenvolvimento da clientela para um outro sector de mercado ou para outra parte do território). De acordo com a teoria da diferença, o *quantum* da indemnização a pagar pelo trabalhador deverá corresponder à diferença entre a situação real e a hipotética, justamente aquela em que o empregador se encontraria caso o pacto de não concorrência tivesse sido cumprido.

b) Cláusula penal

66. Por razões de reforço da segurança contratual, admite-se a estipulação de uma cláusula penal[2925], dispensando-se o recurso às normas estabelecidas para o cálculo da indemnização[2926].

As dúvidas conexas com a admissibilidade de cláusulas penais em Direito do trabalho não encontram geralmente cabimento no que às cláusulas de não concorrência diz respeito – explicitamente o refere PINTO MONTEIRO[2927] –, ante a precisão da obrigação gerada, face à indemnizabilidade integral dos danos que a situação implica e também em razão da inexistência de uma relação laboral ao tempo em que se verifica a situação que preenche a previsão da cláusula.

Trata-se, assim, de mecanismo que assume especial importância, face às dificuldades de prova relativa aos prejuízos causados com a actividade do trabalhador e à sua possível procrastinação no tempo[2928] e cuja impossibilitação, gerando inconvenientes no plano da segurança contratual e obnubilando a autonomia obrigacional do pacto, encontra dificuldades no plano da sua sustentação, até porque para o trabalhador, face à inaumentabilidade do montante inscrito na cláusula, a segurança deste instrumento permite-lhe saber de antemão as consequências associadas a uma situação de incumprimento, eximindo-se ao ressarcimento de danos não cobertos pela cláusula, ponderação que, por certo, concorreu para o juízo de atendibilidade feito pela jurisprudência constitucional quanto à validade de uma cláusula penal aposta a um pacto de não concorrência[2929].

Sendo igualmente possível que os sujeitos convencionem uma multa penitencial para a desvinculação do trabalhador – cujo montante não poderá, todavia, esvaziar a livre revogabilidade da limitação voluntária ao princípio da liberdade de trabalho, traço que, convocando o n.º 2 do art. 81.º do CC, torna a renúncia

---

[2925] Assim: JEAN PÉLISSIER/ALAIN SUPIOT/ANTOINE JEAMMAUD, *Droit du Travail* (2000), cit., 296-7, FERDINAND B. J. GRAPPERHAUS & LEONARD G. VERBURG, *Employment Law and Works Councils of the Netherlands* (2001), cit., 11, WILHELM MOLL, *Arbeitsrecht* (2005), cit., 721-2, RICCARDO DEL PUNTA, *Diritto del lavoro* (2011), cit., 418 e, entre nós, PEDRO ROMANO MARTINEZ, *Direito do Trabalho* (2010), cit., 688.

[2926] CARLO ZOLI, "Clausole di fidelizzazione e rapporti di lavoro" (2003), cit., 467 e ALEXANDRO BOSCATI, "Patto di non concorrenza. Art. 2125" (2010), cit., 173.

[2927] ANTÓNIO PINTO MONTEIRO, *Claúsula Penal e Indemnização* (1990), cit., 156. Igualmente: LUÍS MENEZES LEITÃO, *Direito do Trabalho* (2010), cit., 404.

[2928] Com referência directa às dificuldades probatórias referentes aos danos causados por uma violação do pacto, v. GIOVANNA VISINTINI, *Trattato della responsabilità contrattuale.Vol. II* (2009), cit., 933.

[2929] Uma vez mais: Ac. TC n.º 256/2004, de 14.04 (MÁRIO TORRES).

constitucionalmente admissível –, importa ter presente a dissemelhança entre as figuras: a multa penitencial atribui ao trabalhador um *ius poenitendi* e, ao contrário do incumprimento contratual associado à aplicação da cláusula penal, configura uma indemnização eventualmente prevista para o exercício do direito de resolução do contrato[2930], que permite a qualquer dos contraentes (aqui: trabalhador) uma desvinculação *ad nutum*, mediante certa contrapartida[2931].

Ora, se o *plus* introduzido pela multa penitencial relativamente ao direito de revogação que assiste ao trabalhador está, como é de bom dever, na fixação *ex ante* do montante associado à desobrigação, cedo se intelecciona que, face às afinidades funcionais entre a cláusula penal e os mencionados pactos desvinculatórios, é necessária a sua avaliação no quadro do sistema, em atenção aos instrumentos oferecidos ao intérprete-aplicador para essa apreciação: além da tutela do princípio da boa fé, que *relativiza* a liberdade contratual, e da necessidade de preservar o *direito* à liberdade de trabalho, o art. 812.º do CC contém, *in corpore*, um princípio de alcance geral, qualquer que seja a solução delineada pelos contraentes, enquanto princípio revelador "do sopro ético-jurídico que o legislador insuflou no Código Civil"[2932].

O julgador terá assim que usar da faculdade de redução do montante convencionado quando houver elementos que, segundo um critério de equidade e de justiça, apontem para um excesso da cláusula penal[2933] ou, neste caso, e com as adaptações devidas, também da multa penitencial[2934]. Impondo-se um

---

[2930] Utilizamos, aqui, as palavras de MÁRIO JÚLIO DE ALMEIDA COSTA para caracterizar esta estipulação contratual, que o Autor aparta, com clareza, da cláusula penal *proprio sensu*, trazendo, de resto, à colação o art. 3.º da Resolução 78(3) do Conselho da Europa, em que o *distinguo* também surge nítido. Cfr. MÁRIO JÚLIO DE ALMEIDA COSTA, *Direito das Obrigações* (1998), cit., 689 (nota 3) e, mais recuadamente, VAZ SERRA, "Penal convencional", BMJ 1957, n.º 67, 242. A autonomização entre as figuras encontra-se bastante vincada na doutrina transalpina; por exemplo: MASSIMO BIANCA, *Diritto Civile*. Tomo III (2000), cit., 743.

[2931] ANTÓNIO PINTO MONTEIRO, *Cláusula Penal e Indemnização* (1990), cit., 185.

[2932] As palavras são de ANTÓNIO PINTO MONTEIRO, *Cláusula Penal e Indemnização* (1990), cit., 20. Assim, também os arts. 227.º, 334.º, 437.º, 762.º do CC, que surgem, nas palavras do Autor, como uma manifestação dos postulados do direito contemporâneo. Por isso, afastando-se a qualificação do preceito como excepcional, a sua finalidade arrima-se em razões de ordem pública que obrigam a "zelar por um são exercício da liberdade contratual". Em sentido idêntico, cfr. Ac. STJ de 12.12.2002 (SOUSA INÊS), Revista n.º 1508/02 – 7.ª Secção, *Boletim STJ Secções Cíveis*, de 12.2002.

[2933] STEFANO SPINELLI, *Lavoro. Vol. 1* (2009), cit., 508 e JEAN-MAURICE VERDIER/ALAIN COEURET/MARIE-ARMELLE SOURIAC, *Droit du Travail* (2002), cit., 550.

[2934] A hipótese no caso de uma multa penitencial que confira ao empregador o direito à desvinculação do pacto ganha foros de alguma complexidade, uma vez que, não sendo permitida a sua desvinculação *ad nutum* do acordo, impõe-se obstar a que a adequação da compensação devida ao

uso prudente das regras da experiência, atender-se-á, para tanto, *(i)* aos danos previsíveis ao tempo da conclusão do contrato, *(ii)* ao efectivo prejuízo sofrido pela entidade empregadora *(iii)* ao motivo do inadimplemento, *(iv)* à boa fé do trabalhador[2935] e *(vi)* aos factores que pontuaram a execução do pacto de não concorrência, contexto em que o tempo de execução do pacto, até por força de o potencial danoso ser acrescido no período imediatamente seguinte à cessação do contrato de trabalho, se impõe como objecto de valoração criteriosa[2936].

A atribuição ao trabalhador de um direito de revogação do pacto, o facto de se tratar da violação de uma renúncia à limitação da liberdade de trabalho perpetrada pelo sujeito renunciante e a necessidade de adaptação dos instrumentos civilísticos às coordenadas sistémicas da situação laboral impõem a redução do montante previsto numa cláusula penal que se revele excessivo e não "apenas" manifestamente excessivo, como em geral, e em utilização do elemento literal do n.º 1 do art. 812.º do CC, se sustenta[2937].

c) Responsabilidade de terceiros e validade do novo contrato de trabalho

67. Se a necessidade de reparação dos danos causados com a violação da obrigação de não concorrência é insofismável[2938], surge, todavia, conexamente, uma constelação de questões, cuja resposta se buscará, em primeira linha, no Direito

---

trabalhador em razão do pacto seja frustrada, devendo também ponderar-se os efeitos dissuasores que a celebração do pacto já produziu quanto ao exercício da denúncia do contrato de trabalho por parte do trabalhador.

[2935] Sortindo-se de uma conduta entendida como atentatória da boa fé para afastar a redução equitativa defluente do art. 812.º do CC, v. Ac. STJ de 19.05.1994 (Carvalho Pinheiro), ADSTA 1994, Ano XXXVI, n.º 432, 1514.

[2936] Por forma a obviar às franjas de incerteza implicadas pela ponderação do tempo em que o trabalhador cumpriu o pacto – e cuja relevância, pelo que dissemos, não pode ser objecto de valoração matemática –, a cláusula penal, assim os sujeitos o estipulem, pode conter um mecanismo de redução em função do decurso do período de abstenção a cargo do trabalhador.

[2937] Entre vários, v. João Calvão da Silva, *Cumprimento e Sanção Pecuniária Compulsória* (1987), cit., 273, sustentando que "a decisiva condição legal da intervenção do tribunal é, por conseguinte, a presença, ao tempo da sentença, de uma cláusula manifestamente excessiva, – não basta uma cláusula excessiva, cuja pena seja superior ao dano –, de uma cláusula cujo montante desmesurado e desproporcional ao dano seja de excesso manifesto e evidente, numa palavra de excesso extraordinário, enorme, que salte aos olhos. Tem de ser, portanto, uma desproporção evidente, patente, substancial e extraordinária, entre o dano causado e a pena estipulada, mas já não a ausência de dano em si". Diversamente, João Antunes Varela, *Das Obrigações em Geral*. Vol. II (1999), cit., 147, entende que "(s)eja qual for o valor da cláusula penal, o devedor tem sempre o poder de impugnar a sua aplicação, com o fundamento de que ela excede o montante efectivo".

[2938] Ainda Mário Pinto/Pedro Furtado Martins/António Nunes de Carvalho, *Comentário às Leis do Trabalho* (1994), cit., 170.

das obrigações – ramo do Direito que contem a regulação substancial do tráfego negocial do domínio privado e económico dirigido à satisfação de necessidades[2939] –, sem prejuízo, naturalmente, das correcções que o Direito do trabalho, em função da sua axiologia própria, pode ditar, *in casu*, em razão da envolvência directa do princípio da liberdade de trabalho.

Considerando que o pacto de não concorrência que analisamos é, em qualquer dos casos, um *acordo* que atina com a liberdade de trabalho e que, por essa razão, aparece regulado no CT, pensamos, designadamente, na resposta normativa a tributar à situação em que o trabalhador, vinculado a um pacto de não concorrência, celebra um contrato de trabalho com uma empresa que concorre directamente com a empresa para a qual ele laborou.

Nesta hipótese, que delineia o cenário típico de incumprimento da obrigação de não concorrência, parece-nos que o vínculo laboral firmado não é afectável, mesmo que estejamos perante uma situação reconduzível ao âmbito da concorrência desleal[2940], a qual, pelos interesses de que é portadora, pode conhecer aplicação (supra)[2941], de forma cumulativa, enquanto regime destinado à protecção geral do património e à lisura da actividade comercial.

Contudo, e uma vez que o antigo empregador deve ser ressarcido por todos os danos causados, neste caso, assim o novel empregador haja actuado como *terceiro cúmplice*, pode haver fundamento para que seja responsabilizado, admitindo-se mesmo no ordenamento francês a aplicação de uma sanção compulsória (*astreinte*) dirigida ao trabalhador que, havendo violado a obrigação de não concorrência, continua a laborar em favor de outro empregador[2942], num qua-

---

[2939] Assim, seguindo BROX, cfr. JORGE RIBEIRO DE FARIA, *Direito das Obrigações*, vol. I (1990), cit., 7.
[2940] Neste sentido, PEDRO ROMANO MARTINEZ, *Direito do Trabalho* (2010), cit., 690. Em direcção tendencialmente diversa, veja-se MÁRIO PINTO/PEDRO FURTADO MARTINS/ANTÓNIO NUNES DE CARVALHO, *Comentário às Leis do Trabalho* (1994), cit., 172, afirmando-se que "não se exclui inclusivamente que possa ser atacada a validade do segundo contrato de trabalho, designadamente com base no art. 494.º do Código Civil e atendendo à violação, por parte do novo empregador, do princípio geral da boa fé". Sobre o assunto, integrando-o no "desvio de dependentes", veja-se igualmente JOSÉ DE OLIVEIRA ASCENSÃO, *Concorrência Desleal* (2002), cit., 507 e ss..
[2941] YVES PICOD, "Concurrence déloyale et concurrence anticontractuelle" (2001), cit., 12. Com posição que cremos diversa, JÚLIO VIEIRA GOMES, "As Cláusulas de Não Concorrência no Direito do Trabalho" (1998), cit., 967.
[2942] JEAN PÉLISSIER/ALAIN SUPIOT/ANTOINE JEAMMAUD, *Droit du Travail* (2000), cit., 296 e YVES PICOD, "Concurrence déloyale et concurrence anticontractuelle" (2001), cit., 25. Ainda em França, entendendo-se que, em caso de nulidade de uma cláusula de não concorrência, o trabalhador é plenamente livre para o exercício de qualquer actividade profissional, tem-se salientado que a nulidade da cláusula não é obstáculo à intentação de uma acção que se baseie em concorrência desleal, admitindo-se que o novo empregador possa ser responsabilizado, a par da responsabilização do

dro doutrinário em que a eficácia externa do contrato se encontra amplamente sedimentada[2943] e em que a sanção surge como extensível ao novo empregador.

68. A questão imposta-se, como é de bom de ver, no vasto âmbito da eficácia externa das obrigações[2944].

Inserindo-se a contratação do trabalhador por empregador terceiro no grupo de situações de "ataque directo ao próprio crédito" do antigo empregador, haverá que considerar a posição de parte da doutrina que aponta como exemplo típico deste núcleo de situações a indução do trabalhador à quebra ilícita do seu contrato de trabalho (*animus turbandi*), ainda que, em todo o caso, existam Autores que, à luz do *inter stipulantem et promittentem negotium contrahitur*, tendam a negar a eficácia externa das obrigações, abrindo, todavia, caminho à responsabilização extracontratual do terceiro sempre que a sua conduta seja integrada no abuso de direito[2945].

Na primeira construção, trata-se de considerar que o direito do empregador à não concorrência do trabalhador que emerge da celebração do pacto tem que ser respeitado por terceiros, associando-se a sua violação à constituição de uma obrigação de indemnizar, que ocorre com a verificação dos pressupostos da responsabilidade civil extracontratual por factos ilícitos (art. 483.º do CC), nos quais se incluirá a violação de um direito de crédito e não apenas a de um direito absoluto, uma vez que qualquer credor tem um direito subjectivo à prestação do devedor, que, materializando-se na possibilidade de obtenção coerciva da prestação devida (arts. 817.º e ss. do CC), traz consigo um dever geral de respeito do crédito.

Assumindo-se esta premissa, e verificando-se a existência do elemento interno (a frustração de um direito do devedor) e do elemento externo (o dever

---

trabalhador. Neste sentido, Cass. Soc. 24.05.2005, n.º 1139 FD e Paul-Henri Antonmattei, *Les clauses du contrat du travail*, (2010), cit., 83.

[2943] François Terré/Philippe Simler/Yves Lequette, *Droit Civil. Obligations* (1999), cit., 480 e ss. e Jacques Ghestin/Cristophe Jamin/Marc Billiau, *Traité de Droit Civil. Les effets du contrat* (2001), cit., 766 e ss..

[2944] Sobre a vasta questão da eficácia externa das obrigações com incidência laboral, embora num *circuito* mais específico, João Leal Amado, *Vinculação Versus Liberdade* (2002), cit., 348 e ss..

[2945] Por exemplo: Ferrer Correia & Vasco Lobo Xavier, "Efeito externo das obrigações; abuso do direito; concorrência desleal" (1979), cit., 6-7, que, além da aplicação do abuso de direito, propugnaram, ante a interferência lesiva de um terceiro sobre um direito de crédito, o cabimento da cláusula geral de proibição de concorrência desleal, vertido no (então) art. 212.º do Código da Propriedade Industrial. Também: João Antunes Varela, *Das Obrigações em Geral*, Vol. I (1994), cit., 177-8, 186-7.

geral de respeito pelo direito do credor[2946]), à responsabilidade contratual do trabalhador acrescerá a responsabilidade extra-contratual do empregador que o contratou em violação do pacto[2947].

Na segunda construção, que assume a relatividade como característica dos direitos de crédito[2948] (por contraste com a oponibilidade *erga omnes* dos direitos reais), a responsabilidade extra-contratual do novo empregador operará sempre que a contratação de um trabalhador vinculado a um pacto de não concorrência se integre no art. 334.º do CC, considerando, para o efeito, o abuso de um poder jurídico e não apenas o abuso de um direito *stricto sensu*[2949].

Sem aprofundamentos que extravasam o objecto deste trabalho, e havendo ainda uma outra via possível para operar a responsabilização de um terceiro que conhecendo a vinculação do trabalhador a um pacto de não concorrência procede à sua contratação: a violação de uma norma de protecção[2950], estamos em

---

[2946] Cfr. EDUARDO SANTOS JÚNIOR, *Da responsabilidade civil do terceiro por lesão do direito de crédito* (2003), cit., 437 e ss..

[2947] ALEXANDRE PESSOA VAZ, *Do Efeito Externo das Obrigações (Algumas Perspectivas da Mais Recente Doutrina Portuguesa e Alemã)*, ed. Policopiada, Coimbra, 1977, 68, ANTÓNIO MENEZES CORDEIRO, *Direito das Obrigações I* (1994), cit., 251284, INOCÊNCIO GALVÃO TELLES, *Direito das Obrigações* (1997), cit., 20, RITA AMARAL CABRAL, "A tutela delitual do direito de crédito" (2001), cit., 1026 e ss. e EDUARDO SANTOS JÚNIOR, *Da responsabilidade civil do terceiro por lesão do direito de crédito* (2003), cit., 437 e ss..

[2948] Não aceitando o dever geral de respeito pelos direitos de crédito, mas recorrendo, em casos-limite, ao instituto do abuso do direito, entre nós, *vide* FERRER CORREIA, "Da responsabilidade do terceiro que coopera com o devedor na violação de um pacto de preferência", *Estudos de direito civil, comercial e criminal: estudos jurídicos*, Almedina, Coimbra, 1985, 33-51, JORGE SINDE MONTEIRO, *Responsabilidade por conselhos, recomendações ou informações* (1989), cit., 185 e ss., M.ª DE FÁTIMA ABRANTES DUARTE, *O Pacto de Preferência e a Problemática da Eficácia Externa das Obrigações*, AAFDL, Lisboa, 1989, 72 e ss., JORGE RIBEIRO DE FARIA, *Direito das Obrigações, Vol. I* (1990), cit., 46, JOÃO ANTUNES VARELA, *Das Obrigações em Geral*, Vol. I (1994), cit. 183 e MÁRIO JULIO DE ALMEIDA COSTA, *Direito das Obrigações* (1998), cit., 73-4. Na Alemanha, como se salienta em CHRISTIAN VON BAR/JOHN BLACKIE/ERIC CLIVE, *Principles of European Law. Study Group on a European Civil Code, Non-Contractual Liability Arising out of Damage Caused to Another*, GmbH, Munique, 2009, 550-3, exclui-se, face ao § 823 do BGB, a responsabilidade do terceiro interferente, embora em situações contadas, como as que atinam com o abuso de direito e a concorrência desleal, parte da doutrina abrace a teoria da eficácia externa. Com análise comparatística detida: EDUARDO SANTOS JÚNIOR, *Da responsabilidade civil do terceiro por lesão do direito de crédito* (2003), cit., 269 e ss..

[2949] JORGE RIBEIRO DE FARIA, *Direito das Obrigações, Vol. I* (1990), cit., 46.

[2950] Sobre esta forma de ilicitude: JORGE SINDE MONTEIRO, *Responsabilidade por conselhos, recomendações ou informações* (1989), cit., 237 e ss.. Implicando-se a violação do art. 317.º do CPI, o empregador, na medida em que contrata um trabalhador que em razão da celebração de um pacto específico se encontra impedido de fazer uso de determinados conhecimentos, vai aproveitar esses conhecimentos com base na violação de um pacto e de uma disposição que se destina a proteger a lealdade da

crer que, face ao n.º 2 do art. 406.º, ao art. 421.º, ao n.º 3 do art. 495.º e ao art. 1306.º do CC, a relatividade dos direitos de crédito é a solução que melhor quadra com o direito constituído, com a intenção do legislador[2951] e com o princípio geral da livre concorrência económica, mau grado a monta dos argumentos subjacentes às posições sinalizadas à doutrina da eficácia externa e o acompanhamento dos ventos favoráveis do Direito comparado[2952].

Não se estando, em todo o caso, perante um sector específico de actividade cuja peculiar lógica empresarial possa constituir fundamento para, enquanto técnica de organização do mercado de trabalho, se defender a responsabilidade do terceiro cúmplice – particularmente pugnada no âmbito desportivo[2953] –, a solução a que se aporta, por via da utilização do instituto do abuso de direito, não implicará consequências muito diferentes daquelas a que conduz a oponibilidade do pacto de não concorrência a terceiros[2954], já que "as potencialidades abertas pela figura para repor a justiça no relacionamento intersubjectivo são enormes"[2955].

Entendendo-se, aliás, e por isso, como admissível que um empregador possa questionar um candidato ao emprego sobre a existência de uma obrigação de não concorrência[2956] – contexto em que a omissão ou a prestação de informações erradas pode configurar um facto relevante, substanciando uma invalidade negocial resultante de vício na formação da vontade do empregador –, a responsabilização de um empregador que contrata um trabalhador vinculado a um pacto de não concorrência operará sempre que este actue em abuso de posição jurídica, já que o abuso de direito convive com uma aplicação lata que, contendo

---

concorrência, constituindo-se como auxiliar de um acto ilícito (art. 490.º do CC), respondendo, nessa exacta medida, em solidariedade com o trabalhador que transgride a obrigação de não concorrência (n.º 1 do art. 497.º do CC), assim se verifiquem, quanto a ele, os outros pressupostos de responsabilidade.

[2951] JORGE RIBEIRO DE FARIA, *Direito das Obrigações*, Vol. I (1990), cit., 45.

[2952] Em sentido parecido: LUÍS MENEZES LEITÃO, *Direito das Obrigações*. Vol. I. (2005), cit., 93-5.

[2953] Esta é a posição de JOÃO LEAL AMADO, *Vinculação Versus Liberdade* (2002), cit., 349-353, que, face aos interesses em presença no mercado de trabalho desportivo, sustenta a doutrina do terceiro cúmplice.

[2954] Admitindo esta possibilidade, cfr. PEDRO ROMANO MARTINEZ, *Direito do Trabalho* (2010), cit., 690.

[2955] Ainda JORGE RIBEIRO DE FARIA, *Direito das Obrigações*, Vol. I (1990), cit., 431.

[2956] Consideramos, de resto, que o trabalhador, à luz do n.º 2 do art. 106.º, deve informar o empregador da existência de um pacto de não concorrência, face à relevância do acordo quanto ao desenvolvimento da sua actividade profissional, embora o conhecimento superveniente dessa circunstância por banda do empregador, face ao objecto do contrato de trabalho, possa não ser fundamento para a invalidação do contrato.

"uma remissão para princípios de valoração imanentes à ordem jurídica"[2957], abrange a causação de um lesão negligentemente provocada aos interesses económicos[2958], necessariamente densos, que estão subjacentes ao art. 136.º.

Embora sem generalizações abstractizantes, a contemplação da negligência, que não apenas do dolo (nas suas três modalidades), pode encontrar justificação nalgumas situações. Conquanto só perante o concreto se possa dar sustento à responsabilização do terceiro contratante, pensemos em duas empresas (A e B), que actuam num mercado oligopolizado: se a empresa B contratar o trabalhador C no ano subsequente à cessação do contrato de trabalho com a empresa A, a dimensão do mercado, a par do enraizamento de cláusulas de não concorrência nesse sector de actividade, implicará necessariamente um juízo de censurabilidade acerca da conduta da empresa B se esta não soube nem quis saber se o trabalhador se encontra vinculado por um pacto de não concorrência.

A censurabilidade sobre o comportamento de alguém que se aproveita dos conhecimentos adquiridos por outrem, e cuja salvaguarda se intenta fazer através de um pacto especificamente dirigido a esse efeito, é manifesta, impondo-se reconhecer ao empregador cujos interesses económicos são preteridos a possibilidade de demandar o empregador desviante, numa composição de interesses estritamente patrimoniais, que, não atinando com a responsabilidade do trabalhador, não envolve directamente o princípio da liberdade de trabalho e que, antes as circunstâncias especiais subjacentes à prática do acto, tem, no seu cerne, uma conduta empresarial notoriamente desvaliosa.

69. Seguindo-se este enquadramento, *prima facie*, parece correcto considerar que o antigo empregador, como qualquer credor, tem a possibilidade de exigir judicialmente o seu cumprimento e de executar o património do trabalhador ou do empregador desviante[2959], assim este seja caracterizado como terceiro cúmplice. Cingindo-nos, por ora, à execução por equivalente ou sucedâneo, a

---

[2957] Assim Jorge Sinde Monteiro, *Responsabilidade por conselhos, recomendações ou informações* (1989), cit., 550, correlacionando o art. 334.º do CC com os bons costumes e a moral social, mau grado a sua distinção conceptual, e Joaquim de Sousa Ribeiro, *O Problema do Contrato. As Cláusulas Contratuais Gerais e o Princípio da Liberdade Contratual* (1999), cit., 512 (especialmente nota 652).

[2958] Nesta linha, António Monteiro Fernandes, *Direito do Trabalho* (1999), cit., 591, em relação à pregressa al. b) do n.º 2 do art. 36.º da LCT, já afirmava que "o «prejuízo» de que aqui se trata refere-se aos *objectivos económicos do ex-empregador*, à sua clientela e ao seu volume de negócios" (itálico nosso), salientando, ademais, que deve ser esse o "critério a utilizar na apreciação do caso concreto".

[2959] Art. 817.º do CC.

execução específica é de afastar[2960]. Não estamos perante um caso de entrega de coisa determinada, de não realização de determinada obra, de obrigação de não contratar, nem *tampouco* de prestação de facto positivo fungível.

Em França, do que se viu, os *astreintes* – figura homóloga da sanção pecuniária compulsória – são utilizados com vista à cessação do contrato de trabalho que o trabalhador haja celebrado (e não apenas dirigidos a obstar à continuação da actividade concretamente exercida pelo trabalhador[2961]), em violação de uma obrigação de não concorrência, com outro empregador[2962]; os mecanismos compulsórios são dirigidos tanto ao trabalhador quanto ao novo empregador[2963].

Mas esta construção, de raiz predominantemente jurisprudencial, aparece trabalhada à luz do art. L. 1237.3 do *Code du Travail*[2964], que, nas situações em que o trabalhador haja rompido *abusivamente* o pregresso contrato, determina a responsabilidade solidária do *novo* empregador quando *(i)* o novo empregador tenha intervindo na ruptura contratual, *(ii)* tenha procedido à contratação do trabalhador sabendo que este tinha um contrato de trabalho ou *(iii)* o empregador continue a ocupar o trabalhador, sabendo que este se encontra ligado a outro empregador, num contexto em que também o art. L. 122-15 do *Code du Travail*

[2960] Art. 827.º e ss. do CC.

[2961] Expressamente: CATHERINE PUIGELIER, *Droit du Travail* (2000), cit., 78.

[2962] JEAN PÉLISSIER/ALAIN SUPIOT/ANTOINE JEAMMAUD, *Droit du Travail* (2000), cit., 296. Já a simples contratação de um trabalhador que prestava serviços a uma empresa concorrente não constitui por si base suficiente para qualificar um acto como um acto de concorrência desleal, embora possa ser considerada uma violação do dever de não concorrência que baliza a execução do contrato de trabalho (Cass. Com. 19.10.1999, n.º 97-15795). Ainda: CHRISTOPHE RADÉ, *Droit du Travail* (2002), cit., 36.

[2963] Veja-se CHRISTIAN VON BAR/JOHN BLACKIE/ERIC CLIVE, *Principles of European Law. Study Group on a European Civil Code, Non-Contractual Liability Arising out of Damage Caused to Another* (2009), cit., 550. Se um trabalhador rompeu o contrato de trabalho com o seu empregador para aceitar o exercício de funções idênticas numa empresa directamente concorrente, o novo empregador é solidariamente responsável pelos danos causados ao empregador pregresso, sendo que, face à diferença dos círculos de interesses tutelados, a acção pode fundamentar-se em concorrência desleal, contexto em que a sua intentação deve ter lugar nos tribunais de comércio (nestes termos: Cass. Com. 24.03.1998, n.º 96-15694). Na verificação de uma situação de concorrência desleal, tem-se recorrido a um conjunto de indícios, como, por exemplo, a denúncia maciça de trabalhadores que gera uma desorganização de vulto na empresa (Cass. Com. 24.10.2000, n.ºs 97-12330 e 98-17657; Cass. Com. 18.12.2001, n.º 99-17553).

[2964] Na senda também do art. 1382 do *Code Civil*, que consagra a regra de que o terceiro que culposamente inviabiliza a execução do contrato ou é cúmplice na ofensa do direito de crédito se torna responsável pelos prejuízos causados. Cfr. YVES CHAGNY, "Débauchage de salarié, nullité de la clause de non-concurrence: une prise de possession du droit du travail par le droit commercial" (2008), cit., 453-5.

já impunha aos empregadores o respeito pelos contratos de trabalho existentes com outros empregadores, albergando a proibição de "débauchage"[2965].

Com os tribunais franceses a compelirem os sujeitos à cessação do contrato de trabalho sempre que o trabalhador tenha sido induzido à sua desvinculação[2966] ou tenha incumprido uma obrigação de não concorrência[2967], entre nós, na falta de cobertura legal expressa, não se deverá transpor, sem mais, a extensão e as consequências desfibradas pela jurisprudência gaulesa para a celebração de um contrato de trabalho que contenda com a obrigação de não concorrência, quadro que, ao cabo e ao resto, tem suscitado matizações decisórias de vulto[2968], ainda que, depois da decisão *American Cyanamid Co/Ethicon Ltd* [1975], também no sistema anglo-saxónico se faça aplicar uma injunção interlocutória (*interlocutory injunction*) com vista à cessação do contrato de trabalho superstitemente celebrado[2969].

Mesmo com o *quid pluris*, condicionante, de uma ponderação equilibrada dos interesses em conflito (*balance of convenience*)[2970], a discricionariedade que se reconhece ao instituto da injunção tem aportado genericamente os tribunais britânicos a ordenar a imediata cessação do vínculo ulterior (com a correlativa efectivação do vínculo laboral que foi transgredido)[2971] e, no que à clientela diz respeito, a proibir o trabalhador que incumpre a obrigação de não concorrência

---

[2965] FRANÇOIS GAUDU, *Droit du Travail* (2007), cit., 63. Exigindo-se, para lá de uma falta delitual do novo empregador, uma falta contratual do trabalhador (elementos constitutivos: ruptura abusiva do contrato e celebração de um novo contrato); conforme dá nota YVES CHAGNY, "Débauchage de salarié, nullité de la clause de non-concurrence: une prise de possession du droit du travail par le droit commercial" (2008), cit., 454, a jurisprudência gaulesa tem, para tanto, considerado insuficiente a simples demissão com vista ao exercício de uma actividade concorrente ou a mera inobservância do prazo de aviso prévio estabelecido para a denúncia do contrato de trabalho.

[2966] Cass. Civ. 17.10.200, Bull. Civ. 2000, I, n.º 246, 161.

[2967] Cass. Com. 05.02.1991, Bull. Civ. 1991, IV, n.º 51, 34.

[2968] Assim, por exemplo, considerando que a desvinculação abusiva do trabalhador que integra a *factis species* do art. L. 1237.3 do *Code du Travail* não se verifica se existir uma cláusula de não concorrência ilícita, mesmo que os interesses do empregador possam reclamar protecção, v. Cass. Soc. 27.02.1996, RJS 1996, n.º 406, 242.

[2969] Cfr. EDWIN PEEL, *The Law of Contract* (1999), cit., 968-974 e JAMES HOLLAND & STUART BURNETT, *Employment Law* (2008), cit., 218 e 253.

[2970] Ainda o *Hivac Ltd v Park Royal Scientific Instruments Ltd* [1946] e o *Adamson v Cleaning Services* [1995] *in* SIMON DEAKIN & GILLIAN MORRIS, *Labour Law* (2003), cit., 337 e, com menção parcial, também KONRAD ZWEIGERT/HEIN KOETZ/TONY WEIR, *Introduction to Comparative Law* (1998), cit., 386.

[2971] Ainda: NORMAN SELWYN, *Law of Employment* (2008), cit., 496.

e a empresa ao serviço da qual este se encontra de celebrarem qualquer negócio com os clientes do antigo empregador[2972].

Quanto ao empregador desviante, é também pacífico que este é responsável pelos danos causados ao anterior empregador[2973] em razão do desvio de um trabalhador que tinha um contrato de trabalho em curso[2974] ou pela violação de uma cláusula de não concorrência perpetrada pelo trabalhador, podendo ser parte passiva numa injunção[2975].

Sem prejuízo da responsabilidade pendente sobre o novo empregador, significa isto que à luz do sistema português nos parece afastada a possibilidade de aplicação de uma sanção pecuniária compulsória dirigida ao trabalhador com vista à abstenção da sua laboração em regime de subordinação jurídica, ao revés do que admite, *in genere,* no âmbito da concorrência desleal[2976], onde essa condenação tanto pode ter lugar nos casos de não cumprimento da obrigação de cessação da conduta ofensiva do regime de concorrência desleal como nas situações em que há lugar a uma acção de inibição.

É certo que, na falta de previsão legal expressa e após um balanceamento dos interesses em causa, a jurisprudência transalpina já o admitiu cautelarmente[2977], determinando inclusivamente a cessação imediata do contrato de trabalho supérstite[2978]. É igualmente seguro que esta é a solução preconizada na Suíça,

---

[2972] Foi assim no caso *John Michael Design plc v Cooke* [1987], ICR 445. Cfr. Alexandra Kamerling/Christopher Osman/Simon Mehigan, *Restrictive covenants under common and competition law* (2004), cit., 142.

[2973] *British Industrial Plastics Ltd v Ferguson* [1938], 4 All ER 504. Cfr. John Bowers & Simon Honeyball, *Textbook on Labour Law* (1998), cit., 396.

[2974] *Bents Brewery Co Ltd v Hogan* [1945] 2 ALL ER 570. Veja-se Stephen Hardy, *Labour Law in Great Britain* (2011), cit., 120 e Richard Austen-Baker, *Implied Terms in English Contract Law* (2011), cit., 33.

[2975] *Hivac v Park Royal Scientific Instruments Ltd* [1946], 1 ALL ER 350. Cfr. Andrew C. Bell, *Employment Law* (2006), cit., 176 e James Holland & Stuart Burnett, *Employment Law* (2008), cit., 169.

[2976] Paula Costa e Silva, "Meios de reacção civil à concorrência desleal" (1997), cit., 107-11.

[2977] Assim, tirada ao abrigo do art. 700 da lei processual civil, a sentença do tribunal de Milão de 24.02.99, "Un caso di violazione di patto non concorrenza nel settore della fornitura di lavoro temporâneo", RIDL 1999, ano 18, n.º 4, Parte II, 760-765, com anotação de Francesca Romanelli e também com indicação de Enrico Barraco, "Il diritto del lavoro a tutela delle imprese: le clausole di fidelizzazione" (2006), cit., 316-7. Mais recentemente, também o tribunal de Lodi 20.07.2009, RCDDL 2009, 706, considerando que o art. 1453 do CC não distingue entre obrigações positivas e obrigações negativas, e elevando a tutela preventiva a princípio fundamental, decretou a cessação imediata da actividade desenvolvida por um trabalhador que laborava para um concorrente.

[2978] Tribunal de Bolonha 29.01.2002, LG 2003, 1153, que singularmente ordena a cessação da actividade laboral até ao termo do pacto de não concorrência. Todavia, existem decisões cujos efeitos

diante do que prevê o art. 340b, § 3, da Lei federal que complementa o Código Civil suíço[2979], e que o campo privilegiado de aplicação da figura se encontra associado às prestações de facto negativo duradouras.

O facto de se rejeitar uma sanção pecuniária compulsória com vista à cessação da actividade laboral desenvolvida pelo trabalhador no âmbito de um segundo contrato de trabalho não implicará, contudo, que o antigo empregador fique desprotegido perante uma violação ou uma ameaça de violação do pacto por parte do trabalhador e que não seja de admitir uma providência cautelar de inibição de prática das actividades concretas que violam um pacto de não concorrência, como sucede com a participação num projecto específico, com contactos efectuados com fornecedores, com anúncios comerciais destinados à angariação de clientes ou com a organização de uma base de dados com a informação obtida no âmbito do contrato de trabalho pregresso, em aproximação ao que expressamente prevê o art. 339.º do CPI[2980] ou ao que o § 8 UWG (=14 UWG/1909) estabelece, preceito que, em conjugação com o 12/II UWG, dispensa expressamente a necessidade de alegação e demonstração dos requisitos dos §§ 935 e 940 ZPO (mormente a urgência por perigo de dano)[2981].

Uma vez que actualmente prevalece o entendimento de que todo e qualquer direito subjectivo constitucionalmente previsto, ainda que de conteúdo patrimonial (*maxime* direitos de crédito) é passível de sofrer um prejuízo irreparável – e tal sucederá, entre outras situações, quando haja uma grande separação temporal entre o momento do dano e o momento do ressarcimento na acção principal, quando haja uma impossibilidade absoluta de o autor do dano poder no futuro ressarci-lo e, em geral, sempre que a acção ordinária não seja a mais

---

inibitórios se confinam à actividade concretamente prejudicial: Tribunal de Milão 22.10.2003 *in* Stefano Spinelli, *Lavoro. Vol. 1* (2009), cit., 518.

[2979] Nestes termos: Rémy Wyler, *Droit du travail* (2008), cit., 455 e Christoph Neeracher. *Das arbeitsvertragliche. Konkurrenzverbot* (2001), cit., 121-6.

[2980] O preceito remete para as providências cautelares não especificadas dos arts. 362.º e ss. do CPC "sempre que se verifique qualquer dos ilicitos previstos no CPI e sempre que a finalidade não seja, exclusivamente, a apreensão prevista" no art. 340.º do CPI. Também o n.º 2 do art. 21.º da Lei da Concorrência prevê a cessação, a suspensão ou a interdição de fornecimentos de bens ou prestações de serviços "independentemente de prova de uma perda ou um prejuízo real, pelo seu objecto, forma ou fim, acarretem ou possam acarretar riscos para a saúde, a seguranca e os interesses económicos dos consumidores".

[2981] Sobre esta condenacão provisória nas inibições de concorrência, veja-se Rogier W. De Vrey, *Towards a European unfair competition law: a clash between legal families*, Martinus Nijhoff Publishers, Leiden, 2006, 160-2.

adequada[2982] –, a inibição destas actividades é prosseguível através de uma providência antecipatória ou conservatória[2983], como aliás já sucedeu em relação a uma actividade comercial violadora de uma cláusula de não concorrência[2984]. O seu efeito é igualmente obtenível através de uma acção inibitória ou de uma acção de simples apreciação[2985].

Contudo, o efeito pretendido não pode consistir na proibição de o trabalhador exercer a sua actividade laboral ou na definição de uma proibição implicante de uma impossibilidade prática de desenvolvimento da actividade (= caducidade), afectando-se, com isso, o contrato de trabalho e volvendo o trabalhador numa situação de desemprego, uma vez que a natureza marcadamente pessoal do *vinculum laboris* – que funda, ademais, uma relação de execução continuada (*quotidie et singulis momentis debetur*)[2986], face à influência do tempo no conteúdo e nas obrigações dos sujeitos – acaba, em razão da ligação umbilical que une o pacto de não concorrência ao contrato de trabalho, por infungibilizar, *in extenso*, a obrigação de não concorrência.

Num Estado de Direito Democrático, porque o trabalho não é mais (nem poderá ser) perspectivado como uma servidão, a dignidade do trabalhador, a par da pessoalidade da prestação, precludem a execução coerciva da prestação laboral *ex persona* (obrigação *de facere*), quadro transponível, *grosso modo*, para a obrigação de não trabalhar (*non facere*)[2987].

Na premissa de que a prestação do trabalho se caracteriza pelo facto de ser inseparável da pessoa do trabalhador, cabe, pois, dissecar a aplicação de uma

---

[2982] Veja-se RUI CARLOS GONCALVES PINTO, *A questão de mérito na tutela cautelar* (edição policopiada), FDUL, Lisboa, 2007, 188-9.

[2983] Tratamos de *tipos* das providências cautelares, que se traduzem nas medidas que podem, em concreto, ser requeridas ao tribunal, no âmbito de um procedimento cautelar, mesmo que consideremos que a classificação das providências cautelares entre conservatórias e antecipatórias é relativa, já que, por vezes, se verifica uma sobreposição entre as funções conservatória e antecipatória.

[2984] Em caso de inibição relativa à actividade de importação, venda e colocação em circulação de um produto comercial, v. Ac. STJ de 25.02.1975 (ARALA CHAVES), BMJ 1975, n.º 251, 102, considerando-se, contudo, e em concreto, suficiente uma caução.

[2985] Veja-se CLAUDIO CECCHELLA, «L'ordine "di non lavorare ex art. 700 c.p.c. e le sue implicazioni sistematiche sulla tutela giurisdizionale d'urgenza», Mass. Gl 1997, 931.

[2986] MARIE-ANNICK PEANO, "L'intuitus personae dans le contrat de travail", DS 1995, n.º 2, 136 e FANNY VASSEUR-LAMBRY, "La bonne foi dans les relations individuelles de travail" (2000), cit., 4.

[2987] Por isso, a execução específica encontrar-se-á também, e por princípio, afastada. Considerando, *mutatis mutandis*, o *nemo ad factum praecise cogi potest*, é outrossim neste plano que o n.º 1 do art. 830.º do CC exclui a execução específica que se oponha à natureza da obrigação assumida. Ainda: JANUÁRIO DA COSTA GOMES, *Assunção fidejussória de dívida. Sobre o sentido e o âmbito da vinculação como fiador* (2000), cit., 30-1.

sanção pecuniária compulsória, que se encontra prevista no art. 829.º-A do C. C. para as prestações de facto infungível, positivo ou negativo, salvo as que exigem especiais qualidades científicas ou artísticas do devedor e que, em geral, se perfila como um instrumento apto à supressão da impossibilidade de recurso à execução específica no núcleo restrito das prestações de facto infungíveis cujo cumprimento não implique especiais qualidades científicas ou artísticas do obrigado. Como se notou, a obrigação assumida pelo trabalhador é de conteúdo negativo.

Tratando-se de uma prestação infungível, caso não estejam em causa especiais qualidades científicas ou artísticas do trabalhador (ausência que não colide com o interesse sério subjacente ao pacto), parece que *prima facie* o antigo empregador pode requerer ao tribunal a condenação do trabalhador ou mesmo do empregador para quem este agora trabalha (no limite, ambos) ao pagamento de uma quantia pecuniária por cada dia de subsistência do contrato de trabalho, situação que, no contexto analisado, significaria a perduração da actividade concorrencial.

Não cremos, todavia, que tal seja possível. Embora a figura da sanção pecuniária compulsória seja operativa em Direito do trabalho, ela não pode servir para atentar contra a liberdade de trabalho, mesmo que haja uma renúncia lícita e voluntariamente assumida pelo trabalhador.

A abdicação da liberdade de trabalho adoptada pelo trabalhador, quando inflectida (*rectius:* violada), produz consequências estritamente ressarcitórias e não deve, independentemente da figura aplicável, ser judicialmente efectivada[2988].

Se esta é a solução que vigora *expressis verbis* para o pacto de permanência, neste campo, estando coenvolvido o princípio da liberdade de trabalho, já se entrevê que a aplicação de uma sanção pecuniária dirigida ao trabalhador em razão da manutenção de um contrato de trabalho com outro empregador não deixaria de configurar uma solução contrária ao espírito do ordenamento jus--laboral, perante duas obrigações de *non facere,* que, na indagação da sua realização coactiva, devem obter respostas idênticas.

Face à *afinidade valorativa* entre os pactos, trata-se ainda, na substância, de encontrar uma compatibilidade de regulação que forneça respostas material-

---

[2988] No sistema germânico, incumprida a cláusula, admite-se que o empregador obtenha ordem judicial que impeça o trabalhador de prosseguir com a violação da obrigação de não concorrência. Tem ainda a possibilidade de, para lá do ressarcimento dos danos, suster o pagamento da compensação ao trabalhador, pedindo os montantes que entretanto haja pago: WILHELM MOLL, *Arbeitsrecht* (2005), cit., 717-722.

mente semelhantes no que à indagação deste "meio de coerção indirecta ao cumprimento"[2989] diz respeito e de, embora raras vezes notado, se atribuir relevância à insusceptibilidade de utilização de qualquer meio que, directa ou indirectamente, promova a execução específica de uma limitação voluntária a um direito de personalidade[2990].

Assim, se em relação ao trabalhador a única reacção assumível pelo antigo empregador consiste num pedido de *indemnização*, também no que respeita ao empregador concorrente há razão para se considerar afastada a aplicação de uma sanção pecuniária compulsória.

Embora a oponibilidade consista "na possibilidade do beneficiário do direito fazer valê-lo contra outras pessoas, exigindo, pela existência simples do direito como direito, determinados comportamentos"[2991], por um lado, tal significaria uma ordem para que o novo empregador fizesse cessar o contrato de trabalho celebrado, num ordenamento jurídico em que estão interditos os despedimentos sem justa causa e num contexto em que não é questionável a idoneidade do objecto do contrato; por outro lado, e para lá da desconsideração da possibilidade de revogação do pacto a todo o tempo pelo trabalhador (a revogação do pacto implica o desaparecimento do objecto da sanção, já que só se pode executar especificamente algo que vigora), bem vistas as coisas, frustre seria traçar a inaplicabilidade desta figura à pessoa do trabalhador, já que, de forma oblíqua, bastaria sinalizá-la ao novo empregador para que os efeitos produzíveis fossem absolutamente semelhantes.

70. Aparecendo claro que o incumprimento do pacto de não concorrência apenas transporta, por princípio, consequências de natureza estritamente indemnizatória, e que a obrigação que dele deflui, não pode, enquanto tal, ser coactivamente efectivada com vista à cessação do vínculo, dir-se-á, em paralelo, que o contrato de trabalho que haja sido celebrado com empregador concorrente não padece de nulidade[2992].

[2989] Acerca desta qualificação: João Calvão da Silva, *Cumprimento e Sanção Pecuniária Compulsória* (1987), cit., 375 e ss..

[2990] Michele Ainis, "I soggetti deboli nella giurisprudenza costituzionale", *Studi in onore di Leopoldo Elia*. Vol. I, Giuffrè, Milão, 1999, 11 ss., especialmente 18-9. Entre nós, salientando o ponto, em atenção à revogação a todo o tempo da limitação, Paulo Mota Pinto, "A limitação voluntária do direito à reserva sobre a intimidade da vida privada" (2001), cit., 552-4.

[2991] António Menezes Cordeiro, *Direito das Obrigações I* (1994), cit., 256.

[2992] Conforme se viu, para Mário Pinto/Pedro Furtado Martins/António Nunes de Carvalho, *Comentário às Leis do Trabalho* (1994), cit., 172, "não se exclui inclusivamente que possa ser

Se nos casos em que o terceiro age com dolo directo ou necessário se tem sustentado a nulidade do negócio jurídico em violação do negócio primevo[2993], estando em causa a cessação do contrato de trabalho celebrado em contundência com a obrigação de não concorrência assumida pelo trabalhador, a incolumidade deste vínculo, sem prejuízo da aplicação do regime relativo aos vícios de vontade[2994], justifica-se em função de duas orientações de base que acabam por convergir.

Em primeiro lugar, não se vislumbra que os interesses económicos do antigo empregador possam sobrepujar o princípio da liberdade de trabalho de forma a que a solução forjada radique na invalidação do vínculo laboral, afectando conexamente o princípio da livre concorrência económica e o investimento feito pelo novel empregador na contratação do trabalhador.

Tendo presente o n.º 2 do art. 335.º do CC, esta solução, além de afectar o direito ao trabalho (do que se viu, indissociável do princípio da liberdade de trabalho), traduziria uma tutela excessiva dos interesses do ex-empregador, afectando o equilíbrio de tutela que deve ordenar as situações jurídicas em análise[2995]: o antigo empregador não só seria ressarcido por todos os danos causados, como imporia ainda uma vedação ao trabalhador de exercer uma actividade laboral em razão da violação de uma obrigação cuja protecção já se encontra tutelada pelos mecanismos gerais de responsabilidade civil, enquadramento que, aliás, conformou a análise desenvolvida pela jurisprudência constitucional no que ao pacto de não concorrência diz respeito[2996].

Em segundo lugar, face à onerosidade que a aplicação de um tal instrumentário comportaria para o trabalhador incumpridor de uma obrigação de não

---

atacada a validade do segundo contrato de trabalho, designadamente com base no art. 294.º do Código Civil e atendendo à violação, por parte do novo empregador, do princípio geral da boa fé".

[2993] Assim, em recondução ao art. 281.º do CC: EDUARDO SANTOS JÚNIOR, *Da responsabilidade civil do terceiro por lesão do direito de crédito* (2003), cit., 567-8.

[2994] Cuidamos, naturalmente, do empregador que contratou um trabalhador, desconhecendo que este se encontrava vinculado a um pacto de não concorrência.

[2995] Discernindo-se um conflito entre o princípio da liberdade de trabalho e a tutela da empresa, trata-se ainda de ter presente que, como referimos, e à luz do n.º 2 do art. 335.º do CC, existe uma proeminência genérica dos interesses pessoais face aos patrimoniais.

[2996] Assim, o citado Ac. TC n.º 256/2004, de 14.04 (MÁRIO TORRES), lendo-se que "o incumprimento do pacto, através da celebração de contrato de trabalho com empresa concorrente do antigo empregador, não gera, em princípio, a invalidade deste contrato, mas eventualmente gera obrigação de indemnização", pelo que se conclui que "a possibilidade de estipulação de pacto de não concorrência não viola, de forma intolerável, os valores constitucionais invocados pela sentença recorrida".

concorrência, aquela duplicação cominatória (ainda que, em rigor, se possa considerar que a invalidade não é uma sanção, assim se entenda que "ela demarca o que se integra ou não na ordem jurídica global"[2997], e que o conceito de sanção pressupõe uma "intervenção activa do ordenamento contra o autor de um acto ilícito"[2998]) encontra escolhos dificilmente removíveis, como seja a ausência de uma disposição injuntiva que estabeleça tal resultado.

Ponderando que o interesse público na ordenação dos interesses que aparecem em rota de colisão se identifica primacialmente com a liberdade de trabalho e que os interesses que justificam o pacto são intrinsecamente económicos, estes últimos aparecem, sem prejuízo da sua possível atinência com as regras da concorrência desleal, como interesses que, neste espectro, se "cingem à esfera jus-subjectiva do antigo empregador"[2999].

Ora, na medida em que a nulidade "visa proteger um interesse público"[3000] (sirva de exemplo a falta de carteira profissional, qual "exigência de idoneidade negocial do trabalhador"[3001]), e sem embargo da anti-juridicidade do acto que conflitua com o pacto de não concorrência, é de afastar a apreciação de que o contrato *não tem valor* à luz do art. 136.º do CT e dos art. 294.º e 334.º do CC.

Se considerarmos que, por conceito, todas as normas visam simultaneamente a satisfação de interesses públicos (sendo aliás este o fundamento da norma jurí-

---

[2997] As palavras são de José de Oliveira Ascensão, *O Direito – Introdução e Teoria Geral* (2001), cit., 72.

[2998] Assim, Francesco D'Agostino, "Sanzione (teoria generale)", *Enciclopedia del Diritto XLI*, Giuffrè, Milão, 1989, 322 (303-325), referindo, ademais, que a nulidade limita-se a constatar a falta de reconhecimento de um acto e que a invalidade exprime um acto que é ou não é, não sendo enquadrável na definição de sanção, que, por natureza, implica a atribuição de efeitos jurídicos a uma conduta reprimível pelo ordenamento.

[2999] Assim o nota Nevado Fernández *Las restricciones a la competencia en el contrato de trabajo* (1998), cit., 28. A Autora acaba mesmo por diferenciar a concorrência desleal da concorrência laboral com base na natureza (não) pública dos mecanismos de protecção instituídos, não deixando, contudo, de assinalar que uma transgressão imputável ao trabalhador, face à violação de normas jurídicas diversas, pode transportar uma cumulação de responsabilidades.

[3000] Ainda Fabrizio Di Marzio, *La nullità del contratto* (1999), cit., 42 e José de Oliveira Ascensão, *O Direito – Introdução e Teoria Geral* (2001), cit., 72. Em sentido diverso, veja-se Manuela Grévy, "La sanction civile en droit du travail", DS 2001, n.º 6, 601.

[3001] A qualificação é de M.ª Rosário Palma Ramalho, *Direito do Trabalho. Parte II* (2010), cit., 125, que integra o pressuposto da idoneidade negocial na categoria dos pressupostos objectivos do negócio laboral, uma vez que aquele atina com a actividade a desenvolver pelo trabalhador. Ainda: Ac. Rl. Lx. de 11.12.2002 (Ferreira Marques), CJ 2002, T. V, 155-8.

dica[3002]) e a satisfação de interesses particulares[3003], bastaria pensar nas consequências inerentes à perfilhação da tese da nulidade do contrato de trabalho, tese que, no fundo, reconduz a assunção do compromisso por banda do trabalhador quanto ao não exercício de actividade (diferencialmente) concorrencial "à impossibilidade jurídica de exercer determinada actividade" que subjaz à exigência de título profissional[3004], forjando-se, em sequência, uma invalidade em razão da situação jurídica do trabalhador no negócio em causa[3005].

Assim, atendendo a que a evolução dos paradigmas metodológicos na interpretação-aplicação do Direito vem renovar a importância atribuída à argumentação utilizada e às consequências fluentes da ponderação das soluções que *in abstracto* se figuram cabíveis[3006], na hipótese em que a obrigação de não concorrência se destinasse a vigorar por um ano, e consumada a sua violação, o antigo empregador poderia aparecer, *ad absurdum*, dez anos volvidos, a pedir a nulidade do contrato de trabalho, já que o vício não se sana com o decurso do prazo e pode ser declarado a todo o tempo.

Nestes termos, e mesmo que a intenção que preside a esta construção consista em corresponsabilizar todas as partes envolvidas no interesse de observância dos vínculos contratuais e em garantir o interesse colectivo subjacente à auto-regulação da concorrência (que, recorde-se, traz consigo, um reforço da ética empresarial exigível, mas que não empresta densidade bastante ao conceito de interesse colectivo subjacente que seja susceptível de primar sobre a liberdade de trabalho), os deveres assim impostos ao trabalhador vão muito para além daquilo que lhe é razoavelmente exigível, até porque este não se vincula enquanto tal a não celebrar um contrato de trabalho, mas tão somente a não fazer uso dos conhecimentos adquiridos ao serviço do seu antigo empregador, situação que, fortuita e involuntariamente, pode ocorrer no quadro do vínculo laboral superstitemente celebrado.

Contudo, se assim for – e não que sem antes se qualifique a situação *sub examine* como concorrencial, já que só haverá violação do pacto de não concorrência se existir, enquanto *ante*, concorrência, a qual, em acréscimo, tem que ser

---

[3002] Assim, Eric Voegelin, *A Natureza do Direito*, Colecção Vega Universidade, Lisboa, 1998, 96-100.
[3003] Nestes termos: Marie-Caroline Vincent-Legoux., *L'ordre public, Étude de droit comparé interne* (coll.: Les grandes thèses du droit français), PUF, Paris, 2001, 17-8.
[3004] Hoje regulada no n.º 1 do art. 117.º. Sobre esta situação, entre vários, M.ª Rosário Palma Ramalho, *Direito do Trabalho. Parte II* (2010), cit., 109 e ss..
[3005] Trata-se, como refere Pedro Romano Martinez, *Direito do Trabalho* (2010), cit., 452, de "aspectos a considerar na dependência da idoneidade do objecto", tendo por base o disposto no art. 280.º do CC.
[3006] Cfr. Luigi Mengoni, "L'argomentazione orientate alle conseguenze" (1994), cit., 5 e ss..

diferencial –, o empregador terá direito a ser indemnizado nos termos que ficaram descritos, estando suficientemente protegido.

Em qualquer destas situações, mas com particular acuidade na hipótese de um contrato celebrado por tempo indeterminado, uma situação laboral estabilizada, e que só poderia cessar nos termos e condições legalmente previstos para a cessação do contrato de trabalho, ficaria significativamente precarizada, já que a qualquer momento, verificado o *desvio* do trabalhador, não só o princípio da liberdade de trabalho seria excessivamente restringido em razão de interesses económicos, como a afectação incondicional que emana da consequência de nulidade era passível de surgir em termos com que o ex-trabalhador não podia razoavelmente contar. Ferindo-se, destarte, o princípio da segurança no emprego (art. 53.º da CRP) e, no limite, tratando-se da indagação do alcance normativo do art. 136.º, a cessação do vínculo laboral determinada por razões estritamente económicas do antigo empregador apareceria em contendência com o princípio de protecção da confiança, em época em que "a questão do trabalho está prestes a emergir da última obsessão pelo emprego"[3007].

Os interesses económicos do empregador tutelados com o pacto de não concorrência, sem prejuízo da sua atendibilidade, não podem ser erigidos a um requisito de ordem pública nem, tão pouco, poderão primar sobre o direito ao trabalho, consubstanciado na criação de uma situação juslaboral. A possibilidade de desvinculação do pacto, actuável a todo o tempo pelo trabalhador, comprova-o.

SECÇÃO II – Pactos de confidencialidade

I. Enquadramento

1. O tratamento subjacente aos pactos de confidencialidade surge geralmente indissociado da abordagem empreendida em relação aos pactos de não concorrência[3008]. Esta ligação encontra o seu cerne nas conexões jurídico-normativas

---

[3007] As palavras são de Bernard Perret, "L'avenir du travail: des tendances contradictoires", *Le travail quel avenir?*, (Pierre Boisard *et al.*), Éditions Gallimard, Paris, 1997, 1. Mustapha Mekki, "Existe-t-il un jus commune applicable aux clauses du contrat de travail ?" (2006), cit., 294, fala, neste contexto, da estabilidade do emprego como o grande objectivo de ordem política do Direito do trabalho.

[3008] Trata-se, como nota Marcel Fontaine, "Les obligations survivant au contrat dans les contrats internationaux", DPCI 1984, n.º 1, 17, de uma agregação que acompanha tipos contratuais diversos: contratos de distribuição, de transferência de tecnologia ou, para o que ora interessa, contratos de trabalho. Estando a nossa atenção devotada aos pactos de confidencialidade firmados entre empre-

intensas entre o dever de sigilo[3009] e o dever de não concorrência, uma vez que a circulação de informação favorece os riscos de concorrência, possibilidades que se exponenciam em contextos de actividade onde a informação é matricial: por um lado, o processamento e a transmissão de dados que conduzem à criação de conhecimento desempenham um papel de relevante importância para a economia, pois os níveis de produtividade e riqueza dependem da relação entre trabalho e matéria, em função da utilização dos meios de produção pelo emprego da energia e do conhecimento[3010]; por outro, o capital intelectual e a utilização de tecnologias firmam-se como factores de triunfo no mercado concorrencial que sobrepujam factores de produção como as matérias-primas e o trabalho e que formavam os pressupostos da teoria económica neoclássica[3011].

Se, enquanto *quid* intangível, a informação é irrestituível e a sua utilização ou divulgação são susceptíveis de causar prejuízos graves[3012], a falta de atribuição de tutela à informação pode substanciar mesmo um perigo grave para a liberdade de criação cultural e para o funcionamento *in genere* da liberdade e concorrência económicas, dado que só o desenvolvimento de novos produtos, a introdução de melhorias aos processos e produtos já existentes e o desenvolvimento tecno-

---

gadores e trabalhadores, salienta-se, porém, a tendência crescente para a extensão da figura às relações contratuais estabelecidas com clientes, fornecedores ou prestadores de serviços.

[3009] Preferimos a expressão *dever de sigilo* em lugar da expressão *dever de segredo*, não obstante a tendencial indistinção com que ambas são geralmente utilizadas. Se o vocábulo *segredo* encontra a sua raíz etimológica em *secretum* para designar "lugar isolado, solidão", já a palavra *sigilo*, que deriva da grafia latina *sigillum*, significa "marca pequena, sinete, selo", sendo possível, a partir daí, recortar a diferença de halos semânticos: o vocábulo *segredo* atina com a informação, o facto, o dado empírico cuja protecção se intenta alcançar [a condição de facto que substancia um certo nível de conhecimento, como faz notar ALDO FRIGNANI, "Segreti d'impresa", *Novissimo Digesto Italiano. Appendice Vol. VII*, 1987, 13], ao passo que a palavra *sigilo* designará a forma pela qual se busca essa protecção, correspondendo à obrigação, legal ou convencional, que pende sobre um ou mais sujeitos quanto à protecção ou à reserva sobre os segredos.

[3010] MANUEL CASTELLS, *A Era da Informação: Economia, Sociedade e Cultura. Vol. I: A Sociedade em Rede* (trad. Alexandra Lemos/Catarina Lorga/Tânia Soares), Gulbenkian, Lisboa, 2005, 19.

[3011] Bem enfatiza KIM LANE SCHEPPELE, *Legal Secrets: Equality and Efficiency in the Common Law*, (1990), cit., 240-1, que se o esforço subjacente a um determinado dado que consubstancia informação que é relevante para o empregador pudesse ser usado de forma livre, produzir-se-ia uma frustração da amortização dos investimentos realizados pelo empregador, postergando-se a maior eficiência possível ou o aproveitamento óptimo de um bem escasso.

[3012] Assinalando a irrecuperabilidade da informação confidencial a partir do momento em que é divulgada, cfr. ERIC GASTINEL, "Les effets juridiques de la cessation des relations contractuelles – obligation de nonconcurrence et de confidentialité", (1997), cit., 206.

lógico e científico permitem a assunção de posições vantajosas no mercado e o alcance de níveis aceitáveis de progresso e de bem-estar[3013].

A protecção, legal ou convencional, atribuída à informação confidencial serve, por isso, para obviar à fuga de informação que permitiria que outros tirassem benefício sem suportar o respectivo investimento ou sem sustentar os custos associados ao seu desenvolvimento: o modelo de concorrência actual, estando para lá dos factores "preço dos produtos ou serviços oferecidos", baseia-se na *non-price competition*[3014] e as informações/conhecimentos constituem um *elemento intangível*, que, fazendo parte do conceito de património económico[3015], não pode ficar abandonado à sorte do mercado.

Ora, se os ensaios críticos acerca da tutela do segredo *versus* tutela da transparência têm de há muito animado a doutrina francesa[3016] – cuja propensão para a resolução do conflito, embora as liberdades de expressão e de informação sejam essenciais a um Estado de Direito, se tem processado com base na primazia do segredo[3017] –, é todavia hoje claro que a actividade empresarial não se desenvolve com base em esquemas estritamente privatísticos, construindo-se direitos de controlo tanto no plano interno (deveres de informação a accionistas e a trabalhadores) como no plano externo (deveres de informação a clientes, consumidores e à Administração), que retiram absolutidade ao segredo e ao silêncio como princípios que enformam as relações jurídico-comerciais, atribuindo-se, assim, ao vector informação um papel fundamental[3018].

Se esta importância contribuiu, em diferentes planos, e por razões fiduciárias, para uma intensificação das obrigações de informação e de transparência que cunham a concepção de várias relações sócio-normativas (médico/doente,

---

[3013] ALDO FRIGNANI, "Segreti d'impresa" (1987), cit., 12-3.
[3014] ANDREW GILLESPIE, *Foundations of Economics*, Oxford University Press, Oxford, 2007, 186-7.
[3015] Sobre esta noção e a sua conexão com o conceito de património, veja-se M.ª JOÃO VAZ TOMÉ, *O direito à pensão de reforma enquanto bem comum do casal*, BFDUC 27, Coimbra Editora, Coimbra, 1997, 148.
[3016] Por todos: NANCY VIGNAL, *La transparence en droit privé des contrats: approche critique de l'exigence*, PUAM, Marselha, 1998, 5 e ss..
[3017] NANCY VIGNAL, *La transparence en droit privé des contrats: approche critique de l'exigence* (1998), cit., § 222, referindo: "le dosage entre ces deux impératifs doit se faire selon nous en faveur du secret".
[3018] O dever de informação, que pode considerar-se um corolário dos deveres laterais de conduta, há-de encontrar-se nas exigências de uma actuação proba, correcta e leal, sendo imposto, como nota ANTÓNIO MENEZES CORDEIRO, *Estudos de direito civil. Vol I.* (1991), cit., 164, com maior acuidade nos contratos que substanciam prestações duradouras e nos que são marcados pela desigualdade entre os sujeitos, como também sinaliza JORGE SINDE MONTEIRO, *Responsabilidade por conselhos, recomendações ou informações* (1989), cit., 372-5; é, por exemplo, o que se verifica quanto aos deveres que se encontram previstos no regime das cláusulas contratuais gerais.

profissional/consumidor, accionista/sociedade, *etc.*) e também para a difusão de pactos de informação – deslocando-se assim o dever de informação do princípio da boa fé e situando-o no âmbito da execução do convénio –, importa tratar dos pactos com direcção antinómica que, estando direccionados à protecção do valor informação, impõem deveres de abstenção (*non facere*) e que se predestinam, antes do mais, à criação das condições necessárias a que o casuísmo seja residual, buscando um reforço da relação entre os sujeitos laborais e a criação de níveis de segurança mais definidos[3019].

II. Segredo e admissão dos pactos de confidencialidade

2. Uma vez que o desenvolvimento de actividades na era empresarial moderna é prosseguido por trabalhadores detentores de um elevado nível de qualificação, que com frequência têm acesso a informações e a dados de substancial importância na perspectiva da competição empresarial, generalizam-se os denominados códigos éticos no seio das organizações empresariais, destinados a manter reservadas informações que, na perspectiva do interesse empresarial, são consideradas secretas, alargando-se o perímetro dos "segredos da empresa" e amplificando-se o dever de sigilo dos trabalhadores.

Neste plano, em que o segredo, "mais do que uma figura, foi já considerado um problema" e em que são patentes as dificuldades quanto a uma construção unitária[3020], existem critérios diversos quanto à classificação da informação que o trabalhador, em razão da execução do vínculo laboral, obtém, e cuja reserva se impõe.

Numa taxionomia que conhece alguma voga, podem considerar-se quatro grandes tipos de informação, embora a distinção na prática encontre zonas cinzentas, uma vez que a natureza da informação, sendo de índole diversa (informações técnicas, comerciais ou sobre a organização da empresa), aparece sobretudo recortada a partir das consequências que a sua divulgação transporta para a empresa[3021].

Tratando-se aqui do conceito de empresa enquanto organização em que o trabalhador é inserido[3022], mas não se excluindo que um empregador singular ou

---

[3019] Steven Anderman, "La clause de non concurrence: Royaume-Uni" (2007), cit., 675-6.
[3020] Ugo Ruffolo, "Segreto (diritto privato)", *Enciclopedia del Diritto XLI*, Giuffrè, Milão, 1989, 1015.
[3021] Veja-se Natacha Gavalda, "Les critères de validité des clauses de non-concurrence en droit du travail" (1999), cit., 586.
[3022] Na acepção, portanto, dos artigos 304.º, n.º 1, al./b e 305.º, n.º 3. Cfr. Luís Menezes Leitão, *Direito do Trabalho* (2010), cit., 230.

com revestimento não empresarial não seja objecto de tutela idêntica, num primeiro nível encontra-se a informação muito secreta, que é limitada a informações, documentos e materiais que necessitam do mais elevado grau de protecção (trata-se de informação que pode afectar a segurança do antigo empregador e cujo acesso irrestrito pode transportar consequências excepcionalmente graves para a empresa); num segundo nível pode considerar-se a informação que, pela sua especial importância, é classificável como secreta (trata-se de informação que pode fazer perigar a concretização de empreendimentos ou projectos importantes para o antigo empregador e que compromete investimentos em melhoramentos científicos na confecção de um bem ou produto); num terceiro nível encontra-se a informação respeitante a matérias cujo conhecimento por pessoas não autorizadas pode ser prejudicial para os interesses do antigo empregador ou para o sector de actividade em que este se insere; por último, como informação considerável reservada, pode entender-se toda a matéria cuja divulgação possa ser simplesmente desfavorável aos interesses do empregador, cuidando-se de matéria que o empregador não quer que seja conhecida por terceiros, seja de natureza geral ou parcelar[3023].

Esta quadripartição tem, no entanto, cedido lugar a uma outra classificação, que, aparecendo desenvolvida sob o signo do segredo, tem conduzido a uma tripartição arquetípica do conjunto de informações que, na constância da relação laboral e em fase subsequente, o trabalhador não pode revelar ou divulgar: *(i)* segredos industriais (fórmulas ou procedimentos de confecção, fabrico, *software*, reparação ou montagem); *(ii)* segredos comerciais (aspectos relacionados com listas reservadas de contactos com clientes ou fornecedores ou cálculos de preços e estratégias de mercado) ou *(iii)* segredos organizativos e financeiros (contratos, relações creditícias, planos de actividade ou projectos)[3024].

[3023] Em sentido tendencialmente idêntico, colacionando o caso *Faccenda Chicken Ltd v. Fowler* [1987] – em que a categorização da informação, com evidentes repercussões de regime, operou a três níveis: *(i)* informação naturalmente acessível ou facilmente obtenível por pessoas externas à empresa (*v. g.* informação sobre as rotas dos camiões de distribuição da empresa, colhível sem dificuldades de maior no caso de se seguir os veículos), *(ii)* informação sigilosa, tanto em razão da sua própria natureza, quanto em função de pedido de sigilo feito pelo empregador, que, não podendo ser utilizada *ab extrinseco* no decurso do contrato, já o pode ser finda a situação laboral (*v.g.* preço das vendas) e *(iii)* informação confidencial, relativa a segredos especificamente comerciais, apenas manejável pelo empregador e tendencialmente circunscrita a empregados *high-level* –, veja-se DEBORAH J. LOCKTON, *Employment Law* (2003), cit., 348-9.

[3024] Ainda nestes termos, e entre nós, JÚLIO VIEIRA GOMES, *Direito do Trabalho* (2007), cit., 541.

Trata-se mais latamente da figura dos "segredos de negócio", que, segundo o Tribunal Constitucional alemão[3025], se caracteriza cumulativamente por um elemento objectivo (factos conhecidos de um número restrito de pessoas), um elemento subjectivo (vontade de que os factos continuem sob reserva) e um outro normativo (existência de um interesse legítimo ou justificado nessa reserva), e que, não sendo possível esgotar exaustivamente, pode abranger listas restritas de clientes, fornecedores ou distribuidores, projectos de desenvolvimento da actividade, opções estratégicas, fórmulas de fabrico, protegidas ou não por direitos privativos de propriedade industrial[3026], descontos concedidos aos clientes[3027] ou métodos de organização[3028], apresentando um âmbito conceptual largamente coincidente com o do *saber-fazer*[3029].

[3025] BVerfG 14.03.2006, BVerfGE 115, 205.

[3026] Quanto aos direitos privativos, cabe salientar a autonomia entre a concorrência desleal e a violação dos direitos privativos da propriedade industrial: pode haver um acto de concorrência desleal sem haver uma violação do direito privativo, do mesmo modo que pode haver violação daquele direito sem que se registe qualquer acto de concorrência desleal. Como se fez notar no Ac. STJ de 24.04.2012 (MARTINS DE SOUSA), proc. n.º 424/05.7TYVNG.P1.S1, os institutos são distintos, na medida em que através dos direitos privativos da propriedade industrial se procura proteger uma utilização exclusiva de determinados bens imateriais, ao passo que através da repressão da concorrência desleal se pretende estabelecer deveres recíprocos entre os vários agentes económicos. Por último, como salienta JOSÉ DE OLIVEIRA ASCENSÃO, *Concorrência Desleal* (2002), cit., 352, não existirá, por princípio, concorrência desleal quando ocorre a violação de um direito privativo, pois "este representa um estádio reforçado de protecção, em que basta a violação (formal, neste sentido) de um exclusivo para que logo a tutela ocorra".

[3027] Também para JOHN DUDDINGTON, *Employment Law* (2.ª ed.), Pearson, Essex, 2007, 107, existindo um *implied term of confidenciality*, o dever de sigilo atina, à partida, com os segredos de negócio, embora seja recortado a partir das funções exercidas. Sem prejuízo da delimitabilidade objectiva da figura dos segredos de negócio, o seu recorte não pode ficar imune à natureza do trabalho, à natureza da informação, às diligências e à vontade previamente exteriorizadas pelo empregador e ao seu isolamento, face aos prejuízos causáveis, *per relationem* com a informação que, segundo um juízo de adequação social, é livremente divulgável.

[3028] Não é de exigir, quanto à qualificação do segredo, que o método seja inovatório, mas tão somente que seja esse o método seguido na empresa. Neste âmbito, haverá também factualidade que, não sendo reconduzível ao conceito de segredos comerciais e industriais, estará, ainda assim, coberta, pelo menos, pelo segredo da escrituração mercantil (arts. 29.º e ss. do Código Comercial).

[3029] Cfr. INGO WESTERMANN, *Handbuch Know-how-Schutz*, C.H. Beck Verlag, 2007, 46 e ss.. O *saber-fazer* aparece definido pela Associação Internacional para a Protecção da Propriedade Industrial como o conjunto de "conhecimentos e experiências de carácter técnico, comercial, administrativo, financeiro ou de outra natureza que sejam aplicáveis na actividade de uma empresa ou no exercício de uma profissão" e, no art. 1.º do Regulamento (CE) n.º 772/2004 da Comissão, de 27.05, é delimitado nos seguintes termos: "um conjunto de informações práticas não patenteadas, decorrentes da experiência e de ensaios, que é: i) secreto, ou seja, que não é geralmente conhecido nem de fácil obtenção, ii) substancial, ou seja, importante e útil para o fabrico dos produtos contratuais, e iii)

Utilizando-se como *instrumentos auxiliares* para determinar se as informações devem ou não ser consideradas segredos de negócios *(i)* se foram tomadas medidas para proteger as informações dentro da empresa, *(ii)* qual o valor da informação para a empresa e os seus concorrentes, *(iii)* o nível de esforço ou o investimento empreendidos pela empresa para adquirir as informações e *(iv)* os esforços que teriam de ser envidados por terceiros para adquirir ou copiar as informações, importa reter que, independentemente da taxonomia acolhível, há informações que, atinando com dados pessoais do empregador, dos demais trabalhadores e até de terceiros (exemplo: fornecedores ou clientes), não devem ser divulgadas ou reveladas: cuida-se da "intimidade da empresa"[3030] ou de factos respeitantes à esfera de terceiros que, tendo sido obtidos a partir da inserção do trabalhador numa determinada estrutura produtiva, consubstanciam dados que se intersectam com o direito à reserva da intimidade da vida privada[3031], em similitude reversa com a proibição imposta ao empregador quanto à revelação

---

identificado, ou seja, descrito de forma suficientemente completa, de maneira a permitir concluir que o saber-fazer preenche os critérios de carácter secreto e substancial". Acentuando que o know--how "é, por definição, secreto" e que se impõe *post pactum finitum*, v. FERNANDO FERREIRA PINTO, *Contratos de distribuição* (2013), cit., 438.

[3030] Nestes exactos termos: JACQUES VAN DROOGHENBROECK & BÉNÉDITE INGHELS, "Lorsque tout est fini, le dit et le non-dit (les droits et obligations postcontractuels)" (2008), cit., 161.

[3031] Dando nota de que esta é a interpretação doutrinaria e jurisprudencialmente dominante do art. 2105 do *Codice Civile*, ainda: PIETRO ICHINO, *Diritto alla riservatezza e diritto al segreto nel rapporto di lavoro* (1979), cit., 206-7. Também JEAN-FRANÇOIS FUNCK, "La clause de confidentialité dans le contrat de travail", *Clauses spéciales de contrats de travail, utilités, validité, sanction*, (dir. Viviane Vannes), Bruylant, Bruxelas 2003, 204, refere que "(s)i des informations relatives à la vie extraprofessionnelle d'un travailleur ou de l'employeur sont portées à la connaissance d'un autre travailleur par le fait de l'exécution de ses fonctions et, si ces informations ne sont pas publiques, elles sont couvertes par l'obligation de confidentialité". Mau grado ser questionável que este direito acompanhe as pessoas colectivas *qua tale* – o art. 484.º do CC, ao colocar no mesmo plano a responsabilidade civil por lesões ao crédito e ao bom nome de pessoas colectivas, potencia o debate entre os que defendem que os direitos de personalidade são inerentes à dignidade humana e inextensíveis a entes colectivos e os que sustentam que os direitos de personalidade são uma técnica de tutela de interesses que, à luz do art. 12.º da CRP, são reconhecíveis às pessoas colectivas –, o recorte distintivo deste direito encontra-se na reserva ou no segredo relativo a um conjunto de aspectos constitutivos do espaço privado de uma pessoa, impondo-se, em sequência, a necessidade de o trabalhador respeitar esse conjunto de aspectos. Tal sucede, independentemente da sua perspectivação como um direito ao segredo ou um direito à reserva da vida privada no caso das pessoas colectivas não poder ficar condicionada à colectividade ou à individualidade do empregador, pois cuida-se de um dever imposto pelo princípio da boa fé, que não se restringe à propriedade intelectual; opera-se, aqui, uma dissociação do dever de sigilo e/ou do direito à reserva da intimidade da vida privada de uma perspectiva estritamente individual, com a inerente atribuição de um significado colectivo, face aos interesses da comunidade em arredar a devassa e em garantir a lisura no tráfego jurídico, como

de dados da vida pessoal do trabalhador de que apenas logrou conhecimento por força do vínculo laboral[3032].

Nesse quadro, se na constância da situação laboral o dever de sigilo abrange todo e qualquer facto que não seja do domínio público[3033] e a análise da sua observância é conformada por factores como *(i)* a actividade ou a função do trabalhador (incluindo o exercício de funções de representação sócio-profissional ou outras que, mediante uma ponderação *ex lege*, suscitam regras de confidencialidade mais apertadas[3034]), *(ii)* a sua antiguidade, *(iii)* o círculo de conhecedores do conteúdo ou *(iv)* os prejuízos causáveis com a sua divulgação[3035]- e a sua violação, face à gravidade e consequências subjacentes, pode implicar o despedimento do trabalhador com justa causa[3036]–, os pactos de confidencialidade predestinam-se à extensão desse dever de sigilo após a cessação da relação laboral: abrindo o art. 136.º espaço à estipulabilidade de uma cláusula de não concorrência, dir-se-á ser legítimo que também o dever de sigilo que vincula o

---

faz notar Boza Pro, *El deber de sigilo de los representantes de los trabajadores*, Tirant Lo Blanch, Valência, 1997, 163.

[3032] M.ª Rosário Palma Ramalho, *Direito do Trabalho. Parte II* (2010), cit., 1036.

[3033] Paolo Cendon, *Commentario al codice civile. Artt. 2060-2134* (2011), cit., 842-3.

[3034] Se, no direito germânico, e em alusão a um reforço da lealdade, se tem destacado os membros dos conselhos de empresa (§ 79, § 99 BetrVG) e os estagiários (§ 9 BBiG) – cfr. Stefan Edenfeld, *Betriebsverfassungsrecht: Mitbestimmung in Betrieb, Unternehmen und Behörde* (3.ª ed.), C.F. Müller, Heidelberg, 2010, 184-5 –, entre nós o CT, no art. 412.º, prevê especificamente um dever de confidencialidade para os membros de estrutura de representação colectiva, proibindo a revelação a terceiros de informações que tenham recebido, no âmbito de direito de informação ou consulta, com menção expressa da respectiva confidencialidade (n.º 1), exigindo-se uma lealdade reforçada; este dever mantém-se *após* a cessação do mandato de membro de estrutura de representação colectiva dos trabalhadores (n.º 2) e, em ponderação de direitos, o empregador não é obrigado a prestar informações ou a proceder a consultas cuja natureza seja susceptível de prejudicar ou afectar gravemente o funcionamento da empresa ou do estabelecimento (n.º 3). Tratando-se, *grosso modo*, de regime similar ao que decorre dos arts. L. 432-7 e l. 236-3 do *Code du Travail* – cfr. Olivier Leclerc, "Sur la validité des clauses de confidentialité en droit du travail", DS 2005, n.º 2, 173 –, no ordenamento espanhol, ao que dá nota Boza Pro, *El deber de sigilo de los representantes de los trabajadores* (1997), cit., 230-1, este dever de confidencialidade tem sido doutrinaria e jurisprudencialmente reconduzido ao dever de sigilo profissional, enquadramento cujas repercussões jurídico-práticas se situam sobretudo na esfera penal, face à tipificação do crime de violação do segredo profissional.

[3035] Ainda Enrico Gragnoli, *L'informazione nel rapporto di lavoro* (1996), cit., 83, que acentua a lesividade como critério fundamental e também Malcolm Sargeant & David Lewis, *Employment Law* (2008), cit., 100-1, que, todavia, sustentam, e com acerto, a autonomia conceptual do segredo em relação a qualquer dano patrimonial.

[3036] Assim, com validação da *Fristlose Kündigung*, v. BAG 26.09.1990 2 AZR 602/89.

trabalhador na pendência do contrato possa ser objecto de igual extensão, ainda que a lei não o objective.

Assim, e sem prejuízo do argumento *a pari* conhecer limites e condicionamentos – já que *(i)* a existência de um dever na constância do contrato não implica necessariamente a sua extensibilidade convencional, de que é exemplo "comparecer ao serviço com assiduidade e pontualidade" (al./a do n.º 1 do art. 128.º), e *(ii)* o dever de não concorrência pós-laboral convencionado tem uma tessitura diferente da que caracteriza o dever de não concorrência estabelecido *ex lege* para o decurso da relação laboral (infra) –, no plano teleológico esta extensão mostra-se invulnerável a críticas: se os pactos de não concorrência, cuja admissibilidade o sistema contempla de forma expressa, podem albergar uma dimensão normativa relativa à confidencialidade de factos, informações ou dados que o trabalhador haja adquirido durante a relação laboral[3037], legítimo será admitir-se que os sujeitos possam ajustar uma convenção exclusivamente predestinada a essa tutela, sem afectar a susceptibilidade de exercício de uma actividade laboral ou económica por parte do trabalhador[3038].

Além disso, e radica aqui o cerne da análise, um acordo acerca da reserva ou da proibição de revelação/divulgação de determinados factos, dados ou informações não suscita preocupações similares às que envolvem os pactos de não concorrência.

Com a sorte da eficácia pós-contratual das concretizações do princípio da boa fé a filiar-se na construção homóloga que tem vindo a desenvolver-se no campo da relação obrigacional comum[3039], e uma vez que o princípio da liberdade de trabalho não aparece coenvolvido e o trabalhador é livre para exercer qualquer actividade para a qual se encontre preparado, este tipo de pactos é em geral de admitir, seja qual for o tipo contratual a que associe[3040]: o sentido de admissibilidade genérico quanto a cláusulas de confidencialidade que atra-

---

[3037] Como faz notar PIERA FABRIS, *Il patto di non concorrenza* (1976), cit., 213, o pacto de não concorrência pressupõe, por princípio, uma extensão do dever de sigilo que vincula o trabalhador na situação laboral.

[3038] Assim, em utilização do axioma "quem permite o mais, permite o menos", cfr. JÚLIO VIEIRA GOMES, *Direito do Trabalho* (2007), cit., 620 e, na jurisprudência, cfr. Ac. Rl. Cb. de 05.11.2009 (FERNANDES DA SILVA), proc. n.º 129/08.7TTAGD.C1.

[3039] Como assinala PHILIPPE STOFFEL-MUNCK, "L'après-contrat" (2004), cit., 169-170, construção que, entre nós, encontra o seu fundo no n.º 2 do art. 762.º do CC.

[3040] JEAN-MARC MOUSSERON, *Traité des brevets*. Vol. I, (col. CEIPI), Litec, Paris, 1984, 438, WILLIAM PISSOORT & PATRICK SAERENS, *Initiation au droit commercial international*, De Boeck, Bruxelas, 2004, 200 e NICOLA SCURO & UGO SCURO, *Il contratto a formazione progressiva. Struttura, casistica e tecniche di redazione*, Giuffrè, Milão, 2009, 206.

vessa outras áreas do ordenamento faculta, diante dos elementos jusculturais disponíveis, uma laboração dogmática que, em substância, comunica com o pré-entendimento que o intérprete-aplicador assume na indagação dos termos que conformam este tipo de acordos na sistemática laboral.

Não se cuidando, em rigor, de um acordo de limitação à liberdade de trabalho – o trabalhador não está impedido de melhorar os seus conhecimentos, nem renuncia à possibilidade de valorizar a sua pessoa e/ou de potenciar os conhecimentos adquiridos com o seu labor –, a onerosidade não será também uma característica qualificante dos pactos de confidencialidade: com a distinção entre negócios jurídicos onerosos e gratuitos a ter como critério o conteúdo e a finalidade do negócio – um sujeito, o trabalhador, tem a intenção devidamente manifestada de efectuar uma atribuição patrimonial a favor do outro sem contrapartida ou correspectivo, e o outro, o empregador, procede com a consequência e a vontade de receber essa vantagem sem um sacrifício correspondente –, o princípio da autonomia privada implica um espaço alargado de auto-regulação de interesses que convive com a desnecessidade de qualquer compensação sempre que apenas esteja em causa a proibição relativa à revelação ou à divulgação de informações[3041].

III. A pós-eficácia do dever de sigilo e a função dos pactos

3. Como regra-geral, e uma vez que a intensidade compressória do princípio da liberdade de trabalho não se suscita, a remanescência do dever de sigilo para lá do contrato de trabalho é significativamente mais ampla do que a que caracteriza o dever de não concorrência, *a simile* com a maior latitude do dever de sigilo na constância da relação laboral[3042].

Se quanto àquele o meio específico para evitar que o trabalhador concorra com o empregador é delimitado pela figura dos pactos de não concorrência e o instrumentário sobre concorrência desleal absorve as situações em que o sistema refreia, sob determinados pressupostos valorativos, as condutas que o trabalhador pode assumir sempre que concorra com o anterior empregador,

---

[3041] Diversamente, CARLO ZOLI, "Clausole di fidelizzazione e rapporti di lavoro" (2003), cit., 467, faz submeter os pactos de confidencialidade às condições exigidas para os pactos de não concorrência, tal como UMBERTO OLIVA, "Strumenti contrattuali di tutela del know how: fidelizzazione e riservatezza del dependente" (2012), cit., 15. Mas, entre outros, no sentido que preconizamos: OLIVIER LECLERC, "Sur la validité des clauses de confidentialité en droit du travail" (2005), cit., 177-8 e RITA CANAS DA SILVA, "O pacto de não concorrência" (2004), cit., 290.

[3042] Assim, embora com dúvidas: ALDO FRIGNANI, "Segreti d'impresa" (1987), cit., 16 e, entre nós, explicitamente, PEDRO ROMANO MARTINEZ, *Direito do Trabalho* (2010), cit., 536-9.

já quanto ao dever de sigilo, e uma vez que não existe uma relação dialéctica directa entre o princípio da liberdade de trabalho e a tutela do património da empresa, não há razões, bem ao contrário, para afastar a persistência do dever de não adoptação de atitudes que possam frustrar o objectivo subjacente à situação laboral finda ou que possam implicar, mediante o aproveitamento da antiga posição contratual, a diminuição de vantagens ou até o infligimento de danos ao ex-empregador[3043], que, no caso, consistirão na revelação ou divulgação de factos ou conhecimentos obtidos pelo trabalhador com a relação de trabalho entretanto finda[3044] e que, com refracções diversas (*v. g.* geração de conflitos entre membros da estrutura produtiva), possam atentar contra os interesses da organização[3045].

Distinguindo-se os conhecimentos relativos à bagagem profissional do trabalhador dos conhecimentos que atinam com o património empresarial e que, por isso, não implicam um dever de reserva do trabalhador após a cessação do vínculo laboral[3046], é, aliás, bastante fragmentária a protecção atribuída ao segredo e o recorte legal atribuído às suas consequências.

[3043] ANTÓNIO MENEZES CORDEIRO, *Da Boa Fé no Direito Civil* (1997), cit., 628-631. FRANÇOIS DIESSE, "L'exigence de la coopération contractuelle dans le commerce international", RDAI 1999, n.º 7, 746, sustenta a persistência genérica, ainda que estiolada, de um dever de cooperação após o *terminus* de qualquer contrato: "(i)l convient d'ajouter à cette circonscription du devoir de coopération, le stade post-contractuel qui risquait de devenir le dernier refuge de la déloyauté, l'intention malveillante de l'une des parties pouvant s'enorgueillir de s'être affranchie de toute obligation consentie".

[3044] Assim: GIAMPERO FALASCA, *Manuale di Diritto del Lavoro* (2011), cit., 173.

[3045] KLAUS HÜMMERICH/WINFRIED BOECKEN/FRANZ JOSEF DÜWELL, *AnwaltKommentar Arbeitsrecht: vol. I* (2008), cit., 3164 e MARCO BIAGI & MICHELE TIRABOSCHI, *Istituzioni di diritto del lavoro* (2012), cit., 447. Admite-se, assim, que a divulgação de determinados factos relativos à actividade sócio-económica de uma pessoa, seja ela colectiva ou não, lhe provoque avultados prejuízos, privando-a inclusivamente da realização de novos negócios. Conformando-se a liberdade de expressão do ex-trabalhador pelo princípio da boa fé, em exemplo, a divulgação de dados referentes à informação contabilística, podendo associar-se a uma possível desvalorização patrimonial e revelar-se susceptível de prejudicar a imagem da empresa ou do empregador individual, prejudicará o recurso a fontes de crédito ou financiamento; trata-se, assim, não só de uma actividade apta a causar prejuízos patrimoniais avultados como também materialmente susceptível de constituir fonte de perdas significativas ou quebras de acesso.

[3046] Firmando esta distinção, em Itália: Cass. 11.10.2002, n.º 14479, GC 2003 I, 679 e, na doutrina transalpina, MARCO BIAGI & MICHELE TIRABOSCHI, *Istituzioni di diritto del lavoro* (2007), cit., 602-3. Entre nós, há mais de meio de século, já RAÚL VENTURA, "Extinção das relações jurídicas de trabalho" (1950), cit., 359, embora reconhecendo dificuldades em destrinçar o segredo comercial e industrial da simples aquisição de conhecimentos profissionais por banda do trabalhador, não dei-

Não existindo, como nos EUA, um regime de tutela global do segredo – a patrimonialização do segredo conduziu a que este fosse protegido pelo direito de propriedade, perspectivação que, embora com cambiantes, caracteriza a *common law*, onde se atribui porventura ao segredo uma tutela exacerbada[3047] –, vislumbra-se uma tutela diferenciada em função dos diferentes interesses subjacentes: esta protecção tanto se encontra no regime sobre concorrência desleal, quanto nas normas penais[3048]. Sem se confundir com a tutela relativa às patentes e aos direitos de autor[3049], umas vezes decorre da tutela dos segredos de negócios (arts. 317.º e 318.º do CPI)[3050], outras tantas da protecção subjacente ao sigilo profissional[3051], que, enquanto condição indispensável de confiança em certas

xava de enfatizar que "os segredos comerciais e industriais de que teve conhecimento por virtude do trabalho (...) não devem ser divulgados, depois de finda a relação de trabalho".

[3047] Ainda: HARRY FIRST, *Trade secrets and antitrust law. The Law and Theory of Trade Secrecy: A Handbook of Contemporary Research* (ed. Rochelle Cooper Dreyfuss/Katherine J. Strandburg), Edward Elgar Publishing Limited, Cheltenham/Massachusetts, 2011, 332-3.

[3048] Salienta-se, particularmente, o art. 195.º (violação de segredo) e o art. 196.º (aproveitamento indevido de segredo), ambos do Código Penal.

[3049] Dado que o que se protege através das patentes e dos direitos de autor não é o segredo, mas a exclusividade de fruição das vantagens dos produtos de propriedade industrial e intelectual, nomeadamente científica, num quadro em que os inventos patenteados são tornados públicos e cujas informações são susceptíveis de utilização por outros operadores na criação de novos produtos, que concorram com o invento patenteado; o proprietário tem, deste modo, o direito de optar pela protecção do segredo ou pela protecção da patente ou do direito de autor, esta última, como faz notar UGO RUFFOLO, "Segreto (diritto privato)" (1989), cit., 1024, provida de eficácia *erga omnes*, embora, cumpra notá-lo, a protecção do segredo, por contraste com os exclusivos concedidos pela propriedade industrial, não esteja sujeita a limites temporais e a opção não exista sempre que a informação atinente às criações industriais não reúna os requisitos de patenteabilidade (novidade, actividade inventiva e susceptibilidade de aplicação industrial), circunstância em que a preservação do valor económico das informações só é alcançável através da sua protecção como segredo.

[3050] Se a tutela dos segredos de negócios no CPI de 1995 exigia uma dupla ilicitude: (i) a do próprio acto de apropriação, utilização ou divulgação do segredo e (ii) a resultante da sua desconformidade às normas e usos honestos, hoje, à luz do art. 318.º, a ilicitude resulta apenas da (i) deslealdade do acto praticado (remissão para os "termos do artigo anterior") e da (ii) falta de consentimento do titular do segredo (que, a existir, exclui a ilicitude), o que, sem prejuízo da exigência da verificação dos requisitos constantes das suas alíneas, torna o âmbito de aplicação deste preceito mais impreciso e indefinido.

[3051] Entre vários, v. o art. 17.º da Lei n.º 67/98, de 26.04, que obriga (i) os responsáveis do tratamento de dados pessoais, (ii) as pessoas que, no exercício das suas funções, tenham conhecimento dos dados pessoais tratados (iii) e os funcionários, agentes ou técnicos que exerçam funções de assessoria à CNPD ou aos seus vogais a sigilo profissional, mesmo após o termo das suas funções – sobre a disposição: AMADEU GUERRA, *A Privacidade no Local de Trabalho*, Almedina, Coimbra, 2004, 110-4 –, e a pletora de diplomas legais que estabelece um dever de sigilo profissional pós-eficaz para psicólogos, veterinários, enfermeiros, advogados, notários, empregados de bancos, bolsas e socie-

profissões, se traduz na proibição de revelar factos ou acontecimentos de que determinados agentes profissionais tiveram conhecimento ou que lhes foram confiados no exercício do seu múnus[3052] e cuja violação tem relevância criminal, mau grado a descoincidência entre os âmbitos subjectivos de protecção previstos na legislação substantiva e adjectiva[3053].

Contudo, se em Direito do trabalho, não obstante a ausência de explicitude, o dever de sigilo, expressamente consagrado na constância da situação laboral, não desaparece, sem mais, com a cessação do vínculo laboral[3054] – e encontra-se,

---

dades financeiras e respectivos auxiliares, estagiários e secretárias, como faz notar PAULO PINTO DE ALBUQUERQUE, *Comentário do Código Penal à luz da Constituição da República e da Convenção Europeia dos Direitos do Homem* (2.ª ed.), Universidade Católica Portuguesa, Lisboa, 2010, 608. Além destes, são vários os códigos deontológicos ou de conduta que, em função dos interesses tuteláveis com o exercício de determinadas profissões, consagram deveres de sigilo profissional, de que é exemplo o art. 10.º do Código Deontológico dos Técnicos Oficiais de Contas, que estipula que os TOC e os seus colaboradores estão obrigados ao sigilo profissional sobre os factos e documentos de que tomem conhecimento no exercício das suas funções, abrangendo-se, sem limitação no tempo, os documentos ou outras coisas que se relacionem, directa ou indirectamente, com os factos sujeitos a sigilo.

[3052] Não se tratando de um dever de sigilo profissional *stricto sensu*, mas antes de um dever de sigilo que, fundamentando-se na sensibilidade dos dados obteníveis, corresponde a uma extensão do dever de sigilo que conforma a relação contratual estabelecida (independentemente do seu carácter laboral), o n.º 3 do art. 78.º do RGICSC vem estabelecer que "(o) dever de segredo não cessa com o termo das funções ou serviços", na sequência da previsão contida no n.º 1 do art. 78.º de que "(o)s membros dos órgãos de administração ou de fiscalização das instituições de crédito, os seus empregados, mandatários, omitidos e outras pessoas que lhes prestem serviço a título permanente ou ocasional não podem revelar ou utilizar informações sobre factos ou elementos respeitantes à vida da instituição ou às relações desta com os seus clientes cujo conhecimento lhes advenha exclusivamente do exercício das suas funções ou da prestação dos seus serviços".

[3053] Como faz sublinhar COSTA ANDRADE, "Anotação ao artigo 195.º", *Comentário Conimbricense do Código Penal. Parte Especial: Tomo I* (dir. Jorge de Figueiredo Dias), Coimbra Editora, Coimbra, 1999, 771-802, o conceito de pessoas obrigadas ao sigilo profissional para efeitos penais não se identifica com o conceito de "pessoa a quem a lei permite ou impõe que guarde segredo profissional" nos termos e para os efeitos do art. 135.º do CPP, sendo aquele mais amplo do que este. Ainda: PAULO PINTO DE ALBUQUERQUE, *Comentário do Código Penal à luz da Constituição da República e da Convenção Europeia dos Direitos do Homem* (2010), cit., 608.

[3054] JESSICA DONATO, *Whistleblowing: Handlungsempfehlungen für eine nutzenstiftende Umsetzung in Deutschen Boersennotierten Unternehmen*, Peter Lang, Francoforte sobre o Meno, 2009, 68-9. Igualmente, no Reino Unido, onde a persistência do dever de sigilo aparece justificada pela tutela atribuída aos segredos de negócios na *common law* e à remanescência do *duty of good faith and fidelity on an employee*, por contraste com a inexistência de qualquer obrigação de não concorrência que, na ausência de pacto, permitem ao (ex)trabalhador disputar com o antigo empregador o mesmo segmento de mercado ou a mesma clientela: NORMAN SELWYN, *Law of Employment* (2008), cit., 485 e JANE MOFFATT, *Employment Law* (3.ª ed.), Oxford University Press, Oxford, 2011, 27-8.

de forma esparsa, mas com expressividade, ressaibos dessa manutenção em contextos contratuais, de cunho para-laboral, que não contêm a carga fiduciária da relação de trabalho[3055]–, ele delimita-se, em todo o caso, a partir do esquema de interesses que envolve o contrato de trabalho cessado e em função da confiança inerente à situação juslaboral: trata-se de uma lealdade que se reporta às características do vínculo[3056], formalmente extinto, e não de uma lealdade pessoal ao empregador[3057], que é conformada pelo princípio da boa fé[3058] e que independe da causa que determina a cessação do contrato de trabalho.

Uma vez que o dever de sigilo corresponde a uma concretização da tutela da confiança[3059] e esta confiança e o seu sentido de tutela são tanto mais fortes

---

[3055] Sirva de exemplo a al./c do n.º 1 do art. 20.º do Decreto-Lei n.º 205/96, de 25.10 (regime jurídico de aprendizagem), que estabelece como dever do formando "guardar lealdade à entidade formadora, designadamente não transmitindo para o exterior informações sobre o equipamento e processos de fabrico de que tome conhecimento por ocasião da acção de formação e mesmo depois do fim do curso".

[3056] Nestes exactos termos, quanto ao *dovere di reservatezza*, cfr. GIAMPERO FALASCA, *Manuale di Diritto del Lavoro* (2011), cit., 173. É igualmente nesta perspectiva que, embora salientando as franjas de coincidência entre o dever de não concorrência e o dever de guardar sigilo, HARALD SCHLIEMANN, *Das Arbeitsrecht im BGB: Kommentar* (2002), cit., 227 e PEDRAJAS MORENO & SALA FRANCO, *El pacto de no concurrencia postcontractual* (2005), cit., 14, entendem que, após a cessação do contrato de trabalho, as implicações comerciais, penais e inclusivamente laborais do dever de segredo mantêm-se, não carecendo, ao revés do que sucede com o dever de não concorrência, de convenção *ad hoc*.

[3057] OLAF MÜLLER & PETER RIELAND, *Arbeitsrecht: Tipps und Taktik* (2006), cit., 70-1. Ainda: BAG 16.08.1990, NZA 1991, 141. No sentido de que "finda a relação laboral não subsiste um dever de lealdade para com o empregador", v. PEDRO ROMANO MARTINEZ, *Direito do Trabalho* (2010), cit., 538-9.

[3058] Neste campo, para lá do art. 126.º do CT2009 e do n.º 2 do art. 762.º do CC, assume especial relevância o art. 334.º do CC, que vai funcionar como bitola para a aferição da correcção do comportamento do antigo trabalhador. Se não restam dúvidas de que perante actos *ad aemulationem*, cujo objectivo não é outro senão prejudicar o antigo empregador, se está perante uma actuação reconduzível ao abuso de direito, o mesmo se verifica quando a divulgação de determinados factos representa para o trabalhador a obtenção de uma vantagem, caso a sua conduta se mostre permeável a um juízo de reprovação. Em todo o caso, o dever de lealdade, à semelhança do que se propugna no âmbito da agência comercial, traz consigo uma inibição quanto à revelação a terceiros de informações confidenciais obtidas no exercício da actividade, encontrando-se falha de qualquer interesse reconhecível pelo sistema a atribuição de tutela a um comportamento que, após a cessação do contrato, quebra a confidencialidade subjacente a factos cujo conhecimento operou em razão da gestão de negócios alheios.

[3059] Um dos postulados essenciais (a par da primazia da materialidade subjacente) da boa fé, enquanto princípio de actuação geral, é o da tutela da confiança. Como faz notar ANTÓNIO MENEZES CORDEIRO, *Tratado de Direito Civil Português I* (2002), cit., 186, o conferimento de tutela jurídica à confiança depende da existência de uma *situação de confiança* (boa fé subjectiva); de uma *justificação*

quanto maior a personalização da relação, a informação será para tanto confidencial (*lato sensu*) se a sua divulgação for susceptível de causar prejuízos à empresa e se o empregador tiver essa convicção (a qual é aferível, de acordo com padrões objectivos, a partir de diligências previamente efectuadas com vista à sua reserva[3060] e/ou em razão do círculo de pessoas que tomaram conhecimento dos factos que substanciam a informação[3061], traçando-se a partir daí a vontade, assente num interesse razoável, de que o conhecimento dos factos continue restrito a esse círculo[3062]) e conquanto a manutenção da reserva sobre os factos que compõem a informação não seja contrária ao interesse público.

Nesse sentido, a jurisprudência germânica, para lá da tutela conferida pelo § 17 UWG aos segredos de negócio[3063], entende que após a cessação do contrato de trabalho o § 242 do BGB proíbe a revelação ou a divulgação de todas as questões relacionadas com a posição ocupada pelo trabalhador no seio da empresa e em relação às quais o empregador tenha um interesse legítimo quanto à sua reserva[3064], conjuntura em que a obrigação de confidencialidade subsistirá enquanto a informação por ela abrangida for sigilosa e não for autorizada a sua revelação, não havendo, neste plano, qualquer limite temporal máximo que seja pré-definível.

Se outros factos ou informações apenas logram ser tutelados através de um pacto de confidencialidade – e cuja utilidade se predestina, antes do mais, a remover a infixidez subjacente à abrangência de determinados factos na pós-

---

para essa confiança (o seu escoramento em elementos razoáveis); de um *investimento de confiança* (que obriga a que a destruição da situação de confiança cause prejuízos graves ao confiante e que decorrem do facto de este ter desenvolvido actividades jurídicas, louvando-se nessa situação) e de uma *imputação da situação de confiança* criada a outrem (de tal modo que, no plano ético ético-jurídico, este possa ser considerado responsável pela situação, utilizando-se, para tanto, múltiplos nexos causais).

[3060] BAG 13.02.2007-1 ABR 14/06, NZA 2007, 1121.

[3061] Trata-se da vontade em manter sob reserva determinados factos, a qual deve ser expressa com clareza e por meio idóneo a esse fim. Considerando, contudo, que não é de exigir um pedido ou uma diligência do empregador quanto à reserva da informação, Francis Ahner & Jean-Jacques Touati, *Inventions et créations des salariés* (2010), cit., 192.

[3062] Aqui, como faz notar Pietro Rescigno, *Impresa e lavoro*. Vol. IV (2009), cit., 219-220, é de afastar uma valoração estritamente subjectiva, que desatenda às características objectivas da informação, "seja por referência à sua acessibilidade por parte de terceiros, seja por referência às medidas adoptadas para mantê-la reservada".

[3063] Cuja aplicação é sempre desenvolvida por conjugação com o § 242 do BGB: Kai Kochmann, *Schutz des "Know-how" gegen ausspähende Produktanalysen ("Reverse Engineering")*, De Gruyter, Berlim, 2009, 102-5.

[3064] Ainda: BAG 16.08.1990, NZA 1991, 141.

-eficácia do dever de sigilo –, tem sido todavia afastada a possibilidade de, na ausência de pacto, o trabalhador poder utilizar ou divulgar certas receitas ou fórmulas[3065] ou revelar listas de clientes do antigo empregador[3066], num contexto valorativo em que a pós-eficácia do dever de boa fé se entrecruza com as potencialidades aplicativas do § 17 UWG, cujo âmbito previsional se centra na fase subsequente à relação de trabalho, independentemente de qualquer *animus nocendi* por parte do trabalhador[3067].

Ora, se também no Reino Unido esta diferenciação entre utilização e divulgação foi acentuada em *Cantor Fitzgerald (UK) Ltd v Wallace* [1991][3068] – permitindo-se a utilização de informação confidencial, conquanto não se trate de segredos de negócios, diferenciação que, nesse âmbito, não existe com referência à divulgação, cuja proibição tende a operar tanto em relação aos segredos de negócio[3069] como em relação à informação confidencial[3070] –, a questão, por um lado, radica na definição dos factos abrangidos pela pós-eficácia do dever de sigilo e, por outro, no delineamento das fronteiras aos princípios da liberdade de iniciativa económica e da liberdade de expressão que, findo o contrato de trabalho, não conhecem os limites imanentes que caracterizam a constância da relação laboral.

Não se vislumbrando razão para ater a pós-eficácia do dever de sigilo aos segredos comerciais e industriais[3071], e tendo ainda presente que a divulgação de

---

[3065] BAG 16.03.1982 – 3 AZR 83/79, NJW 1983, 134.

[3066] BAG 15.06.1993 – 9 AZR 558/91, NZA 1994, 502: A conduta assumida por um trabalhador que cede listas de clientes do antigo empregador viola o § 1 UWG e os § 824 e § 826 BGB.

[3067] Lutz Michalski, *Arbeitsrecht* (2008), cit., 153.

[3068] IRLR 215. Ainda: John Hull, *Commercial secrecy: law and practice* (1998), cit., 240.

[3069] Entendendo-se, quanto a estes, que não é necessária a sinalização por parte do empregador de que, por exemplo, determinados aspectos da produção são protegidos como segredos de negócio para que o trabalhador fique impedido de os utilizar ou divulgar, v. *Lancashire Fires Ltd v SA Lyons & Co Ltd* [1997], IRLR 113.

[3070] James Holland & Stuart Burnett, *Employment Law* (2008), cit., 148 e Jane Moffatt, *Employment Law* (2011), cit., 28. Para tanto, adopta-se o *objective test*, baseado no juízo fazível por uma pessoa razoável quanto ao que deve ser considerado confidencial. No seu cerne, a caracterização do que é informação confidencial foi desenvolvida na *common law* com base no caso *Woodward v Hutchins* [1977] 2 All ER 751 (*the material must not be in the "public domain"*), no caso *Saltman Engineering Co v Campbell Engineering Co* [1963] 3 All ER 413 (*it must not be something which is public property and public knowledge*) e no caso *Coco v AN Clark (Engineers) Ltd* [1969] RPC 4 (*however no matter confidential the circumstances of the communication there can be no breach of confidence in revealing to other something which is already common knowledge*).

[3071] Neste sentido, ainda: Jean-Marc Mousseron, *Traité des brevets* (1984), cit., 438 e Marco Biagi & Michele Tiraboschi, *Istituzioni di diritto del lavoro* (2007), cit., 602-3.

factos contrários à verdade é susceptível de responsabilizar o agente[3072], trata-se, por isso, e em fundo, da aferição de um interesse legítimo para a transmissão ou a divulgação de factos conhecidos pelo trabalhador em razão do vínculo laboral[3073].

Com efeito, se no caso da utilização de informações ou factos para o desenvolvimento de uma actividade profissional o interesse legítimo está associado ao princípio da liberdade de trabalho[3074], na hipótese da sua transmissão ou divulgação, não funcionalizada ao exercício da liberdade de trabalho, impõe-se encontrar o interesse que empresta legitimidade a essa divulgação: a operação suscita uma ponderação que atenda à multiplicidade de interesses coenvolvidos[3075].

Para lá da análise acerca da forma como o trabalhador obteve os dados que substanciam a informação na constância da relação laboral – sirva de exemplo a *apropriação*, com o BGH a firmar o princípio de que o uso de conhecimentos adquiridos durante a relação de trabalho se identifica genericamente com os conhecimentos de memória, excluindo os que assentam em suportes obtidos durante essa relação: a utilização dos conhecimentos acaba onde começa a utilização de documentos escritos obtidos em razão da inserção na estrutura organizativa do empregador, o que inclui documentos escritos ou ficheiros incluídos

---

[3072] FILIPE DE ALBUQUERQUE MATOS, *Responsabilidade Civil por Ofensa ao Crédito ou ao Bom Nome* (2011), cit., 397.

[3073] No âmbito do contrato de agência, o art. 8.º do Decreto-lei n.º 176/86, de 03.07, dispõe que "(o) agente não pode, mesmo após a cessação do contrato, utilizar ou revelar a terceiros segredos da outra parte que lhe hajam sido confiados ou de que ele tenha tomado conhecimento no exercício da sua actividade, salvo na medida em que as regras da deontologia profissional o permitam". O *quid* que parametriza a divulgação de conhecimentos obtidos pelo agente no exercício da sua actividade está, pois, na deontologia profissional, que, embora sem referência expressa, traz ínsita uma necessidade de atendimento aos usos do tráfego e ao princípio rector da boa fé.

[3074] Ainda MARCO BIAGI & MICHELE TIRABOSCHI, *Istituzioni di diritto del lavoro* (2007), cit., 603.

[3075] Por exemplo, em relação à divulgação de um estudo de mercado, relativo à formação de preços, o interesse é encontrável se estiver em causa um facto aferente à distorção na formação de preços que se revele contrário às normas de Direito da concorrência, mas, por princípio, esse interesse não existirá se estiver única e exclusivamente em causa a política comercial do antigo empregador, mesmo que, em função da actividade prosseguida, se possa discernir interesse para a colectividade no conhecimento de aspectos nucleares da política desenvolvida. Embora se atenda à posição do antigo trabalhador que divulga esses dados, não se poderá descurar outrossim os interesses do antigo empregador e a confiança gerada pela execução da relação laboral. A legitimidade na divulgação de tais factos só ganhará, pois, consistência se for de manifesto interesse para a comunidade o conhecimento de tais informações e se o propósito do antigo trabalhador não revestir carácter emulativo ou ofender de forma clamorosa o princípio da boa fé.

num *notebook* privado[3076] –, esse juízo encontra, em alguns casos, zonas pouco definidas, que podem desproteger os interesses económicos do empregador[3077] e que se prende, antes do mais, com a divulgabilidade da informação.

Nesse âmbito, embora a situação possa gerar dúvidas, a circunstância de o empregador transmitir uma informação que sinaliza como confidencial à frente de todos os trabalhadores não pode, só por si, ser considerada como implicativa de uma autorização para a sua divulgação, uma vez que o critério para a determinação dos factos e situações protegidos não é meramente espacial e a sua transmissão em lugar aberto não afasta a pertinência da reserva da informação, à semelhança do que sucede, em plano geral, com uma conversa tida em lugar público que incida sobre factos relativos à vida privada[3078].

Importando ter presente o art. 484.º do CC e a proibição de o trabalhador "afirmar ou difundir um facto capaz de prejudicar o crédito ou o bom nome"[3079], e sem que se esqueça que a verdade pode assumir relevância como causa de exclusão da ilicitude[3080], também nesse âmbito se suscita uma distinção entre as situações em que a divulgação de factos verdadeiros corresponde à prossecução de interesses públicos e as situações em que esse interesse não existe[3081]: no

---

[3076] Neste sentido: BGH 27.04.2006 – I ZR 126/03, NJW 2006, 3424, em que se analisou a apropriação de uma lista informática de clientes durante o contrato de trabalho. Já antes, com sentido decisório idêntico, BGH 19.12.2002 – I IZR/00, NJW-RR 2003, 833, recorrendo-se, quanto aos clientes, ao exercício hipotético de se tratar de informação que o trabalhador não reteria se não se levasse consigo essa lista em suporte escrito. Por isso, ainda antes se cuidar do aproveitamento ou da divulgação do segredo, impõe-se atentar à apropriação do mesmo: esta pode ser ilícita, substanciando uma violação do próprio contrato de trabalho e até um acto de concorrência desleal. A ilicitude, por princípio, existirá sempre que o trabalhador exerça actividade destinada a aceder ao segredo sem autorização do empregador ou sem que esse acesso resulte da sua actividade normal.

[3077] Ainda, UGO RUFFOLO, "Segreto (diritto privato)" (1989), cit., 1025 (nota 63) e ENRICO GRAGNOLI, *L'informazione nel rapporto di lavoro* (1996), cit., 61.

[3078] Como faz notar PAULO MOTA PINTO, "O direito à reserva sobre a intimidade da vida privada" (1993), cit., 525 e ss..

[3079] Salientando o aspecto: PEDRO ROMANO MARTINEZ, *Direito do Trabalho* (2010), cit., 687.

[3080] FILIPE DE ALBUQUERQUE MATOS, *Responsabilidade Civil por Ofensa ao Crédito ou ao Bom Nome* (2011), cit., 421.

[3081] LUÍS MENEZES LEITÃO, *Direito das Obrigações I* (2005), cit., 300. De forma não coincidente, FILIPE DE ALBUQUERQUE MATOS, *Responsabilidade Civil por Ofensa ao Crédito ou ao Bom Nome* (2011), cit., 433-4, admite que a responsabilização do agente pode operar mesmo quando não se registe um comportamento desleal ou intuito difamatório por quem profere tais declarações, ainda que verdadeiras, convocando o princípio da proporcionalidade: torna-se relevante atender ao contexto no âmbito do qual os factos são divulgados ou as afirmações proferidas, à posição sócio-económica do lesante e do lesado, às circunstâncias particulares conhecidas pelo declarante e ao impacto do meio utilizado para a divulgação dos factos.

primeiro caso, a *exceptio veritatis* tem relevância, ao passo que no segundo, não existindo esse interesse, se estará perante um ilícito ao crédito e ao bom nome, enquadramento global para que concorre a relevância jurídico-penal da *exceptio*[3082], face ao postulado de coerência axiológica do sistema[3083].

Neste plano, se, como princípio, o dever de sigilo pós-laboral impede a divulgação/revelação de factos, dados ou situações que não sejam do conhecimento público e que, não se inserindo em padrões comuns de cognoscibilidade, tragam consigo um interesse legítimo, razoável ou justificado do empregador nessa reserva, a utilidade de um pacto de confidencialidade situa-se sobretudo na fortificação da posição do empregador e no reforço da tutela do seu património imaterial, dado que se o trabalhador aparecer a revelar ou a divulgar factos ou situações atinentes à empresa e/ou ao empregador existe uma presunção de culpa[3084] – cabendo ao trabalhador o ónus da prova da falta de culpa –, eximindo o empregador das dificuldades probatórias subjacentes à responsabilidade aquiliana[3085], pois a violação do dever de sigilo após a cessação do contrato de trabalho, ante a rejeição de consequências contratuais que prescindem do consenso como elemento de conexão ao contrato, tem natureza delitual[3086], sem prejuízo da tutela criminal aplicável[3087].

Mas a utilidade deste pacto não se desbasta na implicação do regime de responsabilidade aplicável; ela alarga-se também ao conjunto de dados ou informações que os sujeitos, mediante uma legitimação voluntarística, consideram insusceptíveis de revelação ou divulgação, evitando, com isso, a delimitação,

---

[3082] Trata-se designadamente nos tipos legais previstos nos arts. 180.º, 181.º, 186.º e 187.º do Código Penal.

[3083] A divulgação de factos verdadeiros pode ainda configurar, em casos-limite, um ilícito de concorrência desleal, por contrariedade com os usos honestos em matéria comercial e industrial, à semelhança do que se verifica com a utilização de segredos industriais e comerciais que, sem prejuízo da respectiva relevância juscriminal (art. 196.º do CP), também consubstancia, *per se*, um acto de concorrência desleal.

[3084] Art. 799.º do CC.

[3085] EMANUELE MENEGATTI, *I limiti alla concorrenza del lavoratore subordinato* (2012), cit., 190.

[3086] Assim, MANUEL CARNEIRO DA FRADA, *Contrato e deveres de protecção* (1994), cit., 68-9.

[3087] Nestes termos: ALDO FRIGNANI, "Segreti d'impresa" (1987), cit., 18. Entre nós, salienta-se o art. 195.º do CP, uma vez que o bem jurídico protegido pela incriminação, como nota PAULO PINTO DE ALBUQUERQUE, *Comentário do Código Penal à luz da Constituição da República e da Convenção Europeia dos Direitos do Homem* (2010), cit., 607, é, enquanto bem jurídico pessoal, a privacidade de outra pessoa, numa dimensão imaterial específica: o sigilo comercial, industrial, profissional ou artístico, bem que, enquanto tal, não se confunde com a funcionalidade sistémico-pessoal das profissões ou com a confiança da comunidade na discrição e na reserva dessas profissões, já que esses interesses apenas são reflexamente protegidos.

tantas vezes nebulosa e infixa, dos dados, informações ou conhecimentos cuja pós-eficácia do dever de sigilo impede a revelação ou divulgação[3088].

Não havendo qualquer compressão à liberdade de trabalho, o acordo de confidencialidade não conhecerá, por isso, desvios em relação à forma e ao círculo em que se projecta noutras relações contratuais, radicando aí o *plus* em relação aos pactos de não concorrência: embora estes possam tutelar os segredos e as informações obtidas pelo trabalhador com a relação de trabalho, não há razão para restringir a possibilidade de os sujeitos tutelarem, através de um pacto de confidencialidade, informações, factos ou situações que não se compreendam no conceito de concorrência diferencial[3089], elevando genericamente a privacidade ao bem jurídico protegido pelo acordo[3090].

Nesse sentido, a vontade do empregador sinalizada à reserva de determinados factos, sendo aceite pelo trabalhador, configurará, por princípio[3091], um interesse legítimo na protecção convencional da reserva acordada em razão das funções desempenhadas[3092], mesmo que para a generalidade das pessoas esses factos sejam anódinos ou irrelevantes[3093].

[3088] Salientando o ponto: ENRICO GRAGNOLI, *L'informazione nel rapporto di lavoro* (1996), cit., 67-8 e UMBERTO OLIVA & GIULIA CANTINI CORTELLEZZI, "Obblighi legali di fedeltà, riservatezza e non concorrenza dei collaboratori dell'impresa"(2012), cit., 126-7.

[3089] Nesta direcção: BAG 10.03.2009 – 1 ABR 87/07, NZA 2010, 180 e, em geral, CEDRIC GUYOT, "Les clauses de non-concurrence et de confidentialité dans les cessions d'actifs et d'actions" (2001), cit., 6. Parece ser de resto sob aquela perspectiva que GÓMEZ ABELLEIRA, "Pactos de no concurrencia y de permanência" (2000), cit., 283, distinguindo a não concorrência do dever de sigilo, refere que o dever de confidencialidade tem um carácter acentuadamente privado, que a proibição de não concorrência, pelo alcance das implicações que traz consigo, não apresenta.

[3090] Neste plano, se o n.º 1 do art. 16.º do CT configura um arrimo importante para a certificação do interesse na protecção convencional atribuível à privacidade do empregador, parece-nos todavia claro que o preceito, mau grado a sua formulação literal, não consente uma equiparação entre as posições do empregador e do trabalhador.

[3091] Por princípio, uma vez que a atinência do acordo com a relação laboral, afastará, a nosso ver, um pacto de confidencialidade baseado em mero capricho do empregador, destinado à protecção arbitrária ou frívola de factos anódinos, que tornem imotivada a compressão à liberdade de expressão do trabalhador (liberdade que se renova na comunicação intersubjectiva), num contexto em que, importará não esquecê-lo, a onerosidade não é uma característica qualificante do pacto.

[3092] Assim, PEDRO ROMANO MARTINEZ, *Direito do Trabalho* (2010), cit., 687. Mais restritivamente, porém, PIETRO ICHINO, *Diritto alla riservatezza e diritto al segreto nel rapporto di lavoro* (1979), cit., 252-3, invocando os princípios constitucionais da manifestação de pensamento e da liberdade de circulação da informação para comprimir a autonomia privada.

[3093] Cuida-se ainda de ter presente que o acordo entronca no âmbito de protecção do art. 26.º da CRP, que, encontrando o seu correlato num dever de abstenção por parte de terceiros – tratando--se, enquanto direito de personalidade, de um direito absoluto –, se analisa, como fazem salientar

Sendo essa a perspectiva que tem conduzido no decurso do contrato de trabalho à admissibilidade de cláusulas que se postam em reforço do dever de sigilo a que o trabalhador está obrigado – as denominadas *cláusulas de discrição*[3094] –, a autonomia privada, não aparecendo conlevada a liberdade de trabalho, compreende a possibilidade de os sujeitos delimitarem as informações indivulgáveis para lá dos limites previstos pelo art. 136.º, apesar de, como mínimo, e sob pena de indeterminabilidade do objecto, se exigir a indicação no pacto dos critérios que permitam a determinação *ex ante* da obrigação de confidencialidade[3095].

IV. A doutrina da divulgação inevitável: rejeição e requalificação

4. A diferenciação entre os pactos de confidencialidade e os pactos de não concorrência é estabelecida a partir de duas notas características.

Gomes Canotilho & Vital Moreira, *Constituição da República Portuguesa Anotada* (1993), cit., 181 e ss., em dois direitos menores: o "direito a impedir o acesso de estranhos a informações sobre a vida privada e familiar" e o "direito a que ninguém divulgue as informações que tenha sobre a vida privada e familiar de outrem". Embora tratemos de uma protecção convencional, a questão, em fundo, vai entroncar no grau de tutela conferível aos direitos de personalidade do empregador na falta de acordo, suscitando a problemática subjacente à necessidade de previsão legal a tanto direccionada, já que a predisposição legal se desbasta quase sempre, em função da assimetria característica, na tutela de direitos de personalidade do trabalhador. Não se enjeitando que a legislação confira expressamente essa protecção ao empregador – até porque a inclusão de novas tecnologias no local de trabalho, em função do controlo de tais meios por parte de trabalhadores, poderá conduzir a violações aos direitos de personalidade do empregador –, importará não perder de vista que se ao trabalhador cabe fundamentalmente respeitar os direitos de personalidade do empregador, ao empregador incumbe não apenas respeitar os direitos de personalidade do trabalhador, mas também protegê-los contra ofensas de terceiros. Ainda: David Oliveira Festas, "O direito à reserva da intimidade da vida privada do trabalhador no Código do trabalho", ROA 2004, n.ºs 1/2, 379 e ss..

[3094] Assim: Francis Ahner & Jean-Jacques Touati, *Inventions et créations des salariés* (2010), cit., 189 e, em alusão a um instrumento "profiláctico" destinado a "reduzir a álea judiciária", ainda: Paul-Henri Antonmattei, *Les clauses du contrat du travail* (2010), cit., 36 e, mais cautelosamente, em razão do direito à liberdade de expressão envolvido, Mustapha Mekki, "Existe-t-il un jus commune applicable aux clauses du contrat de travail ?" (2006), cit., 297. Aliás, também no âmbito societário, e sem prejuízo do dever de confidencialidade a que os administradores estão obrigados (art. 64.º do CSC), é frequente o acerto de cláusulas de confidencialidade, que visam reforçar a obrigação de segredo dos administradores em relação aos factos e informações de que tenham conhecimento em resultado do exercício das suas funções.

[3095] Como bem nota Olivier Leclerc, "Sur la validité des clauses de confidentialité en droit du travail" (2005), cit., 174-6. Embora não seja afastável a nulidade do pacto por indeterminabilidade do objecto, essa delimitação é muitas vezes feita pela negativa, considerando-se não abrangidas pelo dever de sigilo informações notórias ou que sejam do conhecimento público, assim como informações que são conhecidas pelo trabalhador antes da respectiva recepção por parte do empregador.

Por um lado, os pactos de confidencialidade apenas vedam a divulgação, revelação ou transmissão de factos, situações ou dados, não limitando a possibilidade de o trabalhador exercer uma actividade laboral ou económica em que faça uso dos conhecimentos adquiridos com a execução do contrato de trabalho.

Por outro, os pactos podem não se cingir aos conhecimentos das características técnicas e comerciais da empresa e/ou aos laços criados com a clientela daquela, abrangendo também factos, situações ou dados da vida pessoal de todos os que integram a estrutura produtiva e outros que os sujeitos, à vista do art. 398.º do CC, entendam susceptíveis de tutela por via da criação de uma obrigação de confidencialidade (segredos de carácter patrimonial e segredos de conteúdo pessoal), segundo um critério que, não sendo compatível com o mero capricho ou o arbítrio, se baseia no reconhecimento de que existe um interesse digno de tutela a partir da experiência concreta do trabalhador e da sua ligação específica com os factos ou, no caso de alargamento da reserva relativa a factos relativos a outros membros da organização empresarial, a partir da desprotecção subjacente à divulgação de situações que, desnudando de certa sorte as pessoas protegidas pelo segredo (*v.g.* antigos colegas de trabalho), é repercutível na imagem e/ou no ambiente de trabalho da empresa, radicando aí o "interesse legítimo" postulado pela doutrina francesa que devotou atenção à figura[3096].

Havendo uma intenção de vinculação jurídica dos sujeitos quanto à necessidade de guardar reserva acerca de um conjunto amplo de factos e não existindo qualquer limitação em razão do princípio da liberdade de trabalho que comprima essa possibilidade[3097], a justaposição entre a susceptibilidade de revelação de um segredo e o não exercício de actividade concorrencial tem porém conhecido voga no sistema norte-americano com a *doctrine of inevitable disclosure*:

[3096] Ainda, Olivier Leclerc, "Sur la validité des clauses de confidentialité en droit du travail" (2005), cit., 177-8 e Marie-Pierre Blin-Franchomme/Isabelle Desbarats/Gérard Jazottes, Virginie Vidalens, *Entreprise et développement durable: Approche juridique pour l'acteur économique du XXIe siècle*, Lamy, Paris, 2011, 176, salientando não existir qualquer razão para cingir o âmbito material do pacto a informações, dados ou factos que atinem com uma actividade concorrencial.

[3097] Assim, Aldo Frignani, "Segreti d'impresa" (1987), cit., 20. O que significará também a possibilidade de abrangência de factos que possam atinar com a denominada "experiência profissional" do trabalhador, face à ausência de qualquer compressão ao princípio da liberdade de trabalho. A fluidez do conceito "experiência profissional" e a possibilidade de utilização dos conhecimentos obtidos pelo trabalhador em actividades laborais ou económicas futuras justificam esse *distinguo* em relação aos pactos de não concorrência. Mais restritivamente, contudo, e sem prejuízo da diferenciação entre os pactos, v. Ac. Rl. Cb. de 05.11.2009 (Fernandes da Silva), proc. n.º 129/08.7TTAGD.C1, onde se lê que os pactos de confidencialidade "visam apenas impedir a divulgação, no subsequente período pós-contratual, de factos que não fazem parte da experiência profissional do trabalhador".

aí, o (ex)empregador, através de uma injunção judicial, pode impedir que um trabalhador assuma um novo trabalho se no exercício da sua actividade for inevitável o aproveitamento ou a divulgação de segredos adquiridos com a relação de trabalho finda, enquadramento que tanto vale para as situações em que não existe qualquer pacto com eficácia pós-laboral como também para aquelas em que apenas existe um pacto de confidencialidade, na exacta medida em que o desenvolvimento da actividade laboral, por via da colocação em prática dos conhecimentos adquiridos, substancie uma revelação e/ou um aproveitamento dos segredos obtidos no âmbito da relação laboral pregressa.

Para tanto, o (ex)empregador tem de fazer prova de três elementos: *(i)* que o trabalhador teve acesso a segredos de negócio legítimos, *(ii)* que é inevitável a sua utilização/divulgação no exercício da sua (nova) actividade laboral *(iii)* e que a sua utilização/divulgação causa(rá) prejuízos irreparáveis ao requerente. Provados estes elementos, o antigo empregador pode obter do tribunal uma injunção que proíba o trabalhador de prestar serviço a qualquer empresa concorrente. Estando-se, materialmente, na presença de uma obrigação de não concorrência determinada *ope judicis*[3098], o círculo de protecção desta proibição cinge-se, todavia, aos segredos de negócio genuínos e já não a outro tipo de informação, ainda que esta se repute de confidencial: na ausência de uma cláusula de não concorrência acordada entre os sujeitos, os tribunais não se encontram habilitados a proteger outro tipo de informação que não os segredos de negócio genuínos, excluindo-se deste perímetro "os frutos da experiência negocial comum, como os que obrigam à reinvenção de estratégias que são o preço a pagar para entrar num mercado competitivo" ou informações de natureza particular[3099].

Se a prova de que se trata de um segredo de negócio genuíno pende sobre o (ex)empregador, são várias as fontes de que os tribunais se servem para delimitar este conceito. Reassumando o *First Restatement of Torts* (1939)[3100], o *Uni-*

[3098] Ver *Emery Indus., Indus., Inc. v. Cottier*, 202 USPQ 836 (Ohio/1978) em MARK R. FILIPP, *Covenants Not to Compete*, (2009), cit., 5:32.

[3099] Ver *AMP Inc. v. Fleischhacker*, 823 F.2 (1987), 1202 (1202-07). Ainda: MARK R. FILIPP, *Covenants Not to Compete*, (2009), cit., 3:28 e 6:11.

[3100] Ver § 757: "(o) segredo de negócio consiste numa fórmula, patente, dispositivo ou conjunto de informação que é usada num negócio e que dá ao seu detentor a oportunidade de obter um vantagem sobre os concorrentes. Pode ser uma fórmula química, um processo de manufacturação, tratamento ou preservação de materiais, um modelo para uma máquina ou outro dispositivo ou uma lista de clientes (...). Um segredo de negócio é um processo ou um dispositivo de uso contínuo em operações negociais".

form Trade Secrets Act (1979)[3101] ou o *Restatement of Unfair Competition* (1995)[3102], a jurisprudência polariza-se em dois elementos para definir um segredo de negócio: *(i)* informação que tem um valor económico e *(ii)* que é desconhecida dos concorrentes[3103].

Dando-se por verificada a existência de um segredo de negócio e a inevitabilidade na utilização/revelação desse segredo por parte do trabalhador no exercício da actividade laboral a desenvolver – para o que os tribunais exigem um grau de similitude entre as antigas e as novas responsabilidades profissionais[3104]–, torna-se necessário atender à natureza e ao tempo de vida desse segredo[3105], ao grau de concorrência entre o antigo e o novo empregador e à vantagem obtenível pelo novo empregador[3106].

Sem embargo da complexidade factual que envolveu o caso *B.F. Goodrich Co. v. Wohlgemuth*[3107], foi a partir deste caso que a jurisprudência passou a exi-

---

[3101] Segundo o § 1 (4) é segredo de negócio "a informação, incluindo a fórmula, modelo, compilação, programa, técnica ou processo que: (i) tenha um valor económico independente, actual ou potencial, e que não seja geralmente conhecível ou acessível por meios normais por outras pessoas que possam obter um valor económico com o seu uso ou divulgação e (ii) que seja objecto de esforços razoáveis com vista à manutenção do seu carácter secreto".

[3102] Ver § 39: "(u)m segredo de negócio é qualquer informação que possa ser usada numa operação negocial ou empresarial e que seja suficientemente valiosa e secreta para atribuir uma vantagem económica actual ou potencial ao seu detentor".

[3103] Cfr. ROBERT DENICOLA, "The Restatemens, the Uniform Act and the status of American trade secret law", The Law and Theory of Trade Secrecy: A Handbook of Contemporary Research (ed. Rochelle Cooper Dreyfuss,/Katherine Strandburg), Edward Elgar Publishing, Cheltenham/Massachusetts, 2011, 18-45.

[3104] Por exemplo: *PepsiCo, Inc. v. Redmond*, n.º 94-C6838, 1996 WL 3965, 20 (02.01.1996).

[3105] Ainda: *PepsiCo, Inc. v. Redmond*, n.º 94-C6838, 1996 WL 3965, 20 (02.01.1996).

[3106] Ver, entre muitos, JOSEPH F. PHILLIPS, "Inevitable Disclosure Through an Internet Lens: Is the Doctrine's Demise Truly Inevitable?", WMLR 2003, n.º 1, 395-427.

[3107] 192 N.E.2d, 99 e ss. (Ohio CA 1963). Em síntese, os factos foram os seguintes: B. F. Goodrich, o autor, passou 30 anos a pesquisar e a desenvolver fatos de pressão para alta altitude. Donald Wohlgemuth trabalhou como engenheiro que actuava nas áreas do *design* e do desenvolvimento de fatos de pressão. Ao fim de oito anos, ascendeu a director de departamento. Durante a relação de trabalho, Donald Wohlgemuth tomou contacto com vários segredos de negócios relacionados com a produção de fatos de pressão para alta altitude. Uma vez que supervisionou essa área, a maioria dos aspectos científicos e de concepção envolvidos na produção de factos eram do seu conhecimento detalhado. Em 1962, aceita um emprego da International Latex Corporation, que também produzia fatos de pressão e que, antes da proposta feita a Wohlgemuth, havia contratado com a NASA o desenvolvimento de um fato de pressão para o projecto Apolo A B. F. Goodrich requer uma injunção que interdite a aceitação de qualquer trabalho por parte de Wohlgemuth que se relacione com o *design* e a manufacturação de fatos de pressão. Referindo que é necessário proteger os seus genuínos segredos de negócio, a B. F. Goodrich escreve nas alegações: "a lealdade e a ética

gir a verificação da inadequação de uma tutela estritamente monetária: estando em jogo a protecção de importantes interesses de negócio, "a injunção preliminar é o único remédio para evitar o dano irreparável que de outra forma se produziria"[3108], sendo insuficiente, conforme se firmou no caso *PepsiCo, Inc. v. Redmond*, a aplicação dos mecanismos gerais de responsabilidade civil.

Ora, se o caso *PepsiCo, Inc. v. Redmond* marcou uma viragem no que respeita às condições em que a doutrina da divulgação inevitável logra aplicação – aligeirando-se o pressuposto relativo à irreparabilidade dos prejuízos, num contexto em que pela primeira vez os segredos de negócios genuínos que emprestaram suporte à injunção não atinaram com aspectos científicos, tecnológicos ou de engenharia, mas disseram respeito as questões relativas a preços, distribuição, embalamento e *marketing*[3109] –, o que ressalta é a ampliação das possibilidades de os empregadores recorrerem à doutrina da divulgação inevitável, obtendo uma

---

têm um preço; e, no que nos diz respeito, a International Latex Corporation vai ter de pagar esse preço". O tribunal de apelação do Ohio deferiu a injunção, dada a ameaça substancial de divulgação dos segredos. Fundou-se nas circunstâncias subjacentes à contratação do trabalhador, considerando que a B. F. Goodrich não tinha tutela adequada caso existisse a divulgação e/ou utilização dos segredos. Sem nunca se assumir explicitamente a teoria da divulgação inevitável, este caso representou um marco na criação de uma obrigação de não concorrência efectivada à margem de um acordo específico, *pari passu* com a firmação de que os prejuízos advenientes da nova actividade a exercer pelo trabalhador não se bastam com uma tutela estritamente ressarcitória.

[3108] Ainda: *PepsiCo, Inc. v. Redmond*, n.º 94-C6838, 1996, WL 3965, 29 e 30.

[3109] Sumariamente, esteve em causa a produção de uma bebida pela *PepsiCo*, a *All Sport*. A *Quaker Oats Company*, que produzia as bebidas *Gatorade* e *Snapple*, contratou em 1994 William E. Redmond para vice-presidente com a responsabilidade directa pela Gatorade. Uma vez que William E. Redmond havia trabalhado na *PepsiCo* durante 10 anos, esta requer uma injunção que impeça a assunção de funções na *Quaker Oats*, identificando para tanto quatro segredos de negócios que estavam na posse de William E. Redmond e cuja divulgação era inevitável. Os quatro segredos de negócio eram os seguintes: (i) o plano estratégico da Pepsi-Cola para a América do Norte, que continha os programas de actuação no mercado, os mecanismos de financiamento e as estratégias de produção, embalamento e distribuição para os próximos três anos, (ii) o plano anual de operações, que continha os mecanismos de financiamento, as estratégias de *marketing*, o calendário de eventos promocionais, as estimativas de facturação e as mudanças operacionais a realizar no período de um ano, (iii) os planos estratégicos de entrada em novos mercados e os gastos associados à promoção de novas marcas e (iv) os segredos relativos à inovação nas vendas e nos sistemas de distribuição. Com a *Pepsi Co* a invocar que William E. Redmond, na qualidade de vice-presidente da *Quaker Oats*, não deixaria de utilizar na sua tomada de decisões o seu conhecimento sobre a estrutura de preços, distribuição, embalamento e *marketing* da *Pepsi Co*, a primeira instância deferiu a injunção, proibindo William E. Redmond de continuar funções na *Quaker Oats*, e, mais latamente, vedando-lhe toda e qualquer utilização e/ou divulgação dos segredos de negócio da *Pepsi Co*. Em sede de apelação, a injunção foi confirmada, não tendo havido sequer a prova de que os prejuízos causáveis à *Pepsi Co* seriam irreparáveis. Ainda: *PepsiCo, Inc. v. Redmond*, n.º 94-C6838, 1996 WL 3965, 29.

proibição de concorrência aplicável aos seus antigos trabalhadores à margem do seu consentimento.

Tratando-se de congraçar a necessidade de uma concorrência leal com o direito ao trabalho, importa não perder de vista que "um cidadão tem o direito fundamental de exercer uma ocupação para a qual foi treinado e adquiriu formação"[3110] e que a doutrina da divulgação inevitável tem efeitos desincrementalistas, cristalizando as competências que um indivíduo vai adquirindo.

No entanto, para muitos, e sobretudo para os tribunais, esta doutrina promove a inovação industrial, uma vez que garante que o investimento feito pelas empresas não é aproveitado por terceiros, cortando com uma lógica parasitária de aproveitamento de segredos que, enquanto tal, não é conforme aos padrões de moralidade comercial que devem balizar a actuação dos agentes económicos[3111], mesmo que isso impeça a existência de "mercados contestáveis" (*workable markets*), isto é, de mercados em que não existem barreiras à entrada ou à saída de concorrentes.

Trata-se, contudo, de uma doutrina que tem de ser aplicada de forma rigorosa: *(i)* os tribunais devem fazer um escrutínio semelhante ao que fazem para as cláusulas de não concorrência acordadas entre os sujeitos, validando a injunção quando o segredo de negócio genuíno exista, quando a sua divulgação seja inevitável e quando o dano causável com a sua divulgação seja efectivo ou dificilmente irreparável; *(ii)* e os empregadores devem fazer prova, de forma evidente, que estes três elementos se encontram verificados[3112].

Além disso, a injunção não deve desconsiderar as restrições de actividade, tempo e local que delimitam a análise das obrigações de não concorrência expressamente acordadas.

Não só está em causa o princípio da liberdade de trabalho, como também não se pode admitir que a ausência de um acordo se poste como o meio para aceder a uma interdição, que nem por via da observância da lei, e através de um pacto adrede, se logra obter. Será, aliás, com base nesta ordem de ideias que, analisando o caso *PepsiCo, Inc. v. Redmond*, se pode criticar a injunção oposta a

---

[3110] Nestes exactos termos: *Millard Maintenance Service Co. v. Bernero*, 566 N.E.2d, 383 (Ill. CA1990). Cfr. Peter J. Klarfeld, *Covenants against competition in franchise agreements* (2.ª ed.), American Bar Association, Chicago, 2003, 128-9.

[3111] Suellen Lowry, "Inevitable Disclosure Trade Secret Disputes: Dissolutions of Concurrent Property Interests", STL 40, 1988, 539-541.

[3112] Jonathan O. Harris, "The Doctrine Of Inevitable Disclosure: a proposal to balance employer and employee interests", WULQ 78, 2000, 343 e Jennifer L. Saulino, "Locating inevitable disclosure's place in trade secret analysis", MchLR 2002, n.º 3, 1184-1214.

Redmond, que tendo ficado seis meses sem trabalhar, nada recebeu em razão da abstinência imposta.

Em termos práticos, a *PepsiCo* recebeu os benefícios de uma obrigação de não concorrência sem compensar financeiramente o (ex)trabalhador pelo sacrifício da sua liberdade de trabalho, ao contrário do que sucederia se houvesse sido estabelecida uma cláusula de não concorrência[3113].

Aqui, se no que ao ex-trabalhador diz respeito, é fundamental remarcar a distinção entre divulgação e utilização dos dados obtidos – ainda que este *distinguo* não se encontre formalmente vincado no art. 318.º do CPI[3114], mas sem que desproteja o ex-empregador quanto a uma utilização inadequada por parte do trabalhador de "informações não divulgadas" a que acedeu[3115] –, o acolhimento

---

[3113] Ainda: JONATHAN O. HARRIS, "The Doctrine Of Inevitable Disclosure: a proposal to balance employer and employee interests" (2000), cit., 344.

[3114] Fazendo este *distinguo*, que traz consigo uma compatibilização do direito sobre a concorrência desleal com as normas juslaborais, v. MARCO BIAGI & MICHELE TIRABOSCHI, *Istituzioni di diritto del lavoro* (2012), cit., 447-8 e, face ao § 17 UWG, o sentido decisório contido em BGH 03.05.2001 – I ZR 153/99, MDR 2001, 1369. Se a divulgação pressupõe a facultação da *informação não divulgada* a terceiros, já a utilização atina com a aplicação que o trabalhador faz da informação a que teve acesso, sem que esta perca a sua natureza reservada. Esta utilização, não obstante a *littera* do art. 318.º do CPI, é possível, sem que se encontre ferida de ilicitude, embora a apropriação seguida de utilização seja qualificável como um acto de aproveitamento, por contraste com a apropriação com divulgação, que é qualificável como um acto de agressão. Assumindo-se que a obtenção de informação inerente ao exercício normal da actividade de um agente económico não é relevante no que à concorrência desleal diz respeito, por princípio, e desde que a informação tenha sido licitamente obtida (aqui a boa fé e os bons costumes assumem especial relevo), não há razão para vedar a um ex-trabalhador a possibilidade de utilização de um segredo na sua actividade, conquanto essa utilização se encontre justificada, de acordo com parâmetros de razoabilidade, pelas necessidades inerentes à consecução das suas funções laborais e desde que o uso que dele se faça seja normal, sem intenção de prejudicar o ex-empregador. Já se a utilização do segredo de negócio não fizer parte do feixe de riscos inerentes à actividade e/ou se revelar irrazoável, a qualificação da informação como segredo de negócio e a proibição legal relativa à sua utilização têm consequências: conforme faz notar LUIS COUTO GONÇALVES, *Manual de Direito Industrial* (2008), cit., 43, o ex-trabalhador pratica concorrência desleal.

[3115] Tratando-se de indagação que nunca poderá ser desligada do princípio da boa fé, o uso de informações reservadas por parte do trabalhador é imune a qualquer censura se estas couberem na sua bagagem profissional. Como refere GÓMEZ ABELLEIRA, "Pactos de no concurrencia y de permanência" (2000), cit., 283, na ausência de um pacto de não concorrência não é permitido ao trabalhador utilizar segredos do ex-empregador em seu proveito, em contra própria ou alheia, embora possa utilizar os seus conhecimentos e a preparação profissional adquiridos. O critério de análise quanto à indagação da licitude relacionada com o uso da informação, tratando-se de *quid* que se insere na sua experiência profissional, estará na adequação subjacente à conduta do trabalhador, para qual relevará não só a sua intenção (ausência de *animus nocendi*), como também a sua confor-

da doutrina da divulgação inevitável, é, em qualquer circunstância, inaceitável: o instrumento *ad hoc* para uma limitação pós-contratual de uma actividade concorrencial exercível pelo trabalhador é o pacto de não concorrência[3116] e, ainda que os sujeitos tenham estabelecido expressamente essa obrigação nos termos em que o sistema a admite, a relação laboral subsequente nunca poderá ser irremediavelmente afectada.

Com o *distinguo* entre utilização de conhecimentos e divulgação ou revelação a suscitar uma clarificação *ex ante*, a interpretação de que o pacto de confidencialidade se refracta, ainda que indirectamente, na possibilidade de o trabalhador fazer uso da sua experiência profissional, suscita, como cedo fez notar o BAG, a aplicação do regime desenhado para os pactos de não concorrência[3117]: trata-se de assumir um método tipológico-funcional, no qual o procedimento de qualificação se emancipa do juízo de identidade estabelecido pelos sujeitos, volvendo-se à ponderação da incidência de alguns dos elementos do caso no contexto da limitação assumida pelo trabalhador e à sua idoneidade para realizar conjuntamente com outros elementos a função de um outro tipo contratual: o pacto de não concorrência[3118].

Nesse sentido, um pacto predestinado à confidencialidade de informações pode revelar-se, em ponderação consequencial, um acordo destinado a afastar a concorrência do trabalhador, impedindo-o de exercer *de pleno* o seu direito ao trabalho.

Esta recondução ao art. 136.º do CT2009 será determinada a partir de previsões como as que atinam com a necessidade de consentimento do empregador para que o trabalhador coloque os conhecimentos ao serviço de outrem ou os utilize em actividade por conta própria.

Contudo, se tais previsões, consideradas isoladamente, têm o valor de indícios, o intérprete-aplicador, com recurso à interpretação do pacto e à extrinsecação do seu alcance, constrói os traços distintivos particulares que podem viabilizar a sua recondução aos pactos de não concorrência, cobrando a relevância jurídica de determinada conduta assumível pelo trabalhador a partir da consequência jurídica que lhe está ajustada, como se verifica com a inclusão de

---

midade com os usos do tráfico e padrões de normalidade, num quadro em que o princípio da boa fé postula uma actuação íntegra e leal.

[3116] CRUZ VILALÓN, *Estatuto de los Trabajadores Comentado* (2003), cit., 298.

[3117] BAG 16.03.1982 – 3 AZR 83/79, NJW 1983, 134, também mencionado por JÚLIO GOMES, *Direito do Trabalho* (2007), cit., 622.

[3118] A diferenciação aparece também claramente estabelecida no Ac. Rl. Cb. de 05.11.2009 (FERNANDES DA SILVA), proc. n.º 129/08.7TTAGD.C1.

sanções contratuais para o exercício de uma outra actividade laboral e/ou económica ou para o contacto com clientes[3119].

Uma vez que os tipos são conformados pelo legislador tendo em vista as consequências jurídicas que neles se coenvolvem[3120], do que se trata é de saber se existe *de facto* uma limitação à liberdade de trabalho.

Independentemente do grau ou da intensidade, se a limitação, ainda que reflexa, existir, a situação corresponde à imagem fenoménica do tipo atinente aos pactos de não concorrência, aplicando-se o regime correspondente.

Sem prejuízo da requalificação do pacto, a nulidade que o afectará será, no entanto, e as mais das vezes, incontornável, não sendo possível qualquer *benigna interpretatio* destinada à salvação do acordo: a falta de indicação de qualquer critério quanto à compensação devida ao trabalhador em razão da sua limitação à liberdade de trabalho indetermina o objecto do pacto de não concorrência, estando irremediavelmente arredada a sua validade.

V. Não cumprimento do pacto

5. O incumprimento do pacto de confidencialidade não suscita, por regra, especificidades face ao incumprimento de qualquer outro negócio jurídico. Impondo-se verificar se a informação mantém o seu carácter reservado, se subsiste a vontade do portador do segredo quanto à sua permanência ou se persiste o interesse na sua manutenção, o pacto é incumprido sempre que haja a revelação ou a divulgação das informações delimitadas pelo pacto como confidenciais[3121], bastando, para tanto, que exista a comunicação dos factos a uma ou mais pessoas que não tinham conhecimento do segredo, independentemente da sua extensibilidade. Embora a informação se contenha num círculo de destinatários restrito, a violação do dever de confidencialidade opera, uma vez que os conhecedores da informação são alargados para lá da vontade do portador (o empregador), com o trabalhador a praticar um acto que o pacto lhe vedava.

[3119] Ainda, BAG 15.12.1987 – 3 AZR 474/86, NZA 1988, 502: tratando-se do caso de um consultor de vinhos que havia subscrito uma cláusula de confidencialidade, e estando em causa a qualificação de uma lista de clientes como um segredo comercial, a cláusula subscrita não impede a utilização dos dados dos clientes pelo trabalhador como parte importante do exercício da sua profissão.

[3120] KARL LARENZ, *Metodologia da Ciência do Direito* (1989), cit., 308.

[3121] A confidencialidade mantém-se *in extenso* se a revelação dos factos confidenciais for feita a quem se encontra obrigado a sigilo profissional (exemplo: advogado), não havendo, por princípio, qualquer violação do dever de confidencialidade por parte do trabalhador. Neste sentido, e a propósito de revelações feitas no decurso do contrato de trabalho, v. JÚLIO VIEIRA GOMES, *Direito do Trabalho* (2007), cit., 543.

Mas, para lá de essa violação poder consubstanciar a prática de um acto de concorrência desleal e de constituir crime (planos que independem da existência do pacto), impõe-se assinalar que o dever de confidencialidade acaba onde começa a divulgação de irregularidades ou fraudes[3122], como aliás já fez notar o BAG quanto a factos ilícitos praticados na constância do contrato de trabalho[3123].

No Reino Unido, se numa primeira fase, à luz do *Public Interest Disclosure Act* (1998), se permitiu a divulgação de factos tanto pelo *actual* quanto pelo *antigo* trabalhador sempre que se estivesse perante informações/dados concernentes à prática de crimes ou de violação de normas de saúde pública, é hoje pacífico que não há incumprimento da obrigação de confidencialidade nos casos em que a revelação das informações opera no cumprimento de uma obrigação legal, se destina à demonstração da prática de uma conduta com relevância criminal ou ocorre em caso de violação de normas de saúde e segurança no trabalho ou de ofensa à legislação sobre o ambiente.

Tratando-se de enquadramento que, fazendo eco da *public interest defence doctrine* talhada para a quebra do sigilo profissional[3124], se tem outrossim acomodado à dogmática penal sobre a projecção dirimente das causas de exclusão da ilicitude – e que, por isso, releva as circunstâncias descritas tanto no caso de uma violação consumada, como na hipótese em que há uma violação iminente[3125] –, o

---

[3122] ALONSO OLEA & CASAS BAAMONDE, *Derecho del Trabajo* (1999), cit., 311.

[3123] BAG, 07.12.2006, NZA 9/2007, 502.

[3124] VIVIENNE HARPWOOD, *Modern Tort Law*, Routledge, Nova Iorque, 2009, 408 e CATHERINE COLSTON & JONATHAN GALLOWAY, *Modern Intellectual Property Law* (3.ª ed), Routledge, Nova Iorque, 2010, 268-270. Na jurisprudência, por exemplo: *Woodward v Hutchins* [1977] 2 All ER 751 e *Lion Laboratories Ltd v Evans* [1984] 2 All ER 417.

[3125] PIETRO ICHINO, *Diritto alla riservatezza e diritto al segreto nel rapporto di lavoro* (1979), cit., 239. Não existem diferenças de vulto relativamente à quebra do dever de sigilo no decurso do contrato de trabalho enquadrável no *whistleblowing*, que, configurando um sistema de estímulo aos mecanismos de denúncia interna de irregularidades, ganhou amplitude no plano societário há mais de uma década com os escândalos contabilísticos Enron e Worldcom, cativando os favores dos reguladores e culminando na entrada em vigor do SOX (*Sarbanes-Oxley Act*), que obriga as sociedades norte-americanas cotadas em bolsa a promover um sistema de denúncia de casos ou situações de corrupção ou de má administração interna. A questão resume-se nos seguintes termos: o que é que um trabalhador deve fazer quando toma contacto ou suspeita que actividades perigosas ou criminais tiveram ou têm lugar no seu local de trabalho? Há inegavelmente um interesse público na revelação desses factos, conforme faz notar HUGH COLLINS, *Employment Law* (2008), cit., 226. Contudo, e para lá do dever de sigilo a que o trabalhador está adstrito, os receios de represálias são inevitáveis (o denominado *chilling effect*). Havendo mecanismos especiais de protecção em relação a acções disciplinares desenvolvidas contra dirigentes e representantes sindicais – dispositivos que, mesmo assim, neste tipo de situações, podem não funcionar satisfatoriamente –, o interesse relativo ao conhecimento de acções criminosas ou desleais por parte de empregadores não só se coloca

raciocínio é pragmaticamente linear: o empregador não pode comprar o silêncio do trabalhador lá onde o interesse público postula o conhecimento dos factos.

na *esfera pública*, como também, tendo presente o *distinguo* empresa/empregador, em relação aos sócios ou accionistas da empresa onde o trabalhador desenvolve a sua actividade. Foram estes dois círculos de interesses que justificaram a adopção em países diversos de "estatutos *whistleblowing*" ou "leis *whistleblowing*" que visaram proteger os trabalhadores de acções retaliatórias e que muitas vezes se mistura(ra)m com a tradição jurídica de linhas de denúncias internas (*dispositifs d'alerte professionnelle, Hinweisgberverfahren* ou *telefon-hotline*). O seu âmbito de aplicação é, por isso, plástico e variável no espaço: ora se confina ao sector público, ora, sem distinção de sector de actividade, se limita à revelação de factos com relevância criminal às respectivas autoridades públicas, embora no Reino Unido o *Employment Rights Act* [1996] se aplique a todos os sectores de actividade, abrangendo um leque variado de situações. Não existindo uma permissão genérica para a revelação a todo o tempo e por qualquer pessoa de informações *prima facie* abrangíveis pelo dever de confidencialidade, o *Employment Rights Act* cobre a divulgação de ofensas com relevância criminal, a violação de obrigações legais, a existência de situações perigosas para a saúde dos trabalhadores ou a causação de danos ambientais, atribuindo ao trabalhador uma compensação, suportada pelo empregador, caso aquele seja subsequentemente objecto de retaliações ou de despedimento. Embora se procure salvaguardar um conjunto de questões relativas à gestão da empresa e à condução dos negócios num círculo de confidencialidade absoluta, a aplicação que tem sido feita da permissão de revelação de factos respeitantes à violação de obrigações legais tem sido folgada, abrindo-se, desde o caso *Pakins v. Sodexho Ltd* [2002], IRLR 109, as portas à revelação de factos reportáveis a violações de contratos de trabalho. Em todo o caso, a divulgação de informações só fica protegida se for feita perante pessoa autorizada pelo empregador para o seu conhecimento ou perante agente público, não sendo compatível com uma divulgação irrestrita. Tratando-se de assunto que tem merecido pouca atenção entre nós – mas que está muito para lá deste trabalho – e sem que a denúncia de ilegalidades no seio da empresa esteja especificamente regulada na legislação laboral portuguesa, salienta-se, porém, a deliberação n.º 765/2009 da CNPD [Princípios Aplicáveis aos Tratamentos de Dados Pessoais com a finalidade de Comunicação Interna de Actos de Gestão Financeira Irregular (Linhas de Ética)], que, em razão da gravidade que a propagação de acusações internas difamatórias pode representar para os titulares dos dados, lavrou o entendimento de que os sistemas de denúncia deveriam ser circunscritos aos domínios da contabilidade, da auditoria, da prevenção da corrupção e do crime bancário e financeiro, importando igualmente atentar ao (pouco atendido) art. 4.º da Lei n.º 19/2008, de 21.04, que prevê que "os trabalhadores da Administração Pública e de empresas do sector empresarial do Estado que denunciem o cometimento de infracções de que tiverem conhecimento no exercício das suas funções ou por causa delas não podem, sob qualquer forma, incluindo a transferência não voluntária, ser prejudicados". Isto, sem prejuízo de regimes especiais, como o que condensa o RGICSF, cuja alteração mais recente (art. 78.º-A), de acordo com as boas práticas internacionais, prescreve deveres de denúncia aos administradores e aos membros de órgãos de fiscalização de bancos junto do Banco de Portugal, estabelecendo ademais deveres de denúncia interna aos colaboradores nas áreas de controlo interno. Por forma a que o sistema funcione eficazmente, obriga-se os bancos à adopção de mecanismos adequados de recepção, tratamento e arquivo de denúncias internas de irregularidades, visando-se garantir que (i) a confidencialidade das participações é preservada e que (ii) não existem acções disciplinares, civis ou criminais como represália das denúncias efectuadas, embora a protecção conferida apenas se

Ora, se com igual linearidade se pode entender que entre nós um pacto que albergue uma proibição de divulgação de fraudes ou irregularidades é nulo por contrariedade com a ordem pública (sem prejuízo, naturalmente, da redução), a divulgação ou a revelação de uma informação cuja protecção convencional estabelecida *ex ante* pelos sujeitos é juridicamente desvaliosa torna inoperante a indagação de um eventual incumprimento.

Neste quadro, e para lás das disposições relativas ao segredo profissional e relativa quebra que o CPP consagra (art. 135.º) e que se encontram homologamente na lei processual civil (art. 519.º) – cuja virtualidade estará também no desenho de um referente valorativo que guia o intérprete-aplicador na delimitação das situações em que *a fortiori* o dever de sigilo convencional é susceptível de quebra legítima[3126] –, está-se, contudo, em crer que o dever de sigilo estabelecido convencionalmente não pode ser afastado sem mais em razão da alegação da prossecução de interesses legítimos, cuja densidade axiológica, no confronto com a protecção convencional estabelecida, esvaziara o sentido volitivo projectado pelos sujeitos na celebração do pacto[3127].

Sendo necessário encontrar o ponto de equilíbrio nesta relação de tensão entre os diferentes interesses em causa, impõe-se uma ponderação casuística, a fim de determinar que direito deve ceder e com que intensidade se processa essa cedência[3128], à semelhança do que sucede *ex ante* na relação entre a liberdade de expressão e o contrato de trabalho[3129].

---

aplique quando as irregularidades denunciadas sejam susceptíveis de colocar o banco em situação de desequilíbrio financeiro, não se garantindo imunidade ao denunciante sempre que a denúncia atine com outras circunstâncias (...).

[3126] Para lá da ponderação de interesses subjacente, cabe salientar, entre outras, as excepções expressamente previstas para o dever de sigilo profissional quanto à emissão de cheques sem provisão (Decreto-Lei n.º 454/91, de 28.12 e 316/97 de 19.11), ao branqueamento de capitais (arts. 1.º e 2.º da Lei 5/2002 de 11.01), ao tráfico e ao consumo de estupefacientes e de substâncias psicotrópicas (arts. 1.º e 2.º da Lei 5/2002 de 11.01), à corrupção e à criminalidade económica e financeira (arts. 1 e 5 da Lei n.º 36/94, de 29.09 e art. 1.º da Lei n.º 5/2002 de 11.01) ao terrorismo, tráfico de armas, peculato, associação criminosa, contrabando, tráfico e viciação de veículos furtados, lenocínio, tráfico de menores e contrafacção de moeda e título equiparado (art. 1.º da Lei n.º 5/2002 de 11.01) e ao sigilo bancário (art. 79.º do RGICSF).

[3127] Semelhantemente, quanto ao dever de sigilo no decurso do contrato de trabalho, ENRICO GRAGNOLI, *L'informazione nel rapporto di lavoro* (1996), cit., 62.

[3128] ALESSANDRO BOSCATI, "Obbligo di fedeltà ed il patto di non concorrenza" *in* MICHEL MARTONE, *Trattato di diritto del lavoro*, Vol. IV (dir. Mattia Persinani/Franco Carinci), Cedam, Pádua, 2012, 1004-5.

[3129] Assim: BOZA PRO, *El deber de sigilo de los representantes de los trabajadores* (1997), cit., 381. Conforme dá nota o Autor, o Tribunal Constitucional espanhol, fazendo suscitar um balanceamento

Não se podendo arvorar *in genere* o trabalhador em guardião do interesse público, a valoração combinada dos interesses empresariais prosseguidos pelo pacto e da relevância pública subjacente aos interesses visados com a revelação da informação pode, contudo, justificar a revelação, em hipótese, de informação relacionada com o fabrico de produtos que não cumpre os requisitos de qualidade exigidos ou que atina com a perigosidade dos meios de fabrico utilizados no que ao meio ambiente diz respeito[3130], num quadro em que, genericamente, e por princípio, o dever de confidencialidade cederá perante factos que consubstanciam lesões a bens fundamentais como a vida, a saúde[3131], a integridade física das pessoas ou que, *in terminis*, põem em crise o direito de defesa do próprio trabalhador[3132], circunstância em que, de resto, o pacto poderia funcionar

dos interesses em jogo, exige como pressuposto da limitação do exercício da liberdade de expressão a existência de um *animus nocendi* nas declarações proferidas que justifique o sancionamento disciplinar, enquadramento que todavia nos parece ousado e injustificadamente restritivo, uma vez que a violação do dever de sigilo não deve aparecer exclusivamente condicionada pela intenção do trabalhador, impondo-se uma valoração objectiva. Sendo necessário firmar um critério teleológico que se apoie na potencialidade lesiva da revelação ou divulgação dos factos, mas que atenda igualmente à diferente natureza da informação reservada e que seja compatível com a dissemelhança de situações que envolvem os trabalhadores, a culpa apenas relevará, entre outros factores, na definição da sanção disciplinar a aplicar ao trabalhador, não havendo razão para, em confronto com os demais deveres, se associar o dever de sigilo à verificação de uma conduta dolosa por parte do trabalhador, sem se atender à confiança pressuposta pelo dever de lealdade e à susceptibilidade de causação de prejuízos ao empregador. Neste sentido, também: ENRICO GRAGNOLI, *L'informazione nel rapporto di lavoro* (1996), cit., 55-6 e 68.

[3130] Cfr. MARIE-PIERRE BLIN-FRANCHOMME/ISABELLE DESBARATS/GÉRARD JAZOTTES, VIRGINIE VIDALENS, *Entreprise et développement durable* (2011), cit., 176, que aludem mesmo a um princípio de "ordem pública ecológica".

[3131] Ainda, com alusão ao art. L. 231-8 do *Code du Travail*, cfr. OLIVIER LECLERC, "Sur la validité des clauses de confidentialité en droit du travail" (2005), cit., 180.

[3132] Assim, para lá das disposições legais que impõem o dever de revelação de segredos e da aplicação genérica dos meios de tutela privada (designadamente o estado de necessidade), já se questionou, neste contexto, se a revelação de informações protegidas pelo pacto de confidencialidade em situação em que o trabalhador foi demandado configura(va) uma situação de incumprimento do pacto: face à projecção jus-subjectiva da não revelação da informação, a situação ganha foros de complexidade sempre que o trabalhador para se defender tenha que exibir documentos confidenciais em juízo ou revelar informações reservadas que estejam cobertas por um pacto de confidencialidade. Se a *Cassação italiana* (Cass. 07.07.2004, n.º 12528, MGL 2004, n.º 10, 722), entendeu que a junção aos autos de documentos confidenciais não configura uma divulgação *proprio sensu*, sortindo-se, para tanto, da obrigação de sigilo profissional que vincula os intervenientes no processo e que à partida garante uma eficácia *interna corporis* do conhecimento dos factos ou situações carreados documentalmente pelo trabalhador (mantendo-se a natureza reservada da informação e a controlabilidade dos seus portadores) – enquadramento que, todavia, não contempla os casos em que a revelação se suscita no decurso de audiência judicial, acessível a *quivis ex populo* –, está-se

como expediente para que o empregador, vendo garantida a confidencialidade das informações, ficasse com as mãos inteiramente livres para obter vencimento judicial quanto a uma pretensão deduzida contra o trabalhador[3133].

Tratando-se de encontrar justificação para a revelação de informação que à partida se encontraria convencionalmente protegida, importará todavia atentar à forma como a revelação se processa, verificando-se se o meio utilizado se adequa ao fim prosseguido pelo ex-trabalhador, em esquadria de análise que não pode ser dissociada da relação de confiança gerada pela vinculação primeva e da eficácia conformativa do princípio da boa fé.

Nesse sentido, confirmando-se que a situação de confiança é digna de tutela, haverá que proceder a um balanceamento ou a uma ponderação entre os interesses particulares desfavoravelmente afectados pela alteração do quadro contratual que os regula e o interesse público ou o direito fundamental que justifica essa alteração do sentido volitivo projectado pelos sujeitos com a celebração do pacto.

[3133] em crer que sempre que a revelação se afigure essencial ao exercício do direito de defesa a tutela dos interesses empresariais subjacente ao acordo cederá perante a necessidade de atribuição de um conteúdo efectivo ao direito de defesa. No entanto, se como faz notar PIETRO ICHINO, *Diritto alla riservatezza e diritto al segreto nel rapporto di lavoro* (1979), cit., 300, a exibição de documentos confidenciais em juízo que sejam absolutamente necessários na economia da causa para a defesa do trabalhador não implicará uma quebra do dever de sigilo previsto no art. 121.º do CT – mas pode afectar irreparavelmente o nexo de confiança entre os sujeitos, configurando justa causa de despedimento –, não se poderá *in casu* desmerecer a forma como o trabalhador obteve os documentos (designadamente: apropriação), incumbindo ao empregador alegar e provar que a documentação exibida pelo trabalhador foi obtida ilicitamente, bem como os prejuízos que essa exibição conlevará. Sem que se perca de vista que o direito à prova é componente do princípio geral do acesso ao direito e aos tribunais que a todos é assegurado para defesa dos seus direitos e interesses legalmente protegidos, estando em causa a violação do dever de sigilo ou de um pacto de confidencialidade, a revelação de informações confidenciais ou a exibição de documentos outrossim confidenciais assumirá a natureza de última *ratio*, devendo esgotar-se a utilização dos mecanismos processuais de produção de prova que logram apurar a factualidade necessária à resolução da *quaestio disputata*, como sucede com o art. 528.º (documentos em poder da parte contrária), o art. 531.º (documentos em poder de terceiro), o art. 535.º (requisição de documentos) ou o art. 612.º (inspecção judicial), todos do CPC. Ainda em sentido aparentado: CEDRIC GUYOT, "Les clauses de non-concurrence et de confidentialité dans les cessions d'actifs et d'actions" (2001), cit., 7 ou ALESSANDRO BOSCATI, "Obbligo di fedeltà ed il patto di non concorrenza" (2012), cit., 1005.

[3133] Eis porque também, e de forma excepcional, GIUSEPPE FERRARO, *Il Rapporto di Lavoro* (2006), cit., 129, admite, num outro plano, a utilização de documentos da empresa após a cessação do vínculo sempre que esta se mostre necessária para garantir a tutela de direitos próprios em sede judiciária.

Será, assim, nesse contexto que o trabalhador pode incumprir o dever de confidencialidade se não utilizar o meio menos gravoso para os interesses empresariais cuja tutela se visou com o pacto, como sucederá, em tese, se a informação confidencial for carreada para quem não tem competência para agir ou se for exposta, sem mais, através de um meio de comunicação social[3134].

Por isso, se, em determinadas circunstâncias, se afigurará exigível ao trabalhador que, antes da revelação ou divulgação, esgote as vias intra-empresariais de resolução do problema subjacente à informação considerada confidencial (comunicação ao ex-empregador dos factos a fim de que este possa readequar a sua conduta ou corrigir a ilegalidade), só a análise concreta da situação possibilitará aferir da adequação do meio de revelação utilizado, não se enjeitando, em situações de perigo ou risco acentuado para bens ou direitos fundamentais postulantes de uma resposta imediata, que se utilize, para o efeito, um meio de comunicação com alargada difusão.

Da valoração em concreto do peso relativo dos bens em confronto, assim como da contenção das conduta assumida dentro de limites de razoabilidade e de justa medida, irá resultar o juízo definitivo quanto à atendibilidade da divulgação ou revelação de factos que o empregador quis que fossem objecto de reserva e com a qual o trabalhador concordou mediante a celebração do pacto.

[3134] Assim, aludindo ao "principio della adeguatezza del mezzo allo scopo", v. PIETRO ICHINO, *Diritto alla riservatezza e diritto al segreto nel rapporto di lavoro* (1979), cit., 240-1.

SÍNTESE CONCLUSIVA

A dissertação traz consigo um modelo de compreensão dos acordos de limitação à liberdade de trabalho, que, em razão da fundamentação histórica, teorética e sistemática subjacente, não é, por definição, condensável numa síntese conclusiva, notando-se, assim, apenas os aspectos que nuclearmente explicam o excurso que damos por findo.

A evolução do princípio da liberdade de trabalho associa-se à forma como o trabalho humano foi sendo valorado na estrada da Antiguidade até à actualidade, avultando os marcos abertos pelos alvores da Revolução Industrial, pelo aparecimento do Direito do trabalho e pela constitucionalização dos direitos sociais, fazendo curso a ideia de que o trabalho constitui uma expressão da personalidade e da dignidade humana, cabendo a todos e a cada um respeitar a sua fruição e aos poderes públicos garantir a sua protecção.

Os trabalhadores, ante a fundamentalidade da liberdade de trabalho, são livres de vontade, mas são-no na condição de prosseguirem objectivos que ultrapassam os seus interesses próprios, justificando-se, em razão da sua presumida debilidade, a consagração de normas de protecção, caracterizáveis pela injuntividade e predestinadas a garantir a fruição efectiva desse direito, enquadramento que, no sistema português, conforma os preceitos legais sobre os acordos de limitação à liberdade de trabalho.

Uma vez que o sentido primeiro destes preceitos consiste em provocar a disciplina dessas figuras típicas sempre que os sujeitos forjarem um acordo cujos interesses quadra com a sua função, forma-se uma categorização dos acordos de limitação à liberdade de trabalho, que, viabilizando uma linha metodológica comum, não implica, contudo, que os tipos legais utilizados para a identificação nominada dos acordos (os pactos de permanência e de não concorrência) esgotem, no seu conjunto, os pactos admissíveis, conquanto se apliquem garantias teleologicamente idênticas.

O conceito de interesse sério ou legítimo que fundeia o reconhecimento pelo sistema dos acordos de limitação à liberdade de trabalho é recortado de forma poligonal, corporizando-se, em função dos fins visados, em evitar que uma vantagem para a empresa seja impedida, suprimida ou mitigada, ou em que uma desvantagem, com foco subjectivo idêntico, seja aumentada ou mantida, circunstância em que a limitação voluntária ao direito de personalidade significado pelo bem trabalho, perante as preocupações relativas à relação de poder/sujeição subjacente e ao alcance da vinculação assumível, deve, por princípio, observar uma forma que não suscite dificuldades probatórias, exigindo-se, por um lado, que a vontade manifestada pelo trabalhador seja livre, expressa e esclarecida e afastando-se, por outro, a validade de uma anuência ficta ou genérica, embora no ordenamento português apenas os pactos de não concorrência se encontrem associados a uma formalidade *substantiam*, sem que, nesse plano, se vislumbrem diferenças impeditivas de um *quid unicum* em matéria de forma.

Não obstante, o reconhecimento por parte do sistema da atribuição de validade ao consentimento do trabalhador não é compatível com limitações à sua liberdade de trabalho previstas em instrumentos de regulamentação colectiva ou em regulamentos internos, pois a natureza renunciativa do consentimento implica uma assunção especificamente personalizada dessa obrigação, não se admitindo que aquele seja manifestado por outrem que não o seu titular, solução que, aparecendo materialmente imposta pelo art. 18.º da CRP, se harmoniza igualmente com o regime previsto para a assunção de uma obrigação de não concorrência.

Neste plano, em que a dimensão renunciativa da vontade projectada pelo trabalhador postula que o enfraquecimento do princípio da liberdade de trabalho resultante dos pactos não vai além do que é constitucionalmente admissível, a função moderadora do princípio da proporcionalidade quanto ao afastamento de desequilíbrios não significa, porém, que o controlo judicial implicado se deva imiscuir na escolha do critério determinante do pacto para aferir da sua maior ou menor racionalidade ou oportunidade.

A apreciação dos tribunais deve centrar-se na inter-relação entre a projecção razoável das razões empresariais e os interesses tuteláveis com cada pacto, que o sistema, de forma diferenciada, e com excepção dos pactos de exclusividade, condensa em pressupostos específicos, encontrando-se aí, nesse primeiro nível, o sentido útil da ponderação de interesses subjacente à admissibilidade da limitação, cuja prova competirá ao empregador fazer, e afastando-se, com isso, a perspectiva, muito em voga, de que o papel jurisprudencial se dirige nessa fase a uma síntese entre a verificação da legitimidade do interesse criador da limitação em favor do empregador e a protecção da liberdade económica individual do devedor.

A distinção entre interesse legítimo e proporcionalidade da limitação vai assumir marcada importância ao afastar a procedência de um juízo de nulidade em razão da situação em que o trabalhador é colocado com o acordo, como sucede com a possibilidade de diminuição *ope iudicis* do prazo convencionado ou com o ajustamento jurisprudencial da compensação, já que o equilíbrio entre os sujeitos só é atingível se estiver garantido um controlo judicial acerca da contrapartida que o sistema exige para o reconhecimento de qualquer pacto de limitação à liberdade de trabalho, implicando-se, em fundo, um juízo que, escorando-se num pressuposto de justeza das obrigações convencionadas, objective o critério constitucional relativo à superação do conflito entre o princípio da liberdade de trabalho e o princípio da autonomia privada.

O direito de revogação dos pactos atribuído ao trabalhador, aparecendo como corolário do regime sobre limitações aos direitos de personalidade e sendo inextensível ao empregador em moldes semelhantes, assegura que a limitação só vale *se* e *enquanto* o trabalhador quiser, não tendo o seu exercício, por princípio, qualquer projecção operativa sobre a manutenção do contrato de trabalho, encontrando-se na correlação positiva da subsistência da situação laboral com a garantia de desvinculação do pacto uma das manifestações de regime que garantem a intangibilidade constitucional do núcleo essencial da liberdade de trabalho e um dos aspectos que dimensiona a autonomia dos acordos, também evidenciada a partir do reconhecimento de que alguns deles, em razão dos interesses de que são portadores, podem subsistir ante um contrato de trabalho nulo, não obstante a estrutura de supra-infra-ordenação que verticaliza a sua relação com o contrato de trabalho e a moldagem, embora com dimensões tipologicamente distintas, imposta pela situação laboral subjacente.

A admissão sistémica deste tipo de acordos, não sendo nova, mas evidenciando que a ideia de um sistema laboral amparado na conservação de um paradigma regulativo abstractamente uniforme se encontra ultrapassada, inscreve-se na racionalidade material do Direito do trabalho, visando-se uma compatibilidade dos interesses, potencialmente conflituantes, de empregadores e trabalhadores, numa simbiose em que a prevalência dos interesses económicos sobre os interesses pessoais deve ser objecto de rejeição liminar e em que a abundância de questões associadas a novos espaços de vinculação, suscitando respostas diversas em função dos interesses em jogo, renova a vocação efectiva da ciência do Direito para, diante dos múltiplos problemas gerados pela *praxis*, garantir a construção de modelos de decisão aferentes a soluções materialmente justas.

BIBLIOGRAFIA

Abrantes, José João
— *Do Contrato de Trabalho a Prazo*, Coimbra, Almedina, 1982.
— *A excepção de não cumprimento do contrato no direito civil português – conceito e fundamento*, Coimbra, Almedina, 1986.
— *A vinculação das entidades privadas aos direitos fundamentais*, AAFDL, Lisboa, 1990.
— *Direito do Trabalho. Ensaios*, Edições Cosmos, Lisboa, 1995.
— "A Redução do Período Normal de Trabalho. A Lei n.º 21/96 em Questão", QL 1997, n.ᵒˢ 9-10, 81-89.
— "Contrato de Trabalho e Direitos Fundamentais -Breves Reflexões", *II Congresso Nacional de Direito do Trabalho – Memórias* (coord. António Moreira), Almedina, Coimbra, 1999, 103-114 (= "Contrato de trabalho e direitos fundamentais", *Themis* 2001, n.º 4, 23-39).
— *Contrat de Travail et Droits Fondamentaux. Contribution à une dogmatique commune européenne, avec référence spéciale au droit allemand et au droit allemand et au droit portugais*, Peter Lang GmbH, Francoforte sobre o Meno, 2000 (= *Contrato de trabalho e direitos fundamentais*, Coimbra, Coimbra Editora, 2005).
— "O Direito laboral face aos novos modelos de prestação do trabalho", RJAAFDL 2002, n.º 25, 305-312.
— "Contrato de trabalho e meios de vigilância da actividade do trabalhador: breves considerações", *Estudos em homenagem ao Prof. Doutor Raúl Ventura. Vol. II* (coord. José de Oliveira Ascensão), Coimbra Editora, Coimbra, 2003, 809-818.
— "O Código do Trabalho e a Constituição", QL 2003, n.º 22, 123-154 (= "O Código do trabalho e a constituição, *Themis* 2005, n.º 10, 121-149).
— "Flexibilidade funcional", *Themis* 2005, n.º 10, 151-162.
— "Liberdade contratual e lei: o caso das cláusulas de mobilidade geográfica dos trabalhadores", *Estudos em Homenagem ao Professor Doutor Carlos Ferreira de Almeida. Vol. III*, Almedina, Coimbra, 2011, 503-516.

— "Sobre a Constituição e a crise do *favor laboratoris* em Direito do Trabalho", *Estudos de Homenagem ao Prof. Doutor Jorge Miranda*. Vol. II, Coimbra Editora, Coimbra, 2012, 269-284.
— "Trabalho", *Enciclopédia da Constituição Portuguesa* (coord. Jorge Bacelar Gouveia/ Francisco Pereira Coutinho), Quid Iuris, Lisboa, 2013, 370-1.

ABREU, JORGE COUTINHO DE
— "Grupo de Sociedades e Direito do Trabalho", BFDUC 1990, Vol. 66, 124-149.
— *Da empresarialidade*, Almedina, Coimbra, 1996.
— *Curso de Direito Comercial*, vol. I (5.ª ed.), Almedina, Coimbra, 2004.
— *Do Abuso de Direito. Ensaio de um Critério em Direito Civil e nas Deliberações Sociais*, Almedina, Coimbra, 2006.
— *Curso de Direito Comercial, Vol. II, Das Sociedades* (2.ª ed.), Almedina, Coimbra, 2007.

ADAM, PATRICE
— *L'individualisation du droit du travail: essai sur la réhabilitation juridique du salarié-individu*, LGDJ, Paris, 2005.

ADOMEIT, KLAUS (com PETER HANAU)
— *Arbeitsrecht*, Luchterhand, Munique, 2005.

AFFICHARD, JOËLLE (com ANTOINE LYON-CAEN/STÉPHANE VERNAC)
— "De l'analyse économique à l'évaluation du droit du travail. Quelques leçons d'un programme de recherche par", *Compliance with labour legislation: its efficacy and efficiency/ Respect de la législation du travail: effectivité et impact* (dir. Giuseppe Casale, Adalberto Perulli) International Labour Organization, Genebra, 2010, 102-113.

AHNER, FRANCIS (com JEAN-JACQUES TOUATI)
— *Inventions et créations des salariés: Du Code du travail au Code de la propriété intellectuelle*, Lamy, Paris, 2010.

AINIS, MICHELE
— "I soggetti deboli nella giurisprudenza costituzionale", *Studi in onore di Leopoldo Elia*. Vol. I, Giuffrè, Milão, 1999, 11-38.

ALARCÃO, RUI DE
— "Declarações expressas e declarações tácitas: o silêncio. Anteprojecto para o novo código civil", BMJ 1959, n.º 86, 233-241.
— *Direito das Obrigações*, Coimbra, 1983.

ALBIOL MONTESINOS, IGNACIO (com ALFONSO MELLADO/BLASCO PELLICER/GOERLICH PESET)
— *Normas laborales – concordadas con la jurisprudencia de los Tribunales Constitucional y Supremo*, Tirant Lo Blanch Laboral, Valencia, 2000.

Albuquerque, Paulo Pinto de
— *Comentário do Código Penal à luz da Constituição da República e da Convenção Europeia dos Direitos do Homem* (2.ª ed.), Universidade Católica Portuguesa, Lisboa, 2010.

Alexy, Robert
— *Teoría de la argumentación jurídica. La teoria del discurso racional como teoría de la fundamentación jurídica* (trad. Manuel Atienza/Isabel Espejo), Centro de Estúdios Políticos y Constitucionales, Madrid, 2007.

Albuquerque, Pedro de
— *Direito de Preferência dos Sócios em Aumentos de Capital nas Sociedades Anónimas e por Quotas*, Almedina, Coimbra, 1993.

Alcázar Ortiz, Sara (com Val Tena)
— "Los pactos de dedicación exclusiva y permanencia en la empresa", PSRL 1995, n.º 3, 125-40.

Alexandrino, José de Melo
— *Direitos Fundamentais. Introdução Geral*, Principia, Estoril, 2007.
— "Perfil constitucional da dignidade da pessoa humana: um esboço traçado a partir da variedade de concepções", *Estudos em honra do Professor Doutor José de Oliveira Ascensão. Vol. I*, Almedina, Coimbra, 2008, 481-511.

Alimena, Francesco
— *Osservazioni sulla distinzione del diritto in pubblico e privato*, Societa Editrice del Foro Italiano, Roma, 1931.

Allain, Jean
— *Slavery in International Law: Of Human Exploitation and Trafficking*, Martinus Nijhoff, Leida, 2013.

Alleva, Piergiovanni
— "Flessibilità del lavoro e unità – articolazione del rapporto contrattuale", LG 1994, n.º 8, 777-792.

Almeida, Carlos Ferreira de
— *Direito Económico*, AAFDL, Lisboa, 1982.
— *Texto e enunciado na teoria do negócio jurídico. Volumes I e II*, Almedina, Coimbra, 1992.
— *Introdução ao Direito Comparado* (2.ª ed.), Almedina, Coimbra, 1998.
— *Contratos (Conceito. Fontes. Formação)*, Vol. I, Almedina, Coimbra, 2000.
— *Direito do Consumo*, Coimbra, Almedina, 2005.
— *Contratos II. Conteúdo, Contratos de Troca*, Coimbra, Almedina, 2007.
— *Contratos III. Contratos de liberalidade, de cooperação e de risco*, Almedina, Coimbra, 2012.

Almeida, Fortunato de
— *História de Portugal. Volume III*, Bertrand Editora, Lisboa, 2005.

ALMEIDA, SÉRGIO DE
— "O abandono do trabalho", RDES n.º 14, 2010, 135-155.

ALMEIDA, TATIANA GUERRA DE
— *Do período experimental no contrato de trabalho*, Almedina, Coimbra, 2007.

ALONSO OLEA, MANUEL
— *Introdução ao Direito do Trabalho* (trad. Guilherme de Vasconcelos), Coimbra Editora, Coimbra, 1968.

ALONSO OLEA, MANUEL (com CASAS BAAMONDE)
— *Derecho del Trabajo* (17.ª ed.), Civitas, Madrid, 1999.

ALPA, GUIDO
— *Trattato di Diritto Civile. Storia, fonti, interpretazioni*, Giuffrè, Milão, 2000.

ALPA, GUIDO (com VINCENZO MARICONDA)
— *Codice Civile Commentato*, Ipsoa, Veneza, 2009.

ALVAREZ DE LA ROSA, MANUEL
— *Pactos indemnizatórios en la extincion de contrato de trabajo*, Civitas, Madrid, 1990.

ALZAGA RUIZ, ICIAR
— *La Relación Laboral de los Artistas*, CES, Madrid, 2001.
— *Stock options un estúdio desde el punto de vista del derecho del trabajo y de la seguridad social* (1.ª ed.), Civitas, Madrid, 2003.

AMADO, JOÃO LEAL
— *A protecção do salário*, Separata do Vol. XXXIX do Suplemento ao BFDVC, Coimbra, 1993.
— *Contrato de Trabalho Desportivo – Anotado*, Coimbra Editora, Coimbra, 1995.
— «O novo regime do contrato de trabalho desportivo e as "indemnizações de transferência"», *QL* 1998, n.º 12, 226-240.
— "Contrato de trabalho desportivo e pacto de opção", *Ab uno ad omnes – 75 anos da Coimbra Editora, 1920-1995*, Coimbra Editora, Coimbra, 1998, 1169-1180.
— *Vinculação versus Liberdade. O processo de constituição e extinção da relação laboral do praticante desportivo*, Coimbra Editora, Coimbra, 2002.
— "Futebol, Trabalho Desportivo e Comissão Arbitral Paritária: um Acórdão Histórico sobre as Cláusulas de Rescisão", *Estudos do Instituto de Direito do Trabalho, Vol. IV* (org. Pedro Romano Martinez), Almedina, Coimbra, 2003, 187-203.
— "As «Cláusulas de rescisão» e a Comissão Arbitral Paritária", D&D 2003, n.º 1, 83-96
— "A revogação do contrato de trabalho (Nótula sobre os arts. 393º a 395º do CT)", PDT 2004, n.º 69, 23-56.
— "As condutas extra-laborais do praticante desportivo profissional", *I Congresso de Direito do desporto*, Almedina, Coimbra, 2005, 213-217.

— "Tratamento mais favorável e art. 4.º, n.º 1, do Código do Trabalho português: o fim de um princípio?", *Temas laborais I,* Coimbra Editora, Coimbra, 2005, 11-22.
— "Crédito Salarial, compensação e cessação (nótula sobre os artigos 270.º e 271.º do Código do Trabalho", PDT 2005, n.º 72, 55-66.
— "Modificação substancial das condições de trabalho: o caso da mobilidade geográfica: ou a submissão do novo Direito do Trabalho ao "imperialismo do contrato", QL 2008, n.º 32, 169-181.
— "Dinâmica das relações de trabalho nas situações de crise: em torno da flexibilização das regras juslaborais", RMP 2009, n.º 120, 87-100.
— *Contrato de Trabalho* (à luz do n*ovo Código do Trabalho*), Coimbra Editora, Coimbra, 2009.
— "Abandono do trabalho: um instituto jurídico em remodelação?", RLJ 2010, n.º 3961, 235-241.
— "O papel da jurisprudência no preenchimento de conceitos laborais indeterminados: *in dubio pro operario?*", *Estudos do Instituto de Direito do Trabalho. Vol. VI,* Almedina, Coimbra, 2012, 219-229.
— "O despedimento e a revisão do Código do Trabalho: primeiras notas sobre a Lei n.º 23/2012, de 25 de Junho", RLJ 2012, n.º 3974, 297-308.

AMARAL, MARIA LÚCIA
— "O princípio da dignidade da pessoa humana na jurisprudência constitucional", JC 2007, n.º 13, 4-17.

AMAUGER-LATTES, MARIE-CÉCILE
"Les deux visages de l'obligation patronale d'adaptation du salarié", SSL 24.12.2007 n.º 1334, 10-12.

AMIEL-DONAT, JACQUELINE
— *Les Clauses de non-concurrence en droit du travail,* Litec, Paris, 1998.

AMORIM, JOÃO PACHECO DE
— *A Liberdade de Escolha da Profissão de Advogado (Procedimento Administrativo de Concretização),* Coimbra Editora, 1992.
— "A liberdade de profissão", *Estudos em Comemoração dos Cinco Anos (1995-2000) da Faculdade de Direito da Universidade do Porto,* Coimbra Editora, Coimbra, 2001, 595-782.
— "Liberdade de profissão e direito ao trabalho: contributo para uma distinção entre duas figuras afins", *Estudos jurídicos em Homenagem ao Professor António Motta Veiga,* Coimbra, Almedina, 2007, 113-137.
— "A liberdade de empresa", *Nos 20 anos do Código das Sociedades Comerciais: Homenagem aos Profs. Doutores A. Ferrer Correia, Orlando de Carvalho e Vasco Lobo Xavier,* Coimbra Editora, Coimbra 2007, 849-929.

AMOROSO, GIOVANNI (com VINCENZO DI CERBO/ARTURO MARESCA)
— *Diritto del lavoro. Volume I – La Costituzione, il Codice civile e le leggi speciali* (3.ª ed.), Giuffrè, Milão, 2009.
— *Diritto del lavoro. Volume II, Lo Statuto dei Lavoratori e la disciplina dei licenziamenti* (3.ª ed.), Giuffrè, Milão, 2009.

ANDERMAN, STEVEN
— "La clause de non concurrence: Royaume-Uni", RDT 2007, n.º 11, 675-678.

ANDRADE, JOSÉ CARLOS VIEIRA DE
— *Os Direitos Fundamentais na Constituição Portuguesa de 1976*, Almedina, Coimbra, 1987.
— "A protecção de direito fundado em patente no âmbito do procedimento de autorização da comercialização de medicamentos", RLJ 2008, n.º 3953, 70-96.

ANDRADE, MANUEL DA COSTA
— "Anotação ao artigo 195.º", *Comentário Conimbricense do Código Penal. Parte Especial: Tomo I* (dir. Jorge de Figueiredo Dias), Coimbra Editora, Coimbra, 1999, 771-802.

ANDRADE, MANUEL DOMINGUES DE
— "Esboço de um anteprojecto de código das pessoas e da família: na parte relativa ao começo e termo da personalidade jurídica, aos direitos de personalidade, ao domicílio", BMJ 1961, n.º 102, 153-166.
— *Teoria Geral da Relação Jurídica. Facto Jurídico, em especial Negócio Jurídico*, Vol. II (2.ª reimp.), Almedina, Coimbra, 1966.
— *Teoria Geral das Obrigações* (com a colaboração de Rui de Alarcão), 3.ª ed., Almedina, Coimbra, 1966.
— *Teoria Geral da Relação jurídica*, vol. I (3.ª reimp.), Almedina, Coimbra, 1972.

ANDREWS, NEIL
— *Contract Law*, Cambridge University Press, Cambridge, 2011.

ANNEQUIN, JACQUES
— "L'esclavage en Grèce ancienne. Sur l'emergence d'un "fact social total", *Droits. Revue Francaise de Théorie, de Philosophie et de Culture Juridiques*, 2009, n.º 50, 3-14.

ANTONMATTEI, PAUL-HENRI
— *Les clauses du contrat du travail* (2.ª ed.) Liaisons, Paris, 2010.
— *L'année de droit social 2010: Textes, jurisprudence, commentaires*, ed. Lamy, Paris, 2011.

ANTUNES, JOSÉ ENGRÁCIA
— *Grupos de sociedades – Estrutura e organização jurídica da empresa plurissocietária*, Coimbra, Almedina, 1993.
"Contratos Comerciais. Noções Fundamentais", DJ 2007. Vol. Especial, UCP.
— "Os grupos de sociedades no direito do trabalho", QL 2012, n.º 39, 49-78.

Antunes, Carlos Morais Antunes (com Amadeu Ribeiro Guerra)
— *Despedimentos e outras formas de cessação do contrato de trabalho*, Almedina, Coimbra, 1984.

Araújo, António de
— "Princípio *pro operario* e interpretação de normas juslaborais", RJAAFDL 1991, n.º 15, 29-48.

Araújo, Fernando
— "A análise económica do contrato de trabalho", *Estudos do Instituto de Direito do Trabalho* (coord. Pedro Romano Martinez), Faculdade de Direito de Lisboa, Almedina, Coimbra, 2001, 189-268.
— *Introdução à Economia*, Volume I (2.ª ed.), Almedina, Coimbra, 2004.
— *Introdução à Economia*, Volume II (2.ª ed.), Almedina, Coimbra, 2004.
— *Teoria Económica do Contrato*, Almedina, Coimbra, 2007.

Arendt, Hannah
— *A Condição Humana* (trad. Roberto Raposo), Relógio de Água, Lisboa, 2001.

Arthurs, Harry
— "Labour Law After Labour", *The Idea of Labour Law* (ed. Guy Davidov & Brian Langille) Oxford University Press, Oxford, 2011, 13-28.

Ascensão, José de Oliveira
— *A tipicidade dos direitos reais*, Petrony, Lisboa, 1968.
— "O exercício de actividades remuneradas por docentes e investigadores em regime de dedicação exclusiva", RDES 1986, n.º 2, 191-217.
— *Teoria Geral do Direito Civil*. Vol. III (*Acções e factos jurídicos*), ed. Pedro Ferreira, Lisboa, 1992.
— *Teoria Geral do Direito Civil*. Vol. IV (*Relações e Situações Jurídicas*), ed. Pedro Ferreira, Lisboa, 1993.
— *Direito Comercial*. Volume II, ed. Pedro Ferreira, Lisboa, 1994.
— "Interpretação das leis. Integração das lacunas. Aplicação do princípio da analogia", ROA 1997, III, 913-941.
— *O Direito – Introdução e Teoria Geral (10.ª edição)*, Almedina, Coimbra, 1997.
— *O Direito – Introdução e Teoria Geral (11.ª edição)*, Almedina, Coimbra, 2001.
— *Concorrência Desleal*, Almedina, Coimbra, 2002.
— "Concorrência desleal: as grandes opções", *Nos 20 anos do Código das Sociedades Comerciais – Homenagem aos Profs. Doutores A. Ferrer Correia, Orlando de Carvalho e Vasco Lobo Xavier. Vol. I: Congresso Empresas e Sociedades*, Coimbra Editora, Coimbra, 2007, 119-139.
— "A dignidade da pessoa e o fundamento dos direitos humanos" ROA 2008, n.º 1, 97-124.

— "Pessoa, direitos fundamentais e direito da personalidade", RFDUL 2009, n.ᵒˢ 1 e 2, 9-31.

Ascheid, Reiner (com Harald Schliemann)
— *Das Arbeitsrecht im BGB*: Kommentar. De Gruyter-Recht, Berlim, 2002

Assanti, Cecília
— *Corso di Diritto del Lavoro* (2.ª ed.), Cedam, Pádua, 1993.
— "Le professioni intellettuali e il contratto d'opera", *Trattato di diritto privato*. I, 2.ª ed (dir. Pietro Rescigno), Utet, Turim, 2001, 837- 860.

Assis, Rui
— *O poder de direcção do empregador – configuração geral e problemas actuais*, Coimbra Editora, Coimbra, 2005.

Atienza, Manuel
— *As Razões do Direito* (trad. Maria Cristina Guimarães Cupertino), 2.ª ed., Landy, São Paulo, 2000.

Atleson, James B.
— *Labor and the Wartime State: Labor Relations and Law During World War II*, University of Illinois Press, Illinois, 1998.

Aubert-Monpeyssen, Thérèse
— "Les libertés et droits fondamentaux dans l'entreprise: brèves remarques sur quelques évolutions recentes", *Melanges Dedies au President Michel Despax*, Toulouse, Presses de L'Universite des Sciences Sociales de Toulouse, Toulouse, 2002, 297-321.

Audigier, François (com Guy Lagelée)
— *Les droits de l'homme*, ed. Conseil de l'Europe, Estrasburgo, 2000.

Auguet, Yvan
— *Concurrence et clientèle: contribution à l'étude critique du rôle des limitations de concurrence pour la protection de la clientèle*, LGDJ, Paris, 2000.

Austen-Baker, Richard
— *Implied Terms in English Contract Law*, Edward Elgar Publishing, Cheltenham, 2011.

Auweraert Peter Van Der (com Tom De Pelsmaker/Jeremy Sarkin/Johan Van De Lanotte)
— *Social, Economic and Cultural Rights: An Appraisal of Current European and International Developments*, Maklu, Antuérpia, 2002.

Auzero, Gilles
— «Obligation d'information de l'employeur et clause de dédit-formation: Soc. 16 mai 2007, pourvoi n.º 05-16.647 F-D, Sté Transport aérien régionale "Star Airlines"», RDT 2007, 450-1.

— "La distinction entre clause pénale et clause de garantie d'emploi: Soc. 4 mars 2008, pourvoi n.º 06-45.221", RDT 2008, 304-6.
— "L'exigence de loyauté appliquée au salarié: Soc. 24 mars 2010, pourvoi n.º 08-45.552", RDT 2010, n.º 6, 366-8.

Aynès, Laurent
— "L'obligation de loyauté", APD 44, Dalloz, Paris, 2001, 195- 204.

Bacchini, Francesco
— *Lavoro intermittente, ripartito e accessorio: subordinazione e nuova flessibilità* (3.ª ed.), Wolter Kluwers, Milão, 2009.

Bährle, Ralph Jürgen
— *Praxishandbuch Arbeitsrecht: Juristisches Know-how für Manager und Führungskräfte. Mit zahlreichen Vertragsmustern, Checklisten und Musterfällen*, Gabler Verlag, Wiesbaden, 2004.

Bainbridge, David I.
— *Intellectual Property* (7.ª ed.), Pearson, Essex, 2009.

Baylos Grau, Antonio
— *Derecho del Trabajo modelo para armar*, Trotta, Madrid, 1991.

Baldassarre, Antonio
— "Libertà", *Enciclopedia giuridica. XIX*, Treccani, Roma, 1990, 1-32.

Ballarino, Tito
— *Manuale Di Diritto Dell'Unione Europea*, 6.ª ed. (col. Leonardo Bellodi), Cedam, Pádua, 2001.

Ballester Pastor, Inmaculada
— "El trabajador autónomo de la industria y de los servicios en el ordenamiento jurídico de la Seguridad Social", RTSS 1995, n.º 17, 25-131.
— *El Contrato de Trabajo Eventual por Circunstancias de La Producción*, Tirant Lo Blanch, Valência, 1998.

Baltar, Ángel Fernandez-Albor
— *Prohibiciones de competencia en la sociedade de responsabilidad limitada*, Tirant lo Blanch, Valência, 2005.

Baptista, Albino Mendes
— "É o regime laboral comum aplicável aos contratos entre clubes e treinadores profissionais?", RMP 1999, n.º 80, 129-139
— *Jurisprudência do Trabalho Anotada. Relação Individual de Trabalho*, 3.ª ed., Quid Juris, Lisboa, 2000.
— *Código de Processo do Trabalho Anotado*, Quid Juris, Lisboa, 2000.
— "A compensação de antiguidade a que se refere o art. 46.º, n.º 3, da LCCT, é aplicável ao contrato de trabalho desportivo?", RMP 2001, n.º 85, 143-148.
— "Breve apontamento sobre as Cláusulas de Rescisão", *RMP* 2002, n.º 91, 141-147.

— "Treinadores profissionais: Aplicação do regime laboral comum ou do regime dos praticantes desportivos – duas maneiras simplistas de ver a mesma realidade?", *Estudos dedicados ao Professor Doutor Luís Alberto Carvalho Fernandes*, UCP, Lisboa, 2011, 55- 108.

BAKER, AARON (com IAN SMITH)
— *Employment Law*, Oxford University Press, Oxford, 2010.

BAR, CHRISTIAN VON (com JOHN BLACKIE/ERIC CLIVE)
— *Principles of European Law. Study Group on a European Civil Code, Non-Contractual Liability Arising out of Damage Caused to Another*, GmbH, Munique, 2009.

BARASSI, LODOVICO
— *Il contratto di lavoro nel diritto positivo italiano* [a cura di Mario Napoli: 1.ª ed.: 1901], Vita e Pensiero, Milão, 2003.

BARBERA, MARZIA
— "Trasformazioni della figura del dattore di lavoro e flessibilizzazione delle regole del diritto", *La figura del datore di lavoro articolazioni e trasformazioni (La). In ricordo di Massimo D'Antona, dieci anni dopo: Atti di XVI Congresso Nazionale di Diritto del Lavoro. Catania 23 maggio 2009*, Giuffrè, Milão, 2010, 5-76.

BARNETT, DANIEL (com TIMOTHY GEORGE)
— "Post-Employment Restrictive Covenants", NLJ 2002, n.º 1849, 1-7.

BARRACO, ENRICO
— "Il diritto del lavoro a tutela delle imprese: le clausole di fidelizzazione", LG 2006, n.º 4, 313-8.

BARTHÈLÉMY, JACQUES
— "Vers un nouveau droit du travail", *Futuribles* 1998, n.º 237, 31-37.
— *Evolution du droit social: Une tendance à la contractualisation mais un rôle accru des droits fondamentaux du travailleu*, Lamy, Paris, 2010.

BARTOLE, SERGIO (com ROBERTO BIN)
— *Commentario breve alla Costituzione* (2.ª ed.), Cedam, Milão, 2008.

BASS, ISSA
— *Lean Six Sigma*, McGraw-Hill, Nova Deli, 2010.

BASTO, NUNO CABRAL
— "Contratos Especiais de Trabalho: reflexões em torno do sistema positivo vigente", ESC 1969, n.º 31, 69-94.

BATLESON, JAMES
— *Labor and the Wartime State: Labor Relations and Law During World War II*, University of Illinois Press, Illinois, 1998.

BAUMAN, ZYGMUNT
— *A liberdade*, Editorial Estampa, Lisboa, 1989.

Baumol, William J. (com Alan S. Blinder)
— *Economics: Principles and Policy* (12.ª ed.), South Western, Mason, 2012.

Bausilio, Giovanni
— *Contratti Atipici. Disciplina Civilistica e Trattamento Fiscale*, Cedam, Pádua, 2002.

Bavencoffe, Carine
— "L'article L 122-145 du *Code du Travail*", Université de Lille II, Lille, 2000.

Beam, Burton T. (com John J. McFadden)
— *Employee Benefits*, Dearborn, Chicago, 2001.

Beard, Mary (com John Henderson)
— *Antiguidade Clássica: o essencial* (trad. Maria Helena Cobeira), Gradiva, Lisboa, 1996.

Beck, Ulrich
— *Risk Society: Towards a New Modernity* (trad. Mark Ritter), Sage Publications, Londres/Nova Deli, 1992.
— *Che cos'è la globalizzazione. Rischi e prospettive della società planetaria* (trad. E. Cafagna/C. Sandrelli) Carocci Edit. Roma, 2009.

Becker, Gunnar
— *Die unzulässige Einflussnahme des Arbeitgebers auf die Entscheidungsfreiheit des Arbeitnehmers am Beispiel des arbeitsrechtlichen Aufhebungsvertrages*, BWV, Berlim, 2011.

Beduschi, Carlo
— "A proposito di tipicitá e atipicitá dei contratti", RDC 1986, n.º 4, 351-381.
— *Tipicitá e Diritto. Contributo allo studio della razionalità giuridica*, Cedam, Pádua, 1992.

Bell, Andrew C.
— *Employment Law* (2.ª ed.), Sweet & Maxwell, Londres, 2006.

Beltran, Ari Possidonio
— "As cláusulas de não concorrência no Direito do Trabalho", *Revista do Advogado*, 1998, n.º 54, 63-68.

Benbouaziz, Léa
— *L'économie générale du contrat de travail*, Universite Paris II Pantheon-Assas, 2011.

Benda, Ernst
— "Dignidad humana y derechos de la personalidad", Ernst Benda/ Werner Maihoffer/Hans-Jochen Vogel/Konrad Hesse/Wolfgang Heyde, *Manual de Derecho Constitucional* (trad. Eduardo López Pina), Madrid, Marcial Pons, 1996, 117-145.
— "El Estado social de Derecho", Ernst Benda/ Werner Maihoffer/Hans-Jochen Vogel/Konrad Hesse/Wolfgang Heyde, *Manual de Derecho Constitucional* (trad. Eduardo López Pina), Madrid, Marcial Pons, 1996, 487-531.

BERGER, ADOLF
— *Encyclopedic Dictionary of Roman Law*, Vol. 43, 609, The American Philosophical Society, Filadélfia, 1991.

BERKOWSKY, WILFRIED
— "Änderungskündigung zur Änderung von Nebenabreden", NZA 2003, 1130-1133.

BERTENS, HANS
— "The Sociology of Postmodernity", *International Postmodernism: Theory and Literary Practice* (ed. Johannes Willem Bertens/Douwe Fokkema) John Benjamins Publishing Co, Amesterdão, 1997, 103-120.

BESSY, CHRISTIAN
— *La contractualisation de la relation de travail* (T. 45), LGDJ, Paris, 2007.

BETTEN, LAMMY
— *The Human Rights Act 1998: What It Means: The Incorporation of the European Convention on Human Rigts into the Legal Order of the United Kingdom*, Kluwer Law, Haia, 1999.

BETTI, EMILIO
— *Teoria Generale del Negozio Giuridico* (2.ª ed.), Edizione Scientifiche Italiane, Nápoles, 1994.

BETTINI, MARIA NOVELLA
— "Trattenere i talenti: clausola di durata minima e dimissioni", Mass. Gl 2008, n.º 7, 550-556.

BIAGI, MARCO (com MICHELE TIRABOSCHI)
— *Istituzioni di diritto del lavoro* (4.ª ed.), Giuffrè, Milão, 2007.
— *Istituzioni di diritto del lavoro* (5.ª ed.), Giuffrè, Milão, 2012.

BIANCA, MASSIMO
— *Diritto Civile.* Tomo III (2.ª ed.), Giuffrè, Milão, 2000.
— *Diritto Civile,* Tomo I (2.ª ed.), Giuffrè, Milão, 2002.

BICKEL, DIETRICH
— "Zum Arbeitskampfrecht in Deutschland", *Arbeitsrecht und Zivilrecht in Entwicklung* (dir. Hyung Bae Kim) Duncker & Humblot, Berlin, 1995, 13-25.

BIFULCO, RAFFAELE (com ALFONSO CELOTTO/MARCO OLIVETTI)
— *Commentario alla Costituzione.* Vol. I (Artt. 1-54), Utet, Turim, 2006.

BILBAO UBILLOS, JUAN MARÍA
— *La Eficacia de los Derechos Fundamentales frente a Particulares,* Centro de Estudios Constitucionales, Madrid, 1997.

BISHARA NORMAN
— "Covenants not to compete in a knowledge economy: Balancing innovation from employee mobility against protection for human capital investment", *Berkeley Journal of Employment and Labor Law*, Vol. 27, 2006/2, 287-322.

BLIN-FRANCHOMME, MARIE-PIERRE (com ISABELLE DESBARATS/GÉRARD JAZOTTES, VIRGINIE VIDALENS)
— *Entreprise et développement durable: Approche juridique pour l'acteur économique du XXIe siècle*, Lamy, Paris, 2011.

BLOCH, MARC
— *A Sociedade Feudal*, Lisboa, Edições 70, 1998.

BOBBIO, NORBERTO
— "Lacune", *Novissimo Digesto Italiano* IX, 1963, 419- 424.

BONE, ALISON (com MARNAH SUFF)
— *Essential employment law* (2.ª ed.), Cavendish, Londres/Sidney, 1999.

BONET, RÁMON
— "Las instituciones civiles", RDP 1953, n.º 1, 1953, 197-214.

BONNECHÈRE, MICHÈLE
— *Le Droit du Travail*, La Découverte, Paris, 2008.

BORGES, HERMENEGILDO FERREIRA
— *Retórica, direito e democracia: sobre a natureza e função da retórica jurídica*, Lisboa, 1992.

BOSCATI, ALEXANDRO
— "Patto di non concorrenza. Art. 2125", *Il Codice Civile – Commentario*, Giuffrè, Milão, 2010.
— "Obbligo di fedeltà ed il patto di non concorrenza" *in* MICHEL MARTONE, *Trattato di diritto del lavoro*, Vol. IV (dir. Mattia Persinani/Franco Carinci), Cedam, Pádua, 2012, 959-1058.

BOTELHO, CATARINA SANTOS
— "Algumas reflexões sobre o princípio da paridade retributiva", *Estudos dedicados ao Professor Mário Fernando de Campos Pinto. Liberdade e Compromisso – Volume II*, UCP, Lisboa, 2009, 79-131.

BOXER, CHARLES RALPH
— *O Império Colonial Português*, Edições 70, 1969.

BLANKE, HERMANN-JOSEF
— "Flexibilierung und Deregulierung: Modernisierung oder Alternative?", *Festschrift für A. Gnade*, Bund Verlag, Colónia, 1992.

BLAKE, HARLAN M.
— "Employee agreements not to compete", HLR 1960, vol. 73, n.º 4, 625-691.

BOCHICCHIO, FRANCESCO
— "La concorrenza sleale nel settor finanziario tra principi generali e specificitá", *Contratto e Impresa* 2003, n.º 2, 804-837.
— "La nuova disciplina del patto di non concorrenza nel contratto di agenzia e riflessi sulla configurazione dei contratti di distribuzione", *Contratto e impresa: dialoghi* (dir. Francesco Galgano), ano 20, n.º 3, Cedam, Pádua, 2004, 1265-1304.

BOCKENFORDE, ERNST-WOLFGANG
— *Escritos sobre Derechos Fundamentales* (trad. de J. L. Requejo Parés e I. Villaverde), Nomos Verlagsgesellschaft, Baden-Baden, 1993.

BOZA PRO, GUILLERMO
— *El deber de sigilo de los representantes de los trabajadores*, Tirant Lo Blanch, Valência, 1997.

BRANCIARD, MICHEL (com MARCEL GONIN)
— *Le mouvement ouvrier: 1815-1976*, Montholon-Services, Paris, 1977.

BRINO, VANIA
— "La clause de non concurrence: Italie", RDT 2007, n.º 11, 682-684.

BRONZE, FERNANDO JOSÉ PINTO
— *A Metodonomologia entre a Semelhança e a Diferença (Reflexão Problematizante dos Pólos da Radical Matriz Analógica do Discurso Jurídico)*, BFDVC, Coimbra Editora, Coimbra, 1994.
— *Lições de Introdução ao Estudo do Direito*, Coimbra Editora, Coimbra, 2006.

BRONZINI, GIUSEPPE
— «Il Trattato di Lisbona: funzionerà il "compromesso dilatório"?», QG 2008, II, 133-146.

BORRAJO DA CRUZ, EFREN
— *Introducción al Derecho del Trabajo* (10.ª ed.), Tecnos, Madrid, 1999.

BOWERS JOHN (com SIMON HONEYBALL)
— *Textbook on Labour Law*, Blackstone Press, Londres, 1998.

BRÄMER, ANTJE (com FRIEDRICH L. EKEY)
— *Heidelberger Kommentar zum Wettbewerbsrecht*, C.F. Müller, Heidelberg, 2005, 197-9.

BRANCA, GIUSEPPE
— *Commentario della Costituzione*, Volume 53, Parte II, Zanichelli, Bolonha, 1975.

BRANAHL, UDO
— *Medienrecht (Eine Einführung)*, 4.ª ed., Wetdeutscher Verlag, 2002.

BRILL-VENKATASAMY, TARA
— «La clause de non-concurrence en droit du travail: comparaison des droits anglais et français», RIDC 1998, n.º 1, 141-157.

BRITO, MIGUEL NOGUEIRA DE
— "O conceito constitucional de dignidade humana entre o absoluto e a ponderação: o caso da reprodução humana", *Estudos em Homenagem ao Prof. Doutor José Joaquim Gomes Canotilho. Vol. III*, Coimbra Editora, Coimbra, 2012, 151-178.

BRODIE, DOUGLAS
— "Mutual trust and the values of the employment contract", ILJ, Oxford, vol. 30, n.º 1, March 2001, 84-100.

Brunel, Patrick
— *Formation professionnelle continue. Vol. 2: obligations financières et juridiques de l'enterprise*, ed. Lamy, Paris, 2010.

Brunello, Giorgio
— "Sottoinvestimento in formazione dei lavoratori: i fattori rilevanti", *Temi e strumenti per la formazione continua* (a cura di Montanino), Rubettino Editore, Roma, 2006, 51-70.

Buckland, William Warwick
— *A Text-Book of Roman Law: From Augustus to Justinian*, Cambridge University Press, Cambridge, Nova Iorque, 2010.

Bugada, Alexis
— "Droit constitutionnel appliqué. Aperçu sélectif de la jurisprudence de la Chambre sociale de la Cour de cassation (année 2000)", RFDT 2001/4, n.º 48, 779-791.

Bulgarelli, Aviana
— "Verso una strategia di lifelong learning: stato dell'arte e evoluzione delle politiche di formazione continua in Italia", *Lo sviluppo del «capitale umano» tra innovazione organizzativa e tecniche di fidelizzazione* (dir. Stefano Malandrini/Alberto Russo), Collana Adapt – Fondazione "Marco Biagi" n.º 9, Giuffrè, Milão, 2006, 143-166.

Buoncristiano, Mario (com Stefania Maglienti)
— "Le rinunzie e le transazioni del lavoratore", *Trattato di Diritto Privato: Impresa e Lavoro*, Tomo I (2.ª ed.), dir. Pietro Rescigno, Utet, Turim, 2004, 717-730.

Burnett, Stuart (com James Holland)
— *Employment Law*, Oxford University Press, Oxford, 2008.

Butler, Des (com Sharon Christensen/Bill Dixon/Lindy Willmott)
— *Contract Law Casebook*, Oxford University Press, Oxford, 2009.

Cabral, Rita Amaral
— "A tutela delitual do direito de crédito", *Estudos em Homenagem ao Prof. Doutor Manuel Gomes da Silva*, Coimbra Editora, Coimbra, 2001, 1025-1053.

Caetano, Marcelo
— *A antiga organização dos mesteres da cidade de Lisboa*, Imprensa Nacional de Lisboa, 1942.
— *As Corporações dos Ofícios Mecânicos. Subsídios para a sua História, Vol. I*, Lisboa, 1943, XIII-XIV.
— "As Pessoas Colectivas no novo Código Civil Português", Dir. 1967, fasc. 2.º, 85-110.

Cairo, Lorenzo
— "Ancora sul patto di non concorrenza: il limite territoriale nel nuovo mercato, le modalità di pagamento del corrispettivo, i limiti alla pattuizione e all'esercizio del potere di recesso", OGL 2005, vol. 54, T. II, 317-323.

CAMERLYNCK, GUILLAUME HUBERT
— *Droit du Travail. Le contrat de travail*, T. 1 (10.ª ed.), Dalloz, Paris, 1982.
CAMPBELL, JOAN
— *European Labor Unions*, Greenwood, Westport, 1992.
CAMPINOS, ANTÓNIO (com LUÍS COUTO GONÇALVES)
— *Código da Propriedade Industrial Anotado*, Almedina, Coimbra, 2008.
CAMPOS, DIOGO LEITE DE
— *Lições de Direitos da Personalidade*, Coimbra Editora, Coimbra, 1992.
CANARIS, CLAUS-WILHELM
— "De la maniére de constater et de combler les lacunes de la loi en droit allemand", *Le problème des lacunes en droit* (dir. Ch. Perelman), Bruylant, Bruxelas, 1968, 161-179.
— *Pensamento Sistemático e Conceito de Ciência do Direito* (trad. Menezes Cordeiro), 2.ª ed., Fundação Calouste Gulbenkian, Lisboa, 1996.
— «A Liberdade e a Justiça Contratual na "Sociedade de Direito Privado"», *Contratos: Actualidades e Evolução*, UCP, Porto, 1997, 49-66.
— *Direitos fundamentais e direito privado* (trad. Ingo Wolfgang Sarlet e Paulo Mota Pinto), Almedina, Coimbra, 2003.
— "A influência dos direitos fundamentais sobre o direito privado na Alemanha", RBDC 2005, n.º 28, 3-29.
CANARIS, CLAUS-WILHELM (com HERMANN STAUB)
— *Handelsgesetzbuch: Grosskommentar*, Volume 1, Walter de Gruyter, Berlim, 1995.
CANAS, VITALINO
— "Princípio da Proporcionalidade", *Separata do vol. VI do Dicionário Jurídico da Administração Pública*, vol. VI, Lisboa, 1994.
— "O princípio da proibição do excesso na Constituição: arqueologia e aplicações", *Perspectivas constitucionais: nos 20 anos da Constituição de 1976. Vol. II*, Coimbra Editora, Coimbra, 1998, 323-357.
— "A proibição do excesso como instrumento mediador de ponderação e optimização: com incursão na teoria das regras e dos princípios", *Estudos de Homenagem ao Prof. Doutor Jorge Miranda. Vol. III*, Coimbra Editora, Coimbra, 2012, 811-893.
CANOTILHO, JOSÉ JOAQUIM GOMES
– "Anotação ao Ac. TC n.º 70/90 – Processo n.º 229/89", RLJ 1990-1991, n.º 3972, 89-97.
— "Relatório sobre Programa, Conteúdos e Métodos de um Curso de Teoria da Legislação", BFDVC, vol. LXIII, 1987, 405-494.
— "Dizer a norma nas questões de trabalho", QL 1994, n.º 2, 65-75.
— *Direito Constitucional e Teoria da Constituição* (7.ª ed.), Almedina, Coimbra, 2013.

— "Direito Constitucional de Conflitos e Protecção e Direitos Fundamentais", RLJ 1992, n.º 3815, ano 125.º, 35-39.
— *Constituição dirigente e vinculação do legislador – Contributo para a compreensão das normas constitucionais programáticas* (2.ª ed.), Coimbra Editora, Coimbra, 2001.
"Dogmática de Direitos Fundamentais e Direito Privado", *Estudos em Homenagem ao Prof Inocencio Galvão Telles. Vol.* V, Almedina, Coimbra, 2003, 63-83.
— "Dignidade e Constitucionalização da Pessoa Humana", *Estudos de Homenagem ao Prof. Doutor Jorge Miranda. Vol. II,* Coimbra Editora, Coimbra, 2012, 285-296.

CANOTILHO, J. J. GOMES (com JORGE LEITE)
— "A inconstitucionalidade da Lei dos Despedimentos", *Estudos em Homenagem ao Prof. Doutor Ferrer Correia,* vol. III, Coimbra editora, Coimbra, 1991, 501-580.

CANOTILHO, J. J. GOMES (com VITAL MOREIRA)
— *Fundamentos da Constituição,* Coimbra Editora, Coimbra, 1991.
— *Constituição Portuguesa da República Anotada* (3.ª ed.), Coimbra Editora, Coimbra, 1993.
— *Constituição Portuguesa da República Anotada. Artigos 101.º a 107.º* (4.ª ed.), Coimbra Editora, Coimbra, 2007.

CANUT, FLORENCE
— *L'ordre public en droit du travail,* Bibliothèque de l'Institut André Tunc/LGDJ, Paris, 2007.
— "Stipulation d'une clause de non-concurrence nulle et indemnisation du salarié", Dr. ouvrier 2011, n.º 753, 209-214.
— "Sanction d'une clause de non concurrence excessive: vers une evolution de la jurisprudence de la Chambre sociale de la Cour de cassation?", Dr. Ouvrier 2012, n.º 762, 12-19.

CARINCI, FRANCO
— *Diritto del lavoro dell' Unione Europea,* Utet, Turim, 2010.

CARINCI, FRANCO (com RAFAELLE DE LUCA TAMAJO/PAOLO TOSI/TIZIANO TREU)
— *Diritto del Lavoro. 2. Il rapporto di lavoro subordinato* (3.ª ed.), Utet, Turim, 1992.

CARMICHAEL, FIONA (com DENNIS THOMAS)
— "Bargaining in the Transfer Market: Theory and Evidence", AEL 1993, vol. 25, n.º 25, 1467-1476.

CARNEIRO, MANUEL BORGES
— *Direito Civil de Portugal.* Tomo 1, Typografia Madre de Deus, Lisboa, 1858.

CARNELUTTI, FRANCESCO
— *Studi di diritto civile* (Collezione di opere giuridiche ed economiche), Athenaeum, Roma, 1916.
— "Il diritto di privativa nel contratto di lavoro", RDCom, 1910, II, 431-440.

Carqueja, Bento
— *Filosofia do Trabalho*, Imprensa da Universidade de Coimbra, Coimbra, 1932.

Carvalho, Américo da Silva
— *Concorrência Desleal (Princípios Fundamentais)*, Coimbra Editora, Coimbra, 1984.

Carvalho, Américo Taipa de
— "Anotação ao art. 159.º", *Comentário Conimbricense do Código Penal. Parte Especial: Tomo I* (dir. Jorge de Figueiredo Dias), Coimbra Editora, Coimbra, 1999, 421-6.
— *Direito Penal- Parte Geral. Questões Fundamentais*, UCP, Porto, 2003.

Carvalho, André Dinis de
— *Da Liberdade de Circulação dos Desportistas Profissionais na União Europeia*, Coimbra Editora, Coimbra, 2004.

Carvalho, António Nunes
— *Das Carreiras Profissionais no Direito do Trabalho*, dissertação de mestrado (inédita), 1990, Faculdade de Direito da Universidade Católica Portuguesa, Lisboa.
— "Sobre o dever de ocupação efectiva do trabalhador", RDES 1991, n.ºs 3/4, 261-327.
— "Ainda sobre a crise do Direito do Trabalho", *II Congresso Nacional de Direito do Trabalho. Memórias* (org. António Moreira), Almedina, Coimbra, 1999, 47-79.
— "O pluralismo do Direito do Trabalho", *III Congresso Nacional de Direito do Trabalho. Memórias* (org. António Moreira), Almedina, Coimbra, 2001, 267-294.
— "Reflexões sobre a categoria profissional (a propósito do Código do Trabalho)", *Estudos de Direito do Trabalho em Homenagem ao Professor Manuel Alonso Olea* (org. António Monteiro Fernandes), Almedina, Coimbra, 2004, 123-163.
— "Notas sobre o regime da retribuição no Código do Trabalho (conceito de retribuição e complementos retributivos)", RDES n.º 14, 2010, 43-155.

Carvalho, Catarina de Oliveira
— "O exercício do *ius variandi* no âmbito das relações individuais de trabalho e polivalência funcional", *Juris et de Jure* (org. Manuel Afonso Vaz e José Azeredo Lopes), UCP, Porto, 1998, 1031-1065.
— *Da mobilidade dos trabalhadores no âmbito dos grupos de empresas nacionais*, UCP, Porto, 2001.
— "O direito do trabalho perante a realidade dos grupos empresariais – alguns problemas ligados à transmissão de estabelecimento entre empresas do mesmo grupo", *Separata da Obra V Congresso Nacional de Direito do Trabalho*, Almedina, Coimbra, 2003, 51-52.
— "Cessação do contrato de trabalho promovida pelo empregador com justa causa no contexto dos grupos empresariais", *Estudos de direito do trabalho em homenagem ao Professor Manuel Alonso Olea*, Coimbra, Almedina, 2004, 205-239.

— "As perplexidades suscitadas pela regulamentação positiva de uma figura não inovadora: o contrato de trabalho celebrado com pluralidade de empregadores", PDT 2010, n.º 87, 45-84.
— *Da Dimensão da Empresa no Direito do Trabalho. Consequências práticas da dimensão da empresa na configuração das relações laborais individuais e colectivas*, Coimbra Editora, Coimbra, 2011.

CARVALHO, CATARINA DE OLIVEIRA (com JÚLIO VIEIRA GOMES)
— "Sobre o Regime da Invalidade do Contrato de Trabalho", *II Congresso Nacional de Direito do Trabalho. Memórias* (org. António Moreira), Almedina, Coimbra, 1999, 147-176.

CARVALHO, JORGE MORAIS
— *Os Contratos de Consumo. Reflexão sobre a Autonomia Privada no Direito do Consumo*, Almedina, Coimbra, 2012.

CARVALHO, ORLANDO DE
— "Negócio jurídico indirecto (teoria geral)", Separata do Vol. X do Suplemento do BFDVC, Coimbra, 1952.
— *Direito das coisas (do direito das coisas em geral)*, Centelha, Coimbra, 1977.
— *A teoria geral da relação jurídica "seu sentido e limites"* (2.ª ed.), Coimbra, 1981.
— *Teoria Geral do Direito Civil* [sumários desenvolvidos para uso dos alunos do 2.º ano (1.º turma), do Curso jurídico de 1980/81, em curso de publicação], Coimbra, 1981.
— "Empresa e Direito do Trabalho", *Temas de Direito do Trabalho – Direito do Trabalho na crise. Poder empresarial. Greves atípicas. IV Jornadas Luso-Hispano-Brasileiras de Direito do Trabalho*, Coimbra Editora, Coimbra, 1990, 9-20.
— "Empresa e lógica comercial", *Estudos em Homenagem ao Prof. Doutor Ferrer Correia*, vol. IV, Coimbra editora, Coimbra, 1997, 3-31.
— *Teoria Geral do Direito Civil* (coord. F. Liberal Fernandes/M.ª Raquel Guimarães/M.ª Regina Redinha), Coimbra editora, Coimbra, 2012.
— *Direito das Empresas* (coord. F. Liberal Fernandes/M.ª Raquel Guimarães/M.ª Regina Redinha), Coimbra editora, Coimbra, 2012.

CARVALHO, PAULO MORGADO DE
— "Percurso pelo regime da cessação do contrato de trabalho", SJud. 2004, n.º 27, 11-39.

CASAUX, LISE
— *La pluriactivité ou l'exercice par une même personne physique de plusieurs activités professionnelles*, LGDJ, Paris, 1993.

CASILLO, ROSA
— "La dignità nel rapporto di lavoro", RDC 2008, n.º 5, 593-627.

CASSESE, SABINO
— "La cultura giuridica dagli anno sessanta ad oggi", RTDPC 2004, n.º 2, 371-378.

CASTELLS, MANUEL
— *A Era da Informação: Economia, Sociedade e Cultura. Volume I: A Sociedade em Rede* (trad. Alexandra Lemos, Catarina Lorga e Tânia Soares), Fundação Calouste Gulbenkian, Lisboa, 2005.

CASTIÑERA FERNÁNDEZ, J.
— *Prohibición de competencia y contrato de trabajo*, Servicio de Publicaciones del Ministerio de Trabajo, Madrid, 1977.

CASTRO, ANÍBAL DE
— *A caducidade na doutrina, na lei e na jurisprudência*, 3.ª ed., Lisboa, 1984.

CASTRONOVO, MARIEKE
— "Clause de clientéle et clause de non-concurrence", RDT 2010, n.º 2, 507-9.

CATAUDELLA, MARIA CRISTINA
— *Contratti di lavoro e nullità parziale*, Giuffrè, Milão, 2008.

CAUPERS, JOÃO
— *Os direitos fundamentais dos trabalhadores e a Constituição*, Almedina, Coimbra, 1985.

CECCHELLA, CLAUDIO
— «L'ordine "di non lavorare ex art. 700 c.p.c. e le sue implicazioni sistematiche sulla tutela giurisdizionale d'urgenza», Mass. Gl 1997, 930-935.

CENDON, PAOLO
— *Commentario al codice civile. Artt. 2595-2642: Concorrenza, consorzi, disposizioni penali*, Giuffrè, Milão, 2009.
— *Commentario al codice civile. Artt. 2060-2134. Lavoro subordinato*, Giuffrè, Milão, 2011.

CESTER, CARLO
— *Il rapporto di lavoro subordinato: costituzione e svolgimento, vol. II* (Diritto del lavoro: Commentario diretto da F. Carinci), 2.ª ed., Utet, Turim, 2007.
— "Rinunzie e transazioni", *Dizionari del Diritto Privato: Diritto del Lavoro* (org. Natalino Irti), Giuffrè, Milão, 2008, 191-195.

CHAGNY, YVES
— "Débauchage de salarié, nullité de la clause de non-concurrence: une prise de possession du droit du travail par le droit commercial", RDT 2008, 453-5.

CHANDLER, PETER
— *Waud's Employment Law* (14.ª ed.), Kogan Page, Londres, 2003.

CHARBONNEAU, ALEXANDRE
— "La contrepartie financière d'une clause de non-concurrence: indifference du mode de rupture du contrat quant à son montant. Sóc. 25 février 2012, n.º 10-11.590", RDT 2012, n.º 4, 216-219.

CHARBONNEAU, CYRILLE
— "Clause de dédit-formation: une validitè sous contrôle rapproché", CSBP, n.º 142, 01.07.2002, 323-324.

CHARRO BAENA, PILAR
— "El pacto de no competencia postcontractual", *Relaciones Laborales. Revista Crítica de Teoría y Práctica*, 1995, n.º 2, 9-44.

CHAUCHARD, JEAN-PIERRE
"La clause de dédit-formation ou le régime de liberté surveillée appliqué aux salariés", DS 1989, n.º 5, 388-393.

CHEMERINSKY, ERWIN
— *Constitutional Law: principles and policies* (3.ª ed.) Aspen Publishers, Nova Iorque, 2006.

CHEVALLIER, JACQUES
— "Vers un droit postmoderne", Les *transformations de la régulation juridique. Tome V* (org. Jean Clam & Gilles Martin), LGDJ, Paris, 1998, 21-46.

CHOISEZ, STÉPHANE
— «La contrepartie financière de la clause de non-concurrence d'un contrat de travail», DS 1993, n.ºs 7-8, 662-675.

CHORÃO, LUIS BIGOTTE
— "Notas sobre o âmbito da concorrência desleal", ROA 1995, n.º 3, 713-755.

CIAN, GIORGIO
— *Codice Civile e Leggi Collegate: Commento Giurisprudenziale Sistematico*, Cedam, Milão, 2010.

CICOGNA, SALVATORE
— "Ius poenitendi come mezzo di tutela della liberta e ponderatezza del consenso", *Studi in Onore di Pitero Rescigno. III, Diritto Privato*, Giuffrè Editore, Milão, 1998.

CIOLLI, INES
— "La tutela del diritti sociali in Francia e in Italia", *Studi in onore di Gianni Ferrara*, Giappichelli, Turim, 2005, 19-41.

CIRILLO, FRANCESCO MARIA
— "Commento all'art. 4". *Diritto del lavoro. Volume I – La Costituzione, il Codice civile e le leggi speciali* [dir. G. AMOROSO, DI CERBO, A. MARESCA (3.ª ed.)], Giuffrè, Milão, 2009, 57-88.

CIUCCIOVINO, SILVIO
— "L'apprendistato professionalizzante ancora alla ricerca di una disciplina definitiva", RIDL, 2009, n.º 1, 379- 412.

CLARCK, JOHN (com LORD WEDDERBURN)

— "Juridification – An Universal Trend? The British Experience in Labour Law", *Juridification of Social Spheres*, org. Gunther Teubner, Walter de Gruyter, Nova Iorque, 1987.

CLARENCE-SMITH, GERVASE
— *O Terceiro Império Português* (1825-1975), Teorema, Lisboa, 1985.

COELHO, FRANCISCO MANUEL B. PEREIRA
— *A renúncia abdicativa no Direito Civil (Algumas notas tendentes à definição do seu regime)*, Studia Iuridica 8, Coimbra Editora, Coimbra, 1995.
— "Coligação negocial e operações negociais complexas: tendências fundamentais da doutrina e necessidade de uma reconstrução unitária", BFDUC – Volume Comemorativo 2003, Coimbra Editora, Coimbra, 2003, 233-268.
— "Causa objectiva e motivos individuais no negócio jurídico", *Comemorações dos 35 anos do código civil e dos 25 anos da reforma de 1977. Vol. II,* Coimbra Editora, Coimbra, 2006, 423-457.

COELHO, JOÃO VASCO
— *Uma anatomia do trabalho renovado*, Minerva, Coimbra, 2010.

COLLAÇO, ISABEL MAGALHÃES
— *Da qualificação em Direito Internacional Privado*, Lisboa, 1964.

COLLET-THIRY, NICOLAS
— "Le préavis de prise d'acte: le risqué disproportionné encouru par le salarié usant de son droit de provoquer une rupture immédiate, Dr. ouvrier 2012, n.º 771, 625-629.

COLSTON, CATHERINE (com JONATHAN GALLOWAY)
— *Modern Intellectual Property Law* (3.ª ed), Routledge, Nova Iorque, 2010.

COMMONS, JOHN ROGERS
— *Selected Essays: vol. 1&2* (edited by Malcolm Rutherford/Warren J. Samuels), Routledge, Nova Iorque, 1999.

CONCEIÇÃO, J. APELLES DA
— *Dicionário de Segurança Social*, Ed. Rei dos Livros, Lisboa, 1999.

COOTER, ROBERT (com THOMAS ULEN)
— *Law and Economics*, Pearson Education, Limited, Essex, 2011.

CORBIN, ALAIN
— *História dos Tempos Livres* (trad. Telma Costa), Teorema, Lisboa, 1995.

CORBISIERO, FABIO
— "Il lavoro flessibile tra solidarietà e mercato", *Lavoro flessibile e forme contrattuali non standard nel terzo settore* (org. Fabio Corbisiero/Antonello Scialdone/Antonio Tursilli, Franco Angeli, Milão, 2009, 15-28.

CORDEIRO, ANTÓNIO MENEZES
— *Direitos Reais*, Lex, Lisboa, 1979.

— "Da situação jurídica laboral: perspectivas dogmáticas do Direito do Trabalho", ROA 1982, 89-149.
— "Concorrência laboral e justa causa de despedimento", ROA 1986, 487-526.
— "Tendências actuais da interpretação da lei: do juíz autómato aos modelos da decisão jurídica", RJAAFDL 1987, n.os 9 e 10, 7-14.
— "Da Alteração das Circunstâncias. A Concretização do artigo 437.º do Código Civil, à luz da jurisprudência posterior a 1974", *Separata dos Estudos em Memória do Prof. Doutor Paulo Cunha*, AAFDL, Lisboa, 1987.
— "O princípio do tratamento mais favorável no Direito do trabalho actual", DJ 1987-1988, III, 111-139.
— "A decisão segundo a equidade", *Dir.* 1990, II, 261-280.
— *Estudos de direito civil. Vol I.*, Almedina, Coimbra,1991.
— "Impugnação pauliana e fiança de conteúdo indeterminável", CJ 1992, XVII, T. III, 55-64.
— *Teoria Geral do Direito Civil. volume I* (2.ª ed.), AAFDL, Lisboa, 1992.
— *Direito das Obrigações, Vol. I*, AAFDL, Lisboa, 1994.
— *Direito das Obrigações, Vol. II*, AAFDL, Lisboa, 1994.
— "A Boa Fé nos finais do século XX", ROA 1996, n.º 3, 887-912.
— "Direito do Ambiente, Princípio da Prevenção, Direito à Vida e à Saúde: anotação ao acórdão do Supremo Tribunal de Justiça de 2 de Julho de 1996", ROA 1996, n.º 2, 667-686.
— *Da Boa Fé no Direito Civil*, Almedina, Coimbra, 1997.
— *Manual de Direito do Trabalho*, Almedina, Coimbra, 1997.
— "A Liberdade de expressão do trabalhador", *II Congresso Nacional de Direito do Trabalho. Memórias* (org. António Moreira), Almedina, Coimbra, 1999, 21-43
— "Direito do Trabalho e Cidadania", *III Congresso Nacional de Direito do Trabalho. Memórias* (org. António Moreira), Almedina, Coimbra, 2001, 29-42.
— "Livrança em Branco – Pacto de Preenchimento» – Acórdão do Supremo Tribunal de Justiça de 3 de Maio de 2001", ROA 2001, n.º 2, 1039-1052.
— *Tratado de Direito Civil Português*, I, Parte Geral, Tomo I (2.ª ed.), Almedina, Coimbra, 2002.
— "Defesa da concorrência e direitos fundamentais das empresas: da responsabilização da autoridade da concorrência por danos ocasionados em actuações de inspecção, *Dir.* 2004, ano 136, n.º 1, 43-76.
— "Da Colisão de Direitos", *O Direito* 2005, n.º 137, 37-55 (="Da colisão de direitos", *Estudos jurídicos e económicos em homenagem ao Prof. Doutor António de Sousa Franco. Vol. I*, Faculdade de Direito da Universidade de Lisboa, Lisboa, 2006, 289-306).
— "Os deveres fundamentais dos administradores das sociedades (art. 64.º, n.º 1 do CSC), ROA 2006, n.º 2, 443-488.

— "A lealdade no direito das sociedades", ROA 2006, n.º 3, 1033-1065.
— *Manual de Direito das Sociedades*, Volume I (2.ª ed.), Almedina, Coimbra, 2007.
— "Do abuso do direito: estado das questões e perspectivas", *Ars Iudicandi – Estudos em Homenagem ao Professor Doutor António Castanheira Neves*, Vol. II- Direito Privado, Coimbra Editora, Coimbra, 2009, 125-176.
— *Direito dos Seguros*, Almedina, Coimbra, 2013.

CORIATT-ATTIA, ISABELLE
— *Le statut de la pluriactivité en droit social*, PU Aix-Marseille, Marselha, 1998.

CORNESSE, ISABELLE
— *La proportionnalite en droit du travail*, Litec, Paris, 2001.

CORRADO, RENATO
— "Il lavoratore nell'organizzazione dell'impresa", *Nuovo trattato di diritto del lavoro*. Vol. II (dir. L. Riva Sanseverino e G. Mazzoni), Cedam, Pádua, 1971.

CORREIA, ANTÓNIO FERRER
— "Sobre a projectada reforma da legislação comercial portuguesa", ROA 1984, n.º 1, 5-43.
— "Da responsabilidade do terceiro que coopera com o devedor na violação de um pacto de preferência", *Estudos de direito civil, comercial e criminal: estudos jurídicos*, Almedina, Coimbra, 1985, 33-51.
— *Lições de Direito Comercial*, Lex, Lisboa, 1994.

CORREIA, ANTÓNIO FERRER (com VASCO LOBO XAVIER)
— "Efeito externo das obrigações; abuso do direito; concorrência desleal", RDE, 1979, n.º 1, 319.

CORREIA, CARLOS PINTO
— "Liberdade de Circulação dos Trabalhadores: o problema dos jogadores profissionais de futebol", SI 1995, nsº 256/258, 201-244.

CORREIA, LUÍS BRITO
— *Direito do Trabalho*, Vol. I, Faculdade de Ciências Humanas, Universidade Católica Portuguesa, Lisboa, 1982.

CORRIGNAN-CARSIN, DANIELLE
— "Validité de la clause de non-concurrence et protection des intérêts légitimes de l›entreprise", DS 1992, n.º 12, 967-975.
— "Une contrepartie financière dérisoire à la clause de non-concurrence équivaut à une absence de contrepartie", SJ 07.03.2007, n.º 10, 10039.
— "Caractère abusif de la rupture du contrat, pendent la période d'essai, pour motif non inhérent à la personne du salarié" SJ 02.01.2008, n.º 1, 10005.

CARCASSONNE, GUY
— *La Constitution* (pref. Georges Verdel), Points, Paris, 2011.

Cardoso da Costa, José Manuel
— "O princípio da Dignidade da Pessoa Humana na Constituição e na Jurisprudência Constitucional Portuguesas", *Direito Constitucional – Estudos em Homenagem a Manoel Gonçalves Ferreira Filho* (dir. Sérgio Resende de Barros/Fernando Aurélio Zilveti), Dialética, São Paulo, 1999, 191-212.

Cavalaro, Luigi
— "Costituzioni e diritto al lavoro. Un'interpretazione dell'art. 18 dello Statuto dei Lavoratori", RIDL 2003, n.º 1, 227-257.

Cosentini, Cristoforo
— "Libertini (Diritto Romano)", *Novissimo Digesto Italiano* IX, Utet, Turim, 1963, 881-2.

Costa, Mário Júlio de Almeida
— *Direito das Obrigações*, (7.ª ed.), Almedina, Coimbra, 1998.

Couturier, Gérard
— "Les techniques civilistes et le droit du travail. Chronique d'humeur à partir de quelques idées reçues", Dalloz 1975 Chronique XXIV, 1975, 151-221.
— *Droit du Travail. Les relations individuelles de travail*, T. I (3.ª ed.), PUF, Paris, 1994.

Craig, Paul (com Gráinne Búrca)
— *EC Law: texts, cases and materials*, Clarendon Express, Oxford, 1998.

Crisafulli, Vezio
— "Appunti preliminari sul diritto al lavoro nella Costituzione", RGL 1951, I, 97-172.

Cruz, Sebastião
— *Direito romano (ius romanum)* (4.ª ed.), Almedina, Coimbra, 1984.

Cruz Villalón, Jesús (com Ramos Velasco/Gómez Gordillo)
— *Estatuto de los Trabajadores Comentado*, Tecnos, Madrid, 2003.

Cseres, Katalin Judit
— *Competition law and consumer protection*, Kluwer Law International, Bedforshire, 2005.

Cunha, Carolina
— *Controlo das concentrações das empresas (direito comunitário e direito português)*, Almedina, Coimbra, 2005.

D'Agostino, Francesco
— "Sanzione (teoria generale)", *Enciclopedia del Diritto XLI*, Giuffrè, Milão, 1989, 303-325.

D'Antona, Massimo
— "Il diritto al lavoro nella Costituzione e nell'ordinamento comunitário", *Opere di Massimo D'Antona, Vol. I. Scritti sul metodo e sulla evoluzione del diritto de lavoro. Scritti sul diritto del lavoro comparato e Comunitário* (dir. Caruso/Sciarra), Giuffrè, Milão, 2000, 263-271.

— "Diritto del lavoro di fine secolo: una crisi di identità?", *Contratto e Lavoro Subordinato. Il diritto privato alle soglie del 2000*, Cedam, Milão, 2000, 127-145.

D'APONTE, MARCELLO
— "Patto di concorrenza e validità del divieto eccedente le mansioni specifiche dell'ex dipendente (nota a cass. 26/11/1994, n. 10064)" RDI 1995, n.º 3, 556--561.

D'ÁVILA, LOBO
— *Da Concorrência Desleal*, Coimbra, 1910.

DABBAH, MAHER M.
— *International and Comparative Competition Law*, Cambridge University Press, Cambridge, 2010.

DANVERS, FRANCIS
— *S'orienter dans la vie: une valeur suprême? Essai d'anthropologie de la formation*, Septentrion Presses Universitaires, Villeneuve d'Ascq, 2009.

DARMAISIN, STÉPHANE
— *Le contrat moral*, LGDJ, Paris, 2000.

DÄUBLER, WOLFGANG
— *Arbeitsrecht – Ratgeber* für Beruf, Praxis und Studium (6.ª ed.), Bund-Verlag, Francoforte sobre o Meno, 2006.

DAVIDOV, GUY (COM BRIAN LANGILLE)
— "Introduction", *The Idea of Labour Law*, Oxford University Press, Oxford, 2011.

DAVIES, ANNE C. L.
— *Perspectives on Labour Law*, Cambridge University Press, Cambridge, 2004.

DEAKIN, SIMON
— "Interpreting employment contracts: judges, employers, workers" IJCLLIR 2004, vol. 20, n.º 2, 201-226.
— "Travail, contrat", *Dictionnaire historiue de l'économie-droit XVII-XX siécles* (dir. Alessandro Stanziani), LGDJ, Paris, 2007, 289-295.

DEAKIN, SIMON (com MORRIS, GILLIAN)
— *Labour Law* (3.ª ed.), Butterworths, Londres, 2003.

DEFLEM, MATHIEU
— *Sociology of Law: Visions of a Scholarly Tradition*, Cambridge University Press, Cambridge, 2008.

DE CARLI, PAOLO
— «Le problematiche dello scopo negli enti "non profit" tra pubblico e privato», *Gli enti non-profit: nuove figure e nuove problematiche* (Atti del Convegno 3 ottobre 1992 organizzato dal Comitato regionale notarile della Lombardia), Giuffrè, Milão, 1993, 49-71.

DE MARNEFFE, PETER
— "Self-sovereignty and paternalism", *Paternalism: Theory and Practice*, Cambridge University Press, Cambridge, 2013, 56-74.

DE NOVA, GIORGIO
— *Clausole a rischio di nullità*, Cedam, Pádua, 2009.

DE PASQUALE, PATRIZIA
— "Libera concorrenza ed economia sociale nel Trattato di Lisbona", DPCE 2009, I, 81-88.

DE PASQUALE, PATRIZIA (com FRANCESCO CARUSO)
— *L'ordinamento europeo – La politiche dell'Unione*. Vol. III, Giuffrè, Milão, 2009, 1-17.

DE ROBERTIS, FRANCESCO MARIA
— *Lavoro e lavoratori nel mondo romano*, Adriatica editrice, Bari, 1963.

DE VAL TENA, ANGEL
— *Pacto de Prueba y Contrato de Trabajo* (Prologo de Juan Rivero Lamas), Civitas, Madrid, 1998.

DE VAL TENA, ANGEL (com ALCÁZAR ORTIZ)
— "Los pactos de dedicación exclusiva y permanencia en la empresa", PSRL 1995, n.º 3, 125-40.

DE VREY, ROGIER W.
— *Towards a European unfair competition law: a clash between legal families*, Martinus Nijhoff Publishers, Leiden, 2006.

DEAR, LAURENT (com STEVE GILSON)
— "Le droit de démission. Quelques questions controversées", *Quelques propos sur la rupture du contrat de travail: hommage à Pierre Blondiau*, Anthemis, Louvain, 2008, 115-146.

DEGOLU, LUISA
— *Le modificazioni convenzionali della responsabilità civile*, Le monografie di Contratto e impresa. Serie diretta da Francesco Galgano (58), Cedam, Pádua, 2000.

DEL BORRELLO, GILDA
— "Note in tema di patto di non concorrenza (Cassazione-sezione lavoro, sentenza 19/04/2002, n. 5691)", GC, 2003, I, 1077 -1081.

DELEURY, EDITH
— "Une perspective nouvelle: le sujet reconnu comme objet du droit", *Les Cahiers de droit* 1972, n.º 4 (vol. 13), 529-554.

DELMAS-MARTY, MIREILLE
— *Le flou du droit*, Quadrige/PUF, Paris, 2004.

DELL'OLIO, MATTEO
— "La stabilità convenzionale", ADL, 1998, I, 181-188.

DEL PUNTA, RICCARDO
— "The Economic Challenge to Labour Law", *Compliance with labour legislation: its efficacy and efficiency/ Respect de la législation du travail: effectivité et impact* (dir. Giuseppe Casale, Adalberto Perulli) International Labour Organization, Genebra, 2010, 5-14.
— *Diritto del lavoro* (4.ª ed.), Giuffrè, Milão, 2011.

DEL SOL, MARION (com CAROLE LEFRANC HAMONIAUX)
— "La protection de l'information confidentielle acquise par les salariés et leurs représentants", *JCP S* 2008, n.º 52/1666, 16-24.

DELSEN, LEI
— "Istruzione e formazione: da beni di consumo a capitali di investimento", DLRI, 2007, n.º 1, 21-36.

DEMEZ, GILBERT
— "Droit au travail et motivation du licenciement", *Quelques propos sur la rupture du contrat de travail: hommage à Pierre Blondiau*, Anthemis, Louvain, 2008, 147-160.

DENICOLA, ROBERT
— "The Restatemens, the Uniform Act and the status of American trade secret law", *The Law and Theory of Trade Secrecy: A Handbook of Contemporary Research* (ed. Rochelle Cooper Dreyfuss,/Katherine J. Strandburg), Edward Elgar Publishing Limited, Cheltenham/Massachusetts, 2011, 18-45.

DENIS, HENRI
— *História do Pensamento Económico* (trad. António Borges Coelho), Horizonte, Lisboa, 2000.

DESPAX, MICHEL (com JACQUES ROJOT/JEAN-PIERRE LABORDE)
— *Labour Law in France*, Kluwer Law International, Bedforshire, 2011.

DICIOTTI, ENRICO
— "Stato di diritto e diritti sociali", DQP 2004, n.º 4, 49-79.

DIETERICH, THOMAS
— *Grundgesetz und Privatautonomie im Arbeitsrecht*, Bund-Verlag, Colónia, 1995.

DÍEZ-PICAZO, LUIS MARÍA
— "Notas sobre la renuncia a los derechos fundamentales", *Persona y Derecho* 2001, n.º 45, 133-138.

DI CERBO, FERNANDO
— *Rapporti Speciali di Lavoro*, Cedam, Pádua, 2000.

DI MARZIO, FABRIZIO
— *La nullità del contratto*, Cedam, Milão, 1999.

DI SPILIMBERGO, IRENE
— "Il contrato di formazione e lavoro", *I nuovi contratti di lavoro* (ed. Mattia Persiani), Utet, Turim, 2010, 509-521.

DI VIETO, ROBERTA (com ALESSANDRA GARZYA e UMBERTO ORSO GIACONE)
— *Lavoro. Normativa e giurisprudenza ragionata*, Giuffrè, Milão, 2011.

DIEGUEZ, GONZALO
— *Lecciones de Derecho del Trabajo* (4.ª ed.), Marcial Pons, Madrid, 1995.

DIEPHOLZ, PIET (com JAN-ECKHARD VON HORN)
— *Arbeitsrecht für Steuerberater*, Steuerpraxis, Heidelberg, 2008.

DIESSE, FRANÇOIS
— "L'exigence de la coopération contractuelle dans le commerce international", RDAI 1999, n.º 7, 737-782.

DIEUX, XAVIER
— *Le respect dû aux anticipations légitimes d›autrui. Essai sur la genèse d›un principe général de droit*, LGDJ/Bruylant, Paris/Bruxelas, 1995.

DOCKÈS, EMMANUEL
— *Droit du Travail* (3.ª ed.), Dalloz, Paris, 2007.

DONATO, JESSICA
— *Whistleblowing: Handlungsempfehlungen für eine nutzenstiftende Umsetzung in Deutschen Boersennotierten Unternehmen*, Peter Lang, Francoforte sobre o Meno, 2009.

DRADI, GIANLUCA
— "Profilo giuridico del «fringe benefit»: tra esenzione dagli «oneri riflessi» ed elusione fiscale", RGLPS, 1987, n.ᵒˢ 1/2, 112-119.

DRAY, GUILHERME MACHADO
— *O princípio da igualdade no direito do trabalho – sua aplicabilidade no domínio específico da formação de contratos individuais de trabalho*, Almedina, Coimbra, 1999.
— "Autonomia privada e igualdade na formação e execução de contratos individuais de trabalho", *Estudos do Instituto de Direito do Trabalho*. Vol. I, Almedina, Coimbra, 2001, 21-105.
— "O ideal de justiça contratual e a tutela do contraente mais débil", *Estudos em Homenagem ao Prof. Doutor Inocêncio Galvão Telles*. Vol. I, Almedina, Coimbra, 2002, 75-105.

DREIFUSS-NETTER, FRÉDÉRIQUE
— "Renonciation", Enciclopédie Dalloz – Civil. Vol. VIII, 1989, 1-8.

DRUCKER, PETER
— *Sociedade Pós-Capitalista*, Actual Editora, Lisboa, 2003.

DUARTE, MARIA DE FÁTIMA ABRANTES
— *O Pacto de Preferência e a Problemática da Eficácia Externa das Obrigações*, AAFDL, Lisboa, 1989.

DUARTE, MARIA LUÍSA
— *Estudos de Direito e da União e das Comunidades Europeias*, Coimbra Editora, Coimbra, 2000.

— "A União Europeia e o sistema europeu de protecção dos direitos fundamentais – a chancela do Tratado de Lisboa", Dir. 2010, n.º 5, 169-189.

DUARTE, RUI PINTO
— *Tipicidade e Atipicidade dos Contratos*, Colecção Teses, Almedina, Coimbra, 2000.
— "A denunciabilidade das obrigações contratuais duradouras *propter rem*", ROA 2009, n.ᵒˢ 3-4, 273-297.

DUDDINGTON, JOHN
— *Employment Law* (2.ª ed.), Pearson, Essex, 2007.

DUMONT, LOIS
— *Homo Hierarchicus: The Caste System and Its Implications (Nature of Human Society)*, Gallimard, Paris, 1966.
— *Homo aequalis I, Genèse et épanouissement de l'idélogie économique*, Gallimard, Paris, 1985.

DUPLAT, JACQUES
— "Clause de garantie d'emploi et licencement", RJS 1/09, 23-26

DURÁN LÓPEZ, FEDERICO
— *La relación laboral especial de los artistas*, RL 1986, n.º 3, 225-238.
— *Jurisprudencia Constitucional y Derecho del Trabajo*, MTSS, Madrid, 1992.
— "Pacto de no concurrencia", *El Estatuto de los Trabajadores. Comentarios a las Leyes Laborales*, Tomo V, Edersa, Madrid, 1985.

DUTOIT, BERNARD
— "Concurrence déloyale et droit compare", *La concurrence déloyale*, Dalloz, Paris, 2001, 57-75.

ECO, UMBERTO
— *O pêndulo de Foucault* (trad. de J. Barreiros), Difel, Lisboa, 1989.

ECKERT, MICHAEL
— "Report – Blick ins Arbeitsrecht", DStR 2006, n.º 32, 1416 – 1421.

EDENFELD, STEFAN
— *Betriebsverfassungsrecht: Mitbestimmung in Betrieb, Unternehmen und Behörde* (3.ª ed.), C.F. Müller, Heidelberg, 2010.

EIRÓ, PEDRO
— *Do negócio usurário*, Almedina, Coimbra, 1990.

ENGISH, KARL
— *Introdução ao pensamento jurídico* (trad. Baptista Machado), 6.ª ed., Fundação Calouste Gulbenkian, Lisboa, 1990.

EYMARD-DUVERNAY, FRANÇOIS
— "Le droit du travail est-il soluble dans les incitations? À propôs d'un rapport du Conseil d'analyse économique sur les procédures de licenciement", DS 2004, n.ᵒˢ 9/10, 812-816.

Ekey, Friedrich L. (com Antje Brämer)
— *Heidelberger Kommentar zum Wettbewerbsrecht*, C.F. Müller, Heidelberg, 2005.

Esquibel Muñiz, Unai
— "Que son las denominadas 'clausulas de rescision'", RJD 2000, n.º 3, 61-95.
— "Reflexiones sobre la libre circulación de trabajadores, el derecho comparado y el acuerdo entre la EU-FIFA-UEFA", RJD, 2001, n.º 5, 13-32.

Estlund, Cynthia L.
— "An American Perspective on fundamental rights", *Social and labour Rights in a global Context – International and Comparative Perspectives*, (ed. Bob Hepple) Cambridge University Press, 2002, 192-214.
— "Between rights and contract: Arbitration agreements and non-compete covenants as a hybrid form of employment law", UPLR 2006, n.º 2 (vol. 155), 379--445.

Evensky, Jerry
— *Adam Smith's Moral Philosophy. A Historical and Contemporary Perspective on Markets, Law, Ethics, and Culture*, Cambridge University Press, Cambridge, 2005.

Fabre-Magnan, Muriel
— "Le forçage du consentement du salarié", Dr. Ouvrier 2012, n.º 7, 459-470.

Fabritius, Burkhard (com Michael Fuhlrott)
— "Zur Zulässigkeit von Rückzahlungsklauseln in Arbeitsverträgen, Anmerkung zu BAG v. 14.01.2009 – 3 AZR 900/0", EWiR 2009, 499.

Fabris, Piera
— *Il patto di non concorrenza nel diritto del lavoro*, Giuffrè, Milão, 1976.
— *L'indisponibilità dei diritti dei lavoratori*, Problemi di Diritto del Lavoro, Studi raccolti da Aldo Cessari (3), Giuffrè, Milão, 1978.
— "Patto di opzione, patto di non concorrenza, conttrato di lavoro", RIDL, 1984, n.º 2, 471- 479.

Falasca, Giampero
— *Manuale di Diritto del Lavoro: Costituzione, svolgimento e risoluzione del rapporto dio lavoro*, IlSole24Ore, Milão 2011.

Falco, Gianluca
— *La Buona Fede e L' Abuso del Diritto. Principi, fattispecie e casistica*, Giuffrè Editore, Milão, 2010.

Faria, Jorge Ribeiro de
— *Direito das Obrigações, Vol. I*, Almedina, Coimbra, 1990.
— *Direito das Obrigações, Vol. II*, Almedina, Coimbra, 1990.
— *Estudos de Direito das Obrigações e Discursos Académicos*, U. Porto Editorial, Porto, 2009.

FARRANDO MIGUEL, IGNACIO,
— "La protección jurídica de las listas de clientes. (A propósito de las Sentencias del Tribunal Supremo de 17 de julio de 1999 y 29 de octubre de 1999)", RGD 2000, n.os 670-671, 9609-9614.

FASQUELLE, DANIEL
— "Clause de non-concurrence: Compétence exclusive du salarié pour contester la validité de la clause de non-sollicitation sans contrepartie pécuniaire (Union Technologies Informatique/Metaware Technologies)", *Concurrences (Thomson)*, 01.07.2006, 111-2.

FAVENNEC-HÉRY, FRANÇOISE
— *Code du Travail* (64.ª ed.), Dalloz, Paris, 2002.

FAVENNEC-HÉRY, FRANÇOISE (com PIERRE-YVES VERKINDT)
— *Droit du Travail 2007*, LGDJ, Paris, 2007.

FERNANDES, ANTÓNIO MONTEIRO
— *Temas Laborais*, Almedina, Coimbra, 1984.
— "Empresa – II Perspectiva jurídica", *Polis – Enciclopédia Verbo da Sociedade e do Estado*, Vol. II, Verbo, Lisboa, 1984, 927-934.
— *Direito do Trabalho* (10.ª edição), Almedina, Coimbra, 1998.
— *Direito do Trabalho* (11.ª edição), Almedina, Coimbra, 1999.
— "Os Sentidos de uma Revisão Flexibilizante das Leis do Trabalho", QL 1999, n.º 13, 45-59.
— "Reflexões sobre a Negociação Colectiva em Portugal", *III Congresso Nacional de Direito de Trabalho. Memórias* (org. António Moreira), Almedina, Coimbra, 2001, 223-233.
— "Reflexões acerca da boa fé na execução do contrato de trabalho", *V Congresso Nacional de Direito do Trabalho – Memórias* (org. António Moreira), Almedina, Coimbra, 2003, 109-126.
— *Direito do Trabalho* (12.ª edição), Almedina, Coimbra, 2004.
— "Um direito do trabalho sobrevivente", *Estudos Jurídicos em Homenagem ao Professor António Motta Veiga*, Almedina, Coimbra, 2007, 59-71.
— *Direito do Trabalho* (14.ª edição), Almedina, Coimbra, 2009.
— *Direito do Trabalho* (15.ª edição), Almedina, Coimbra, 2010.
— *Direito do Trabalho* (16.ª edição), Almedina, Coimbra, 2012.
— "A reforma laboral de 2012 – observações em torno da Lei n.º 23/2012, de 25 de Junho", ROA 2012, T. II/III, 545-574.

FERNANDES, EVARISTO
— *Novo Estado sócio-industrial do século XXI*, Estante Editora, Aveiro, 1991.

FERNANDES, FRANCISCO LIBERAL
— "Transmissão do estabelecimento e oposição do trabalhador à transferência do contrato: uma leitura do art. 37.º da LCT conforme o direito comunitário", QL 1999, n.º 14, 213-240.
— *Liberdade de circulação dos trabalhadores na Comunidade europeia*, Coimbra Editora, Coimbra, 2002.
— *O tempo de trabalho*, Coimbra Editora, Coimbra, 2012.

FERNANDES, FURTADO
— "1986: O ano da formação", RDES, 1987, ano 29, n.º 2, 245-258.

FERNANDES, LUÍS CARVALHO
— *Teoria Geral de Direito Civil*, Vol. I (2.ª edição), Lex, Lisboa, 1996.
— *Teoria Geral de Direito Civil*, Vol. II (2.ª edição), Lex, Lisboa, 1996.
— *A Conversão dos Negócios Jurídicos Civis*, Quid Iuris, Lisboa, 1993.

FERRAJOLI, LUIGI
— *Diritti Fondamentali, Un dibattito teórico*, Laterza (col. Libri del Tempo), Bari, 2008.

FERRARO, GIUSEPPE
— *Autonomia e Poteri nel Diritto del Lavoro*, Cedam, Pádua, 1992.
— *Il Rapporto di Lavoro*, Giappichelli, Turim, 2006.
— *Diritto dei contratti di lavoro*, Il Mulino, Bolonha, 2011.

FERREIRA, ABEL SEQUEIRA
— *Direito do Trabalho e grupos de empresas*, dissertação de mestrado (inédita), FDUL, 1996.

FERREIRA, EDUARDO PAZ (com LUÍS SILVA MORAIS)
— "A regulação sectorial da economia. Introdução e perspectivas gerais", *Regulação em Portugal: Novos tempos, novo modelo?*, Almedina, Coimbra, 2009, 7-38.

FERREIRA, JOSÉ DIAS
— *Código Civil portuguez annotado*, Vol. II, Imprensa Nacional, Lisboa, 1871.
— *Código Civil portuguez anotado*. Vol. III, Lisboa, Imprensa Nacional, 1872.

FERREIRA, ROGÉRIO
— "Lucro", *Polis. Enciclopédia da Sociedade e do Estado*, Vol. III, Verbo, Lisboa/São Paulo, 1986, 1263-7.

FERREIRA, SILVESTRE PINHEIRO
— *Projecto de Associação para o Melhoramento da Sorte das Classes Industriosas*, Rey e Gravier/J. P. Aillaud, Paris, 1840.

FERREIRA RUBIO, DELIA MATILDE
— *La buena fe. El principio general en el Derecho civil*, Editorial Montecorvo, Madrid, 1984.

Ferri, Giovanni Battista
— "Dalla clausola rebus sic stantibus alla risoluzione per eccessiva onerosità", RDPri 1988, n.º 1, 54-75.

Festas, David Oliveira
— "O direito à reserva da intimidade da vida privada do trabalhador no Código do trabalho", ROA 2004, n.ºs 1/2, 369-458.

Figueiredo, André
— "O princípio da proporcionalidade e a sua expansão para o direito privado", *Estudos comemorativos dos 10 anos da Faculdade de Direito da Universidade Nova de Lisboa* (coord. Diogo Freitas do Amaral/Carlos Ferreira de Almeida/Marta Tavares de Almeida), Almedina, Coimbra, 2008, 23-51.

Filipp, Mark R.
— *Covenants not to Compete* (3.ª ed.), Aspen Publishers, Nova Iorque, 2009.

Finkin, Matthew W.
— "Menschenbild: The Conception of the Employee as a Person in Western Law", *Comparative Labour & Law Social Policy* 2002, n.º 23, 577- 636.

First, Harry
— "Trade secrets and antitrust law", *The Law and Theory of Trade Secrecy: A Handbook of Contemporary Research* (ed. Rochelle Cooper Dreyfuss,/Katherine J. Strandburg), Edward Elgar Publishing Limited, Cheltenham/Massachusetts, 2011, 332-347.

Fitzsimmons, Michael P.
— "The Debate on Guilds under Napoleon", *Western Society for French History* 2008, vol. 36, 121-131.

Flament, Lucien
— "Le raisonnable en droit du travail", DS 2007, n.º 1, 16-24.

Floyd, Louise
— *Employment Law*, Lawbook Co, Sidney, 2010.

Floyd, Louise (com David Cabrelli)
— "New Light through Old Windows: Restraint of Trade in English, Scottish and Australian Employment Laws – Emerging and Induring Issues", IJCLLIR 2010, n.º 2, 167-191.

Flour, Jacques (com Jean-Luc Aubert)
— *Droit Civil- Tome I*, (8.ª éd.), Armand Colin, Paris, 1998.

Ford, Karen E. (com Kerry E. Notestine/Richard N. Hill)
— *Fundamentals of Employment Law* (2.ª ed.), Aba Publishing, Chicago, 2000.

Frada, Manuel Carneiro da
— *Contrato e Deveres de Protecção*, Separata do vol. XXXVIII do Suplemento ao BFDVC, Coimbra, 1994.

— «"Vinho Novo em Odres Velhos"? – A responsabilidade civil das "operadoras de Internet" e a doutrina comum da imputação de danos», ROA 1999, n.º 2, 665-692.
— *Teoria da Confiança e Responsabilidade Civil*, Almedina, Coimbra, 2004.
— "A ordem pública no domínio dos contratos", *Ars Iudicandi – Estudos em Homenagem ao Professor Doutor António Castanheira Neves*, Vol. II- Direito Privado, Coimbra Editora, Coimbra, 2009, 255-269.
— «A equidade (ou a "justiça com coração"). A propósito da declaração arbitral segundo a equidade», ROA 2012, n.º 72, 109-146.

França, Maria Augusta
— *A estrutura das sociedades anónimas em relação de grupo*, AAFDL, Lisboa, 1990.

Franco, António de Sousa (com Guilherme D'Oliveira Martins)
— *A Constituição económica portuguesa*, Almedina, Coimbra, 1993.

Franco, Tomas Sala
— *La reforma del mercado de trabajo*, CISS, Valência, 1994.

Franco, Tomas Sala (com Pedrajas Moreno e Beatriz Lléo Casanova)
— *La formacion profesional continua de los trabajadores en la empresa*, Tirant lo Blanch, Valência, 2005.

Franco, Tomas Sala (com Pedrajas Moreno)
— *El pacto de no concurrencia postcontractual*, Tirant Lo Blanch, Valência, 2005.

Frankart, Aurélie
— "Aménagement conventionnel du droit de licencier: la clause de stabilité d'emploi", *Quelques propos sur la rupture du contrat de travail: hommage à Pierre Blondiau*, Anthemis, Louvain, 2008, 199-224.

Freedland, Mark
— *The personal employment contract*, Oxford University Press, Oxford, 2006.

Freeman, Richard B. (com Morris M. Kleiner)
— "Who benefits most from employee involvement: firms or workers", ALER 2000, vol. 90, n.º 2, 219-223.

Friedmann, Wolfgang
— *Legal Theory* (5.ª ed.), Columbia University Press, Nova Iorque/Londres, 1967.

Frignani, Aldo
— "Segreti d'impresa", *Novissimo Digesto Italiano. Appendice Vol. VII*, 1987, 10-21.

Frouin, Jean-Yves
— "Nullité de la clause de non-concurrence qui ne prévoit de contrepartie pécuniaire qu'en cas de rupture du contrat de travail à l'initiative de l'employeur", *JCP Sociale*, 19.09.2006, 27-8.

Funck, Jean-François
— "La clause de confidentialité dans le contrat de travail", *Clauses spéciales de contrats de travail, utilités, validité, sanction*, (dir. Viviane Vannes), Bruylant, Bruxelas 2003, 187-214.

Gac-Pech, Sophie Le
— *La proportionnalité en droit privé des contrats*, LGDJ, Paris, 2000.

Galantino, Luisa
— *Diritto del Lavoro* (5.ª ed.), Giappichelli Editore, Turim, 1995.
— "Le politiche formative e la qualità del lavoro", *Studi in onore di Mattia Persiani. Diritto del lavoro, I nuovi problemi, vol. I*, Cedam, Pádua, 2005, 985-1000.

Galgano, Francesco
— "As novas exigências da grande empresa no dealbar do século XXI", *Nos 20 anos do Código das Sociedades Comerciais – Homenagem aos Profs. Doutores A. Ferrer Correia, Orlando de Carvalho e Vasco Lobo Xavier. Vol. I: Congresso Empresas e Sociedades*, Coimbra Editora, Coimbra, 2007, 33-48.
— *Trattato di diritto civile: Gli atti unilaterali e i titoli di credito. I fatti illeciti e gli altri fatti. Fonte di obbligazioni. La tutela del credito. L'impresa. Vol. III*, Wolters Kluwer Itália, Pádua, 2010.
— *Commentario Compatto al Codice Civile* (3.ª ed.), La Tribuna, Piacenza, 2010.

Gallart Folch, Alexandro
— *Derecho Español del Trabajo* (prólogo del Excmo. Sr. Don Pedro Sangro y Ros de Olano), Labor, Barcelona, 1936.

Gamillscheg, Franz
— *Arbeitsrecht I (Individualarbeitsrecht)*, 7.ª ed., CF Beck, Munique, 1987.
— *Die Grundrechte im Arbeitsrecht*, Duncker und Humblot, Berlim, 1989.

Gans, Joshua (com Stephen King/Gregory Mankiw)
— *Principles of Microeconomics* (5.ª ed.), Cengage Learning, South Melbourne, 2012.

Garattoni, Marisa
— "La clausola di durata minima e il licenziamento del dirigente apicale", RIDL 2006 n.º 4, 617-621.

Garcia, Maria Da Glória Pinto
— *Estudos sobre o princípio da igualdade*, Almedina, Coimbra, 2005.

García Murcia, Joaquín (com Martín Valverde/Rodriguez-Sanudo Gutiérrez)
— *Derecho del Trabajo* (15.ª ed.), Tecnos, Madrid, 2006.

García-Pelayo, Manuel
— *Las transformaciones del Estado contemporáneo*, Alianza Universidad, Madrid, 1996.

Garcia Viña, Jordi
— *La buena fe en el contrato de trabajo*, CES, Madrid, 2001.

Garofalo, Domenico
— *Formazione e lavoro tra diritto e contratto. L'occupabilità*, Cacucci, Bari, 2004.

Gastinel, Eric
— "Les effets juridiques de la cessation des relations contractuelles – obligation de nonconcurrence et de confidentialité", *La cessation des relations contractuelles d'affaires (Colloque de l'Institut de Droit des Affaires d'Aix-en-Provence 30-31 mai 1996)*, P.U.A.M., Marselha, 1997, 197-219.

Gaudemet, Yves
— "Une nouvelle dimension du principe d'égalité devant la contribution publique?", DS 1986, n.º 5, 372-378.
— "Droit de la concurrence: une autre introduction", *1807-2007: le Code de commerce*, Dalloz, Paris, 2007, 397-411.

Gaudu, François
— "Fidelité et rupture", DS 1991, n.º 5, 419-426.
— "L'organisation juridique du marché du travail", DS 1992, n.º 12, 941-951.
— «Du statute de l'emploi au statut de l'actif», DS 1995, n.º 6, 535-544.
— "Flexibilisation de la vie du travail: potentialités et défis pour le droit du travail", RIDC 1998, n.º 2, 513-526.
— "Entre concentration économique et externalisation: les nouvelles frontières de l'entreprise", DS 2001, n.º 5, 471-477.
— *Droit du Travail*, 2.ª ed., Dalloz, Paris, 2007.
— "Droit du travail et religion", DS 2008, n.ᵒˢ 9/10, 959–968.

Gaudu, François (com Raymonde Vatinet)
— *Les contrats du travail: contrats individuels, conventions collectives et actes unilatéraux*, LGDJ, Paris, 2001.

Gauthier, Christine (com Philippe Dorin)
— *Le guide pratique du travail à temps partagé ou multisalariat*, Editions d'Organisation, Paris, 1997.

Gavalda, Christian
— "Le secret des affaires", *Mélanges offerts à René Savatier*, Dalloz, Paris, 1965, 291-316.

Gavalda, Natacha
— "Les critères de validité des clauses de non-concurrence en droit du travail", DS 1999, n.º 6, 582-590.

Gehne, Katja
— *Nachhaltige Entwicklung als Rechtsprinzip*, Mohr Siebeck, Tubinga, 2011.

Géniaut, Benoît
— "Clause de non-concurrence: appréciation du caractere dérisoire de la contrepartie financière et pouvoir du juge", RDT 2012, n.º 9, 488-490.

Geraldes, António Abrantes Santos
— *Indemnização do Dano da Privação do Uso*, Almedina, Coimbra, 2001.
Geraldes, João Oliveira
— *Tipicidade contratual e condicionalidade suspensiva. Estudo sobre a exterioridade condicional e sobre a posição jurídica resultante dos tipos contratuais condicionados*, Coimbra Editora, Coimbra, 2010.
Gerber, David J.
— *Global Competition: Law, Markets, and Globalization*, Oxford University Press, Nova Iorque, 2010.
Ghestin, Jacques (com Cristophe Jamin/Marc Billiau)
— *Traité de Droit Civil. Les effets du contrat*, L.G.D.J., Paris, 2001.
Ghirotti, Enrico
— *Il patto di non concorrenza nei contratti commerciali*, Giuffrè, Milão, 2008.
Giannini, Massimo Severo
— "Rilevanza costituzionale del lavoro", RGLPS, 1949-1950, I, 1-20.
Giddens, Anthony
— *Capitalismo e Moderna Teoria Social* (trad. Maria do Carmo Cary), Presença, Lisboa, 1990.
— *A Europa na Era Global* (trad. Alberto Gomes), Ed. Presença, Lisboa, 2007.
Gierke, Otto Von
— *Las raíces del contrato de trabajo* (trad. Barreiro González), Civitas, Madrid, 1982.
Gillespie, Andrew
— *Foundations of Economics*, Oxford University Press, Oxford, 2007.
Gilson, Steve (com Laurent Dear)
— "Le droit de démission. Quelques questions controversées", *Quelques propos sur la rupture du contrat de travail: hommage à Pierre Blondiau*, Anthemis, Louvain, 2008, 115-146.
Girardin, Florence Aubry
— "Aspects de la clause d'interdiction de concurrence", *Journée 1996 du droit du travail et de la sécurité sociale*, Schulthess Verlag, Zurique, 1999, 8 -15.
Gitti, Gregorio
— "Le clausole d'uso come fonti del diritto", RDC 2003, n.º 2, 115-126.
Giudice, Federico Del
— *Compendio di Istituzioni di Diritto Romano*, Simone, Nápoles, 2010.
Giugni, Gino
— *Mansioni e qualifica nel rapporto di lavoro*, Jovene, Nápoles, 1963.
— "Il diritto del lavoro ieri, oggi e domani", *Contratto e Lavoro Subordinato. Il diritto privato alle soglie del 2000*, Cedam, Milão, 2000, 117-126.

GLANEGGER, PETER (com CHRISTIAN KIRNBERGER/STEFAN KUSTERER/WERNER RUß/JOHANNES SELDER/ULRICH STUHLFELNER)
— *Heidelberger Kommentar zum Handelsgesetzbuch (HGB): Handelsrecht, Bilanzrecht, Steuerrecht* (7.ª ed.), C.F. Müller, Munique, 2007.

GUGLIELMETTI, GIANNANTONIO
— *Limiti negoziali della concorrenza*, Cedam, Pádua, 1961.

GUREVITCH, ARON
— *As Categorias da Cultura Medieval* (trad. João Gouveia Monteiro), Caminho, Lisboa, 1990.

GOERLICH PESET, JOSÉ MARÍA
— *Contratación laboral y tipos de contrato: Criterios jurisprudenciales*, Lex Nova, Valladolid, 2010.

GOETSCHY, JANINE
— "The European Employment Strategy: Genesis and Development", EJIR 1999, n.º 6, 117-137.

GOFFREDO, MASSIMO (com VINCENSO MELECA)
— *Orario e tempi di lavoro. Viaggi, transferte, reperibilitá, contratti e calcolo degli organici*, Wolters Kluwer Italia, Roma, 2009.

GOLDIN, ADRIÁN
— "Global Conceptualizations And Local Constructions of the Idea of Labour Law", *The Idea of Labour Law* (ed. Guy Davidov & Brian Langille) Oxford University Press, Oxford, 2011, 69-88.

GOMES, JANUÁRIO DA COSTA
— *Em Tema de Revogação do Mandato Civil*, Almedina, Coimbra, 1989.
— *Assunção fidejussória de dívida. Sobre o sentido e o âmbito da vinculação como fiador*, Almedina, Coimbra, 2000.

GOMES, JÚLIO VIEIRA
— "Responsabilidade subjectiva e responsabilidade objectiva", RDE 1987, ano 13, 1987, 97-125.
— "As Cláusulas de Não Concorrência no Direito do Trabalho", *Juris et de Jure* (org. Manuel Afonso Vaz e José Azeredo Lopes), UCP, Porto, 1998, 933-968.
— «Algumas reflexões sobre o ónus da prova em matéria de paridade de tratamento retributivo ("A trabalho igual salário igual")», *I Congresso Nacional de Direito de Trabalho* (org. António Moreira), Almedina, Coimbra, 1998, 311-324.
— "Do uso e abuso do período experimental", RDES 2000, n.ºs 1 e 2/ 3 e 4, 37-74; 245-276.
— "Algumas observações críticas sobre a jurisprudência recente em matéria de retribuição e afins", *IV Congresso Nacional de Direito do Trabalho* (org. António Moreira), Almedina, Coimbra, 2002, 51-76.

— "Acção de impugnação de despedimento. Reforma. Indemnização de antiguidade", QL 2002, n.º 19, 96-109.

— "Algumas reflexões sobre as faltas justificadas por doença (não profissional) do trabalhador, *Estudos em Homenagem ao Prof. Doutor Raúl Ventura. Vol. II*, Edição da Faculdade de Direito da Universidade de Lisboa, Coimbra Editora, Coimbra, 2003, 717-750.

— "Da Rescisão do Contrato de Trabalho por Iniciativa do Trabalhador", *V Congresso Nacional de Direito do Trabalho. Memórias* (org. António Moreira), Almedina, Coimbra, 2003, 129-168.

— *Direito do Trabalho. Volume I: Relações Individuais de Trabalho*, Coimbra Editora, Coimbra, 2007.

— "Da fábrica à fábrica de sonhos – primeiras reflexões sobre o regime dos contratos de trabalho dos profissionais de espectáculos", *Estudos dedicados ao Professor Mário Fernando de Campos Pinto. Liberdade de Compromisso- Volume II*, UCP, Lisboa, 2009, 247-281.

— "A fronteira entre o contrato de utilização de trabalho temporário e os (outros) contratos de prestação de serviços", PDT 2010, n.º 87, 85-115.

— "Algumas novas questões sobre as cláusulas ou pactos de não concorrência em Direito do Trabalho", RMP 2011, n.º 127, 77-99.

— "Algumas reflexões sobre as alterações introduzidas no Código do Trabalho pela Lei n.º 23/2012, de 25 de Junho", ROA 2012, T. II/III, 575-618.

GOMES, JÚLIO VIEIRA (com CATARINA CARVALHO)
— "Sobre o Regime da Invalidade do Contrato de Trabalho", *II Congresso Nacional de Direito do Trabalho. Memórias* (org. António Moreira), Almedina, Coimbra, 1999, 147-176.

GOMES, ORLANDO
— *Transformações Gerais do Direito das Obrigações*, Editora Revista dos Tribunais, São Paulo, 1967.

GÓMEZ ABELLEIRA, FRANCISCO JAVIER
— "Pactos de no concurrencia y de permanência", REDT n.º 100, 2000, 277-289.

GONÇALVES CUNHA, LUÍS
— *Tratado de Direito Civil – em comentário ao Código Civil Português*, Vol. IV, Coimbra Editora, Coimbra, 1932.
— *Tratado de Direito Civil – em comentário ao Código Civil Português*, Vol. V, Coimbra Editora, Coimbra, 1932.

GONÇALVES, LUIS COUTO
— *Manual de Direito Industrial*, Almedina, Coimbra, 2008.

GONÇALVES, LUIS COUTO (com ANTÓNIO CAMPINOS)
— *Código da Propriedade Industrial Anotado*, Almedina, Coimbra, 2008.

González Beilfuss, Markus
— *El Principio de proporcionalidad en la jurisprudencia del tribunal constitucional*, Aranzadi, Navarra, 2003.
González Molina, M.ª Dolores
— "Algunas reflexiones sobre el posible retorno del contrato de trabajo al código civil", RFDUC 1999, n.º 23, 89-107.
González-Pumariega, Rocío Molina
— *Extinción de las relaciones laborales especiales*, Civitas, Pamplona, 2007.
Gouveia, Jorge Bacelar
— "O anteprojecto de Código do Trabalho e a Constituição Portuguesa", *Código do Trabalho-Pareceres*, Vol. III, MSST, Lisboa, 2004, 94-225.
Goux, Christian
— *Le guide commenté des contrats de travail*, Eyrolles, Paris, 2007.
Graes, Isabel
— "Estatuto Jurídico dos escravos em Roma", *Estudos em honra do Professor Ruy de Albuquerque*, Coimbra Editora, Coimbra, 2006, 533-620.
Gragnoli, Enrico
— *L'informazione nel rapporto di lavoro*, Giappichelli Ed., Turim, 1996.
Grammatikas, Georges
— *Théorie générale de la renonciation en Droit Civil*, L.G.DJ, Paris, 1971.
Grandi, Gaetano Zilio
— *La retribuzione. Fonti, Strutura, Funzioni*, Diritto e Lavoro 5 (Collana diretta da Franco Carinci), Jovene Editore, Nápoles, 1996.
Grandi, Mario
— "Otto Kahn Freund: un «pluralista» atipico?" *in* VVA: *Il Pluralismo e il Diritto del Lavoro. Studi su Otto Otto Kahn Freund* (a cura di Gian Guido Balandi e Silvana Sciarra), Edizioni Lavoro, Roma, 1982, 105-137.
Grandi, Mario (com Guiseppe Pera)
— *Commentario breve alle Lege sul Lavoro* (4.ª ed.), Cedam, Milão, 2009.
Grapperhaus, Ferdinand B. J. (com Leonard G. Verburg)
— *Employment Law and Works Councils of the Netherlands* (Allen & Overy Legal Practice, 13), Kluwer Academic Publishers, Londres/Nova Iorque, 2001.
Grassetti, Cesare
— "Clausola", *Novissimo Digesto Italiano. Appendice Vol. VII*, 1987, 184-6.
Gravenhorst, Anna Caroline
— „Die Zusage der Karenzentschädigung nach § 74 II HGB", NJW 2006 Heft 50, 3609-3612.
Greco, Paolo
— *Il Contratto di Lavoro*, Unione Tipografico- Editrice Torinese, Turim, 1939.

GRÉVY, MANUELA
— "La sanction civile en droit du travail", DS 2001, n.º 6, 598-609.

GRUNSKY, WOLFGANG
— *Wettbewerbsverbote für Arbeitnehmer* (2.ª ed.), Kommunikationsforum Recht Wirtschaft, Steuern, Colónia, 1987.

GUARRIELLO, FAUSTA
— *Trasformazioni organizzative e contratto di lavoro*, Jovene, Nápoles, 2000.

GUERRA, AMADEU
— *A Privacidade no Local de Trabalho*, Almedina, Coimbra, 2004.

GUIDOLIN, RAFFAELE
— "Da Bosman a Ronaldo: I Trasferimenti in Pendenza di Contratto", RDDS, n.ºs 1-2, 1998, 70-110.

GUIDOTTI, FRANCO
— "La tutela del segreto d'ufficio e delle notizie attinenti all'azienda", *Diritto del Lavoro*, I, Giuffrè, Milão, 1952.

GUYOT, CEDRIC
— "Les clauses de non-concurrence et de confidentialité dans les cessions d'actifs et d'actions", LDA 2001, n.º 57, 4-19.

HABERMAS, JÜRGEN
— *Técnica e ciência como ideologia*, Edições 70, Lisboa, 1987.
— *Fundamentação Linguística da Sociologia*, Edições 70, 2010.

HALLER, MARIE-CHRISTINE
— "La clause de non-concurrence prévue par un accord collectif ne s'incorpore pas au contrat de travail", *Jurisprudence sociale Lamy*, 21.11.2000, 19-21.

HALPÉRIN, JEAN-LOUIS
— *Histoire des Droits en Europe*, Flammarion, Paris, 2004.

HAM, MAARTEN VAN
— *Job Access, workplace mobility, and occupational achievement*, Eburon, Delft, 2002.

HAMILTON, ROBERT W. (com JONATHAN R. MACEY/DOUGLAS K. MOLL)
— *Cases and materials on corporations, including partnerships and limited liability companies*, Thomson/ West, Eagan, 2010.

HAMMARBERG, THOMAS
— *Droits de l'homme en Europe: la complaisance n'a pas sa place*, Conselho da Europa, Estrasburgo, 2011.

HAMONIAUX, CAROLE LEFRANC (com MARION DEL SOL)
— "La protection de l'information confidentielle acquise par les salariés et leurs représentants", *JCP S* 2008, n.º 52/1666, 16-24.

HANAU, PETER
— *Deregulierung des Arbeitsrechts – Ansatzpunkte und verfassungsrechtliche Grenzen*, Walter de Gruyter, Berlim/Nova Iorque, 1997.

HANAU, PETER (com KLAUS ADOMEIT)
— *Arbeitsrecht*, Luchterhand, Munique, 2005.

HANCKÉ, BOB
— "Travail, capital et État: relations de travail et ajustement économique en Europe", TE, 1997, n.º 71, 83-98.

HANNAH, RICHARD L.
— "Post-employment covenants in the United States: Legal framework and market behaviours", ILR 2010, n.º 3 (vol. 148), 107-119.

HAEFLIGER, ARTHUR
— *Das Konkurrenzverbot im neuen schweizerischen Arbeitsvertragsrecht* (col. Abhandlungen zum schweizerischen Recht. Neue Folge H. 429), Stämpfl, Berna, 1974.

HAYEK, FRIEDRICH
— *O caminho para a servidão* (trad. Marcelino Amaral), Edições 70, Lisboa, 2009,

HARDY, STEPHEN
— *Labour Law in Great Britain* (4.ª ed.), Kluwer Law, Londres, 2011.

HARPWOOD, VIVIENNE
— *Modern Tort Law*, Routledge, Nova Iorque, 2009.

HARTY, FRANK B.
— "Competition Between Employer and Employee: Drafting and Enforcing Restrictive Covenants in Employment Agreements", DLR 1985-1986, n.º 35, 261-287.

HARRIS, JONATHAN O.
— "The Doctrine Of Inevitable Disclosure: a proposal to balance employer and employee interests", WULQ 2000, n.º 78, 325- 346.

HAUSER, JEAN
— "La notion de salaire et le droit privé", *Melanges Dedies au President Michel Despax*, Toulouse, Presses de L'Universite des Sciences Sociales de Toulouse, Toulouse, 2002, 420-436.

HÉAS, FRANCK
— "Bref état des lieux juridiques des systèmes de formation professionnelle continue dans l'Union européenne", *Les évolutions de la formation professionnelle: regards croisés* (dir. A. Pelage/N. Maggi-Germain), Paris, 2003, 127-140.

HEGEL, GEORG WILHELM
— *Princípios da Filosofia do Direito*, ed. Colibri, Lisboa, 1986.

HENNIGE, SUSANNE
— *Rückzahlung von Aus- und Fortbildungskosten*, NZA 2000, 617-625.
— *Aufhebungsvertrag/Befristungskontrolle*, EWiR 2000, 807-808.

HENRIQUES, PAULO ALBERTO VIDEIRA
— "A Desvinculação Unilateral *Ad Nutum* nos Contratos Civis de Sociedade e de Mandato", BFDUC, Coimbra Editora, Coimbra, 2001.

HEPPLE, BOB
— "Introduction", *Social and labour Rights in a global Context – International and Comparative Perspectives*, (ed. Bob Hepple) Cambridge University Press, Cambridge, 2002.
— "Factors Influencing the Making and Transformation of Labour Law in Europe", *The Idea of Labour Law (ed.* Guy Davidov & Brian Langille) Oxford University Press, Oxford, 2011, 30-42.

HEYDON, JOHN DYSON
— *The restraint of trade doctrine*, Butterworths, Londres, 1999.

HESPANHA, ANTÓNIO MANUEL
— *História das Instituições – Épocas Medieval e Moderna*, Almedina, Coimbra, 1982.
— *Caleidoscópio do Direito – o Direito e a Justiça nos Dias e no Mundo de Hoje* (2.ª ed.), Almedina, Coimbra, 2009.

HOBSBAWM, E. J.
— "A formação da classe operária, 1870-1914", *A Revolução Industrial* (Antologia), org. Sacuntula de Miranda & Pedro Cardim, Teorema, Lisboa, 1992, 139-164.

HOLLAND, JAMES (com STUART BURNETT)
— *Employment Law 2008*, Oxford University Press, Oxford, 2008.

HONDIUS, EWOUD (com HANS CHRISTOPH GRIGOLEIT)
— *Unexpected Circumstances in European Contract Law*, Cambridge University Press, Cambridge, 2011.

HÖNTSCH, STEPHAN
— *Aktive Sterbehilfe als Verfassungsproblem*, Grin Verlag, Norderstedt, 2006.

HOR, JOYDEEP (com LOUISE KEATS)
— *Managing Termination of Employment: A Fair Work Act Guide* (2.ª ed.), CCH Wolters Kluwer, Sidney, 2009.

HORN, NORBERT (com ERNST HEYMANN/KLAUS PETER BERGER)
— *Handelsgesetzbuch: Kommentar*, Walter de Gruyter, Berlim, 1995.

HÖRSTER, HEINRICH EWALD
— *A Parte Geral do Código Civil Português – Teoria Geral do Direito Civil*, Almedina, Coimbra, 1992.

HOWARD, STEPHANIE (com NICOLAS LÉGER)
— "Non-competition and employment issues in France", *Restrictive Covenants in Employment Contracts and Other Mechanisms for Protection of Corporate Confidential Information* (dir. PASCAL LAGESSE/MARIANN NORRBOM), Kluwer Law International, Londres, 2006, 89-109.

Hromadka, Wolfgang (com Frank Maschmann)
— *Arbeitsrecht Band I: Individualarbeitsrecht*, Springer, Heidelberg, 2012.

Huchet, Marc-Olivier
— "La clause de dédit formation", RJO 2000, n.º 4, 373-408.

Hufen, Friedhelm
— "Berufsfreiheit – Erinnerung an ein Grundrecht (Mainzer Antrittsvorlesung)", NJW 1994, 2913-6.

Hull, John
— *Commercial secrecy: law and practice*, Sweet & Maxwell, Londres, 1998.

Hümmerich, Klaus (com Winfried Boecken/Franz Josef Düwell)
— *AnwaltKommentar Arbeitsrecht*: vol. I, Deutscher Anwaltverlag, Bona, 2008.

Hunold, Wolf
— "Rechtsprechung zur Nebentätigkeit des Arbeitnehmers", NZA-RR 2002, 505-511.

Hunter, Christopher (com Louisa Lam/Ketong Lin),
— *Employment Law in China* (2.ª ed.), Wolters Kluwer, Hong Kong, 2008.

Hüschelrath, Kai
— *Competition Policy Analysis: An Integrated Approach*, Vol. 41, Springer, Heidelberg, 2009.

Ichino, Pietro
— *Diritto alla riservatezza e diritto al segreto nel rapporto di lavoro. La disciplina della circolazione delle informazioni nell'impresa*, Giuffrè, Milão, 1979.
— *Il Contratto di Lavoro. I*, Giuffrè, Milão, 2000.
— *Il Contratto di Lavoro. III*, Giuffrè, Milão, 2003.

Iglesias Cabero, Manuel
— "La clausula penal en el contrato de trabajo", AL 1985, n.º 13 (T. I), Editora de Derecho, Madrid, 673-681.

Inghels, Bénédite (com Jacques Van Drooghenbroeck)
— "Lorsque tout est fini, le dit et le non-dit (les droits et obligations postcontractuels)", *Quelques propos sur la rupture du contrat de travail: hommage à Pierre Blondiau*, Anthemis, Louvain, 2008, 161-198.

Iruzubieta Fernandez, Rafael
— *El abuso del derecho y el fraude de ley en el Derecho del Trabajo*, Colex, Madrid, 1989.

Flecker, Jörg
— "La flessibilità: una via obligata? Riorganizzazione dell'impresa e forme di occupazione flessibili", *Dentro e oltre i post-fordismi. Impresa e lavoro in mutamento tra analisi teórica e ricerca empírica* (dir. Rosangela Lodigiani/Monica Martinelli), Vite e Pensiero, Milão, 2002, 235-261.

Fontaine, Marcel
— "Les obligations survivant au contrat dans les contrats internationaux", DPCI 1984, n.º 1, 1-27.

Jayasuryia, Kanishka
— "Autonomy, Liberalism and the New Contractualism", *Contractualism and Citizenship* [col. Law in Context: vol. 18, n.º 2 (org. Terry Ross Carney/Gaby Ramia/Anna Yeatman)], The Federation Press, Annandale, 2001, 57-79.

Jamin, Chistophe
— "Clause de non-concurrence et contrat de franchise", *D. Cahier droit des affaires* 2003, n.º 42, 2878-2792.

Jeammaud, Antoine
— *Des oppositions de normes en droit privé interne*, Thése, Lyon III – Jean Moulyn, 1973.
— "Le droit du travail en changement. Essai de mesure", DS 1998, n.º 3, 211-222.
— "Le droit constitutionnel dans les relations du travail", AJDA 1991, 612-622.
— *Le droit du travail dans le capitalisme, question de fonctions et de fonctionnement, dans Le droit du travail confronté à l'économie*, Dalloz, Paris, 2005.
— "Le droit du travail dans le capitalisme, question de fonctions et de fonctionnement", WP C.S.D.L.E. "Massimo D'Antona". INT – 41/2005, Catania, 2005, 1-28.

Jean, Sandrine
— *Droit du travail: Les arrêts décisifs 2007-2008*, Liaisons, 2008, Paris.

Jolivet, Gilles
— "Les relations de travail à l'épreuve de la question prioritaire de constitutionnalité", *JCP S* 2010, n.º 1353, 9-32.

Jones, Alison (com Brenda Sufrin)
— *EC competition law: text, cases and materials*, Oxford University Press, Oxford, 2008.

Jorge, Fernando Pessoa
— "Contrato de Trabalho – Anteprojecto de Diploma Legal", ESC 1965, n.º 13, 247-268.
— *Lições de Direito das Obrigações*, Lisboa, 1975-6.
— *Ensaio sobre os pressupostos da responsabilidade civil*, Almedina, Coimbra, 1999.

Joskow, Paul L.
— "Contract Duration and Relation-Specific Investments: Empirical Evidence from Coal Markets", ALER 1987, n.º 1, 168-185.

Júnior, Eduardo Santos
— *Da responsabilidade civil do terceiro por lesão do direito de crédito*, Almedina, Coimbra, 2003.

Junker, Abbo
— *Internationales Arbeitsrecht im Konzern*, Mohr Siebeck, Tubinga, 1992.
— *Grundkurs Arbeitsrecht*, 5.ª ed., C.H. Beck, Munique, 2006.

Justo, A. Santos
— "A escravatura em Roma", BFDUC 1997, v. 73, 19-33.
— "Locatio-conductio operis", *Estudos em Homenagem ao Prof. Doutor Manuel Henrique Mesquita. Vol. I* (org. Diogo Leite de Campos), Coimbra Editora, Coimbra, 2009, 1023-1057.

Kamerling, Alexandra (com Christopher Osman/Simon Mehigan)
— *Restrictive covenants under common and competition law*, Sweet & Maxwell, Londres, 2004.

Kahn-Freund, Otto
— "L'incidenza delle Costituzioni sul diritto del lavoro", DLRI 1979, n.º 1, 77-92.

Kaplan, Steven L.
— *La fin des corporations*, Fayard, Paris, 2001.

Kanovitz, Jacqueline R.
— *Constitutional Law* (13.ª ed.), Anderson Publishing, Elsevier, 2012.

Kaser, Max
— *Direito Privado Romano* (trad. Samuel Rodrigues/Ferdinand Hämmerle), Fundação Calouste Gulbenkian, 1999.

Katz, Alfred
— *Staatsrecht: Grundkurs im öffentlichen Recht* (18.ª ed.), C.F. Müller, Heidelberg, 2010.

Kaufman, Bruce E.
— "Economic Analysis of Labor Markets and Labor Law: An Institutional/Industrial Relations Perspective", *Law and Economics of Labor and Employment Law* (eds. Michael Wachter and Cynthia Estlund), Elgar, Nova Iorque, 2012, 52-104.

Kaufmann, Christine
— *Globalization* and *Labor Rights. The Conflict Between Core Labor Rights* and *International. Economic Law*, Hart Publishing Ltd, Oxford, 2007.

Keenan, Denis J. (com Kenneth Smith)
— *Smith Keenan's English Law: Text and Cases* (15.ª ed.), Pearson, Essex, 2007.

Kerley, Peggy N.
— *Employment Law for the Paralegal*, West Legal Studies, Nova Iorque, 2009.

Klarfeld, Peter J.
— *Covenants against competition in franchise agreements* (2.ª ed.), American Bar Association, Chicago, 2003.

Klass, Gregory
— *Contract Law in the USA*, Kluwer Law International, Nova Iorque, 2010.

Kelly, John
— "Industrial relations: looking to the future", BJIR 1997, n.º 3 (vol. 35), 393-398.

KERBOUC'H, JEAN-YVES
— "L'imbroglio juridique des politiques de lutte contre l'instabilité de l'emploi", TE 2001 n.º 85, 5-20.
— "L'anticipation des restructurations à l'épreuve du droit du travail", Travail et Emploi 2007, n.º 109, 25-37.

KOCH, PETER (com HELMUT SCHIRMER/REINHARDT SEIFERT/JÜRGEN WAGNER)
— Allgemeines Recht Versicherungsrecht, Verlag Versicherungswirtschaft GmbH, Karlsruhe, 2003.

KOCHMANN, KAI
— Schutz des "Know-how" gegen ausspähende Produktanalysen ("Reverse Engineering"), De Gruyter, Berlim, 2009.

KORNER, MARITA
— "German Labor Law in Transition", GLJ 2005, n.º 4 (vol. 6), 805 -815.

KORNHAUSER, LEWIS A.
— "Economic Analysis of Law", MSCG 1986, n.º 16, 233-242.

KRAMER, RALPH (com FRANK K. PETER)
— Arbeitsrecht: Grundkurs für Wirtschaftswissenschaftler (2.ª ed.), Springer Gabler, Wiesbaden, 2012.

KRAUSE, RÜDIGER
— Arbeitsrecht, Nomos, Baden-Baden, 2011.

KREFT, GERHART
— Handbuch des Wettbewerbsrechts, C.H. Beck, Munique, 1986.

KROESCHELL, KARL
— Deutsche Rechtsgeschichte 3: Seit 1650, Böhlau Verlag GmbH, Colónia, 2005.

LA MACCHIA, CARMEN
— La pretesa al lavoro, Giappichelli, Turim, 2000.

LABRUSSE-RIOU, CATHERINE
— "De quelques apports du droit des contrats au droit des personnes", Etudes offertes à Jacques Ghestin: le contrat au début du XXIe siecle (dir. Gilles Goubeaux), LGDJ, Paris, 2001, 499-510.

LAM, LOUISA (com CHRISTOPHER HUNTER/KETONG LIN),
— Employment Law in China (2.ª ed.), Wolters Kluwer, Hong Kong, 2008.

LAMBERTUCCI, PIETRO
— Diritto del Lavoro (col. Dizionario del Diritto Privato), Giuffré Editore, Milão, 2010.
— "Il diritto al lavoro tra principi costituzionali e discipline di tutela: brevi apunti", RIDL 2010, n.º 1, 91-120.

LANGILLE, BRIAN (com GUY DAVIDOV)
— "Introduction", The Idea of Labour Law, Oxford University Press, Oxford, 2011.

LANGLET, OLIVIER
— *Le contrat de travail international*, Wolters Kluwer Belgium, Bruxelas, 2005.

LANOTTE, MASSIMO,
— "Patto di non concorrenza e nullità della clausola di recesso. Spunti di riflessione su corrispettività delle obbligazioni e fidelizzazione del lavoratore (nota a Cass. Civ. Sez. Lav., 16 agosto 2004, n.º 1592)", Mass. Gl 2005, n.ºˢ 1/2, 44-54.

LANZILLO, RAFAELLA
— *La proporzione fra le prestazioni contrattuali: corso di diritto civile*, Cedam, Pádua, 2003.

LAKIES, THOMAS
— *AGB im Arbeitsrecht: Kontrolle vorformulierter Arbeitsvertragsinhalte: Reichweite und Grenzen*, C.F. Müller, Munique, 2006.
— *Vertragsgestaltung und AGB im Arbeitsrecht*, C.F. Müller, Munique, 2011.

LARDY-PÉLISSIER, BERNADETTE
— "Obligation de loyauté du salarié et liberte du travail. Soc. 9 décembre 2009, n.º 08-41.213", RDT 2010, 164-6.

LARENZ, KARL
— *Lehrbuch des Schuldrechts I – Allgemeiner Teil* (14.ª ed.), C H Beck, Munique, 1987.
— *Metodologia da Ciência do Direito* (trad. José Lamego), 3.ª ed., Fundação Calouste Gulbenkian, Lisboa, 1989.

LASSANDRI, ANDREA
— "Il tirocínio", *Trattato di Diritto Privato: Impresa e Lavoro*, Tomo I (2.º ed.), dir. Pietro Rescigno, Utet, Turim, 2004, 421-439.
— "La durata del contrato di lavoro", *Trattato di Diritto Privato: Impresa e Lavoro*, Tomo I (2.ª ed.), dir. Pietro Rescigno, Utet, Turim, 2004, 443-463.

LATTANZI, ROBERTO
— «Prime riflessioni sul c. d. whistleblowing: un modelo da replicare "ad occhi chiusi"», RIDL, 2010, I, 335-365.

LAUTIER, GUY
— *Vos droits vos obligations aprés la loi des 35 heures: temps de travail*, Maxima, Paris, 2002.

LAVIGNE, PIERRE
— *Les bases constitutionnelles du droit du travail: le travail dans les constitutions françaises, 1789-1945*, Recueil Sirey, Paris, 1948.

LE CROM, JEAN-PIERRE
— "La liberté du travail en droit français. Essai sur l'évolution d'une notion à usages multiples", DRA 2006, n.º 15, 139-162.
— «"La profession aux professionnels": la loi du 4 octobre 1941 sur l'organisation sociale des professions, dite Chartre du travail», *Deux siècles de droit du travail: l'histoire par les lois* (dir. Jean-Pierre Le Crom), Éditions de l'Atelier, Paris, 1998, 142-164.

Le Goff, Jacques
— *Du silence à la parole, Une histoire du droit du travail des années 1830 à nos jours*, Presses universitaires de Rennes, Rennes, 2004.

Leal, António Silva
— "O princípio constitucional da liberdade de trabalho", RGEC 1961, 143-157.
— "O Direito à Segurança Social", *Estudos sobre a Constituição. Vol. 3* (coord. Jorge Miranda), Petrony, Lisboa, 1978, 335-368.

Leão, Anabela
— "Notas sobre o princípio da proporcionalidade ou da proibição do excesso", *Separata de Estudos em Comemoração dos cinco anos (1995-2000) da Faculdade de Direito da Universidade do Porto*, Coimbra Editora, Coimbra, 2001, 999-1039.

Leclercq, Eric
— *Les théories du marché du travail*, La pensés économique contemporaine, Éditions du Seil, Paris, 1999.

Leclerc, Olivier
— "Sur la validité des clauses de confidentialité en droit du travail", DS 2005, n.º 2, 173-180.

Léger, Nicolas (com Stephanie Howard)
— "Non-competition and employment issues in France", *Restrictive Covenants in Employment Contracts and Other Mechanisms for Protection of Corporate Confidential Information* (dir. Pascal Lagesse/Mariann Norrbom), Kluwer Law International, Londres, 2006, 89-109.

Lee, Thomas W. (com Terence R. Mitchell/Lowel Wise/Steven Fireman)
— "The retention of knowledge workers with the unfolding model of voluntary turnover", HRMR 1997, vol. 7, Elsevier, 247-275.

Leenen, Detlef
— *BGB Allgemeiner Teil: Rechtsgeschäftslehre*, Walter de Gruyter, Berlim, 2011.

Lefranc, Georges
— *História do Trabalho e dos Trabalhadores* (trad. Elisa Amado Bacelar: *Histoire du Travail et des Travaillers*), Europress, Lisboa, 1988.

Leite, Jorge
— *Direito do Trabalho, da Cessação do Contrato de Trabalho. Notas de acordo com as lições ao ciclo complementar da Faculdade de Direito de Coimbra*, Coimbra, 1978.
— "O Direito do Trabalho na crise (Relatório geral)", *Temas de Direito do Trabalho – Direito do Trabalho na crise. Poder empresarial. Greves atípicas (IV Jornadas Luso-Hispano-Brasileiras de direito do trabalho)*, Coimbra Editora, Coimbra, 1990, 21-49.
— *A Extinção do Contrato de Trabalho por Vontade do Trabalhador*, Coimbra, polic., 1990.

— "Crédito Remunerado para desempenho de funções sindicais", QL 1994, n.º 1, 3-15.
— *Direito do Trabalho*, vol. I, Serviço de textos da U. C., Coimbra, 1998.
— *Direito do Trabalho*, vol. II, Serviço de textos da U. C., Coimbra, 1999.
— "Comissão de serviço", QL; 2000, n.º 16, 152-161.
— "Notas para uma teoria da suspensão do contrato de trabalho", QL 2002, n.º 20, 121-138.

LEITE, JORGE (com COUTINHO DE ALMEIDA)
— *Legislação do Trabalho* (14.ª ed.), Coimbra Editora, Coimbra, 2000.

LEITÃO, ADELAIDE MENEZES
— *Estudo de Direito Privado sobre a cláusula geral de concorrência desleal*, Almedina, Coimbra, 2000.

LEITÃO, LUÍS MENEZES
— *Direito das Obrigações, Transmissão e Extinção das Obrigações. Não Cumprimento e Garantias do Crédito*, Vol. II, Almedina, Coimbra, 2002.
— *Código do Trabalho Anotado*, Almedina, Coimbra, 2003.
— *Enriquecimento sem causa no direito civil: estudo dogmático sobre a viabilidade da configuração unitária do instituto, face à contraposição entre as diferentes categorias de enriquecimento sem causa*, Almedina, Coimbra, 2005.
— *Direito das Obrigações, Introdução da Constituição das Obrigações*, Vol. I. (4.ª ed.), Almedina, Coimbra, 2005.
— *A Indemnização de Clientela no Contrato de Agência*, Almedina, Coimbra, 2006.
— *Direito do Trabalho* (2.ª ed.), Almedina, Coimbra, 2010.

LEITE, SERAFIM
— *A retribuição do trabalho*, Edições do Apostolado da Imprensa (col. Estudos Actuais I), Porto, 1933.

LEMEUNIER, FRANCIS
— *Associations – Constitution, Gestion, Évolution 2009/2010* (12.ª ed.), ed. Delmas, Paris, 2009.

LENGAUER, ALINE-MARIA
— *Drittwirkung Von Grundfreiheiten*, Springer, Viena/Nova Iorque, 2011.

LEWIS, DAVID
— "Mill and Milquetoast", *Mill's On Liberty: Critical Essays* (ed. Gerald Dworkin), Rowman § Littlefield Publishers, Maryland, 1997, 1-29.

LEWIS, DAVID (com MALCOLM SARGEANT)
— *Employment Law*, Pearson, Essex, 2008.

LIANOS, IOANNIS
— "Lost in translation? Towards a theory of economic transplants", *Current Legal Problems* 2009. Vol. 62 (ed. Colm O'Cinneide), Oxford University Press, Oxford, 2010, 346-405.

LIEB, MANFRED (com MATTHIAS JACOBS)
— *Arbeitsrecht* (9.ª ed.), C.F. Müller, Heidelberg, 2006.

LIMA, ADOLPHO
— *O Contrato de Trabalho*, Antiga Casa Bertrand, Lisboa, 1909.

LIN, KETONG (com CHRISTOPHER HUNTER/LOUISA LAM)
— *Employment Law in China* (2.ª ed.), Wolters Kluwer, Hong Kong, 2008.

LINDBECK, ASSAR (com DENNIS J. SNOWER)
— *The Insider-Outsider Theory of Employment and Unemployment*, MIT Press, Cambridge, 1989.
— "Insiders versus Outsiders", JEP 2001, vol. 15, 165-188.

LINDAHL, LARS
— "On Robert Alexy's Weight Formula for Weighing and Balancing", *Liber Amicorum de José de Sousa Brito*, Almedina. Coimbra, 2009, 355-376.

LINHART, DANIÈLE
— "Crisis y Trabajo", *La automación y el futuro del trabajo. Tecnologias, organización y condiciones de trabajo* (org. Juan José Castillo), Ministerio de Trabajo y Seguridad Social, Madrid, 1988, 507-540.

LIPARI, NICOLÒ
— "Diritto e mercato della concorrenza", RDCom 2000, n.ᵒˢ 7-10, 315-332.

LIPOVETSKY, GILLES
— *Les temps hypermodernes*, Éditions Grasset, Paris, 2004.

LIPSEY, RICHARD G.
— *An Introduction to Positive Economics* (7.ª ed.), Weidenfeld and Nicolson, Londres, 1998.

LYON-CAEN, ANTOINE
— "Le mantien de l'emploi", DS 1996, n.ᵒˢ 7/8, 655-659.
— "Note sur le pouvoir de direction et son contrôle", *Melanges Dedies au President Michel Despax*, Toulouse, Presses de L'Universite des Sciences Sociales de Toulouse, Toulouse, 2002, 107-119.

LYON-CAEN, GÉRARD
— "Les clauses restrictives de la liberté du travail (Clauses de non-concurrence ou de non réembauchage)", DS 1963, n.º 2, 88-99.
— "La crise du droit du travail", *In Memoriam Sir Otto Kahn-Freund*, C.H. Beck, Munique, 1980, 517-524.
— "Défense et illustration du contrat du travail", APD T. XIII, 1968, 59-69.

— "Permanence et renouvellement du droit du travail et mondialisation", *Le Droit Ouvrier* 2004, n.º 2, 49-56.

LOCKTON, DEBORAH J.
— *Employment Law*, 4.ª ed., Palgrave Law Masters, Londres, 2003.

LOFFREDO, ANTONIO
— "Considerazioni su diritto alla formazione e contratto di lavoro", *Problemi giuridici del mercato del lavoro* (dir. Rusciano), Jovene, Nápoles, 2004, 127-146.

LOEWENSTEIN, GEORGE (com JON ELSTER)
— *Choice Over Time*, Russel Sage Foundation, Nova Iorque, 1992.

LOISEAU, GRÉGOIRE
— "La police des clauses du contrat de travail: le paradigme de la clause de mobilité" *JCP* 2009, n.º 3, S 1013, 14-27.

LOPES, FERNANDO RIBEIRO
— *Direito do Trabalho. Lições policopiadas*, Lisboa, 1977/78.

LÓPEZ ANIORTE, M. C.
— *La Competencia del Trabajador con su Empresa*, Aranzadi, Pamplona, 1997.

LÓPEZ LÓPEZ, JULIA
— "Elementos de definición del modelo de relaciones laborales por las normas de OIT y comunitarias: la desestabilización por la Reforma Laboral (2012)", RDS 2012, n.º 57, 36-50.

LORITZ, KARL-GEORG
— *Zeitschrift für Arbeitsrecht*, CH Beck, Munique, 1982.

LOTTER, MARKUS
— *Beschäftigungssicherung durch betriebliche Berufsbildungsmaßnahmen unter Beteiligung des Betriebsrats nach dem BetrVG: ein Qualifizierungskonzept für den Betriebsrat, um betriebliche Berufsbildungsmaßnahmen einzuleiten, zu betreuen und zu bewerten*, Kassel University Press, Kassel, 2010.

LOKIEC, PASCAL
— "La mise en oeuvre des clauses contractuelles: l'exemple de la clause de mobilité dans le contrat de travail", D. 2004, n.º 21, 1427-1430.
— "L'accord du salarié", DS 2010, n.º 2, 140-143.
— "La modification du contrat du travail. Les leçons du droit anglais", RDT 2006, n.ºs 7-8, 76-84.

LOKIEK, PASCAL (com SOPHIE ROBIN-OLIVIER)
— "La período d'essai", RDT 2008, 256-8.
— "La clause de non concurrence: vu d'ici", RDT 2007, n.º 11, 674-675.

LOY, GIANNI
— "Professionalita e rapporto di lavoro", RGLPS 2003, n.º 4, 763-781.

— "Contratti formativi", *Dizionari del Diritto Privato: Diritto del Lavoro* (org. Natalino Irti), Giuffrè, Milão, 2008, 128-135.

Löwe, Helga
— *Der Interessenausgleich zwischen Arbeitgeber und Arbeitnehmer beim nachvertraglichen Wettbewerbsverbot*, Suhrkamp, Francoforte sobre o Meno, 1988.

Lowry, Suellen
— "Inevitable Disclosure Trade Secret Disputes: Dissolutions of Concurrent Property Interests", STL 1988, n.º 40, 519-544.

Ludarnon, Fiorella (com Paolo Tosi)
— "Lavoro (Contratto di)", *Digesto delle Discipline Privatistiche*. VIII, Utet, Trento, 1992, 140-168.

Luiz, José De Mesquita
— *Trabalho do menor*. Volume I, LTR ed., 1968, São Paulo.

Luhmann, Niklas
— *Sistema Juridico y Dogmatica Juridica* (trad. Ignacio de Otto Pardo de *Rechtssystem und Rechtsdogmatik*), Centro de Estudios Constitucionales, Madrid, 1983.

Luque Parra, Manuel
— "Pactos típicos, nuevas tecnologias y relación laboral", *Relaciones Laborales y Nuevas Tecnologias*, La Ley, Madrid, 2005, 153-185.

Luttringer, Jean Marie
— "Formation professionnelle: nouveaux chantiers", DS 2008, n.º 12, 1163-1224.

Maccormick, Neil
— *Legal Reasoning and Legal Theory*, Oxford, Oxford University Press, 1997.

Machado, João Baptista
— "Pressupostos da resolução por incumprimento", *Estudos em Homenagem ao Prof. Doutor Teixeira Ribeiro*, Vol. II, Universidade de Coimbra, BFDVC, Coimbra, 1979, 343-421 (também publicado em *Obra dispersa, Vol. I*, Scientia Ivridica, 1991, 125-195).
— "Anotação ao Acórdão do Supremo Tribunal de Justiça, de 8 de Novembro de 1983", RLJ 1986, n.ºs 3738-3740 (ano 118.º), 271-282, 317-320, 328-332.
— "Risco contratual e mora do credor (risco da perda do valor-utilidade ou do rendimento da prestação e de desperdício da capacidade de prestar vinculada)", *Estudos em Homenagem ao Prof. Doutor Ferrer Correia*, vol. II, Coimbra editora, Coimbra, 1989, 71-151 (também publicado em *Obra dispersa, Vol. I*, Scientia Ivridica, Braga, 1991, 257-345).
— "A resolução por incumprimento e a indemnização", *João Baptista Machado. Obra Dispersa*, SI, Braga, 1991, 195-215.
— «Tutela da Confiança e "Venire Contra Factum Proprium"», *Obra dispersa, Vol. I*, Scientia Ivridica, 1991, 345-425.

— "A Cláusula do Razoável", *Obra dispersa, Vol. I*, SI, Braga, 1991, 457-623.
— "Do princípio da liberdade contratual – Anotação: Acórdão de 7 de Dezembro de 1983", *Obra dispersa*, vol. I, SI, Braga, 1991, 623-646.
— "Parecer sobre Denúncia e Direito de Resolução de Contrato de Locação de Estabelecimento Comercial", *Obra dispersa*, vol. I, SI, Braga, 1991,667-681.
— "A Justiça e o Direito Natural", *Obra dispersa*, vol. II, SI, Braga, 1993, 157-202.
— "Iniciação ao Mundo do Direito", *Obra Dispersa*, vol. II, SI, Braga, 1993, 475-546.
— "Constitucionalidade da Justa Causa Objectiva", *Obra Dispersa*, vol. II, SI, Braga, 1993, 547-552.
— *Introdução ao Direito e ao Discurso Legitimador*, Almedina, Coimbra, 1994.

MACHADO, JÓNATAS
— *Liberdade de Expressão*, Coimbra Editora, Coimbra, 2002.

MACHETE, PEDRO
— "Incompatibilidades e Impedimentos no novo Estatuto do Gestor Público", *Estudos dedicados ao Professor Mário Fernando de Campos Pinto. Liberdade e Compromisso – Volume II*, UCP, Lisboa, 2009, 281-321.

MACHETE, RUI CHANCERELLE DE
— "Os Princípios e Classificações Fundamentais do Corporativismo", Separata SI 1969, Braga.

MACIOCE, FRANCESCO
— *Il negozio di rinuncia nel diritto privato*, Edizioni Scientifiche Italiane, Nápoles, 1992.

MACNEIL, IAN
— *The New Social Contract, An Inquiry into Modern Contractual Relations*, Yale University Press, 1980.

MACKENS, JAMES (com PAUL O'GRADY/CAROLYN SAPIDDEN/GEOFF WARBURTON)
— *The Law of Employment*, Lawbook Co., Sidney, 2002.

MACINTYRE, EWAN
— *Business law* (4.ª ed.), Pearson, Londres, 2008.

MAC CRORIE, BENEDITA
— "O recurso ao princípio da dignidade da pessoa humana na jurisprudência do Tribunal Constitucional", *Estudos em comemoração do 10.º aniversário da licenciatura em direito da Universidade do Minho*, Almedina, Coimbra, 2004, 151-174.
— *A Vinculação dos Particulares aos Direitos Fundamentais*, Almedina, Coimbra, 2005.
— *Os limites da renúncia a direitos fundamentais nas relações entre particulares*, FDUNL, Lisboa, 2011.

MACWITHEY, BILL
— *Can't you hear the whistle blowing*, 1 st. ed., Xlibris Corporation, Filadélfia, EUA, 2000.

MAGGI-GERMAIN, NICOLE (com PASCAL CAILLAUD)
— "Vers un droit personnel à la formation?", DS 2007, n.º 5, 574-591.
MAGNANI, MARIELLA
— "Organizzazione del lavoro e professionalità tra rapporti e mercato del lavoro", DLRI n.º 101, 2004, I, 165-200.
MAINE, HENRY SUMMER
— L'Ancien droit. Considéré dans ses rapports avec l'histoire de la société primitive et avec les idées modernes (trad. Courcelle Seneuil), Guillaumin/A. Durand et Pedone Lauriel, Paris, 1874.
MALSBERGER, BRIAN M. (com ROBERT A. BLACKSTONE, ARNOLD H. PEDOWITZ)
— Trade secrets: a state-by-state survey: Vol. I (3.ª ed.), BNA Books, Arlington, 2006.
MALINVAUD, PHILIPPE
— Droit des obligations (10.ª ed), Litec, Paris, 2007.
MALLET, ESTEVÃO
— "Cláusula de não concorrência em contrato individual de trabalho", RDES 2006, n.ᵒˢ 3 e 4, 233-271.
MÄNTYSAARI, PETER
— The Law of Corporate Finance: Cash flow, risk, agency, information, Springer-Verlag, Berlim, 2009.
MANCINI, G. FEDERICO
— Il recesso unilaterale e i rapporti di lavoro. I individuazione della fattispecie. Il recesso ordinario, Giuffrè, Milão, 1962.
— Comentario della Costituzione. Principi Fondamentali (dir. Giuseppe Branca), Nicola Zanichelli Editore, Bolonha, 1975, 199-276.
MARIMPIETRI, IVANA
— "La «categoria» giurisprudenziale della fedeltà aziendale, nota a Cassazione, 16 Gennaio 1990, n.º 299", Foro Italiano, 1990, I, 991-5.
MARINELLI, MASSIMILIANO
— "Il perdurante contrasto tra diritto interno e diritto comunitário sulla tutela dei lavoratori nel trasferimento di azienda", EDP 2004, n.º 1, 819-856.
MARQUES, MARIA MANUEL LEITÃO
— Um Curso de Direito da Concorrência, Cedipre, Coimbra Editora, Coimbra, 2002.
MARQUES, OLIVEIRA
— "O Trabalho", A Sociedade Medieval Portuguesa. Aspectos da vida quotidiana (4ª ed.), Lisboa, 1981.
MARRONE, MATEO
— Istituzioni di Diritto Romano (3.ª ed.), ed. Palumbo, Palermo, 2009.
MARSHALL, T. H
— Citizenship and Social Class, Univiversity of Michigan Press, Michigan, 1992.

MARTIN, XAVIER
— "Fondements politiques du Code Napoleón", RTDC 2003, n.º 2, 247-264.

MARTINON, ARNAUD
— *Essai sur la stabilité du contrat de travail à durée indéterminée*, Dalloz, Paris, 2005.

MARTÍN VALVERDE, ANTONIO
— *El período de prueba en el contrato de trabajo*, ed. Montecorvo, Madrid, 1976.

MARTÍN VALVERDE, ANTONIO (com RODRIGUEZ-SANUDO GUTIÉRREZ/GARCÍA MURCIA)
— *Derecho del Trabajo* (15.ª ed.), Tecnos, Madrid, 2006.

MARTINEZ, PEDRO ROMANO
— *Cumprimento defeituoso – em especial na compra e venda e na empreitada*, Almedina, Coimbra, 1994.
— "Igualdade de tratamento no direito laboral: a aplicação da Directiva 76/207/CEE em Portugal", DJ 1997, Tomo II, 83-94.
— "Direito do Trabalho – Relatório", *Separata da RFDUL*, Coimbra editora, Coimbra, 1999.
— "As razões de ser do Direito do Trabalho", *II Congresso Nacional de Direito do Trabalho. Memórias* (org. António Moreira), Almedina, Coimbra, 1999, 127-144.
— "A Constituição de 1976 e o Direito do Trabalho" (Separata), *Nos 25 Anos da Constituição da República Portuguesa de 1976*, AAFDL, 2001.
— "Os novos horizontes do Direito do Trabalho", *III Congresso Nacional de Direito do Trabalho. Memórias* (org. António Moreira), Almedina, Coimbra, 2001, 323-351.
— "Trabalho Subordinado e Trabalho Autónomo", *Estudos do Instituto de Direito do Trabalho*, vol. I (coord. Pedro Romano Martinez), Almedina, Coimbra, 2001, 271-294.
— *Direito do Trabalho*, Almedina, Coimbra, 2002.
— "Considerações gerais sobre o Código do Trabalho", RDES 2003, n.ºs 1 e 2, 5-28 [= *VI Congresso Nacional de Direito do Trabalho. Memórias* (Coord. António Moreira), Almedina, Coimbra, 2004, 41-60].
— *Apontamentos sobre a cessação do contrato de trabalho à luz do Código do Trabalho*, AAFDL, Lisboa, 2004.
— *Da cessação do contrato* (2.ª ed.), Almedina, Coimbra, 2006.
— "Nulidade de cláusulas de convenções colectivas de trabalho. O período experimental no contrato de trabalho desportivo", RDES 2007, n.ºs 1-2, Ano XLVIII, 79-101.
— "Do direito do empregador se opor à reintegração de um trabalhador ilicitamente despedido", RDES 2007, n.ºs 1-2, Ano XLVIII, 103-131.

— "Trabalho e Direitos Fundamentais (compatibilização entre a Segurança no Emprego e a Liberdade Empresarial)", *Estudos em Homenagem ao Prof. Doutor Sérvulo Correia*, Vol. III, Coimbra Editora, Coimbra, 2010, 241-285.
— *Direito do Trabalho* (5.ª ed.), Almedina, Coimbra, 2010.

MARTINEZ, PEDRO ROMANO (com LUÍS MIGUEL MONTEIRO/JOANA VASCONCELOS/ PEDRO MADEIRA DE BRITO/GUILHERME DRAY/LUÍS GONÇALVES DA SILVA)
— *Código do Trabalho Anotado* (1.ª ed.), Almedina, Coimbra, 2003
— *Código do Trabalho Anotado* (8.ª ed.), Almedina, Coimbra, 2010.

MARTINEZ GIRON, JESÚS
— "La dimisión del trabajador", AL 1990, n.º 20, 227-241.

MARTÍNEZ GIRÓN, JESÚS (com ARUFE VARELA/CARRIL VÁZQUEZ) *Derecho del trabajo* (2.ª ed), Netbiblo, Madrid, 2006.

MARTINS, ANA MARIA GUERRA
— "A protecção da dignidade humana no Tratado de Lisboa", *Estudos em Homenagem ao Prof. Doutor José Joaquim Gomes Canotilho. Vol. III*, Coimbra Editora, Coimbra, 2012, 473-498.

MARTINS, GUILHERME D'OLIVEIRA (com ANTÓNIO DE SOUSA FRANCO)
— *A Constituição económica portuguesa*, Almedina, Coimbra, 1993.

MARTINS, JOÃO ZENHA
— "A descentralização produtiva e os grupos de empresas ante os novos horizontes laborais", QL 2001, n.º 18, Coimbra, 190-235.
— "Cedência ocasional de trabalhadores – algumas notas", RFDUL vol. XLII, n.º 2, 2001, 1125-1158.
— *Cedência de Trabalhadores e Grupos de Empresas*, Almedina, Coimbra, 2002.
— *O Genoma Humano e a Contratação Laboral*, Editora Celta, Oeiras, 2002.
— «O novo Código do Trabalho e os "contratos de trabalho com regime especial": pistas para o *enquadramento* do contrato de trabalho desportivo», RMP 2003, n.º 95, 31-71.
— "Da mobilidade dos futebolistas profissionais. Contributo para o estudo do contrato de trabalho desportivo" (inédito), Faculdade de Direito da Universidade de Lisboa, 2003.
— "Interpretação conforme com a Constituição", *Estudos em Homenagem ao Professor Inocêncio Galvão Telles*, Vol. V., Almedina, Coimbra, 2003, 823-957.
— "A subcontratação e os grupos de empresas ante os novos horizontes laborais", n.os 14/15, RST 2003, Ministério da Segurança Social e Trabalho, 117-139.
— "Definição e condições gerais da cedência ocasional de trabalhadores no Código do Trabalho", QL 2005, n.º 25, 77-110.
— "O Sistema de Mediação Laboral – Algumas Notas", PDT 2007, n.º 72, 103-130.

— "Os pactos de não concorrência no Código do Trabalho", RDES 2006, n.os 3 e 4, Ano XLVII (XX da 2.ª Série), 291-372.
— "Pactos de não concorrência com projecção laboral", JC 2006, n.º 9, 69-89.
— "O segredo jornalístico, a protecção das fontes de informação e o incidente processual penal de quebra de escusa de depoimento", RMP 2006, n.º 106, 83-137.
— «Em torno das "associações na hora" e do direito associativo português», *Scientia Iuridica* 2007, n.º 311, 487-516.
— "A realidade laboral desportiva e as indemnizações por promoção ou valorização", *Estudos de Homenagem a Vítor Ribeiro*, CEJ/Coimbra Editora, Coimbra, 2008, 391-359.
— "A cedência ocasional de trabalhadores em Portugal: enquadramento", *Revista EPD – Escola Paulista de Direito – São Paulo: Escola Paulista de Direito*, 2005, A. 4, n.º 4, 2008.
— "A vinculação laboral desportiva e os pactos de opção", *Liberdade e compromisso: estudos dedicados ao Professor Mário Fernando de Campos Pinto*, UCP, Lisboa, 2009, 321-377.
— "A idade e a reforma por velhice como *causas* de cessação do *vinculum laboris*: a (in)segurança social e o trabalho", *Ars Iudicandi – Estudos em Homenagem ao Professor Doutor António Castanheira Neves*, Vol. II- Direito Privado, Coimbra Editora, Coimbra, 2009, 413-455.
— "Cedência de praticantes desportivos profissionais: especificidades", *Estudos dedicados ao Prof. Doutor Luís Alberto Carvalho Fernandes*, Volume II, UCP, Lisboa, 2011, 133-171.
— "Do regime das associações sem personalidade jurídica: algumas notas", *Estudos em Homenagem ao Professor Doutor Carlos Ferreira de Almeida*. Volume III, Almedina, Coimbra, 2011, 397-428.
— "Neoconstitucionalismo e interpretação conforme", *Teoria da argumentação e neo--constitucionalismo: um conjunto de perspectivas* (org. António Manuel Hespanha/ Teresa Pizarro Beleza), Almedina, Coimbra, 2011, 191-213.

MARTINS, JOÃO ZENHA (com CATARINA SAMPAIO VENTURA)
— "Nótula sobre a Carta dos Direitos Fundamentais da União Europeia", RMP 2003, n.º 93, 129-132.
— "The Charter of Fundamental Rights of the European Union: a Landmark in the European Landscape in the European Landscape and the Prospect for a Dynamic Role of the Ombudsman", Yearbook (7), *International Ombudsman Institute*, Brill Academic Publishers, Leiden/Boston, 2004, 129-146.

MARTINS, PEDRO FURTADO
— "Rescisão pelo trabalhador; comunicação escrita", RDES 1993, n.os 1-4, 337-347.
— "A crise do contrato de trabalho", RDES 1997, n.º 4, 335-368.

— "O Pluriemprego no Direito do Trabalho", *II Congresso Nacional de Direito do Trabalho. Memórias* (org. António Moreira), Almedina, Coimbra, 1999, 191-210.
— "Questões sobre o trabalho temporário", RDES 1999, n.º 1, 51-85.
— *A Cessação do contrato de trabalho* (1.ª ed.), Principia, Cascais, 1999.
— *A Cessação do contrato de trabalho* (2.ª ed.), Principia, Cascais, 2001.
— *A Cessação do contrato de trabalho* (3.ª ed.), Principia, Cascais, 2012.

MAS ABADIA, MARIA DOLORES
— *La Revision Judicial de Las Clausulas Penales*, Tirant Lo Blanch (38), Valência, 1995.

MATOS, FILIPE DE ALBUQUERQUE
— *Responsabilidade Civil por Ofensa ao Crédito ou ao Bom Nome*, Almedina, Coimbra, 2011.

MATTAROLO, MARIA GIOVANNA
— *Obbligo di fedeltà del prestatore di lavoro*, Giuffrè, Milão, 2000.

MATTOSO, JOSÉ
— *Fragmentos de uma composição medieval*, Editorial Estampa, Lisboa, 1990.

MATTOSO, JOSÉ (com RUI RAMOS)
— *História de Portugal*, Editorial Estampa, Lisboa, 1994.

MAURICE, MARC
— "La qualification comme rapport social. À propos de la qualification comme mise en forme du travail", *Le travail: marchés, règles et conventions* (dir. R. Salais, l. Thévenot), Economica, Paris, 1986, 179-192.

MAZEAUD, ANTOINE
— *Droit du Travail*, Montchrestien, Paris, 1998.
— "I. Coriatt-Attiat, Le statut de la pluriactivité en droit social", RIDC 2000, n.º 4, 967-8.

MAZEAUD, DENIS
— *La notion de clause pénale*, LGDJ, Paris, 1992.
— "Les clauses pénales en droit du travail", DS 1994, n.º 4, 343-352.

MAZZIOTTI, FABIO
— "Estinzione del rapporto di lavoro", *Trattato di Diritto Privato: Impresa e Lavoro*, Tomo I (2.º ed.), dir. Pietro Rescigno, Utet, Turim, 2004, 467-490.

MAZZIOTTI, MANLIO
— *Il diritto al lavoro*, Giuffré, Milão, 1956.
— "Diritto sociali", *Enciclopedia del Diritto*, Vol. XII, Milão, 1964.

MAZZOTTA, ORONZO
— *Diritto del Lavoro* (3.ª ed.), Giuffrè, Milão, 2008.

MAYER-MALY, THEO
— *Ausgewählte Schriften zum Arbeitsrecht*, Böhlau, Colónia, 1991.

McCulloch Kenneth J. (com James O. Castagnera)
— *Termination of employment: employer and employee rights*, Vols. 19-20, West Group, 2003.

McFadden, John J. (com Burton T. Beam)
— *Employee Benefits*, Dearborn, Chicago, 2001.

Mckendrick, Ewan
— *Contract Law* (5.ª ed.), Palgrave Law Masters, Londres, 2003.

Méda, Dominique
— *O Trabalho – Um valor em vias de extinção*, Fim de Século, Lisboa, 1999.

Medeiros, Rui (com Jorge Miranda)
— *Constituição Portuguesa Anotada – Tomo I*, Coimbra Editora, Coimbra, 2005.
— *Constituição Portuguesa Anotada – Tomo II*, Coimbra Editora, Coimbra, 2006.
— *Constituição Portuguesa Anotada – Tomo III*, Coimbra Editora, Coimbra, 2007.

Minard, Philippe
— "Les corporations en France au XVIIIe siècle: métiers et institutions", *La France, malade du corporatisme? XVIIIe-XXe siècles* (dir. Steven L. Kaplan & Philippe Minard), Belin, Paris, 2004, 39-51.

Meleca, Vincenzo
— "La fidelizzazione del lavoratore", DPL 2002, 1877-1885.

Melillo, Generoso
— "Ius singulare", *Novissimo Digesto Italiano* IX, 1963, 389-391.

Mendes, Evaristo Ferreira
— "Anotação ao artigo 61.º da CRP", *Constituição Portuguesa Anotada – Tomo I*, Coimbra Editora, Coimbra, 2005, 1179-1238.

Mendes, João de Castro
— "Direitos, liberdades e garantias – alguns aspectos gerais", *Estudos sobre a Constituição. 1.ª volume*, Petrony, Lisboa, 1977, 93-119.
— *Teoria Geral do Direito Civil*, vol. I, AAFDL, Lisboa, 1978.
— *Teoria Geral do Direito Civil*, vol. II, AAFDL, Lisboa, 1979.
— *Teoria Geral do Direito Civil*, vol. III, AAFDL, Lisboa, 1979.

Menegatti, Emanuele
— *I limiti alla concorrenza del lavoratore subordinato*, Cedam, Pádua, 2012.

Mengoni, Luigi
— "Le contrat de travail en droit italien", *Le contrat de travail dans le droit des pays membres de la CECA*, Eurolibri, Luxemburgo, 1965, 420-521.
— "Autonomia privata e costituzione", BBTC 1997, n.º 1 (v. 50), 1-20.
— "L'argomentazione orientate alle conseguenze", RTDPC, 1994, I, 1-18.

Meyer, Hendrik
— *Die arbeitsvertragliche Bezugnahme auf Tarifverträge*, Grin Verlag, Norderstedt, 2011.

MEKKI, MUSTAPHA
— "Existe-t-il un jus commune applicable aux clauses du contrat de travail ?", RDT 2006, n.º 11, 292-303.

MESCHERIAKOFF, ALAIN-SERGE (com MARC FRANGI/MONCEF KDHIR)
— *Droit des associations*, Puf, Paris, 1996.

MESQUITA, JOSÉ ANDRADE
— "O direito a férias", *Separata da Obra Estudos do Instituto de Direito do Trabalho*, Almedina, Coimbra, 2002, 65-153.
— *Direito do Trabalho*, AAFDL, Lisboa, 2004.

MESQUITA, JOSÉ ANTÓNIO
— "Poder disciplinar", *Direito do Trabalho. Suplemento ao BMJ*, Lisboa, 1979, 212-265.
— "Renúncia pelos trabalhadores aos direitos sobre a entidade patronal", RMP 1980, n.º 1, 43-47

MESQUITA, M. HENRIQUE (com JORGE LEITE e JOÃO LEAL AMADO)
— "Liberdade de trabalho e transferência de futebolistas profissionais", QL 1996, n.º 7, 72-94.

MICHALSKI, LUTZ
— *Arbeitsrecht*, C.F. Müller, Heidelberg, 2008.

MIEHE, SHANNON
— *How to Create a Noncompete Agreement*, Nolo Press, Berkeley, 2002.

MILLER, ROGER LEROY
— *Economics Today* (16.ª ed.), Addison-Wesley, Boston, 2001.

MILLER, ROGER LEROY (com GAYLORD A. LENTZ)
— *Fundamentals of Business Law: Excerpted Cases* (3.ª ed.), South Western, Mason, 2012.

MILL, JOHN STUART
— *On Liberty and Other Essays,* Digireads, Kansas, 2010.

MINARD, PHILIPPE
— "Les corporations en France au XVIIIe siècle: métiers et institutions", *La France, malade du corporatisme? XVIIIe-XXe siècles* (dir. Steven L. Kaplan & Philippe Minard), Belin, Paris, 2004, 39-51.

MINÉ, MICHEL (com DANIEL MARCHAND)
— *Le droit du travail en pratique* (24.ª ed.), Eyrolles, Paris, 2012.

MIRANDA, JORGE
— *A Constituição de 1976*, Petrony, Lisboa, 1978.
— "Liberdade de trabalho e profissão", RDES 1986, n.º 2, 145-162.
— *Manual de Direito Constitucional. Constituição e Inconstitucionalidade*, Tomo II (3.ª ed.), Coimbra Editora, Coimbra, 1992.
— *Escritos Vários sobre Direitos Fundamentais*, Principia, Estoril, 2006.

— *Manual de Direito Constitucional. Direitos Fundamentais*. Tomo IV (5.ª ed. reimp.), Coimbra Editora, Coimbra, 2012.

MIRANDA, JORGE (com RUI MEDEIROS)
— *Constituição Portuguesa Anotada – Tomo I*, Coimbra Editora, Coimbra, 2005.
— *Constituição Portuguesa Anotada – Tomo II*, Coimbra Editora, Coimbra, 2006.
— *Constituição Portuguesa Anotada – Tomo III*, Coimbra Editora, Coimbra, 2007.

MODERNE, FRANK
— "La dignité de la personne comme principe constitutionnel dans les constitutions portugaise et française", *Perspectivas Constitucionais. Nos 20 anos da Constituição. Vol. I* (org. Jorge Miranda), Coimbra Editora, Coimbra, 1996, 197-230.

MOFFATT, JANE
— *Employment Law* (3.ª ed.), Oxford University Press, Oxford, 2011.

MÖLLERS, THOMAS M. J. (com ANDREAS HEINEMANN)
— *The enforcement of competition law in Europe*, Cambridge University Press, Cambridge, 2007.

MOLL, WILHELM
— *Arbeitsrecht*, C.H. Beck, Munique, 2005.

MONEREO PEREZ, JOSE LUIS
— *Introduccion al nuevo derecho del Trabajo- Una refléxion critica sobre el derecho flexible del Trabajo*, Tirant lo Blanch, Valencia, 1996.

MOHNHAUPT, HEINZ
— *Historische Vergleichung im Bereich von Staat und Recht: Gesammelte Aufsätze*, Vittorio Klostermann, Francoforte sobre o Meno, 2000.

MONTEIRO, ANTÓNIO PINTO
— "Sobre a cláusula penal", SI 1983, n.ᵒˢ 244/246, 231-264.
— "Contrato de agência: anteprojecto", BMJ 1986, n.º 360, 43-139.
— *Cláusula Penal e Indemnização*, Almedina, Coimbra, 1990.
— *Claúsulas limitativas e de exclusão de responsabilidade civil*, Almedina, Coimbra, 2003.
— "Sobre as «cláusulas de rescisão» dos jogadores de futebol", RLJ 2005, n.º 3934, 5-26.
— *Contratos de Distribuição Comercial*, Almedina, Coimbra, 2009.

MONTEIRO, CRISTINA LÍBANO
— "Anotação ao artigo 358.º", *Comentário Conimbricense do Código Penal. Parte Especial: Tomo III* (dir. Jorge de Figueiredo Dias), Coimbra Editora, Coimbra, 2001, 437-449.

MONTEIRO, JORGE SINDE
— *Responsabilidade por conselhos, recomendações e informações*, Almedina, Coimbra, 1989.

MONTEIRO, LUÍS MIGUEL
— "Regime jurídico do trabalho em comissão de serviço", *Estudos em Homenagem do Prof. M. Alonso Olea*, Almedina, Coimbra, 2004, 507-528.

MONTOYA MELGAR, ALFREDO
— "Los derechos fundamentales en materia laboral", RPS 1979, n.º 121, 315-346.
— "Sobre el derecho del trabajo y su ciência", *Funciones y fines del derecho: homenage al profesor Mariano Hurtado Bautista*, Universidade de Murcia, Murcia, 1992, 213-227.
— *Derecho y Trabajo*, Civitas, Madrid, 1997.
— *Derecho del Trabajo*, 18.ª ed., Tecnos, Madrid, 1997.
— *Derecho del Trabajo*, 21.ª ed., Tecnos, Madrid, 2000.
— "El trabajo en la Constitutión (la experiencia española en el marco iberoamericano", *El Trabajo y la Constitución. Estudios en Homenaje al Profesor Alonso Olea*, MTAS, Madrid, 2003, 463-490.

MORBIDELLI, GIUSEPPE
— "Iniziativa economica privata", *Enciclopedia Giuridica Treccani*, Vol. XVII, Roma, 1989, 1-12.

MOREAU, MARIE-ANGE
— "Justice sociale et mondialisation: le tournant opéré par l'OIT en 2008", *Technology and Competition. Contributions in Honour of Hanns Ullrich* (dir. Josef Drexl/ Reto M. Hilty/Laurence Boy/Christine Godt/Bernard Remiche), Larcier, Bruxelas, 2009.

MOREIRA, ADRIANO
— *Direito Corporativo*, Lisboa, Instituto Superior de Estudos Ultramarinos, 1950.

MOREIRA, ANTÓNIO
— "Formas atípicas de trabalho e segurança social", *Estudos jurídicos em homenagem ao Prof. Doutor António Motta Veiga*, Almedina, Coimbra, 2007, 73-95.

MOREIRA, GUILHERME
— *O lucro e a questão económica*, Imprensa da Universidade, Coimbra, 1891.

MOREIRA, TERESA COELHO
— *Da esfera privada do trabalhador e o controlo do empregador*, Coimbra Editora, Coimbra, 2004.

MORIN, GASTON
— *La révolte du droit contre le Code. La révision nécessaire des concepts juridiques* (Contrat, responsabilité, propriété), Sirey, Paris, 1945.

MORO, ALVISE
— "Sulle modalità di pagamento del corrispettivo del patto di non concorrenza (nota a Trib. Milano 28/9/10))", RCDDL 2010, 1080-1100.

MORTATI, COSTANTINO
— "Il lavoro nella Costituzione", *Il Diritto del Lavoro*, vol. XXVIII, Roma, 1954, 148-198.
— "Il diritto al lavoro secondo la Costituzione della Repubblica (1953)", *Raccolta di scritti*, vol. III, Giuffrè, Milão, 1972.

MOKYR, JOEL
— *I doni di Atena. Le origini storiche dell'economia della conoscenza*, Il Mulino, Bolonha, 2004.

MOULY, JEAN
— "Une nouvelle création prétorienne à la charge de l'employeur: l'obligation de protection juridique du salarié", *D.* 10/2007 (8 mars 2007), 695-9.
— *Droit du Travail* (4.ª ed.), Bréal, Paris, 2008.

MOULY, JEAN (com JEAN-PIERRE MARGUENAUD)
— «Licenciement droit à la liberté d›expression du salarié et principe de proportionnalité», *D.* 2001, n.º 7, 574-579.

MOURA, JOSÉ BARROS
— *Compilação de direito de trabalho*, Almedina, Coimbra, 1980.
— *Notas para uma Introdução ao Direito do Trabalho*, Lisboa, 1980.

MOURITSEN, HENRIK
— *The Freedman in the Roman World*, Cambridge University Press, Cambridge, 2011.

MOUSSERON, JEAN-MARC
— *Traité des brevets*. Vol. I, (col. CEIPI), Litec, Paris, 1984.

MOUSSERON, PAUL-HENRI
— "La fidélisation du personnel", DS 1989, n.º 6, 479-484.

MUFFELS, RUUDE
— "Flexibility and Employment Security in Europe: Setting the Scene", *Flexibility and Employment Security in Europe: Labour Markets in Transition* (dir. Ruude. J. A. Muffels), Edward Elgar Publishing Limited, Chetelnham, 2008, 3-30.

MÜLLER, OLAF (com PETER RIELAND)
— *Arbeitsrecht: Tipps und Taktik*, CF Müller, Munique, 2006.

MÜLLER-GLÖGE, RUDI (com THOMAS DIETERICH/PETER HANAU & GÜNTER SCHAUB)
— *Erfurter Kommentar zum Arbeitsrecht* (8.ª ed.), C.H. Beck, Munique, 2008.

MUNDLAK, GUY
— "Generic or Sui-generis Law of Employment Contracts?", IJCLLIR 2000, n.º 16, 309-335.

MUNCK, RONALDO
— *Globalization and Labour: The New 'Great Transformation'*, Zed Books, Londres, 2002.

MURPHY, JOHN
— *Street on torts* (12.ª ed.), Oxford University Press, Oxford, 2007.

MÜSSIG, PETER *Wirtschaftsprivatrecht: Rechtliche Grundlagen wirtschaftlichen Handelns*, C.F. Mülller, Heidelberg, 2010.

NABAIS, J. CASALTA
— "Algumas reflexões críticas sobre os direitos fundamentais", *Ab Uno Ad Omnes*, Coimbra Editora, Coimbra, 1998, 965-1004.

NAPOLI, MARIO
— "Disciplina del mercato del lavoro ed esigenze formative", RGLPS 1997, 263-271.
— *Trasformazioni organizzative e contratto di lavoro*, Jovene, Nápoles, 2002.

NASCIMENTO, AUGUSTO
— "O *ethos* dos roceiros: pragmático ou esclavagista e, ainda e sempre, avesso à liberdade", *Revista Africana Studia* 2010, n.º 14, 141-162

NASCIMENTO, RICARDO
— *Da cessação do contrato de trabalho: em especial por iniciativa do trabalhador*, Coimbra Editora, Coimbra, 2008.

NATOLI, UGO
— *Limiti costituzionali dell'autonomia privata nel rapporto di lavoro: Introduzione*, Vol. I (Publicazioni dell'Istituto di Scienze Giuridiche, Economiche, Politiche e Sociali della Università di Messina), Giuffrè, Milão, 1955.

NEAU-LEDUC, CHRISTINE
— «"les juges et le droit social": quelques propos en guise d'introduction», DS 2010, n.os 9-10, 871-872.

NEERACHER, CHRISTOPH
— *Das arbeitsvertragliche. Konkurrenzverbot*, Stämpfli Verlag, Berna, 2001.

NEISS, PHILIPPE
— "Fau-t-il supprimer la période d'essai? La rupture du contrat de travail en période d'essai", RDT 2010, n.º 6, 348-356.

NERSON, ROGER
— "De la protection de la personnalité en droit prive français", *Travaux de l'Association Henri Capitant pour la Culture Juridique Française*, T. XIII, 1959-60, Dalloz, Paris, 1963, 55-79 (= "La protection de la vie privée en droit positif français", RIDC 1971, n.º 4, 737-764).

NETO, ABÍLIO
— *Novo Código do Trabalho e Legislação Complementar Anotados* (2.ª ed.), Ediforum, Lisboa, 2010.

NETO, LUÍSA
— *O direito fundamental à disposição sobre o próprio corpo (a relevância da vontade na configuração do seu regime)*, Coimbra Editora, Coimbra, 2004.

Neuprez, Vincent (com Michel Deprez)
— *Contrats de travail: l'essentiel*, Edipro, Liége, 2008.

Nevado Fernández, M. J.
— *Las restricciones a la competencia en el contrato de trabajo*, Tecnos, Madrid, 1998.

Neves, António Castanheira
— *O Direito (O Problema do Direito), O Sentido do Direito. Curso de Introdução ao Estudo do Direito – Textos compilados*, Coimbra, sd.
— *Questão-de-facto-questão-de-direito ou o problema metodológico da juridicidade (Ensaio de uma reposição crítica) I – A crise*, Coimbra, 1967.
— "A unidade do sistema jurídico: o seu problema e o seu sentido (Diálogo com Kelsen)", *Estudos em homenagem ao Prof. J. J. Teixeira Ribeiro*, vol. II, BFDUC, Coimbra editora, Coimbra, 1979, 73-184 (=*Digesta. Escritos acerca do Direito, do Pensamento Jurídico, da sua Metodologia e Outros*, Volume II, Coimbra Editora, Coimbra, 1995, 95-180)
— *Curso de Introdução ao Estudo do Direito* (lições policopiadas), Coimbra 1971-1972.
— *Metodologia Jurídica. Problemas Fundamentais*, Stvdia Ivridica I, Coimbra Editora, Coimbra, 1993.
— "O papel do jurista no nosso tempo", *Digesta. Escritos acerca do Direito, do Pensamento Jurídico, da sua Metodologia e Outros*, Volume I, Coimbra Editora, Coimbra, 1995, 9-50.
— "A revolução e o direito", *Digesta. Escritos acerca do Direito, do Pensamento Jurídico, da sua Metodologia e Outros*, Volume I, Coimbra Editora, Coimbra, 1995, 51-240.
— "Fontes do Direito", *Digesta. Escritos acerca do Direito, do Pensamento Jurídico, da sua Metodologia e Outros*, Volume II, Coimbra Editora, Coimbra, 1995, 7-94.
— "Interpretação Jurídica", *Digesta. Escritos acerca do Direito, do Pensamento Jurídico, da sua Metodologia e Outros*, Volume II, Coimbra Editora, Coimbra, 1995, 337-377.
— *Teoria do Direito (Lições proferidas no ano lectivo de 1998/1999)*, Universidade de Coimbra, 1998.

Nicolini, Giovanni
— *Compendio di Diritto del Lavoro*, Cedam, Pádua, 2004.

Nogler, Luca
— «Ancora su "tipo" e rapporto di lavoro subordinato nell'impresa«, ADL 2002, vol. VII, 109-153.

Novais, Jorge Reis
— "Renúncia a direitos fundamentais", *Perspectivas constitucionais: nos 20 anos da Constituição de 1976. Volume I* (org. Jorge Miranda), Coimbra Editora, Coimbra, 1998, 263-337.
— *As restrições aos direitos fundamentais não expressamente autorizadas pela Constituição*, Coimbra Editora, Coimbra, 2003.

— *Os princípios constitucionais estruturantes da República Portuguesa*, Coimbra Editora, Coimbra, 2004.
— *Direitos Fundamentais – Trunfos contra a Maioria*, Coimbra Editora, Coimbra, 2006.
— "A intervenção do Provedor de Justiça nas relações entre privados", *O Provedor de Justiça -Novos Estudos*, Lisboa, 2008, 227-291.
— *Direitos sociais: teoria jurídica dos direitos sociais enquanto direitos fundamentais*, Coimbra Editora, Coimbra, 2010.

NOVARA, GIAMPAOLO
— *Il Recesso Volontario dal Rapporto di Lavoro*, Giuffrè, Milão, 1961.

NYSSEN, BERNARD
— "Les aménagements conventionnels du droit de démissioner: la clause d'écolage", *Quelques propos sur la rupture du contrat de travail: hommage à Pierre Blondiau*, Anthemis, Louvain, 2008, 383-395.

NUNES, ADÉRITO SEDAS
— *História dos factos e das doutrinas sociais*, Presença, Lisboa, 1992.

NUNES, ANTÓNIO AVELÃS
— *Uma volta ao mundo das ideias económicas*, Almedina, Coimbra, 2008.

NUTI, FABIO
— *Uomini, Imprese e Mercati* (2.ª ed.), G. Giappichelli Editore, Turim, 2004.

OCCHINO, ANTONELLA
— "Apposizione del termine e struttura del contratto di lavoro", QDLRI 2000, n.º 23, 19-38.

OLAVO, CARLOS
— "A Propriedade Industrial e a Competência dos Tribunais de Comércio"; ROA 2001, ano 61.º, n.º 1, 193-223.
— *Propriedade Industrial – Volume Primeiro. Sinais Distintivos do Comércio, Concorrência Desleal* (2.ª ed.), Almedina, Coimbra, 2005.

OLIVA, UMBERTO
"Strumenti contrattuali di tutela del know how: fidelizzazione e riservatezza del dependente", *La tutela del know-how. Diritto industriale, del lavoro, penale e responsabilita' civil* (dir. Marco Bona, Alberto Camusso, Umberto Oliva & Alberto Vercelli), Giuffrè, Milão, 2012, 136-154.

OLIVA, UMBERTO (com CHIARA GERMANO)
— "Patto di non concorrenza", *La tutela del know-how. Diritto industriale, del lavoro, penale e responsabilita' civile* (dir. Marco Bona, Alberto Camusso, Umberto Oliva & Alberto Vercelli), Giuffrè, Milão, 2012, 155-198.

UMBERTO OLIVA (com GIULIA CANTINI CORTELLEZZI)
— "Obblighi legali di fedeltà, riservatezza e non concorrenza dei collaboratori dell'impresa", *La tutela del know-how. Diritto industriale, del lavoro, penale e respon-*

sabilita' civile (dir. Marco Bona, Alberto Camusso, Umberto Oliva & Alberto Vercelli), Giuffrè, Milão, 2012, 111-134.

OLIVEIRA, GUILHERME DE
— "Anotação ao Acórdão do Tribunal da Relação de Coimbra, de 28 de Novembro de 1995", RLJ 1996 (ano 129), 279-287.

OLIVEIRA, NUNO MANUEL PINTO
— *O Direito Geral de Personalidade e a "Solução do Dissentimento". Ensaio sobre um caso de "Constitucionalização" do Direito Civil*, Coimbra Editora, Coimbra, 2002.

OLIVIERI, ANTONIO
— "La natura giuridica del termine nel contratto di lavoro: alcuni spunti di riflessione", RIDL 2010, I, 367-410.

OPPO, GIORGIO
— "I contratti di durata", *Obbligazioni e Negozio Giuridico – Scritti Giuridici*, Cedam, Pádua, 1992, 200-334.

ORTIGÃO, RAMALHO
— *As Farpas. Tomo IV*, David Corazzi, Lisboa, 1888.

OTERO, PAULO
— *Lições de Introdução ao Estudo do Direito*, I volume, 1.º Tomo, Lisboa, 1998.
— *Lições de Introdução ao Estudo do Direito*, I volume, 2.º Tomo, Lisboa, 1999.
— "Disponibilidade do próprio corpo e dignidade da pessoa humana", *Estudos em honra do Professor Doutor José de Oliveira Ascensão. Vol. I*, Almedina, Coimbra, 2008, 107-138.

PAGNATTARO, MARISA ANNE
— "Protecting Trade Secrets in China: Update on Employee Disclosures and the Limitations of the Law", ABLJ 2008, vol. 45, n.º 2, 399-415.

PALERMO, ANTONIO
— *Manuale di diritto del lavoro e della sicurezza sociale*, Giuffrè Editores, Vol. II, Milão, 1957.

PALMITER, ALAN R.
— *Corporations: examples and explanations*, Aspen Publishers, Inc., Nova Iorque, 2006.

PAPALEONI, MARCO
— "La linee fondamentali della nuova disciplina del rapporto di lavoro a tempo determinato: D. Lgs. 6 Settembre 2001, n.º 368", ADL 2002, n.º 3, Milão, 665-721.
— "L'obbligo di fedeltà nel contratto di lavoro part-time: rilevanza delle mansioni svolte in concorrenza", Mass. Gl 2002, n.º 3, 131-140.
— "Contratto a tempo determinato e giustificazione del termine", Mass. Gl 2002, n.º 6, 17-23.
— *Il nuovo part-time. Nel settore privato e pubblico*, Cedam, Pádua, 2004.

Papaleoni, Marco (com Giuseppe Pera)
— *Diritto del Lavoro* (7.ª ed.), Cedam, Pádua, 2003.

Papier, Hans-Jürgen
— "Drittwirkung der Grundrechte", *Handbuch der Grundrechte in Deutschland und Europa,* vol. II, C.F. Müller, Heidelberg, 2006, 1331-1361.

Pardini, Andrea
— "Recedibilità dal patto di non concorrenza – Nota a Corte di Cassazione 3/6/2003, n. 9491", RIDL 2004, n.º 1, 161-167.

Parreira, Isabel Ribeiro
— "O Absentismo Antes e Depois do Código do Trabalho", *Estudos de Direito do Trabalho em Homenagem ao Professor Manuel Alonso Olea,* Almedina, Coimbra, 2004, 267-321.

Pasin, Patrick
— *La fin du salariat: le guide,* Carnot ed., Chatou, 1999.

Pasquier, Thomas
— "Le contrat *nouvelles embauches* ou la ambition illusoire d'un droit du licenciement sans intervention judiciaire", *Efficacia e diritto del lavoro* (ed. Antoine Lyon-Caen/ Adalberto Perulli), Wolters Kluwer, Verona, 2008, 353-361.

Paúl, Jorge Patrício
— *Concorrência desleal,* Coimbra Editora, Coimbra, 1965
— "Concorrência desleal e segredos de negócio", *Direito industrial – Volume II,* Almedina, Coimbra, 2002, 139-162.
— "Breve análise do regime da concorrência desleal no novo Código da Propriedade Industrial", ROA, ano 63, n.ᵒˢ 1 e 2, 2003, 329-343.
— "Concorrência desleal e direito do consumidor" ROA 2005, n.º 1, 89-108.

Pautot, Michel
— *Sportifs, transferts et liberté de circulation,* Litec, Paris, 2001.

Peano, Marie-Annick
— "L'intuitus personae dans le contrat de travail", *DS* 1995, n.º 2, 129-138.

Peel, Edwin
— *The Law of Contract,* 10.ª ed., Sweet & Maxwell, Londres, 1999.

Pélissier, Jean
— "La liberté du travail", DS, 1990, n.º 1, 19-26.
— "Existe-t-il un principe de faveur en droit du travail?", *Melanges Dediés au President Michel Despax,* Toulouse, Presses de L'Université des Sciences Sociales de Toulouse, Toulouse, 2002, 437-458.
— "Pour un droit des clauses du contrat du travail a partir de l'arrêt Société Leviel", RJS 2005, n.º 5, 499-502.
— "Clause de non-concurrence et contrepartie financière", RDT 2007, 95-96.

PÉLISSIER, JEAN (com ALAIN SUPIOT/ANTOINE JEAMMAUD)
— *Droit du Travail* (20.ª ed.), Dalloz, Paris, 2000.
— *Droit du Travail* (24.ª ed.), Dalloz, Paris, 2008.
PELISSIER, JEAN (com A. LYON-CAEN/ANTOINE JEAMMAUD/EMMANUEL DOCKÉS)
— *Les grands arrêts du droit du travail*, Dalloz, Paris, 2004.
PERA, GIUSEPPE
— "La Cessazione del rapporto di lavoro", *Enciclopedia Giuridica del Lavoro* n.º 5 (Dir. G. Mazzoni), Cedam, Pádua, 1980.
— "Trattamento di fine rapporto. Lavoro privato", *Novissimo Digesto Italiano*, Vol. VII, Editrice Torinese, Turim, 1987, 836-863.
— "Professione e lavoro (libertà di)", *Enciclopedia del Diritto XXXVI*, Giuffrè, Milão, 1987, 1033-8.
— *Compendio di Diritto del Lavoro* (5.ª ed.), Giuffrè Editore, Milão, 2000.
PÉREZ REY, JOAQUÍN
— "El contrato de apoyo a los emprendedores: una nueva vuelta de tuerca a la precariedad como fórmula de fomento de empleo", RDS 2012, n.º 57, 51-66.
PERONE, GIANCARLO
— *Lineamenti di diritto del lavoro: evoluzione e partizione della materia, tipologie lavorative e fonti*, G. Giappichelli, Turim, 1999.
PERRET, BERNARD
— "L'avenir du travail: des tendances contradictoires", *Le travail quel avenir?*, (Pierre Boisard et al.), Éditions Gallimard, Paris, 1997.
PERSIANI, MATTIA
— *Diritto della previdenza sociale* (11.ª ed.), col. Manuali di Scienze Giuridiche, Cedam, Pádua, 2000.
— "Diritto del lavoro e autorità del punto di vista giuridico", *Contratto e impresa* 2000, n.º 3, 1252-1296.
— "Il contratto collettivo di diritto comune nel sistema delle fonti del diritto del lavoro", ADL, 2004, n.º 9, 1-26.
— *I nuovi contratti di lavoro*, UTET, Turim, 2010.
PERULLI, ADALBERTO
— *Il potere direttivo dell' imprenditore*, Giuffre, Milão, 1992.
— "Tecniche di tutela nei fenomeni di esternalizzazione", ADL 2003, n.º 2, 473-490.
— "Rationalité et controle des pouvoirs de l'employeur", RDT 2006, n.ᵒˢ 7/8, 85-91.
PESSI, ROBERTO
— "L'efficacite du droit du travail et l'autonomie privee collective", Valutare il diritto del lavoro-Evaluer le droit du travail-Evaluate labour law (dir. Adalberto Perulli, Antoine Lyon-Caen), 2010, Cedam, Milão, 26-46.

Petersen, Anne C. (com Jeylan T. Mortimer)
— *Youth Unemployment and Society* (ed. By Anne C. Petersen & Jeylan T. Mortimer), Cambridge University Press, Cambridge, 2006.
Petit, François
— "L'après-contrat de travail", DS 1995, n.º 6, 589-596.
Petit, Franck
— "Sur les clauses de garantie d'emploi", DS 2000, n.º 1, 80-94.
Pettiti, Christophe
— "La clause de non concurrence en droit du travail et l'applicabilite directe du pacte international relatif aux droits economiques, sociaux et culturels du 16 decembre 1966" RDF 2008/9, n.º 7, 1-7.
Phillips, Joseph F.
— "Inevitable Disclosure Through an Internet Lens: Is the Doctrine's Demise Truly Inevitable?", WMLR 2003, n.º 1, 395-427.
Picod, Yves
— *Clause de non-concurrence et groupe de sociétés*, D. n.º 23, 11.06.1987, 325-6.
— "Concurrence déloyale et concurrence anticontractuelle", *La concurrence déloyale*, Dalloz, Paris, 2001, 11-26.
Pignarre, Louis-Frédéric
— "Contrepartie financière de la clause de non- concurrence et des droit des obligations: jeux d'influences", RDT 2009, n.º 3, 151-158.
— "Clause de non-concurrence et droits fondamentaux: Note sous Cass. Soc. 10 déc. 2008", D. n.º 18, 07.05.2009, 1256-1259.
Pieroth, Bodo (com Bernhard Schlink)
— *Grundrechte. Staatsrecht II* (25.ª ed.), C.F. Müller, HeidelberG/Hamburgo, 2009.
Pilati, Andrea
— "Sulla nullità del patto di non concorrenza per esiguità del compenso corrisposto nel corso del rapporto di lavoro", *RIDL* 2000/II, n.º 4, 728-732.
Pinheiro, Alexandre Sousa (com Mário João Fernandes)
— *Comentário à IV Revisão Constitucional*, AAFDL, Lisboa, 1999.
Pinto, Carlos Alberto da Mota
— *Cessão da posição contratual (reimpressão)*, Almedina, Coimbra, 1982.
— *Teoria Geral do Direito Civil* (3.ª ed.), Coimbra Editora, Coimbra, 1992.
Pinto, Fernando Ferreira
— *Contratos de distribuição. Da tutela do distribuidor integrado em face da cessação do vínculo*, UCP, Lisboa, 2013.
Pinto, Mário
— "A função do direito do trabalho e a crise actual", RDES, 1986, n.º 1.
— *Direito do Trabalho. Introdução e Relações Colectivas de Trabalho*, UCP, Lisboa, 1996.

Pinto, Mário (com Pedro Furtado Martins/António Nunes de Carvalho)
— *Comentário às leis do trabalho*, Vol. I, Lex, Lisboa, 1994.
— *Glossário de Direito do Trabalho e Relações Industriais*, Lisboa, UCP, 1996.

Pinto, Paulo Mota
— "O direito à reserva sobre a intimidade da vida privada", BFDUC 69, Coimbra Editora, Coimbra, 1993, 479-586.
— *Declaração tácita e comportamento concludente no negócio jurídico*, Almedina, Coimbra, 1995.
— "O direito ao livre desenvolvimento da personalidade", *Portugal-Brasil ano 2000: tema direito*, Studia Iuridica 40, Coimbra Editora, Coimbra, 1999.
— "A limitação voluntária do direito à reserva sobre a intimidade da vida privada", *Estudos em homenagem a Cunha Rodrigues. Volume II*, Coimbra Editora, Coimbra, 2001, 527-558.
— «Sobre o equivalente metodológico e funcional dos "implied terms"» *Estudos em homenagem à Professora Doutora Isabel de Magalhães Collaço*, Vol. II, Almedina, Coimbra, 2002, 241-254.
— "A influência dos direitos fundamentais sobre o direito privado português", *Direitos Fundamentais e Direito Privado*, Almedina, Coimbra, 2007, 145-163.

Pinto, Rui Carlos Goncalves
— *A questão de mérito na tutela cautelar* (edição policopiada), FDUL, Lisboa, 2007.

Piore, Michael J.
— *Beyond Individualism*, Harvard University Press, Cambridge, 1995.

Pires, Francisco Lucas
— *Uma Constituição para Portugal*, Coimbra, Imprensa de Coimbra, 1975.

Pissoort, William (com Patrick Saerens)
— *Initiation au droit commercial international*, De Boeck, Bruxelas, 2004.

Pitt, Gwineth
— *Employment Law* (3.ª ed.), Sweet & Maxwell, Londres, 1997.
— *Cases and Materials in Employment Law* (2.ª ed.), Finantial Times Pitman Publishing, Londres, 1998.
— *Cases and Materials in Employment Law* (3.ª ed.), Finantial Times Pitman Publishing, Londres, 2008.

Pizzoferrato, Alberto
— "Libertà di concorrenza e diritti sociali nell'ordinamento UE", RIDL 2010, ano XXIX, 20, 523-551.

Pocar, Fausto (com Ilaria Viarengo)
— *Diritto Comunitario del Lavoro*, 2.ª ed., Cedam, Pádua, 2001.

PODLECH, ADALBERT
— "Anmerkungen zu Art. 1 Abs I GG", *Kommentar zum Grundgesetz der Bundesrepublik Deutschland. Alternativkommentar, Vol. I* (org. R. Wassermann), 2.ª ed., Luchterhand, Neuwied, 1989, 207-220.

POLICARPO, JOÃO DE ALMEIDA
— "A aprendizagem na empresa", ESC 1962, n.º 4, 76-95.

POLLOCK, FREDERICK (com FREFERICK WILLIAM MAITLAND)
— *The History of English Law Before the Time of Edward I*, Law Book Exchange, Nova Jersey, 2008.

POMINI, EMANUELE
— *Il patto di non concorrenza dell'ex dipendente*, I Contratti 2004, n.º 4, 401-410.

POSNER, RICHARD
— A *Economic Analysis of Law* (6.ª ed.), Aspen Publishers, Nova Iorque, 2003.

PRATA, ANA
— *A Tutela constitucional da Autonomia Privada*, Almedina, Coimbra, 1982.
— *Cláusulas de exclusão e limitação da responsabilidade contratual: regime geral*, Almedina, Coimbra, 2005.

PRICE, ROHAN
— *Employment Law in Principle*, Thomson Reuters, Sidney, 2009.

PRITCHARD, JOHN
— *The New Penguin Guide to the Law* (5.ª ed.), Londres, 2004.

PROENÇA, JOSÉ CARLOS BRANDÃO
— "A hipótese da declaração (*lato sensu*) antecipada de incumprimento por parte do devedor", *Estudos de Homenagem ao Professor Doutor Jorge Ribeiro de Faria*, Coimbra Editora, Coimbra, 2003, 359-401.
— *A resolução do contrato no direito civil: do enquadramento e do regime* (reimp.), Coimbra, Coimbra Editora, 2006.
— *Lições de cumprimento e não cumprimento das obrigações*, Coimbra editora, Coimbra, 2011.

PROSPERETTI, UBALDO
— "Invalidità delle rinunzie e delle transazioni del prestatore di lavoro", Giuffrè, Milão, 1950.

POSNER, ERIC (com ALEXANDER TRIANTIS/GEORGE TRIANTIS)
— *Investing in Human Capital:The Eficiency of Covenants Not to Compete*, (01.2004). U Chicago Law & Economics, Olin Working Paper n.º 137; Univ. of Virginia Law & Econ Research Paper n.º 01-08: http://dx.doi.org/10.2139/ssrn.285805.

PUIGELIER, CATHERINE
— *Droit du Travail. Les relations individuelles* (2.ª ed.), Dalloz, Paris, 2000.

QUEIROZ, CRISTINA
— *Direitos Fundamentais (Teoria geral)*, Coimbra Editora, Coimbra, 2002.

QUINTIN, ODILE (com BRIGITTE FAVAREL-DAPAS)
— *L'Europe Sociale*, 2.ª ed., (col. Réflexe Europe), La documentation francaise, Paris, 2007, 66-67.

RADÉ, CHRISTOPHE
— «Réflexions sur les fondements de la responsabilité civile – Les voies de le réforme: la promotion du droit de la sûreté», *D.* 1999, n.ᵒˢ 30/31, 313-327.
— "L'impossible recours à la résolution judiciaire pour rompre le contrat de travail à durée déterminée", D. 1999, n.º 40 (11 nov. 1999), 623.
— "L'autonomie du droit du licenciement – L'autonomie du droit du licenciement (brefs propos sur les accords de rupture amiable du contrat de travail et les transactions", DS 2000, n.º 1, 178-184.
— "Haro sur le contrat: à propos de la prohibition des clauses de variation dans le contrat de travail Cass. Soc., 19 février 2001, Sté Gan Vie c./Rouillot ", DS 2001, n.º 5, 514-6.
— *Droit du Travail* (2.ª ed.), Montchrestien, Paris, 2002.

RAY, JEAN-EMMANUEL
— "Fidélité et exécution du contrat de travail", DS 1991, n.º 5, 376-385.
— "Du tout-État au tout-contrat ?", DS 2000, n.º 6, 574-9.
— *Droit du Travail: Droit Vivant* (17.ª ed.), Liaisons, Paris, 2008.
— "Les Libertés dans L'entreprise", Pouvoirs 2009, n.º 130, 127-142.

RAMALHO, MARIA DO ROSÁRIO
— *Do fundamento do poder disciplinar laboral*, Almedina, Coimbra, 1993.
— "Sobre os limites do poder disciplinar", *I Congresso Nacional de Direito do Trabalho. Memórias* (org. António Moreira), Almedina, Coimbra, 1998, 181-198.
— *Da Autonomia Dogmática do Direito do Trabalho*, Almedina, Coimbra, 2000.
— "Ainda a crise do Direito Laboral: a erosão da relação de trabalho «típica» e o futuro do Direito do Trabalho", *III Congresso Nacional de Direito do Trabalho. Memórias* (org. António Moreira), Almedina, Coimbra, 2001, 251-266.
— "Proposta para um novo articulado da lei geral do trabalho", RFDUL, Volume XLII, n.º 2, 2001, 1569-1573.
— "Contrato de trabalho e direitos fundamentais da pessoa", *Estudos em homenagem à Professora Doutora Isabel de Magalhães Collaço*, Almedina, Coimbra, 2002, 393-415 (= "Contrato de Trabalho e Direitos Fundamentais da Pessoa", Estudos de Direito do Trabalho, Vol. I, Almedina, Coimbra 2003, 157-178).
— «"De la servidumbre al contrato de trabajo", deambulações em torno da obra de Manuel Alonso Olea e da singularidade dogmática do contrato de trabalho»,

Estudos de direito do trabalho em Homenagem ao Prof. Manuel Alonso Olea (coord. António Monteiro Fernandes), Almedina, Coimbra, 2004, 529-545.
— Grupos Empresariais e Societários. Incidências Laborais, Almedina, Coimbra, 2008.
— Direito do Trabalho, Parte I – Dogmática Geral (2.ª ed.), Almedina, Coimbra, 2009.
— Direito do Trabalho. Parte II – Situações Laborais Individuais (2.ª ed.), Almedina, Coimbra, 2008.
— Direito do Trabalho. Parte II – Situações Laborais Individuais (3.ª ed.), Almedina, Coimbra, 2010.

RAMÍREZ MARTINEZ, JUAN
— Curso de Derecho del Trabajo, 10.ª ed., Tirant lo Blanch, Valência, 2001.

RANGEL, RUI MANUEL DE FREITAS
— O ónus da prova no processo civil, 3.ª ed., Almedina, 2002.

RANOUIL, VERONIQUE
— L'autonomie de la volonté. Naissance et évolution d'un concept (1.ª ed.), P.U.F., Paris, 1980.

RAPOSO, MÁRIO
— "Nota Sumária sobre o art. 20.º da Constituição", ROA 1984, n.º 1, 523-543.

RAVÀ, TITO
— Diritto Industriale. Vol. I: Azienda. Segni distintivi. Concorrenza (2.ª ed.), UTET, Turim, 1981.

RAWLS, JOHN
— Political Liberalism, Columbia, New York, 2005.

REBELLO, LUÍS FRANCISCO
— Introdução ao Direito de Autor, Vol. I (1.ª ed.), Publicações Dom Quixote, Lisboa, 1994.

REBOUL, OLIVIER
— Introduction à la rhétorique, Théorie et pratique (2.ª ed.), PUF, Paris, 1994.

REDINHA, MARIA REGINA GOMES
— A Relação laboral fragmentada – estudo sobre o trabalho temporário, BFDUC 1995, n.º 12, Coimbra, 1995.
— "A precariedade do emprego: uma interpelação ao direito do trabalho", I Congresso Nacional de Direito do Trabalho. Memórias (org. António Moreira), Almedina, Coimbra, 1998, 325-344.

REIS, JOÃO
— "O regime da transmissão da empresa no Código do Trabalho", Nos 20 anos do Código das Sociedades Comerciais – Homenagem aos Profs. Doutores A. Ferrer Correia, Orlando de Carvalho e Vasco Lobo Xavier. Vol. I: Congresso Empresas e Sociedades, Coimbra Editora, Coimbra, 2007, 305-358.

Reis, José Alberto dos
— *Código de Processo Civil Anotado*, Coimbra, 1960.
Remy, Patrick
— "La clause de non concurrence: Allemagne", RDT 2007, n.º 11, 678-682.
Reynes, Brigitte
— "La renonciation à la clause de non-concurrence: la portée du revirement jurisprudentiel de 2002", D. 03.06.2004, 1543-1544.
Rescigno, Pietro
— "Condizione (diritto privato)", *Enciclopedia del Diritto*, VIII, Milão, 1961, 768-787.
— *Impresa e lavoro*. Vol. IV, Utet/Wolters Kluwer Italia, Turim, 2009.
— *Codice Civile. Tomo II (Artt. 1678-2969)*, VIII Ed., Giuffrè, Milão, 2010.
Resta, Giorgio
— "La disponibilità dei diritti fondamentali e i limiti della dignità: note a margine della carta dei diritti", RDC, ano 48, n.º 6, Novembre-Dicembre 2002, 801-848.
Restelli, Robert
— "Corte di Cassazione. Sezione lavoro, 10/05/2002 – Motivazione dell'esercizio dello ius variandi e clausole generali di correttezza e buona fede", RIDL 2003, n.º 1, 2003, 46-52.
— "La denuncia contro il datore di lavoro, tra uso e abuso del diritto: un caso di mobbing al contrario", RIDL 2004, n.º 1, 125-131.
Rey Guanter, Salvador Del
— *Estatuto de los trabajadores: Comentado y con jurisprudência*, La Ley, Madrid, 2007.
Rialland, Renaud
— "L'illusoire souplesse de la période d'essai", *Gazette du Palais* 2006, n.ºˢ 274-6, 3-6.
Ribeiro, Carlos Luís Neves Gante
— *Pluriemprego médico em Portugal: motivações, valores, conflitos de interesses e mecanismos de regulação*, tese de mestrado apresentada na FEUC, Porto, 2011.
Ribeiro, João Soares
— "Aviso Prévio na Denúncia do Contrato no Período Experimental", *Estudos Jurídicos em Homenagem ao Professor António Motta Veiga*, Almedina, Coimbra, 2007, 139-164.
— "Formação contínua dos trabalhadores", *Minerva. Revista de estudos laborais* 2007, n.º 10, 21-53.
Ribeiro, Joaquim de Sousa
— "Constitucionalização do direito civil", BFDUC 1998, n.º 74, 729-755.
— *O Problema do Contrato. As Cláusulas Contratuais Gerais e o Princípio da Liberdade Contratual*, Almedina, Coimbra, 1999.
Ribeiro, Maria Fátima
— *O contrato de franquia*, Almedina, Coimbra, 2001.

RICARDO, FERNANDO PEREIRA
— "Os segredos de negócio e o acesso aos autos no procedimento de controlo de concentrações", *Estudos em Memória do Prof. Doutor J. L. Saldanha Sanches – Vol. I*, Coimbra Editora, Coimbra, 2011, 161-198.

RICHARDI, REINHARD
— "Kontinuität und Wandel im Arbeitsleben während der Besatzungszeit", *Zwischenzeit: Rechtsgeschicte der Besatzungsjahre* (dir. Martin Löhnig), ed. Rechtskultur, Ratisbona, 2011, 83-98.

RICHARDS, GEORGE A.
— "Drafting and enforcing restrictive covenants not to compete", MLR 1972, n.º 241 (vol. 55), 241-254.

RIGANO, GIOSAFATO
— "Commento all'art. 2125", *Diritto del lavoro. Volume I – La Costituzione, il Codice civile e le leggi speciali* [dir. G. Amoroso/Di Cerbo, A. Maresca (3.ª ed.)], Giuffrè, Milão, 2009, 1258-1263.

RIOUX, JEAN-PIERRE
— *A Revolução Industrial* (trad. António Pinto Ribeiro), Dom Quixote, Lisboa, 1996.

RIVERO, JEAN
— "Les libertés publiques dans l'entreprise", DS 1982, n.º 5, 421-430.

RIVERO LAMAS, JUAN
— "Derechos fundamentales y contrato de trabajo: eficacia horizontal y control constitucional" *El Trabajo y la Constitución. Estudios en Homenaje al Profesor Alonso Olea*, MTAS, Madrid, 2003, 491-530.

ROBIN-OLIVIER, SOPHIE
— "Moderniser le droit du travail pour relever les défis du XX siècle, un Livre vert présenté par la Commission européenne", RDT 02.2007, 89-94.

ROBLES REYES, JUAN R.
— "Resurgimiento de la «locatio conductio operarum» en los contratos de los jugadores de fútbol profesional", RJD 2001, n.º 5, 47-51.

ROCELLA, MASSIMO
— *Manuale di Diritto del Lavoro* (4.ª ed.), Giappichelli Editore, Turim, 2010.

RODIÉRE, PIERRE
— *Droit Social de L'Union Européenne*, LGDJ, Paris, 1998.

RODRIGUES, H. NASCIMENTO
— *A inevitabilidade do diálogo social*, Almedina, Coimbra, 2003.

RODRIGUES, MARIA JOÃO
— *Competitividade e Recursos Humanos*, D. Quixote, Lisboa, 1991.

RODRÍGUEZ GONZÁLEZ, JOSÉ IGNACIO
— *El principio de relatividad de los contratos en el derecho español*, Colex, Madrid, 2000.

Rodriguez Marin, Concepcion
— *El desistimiento unilateral (como causa de extincion del contrato)*, prólogo Moreno Quesada, Editorial Montecorvo S. A., Madrid, 1991.

Rodríguez Piñero, Miguel
— *Flexibilidad y Anticipación en la Edad de Jubilación*, Relaciones Laborales, Tomo I, Madrid, 1992.
— "Costituzione, diritti fondamentali e contratto di lavoro", DLRI 1995, n.º 65 (I), 29-42.

Rodriguez-Piñero, Miguel (com Bravo-Ferrer)
— "La libertad de trabajo y la interdicción del trabajo forzoso", RCTP 2011, n.º 1, 3-16.

Rodríguez Piñero, Miguel (com Bravo Ferrer/Fernández López)
— *La voluntad del trabajador en la extinción del contrato de trabajo*, La Ley-Actualidad, Madrid, 1998.

Rodriguez Santos, Estefania
— *La extinción de la relación laboral por dimisión del trabajador*, Tiran lo Blanch, Valência, 2007.

Rodriguez-Sanudo Gutiérrez, Fermín (com Martín Valverde/ García Murcia)
— *Derecho del Trabajo* (15.ª ed.), Tecnos, Madrid, 2006.

Rolla, Giancarlo
— *Il sistema costituzionale italiano*, Giuffrè, Milão, 2011.

Romagnoli, Umberto
— "Sub. Art. 13", *Commentario del Codice Civile, Statuto dei diritti dei lavoratori* (Umberto Romagnoli/Luigi Montuschi/Giorgio Ghezzi/Giuseppe F. Mancini), Zanichelli Editore, Bolonha, 1972, 174-180.
— "La déréglementation et les sources du droit du travail", RIDC 1990, n.º 1, 9-25.
— "Due leggi, due commenti. Picole imprese e grandi traumi", LD 1990, n.º 4, 17-531.
— *El derecho, el trabajo y la historia* (trad. Marina Tomadini), CES, Madrid, 1997.
— "Il diritto del secolo. E poi?", Il *diritto del mercato del lavoro*. T. II, Esi, Nápoles, 1999, 233-241.
— "Il diritto del lavoro nell'età della globalizzazione", LD 2003, n.º 4, 569-580.
— "Il diritto del lavoro tra Stato e mercato", RTDPC 2005, ano 59, n.º 2, 53-76.
— "Las desigualdades en el mundo del trabajo", RDS 2010, n.º 52, 13-25.
— "El Derecho del Trabajo ante la crisis", RDS 2012, n.º 58, 13-29.

Romagnoli, Umberto (com Giorgio Ghezzi)
— *Il rapporto di lavoro* (3.ª ed.), Zanichelli, Bolonha, 1995.

Roman De La Torre, M. D.
— *Poder de dirección y contrato de trabajo*, Grapheus, Valladolid, 1992.

Romanelli, Francesca
— "Un caso di violazione di patto non concorrenza nel settore della fornitura di lavoro temporâneo", RIDL 1999, n.º 4, Parte II, 760-765.

Roppo, Enzo
— *O Contrato* (trad. Ana Coimbra e M. Januário Gomes), Almedina, Coimbra, 1988.

Rorty, Richard
— "Is 'Post-modernism' Relevant to Politics?", *Truth, Politics and 'Post-Modernism'*. *Spinoza Lectures*, VanGorcum, Amesterdão, 1997, 23-52.

Rose, Ed
— *Employment Relations* (3.ª ed.), Pearson, Essex, 2008.

Rosenbloom, Jerry S.
— *The Handbook of Employee Benefits: Design, Funding, and Administration*, (5.ª ed.), McGraw Hill, Nova Iorque, 2011.

Rossetti, Silvia
— "Il patto di non concorrenza tra orientamenti giurisprudenziali e nuove esigenze di mercato[Nota a sentenza] Corte d'Appello Torino, 12/06/09, Sez. lav.", RGLPS 2010, vol. 61, 293-303.

Rossi, Francesco Paolo
— *Nozioni di Diritto Europeo del Lavoro* (2.ª ed.), Cedam, Milão, 2000.

Rotundi, Fabrizio
— "La legge 23 Marzo 1981, n. 91, ed il professionismo sportivo: genesi, effettività e prospettive future", RDS 1990, n.º 3, 312-328.

Rouxinol, Milena Silva
— "O regime da relação entre fontes laborais no Código do Trabalho de 2009", *Código do trabalho: a revisão de 2009* (coord. Paulo Morgado de Carvalho), Coimbra Editora, Coimbra, 2011, 37-58.

Rizos-Vignal, Fabienne,
— *Le droit du travail au quotidian*, Editions du Moniteur des pharmacies, Paris, 2009.

Rizzo, Fabrice
— "Regards sur la prohibition des engagements perpétuels", DP 2000, n.º 1, 60--69.

Rodrigues, Manuel Ferreira (com José Amado Mendes)
— *História da Indústria Portuguesa. Da Idade Média aos Nossos Dias*, Europa-América, Mem Martins, 1999.

Rubio de Medina, Maria Dolores
— *El pacto de permanencia en la empresa*, Bosch, Madrid, 2005.

RUFFERT, MATTHIAS
— *Vorrang der Verfassung und Eigenständigkeit des Privatrechts*, Mohr Siebeck, Tubinga, 2001.

RUFFOLO, UGO
— "Segreto (diritto privato)", *Enciclopedia del Diritto XLI*, Giuffrè, Milão, 1989, 1015-1027.

RUSCH, KONRAD
— *Gewinnhaftung Bei Verletzung Von Treuepflichten*, Mohr Siebeck (109), Tubinga, 2003.

RUSCIANO, MARIO
— "Il "sistema" della formazione: scuola, università, impresa", *Scuola, Università e mercato del lavoro dopo la Riforma Biagi. Le politiche per la transizione dai percorsi educativi e formativi al mercato del lavoro* (a cura di Reggiani Gelmini/Michele Tiraboschi), Col. Adapt – Fondazione Marco Biagi (n.º 13), Giuffrè, Milão, 2006, 299-310.

RUSSO, ALBERTO
— *Problemi e prospettive nelle politiche di fidelizzazione del personale. Profili giuridici*, Giuffrè, Milão, 2004.
— «Le tecniche giuridiche di fidelizzazione del personale: dagli strumenti "difensivi" agli strumenti "offensivi" nella prospettiva del nuovo "mercato del lavoro"», *Lo sviluppo del «capitale umano» tra innovazione organizativa e tecniche di fidelizzazione* (dir. Stefano Malandrini/Alberto Russo), Collana Adapt – Fondazione "Marco Biagi" n.º 9, Giuffrè, Milão, 2006, 167-188.

RÜTHERS, BERND (com HANS BROX/MARTIN HENSSLER)
— *Arbeitsrecht* (17.ª ed.), GmbH, Estugarda, 2007.

SÁ, ALMENO DE
— *Cláusulas Contratuais Gerais e Directiva Sobre Cláusulas Abusivas* (2.ª ed.), Coimbra Editora, Coimbra, 2005.

SACCO, RODOLFO
— "Autonomia contrattuale e Tipi", RTDPC 1966, n.º 3, 785-808.

SAID, CHRISTIAN
— "Réflexions sur les garanties concrètes des droit fondamentaux au travail", Dr. ouvrier 2001, n.º 750, 93-98.

SALAMITO, JEAN-MARIE
— "Porquoi les chrétiens n'ont-ils pas aboli l'esclavage antiques?", RFTPCJ 2009, n.º 50, 15-43.

SALMON, JEAN-MARC
— *Um mundo a grande velocidade* (trad. Luís Cabral), Ambar, Porto, 2002.

SAN MARTÍN RODRÍGUEZ, FRANCISCO JAVIER
— *El carácter laboral del profesor universitario*, Civitas, Madrid, 2012.
SANDMANN, BERND
— *Die Haftung von Arbeitnehmern, Geschäftsführern und leitenden Angestellten* (col. Jus Privatum/50), Mohr Siebeck, Tubinga, 2001.
SANSEVERINO, LUISA RIVA
— *Il Lavoro nell'impresa*, Unione Tipografico-Editrice Torinese, Turim, 1973.
— *Diritto del lavoro* (4.ª ed.), Cedam, Pádua, 1982.
SANTELMANN, PAUL
— *La formation professionnelle, nouveau droit de l'homme?*, Gallimard, Paris, 2001.
SANTORO-PASSARELLI, GIUSEPPE,
— "Le nuove frontiere del diritto del lavoro ovvero il diritto dei lavori", ADL 2002, vol. VII, n.º 2, Milão, 233-261.
SANTORO-PASSARELLI, FRANCESCO
— "Lavoro (Contratto di)", *Digesto Italiano* IX, Utet, Turim, 1963, 493-519.
— *Nozioni di diritto del lavoro* (26.ª ed.), Jovene, Nápoles, 1973.
— *Nozioni di diritto del lavoro* (32.ª ed.), Jovene, Nápoles, 1994.
SANTOS, BOAVENTURA DE SOUSA
— *Introdução a uma Ciência Pós-Moderna*, Afrontamento, Porto, 1998.
SANZO, SALVATORE
— *La concorrenza sleale*, Cedam, Padua, 1998.
SARGEANT, MALCOLM (com DAVID LEWIS)
— *Employment Law*, Pearson, Essex, 2008.
SASTRE IBARRECHE, RAFAEL
— "La Jubilación Forzosa por Edad", REDT, 1990, n.º 43, 459-504.
— *El derecho al trabajo*, Trotta, Madrid, 1996.
SAULINO, JENNIFER L.
— "Locating inevitable disclosure's place in trade secret analysis", MchLR 2002, n.º 3, 1184-1214.
SAVATIER, JEAN
— "Cumul d'emplois et limitation de la durée du travail", DS 1984, n.os 9-10, 554-556.
— "La liberté dans le travail", DS 1990, n.º 1, 49-58.
SCAGLIA, MATHILDE
— «La QPC et la "régle" jurisprudentielle, à propôs de la clause de non concurrence", RDT 2013, n.º 4, 269-272.
SCHAUB, HARTMUT (com GÜNTER OETKER)
— *Erfurter Kommentar zum Arbeitsrecht*, Verlag C.H. Beck, Munique, 2008.

SCHIAVONE, TERESA
— "L 'impossibilità sopravvenuta della prestazione lavorativa", RIDL 2010, n.º 1, 153-193.

SCHRANK, FRANZ
— *Arbeitsrecht. Ein systematischer Grundriss*, WUV Universitätsverlag, Viena, 2000.

SCIARRA, SILVANA
— "Market freedom and Fundamental Social Rights", *Social and labour Rights in a global Context International and Comparative Perspectives* (ed. Bob Hepple) Cambridge University Press, 2002, 95-121.
— "Normas imperativas nacionales y europeas: las finalidades del derecho del Trabajo", *Las transformaciones del Derecho del Trabajo en el marco de la Constitución Española – Estudios en homenaje al Profesor Miguel Rodríguez-Pinero y Bravo-Ferrer* (coord. Casas Baamonde/Durán López/Cruz Villalón), La Ley, Madrid, 2006, 105-130.

SCHAUB, GÜNTER
— *Arbeitsrechts-Handbuch* (12.ª ed), C.H. Beck, Munich, 2007.

SCHAUB, GÜNTER (com MÜLLER-GLÖGE/THOMAS DIETERICH/PETER HANAU)
— *Erfurter Kommentar zum Arbeitsrecht* (8.ª ed.), C.H. Beck, Munique, 2008.

SCHNAPPER, DOMINIQUE
— *Contra o fim do trabalho* (trad. Pedro Lopes d'Azevedo), Terramar, Lisboa, 1997.

SCHWENKE, MATTHIAS CHRISTOPH
— *Individualisierung und Datenschutz: Rechtskonformer Umgang Mit Personenbezogenen Daten Im Kontext Der Individualisierung*, Springer, Heidelberg, 2006.

SCHLIEMANN, HARALD (com REINER ASCHEID)
— *Das Arbeitsrecht im BGB: Kommentar*, Walter de Gruyter, Berlim, 2002.

SCHEPPELE, KIM LANE
— *Legal Secrets: Equality and Efficiency in the Common Law*, Chicago Press, Chicago, 1990.

SHULTZ, DAVID
— *The Encyclopedia of the Supreme Court*, Nova Iorque, 2005.

SCHULTZ, THEODORE
— *The Economic Value of Education*, Columbia University Press, Nova Iorque, 1963.

SCOGNAMIGLIO, CLAUDIO
— "Il nuovo diritto dei contratti: buona fede e recesso", *Europa e Diritto Privato* 2004, n.º 4, 797-817.
— "Intorno alla storicità del diritto del lavoro", RIDL 2006 n.º 4, 375-416.

SCOTTI, F. DOUGLAS
— "Il dialogo diretto tra l'azienda e il singolo lavoratore", *Strategie di comunicazione e statuto dei lavoratori* (dir. P. Ichino/L. Castelvetri/F. Douglas Scotti/C. Franchi), Giuffré, Milão, 1992, 189-234.

Scuro, Nicola (com Ugo Scuro)
— *Il contratto a formazione progressiva. Struttura, casistica e tecniche di redazione*, Giuffrè, Milão, 2009.

Séché, Jean-Claude
— «Quand les juges tirent au but: L'Arrêt Bosman du 15 Décembre 1995», CDE 1996, n.os 3-4, 355-378.

Segales, Jaime
— *Derecho al trabajo, relación obrigatoria y deuda formativa empresarial*, Comares, Granada, 2001.

Selma Penalva, Alejandra
— *Los límites del contrato de trabajo en la Jurisprudencia Española*, Tirant Lo Blanch Laboral, Valencia, 2007.

Selwyn, Norman
— *Law of Employment*, 5.ª ed., Oxford University Press, Oxford, 2008.

Sempere Navarro, Antonio-Vicente
— "Sobre el concepto del Derecho del Trabajo", REDT 1986, n.º 26, 181-208.

Sen, Amartya
— *Development as freedom*, Oxford University Press, Oxford, 2001.

Sequeira, Elsa Vaz
— *Dos Pressupostos da Colisão de Direitos no Direito Civil*, UCP, Lisboa, 2005.

Serens, M. Nogueira
— *Notas sobre a Sociedade Anónima* (2.ª ed.), Stvdia Ivridica 14, Coimbra Editora, Coimbra, 1997.
— "As cláusulas (ou obrigações) de não-concorrência na jurisprudência francesa oitocentista", *Estudos em Homenagem ao Prof. Doutor Manuel Henrique Mesquita*, Coimbra Editora, Coimbra, 2009, 797-833.

Serra, Adriano Vaz
— "Resolução do contrato", Separata BMJ 1957, n.º 68, 153-291.
— "Penal convencional", Separata BMJ 1957, n.º 67, 184-249.
— "Reparação do dano não patrimonial", BMJ 1959, n.º 83, 69-109.
— "Abuso do direito: em matéria de responsabilidade civil", BMJ 1959, n.º 85, 243-343.
— "União de contratos. Contratos mistos", BMJ 1960, n.º 91, 11-145.
— "Anotação ao Acórdão do Supremo Tribunal de Justiça, de 4 de Dezembro de 1973", RLJ 1974-75, ano 107.º, 311 -327.
— "Provas (direito probatório material)", BMJ 110 (1961), 61-256, 111 (1961), 5-194 e 112 (1962), 33-299.

Serra, Yves
— *L'obligation de non concurrence dans le droit des contrats* (préface de J.-M. Mousseron), Sirey, Paris, 1970.
— "La qualification professionnelle du salarié, élément déterminant de la validité de la clause de non-concurrence en droit du travail ", Dalloz 1996, Chronique, 245- 9.
— "*Tsunami* sur la clause de non-concurrence en droit du travail", Recueill Dalloz 2002, 2491-2504.
— "Rapport introductif", *La concurrence déloyale*, Dalloz, Paris, 2001, 1-10.

Serrão, Joel
— "Adscrição", *Dicionário de História de Portugal*, Livraria Figueirinhas, Porto, 1985, 29-31.

Sicard, Germain
— "L'identité historique", *L'identité de la personne humaine. Etude de droit français et de droit comparé* (dir. J. Pousson-Petit), Bruylant, Bruxelas, 2002, 115-177.

Siebert, Horst
— "Labour Market Rigidities: At the Root of Unemployment in Europe", JEP 1997, vol. 11, n.º 3, 1997, 37-54.

Siegan, Bernard H.
— *Economic Liberties and the Constitution* (2.ªed.), Transaction Publishers, Nova Jérsia, 2006.

Silhol, Bruno
— "La propriété de l'emploi: genèse d'une notion doctrinale", RDT 2012, n.º 1, 24-30.

Silva, Cristina Nogueira da
— "Conceitos oitocentistas de cidadania: liberalismo e igualdade", *Análise Social* 2009, n.º 192, 533-563.
— "Escravidão e direitos fundamentais no séc. XIX", *Revista Africana Studia* 2010, n.º 14, 231-254

Silva, João Calvão da
— *Cumprimento e Sanção Pecuniária Compulsória*, Suplemento V do BFDVC, n.º 30, Coimbra Editora, Coimbra, 1987.
— *Estudos de Direito Comercial (Pareceres)*, Almedina, Coimbra, 1996.
— *Sinal e Contrato Promessa* (6.ª ed.), Coimbra Editora, Coimbra, 1998.

Silva, José Maria Rodrigues da
— *A Aplicação do Direito na Jurisdição do Trabalho*, Coimbra Editora, Coimbra, 1991.

Silva, Jorge Pereira da
— "Os Direitos Sociais e a Carta dos Direitos Fundamentais da União Europeia", DJ 2001, Tomo XV, vol. 2, UCP, 147-163.

Silva, Manuel Gomes da
— *O dever de prestar e o dever de indemnizar*, Vol. I, Lisboa, 1944.
— "O Direito de Família no futuro Código Civil (Segunda Parte)", BMJ 1959, n.º 88, 63-137.
— "Esboço de uma concepção personalista do direito: reflexões em torno da utilização do cadáver humano para fins terapeuticos e científicos", Separata RFDUL, vol. XVII, 1964.

Silva, Maria da Conceição Tavares da
— *Direito do Trabalho* (copiogr.), Lisboa, 1964-65.

Silva, Maria Manuela Maia da
— "Os direitos constitucionais dos trabalhadores e a sua relação com o direito ordinário", *III Congresso Nacional de Direito do Trabalho. Memórias* (org. António Moreira), Almedina, Coimbra, 2001, 109-134.

Silva, Miguel Moura e
— *Inovação, Transferência de Tecnologia e Concorrência*, Almedina, Coimbra, 2003.

Silva, Paula Costa e
— "Meios de reacção civil à concorrência desleal", *Concorrência Desleal* (dir. José de Oliveira Ascensão), Almedina, Coimbra, 1997.

Silva, Pedro Sousa e
— *Direito Industrial: noções fundamentais*, Coimbra Editora, Coimbra, 2012.

Silva, Rita Canas da
— "O pacto de não concorrência", RDES, ano XLV, 2004, n.º 4, 283-306.
— "Dever de lealdade do trabalhador e níveis de gestão", *Estudos em Homenagem ao Professor Doutor Carlos Ferreira de Almeida*. Volume III, Almedina, Coimbra, 2011, 581-615.

Silva, Vasco Pereira da
— "A vinculação das entidades privadas pelos direitos, liberdades e garantias", RDES 1987, Ano XXIX (II da 2.ª série), n.º 2, 259-274.

Simitis, Spiros
— "Le droit du travail a-t-il encore un avenir", DS 1997, n.os 7/8, 655-667.

Simpson, Ida Harper
— "Modelli storici di organizzazione del lavoro: dal controllo meccanico a quello elettronico e oltre", *Dentro e oltre i post-fordismi. Impresa e lavoro in mutamento tra analisi teórica e ricerca empírica* (dir. Rosangela Lodigiani/Monica Martinelli), Vite e Pensiero, Milão, 2002, 261-302.

Singh, Parbudyal (com Natasha Loncar)
— "Pay Satisfaction, Job Satisfaction and Turnover Intent", *Relations Industrielles/ Industrial Relations* 2010, Vol. 65, n.º 3, 470-490.

SIRCHIA, FRANCESCO
— "Lavoro", *Novissimo Digesto Italiano* IX, Utet, Turim, 1963, 524-5.
SIRKIN, MICHAEL S. (com LAWRENCE K. CAGNEY)
— *Executive compensation*, Law Journal Press, Nova Iorque, 2006.
SIRVENT HERNÁNDEZ, NANCY
— *El pacto de permanência en la empresa*, Tirant Lo Blanch, Valência, 2002.
SMITH, IAN (com AARON BAKER)
— *Employment Law*, Oxford University Press, Oxford, 2010.
SODAN, HELGE
— *Freie Berufe als Leistungserbringer im Recht der gesetzlichen Krankenversicherung*, Mohr Siebeck, Tubinga, 1997.
SOMMA, ALESSANDRO
— *Introduzione critica al diritto europeo dei contratti*, Giuffrè, Milão, 2007.
SOMMARIV, GISELLA BASSANELLI
— *Lezioni di diritto privato romano*. Vol. III, Maggioli, Dogana, 2012.
SOUSA, MIGUEL TEIXEIRA DE
— "A livre apreciação da prova em Processo Civil", SI 1984, T. XXXIII, n.os 187-188, 115-146.
— *Estudos sobre o novo processo civil* (2.ª ed.), Lex, Lisboa, 1997.
SOUSA, RABINDRANATH CAPELO DE
— *O Direito Geral de Personalidade*, Coimbra Editora, Coimbra, 1995.
SOUSA, SOFIA SILVA E
— *Obrigação de não concorrência com efeitos "post contractum finitum"*, UCP, Lisboa, 2012.
SOUZA, JOSÉ FERREIRA MARNOCO E
— *História das Instituições do Direito Romano, Peninsular e Português* (3.ª ed.), França Amado, Coimbra, 1910.
SPAGNUOLO, FRANCESCA
— "Il principio di proporzionalità tra vecchi e nuovi schemi interpretativi", RIDPC 2008, n.os 3-4, 999-1012.
SPEZIALE, VALERIO
— "Il datore di lavoro nell'impresa integrata", *La figura del datore di lavoro articolazioni e trasformazioni (La). In ricordo di Massimo D'Antona, dieci anni dopo: Atti di XVI Congresso Nazionale di Diritto del Lavoro. Catania 23 maggio 2009*, Giuffrè, Milão, 2010, 77-196.
SPINELLI, STEFANO
— *Lavoro. Volume 1*, Wolters Kluwer Italia, Roma, 2009.
SPYROPOULOS, GEORGES
— "Le droit du travail à la recherche de nouveaux objectifs", *DS* 2002, n.º 4, 391-400.

STAEHELIN, ADRIAN
— *Zürcher Kommentar zum schweizerischen Zirilgesetzbuch, obligationenrecht.* Vol. 2, Schultess, Zurique, 1996.

STAMBAUGH, JOHN E.
— *The Ancient Roman City*, Johns Hopkins University Press, Baltimore, 1988.

STARK, ODED (com YONG WANG)
— "The Intergenerational Overlap and Human Capital Formation", RIE 2005, vol. 13, 45-58.

STAUB, HERMANN (com CLAUS-WILHELM CANARIS)
— *Handelsgesetzbuch: Grosskommentar*, Volume 1, Walter de Gruyter, Berlim, 1995.

STIGLITZ, JOSEPH E.
— *Whither Socialism?*, MIT Press, Massachusetts, 1996.
— *Economics* (2.ª ed.), W. W. Norton Company, Nova Yorque, 1997.

STIGLITZ, JOSEPH E. (COM CARL E. WALSH)
— *Economics* (3.ª ed.), W. W. Norton & Company, Nova Iorque/Londres, 2002.

STOFFEL-MUNCK, PHILIPPE
— *L'abus dans le contrat. Essai d'une théorie*, L.G.D.J., Paris, 2000.
— "L'après-contrat", RC 2004, n.º 1, 159-176.

STONE, KATHERINE V. W.
— "Ripensare il diritto de lavoro: i regime di protezione per i lavoratori nel nuovo mercato del lavoro", RIDL 2005, n.º 4, 295-426.

STONE, RICHARD
— *The Modern Law of Contract* (8.ª ed.), Routledge, New York, 2009.

STORY, WILLIAM W.
— *A Treatise on the Law of Contracts* (4.ª ed.), Law Book Exchange, Nova Jérsia, 2006.

SUMMERS, CLYDE
— "Similarities and Differences between Employment Contracts and Civil or Commercial Contracts", IJCLLIR 2001, n.º 1 (vol. 17), 5-23.

SUPIOT, ALAIN
— "Porquoi un droit du travail?", DS 1990, n.º 6, 485-492.
— "Le travail, liberté partagée", DS 1993, n.ᵒˢ 9/11, 715-724.
— *Critique du Droit du Travail*, PUF, Paris, 1994.
— "La loi dévorée par la convention ?", *Droit négocié, droit imposé?* (org. Ph. Gérard/F. Ost/M. van de Kerchove), Publications des Facultés Universitaires Saint-Louis, Bruxelas, 1996, 631-642.
— "Du bon usage des lois en matière d'emploi", DS 1997, n.º 3, 229-242.
— "Les nouveaux visages de la subordination", *DS* 2000, n.º 2, 131-145.
— *Le Droit du Travail* (8.ª ed.), PUF, Paris, 2004.

— *Homo Juridicus. Ensaio sobre a função antropológica do Direito* (trad. Joana Chaves), Piaget, Lisboa, 2006.

SUPIOT, ALAIN (com MARIA EMILIA CASAS/JEAN DE MUNCK/PETER HANAU/ ANDERS JOHANSSON/PAMELA MEADOWS/ENZO MINGIONE/ROBERT SALAIS/ PAUL VAN DER HEIJDEN)
— *Transformações do Trabalho e futuro do Direito do Trabalho na Europa*, Coimbra Editora, Coimbra, 2003.

SUPPIEJ, GIUSEPPE (com MARCELLO DE CRISTOFARO e CARLO CESTER)
— *Diritto del Lavoro. Il rapporto individuale* (4.ª ed.), Cedam, Milão, 2008.

TALAMANCA, MARIO
— *Istituzioni di Diritto Romano*, Giuffrè, Milão, 1990.

TALBOT, LORRAINE
— *Critical company law*, Routledge, Nova Iorque, 2007.

TAYLOR, STEPHEN
— *The Employee Retention Handbook*, CIPD Publishing Londres, 2002.

TATARELLI, MAURIZIO
— "Il patto di non concorrenza: contenuto e sanzioni", Mass. Gl 2002, n.º 3, 145-160.

TEISSIER, ARNAUD
— *La loyauté dans les relations individuelles de travail*, Thèse Paris II, 1997.

TELLES, INOCÊNCIO GALVÃO
— "Aspectos comuns aos vários contratos", RFDUL 1950, vol. VII; 234-315 (=) BMJ 1951, n.º 23, 18-91.
— *Manual dos Contratos em Geral* (3.ª ed.), Manuais da Faculdade de Direito de Lisboa, Lisboa, 1965.
— "Contrato duradouro com termo final. Denúncia", CJ 1986, T. III, 17-26.
— *Direito das Obrigações* (7.ª ed. revista e actualizada), Coimbra Editora, Coimbra, 1997.

TELES, MIGUEL GALVÃO
— "Espaços marítimos, delimitação e colisão de direitos", *Estudos em Homenagem ao Prof. Doutor Armando Marques Guedes*, Coimbra Editora, Coimbra, 2004, 617-647.

TERRADILLOS ORMAETXEA, EDURNE
— *Princípio de proporcionalidade, Constitucion y Derecho del Trabajo*, Tirant lo Blanch, Valencia, 2004.

TERRÉ, FRANÇOIS (com PHILIPPE SIMLER/YVES LEQUETTE)
— *Droit Civil. Obligations* (7.ª ed.), Dalloz, Paris, 1999.

TEUBNER, GUNTHER
— *Droit et réflexivité: l'auto-référence en droit et dans l'organisation* (trad. Nathalie Boucquey & Gaby Maier), Bruylant, Bruxelas, 1996.

— *Nuovi conflitti costituzionali. Norme fondamentali dei regimi transnazionali* (trad. L. Zampino), Mondadori Bruno, Turim, 2012.

TEYSSIÉ, BERNARD

— *Droit Européen du Travail*, ed. Litec, Paris, 2001.

— "Préface" in ARNAUD MARTINON, *Essai sur la stabilité du contrat de travail à durée indéterminée*, Dalloz, 2005.

TESCHKE-BÄHRLE, UTE

— *Arbeitsrecht: schnell erfasst* (6.ª ed.), Springer, Berlim, 2006.

THIBIERGE-GUELFUCCI, CATHERINE

— "Libres propos sur la transformation du droit des contrats", R.T.D. civ. 1997, n.º 2, 357-385.

THOMAS, DENNIS (com FIONA CARMICHAEL)

— "Bargaining in the Transfer Market: Theory and Evidence", AEL 1993, vol. 25, n.º 25, 1467-1476.

THOMSON, E. P.

— "O trabalho infantil", *A Revolução Industrial* (Antologia), org. Sacuntula de Miranda & Pedro Cardim, Teorema, Lisboa, 1992, 97-110.

TILLEMAN, FILIP

— *Guide Pratique Du Travail*, Lannoo Uitgeverij, Bruxelas, 2007.

TOCQUEVILLE, ALEXIS DE

— *O Antigo Regime e a Revolução* (trad. Laurinda Bom), Fragmentos, Lisboa, 1989.

TOMÉ, M.ª JOÃO VAZ

— *O direito à pensão de reforma enquanto bem comum do casal*, BFDUC, Colecção Studia Juridica 27, Coimbra Editora, Coimbra, 1997.

TORRE-SCHAUB, MARTA

— "Liberté de commerce et libre concurrence", *Dictionnaire historiue de l'économie-
-droit XVII-XX siécles* (dir. Alessandro Stanziani), LGDJ, Paris, 2007, 213-222.

TOSI, PAOLO (com FIORELLA LUDARNON)

— "Lavoro (Contratto di)", *Digesto delle Discipline Privatistiche. VIII*, Utet, Trento, 1992, 140-168

TREBILCOCK, MICHAEL

— *The Common Law of Restraint of Trade: A Legal and Economic Analysis*, Carswell, Toronto, 1986.

TREU, TIZIANO

— *Onerosità e corrispettività nel rapporto* (dir. Arturo Dalmartello/Luigi Mengoni), Giuffrè, Milão, 1968.

— "Le forme retributive incentivanti", RIDL 2010, n.º 4, 637-692.

TRIMARCHI, PIETRO

— *Istituzioni di Diritto Privato* (19.ª ed.), Giuffrè, Milão, 2011.

Triola, Roberto
— *Codice Civile Annotato com la Giurisprudenza*, 2001/2002, Giuffrè Editore, Milão, 2002.

Trioni, Guido
— *L'obbligo di fedeltà nel rapporto di lavoro*, Giuffrè Editore, Milão, 1982.

Trommer, Hans-Ralph
— *Die Transferregelungen im Profisport im Lichte des "Bosman-Urteils" im Vergleich zu den Mechanismen im bezahlten amerikanischen Sport*, Duncker & Humblot, Berlim, 1999.

Tsoulfidis, Lefteris
— *Competing schools of economic thought*, Springer, Heidelberg, 2010.

Turley, David
— *História da Escravatura* (trad. Maria Augusta Júdice), Teorema, Lisboa, 2000.

Twomey, David P.
— *Labor & Employment Law: Text and Cases* (14.ª ed.), South-Western, Ohio, 2010.

Ulrici, Bernhard
— *Vermögensrechtliche Grundfragen des Arbeitnehmerurheberrechts*, Mohr Siebeck, Tubinga, 2008.
— *Fallsammlung Zur Rechtsgestaltung*, Springer, Heidelberg, 2010.

Umbach Dieter C. (com Thomas Clemens)
— *Grundgesetz: Mitarbeiterkommentar und Handbuch*, C. F. Muller, Heidelberg, 2002.

Upex, Rober
— *The Law of Termination of Employment*, Jordans, Londres, 2001.

Valbuena Gutiérrez, Jose Antonio
— *Las obras o creaciones intelectuales como objeto del derecho de autor*, Comares, Granada, 2000.

Vallebona, Antonio
— *La Riforma dei Lavori*, Cedam, Pádua, 2004.
— *Istituzioni di Diritto di Lavoro* (6.ª ed.), Giuffrè, Milão, 2008.

Vanberg, Viktor
— "Spontaneous Market Order and Social Rules: A Critique of F. A: Hayek's Theory of Cultural Evolution", EP 1986, n.º 2, 75-100.

Van Drooghenbroeck, Jacques (com Bénédite Inghels)
— "Lorsque tout est fini, le dit et le non-dit (les droits et obligations postcontractuels)", *Quelques propos sur la rupture du contrat de travail: hommage à Pierre Blondiau*, Anthemis, Louvain, 2008, 161-198.

Varela, João Antunes
— *Das Obrigações em geral*. Vol I (8.ª ed.), Almedina, Coimbra, 1994.
— *Das Obrigações em geral*. Vol. II (7.ª ed.), Almedina, Coimbra, 1997.

Varela, João Antunes (com M. Henrique Mesquita)
— "Resolução ou modificação do contrato por alteração das circunstâncias" (parecer jurídico), CJ 1982, T. II, 7-21.
Varela, João Antunes (com Fernando Pires de Lima)
— *Código Civil Anotado*, Volume I (4.ª ed), Coimbra Editora, Coimbra, 1987.
— *Código Civil Anotado*, Volume II (3.ª ed), Coimbra Editora, Coimbra, 1998.
Varesi, Pier Antonio
— "Formazione professionale", *Dizionari del Diritto Privato: Diritto del Lavoro* (org. Natalino Irti), Giuffrè, Milão, 2008, 191-195.
Vasconcelos, Joana
— "Despedimento ilícito, salários intercalares e deduções", RDES 1990, n.ᵒˢ 1-4, 157-223.
— "A transmissão da Empresa ou Estabelecimento no Código do Trabalho", PDT 2005, n.º 71, 73-93.
— "Contrato de trabalho com pluralidade de empregadores", RDES 2005, n.ᵒˢ 2-4 283-299.
— "Transmissão da empresa ou estabelecimento, responsabilidade por créditos laborais e tutela do adquirente", PDT 2010, n.º 87, 173-182.
— *A Revogação do Contrato de Trabalho*, Almedina, Coimbra, 2011.
— "Pacto de permanência, liberdade de trabalho e desvinculação do trabalhador", *Estudos em Homenagem a Miguel Galvão Teles*, Almedina, Coimbra, 2012, 821-839.
Vasconcelos, Pedro Pais de
— *Contratos Atípicos*, Almedina, Coimbra, 1995.
— "A natureza das coisas", *Estudos em homenagem ao Professor Doutor Manuel Gomes da Silva* (coord. Ruy de Albuquerque e Martim de Albuquerque), Coimbra editora, Coimbra, 2001, 707-764.
— *Direito de personalidade*, Almedina, Coimbra, 2006.
— *Teoria Geral do Direito Civil*, Almedina, Coimbra, 2010.
Vasseur-Lambry, Fanny
— "La bonne foi dans les relations individuelles de travail", *LPA* 2000, n.º 55, 4-12.
Vatin, François
— *Epistemologia e Sociologia do Trabalho* (trad. Maria João Reis), Piaget, Lisboa, 2002.
Vatinet, Raymonde
— "Les principes mis en oeuvre par la jurisprudence relative aux clauses de non-concurrence en droit du travail", *DS* 1998, n.º 6, 534-546.
Vaz, Alexandre Pessoa
— *Do Efeito Externo das Obrigações (Algumas Perspectivas da Mais Recente Doutrina Portuguesa e Alemã)*, ed. policopiada, Coimbra, 1977.

VAZ, MANUEL AFONSO
— *Direito Económico. A ordem económica portuguesa* (3.ª ed.), Coimbra Editora, Coimbra, 1994.

VENTURA, CATARINA SAMPAIO
— "Os direitos fundamentais à luz da quarta revisão constitucional", BFDUC 1998, vol. LXXIV, 493-527.

VENTURA, CATARINA SAMPAIO (com JOÃO ZENHA MARTINS).
— "Nótula sobre a Carta dos Directos Fundamentais da União Europeia", RMP 2003, n.º 93, 129-132.
— "The Charter of Fundamental Rights of the European Union: a Landmark in the European Landscape in the European Landscape and the Prospect for a Dynamic Role of the Ombudsman", Yearbook (7), *International Ombudsman Institute*, Brill Academic Publishers, Leiden/Boston, 2004, 129-146.

VENTURA, RAÚL
— *Teoria da Relação Jurídica de Trabalho. Estudo de Direito Privado*, Imprensa Portuguesa, Porto, 1944.
— "Extinção das relações jurídicas de trabalho", ROA 1950, n.ᵒˢ 1-2, 1950.
— "O Período da Experiência no Contrato de Trabalho", *Dir.* 1961, n.º 4, 247-280.
— "Nulidade total e nulidade parcial do contrato de trabalho", *Dir.* 1962, n.º 4, 245-273.
— "Regime das nulidades do contrato de trabalho", ESC 1963, n.º 6, 9-64.
— "Lições de Direito do Trabalho", *Estudos em Homenagem ao Prof. Doutor Raúl Ventura. Vol. II*, Edição da Faculdade de Direito da Universidade de Lisboa, Coimbra Editora, Coimbra, 2003, 551-668.

VERDIER, JEAN-MAURICE (com ALAIN COEURET/MARIE-ARMELLE SOURIAC)
— *Droit du Travail* (12.ª ed.), Mémentos Dalloz (série droit privé), Paris, 2002.

VERGE, PIERRE (com SOPHIE DUFOUR)
— *Configuration diversifiée de l'entreprise et droit du travail*, Les Presses de l'Université de Laval, Quebec, 2003.

VÉRICEL, MARC
— *Adaptabilité des entreprises: Utiliser au mieux le droit du travail*, Lamy, Paris, 2011.

VERKINDT, PIERRE-YVES (com FAVENNEC-HÉRY)
— *Droit du Travail*, LGDJ, Paris, 2007.

VIANELLO, FERNANDO
— "Labor theory of value", *The New Palgrave – A Dictionary of Economics*, Vol. 3, JOHN EATWELL, MURRAY MILGATE & PETER NEWMAN (eds.), W. W. Norton, Nova Iorque, 1987, 107-113.

VICENTE, DARIO MOURA
— *A Responsabilidade Civil Pré-Contratual no Direito Internacional Privado*, Almedina, Coimbra, 2001.
— "Liberdades Comunitárias e Direito Internacional Privado", Separata da ROA, Ano 69, III/IV, 2009, 729-813.
— *Direito Internacional Privado – Ensaios. Vol. III*, Almedina, Coimbra, 2010.
— "Segredo comercial e acesso à informação administrativa", *Estudos em Homenagem ao Professor Doutor Sérvulo Correia. – III Volume*, Coimbra Editora, Coimbra, 2011, 289-297.

VICENTE, JOANA NUNES
— "Cláusulas de mobilidade geográfica: vias de controlo possíveis", QL 2006, n.º 27, 61-90.

VIGNAL, NANCY
— *La transparence en droit privé des contrats: approche critique de l'exigence*, PUAM, Marselha, 1998.

VIGORITA, VINCENZO SPAGNUOLO
— "Professione e Lavoro (Libertà di)", *Novissimo Digesto Italiano* XIV, Utet, Turim, 1967, 14-21.

VINCENT, JEAN
— *Droits des arts visuels: Contrats d'auteurs*, ed. Lamy, Paris, 2010.

VINCENT, XAVIER
— "La théorie prétorienne des périodes de garantie d'emploi, après dix ans de jurisprudence", RJS 2009, n.º 2, 91-8.

VINCENT-LEGOUX., MARIE-CAROLINE
— *L'ordre public, Étude de droit comparé interne* (coll.: Les grandes thèses du droit français), PUF, Paris, 2001.

VIOLA, LUIGI
— *Studi monografici di diritto civile. Percorsi ragionati sulle problematiche di maggiore attualità*, Halley Editrice, Matelica, 2007.

VIOTTOLO-LUDMANN, AGNÈS
— *Égalité, liberté et relation contractuelle de travail*, Presses universitaires d'Aix-Marseille, Marselha, 2004.

VISINTINI, GIOVANNA
— *Trattato della responsabilità contrattuale.Vol. II*, Wolters Kuwer, Pádua, 2009.

VITAL, FEZAS
— *Curso de Direito Corporativo*, Lisboa, 1940.

Vivo, G. de
— "Labour markets", *The New Palgrave – A Dictionary of Economics*, Vol. 3, John Eatwell, Murray Milgate & Peter Newman (eds.), W. W. Norton, Nova Iorque, 1987, 86-90.

Vranken, Martin
— *Death of Labour Law? Comparative Perspectives*, Melbourne University Press, Melbourne, 2009.

Voegelin, Eric
— *A Natureza do Direito* (prefácio de José Adelino Maltez), Colecção Vega Universidade, Lisboa, 1998.

Voigt, Stefan (com André Schmidt)
— *Making European merger policy more predictable*, Springer, Dordrecht, 2005.

Von Pappenheim, Henning Rabe
— *Lexikon Arbeisrecht*, Rhem, Heidelberg, 2011.

Vuia, Mihai
— *Grundlagen des Arbeitsrechts*, Grin Verlag, Norderstedt, 1999.

Waltermann, Raimund
— *Berufsfreiheit im Alter: verfassungsrechtliche und arbeitsrechtliche Schranken tarifvertraglicher Altersgrenzenregelungen*, Duncker und Humblot, Berlim, 1989.

Walvin, James
— *Uma História da Escravatura* (trad. Jorge Palinhos), Tinta da China, Lisboa, 2008.

Wantiez, Claude
— *Les clauses de non concurrence et le contrat du travail*, Larcier, Bruxelas, 2001.
— "Deux questions en rapport avec les transferts conventionnels d'entreprise" *Quelques propos sur la rupture du contrat de travail: hommage à Pierre Blondiau*, Anthemis, Louvain, 2008, 501-512.

Waquet, Philippe
— "Le principe d'égalité en droit du travail", DS 2003, n.º 3, 276-282.
— *L'entreprise et les libertés du salarié – Du salarié-citoyen au citoyen salarié*, Liaisons, Paris, 2003.

Weber, Martina
— *Arbeitsrecht für Pflegeberufe: Handbuch für die Praxis*, Verlag W. Kohlhamer, Estugarda, 2007.

Weber, Konrad Maria
— *Zielvereinbarungen und Zielvorgaben im Individualarbeitsrecht: Probleme und Lösungen im bestehenden und entgeltrelevanten System Führen durch Ziele*, Peter Lang, Augsburgo, 2009.

WEBER-FAZ, RUDOLF
— *Der Verfassungsstaat des Grundgesetzes*, Mohr Siebeck, Tubinga, 2002.

WEDDERBURN, LORD
— "Common Law, labour law, global law", *Social and labour Rights in a global Context – International and Comparative Perspectives*, (ed. Bob Hepple) Cambridge University Press, Cambridge, 2002, 19-55.

WEICK, GÜNTER
– "Vorbem zu § 21 ff.", *Staudingers Kommentar zum BGB, I* (13.ª ed), Sellier–de Gruyter, Berlim, 1995.

WEISS, MANFRED
— "The EU Charter of Human Rights", *Social and labour Rights in a global Context – International and Comparative Perspectives*, (ed. Bob Hepple) Cambridge University Press, 2002, 73-94.

WEISS, MANFRED (com JACQUES ROJOT)
— "L'outplacement: osservazioni sull'esperienza tedesca e francese", DRI 1998, n.º 1, 33-40.

WELCH, EDWARD (com ANDREW J. TUREZYN)
— *Folk on the Delaware general corporation law: fundamentals*, Aspen Publishers, Nova Iorque, 2009.

WESTERMANN, INGO
— *Handbuch Know-how-Schutz*, C.H. Beck Verlag, 2007.

WIEACKER, FRANZ
— *História do Direito Privado Moderno* (3.ª ed.), Fundação Calouste Gulbenkian, 2004.

WIELAND, JOACHIM (com CHRISTOPH ENGEL/THOMAS VON DANWITZ)
— *Arbeitsmarkt und staatliche Lenkung*, Walter de Gruyter, Berlim, 2000.

WILLIAMSON, OLIVER E.
— *Le istituzioni economiche del capitalismo. Imprese, mercati, rapporti contrattuali*, (trad. G. Negro: *The Economics Institutions of Capitalism. Firms, Markets, Relational Contracting,*), Franco Angeli, Milão, 1987.

WYLER, RÉMY
— *Droit du travail*, 2.ª ed., Précis de droit Staempfli, Berna, 2008.

WOLTER, HENNER
— "Reformbedarf beim Kündigungsrecht aus Arbeitnehmersicht – Praxiserfahrungen und Schlussfolgerungen", NZA 2003, 1068-1076.

XAVIER, BERNARDO LOBO
— "A determinação qualitativa da prestação de trabalho", ESC 1964, n.º 10, 9-45.
— "A estabilidade no direito do trabalho português", ESC 1970, n.º 31, 35-68.

— "Direito do Trabalho", *Polis. Vol. II: Enciclopédia Verbo da Sociedade e do Estado*, Verbo, Lisboa, 1984, 579-601.
— *Direito da greve*, Verbo, Lisboa, 1994.
— "Introdução ao estudo da retribuição no direito do trabalho português", RDES 1986, 2.ª série, n.º 1, 65-102.
— "A extinção do contrato de trabalho", RDES 1989, n.ᵒˢ 3-4, 399-482.
— "A crise e alguns institutos de Direito do Trabalho", *Temas de Direito do Trabalho*, Coimbra Editora, Coimbra, 1990, 101-138.
— "A mobilidade funcional e a nova redacção do art. 22.º da LCT", RDES 1997, n.ᵒˢ 1/2/3, 51-130.
— *Curso de Direito do Trabalho* (2.ª ed. com aditamento de actualização), Verbo, Lisboa, 1999.
— "Polivalência e mobilidade", *I Congresso Nacional de Direito do Trabalho. Memórias* (org. António Moreira), Almedina, Coimbra, 1998, 105-131.
— "Alguns pontos críticos das convenções colectivas de trabalho", *II Congresso Nacional de Direito do Trabalho. Memórias* (org. António Moreira), Almedina, Coimbra, 1999, 327-344.
— *O Despedimento Colectivo no dimensionamento da empresa*, Verbo, Lisboa, 2000.
— "A matriz constitucional do Direito do Trabalho", *III Congresso Nacional de Direito do Trabalho. Memórias* (org. António Moreira), Almedina, Coimbra, 2001, 97-105.
— "A Constituição Portuguesa como fonte do Direito do Trabalho e os direitos fundamentais dos trabalhadores" *Estudos de Direito do Trabalho em Homenagem ao Professor Manuel Alonso Olea* (Coord. António Monteiro Fernandes), Almedina, Coimbra, 2004, 163-203.
— *Iniciação ao Direito do Trabalho* (3.ª ed.), Verbo, Lisboa, 2005.
— "As fontes específicas de direito do trabalho e a superação do princípio da filiação", RDES 2005, n.ᵒˢ 2-4, 117-153.
— "Novos contratos, novas realidades e direito laboral", RDES 2005, n.ᵒˢ 2-4, 155-194.
— *Direito do Trabalho – Ensinar e Investigar*, Universidade Católica Editora, 2005.
— "A jurisprudência constitucional portuguesa e o direito do trabalho", *XXV anos de jurisprudência constitucional portuguesa: Colóquio comemorativo do XXV aniversário do Tribunal Constitucional, 24 e 25 de Outubro de 2008*, Coimbra Editora, Coimbra, 2009, 209-254.
— "À volta do art. 260.º do CT (para além das gratificações: incentivos ao mérito, desempenho e assiduidade)", PDT 2010, n.º 87, 123-134.

XAVIER, BERNARDO LOBO (com SÉRVULO CORREIA)
— "Reforma do trabalhador e caducidade do contrato", RDES 1973, 1.ª Série, ano XX, n.º 1, 55-82

Xavier, Bernardo Lobo (com António Nunes de Carvalho)
— "Princípio da igualdade: a trabalho igual salário igual", RDES 1997, n.º 4, Ano XXIX, 401-450.

Xavier, Bernardo Lobo (com Pedro Furtado Martins)
— "A transacção em Direito do Trabalho: direitos indisponíveis, direitos inderrogáveis e direitos irrenunciáveis", *Estudos dedicados ao Professor Mário Fernando de Campos Pinto. Liberdade e Compromisso – Volume II*, UCP, Lisboa, 2009, 443-497.

Xavier, Bernardo Lobo (com a colaboração de Pedro Furtado Martins/António Nunes de Carvalho/Joana Vasconcelos/Tatiana Guerra de Almeida)
— *Manual de Direito do Trabalho*, Verbo, Lisboa, 2011.

Yamaguchi, Toshio
— *La théorie de la suspension du contrat de travail et ses applications pratiques dans le droit des pays membres de la communauté européenne* (préface de G.-H. Camerlynck), LGDJ, Paris, 1963.

Zachert, Ulrich
— *Lecciones de Derecho del Trabajo Alemán* (trad. de Fernando Martínez Rodríguez, excepto o capítulo VIII, traduzido por Natividad Mendoza Navas), MTAS, Madrid, 1998.

Zachert, Ulrich (com Otto-Ernst Kempen)
— *TVG – Tarifvertragsgesetz. Kommentar für die Praxis* (4.ª ed.), Bund-Verlag GmbH, Francoforte sobre o Meno, 2006.

Zamboni, Luisa
— "Sui limiti del patio di non concorrenza a carico del prestatore di lavoro (art. 2125 c.c.)", RDI 2003, n.º 6, 339-345.

Ziekow, Jan
— *Ueber die Freizügigkeit und Aufenthalt*, Mohr Siebeck, Tubinga, 1997.

Zimmerli, Ulrich
— "Der Grundsatz der Verhältnismäßigkeit im öffetlichen Recht. Versuch einer Standorsbestimmung", ZSR 1978, n.º 97, 1-131.

Zimmermann, Reinhard
— *The Law of Obligations: Roman Foundations of the Civilian Tradition*, Oxford University Press, Oxford, 1996.

Zoli, Carlo
— "Il principio di onnicomprensività tra legge e contratto", RTDPC 1983, n.º 2, 326-342.
— "Clausole di fidelizzazione e rapporti di lavoro", RIDL 2003, n.º 4, 449-473.

Zweigert, Konrad (com Hein Koetz/Tony Weir)
— *Introduction to Comparative Law*, Clarendon Press, Oxford, 1998.

ÍNDICE GERAL

NOTA PRÉVIA	5
INDICAÇÕES DE LEITURA	7
RELAÇÃO DE ABREVIATURAS E SIGLAS	9

INTRODUÇÃO
I. Enquadramento e importância do objecto de estudo	19
II. Sequência da exposição e método	22

CAPÍTULO I – AUTONOMIA PRIVADA E LIBERDADE DE TRABALHO

SECÇÃO I – O PRINCÍPIO DA LIBERDADE DE TRABALHO

	27
I. Sentido genérico	27
a) Origem e evolução	30
b) Consagração e desenvolvimento	46
c) Âmbito e alcance	52
d) Delimitação e corolários	56
e) Direitos conexos	70
II. A vinculação dos particulares aos direitos fundamentais	77
III. Renúncia ao princípio da liberdade de trabalho	86
a) Enquadramento	86
b) Terminologia adoptada e pressupostos	96
c) Revogabilidade	103
d) Forma e consentimento: caracterização genérica	107

SECÇÃO II – ACORDOS DE LIMITAÇÃO À LIBERDADE DE TRABALHO

	113
I. A evolução do Direito do Trabalho	113
II. Tipicidade	140

III. Interpretação legal — 161
IV. Arrumação sistemática e reflexos terminológicos — 172
V. Acessoriedade e autonomia das cláusulas: sentido e corolários — 179
VI. Conceito de interesse sério: delimitação e consequências — 206
VII. Proporcionalidade — 219

CAPÍTULO II PACTOS COM PROJECÇÃO NO DECURSO DO CONTRATO DE TRABALHO

SECÇÃO I – PERMANÊNCIA — 237
I. Estabilidade do contrato de trabalho — 237
   a) Refluxo — 237
   b) Enquadramento principiológico — 242
   c) Fundamentos — 246
   d) Desvinculação *ad nutum* e prazo de aviso prévio — 251
   e) Do abuso de direito — 260
   f) Contratos a termo: estabilização da instabilidade? — 272
II. Condições de admissibilidade do pacto de permanência — 282
   a) Fundamentos, caracterização e constitucionalidade — 282
   b) Forma e consentimento — 295
      1. Coordenadas — 295
      2. Momento — 308
   c) Não diminuição da retribuição — 320
   d) Prazo — 326
   e) Natureza extraordinária das despesas — 343
      1. A formação profissional: conteúdo — 343
      2. Delimitação operativa — 349
III. Acordos afins — 364
   a) Enquadramento — 364
   b) Convenções indemnizatórias para o exercício do direito de denúncia — 366
   c) Cláusulas penais em caso de incumprimento do prazo de aviso prévio estabelecido para a denúncia — 367
   d) Pactos de não concorrência — 383
   e) Cláusulas *garden leave* — 384
   f) Cláusulas-rendimento e ónus convencionais — 391
IV. Causas de extinção próprias do pacto de permanência — 395
   a) Traços gerais — 395
   b) Desobrigação — 396
   c) Caducidade — 401

	d) Revogação	407
	e) Resolução	409
V.	Cessação do contrato de trabalho e desnecessidade de restituição	413
	a) Resolução do contrato de trabalho com justa causa	413
	b) Denúncia integrável no período experimental?	415
	c) Caducidade do contrato de trabalho	421
	d) Revogação do contrato de trabalho	430
	e) Despedimento sem justa causa	433
	f) Despedimento com justa causa	438
VI.	Não cumprimento	442
	a) Situações típicas	442
	1. Denúncia	444
	2. Abandono do trabalho	444
	3. Reforma por idade	447
	b) Regime	454
	c) Cláusula penal	465

SECÇÃO II – EXCLUSIVIDADE   470

I.	Pluriemprego	470
II.	Admissibilidade dos pactos de exclusividade	483
	a) Fundamento	483
	b) Da problemática do trabalho a tempo parcial	490
III.	Forma e consentimento	495
IV.	Conteúdo da limitação à liberdade de trabalho	500
V.	Compensação	511
VI.	Cessação	521
	a) Causas gerais	521
	b) Iniciativa do trabalhador	521
	c) Iniciativa do empregador	525
VII.	Não cumprimento do pacto	533
	a) Trabalhador	533
	b) Empregador	539

CAPÍTULO III PACTOS COM PROJECÇÃO PÓS-CONTRATUAL

SECÇÃO I – NÃO CONCORRÊNCIA   543

I.	Enquadramento	543
II.	O dever de não concorrência no decurso do contrato de trabalho	553
	a) Ordenamentos estrangeiros	554
	b) Ordenamento português	567

III. O dever de não concorrência após a cessação do contrato de trabalho ... 572
    a) Sentido e alcance ... 572
    b) Concorrência desleal: delimitação ... 578
IV. Condições de admissibilidade do pacto de não concorrência ... 596
    a) Prazo ... 596
    b) Forma e consentimento ... 608
        1. Coordenadas ... 608
        2. Momento ... 612
    c) Actividade cujo exercício possa causar prejuízo ao empregador ... 615
        1. Concorrência diferencial: sentido geral ... 615
        2. Delimitação ... 623
        3. A alteração do CT2009: sentido crítico ... 628
        4. Clientela: pressupostos específicos ... 636
        5. Tipo contratual e funções: irrelevância genérica ... 641
        6. O conceito de mercado relevante: âmbito operativo ... 652
    d) Limitações e proporcionalidade ... 667
        1. Extensão ... 667
        2. O problema dos grupos de empresas ... 677
V. Compensação ... 688
    a) Qualificação e regime ... 688
    b) Juízo de adequação ... 701
    c) Redução equitativa ... 711
    d) Dedução à compensação ... 715
VI. Ininvocabilidade do pacto ... 723
    a) Causas de cessação do contrato de trabalho: relevância típica ... 723
    b) Outras causas relevantes ... 733
VII. Cessação do pacto ... 740
    a) Enquadramento genérico ... 740
    b) A desvinculação *ad nutum* do empregador: rejeição ... 741
    c) A problemática da transmissão da empresa ou do estabelecimento ... 750
VIII. Não cumprimento do pacto ... 756
    a) Regime ... 756
    b) Cláusula penal ... 771
    c) Responsabilidade de terceiros e validade do novo contrato de trabalho ... 773

SECÇÃO II – PACTOS DE CONFIDENCIALIDADE ... 789
I. Enquadramento ... 789
II. Segredo e admissão dos pactos de confidencialidade ... 792

III.	A pós-eficácia do dever de sigilo e a função dos pactos	798
IV.	A doutrina da divulgação inevitável: rejeição e requalificação	809
V.	Não cumprimento do pacto	817

SÍNTESE CONCLUSIVA 825
BIBLIOGRAFIA 829
ÍNDICE GERAL 927